BURT FRANKLIN: BIBLIOGRAPHY & REFERENCE SERIES 496

BIBLIOGRAFÍA PUERTORRIQUEÑA

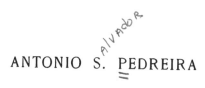

ANTONIO S. PEDREIRA

BIBLIOGRAFÍA PUERTORRIQUEÑA

(1493-1930)

Foreword
by
Francesco Cordasco

BURT FRANKLIN REPRINTS
New York, N. Y.

Published by LENOX HILL Pub. & Dist. Co. (Burt Franklin)
235 East 44th St., New York, N.Y. 10017
Reprinted: 1974
Printed in the U.S.A.

Burt Franklin: Bibliography and Reference Series 496

Reprinted from the original edition in the University of Minnesota Library.

Library of Congress Cataloging in Publication Data

Pedreira, Antonio Salvador, 1899-1939.
Bibliografía puertorriqueña (1493-1930).

Reprint of the 1932 ed. published by Inprenta de la Libreria y Casa Editorial Hernando, Madrid, which was issued as no. 1 of Monografias de la Universidad de Puerto Rico, Serie A: Estudios hispanicos; with new introd. by F. Cordasco.

1. Puerto Rico—Bibliography. 2. Puerto Rican literature—Bibliography.
I. Title.
II. Series: Puerto Rico. University. Monografias. Ser. A: Estudios hispanicos, no. 1.

Z1551.P37 1974 016.917295'03 72-82366
ISBN 0-8337-4669-3

FOREWORD

The American renaissance of interest in Puerto Rico quite clearly derives from the new surging ethnic consciousness which is apparent in the contemporaneous United States: yet (as I have noted elsewhere), the Puerto Rican experience is in many ways unique, and it is the uniqueness of the Puerto Rican experience which presents both an opportunity and a challenge; and it might be cogently argued that even before large scale migration to the United States mainland occurred, Puerto Ricans had been facing a crisis of national and cultural identity. How could it have been otherwise?

For some four centuries Puerto Rico had been part of the Spanish Empire; and when, in the latter part of the 19th century, concomitant with the decline of Spanish imperial power, Puerto Rico found itself on the verge of a new and essentially independent governance, it was drawn into the expanding orbit of the United States. In the sense of the continuing search for national and cultural identity, Puerto Ricans are truly unique in that curious amalgam which is American society: concepts such as cultural pluralism, or assimilation, as applied to other ethnic groups, do not as easily apply to Puerto Ricans.[1]

A vast literature on Puerto Rico exists; its existence, itself, is an attestation of the interest which the island has always generated; and the still evolving relationship of Puerto Rico and the United States has (beyond its own contributions to the literature) placed a particularly contemporaneous importance on Puerto Rico and its bibliography. This new importance for bibliographical resources on Puerto Rico has been critically

---

[1] See F. Cordasco, *The Puerto Ricans, 1493-1973: A Chronology & Fact Book* (Dobbs Ferry, N.Y.: Oceana Publications, 1973), pp. ix-x; also, F. Cordasco and E. Bucchioni, *The Puerto Rican Experience: A Sociological Sourcebook* (Totowa, N.J.: Rowman and Littlefield, 1973), for contemporary backgrounds.

affirmed by the publication of no fewer than three general bibliographies on the island and the Puerto Rican mainland community in the last two years.

> Enrique R. Bravo, *Bibliografia Puertorriqueña. Selecta y Anotada.* New York: Urban Center of Columbia University, 1972 (English translation by Marcial Cuevas).
>
> An annotated bibliography of 338 main references, largely on the island experience, and predominantly in Spanish.
>
> Francesco Cordasco with Eugene Bucchioni and Diego Castellanos. *Puerto Ricans on the United States Mainland: A Bibliography of Reports, Texts, Critical Studies, and Related Materials.* Totowa, N.J.: Rowman and Littlefield, 1972.
>
> An annotated bibliography of 754 main entries dealing with bibliographical resources; the migration to the mainland; the island experience; conflict and acculturation on the mainland; and social needs encompassing health, housing, employment, and other human needs.
>
> Paquita Vivó, ed., *The Puerto Ricans; An Annotated Bibliography.* New York: R.R. Bowker Company, 1973.
>
> A project undertaken by the Puerto Rican Research and Resources Center of Washington, D.C. "In the selection process, recent works were favored over older books on the same subject." About 2000 references: Part I (Bibliographies and Reference Works); Part II (Government Documents); Part III (Periodical Literature); Part IV (Audio-visual Materials).

A number of other specialized bibliographies have appeared in the last few years.[2]

The general bibliographies by Bravo, Cordasco, and Vivó are not retrospective: in a sense, their very design precluded a retrospective structure. For a truly retrospective bibliography, one must look elsewhere; and there is no bibliographic source more important than Antonio Pedreira's *Bibliografia Puerto-*

---

[2] Among these are F. Cordasco and Leonard Covello, *Studies of Puerto Rican Children in American Schools: A Preliminary Bibliography* (New York: Department of Labor, Migration Division, Commonwealth of Puerto Rico, 1967) which includes some 450 entries and is also (with some revision) published in *Education Libraries Bulletin*, Institute of Education, University of London, no. 31 (Spring 1968), pp. 7-33; in the

rriqueña[3] which Vivó calls "a Puerto Rican classic," and describes as "the most complete bibliography on Puerto Rico ever published."

Antonio S. Pedreira (1898-1939) was a highly gifted Puerto Rican essayist[4] whose *Insularismo* (1934) is one of the sources of continuing debate surrounding the new ideological awareness which dominates the contemporary Puerto Rican consciousness.[5] Pedreira dominated the literary scene of his time, and his compilation of the *Bibliografia Puertorriqueña* is in keeping

---

Journal of Human Relations, vol. 16 (1968), pp. 264-285; and in F. Cordasco and E. Bucchioni, *The Puerto Rican Community and its Children on the Mainland: A Sourcebook for Teachers, Social Workers and other Professionals* (Metuchen, N.J.: Scarecrow Press, 1972), pp. 431-460. Jesse Dossick, *Doctoral Research on Puerto Rico and Puerto Ricans* (New York: New York University, School of Education, 1967) is a classified list of 320 doctoral dissertations completed at American mainland universities; [F. Cordasco], *The People of Puerto Rico: A Bibliography* (New York: Department of Labor, Migration Division, Commonwealth of Puerto Rico (1968) is an unannotated listing of some 500 entries; also, reference should be made to "Puerto Rican Migrants on the Mainland of the United States," Information Retrieval Center on the Disadvantaged, *Bulletin*, vol. 4, no. 1 (1968) which includes Gertrude S. Goldberg, "A Review of the Literature;" Moises Ledesma, *Bibliografia Cultural de Puerto Rico* (New York: Plus Ultra Educational Publications, 1970) is an annotated selective list of Puerto Rican poets, dramatists, musicians, painters. For other bibliographies, see F. Cordasco, *et al. Puerto Ricans on the United States Mainland*, pp. 23-25; Bravo, *op. cit.*, pp. 94-96; and Vivó, *op. cit.*, pp. 1-8.

[3]Antonio S. Pedreira, *Bibliografia Puertorriqueña, 1493-1930.* Monografiás de La Universidad de Puerto Rico, Ser. A, Estudios Hispanicós, I (Madrid: Imprenta de Hernando, 1932).

[4]Antonio S. Pedreira's works have recently been collected and reissued. Antonio S. Pedreira, *Obras Completas*, 7 vols. (Rio Piedras: Editorial Edil, 1969-1971). Pedreira's only bibliographical work (beyond the *Bibliografia Puertorriqueña* is *El Periodismo En Puerto Rico* (*Obras Completas*, vol. 5) which was published posthumously in 1941. This is a history of journalism in Puerto Rico to 1930, and includes a list of newspapers, pseudonyms used by Puerto Rican writers, and a list of periodicals.

[5]Pedreira's *Insularismo: Ensayos De Interpretacion Puertorriqueña* (*Obras Completas*, vol. 3) is a classic interpretation of the Puerto Rican spirit and examines history, ethnology, psychology, literature and folk arts. See Manuel Maldonado-Denis, "Visión y Revisión de *Insularismo*," *Asomante*, vol. 30 (January-

with the renascent Puerto Rican ideological affirmations of the period: the *Bibliografia* was intended as a national bibliography; and it was, indeed, appropriate that the University of Puerto Rico opened its monograph series (Estudios Hispanicós) with the bibliography's publication.[6]

The *Bibliografia Puertorriqueña* is a vast repository of some 10,000 entries with sections on Bibliographical Sources; General Information; Natural History; Public Health; Social Economy; Political and Administrative History; Cultural Organization; History of Puerto Rico; Literary History; and Miscellaneous Works. It includes a general index (invaluable, as a point of initial reference), and both subject and author indexes. Pedreira carefully set out the work's limitations:

> Los trabajos que recogemos en esta obra—a excepción de los que se incluyen en los encasillados IX y

---

March, 1963), and the same author's *Puerto Rico: A Socio-Historic Interpretation* (New York: Random House, 1972), generally, for the new Puerto Rican consciousness: "Of all the writers of the period which concerns us, perhaps there has been none more influential than Antonio S. Pedreira. A highly gifted essayist, his work *Insularismo* (1934) constitutes—along with the *Prontuario histórico de Puerto Rico* (1935) of Tomás Blanco—one of the books indispensable to a better understanding of Puerto Rican history. All the despair and desperation which Puerto Rico lived through during that crucial decade can be observed in Pedreira's book. In the beginning of the book he asks 'What are we? ' and 'Where are we going? '—the questions that had to be asked of the period that began with the North American occupation, a period Pedreira called one of 'indecision and transition.' The answers are in his statement that 'in our day, we cannot do without the Anglo-Saxon gesture, which through the United States is slowly filtering into our Hispanic presence.' Pedreira also attacks the 'rhetoricism' of our politicians, telling us that 'it is time to live with a closed fist threatening the prostituted word. A good collective slap on the mouth will take our fatherland off our lips, and then we may be able to find asylum for it within our hearts.' " (pp. 141-142)

[6]An earlier work, a critical-descriptive bibliography commemorating the fourth centennial of Puerto Rico's discovery, was compiled in 1892-1894 by José Geígel Zenón and Abelardo Morales Ferrer, but left unfinished. Geígel was the librarian of the Ateneo Puertorriqueño where the unfinished manuscript was discovered in 1930. It was published in 1934. José Geígel y Zenón, Abelardo Morales Ferrer, *Bibliografia Puertorriqueña.* Comilada en 1892-1894 y publicada por primera vez por Fernando J. Geígel y Sabat (Barcelona: Editorial Araluce, 1934). It lists 498 entries, classified in three sections: books written and printed in Puerto Rico; books by Puerto Ricans; books about Puerto Rico by foreigners.

> XB—son aquellos de autores nativos o extranjeros que principalmente se refieren a Puerto Rico, o de alguna manera se relacionan con algún aspecto de nuestra cultura. En la sección IX, *Historia literaria,* origen de esta obra, nos ocupamos exclusivamente de la producción nativa puramente artística. El abundante material nos obliga a ser parcos en detalles descriptivos, limitándonos a recoger aquellos que aparecen en las portadas de los libros. Como no siempre pudimos ver personalmente las obras que aquí damos, tuvimos que omitir, en beneficio de la uniformidad, el formato de las mismas.
>
> Esta Bibliografia no incluye artículos de periódicos ni manuscritos. Para hacerla más manejable hemos eliminado adrede las copiosas novenas y libros de oraciones, las ordenanzas, informes y presupuestos municipales, las memorias y reglamentos de los casinos, iglesias, sociedades, centrales, corporaciones e instituciones de carácter diverso, y todo material impreso en Puerto Rico que por su índole abstracta ofrece escasa ayuda al historiógrafo.[7]

Pedreira's *Introducción* (vii-xviii) deals with the problems of classification, the most vexing for any bibliographer, very candidly:

> Uno de los más arduos problemas con que nos hemos tropezado al ordenar el material de este trabajo ha sido la fijación de un criterio constante que facilite la búsqueda de las materias deseadas. En repetidas ocasiones no hemos podido confrontar directamente nuestras papeletas con las obras que ofrecián dudas, para lograr una correcta clasificación o completar los datos que en muchos libros faltan. No existeindo ninguna bibliografía general puertorriqueña anterior a este ensayo, hemos tenido que establecer las pautas a base de un criterio flexible al servicio de la claridad y el orden. Sospechamos que el problema de clasificación, de suyo arduo y dincil en trabajos de menos empeño, no ha quedado definitivamente resuelto en esta primera edición.[8]

In essence, Pedreira proposed, and carried through to successful completion, the first comprehensive general Puerto Rican bibliography for which no antecedent models existed. (I am sure that he knew Geígel's work, and used it in MS; see footnote no. 6). There is little reason to believe that Pedreira's work will be superseded. In a very strict sense, the consultation of recent bibliographical works on Puerto Rico is a beginning

---

[7] Pedreira, xvii.

[8] *Ibid.*, xiv.

exercise which leads directly to Pedreira's *Bibliografia Puertorriqueña.* That Pedreira remained preëminently the *littérateur,* even in the tedium that the bibliography imposed, is affirmed in his evocatively poignant final perspective:

> Una bibliografía, amen de ser la más justificada expresión de la mentalidad de un pueblo, prepara y simplifica su diagnóstico espiritual; recoge y auna metódicamente las más vitales expresiones de las diversas épocas; hará posible determinar con claridad las corriente de pensamiento que lo han empujado, y obligará al que estudie su atmósfera ideológica a llegar a conclusiones concretas y definitorias.[9]

The republication of Pedreira's *Bibliografia Puertorriqueña* is an auspicious event in bibliographical annals (for those libraries which do not have a copy and which entertained little hope of obtaining it in the antiquarian market, its availability is particularly significant); in the new interest which surrounds the island, its people, and its history, the *Bibliografia* is a cornerstone reference. In the collections in ethnic historiography, now being assembled in American libraries, materials on Puerto Rico have an important place, and the Pedreira is the invaluable and essential guide to acquisitions.

FRANCESCO CORDASCO
Former Consultant, Migration Division
Commonwealth of Puerto Rico

Montclair State College
October, 1973

---

[9] *Ibid.*, xviii.

La Bibliografía Puertorriqueña, que con tanta solicitud ha estado preparando el Sr. Antonio S. Pedreira, ha sido terminada después de varios años de paciente labor, y el libro será publicado en el transcurso del año, como contribución del Departamento de Estudios Hispánicos. Este trabajo hace honor a su autor y a la Universidad. Deseamos presentarlo como modelo de laboriosidad y espíritu de investigación, a la Facultad en pleno, para alentarla a escoger la ruta investigadora que con tanto acierto y prestigio ha emprendido uno de sus valores más sólidos.

(Palabras del Rector de la Universidad de Puerto Rico, Hon. Carlos E. Chardón, pronunciadas en la apertura del curso de 1931-1932.)

BIBLIOGRAFÍA PUERTORRIQUEÑA

INTRODUCCIÓN

1. PROYECTO Y FINALIDAD

Al dar ahora publicidad a este ensayo de BIBLIOGRAFÍA PUERTORRIQUEÑA, que tan generosamente ampara la Universidad de Puerto Rico como contribución de su Departamento de Estudios Hispánicos, debo iniciar estas páginas agradeciendo los constantes favores que he recibido de los señores presidentes, Dr. Thomas E. Benner, primero, y Hon. Carlos E. Chardón en la actualidad, y del decano de administración Dr. Gildo Massó, quienes en todo momento alentaron con estímulos y promesas ya logradas, nuestra espontánea iniciativa.

No se nos ocultan las múltiples deficiencias que la crítica tiene que señalar en trabajos generales de esta índole. Careciendo Puerto Rico de una bibliografía completa y deseando ofrecer lo antes posible el primer manual de conjunto que supla tan notable falta, hemos perdido en intensidad lo que vamos ganando en prontitud. Y aunque en rigor —y al margen de nuestras obligaciones universitarias — no hemos escatimado esfuerzo alguno durante los últimos siete años para recoger cuanto se ha escrito en Puerto Rico y sobre Puerto Rico, fuerza es reconocer lo incompleto de nuestra labor y lo fácil que será superarla en cualesquiera de sus partes. No es la investigación bibliográfica estudio que se agote con facilidad, y mucho menos en casos como éste en que se inicia sin antecedentes de especial importancia. Más que la desmedrada ambición de agotar un tema, ha alentado en nosotros el modesto propósito de iniciarlo.

Reconocidas así nuestras limitaciones, no podemos asegurar sin graves riesgos que en esta obra se encierre toda la producción nativa, aunque tuviéramos esa meta como suprema aspiración; mas no andaremos muy lejos de la verdad si anticipamos que, por lo menos, recoge este volumen la mayor parte de la obra puertorriqueña y a todas luces la mejor contribución de la cultura patria.

Esta obra podrá servir de índice para la formación de una Biblioteca Puertorriqueña que todavía no existe. Con melancolía apuntamos el hecho, y declaramos honradamente que nuestra finalidad se encamina a remediar en parte la penuria informativa con que frecuentemente tropiezan los que intentan estudiar los aspectos diversos de nuestra personalidad.

2. UN POCO DE HISTORIA

Durante el curso universitario de 1924 a 1925, ocurriósenos la idea de ofrecer en la Universidad de Puerto Rico y en un futuro próximo, un cursillo de literatura puertorriqueña que ayudara en la medida de nuestras flacas fuerzas a la ya necesaria orientación y valoración que exigía —y aun exige— nuestra revuelta y confusa producción literaria. De antemano conocíamos la inviolabilidad crítica en que se encontraba la literatura insular, y la carencia de monografías, de estudios generales y particulares que pudieran servir de apoyo en la preparación de dicho curso. Para zanjar esta primera dificultad, retardamos la idea inicial, en tanto preparábamos unos apuntes de historia literaria que sirvieran de base para realizarla a conciencia. Por varios meses estuvimos trabajando en un penoso acopio de materiales que, a medida que avanzaba nuestra investigación, nos iba planteando nuevos problemas, siendo el de más inmediata solución el que había de servir como punto de partida en la preparación de un manual: el problema bibliográfico, que hemos tratado de resolver parcialmente con la presente obra.

No fué nuestra intención primaria compilar una ambiciosa bibliografía puertorriqueña; nuestro modesto deseo se encaminó a recoger únicamente las obras literarias imprescindibles para un manual histórico, y hacer una catalogación metódica que, al fin de cuentas, sirviese para los fines ya indicados. Poco a poco y sin meditar bien las consecuencias, fuimos agrandando los límites del itinerario a medida que la búsqueda nos iba revelando un precioso material desconocido; el entusiasmo de aquellos meses de labor esperanzada, nos empujó a la realización de este proyecto que después de siete años de trabajo constante, ofrecemos en cambio del manual y del curso que le sirvieron de origen. Esta obra, pues, responde a una necesidad profesional.

Al querer dar cumplimiento a esa necesidad, nos tropezamos con la carencia de una verdadera obra bibliográfica contentiva de lo más esencial de nuestra cultura, clasificada cómodamente de raquítica por lo desconocida. Los únicos intentos bibliográficos publicados con anterioridad al nuestro, además de resultar anticuados, por su deliberada limitación, son insuficientes para dar una idea más o menos exacta de cuanto se ha producido en Puerto Rico.

Nuestro bien recordado Manuel María Sama publicó en el 1887 la primera *Bibliografía Puertorriqueña*, a base de las obras que él poseía en su biblioteca privada: total 289. Luego, en el año 1901, el Sr. A. P. C. Griffin publicó la segunda: *A List of Books on Porto Rico*, que cataloga únicamente las obras puertorriqueñas que en esa época existían en la Biblioteca del Congreso en Washington. Demás está advertir que ambas obras quedan superadas por la presente. En tercer lugar, debemos mencionar también la malograda intención del Dr. Cayetano Coll y Toste, al proponerse publicar en 1910 una *Bibliografía Puertorriqueña* que empezó a ver la luz en las columnas del diario *La Democracia* y del semanario *Puerto Rico Ilustrado*, pero que desgraciadamente no pasó de la letra A. Estos son los antecedentes de nuestra obra. Contando hoy con mejores medios y con propósitos más amplios, la idea de superarlos resultaba tarea relativamente fácil (*).

Con el proyecto en marcha, en el verano de 1925 nos trasladamos a los Estados Unidos y al filo de otros empeños universitarios, continuamos nuestra labor en la Biblioteca Pública de Nueva York, en la del Museo Hispánico, en la de la Universidad de Columbia y en otras de menor importancia. Entonces no solamente recogíamos obras puertorriqueñas, sino que, ampliando el radio de nuestro propósito, incluímos también todos aquellos libros y artículos de revistas que trataran sobre Puerto Rico; para ello utilizamos los magníficos medios de información que existen en estos centros, y desglosamos la mayor parte de los conjuntos bibliográficos que aparecen como fuentes de este ensayo. Nuestra aspiración inicial de catalogar todas las obras escritas por autores puertorriqueños, quedó de esta manera complicada con el deseo más vasto de incluir también todos aquellos libros que parcial o totalmente tratasen de Puerto Rico, sin limitaciones de autores o de idiomas.

El Lcdo. Wilson P. Colberg, que a la sazón se encontraba en Washington, nos enviaba de tarde en tarde listas de los libros convenientes que figuran en la nutrida Biblioteca del Congreso, y en un corto viaje que hicimos a Washington, ayudados por él, terminamos de recoger el material que nos faltaba, completando hasta el presente la mencionada lista de libros de Puerto Rico del Sr. Griffin.

3. UNA COLABORACIÓN INESPERADA

Estando todavía en los Estados Unidos, fuimos agradablemente sorprendidos, a principios del año 1927, con la anunciada visita de nuestro amigo y maestro, el notable filó-

---

(*) Terminado para la imprenta este trabajo, ha visto la luz pública una nueva bibliografía puertorriqueña, que en nada hace variar esta afirmación. Se titula: *A Tentative Bibliography of the Belles-Lettres of Porto Rico.* Cambridge, 1931, 61 páginas. Su autor es el Sr. Guillermo Rivera.

logo español D. Tomás Navarro Tomás, que en uno de sus cursos anunciados en la Universidad de Puerto Rico se proponía iniciar estudios bibliográficos, y entusiasmados con tal propósito, a nuestro regreso pusimos a su disposición todo el material que habíamos recogido hasta esa fecha. En ese año, y dirigido por el Dr. Navarro Tomás, se inició en nuestra Universidad el curso de investigación bibliográfica, en el cual cooperamos día tras día con su director, empleando los primeros meses de dicho curso en copiar el caudal de fichas que desinteresadamente aportamos. Luego recibió esa clase un buen número de papeletas que aquí y en España había acumulado nuestro estimado compañero D. Rafael W. Ramírez, y al cerrarse el año académico habíamos papeletizado también la sección de libros puertorriqueños con que cuenta la biblioteca de nuestro Ateneo.

A la sabiduría y gentileza del Dr. Navarro Tomás, que al incorporar este trabajo a la Universidad de Puerto Rico supo interesar a su entonces presidente, Dr. Thomas E. Benner, debe el autor de esta obra infinitos consejos y no pocos estímulos. Al ausentarse para España quedamos al frente de la clase de investigación, obligados a agradecer a los estudiantes que han cursado estudios superiores para recibirse de Maestros en Artes, la valiosa colaboración que aportaron en diferentes cursos.

4. FUENTES UTILIZADAS

Además de las ya mencionadas en los tópicos 2 y 3, una vez vertidas en nuestro trabajo las obras pertinentes que se encuentran en la Biblioteca Carnegie de San Juan, Puerto Rico, encaminamos nuestra búsqueda por las bibliotecas privadas de alguna importancia, entre las que debemos mencionar la muy selecta de D. Enrique Adsuar, en Guaynabo, y la espléndida y numerosa del Sr. Robert L. Junghanns, en Bayamón, que tan amablemente soportaron nuestra labor por muchas semanas.

Para evitar en todo lo posible las enojosas aunque involuntarias omisiones, que a pesar de toda diligencia saltan a la vista cuando ya no tienen remedio, publicamos sendas peticiones en toda la Prensa del país — 1928 y 1929 — a fin de que los autores contemporáneos y los familiares y amigos de los ya desaparecidos o ausentes, sometiesen según las especificaciones dadas, los datos precisos para hacer esta obra lo más completa posible. No conformes con estas peticiones públicas que tan generosamente acogieron diarios y revistas, enviamos centenares de cartas circulares a todos los escritores del país, siendo necesario en varias ocasiones remitir dicha circular dos y tres veces para lograr una respuesta. En algunos casos aún esperamos contestación. En honor a la verdad debemos declarar que los morosos constituyeron excepción.

Lo corriente era contestar a nuestra solicitud personal con los datos requeridos, más o menos fidedignos, que siempre nos servían para hacer un provechoso cotejo con esas mismas obras que por otros medios ya habíamos conseguido. Debo agradecer la solicitud con que prontamente respondieron, enviando no sólo los datos de las obras publicadas por ellos, sino también listas muy apreciables de las obras puertorriqueñas de otros autores que guardan en sus bibliotecas los señores Guillermo V. Cintrón y Emilio J. Pasarell, de Ponce; Rafael Hernández Usera y Eugenio Astol, de San Juan, y el Dr. M. Guzmán Rodríguez, de Mayagüez. Estos rasgos de desprendimiento generoso tuvieron expresión máxima en la actitud por siempre agradecida del Lcdo. Augusto Malaret, al cedernos un valioso caudal de fichas recogidas veinticinco años atrás, con el objeto de realizar el propósito que nosotros damos por terminado. A todos reiteramos una vez más nuestro sincero agradecimiento.

5. DESGLOSE DE LIBROS Y REVISTAS

Los vacios que a pesar nuestro contenga este catálogo de libros, quedan en parte compensados por los numerosos artículos de revistas que ayudarán un tanto a suplir la probable ausencia de algunas obras cuyo paradero no nos haya sido posible descubrir. Indicamos, además, en muchas secciones las revistas más importantes que deben ser consultadas en cualquier trabajo de investigación sobre la materia respectiva.

Este ensayo bibliográfico en realidad fué cerrado el 31 de diciembre de 1930. Sin embargo, aunque sin propósitos exhaustivos, no deja de recoger los libros publicados durante el año 1931.

Como nuestra intención final fué hacer una obra de buena fe que sirviera de punto de apoyo para investigaciones futuras, hemos desglosado en ella no solamente los trabajos de las revistas extranjeras y puertorriqueñas que aparecen citadas en nuestras Fuentes Bibliográficas, sino también muchos libros contentivos de valiosos capítulos y artículos cuyas materias no quedan plenamente declaradas en el título de la obra que las encierra. Este espíritu de servicio también tuvo sus necesarias limitaciones, contentándonos con escoger las revistas más destacadas en las diferentes especialidades que cubrimos, y las obras de mayor relieve cuyo desglose creímos imprescindible para cumplir con nuestros deseos informativos. Al recoger libros y folletos puertorriqueños no entró la selección, que sólo pusimos al servicio del desglose. Debemos declarar, para evitar erróneas interpretaciones, que los artículos de revistas que aquí se recogen son exclusivamente aquellos que pueden ser considerados como estudios o trabajos de algún valor informativo o documental. Deliberadamente excluímos los artículos literarios o de creación poética. Éstos han sido recogidos siempre que fueron coleccionados en libros y folletos.

Repetidas veces se da el hecho de continuar un trabajo en varios números de la misma revista, y así lo dejamos indicado. La fecha que aparece en tales casos es aquella del trabajo inicial, y huelga decir que no rige para los sucesivos, a menos que también quede así estipulada. Como algunas revistas — el *Boletín de la Asociación Médica* y la *Revista de Agricultura*, en particular — cometen errores en el orden correlativo de sus volúmenes y años, aconsejamos utilizar en la consulta la fecha y el número de la serie indicados en cada título.

6. LA CLASIFICACIÓN

Uno de los más arduos problemas con que nos hemos tropezado al ordenar el material de este trabajo ha sido la fijación de un criterio constante que facilite la búsqueda de las materias deseadas. En repetidas ocasiones no hemos podido confrontar directamente nuestras papeletas con las obras que ofrecían dudas, para lograr una correcta clasificación o completar los datos que en muchos libros faltan. No existiendo ninguna bibliografía general puertorriqueña anterior a este ensayo, hemos tenido que establecer las pautas a base de un criterio flexible al servicio de la claridad y el orden. Sospechamos que el problema de clasificación, de suyo arduo y difícil en trabajos de menos empeño, no ha quedado definitivamente resuelto en esta primera edición.

Con el mejor deseo de rebajar sus yerros y dificultades a una expresión mínima, no hemos omitido esfuerzo alguno en conseguir la ayuda y los consejos de especialistas en cada una de las materias de que consta esta obra, y a la sombra de esta cooperación que agradecemos, hemos podido vencer serios obstáculos de filiación, y en parte colmar por el presente nuestras aspiraciones. El Dr. O. Costa Mandry y el Dr. Jacobo Simonet, en la sección Médica; D. Carlos E. Chardón, en la Botánica; D. Julio García Díaz, en la Zoológica; D. José I. Otero, en la Agrícola; el Lcdo. Domingo Toledo, en la Legal; los Dres. Juan Augusto y Salvador Perea, en la Histórica; D. Rafael W. Ramírez, en ésta y en la Folklórica, y el Dr. Navarro Tomás, en una clasificación preliminar, han reducido notablemente los errores que la crítica pueda señalar al autor. Al reconocer el inapreciable servicio que todos aportaron, huelga relevarlos de los posibles yerros, hijos de nuestra exclusiva incompetencia.

El propósito de ser útil nos ha obligado a repeticiones de libros y artículos que podrían juzgarse como ociosas, pero nunca como descuidos inconscientes. Al fin de cuentas, son más dolorosas las omisiones que las duplicaciones.

Hemos tratado de resolver con llamadas y referencias las complicaciones que de continuo presentan los títulos y materias de obras que bien podían ser recogidas en múltiples encasillados a la vez. El interés de agrupar bajo cada materia todo lo concerniente a la misma nos ha obligado a rebasar los límites de los encasillados mayores, pues éstos no siempre abarcan con la exactitud y propiedad deseadas todas las subdivisiones que agrupamos globalmente para mayor claridad. La eficiencia y el horror a la dispersión nos ordenan incluir bajo *Gobierno* el tópico general *Fomento,* y bajo éste incluímos otro: *Comunicaciones y Transporte,* que recoge encasillados menores, entre los que se cuentan *Ferrocarriles, Radios,* etc., y bien sabemos que en nuestro país estas últimas actividades no son operadas por el Gobierno. Igual sucede en otros casos. De obedecer al imperativo de la más tiránica exactitud, hubiéramos tenido que disgregar por toda la obra temas similares que aquí aparecen juntos.

El *Bosquejo de Materias* que precede a esta obra está dividido en diez zonas generales y un Apéndice que llevan números romanos. Éstos se subdividen en secciones clasificadas con letras mayúsculas, que a su vez las integran otras secciones más especializadas que distinguimos con letras minúsculas en cursiva. Estas últimas quedan también subdivididas por otras que llevan numeración corriente, y dentro de éstas cae la última división numerada en cursiva y medio paréntesis. La clasificación temática de mayor a menor — I, A, *a*, 1, *1)* — queda debidamente suplementada por un *Índice Alfabético de Autores* y por otro *Índice Alfabético de Materias* que aparecen al final, facilitando de esta manera el manejo de la obra.

En repetidas ocasiones hemos cambiado el orden en que aparecen las papeletas, buscando siempre llegar a la clasificación más sencilla y útil, aunque, como ya dijimos anteriormente, no quede en definitiva con la rigurosa propiedad que el autor hubiera deseado para complacer a los especialistas meticulosos y exigentes. Un conveniente espíritu de servicio ha precedido a todas horas nuestro modesto laboreo. Como el Diccionario de la Academia Española es tan deficiente en voces técnicas, hemos basado la nomenclatura utilizada en esta clasificación en obras científicas de España y América.

7. TABLA DE ABREVIATURAS

Para facilitar la mejor comprensión de las citas, incluimos una tabla de las abreviaturas más necesarias que usamos convencionalmente en esta obra. Las de uso y aceptación general no ofrecen dificultad alguna para los iniciados, y en algunos casos no las incluímos en la tabla por ser comúnmente conocidas. En cambio otras, que la necesidad nos obligó a inventar, reclaman la explicación de la tabla. Y aunque éstas quedan allí debidamente aclaradas, nos urge llamar la atención sobre un caso particular que podría prestarse a error.

Nos referimos a la Estación Experimental Insular (Est. Exp. Ins.), o Insular Experiment Station (Ins. Exp. St.), que mantiene el Departamento de Agricultura de Puerto Rico en Río Piedras, y a la Agricultural Experiment Station (Agr. Exp. St.) que, bajo los auspicios del Gobierno federal de Washington, funciona en Mayagüez. Como ambas instituciones son gemelas y hacen publicaciones análogas (boletines, circulares, etc.), llamamos la atención sobre este hecho que se presta a confusiones.

El signo +, que aparece después del número de páginas de algunos libros, indica que dichas obras contienen páginas adicionales sin numerar, o mapas, ilustraciones, tablas, anuncios, etc., etc., que caen fuera del texto. Si aparece un guión después o antes de un número romano, ejemplo: XII-290, 300-X p., el número romano en el primer caso responde a las páginas del prefacio o introducción así numeradas, y en el segundo, a las del epílogo o apéndice.

8. ORTOGRAFÍA

Generalmente, salvo en aquellas ocasiones en que la certidumbre nos obligó a corregir visibles errores de imprenta, hemos respetado los títulos en la forma en que aparecen en libros y revistas. Esto explicará las diferencias de redacción en títulos idénticos, como sucede, por ejemplo, en la sección Médica y en la Agrícola, en que algunos autores escriben *beriberi, sprue, citros,* etc., y otros *beriberi, esprue, citrosas, cítricas,* etc. En cuanto a la impresión tipográfica de los títulos nos hemos atenido al criterio bibliográfico que rige en la *Revista de Filología Española,* de Madrid, condicionando de esta manera el empleo de las mayúsculas.

9. LIMITACIONES

Los trabajos que recogemos en esta obra — a excepción de los que se incluyen en los encasillados IX y X B — son aquellos de autores nativos o extranjeros que principalmente se refieren a Puerto Rico, o de alguna manera se relacionan con algún aspecto de nuestra cultura. En la sección IX, *Historia literaria,* origen de esta obra, nos ocupamos exclusivamente de la producción nativa puramente artística. El abundante material nos obliga a ser parcos en detalles descriptivos, limitándonos a recoger aquellos que aparecen en las portadas de los libros. Como no siempre pudimos ver personalmente las obras que aquí damos, tuvimos que omitir, en beneficio de la uniformidad, el formato de las mismas.

Esta Bibliografía no incluye artículos de periódicos ni manuscritos. Para hacerla más manejable hemos eliminado adrede las copiosas novenas y libros de oraciones, las ordenanzas, informes y presupuestos municipales, las memorias y reglamentos de los casinos, iglesias, sociedades, centrales, corporaciones e instituciones de carácter diverso, y todo material impreso en Puerto Rico que por su índole abstracta ofrece escasa ayuda al historiógrafo.

10. PERSPECTIVA FINAL

Éste ha sido nuestro deseo: servir de punto de partida a los que intenten hacer nuevas aportaciones a nuestra cultura. Este ensayo no tiene otro valor que el de una obra de referencia. Al brindar la facilidad inicial al que trabaja, proporcionará un valioso incentivo para seguir adelante con economía de tiempo y conciencia parcial de lo que hay hecho.

El conjunto de materiales que ahora ofrecemos dará al traste con esa afeminada curiosidad con que hasta la fecha hemos tratado a autores, libros y asuntos, y pondrá en vías de formación la historia de nuestra evolución cultural, que aún está por hacer, y a la cual tendremos que ir irremediablemente antes de definirnos y antes de conseguir la verdadera orientación que nuestro pueblo ha de llevar camino al porvenir. Sin el debido conocimiento de nosotros mismos, ignorando la fecunda trayectoria que hemos recorrido, difícilmente nos podremos trazar rumbos estables y armonizar nuestros propósitos e ideales con la capacidad de realizarlos. El dictamen facultativo para remediar nuestros males ha de surgir del pleno conocimiento que tengamos de ellos. He aquí la auto-compensación que alentó nuestras faenas.

Una bibliografía, amén de ser la más justificada expresión de la mentalidad de un pueblo, prepara y simplifica su diagnóstico espiritual; recoge y auna metódicamente las más vitales expresiones de las diversas épocas; hará posible determinar con claridad las corrientes de pensamiento que lo han empujado, y obligará al que estudie su atmósfera ideológica a llegar a conclusiones concretas y definitorias.

Colaborar en tales empeños sería la más grata satisfacción del autor de este ensayo.

A. S. P.

Universidad de Puerto Rico.

Verano de 1931.

BOSQUEJO DE MATERIAS

V. — ECONOMÍA SOCIAL.

Páginas.

VI. — HISTORIA POLÍTICA Y ADMINISTRATIVA

Páginas.

Páginas.

VII. — ORGANIZACIÓN CULTURAL.

VIII. — HISTORIA DE PUERTO RICO.

Páginas

Páginas.

Páginas.

IX. — HISTORIA LITERARIA.

X. — ASUNTOS VARIOS.

TABLA DE ABREVIATURAS

Agr. Exp. St. — Agricultural Experiment Station. Mayagüez, P. R.
Am. Jour. Med. Sci. — American Journal of Medical Science.
Am. Jour. Trop. Med. — American Journal of Tropical Medicine.
Am. Mus. of Nat. Hist. — American Museum of Natural History.
Ann. — Annals.
Ann. Am. Acad. Pol. Sci. - Annals of the American Academy of Political Science. New York.
Ann. Mo. Bot. Gard. — Annals of Missouri Botanical Garden.
B. H. P. R. — Boletín Histórico de Puerto Rico. San Juan, P. R.
Bol. — Boletín.
Bol. As. Méd. P. R. — Boletín de la Asociación Médica de Puerto Rico. San Juan, P. R.
Bull. — Bulletin.
Bull. Pan Am. Union. — Bulletin of the Pan American Union. Washington.
Bur. Supp. Prtg. — Bureau of Supplies, Printing and Transportation. San Juan, P. R.
Cap. — Capítulo.
Chap. — Chapter.
Cong. — Congress.
Dept., Depto. — Department. Departamento.
Dept. Agr.—Department of Agriculture of Porto Rico. San Juan, P. R.
Doc. — Document.
Ed. — Edición, editorial, editor.
Entomol. — Entomology, Entomología.
Esp. — Español.
Est. Exp. Ins. — Estación Experimental Insular. Río Piedras, P. R.
Fol. — Folio.
Geol. Soc. — Geological Society. Washington.
Gov. Prtg. Off. — Government Printing Office. Washington.
H. R. — House of Representatives.
Il. — Ilustrado.
Imp. — Imprenta.
Ing. — Inglés.
Ins. Exp. St. — Insular Experiment Station. Río Piedras, P. R.
Jour. Am. Med. As. — Journal of the American Medical Association.
Jour. Dept. Agr. — Journal of the Department of Agriculture of Porto Rico. Río Piedras, P. R.
Jour. Econ. Ent. — Journal of Economic Entomology.
Jour. N. Y. Bot. Gard. — Journal of the New York Botanical Garden. New York.

Lib. — Librería.
Mem. — Memoria, Memoir.
Mem. Mus. Comp. Zool. — Memoirs of the Museum of Comparative Zoology.
Mis. Col. – Miscellaneous Collection.
Micol. — Micology.
N. s. — New series.
Nat. Mus. — National Museum.
Neg. Agr. — Negociado de Agricultura.
Neg. Mat. Imp. — Negociado de Materiales, Imprenta y Transporte. San Juan, P. R.
N° — Number.
Núm. — Número.
N. Y. Acad. Sci. — New York Academy of Sciences. New York.
Ord. — Ordinaria.
P. — Página, s; page, s.
Proc. — Proceedings.
Pt. — Part, parte.
Pub. — Publicado, published.
P. R. — Puerto Rico, Porto Rico.
P. R. I. — Puerto Rico Ilustrado. San Juan, P. R.
P. R Health Rev. — Porto Rico Health Review. San Juan, P. R.
P. R. Jour. Pub. Health. — Porto Rico Journal of Public Health and Tropical Medicine. San Juan, P. R.
P. R. Rev. Pub. Health. — Porto Rico Review of Public Health and Tropical Medicine. San Juan, P. R.
R. D. — Real Decreto.
R. O. — Real Orden.
Repr. — Reprint, reproducido.
Rev. Agr. — Revista de Agricultura de Puerto Rico. San Juan, P. R.
Rev. Ant. — Revista de las Antillas. San Juan, P. R.
Rev. Obs. Púb. — Revista de Obras Públicas de Puerto Rico. San Juan, P. R.
S. Doc. — Senate Document.
Sec. — Sección.
Seud. — Seudónimo.
S. f. — Sin fecha.
S. l. — Sin lugar.
S. p. i. — Sin pie de imprenta.
Sess. — Session.
Soc. Esp. Hist. Nat.—Sociedad Española de Historia Natural. Madrid.
Soc. Nat. Hist. — Society of Natural History.
Suppl. — Supplement.
Tip. — Tipografía.
Trad. — Traducción.
V. — Véase, véanse.
Vol. — Volumen.

I

FUENTES BIBLIOGRÁFICAS

BONSAL, STEPHEN: *The American Mediterranean*. Moffat Yard Co., N. Y., 1912.

COESTER, ALFRED: *A Bibliography of Spanish American Literature*. The Romanic Review, N. Y., 1912, vol. 3, N° 1 : 68. [Para lo relativo a P. R., v. p. 95.]

COLL Y TOSTE, C.: *Bibliografía Puertorriqueña*. P. R. I., San Juan, P. R., 31 de julio de 1910, núm. 22; 7 de agosto de 1910, núm. 23; 14 de agosto de 1910, núm. 24; 21 de agosto de 1910, núm. 25. [V. el tópico núm. 2 de nuestra Introducción.]

CUNDALL, FRANK: *Bibliography of the West Indies*. (Excluding Jamaica.) The Institute of Jamaica. Kingston, Jamaica, 1909, 179 p. [Para lo relativo a P. R., v. p. 18.]

FORTESCUE, G. K.: *Subject Index of the Modern Works added to the Library of the British Museum in the years 1881-1900*. London, 1903. [Para lo relativo a P. R., v. vol. 3 : 324.]

—— : —— *in the years 1901-1905*. London, 1906. [Para lo relativo a P. R., v. vol. 4 : 928.]

—— : —— *in the years 1906-1910*. London, 1911. [Para lo relativo a P. R., v. vol. 5 : 1039.]

—— (?) : —— *in the years 1911-1915*. London, 1918. [En éstos no aparece el ed. Lo relativo a P. R. : vol. 6.]

FRANKLIN, JAMESON, and BUEL, J. W.: *Enciclopedia Dictionary of American Reference*. 1901. [Para lo relativo a P. R., v. vol. 12 : 117.]

GRIFFIN, A. P. C.: *A List of Books on Porto Rico*. With References to Periodicals. Gov. Prtg. Off., Wa., 1901, 55 p. (U. S. Library of Congress.) [V. el tópico núm. 2 de nuestra Introducción.]

JONES, CECIL K.: *Hispanic American Bibliographies*. Including collective biographies, histories of Literature and selected general works with critical notes on sources by José Toribio Medina. The Hispanic American Historical Review, Baltimore, 1922, 200 p. [Lo relativo a P. R., p. 147.]

KENISTON, HAYWARD: *List of Works for the Study of Hispanic American History*. The Hispanic Society of America, N. Y., 1920, 451 p. [Lo relativo a P. R., p. 366 y 379.]

LANDALE, ELIZABETH H.: *List and Analytical Index of Publications of the Porto Rico Agricultural Experiment Station.* P. R. Agr. Exp. St., Mayagüez, P. R., Circular N° 21, Gov. Prtg. Off, Wa., 1930, 42 p.

MARDEN, C. C.: *A Bibliography of American Spanish.* 1911-1921. En *Homenaje a Menéndez Pidal.* Hernando, Madrid, 1925, vol 1 : 589.

——: *Notes for a Bibliography of American Spanish.* En *Studies in Honor of A. Marshall Elliot.* The John Hopkins Press, Baltimore, 1911, vol. 2 : 267.

MORALES FERRER, ABELARDO: *Bibliografía Puertorriqueña.* [Obtuvo Medalla de Oro en la Exposición de Puerto Rico del 1893. El manuscrito, que estuvo en el Ateneo Puertorriqueño hasta el 1930, está en vías de publicación.]

OTIS HONEY, EDMUND: *Bibliography of Literature of the West Indian Eruptions, Published in the United States.* Geological Society of America, 1904. [Para lo relativo a P. R., v. vol. 15 : 562.]

PERRIER, JOSÉ LUIS: *Bibliografía Dramática Cubana.* (Incluye a Puerto Rico y Santo Domingo.) N. Y., 1926, 115 p.

RIVERA, GUILLERMO: *A Tentative Bibliography of the Belles-Lettres of Porto Rico.* Harvard University Press. Cambridge. Mass., 1931, 61 p. [V. una crítica de este trabajo titulada *La Bibliografía de Harvard,* por Antonio S. Pedreira, en La Prensa, N. Y., 27 y 28 de agosto de 1931.]

ROOT, ELIHU: *A Collection of United States Documents relating to Puerto Rico.* Wa., 1898-1905. Serie B., vols. 1-18; 23-26; 28-30; 34-37; 40-41. [El autor no ha podido encontrar este trabajo del Sr. Root.]

ROSE, JAMES A. (Compilador): *Dictionary Catalogue of the Illinois State Library.* Illinois Prtg. Co., Danville, Ill, 1912, 814 p. [Para P. R., v. p. 593.]

SABIN, JOSEPH: *A Dictionary of Books relating to America, from ist discovery to the present times.* Sabin, N. Y., 1868-1892, 20 vols. [Para lo relativo a P. R., v. vols. 15 y 16.]

SAMA, MANUEL MARÍA: *Bibliografía Puertorriqueña.* (Trabajo premiado en el certamen del Ateneo Puertorriqueño, celebrado el 29 de enero de 1887, de conformidad con el laudo del Jurado Calificador de la Asociación de Escritores y Artistas de Madrid). Tip. Comercial, Mayagüez, P. R., 1887, 159 p. [V. el tópico núm. 2 de nuestra Introducción.]

SÁNCHEZ ALONSO, B.: *Fuentes de la Historia Española e Hispanoamericana.* Ensayo de Bibliografía sistemática de impresos y manuscritos que ilustran la historia política de España y sus antiguas provincias de Ultramar. Centro de Estudios Históricos, Madrid, 1927, 2 vols.; vol. 1 : 633; vol. 2 : 468 [ambos encuadernados en un solo vol.].

SMITH, A. R.: *Catalogue of Books relating to America... including West Indies.* Alfred Russell Smith, London, 1871.

Stevens, Henry: *Catalogue of the Mexican and other Spanish American and West Indian Books, in the Library of the British Museum, at Christmas, 1856.* Charles Whittinghan, London, 1866.

——: *Bibliotheca Americana.* A catalogue of books Relating to the history and literature of America. Puttick and Simpson, London, 1861, 273 p.

Torres Lanzas, Pedro, y Latorre, Germán: *Catálogo.* Cuadro general de la documentación del Centro Oficial de Estudios Americanos. Sevilla, 1918, 165 p. (Publicaciones del Centro Oficial de Estudios Americanistas de Sevilla. Biblioteca Colonial Americana. Vol. 1.)

Trelles, Carlos M.: *Ensayo de Bibliografía Cubana de los siglos XVII y XVIII, seguido de unos apuntes para la Bibliografía Dominicana y Puertorriqueña.* Matanzas, 1907-1908, 2 vols.

——: *Biblioteca Histórica Cubana.* Imp. de Juan F. Oliver, Matanzas, 1922. [V. lo relativo a P. R. en el vol. 1 : 77-79.]

Warden, David Baillu: *Biblioteca Americana.* Being a choice collection of Books, relating to North and South America and the West Indies. Fain and Thunot, Paris, 1840.

Agricultural Index, The. Subject Index to a Selected List of Agricultural Periodicals and Bulletins. The H. W. Wilson Co., N. Y., 1916-1930.

Analytical and classes Catalogue of the Brooklyn Library. Brooklyn, N. Y., 1881, 1110 p. [Para P. R., v. p. 360.]

British Museum Catalogue of Printed Books. William Clowes and Son, London. [V. lo relativo a P. R. en el vol. 70, publicado en 1894.]

Catálogo de las obras existentes en el Ateneo Puertorriqueño. Redactado por orden alfabético de autores. San Juan, P. R., 1879, 83 p. — Nueva ed., Tip. González y C.ª, San Juan, P. R., 1882, 108 p. — Otra ed.: Tip. El País, San Juan, P. R., 1897, 63 p. [Incluímos aquí estos catálogos, por ser la Biblioteca de nuestro Ateneo una de las más ricas en obras puertorriqueñas.]

Catalogue of the Astor Library. Authors and Books. Riverside Press, Cambridge, 1887, 4 vols. [V. lo relativo a P. R., vol. 3 : 3095.]

Catalogue of Books on Latin America. Grosvenor Library. Bull. N° 1, Buffalo, N. Y., Oct. 1901.

Catalogue of the Public Documents of the 66th Congress and all Departments of the U. S. Government, for the Period. from July 1, 1919 to June 30, 1921. Gov. Prtg. Off., Wa., 1929, 2422 p. [Éste es el vol. núm. 15 de los llamados *Comprehensive Index.* Interesan para Puerto Rico desde el vol. 4, 1901, al vol. 16, 1930, que catalogan los documentos públicos de los Estados Unidos de América, desde la sesión 55 del Congreso en Wáshington, a la 67.]

Catalogue of the Library of Boston Atheneum. Boston, 1880, 5 vols. [Para P. R., v. vol. 4 : 2394.]

Catalogue of Printed Books in the Library of the Foreign Office. His Majestys Stationary Office, London, 1926, 1587 p. [Para P. R., v. p. 1132.]

Catalogue of the Library of the Peabody Institute of the city of Baltimore. Baltimore, 1889. [Para P. R., v. vol. 4 : 3557.]

List of Publications relating to Insular Possessions. For sale by the Superintendent of Documents. (Price List 32.) Gov. Prtg. Off., Wa., 1926. [Hay otras anteriores.]

A List of Books on the West Indies and Bermuda Island. Brooklyn, N. Y., 1904, 12 p. (Brooklyn Public Library.)

List of Works relating to the West Indies. N. Y., 1912, 392 p. (Reprinted at the New York Public Library List, from the Bulletins, January-August, 1912.)

Magazine Subject Index. Compiled by Frederick Winthrop Faxon. The Boston Book Co , Boston, 1907-1925, 18 vols.

Monthly Weather Review. U. S. Dept of Agr. Weather Bureau. Gov. Prtg. Off., Wa. [Desglosada desde el vol. 26, 1898, al vol. 58, 1930.]

Museo-Biblioteca de Ultramar en Madrid. Catálogo de la Biblioteca. Imp. Sucs. M. Minuesa de los Ríos, Madrid, 1900, 350 p.

Poole's Index to Periodical Literature. Houghton, Mifflin & Co., Boston, & N. Y., 1882-1908, 6 vols. [Valioso índice de literatura de revistas publicadas desde 1802 a 1907.]

Reader's Guide to Periodical Literature. The H. W. Wilson Co., N. Y., 1900-1930, 30 vols. [Ésta es una continuación espléndida de la labor iniciada en el *Poole's Index.* Está compilada por la casa Wilson en 8 grandes vols. Continúa publicándose.]

Reader's Guide to Periodical Literature. Supplement. The H. W. Wilson Co., N. Y., 1916-1924, 3 vols. [Ésta es un suplemento a la anterior. El vol. 1 cubre de 1907-1915; el 2, de 1916-1919, y en el 3, cambia a *International Index to Periodicals,* y recoge artículos de revistas extranjeras, desde 1920-1923. Con este título, sigue publicándose.]

Scientific Survey of Porto Rico and the Virgin Islands. N. Y. Acad. of Sci., N. Y., 1919-1930, 12 vols. [Obra valiosísima, en curso de publicación.]

Spain and Spanish America in the Libraries of the University of California. Berkeley, California, 1928-1930, 2 vols. [El primero tiene este subtítulo : «The General and Departamental Libraries.» El segundo: «The Bancroft Library.»]

Subject Index of Books Adress. 1894-1903. Cathill and Co., Dublin, 1911. [Para P. R., v. p. 250.]

The United States Catalogue. Books in Print, Jan. 1, 1928. Edited by Mary Burnham. The H. W. Wilson Co., N. Y., 1928, 3164 p. [4.ª ed.]

REVISTAS PUERTORRIQUEÑAS DESGLOSADAS

Boletín de la Asociación Médica de Puerto Rico. San Juan, P. R., 1903-1930. [Desde el año I, núm. 1, enero de 1903, al año XXII, núm, 183, diciembre de 1930.]

Boletín Histórico de Puerto Rico. San Juan, P. R., 1914-1926, 13 vols. más 2 núms. del vol. 14, correspondientes al año 1927.

Journal of the Department of Agriculture of Porto Rico. 1917-1930. [Publicado por la Estación Experimental, en Río Piedras. Desde el vol. 1, núm. 1, January 1917, hasta el vol. 14, núm. 4, October 1930.]

Revista de Agricultura de Puerto Rico. San Juan, P. R., 1918-1930. [Desde el vol. 1, núm. 1, abril de 1918, hasta el vol. 25, núm. 6, diciembre de 1930.]

Revista de las Antillas. San Juan, P. R., 1913-1914. [Desde el año I, núm. 1, marzo de 1913, hasta el año II, núm. 5, julio de 1914.]

Revista de Obras Públicas de Puerto Rico. San Juan, P. R., 1924-1930. [Desde el año I, núm. 1, enero de 1924, hasta el año VII, núm. 12, diciembre de 1930.]

Revista Puertorriqueña. San Juan, P. R., 1887-1890. [Director: M. Fernández Juncos, 4 vols.]

Porto Rico Health Review. San Juan, P. R., 1925-1930. [Con ese nombre sigue desde su aparición, julio de 1925, vol. 1, hasta junio de 1927, vol. 2, núm. 12. Cambia a *Porto Rico Review of Public Health and Tropical Medicine,* en julio de 1927, vol. 3, núm. 1, y así llega a junio de 1929, vol. 4, núm. 12. Desde entonces se llama *Journal of Public Health and Tropical Medicine,* 1930, 6 vols.]

Puerto Rico Ilustrado. San Juan, P. R., 1910-1930. [Revista semanal desde el año I, núm. 1, 6 de marzo de 1910, hasta el año XXI, núm. 1086, 27 de diciembre de 1930.]

The Puerto Rico Herald. N. Y., 1901-1903. [Desde First Year, N° 1, July 13, 1901, hasta Third Year, N° 151, June 18, 1903.]

Nota: Otras fuentes vivas utilizadas en este ensayo, pueden verse en los tópicos 2, 3 y 4 de la Introducción.

II

INFORMACIÓN GENERAL

A. — OBRAS DE CONJUNTO

a. — PUERTO RICO Y OTROS PAÍSES

Andrews, W. S.: *An Illustration of the West Indies.* Description of the islands of the Caribbean Sea, Gulf of Mexico and Florida. London, 1861.

Babson, Roger W.: *The Future of South America.* Boston, Little, Brown & Co., 1915, 407 p. [Para P. R., v. p. 36-46.]

Baird, Robert: *Impressions and Experiences of the West Indies and North America.* Edinburg, 1850, 2 vols.

Bates, Henry Walter: *Central America, the West Indies and South America.* With ethnological appendix and maps. E. Stanford, London, 1878, xviii-571 p.

Bayleys, F. W. N.: *Four years' Residence in the West Indies.* With chronology of the Principal Islands, from the first discovery. [London?], 1830.

Beltrán y Rózpide, Ricardo: *Los pueblos hispanoamericanos en el siglo XX.* Madrid, Imp. Militar, 1904, 296 p. [Para P. R., v. p. 45. Nueva ed., Madrid, 1910, 285 p.]

Blakesle, George H.: *Mexico & the Caribbean.* [Contiene: Porto Rico as a national problem by P. Capó Rodríguez.] Stechert Co., N. Y., 1920, 363 p.

Bona, Félix de: *Cuba, Santo Domingo y Puerto Rico.* Imp. de M. Galiano, Madrid, 1861.

Bonnycastle, R. H.: *Spanish America or a descriptive historical and geographical account of the dominions of Spain in the Western Hemisphere, continental and insular.* Illus. by map of Spanish America and West Indies, etc. London, 1818, 2 vols.; otra ed. A. Small, Philadelphia, 1819, 482 p. [Para P. R., v. p. 138.]

Bonsal, Stephen: *The American Mediterranean.* Moffat Yard & Co., N. Y., 1912, xiv-488 p. [Para P. R., v. p. 289.]

—: *The Golden Horseshoe.* Extracts from the letters of... Lieut. Lawrence Gill. A. D. C. to the military governor of Porto Rico London, and N. Y., MacMillan Co., 1900, xi-316 p.

Bourne, E. Gaylord: *España en América, 1450-1580*. Trad. de Rafael Zayas Enríquez. Habana, 1906.

Browne, George W.: *The New America and the Far East*. Marshall Jones Co., Boston, 1910-1912, 10 vols. [Para P. R., v. vol. 8.]

Bry, Theodore de: *Americae, pars vii Verissima et jucundissima descriptio praeciparum quarumdam Indiae regionum, et insularum*. Fran... 1599.

Bryan, W. J. (ed.): *Our islands and their people as seen with camera and pencil*. Introduction by Major-General Joseph Wheeler...; descriptive matter... by J. de Olivares...; ed. by W. J. Bryan. Photographs by W. B. Townsend, F. W. Font... N. D. Thompson Pub. Co., N. Y. [1899], 2 vols.

Capadose, Lieut. Colonel: *Sixteen years in the West Indies*. London, 1845, 2 vols.

Castonneti des Fosses, Henri: *Cuba and Porto Rico*. Conference faite à Rombaix. 15 Février 1889. Imp. L. Daniel, Lille, 1889, 24 p.

Coleridge, H. N.: *Six months in the West Indies*. London, 1841. [4.ª ed.]

Cortón, Antonio: *Las Antillas*. Puerto Rico, Cuba, La Martinica, Santo Domingo, Haití, Jamaica, Guadalupe, Santo Tomás, Trinidad. Jaime Jepús. Barcelona, 1898, 80 p.

Chilton, John: *A notable discourse of Mr. —— touching the people, manners, mines, cities, forces, and other memorable things of New Spayne, and other provinces in the West Indies*... [Pub. en el vol. 3 de R. Hakluyt: *The Principal Navigations*.]

Church, A. M. (ed.): *Picturesque Cuba, Porto Rico, Hawaii and the Philippines*. A photographic panorama of our new possessions... Mast Crowel Kirkpatrick. Ohio, 1898, 121 p.

Day, C. W.: *Five years' residence in the West Indies*. London, 1852, 2 vols.

Dodsworth, F.: *The Book of the West Indies*. London, 1904, 307 p.

Dolstein, A.: *Van den Antillen nach dem fernem*. Westen, Jena, 1900.

Eden, Charles Henry: *The West Indies*. Sampron Low, London, 1880, 239 p. [Para P. R., v. p. 145-171.]

Eves, Charles Washington: *The West Indies*. Published under the auspices of the Royal Colonial Institute. London, 1897, xxxi-354 p. 4th ed. [Para P. R., v. p. 288-289.]

Fiske, Amos Kidder: *The West Indies*. A List of the islands of the West Indian Archipelago together with an account of their physical characteristics, natural resources and present condition. Putnam's Sons. N. Y., 1899, xii-414 p.

Fisher, Richard S.: *The Spanish West Indies*. Cuba and Porto Rico... [Porto Rico by J. T. O'Neill...] N. Y. and London, 1861, 190 p.

Gage, Thomas: *The English-American, his travail by sea and land; or A new survey of the West Indies*. 1.ª ed., R. Cotes, London, 1648,

218 p.; 2.ª ed., E. Cotes, London, 1655, 220 p.; 3.ª ed., E. Cotes, London, 1677, 577 p.; 4.ª ed., J. Nicolson, London, 1699, 477 p.

GAGÉ, THOMAS: *A Survey of the Spanish West Indies.* London, 1702, 44 p.

GENT, N. N.: *Exact Description of the West Indies, more especially of those Provinces which are under the dominion of the King of Spain.* [London?], 1655.

GONZÁLEZ BARCIA, ANDRÉS: *De las Indias Occidentales.* Madrid, 1749.

GRANIER DE CASSAGUAC, A.: *Voyage aux Antilles.* Dauvin et Fontaine, Paris, 1842-1844, 2 vols. [Para P. R., v. vol. 2: 185-200.]

GREEN, F. M.: *The navigation of the Caribbean Sea and Gulf of Mexico.* Vol. 1: The West India Islands, including the Bahama banks and the islands, and the Bermuda islands, Wa., 1877.

GROSE HOWARD, BENJAMÍN: *Advance in the Antilles; the new era in Cuba and Porto Rico.* N. Y., 1910, XII-259 p.

HAMM, MARGHERITA ARLINA: *Porto Rico and the West Indies.* F. Tennyson Neely, N. Y., 1899, 230 p.

HARRIS, GARRARD: *The West Indies as an Export Field.* Gov. Prtg. Off., Wa., 1917, 378 p. [Para P. R., v. cap. 5.]

HERRERA, ANTONIO DE: *Descripción de las Islas y Tierra Firme del Mar Océano que llaman Indias Occidentales, escrita por el Coronista Mayor de su Magestad de las Indias y de Castilla.* Valladolid, 1601. [V. la sección *Historia de Indias.*]

——: *Novus Orbis.* Descriptio Indiae Occidentalis. Amstelodami, 1622.

HODGSON, STUDHOLME: *Truths from the West Indies.* (Including a sketch of Madeira in 1833.) London, 1838.

HOWARD, EDWARD V.: *The West Indies.* Gentleman Magazine, London, Oct. 1896.

JEFFERYS, THOMAS: *Caribbee and Virgin Islands and Porto Rico.* [London], 1775.

——: *A Description of the Spanish Island and settlements.* London, 1762, 106 p. [Para P. R., v. p. 95-97.]

KELLER, W.: *Erinnerungen aus Westindien.* Aarau, 1901, 59 p.

KOL, H. H. VAN: *Naar de Antillen en Venezuela.* Leiden, 1904, 552 p.

LLORÉNS TORRES, LUIS: *La Nobleza de las Antillas.* [Ensayo sobre la antigüedad del nombre, etc.] P. R. I., 2 de julio de 1927, núm. 904.

LÖFLING, PETER: *Reischeschreibung nach den Spanischen Ländern in Europa und America in den Jahren, 1751, bis 1756,* etc. En Verlag Gattl. August Lange, Berlín, 1776, 406 p.

LÓPEZ DE VELASCO, JUAN: *Geografía y Descripción Universal de las Indias, recompilada por el Cosmógrafo Cronista J. L. de V. desde el año 1571 al de 1574.* Tip. Fortanet, Madrid, 1894, 808 p [Para P. R., v. p. 126. También en B. H. P. R., 1923, vol. 10: 86.]

MORSE, JEDIDIAH: *American Gazeteer.* London & Boston, 1798, 634 p.

OBER, FREDERICK ALBION: *In the wake of Columbus.* Adventures of the special commissioner sent by the World's Columbian Exposition & the West Indies. D. Lothrop Co., Boston, 1893, 515 p. [Para P. R., v. capt. 19.]

——: *Saint Thomas & San Juan.* Independent, N. Y., Aug. 25, 1898, vol. 50: 543.

——: *Our West Indies neighbors, the islands of the Caribbean sea... picturesque features... history & attraction.* James Pott and Co., N. Y., 1904, 433 p. [Para P. R., v. caps. 14 y 15.]

——: *The Storied West Indies.* D. Appleton & Co., N. Y., 1900, 291 p.

PINCKARD, GEORGE: *Notes on the West Indies.* London, 1806, 3 vols.

PLATT, R. S.: *Porto Rico, Jamaica and Martinique.* Journal of Geography, Chicago, Apr. 1923, vol. 22: 132.

RENOZ, CH.: *Les Antilles.* Renseignements généraux; description, population, production. Extrait du *Recueil Consulaire Belge, 117.* P. Weissenbruch, Bruxelles, 1902, 104 p.

ROBERTSON, W. P.: *A visit to Mexico by the West India Islands...,* etc. London, 1853, 2 vols.

RODWAY, JAMES: *The West Indies and the Spanish Main.* G. P. Putnam's Sons, N. Y., 1896, 371 p. [Hay otra ed.: T. F. Unwin, London, 1896.]

RUEDA, SALVADOR: *¡Puerto Rico! ¡Canarias!* (Nota de gratitud.) P. R. I., 2 de marzo de 1912, núm. 105.

SHOWALTER, W. J.: *Countries of the Caribbean.* National Geographic Magazine, Wa., Feb. 1913, vol. 24: 227.

SPENCER, J. W.: *The Windward Islanda of the West Indies.* Trans. Canadien Inst., VII, 1904. [Para P. R., v. p. 351.]

——: *Reconstruction of the Antillean Continent.* Geological Society of America Bull., Rochester, 1895, vol. 6.

STUVGE, J., and HARVEY, THOMAS: *The West Indies in 1837.* London, 1838.

THOMPSON, G. A.: *The Geographical Dictionary of America and the West Indies containing an entire traslation of the Spanish work by Colonel D. Antonio de Alcedo.* London, 1814, 5 vols. [Para P. R., v. vol. 4: 228.]

TROLLOPE, ANTHONY: *The West Indies and the Spanish Main.* Harper & Bros, N. Y., 1860, 385 p. [Otra ed.: B. Fanchrritz, Leipzig, 1860, 313 p.; y 6.ª ed., London, 1867.]

VARIGNY, C. DE: *Le Monde Antillien: Cuba, Porto Rico.* Revue des deux Mondes, Paris, Jan. 1894, 4e période, vol. 121: 167.

VERRIL, ALPHEUS HYATT: *The Book of the East Indies.* E. P. Dutton, N. Y., 1917, XVI-458 p.

WALEFFE, M. DE: *Le Paradis de l'Amérique Centrale: Les Antilles.* 1909, 304 p.

WATERTON, CHARLES: *Wanderings in S. America, the N. W. of the U. S. A. and the Antilles in the years 1812, 15, 16, 20 and 24, with original instructions for the perfect preservation of birds.* London, 1825, 326 p.

WILCOX, MARRION (ed.): *Encyclopedia of Latin America.* South and Central America, Mexico, Panama, West Indies. Encyclopedia Americana Corp., N. Y., 1917. [Para P. R., v. p. 668, 774, 839 y 863.]

WILLIAMS, TALCATT: *Europe and the United States in the West Indies.* Repr. Am. Acad. of Polit. and Social Sciences. Phila., July 1905, 44 p.

WINTERBOTHAM WILLIAM: *A historical, geographic, commercial and philosophical view of the American U. S. and the European settlements in America and the West Indies.* London, 1795, 4 vols.

Crónica general de España, o sea historia ilustrada y descriptiva de sus provincias. Antillas. Eds. Rubio, Grilo y Vitturi, Madrid, 1871, 231 p. [Para P. R., v. p. 215.]

Derrotero de las Islas Antillas y de las costas Orientales de América desde el río de las Amazonas hasta el cabo Hatteras. Parte Primera. Depósito Hidrográfico, Madrid, 1890, 995 p.

Describing Porto Rico and the rest of the Caribbe and Bahama Islands. English Pilot, pt. 1, 1729.

Il Gazzetiere Americano. (Tradutto dall inglese.) 1773, 3 vols. [Para P. R., v. vol. 3: 60.]

North America and West Indies Gazetteer. Containing an authentical description of the colonies and Islands..., situation, climate, soil, trade, etc., account of cities,. towns... Ports..., lakes..., rivers, etc.; 2.ª ed., Imp. G. Robison, London, 1778, 216 p.

Present State of the West Indies. Containing an accurate description of what parts are possessed by the powers of Europe, etc. R. Baldwin, London, 1778, 95 p.

St. Thomas and Porto Rico. Review of Reviews, N. Y., Feb. 1901, vol. 23: 216.

The West Indies (Illustrated). Historical and descriptive commercial facts, figures and resources. Compiled and edited by Allister MacMillan. W. H. & Co., Collengridge, London, 1911, 386 p.

Véase *Historia de Puerto Rico. Dominación Norte Americana:* Puerto Rico como posesión Norte Americana, etc.

b. — IMPRESIONES SOBRE PUERTO RICO

APPLETON, C. D.: *Porto Rico.* A study of Colonial Courtesy. Review of Reviews, N. Y., Sept. 1925, vol. 72: 301.

BARKER, E. E.: *Impressions of a Nature Lover in Porto Rico.* Nature Study Review, N. Y., Jan. 1920, vol. 16: 10.

BROWNE, GEORGE WALDO, and HASKELL DOLE, NATHAN: *The New America and the far East.* D. Estes & Co., Boston [1901]; Marshall Jones Co., Boston, 1907.

DUGGAN, JANIE P.: *Child of the sea. A chronicle of Porto Rico.* The Judson Press, Boston [1920], 237 p.

EGGERS, H.: *Porto Rico.* Nature, London, Dec. 1883, vol. 29: 129.

FERNÁNDEZ GARCÍA, E.: *El Libro de Puerto Rico.* El Libro Azul Publishing Co., San Juan, P. R., 1923, 1188 p.

FLINTER, GEORGE DAWSON: *An account of the Present State of the Island of Porto Rico.* Longman Press, London, 1834, 392 p. [V. Monthly Review, London, Nov. 1834, vol. 135: 411.]

FONT, AGUSTÍN E.: *Paisajes de mi tierra.* P. R. I., 29 de enero de 1916, núm. 309.

GANDÍA CÓRDOVA, RAMÓN: *Descripción de la Isla de Puerto Rico.* Rev. Obs. Púb., julio de 1925, año II, núm. 19: 557.

HAGBERG, J. B.: *Interesting islands of the sea: Porto Rico.* Jour. of Geography, Madison, Wis, Nov. 1911, vol. 10: 96.

HENNA, JULIO: *Information about the Island of Porto Rico.* N. Y., 1898, 8 p.

GAWNET, HENRY: *A Gazetteer of Porto Rico.* (Bulletin of the U. S. Geological Survey. Series F. Geography, 25.) Gov. Prtg. Off., Wa., 1901, 51 p.

JIMENO AGIUS, J.: *Puerto Rico.* Tip. Hernández, Madrid, 1890.

LLANO, JOAQUÍN DEL: *Enciclopedia de Puerto Rico.* Ponce, 1924.

MASON, R. M.: *Colorful Porto Rico.* Outling Magazine, N. Y., Jan. 1909, vol. 53: 458.

MÉNDEZ DE CARDONA: *Puerto Rico.* Ligeros apuntes monográficos. Imp. Minerviana, Valencia, Barcelona, 1914.

MILTON FOWLES, GEORGE: *Down in Porto Rico.* Eaton & Main, N. Y., 1906, 163 p.

MIRANDA, ARMANDO A.: *Puerto Rico.* Gibson Publishing Co., Phila., 1925, 18 p.

NONES, ADOLFO: *La Isla de Puerto Rico.* Lib. Acosta, San Juan, P. R., 1889, 103 p; 2.ª ed., 1899; 3.ª, 1927, 85 p.

O'NEILL, J. T.: *A memoir of the Island of Porto Rico.* En *The Spanish West Indies,* por Richard S. Fischer, N. Y., 1855, p. 133-190. [Otra ed. de 1861.]

SAMALEA IGLESIAS, LUIS: *Las Antillas: Puerto Rico.* Rev. Ant., marzo de 1913, año I, núm. 1.

SEABURY, JOSEPH BARLETT: *The World and its people.* Silver Burdett & Co., N. Y., 1903, 224 p. [Para P. R., v. vol. 12.]

SICHAR Y SALAS, MARIANO: *Viaje por la costa Noroeste de la Isla de Puerto Rico.* Tip. Boletín Mercantil, San Juan, P. R., 1886, 55 p.

VARONA SUÁREZ, N.: *Puerto Rico en el bolsillo.* Historia al alcance de todos. Informaciones generales. Imp. Morel Campos y Co., Caguas, P. R., 1914, 105 p.

VIÑAS, ANDRÉS: *Estudios sobre la Isla de Puerto Rico.* Madrid, 1856, 79 p.

WARDEN, D. B.: *Puerto Rico.* En *Art. de verif les Dates,* vol. 8: 454.

WILSON, W. P.: *The Island of Porto Rico.* Current Literature, N. Y., Aug. 1898, vol. 24: 140.

La Isla de Puerto Rico. Imp. de A. Lynn, San Juan, P. R., 1897.

LEÓN, JUAN PONCE DE, y SANTA CLARA, ANTONIO DE: *Memoria y descripción de la Isla de Puerto Rico, mandada hacer por S. M. el Rey D. Felipe II el año de 1582.* B. H. P. R., 1914, vol 1: 75.

Porto Rico: The Riviera of the West. A compilation of authentic information about its history, commerce, progress, and attractions, made especially for the tourist, the prospective investor, and others interested in the island. Prepared by the Insular Gov. Bur. of Information. San Juan, P. R., Progress Publ. Co., 1912, 95 p.

Puerto Rico and where its is. Compliments of Waldrop Photographic Co., 16 p.; s. p. i. y s. f.

The Island of Porto Rico. American Journal of Public Health, Boston, May 1917, vol. 7: 508.

The World Almanac. N. Y., 1928, 893 p. [Para P. R., área, población, gobierno, etc., v. p. 467. Se publica anualmente.]

XXX: *Puerto Rico por dentro.* (Cartas abiertas.) Imp. de José Gil y Navarro, Madrid, 1888, 112 p

Véase *Historia de Puerto Rico. Dominación Norte Americana:* Puerto Rico como Posesión Norte Americana, etc.

I. DESCRIPCIÓN Y VIAJES

ATKINS, J.: *A voyage to Guinea, Brazil, and the West Indies.* London, 1735.

ALEXANDER, J. E.: *Transatlantic Sketches, comprising visits to the most interesting scenes in North and South America and West Indies.* London, 1833, 2 vols.

ALONSO, F. (Fotógrafo de la Real Casa): *Álbum de Puerto Rico.* A. Lynn e hijo de Pérez Moris. [Fotografías.]

BAEDEKER, KARL: *The United States with Excursions to Mexico, Cuba, Porto Rico and Alaska.* Handbook for Travellers; with 33 maps and 48 plans. Scribner's Sons, N. Y., 1909; 4th revised ed. K. Baedeker, Leipzig, CII-724 p.

CAMPBELL, JOHN DOUGLAS: *A Trip to the Tropics and home through America.* By the Marquis of Larne, London, 1867.

CLAINE, J.: *Voyage aux Antilles espagnoles.* A Porto Rico, Cuba et au Mexique. Considération sur l'influence française dans ces régions. D'après le «B. S. Études Colon et Marit». Bulletin Union Géographique du Nord de la France, vol. 14: 241.

——: *A Visit to Porto Rico in 1892.* Tour du Monde [Paris?], 1893, vol. 66: 417.

CLIFFORD, GEORGE (3rd. Earl of Cumberland): *The voyage to Saint John de Porto Rico.* By the Right Honorable George Earl of Cumberland, written by himself. En *Purchas, His Pilgrimes,* pt. 4.ª, p. 1150. Wm. Stansby, London, 1625.

COE, SARAH L.: *Over Porto Rico's Motor Roads.* Travel, N. Y., Jan. 1914, vol. 22: 26.

COGGESTAL, GEORGE: *Thirty-six voyages to various parts of the World, made between 1799 and 1841.* Selected from his journal of 80 voyages; contains accounts of several voyages to Cuba and Porto Rico, N. Y., 1858, 583 p.

COPELAN, THOMAS CAMPBELL: *American Colonial Handbook: Facts and Figures about Porto Rico, Cuba, Hawaii,* etc. Franck & Wagnalls Co., N. Y., 1899, 180 p.

CRASFORD, W. H.: *Un viaje a Puerto Rico.* Rev. Obs. Púb., mayo de 1926, año III, núm. 29, p. 842; núm. 31, p. 904.

CHAMPLAIN, SAMUEL: *Narrative of a voyage to the West Indies and México in the years 1599-1602.* [Trad. de Alice Wilmere.] Hakluyt. Soc. Publications, London, vol. 23, 1859.

CHESTER, G. J.: *Transatlantic sketches in the West Indies.* London, 1869.

DEWELL, JAMES D.: *Down in Porto Rico with a Kodak.* The Record. Publ. Co., New Haven, 1898, 102 p.

DURLAND, W. D.: *The Pearl of the Antilles.* American Forest and Forests Life, Wa., Dec. 1924, vol. 30: 713.

ELMENDORF, DWIGHT LANTHROP: *A trip to Porto Rico with Dwight L, Elmendorf, traveler, lecturer and author.* Mentor Assoc., N. Y., 1921. 40 p. [Véase The Mentor, N. Y., Jan. 1921, vol. 8: 3.]

EMERSON JR., E.: *Porto Rico as seen last month.* [Junio 1898.] Review of Reviews, N. Y., 1898, vol. 18: 42.

FERGUSON, C.: *Over the American Railroad in Porto Rico.* Overland Magazine, San Francisco Cal, Apr. 1919, vol. 73: 329.

[FERGUSON, CLARENCE]: *Porto Rico: Its importance and beauty. The Gateway to South America.* 1500 miles of auto roads through Wonderland. Illustrations. [Álbum s f.]

FRANCK, H. A.: *Pen Pictures of Porto Rico.* The Mentor, N. Y., Jan 1921, vol. 8: 32.

FROOKS, DOROTHY D.: *Uncle Sam's garden island in the Antilles.* Travel, N. Y., Dec. 1923, vol. 42: 10.

GEORGE, MARIAN M.: *A little journey to Puerto Rico, for intermediate and upper grades.* A. Flanagan Co., Chicago, 1900, 95 p.

GUINEY, J. J.: *A winter in the West Indies.* Described in familiar letters to Henry Clay of Kentucky, London, 1841, 3.ª ed.

GUTIÉRREZ DE ALBA, JOSÉ MARÍA: *Apuntes de viaje de San Juan de Puerto Rico a la Sierra de Luquillo.* P. R., 1870.

HALE, K.: *Sailing South Porto Rico.* Canadian Magazine. Toronto, Canada, Feb. 1925, vol. 64 : 6.

HALLIDAY, ANTONA A.: *In the streets of Porto Rico.* Independent, N. Y., June 14, 1900, vol. 52: 1443.

HARDIE, BROTHERS: *Photo-gravures of picturesque Puerto Rico.* Hardie Bros, San Juan, P. R., 1899, 72 ilustraciones.

[HASTINGS, D. P.]: *Winter in the West Indies and Florida.* By an Invalid, N. Y., 1839.

HOLDEN, L. L.: *Gem of the Island chain of the West Indies.* Ladies Home Jour, Phila, March 1901, vol. 18 : 25.

HUBVER, TH.: *Reise Eindrücke aus Puerto Rico.* Gobus. Braunschweig, Sept. 2, 1899, vol. 76 : 133.

KEYES, F. P.: *Golden Island of Ponce de León.* Travel, N. Y., Nov. 1925, vol. 46 : 22.

LABAT, JEAN PIERRE: *Nouveau voyage aux Iles de l'Amérique.* Paris, 1724, 8 vols.; La Haye, 1742, 6 vols.

LAYFIELD, JOHN D. D.: *A large relation of the Porto Rico voiage.* En *Purchas his Pilgrimes.* [Fourth part. (Liber VI), Chap. III, p. 1155.] Williams Stansby, London, 1625.

LEDRU, ANDRÉ PIERRE: *Voyage aux Iles de Ténériffe, la Trinité, Saint Thomas, St. Croix et Porto Rico, executé par ordre du Guvernement Français depuis le 30 sept. 1796 jusque au 7 juin 1798, sous la direction du Capitaine Baudin, pour faire des Recherches et des collections, relatives a l'Histoire Naturelle...* Ed. Arthur Bertran, Paris, 1810, 2 vols. [Trad. alemana: *Reice noch den Insel Teneriffe, Trinidad, St. Cruz und Porto Rico...* Weimar H. S., 1812, 322 p.; trad. española por Julio Vizcarrondo, de la parte referente a Puerto Rico: *Viaje a la Isla de Puerto Rico... en el año 1797...* Imp. Militar de J. González, San Juan, P. R., 1863, 268 p]

LEÓN, JUAN PONCE DE, y SANTA CLARA, ANTONIO DE: *Memoria y descripción de la Isla de Puerto Rico, mandada hacer por S. M. el Rey don Felipe II en el año 1582.* B. H. P. R., 1914, vol. 1: 75.

LITTLE, L. L.: *Porto Rico a Motorized Island.* Outing, N. Y., Nov. 1919, vol. 75 : 71.

LÓPEZ DE VELASCO, JUAN: *Descripción de la Isla de San Juan de Puerto Rico en 1571, por el cosmógrafo cronista J. L. de V.* B. H. P. R., 1923, vol. 10: 86.

LOYOLA, MARTÍN IGNACIO: *Itinerario de lo que el P. Custodio Fr. Martín Ignacio, de la Orden de los descalzos de San Francisco, vió y entendió en su viaje de la vuelta que dió al mundo, desde que salió de San Lucar de Barrameda hasta que se restituyó a Lisboa.* Madrid, 1585. [En este itinerario se describe a Santo Domingo, Puerto Rico y otros países.]

MAC QUEEN, P.: *A snap-shot at Porto Rico.* Leslies Weekly. Oct. 13, 1898, vol. 87: 295.

MAC QUEEN, P.: *A Glimpse of the Interior of Porto Rico.* Leslies Weekly, Oct. 29, 1898, vol. 87: 315.

MARVIN, G.: *Porto Rico, 1900-1903.* Outlook, N. Y., July 11, 1903, vol. 74: 649.

MC LEAN, ROBERT, and WILLIAMS, GRACE PETER: *Old Spain in New America.* Ass. Press, N. Y., 1916, 161 p.

MOORE, RACHEL W.: *Journal of R. W. Moore kept during a tour to the West Indies and South America in 1863-1864.* (With notes from the diary of her husband.) Phila., 1867.

MOSCIONI, A: *Picturesque Porto Rico.* [Paisajes, edificios, etc., de P. R.] Progress Publishig Co., San Juan, P. R., 1911, 48 p., por un solo lado.

NOYES, D. C.: *Motoring in Porto Rico.* Country Life in America, N. Y., Nov. 1907, vol. 13: 65.

PERIS MENCHETA, F.: *De Madrid a Panamá, Vigo, Túy, Tenerife, Puerto Rico, Cuba, Colón y Panamá.* Madrid, 1886.

PHELPS STOKES, ANSON: *Cruising the West Indies.* Dodd Mead Co., N. Y., 1902, 126 p.

——: *Cruising the Caribbean with camera.* Dodd Mead Co., N. Y., 1903, 46 p.

PUIG Y VALLS, RAFAEL: *Viaje a América.* Estados Unidos, Exposición Universal de Chicago, Méjico, Cuba y Puerto Rico. L. Fasso, Barcelona, 1894-1895, 2 vols.

RECTOR, CHARLES H.: *The story of Beautiful Porto Rico.* A graphic description of the garden spot of the world by pen and camera. [Profusamente ilustrada con fotografías y mapas.] Laird and Lee, Chicago, 1898, 184 p.

ROBINSON, ALBERT CARDNER: *The Porto Rico of Today.* Pen pictures of the people and the country-maps. Charles Scribner's Sons, N. Y., 1899, XVI-240 p.

SELWYN BROWN, ARTHUR: *Porto Rico's Position in History Forms Very Interesting Chapter.* (A description.) Tobacco, A weekly trade review, N. Y., Dec. 28, 1922, vol. 75, N° 9: 8.

STEVENS, WALTER BARLOW: *A Trip to Panama.* The narrative of a tour of observation through the canal zone with some account of visits to Saint Thomas, P. R., Jamaica and Cuba, by the Commercial Club of Boston, Chicago, Cincinnati and St. Louis..., 1907, Lesan Goned Co., St. Louis, 1907, 256 p.

TALBOYS, W. P.: *West India Pickles.* Diary of a cruise through the West Indies in the yacht, Josephine. G. W. Carleton & Co., N. Y., 1876, 209 p. [Para P. R., v. p. 31.]

TOOKER, H. V.: *Close-up of Porto Rico.* St. Nicholas, March 1927, vol. 54: 362.

——: *On the heels of old Spain, an American girl in Porto Rico.* Century, N. Y., Jan. 1925, vol. 109: 409.

Tooker, H. V.: *On the doorstep in Porto Rico.* Travel, N. Y., Nov. 1924, vol. 44: 43.

Torres Vargas, Diego de: *Descripción de la Isla y ciudad de Puerto Rico y de su vecindad y poblaciones, presidio, gobernadores y obispos; frutos y minerales.* Enviada por don D. de T. V., Canónigo de la Santa Iglesia de esta Isla, en el aviso que llegó de España en 23 de abril de 1647. B. H. P. R., 1917, vol. 4: 257.

Tunbull, David: *Travels in the West Indies.* Cuba with notices of Porto Rico, and the Slave trade. Longman, Orm..., London, 1840, xvi-574 p.

Tusquets Tresserra, Enrique: *Los grandes contrastes de un continente.* De San Juan, P. R., a la Guayra, pasando por el estrecho de Magallanes y el canal de Panamá. Minerva, Barcelona, 455 p.

Tyng, C. D.: *Stranger in the Tropics.* A Handbook for travellers in Habana, Cuba, Porto Rico and St. Thomas, 1868.

Verril, A. H.: *Motoring thru Porto Rico.* Scribner's Magazine, N. Y., Feb. 1916, vol. 59: 190.

Vizcarrondo, Julio L.: *Viaje a la Isla de Puerto Rico en el año 1797.* Imp. Militar de J. González, P. R., 1863, 268 p. [Traducción del francés del libro de André Pierre Ledru, antes mencionado.]

Westerman, Hans: *Voyage aux Indes Occidentales,* 1715. [Este explorador alsaciano estuvo en Cuba, Puerto Rico y Santo Domingo, y regresó a París en 1708.]

Wheeler, Major Gen. J., y Olivares, J. de: *Our Islands and their people as seen with camera and pencil.* [1899], 2 vols.

Wilcox, Mrs Ella Wheeler: *Sailing sunny seas.* A story of travel Jamaica, Honolulu, Haiti, Santo Domingo, Porto Rico, St Thomas, Dominica, etc. W. B. Conkey Co., Chicago, 1909, 248 p.

Willets, Gilson: *Fotografiske Billeder af vore nye Besiddelse... Puerto Rico, Cuba,* etc. Waverly Pub. Co., Chicago [1899], 156 ilustraciones.

Willis, N. P.: *Health Trip to the Tropics.* N. Y., 1853.

Álbum fotográfico de los edificios civiles y militares y puntos principales de San Juan de Puerto Rico. 1880, 60 p.

American Art Association, N. Y. Catalogue of 500 large photographs taken by the special photographic outfit of the U. S., army during 1898 and 1899, illustrating the scenic beauty of Porto Rico. American Art. Association, N. Y., 1899, 54 p.

Beautiful Porto Rico. Overland Monthly, San Francisco, April 1919, vol. 73: 306.

Colorful Porto Rico. Porto Rico, the Sunny Island of the Caribbean Sea, National Geographic, Wa., Dec. 1924.

Picturesque Porto Rico; the most beatiful spot under the American flag. Bur. Supp. Prtg., 1911.

Porto Rico as it is. Current Literature, Oct. 1898, vol. 24: 338.

Porto Rico by motor. Reviews of Reviews, N. Y., Nov. 1929, vol. 80: 174.

Porto Rico. Jour of Education, Sept. 1, 1898, vol. 48: 140.

Porto Rico-Our Switzerland. Overland Monthly, San Francisco Cal., April 1919, vol. 73: 275.

Recuerdo de Puerto Rico [Álbum ilustrado], s. l., 23 p.

Turismo. En el *Libro de Puerto Rico,* 1923, cap. XIII: 798-811.

Voyages interessants dans differentes colonies françaises, espagnoles, anglaises, etc. Contenant des observations importantes relatives a ces contrees, et un mémoire sur la maladies les plus comunes a Saint-Domingue, leurs remédes et le mayen de s'en preserver moralement et physiquement. Londres, 1788.

Voyage of sir Thomas Pert and Sebastian Cabot... the year 1516 to Brazil, Santo Domingo and San Juan de Puerto Rico. En Hakluyts, *Principal Navigations.* London, 1600. [Para P. R., v. vol. 3: 498.]

Véase *Historia de Puerto Rico. Dominación Norte Americana:* Puerto Rico como posesión Norte Americana, etc.

2. GUÍAS

ASPINALL, ALGERNON, EDWARD: *The Pocket Guide to the West Indies,* etc. Rand Mc Nally & Co., Chicago, 1914, VIII-488 p. Otra ed.: Sifton, Praed & Co., London, 1923, 479 p. Revised. [Para P. R., v. p. 328-334.]

BAEDEKER, KARL: *The United States with excursions to Mexico, Cuba, Porto Rico and Alaska.* 4th rev., ed. Leipzig, by K. Baedeker. C. Scribner's Sons, N. Y., 1909, 724 p.

BALLESTEROS MUÑOZ, JOSÉ: ... *Guía comercial y agrícola de Puerto Rico.* Mayagüez, P. R. [1892 ?], 144 p.

BLANCH, JOSÉ: *Directorio Comercial e Industrial de la Isla de Puerto Rico para 1894.* La Correspondencia, San Juan, P. R., 1894, 190 p.

CAMPBELL-CAPELAND and others: *American Colonial Handbook: A ready reference handbook about Cuba, Puerto Rico,* etc. N. Y., 1899, 180 p.

CHOUDENS JR. JUAN DE: [Traductor y recopilador.] *Guía Postal y Directorio General de Puerto Rico.* Tip. y Litografía del Boletín Mercantil, San Juan, P. R., 1911, 299 p.

DÍAZ VALDEPARES, JOSÉ R.: *Indicador General. General Directory of city of San Juan, Porto Rico.* Imp. Valdepares, 1902-1903, 63 p.

DUNN, Z. G.: *Official shipper's Guide of Cuba, Porto Rico and Santo Domingo.* Compiled and published by Z. G. Dunn, N. Y., 1902-1904, 200 p.

FILSINGER, ERNST B.: *Commercial Traveller's Guide to Latin America.* (Revised ed.) Gov. Prtg. Off., Wa., 1922. [Para P. R., v. p. 267.]

GONZÁLEZ CONTRERAS, JOSÉ MARÍA: *Guía Oficial General de Puerto Rico.* Imp. de la Gaceta, San Juan, P. R., 1897, 636 p.

HALE, ALBERT BARLOW: *Practical Guide to Latin America.* Including México, Central America, and the West Indies..., etc. Small Maynard & Co., Boston, 1909, 249 p.

MAYORAL BARNÉS, M.: *Anuario y Guía completo de la Isla de Puerto Rico (1492-1921).* Tip. Cantero Fernández, P. R., 358 p.

MOREL CAMPOS, RAMÓN: *Guía local y de comercio de la ciudad de Ponce.* El Telégrafo, Ponce, P. R., 1895, 113 p.

MORRIS, CHARLES: *Our Island Empire.* A hand book of Cuba, Porto Rico, Hawaii and the Philippine Islands. Lippincott, Phila., 1899, 488 p.

OBER, FREDERICK A.: *A guide to the West Indies and Bermudas.* Dood, Mead Co., N. Y., 1908, 525 p. [Para P. R., v. p. 273.] Nueva ed. revisada, 1920, 533 p.

OSBORNE, JOHN: *Guide to the Madeiras, Azores, British and Foreign West Indies.* Marshall & Co., London, 1844, 300 p. [Para P. R., véase p. 216.]

RAYMOND, WHITCOMB CO.: *Porto Rico, Guide book.* N. Y., 1900, 27 p.

REQUESENA, RICARDO: *Guía Comercial y Agrícola de las Antillas.* The Spanish American Prtg. Co., N. Y., 1894.

VIVIAN, THOMAS P., and SMITH, RUEL P.: *Everything about our new possessions.* Being a handy book on Cuba, Porto Rico, Hawaii and the Philippines, R. F. Fenno & Co., N. Y., 1899, 182 p.

WOLF, M. S., and MIER, I. A. DE: *A Guide Book to Porto Rico.* Brentano, N. Y., 1928, 67 p.

Álbum-Guía de Ponce. Publicado por la Liga Progresista de Ponce. Primer año, 1913. [Contiene una información general histórica, comercial, industrial, de artes y letras, ferrocarriles, correos, aduanas, telégrafos, teléfonos, bancos, cables, vapores, oficinas públicas, etc. de la ciudad.] Tip. La Defensa, Ponce, P. R., 1913, 324 p.

Almanak y guía de forasteros para el año de 1809. Imp. de la Capitanía General, P. R., 1808.

Guía comercial e industrial de la ciudad de Ponce. Para el año de 1904 a 1905. Tip. Baldorioty, 1903, 148 p.

Guía General de la Isla de Puerto Rico. [Con el almanaque... de 1879. Informes, cálculos, tarifas generales, estadísticas, etc.] San Juan, P. R., 1879, 134 p.

Guía oficial general de Puerto Rico. Porto Rico, 1897-1907.

Porto Rico: The Riviera of the West. A compilation of authentic information about its history, commerce, progress, and atractions made especially for the tourist, the prospective investor and others interested in the island, P. R. Progress Publishing Co., San Juan, P. R., 1912, 99 p.

The Commercial Guide of Porto Rico Illustrated with half-tone engravings. Ed. 1913-1914. Issued June 1, 1913. Eng. & Spanish. Published by F. E. Platt, N. Y., San Juan, P. R., 1913, 392 p.

The South American Hand Book. A guide to the countries and resources of Latin America, etc. South American Publication, London, 1928. [Para P. R., v. p. 40.]

Travellers Guide to Madeira and the West Indies by a young traveller. Haddington, 1838.

3. DIRECTORIOS

DREW CARRELL, M: *Register of Porto Rico.* Riviera of the West, San Juan, P. R., Bur. Supp. Prtg., 1911.

IMRAY, JAMES: *A sailing directory for the West India islands.* Contains instructions for navigating among the islands of Porto Rico, Haiti, Jamaica, Cuba, etc. James Imray, London, 1851, 279 p.

MAGALHOES, MIGUEL: *Colonial Business Directory of the island of Porto Rico.* N. Y., 1898.

MAR, E. H. DEL: *Del Mar's classified business directory of Mexico, Central and South America, Cuba and Porto Rico.* N. Y., 1887, 396 p.

MC. LEARY, JAMES H.: *First annual Register of Porto Rico.* Prepred and compiled under the direction of the Hon William H. Hunt, secretary of Porto Rico, by James H. Mc. Leary. Press of the San Juan News, San Juan, P. R. [1901], XIII-306 p.

PURDY, JOHN: *The Columbian Navigator.* A Sailing directory from the northern part of the West Indies... Comprising the island of Porto Rico, Haiti, Cuba, etc., vol. 2. Printed for Richard Holmes Lauriel, London, 1856, 308 p.

Commercial Directory of Cuba and Puerto Rico [Gov. Prtg. Off., Wa., 1892], 50 p. International Bureau of the American Republics, Wa., D. C. Bull, 38.

Directorio comercial, industrial y profesional de San Juan de Puerto Rico, 1926. Cámara de Comercio, San Juan, P. R. [1926?]

Directorio general del gobernador D. Miguel de Muesas, en 22 de marzo de 1770. B. H. P. R., 1914, vol. 1: 92.

Directorio general que ha mandado formar el Sr. D. Miguel de Muesas, coronel de los reales ejércitos, gobernador y capitán general de esta Isla de San Juan de Puerto Rico. Impreso con las licencias necesarias en la Oficina del Gobierno, San Juan, P. R., 1826, 42 p.

Insular Government of Porto Rico with Roster of employees... Press of the San Juan News, P. R., 1902, 51 p.

Official Commercial Directory of Cuba, Porto Rico and the entire West Indies, with Bermuda for 1901. The Spanish-American Directories Co., N. Y., 1901. [Para P. R., v. p. 323-494.]

Official Directory of the Civil Government of Porto Rico. Compiled under the direction of the Governor by Arthur E. Parke, Deputy Secretary. San Juan, P. R., 1901, 24 p.

Porto Rico Annual Commercial and Professional Directory. San Juan, P. R., 1922, 185 p. y un mapa.

Register of Porto Rico. Information of the Federal and Insular Govts.; and historical data. Prepared under Hon. Charles, Hartzell. Tuzo & Co., San Juan, P. R., 1903, 256 p.

Register of Porto Rico. Information of Geography, History, Education, etc. Compiled by Secretary of Porto Rico. Bur. Supp. Prtg., 1905, 108 p.

Register of Porto Rico. Information of Geography, Climate, History, Gov. commerce, finances, etc. Prepared under Hon. E. J. Saldaña. Bur. Supp. Prtg., 1926, IV-317 p.

Registro y Directorio Odontológico de Puerto Rico. (Compilado por la Junta Dental Examinadora de Puerto Rico.) Neg. Mat. Imp., 1929, 55 p.

Roster of members, board of governors and committees of the Union Club. San Juan, P. R., 1924, 15 p.

Roster of Troops, serving in the Department of Porto Rico, commanded by Brigadier General George W. Davis. U. S. Volunteers. Adjutant General's Office, 1900, 13 p.

The Importers and Exporters and Pictorial Guide to Business Directory of Porto Rico. Commercial guide and general business directory of Porto Rico. The Pictorial Guide Pub. Co., N. Y., 1899, 306 p.

The Pictorial Guide and Business Directory of Porto Rico. 1907-1908. F. E. Platt & Co., N. Y. [1908-1909], 2 vols.

III

HISTORIA NATURAL

A. — OBRAS DE CONJUNTO

ABBAD LASIERRA, FRAY ÍÑIGO: *Historia Geográfica, Civil y Natural de San Juan Bautista de Puerto Rico.* [Anotada por José Julián Acosta.] Imp. Acosta, San Juan, P. R., 1866, cap. XXXV: 455.

BRITTON, N. L.: *Estudio científico de Puerto Rico y las Islas Vírgenes.* Historia. Rev. Obs. Púb., julio de 1926, año III, núm. 31: 887. [V. Scientific Survey of Porto Rico and the Virgin islands. Rev. Obs. Púb., septiembre de 1930, año VII, núm. 9: 242.]

DINWIDDIE, W.: *Physical features of the island* [*P. R.*]. Harper's Weekly, N. Y., March 11, 1899, vol. 43: 244.

SONNINI: *Adición a la Historia Natural de Puerto Rico.* En Ledru Pierre, *Viaje a la Isla de Puerto Rico en el año 1797.* Imp. Militar de J. González, San Juan, P. R., 1863, p. 248-262.

Historia Natural. [Geología, mineralogía, geografía física, clínica, flora, ornitología, cielo, etc.] En *El Libro de Puerto Rico.* 1923, capt. I: 2-71.

Porto Rico; its Natural History and Products. Scientific American Supplement, July 30, 1898, vol. 46: 18880.

Scientific Survey of Porto Rico and the Virgin Islands. N. Y. Acad. Sci., N. Y., 1919-1930, 12 vols. [Al cerrarse esta Bibliografía el 31 de diciembre de 1930, sigue su curso de publicación esta obra. Cada volumen consta de 4 partes, y sólo han aparecido completos los volúmenes I, V, IX, X. Por ser de gran importancia, detallaremos cada volumen:

Vol. I: Pt. 1, *History of the Survey,* by N. L. Britton. *Geological Introduction,* by C. P. Berkey. *Geology of the San Juan District,* with colored map, by D. R. Semmes. Pt. 2, *Geology of the Coamo-Guayama District,* with colored map, by E. T. Hodge. Pt. 3, *Geology of the Ponce District,* with colored map, by G. J. Mitchell. Pt. 4, *The Physiography of Porto Rico* with colored map, by A. K. Lobeck.

Vol. II: Pt. 1, *Geology of the Lares District,* with colored map, by Bela Hubbard. Pt. 2, *Geology of the Humacao District,* with colored map, by Charles R. Fettke.

Vol. III: Pt. 1, *Tertiary Mollusca from Porto Rico,* by C. J. Mauri. Pt. 2, *Tertiary Mollusca from the Lares District,* by Bela Hubbard. Pt. 3, *Fossil corals of Porto Rico,* by H. N. Coryell and Violet Ohlsen.

Vol. IV: *Geology of the Virgin Islands, Culebra and Vieques.* Pt. 1, *Introduction and Review of the Literature,* by J. F. Kemp. *Physiography,* with colored map, by H. A. Meyerhoff. Pt. 2, *Physiography* (Concluded), with 2 colored maps, by H. A. Meyerhoff.

Vol. V: Pt. 1, *Descriptive Flora: Spermatophyta,* by N. L. Britton and Percy Wilson. Pt. 2, *Descriptive Flora: Spermatophyta* (Continued). Pt. 3, *Descriptive Flora: Spermatophyta* (Continued). Pt. 4, *Descriptive Flora: Spermatophyta* (Continued).

Vol. VI: Pt. 1, *Descriptive Flora: Spermatophyta* (Continued). Pt. 2, *Descriptive Flora: Spermatophyta* (Continued). Pt. 3, *Descriptive Flora: Spermatophyta with appendix* (Continued). *Descriptive Flora: Pteridopyta,* by William R. Maxon.

Vol. VII: Pt. 1, *Plant Ecology of Porto Rico,* by H. A. Gleason and Mel. T. Cook. Pt. 2, *Plant Ecology of Porto Rico* (Continued). Pt. 3, *Palæobotany of Porto Rico,* by Arthur Hollick.

Vol. VIII: Pt. 1, *Mycology,* by Fred J. Seaver and Carlos E. Chardón, with contribution by Rafael A. Toro, F. D. Kern and H. H. Whetzel, and L. O. Overholts.

Vol. IX: Pt. 1, *Mammals: Chiroptera and Insectivora,* by H. E. Anthony. Pt. 2, *Mammals: Rodentia and Edentata,* by H. E. Anthony. Pt. 3, *Birds: Colybiformes to columbiformes,* by A. Wetmore. Pt. 4, *Birds: Psittaciformes to Passeriformes,* by A. Wetmore.

Vol. X: Pt. 1, *Amphibians and Land Reptiles of Porto Rico,* by Karl Patterson Schmidt. Pt. 2, *The Fishes of Porto Rico and the Virgin Islands: Branchiostomidæ to Sciaenidæ,* by J. T. Nichols. Pt. 3, *The Fishes of Porto Rico and the Virgin Islands: Pomacentridæ to Ogcocephalidæ,* by J. T. Nichols. Pt. 4, *The Acidians of Porto Rico and the Virgin Islands,* by Willard G. Van Name.

Vol. XI: Pt. 1, *Insects of Porto Rico and the Virgin Islands: Diptera or Two-winged Flies,* by C. H. Curran.

Vol. XII: Pt. 1, *Insects of Porto Rico and the Virgin Islands: Heterocera or Moths (excepting the Noctuidæ, Geometridæ and Pyralididæ),* by W. T. M. Forbes.]

B. — GEOGRAFÍA FÍSICA

a. — GEOGRAFÍA DE PUERTO RICO: ESTUDIOS GENERALES

Alcedo, Antonio de: *Diccionario geográfico histórico de las Indias Occidentales o América.* Madrid, 1786-1789, 5 vols. [En el vol. 4,

p. 307-315, figura una descripción de la Isla de Puerto Rico y una relación de los Obispos que ha habido en la Isla.]

ALCEDO, ANTONIO DE: *Geographical and Historical Dictionary of America and the West Indies.* [Traducido al inglés y aumentado por G. A. Thompson.] J. Carpenter, London, 1812-1815, 5 vols.

BELLET, DAMIEL: *Les grandes Antilles: étude de géographie économique.* Préface de E. Cevasseur. E. Guilmoto, Paris, 1909, XII-315 p. [Para P. R., v. p. 99-161.]

BELTRÁN SOLER, TOMÁS: *Descripción geográfica, histórica, política y pintoresca de España y sus establecimientos de Ultramar, ilustrada con 200 grabados en madera y con el grande y único Atlas de España y Portugal por provincia, repartido en 107 pliegos de marca mayor, que juntos forman 42 mapas, por D. Tomás López.* Madrid, 1844, 2 vols. [Un tomo de textos y otro de mapas, fol. mayor.]

CAREY, H. C., and LEA, J.: *The Geography, History and Statistic of America and West Indies.* London, 1823.

COLÓN Y COLÓN, ISIDORO: *Geografía de España y Puerto Rico.* Imp. El Telégrafo, Ponce, P. R., 1896, 80 p.

——: *Curso de Geografía Universal y Particular de Estados Unidos y Puerto Rico.* Imp. de Manuel López. Ponce, P. R., 1898, 366 p.

CUEVAS ABOY, JUAN: *Geografía de Estados Unidos y de Puerto Rico.* Con un juicio crítico de D. Félix de Latorriente. Imp. La Democracia, Ponce, P. R., 1899, 51 p. Otra ed.: Imp. de F. Otero, Humacao, P. R., 1903, 51 p.

——: *Geografía de España y Puerto Rico.* Imp. El Vapor, Ponce, P. R., 1888, 91 p. [Existen 6 eds. de este opúsculo hasta esta fecha.]

——: *Cuadro instructivo de Geografía Astronómica.* Tip. Boletín Mercantil, San Juan, P. R., 1893. [Hay otras eds.]

DAVENPORT, BISHOP: *A new Gazeteer or Geographical Dictionary of North America and the West Indies.* G. M. Dowell and son. Baltimore, 1832. Otra ed.: B. Daven Port and Co., Phila., 1836, 471 p.

FLEURIEU, CARLOS P.: *Longitude exacte des divers Points des Antilles et de l'Amérique du Nord.* [Paris?], 1773.

HILL, ROBERT THOMAS: *Cuba and Porto Rico with the other islands of the West Indies.* Their topography, climate, flora, products, industries, people, political conditions, etc. The Century Co., N. Y., 1898, XXVIII-429 p.

HOVEY, E. O.: *Porto Rico Survey.* Science. Garrison, N. Y., June 19, 1914, vol. 39:896.

LONG GEORGE, G. R. PORTER, and TUCKER, G.: *The Geography of America and the West Indies.* London, 1845, XII-648 p. [Para P. R., v. p. 50-54.]

LÓPEZ DE VELASCO, JUAN: *Geografía y descripción universal de las Indias. Recopiladas por el cosmógrafo cronista desde el año de 1571 al de 1574*. Publicada por primera vez en el Boletín de la Sociedad Geográfica de Madrid. Tip. de Fortanet, Madrid, 1894, 808 p. [Para P. R., v. p. 126. También en B. H. P. R., 1923, vol. 10: 86.]

MADOZ, PASCUAL: *Diccionario geográfico-estadístico-histórico de España y sus posesiones de Ultramar*. Madrid, 1848, 16 vols.

MARTÍNEZ QUINTERO, J. E.: *Geografía*. Tip. La Libertad, Ponce, P. R., 1897, 136 p.

RECLUS, J. J. ELISEE: *Nouvelle Géographie Universelle*. Hachette et Cie., Paris, 1876-1894, 19 vols. [Para P. R., v. vol. 17: 167.]

SANTAELLA, HERMINIO W.: *Geografía Astronómica y Política de España y sus Posesiones Ultramarinas.* Obra declarada de texto para las escuelas de esta provincia. El Comercio, Ponce, P. R., 1885, 99 p.; 2.ª ed., M. López, Ponce, P. R., 1887, 131 p., y otra de 1895, 191 p.

TENÉS LÓPEZ, MANUEL: *Nociones de Geografía Universal y de la Particular de España y sus Posesiones de Ultramar*. 2.ª ed., Imp. de la Cooperativa, P. R., 1895, 95 p.

TORRE, GERMÁN DE LA: *Relaciones geográficas de Indias*. Contenidas en el Archivo general de Indias de Sevilla. La Hispano-América del siglo XVI. Tip. Zarzuela, Sevilla, 1919, 155 p. [Para P. R., v. p. 35-61.]

Geography of America and the West Indies. London, 1841. (Library of Useful Knowledge.)

Nueva Geografía Universal. (Los países y las razas.) W. M. Jackson, ed. s. f. [Para P. R., v. sección 3:27.]

Reseña geográfica y estadística de España. Por la Dirección general del Instituto Geográfico y Estadístico [de España.] Imp. del Instituto Geográfico y Estadístico, Madrid, 1888. [Para P. R., v. p. 1065-1069.]

1. GEOGRAFÍA INSULAR

ASENJO, CONRADO: *Geografía de la Isla de Puerto Rico*. (Con un apéndice de datos históricos y geográficos importantes.) [Contiene vocabulario de frutas del país, maderas, plantas medicinales y venenosas, vegetales y frutos útiles y alimenticios.] 1.ª ed., Tip. M. Burillo & Co., San Juan, P. R., 1910, 128 p.; 2.ª ed., El Compás, 1923; 3.ª ed., El Compás, 1923; 4.ª ed., Cantero y Fernández, 1927.

——: *Geografía Física y Política de Puerto Rico*. En *El Libro de Puerto Rico*. 1923, p. 10-22. [En inglés y español.]

BLANCH, JOSÉ: *Noticias geográficas e históricas de Puerto Rico*. Tip. M. Ginorio, San Juan, P. R., s. f.

BROWN, ARTHUR SELWYN: *The Geographic Position & Economic Conditions of Porto Rico*. Tobacco. (A Weekly Review.) N. Y., Dec. 29, 1921, vol. 73, Nº 9: 33.

Capó, Claudio: *The Island of Porto Rico.* A compilation of facts and some comments on the Geography of the Country. The Globe Publishing Co., San Juan, P. R., 1925, 121 p.

Cedó, Santiago: *Compendio de Geografía para instrucción de la juventud puertorriqueña.* Mayagüez, P. R., 1855.

Córdova, Pedro Tomás de: *Memorias geográficas, históricas, económicas y estadísticas de la Isla de Puerto Rico.* Oficina del Gobierno, 1831-1833, 6 vols.

Deckert, E.: *Politische Geographische Betrachtungen über Puerto Rico.* Geographische Zeitschrift, 1896, vol. 2:138.

Gannett, Henry: *A Gazetter of Porto Rico.* Gov. Prtg. Off., Wa., 1901, 51 p. (U. S. Geological Survey. Bull., N° 183.)

Janer y Soler, Felipe: *Elementos de Cosmografía y Geografía particular de la Isla de Puerto Rico.* Tip. de González y Cía., P. R., 1883, 100 p. Hay otra ed.: Tip. González Font, San Juan, P. R., 1890, 92 p.

Jimeno Agius, J.: *Puerto Rico.* (Estudio histórico, geográfico y estadístico de Puerto Rico.) Imp. de Juan Ginés Hernández, Madrid, 1890, 64 p.

Lobeck, A. K.: *Geografía física de Puerto Rico.* Rev. Obs. Púb., agosto de 1926, año III, núm. 32: 923; núm. 33: 960; núm. 34: 995; núm. 35: 1023; núm. 36: 1051; año IV, núm. 37: 1081; núm. 38: 1117; núm. 39: 1157; núm. 40: 1195.

Miller, Paul G.: *Dodge's Geography of Porto Rico.* Rand Mc. Nally & Co., N. Y. [1921], 20 p.

Nones, Adolfo: *La Isla de Puerto Rico.* Descripción histórico-geográfica. Imp. y Lib. de Acosta, San Juan, P. R., 1889, 103 p.; 2.ª ed., 1899; 3.ª ed., Imp. Venezuela, San Juan, P. R., 1927, 85 p.

Pastrana, Francisco: *Catecismo de Geografía de la Isla de Puerto Rico.* [Texto. Contiene mapa, notas históricas, estadísticas.] Imp. Márquez, Mayagüez, P. R., 1852, 106 p.

Platt, Robert S.: *Geografía de las manufacturas en Puerto Rico.* Rev. Obs. Púb., agosto de 1927, año IV, núm. 44:1333; núm. 45:1368; núm. 46:1394; núm. 47:1424; núm. 48:1455.

Quintana y Cortón, Manuel: *Elementos de Geografía de la Isla de Puerto Rico.* Obra declarada de texto para todas las escuelas de esta provincia. 2.ª ed. corregida y aumentada con un tratado general de las Antillas por el mismo autor. Imp. Salinas y Sánchez, Arroyo, P. R., 1873, 78 p. [La 8.ª ed. se publicó por el Bol. Mercantil, San Juan, P. R., 1895, 71 p.]

Úbeda y Delgado, Manuel: *Estudio histórico geográfico y estadístico de la Isla de Puerto Rico.* Est. Tip. del Bol., San Juan, P. R., 1878, 287 p.

Vizcarrondo, Julio L. de: *Elementos de Historia y Geografía de la Isla de Puerto Rico.* Imp. Militar y Encuadernamiento de J. González, San Juan, P. R., 1863, 107 p.

Whitbeck, Florence: *Porto Rico.* Supplement of New Geography, Book Two, of the Frye-Atwood geographical series. Imp. Ginn and Co., N. Y., s. f., 28 p.

Yordán, Manuel N.: *Geography of Porto Rico.* Physical and political, containing important notes and a statement of the distances from San Juan to each one of the towns of the island. Printed by Manuel López, Ponce, P. R., 1898, 14 p.

Geografía de la Isla. (Ríos, Montes, Geología, Meteorología, Fauna y Flora, Caminos, Comunicaciones.) En *La Exposición de Puerto Rico.* Memoria redactada por Alejandro Infiesta, p. 8-12. [V. Ferias y Exposiciones en el Índice.]

Datos históricos acerca del estudio de la Geografía de Puerto Rico. Rev. Obs. Púb., enero de 1928, año V, núm. 49: 1485.

2. GEOGRAFÍA MUNICIPAL

Gandía Córdova, Ramón: *Los Municipios de Puerto Rico.* Rev. Obs. Púb., febrero de 1924, año I, núm. 2: 49; núm. 3: 97; núm. 4: 136; núm. 5: 172; núm. 6: 215, y núm. 7: 247.

——: *Descripción geográfica del Municipio de Adjuntas.* Rev. Obs. Púb., abril de 1924, año I, núm. 4: 1.

——: *Descripción geográfica del Municipio de Aguada.* Rev. Obs. Púb., mayo de 1924, año I, núm. 5: 19.

——: *Descripción geográfica del Municipio de Aguadilla.* Rev. Obs. Púb., junio de 1924, año I, núm. 6: 35.

——: *Descripción geográfica del Municipio de Aguas Buenas.* Rev. Obs. Púb., julio de 1924, año I, núm. 7: 57.

——: *Descripción del Municipio de Aibonito.* Rev. Obs. Púb., agosto de 1924, año I, núm. 8: 75.

——: *Descripción geográfica del Municipio de Añasco.* Rev. Obs. Púb., septiembre de 1924, año I, núm. 9: 95.

——: *Descripción geográfica del Municipio de Arecibo.* Rev. Obs. Púb., octubre de 1928, año I, núm. 10: 109.

——: *Descripción geográfica del Municipio de Arroyo.* Rev. Obs. Púb., noviembre de 1924, año I, núm. 11: 141.

——: *Descripción geográfica del Municipio de Barceloneta.* Rev. Obs. Púb., diciembre de 1924, año I, núm. 12: 157.

——: *Descripción del Municipio de Barranquitas.* Rev. Obs. Púb., enero, 1925, año II, núm. 13: 175.

——: *Descripción geográfica del Municipio de Barros.* Rev. Obs. Púb., febrero de 1925, año II, núm. 14: 190.

——: *Descripción geográfica del Municipio de Bayamón.* Rev. Obs. Púb. marzo de 1925, año II, núm. 15 : 211.

GANDÍA CÓRDOVA, RAMÓN: *Descripción geográfica del Municipio de Cabo Rojo.* Rev. Obs. Púb., abril de 1925, año II, núm. 16 : 231.

——: *Descripción geográfica del Municipio de Caguas.* Rev. Obs. Púb., mayo de 1925, año II, núm. 17 : 251.

——: *Descripción geográfica del Municipio de Camuy.* Rev. Obs. Púb., junio de 1925, año II, núm. 18 : 270.

——: *Descripción geográfica del Municipio de Carolina.* Rev. Obs. Púb., julio de 1925, año II, núm 19 : 287.

——: *Descripción geográfica del Municipio de Cayey.* Rev. Obs. Púb., agosto de 1925, año II, núm. 20 : 301.

——: *Descripción geográfica del Municipio de Ceiba.* Rev. Obs. Púb., octubre de 1925, año II, núm. 22 : 321.

——: *Descripción geográfica del Municipio de Ciales.* Rev. Obs. Púb., diciembre de 1925, año II, núm. 24: 335.

——: *Descripción del Municipio de Cidra.* Rev. Obs. Pub, enero de 1926, año III, núm. 25 : 351.

——: *Descripción geográfica del Municipio de Moca.* Rev. Obs. Púb., marzo de 1929, año VI, núm. 63 : 1.

——: *Descripción geográfica del Municipio de Quebradillas.* Rev. Obs. Púb., abril de 1929, año VI, núm. 64 : 1.

——: *Descripción del Municipio de San Sebastián.* Rev. Obs. Púb., febrero de 1929, año VI, núm. 62 : 50.

b. — CARTOGRAFÍA

COELLO, FRANCISCO: *Atlas de España y sus Posesiones de Ultramar.* Madrid, 1851. [Contiene un mapa de Puerto Rico.]

CHURRUCA, COSME DE: *Plano geométrico del puerto, capital de la Isla de Puerto Rico.* 1794.

LATORRE, GERMÁN: *La Cartografía colonial americana.* Gartas geográficas más antiguas referentes al Nuevo Mundo, contenidas en el Archivo General de Indias de Sevilla. Tip. de la Guía Oficial, Sevilla, 1916, 79 p. [El cap. IV: La Cartografía primitiva de la América Central y de las Antillas, p. 46-64. V. también Boletín del Centro de Estudios Americanistas, Sevilla, 1916, núms. 30 y 31.]

LEE, PHILLIPS P.: *Maps of Cuba, Porto Rico and West Indies in the Library of Congress-extracted from Maps of America, a Bibliography of American Cartography.* [Reseñado en *List of Books Relating to Cuba,* by A. P. C. Griffin, Gov. Prtg. Off., Wa., 1898.]

LÓPEZ, TOMÁS: *Atlas geográfico de la América Septentrional y Meridional.* París, 1758.

——: *Mapa topográfico de la Isla de San Juan de Puerto Rico y la de Vieques, con la división de Partidos.* Madrid, 1791.

NAVARRO, FRANCISCO: *La Cartografía colonial americana.* La Cartografía de la América Central y de las Antillas en el Archivo de Indias. Revista de la Universidad. Tegucigalpa, 1921, año XI: 112-121.

REEDS, C. A.: *New Base Map of Porto Rico.* En *Scientific Survey of Porto Rico and the Virgin Islands.* 1919, vol. 1, pt. 1: 30.

RUEDA, MANUEL DE: *Atlas americano, desde la Isla de Puerto Rico hasta el puerto de Veracruz.* 1776.

Porto Rico and Virgin Islands. (With supplements to April 30, 1928.) U. S. Dept. of Commerce. Coast and Geodetic Survey. Coast Pilots-West Indies, 1921.

El Mapa de Puerto Rico hecho por fotografías aéreas. Rev. Obs. Púb., septiembre de 1930, año VII, núm. 9: 246. [Muy importante.]

Buoys Lighthouses Bureau. West Indies of United States, buoy list Porto Rico and adjacent Islands, 9th. lighthouse district; 1920, corrected to Nov. 15, 1920, 24 p.

Lights. Lighthouses Bureau. Light list Atlantic and Gulf coasts of United States; 1920, corrected to Jan. 1, 1919, 410 p. [Ambos incluyen a Puerto Rico.]

Lighthouses. Light list Atlantic and Gulf coasts of United States; 1921, corrected to Jan. 1, 1921, 420 p. map. (Porto Rico, the Virgin Islands, Cuba and Navassa Island are included in this publication. Also includes list of aids to navigation and other light lists. V. *Catalogue of the Public Documents...* [from the 55th to the 67th Congress], 1901-1930, vols. 4-16.)

Derrotero de las Islas Antillas, de las costas de Tierra Firme del seno mejicano y de las de los Estados Unidos de Norte América. Formado en la Dirección de Hidrografía para inteligencia y uso de las cartas que ha publicado. Imp. Nacional, Madrid, 1858 (5.ª ed.), 472 p. [Para P. R., v. p. 64 y 322.]

Ilustrazione di una carta Geographica del 1455 e della Notizie che in quel tempo aveansi dell Antilla. s. l. y s. f.

[*Costas de Puerto Rico.* Cartas publicadas por Coast and Geodetic Survey. Department of Commerce. Wa.]

Porto Rico and Virgin Islands. West Indies., Cat. N° 920, size 26 × 47, 1923.

West Coast of Porto Rico. Cat. N° 901, size 33 × 43, 1910.

South Coast of Porto Rico. Cat. N° 902, size 31 × 43, 1929.

North Coast of Porto Rico. Cat. N° 903, size 31 × 42, 1909.

Virgin Passage and Vieques Sound. Cat. N° 904, size 31 × 42, 1924.

San Juan Harbor Porto Rico. Cat. N° 908, size 33 × 39, 1929.

Jobos Harbor (Porto Rico). Cat. N° 909, size 29 × 33, 1909.

Great Harbor (Culebra). Cat. N° 913, size 31 × 38, 1923.

Culebra Island and approaches. Cat. N° 914, size 32 × 43, 1924.

Target Bay and vicinity (Culebra). Cat. N° 915, size 25 × 37, 1923.

Port Mulas and approaches (Vieques). Cat. N° 916, size 23 × 26, 1903.
San Juan Passage to Port Humacao and Western port of Vieques Island. Cat. N° 917, size 34 × 41, 1924.
Port Yabucoa. Cat. N° 918, size 19 × 20, 1910.
Fajardo Harbor and approaches. Cat. N° 921, size 32 × 41, 1924.
Ensenada Honda. Cat. N° 922, size 24 × 25, 1903.
Point Lima to Batata Cay. Cat. N° 923, size 22 × 24, 1929.
Port Maunabo. Cat. N° 924, size 19 × 20, 1929.
Port Arroyo. Cat. N° 925, size 20 × 26, 1929.
Ponce Harbor and approaches. Cat. N° 927, size 33 × 39, 1908.
Guayanilla Harbor. Cat. N° 928, size 34 × 36, 1903.
Guánica Harbor. Cat. N° 927, size 31 × 36, 1921.
Mayagüez Bay and approaches. Cat. N° 931, size 31 × 35, 1927.
Boquerón Bay. Cat. N° 932, size 23 × 24, 1905.
Vicinity of Point Palmas Altas. (P. R.). Cat. N° 936, size 26 × 36, 1929.
Latest Revised Map of Porto Rico and a Bird's eye view of San Juan, the capital. The Pictorial Guide Publishing Co., N. Y., s. f.

Nota: Para Mapas, Derroteros, Cartas de mar, Boyas, etc., consúltese la Bibliografía oficial: *Catalogue of the Public Documents*... [from the 55th to the 67th Congress], 1901-1930, vols. 4-16.

c. — TOPOGRAFÍA

ABBAD LASIERRA, FRAY ÍÑIGO: *Descripción topográfica de la Ciudad de Puerto Rico y de sus inmediaciones* [y otros pueblos]. En *Historia Geográfica, Civil y Natural de San Juan Bautista de Puerto Rico.* [Anotada por José Julián Acosta.] Imp. Acosta, San Juan, P. R., 1866, caps. XX al XXIV: 211-248.

DORSEY, C. W.: *Soil survey from Arecibo to Ponce. (Porto Rico).* (Report of Bureau of Soils),Wa., 1902, p. 793-839. [Excelente descripción topográfica.]

GANDÍA CÓRDOVA, RAMÓN: *Las Montañas de Puerto Rico.* Rev. Obs. Púb., diciembre de 1927, año IV, núm. 48: 1464; enero de 1928, núm. 49: 1488; núm. 50: 1515; núm. 51: 1534; núm. 52: 1574; núm. 54: 1650.

HILL, ROBERT T.: *Porto Rico.* Configuration & Geology. National Geographic Magazine, Wa., March 1899, vol. 10: 93.

LITTLE, L. L.: *El Yunque.* Outing, N. Y., July 1919, vol. 74: 221.

MEDINA, GUILLERMO: *The Aerial Survey of Porto Rico.* Rev. Obs. Púb., diciembre de 1930, año VII, núm. 12: 318.

WILSON, HERBERT MICHAEL: *Porto Rico: its Topography and aspects.* American Geog. Society Journal, N. Y., 1900, vol. 32: 220-238.

Mapa topográfico de Puerto Rico. Rev. Obs. Púb., junio de 1930, año VII, núm. 6: 147.

ch. — GEOLOGÍA

BERKEY, CHARLES PETER: *Geological Reconnoissance of Porto Rico.* Annals of the N. Y. Acad. of Sci., N. Y., 1915, vol. 26: 1-70.

——: *Reconocimiento geológico de Puerto Rico.* Rev. Obs. Púb., diciembre de 1925, año II, núm. 24: 685; sigue en enero de 1926, núm. 25: 695; núm. 26: 715; núm. 27: 752; núm. 28: 796; núm. 29: 820.

BRITTON, N. L.: *Las arenas de las planicies de la costa Norte de Puerto Rico.* Rev. Agr., marzo de 1924, vol. 12, núm. 3: 157.

BROWN, A. P.: *Notes on the Geology of the Island of Antigua.* Pro. Acad. Nat. Sci., Phila., 1913, vol. 65: 598.

CAPÓ, CLAUDIO: *The Island of Porto Rico.* Geography and Geology. Imp. El Globo, San Juan, P. R., 1925, 121 p.

CLEVE, P. T.: *Outline of the Geology of the northeastern West India Islands.* Ann. N. Y. Acad. of Sci., N. Y., 1883, II: 185-192.

——: *Geology of the northern West Indies.* Konge. Sevenska Vetenskaps-Akad, Handlingar, 1871, IX, N° 12.

COMBES, PAUL: *Histoire Géologique des Antilles.* Cosmos, Paris, 19 de julio de 1902.

CORTÉS: *Memoria sobre la Geología de las Antillas.* Carta a Humboldt. Journal de Physique [Paris], 1810, vol. 70: 129.

CRAMPTON, H. E.: *Porto Rico.* Am. Mus. Jour., Jan. 1916, vol. 16. [Estudio geológico.]

FALCONER, J. D.: *The Evolution of the Antilles.* A brief geologic history..., of the West Indies. Scottish Geographical Magazine. Edinburg, 1902, vol. 18: 369-375.

FERNÁNDEZ DE CASTRO, MANUEL: *Estudios geológicos sobre Cuba y Puerto Rico.* Rev. de Cuba, 1877, vol. 1.

FETTKE, CHARLES R.: *The Geology of the Humacao District.* Sc. Survey of Porto Rico and the Virgin Islands. N. Y. Acad. of Sci., N. Y., 1924, vol. 2; pt. 2: 117-197. [V. Rev. Obs. Púb., mayo de 1930, año VII, núm. 5: 121; sigue hasta el núm. 12 inclusive.]

GANDÍA CÓRDOVA, RAMÓN: *Geología de Puerto Rico.* Rev. Obs. Púb., noviembre de 1925, año II, núm. 23: 651; año IV, núm. 41: 1230.

GUPPY, R. J. L.: *Geological connections of the Caribbean region.* Trans. Canadian Ins., Jan. 1909, p. 373-391.

HILL, ROBERT T.: *Porto Rico.* Natl. Geog. Mag., 1899, vol. 10: 93. [Artículo sobre Geología.]

HODGE, E. T.: *Report on Progress.* (Scientific Survey), Ann. N. Y. Acad. Sci., 1916, vol. 26: 434; 1917, vol. 27: 277.

——: *Geology of the Coamo-Guayama District, Porto Rico.* Sci. Survey of Porto Rico and the Virgin Islands. N. Y. Acad. of Sci., N. Y., 1920, vol. 1, pt. 2: 111-228. [V. en Rev. Obs. Púb. los núms. 49-63 inclusives.]

HUBBARD, BELA: *The Geology of the Lares District.* Sci. Survey of Porto Rico and the Virgin Islands. N. Y. Acad. of Sci., N. Y., 1923, vol. 2, pt. 1.

——: *Tertiary Formations of Porto Rico.* Science. Garrison, N. Y., April 16, 1920, vol. 51: 395.

KEMP, JAMES F.: *Geology of the Virgin Islands, Culebra and Vieques.* Sci. Survey of Porto Rico and the Virgin Islands. N. Y. Acad. of Sci., N. Y., 1920, vol. 4, pt. 1.

LOBECK, A. K.: *Five Landfeatures of Porto Rico.* Nat. Hist., 1919, vol. 19: 522. [V. Rev. Obs. Púb., junio de 1930, año VII, núm. 6: 155.]

——: *The Physiography of Porto Rico.* Sci. Survey of Porto Rico and the Virgin Islands. N. Y. Acad. of Sci., N. Y., 1922, vol. 1, pt. 4: 301-384.

MAURY, C. J.: *Porto Rico and Dominican Stratigraphy.* Science, N. Y., Dec. 20, 1929, vol. 70: 609.

——: *Ont he correlation of Porto Rican Tertiary formations with other antillean and mainland horizons.* Am. Jour. Med. Sci., 1919, vol. 48: 209.

MEYERHOFF, H. A.: *Physiography.* Sci. Survey of Porto Rico and the Virgin Islands. N. Y. Acad. of Sci., N. Y., 1920, vol. 4, pt. 1 and 2.

——: *Pre-oligocene Stratigraphy of Porto Rico.* Science, N. Y., March 21, 1930, vol. 71: 322.

MITCHELL, G. J.: *Geology of the Ponce District.* Sci. Survey of Porto Rico and the Virgin Islands. N. Y. Acad. of Sci., N. Y., 1922, vol. 1, pt. 3: 229. [V. Rev. Obs. Púb., abril de 1929, año VI, núms. 64-73 inclusives.]

NEWBERRY, J. S.: *Geology of the West Indies.* Trans. N. Y. Acad. Sci., 1882, vol. 1: 23

REEDS, C. A.: *Report of Progress.* (Sci. Survey.) Ann. N. Y. Acad. Sci., 1916, vol. 26: 435; 1917, vol. 27: 280.

SAINTE, CHARLES-CLAIRE DEVILLE: *Voyage Geologique aux Antilles...* Paris, 1856-1864, 7 vols.

SEMMES, D. R.: *Report of Progress.* (Geological Survey.) Ann. N. Y. Acad. Sci., 1916, vol. 26: 433; 1917, vol. 27: 279.

——: *The Geology of the San Juan District, Porto Rico.* Sci. Survey of Porto Rico and the Virgin Islands. N. Y. Acad. Sci., N. Y., 1919, vol. 1, pt. 1: 33-110. [V. Rev. Obs. Púb., junio de 1927, año IV, núms. 42-47 inclusives.]

SIERVERS, W.: *Zur Kentniss Puerto Rico.* Mittheil. Geog. Gesellschaft. Hamburg, Heft. 1895, vol. 11: 217-236.

SPENCER, J. W.: *On the Geological relationship of the volcanoes of the West Indies.* Victoria Inst. Jour. Trans., 1903, vol. 35: 189-207.

——: *Reconstruction of the Antillean Continent.* Geol. Soc. of Am. Bull. Rochester, 1895, vol. 6.

VAUGHAN, T. WAYLAND: *The Biologic character and Geologic correlation of the sedimentary formations of Panama in their relations to the Geologic history of Central America and the West Indies.* Bull. U. S. Natl. Mus., 1919, Bull. Nº 103: 547.

VILLAMIL, FERNANDO A.: *Las arenas del área de San Juan.* Rev. Agr., mayo de 1929, vol. 22, núm. 11: 187.

Geologic formation of Porto Rico. Public Opinion., Sept. 28, 1899, vol. 27: 399.

Véase *Agricultura. Suelos y Abonos. Historia de Puerto Rico. Arqueología.*

I. TERREMOTOS

ABBAD LASIERRA, FRAY IÑIGO: *Huracanes y terremotos que se experimentan en Puerto Rico.* En *Historia Geográfica, Civil y Natural de San Juan Bautista de Puerto Rico* [Anotada por José Julián Acosta.] Imp. Acosta, San Juan, P. R., 1866, cap. XXXIII: 429.

ARANA DOMINGO: *Después del temblor de tierra ocurrido en 11 de octubre de 1918.* Imp. Eco, Camuy, P. R., 30 p.

FIELDING REID, H., and TABEK, STEPHEN: *Los terremotos de Puerto Rico de 1918.* (Informe de la Comisión encargada de la investigación sobre terremotcs.) Neg. Mat. Imp., 1919, 100 p. [También en inglés.] Gov. Prtg. Off., Wa., 1919. House Doc., 269, 66th Cong. 1st sess., vol. 33: 7644.

FUCHS, C. U. C.: *Die Vulcanishen Erscheinungen del Erde.*, 1865-1885. Leonhards Jahrbuch fur Min. Geol. und Palaeontol., 1866-1871. Tacher maks Minn. Mittheil, 1873-1887. [Existen algunos errores en las listas. Véase el título anterior: Los terremotos de Puerto Rico de 1918].

GANDÍA CÓRDOVA, RAMÓN: *Los temblores de tierra.* Rev. Agr., septiembre de 1918, vol. 1, núm. 6: 231.

——: *Earthquakes.* Bull. 6; Dept. Agr. and Labor, San Juan, P. R., 1918.

LATIMER, GEO. A.: *On Earthquakes in West Indies.* Annual Report... The Board of Regents of the Smithonian Institution... for the year, 1867. Gov. Prtg. Off., Wa., 1868, p. 465.

PERREY, ALEXIS: *Sur les Tremblements de Terre aux Antilles, 1530-1846.* Mem. Acad. Sci. de Dijon, 1845-1846, p. 325-392.

——: *Lista general de terremotos en Puerto Rico.* Bull. Acad. Royale des Sciencies de Belgique, vol. 10, 1843, al vol. 22, 1856. [V. Mémoires Couronnées de l'Academ. Royale de Belgique. Coleccionadas en el vol. 8, 1856, al vol. 24, 1876.]

POEY, A.: *Catalogue Chronologique des Tremblements de Terre ressentis dans les Indes-Occidentales, 1530-1856.* Annuaire de la Soc. Meteor. de France, 1857, p. 89-127.

SOTOMAYOR, V. DE: *Huracanes y terremotos.* Cómo se presentan; dirección... y efectos. En González Font, José: *Escritos sobre Puerto Rico,* 1903, p. 85.

Comentarios sobre los terremotos de Puerto Rico. (Reproducido de El Palenque), San Juan, P. R., 1918, 12 p.

Huracanes y terremotos sufridos en la Isla de Puerto Rico. En González Font, José: *Escritos sobre Puerto Rico,* 1903, p. 89.

El terremoto y sus efectos (oct. 11, 1918, y otros siguientes). En *Informe del Comisionado del Interior al Hon. Gob. de Puerto Rico.* Neg. Mat. Imp., 1919, p. 172.

Hurricane's Havoc in West Indies. The P. R. Herald, N. Y., August 15, 1903, vol. 3, año III, núm. 107: 853.

Los temblores de tierra de 1867. B. H. P. R., 1918, vol. 5: 370.

d. — HIDROGRAFÍA

BOGGS, F. C.: *Report upon River and Harbor improvement in the District of Porto Rico.* Annual report of the chief of engineers, 1927. Extract Gov. Prtg. Off., Wa., 1927, 10 p.

CHURRUCA, COSME DAMIÁN: *Extracto de los acontecimientos y operaciones de la división de bergantines destinada a perfeccionar la Hidrografía de las Islas de la America Septentrional, bajo el mando del capitán de fragata D. Cosme Damián Churruca.* Años de 1792 a 1795. Tall. de Emeterio Verdes, Bilbao, 1908, 21 p.

GANDÍA CÓRDOVA, RAMÓN: *Los Ríos de Puerto Rico.* Rev. Obs. Púb., julio de 1928, año V, núm. 55: 1659; sigue en el núm. 56.

GÓMEZ MORENO, EDUARDO: *Memoria sobre las aguas minerales y la composición y demás especialidades de la de los Baños de Coamo y San Lorenzo.* Imp. del Boletín, P. R., 1847, 15 p.

HOSTOS, ADOLFO DE: *Notes on West Indian Hydrography in its Relations to Prehistoric Migrations.* Annals XX Congresso Internacional de Americanistas, Río de Janeiro, 1924.

JULIÁ MARÍN, R.: *Crónicas íntimas.* (El salto de los Morones.) [Descripción de ese salto de agua], P. R. I., 8 de junio de 1912, núm. 119.

SANFORD, J. C.: *Report upon River and Harbor improvement in the District of Porto Rico.* (Fiscal Year, 1919.) Engineer Dept. Report, 1919 (with appendixes), 1919. Pt. 1: 1949-1955; Report, 1920. Pt. 2: 2967-2968. Pt. 3: 3505-3507.

USERA ALARCÓN, JUAN: *Aguas minero-medicinales de Coamo.* Imp. Militar de González, P. R., 1868, 15 p.

WHARTON, WILLIAM J. L.: *The Physical Condition of the Ocean.* Address of the Geographical section of the British Assn.; Annual Report of the Smithsonian Institute, Wa., 1896, p. 343. [V. Geographical Jour., Sept. 18, 1894, vol. 4: 255. También en Nature, Aug. 16, 1894.]

WILSON, H. M.: *Water Resources in Porto Rico.* Water Supply Paper Nº 32. U. S. Geological Survey, 1899.

Memoria de las aguas minero-medicinales de Coamo. B. H. P. R., 1921, vol. 8: 246.

Ley de Aguas vigente en la Isla de Puerto Rico. Tip. La Primavera, San Juan, P. R., 1908, 79 p. [El autor ha tropezado con múltiples leyes parecidas, sin pie de imprenta, fecha y a veces sin título.]

Estudio Hidrográfico de la Isla. Informe del Servicio de Riego en Puerto Rico. Rev. Obs. Púb., marzo de 1925, año II, núm. 15: 445.

Investigation of the Aquatic Resources and Fisheries of Porto Rico, by the U. S. Fish Commission. Steamer Fish Hawk in 1899, General report, etc. Bull. of the U. S. Fish Comm. for 1900, vol. 1, Doc. Nº 451. Gov. Prtg. Off., Wa.

Reconocimiento hidrográfico de la Isla y estudio para el desarrollo de las fuentes pluviales. Rev. Obs. Púb., marzo de 1928, año V, núm. 51: 1539.

Real orden de Felipe II sobre la Fuente Aguilar, en 1568. B. H. P. R., 1924, vol. 11: 299.

The Law of Water in force in the Island of Porto Rico. Bur. Supp. Prtg., s. f., 64 p.

Véase *Obras Públicas:* Riego.

I. FUERZA HIDRÁULICA Y ACUEDUCTOS

ALEXANDER, W. H.: *Climatology and Water Power y Porto Rico.* Monthly Weather Review, Nov. 1902; Jan. 21, 1903, vol. 30: 522.

DINWIDDIE, W.: *The Water Works of San Juan.* Harper's Weekly, N. Y., Dec. 24, 1898, vol. 42: 1271.

ESTEVES, GUILLERMO: *Utilización de la energía de los saltos de agua.* Rev. Obs. Púb., octubre de 1925, año II, núm. 22: 615.

GONZÁLEZ, R. A.: *La represa del Guajataca.* Rev. Obs. Púb., abril de 1927, año IV, núm. 40: 1198. Sigue en el número 41.

KRUG, FREDERICK: *Restauración de las plantas de Comerío.* Rev. Obs. Púb., mayo de 1930, año VII, núm. 5: 117.

——: *El proyecto de Río Blanco según fué construído en 1929.* Rev. Obs. Púb., julio de 1930, año VII, núm. 7: 172.

LUCHETTI, ANTONIO: *Utilización de las fuentes pluviales.* Sistema hidroeléctrico. Rev. Obs. Púb., diciembre de 1930, año VII, núm. 12: 308.

NOBLE, W. D.: *La fuerza hidráulica de Puerto Rico.* Rev. Obs. Púb., agosto de 1925, año II, núm. 20: 576.

NOBLE, W. D.: *La fuerza motriz del Río Blanco.* Rev. Obs. Púb., septiembre de 1925, año II, núm. 21: 594.

PENNINGTON, J. R.: *Abastecimiento de agua de las poblaciones de Puerto Rico.* Rev. Obs. Púb., agosto de 1925, año II, núm. 20: 580.

RIVERA FERRER, M., y NONES, RAFAEL: *Proyecto de un nuevo acueducto para San Juan, tomando las aguas del Río Bayamón.* Rev. Obs. Púb., abril de 1924, año I, núm. 4: 140

RODRÍGUEZ VERA, A.: *Aprovechamiento de las fuerzas hidráulicas.* En *Agrarismo colonial.* La Democracia, San Juan, P. R., 1929, cap. IV: 83.

SICHAR Y SALAS, MARIANO: *Aguas.* Su utilidad práctica en general, especialmente las subterráneas, y del Este, Norte, Sur y Noroeste de Puerto Rico. Tip. La Revista de P. R., Ponce, P. R., 1890, 42 p.

VALLE, CARLOS DEL: *Purificación de aguas en los acueductos.* Imp. Cantero Fernández & Co., San Juan, P. R., 1926, 27 p.

WILSON, H. M.: *Fine Water Power of Porto Rico.* The Engineering Development of Porto Rico. Engineering Magazine, N. Y., July 1899, vol. 17: 602. [Hay tirada aparte. Gov. Prtg. Off., Wa., 1899, 48 p.]

e. — METEOROLOGÍA

ABBAD LASIERRA, FRAY ÍÑIGO: *De la calidad de la tierra y naturaleza del clima de esta Isla.* En *Historia Geográfica, Civil y Natural de San Juan Bautista de Puerto Rico.* [Anotada por José Julián Acosta.] Imp. Acosta, San Juan, P. R., 1866, cap. XXXII: 420.

ALEXANDER, WILLIAM H.: *Hailstorms in Porto Rico.* Monthly Weather Review, U. S. Dept. Agr. Weather Bureau, Gov. Prtg. Off., Wa., 1903, vol. 31: 233.

——: *Climatology of Porto Rico from 1867 to 1905 inclusive.* Monthly Weather Review, U. S. Dept. Agr. Weather Bureau, Gov. Prtg. Off., Wa., 1906, vol. 34: 315 [Hay tirada aparte: 11 p.]

——: *Climatology and Water Power y Porto Rico.* Monthly Weather Review, Nov. 1902; Jan. 21, 1903, vol. 30: 522.

ALEXANDER, WILLIAM H.: *Climatology of Porto Rico.* U. S. Dept. Agr. Weather Bureau. Proc. of Third Convention of Weather Bureau Officials, Gov. Prtg. Off., Wa., 1904, p. 239-246.

——: *Climate and Resources of Porto Rico.* American Geographical Society Bulletin, N. Y., 1902, vol. 34: 401.

BOLLING, J. ESTEN M. E.: *Manufactured Weather.* Tobacco. (A Weekly Trade Review.) N. Y., Dec. 29, 1921, vol. 73, Nº 9: 52.

CLINE, J. L.: *Island of Porto Rico.* Monthly Weather Review, Oct. 31, 1901, vol. 29: 353.

FASSIG, O. L.: *Average Annual Rainfall of Porto Rico.* Monthly Weather Review, U. S. Dept. Agr. Weather Bureau, Gov. Prtg. Off., Wa., 1909, vol. 37 : 982.

——: *The Normal Temperature of Porto Rico.* Montlhy Weather Review, U. S. Dept. Agr. Weather Bureau, Gov. Prtg. Off., Wa., 1911, volumen 39 : 299.

——: *The Trade Winds of Porto Rico.* Monthly Weather Review, U. S. Dept. Agr. Weather Bureau, Gov. Prtg. Off., Wa., 1911, volumen 39: 796.

——: *Tropical Rains. Their Duration. Frequency and Intensity.* Monthly Weather Rewiew, U. S. Dept. Agr. Weather Bureau, Gov. Prtg. Off., Wa., 1916, vol. 44 : 329.

——: *The Work of the U. S. Weather Bureau in the West Indies.* Monthly Weather Review, U. S. Dept. Agr. Weather Bureau, Gov. Prtg. Off., Wa., 1919, vol. 47 : 850.

——: *Pilot-Balloon Observations at San Juan, Puerto Rico.* Monthly Weather Review, U. S. Dept. Agr. Weather Bureau, Gov. Prtg. Off., Wa., 1924, vol. 52 : 22.

——: *El clima de Puerto Rico*. Rev. Obs. Púb., diciembre de 1925, año II, núm. 24 : 691; año III, núms. 25 y 26.

——: *La Oficina del tiempo del Gobierno de los Estados Unidos en las Antillas.* Rev. Obs. Púb., noviembre de 1925, año II, núm. 23 : 649.

——: *On the Average Monthly and Annual Rainfall of Porto Rico.* P. R. Jour. Pub. Health, 1929-1930, vol. 5, núm. 3 : 332.

——: *Climate of Porto Rico.* Annals of the Association for American Geographers, Wa., 1911, vol. 1 : 127.

——: *The Climate of Porto Rico.* P. R. Rev. Pub. Health, 1928, vol. 4 : 199.

GEEDDINGS, R. M.: *Meteorological Notes from Porto Rico.* Monthly Weather Review, U. S. Dept. Agr. Weather Bureau, Gov. Prtg. Off., Wa., 1900, vol. 28 : 287.

HANSARD, ARTHUR C.: *Meteorological Observations at Hacienda Perla, Porto Rico.* Monthly Weather Review, U. S. Dept. Agr. Weather Bureau, Gov. Prtg. Off., Wa., 1898, vol. 26 : 407.

HAZARD, DANIEL L.: *Results of Observations made at the coast and geodetic survey magnetic Observatory at Vieques, Porto Rico, 1903-1904.* (Department of Commerce and Labor Coast and Geodetic Survey.) Gov. Prtg. Off., Wa., 1909, 70 p.; Observations for 1905-1906, Gov. Prtg. Off., Wa., 1910, 110 p.; Observations for 1907-1908, Gov. Prtg. Off., Wa., 1911, 98 p.; Observations for 1909-1910, Gov. Prtg. Off., Wa., 1912, 94 p. [Hemos visto hasta las del año 1920. Se publican todos los años.]

KRAMER, W. P.: *Los bosques y la precipitación pluvial.* Rev. Agr., enero de 1928, vol. 20, núm. 1 : 21.

LÓPEZ TUERO, FERNANDO: *Teoría moderna contraria a la influencia de la vegetación en la producción de las lluvias locales.* Imp. Boletín Mercantil, San Juan, P. R., 1895, 54 p.

NOYES, C. HAROLD: *Value of the climate and crop, and storm-warning services of the Weather Bureau to the industries of Porto Rico.* U. S. Dept. Agr. Weather Bureau, Bull. 31, Gov. Prtg. Off., Wa., 1902, p. 60-62.

PHILLIGS, WILLIAM FOWKE R.: *Temperature, Rainfall, and Humidity at San Juan, Porto Rico.* U. S. Dept. Agr. Weather Bureau, Report of chief, 1897-98, Gov. Prtg. Off., Wa., 1899, p. 319-320.

RAY, C. L.: *Diurnal Variation of Rainfall at San Juan, Porto Rico* (1905-1927.) Monthly Weather Review, U. S. Dept. Agr. Weather Bureau, Gov. Prtg. Off., Wa., 1928, vol. 56: 140.

——: *Rainfall Persistancy at San Juan, Porto Rico.* Monthly Weather Review, U. S. Dept. Agr. Weather Bureau, Gov. Prtg Off., Wa., 1929, vol. 57: 184.

REAL, ROMUALDO: *El Amor a la Sierra.* (Sobre Puerto Rico. como refugio en los meses de verano e invierno.) P. R. I., 3 de agosto de 1912, núm. 127.

REED, W. W.: *Climatological Data for the West Indian Islands.* Monthly Weather Review, U. S. Dept. Agr. Weather Bureau, Gov. Prtg. Off., Wa., 1926, vol. 54: 133. [Para P. R., v. p. 148.]

Cálculos astronómicos para las Islas de Cuba, Puerto Rico y Santo Domingo, América Central..., durante el año 1887. Habana, 1887.

Climatological Data: West Indies and Caribbean Service. (U. S. Dept. Agr. Weather Bureau. In cooperation with the Gov. of the Islands of the West Indies and the adjacent coasts of Central and South America.) 1921-1930, 10 vols.

Porto Rico section of the Climatological Service of the Weather Bureau. U. S. Dept. Agr. Weather Bureau. [Informes mensuales publicados desde 1899 hasta 1920, un vol. al año: 22 vols. Los de 1921 a 1930, v. en *Climatological Data. West Indies and Caribbean service.*]

Weather Report. (Annual.) *Climatological Data, Porto Rico Section.* U. S. Dept. Agr. Weather Bureau. [V. Annual Reports, Wa.]

I. HURACANES

ABBAD LASIERRA, FRAY ÍÑIGO: *Huracanes y terremotos que se experimentan en Puerto Rico.* En *Historia Geográfica, Civil y Natural de San Juan Bautista de Puerto Rico.* [Anotada por José Julián Acosta.] Imp. Acosta, San Juan, P. R., 1866, cap. XXXIII: 429.

ALEXANDER, WILLIAM H.: *Hurricanes. Especially those of Porto Rico and St. Kitts.* (United States Weather Bureau, Bull. 32.) Gov. Prtg. Off., Wa., 1902, 79 p.

Aráez y Fernando, Ramón: *Historia del ciclón del día de San Ciriaco.* Imp. Heraldo Español, San Juan, P. R, 1905, 366 p.

Bates, Charles Z.: *Efectos del huracán del 13 de septiembre de 1928 en distintos árboles.* Rev. Agr., septiembre de 1929, vol. 23, núm. 3: 113.

Benner, Thomas E.: *Porto Rico after the storm.* Review of Reviews, N. Y., Nov. 1928, vol. 78: 487-488.

Coll y Toste, C.: *Rectificaciones históricas: Huracanes habidos en Puerto Rico.* B. H. P. R, 1918, vol. 5: 342.

Cuesta, J. Enamorado: *Porto Rico's devastation by the recent Hurricane.* Current History, N. Y., Nov. 1928, vol. 29: 319-320.

Chardón, Carlos E.: *Plan reconstructivo de Puerto Rico.* Rev. Agr., septiembre de 1928, vol. 21, núm. 3: 90.

Fassig, O. L.: *San Felipe. The Hurricane of Sept. 13, 1928, at San Juan, Porto Rico.* Monthly Weather Review, U. S. Dept. Agr. Weather Bureau, Gov. Prtg. Off., Wa., 1928, vol. 56: 350.

——: *La temporada de ciclones.* Rev. Agr., julio de 1928, vol. 21, núm. 1: 34.

——: *On the frequency of Hurricanes in the vicinity of Porto Rico.* P. R. Jour. Pub. Health, Dec. 1929, vol. 5, N° 2: 106. [V. en español en Rev. Obs. Púb., febrero de 1930, año VII, núm. 2: 41.]

——: *El huracán de septiembre de 1928.* Rev. Obs. Púb., septiembre de 1928, año V, núm. 57: 1705 y núm. 58.

Gandía Córdova, Ramón: *Ciclones. Leyes generales y su aplicación a Puerto Rico.* Rev. Obs. Púb., septiembre de 1924, año I, núm. 9: 309.

——: *Los ciclones de julio 23 y septiembre 10, 12 y 14 de 1926.* Rev. Obs. Púb., octubre de 1926, año III, núm. 34: 991.

Henri, Alfred J.: *Porto Rican tropical cyclone of August 22, 1916.* Monthly Weather Review, U. S. Dept. Agr. Weather Bureau, Gov. Prtg. Off., Wa., 1916, vol. 44: 462.

Kneipple Van Deusen, E.: *The Hurricane. (El huracán de San Felipe, septiembre 13, 1928.)* Esp. e Ing., Bur. Supp. Prtg., 1929, 77 p.

——: *Porto Rican Hurricane.* Review of Reviews, N. Y., Nov. 1928, vol. 78: 480-486.

——: *Plight of the Porto Rican Schools after the Hurricane.* Current History, N. Y., Dec. 1928, vol. 29: 434-440.

Mitchaell, Charles L.: *The West Indian Hurricane of Sept. 10-20, 1928.* Monthly Weather Review, U. S. Dept. Agr. Weather Bureau, Gov. Prtg. Off., Wa., 1928, vol. 56: 347.

——: *The West Indian Hurricane of Sept. 14-22, 1926.* Monthly Weather Review, U. S. Dept. Agr. Weather Bureau, Gov. Prtg. Off., Wa., 1926, vol. 54: 409.

——: *West Indian Hurricanes and other Tropical Cyclones of the North Atlantic Ocean.* Monthly Weather Review, Supplement N° 24, U. S. Dept. Agr. Weather Bureau, Gov. Prtg. Off., Wa., 1924, 47 p.

NIN Y MARTÍNEZ, ANTOLÍN: *El ciclón del 13 de septiembre de 1928.* Rev. Obs. Púb., septiembre de 1928, año V, núm. 57: 1714.

PERPIÑÁ Y PIBERNAT, JUAN: *Circular sobre el ciclón del glorioso San Ciriaco y compañeros mártires, habido en Puerto Rico el día 8 de agosto de 1899.* Est. Tip. de A. Lynn e Hijos de Pérez Moris, San Juan, P. R., 1899, 27 p.

POST, W. S.: *Porto Rico's Disaster (The Hurricane of July 1899).* Har-perrs Weekly, N. Y., August 26, 1899, vol. 43: 850.

TEJADA, L. DE: *Descripción del huracán del 13 de septiembre de 1876 en la Isla de Puerto Rico.* Rev. Obs. Púb., Madrid, 1877, vol. 25.

TORO, EMILIO DEL: *Informe final del Comité Ejecutivo Insular de Supervisión y Auxilio. Huracán de septiembre 13, 1928.* (En inglés y en español.) Bur. Supp. Prtg., 1929, 51 p.

VIÑES, BENITO: *Apuntes relativos a los huracanes en las Antillas, en septiembre y octubre de 1875 y 1876.* (Discurso leído en la Real Academia de Ciencias Médicas, Físicas y Naturales de la Habana.) El Iris, Habana, 1877, 256 p.

——: *Investigaciones relativas a la circulación y traslación ciclónica en los huracanes de las Antillas.* Avisador Comercial, Habana, 1895, 79 p.

VIVONI, A.: *Daños causados por el ciclón de julio 23 de 1926 en las carreteras insulares.* Rev. Obs. Púb., septiembre de 1926, año III, núm 33: 978.

SOTOMAYOR, V. DE: *Huracanes y terremotos.* (Cómo se presentan; dirección..., y efectos.) En González Font, José: *Escritos sobre Puerto Rico,* 1903, p. 85. [V. también la p. 89.]

An Account of the Loss of His Magesty's ship Deal Castel, Commanded by Capt. James Hawkins, off the Island of Porto Rico during the Hurricane in the West Indies..., in 1870. Imp. F. Murray, London, 1887, 48 p.

Daños causados por el ciclón de septiembre 13 en la Planta Eléctrica de Comerío y en las líneas de transmisión de la corriente eléctrica. Rev. Obs. Púb., septiembre de 1928, año V, núm. 57: 1719.

De los $ 12,000 que donó la Cruz Roja para semillas, ya se han gastado $ 10,000. Rev. Agr., octubre de 1928, vol. 21, núm. 4: 127.

Destruction in Porto Rico. Missionary Review of the World, N. Y., Nov. 1928, vol. 51: 910.

El ciclón del 23 de julio de 1926. Rev. Obs. Púb., julio de 1926, año III, núm. 31: 918.

Maritime Disasters of the Antilles. Annual Report... The Board of Regents, of the Smithonian Institution..., for the year 1867. Gov. Prtg. Off., Wa., 1868, p. 466.

Porto Rico and its Emergency. Review of Reviews, N. Y., Nov. 1928, vol. 78: 451.

Puerto Rico Hurricane. Report of the Central Survey Committee appointed by Gov. Horace M. Towner of P. R. relative to the losses arising from the hurricane of Sept. 13, 1928, Gov. Prtg. Off., Wa., 1928, 14 p. (U. S. 70th Cong. 2nd sess. Senate Document N° 180.)

Real orden quedando enterado S. M. de la tormenta habida y provincias tomadas. B. H. P. R., 1917, vol. 4: 140.

The Hurricane of April 8, 1899. Report of the Surgeon-general of the army to the Secretary of War for the fiscal year ended, June 30, 1900. Gov. Prtg. Off., Wa., 1900. [V. p. 188.]

The Hurricane turned Industrial Porto Rican Affairs Upside Down. Tobacco. (Weekly Trade Review.) Dec. 27, 1928, vol. 87, núm. 10: 2 .

f. — MINERALOGÍA

Abbad Lasierra, Fray Íñigo: *De los minerales que se reconocen en la Isla de Puerto Rico.* En *Historia Geográfica, Civil y Natural de San Juan Bautista de Puerto Rico.* [Anotada por José Julián Acosta.] Imp. Acosta, San Juan, P. R., 1866, cap. XXXVII: 466.

Alexander, W. A.: *Porto Rico. Its climate and Resources.* Brief notes on the natural resources, including mining. Bull. Am. Geog. Soc., 1902, xxxiv-401 p.

Colony, R. J., and Meyerhoff, H. A.: *Copper Prospect at Barrio Pasto, Porto Rico.* Economic Geology. August 1928, vol. 23, N° 5. [V. Rev. Obs. Púb., año VI, núms. 67 y 68.]

Crawley, J. T.: *Salts in Soils and Waters of the South Coast of Porto Rico.* Ins. Exp. St. Bull., 9, Gov. Prtg. Off., Wa., 1915, 25 p.

Domenech, M. K.: *Mineral Resources of Porto Rico.* Mines and Minerals, July 1899, vol. 19: 529-532.

Fettke, Charles R.: *The Limonite Deposits of Mayagüez Mesa, Porto Rico.* Bulletin of the American Institute of Mining and Metalurgical Engineers, March 1918, N° 135.

Gandía Córdova, Ramón: *Recursos minerales de la Isla de Puerto Rico.* Rev. Agr., octubre de 1920, vol. 5, núm. 4: 23.

——: *Recursos minerales de la Isla de Puerto Rico.* Rev. Obs. Púb., febrero de 1926, año III, núm. 26: 721. Sigue en los núms. 27 y 28.

——: *Productos minerales de Puerto Rico que tienen valor comercial en los Estados Unidos y en Europa. (El Manganeso.)* Rev. Obs. Púb., noviembre de 1930, p. 297.

——: *Los combustibles minerales de las Antillas.* Rev. Ant., abril de 1913, núm. 2: 113-115.

Halmilton, S. Herbert: *Notes on some Ore deposits of Porto Rico.* Engineering and Mining Journal, Sept. 11, 1909, vol. 88: 518.

Hill, R. T.: *Mineral Resources of Porto Rico.* (A resumé of the mineral resources and a short description of the most important occurrences.) 20th Annual Report, U. S. Geology Survey, 1899, vol. 20, pt. 6.

LOW, BELA: *Los depósitos minerales de Puerto Rico.* Rev. Obs. Púb., septiembre de 1929, año VI, núm. 69: 243.

NITZE, H. C. B.: *Investigation of some Mineral Resources of Porto Rico.* Ann. Report U. S. Geological Survey, 1899, vol. 20, pt. 6: 779-878.

NOBLE, W. DAIRD: *Promising Manganese outcrop in Adjuntas.* Rev. Obs. Púb., junio de 1930, año VII, núm. 6: 142.

——: *Algunos datos sobre posibilidades de petróleo en Puerto Rico.* Rev. Obs. Púb., junio de 1927, año IV, núm. 42: 1272.

VALLE ZENO, RAFAEL DEL: *El carbonato de cal en la Agricultura.* Tip. Germán Díaz, San Juan, P. R., 1923, 25 p.

WILLOUGHBY, WILLIAM F.: *Mineral industries of Porto Rico.* Special reports of the Census Office, Mines and Quarries, 1902.

ZERBAU, F. W.: *The salt marshes of the north coast of Porto Rico.* (Exp. Station at Rio Piedras-Sugar Producers. Bull. N° 4.) Times Publishing Co., San Juan, P. R., 1912, 36 p.

Mina de Luquillo. B. H. P. R., 1923, vol. 10: 27.

Mineral Industry; its Statistics, Technology and Trade during, 1922. Mc. Graw-Hill Book Co., N. Y., London, 1923, vol. 31. [V. P. R. en el Índice, p. 903.]

Mineral Resources of the United States, 1920. U. S. Geological Survey. Gov. Prtg. Off., Wa., 1922, 2 vols. [V. P. R. en el Índice de cada vol.]

C. — BIOLOGÍA

a. — FAUNA

I. ESTUDIOS GENERALES

ABBAD LASIERRA, FRAY ÍÑIGO.: *Historia Geográfica, Civil y Política de la Isla de San Juan Bautista de Puerto Rico.* Madrid, 1788. [V. Aves, p. 329-335]

BARBOUR, THOMAS: *A Contribution to the Zoogeography of the West Indies, with special reference to Amphibians and Reptiles.* Mem. Mus. Comp. Zool., 1914, vol. 44: 209.

——: *West Indian Investigations of 1922.* Occ. Papers Mus. Zool. Univ., Mich., 1923, N° 132: 1-7.

BELLO Y ESPINOSA, D.: *Zoologische Notizen aus Puerto Rico...* Nach dem spanischen frei bearbeited von Herrn E. von Martens in Berlin. Zool. Garten, 1871, vol. 12: 348.

CAPÓ, CLAUDIO: *Vocabulario de plantas y animales puertorriqueños con sus correspondientes significados en inglés.* En *The Island of Porto Rico,* 1925, p. 39-52.

FLEURIEU, CARLOS P.: *Les Antilles, Leur Flore et Faune.* Paris, 1774.

Gundlach, J.: *Apuntes para la fauna puertorriqueña.* Anales de la Soc. Esp. de Hist. Nat., 1878, vol. 7: 135-234; 343-422. 1880, vol. 10: 305-317; 317-350. 1883, vol. 12: 5-58; 441-484. 1887, vol. 16: 115-133.

Harrington, M. H.: *Fauna and Flora of Porto Rico.* Science, n. s., N. Y., 1899, vol. 10: 286.

Labat, Jean Pierre: *Nouveau voyage aux Iles de l'Amérique, contenant l'Histoire Naturelle de ces Pays, l'Origine, les Moeurs, la Religion et le Gouvernement des Habitants anciens et modernes.* Nueva ed., 8 vols., Paris, 1842. [Menciona aves de Vieques y Santa Cruz en el vol. 7.]

Ledrú, André-Pierre: *Voyage aux Iles de Ténériffe, La Trinité, St. Thomas, St. Croix et Porto-Ricco...,* 2 vols. Bertrand, Libraire, Paris, 1810. [Para aves de P. R., v. vol. 2: 199 y 356.]

Malaret y Yordán, Augusto: *Diccionario de Americanismos. Con un Índice científico de Fauna y Flora.* Ed.: Rafael Carrero, Mayagüez, P. R., 1925, p. 559-641. [Hay nueva ed. de 1931.]

Stahl, Agustín: *Catálogo del Gabinete Zoológico del Dr. Stahl.* [Clasificación sistemática de los animales, nociones de historia y geografía de P. R.; colección zoológica del Dr. Stahl, de 2.300 especies, en su mayor parte puertorriqueñas.] Imp. El Boletín, San Juan, P. R., 1883, 250 p.

Valle Atiles, Francisco del: *Los animales vertebrados útiles y los dañinos a la agricultura del país.* Imp. El Boletín, San Juan, P. R., 1887, 47 p.

V. en el Índice: *Paleontología. Ciencias Médicas. Entomología económica. Zootecnia.*

2. PROTOZOARIOS Y ESPONGIARIOS

Flint, J. M.: *The Foraminifera of Porto Rico.* Bull. of U. S. Fish Comm. for 1900. Doc. N° 488. Gov. Prtg. Off., Wa., vol. 2.

Wilson, H. V.: *The Sponges Collected in Porto Rico in 1899.* Bull. of U. S. Fish Comm. for 1900. Gov. Prtg. Off., Wa., 1902, pt. 2: 375-411.

3. CELENTERADOS

Duerden, J. E.: *Report on the Actinians of Porto Rico.* Extracted from U. S. Fish Comm. Bull. for 1900. Doc. N° 470. Gov. Prtg. Off., Wa., 1902, vol. 2: 321-374.

Hargitt, Charles W., and Rogers, Charles G.: *The Alcyonaria of Porto Rico.* Extracted from U. S. Fish Comm. Bull. for 1900. Doc. N° 468. Gov. Prtg. Off. Wa., 1901, vol 2: 265-287.

Vaughan, T. W.: *The Stony Corals of the Porto Rican Waters.* U. S. Fish Comm. Bull. for 1900. Gov. Prtg. Off., Wa., 1902, pt. 2: 289-320.

4. EQUINODERMOS Y NEMERTINOS

CLARK, HUBERT LYMAN: *The Echinoderms of Porto Rico.* Extracted from U. S. Fish Comm. Bull. for 1900. Doc. N° 466. Gov. Prtg. Off., Wa., 1901, vol. 2: 231-263.

COE, WESLEY R.: *The Nemerteans of Porto Rico.* Extracted from U. S. Fish Comm. Bull. for 1900. Doc. N° 466. Gov. Prtg. Off., Wa., 1901, vol. 2: 223-229.

5. ANÉLIDOS

MORE, J. P.: *Description of two new leeches from Porto Rico.* Bull. of the U. S. Fish Comm. for 1900. Doc. N° 465. Gov. Prtg. Off., Wa., vol. 2.

TREADWELL, AARON L.: *The Polychætons Annelids of Porto Rico.* Extracted from U. S. Fish Comm. Bull. for 1900. Doc. N° 464. Gov. Prtg. Off., Wa., 1901, vol. 2: 181-210.

6. MOLUSCOS

DALL, W. H., and SIMPSON, C. T.: *The Mollusca of Porto Rico.* Bull. of the U. S. Fish Comm. for 1899. Doc. N° 458. Gov. Prtg. Off., Wa., 1901, vol. 1: 351.

SIMPSON, CHARLES TORREY: *Distribution of the land and the freshwater mollusks of the West Indian region and their evidence with regard to past changes of land and sea.* U. S. Nat'l Museum Proceedings, Wa., 1895, vol. 17: 413-450.

7. ARTRÓPODOS

BENEDICT, L. E.: *The anomuran collections made by the Fish Hawk expedition to Porto Rico.* Bull. of the U. S. Fish Comm. for 1900. Doc. N° 460. Gov. Prtg. Off., Wa., 1900, vol. 2.

BIGELOW, MAURICE A.: *The cirripedia collected near Porto Rico, by the Fish Hawk Expedition in 1898-1899.* Extracted from U. S. Fish Comm. Bull. for 1900. Doc. N° 463. Gov. Prtg. Off., Wa., 1901, vol. 2: 177.

BIGELOW, ROBERT PAYNE: *The Stomatopoda of Porto Rico.* Extracted from U. S. Fish Comm. Bull. for 1900. Doc. N° 461. Gov. Prtg. Off., Wa., vol. 2: 149-160.

BUSCK, AUGUST: *Notes of a brief trip to Puerto Rico in January and Febraury, 1899.* U. S. Dep. Agr. Bur. Entomology. Bull. N° 22. N. S. Gov. Prtg. Off., Wa., 1900, p. 88-93.

COQUILLETT, D. W.: *Report on a collection of Dipterons insects from Porto Rico.* From the Proc. U. S. Nat'l Museum. Gov. Prtg. Off., Wa., 1900, vol. 22: 249.

CURRAN, C. H.: *Insects of Porto Rico and the Virgin Islands. (Diptera or Two-winged Flies.)* Scientific Survey of Porto Rico and the Virgin Islands. N. Y. Acad. Sci., N. Y, 1928, vol. 9, pt. 1: 1-118.

DOZIER, H. L.: *Notes on Porto Rican Thysanoptera.* Jour. Dept. Agr., July and Oct. 1926, vol. 10, núms. 3 & 4.

FORBES, W. T. M.: *Insects of Porto Rico and the Virgin Islands. Heterocera or Moths.* (Excepting the Noctuidae Geometridae and Pyralidi-dae.) Scientific Survey of Porto Rico and the Virgin Islands. N. Y. Acad. Sci., N. Y., 1930, vol. 12, pt. 1: 1-17.

LUTZ, FRANK E.: *List of Greater Antillean Spiders with notes on their distribution.* Ann. of N. Y. Acad. Sci., N. Y., 1915, vol. 26: 71-148. [Para P. R., v. p. 113.]

MOORE, H. F.: *Report on Porto Rican Isopoda.* Extracted from U. S. Fish Comm. Bull. for 1900. Doc. N° 462. Gov. Prtg. Off., Wa., 1901, vol. 2: 161-176.

MÖSCHLER, H. B.: *Die Lepidopterem. Fauna der Insel Porto Rico.* (Mit dem Bildnisse des Verfassers und einer Tafel.) Sentenberger Naturfarschende Gesellschaft, Frankfurt, 1890, vol. 16: 69-360.

PAGENSTECHER, ARNOLD: *Die Lepidopterem. Fauna der Antillen.* Jahrb. Massau. Ver. Naturkinde, Wiesbaden, 1907, p. 91-102. [Para P. R., v. p. 97.]

PETRUNKEVITCH, ALEXANDER: *Tarantula versus Tarantula-pawk: a study in instinct.* A contribution from the University of Porto Rico. Jour. Experimental Zool., July 5, 1926, vol. 45. N° 2.

——: *The Spiders of Porto Rico.* (Pt. 1.) Trans. of the Connecticut Acad. of Arts and Sci. New Haven, Jan. 1929, vol. 29: 1-158.

——: *The Spiders of Porto Rico.* (Pt. 2.) Trans. of the Connecticut Acad. of Arts and Sci. New Haven, Jan. 1930, vol. 30: 159-355.

RATHBUN, MARY J.: *The Brachyura and Macrura of Porto Rico.* Extracted from U. S. Fish Comm. Bull. for 1900. Doc. N° 459. Gov. Prtg. Off., Wa., 1901, vol. 2: 1-127.

ROEDER, VICTOR VON: *Dipteren von der Insel Porto Rico.* Stettiner Entom. Zeitschr., 1881, p. 337.

TOWER, W. V.: *A study of mosquitoes in San Juan.* Porto Rico. Agr. Exp. St. Circular N° 14, 1912, 21 p.

VAN ZWALUWENBURG: *M. S. list of the Insects of Porto Rico.* (Records cited as published by Wolcott, 1923) 1914-1915. [V. el título que sigue, donde se cita éste.]

WOLCOTT, GEORGE N.: *Insectae Portoricensis.* A preliminary annotated check-list of the Insects of Porto Rico, with descriptions of some new species. Jour. Dept. Agr., Jan. 1923, vol. 7, N° 1.

WOLCOTT, GEORGE N.: *First Supplement to Insectae Portoricensis.* Jour. Dept. Agr., Oct. 1923, vol. 7, N° 4.

——: *The comparative resistance of woods to the attack of the termite, criptotermes Brevis Walker.* Ins. Exp. St. Bull. N° 33, 1924, 15 p.

Véase *Entomología económica.*

8. TUNICADOS

VAN NAME, WILLARD G.: *The Ascidians of Porto Rico and the Virgin Islands.* Scientific Survey of Porto Rico and the Virgin Islands. N. Y. Acad. Sci., N. Y., 1930, vol. 10, pt. 4.

9. PECES

BARRETT, O. W.: *Los métodos modernos en la pesca del tiburón.* Rev. Agr., agosto, 1927, vol. 19, núm. 2: 65.

EVERMANN, B. W., and MARSH, M. C.: *Porto Rico, its Fishes and Fisheries.* Current Encyclopedia, 1902, vol. 2: 1274-1279.

EVERMANN, B. W.: *Sumary of the Scientific Results of the Fish Commision Expedition to Porto Rico.* General Report on the Investigations. U. S. Fish Comm. Bull. for 1900. Gov. Prtg. Off., Wa., 1902, vol. 2: 1-26.

EVERMANN, B. W., and MARSH, M. C.: *Descriptions of new genera and species of fishes from Porto Rico.* U. S. Comm. of Fish and Fisheries. Commissioner's Report for 1899. Doc. N° 427. Gov. Prtg. Off., Wa., p. 351-362.

——: —— *The Fishes of Porto Rico.* U. S. Fish Comm. Bull. for 1900. Gov. Prtg. Off., Wa., 1902, pt. 1: 49-350.

NICHOLS, J. T.: *Fishes new to Porto Rico.* Bull. Amer. Mus. Nat. Hist., 1915, vol. 34: 141.

——: *Stray notes from Porto Rico.* Trans. Amer. Fisheries Soc. for 1914, 1915, p. 159.

——: *The Fishes of Porto Rico and the Virgin Islands. (Pomacentridae to Ogcocephalidae.)* Scientific Survey of Porto Rico and the Virgin Islands. N. Y. Acad. Sci., N. Y., 1930, vol. 10, pt. 3.

——: *The Fishes of Porto Rico and the Virgin Islands. (Branchiostomidae to Sciaenidae.)* Scientific Survey of Porto Rico and the Virgin Islands. N. Y. Acad. Sci., N. Y., 1929, vol. 10, pt. 2.

POEY, F.: *Peces.* En Gundlach, *Apuntes para la fauna puertorriqueña.* Anales de la Soc. Esp. de Hist. Nat., Madrid, 1881, vol. 9: 243; vol. 10: 317.

SILVESTER, C. F.: *Fishes new to the fauna of Porto Rico.* Yearb. Carn. Inst., Wa., 1915; vol. 14: 214.

WILCOX, W. A.: *Notes on the foreing Fishery Trade and local fisheries of Porto Rico.* Extracted from U. S. Fish Comm. Report for 1899. Doc. N° 418. Gov. Prtg. Off., Wa , 1899, 34 p.

WILCOX, W. A.: *The Fisheries and Fish Trade of Porto Rico.* Bull. U. S. Fish Comm. for 1900, 1902, vol. 20: 29.

10. ANFIBIOS

BALLOU, H. A.: *The Toad in the West Indies.* The Agr. News, Barbados, Nov. 29, 1919, p. 378.

BARBOUR, THOMAS: *A contribution to the zoogeography of the West Indies, with special reference to Amphibians and Reptiles.* Mem. Mus. Comp. Zool., 1914, vol. 44: 209.

——: *Additional notes on the West Indian Reptiles and Amphibians.* Proc. Biol. Soc., Wa., 1916, vol. 29: 215.

——: *Resent Notes regarding West Indian Reptiles and Amphibians.* Proc. Biol. Soc., Wa., 1915, vol. 27: 71.

FOWLER, HENRY W.: *Some Amphibians and Reptiles from Porto Rico and the Virgin Islands.* Papers. Dept. Marine Biol. Carnegie Inst., Wa., 1918, vol. 12: 1-15

GARMAN, S. W.: *West Indian Batrachia in the Museum of Comparative Zoology.* Bull Essex Inst., 1887, vol. 19: 13-16.

GUNDLACH, J.: *Apuntes para la fauna puertorriqueña.* III, Anfibios. Anales de la Soc. Esp. de Hist. Nat., Madrid, 1881, vol. 10: 305.

MEERWARTH, HERMANN: *Die westindischen Reptilien und Batrachier des Naturhistorischen Museums in Hamburg.* Mitt. Naturh. Mus., Hamburg, 1901, vol. 18: 1-41

PETERS, W.: *Über eine von Hrn. Viceconsul L. Krug und Dr. J. Gundlach auf der Insel Puertorico gemachte Sammlung von Saeugethieren und amphibien, so wie ueber die Entwickelung eines Batrachiers, Hylodes martinecensis Dum. Bibr; ohne Metamorphose.* Monastsber Akad. Wiss., Berlin, 1876, p. 703-714.

SCHMIDT, KARL PATTERSON: *A new Eleutherodaetylus from Porto Rico.* Am. Mus. Novitates, 1927, N° 279: 1-3.

——: *Amphibians and Land Reptiles of Porto Rico, with a list of those reported from the Virgin Islands.* Scientific Survey of Porto Rico and the Virgin Islands. N. Y. Acad. Sci., N. Y., 1928, vol. 10, pt. 1.

——: *The Amphibians and Reptiles of Mona Island, West Indies.* (List. of 22 species of birds.) Field Mus. Nat. Hist. Zool. Ser., Aug. 10, 1926, vol. 12, N° 12: 151.

STEJNEGER, LEONHARD: *Class Batrachia.* En *The Herpetology of Porto Rico,* 1904, p. 569-598.

II. REPTILES

BARBOUR, THOMAS: *A contribution to the zoogeography of the West Indies, with special reference to Amphibians and Reptiles.* Mem. Mus. Comp. Zool., 1914, vol. 44: 209.

——: *Additional notes on West Indian Reptiles and Amphibians.* Proc. Biol. Soc., Wa., 1916, vol. 29: 215.

——: *Recent notes regarding West Indian Reptiles and Amphibians.* Proc. Biol. Soc., Wa., 1915, vol. 27: 71.

——: *Reptiles in the East and West Indies, and some digression.* Am. Nat., 1923, vol. 57: 125.

——: *A new Rock Iguana from Porto Rico.* Proc. Biol. Soc., Wa., 1919, vol. 32: 145.

BOULENGER, GEORGE ALFRED: *Über einige Reptilien von der Insel Mona.* (West Indies.) Jahresber. Natur. Ver., Magdeburg, 1894-1896, p. 112 114.

CAPE, EDWARD DRINKER: *Sixth contribution to the Herpetology of Tropical America.* Proc. Acad. Nat. Sci., Phila., 1869, p. 305-313.

——: *Contributions to Neotropical Saurology.* Proc. Acad. Nat. Sci., Phila., 1862, p. 176-188.

——: *Synopsis of the species of Holcosus and Ameiva, with diagnosis of new West Indian and South American Colubridae.* Proc. Acad. Nat. Sci., Phila., 1862, p. 60-82.

DANFORTH, STUART T.: *Porto Rican Herpetological Notes.* Copeia, 1925, N° 147: 76-79.

FOWLER, HENRY W.: *Some Amphibians and Reptiles from Porto Rico and the Virgin Islands.* Papers. Dept. Marine Biol. Carnegie Inst., Wa., 1918, vol. 12: 1-15.

GARMAN, S. W.: *On West Indian Reptiles in the Museum of Comparative Zoology at Cambridge, Mass.* Proc. Amer. Philos. Soc., 1887, vol. 24: 278.

GÜNTHER, ALBERT: *On the Reptiles from St. Croix, West Indies, collected by Messrs. A. and E. Newton.* Am. Mag. Nat. Hist., 1859, vol. 4: 209.

MEERWARTH, HERMANN: *Die westindischen Reptilien und Batrachier des Naturhistorischen Museums in Hamburg.* Mitt. Naturh. Mus., Hamburg, 1901, vol. 18: 1-41.

REINHARDT, J., and LUETKEN, C. F.: *Bridag Til det Vestindiske oeriges Og nevnligen til de Dansk-Vestindiske oers Herpetologie.* Vidensk. Meddel. Naturhist. Foren, Copenhagen, 1862, N° 10-18, p. 153-291.

ROSENFELD, A. H.: *The Food of Porto Rican Lizards.* Jour. Econ. Ent., 1925, vol. 18: 422.

SCHMIDT, KARL PATTERSON: *Contributions to the Herpetology of Porto Rico.* Ann. N. Y. Acad. Sci., N. Y., 1920, vol. 28: 167.

SCHMIDT, KARL PATTERSON: *The Herpetology of Mona Island.* (West Indies.) Field. Mus. Nat. Hist. Zool., 1926, vol. 12: 149.

——: *The Amphibians and Reptiles of Mona Island, West Indies.* (List of 22 species of birds.) Field. Mus. Nat. Hist. Zool. Ser., Aug. 10, 1926, vol. 12, N° 12: 151.

——: *Amphibians and Land Reptiles of Porto Rico.* With a list of Those Reported from the Virgin Islands. Scientific Survey of Porto Rico and the Virgin Islands. N. Y. Acad. Sci., N. Y., 1928, vol. 10, pt. 1.

SMYTH, E. GRAYWOOD: *Nuestro Amigo el Anolis.* Traducción. Rev. Agr., mayo de 1920, vol. 4, núm. 5: 11.

STEJNEGER, LEONHARD: *On the Herpetology of Porto Rico.* Tageblatt V. Intern. Zool. Congr. 1901, Aug. 26, 1901, N° 8: 28.

——: *The Herpetology of Porto Rico.* From the Report of the U. S. National Museum for 1902, p. 549-724. Gov. Prtg. Off., Wa., 1904.

——: *A New Lizard from Porto Rico.* Proc. Biol. Soc., Wa., 1911, vol. 26: 69-72.

WOLCOTT, GEORGE N.: *The Food of Porto Rican Lizards.* Jour. Dept. Agr., Oct. 1923, vol. 7, N° 4.

12. AVES

BOWDISH, B. S.: *The Carib Grassquit. Euethia bicolor omissa.* (Habits as observed in Porto Rico and Vieques Island. Much data on nesting.) The Osprey, 1902, vol. 1: 45, n. s.

——: *The Porto Rico Pewee. (Blancicus blancoi. Habits and description of supposed nest.)* The Osprey, 1902, vol. 1: 79, n. s.

——: *From Porto Rico: an Old Friend in a New place.* (An account of a day's outing near Cataño, March 27, 1899.) Oologist's Record, London, 1899, vol. 16: 113.

——: *A Day on De Cicheo Island.* [Isla llamada en español Desecheo.] Oologist's Record, London, 1900, vol. 17: 117.

——: *Some Winter Birds of the Island of Vieques.* An annoted list of 35 species found on the Island, Nov. 1899, to Feb. 1900. Oologist's Record, London, 1900, vol. 17: 71.

——: *Loxgilla Portoricensis.* Description of habits, song, nest. Noted from Cataño, Bayamón, Aguadilla and Mayagüez. Oologist's Record, London, 1901, vol. 18: 74.

——: *An Abnormal Bill of Melanerpes Portoricensis.* The Awk. Lancaster, Pa, 1904, p. 53-55.

——: *Food Habits of some West Indian Birds.* (Detailed examination of stomachs of Melanerpes portoricensis, Tyrannus dominicensis, Myiarchus antillarum, Blacicus blancoi, Vireo calidris and Vireo latimeri.) The Awk. Lancaster, Pa., 1903, p. 193-195.

BOWDISH, B. S.: *Birds of Porto Rico.* Notes & records of 91 species, with an appended list of 70 others and a short bibliography. The Awk, Lancaster, Pa., 1902-1903, p. 356-366 y 10-23.

BRAU Y ZUZUARREGUI, MARIO: *Pájaros útiles y perjudiciales a la Agricultura.* Neg. Mat. Imp., 1924, 100 p. [V. Rev. Agr., vol. 9, núms. 2 y 3, y el núm. de mayo de 1923.]

BRYANT, HENRY: *A list of Birds from Porto Rico presented to the Smithsoniam Institution by Messrs. Robert Swift and George Latimer with descriptions of new species or varietes.* Proc. Boston Soc. Nat. Hist., 1866, vol. 10: 248.

—: *Vogel von Porto Rico.* Journal fur Ornithologie, Leipzig, 1866, p. 181-191. [Trad. alemana del trabajo anterior.]

CORY, CHARLES B.: *The Birds of the West Indies.* Estees & Lauriat, Boston, 1889, 324 p.

DANFORTH, R. E., and S. T.: *Christmas Bird Census: Mayagüez, Porto Rico.* Bird Lore, N. Y., 1922, p. 41.

DANFORTH, S. T.: *Christmas Bird Census: Cartagena Lagoon, southwestern Porto Rico.* (37 species recorded, Dec. 22, 1923.) Bird Lore, N. Y., 1924, p. 52.

—: *New Birds for Porto Rico.* The Awk. Lancaster, Pa, 1925, p. 558-563.

—: *Some Impressions of Porto Rican Bird Life.* Oologist's Record, London, 1922, p. 10-11.

—: *North American migrates seen during a winter in Porto Rico.* (Observations made in Western P. R. near Quebradillas, Mayagüez, Maricao and Lajas.) Oologist's Record, London, 1922, p. 176-178.

—: *Birds seen between Porto Rico and New York.* Wilson Bulletin. Oberlin, Ohio, 1925, p. 76-77.

—: *Birds of the Cartagena Lagoon, Porto Rico.* Jour. Dept. Agr., Jan. 1926, vol. 10, N° 1: 136. [Describe también reptiles y mamíferos, p. 20.]

FUERTES, L. A.: *Impressions y voices of tropical Birds.* En Smithonian Institution Report, 1915, Wa., 1916, p. 299-323. [También en From Bird Lore, vol. 15, núm. 6; vol. 16, núms. 1-6.]

GUNDLACH, JEAN: *Apuntes para la Fauna Porto-Riqueña: Aves.* Anales de la Soc. Esp. de Hist. Nat., Madrid, 1878, vol. 7, 141-234; 343-422. [Anota 153 especies.]

—: *Beitrag zur Ornithologie der Insel Portorico.* Journal fur Ornithologie, Leipzig, 1874, p. 304-315.

—: *Neu Beitrage zur Ornithologie der Insel Portorico.* Journal fur Ornithologie, Leipzig, 1878, p. 157-194. [Corrige y aumenta la lista anterior.]

—: *Nachtrage zur Ornithologie Portorico's.* (Toking of Actiturus and Greciscus *(sic)* jamaicensis.) Journal fur Ornithologie, Leipzig, 1881, p. 401.

HARTERT, ERNST: *Aus den Wanderjahren eines Naturforschers. Pt. 3, St. Thomas, Porto Rico, etc.* Novitates Zoologicae. Tring, England, 1902, vol. 9: 274-279.

HARTLAUB, G.: *Ueber den Heutigen Zustand unserer Kenntnisse von West Indiens Ornithologie.* Isis, 1847, p. 604-615. [Para P. R., v. p. 611.]

LEGRAND, J FEDERICO: *El Pitirre.* Rev. Agr., diciembre de 1926, vol. 17, núm. 6: 24. [En la Rev. aparece como núm. 5.]

LOWE, P. R.: *On the Ground-Dove of Porto Rico with notes on the other species of Chamaepelia.* Ibis, London, 1908, p. 107-115.

——: *Observations on the Genus Goereba, together with an annoted list of species.* Ibis, London, 1912, p. 489-528.

MORITZ, C.: *Notizen zur Fauna der Insel Puertorico.* Wiegmann's Archivfur Naturgeschichte, Berlin, 1836, p. 373-392.

NEWTON, A.: *Letter from —— on Birds from the Virgin Islands.* Records from St. John, St. Thomas, Vieques and St. Croix. Ibis, London, 1860, p. 307-308.

NICHOLS, J. T.: *Limicolae at Porto Rico in July.* [Sterna antillarum, Totanus flavipes, T. melanoleucus, Pisobia minutilla, y Ereunetes pusillus. Recogidas en la Laguna de Guánica, 27 de julio de 1914.] The Awk. Lancaster, Pa., 1916, p. 320-321.

PETERS, J. L.: *A Review of the Grackles of the Genus Holoquiscalus.* Holoquiscalus niger brachypterus from Porto Rico, Vieques and Culebra. The Awk. Lancaster, Pa., 1921, p. 435-453.

——: *The Porto Rican Grasshopper Sparrow.* (Description of Ammodramus savannarum boriquensis.) Proc. Biol. Soc., Wa., May 23, 1917, vol. 30: 95.

——: *A Review of the Limpkins (Aramus Vieillot).* Aramus pietus elucers, type locality Sosúa, Sto. Domingo; described for Porto Rico and Sto. Domingo. Occ. Pap. Boston, Soc. Nat. Hist., Jan. 30, 1921, vol. 5: 141.

POTTS, F. A.: *Notes on Porto Rican Birds.* The Awk. Lancaster, Pa., 1927, p. 120-121.

PRATT, G. B.: *Puerto Rico Honey Creeper.* The Awk. Lancaster, Pa., 1899, p. 361.

RIDGWAY, ROBERT: *Description of a new owl from Porto Rico.* [Asio portoricensis.] Proc. U. S. Nat. Mus., 1882, vol. 4: 366.

RILEY, J. H.: *Description of a New Quail-Dove from the West Indies.* (Records G. mystacea from Culebra Island.) Proc. Biol. Soc., Wa., Feb. 21, 1903, vol. 16: 13.

——: *A new subspecies of Ground-Dove from Mona Island, Porto Rico.* (Columbigallina passerina exigua.) Proc. U. S. Nat. Mus., Sept. 30, 1905, vol. 29: 171.

——: *Catalogue of a Collection of Birds from Barbuda and Antigua, B. W. I.* (Cerchneis sparveria loquacula, p. 284, Vieques Island named. Remarks on Dendroica p. cruciana and coccyzus.) Smiths. Mis. Col. (Quart. Iss.), Nov. 9, 1904, vol. 47, pt. 2: 277.

SCALATER, P. L : *A Synopsis of the Thrushes (Turdidae) of the New World.* (Mimocichla, Margarops and Mimus from Porto Rico) Proc. Zool. Soc., London, 1859, p. 321-347.

STAHL, AGUSTIN: *Beitrag zur Vogel Fauna von Portorico.* Ornis, Fenica, Helsingfors (Finland.), 1887, vol. 3: 448. [Puede verse en español en el título siguiente.]

——: *Catálogo del Gabinete Zoológico del Dr. Stahl...* Imp. Boletín Mercantil, San Juan, P. R., 1883, 250 p. [V. Aves, p. 47-66; 136-159. La portada interior da el año de 1882.]

STRUTHERS, PARKE H.: *Observations on the Bird Life of Porto Rico.* (Records for a period of 18 months from Western Porto Rico, Mona and Desecheo.) The Awk. Lancaster, Pa., 1923, p. 469-478.

SUNDEVALL, CARL J.: *Foglarne pa on Portorico, efter. Hr Hjalmarsons insamlingar framstallda. Ofversigt of Kongl.* Vetenskaps-Akademiens Forhansdlingar. Tjugondespette, Argangen, 1869, p. 593 603.

TAYLOR, E. CAVENDISH: *Five Months in the West Indies.* Pt. 2. Martinique, Dominica and Porto Rico. Ibis, London, 1864, p. 157-173. [Anota 31 especies de Puerto Rico.]

TODD, W. E. C.: *Two New Birds for Porto Rico.* (First records for Dendroica v. virens and oporornis Philadelphia.) The Awk. Lancaster, Pa., 1925, p 282.

WATERTON, CHARLES: *Wanderings in South America, the N. W. of the U. S. A. and the Antilles in the years 1812, 15, 16, 20 and 24, with original instruction for the perfect preservation of Birds.* London, 1825, 326 p.

WEST, HANS: *Beytrage zur Beschreibung von St. Croix Nebst einer Kurzen Uebersicht der benach barten Inseln, St. Thomas, St. Jean, Tortola, Spanishtown und Krabbeneyland.* Kopenhagen, 1794, p. 1-274. [Anota especies de Vieques.]

WETMORE, A.: *The Birds of Porto Rico and the Virgin Islands.* N. Y. Acad. Sci., N. Y., 1927. Scientific Survey of Porto Rico and the Virgin Islands, vol. 9, pt. 3, Colymbiformes to Columbiformes, p. 245-406; pt. 4, Psittaciformes to Passeriformes, p. 409-598.

——: *Birds of Porto Rico.* (U. S. Dept. Agr. Bull. N° 326.) Gov. Prtg. Off., Wa., 1916, 140 p.

——: *The Birds of Culebra Island, Porto Rico.* The Awk. Lancaster, Pa., 1917, p. 51-62.

——: *The Birds of Desecheo Island, Porto Rico.* The Awk. Lancaster, Pa., 1918, p. 333-340.

——: *The Birds of Vieques Island, Porto Rico.* (A list of the birds known at present from Vieques Island.) The Awk. Lancaster, Pa., p. 403-419.

WETMORE, A.: *Bird Remains from the Caves of Porto Rico.* (Report of a collection made by H. E. Anthony.) Bull. Am. Mus. Nat. Hist., May 22, 1922, vol. 46: 297-333.

——: *Five new species of Birds from Cave Deposits in Porto Rico.* (Oreopeleia larva, Polyborus latebrosus, Gallinago anthonyi, Tyto cavatica, Corvus pumilis described as new.) Proc. Biol. Soc., Wa., Dec. 30, 1920, vol. 33: 77.

——: *Description of a Whippoorwill from Porto Rico.* (Description of Setochalois noctithera.) Proc. Biol. Soc., Wa., Dec. 31, 1919, vol. 32: 235-237.

——: *Métodos para aumentar los pájaros.* Rev. Agr., agosto y septiembre de 1926, vol. 17, núm. 2-3: 10.

PRESIDENT OF THE UNITED STATES: *Executive order establishing Desecheo Island Reservation, as preserve for native Birds.* (N° 1669.) Gov. Prtg. Off., Wa., Dec. 19, 1912.

Véase *Zootecnia:* Avicultura.

13. MAMÍFEROS

ANTHONY, H. E.: *The indigenous land mammals of Porto Rico living and Extinct.* Mem. Am. Mus. Nat. Hist., Oct. 12, 1918, n. s., II, pt. 2: 333.

——: *Mammals of Porto Rico living and Extinct.* (Chiroptera and Insectivora.) Scientific Survey of Porto Rico and the Virgin Islands. N. Y. Acad. Sci., N. Y., 1925, vol. 9, pt. 1.

——: *Mammals of Porto Rico living and Extinct.* (Rodentia and Edentata.) Scientific Survey of Porto Rico and the Virgin Islands. N. Y. Acad. Sci., N. Y., 1926, vol. 9, pt. 2.

BRAU ZUZUARREGUI, MARIO: *Mamíferos.* Rev. Agr., Dic. 1922, vol. 9, núm. 6: 13.

GUNDLACH, F. J.: *Mamíferos.* Anales de la Soc. Esp. de Hist. Nat., Madrid, 1878, vol. 7.

JACKSON, H. H. T.: *A New Bat from Porto Rico.* Proc. Biol. Soc., Wa., Feb. 24, 1916, vol. 29: 37.

b. — FLORA

1. ESTUDIOS GENERALES

BARKER, E. E.: *Impressions of a Nature Lover in Porto Rico.* Nature Study Review, N. Y., Jan. 1920, vol. 16: 10.

BRITTON, N. L., and PERCY, WILSON: *Botany of Porto Rico and the Virgin Islands. Descriptive Flora. Spermatophyta.* Scientific Survey of Porto

Rico and the Virgin Islands. N. Y. Acad. Sci., 1923, vol. 5: 626; 1926, vol. 6: 1.

Fleurieu, Carlos P.: *Les Antilles, Leur Flore et Faune.* [Paris?], 1774.

Grisebach, A. H. R.: *Flora of the British West Indian Islands.* London, 1859-1864, p. 16 and 789. [Contiene especies de Puerto Rico.]

Grosourdy, Renato de: *El Médico Botánico Criollo.* Pt. 1: *Flora médica y útil de las Antillas y de la parte correspondiente del continente americano.* Lib. de Fco. Brachet, Paris, 1864, 2 vols.; vol. 1: 426 p.; vol. 2: 512 p.

——: *El Médico Botánico Criollo.* Pt. 2: *Compendio de terapéutica vegetal de las Antillas y de la parte correspondiente del continente americano.* Lib. de Fco. Brachet, Paris, 1864, 2 vols.; vol. 1: 416 p.; vol. 2: 511 p.

Harrington, M. W.: *Fauna and Flora of Porto Rico.* Science., n. s., N. Y., 1899, vol. 10: 286.

Stahl, Agustín: *Estudio sobre la Flora de Puerto Rico.* (Folleto I): *Literatura: Introducción al estudio de la Flora de Puerto Rico, autores que se han ocupado de ella; herbarios antillanos, etc.* Tip. El Asimilista, San Juan, P. R., 1883, 20 p.

——: *Estudios para la Flora de Puerto Rico.* (Folleto II): *Las Talamifloras.* Tip. González & Cía., San Juan, P. R., 1884, 191 p.

——: *Estudios para la Flora de Puerto Rico.* (Folleto III): *Las Leguminosas.* Tip. González & Cía., San Juan, P. R., 1885, 168 p.

——: *Estudios para la Flora de Puerto Rico.* (Folleto IV): *Las Calicifloras.* Tip. González & Cía., San Juan, P. R., 1886, 200 p.

——: *Estudios para la Flora de Puerto Rico.* (Folleto V): *Las Rubiáceas y Sinantéreas.* Tip. González & Cía., San Juan, P. R., 1887, 160 p.

——: *Estudios para la Flora de Puerto Rico.* (Folleto VI): *Las Gamopétalas.* Tip. González & Cía., San Juan, P. R., 1888, 284 p.

Urban, Ignaz: *Symbolae Antillanae.* Berlín, 1898-1928, 9 vols. [V. vol. 6: *Flora Portoricensis*]

2. EXPLORACIONES BOTÁNICAS

Britton, N. L.: *Recent Botanical Explorations in Porto Rico.* (Narrative of a collecting trip .. which included a visit to Culebra Island.) Jour. N. Y. Bot. Gard., 1906, vol. 7: 125.

——: *Botanical Exploration in Porto Rico and Islands adjacent.* Jour. N. Y. Bot. Gard., May 1914, vol. 15, N° 173: 95.

——: *Botanical Explorations on the Island of Vieques, Porto Rico.* Jour. N. Y. Bot. Gard., May 1914, vol. 15, N° 173: 103.

——: *Further Botanical Explorations of Porto Rico.* Jour. N. Y. Bot. Gard., June 1915, vol. 16, N° 186: 103.

BRITTOM, N. L.: *The Scientific Survey of Porto Rico and the Virgin Islands.* Jour. N. Y. Bot. Gard., Nov. 1919, vol. 20, N° 239: 220. [V. Rev. Agr., febrero de 1924, vol. 12, núm. 2.]

——: *Botanical Investigations in Porto Rico.* Jour. N. Y. Bot. Gard., April 1922, vol. 23, N° 268: 49.

——: *Botanical Explorations of Porto Rico and the Virgin Islands.* Jour. N. Y. Bot. Gard., May 1923, vol. 24, N° 281: 93.

——: *Further Botanical Investigation in Porto Rico.* Jour. N. Y. Bot. Gard., May 1926, vol. 27, N° 317: 97.

——: *Further Botanical Studies in Porto Rico.* Jour. N. Y. Bot. Gard., June 1927, vol. 28, N° 330: 125.

——: *Further Studies in Porto Rico.* Jour. N. Y. Bot. Gard., vol. 30: 101.

——: *Scientific Survey of Porto Rico and the Virgin Islands.* Jour. N. Y. Bot. Gard., 1930, vol. 31: 161. [También en Rev. Obs. Púbs., 1930, vol. 7: 242]

GRIGGS, ROBERT F.: *Notes of Travel in Porto Rico.* Ohio Nat., 1901, vol. 2: 162.

HOWE, M. A.: *Report on a Trip to Porto Rico.* Jour. N. Y. Bot. Gard., Oct. 1903, vol. 4, N° 46: 171.

——: *Botany of Porto Rico and the Virgin Islands.* Jour. N. Y. Bot. Gard., 1923, vol. 24: 188.

KUNTZE, OTTO: *Um die Erde.* Leipzig, 1881. [El autor visitó Puerto Rico en 1874.]

LEDRÚ, ANDRÉ PIERRE: *Voyage aux Iles de Ténériffe, La Trinité, St. Thomas, St. Croix et Puerto Rico.* 2 vols., Paris, 1810. [Traducción al español por Julio L. Vizcarrondo. San Juan, P. R., 1863, 268 p. Contiene valiosos datos sobre esta expedición botánica a Puerto Rico.]

MILLSPAUGH, CHARLES FREDERICK: *Plant Otowanae.* [Plantas recogidas en Bermuda, Puerto Rico, St. Thomas, Culebras, Sto. Domingo, Jamaica, Cuba, Cozumel, Yucatán, etc.] Field Mus. Pub. Bot., Chicago, 1900, vol. 2: 1-110, 113-133.

SHAFER, J. A.: *Collecting in the Mountain Region of Eastern Porto Rico.* Jour. N. Y. Bot. Gard., Feb. 1915, vol. 16, N° 182: 33.

——: *Botanical Explorations on the Island of Vieques, Porto Rico.* Jour. N. Y. Bot. Gard., 1914, vol. 15: 103.

STEVENS, F. L.: *Collecting Plants in Porto Rico.* Jour. N. Y. Bot. Gard., June 1916, vol. 17, N° 198: 82.

UNDERWOOD, L. M.: *Report on a Trip to Porto Rico.* Jour. N. Y. Bot. Gard., 1901, vol. 2: 166.

WILSON, PERCY: *The Vegetation of Vieques Island.* Bull. N. Y. Bot Gard., 1917, vol. 8: 379.

——: *Report of a Trip to Porto Rico.* Jour. N. Y. Bot. Gard., 1902, vol. 3: 178.

3. CRIPTÓGAMAS (EXCEPTO HONGOS)

BRITTON, N. L.: *Tree-Ferns in Porto Rico.* Jour. N. Y. Bot. Gard., April 1926, vol. 27, N° 316: 88.

EVANS, ALEXANDER W.: *Noteworthy Lejeuneae from Florida.* Am. Bot. 1918, vol. 5: 131.

FEÉ, A. L. A.: *Histoire des Fougeres et des Lycopodiacees des Antilles.* Paris, 1866, p. 16 y 164.

HOWE, MARSHALL A.: *Tropical Ferns.* Jour. N. Y. Bot. Gard., Feb. 1924, vol. 25, N° 290: 37.

——: *Report on a visit to Porto Rico for collecting marine algae.* Jour. N. Y. Bot. Gard., Oct. 1915, vol. 16, N° 190: 219.

MAXON, WILLIAM R.: *Botany of Porto Rico and the Virgin Islands.* Descriptive Flora. Pteridophyta. Scientific Survey of Porto Rico and the Virgin Islands, 1926, vol. 6, 373 p.

TILDEN, JOSEPHINE: *Minnesota Algae.* (The Myxophyceae of North America and adjacent regions, including Central America, Greenland, Bermuda, The West Indies and Hawaii.) Minneapolis, Minn., 1910, 328 p. with plates. [Contiene descripción de algas de Puerto Rico.]

WILLE, N.: *Report on an Expedition to Porto Rico for collecting fresh water algae.* Jour N. Y. Bot. Gard. July, 1915, vol. 16, N° 187: 132.

4. MICOLOGÍA

ARTHUR J. C.: *Uredinales of Porto Rico based on collections by F. L. Stevens (and others.)* Mycologia, N. Y., 1915, vol. 7: 168-196, 227-255, 315-332; 1916, vol. 8: 16-33; 1917, vol. 9: 55-104.

ASHFORD, BAILEY K.: *Mycology of Intestinal Canal in Porto Rico and its relation to Tropical Sprue.* Jour. Am. Med. As., 1929, vol. 93: 762.

—: *Present Status of Mycology in Medical Science.* P. R. Jour. Pub. Health, 1929, vol. 5: 33.

CARRIÓN, ARTURO L.: *Preliminary Report on the Fungus Causing Epidermophytosis of the general surface of the skin in Porto Rico.* P. R. Jour. Pub. Health, 1929, vol. 5: 40.

CHARDÓN, CARLOS E.: *A list of the Pyrenomycetes of Porto Rico collected by H. H. Whetzel and E. W. Olive.* Mycologia, N. Y., 1920, vol. 12: 316.

—: *A Contribution to our Knowledge of the Pyrenomycetes of Porto Rico.* Mycologia, N. Y., 1921, vol. 13: 279-301. [Hay tirada aparte.]

—: *New or Interesting Tropical American Dothideales.* (I). Mycologia, N. Y., 1927, vol. 19: 268-276.

—: *New or Interesting Tropical American Dothideales.* (II). Jour. Dept. Agr., 1929, vol. 13, N° 1: 5-17.

Chardón, Carlos E.: *Un nuevo «Smut» de Puerto Rico.* Rev. Agr., abril de 1921, vol. 6, núm. 4: 21.

——, and Seaver, F. J.: *Mycology.* Scientific Survey of Porto Rico and the Virgin Islands. N. Y. Acad. Sci., N. Y., 1926, vol. 8: 1-208.

Dalmau, Luz María: *Observations on mycologic technique with particular reference to pathogenic fungi.* P. R. Jour Pub. Health, 1929-1930, vol. 5, N° 3: 302. También en Ann. of Parasitologie, Paris, Nov. 1929.

Earle, F. S.: *Some fungi from Porto Rico.* Muhlenbergia, 1900, vol. 1: 10-23.

Fink, B.: *New species of lichens from Porto Rico: graphidaceae.* Mycologia, N. Y., July 1927, vol. 19: 206-221.

——: *The distribution of fungi in Porto Rico.* Mycologia, N. Y., March 1918, vol. 10: 58-61.

Fitzpatrick, Harry Morton: *Rostronitschkia, a new genus of Piremomycetes.* Mycologia, N. Y., 1919, vol. 11: 163-167.

——: *Monograph of the Coryneliaceae.* Mycologia, N. Y., 1920, vol. 12: 206-267.

Garman, P.: *Some Porto Rican parasitic fungi.* Mycologia, N. Y., 1915, vol. 7: 333-340.

Johnston, John R.: *The Entomogenous fungi of Porto Rico.* Board of Com. of Agr. of Porto Rico. Bull. N° 10, 1915, 33 + p.

Klotzsch, J.: *Schwanecke collection of fungi.* Linnaea, 1852, vol. 25: 364-366.

Miles, L. E.: *Some new Porto Rican fungi.* Trans. Illinois Academy of Sciences, 1917, vol. 10: 249-255.

Murril, W. A.: *A new bolete from Porto Rico.* Mycologia, N. Y., 1921, vol. 13: 60.

Nolla, J. A. B.: *El acrostalaginus aphidium Oud. en la lucha contra los afídidos.* Memoria de la Real Soc. Esp. de Hist. Nat., 1929, vol. 15: 9-12. [V. Jour. Dept. Agr., 1929, vol. 13, N° 2: 59.]

Olive, E. W., and Whetzel, H. H.: *Endophyllum-like rusts of Porto Rico.* Amer. Jour. Bot., 1917, 44-52.

Seaver, F. J.: *Notes on North American Hypocreales. (IV.) Aschersonia and Hypocrella.* Mycologia, N. Y., 1920, vol. 12: 93-98.

——: *Micology of Porto Rico and the Virgin Islands.* Jour. N. Y. Bot. Gard., July 1927, vol. 28, N° 331: 160.

——, and Chardón, Carlos E.: *Botany of Porto Rico and the Virgin Islands. Mycology.* Scientific Survey of Porto Rico and the Virgin Islands. N. Y. Acad. Sci., N. Y., 1926, vol. 8, pt. 1.

Sintenis, P.: *Pilsen auf der insel Portorico, 1884-1887. Gesammelten.* Engler Bot. Jahr., 1893, vol. 17: 489-501.

Stevens, F. L.: *Some meliolicolous parasites commensals from Porto Rico.* Botanical Gazette, Chicago, 1918, vol. 65: 227.

STEVENS, F. L: *Three new fungi from Porto Rico.* Mycologia, N. Y., 1920, vol. 12: 52.

——: *Porto Rico fungi, old and new.* Trans. Illinois Acad. Sci., 1918, vol. 10: 162.

——: *The Genus Meliola in Porto Rico.* (Including descriptions of sixty two new species and varieties and a synopsis of all known Porto Rican forms. with 5 plates.) Illinois Biological Monographs, April 1916, vol. 2, N° 4: 86.

——: *Dothidiaceous and other Porto Rican fungi.* Botanical Gazette, Chicago, 1920, vol. 69: 248-257.

——, and DALBEY, N.: *A parasite of the tree fern (cyathea).* Botanical Gazette, Chicago, 1919, vol. 68: 222-225.

——, ——: *New or noteworthy Porto Rican fungi.* Mycologia, N. Y., Jan. 1919, vol. 11: 4-9 [También en Botanical Gazette, Chicago, Nov. 1920, vol. 70: 399.]

——, ——: *Some Phyllachoras from Porto Rico.* Botanical Gazette, Chicago, 1919, vol. 68: 54-59.

STELENSON, JOHN A.: *The Green muscardine fungus in Porto Rico. (Metarrhizum anisophioe (metsch) sorokin.)* Jour. Dept. Agr., Jan. 1918, vol. 2, N° 1.

——: *A Check List of Porto Rico fungi and a Host Index.* Jour. Dept. Agr., July 1918, vol. 2, N° 3.

TEHON, L. R.: *Studies of some Porto Rican fungi.* Botanical Gazette, Chicago, June 1919, vol. 67: 501-511.

——: *Systematic relationship of clithris.* Botanical Gazette, Chicago, 1918, vol. 65: 552.

THEISSEN, F., and H. SYDON: *Die Dothideales.* Ann. Mycol., 1915, vol. 13: 149-746.

Véase *Dermatología.*

5. FANERÓGAMAS

BAILON, H.: *Un nouveau Cinnamodendron.* [Árbol endémico de Puerto Rico.] Bull. Soc. Linn., Paris, 1882, vol. 1: 317.

BELLO Y ESPINOSA, DOMINGO: *Apuntes para la Flora de Puerto Rico.* Anales de la Soc. Esp. de Hist. Nat., 1881, vol. 10: 231; 1883, vol. 12: 103.

BRITTON, N. L.: *Descriptive Flora of Porto Rico and the Virgin Islands.* Jour. N. Y. Bot. Gard., May 1924, vol. 25, N° 293: 129.

——: *Cactus Studies in the West Indies.* Jour. N. Y. Bot. Gard., May 1913, vol. 14, N° 161: 99.

——: *Undescribd species from Porto Rico.* (Description of six species) Bull. Torrey Club, 1916, vol. 43: 456; vol. 50: 55. (Description of seven species.) Vol. 51: 10.

BRITTON, N. L.: *An Undescribed Tree of Porto Rico.* (Description of Paralabatia portoricensis. Britton and Wilson.) Bull. Torrey Club, 1926, vol. 53: 471.

—: *Further Studies in Porto Rico.* Jour. N. Y. Bot. Gard., 1929, vol. 30: 101. (Report upon supplemental studies of native and introduced plants made in 1929.)

—: *The Native Cactacea of Porto Rico and the Virgin Islands.* Jour. Cactus & Succ. Soc., 1930, vol. 1: 226.

COGNIAUX, A.: *Melastomaceae et Cucurbitaceae Portoricenses a Cl. P. Sintesis ann. 1884-1885 lectae.* Jahrb. Bot. Gard., Berlin, 1886, vol. 4: 276.

COOK, O. F.: *A Synopsis of the Palms of Porto Rico.* Bull. Torrey Club, 1901, vol. 28: 525.

FOCKE, W. O.: *Die Rubus-Arten der Antillen.* Abh. Nat. Ver. Bremen, 1890, vol. 11: 409. [Incluye a Puerto Rico.]

HAMILTON, GULIELMUS: *Prodromus plantarum Indiae occidentalis hucusque cognitarum.* London, 1825, p. 67. [Incluye especies de Puerto Rico.]

JACQUIN, NICOLAS J.: *Enumeratio Sistematico plantarum que in insulis Caribeis vecinoque America continente detexit novas.* Leyden, 1760.

KIAERSKOU, H.: *Myrtaceae ex India Occidentali a dominis Eggers, Krug, Sintenis, Stahl, aliisque collectae.* Bot. Tidskr., 1889-1890, vol. 17: 248. [Incluye especies de Puerto Rico.]

KUNTZE, OTTO: *Revisio Genarum Plantarum.* Leipzig, 1891-1893, 3 vols. [Incluye ejemplares recogidos en Puerto Rico en 1874.]

MIERS, J.: *On the Genera Goetzea and Espadea.* Trans. Linn. Soc., 1870, vol. 27: 187. [Goetza es endémico de Puerto Rico.]

NASH, GEORGE V: *A preliminary enumeration of the grasses of Porto Rico.* N. Y., 1903. (Contributions from the N. Y. Bot. Gard., N° 39.) Reimpreso de Bull. of the Torrey Botanical Club, 1903, vol. 30: 369-389.

PERKINS, J.: *The Leguminosae of Porto Rico.* Contributions from the U. S. National Herbarium. Gov. Prtg. Off., Wa., 1907, vol. 10, pt. 4: 133-220.

PLUMIER, CHARLES: *Description des plantes de Amérique.* Par le R. P. Ch. Plumier, Religieux Minime. Imp. Royal, Paris, 1693, 94 p.

—: *Nova plantarum Americanorum genera.* Paris, 1703.

REICHENBACH, H. G.: *Orchideae coll. primae a cl. Sintenis in Puerto Rico lectae.* Ber. Deutsch. Bot. Gesell., 1885, vol. 3: 274. [Orquídeas recogidas en Puerto Rico en 1884.]

ROBINSON, B. L.: 1, *Diagnoses and notes relating to tropical American Eupatorieae.* 2, *A descriptive revision of the Colombian Eupatoriums.* 3, *Keyed recensions of the Eupatoriums of Venezuela and Ecuador.* Proc. Amer. Acad., 1918, vol. 54: 235-367.

STAHL, AGUSTÍN: *El tortugo amarillo de Puerto Rico.* Anales de la Soc. Esp. de Hist. Nat., 1875, vol. 4: 19.

URBAN, IGNAZ: *Additimenta ad cognitionem florae Indiae occidentalis.* Bot. Jahrb., 1892-1897, vol. 15: 286; vol. 19: 562; vol. 21: 514; vol. 24: 10. [Describe muchas especies de Puerto Rico.]

——: *Diagnosen neue Arten.* Nat. Bot. Gart., Berlin, 1897, vol. 1: 319. [Incluye descripciones de Puerto Rico.]

VAHL, MARTIN: *Eclogae Americanae, seu descriptiones plantarum praesertim Americae meridionalis nondum cognitarum.* Copenhagen, 1796-1807. Folio, 3 fasc., pl. 1-30. [Incluye especies de Puerto Rico.]

WYDLER, H.: *Plantarum quarundam descriptiones.* Linnaea, 1830, vol. 5: 423. [Incluye una descripción del manzanillo, endémico de Puerto Rico.]

6. ECOLOGÍA

BRITTON, N. L.: *The Vegetation of Mona Island.* Ann. Mo. Bot. Gard., 1915, vol. 2: 33.

——: *The Vegetation of Anegado.* Mem. N. Y. Bot. Gard., 1916, vol. 6: 565.

——: *La Vegetación de Cayo Icacos:* Rev. Agr., febrero de 1924, vol. 12, núm. 2: 91.

COOK, MELVILLE T., and GLEASON, HENRY ALLAN: *Ecological Survey of the Flora of Porto Rico.* Jour. Dept. Agr., Jan.-April 1928, vol. 12, N°s 1-2.

EGGERS, H. F. A.: *Porto Rico.* Nature, 1883, vol. 29: 129. [Descripción de la vegetación en las montañas de Luquillo.]

——: *Die Poyales des Oestlichen Porto Rico.* Bot. Centr., 1882, vol. 11: 331. [Descripción de los pantanos donde crece el palo de pollo de Puerto Rico.]

GLEASON, HENRY ALLAN: *Ecological Studies in Porto Rico.* Jour. N. Y. Bot. Gard., May 1926, vol. 27, N° 317: 104. [Véase *El Sr. H. A. Gleason, del Jardín Botánico de N. Y., hace un estudio ecológico de la Isla,* en Rev. Agr., julio de 1926, vol. 17, núm. 1: 14.]

——, and COOK, MEL. T.: *Plant Ecology of Porto Rico.* Scientific Survey of Porto Rico and the Virgin Islands. N. Y. Acad. Sci., N. Y., 1926, vol. 7, pts. 1 and 2.

GRISEBACH, A. H. R.: *Die Geographische Verbreitung der Pflanzen Westindiens.* Abhand. Kon. Ges. Wiss., Gottingen, 1865, vol. 12: 3-80.

7. BOTÁNICA ECONÓMICA

BARRET, O. W.: *Food Plants of Porto Rico.* Jour. Dept. Agr., 1925, vol. 9: 61.

——: *Sanseviera.* Agr. Exp. St. Circular núm. 1, 1903, 4 p.

——: *Las plantas alimenticias de Puerto Rico.* Rev. Agr., 1925, vol. 14: 361; vol. 15: 13; 1926, vol. 16: 235; vol. 16: 279.

BARRET, O. W.: *The West Indian Corkwood.* Plant World, 1902, vol. 5: 205.

BRITTON, N. L.: *Botany and Horticulture of Porto Rico and the Virgin Islands.* Jour. N. Y. Bot. Gard., 1925, vol. 26: 97.

CHARDÓN, CARLOS E.: *El coquí. (Cyperus rotundos L.)* Rev. Agr., agosto de 1922, vol. 9, núm. 2: 43.

COOK, O. F., and COLLINS, G. N.: *Economic Plants of Porto Rico.* Contributions from U. S. Nat. Herbarium, 1903, vol. 8: 57-269.

CORDOVÉS BERRÍOS, JOSÉ: *Las plantas textiles.* (Lectura para las escuelas.) Imp. del Asilo de Beneficencia, P. R., 1897, 71 p.

MENÉNDEZ RAMOS, RAFAEL: *El melinitis minutiflora y la garrapata.* Rev. Agr., abril de 1924, vol. 12, núm. 4: 219.

STEVENSON, J. A.: *Una yerba peligrosa: yerba Johnson, o yerba de Don Carlos.* Rev. Agr., junio de 1918, vol. 1, núm. 3: 132.

TORO, RAFAEL A.: *La eradicación del coquí.* Rev. Agr., mayo de 1926, vol. 16, núm. 5: 239.

Tabanuco Gum (in Porto Rico). Sci. Am. Supp., 1919, vol. 87: 201.

8. BOTÁNICA POPULAR

ASENJO, CONRADO: *Vocabulario de frutas del país, maderas, plantas medicinales y venenosas, vegetales y frutos útiles y alimenticios.* En *Geografía de la Isla de Puerto Rico.* San Juan, P. R., 1910.

BRITTON, N. L.: *Trees of Coamo Springs Hotel.* P. R., 1927, 14 p. [Hay traducción en español, 15 p.]

CAPÓ, CLAUDIO: *Vocabulario de plantas y animales portorriqueños con sus correspondientes significados en inglés.* En *The Island of Porto Rico.* 1925, p. 39-52.

CÓRDOVA, PEDRO TOMÁS DE: *Catálogo de plantas medicinales, resinas, tintes, maderas de construcción y de pulimento, árboles frutales, de maderas resinosas y de tintes, palmeras, plantas medicinales y otras que poseen algunas cualidades particulares, raíces alimenticias.* En *Memoria sobre todos los ramos de la administración de la Isla de Puerto Rico.* Imp. de Yenes, Madrid, 1838, p. 156-212.

GÓMEZ DE LA MAZA, M.: *Diccionario botánico de los nombres vulgares cubanos y puertorriqueños.* Habana, 1889, p. 115.

LEGRAND, J. FEDERICO: *Estudio sobre la flora puertorriqueña.* (Fragmento.) En *Cuarto centenario de la colonización cristiana de Puerto Rico.* Tip. Boletín Mercantil, San Juan, P. R., 1908, p. 123-125.

——: *Plantas útiles de Puerto Rico: abelmosco, acacia, achiote.* Rev. Agr., julio de 1919, vol. 3, núm. 2: 5.

——: ——: *ají caballero.* Rev. Agr., octubre de 1919, vol. 3, núm. 5: 1.

——: ——: *algarrobo.* Rev. Agr., noviembre de 1919, vol. 3, núm. 6: 15.

LEGRAND, J. FEDERICO: *Plantas útiles de Puerto Rico: algodón.* Rev. Agr., septiembre de 1919, vol. 3, núm. 4: 5.

—— : —— : *almácigo blanco.* Rev. Agr., diciembre de 1919, vol. 3, núm. 7: 12.

—— : —— : *áloe.* Rev. Agr., enero de 1920, vol. 4, núm. 1: 20.

—— : —— : *apio de hortaliza.* Rev. Agr., abril de 1920, vol. 4, núm. 4: 17.

—— : —— : *anamú.* Rev. Agr., febrero de 1920, vol. 4, núm. 2: 5.

—— : —— : *aristoloquia, mataculebra, raíz de mato, azafrán.* Rev. Agr., junio de 1920, vol. 4, núm. 6: 4.

—— : —— : *ayapaná.* Rev. Agr., mayo de 1920, vol. 4, núm. 5: 5.

—— : —— : *baqueña cerrada.* Rev. Agr., julio de 1920, vol. 5, núm. 1: 1.

—— : —— : *bejuco de alcanfor, blero manso, borrajón, bijao.* Rev. Agr., enero de 1921, vol. 6, núm. 1: 21.

—— : —— : *bejuco de caro.* Rev. Agr., octubre de 1920, vol. 5, núm. 4: 1.

—— : —— : *bejuco de lombricera.* Rev. Agr., agosto de 1920, vol. 5, núm. 2: 1.

—— : —— : *bruja, berros, berenjena cimarrona y belladona de las Antillas.* Rev. Agr., noviembre de 1920, vol. 5, núm. 5: 1.

—— : —— : *el cacao.* Rev. Agr., mayo de 1921, vol. 6, núm. 5: 7.

—— : *Plantas medicinales: el limón.* Rev. Agr., junio de 1919, vol. 3, núm. 1: 36.

MALARET Y YORDÁN, AUGUSTO: *Diccionario de americanismos. Con un índice científico de Fauna y Flora.* Ed. Rafael Carrero, Mayagüez, P. R., 1925, p. 559-641. [Nueva ed., 1931.]

MELÉNDEZ MUÑOZ, M.: *Los pueblos y las flores.* P. R. I., 5 de agosto de 1916, núm. 336.

OTERO JOSÉ, I., y TORO, RAFAEL A.: *Catálogo de los nombres vulgares y científicos de algunas plantas puertorriqueñas.* Est. Exp. Ins., Bol. 37, 1931, 348 p.

ROQUÉ DE DUPREY, ANA: *Estudio sobre la flora puertorriqueña.* En *Cuarto centenario de la colonización cristiana de Puerto Rico.* Tip. Boletín Mercantil, San Juan, P. R., 1908, p. 211-215.

—— : *A Concha Meléndez.* (Enviándole una página de mi obra *Introducción a la flora pintoresca de Puerto Rico y Antillas.)* P. R. I., 29 de enero de 1916, núm. 309.

c. — PALEONTOLOGÍA

1. FLORA FÓSIL

HOLLICK, ARTHUR: *Paleobotanical Exploration in Porto Rico.* Jour. N. Y. Bot. Gard., May 1926, vol. 27, N° 317: 102.

—— : *Fossil Walnuts and Lignite from Porto Rico.* Jour. N. Y. Bot. Gard., Oct. 1926, vol. 27, N° 322: 223.

HOLLICK, ARTHUR: *Paleobotany of Porto Rico.* Scientific Survey of P. R. and the Virgin Islands, 1928, vol. 7, pt. 3.

——: *A Review of the Fossil Flora of the West Indies, with Descriptions of New Species.* Bull. N. Y. Bot. Gard., 1924, vol. 12: 259. [Incluye ejemplares de Puerto Rico.]

——: *Paleobotanical Exploration in Porto Rico.* Jour. N. Y. Bot. Gard., 1926, vol. 27: 102.

2. ZOOLOGÍA FÓSIL

ALLEN, J. A.: *An extinct Octodont from the Island of Porto Rico, West Indies.* Ann. N. Y. Acad. Sci., N. Y., Jan. 25, 1916, vol. 27: 17.

ANTHONY, H. E.: *New Fossil Rodents from Porto Rico with additional notes on Elasmodontomys obliquns Anthony and Heteropsomys insulans Anthony.* Bull. Amer. Mus. Nat. Hist., Jan. 29, 1917, vol. 37: 183.

——: *The Indigenous land mammals of Porto Rico, Living and Extinct.* Mem. Amer. Mus. Nat. Hist., Oct. 12, 1898, n. s., II. pt. 2: 333.

——: *Two new Fossil Bats from Porto Rico.* Bull. Amer. Mus. Nat. Hist., Sept. 7, 1917, vol. 37: 565.

——: *Mammals of Porto Rico, Living and Extinct. (Chiroptera and Insectivora.)* Scientific Survey of Porto Rico and the Virgin Islands. N. Y. Acad. Sci., N. Y., 1925, vol. 9, pt. 1.

——: *Mammals of Porto Rico, Living and Extinct. (Rodentia and Edentata.)* Scientific Survey of Porto Rico and the Virgin Islands. N. Y. Acad. Sci., N. Y., 1926, vol. 9, pt. 2.

——: *Preliminary Report on Fossil Mammals from Porto Rico.* Ann. N. Y. Acad. Sci., N. Y., 1916, vol. 27: 193.

CORYELL, H. N., and OHLSEN, VIOLET: *Fossil Corals of Porto Rico with Descriptions also of a few Recent Species.* Scientific Survey of Porto Rico and the Virgin Islands. N. Y. Acad. Sci., N. Y., 1929, vol. 3, pt. 3.

GREGORY, J. W.: *Contributions to the Paleontology and Physical Geology of the West Indies.* Quart. Jour. Geol. Soc. of London, 1895, vol. 51: 255.

HUBBARD, BELA: *Tertiary Mollusca from the Lares District.* Scientific Survey of Porto Rico and the Virgin Islands. N. Y. Acad. Sci., N. Y., 1921, vol. 3, pt. 2: 79-164.

MATTHEW, W. D.: *New Sirenian from the Tertiary of Porto Rico.* Ann. N. Y. Acad. Sci., N. Y., 1916, vol. 17: 23-29.

MAURY, C. J.: *On the Correlation of Porto Rican Tertiary Formations with other Antillean and Mainland Horizons.* Amer. Jour. Sci., Sept. 1919, vol. 48: 209.

——: *Tertiary Mollusca from Porto Rico* Scientific Survey of Porto Rico and the Virgin Islands. N. Y. Acad. Sci., N. Y., 1920, vol. 3, pt. 1: 77.

RABELL CABRERO, NARCISO: *Notas sobre algunos escuálidos fósiles de Puerto Rico.* Rev. Agr., junio de 1924, vol. 12, núm. 6: 377.

RABELL CABRERO, NARCISO: *Notas paleontológicas.* [Estudio de fósiles encontrados en Puerto Rico por el autor.] Rev. Ant., marzo de 1914, año II, núm. 1: 66.

VAUGHAN, T. W.: *Earliest Tertiary Coral Reefs in the Antilles and U. S.* (Abstract) Science., March 28, 1902, vol. 15. [V. Abstract Geol. Soc., Wa., Feb. 26, 1902.]

——: *Fossil Corals from Central America, Cuba and Porto Rico, with an account of the American Tertiary, Pleistocene and Recent Coral Reefs.* Bull. U. S. Natl. Mus., 1919, Nº 103: 189-524.

WETMORE, ALEXANDER: *An additional record for the extinct Porto Rican Quail-dove.* (From midden deposit near Mayagüez.) The Awk. Lancaster, Pa., 1923, p. 324.

CH. — ANTROPOLOGÍA Y ETNOLOGÍA

a. — INDIOS BORINCANOS

ABBAD Y LASIERRA, FRAY ÍÑIGO: *Carácter, usos y costumbres de los caribes.* En *Historia Geográfica, Civil y Natural de San Juan Bautista de Puerto Rico.* [Anotada por José Julián Acosta.] Imp. Acosta, San Juan, P. R., 1866, cap. XVI, p. 145.

ARCHILLA CABRERA, ÁNGEL: *Ceremonias necrológicas de los indo-antillanos en Puerto Rico.* Tip. Cantero Fernández, San Juan, P. R., 1920, 26 p. [V. la Revista Puerto Rico, julio de 1920, año II, núm. 3: 18.]

ARMAS, JUAN IGNACIO DE: *La fábula de los caribes.* Estudios americanistas. Imp. El Fénix, de Francisco S. Ibáñez, Habana, 1884, 31 p.

——: *Les Crânes dits Déformes.* Habana, 1885.

BACHILLER Y MORALES, ANTONIO: *Cuba primitiva. Origen, lenguas, tradiciones e historia de los indios de las Antillas Mayores y las Lucayas.* 2.ª ed., Habana, 1883, 402 p.

BORDE: *Relation de l'Origine, Moeurs Coustumes des Caraibes Sauvages des Isles Antilles.* En *Recueil de Divers Voyages.* Paris, 1674.

COLL Y TOSTE, C: *Rectificaciones históricas: La deformación de los cráneos entre los indios.* B. H. P. R., 1916, vol. 3, 319.

——: *La Medicina entre los indo-antillanos.* B. H. P. R., 1915, vol. 2, 269.

——: *Nuestra opinión acerca de la Medicina entre los indios.* Bol. As. Méd. P. R., octubre de 1904, año II, núm. 22: 337; núm. 23: 361; núm. 24: 377.

——: *Rectificaciones históricas. ¿Cuál era el color del indígena de la Isla de Puerto Rico?* B. H. P. R., 1916, vol. 3, 124.

——: *Rectificaciones históricas. Los indios borinqueños tenían religión.* B. H. P. R., 1916, vol. 3, 155.

COPPIER, GUILLAUME: *Histoire et Voyage des Indes Occidentales et de*

Plusieurs autres Regions Maritimes et Éloignées. J. Huguetan, Lyon, 1645, 182 p.

DELORME SALTO, RAFAEL: *Los aborígenes de América.* Disquisiciones acerca del asiento, origen, historia y adelanto en la esfera científica de Las Sociedades Precolombinas. Con un prólogo del general don Vicente Rivas-Palacio y Guerrero. Fernando Fe, Madrid, 1894, 230 p.

FEWKES, J. WALTER: *The Aborigines of Porto Rico and neighboring Islands.* En *25th Annual Report of the Bureau of American Ethnology... 1903-1904.* Gov. Prtg. Off., Wa., 1907, 296 p. + 129 il. [V. lo relativo a Puerto Rico, p. 17-220 + 93 il. al final.]

GONZÁLEZ MARTÍNEZ, IGNACIO: *Etnología de los indios de Puerto Rico y demás Antillas.* Rev. Ant., P. R., julio de 1914, año II, núm. 5: 99.

HARTLEY BURR, ALEXANDER: *The Mythology of all Races.* Marshall Jones Co., Boston, 1920, 13 vols.

KRUG, L.: *Indianische Altertümen in Porto Rico.* Zeitschrift für Ethnologie, 1876, Heft 6, p. 428.

LACORDAIRE, E.: *Los primitivos habitantes de las Antillas.* Revue de Revues, Mars 1898.

LÓPEZ BORREGUERO, R.: *Los indios caribes.* Barcelona, 1896.

MONTALVO GUENARD, J. L.: *Caracteres físicos del indio borincano.* Rev. Obs. Púb., diciembre de 1930, año VII, núm. 12: 313.

MORALES CABRERA, PABLO: *Astas y cueros.* El Agricultor Puertorriqueño, San Juan, P. R., 15 de junio de 1929, vol. 7, núm. 11: 33.

——: *Cruzamientos de la población indígena.* El Agricultor Puertorriqueño, San Juan, P. R. (I): 15 de julio de 1929, vol. 8, núm. 1: 49; (II): 31 de julio de 1929, vol. 8, núm. 2: 33.

——: *El burén* (II). El Agricultor Puertorriqueño, San Juan, P. R., 31 de mayo de 1929, vol. 7, núm. 10. [V. los números anteriores de esta Revista.]

——: *Religión indígena.* El Agricultor Puertorriqueño, San Juan, P. R. (I): 15 de noviembre de 1929, vol. 8, núm. 9: 33; (II): 30 de noviembre de 1929, vol. 8, núm. 10: 33.

NEUMANN, EDUARDO: *Benefactores y hombres notables de Puerto Rico.* Imp. Listín Comercial, Ponce, P. R., 1899, 294 p. [V. vol. 2: Polémicas con el Dr. Zeno, relativas a los indios borincanos: antropología, cultura, historia, etc., p. XVII.]

OBER, FREDERICK A.: *Aborigenes of the West Indies.* (From the Proceeding of the American Antiquarian Soc..., Meeting in Boston, April 25, 1894.) C. Harrieton, Mass. [1894], 24 p.

RIDWELL, C. J.: *Account of the Aborigenes of Porto Rico.* 1879.

ROMERO CANTERO, CALIXTO: *Lucuo, dios de Borinquen.* Revista Puertorriqueña, vol. 1, 1887-1888, p. 367-388, 458-475, 542-566.

SALAS, JULIO C.: *Etnografía americana. Los indios caribes.* Estudio sobre el origen del mito de la antropofagia, Barcelona, 1920, 178 p.

SANGUILY, MANUEL: *Los caribes de las islas.* Estudio critico. Habana, 1884, 64 p.

STAHL, AGUSTÍN: *La Medicina entre los indios.* Bol. As. Méd. P. R., noviembre de 1903, año I, núm. 11: 166, hasta año II; núm. 21: 321 inclusives.

——: *Gobierno, población y vida social de los indios borinqueños.* Revista Puertorriqueña, San Juan, P. R, 1887, vol. 1: 613.

——: *Origen de los indios borinqueños.* Revista Puertorriqueña, San Juan, P. R., 1887, vol. 1: 423.

——: *La religión de los indios borinqueños.* Revista Puertorriqueña, San Juan, P. R., 1887, vol. 1: 251. [V. el vol. 4: 289-303.]

——: *Los indios borinqueños.* (Estudios etnográficos.) Imp. Acosta, San Juan, P. R., 1889, 211 p. [También en Revista Puertorriqueña, 1889-1890, vol. 4: 128.]

VALLE, RAFAEL DEL: *Al Rev. Padre Nazario: ¿Son los indios descendientes de los hebreos?* (Traducción de un artículo.) P. R. I., 5 de octubre de 1912, núm. 136.

Rectificación histórica. Los indígenas no conocían el cobre. B. H. P. R., 1916, vol. 3: 15.

Véanse *Lingüística. Historia puertorriqueña. Prehistoria. Arqueología. Los indios y la conquista.*

b. — LOS HABITANTES: ETNOLOGÍA CULTURAL

ABBAD LASIERRA, FRAY ÍÑIGO: *Carácter y diferentes castas de los habitantes de la Isla de San Juan de Puerto Rico.* En *Historia Geográfica, Civil y Natural de San Juan Bautista de Puerto Rico.* [Anotada por José Julián Acosta.] Imp. Acosta, San Juan, P. R., 1866, cap. XXX: 398.

AMADEO, L.: *People of Porto Rico.* Independent, N. Y., Aug. 24, 1899, vol. 51: 2285.

BRICEÑO VALERO, A.: *Factores étnicos de la raza hispano-americana.* Venezuela, 1905.

CANTELE, GIR: *Memorie della Famiglia e della villa Portoricco,* 1862.

COLL Y TOSTE, C.: *Personalidad étnica e histórica del pueblo de Puerto Rico.* Prólogo de la obra *Puertorriqueños ilustres ya fallecidos,* de Coll y Toste. B. H. P. R., 1915, vol. 2: 134. [Esta obra no llegó a publicarse en forma de libro.]

CORNILLAE, J. J. J.: *Anthropologie des Antilles.* En *Compte rendu du Congrès Int. des Américanistes.* Nancy, 1875, p. 147-169.

DELGADO, F. P: *Life in Picturesque Porto Rico.* Current History. Magazine of the N. Y. Times, N. Y., May 1920, vol. 12: 289.

GROFF, G. G.: *Characteristic of the People [Porto Rico].* Independent, N. Y., July 4, 1901, vol. 53: 1552.

HARRINGTON, M. W.: *Porto Rico and the Porto-Ricans.* Catholic World, N. Y., Nov. 1899, vol. 70: 161.

HILL, ROBERT T.: *Cuba and Porto Rico.* Century, N. Y., 1903. [V. The People of Porto Rico, chap. XVIII.]

—: *Cuba and Porto Rico.* Century, N. Y., 1903. [V. Race Problems in the West Indies, chap. XXXVII.]

KNIPE, A. A.: *Porto Rico and Its People.* Booklovers Magazine, N. Y., 1905, vol. 6: 391.

LABRA, RAFAEL MARÍA DE: *La raza de color en las Antillas españolas.* Madrid, 1893.

—: *La cuestión social en las Antillas españolas.* Madrid, 1872.

LEDRU, PIERRE: *Mezcla de razas.* En *Viaje a la Isla de Puerto Rico en el año 1797.* Imp. Militar de J. González, San Juan, P. R., 1863, cap. VII.

MELÉNDEZ MUÑOZ, M: *La miseria y el carácter de nuestro pueblo.* P. R. I., 19 de octubre de 1918, núm. 451.

—: *Apuntes sobre la psicología de nuestro pueblo.* P. R. I., 11 de noviembre de 1922, núm. 663.

MEYNERS, JOSÉ ARNALDO: *Portorriqueñismo.* P. R. I., 9 de agosto de 1930, núm. 1066.

MOLINA SERRANO, EUSEBIO: *Memoria sobre el tema Estudio de las Razas.* Tip. El Comercio, Ponce, P. R., 1882.

NAVARRETE, AGUSTÍN: *Orígenes de la población de Puerto Rico* (I y II). En *Conferencias dominicales dadas en la Biblioteca insular de Puerto Rico.* Bur. Supp. Prtg., 1913, p. 30 y 97.

—: *Orígenes de la población de Puerto Rico* (III y IV). En *Conferencias dominicales dadas en la Biblioteca insular de Puerto Rico.* Bur. Supp. Prtg., 1914, p. 21 y 179.

OLIVARES, J. DE: *Our Islands and their People, as seen with camera and Pencil.* (Porto Rico, Hawaii, Philippines. Introd. by Maj. Gen Jos Wheeler), 1899.

PANIAGUA OLLER, ÁNGEL: *Bosquejo etnológico social.* En *El libro de Puerto Rico,* 1923, p. 80.

PEPPER, C. M.: *Spanish Population of Porto Rico and Cuba.* Annals of the American Academy of Political Science. Philadelphia, 1901, vol. 18: 163.

PIETRILLI, ULISES: *Alma puertorriqueña.* P. R. I., 4 de diciembre de 1920, núm. 562.

PLATT, O. H.: *Spanish Population of Puerto Rico.* Our relation to the people of Porto Rico. En *American Race Problem.* Ann. Am. Acad. Pol. Sci. (Special annual meeting number.) N. Y., 1901, pt. 4.

QUESADA, VICENTE G.: *La sociedad hispano-americana bajo la dominación española.* Madrid, 1893, 53 p.

RODRÍGUEZ SAN PEDRO, JOAQUÍN: *La cuestión social en las Antillas españolas.* Imp. M. Minuesa, Madrid, 1871, 55 p.

RUIZ ARNAU, RAMÓN: *Desarrollo étnico social del pueblo puertorriqueño.* (Fragmento.) En *El Cuarto centenario de la colonización cristiana de Puerto Rico.* Imp. El Boletín Mercantil, San Juan, P. R., 1908, p. 99-105.

RYDER, CHARLES J. D. D.: *The Island and the People.* En *Procceedings of the 25th annual meeting of the Lake Mohonk Conference of Friends of the Indian & other dependent People.* 1907, p. 156.

American Ethnology. Nature, London, Feb. 6, 1908, vol. 77: 329.

Decreto derogando cuantas disposiciones y prácticas hacen necesaria la llamada «información de limpieza de sangre» en Ultramar. B. H. P. R., 1922, vol. 9: 384.

Domestic Manners and Social Conditions of the White, Coloured, and Negro Population of the West Indies. London, 1834, 2 vols. [2.ª ed.]

Véanse *La organización. Historia puertorriqueña. Historia literaria. Folk-lore.*

I. EL CAMPESINO

ALONSO, MANUEL A.: *El jíbaro.* (Cuadros de costumbres de la Isla de Puerto Rico.) Barcelona, 1849. [V. Alonso, M. A., en *Obras poéticas.*]

BRAU, SALVADOR: *La campesina.* Disquisiciones sociológicas. (Carta del Dr. González Font.) Imp. de J. González Font, San Juan, P. R., 1886, 54 p.

CABOT, WARD GEORGE: *The Rural Population of Porto Rico.* En *Report of the 26th Meeting of Lake Mohonk Conference,* 1908, p. 148.

COLL Y TOSTE, CAYETANO: *Origen etnológico del campesino de Puerto Rico, mestizaje de la raza blanca, india y negra.* B. H. P. R., 1924, vol. 11: 127.

—: *Por qué el jíbaro es arisco.* B. H. P. R., 1924, vol. 11: 159.

DINWIDDIE, W.: *The Peasants of Porto Rico.* Harper's Weekly, N. Y., Apr. 29, 1899, vol. 43: 424.

—: *Puerto Rico.* Harper Bros, N. Y., 1899. [V. Life among the Peasants, chap. XIV.]

FERNÓS ISERN, ANTONIO: *Por nuestros campesinos.* (Los obstáculos para la aplicación del método Credé.) P. R. I., 1 de febrero de 1919, núm. 466.

GANDÍA CÓRDOVA, RAMÓN: *La organización rural en Puerto Rico.* Neg. Mat. Imp, 1922, 300 p. [V. Rev. Agr., P. R, vol. 2, núms. 2 y 3.]

GONZÁLEZ FONT, JOSÉ (ed.): *Biblioteca del campesino puertorriqueño.* Imp. de J. González Font, San Juan, P. R. [1885 ?], 3 vols. de 40, 60 y 73 p., respectivamente.

JESÚS DOMÍNGUEZ, JOSÉ DE: *Los gíbaros.* (Estudio filológico.) En González Font, José, *Escritos sobre Puerto Rico,* 1903, p. 138. [V. la sección *Artículos literarios.*]

LUTZ, R. R.: *The Problem of the Porto Rican Jíbaro.* En *Report of the 30th annual Lake Mohonk Conference of Friends of the Indian & other Dependent People,* Oct. 23, 24, 25, 1912, p. 211.

Meléndez Muñoz, M.: *La vivienda campesina.* Almanaque Puertorriqueño, San Juan, P. R, 1915, p. 115.

—: *La tristeza campesina.* P. R. I., 15 de abril de 1916, núm. 320.

—: *Dentro del bohío.* P. R. I., 5 de julio de 1919, núm. 488.

—: *La alimentación del campesino.* P. R. I., 15 de mayo de 1915, núm. 272.

—: *Estado social del campesino puertorriqueño.* Imp. Cantero, Fernández & Co., San Juan, P. R., 1916, 124 p.

Morales, José Pablo: *Misceláneas históricas.* La Correspondencia, San Juan, P. R., 1924. [V. *El jíbaro,* p. 51.]

Ramírez Silva, Amador: *De alma jíbara.* P. R. I., 18 de diciembre de 1920, núm. 564.

Rodríguez Vera, Andrés: *Agrarismo colonial.* Imp. La Democracia, San Juan, P. R., 1929. [V. el cap. II: 41: *Éxodo de la población campesina.*]

Valle Atiles, Francisco del: *El campesino puertorriqueño.* Sus condiciones físicas, intelectuales y morales; causas y medios de mejorarlas. Imp. de J. González Font, San Juan, P. R, 1887, 167 p.

Índice. Mensuario de cultura, San Juan, P. R., 13 de enero de 1930, año I, núm. 10. [Número dedicado a los problemas del campesino.]

Porto Rican Jíbaro. Review of Reviews, N. Y., Feb. 1924, vol. 69: 216.

Véanse *El trabajo. El obrero. Historia puertorriqueña* V. también en *Obras Poéticas,* Alonso, Manuel; Dávila, Virgilio; en *Teatro,* Méndez Quiñones, Ramón.

2. La mujer

Asenjo, Conrado: *Feminismo a mi modo.* P. R. I., 5 de mayo de 1921, núm. 584.

Capetillo, Luisa: *Mi opinión: Sobre las libertades, derechos y deberes de la mujer.* Imp. The Times Pub. Co., San Juan, P. R., 1911, 188 p.

Degetau González, Federico: *La madre puertorriqueña.* P. R. I., 26 de mayo de 1917, núm. 378.

Díaz y Díaz, Francisco (redactor): *Memoria relativa a la fundación, trabajos, medios con que cuenta y recursos que pueden aportarse para la mejor marcha de la Junta de Damas, para la instrucción y educación de la mujer en nuestra provincia.* Tip. El Comercio, P. R., 1888, 8 p. [Hay otra memoria de 1889, 4 p.]

Ferrer, Gabriel: *La mujer en Puerto Rico.* Sus necesidades presentes y los medios más fáciles y adecuados para mejorar su porvenir. (Premiada en el certamen de El Buscapié, el 9 de octubre de 1880.) Imp. El Agente, P. R., 1881, 72 p.

Giner, P.: *Mujeres de América.* Guarner, Toberner y Co., editores, Barcelona, s. f., 230 p. [Para Puerto Rico, v. p. 61.]

López Landrón, Rafael: *La mujer portorriqueña ante el Bill Jones.* Estudio jurídico-social y político. Imp. El Boletín Mercantil, San Juan, P. R., 1916, 29 p.

Malaret y Yordán, Augusto: *Condición jurídica de la mujer puertorriqueña.* Revista Nuestro Tiempo, Madrid, diciembre de 1908, año VIII, núm. 120: 321.

Mc. Bride, N. L.: *Women Workers of Porto Rico.* International Socialist Review, Chicago, June 1917, vol. 17: 717.

Meléndez Muñoz, M.: *El feminismo de la mujer del siglo XX.* P. R. I., 8 de septiembre de 1917, núm. 393.

——: *El feminismo y la lucha por la existencia.* P. R. I., 18 de marzo de 1916, núm. 316.

Negrón Muñoz, Ángela: *Por el feminismo y para las feministas.* P. R. I., 4 de mayo de 1929, núm. 1000: 3.

——: *Un pasaje glorioso de la historia del feminismo en Puerto Rico.* P. R. I., 2 de julio de 1927, núm. 904.

Nin Martínez, Antolín: *La mujer puertorriqueña en el Departamento del Interior.* Rev. Obs. Púb., diciembre de 1926, año III, núm. 36: 1049.

Quiñones, José Mercado: *Estudios sobre la educación de la mujer.* Imp. de J. Ramón González, San Germán, P. R., 1880, 12 p.

Reyes, Francisco de P.: *Mercedes Solá. Feminismo.* Estudio sobre un aspecto social-económico y político. Sobre un trabajo así títulado de Mercedes Solá. P. R. I., 8 de abril de 1922, núm. 632.

Rodil, F. J.: *Página dedicada a la mujer puertorriqueña.* Labor Compleja. P. R. I., 2 de marzo de 1918, núm. 418.

Rodríguez de Tió, Lola: *Discurso. Sobre la educación de la mujer.* P. R., 1884, 5 p.

Rodríguez Vera, Andrés: *Sobre la Ley protectora de las mujeres.* Rev. Agr., febrero de 1928, vol. 15, núm. 2: 71.

Rovira de Benítez, Marina: *Mens Sana in Corpore Sano.* Sobre una petición del Club Cívico de Damas a la Legislatura. P. R. I., 24 de marzo de 1923, núm. 682.

Salgado, José: *La mujer puertorriqueña.* (Del libro *Redención.*) P. R. I., 9 de junio de 1917, núm. 380.

Solá, Mercedes: *Feminismo.* Estudio sobre un aspecto social-económico y político. Imp. Cantero, Fernández & Co., Inc., San Juan, P. R., 1922.

Soriano Hernández, Enrique: *La mujer.* Discurso histórico-filosófico. Imp. de J. Ramón González, San Germán, P. R., 1880, 9 p.

Villaronga, Luis: *Del ideario moderno.* Para las feministas de Puerto Rico. P. R. I., 5 de febrero de 1921, núm. 571.

En la Corte Suprema de Puerto Rico. El pueblo de Puerto Rico apelado, vs. Porto Rican American Tobacco Co. acusada-apelante. Alegato de la acusada-apelante. [Sobre mínimo de jornal para las mujeres trabajadoras.] 4 de mayo de 1920. Bur. Supp. Prtg., 1920, 49 p.

La mujer puertorriqueña. Historia, acción social, aspiraciones feministas, Sociedades, etc. En *El libro de Puerto Rico,* 1923, cap. XIV: 812-845.

Véanse *Problemas sociales. Problemas del niño. La moral. Sufragio.*

3 EL HOGAR: ECONOMÍA DOMÉSTICA

ARRALTA, TOMÁS: *Recreaciones químicas y colección de recetas aplicables a la economía doméstica y artes.* Imp. Márquez, Mayagüez, P. R , 1851, 20 p.

BAGUÉ, JAIME: *La Agricultura y las ciencias domésticas.* Rev. Agr., P. R., diciembre de 1929, vol. 24, núm. 6: 221.

BARKER, E. EUGENE: *¿Hay economía doméstica en Puerto Rico?* Rev. Agr., P. R., marzo de 1920, vol. 4, núm. 3: 5.

DINWIDDIE, W.: *Puerto Rico.* Harper Bros., N. Y., 1899. [V. Home Life, chap. XIII.]

——: *Porto Rico. The Home Life of the People.* Harpers Weekly., N. Y., Dec. 10, 1898, vol. 42: 1211.

ORTIZ, ANTONIO: *Un mensaje al hogar.* Río Grande, P. R., 1915, 56 p.

ROSARIO, J. C.: *Home Economics in the Rural Schools.* Bull. Pan. Am. Union , July 1927, vol. 61: 685-692.

SHERMAN, H. C.: *A Glimpse of Social Economics in Porto Rico.* P. R. Jour. Pub. Health & Trop. Med., 1930, vol. 6, N° 2: 221.

WATSON, H. L.: *Home Life in Porto Rico.* National Magazine, Boston, 1899, vol. 2: 585.

WILLSEY, ELSIE MAE: *Tropical Foods. Vegetables. Arracacha, Breadfruits, Cassava, Leren, Malanga.* University of Porto Rico, Bull. N° 2, Bur. Supp. Prtg., 1926, 31 p.

——: *Tropical Foods. Vegetables. Chayote, Yautía, Plantain, Banana.* University of Porto Rico, Bull. N° 1, Bur. Supp. Prtg., 1927, 29 p.

——: *Tropical Foods. Vegetables, Rice and the Legumes.* University of Porto Rico, Bull. N° 3, Bur. Supp. Prtg., 1927, 26 p.

Home Economics in Porto Rico. Journal of Home Economics. Baltimore, Md., July 1927, vol. 19: 388-390.

Home Economics during the Porto Rico Hurricane. Journal of Home Economics, Baltimore, Jan. 1929, vol. 21: 40.

Home Life in Porto Rico. Harper's Bazar, N. Y., April 21, 1900, vol. 33: 348.

El cocinero puertorriqueño. Formulario para confeccionar toda clase de alimentos, etc. Imp. Acosta, San Juan, P. R., 1859.

Porto Rican Cook Book. Published by the Ladies Aid Society of the First Methodist Church of San Juan, Porto Rico, Tip. y Papelería de M. Burillo & Co., San Juan, P. R., 1909, 130 p.

4. PROFESIONES Y EMPLEOS

CASTRO, ANTONIO F.: *Programa para el examen y admisión de los aspirantes al ejercicio de la Abogacía.* Imp. San Juan News, P. R., 1904, 109 p.

ENAMORADO Y CORAL, JULIO: *Carnet del dependiente de comercio.* Colección de reglas, tablas y otros datos útiles para los que se dedican a las tareas mercantiles. Est. Tip. Boriquen, Yauco, P. R., 1896, 56 p.

RAMOS DE AYANA Y MORALES, JOSÉ: *Manual de instrucción y Reglamento para el Cuerpo de Zapadores Bomberos de la ciudad de San Germán, Puerto Rico.* Imp. El Águila, San Germán, P. R., 1883, 125 p.

Arancel formado por el Gobernador civil de Puerto Rico el 30 de abril de 1838 para los profesores de Medicina y Cirugía, dentistas, sangradores y parteras, P. R., 1856, 10 p.

Asociaciones profesionales. [De maestros, de médicos, de abogados, de ingenieros, de tecnólogos azucareros, de cirujanos menores, etc.] En *El libro de Puerto Rico,* 1923, cap. XVII, p. 920-961.

Consulta que sobre los derechos de pasivos de los empleados de Ultramar dieron los Sres. C. Álvarez, E. Figueroa, Alonso Martínez y S. Moret. Madrid, 1870, 22 p.

Creación del empleo de Asesor del Gobernador de Puerto Rico. B. H. P. R., 1916, vol. 3: 289.

El Presidente del Consejo Insular suspende los sueldos a los empleados de los sitios ocupados por los americanos. B. H. P. R., 1919, vol. 6: 51.

El Secretario puertorriqueño, o sea Manual de cartas recopiladas de los mejores Tratados de correspondencia epistolar. Imp. de J. Solves, P. R., 1868.

Organización de la carrera de Empleados de las provincias de Ultramar. (Ministerio de Ultramar.) Tip. de los Huérfanos. Madrid, 1885, 20 p.

Registro de los títulos profesionales de Medicina, Cirugía y Farmacia. Año de 1838. B. H. P. R., 1921, vol. 8: 50.

Reglamento para el Cuerpo de Agrimensores de la Isla de Puerto Rico, mandado observar por el Excmo. Sr. Conde de Mirasol, Gobernador y Capitán general de la misma. Imp. del Gobierno, San Juan, P. R., 1846, 21 p.

Reglamento para el Cuerpo de Bomberos de la ciudad de Caguas. Imp. Morel Campos y Co., Caguas, P. R., 1915, 30 p.

Reglamento para el Cuerpo de Bomberos de la ciudad de Ponce. Imp. El Vapor, Ponce, P. R., 1892, 39 p. Otra ed. de 1903, 55 p.

Reglamento para la dirección y gobierno de la Real Subdelegación principal gubernativa de la Facultad de Farmacia... Imp. El Agente, P. R., 1879, 26 p.

Se da permiso a los abogados peninsulares para ejercer su carrera en Puerto Rico. Orden judicial. B. H. P. R., 1919, vol. 6: 120.

Se suprime la contribución a todas las profesiones y artes manuales. B. H. P. R., 1919, vol. 6 : 112.

Véanse *Cortes y funcionarios. Maestros y funcionarios. Obispos y otros funcionarios. Gobernadores.*

5. GENEALOGÍA

Ávila y Lugo, Francisco: *Origen de la gran Casa de Saavedra.* Madrid, 1649.

Blanco, Enrique T.: *Genealogía de Julio L. Vizcarrondo.* Índice. (Mensuario de Cultura.) San Juan, P. R., 1931, vol. 1: 381.

——: *Genealogía de D. Eugenio María de Hostos, por la línea paterna.* Índice. (Mensuario de Cultura.) San Juan, P. R., 1931, vol. 1, núm. 25-26.

Carta del coronel Balboa, corregidor de Mayagüez, a D. Carlos de Rojas, secretario de gobierno B. H. P. R., 1915, vol. 2, 284.

Quién trajo a Puerto Rico el apellido Cuchí. B. H. P. R., 1924, vol. 11: 291.

R. O. de S. M. concediendo al escribano Acosta que use el título de Don. B. H. P. R., 1917, vol. 4 : 76.

6. LINGÜÍSTICA

Acosta Quintero, Eduardo: *Los académicos regionales*. P. R. I., 28 de mayo de 1927, núm. 899.

Adam, Lucien: *Matériaux pour servir a l'établissement d'une Grammaire comparée des dialectes de la famille Caribe.* J. Maisonneuve, Libraire-Éditeur, Paris, 1893, 139 p.

Alvarado, Lisandro: *Glosario de voces indígenas de Venezuela.* Victoria, Venezuela, 1921, 319 p. [Muy importante para el lenguaje de los indios de Puerto Rico.]

Amy, Francisco J.: *Por la pureza del idioma.* En *Predicar en desierto.* Tip. El Alba, San Juan, P. R., 1907, 240 p.

Arce, Margot: *Sobre la enseñanza de la pronunciación española en Puerto Rico.* Índice. (Mensuario de Cultura.) San Juan, P. R., marzo de 1931, vol. 1, núm. 24: 389.

Armas, Juan Ignacio de: *Orígenes del lenguaje criollo.* Imp. de la Viuda de Soler, Habana, 1882, 97 p. [Hay otra ed. de 1884.]

Bachiller y Morales, A.: *Cuba primitiva. Origen, lengua, tradiciones e historia de los indios de las Antillas Mayores y las Lucayas.* Habana, 1883.

Barea Justo, D.: *Prontuario ortográfico y paremiológico portorriqueño.* Imp. Nigaglioni Hnos., San Germán, P. R., 1920, 181 p.

Breton, P. Raymond: *Grammaire Caraibe suivie du Catéchisme Caraibe.* Nouvelle édition publiée par L. Adam & Ch. Leclerc. Maisonneuve & Cie., Libraires-Éditeurs, Paris, 1877, 54 p.

CAPÓ, CLAUDIO: *Vocabulario de plantas y animales portorriqueños, con sus correspondientes significados en inglés.* En *The Island of Porto Rico.* San Juan, P R., 1925, p. 39-52.

COLL Y TOSTE, C.: *Puertorriqueño o portorriqueño.* Disquisición filológica. B. H. P. R., 1920, vol. 7, 326.

——: *Rectificación histórica. Nombre indo-antillano de la Isla de Guadalupe.* B. H. P. R., 1924, vol. 11, 172.

——. *Lenguaje borinqueño* En *Prehistoria de Puerto Rico.* Tip. Boletín Comercial, San Juan, P. R., 1907, cap. IX.

——: *Vocabulario español-borinqueño.* En *Prehistoria de Puerto Rico.* Tip. Boletín Comercial, San Juan, P. R., 1907, cap. X.

——: *Vocabulario indo-antillano.* En *Prehistoria de Puerto Rico.* Tip. Boletín Comercial, San Juan, P. R., 1907, cap. XII.

——: *Vocabulario de palabras introducidas en el idioma español, procedentes del lenguaje indo-antillano.* B. H. P. R., 1921, vol. 8, 294. [V. Rev. Ant., 1913, núms. 2 y 5.]

——: *El idioma nacional en Puerto Rico.* Cultura Hispano-Americana, Madrid, núms. 109-111.

——: *La primera cátedra oficial de idioma inglés en San Juan.* 1844. B. H. P. R., 1923, vol. 10, 63.

——: *El idioma castellano en Puerto Rico.* B. H. P. R., 1921, vol. 8, 43.

——: *Estudio de la oración dominical en el lenguaje de algunas tribus indígenas.* En *Prehistoria de Puerto Rico.* Tip. Boletín Comercial, San Juan, P. R., 1907, p. 186.

——: *Colón en Puerto Rico. Disquisiciones histórico-filológicas.* Tip. La Correspondencia, San Juan, P. R., 1893, 193 p.

DOMÍNGUEZ, JORGE: *The Language Problem & Political Relations with the United States.* En *Report on the 33th Annual Lake Mohonk Conference on the Indian & other Dependent People,* Oct. 20, 21, 22, 1915, p. 161.

FALKNER, R. P.: *English Language in Porto Rico.* Forum N. Y., March 1909, vol. 41: 206.

FERNÁNDEZ Y GONZÁLEZ, FRANCISCO: *Los lenguajes hablados por los indígenas de la América Meridional.* Imp Rivadeneyra, Madrid, 1893, 80 p.

FERNÁNDEZ JUNCOS, MANUEL: *La lengua castellana. Su importancia y utilidad en Puerto Rico.* Medios recomendables para enseñarla. Imp. El País, P. R., 1903, 15 p.

FERNÁNDEZ VANGA, EPIFANIO: *La nueva hornada.* Cómo lee la actual generación a causa del uso del inglés y el español. P. R. I., 21 de febrero de 1914, núm. 208.

——: *Del artículo.* Alrededor del problema del inglés. P. R. I., 28 de febrero de 1914, núm. 209.

——: *El verbo.* Sobre el problema del inglés en Puerto Rico. P. R. I., 11 de abril de 1914, núm. 215.

FERNÁNDEZ VANGA, EPIFANIO: *Inglés y castellano.* Alrededor de esta cuestión en Puerto Rico. P. R. I., 7 de febrero de 1914, núm. 206; v. núms. 255, 258 y 260.

——: *El idioma de Puerto Rico y el idioma escolar de Puerto Rico.* Ed. Cantero y Fernández, San Juan, P. R., 1931, 305 p.

GÓMEZ DE LA MAZA, MANUEL: *Diccionario botánico de los nombres vulgares cubanos y puertorriqueños.* Cacho-Negrete. Habana, 1889, 115 p.

HILL, ROBERT T.: *Porto Rico, or Puerto Rico?* National Geographic Magazine, Wa., 1899, vol. 10: 516.

INFIESTA ALEJANDRO: *Ortografía de la lengua castellana, escrita conforme los preceptos de la Real Academia y las reglas establecidas por los mejores filólogos españoles.* 4.ª ed. Tip. El Boletín Mercantil, San Juan, P. R., 1887, 88 p.

LLORÉNS TORRES, LUIS: *América.* Estudios históricos y filológicos, con una carta de Antonio Cortón. V. Suárez, Madrid, 1898; Imp. J. Bastinos, Barcelona, 1898, 204 p.

——: *Boriquen o Borinquén.* Estudio filológico. Rev. Ant., 4 de junio de 1913, núm. 4.

MALARET, AUGUSTO: *Diccionario de americanismos.* Con un índice científico de Fauna y Flora. Ed. Rafael Carrero, Mayagüez, P. R., 1925, 641 p. más fe de erratas. [El texto en mimiógrafo.] Nueva ed. extensamente corregida. Imp. Venezuela, San Juan, P. R., 1931, 520 p.

——: *Fe de erratas de mi Diccionario de americanismos.* Imp. Venezuela, San Juan, P. R., 1928, 101 p.

——: *Diccionario de provincialismos de Puerto Rico.* Premiado con medalla de oro y diploma de honor en el Certamen Literario Científico celebrado por las Sociedades españolas de San Juan, P. R., el 12 de octubre de 1916. Día de la Raza. Imp. Cantero, Fernández, & Co., San Juan, P. R., 1917, 151 p.

MARÍA, J. DE: *Vocabulario jíbaro.* Boletín de la Sociedad Ecuatoriana de Estudios Históricos Americanos. Quito, 1919, vol. 2: 144 y 281.

MARXUACH, TEÓFILO: *El lenguaje castellano en Puerto Rico.* Mecanismo del lenguaje, vicios de dicción. San Juan News, San Juan, P. R., 1903, 100 p.

MELÉNDEZ MUÑOZ, M.: *Sobre la enseñanza de nuestro idioma.* P. R. I., 13 de noviembre de 1915, núm. 298.

MORALES, JOSÉ PABLO: *Misceláneas históricas.* Imp. La Correspondencia, San Juan, P. R., 1924. [V. San Juan. ¿Por quién y por qué causa se puso este nombre a la isla de Borinquén?, p. 3.]

MORALES CABRERA, PABLO: *El lenguaje indo-antillano.* El Agricultor Puertorriqueño, San Juan, P. R., 15 de septiembre de 1929, vol. 8, núms. 5, 6, 7 y 8.

NAVARRO TOMÁS, T.: *Impresiones sobre el estudio lingüístico de Puerto Rico.* Revista de Estudios Hispánicos, N. Y., abril-junio de 1929, vol. 2, núm. 2: 127-147.

OTERO, JOSÉ I., y TORO, RAFAEL A.: *Catálogo de los nombres vulgares y científicos de algunas plantas puertorriqueñas.* Est. Exp. Ins., Bol. 37, Neg. Mat. Imp., San Juan, P. R., 1931, 248 p.

PEDREIRA, ANTONIO S.: *De los nombres de Puerto Rico.* Reimpreso de la Revista de Estudios Hispánicos, N. Y., enero-marzo de 1928, vol. 1, núm. 1: 17-33.

RAMÍREZ DE ARELLANO, RAFAEL: *El doctor Navarro Tomás y su viaje a Puerto Rico.* Tip. de la Rev. de Arch., Bibl. y Mus, Madrid, 1925, 6 p.

RIVERA DE TUDÓ, ÁNGELA: *Idioms and Other Expressions ... and about 500 proberbs in English and Spanish and a list of Homophonous words.* Porto Rico. Progress, San Juan, P. R., 1929, 84 p.

ROCHEFORT: *Histoire naturelle et morale des Iles Antilles de l'Amérique.* Enrichie de plussieurs belles figures des raretés les plus considerables qui y sont décrites, avec un Vocabulaire Caraibe. Rotterdam, 1658.

RODRÍGUEZ, ISAÍAS: *Ortofonía española.* Imp. El Día, Ponce, P. R., 1919, 48 p.

RODRÍGUEZ CABRERO, LUIS: *Currente calamo. El idioma inglés.* Comentarios sobre el uso del idioma en Puerto Rico. P. R. I., 22 de febrero de 1913, núm. 156.

RODRÍGUEZ NAVAS, MANUEL: *Los dialectos y los trajes.* Cultura Hispano-Americana, Madrid, núm. 111: 31.

SAMALEA IGLESIAS, LUIS: *La Academia de la Lengua.* Sobre el proyecto de la Academia Antillana de la Lengua. P. R. I., 30 de octubre de 1915, núm. 296.

SAUCE, EDMUNDO: *El hombre bilingüe.* Método fácil de aprender inglés. Imp. Cantero Fernández y Co., Inc., San Juan, P. R., 1918, 86 p.

STAHL, AGUSTÍN: *Lenguaje de los indios borinqueños.* (Ampliación de los estudios anteriores.) Revista Puertorriqueña, 1889, vol. 3: 437-450.

ZAYAS Y ALFONSO, ALFREDO: *Lexicografía antillana.* Diccionario de voces usadas por los aborígenes de las Antillas Mayores y de algunas de las Menores, y consideraciones acerca de su significado y formación. Imp. El Siglo XX, Habana, 1914, 487 p.

Academia Antillana de la Lengua. Estatutos... San Juan, P. R., 1916. [V. Almanaque Asenjo, 1917, p. 15.]

Language Problem. Containing two editorials from The Times, a journal published in San Juan, Porto Rico, and a letter from the Hon. Antonio R. Barceló. Progress Publishing Co., San Juan, P. R., 1913, 23 p.

Véase *Educación.*

7. EMIGRACIÓN E INMIGRACIÓN

ARGUDÍN, CUNHA REIS Y PERDONES: *Proyecto de inmigración africana para las Islas de Cuba y Puerto Rico y el Imperio del Brasil.* Imp. La Habanera, Habana, 1860, 600 p.

FARIÑA, FELICIANO: *Las emigraciones.* Rev. Agr., noviembre de 1927, vol. 19, núm. 5: 263.

LEBRÓN, RAMÓN: *La emigración voluntaria.* Rev. Agr., agosto de 1927, vol. 19, núm. 2: 86.

MELÉNDEZ MUÑOZ, M.: *El éxodo.* P. R. I., 25 de enero de 1919, número 465.

POLANCO GUTIÉRREZ, CARLOS: *Proyecto de inmigración tonkina y conchinchina para las Islas de Cuba y Puerto Rico.* Madrid, 1870.

ROJAS, MANUEL F.: *Hablan las víctimas en las expediciones de trabajadores a EE. UU.* Una pequeña e interesante historia. San Juan, P. R., s. p. i., 52 p.

Bando de Bahamonde de Lugo, en 1569, prohibiendo emigrar de la Isla. B. H. P. R., 1924, vol. 11: 300.

Circular del gobernador Meléndez para proteger a las inmigradas venezolanas, en 1813. B. H. P. R., 1925, vol. 12: 42.

Consecuencias de la batálla de Carabobo en Puerto Rico. Carta del doctor Coll y Toste al Cónsul de Venezuela. B. H. P. R., 1921, vol. 8: 161.

Franquicias para los extranjeros concedidas por el gobernador don Juan Prim. B. H. P. R., 1915, vol. 2: 126.

Inmigración [de labradores] de Canarias en 1814. B. H. P. R., 1920, vol. 7: 53.

Immigration Regulations for the Island of Porto Rico. War Department. Division of Customs and Insular Affairs, June 7, 1899. Gov. Prtg. off Wa., 1899, 9 p.

Immigration Bureau. Examinations of Citizens and residents of Porto Rico and Phillipine Islands under immigration, and Chinese exclusion laws. Aug. 2, 1902. Treasury Dept., Wa., Circular N° 97, 1902.

Junta informativa de Ultramar: Extracto de las contestaciones dadas al interrogatorio sobre la manera de reglamentar el trabajo de la población de color y asiática, y los medios de facilitar la inmigración que sea más conveniente en las mismas provincias. Madrid, 1869, 352 p.

Overcrowded Porto Rico. Geographical Review, N. Y., March 1916, vol. 1: 211.

Real cédula a Ponce de León para que trabaje en poblar la Isla de San Juan. [1509] B. H. P. R., 1914, vol. 1: 127.

Real cédula a Juan Ponce de León para que en la Isla de San Juan no se admitan hijos de condenados ni nietos de quemados. B. H. P. R., 1915, vol. 2: 48.

Real cédula de 1566 prohibiendo salir de la Isla de Puerto Rico. B. H. P. R., 1925, vol. 12: 55.

Real orden para el desalojo de extranjeros de St. Thomas. B. H. P. R., 1916, vol. 3: 6.

Real orden para el desalojo de extranjeros de Sta. Cruz. B. H. P. R., 1916, vol. 3: 9.

Real orden sobre emigrados franceses en 1849. B. H. P. R., 1916, vol. 3: 26.

Real orden disponiendo el desalojo de los ingleses de la Isla de Vieques. B. H. P. R., 1917, vol. 4: 244.

Real orden mandando evitar la emigración a Santo Domingo, en 1879. B. H. P. R., 1923, vol. 10: 62.

Treasury Department (Wa). Regulation for the Registration of Chinese persons in Porto Rico. Oct. 5, 1902. Bureau of Immigration. Dept., Circular N° 126, 1902.

Un proyecto: Colonia puertorriqueña en Asia. The Porto Rico Herald, N. Y., 14 de diciembre de 1901, año I, núm. 23.

8. POBLACIÓN Y ESTADÍSTICAS

BOBADILLA Y RIVAS, JOSÉ R.: *Memoria con los cuadros estadísticos correspondientes que sobre el estado de la instrucción primaria, en el distrito Norte de esta provincia, presenta al Gobierno General de la misma el Inspector de 1.ª enseñanza D. José R. Bobadilla y Rivas, Caballero y Comendador de la Real y Distinguida Orden de Carlos III.* Tip. El Comercio, de J. Anfosso y Cía., P. R., 1886, 42 p.

CABOT WARD, GEORGE: *The Rural Population of Porto Rico.* En *Report of the 26th Annual Meeting of the Lake Mohonk Conference of Friends of the Indian and other Dependent Peoples.* 1908, p. 148.

CANINI, ITALO EMILIO: *Four Centuries of Spanish Rule in Cuba...* A historical sketch with illustrations from old and modern authorities and the latest official statistics about Cuba, Porto Rico and the Philippines. Lair & Lee, Chicago, 1898, 220 p.

CÓRDOVA, PEDRO TOMÁS DE: *Censos, estados necrológicos, división del territorio, su población y riqueza.* En *Memoria sobre todos los ramos de la administración de la Isla de Puerto Rico.* Imp. Yenes, Madrid, 1838, p. 56-57.

—: *División departamental y estadística por departamentos...* En *Memoria sobre todos los ramos de la administración de la Isla de Puerto Rico.* Imp. Yenes, Madrid, 1838, p. 9-45.

GANDÍA CÓRDOVA, RAMÓN: *Comentando la estadística.* Rev. Obs. Púb., abril de 1926, año III, núm. 28: 807.

GARCÍA, PAULINO: *Memoria referente a la estadística de la Isla de Puerto Rico.* P. R., 1860, 68 p.

INFIESTA, ALEJANDRO: *Población de Puerto Rico.* Su clasificación. Instrucción popular. Comercio, agricultura e industria. Riqueza de la Isla. En *La Exposición de Puerto Rico,* s. f., p. 13-17.

INAMA STERNEGG, KARL THEODOR: *Der erste Amerikanische Census in Cuba und Porto Rico.* Antropologische Gesellschaft. En Wein. Sitzungsberichte Jahrg., 1901, p. 56. [Encuadernado con Mittheilungen, Bd. 31.]

JIMENO AGIUS, JOSÉ: *Población y comercio de la Isla de Puerto Rico.* Memoria de 1885. El Correo, Madrid, 1885. [V. B. H. P. R., 1918, vol. 5: 279.]

GUASP Y DAUBÓN, IGNACIO: *Los restos de Colón.* Memoria referente a la estadística de la Isla, 1861.

MITCHELL, W. C.: *Census of Porto Rico.* Journal of Political Economy. Chicago, 1901, vol. 9: 282.

MORALES, JOSÉ PABLO: *Misceláneas históricas.* Tip. La Correspondencia, San Juan, P. R., 1924. [V. Varios Censos de la Isla, p. 93.]

PANIAGUA, ÁNGEL: *Estadística demográfica de Puerto Rico.* Imp. La Democracia, San Juan, P. R., 18 de marzo de 1913.

REAL, CRISTÓBAL: *Notable signo de progreso: La población.* En *La ominosa España.* P. R., 1905, p. 70.

STAHL, AGUSTÍN: *Estudio demográfico.* Estadística de mortalidad y nacimientos en Bayamón y pueblos limítrofes. Imp. Sucesión J. J. Acosta, San Juan, P. R., 1895, 55 p.

Annual Reports of the Governor of Porto Rico to the President of the United States, 1900-1930. [Contienen estadísticas generales sobre los diferentes departamentos del Gobierno Insular.]

Censo de almas del siglo XIX. B. H. P. R., 1924. vol. 11: 152.

Censo de almas desde el descubrimiento hasta 1897, y diversas estadísticas municipales. En Coll y Toste: *Reseña del estado social, económico e industrial de la Isla de Puerto Rico antes de tomar posesión de ella los Estados Unidos.* P. R., 1899, p. 26.

Censo electoral de 1812. B. H. P. R., 1924, vol. 2: 9.

Censo electoral de 1818. B. H. P. R., 1924, vol. 2: 17.

Estadísticas del siglo XVIII. En Tapia: *Biblioteca Histórica.* Imp. Márquez, Mayagüez, P. R., 1854, p. 525-535.

Información general y estadísticas. Población, riqueza, deuda, terrenos, cosechas, exportación e importación, matrícula escolar, estadísticas sociales, empleos, etc. En *El libro de Puerto Rico.* 1923, cap. XX: 1098-1104.

Memoria referente a las estadísticas de la Isla de Puerto Rico, expresiva de las operaciones prácticas para llevar a cabo el Censo de población que ha tenido lugar en la noche del 25 al 26 de diciembre de 1860. Adicionada con la descripción geográfica, histórica, física y política de la enunciada Isla y su dependiente la de Vieques. Imp. de D. I. Guasp, P. R., 1861, 82 p.

Población en las Islas de Cuba, Puerto Rico y Fernando Póo... En *Censo de población de España.* Imp. del Instituto Geográfico y Estadístico, Madrid, 1883-1884, vol. 1: 677-836.

Report of the Census of Porto Rico 1899. Lt. Col. J. P. Sanger, inspector general, director. Henry Gannet, Walter F. Willcox, statistical experts. Gov. Prtg. Off., Wa., 1900, 417 p. [Hay ed. en español.]

U. S. War Dept. Porto Rico Census, Office Census of Porto Rico. (Bull. 1-3 : June 11, Aug. 29, 1900.) Gov. Prtg. Off, Wa., 1900.

Censo décimotercero de los Estados Unidos, Puerto Rico. Abril 15, 1910. Instrucciones a los enumeradores. 1910, 51 p.

Thirteenth Census of the United States, 1910. Abstract of census statistics of population, agriculture, manufactures and mining for the United States, and principal cities, with supplement for Porto Rico containing statistics for Territory, municipalities and cities. Gov. Prtg. Off., Wa., 1913, p. 565-659. [Hay tirada aparte de lo relativo a Puerto Rico.]

Statistics for Porto Rico. (Bureau of the Census.) Containing statistics of population, agriculture and manufacture for the territory, municipalities and cities (for 1910). Gov. Prtg. Off., Wa., 1913, 91 p [También se han publicado, desglosados en folletos: *Population,* 25 p.; *Agriculture,* 29 p.; *Manufacture,* 12 p.]

Occupation Statistics 1910, Alaska, Hawaii and Porto Rico. En *Thirteenth Census of United States, 1910. Population 1910. Occupation Statistics, 1914.* Gov. Prtg. Off., Wa., 1914, vol. 4, 292-300; 608-615. [Hay tirada aparte de lo relativo a Puerto Rico]

Censo décimocuarto de los Estados Unidos, enero 1, 1920. Instrucciones a los enumerados, P. R., 1919. (Census Bureau.)

Fourteenth Census of the United States, 1920. (Bureau of the Census.) Population, 1920. Occupation statistics for Alaska, Hawaii and Porto Rico (1923), vol. 4, 1259-1309. [Hay tirada aparte en español de lo referente a Puerto Rico.]

Fourteenth Census of the United States, 1920. (Bureau of the Census.) Population of Outlying Possessions. Gov. Prtg., Off., Wa., 1921. [Para P. R., v. p. 680-691.]

Fourteenth Census of the United States, 1920. Manufactures. 1921, 14 p. [También en vol. 9, 15-17, 1683-1694] Agriculture. Statistics for Territory and its Municipalities. [1921], 36 p. [También en vol. 6, pt. 3 : 383-418.]

Nota: Para mejor información sobre los censos generales de Puerto Rico, desde 1899 a 1920, v. *Catalogue of the Public Documents* [*from the 55th Congress to the 67th Congress*], vols. 4-16, 1901 1930. Al cerrarse esta Bibliografía aún no habían sido publicados los documentos del censo celebrado en 1930.

c. — PROBLEMAS SOCIALES

ALFONSO, ANA V.: *Estudio social-económico del barrio Riera Miranda.* Puerta de Tierra, P. R., 1928, 19 p.

AMADEO, JOSÉ M.: *Una plaga social.* Ensayo científico social. Imp. La Correspondencia, San Juan, P. R., 1894, 314 p.

ANSORENA, LUIS DE: *Perfiles sociales.* P. R. I., 12 de marzo de 1921, núm. 576.

ARROYO CORDERO, A.: *Escalinata social.* Tip. Aurora, Mayagüez, 1908.

ASENJO, FEDERICO: *Elementos de orden social y deberes del ciudadano.* P. R., 1869.

BLOOMFIELD, MEYER: *A Study of Certain Social Educational and Industrial Problems in Porto Rico,* Tip. Todd Co., Printers, 1912, 28 p.

BRAU, SALVADOR: *La herencia devota.* Monografía sociológica. Imp. de J. González Font, San Juan, P. R, 1886, 20 p. [V. en *Almanaque de las Damas,* 1887, p. 134-167.]

CAPETILLO, LUISA: *Influencia de las ideas modernas.* Tip. Negrón Flores, San Juan, P. R., 1916, 196 p.

——: *Ensayos libertarios.* Tip. Real Hnos., San Juan, P. R., 1909, 34 p. [Hay otra ed.: Unión Obrera, Mayagüez, P. R., 1909, 55 p.]

CAPÓ, CLAUDIO: *Puliendo el bloque...* Reflexiones acerca del lujo. Imp. La Correspondencia, San Juan, P. R. 1922, 46 p.

CARRIÓN MADURO, TOMÁS: *Conferencias de vulgarización social.* Rambla y Cia, Habana, 1923.

COLL Y TOSTE, CAYETANO: *Los hombres sí y los hombres no.* [Crítica social.] P. R. I., 2 de julio de 1911, núm. 70.

CÓRDOVA LANDRÓN, ARTURO: *¡Palabras!* (El pauperismo.) P. R. I., 19 de abril de 1919, núm 477.

DEVINE, E. T.: *Annexation of a Problem of Poverty.* Charities, N. Y., May 2, 1903, vol. 10: 432.

ECHEVARRÍA, MOISÉS: *Virtudes y defectos.* Estudios sociales. Prólogo de Félix Colberg, s. l. y s. f., 8 p. [Hay una segunda ed. de 53 p.]

FERNÁNDEZ JUNCOS, MANUEL: *Las crónicas sociales.* P. R. I., 30 de septiembre de 1916, núm. 344.

FERNÁNDEZ VANGA, E: *El fulanismo.* Problema político-social, P. R. I., 26 de diciembre de 1914, núm. 352.

FERNÓS ISERN, ANTONIO: *Petit Ñañiguismo.* (Cuestiones sociales.) P. R. I., 26 de julio de 1919, núm. 491.

Fiske, Amos K.: *The West Indies.* Social and Economic Conditions. G. P. Putnan's Son, N. Y., 1899.

Fleagle, Fred, K.: *Social Problems in Porto Rico.* D. C. Heath & Co., Publishers, Boston, N. Y., Chicago, 1917, 139 p.

Gómez Brioso, José: *La casa del pobre.* En *Conferencias dominicales dadas en la Biblioteca Insular de Puerto Rico.* Bur. Supp. Prtg., 1914, p 23.

Groff, G. G.: *Porto Rico's Poverty.* Outlook, N. Y., Aug. 3, 1901, vol. 68: 839.

Honoré, Carmelo; Lebrón, Ramón, y Delgado, Celedonio: *Problemas sociales.* Boletín Especial del Negociado del Trabajo. Conferencias dictadas a los patronos y trabajadores de la zona rural. Negociado del Trabajo. Neg. Mat. Imp., 1925, 46 p.

Manzano Aviñó, Pedro: *La verdadera vocación.* P. R. I, 6 de octubre de 1917, núm. 397.

Martínez Acosta, C.: *Cosas nuestras.* P. R I., 31 de enero de 1920, núm. 518.

Meléndez Muñoz, M.: *Charla menuda. Los buenos muchachos.* [Disertación filosófica y sociológica.] P. R. I., 15 de enero de 1911.

——: *Miserias sociales.* [Crítica social.] P. R. I., 16 de julio de 1911, núm. 72.

——: *El elogio.* [Crítica social.] P. R. I., 6 de agosto de 1911, núm. 75.

——: *Los pequeños tiranos.* [Problema social.] P. R. I., 21 de marzo de 1914, núm. 212.

——: *Cuestiones sociales. El alcoholismo.* P. R. I., 30 de enero de 1915, núm. 257.

——: *El analfabetismo.* P. R. I, 27 de febrero de 1915, núm. 261.

——: *El analfabetismo y la Escuela rural.* P. R. I, 19 de junio de 1915, núm. 277.

——: *La mala vida.* Problema social del delincuente. P. R. I., 14 de agosto de 1915, núm. 285.

——: *El forasterismo.* P. R. I., 28 de agosto de 1915, núm. 287.

——: *La vida mendicativa.* P. R. I., 25 de septiembre de 1915, núm. 291.

——: *De Vita et Moribus.* Sobre el juego de azar. P. R. I., 20 de enero de 1917, núm. 360.

——: *De la servidumbre.* Esbozo de Patología social. P. R. I., 9 de junio de 1917, núm. 380.

——: *Apuntes sociológicos. El pauperismo.* P. R. I., 6 de octubre de 1917, núm. 397.

——: *Causas del pauperismo.* P. R. I., 10 de noviembre de 1917, núm. 402.

——: *Apuntes sociológicos.* El pauperismo en los obreros rurales. El trabajo en los talleres. Sanidad e higiene social. P. R. I., 5 de enero de 1918, núm. 410.

MELÉNDEZ MUÑOZ, M.: *Nuestros males.* P. R. I., 26 de abril de 1919, núm. 478, y 31 de mayo, núm. 483.

——: *El espíritu de asociación y usted.* Problemas sociales: nuestro individualismo. P. R. I., 10 de mayo de 1919, núm. 480.

——: *Pan y tierra.* [Estudio social.] P. R. I., 22 de noviembre de 1919, núm. 508.

——: *Cartas del Cedro.* [Crítica social.] P. R. I., 24 de enero de 1925, núm. 770.

OGDER, R.: *Inhumanity in Porto Rico.* Nation, N. Y., 1899, vol. 70: 122.

PAYNE, G. L.: *Vice Problem in Porto Rico.* Social Hygiene, N. Y., Apr. 1919, vol. 5: 233.

QUEVEDO BÁEZ, MANUEL: *Terapéutica social del delito.* P. R. I., 28 de septiembre de 1912, núm. 135.

RIERA, EDMUNDO: *En tierra adentro.* Miseria e ignorancia. P. R. I., 26 de marzo de 1921, núm. 578.

RODRÍGUEZ, JOAQUINA: *Estudio sociológico de la sección de Puerta de Tierra, denominada Salsipuedes,* San Juan, P. R., 1929, 18 p.

RODRÍGUEZ CASTRO, JOSÉ: *La embriaguez y la locura.* Consecuencias del alcoholismo. Boletín Mercantil, San Juan, P. R., 1889, 46 p.

RODRÍGUEZ GARCÍA, TADEO: *Ideales sociales.* Imp. R. Morel Campos, Caguas, P. R., 1924, 48 p.

RODRÍGUEZ SOLÍS, E.: *Historia de la prostitución en España y en América.* Biblioteca Nueva. Madrid [1921]. [Para P. R., v. p. 251.]

RODRÍGUEZ VERA, ANDRÉS: *Agrarismo colonial y trabajo a domicilio.* Prológo de V. Geigel Polanco. Tip. La Democracia, San Juan, P. R., 1929, 146 p.

ROJAS, MANUEL F.: *Estudios sociales o frutos del sistema.* Imp. Federación Libre, San Juan, P. R., enero de 1918, 37 p.

ROMERAL, R. DEL: *La cuestión social y Puerto Rico.* San Juan, P. R., 27 p.

ROOSEVELT, T.: *Children of Famine.* Review of Reviews, N. Y., Jan. 1930, vol. 31: 72.

SAMALEA IGLESIAS, LUIS: *El alma del hampón.* Puerto Rico. (Revista mensual.) San Juan, P. R., mayo de 1919, año I, núm. 1.

SANTIAGO CARMONA, L.: *El problema del Seguro Social en Puerto Rico.* Neg. Mat. Imp., San Juan, P. R., 1923, 78 p.

SHERMAN, H. C.: *Glimpse of the Social Economics of Porto Rico.* Journal of Home Economic, Baltimore, July 1930, vol. 22: 537.

SIERRA Y VILLALÓN, RAFAEL: *La fórmula de oro. Resolución del problema social.* Premiado en la Exposición de Puerto Rico de 1893.

SOTO, JUAN B.: *El alto costo de la vida: sus causas y sus remedios.* Puerto Rico. (Revista mensual.) San Juan, P. R., 1919, vol. 2, núm. 6: 87.

TRAVIESO JR., MARTÍN: *Jóvenes delincuentes y modo de corregirlos.* En *Conferencias dominicales en la Biblioteca Insular de Puerto Rico.* Bur. Supp. Prtg., 1913, p. 58.

UNDERHILL, EDWARD BEAN: *The West Indies, Their Social and Religious Condition.* Jackson, Walford & Holder, London, 1862, x-493 p.
VALLE ATILES, F. DEL: *Limitación de la prole.* Bol. As. Méd. P. R., marzo de 1917, año XII, núm. 114: 1.
——: *Algunas generalidades acerca del problema de la casa en Puerto Rico.* Bol. As. Méd. P. R., septiembre de 1917, año XII, núm. 116: 89.
——: *Un estudio de 168 casos de prostitución.* Contribución al problema del comercio carnal en Puerto Rico. Imp. El Compás, San Juan, P. R., 1919, 24 p.
VALLE SÁRRAGA, R. DEL: *Carabelita.* La prohibición, etc. P. R. I., 8 de febrero de 1919, núm. 467.
WHETZEL, H. H.: *Creación de hogares seguros en Puerto Rico.* Rev. Agr., P. R., mayo de 1925, vol. 24, núm. 5: 300.
Bando contra la ratería. B. H. P. R., 1916, vol. 3: 344.
Bando contra los vagos. B. H. P. R., 1924, vol. 11: 370.
Circular contra la vagancia. B. H. P. R., 1916, vol. 3: 376.
El Gobernador interviniendo en los concubinatos, en 1803. B. H. P. R., 1916, vol. 3: 53.
Fundación de la libreta de párvulos por el gobernador Pezuela. B. H. P. R., 1919, vol. 6: 217.
La morfinomanía en Juana Díaz. Imp. El Telégrafo, Ponce, P. R., 1895, 27 p.
Marriage Reform in Porto Rico. Independent, N. Y., April 20, 1899, vol. 51: 1099.
Porto Rico's hungry children. Literary Digest., N. Y., Dec. 1929, vol. 103: 11.
Privation in Porto Rico. Outlook, N. Y., Feb. 28, 1914, vol. 106: 428.
Pro bono público. Crítica imparcial que de una de nuestras más hermosas Instituciones de reivindicación proletaria ofrece a la consideración del país un humilde aficionado al estudio de la cuestión social puertorriqueña. Standard Printing Works, San Juan, P. R., 1923, 90 p.
Real cédula concediendo la fundación en la capital de una casa de mujeres públicas. [1526], B. H. P. R., 1918, vol. 5: 349.

Véanse las diferentes materias del Índice, especialmente: *Historia de Puerto Rico. La moral. Salud pública. Huelgas. Desempleo. Problemas económicos. Contrabando. Religión. Esclavitud. Sucesos políticos. Prohibicionismo. Problemas protestos, cambios, necesidades. Riña de gallos.*

1. PROBLEMAS DEL NIÑO

BERGA, PABLO: *De la delincuencia juvenil y de los tribunales para niños.* Imp. Real Hnos., San Juan, P. R., 1930, 33 p.
COLL Y TOSTE, CAYETANO: *El niño puertorriqueño.* En *Plumas Amigas,* tercer fascículo. Imp. Cantero, Fernández & Cía., San Juan, P. R.,

1912. [También en la revista Puerto Rico, 1919, vol. 2, núm. 6: 106.]

DÍAZ MORALES, ABELARDO M.: *Por el bien de nuestros niños*. Imp. Barreiro, Caguas, P. R., 1910, 32 p.

GUERRERO, TEODORO: *Lecciones familiares*. Páginas de la infancia y la adolescencia. P. R., 1869.

HUYKE, JUAN B.: *Lo que dicen los niños*. P. R. I., 27 de abril de 1918, núm. 426.

MELÉNDEZ MUÑOZ, M.: *El niño, la escuela y el hogar*. *El pauperismo en Puerto Rico. Ventajas e inconvenientes del lujo*. Neg. Mat. Imp., 1927, 123 p. [V. P. R. I., 11 de mayo de 1928, núm. 428.]

NEGRÓN MUÑOZ, ÁNGELA: *Problemas que aún no se han resuelto y toca a la mujer resolver. La niñez abandonada*. San Juan, P. R., 6 de abril de 1929, año XX, núm. 996: 9.

SAMALEA IGLESIAS, LUIS: *El hamponismo en Puerto Rico*. Tip. Real Hermanos, San Juan, P. R., 1919. [*Juicio sobre el hamponismo en Puerto Rico*, por Luis Samalea Iglesias. En *América y otras páginas*, de Bolívar Pagán. San Juan, P. R., 1922, p. 161.]

——: *La delincuencia infantil en Puerto Rico*. Tip. Real Hermanos, San Juan, P. R., 1916, 12 p.

——: *El hampón puertorriqueño*. (Apuntes.) P. R. I., 7 de julio de 1917, núm. 384.

El mal de los muchos hijos. Polémica sobre el neo-maltusianismo. Por los Reverendos Padres Dominicos, P. R., Marcos Huigens y Martín Berntoen, de Ensenada, Puerto Rico, y el Dr. José A. Lanauze Rolón, de Ponce. 1926, 76 p.

Véase *La Salud:* Pediatría.

2. LA MORAL

CARRERAS, JUAN: *No haga eso, señorita*. Imp. Siaca-Soto, Fajardo, P. R., 1928, 8 p.

FERNÁNDEZ JUNCOS, MANUEL: *Sátira contra vicios y malas costumbres actuales*. Bibl. El Buscapié. San Juan, P. R., 1893, 8 p.

FERNÁNDEZ, VICTORIANO M.: *Sensaciones del alma*. [Libro de Literatura, Moral, Religón, etc.] Imp. El Centinela, Mayagüez, P. R., 1908, 46 p.

——: *Páginas morales*. [Obra literaria, moral y religiosa.] (Biblioteca Puertorriqueña.) Tip. Aurora, Mayagüez, P. R., 1908, 169 p.

GONZÁLEZ GINORIO, JOSÉ: *Materia educativa. Tema: Educación moral y cívica*. Imp. Cantero, Fernández & Cía., Inc., San Juan, P. R., 1923, 18 p.

JIMÉNEZ RAMOS, JUAN: *Preceptos morales*. Gurabo, P. R., 1922, 28 p. [Artículos.]

LEGRAND, J. FEDERICO: *La enseñanza de la Moral en las escuelas.* (Conferencia.) Tip. El Compás, San Juan, P. R., 1921, 20 p.

LÓPEZ TUERO, FERNANDO: *Estado moral de los factores de la producción en Cuba y Puerto Rico.* Imp. de Fernando Fe, Madrid, 1896, 56 p.

MONAGAS, RAFAEL H.: *La moral y el cine.* P. R. I., 11 de marzo de 1916, núm. 315.

OGDEN, R.: *The Moral of Porto Rico.* Nation, N. Y., 1901, vol. 73: 84.

PARRA, ÁNGEL N.: *Pinceladas.* Colección de lecciones prácticas de Moral social. [En verso y prosa.] Tip. Mayagüez Printing Co., Mayagüez, P. R., 1918, 62 p.

SANTONI, FÉLIX: *Conocimiento del progreso moral.* General Printing Work, Arecibo, P. R., 1928.

SOTO NUSSA, ISIDORO: *Seamos buenos.* P. R. I., 15 de abril de 1916, núm. 320.

La inferioridad criolla. The Puerto Rico Herald, N. Y., Aug. 8, 1903, vol. 3, año III, núm. 106: 839.

Véase *Religión y Moral.*

IV

LA SALUD

A. — CIENCIAS MÉDICAS

a. — OBRAS GENERALES

ABBAD LASIERRA, FRAY ÍÑIGO: *Enfermedades que más comúnmente se padecen en la Isla.* En *Historia Geográfica, Civil y Natural de San Juan Bautista de Puerto Rico.* [Anotada por José Julián Acosta.] Imp. Acosta, San Juan, P. R., 1866, cap. XXXIV: 436.

ASHFORD, BAILEY K.: *Puerto Rico as a Field for Research in Tropical Medicine.* N. Y. Med. Jour., N. Y., June 1908.

—: *The Relation of Laboratory Men to the Practice of Tropical Medicine.* (President's Address to the Am. Soc. Trop. Med.) Med. and Surg. Jour. N. O , vol. 11: 5-11.

—: *Tropical Diseases. Practical Treatment.* Ed. by Musser & Kelly, 1917, vol. 4: 345.

CAPÓ, CLAUDIO: *Catecismo de Higiene del Dr. Bueno.* Imp. Globe Pub. Co., San Juan, P. R., 1926, 47 p. [Hay otra ed. de 1928, 47 p. +]

CARBONELL, J. N.: *Medicina tropical.* Bol. As. Méd. P. R., abril de 1904, año II, núm. 16: 241.

CHEEVER SHATTUCK, GEORGE: *The Interdependence of Tropical Medicine and General Medicine.* P. R. Jour. Pub. Health, 1929-30, vol. 5, núm. 3: 249.

DINWIDDIE, W.: *Prevalent Diseases in the Island and Hygienic Precaution.* Harper's Weekly, N. Y , March 18, 1899, vol. 43: 265.

FERNÓS ISERN, ANTONIO: *The White and the Tropics.* P. R. Health Rev., Aug. 1926, vol. 2, N° 2: 6.

FONT Y GUILLOT, ELISEO: *Represión de las enfermedades transmisibles.* Bol. As. Méd. P. R., septiembre de 1918, año XII, núm. 120: 247.

GATELL, RAFAEL: *Influencia de la Seroterapia en la Terapéutica moderna.* Est. Tip. Borinquen, Yauco, P. R., 1898, 27 p.

GONZÁLEZ, ROSA A.: *Diccionario manual médico práctico.* Texto científico. Imp. El Águila, Ponce, P. R., 1918, 74 p.

GONZÁLEZ MARTÍNEZ, IGNACIO: *Necesidad fundamental del conocimiento de la Geografía médica de Puerto Rico para la redacción y desarrollo práctico de un programa sanitario completo y eficaz.* (Discurso inaugural del curso de la Academia de Medicina, 1917-1918.) En *Documentos del Senado de Puerto Rico,* octubre de 1917.

GRINNELL, D. G.: *Physical Emancipation of Porto Rico; Work of Bailey K. Ashford.* Review of Reviews, N. Y., Dec. 1910, vol. 50: 719.

GUTIÉRREZ ORTIZ, VÍCTOR: *Inmunidad general.* Bol. As. Méd. P. R., septiembre de 1917, año XII, núm. 116: 101.

JESÚS DOMÍNGUEZ, JOSÉ DE: *Estudios científicos.* [Contiene (1): La Medicina, p. 1. (2): Dengue, p. 36. (3): Barro maligno, p. 46. (4): Arsénico, p. 58. (5): La viruela, p. 66.] Imp. Martín Fernández, Mayagüez, P. R., 1876, 95 p.

LAMBERT, R. A.: *Modern Tendencies in Medical Education.* P. R. Rev. Pub. Health, 1927-1928, vol. 3: 175.

MALARET, MANUEL: *Un libro para los enfermos.* Imp. Rodríguez, Ponce, P. R., 1928, 102 p.

MARIANI, TOMÁS: *El guardián de la salud o el misterio de las fiebres.* Imp. Cantero, Fernández Co., San Juan, P. R., 1919, 182 p. +.

MOSELEY, BENJ.: *Treatise on Tropical Diseases and on the Climate of the West Indies.* [London ?], 1789.

PEREA FAJARDO, PEDRO: *Un aspecto de la Medicina preventiva.* Bol. As. Méd. P. R., abril de 1907, año V, núm. 53: 297.

PUJADAS DÍAZ, MANUEL: *El problema del tratamiento preventivo de nuestras enfermedades comunes basado sobre observaciones de un Survey físico practicado en los asilos insulares recientemente.* Bol. As. Méd. P. R., julio de 1930, año XXII, núm. 178: 97.

RALDIRIS, J. P.: *Higiene profiláctica y bacteriologías modernas.* Enfermedades infecciosas y contagiosas. Su etiología u origen microbiano. Medios de evitarlas. (Conferencia en el Casino de Fajardo, 21 de septiembre de 1902.) 1.ª ed., Imp. El Boletín Mercantil, San Juan, P. R., 1902, 32 p.; 2.ª ed., 1903, 45 p.

——: *Higiene del hogar.* Libro consagrado a la conservación de la salud y a la vulgarización científica. Tip. Compañía Editorial Puertorriqueña, San Juan, P. R., 1920, 69 p.

RODRÍGUEZ PASTOR, J.: *Aire puro. El mejor tónico que existe,* 1926, 43 p.

ROSA, M. DE LA: *La prevención de las enfermedades transmisibles.* 1927, 63 p.

RUIZ ARNAU, R.: *La Lymphectasie Tropicale primitive.* A. Maloine et Fils, Éditeurs, Paris, 1916, 138 p.

SALAZAR, GUILLERMO: *Nuevos conceptos fisiológicos.* Bol. As. Méd. P. R., marzo de 1906, año IV, núm. 40: 39.

——: *La Química y la Medicina.* Bol. As. Méd. P. R., marzo de 1908, año VI, núm. 64: 50.

SELLARDS, A. W.: *Lazos de unión entre la Medicina tropical y la Medicina general.* Bol. As. Méd. P. R., diciembre de 1927, año XXI, núm. 159: 3.

Sharpe, William: *Travel and Biography. Medical Impressions of the Antilles.* Bol. As. Méd. P. R., septiembre de 1926, año XX, núm. 153: 1.

Stahl, Agustín: *Dos nuevas entidades patológicas.* Bol. As. Méd. P. R., agosto de 1903, año I, núm. 8: 113; núm. 9: 129.

——: *Contribución a la Patología tropical.* (Traducido del alemán.) Bol. As. Méd. P. R., febrero de 1908, año VI, núm. 62: 23.

Torregrosa, Arturo: *Diagnóstico diferencial de las pirexias tropicales más comúnmente observadas en Puerto Rico.* Bol. As. Méd. P. R., junio de 1920, año XIV, núm. 126: 25. Continúa en los números 127-134 inclusives.

Valle Atiles, F. del: *Eugénesis.* La base más firme de nuestro progreso. Rev. Ant., abril de 1913, núm. 2: 99-107.

——: *Puerto Rico ante la Eugénica.* En *Conferencias dominicales en la Biblioteca Insular de Puerto Rico.* Neg. Mat. Imp., 1914, p. 56.

——: *La contribución del higienista al futuro de Puerto Rico.* En *Conferencias dominicales dadas en la Biblioteca Insular de Puerto Rico.* Neg. Mat. Imp., 1914, p. 228.

——: *Enfermedades en general que se padecen en la Isla.* En González Font, José: *Escritos sobre Puerto Rico,* 1903, p. 166.

——: *El mosquito en la Etiología moderna.* Bol. As. Méd. P. R., julio de 1903, año I, núm. 7: 97.

——: *Eugénica.* Bol. As. Méd., P. R., febrero de 1914, año V, núm. 95: 1.

——: *Entomología y Profilaxis.* Bol. As. Méd. P. R., marzo de 1914, año X, núm. 96: 8.

——: *Salud y vigor físico.* Bol. As. Méd. P. R., septiembre de 1914, año X, núm. 102: 1.

Valle Sárraga, R. del: *Is Porto Rico a Dumping Marked?* P. R. Health Rev., Sept. 1925, vol. 1. N° 3: 17.

Vizcarrondo y Coronado, Felipe F.: *Lo que usted debe hacer.* (Socorros a los contusos, heridos, asfixiados, quemados, etc., antes de llegar el médico.) Tip. El Pueblo, Fajardo, P. R., octubre de 1919, 37 p.

Biblioteca del campesino puertorriqueño que trata de Medicina rural. Imp. de J. González Font, San Juan, P. R., 40 p. [Folleto sin autor, lugar ni fecha, sobre la viruela, el tétanos, rabia, asma, etc.]

La defensa de la vida Primeros auxilios a las víctimas de la electricidad... Tip. La Correspondencia, San Juan, P. R., 32 p.

Nomenclatura internacional de las enfermedades y casos de muerte. Bur. Supp. Prtg., 1912.

Seasonal Prevalence of Disease. Report of the Surgeon-general of the army to the secretary of War for the fiscal year ended, June 30, 1900. Gov. Prtg. Off., Wa., 1900, 187 p.

Véase *Salud pública* y *Asuntos varios.*

I. ASUNTOS GENERALES

1) Historia y Literatura médica.

ANGELIS, PEDRO DE: *Misceláneas puertorriqueñas.* P. R., 1894, 66 p. [V. Clases de Anatomía [en] 1814, p. 28.]

COLL Y TOSTE, C.: *Nuestra opinión acerca de la Medicina entre los indios.* Bol. As. Méd. P. R., octubre de 1904, año II, núm. 22: 337; núm 23: 361; núm. 24: 377.

COTTO, MIGUEL DE: *Memoria formada de orden del Gobierno sobre la enfermedad epidémica que se observó a fines del año próximo pasado en el pueblo de Vega Baja y sus inmediaciones.* Imp. del Gobierno, a cargo de D. Valeriano Sanmillán, San Juan, P. R., 1836, 62 p. [También en B. H. P. R., 1920, vol. 7: 121.]

DUMONT, ENRIQUE: *Ensayo de una historia médico-quirúrgica de la Isla de Puerto Rico.* Imp. La Antillana, de N. Cacho Negrete, Habana, 1875-1876, 2 vols.

GUZMÁN JR., MANUEL: *El factor disgénico de la familia de los Colones.* Bol. As. Méd. P. R., diciembre de 1927, año XXI, núm. 159: 29.

GUZMÁN RODRÍGUEZ, MANUEL: *La Patología y la Terapéutica en la Biblia.* Bol. As. Méd. P. R, diciembre de 1916, año X, núm. 113: 209.

MARTÍNEZ ROSELLÓ, MANUEL: *Galénicas.* [Artículos médicos y literarios.] Lib. y Ed. Campos, San Juan, P. R., 1930, 314 p.

QUEVEDO BÁEZ, MANUEL: *Médicos forenses.* Bol. As. Méd. P. R., enero de 1903, año I, núm. 1: 12.

——: *Medios para combatir el desarrollo del alcoholismo en Puerto Rico.* Bol. As. Méd. P. R., septiembre de 1903, año I, núm. 9: 135.

——: *Memorias de un Médico.* Bol. As. Méd. P. R., septiembre de 1912, año IX, núm. 84: 5; núm. 85: 1; año X, núm. 102: 4.

RUIZ ARNAU, R.: *De re médica.* Rev. Ant., mayo de 1913, núm. 3: 131-138. [Artículos científicos.]

SIMONET, JACOBO: *Estudios sobre las bebidas alcohólicas.* Bol. As. Méd. P. R., febrero de 1929, año XXII, núm. 169: 19.

STAHL, AGUSTÍN: *La Medicina entre los indios.* Bol. As. Méd. P. R., febrero de 1904, año I, núm. 11: 166; núm. 12: 177; año II, núm. 14: 213; núm. 15: 230; núm. 16: 243; núm. 17: 258; núm 18: 276; núm. 19: 296; núm. 20: 310; núm. 21: 321.

VALLE ATILES, F. DEL: *Patognomia aplicada a los cadáveres antiguos conservados.* Bol. As. Méd. P. R., abril de 1914, año X, núm. 97: 1.

——: *Una nueva interpretación del alcoholismo.* Bol. As. Méd. P. R., mayo de 1914, año X, núm. 98: 1.

Destrucción de manzanillos. B. H. P. R., 1917, vol. 4: 309.

Establecimiento de cátedras de Medicina en la capital en 1820. B. H. P. R., 1924, vol. 11: 320.

Primer médico en la Isla de San Juan. Año 1510. B. H. P. R., 1921, vol. 8: 48.

Real orden prohibiendo pronunciar discursos en los cementerios en el acto de inhumar cadáveres. B. H. P. R., 1916, vol. 3: 138.

2) *Ética y Relaciones sociales.*

Fernós Isern, Antonio: *Nosce Te Ipsum*. Médico-social. Conferencia. Tip. El Compás, San Juan, P. R., 1923, 14 p.

——: *El Seguro de Enfermedad*. Obligatorio, oficial o de estado. La conveniencia de su establecimiento en Puerto Rico. Cuestiones médico-sociales. (Ensayo.) Tip. El Compás, San Juan, P. R., 1925, 30 p.

González, Rosa A.: *Los hechos desconocidos*. [Información social y profesional.] Imp. Venezuela, San Juan, P. R., 1929, 213 p.

Martínez Álvarez, Antonio: *Mis equivocaciones y las de los demás*. Bol. As. Méd. P. R., septiembre de 1919, año XIII, núm. 124: 84.

Quevedo Báez, Manuel: *Funciones médicas*. Bol. As. Méd. P. R., febrero de 1927, año XXI, núm. 155: 13.

Ruiz Arnau, Ramón: *Influencia en la Medicina en el carácter de los pueblos*. (Conferencia dada en el Ateneo Puertorriqueño en la noche del 25 de abril.) Imp. El Boletín Mercantil, San Juan, P. R., 1904, 109 p.

Suárez, Ramón M., y Pujadas Díaz, M : *Práctica ilegal de la Medicina*. (Carta dirigida al Hon. Gob. de Puerto Rico.) Bol. As. Méd. P. R., abril de 1928, año XXI, núm. 161: 23.

Torregrosa, Arturo: *Ejercicio de la Medicina legal en Puerto Rico*. Influencia del actual sistema. Necesidad de la creación de un cuerpo médico-forense y esquema de un plan para la organización del mismo. Bol. As. Méd. P. R., diciembre de 1912 y enero de 1913, año IX, núm. 87: 15.

Valle Atiles, F. del: *La profesión médica como entidad social*. Bol. As. Méd. P. R., diciembre de 1919, año XIII, núm. 125: 94.

——: *Honorarios profesionales*. Bol. As. Méd. P. R., junio de 1920, año XIV, núm. 126: 58.

Cómo entiende la Asociación Médica de Puerto Rico que deben definirse las relaciones entre los médicos de asistencia pública y las autoridades municipales en beneficio de las clases indigentes. Bol. As. Méd. P. R., septiembre de 1924, año XVIII, núm. 146: 21.

Reglamento de Medicina y Cirugía formado por la Inspección de Estudios de las Islas de Cuba y Puerto Rico, aprobado por S. M. en Real orden de enero de 1844. Imp. Gobierno por S. M., Habana, 1844, 21 p. [V. B. H. P. R., 1920, vol. 7: 130.]

b. — SALUD PÚBLICA

AGUERREVERE, LUIS: *Los asuntos higiénicos en la ciudad de Ponce.* Tip. Baldorioty, P. R., 1903, 74 p.

BAJANDAS, J. G.: *Rural Sanitation under the Dept. of Health of Porto Rico.* P. R. Health Rev., Jan. and Feb. 1926, vol. 1, Nos 7 & 8: 19.

BELAVAL, JOSÉ S.: *Consideraciones sobre la Beneficencia Municipal de San Juan.* Bol. As. Méd. P. R., julio de 1914, año X, núm. 100: 3.

CESTERO, R.: *Destrucción de los mosquitos.* Bol. As. Méd. P. R., diciembre de 1905, año III, núm. 37: 198.

DAVISON, L. P.: *Report on sanitary conditions in Porto Rico.* En *Public Health Reports.*, vol. 14: 636-642.

——: *Sanitary Work in Porto Rico.* Independent., Aug. 10, 1899, vol. 51: 2128. [V. Scientific American Supp., Aug. 26, 1899, vol. 48: 19787.]

FERNÓS ISERN, ANTONIO: *Urban Growth and Public Health in Porto Rico.* P. R. Health Rev, Oct. 1925, vol. 1, N° 4: 3.

——: *The Development of the Public Health Organization of Porto Rico.* P. R. Health Rev., Dec. 1926, vol. 2, N° 6: 3.

FERREL, JOHN A.: *El lugar excusado.* Informe demostrando lo esencial, planos para la construcción, facturas de materiales, etc. Bur. Supp. Prtg., 1911, 21 p.

GOENAGA, FRANCISCO R. DE: *Informe del Superintendente de Sanidad.* Sobre el alcantarillado de San Juan de Puerto Rico. Bol. As. Méd., P. R., junio de 1905, año III, núm. 30: 83; núm. 31: 99.

GONZÁLEZ MARTÍNEZ, IGNACIO: *Informes sobre las condiciones sanitarias del acueducto de San Juan, y mejoras necesarias para corregir las deficiencias actuales.* Anales Médicos de Puerto Rico, diciembre de 1912, núm. 4.

GUTIÉRREZ IGARAVÍDEZ, PEDRO: *Orientaciones sanitarias.* El Compás, San Juan, P. R., 1917, 11 p. [También en Bol. As. Méd. P. R., diciembre de 1917, vol. 13, núm. 117: 145.]

HERNÁNDEZ, RICARDO M.: *Cartilla de Higiene.* Tip. Heraldo Español, San Juan, P. R., s. f.

——: *Rules and Regulations.* For Guidance of the Health Authorities. Imp. El Boletín Mercantil, San Juan, P. R, 1902, 88 p. (Superior Board of Health, San Juan). [En inglés. y español.]

HOFFMAN, W. A.: *A Container for Field Collection of Mosquito Larvae.* Science, 1927, vol. 67: 484.

——: *From San Juan to Aruba.* P. R. Jour. Pub. Health, 1929 1930, vol. 5, N° 3: 357.

KING, W. W.: *Public Health Work in Porto Rico.* Report of work of Institute of Tropical Medicine and Hygiene of Porto Rico. En *Public Health Reports,* Dec. 12, 1913, vol. 28, N° 50: 2681-2689.

LANE, SARAH: *Educational Activities of the Dept. of Health of Porto Rico.* P. R. Health Rev., Sept. 1925, vol. 1, Nº 3: 5.

MARCANO, OCTAVIO: *Measures Being taken to improve Water Supply Systems in Porto Rico.* P. R. Health Rev., Aug. 1925, vol. 1, Nº 2: 23.

MORALES MUÑOZ, M.: *Sobre higiene escolar.* P. R. I., 19 de febrero de 1916, núm. 312.

MORALES OTERO, P.: *The Work of the Biological Laboratory of the Dept. of Health of Porto Rico,* P. R. Health Rev, Sept. 1925, vol. 1, Nº 3: 21; vol. 2, núm. 9: 10.

ORTIZ, M. I., y ORTIZ, MABEL WINANS: *Problemas de Puerto Rico.* Bosquejos de las conferencias que acerca de salud pública vienen celebrando los esposos Ortiz Winans. Tip. Eco de Puerta Tierra, P. R., 1917, 56 p.

ORTIZ, PEDRO N.: *Underlving Principles of Public Health Administration.* P. R. Jour. Pub. Health, 1929-1930, vol. 5, Nº 4: 433.

——: *The Tropics from the Public Health Standpoint* Legends and Facts. P. R. Health Rev., June 1927, vol. 2, Nº 12: 3.

——: *A Summary of Public Health Activities in Porto Rico for the year 1926-1927.* P. R. Rev. Pub. Health, Oct. 1927, vol. 3, Nº 4: 146.

——: *Sanitation and Health Activities are fostered in Porto Rico under direction of Commissioner.* P. R. Jour. Pub. Health, 1929-1930, vol. 5, Nº 1: 8.

PANIAGUA, ALFONSO: *Apuntes relativos al estado actual de la higiene pública en Puerto Rico y reformas que debieran plantearse.* Bol. As. Méd. P. R., marzo de 1908, año VI, núm. 64: 47; núm. 65: 68.

PUJADAS DÍAZ, M.: *Problems which confront the Bureau of General Inspection of the Dept. of Health.* P. R. Health Rev., May 1926, vol. 1, Nº 11: 7.

QUEVEDO BÁEZ, MANUEL: *Reformas que pedimos.* Separación del servicio de Sanidad del de Beneficencia. Bol. As. Méd. P. R., febrero de 1903, año I, núm. 2: 29.

SUÁREZ, RAMÓN M.: *Porto Rico and some of its Health Problems.* Bol. As. Méd. P. R., octubre de 1930, año XXII, núm. 181: 197.

TORRES, RAMÓN A. DE: *Registro alfabético razonado de los reglamentos de Sanidad de Puerto Rico.* Tip. Boletín Mercantil, San Juan, P. R., 1915, 199 p.

——: *Código sanitario de Puerto Rico.* Tip. Boletín Mercantil, San Juan, P. R. [1918], 435 p.

VALLE, CARLOS DEL: *A Study of Refuse Incinerations.* P. R. Health Rev., Aug. 1925, vol. 1, Nº 2: 3.

VALLE ATILES, FRANCISCO DEL: *La salud pública y la política.* Bol. As. Méd. P. R, diciembre de 1920, año XIV, núm. 127: 148.

A Panoramic Review of Public Health Activities in Porto Rico. P. R. Health Rev., June 1926, vol. 1, Nº 12: 12.

El moderno oficial de Sanidad Bol. As. Méd. P. R., marzo de 1918, año XIV, núm. 118: 173.

Health Activities in Porto Rico during the Fiscal year 1925-1926. P. R. Health Rev., June 1927, vol. 2, N° 12: 32. [V. otros números de esta misma revista.]

Informe sobre el estado higiénico de la población, que presentan los Tenientes de Alcaides al Excmo. Ayuntamiento de San Juan de Puerto Rico. A. Lynn, Imp. del Municipio, San Juan, P. R., 1888, 11 p.

Regulations for the Extinction of Mosquitoes By the Governor of Porto Rico. Adm. Bull. N° 53, San Juan, P. R., Oct. 31, 1912. [V. P. R. Health Rev., April 1926, vol. 1, N° 10: 39]

Report of the Bureau of Sanitary Engineering. Public Water Supplies and Sewerages. General Status, 1925-1926. P. R Health Rev., April 1927, vol. 2, N° 10: 33.

Rules and Regulations Governing the installation and hygienization of Barber Shops and Hairdressing Establishments in Porto Rico. By the Governor of Porto Rico. Adm. Bull. N° 272, San Juan, P. R., Nov. 19, 1924. [V. P. R. Health Rev , June 1926, vol. 1, N° 12: 33.]

Sanidad. [Historia, legislación, sanidad marítima, puericultura, laboratorios, institutos, enfermedades, campañas, etc.] En *El libro de Puerto Rico*, 1923, cap. VI: 286 379.

Sanitary Regulations Governing the Construction of Aqueducts. By the Acting Governor of Porto Rico. Adm. Bull. N° 287, San Juan, P. R., April 17, 1926. [V. P R. Health Rev., May 1926, vol. 1, N° 11: 31]

Texto para los Inspectores sanitarios. Publicado por el servicio de Sanidad de Puerto Rico. Bur. Supp. Prtg., 1914, 386 p.

[*Informes anuales del comisionado de Sanidad.* Incluídos también en *Annual Report of the Governor of Porto Rico,* para cada año fiscal.]

En esta misma sección IV, véanse *Asuntos generales. Medicina interna. Asuntos varios.*

I. ESTADÍSTICAS

CÓRDOVA, PEDRO TOMÁS DE: *Censos. Estados necrológicos, etc.* En *Memoria sobre todos los ramos de la administración de la Isla de Puerto Rico.* Imp. Yenes, Madrid, 1838, p. 56-57.

EGAR, P. R.: *Some reason for the high death rate in Porto Rico.* Sanitarian N. Y., Dec. 1900, vol. 45: 528.

GOENAGA, FRANCISCO R. DE: *Estadística del Manicomio, presentada al Sr. Superintendente de Caridad.* Bol. As. Méd. P. R., febrero de 1905, año III, núm. 26: 26.

LAMBERT, R. A., and BURKE, A.: *Service of the Pathological Laboratory of the School of Tropical Medicine.* A Statistical Report, with comments. P. R. Rev. Pub. Health, 1927-1928, vol. 3: 98

PÉREZ, MANUEL A: *Vital Statistics in Porto Rico.* P. R. Health Rev., March 1926, vol. 1, N° 9: 3.

——: *Porto Rico Mortality Statistics, 1928-1929.* P. R. Jour. Pub. Health, 1929-1930, vol. 5, N° 1: 54.

[*Estadísticas clínicas, biológicas, sanitarias, de enfermedades, nacimientos, muertes, etc.* Informadas mensualmente en la colección de The P. R. Jour. Pub. Health, San Juan, P. R., 1925-1930.]

Informe y estadística demográfica de la Junta Superior de Sanidad de Puerto Rico (mayo 1, 1900, a junio 30, 1903). Tip. El País, San Juan, P. R., 1904, 246 p. [Hay otra ed. en inglés de 233 p.]

[*Informes anuales del comisionado de Sanidad al Gobernador de Puerto Rico.* Se encuentran en *Annual Report of the Governor of Porto Rico to the President of the United States.* 1900-1930. Contienen estadísticas anuales.]

Véase *Población y estadísticas.*

2. INSTITUCIONES

1) Asilos. Beneficencia pública.

COLL Y TOSTE, C.: *Informe histórico sobre los Asilos de Beneficencia de la capital.* B. H. P. R., 1922, vol. 9: 53.

FLEURIAN, CONDESA DE: *Para el Asilo de Pobres.* A las almas caritativas. Tip. Comercial, Mayagüez, P. R., 1895, 11 p.

GÓMEZ BRIOSO, JOSÉ: *La Casa del Pobre.* En *Conferencias dominicales dadas en la Biblioteca Insular de Puerto Rico.* San Juan, P. R., 1914, p. 23.

IRVINE-RIVERA, EDITH M.: *Charitable Institutions of Porto Rico, under the Dept. of Health.* P. R Health Rev., April 1926, vol. 1, N° 10: 8.

LINDSAY, S. M.: *Public Charities of Porto Rico.* Ann. Am. Acad. Pol. Sci. Philadelphia, May 1904, vol. 23: 502.

MOLINA DE ST. REMY, A.: *Inspección médica del Refugio de Niños Desamparados.* Bol. As. Méd. P. R., abril de 1914, año X,, núm. 97: 4.

PERPIÑÁ Y PIBERNAT, JUAN: *Discurso pronunciado en la solemne distribución de premios de la Casa de Caridad y Oficios de San Ildefonso, en la ciudad de San Juan, el día 8 de septiembre de 1887.* Imp. Boletín Mercantil, San Juan, P. R., 1887, 17 p.

VAN R. HOFF, MAYOR JOHN: *Abridgement of Report of the Board of Charities of Porto Rico for the period ending June 30, 1900.* (Embracing the work of Porto Rico relief.) [1900?], 359 p.

Casa de Beneficencia en la Isla de Puerto Rico. Reglamento. Mayagüez, P. R., 1856, 31 p.

Casa de Caridad y Oficios de San Ildefonso. Memoria leída por la señorita Secretaria de la Junta el día 30 de agosto de 1873 en el acto de la distribución de premios a los niños del colegio. Imp. del Boletín, San Juan, P. R., 1873, 10 p.

Casa de Caridad de San Ildefonso. Memoria leída por su Presidenta, en la junta de vocales de la Directiva, el día 2 de noviembre de 1884. Imp. Acosta, San Juan, P. R., 1884, 24 p.

Dirección de administración local del Gobierno Superior civil de la Isla de Puerto Rico: Reglamento general de Beneficencia. Imp. de González, P. R., 1868, 12 p.

Estatutos de la Casa de Caridad y Oficios de San Ildefonso, aprobados por S. M. el 28 de noviembre de 1860. B. H. P. R., 1918, vol. 5: 20.

Memoria que presenta la Excma. Sra. Presidenta de la Junta de Damas del Real Asilo de San Ildefonso, acerca del estado de esta Sociedad en el año último. Tip. El Comercio, 1888, 9 p. [Hay otras de otros años. V. B. H. P. R., 1927, vol. 14, núm. 2.]

Memoria relativa a las obras de fábrica llevadas a cabo en el establecimiento Asilo Municipal de Caridad. Imp. El Asimilista, P. R., 1884, 23 p.

Memoria sobre la administración del Asilo de Beneficencia de Puerto Rico. Año 1872-1873. Imp. de J. González Font, San Juan, P. R., 1873.

Reglamento interior de la Casa de Caridad y Oficios de San Ildefonso, aprobado por el Excmo. Sr. Vicerreal, Protector de la Asociación, en 26 de octubre de 1861. Tip. de J. Guasp, P. R., 1861, 24 p.

Reglamento para el Asilo de Beneficencia de Puerto Rico. Imp. Sancerrit, P. R., 1872, 16 p.

Rules and Regulations Governing Institutions under the Control of the Director of Charities. (Approved by Executive Council. April 10, 1901.) Tip. El País, San Juan, P. R. [1901], 82 p.

2) *Escuelas y Sociedades científicas.*

BURKE, ALICE M. B.: *Report of the Pathology Department of the School of Tropical Medicine.* For the first three years ending, April 15, 1929, P. R. Jour. Pub. Health, 1929-1930, vol. 5, N° 1: 48.

DARRACH, WILLIAM: *The Object and Outlook of the School of Tropical Medicine.* P. R. Health Rev., Oct. 1926, vol. 2, N° 4: 3.

GUTIÉRREZ IGARAVÍDEZ, PEDRO: *Resumen de los trabajos del Instituto de Medicina Tropical.* Neg. Mat. Imp., 1914, 40 p.

——: *Significación, importancia y porvenir del Instituto de Medicina Tropical de Higiene de Puerto Rico.* (Conferencia.) Neg. Mat. Imp., 1918, 26 p.

——: *Publicaciones e Informes del Instituto de Medicina Tropical.* Vol. 1, 1913-1917. Neg. Mat. Imp., 1919, 270 p. En inglés: *Reports and collected studies from the Institute of Tropical Medicine and Hygiene.* Vol. 1, 1913-1917. Bur. Supp. Prtg., 1917, 253 p.

IRVINE-RIVERA, EDITH M.: *The School of Tropical Medicine of the University of Porto Rico.* P. R. Health Rev., Aug. 1926, vol. 2. N° 2: 3.

LAMBERT, R. A : *School of Tropical Medicine of the University of Porto Rico, under the Auspices of Columbia University.* P. R. Rev. Pub. Health, Sept. 1928, vol. 4: 107.

MC KINLEY, EARL B.: *School of Tropical Medicine of the University of Porto Rico, under the Auspices of Columbia University.* Review of research during the third year 1928-1929. P. R. Jour. Pub. Health, 1929-1930, vol. 5. N°, 3: 312.

QUEVEDO BÁEZ, MANUEL: *Breves notas de historia del alborear de la Asociación Médica de Puerto Rico.* Bol. As. Méd. P. R., noviembre de 1928, año XXI, núm. 167: 1.

REAL, CRISTÓBAL: *Hacia arriba.* Sobre la constitución de la Academia de Medicina de Puerto Rico. P. R. I., 27 de noviembre de 1915, núm. 300.

RUIZ ARNAU, R.: *Discurso inaugural de la Academia de Medicina de Puerto Rico.* (9 de octubre de 1915.) Tip. Real Hnos., San Juan, P. R., 1915, 16 p.

SUÁREZ, RAMÓN M.: *Discurso la noche de la inauguración del edificio de la Asociación Médica de Puerto Rico.* Bol. As. Méd. P. R., enero y febrero de 1930, año XXII, núm. 175: 5.

Constitución, Estatutos y Reglamentos de la Academia de Medicina. Tip. Real Hnos., San Juan, P. R., 1916, 31 p.

Copia del acta de constitución de la Asociación Médica de Puerto Rico. Bol. As. Méd. P. R., enero de 1903, año I, núm. 1: 4; núm. 2: 17. [V. Los Reglamentos y enmiendas de esta Institución en años posteriores en Bol. As. Méd. P. R.]

Documento para la historia de la Medicina en Puerto Rico. Fundación de la Academia de Medicina en 1914. B. H. P. R, 1922, vol. 9: 120.

Informe del Secretario del Instituto de Medicina Tropical e Higiene de Puerto Rico a la Asamblea Legislativa. 1919-1921. Neg. Mat. Imp, 1921, p. 3-17.

Preliminary Report of the Institute of Tropical Medicine and Hygiene of Porto Rico. (Repr. from. the Bol. As. Méd. P. R) Imp. El Boletín Mercantil, San Juan, P. R., 1914, 18 p.

Programa de la Escuela de Medicina Tropical de la Universidad de Puerto Rico, bajo los auspicios de la Universidad de Colombia. Bol. As. Méd. P. R., septiembre de 1924, año XVIII, núm. 146: 11.

Resumen de los trabajos llevados a cabo por el Instituto de Medicina Tropical e Higiene desde el 1 de abril al 31 de diciembre de 1914. Instituto de Medicina Tropical e Higiene de Puerto Rico, 1913-1917. Neg. Mat. Imp., San Juan, P. R., 1919, vol. 1: 41.

Sociedad de Estudios Patológicos de San Juan. (7 de noviembre de 1904.) Bol. As. Méd. P. R., enero de 1905, año III, núm. 25: 1; núm. 26: 17; núm. 29: 70.

Una visita al Instituto de Medicina Tropical en Utuado. P. R. I., 25 de octubre de 1913, núm. 191. [Sigue en el núm. 192.]

3) *Hospitales.*

ACOSTA, JOSÉ J.: *Discurso de apertura en la velada celebrada en el Teatro de Arecibo en auxilio del Hospital de Caridad de la misma villa.* 20 de marzo de 1891. Imp. Acosta, Arecibo, P. R. [V. B. H. P. R., 1924, vol. 11: 25.]

FIGUEROA, LEOPOLDO: *Historia, organización y estadísticas del Hospital Municipal de Maternidad y Niños de San Juan de Puerto Rico.* Bol. As. Méd. P. R , septiembre de 1924, año XVIII, núm. 146: 4.

GIULIANI SALVADOR: *Notas clínicas del Hospital Cuarentenario del Departamento de Sanidad Insular.* Bol. As. Méd. P. R., junio de 1920, año XIV, núm. 126: 61.

JIMÉNEZ DE LA ROMERA, WALDO: *España. Sus monumentos y artes. Su naturaleza e historia. Cuba, Puerto Rico y Filipinas.* Ed. Daniel Cozo, Barcelona, 1887. [V. Hospitales, Beneficencia, etc., pt. 2.ª, cap. IV.]

LAMBERT, ROBERT A.: *El funcionamiento científico de los hospitales modernos.* En *Memoria. Clínica quirúrgica del Dr. Pila.* Ponce, P. R., 1928, vol. 1: 56.

LUGO VIÑA, JOSÉ: *Memoria de los trabajos realizados por el Hospital de Mujeres y Niños de San Juan, desde que se abrió al público en 1 de mayo de 1903 hasta el 30 de junio de 1904.* Tip. El País, San Juan, P. R., 1904, 54 p.

ORTIZ, PEDRO N.: *The San Juan District Hospital.* P. R. Jour. Pub. Health, 1929-1930, vol. 5, N° 1: 45.

PICKRELL, GEORGE M.: *Hospital de la Estación Naval de los EE. UU. en San Juan de Puerto Rico.* Bol. As. Méd. P. R., noviembre de 1905, año III, núm. 36: 182.

Auxilio Mutuo. (Sociedad española de Auxilio Mutuo y Beneficencia.) Memoria. Año de... [V. las memorias publicadas anualmente.]

Reglamento para el gobierno del Hospital de Caridad de la Concepción, formado por la Junta Municipal de Beneficencia. P. R., 1823, 8 p.

Suplicatorio del intendente Ramírez al Gobierno central, respecto al Hospital de los Pobres de Ximénez Pérez. Año de 1815. B. H. P. R., 1921, vol. 8: 99.

4) Manicomio

FONT Y GUILLOT, ELISEO: *Necesidad de un nuevo Manicomio en Puerto Rico.* Bol. As. Méd. P. R., diciembre de 1912 y enero de 1913, año IX, núms. 87 y 88.

GOENAGA, FRANCISCO R. DE: *Breve idea del actual estado del Asilo Provincial de Beneficencia y Manicomio, de sus deficiencias y de sus modificaciones más urgentes.* Tip. de Beneficencia, 1894, 11 p.

——: *Discurso. Leído en la inauguración del Manicomio Municipal el día 1.º de julio de 1916.* Tip. The Times Pub. Co., San Juan, P. R., 1916, 15 p.

——: *Desarrollo histórico del Asilo de Beneficencia y Manicomio de Puerto Rico.* (Circulares relativas a hospitales.) Imp. Cantero, Fernández & Cía., Inc., San Juan, P. R., 1929. [También en Bol. As. Méd. P. R, año XXII, núms. 167-171 inclusive.]

RODRÍGUEZ CASTRO, J.: *Notas preliminares para el proyecto de construcción del nuevo Manicomio.* Imp. Sucesión J. J. Acosta, San Juan, P. R., 1897, 16 p.

STAHL, AGUSTÍN: *Menos cárceles y presidios y más manicomios y casas de corrección.* Bol. As. Méd. P. R., agosto de 1908, año VI, núm. 69: 139.

Datos sobre el Manicomio. B. H. P. R., 1924, vol. 11: 297.

Manual para empleados del Manicomio Insular de San Juan de Puerto Rico. Neg. Mat. Imp., 1922, 16 p.

Reglamentos interiores del Asilo de Beneficencia y Manicomio de Puerto Rico. Tip. González & Cía., P. R., 1886, 12 p.

5) Otras Sociedades benéficas.

RÍO ITURRALDE, ALFREDO DEL: *Proyecto del Sr. D. sobre Asociación de Socorros Mutuos de los Ayuntamientos para prever y combatir las calamidades públicas.* Imp. El Boletín Mercantil, San Juan, P. R., 1889, 51 p. [Con un informe del regidor Sr. José Cordovés Berríos, y unos apéndices.]

RODRÍGUEZ DE TIÓ, LOLA: *Velada a beneficio de la Sociedad Protectora de los Pobres. Junio 11, 1882.* Tip. Comercial, Mayagüez, P. R., 1882, 10 p. [Contiene trabajos literarios, un discurso y una poesía.]

SANTONI, FÉLIX: *Pro Ligas de Bondad.* Tip. El Compás, San Juan, P. R., 1923, 46 p.

Annual Report Woman's Aid Society of Porto Rico. Incorporated. San Juan, P. R., 1910, 30 p.

Bases y Reglamentos de la Asociación Club Benéfico y Psicológico. Imp. La Primavera, San Juan, P. R., 1915, 16 p.

Fundamentos económicos y constitución orgánica de la Asociación La Fraternidad Social y Benéfica. Tip. Aurora, San Juan, P. R., 1907, 22 p.

Informe anual de la Sociedad El Zapato de los Niños Pobres. Curso escolar de 1922 a 1923. Tip. El Compás, San Juan, P. R., 1923, 20 p. [Hay otros.]

Porto Rican Benevolent Society. Charities, N. Y., 1903, vol. 11: 58.

Reglamento para el régimen y gobierno de la Junta delegada de la Sociedad Protectora de los Niños, en la Isla de Puerto Rico. Imp. de Carlos González Font, San Juan, P. R., 1883, 36 p.

Reglamento para el régimen y gobierno de la Sociedad titulada Caridad Mutua de Puerto Rico. Tip. El Comercio, San Juan, P. R , 1885, 18 p.

Reglamento para el régimen de la Sociedad Benefactora de sus Asociados. Tip. González y Cía., San Juan, P. R., 1892, 23 p.

Reglamento de la Sociedad de Socorros Mutuos Los Amigos del Bien Público. (Fundada en esta capital el 22 de septiembre de 1873.) La Cooperativa, San Juan, P. R., 1893, 43 p. Otra ed.: Tip. La Correspondencia, San Juan, P. R., 1905, 25 p.

Reglamento de la Sociedad de Socorros Mutuos La Recompensadora. Imp. Sucesión J. J. Acosta, San Juan, P. R., 1894, 28 p.

Reglamento reformado para la Sociedad de Socorros Mutuos del Arcángel San Rafael. Imp. Sucesión J. J. Acosta, San Juan, P. R., 1895, 23 p.

Reglamento de la Sociedad de Beneficios Mutuos El Hogar. Imp. de F. I. Marxuach, P. R., 1897, 21 p.

Reglamento de la Sociedad de Beneficios Mutuos La Proveedora. Tip. de la Viuda de González, P. R., 1898, 12 p.

Reglamento reformado de la Sociedad de Auxilio Mutuo La Perseverancia. (Cabo Rojo, P. R.) Imp. El Progreso, Mayagüez, P. R., 1913, 48 p.

Reglamento de la Sociedad Protectora de los Animales. B. H. P. R., 1919, vol. 6: 123.

Report of the Porto Rican Benevolent Society and Industrial School (1903-1904). Press of Francis E. Fitch, N. Y. [1904?], 33 p.

Sociedad de Auxilio Mutuo de Puerto Rico. Memoria que la Junta directiva de la misma, al cesar en sus cargos en el año 1886, presenta a sus compañeros en la Junta general ordinaria celebrada el 23 de enero de 1887, cumpliendo con lo que dispone el artículo 29 de su Reglamento. Imp. El Boletín Mercantil, San Juan, P. R., 1887, 22 p. [La Sociedad actual publica una Memoria anualmente.]

6) La Cruz Roja.

Carbonell, Salvador: *Consejos de los miembros de la Asociación de la Cruz Roja.* Imp. La Rev. Blanca, Mayagüez, P. R., 1898, 26 p.

Hernández Usera, J.: *Cruz Roja americana.* Capítulo de Puerto Rico, división de socorro a la población civil. Tip. Real Hnos., San Juan, P. R., 24 p.

RECKORD, M. K.: *American Red Cross enters new field of Rehabilitation.* Bull. of the Pan American Union, Wa., D. C., March, 1929, vol. 63: 239.

——: *La Agricultura en Puerto Rico y la Cruz Roja americana.* Rev. Agr., San Juan, P. R., febrero de 1929, vol. 22, núm. 28: 43.

El ciclón que azotó a Puerto Rico, septiembre 13 de 1928. Labor de la Cruz Roja americana. Publicado por la Cruz Roja Nacional Americana, San Juan, P. R., 1929, 16 p.

Historia y organización de la rama juvenil del capítulo de Puerto Rico de la Cruz Roja Nacional Americana. Neg. Mat. Imp., San Juan, P. R., 1929, 35 p.

Servicios de la Cruz Roja. B. H. P. R., 1919, vol. 6: 74.

Servicios de la Cruz Roja. [Guerra hispano-americana.] B. H. P. R., 1919, vol. 6: 76.

Servicios prestados por la Cruz Roja el día del bombardeo de la capital. B. H. P. R., 1919, vol. 6: 77.

c.—CIRUGÍA

AUCHINCLOSS, HUGH: *A new operation of Elephantiasis.* P. R. Jour. Pub. Health, Dec. 1930, vol. 6, N° 2: 149.

AVILÉS, JACINTO: *Herida penetrante por arma de fuego de la cabeza.* Hemiplegía derecha consecutiva al traumatismo, tratamiento y curación. Bol. As. Méd. P. R., agosto de 1912, año IX, núm 83: 12.

——: *Peritonitis difusa consecutiva a perforación intestinal.* Bol. As. Méd. P. R., septiembre de 1912, año IX, núm. 84: 9.

——: *Nuevo aspecto de la Cirugía.* Bol. As. Méd. P. R., septiembre de 1912, año IX, núm. 84: 31.

——: *La colelitiasis.* Su frecuencia, sus consecuencias. Tratamiento quirúrgico. Bol. As. Méd. P. R., octubre de 1912, año IX, núm. 85: 10.

——: *Un caso de obstrucción intestinal.* El divertículo de Meckel como causa. Bol. As. Méd. P. R., septiembre de 1916, año XII, núm. 112: 153.

——, y CARBONELL, JOSÉ N.: *Fibrolipoma del omento.* Bol. As. Méd. P. R., febrero de 1914, año X, núm. 95: 13.

BONELLI, PABLO M.: *Un caso de obstrucción intestinal por invaginación en comparación con otro por divertículo de Meckel con exposición de ambos especímenes.* Bol. As. Méd. P. R., octubre de 1928, año XXI, núm. 166: 11.

——: *Ruptura espontanea del bazo.* Bol. As Med. P. R., marzo y abril de 1930, año XXII, núm. 176: 30.

CARBONELL, JOSÉ N.: *Dos casos de osteitis neurálgicas rebeldes.* Operación, vaciamiento de la tibia. Trabajo presentado en la Sociedad Patológica de San Juan. Bol As. Méd. P. R., junio de 1905, año III, núm. 30: 88.

CARBONELL, JOSÉ N.: *De Cirugía: Contribución al estudio de la cura radical del hidrocele.* Estadística de operados. Bol. As. Méd. P. R., septiembre de 1905, año III, núm. 34: 143.

CARRASQUILLO, H. F.: *El tratamiento de venas varicosas de las piernas por medio de inyecciones intravenosas de soluciones concentradas de salicilato de sodio.* Bol. As. Méd. P. R., septiembre de 1928, año XXI, núm. 165: 57.

CARRERA, MANUEL: *Observaciones sobre hernia.* Casos excepcionales. Bol. As. Méd. P. R , septiembre de 1928, año XXI, núm. 165: 21.

CESTERO, RAFAEL: *Un caso de imperforación ano-rectal.* Proctoplastia. Bol. As. Méd. P. R., junio de 1904, año II, núm. 18: 273.

CORONAS, E.: *Caso de spondylosis rizomélica.* (Con presentación del enfermo.) Bol. As. Méd. P. R., agosto de 1906, año IV, núm. 45: 130,

FEIJÓO, SILVESTRE: *El cirujano menor.* Imp. El Boletín Mercantil, San Juan, P. R., 1916, 394 p.

FIGUEROA, LEOPOLDO: *Un caso de parálisis radial consecutiva a un proceso de exostosis por fractura del húmero.* Explicación del mecanismo de la fractura; fundamento quirúrgico del caso. Historia Clínica. Bol. As. Méd. P. R., marzo de 1916, año XIII, núm. 110: 9.

FIGUEROA, M.: *Ligadura de las arterias ilíacas internas en la histerectomía abdominal.* Bol. As. Méd. P. R., noviembre de 1903, año I, núm. 11: 165.

GIMÉNEZ Y VILLENA, JOSÉ: *Secretos de la Medicina.* Un compendio general sobre Medicina y Cirugía. Imp. El Boletín Mercantil, San Juan, P. R., 1881, 396 p.

JESÚS, FRANCISCO R. DE: *Algunas consideraciones sobre la cirugía del bazo.* Bol. As. Méd. P. R., agosto de 1930, año XXII, núm. 179: 138.

LASSISE RIVERA, A.: *Invento científico puertorriqueño.* (Trépano Puerto Rico. Ingenioso instrumento para perforar el cráneo. Inventor: Dr. J. Montalvo Guenard.) P. R. I., 13 de mayo de 1922, núm. 637.

LIPPITT, W. F.: *Breves consideraciones acerca de la cirugía aséptica en los países tropicales.* Bol. As. Méd. P. R., enero de 1904, año II, núm. 13: 203.

LÓPEZ ANTONGIORGI, J. A.: *Un caso raro de hernia inguinal.* Anales Médicos, San Juan, P. R., marzo de 1912, año I, núm. 1: 56.

——: *Hepatitis aguda supurada.* Caso clínico. Bol. As. Méd. P. R., marzo y abril de 1912, año IX, núm. 82: 15.

——: *Sobre un caso de quiste intraligamentoso del lado izquierdo, supurado y fistulizado en la S ilíaca.* Bol. As. Méd. P. R., marzo y junio de 1930, año XXII, núm. 177: 60.

LÓPEZ NUSSA, R.: *Algunas consideraciones sobre un caso de herida del corazón.* Técnica operatoria Bol. As. Méd. P. R., diciembre de 1916, año X, núm. 113: 246.

——: *Simpatectomía peri-arterial en la elefantiasis.* Bol. As. Méd. P. R., marzo y abril de 1930, año XXII, núm. 176: 5.

Martínez Roselló, Manuel: *El moderno cirujano menor*. (Estudio de un libro.) P. R. I., 17 de febrero de 1917, núm. 364.

Mayoral, Antonio: *Spena Bífida Occulta*. En *Memoria. Clínica quirúrgica del Dr Pila,* Ponce, P. R., 1928, vol. 1: 29.

Moret, Simón: *Un caso de peritonitis supurada.* Curado por la laparatomía, drenaje peritoneal y por las inyecciones de suero artificial fisiológico. Bol. As. Méd. P. R., febrero de 1906, año IV, núm. 39: 27.

——: *Tratamiento quirúrgico de los tumores inoperables del intestino grueso.* Tres intervenciones quirúrgicas graves. Trabajos presentados a la Asamblea celebrada en Aguadilla el 7 de abril de 1907. Bol. As. Méd. P. R., abril de 1907, año V, núm. 53: 291.

Perea Fajardo, Pedro: *Fracasos operatorios.* Algunas de sus causas. Bol. As. Méd. P. R., febrero de 1908, año VI, núm. 62: 27.

——: *Herida penetrante del abdomen y sección transversal del ciego en su parte media.* Bol. As. Méd P. R., noviembre y diciembre de 1911, año VIII, núm. 80: 1.

——: *Úlcera gastro-duodenal: su tratamiento quirúrgico.* Estudio de 111 casos. Bol. As. Méd. P. R., agosto de 1928, año XXI, núm. 163: 3.

Quiñones, Edgardo, y Santos, Julio A.: *Un caso raro de intususcepción.* Bol. As. Méd. P. R , agosto de 1930, año XXII, núm. 179: 134.

Reyes, Antonio: *Algunas consideraciones sobre el tratamiento de las hemorroides.* Bol. As. Méd. P. R., agosto de 1930, año XXII, núm. 179: 147

Santaella, Álvaro: *Herida del pulmón por arma blanca: su tratamiento quirúrgico.* Bol. As. Méd. P. R., marzo de 1918, año XIV, núm. 118: 200.

Seín y Seín, Francisco, y González, J. F.: *Un caso de quistes del páncreas asociado y una colecistitis.* Bol. As. Méd. P. R., marzo y abril de 1929, año XXII, núm 170: 3.

Susoni y Astor, F.: *Resección de la articulación de la rodilla por anquilosis en flexión de 90°.* Bol. As. Méd. P. R., septiembre de 1928, año XXI, núm. 165: 47.

Toro, Jorge del: *Un caso de prolapso vesical por el conducto de la uretra.* Bol. As. Méd. P. R., agosto de 1912, año IX, núm. 83: 10.

——: *Un caso de dislocación de la columna vertebral.* Bol. As. Méd. P. R., agosto de 1912, año IX, núm. 83: 15.

——: *Hernia post-traumática.* Bol. As. Méd. P. R., noviembre de 1912, año IX, núm. 86: 18.

——: *Las clínicas del Municipal: Colecistitis aguda.* Bol. As. Méd. P. R., marzo de 1914, año X, núm. 96: 10.

——: *Mastitis crónica quística.* Bol. As. Méd. P. R , junio de 1914, año X, núm. 99: 1.

——: *Las clínicas del Municipal: Un caso de pancreatitis aguda consecutiva a colecistitis crónica.* Bol. As. Méd. P. R., diciembre de 1916, año X, núm. 113: 196.

Toro, Jorge del: *Dos casos de úlcera perforante del duodeno consecutivas a la viruela*. Bol. As. Méd. P. R., septiembre de 1916, año XII, núm. 112: 150.

——: *Sutura del nervio radial*. Bol. As. Méd. P. R., septiembre de 1917, año XII, núm. 116: 118.

——: *Estado actual de la Cirugía en Puerto Rico*. Bol. As. Méd. P. R., junio de 1921, año XV, núm. 131: 117.

——: *Consideraciones acerca de la cirugía de la vesícula biliar*. Bol. As. Méd. P. R., diciembre de 1922, año XVI, núm. 140: 235.

Vadi, Emilio: *Cirugía plástica*. Presentación del caso. Bol. As. Méd. P. R., septiembre y octubre de 1929, año XXII, núm. 173: 25.

——, y Perea Fajardo, P.: *Dos casos de esplenectomía*. Bol. As. Méd. P. R., diciembre de 1912 y enero de 1913, año IX, núm. 87: 36.

Valle Atiles, F. del: *La conquista de la sepsis*. Bol. As. Méd. P. R., junio de 1917, año XII, núm. 115: 47.

Vázquez, Tomás: *El nucleinato de sosa en las infecciones graves*. Un caso de infección post-operatoria. Bol. As. Méd. P. R., diciembre de 1904, año II, núm. 24: 380.

Vélez López, R.: *Infarto glandular subperitoneal supurado*. Bol. As. Méd. P. R, diciembre de 1903, año I, núm. 12: 186.

——: *La Cirugía en Puerto Rico: Revista de Hospitales*. Bol. As. Méd. P. R., febrero de 1904, año II, núm. 14: 217; núm. 15: 233.

——: *Trepanación del cráneo*. Herido por arma de fuego. Bol. As. Méd. P. R., abril de 1906, año IV, núm. 41: 72.

——: *Hernia inguinal antigua*. Inflamación crónica del saco; adherencia de asas intestinales a nivel del cuello. Compresión del cordón. Bol. As. Méd. P. R., noviembre de 1910, año VIII, núm. 74: 13.

——: *Colecistitis crónica; clínica: tratamiento*. Bol. As. Méd. P. R., diciembre de 1916, año X, núm. 113: 232.

——: *La cirugía de las vías biliares*. Bol. As. Méd. P. R., diciembre de 1915, año XII, núm. 109: 270.

——: *Casos clínicos*. Bol. As. Méd. P. R., diciembre de 1919, año XIII, núm. 125: 132.

Villeneuve, Antonio: *Consideraciones en el tratamiento de la flebitis por el uso intravenoso de la violeta de genciana*. Bol. As. Méd. P. R., julio de 1930, año XXII, núm. 178: 107.

Zavala, R.: *De Cirugía: Tratamiento del ántrax*. Bol. As. Méd. P. R., agosto de 1908, año VI, núm. 69: 137.

Informe de los trabajos médico-quirúrgico realizados en el segundo distrito de San Juan. (Puerta de Tierra.) Bol. As. Méd. P. R., septiembre de 1915, año XI, núm. 108: 216.

La Cirugía en Puerto Rico. En la Sociedad de Estudios Patológicos. (Segunda sesión.) Celebrada el 3 de octubre de 1904, Bol. As. Méd. P. R., octubre de 1904, año II, núm. 22: 340.

1. ANESTESIA

BARREIRO, JULIO: *El eterno problema de la anestesia.* Bol. As. Méd. P. R., diciembre de 1916, año X, núm. 113: 216.

BELAVAL, JOSÉ S.: *Éter versus cloroformo.* Consideraciones generales sobre las anestesias en Puerto Rico. Bol. As. Méd. P. R., marzo de 1918, año XIV, núm. 118: 194.

DÍAZ GARCÍA, MANUEL: *Anestesia local y algunos casos.* Bol. As. Méd. P. R., diciembre de 1926, año XX, núm. 154: 17.

JESÚS, FRANCISCO R. DE: *Observaciones sobre anestesia raquideana. Estudios de 86 casos* Bol. As. Méd. P. R., septiembre de 1924, año XVIII, núm. 146: 40.

LÓPEZ ANTONGIORGI, J. A.: *Anestesia sub-aracnoidea, lumbar, raquideana..., etc.* Anales Médicos, San Juan, P. R., marzo de 1912, año I, núm. 1: 25.

——: *Un caso de parálisis periférica post-anestésica.* Anales Médicos, San Juan, P. R., marzo de 1912, año I, núm. 1: 55.

——: *Anestesia espinal.* Bol. As. Méd. P. R., septiembre de 1910, año VIII, núm. 72: 17.

RAMÍREZ GALILEO: *Consideraciones acerca de la anestesia.* En *Memoria. Clínica quirúrgica del Dr. Pila.* Ponce, P. R., 1928, vol. 1, 62.

RAMOS CASELLAS: *Algo sobre anestesia clorofórmica.* Bol. As. Méd. P. R., noviembre y diciembre de 1911, año VIII, núm. 80: 6.

SUÁREZ RAMÓN, M., y GARCÍA, R. M.: *Selección de anestesia en Cirugía.* Bol. As. Méd. P. R., octubre de 1928, año XXI, núm. 166: 37.

TORO, JORGE DEL: *El éter evaporado y calentado en combinación con oxígeno como anestésico de preferencia.* Bol. As. Méd. P. R., marzo de 1916, año XIII, núm. 110: 12.

2. APENDICITIS

AVILÉS, JACINTO: *La apendicitis: sus relaciones con los trastornos de la vesícula biliar.* Conclusiones. Bol. As. Méd. P. R., diciembre de 1916, año X, núm. 113: 222.

——: *Dispepsia crónica apendicular.* Bol. As. Méd. P. R., septiembre de 1917, año XII, núm. 116: 120.

——: *La apendicitis crónica: su pronóstico y resultados patológicos.* Bol. As. Méd. P. R., junio de 1921, año XV, núm. 131: 122.

——: *El porqué de la importancia de reconocer pronto las enfermedades agudas del apéndice.* Bol. As. Méd. P. R., julio de 1930, año XXII, núm. 178: 93.

GLINES, W. A.: *Intestinal Parasites as a Cause in Appendicitis.* Bol. As. Méd. P. R., diciembre de 1916, año X, núm. 113: 249.

Lippitt, W. H.: *Dos casos raros de apendicitis.* Bol. As. Méd. P. R., octubre de 1905, año III, núm. 35: 168.

Ramírez Cuerda, T.: *Infecciones agudas del apéndix.* Bol. As. Méd. P. R., abril de 1928, año XXI, núm. 161: 3

Toro, Jorge del: *Localización rara del apéndice.* Bol. As. Méd. P. R, marzo de 1919, año XIII, núm. 122: 16.

Valle Sárraga, R. del: *La apendicitis y la línea de resistencia de Sondern.* (Reimpreso del Bol. As. Méd. P. R, año XVI: 73 81) Tip. El Compás, San Juan, P. R, 11 p.

Vélez López, R.: *Consideraciones sobre el caso de apendicitis comunicado por el Dr. Lippitt y publicado en el núm. 35 del Boletín de la Asociación Médica de Puerto Rico.* Bol. As. Méd. P. R., diciembre de 1905, año III, núm. 37: 204.

3. NEOPLASIAS

Avilés, Jacinto: *Las clínicas del Hospital Municipal, Departamento de Cirugía. Neoplasia del ciego.* Bol. As. Méd. P. R, marzo de 1917, año XII, núm. 114: 17.

——: *El cáncer como problema médico-social.* Bol. As. Méd. P. R., marzo de 1918, año XIV, núm. 118: 207.

Amadeo, José A.: *Cáncer primario del pulmón.* Bol. As. Méd. P. R., septiembre de 1930, año XXII, núm. 180: 177.

Díaz García, Manuel: *Notas sobre el cáncer.* Bol. As. Méd. P. R., mayo de 1927, año XXI, núm. 156: 27.

Escabí, Norberto: *El germen del cáncer.* Un gran descubrimiento micro-biológico del Dr. Gastón Odin. P. R. I., 30 de noviembre de 1912, núm. 144.

Ferrán, Alfredo: *Tumor del mesocéfalo.* Caso presentado a la Asamblea de la Asociación Médica de Puerto Rico, el 7 de enero de 1906. Bol. As. Méd. P. R., febrero de 1906, año IV, núm. 39: 29.

Figueroa, Manuel: *Caracteres del cáncer del cuello uterino y tratamiento paleativo del mismo.* Bol. As. Méd. P. R, agosto de 1906, año IV, núm. 45: 127.

González Martínez, Ignacio: *Las bases biológicas del tratamiento del cáncer.* Bol. As. Méd. P. R. julio de 1930, año XXII, núm. 178: 109.

Lambert, Robert A.: *The Experimental Method in Cancer Research.* Bol. As. Méd. P. R, agosto de 1928, año XXI, núm. 163: 7.

——, and Burke, A.: *Observations on the Incidence of Neoplasm in Porto Rico.* P. R. Rev. Pub. Health, 1927-1928, vol. 3, núm. 8: 307.

Monagas, J.: *Nuevo tratamiento del cáncer.* Bol. As. Méd. P. R., septiembre de 1912, año IX, núm. 84: 21.

Perea Fajardo, Pedro: *Dos casos de tumores abdominales.* Bol. As. Méd. P. R., octubre de 1907, año V, núm. 59: 416.

PEREA FAJARDO, PEDRO: *Cáncer del píloro. Gastrectomía parcial.* Bol. As. Méd. P. R., julio y agosto de 1929, año XXII, núm. 172: 23.

ROLENSON, J. R.: *Tratamiento moderno del cáncer de la mama.* Bol. As. Méd. P. R., septiembre de 1930, año XXII, núm. 180: 172.

TORO, JORGE DEL: *El problema del cáncer.* Bol. As. Méd. P. R., marzo de 1918, año XIV, núm. 118: 202.

ch. — MEDICINA INTERNA

I. ENFERMEDADES DE LA NUTRICIÓN. VITAMINAS

APELLÁNIZ, JOSÉ: *Un caso de uremia producido por una dieta deficiente en cloruro de sodio.* Bol. As. Méd. P. R., enero y febrero de 1930, año XXII, núm. 175: 27.

ASHFORD, BAILEY K.: *La carencia de ciertos elementos alimenticios como causa predisponente del Sprue, pelagra, y beriberi en Puerto Rico.* Bol. As. Méd. P. R., 1921, año XV, núm. 134: 249-259.

AXTMAYER, JOSEPH H.: *A study of the Vitamin B. complex of Yellow Yautia (Xanthosoma Sagettae Folium) and of Plantain (Musa Paradisiaca L.)* P R. Jour. Pub. Health, Dec. 1930, vol. 6, N° 2: 229.

——: *A Study of the Vitamin B. Complex of Red Kidney Beans and Polished Rice.* Repr. from the Journal of Nutrition. Rochester, N. Y., March 1930, vol. 2, N° 4.

COOK, D. H.: *Estudio de las vitaminas de Puerto Rico.* Rev. Agr., julio de 1927, vol. 19, núm. 1: 21.

——: *Some Aspects of the Food Problem in Porto Rico.* P. R. Rev. Pub. Health, 1927-1928, vol. 3: 59.

——: *Vitamin Studies in Porto Rico.* From the School of Trop. Med. of the University of Porto Rico under the auspices of Columbia University. P. R. Health Rev., May 1927, vol. 2, N° 11: 22.

——, and RIVERA, T.: *Significance of Mineral Metabolism in the Tropics.* (1.) Preliminary Report on the Calcium and Phosphorus Content of Some Porto Rican Food Materials, P. R. Rev. Pub. Health, 1928, vol. 4: 65.

——, ——: *A Brief Discussion of Vitamins A, B and D.* P. R. Rev. Pub. Health, 1927-1928, vol. 3: 267.

——, ——: *A Study of the Diets in Three Insular Institutions.* Tuberculosis Sanatorium, Insane Hospital and Leprosarium, P. R. Rev. Pub. Health, 1928, vol. 3, N° 12: 516.

——, ——: *Rice and Beans as an adequate Diet.* P. R. Jour. Pub Health, 1929-1930, vol. 5, N° 1: 16.

——; ——, and TORRES DÍAZ, LUIS: *A Preliminary Study of a Common Porto Rico Diet.* P. R. Rev. Pub. Health, 1928, vol. 4: 253.

COOK, D. H., and QUINN, E. J.: *The Vitamin B. Content of White Yautía, Yellow Yautía and Plantain.* Am. Jour. Trop. Med., 1928, vol 8: 73.

ELLIOT, MARTHA: *Observations on Rickets.* [At the School of Trop. Med.] P. R. Health Rev., 1927, vol. 2, N° 8: 9.

GUTIÉRREZ IGARAVÍDEZ, PEDRO: *Un caso de pelagra.* Imp. Real Hnos., San Juan, P. R., 1912, 14 p.

MARXUACH, A.: *Vitaminas.* Bol. As. Méd. P. R., diciembre de 1921, año XV, núm. 134: 303.

MASINI, JUAN: *El problema del alimento del pueblo de Puerto Rico.* (Conferencia dictada en el Ateneo.) Rev. Agr., marzo de 1926, vol. 16, núm. 3: 145.

SALAZAR, GUILLERMO: *Datos sobre un punto de higiene alimenticia.* Alimentos hidrocarbonados. Bol. As. Méd. P. R., diciembre de 1916, año X, núm. 113: 252.

SHERMAN, HENRY C.: *Some aspects of the Chemistry of Nutrition in relation to Health.* P. R. Jour. Pub. Health, 1929-1930, vol. 5, N° 4: 407.

SIFRE, RAMÓN J.: *El edema nutricional en Puerto Rico.* Bol. As. Méd. P. R., septiembre de 1930, año XXII, núm. 180: 169.

——: *El edema por deficiencia alimenticia en Puerto Rico.* Bol. As. Méd. P. R., junio de 1926, año XX, núm. 152: 11.

SUÁREZ, JENARO: *Diabetis in Porto Rico.* P. R. Jour. Pub. Health, 1929-1930, vol. 5, N° 3: 325.

VALLE SÁRRAGA, R. DEL: *Ideas modernas acerca de nuestra ración alimenticia.* Imp. El Compás, San Juan, P. R., 1921, 28 p. [V. Bol. As. Méd. P. R., año XV, núms. 133 y 134.]

VEDDER, EDWARD B.: *Deficiency Diseases and the Vitamins.* P. R. Jour. Pub. Health, 1929-1930, vol. 5, N° 3: 283.

1) Beriberi.

ASHFORD, BAILEY K.: *Experimental Beriberi.* Bol. As. Méd. P. R., abril de 1914, año X, núm. 97: 2.

——: *Beriberi in the Garrison at San Juan.* Am. Jour. Trop. Med., 1922, vol. 11, N° 4.

CURBELO, GUILLERMO: *Beriberi.* Caso clínico presentado a la Asamblea por el Dr. ——. Bol. As. Méd. P. R, año IV, núm. 44: 117.

RIDDELL, JOHN D.; SMITH, CHARLES H., and GUTIÉRREZ IGARAVÍDEZ, PEDRO: *Beriberi at U. S. Army Base Hospital, San Juan, P. R.* Laboratory investigations and clinical manifestation of 60 cases. Jour. Am. Med. As., Chicago, Feb. 22, 1919, vol. 72, N° 8: 569.

Siete casos de beri-beri importados en Puerto Rico. Bol. As. Med. P. R., octubre de 1907, año V, núm. 59: 411.

2) Sprue.

ASHFORD, BAILEY K.: *Clinical Notes on a Case of Sprue.* Bol. As. Méd. P. R., mayo de 1914, año X, núm. 98: 10.

——: *Moniliasis y fermentaciones intestinales.* La relación del género «Monilia» con ciertas condiciones fermentativas del canal intestinal en Puerto Rico. Bol. As. Méd. P. R., marzo de 1915, año XI, núm. 106: 1.

——: *Dieta apropiada en el tratamiento del Sprue.* Bol. As. Méd. P. R., febrero de 1921, año XV, núm. 129: 22.

——: *La carencia de ciertos elementos alimenticios como causa predisponente del Esprú, pelagra y beriberi en Puerto Rico.* Bol. As. Méd. P. R., diciembre de 1921, año XV, núm. 134: 249.

——: *Investigaciones clínicas sobre el Esprú de los trópicos.* Bol. As. Méd. P. R., marzo de 1923, año XVII, núm. 141: 1. [V. en inglés: *A Clinical Investigation of Tropical Sprue.* Am. Jour. Med. Sci., 1923, vol. 165: 157-174.]

——: *Acerca de una monilia descubierta en ciertos casos de Esprú.* Instituto de Medicina Tropical e Higiene de Puerto Rico, 1913-1917. Neg. Mat. Imp., 1919, vol. 1: 51.

——: *La relación del género monilia con ciertas condiciones fermentativas del canal intestinal en Puerto Rico.* Instituto de Medicina Tropical e Higiene de Puerto Rico, 1913-1917. Neg. Mat. Imp., 1919, vol. 1: 55. [El mismo trabajo, en inglés, en Jour. Am. Med. As., vol. 64: 1893.]

——: *Estudios sobre la moniliasis del aparato digestivo en Puerto Rico.* Instituto de Medicina Tropical e Higiene de Puerto Rico, 1913-1917. Neg. Mat. Imp., 1919, vol. 1: 77. [En inglés, en Am. Jour. Med. Sci., vol. 150: 680.]

——: *El tratamiento dietético de Esprú.* Instituto de Medicina Tropical e Higiene de Puerto Rico, 1913-1917. Neg. Mat. Imp., 1919, vol. 1: 93.

——: *Nuevos experimentos sobre animales con una monilia encontrada frecuentemente en los casos de Esprú.* Instituto de Medicina Tropical e Higiene de Puerto Rico, 1913-1917. Neg. Mat. Imp., 1919, vol. 1: 107.

——: *La etiología del Esprú.* Instituto de Medicina Tropical e Higiene de Puerto Rico, 1913-1917. Neg. Mat. Imp., 1919, vol. 1: 121.

——: *Liver Extract in the Treatment of the Anemias of Sprue.* P. R. Rev. Pub. Health, Aug. 1928, vol. 4: 78. [V. Jour. Am. Med. As., 1928, vol. 91: 242.]

——: *Suggestions for a rapid Classification on the Anemias of Sprue and Nutritional Umbalance in the Tropics.* P. R. Jour. Pub. Health, 1929-1930, vol. 5, N° 2: 167. [En español, véase en *Sociedad Argentina de Patología Regional del Norte.* Quinta reunión Imp. de la Universidad. Buenos Aires, 1930, p. 50.]

ASHFORD, BAILEY K.: *Notes on Sprue in Porto Rico and the Results of Treatment by Yellowed Santonin.* Am. Jour. Trop. Diseases and Preventive Med., 1913, vol. 1, N° 11: 146-158.

——: *Certain conditions of the gastro-intestinal tract in Porto Rico and their relation to tropical Sprue.* Am. Jour. Trop. Med., 1928, vol. 8, N° 6: 507.

——: *The mycology of the intestinal canal in Porto Rico and its relation to tropical Sprue.* Transactions of the International Cong. of Trop. Med. and Hygiene held in Cairo, Egypt. Dec. 15th to 22nd, 1928.

——: *Tropical Sprue in Porto Rico; a synthesis of fifteen years work of investigation and 2,200 cases.* International Conference on Health Problems in Tropical America, 1924, at Kingston, Jamaica, B. W. D. July 22 to Aug. 1, 1924. Published by the United Fruit Company, Boston, Mass., 1924, p. 686-708.

——, and HERNÁNDEZ, L. G.: *Blood-serum Calcium in Sprue and other Pathologic States in the Tropics.* Am. Jour. Sci., 1926, vol. 171: 575.

——, and EVERETT, W. LORD: *A severe Case of Tropical Sprue.* P. R. Jour. Pub. Health, 1929-1930, vol. 5, N° 3: 268.

COSTA MANDRY, O.: *Immunological Investigations on Tropical Sprue in Porto Rico* (6). A study of the Aerobic Flora of the Stools of cases of Tropical Sprue (7). Agglutinins in the Blood in Tropical Sprue for organisms of the Colon-Typhoid-Dysentery Group. P. R. Rev. Pub. Health, 1928-1929, vol. 4: 212.

GONZÁLEZ MARTÍNEZ, IGNACIO: *The complement deviation test in the diagnosis of Moniliasis of the Digestive Tract.* Am. Jour. Trop. Diseases and Preventive Med., Jan. 1916, vol. 3, N° 7: 390-391.

——: *Esprú, anquilostomiasis y bilharziosis.* (Tres conferencias dadas en la Facultad de Medicina de Barcelona.) Imp. Neotipia, Barcelona, 1920, 81 p.

HERNÁNDEZ, LUIS G.: *Pancreatic Juice in Normal Individuals and Sprue.* P. R. Jour. Pub. Health, vol. 6, N° 2: 209.

KESTEN, BEATRICE M., and SUÁREZ, JENARO: *Observations on skin sensitivity in Sprue patients.* P. R. Jour. Pub. Health, 1929-1930, vol. 5, N° 3: 263.

MITCHEL, CARL: *Estudio de las toxinas y de las reacciones serológicas del Esprú.* Instituto de Medicina Tropical e Higiene de Puerto Rico, 1913-1917. Neg. Mat. Imp., 1919, vol. 1: 253.

——: *Acerca del empleo de una vacuna preparada con monilias en el tratamiento del Esprú.* Instituto de Medicina Tropical e Higiene de Puerto Rico, 1913-1917. Neg. Mat. Imp., 1919, vol. 1: 259.

SERRA, AMÉRICO: *The Relation of Sprue to Pernicious Anemia with a Report on Blood changes in 45 cases of Sprue.* Am. Jour. Trop. Med., 1929, vol. 9: 49.

VALLE ATILES, FRANCISCO DEL: *Moniliasis psilótica.* Bol. As. Méd. P. R., septiembre de 1920, año XIV, núm. 127: 103.

WEISS, CHARLES: *A Review of the Recent Literature on Tropical Sprue* P. R. Rev. Pub. Health, 1927-1928, vol. 3: 150.

——, and COSTA MANDRY, O.: *Immunological Investigations in Sprue in Porto Rico* (5). Skin Tests with various Food Preparation. Journal of Immunology, 1929, vol. 16: 283.

——; ——, and LANDRÓN, F.: *Summary of Investigations on Etiology of Tropical Sprue in Porto Rico.* Ann. Inter. Med., 1929, vol. 2: 1198.

——, and LANDRÓN, F.: *Immunological Investigations on Tropical Sprue in Porto Rico* (4). The Biology of Monilla psilosis in Relation to Sprue. Jour. Infect. Dis., 1928, vol. 43: 557.

——; ——, *Immunological Investigations in Tropical Sprue in Porto Rico.* Am. Jour. Trop. Med., 1929, vol. 9: 83.

——, and WEISS, DOROTHY: *An Epidemiological Study of Tropical Sprue in Porto Rico.* P. R. Rev. Pub. Health, 1928-1929, vol. 4, N° 8: 333.

WEST, RANDOLPH: *The Response of Sprue Anemia to Liver Extract.* P. R. Rev. Pub. Health, 1928, vol. 4: 219.

Diarrea tropical. (Sprue.) Bol. As. Méd. P. R., marzo de 1915, núm. 106, año XI: 66.

2. ENFERMEDADES MÁS COMUNES

1) Asma y fiebre de heno.

GONZÁLEZ, CARLOS: *Asma: Etiología y tratamiento.* Bol. As. Méd. P. R., septiembre de 1924, año XVIII, núm. 146: 37.

RIGAU, DR.: *Un medicamento para el asma.* Bol. As. Méd. P. R., septiembre de 1925, año XIX, núm. 149: 27.

SUÁREZ, RAMÓN M.: *Tratamiento del asma bronquial.* Bol. As. Méd. P. R., septiembre de 1924, año XVIII, núm. 146: 31.

——: *Informe preliminar del asma «Hay Fever» y otras condiciones alérgicas en Puerto Rico.* Bol. As. Méd. P R., mayo de 1927, año XXI, núm. 156: 29.

——: *Herencia y profilaxis del asma* Bol. As. Méd. P. R , agosto de 1930, año XXII, núm. 179: 156.

2) Dengue.

FIGUEROA, LEOPOLDO: *El dengue y su profilaxis.* Bol. As. Méd. P. R., junio de 1918, año XV, núm. 119: 235.

KING, W. W.: *La epidemia del dengue en Puerto Rico (1915).* Instituto de Medicina Tropical e Higiene de Puerto Rico, 1913-1917. Neg. Mat. Imp., 1919, vol. 1: 193.

KING, W. W.: *Tipos clínicos de dengue en la epidemia de 1915 en Puerto Rico.* Instituto de Medicina Tropical e Higiene de Puerto Rico 1913-1917. Neg. Mat. Imp., 1919, vol. 1: 201.

3) Enteritis y disentería.

ASHFORD, BAILEY K.: *¿Es la enteritis tropical una moniliasis del tubo digestivo?* Bol. As. Méd. P. R., marzo de 1917, año XII, núm. 114: 23. [También en Instituto de Medicina Tropical e Higiene de Puerto Rico, 1913-1917. Neg. Mat. Imp., 1919, vol 1: 65.]

COLL Y TOSTE, C.: *Notas terapéuticas regionales: la diarrea.* Bol. As. Méd. P. R., enero de 1903, año I, núm. 1: 6, y núm. 2: 25.

COSTA MANDRY, O.: *Bacteriological Study of Dysentery in Porto Rico.* P. R. Rev. Pub. Health, 1927-1928, vol. 3: 259.

———: *Study of an Outbreak of Diarrhoea in a Convict Camp near San Juan.* P. R. Rev. Pub. Health, 1927-1928, vol. 3: 311.

———: *Observaciones preliminares sobre estudios de disentería en Puerto Rico.* Bol. As. Méd. P. R., febrero de 1928, año XXI, núm. 160: 13.

———: *Diarrhoea and Enteritis in Porto Rico.* Bol. As. Méd. P. R., julio de 1930, año XXII, núm. 178: 83.

———, and GARRIDO MORALES, E.: *La disentería bacilar en Puerto Rico.* Bol. As. Méd. P. R, febrero de 1931, año XXIII, núm. 185.

FERRÁN, JOSÉ E.: *Contribución al estudio de las diarreas infantiles.* Imp. La Comercial, P. R., 1895, 31 p.

GLINES, WALTER A.: *The Treatment of Amoebic Dysentery.* Bol. As. Méd. P. R., agosto de 1914, año X, núm. 101: 6.

GONZÁLEZ MARTÍNEZ, IGNACIO: *Les méthodes de Laboratoire dans le diagnostic de la Diarrhée chronique des pays chauds.* Bull. de la Société de Pathologie Exotique, Paris, Mai 12, 1920, vol. 13, N° 5.

MARÍN, R. A.: *Diarrhoea and Enteritis in Porto Rico.* Relation to Parasitic Infestations. P. R. Rev. Pub. Health, 1928-1929, vol. 4: 221.

MC DOWELL HILL, CLAIRE, and HILL, ROLLA B.: *Infection with Protozoa and the Incidence of Diarrhoea and Dysentery in Porto Rican Children of the Pre-School age.* Repr. The Am. Jour of Higiene, March 1927, vol. 7, N° 2: 134-146.

PHELPS, E. B.: *Diarrhoea and Enteritis in Porto Rico.* An Epidemiological Study. P. R. Rev. Pub. Health, 1928 (1) vol. 3, N° 9: 345; (2) vol. 3: 468.

RAMOS CASELLAS, P.: *Tratamiento de las diarreas agudas en la infancia.* Bol. As. Méd. P. R., junio de 1917, año XII, núm. 115: 60.

Precauciones contra la disentería. A. Lynn e Hijos de Pérez Moris, San Juan, P. R., 1899. (Junta Superior de Sanidad, circular núm. 3)

4) Fiebre amarilla.

Bird, Jorge: *The Conquest of Yellow-Fever.* Bol. As. Méd. P. R., diciembre de 1930, año XXII, núm. 183: 249.

Coll y Toste, C: *El pulso en la fiebre amarilla.* Anales Médicos, San Juan, P. R., marzo de 1912, año I, núm. 1: 43.

——: *Tratamiento de la fiebre amarilla.* Imp. La Correspondencia, San Juan, P. R., 1895, 228 p.

Guzmán Rodríguez, Manuel: *Noticias, notas y lecturas sobre la fiebre amarilla.* Bol. As. Méd. P. R., diciembre de 1915, año XII, núm. 109: 254.

Lippitt, W. F.: *Supuestos casos de fiebre amarilla en la Isla de Puerto Rico.* (Informe.) Bol. As. Méd. P. R., marzo de 1916, año XII. [Aparece como del año XIII.] Núm. 110: 50; continúa en año XII, núm. 112: 172.

Moreau de Jones, A.: *Monographie Historique et Medicale de la Fièvre Jaune des Antilles.* Paris, 1820.

Osgood, Daniel: *A letter on the yellow fever of the West Indies.* Elam Bliss, N. Y., 1820, 72 p.

Quevedo Báez, Manuel: *Fundamentos clínicos antiguos sobre la fiebre amarilla.* Bol. As. Méd P. R., diciembre de 1915, año XII, núm. 109: 242.

Circular del gobernador Meléndez sobre la epidemia del vómito prieto. B. H. P. R., 1915, vol. 2: 294.

5) Fiebre ondulante.

Morales Otero, Pablo: *Bovine Contagious Abortion as it appeared in Porto Rico in 1923.* P. R. Health Rev., Aug., 1925, vol. 1, N° 2: 31.

——: *Experimental infection of Brucella Abortus in man.* Preliminary Report. P. R. Jour. Pub. Health, 1929-1930, vol. 5, N° 2: 144.

——: *Brucella Abortus in Porto Rico.* P. R. Jour. Pub. Health, 1930, vol. 6, N° 1: 3

——: *Algunas observaciones sobre la fiebre ondulante.* Bol. As. Méd. P. R., marzo y junio de 1930, año XXII, núm. 177: 49.

6) Filaria.

Ashford, Bailey K.: *Filariasis in Porto Rico.* Med Record., Nov. 7, 1903.

Bird, Jorge: *Filariasis en Puerto Rico.* Bol. As. Méd. P. R., diciembre de 1916, año X, núm. 113: 239.

Burke, Alice: *Filariasis in Porto Rico.* Notes on Family Incidence and clinical Manifestations. P. R. Rev. Pub. Health, 1928-1929, vol. 4: 155

García de Quevedo, L.: *La filariasis de Puerto Rico y modo de hacerla desaparecer de la Isla.* Bol. As. Méd. P. R, octubre de 1910, año VIII, núm. 73: 15.

González, Carlos: *Filariasis en Aguada.* Bol. As. Méd. P. R, agosto de 1930, año XXII, núm. 179: 136.

González Martínez, Ignacio: *A case of Pernicious Access of Filarial Lymphangitis Mistakable with Bubonic Plague.* Bol. As. Méd. P. R., marzo de 1914, año X, núm. 96: 1.

——: *Fatal attack of Filarial Lymphangitis simulating Bubonic Plague.* Jour. Am. Med. As., Chicago, May 28, 1914, vol. 62: 1622-1624.

Hoffman, W. A.; Marín, R. A., and Burke, A: *Filariasis in Porto Rico.* Progress Report on General Survey. P. R. Rev. Pub. Health, 1928-1929, vol. 4: 120.

Martínez Álvarez, Antonio: *Observaciones clínico-microscópicas sobre la filariasis.* Bol. As. Méd. P. R., marzo, 1916, año XIII, núm. 110: 17. [Debiera ser año XII.]

O'Connor, F. W.: *An experiment in the treatment of filarial lymphangitis by subcutaneous injections.* P. R. Jour. Pub. Health, 1929-1930, vol. 5, N° 1: 11.

——: *Lymphangitis and Filariasis in Porto Rico.* Am. Jour. Trop. Med., 1929, vol. 9: 143.

Rodríguez Pastor, José: *La filariasis y cómo evitarla.* Pub. por el Dept. de Sanidad, P. R., 1925, 11 p.

——: *A Study of Filariasis.* Its cause and Prevention. P. R. Health Rev., March 1926, vol. 1, N° 9: 9.

Ruiz Arnau, R.: *Filariasis and its Relation to other Tropical Lymphopathies.* Repr. from The Am. Jour. Trop. Med., March 1922, vol. 11, N° 2: 151-156.

7) *Influenza y gripe.*

Barreiro, Julio: *Breves consideraciones sobre la epidemia de gripe en Puerto Rico.* Bol. As. Méd. P. R., marzo de 1919, año XIII, núm. 122: 9.

Quevedo Báez, Manuel: *Conferencia médica del Dr. —— acerca de la influenza.* Observaciones clínicas sobre esta enfermedad. Tip. El Compás, San Juan, P. R., 1919, 15 p. [V. Bol. As. Méd. P. R., diciembre de 1919, año XIII, núm. 125: 104.]

Valle Atiles, Francisco del: *Anotaciones acerca de la influenza en Puerto Rico.* Bol. As. Méd. P. R., diciembre de 1918, año XII, núm. 121: 279.

Influenza in Alaska and Porto Rico. Hearings before subcommittee in charge of relief in Alaska and Porto Rico. [Wa.], 1919, 19 p. (Appropiations Committee House.)

8) Lepra.

CARBONELL, J. N.: *Algunas ideas sobre la contagiosidad de la lepra.* Bol. As. Méd. P. R., marzo de 1904, año II, núm. 15: 236.

FIGUEROA, LEOPOLDO: *Medidas que se deben tomar para evitar la propagación de la lepra, y preceptos higiénicos a que se debe someter al leproso.* Bol. As. Méd. P. R., septiembre de 1916, año XII, núm. 112: 133.

FONT Y GUILLOT, ELISEO: *La reacción de Wassermann en la lepra.* Bol. As. Méd. P. R., octubre de 1910, año VIII, núm. 73: 4; núm 74: 6.

MARTÍNEZ ROSELLÓ, MANUEL: *Algo sobre la lepra.* Bol. As. Méd. P. R., junio de 1918, año XV, núm. 119: 220.

MORALES OTERO, PABLO: *The Wassermann Reaction in Leprosy.* (A Survey of 42 cases isolated at the Insular Leprosarium.) P. R. Health Rev., Nov. 1926, Jan. 1927, vol. 2, N° 5: 3; N° 6: 11; N° 7: 16; vol. 3, N° 5.

——, and FERNÁNDEZ, L. G.: *Studies on the Blood Chemistry of Leprosy.* P. R. Rev. Pub. Health, 1927-1928, vol. 3: 507; sigue en vol. 5, N° 4: 443.

ORTIZ, PEDRO N.: *La lepra y su nuevo tratamiento.* Bol. As. Méd. P. R., marzo de 1923, año XVII, núm. 141: 27.

PALACIOS, GONZALO: *La lepra.* Enfermedad familiar. Estudio epidemiológico del problema en Puerto Rico. Bol. As. Méd. P. R., 1927, año XXI, núm. 157: 1.

——: *La lepra y las condiciones físicas y climáticas.* Estudio epidemiológico del problema en Puerto Rico. Bol. As. Méd. P. R., septiembre de 1927, año XXI, núm. 158: 3.

——: *An Epidemiological study of Leprosy in Porto Rico with special Reference to Topographic and Climatic Factors.* P. R. Rev. of Pub. Health, 1928, vol. 4: 20.

QUEVEDO BÁEZ, MANUEL: *Juicios acerca del aislamiento y contagiosidad de la lepra.* Bol. As. Méd. P. R., mayo de 1904, año II, núm. 17: 261.

VALLE SÁRRAGA, R. DEL: *El remedio específico de la lepra.* Bol. As. Méd. P. R., marzo de 1923, año XVII, núm. 141: 65.

A New Era for Porto Rico's Leper Colony. P. R. Health Rev., Nov. 1925, vol. 1, N° 5: 7.

9) Paludismo.

ARBONA, ANTONIO: *Report of an Outbreak of Malaria in Salinas, Puerto Rico.* P. R. Health Rev., April 1926, vol. 1, N° 10: 3.

BARREIRO LAGO, JULIO: *Resultados obtenidos con un nuevo reactivo colorante del plasmodio: El triboudeau: sus ventajas sobre el romanowski.* Bol As. Méd. P. R., septiembre de 1919, año XIII, núm. 124: 62.

BASS, C. C.: *Tratamiento específico de las formas malignas de malaria* Bol. As. Méd. P. R., septiembre de 1915, año XI, núm. 108: 169.

EARLE, WALTER C.: *Malaria Survey in Porto Rico.* P. R. Health Rev., Oct. 1925, vol. 1, N° 4: 12.

——: *Cane Field irrigation and malaria.* Sugar. (Review.) Waverly Place, N. Y., Aug. 1926, vol. 28: 384.

——, y ARBONA, ANTONIO: *La malaria en Puerto Rico.* Oportunidad que se ofrece a los cañeros, como de las mayores entidades que pueden coadyuvar a su restricción. Rev. Agr., junio de 1930, vol. 24, núm. 12: 235.

GONZÁLEZ MARTÍNEZ, IGNACIO: *La pretendida perniciosidad de las fiebres palúdicas.* Bol. As. Méd. P. R., junio de 1903, año I, núm. 6: 83; núm. 7: 99; núm. 9: 131; núm. 11: 169; núm. 12: 182; año II, núm. 14: 209.

——: *Malaria Nostras.* Bol. As. Méd. P. R., febrero de 1911, año VIII, núm. 77: 6.

——: *Nota preliminar sobre la babesiasis canina en Puerto Rico.* Boletín Oficial de la Dirección de Sanidad. Neg. Mat. Imp., diciembre de 1913.

GUTIÉRREZ IGARAVÍDEZ, PEDRO: *Fórmula leucocitaria e imagen sanguínea obtenida en 100 casos de malaria.* Instituto de Medicina Tropical e Higiene de Puerto Rico, 1913-1917. Neg. Mat. Imp., 1919, vol. 1: 241. [Hay tirada aparte, 1917: 8.]

——: *Demostración del piroplasma bigeminum en Puerto Rico.* Instituto de Medicina Tropical e Higiene de Puerto Rico, 1913-1917. Neg. Mat. Imp., 1919, vol. 1: 249. [V. Bol. As. Méd. P. R., septiembre de 1916, año XII, núm. 112: 181.]

LAMBERT, R. A , and BERNARDES DE OLIVEIRA, A: *Pathological Studies in Malaria.* P. R. Rev. Pub. Health, 1929, vol. 4: 299.

OLIVERAS GUERRA, A.: *Malaria como complicación post-operatoria.* Bol. As. Méd. P. R., enero y febrero de 1930, año XXII, núm. 175: 35.

RUIZ NAZARIO, R. C.: *Coincidence of Malaria and Typhoid Fever.* P. R. Rev. Pub. Health, 1929, vol. 4, N° 8: 365.

TALIAFERRO, W. H.: *Infection and Immunity in Bird Malaria.* P. R. Rev. Pub. Health, 1928, vol. 4: 155.

——, and LUCY: *Precipitin Test in Malaria.* Jour. Prev. Med., 1928, vol. 2: 147.

VERGNE, DR.: *Malaria en los niños.* Bol. As. Méd. P. R., noviembre y diciembre de 1911, año VIII, núm. 80: 20.

VERGNET CASTELLO: *Fiebre perniciosa.* La importancia de un diagnóstico temprano mediante examen hematológico clínico. Bol. As. Méd. P. R., diciembre de 1912 y enero de 1913, año IX, núm. 87: 29.

Malaria in Porto Rico. P. R. Health Rev., Nov. 1925, vol. 1, N° 5: 31.

Studies of the Malaria Problem in Porto Rico. P. R. Health Rev., June 1926, May 1927, vol. 1, N° 12: 3; vol. 2, N° 1-12 inclusives; vol. 3, N°s 2, 6 y 8.

10) Parasitología general.

COSTA MANDRY, O., y MARÍN, R. A: *Algunas consideraciones sobre amibiasis en Puerto Rico.* Bol. As. Méd. P. R., octubre de 1928, año XXI, núm. 166: 5.

HILL, ROLLA B., and SÁNCHEZ, AGUSTÍN: *Existence of Hymenolepis Nana in Porto Rico.* P. R. Health Rev., July 1925, vol. 1, N° 1: 51.

HOFFMAN, W. H.: *Case of human infestation by a Dog Tapeworm.* P. R. Rev. Pub. Health, July 1928, vol. 4: 46.

——: *The Intermediate Host of Fasciola Hepatica in Porto Rico.* P. R. Jour. Pub. Health, 1930, vol. 6, N° 1: 89.

——, and RIVERA, T.: *The Precipitin Test in Fasciola Hepatica infection.* P. R. Rev. Pub. Health, 1929, vol. 4: 589.

MARTÍNEZ ÁLVAREZ, ANTONIO: *Preliminary Report of a case Parasited by Bothriocephalus Latus* P. R. Health Rev., Dec. 1925, vol. 1, N° 6: 5.

MATTA, ALFREDO A. DA: *Patología tropical.* Contribución al estudio de la fisonomía clínica, clasificación y sinonimia de las leishemaniosis en América del Sud. Bol. As. Méd. P. R., septiembre de 1915, año XI, núm. 108: 160.

SANTOS, J.: *Tratamiento de los parásitos intestinales con tetracloruro de carbón y el aceite de quenopodio combinados.* Bol. As. Méd. P. R., agosto 1928, año XXI, núm. 163: 23.

SERRA, AMÉRICO: *Helminths in Southern Porto Rico.* An analysis of 2, 200 Fecal Examinations. P. R. Jour. Pub. Health, 1930, vol. 6, N° 1: 91.

VALLE ATILES, F. DEL: *El parásito de la escarlatina.* Bol. As. Méd. P. R., febrero de 1904, año II, núm. 14: 219.

——: *El parasitismo crystogámico.* Bol. As. Méd. P. R., octubre de 1914, año 5, núm. 103: 1.

11) Peste bubónica.

CARRIÓN, ARTURO L.: *Organization of a Bureau of Plague Prevention in Porto Rico.* P. R. Health Rev., July 1925, vol. 1, N° 1: 27.

——: *Preliminary Report on a Rat-Flea Survey of the City of San Juan, Porto Rico.* P. R. Rev. Pub. Health, Oct. 1927, vol. 3, N° 4: 131.

——: *Third Report on a Rat-Flea Survey of the City of San Juan, Puerto Rico.* P. R. Jour. Pub. Health, Dec. 1929, vol. 5, N° 2: 158.

CREEL, H. H.: *Outbreak and suppression of plague in Porto Rico, account of course of epidemic and measures employed for its suppression by United States Public Health Service.* (With supplementary articles by J. R. Ridlon and C. L. Williams.) Public Health Service, Reprint, N° 130, 1913, 51 + p.

GIULIANI, SALVADOR: *Examen de los esputos practicado en el Laboratorio Biológico durante la epidemia de peste bubónica en Puerto Rico,* 1921. Bol. As. Méd. P. R., marzo de 1923, año XVII, núm. 141: 61.

GONZÁLEZ MARTÍNEZ, IGNACIO: *Nota preliminar sobre la epidemia de peste bubónica en San Juan de Puerto Rico.* Anales Médicos de Puerto Rico San Juan, P. R., junio de 1912. [También publicado en inglés, en Medical Record, N. Y., July 13, 1912.]

LAVANDERO, RAMÓN: *Observaciones clínicas y tratamiento de la peste bubónica durante la epidemia del 1921.* Bol. As. Méd. P. R., marzo de 1923, año XVII, núm. 141: 40.

MORALES OTERO, PABLO: *Estudio epizótico de la epidemia de peste bubónica en Puerto Rico.* Bol. As. Méd. P. R., marzo de 1923, año XVII, núm. 141: 49. [V. en inglés en P. R. Rev. Pub. Health, 1927-1928, vol. 3, núm. 2: 51.]

ORTIZ, PEDRO N.: *Puntos fundamentales en el diagnóstico de la peste bubónica.* Bol. As. Méd. P. R., marzo de 1923, año XVII, núm. 141: 56.

ROURELL, A.: *Impresiones. (La peste bubónica.)* P. R. I., 22 de junio de 1912, núm. 121.

VALLE SÁRRAGA, R. DEL: *La peste.* Bol. As. Méd. P. R., mayo de 1908, año VI, núm. 66: 80.

12) Sarampión.

FERNÓS ISERN, ANTONIO: *Consideraciones del sarampión en Puerto Rico.* Bol. As. Méd. P. R., septiembre de 1928, año XXI, núm. 165: 3.

GARRIDO MORALES, EDUARDO, y COSTA MANDRY, O.: *Sero-profilaxis del sarampión.* Estudio comparativo del valor profiláctico del suero de adultos inmunes y el de personas convalecientes. Bol. As. Méd. P. R., noviembre de 1930, año XXII, núm. 182: 217.

——, ——: *Relative Prophylactic Value of Convalescent and Immune Adult Measles Serums.* Repr. from the American Journal of Diseases of Children, June 1930, vol. 39: 1214-1220.

GÓMEZ BRIOSO, JOSÉ: *El sarampión.* Bol. As. Méd. P. R., marzo de 1917, año XII, núm. 114: 20.

MORALES OTERO, PABLO, and MC KINLEY, E. B.: *Experimental Measles in Monkeys (Macacus Rhesus.)* P. R. Jour. Pub. Health, 1929-1930, vol. 5, Nº 1: 36.

13) Schistosomiasis.

GONZÁLEZ MARTÍNEZ, IGNACIO: *La bilharziosis en Puerto Rico.* Tip. El Boletín Mercantil, San Juan, P. R, 1904, 32 p.

——: *Investigaciones sobre la extensión, distribución y formas clínicas de la bilharziosis intestinal (Schistosomiasis Mansoni) en Puerto Rico.* Instituto de Medicina Tropical e Higiene de Puerto Rico, 1913-1917,

Neg. Mat. Imp., 1919, vol. 1: 151. [En inglés, New Orleans, Med. and Surgical Jour., 1916.]

GONZÁLEZ MARTÍNEZ, IGNACIO: *Intestinal Schistosomiasis.* En Byam and Archibald, *The Practice of the Medicine in the Tropics.* Londres, 1921-1923, vol. 3: 1747-1764.

——: *Studies on Schistosomiasis in Porto Rico.* P. R. Rev. Pub. Health, May 1928.

HOFFMAN, W. A.: *Studies on Schistosomiasis (S. Mansoni in Porto Rico.* (1.) Preliminary Report on the Distribution of S. Mansoni. P. R. Rev. Pub. Health, 1927-1928, vol. 3, Nº 6: 223.

LAMBERT, ROBERT A : *Some Observations on the Pathology of Schistosomiasis (S. Mansoni) in man and Experimental Animals.* Bol. As. Méd. P. R., octubre de 1928, año XXI, núm. 166: 15.

——: *Studies on Schistosomiasis (S. Mansoni) in Porto Rico.* (2.) Preliminary Report on Findings in 100 Routine Autopsies. P. R. Rev. Pub. Health, 1927-1928, vol. 3, Nº 6: 231.

——: *Studies on Schistosomiasis in Porto Rico.* (4.) Correlation of Clinical and Autopsy Findings with case Reports. P. R. Rev. Pub. Health, 1928, vol. 3: 403.

MARÍN, R. A.: *Studies on Schistosomiasis (S. Mansoni) in Porto Rico.* (5.) Cercariae from Planorbis guadelupensis. P. R. Rev. Pub. Health, 1928, vol. 3: 397.

PILA, M. DE LA. *Un caso quirúrgico de schistosomiasis en la trompa del Fallopio y del ovario.* En *Memoria. Clínica quirúrgica del Dr. Pila,* Ponce, P. R., 1928, vol. 1: 11.

TALIAFERRO, W. H.; HOFFMAN, W. A., and COOK, D. H.: *A Precipitin Test in Intestinal Schistosomiasis (S. Mansoni).* P. R. Rev. Pub Health, 1928, vol. 4: 117; Jour. Prev. Med., 1928, vol. 2: 395.

14) Sífilis.

BELAVAL, JOSÉ S.: *Desarrollo moderno del tratamiendo científico y racional de la sífilis.* Bol. As. Méd. P. R., noviembre de 1912, año IX, núm. 86: 14.

FONT Y GUILLOT, ELISEO: *Ehrlich-Hata. 606. (Terapia Sterilisans Magna.) Diamidoarsenobenzol.* Bol. As. Méd. P. R, noviembre de 1910, año VIII, núm. 74: 17.

GARCÍA CABRERA, ESTEBAN: *La administración intravenosa de las sales de mercurio en el tratamiento de la sífilis.* Bol. As. Méd. P. R., septiembre de 1918, año XII, núm. 120: 255.

——: *La administración intraespinal de la tryparsamide en la neurosífilis por los métodos combinados de Gilpin Early y Swift Ellis Ogilvie.* Bol. As. Méd. P. R., septiembre de 1928, año XXI, núm. 165: 59.

GARCÍA DE QUEVEDO, L.: *Etiología de la sífilis con experiencias sobre la Spirochaeta Pallida.* Bol. As. Méd. P. R., mayo de 1906, año IV, núm. 42: 88.

GONZÁLEZ MARTÍNEZ, IGNACIO: *Algunas consideraciones sobre Quimioterapia y el 606 Ehrlich-Hata.* Bol. As. Méd. P. R., noviembre de 1910, año VIII, núm. 74: 40.

GOODMAN, HERMAN: *Frambesia Tropica and Syphilis: Influence of Malaria.* P. R. Health Rev., July 1926, vol. 2, N° 1: 3.

MORALES OTERO, PABLO: *The Wassermann Reaction.* P. R. Health Rev., 1925-1926, vol. 1, N° 4: 9.

QUINTERO, ERNESTO: *New Observations in Recent Syphilitic Therapeutics.* Their application in Porto Rico. P. R. Health Rev., May 1926, vol. 1, N° 11: 3.

——: *Sífilis.* Instrucciones para los pacientes. [P. R.], 1925, 4 p.

RODRÍGUEZ JIMÉNEZ, CARLOS: *Flebitis sifilítica.* Bol. As. Méd. P. R., diciembre de 1918, año XII, núm. 121: 298.

SALAZAR y VOGEL: *El Salvarsán y la Neurorreidivas sifilíticas.* Bol. As. Méd. P. R., noviembre y diciembre de 1911, año VIII, núm. 80: 18.

SERRA, AMÉRICO: *La sífilis en Puerto Rico.* Su incidencia. Bol. As. Méd. P. R., agosto de 1930, año XXII, núm. 179: 151.

VALLE, FRANCISCO DEL: *Profilaxis de las sífilis.* (Memoria presentada a la Asociación Médica.) Bol. As. Méd. P. R., enero de 1905, año III, núm. 25: 5; año III, núm. 26: 21.

VALLE SÁRRAGA, R. DEL: *La suero-reacción cuantitativa de Kolmer para la sífilis.* Su interpretación y una interesante estadística. Editado por Lee O'Neill Company, San Juan, P. R, s. f., 29 p.

VEDDER, E. B.: *The Application of the Serological Tests for Syphilis.* P. R. Jour. Pub. Health, Dec. 1930, vol. 6, N° 2: 194.

YORDÁN PASARELL, L.: *La reacción de Macdonagh en la serodiagnosis de la sífilis.* Bol. As. Méd. P. R., diciembre de 1921, año XV, núm. 134: 259.

15) Tétanos.

JANER, MANUEL: *Un tratamiento práctico de nueve casos de tétanos con éxito.* Bol. As. Méd. P. R., marzo de 1918, año XIV, núm. 118: 190.

PASARELL RÍUS, M.: *Etiología, patogenia y origen del tétanos humano.* Yauco, P. R., 1887, 40 p.

PINA, ENRIQUE: *Historia de un caso de tétanos, abortado por medio del suero antitetánico.* Bol. As. Méd. P. R., marzo y abril de 1911, año VIII, núm. 78: 17.

RUIZ ARNAU, R.: *Un caso de pseudotétanos.* Tip. Real Hnos., San Juan, P. R. [Reimpreso de los Anales Médicos de Puerto Rico, 1912.]

16) Tifoidea y paratifoideas.

GARCÍA DE QUEVEDO, L.: *Estudios sobre la fiebre tifoidea en San Juan.* Bol. As. Méd. P. R., febrero de 1907, año V, núm. 51: 259.

——: *Fiebre tifoidea en San Juan.* Bol. As. Méd. P. R., octubre de 1906, año IV, núm. 47: 177.

GARRIDO MORALES, EDUARDO: *Some considerations concerning Typhoid fever in Porto Rico before and after the San Felipe Hurricane.* P. R. Rev. Pub. Health, March 1929, vol. 4, N° 9: 381.

——: *Algunas consideraciones sobre la tifoidea en Puerto Rico antes y después del huracán de San Felipe.* Bol. As. Méd. P. R., marzo y abril de 1929, año XXII, núm. 170: 11.

——: *Typhoid Fever in a Rural Village of Porto Rico due to a Surface Well.* Repr. From Am. Jour. Pub. Health, Chicago, Sept. 1929, vol. 19, N° 9: 997-1004.

——, and COSTA MANDRY, O.: *Typhoid Fever Spread by Water from a Cistern Contaminated by a Carrier.* Jour. of Pre. Med., 1931, vol. 5, N° 4.

MONAGAS, J.: *Breves consideraciones acerca de la fiebre tifoidea y medios de defensa contra la misma.* (Discurso en la Asamblea de Aguadilla el 7 de abril de 1907.) Bol. As. Méd. P. R., junio de 1907, año V, núm. 55: 329.

OLIVERAS, A.: *Fiebre tifoidea en la zona rural.* Bol. As. Méd. P. R., septiembre de 1928, año XXI, núm. 165: 27.

SALAZAR, G.; VILLARONGA, G., y CORONAS, E.: *Proposición de la Comisión de Ponce sobre el estudio de la fiebre tifoidea en Puerto Rico.* Bol. As. Méd. P. R., diciembre de 1907, año V, núm. 61: 457.

SENN, N.: *Thyphoid Fever in Porto Rico.* Scientific American Supplement, Oct. 1898, vol. 46: 19032.

ZAVALA, MANUEL A. DE: *De clínica médica.* Breves líneas sobre las infecciones paratíficas. Bol. As. Méd. P. R., septiembre de 1908, año VI, núm. 70: 158.

17) Tuberculosis.

AMADEO, JOSÉ M.: *Los secretos de la tuberculosis.* Tip. La Correspondencia, San Juan, P. R., 1923, 224 p.

——: *El pneumotórax artificial en la práctica.* Bol. As. Méd. P. R., marzo y junio de 1930, año XXII, núm. 177: 63.

BURKE, A.: *Epidemiology of Tuberculosis in Porto Rico.* (2) Pathological Findings in 124 Routine Autopsies and 100 Miscellaneous surgical specimens. P. R. Rev. Pub. Health, 1928-1929, vol. 4: 14.

CORCHADO, MARTÍN R.: *El microbio de la tisis.* Con un prólogo del Dr. Gabriel Villaronga. Tip. El Vapor, Ponce, P. R., 1885, 50 p.

COSTA MANDRY, O.: *Epidemiology of Tuberculosis in Porto Rico.* (1) Mortality Statistics as Respects Race, Age, Sex, Organ Involvement and Urban and Rural Residence. P. R. Rev. Pub. Health, 1928-1929, vol. 4: 3.

FERNÓS ISERN, ANTONIO: *Madres tuberculosas.* P. R. I., 4 de octubre de 1919, núm. 501.

FONT Y GUILLOT, ELISEO: *Influencia benéfica.* Del Servicio Militar en Puerto Rico, en sus relaciones con la tuberculosis. P. R. I., 31 de enero de 1914, núm. 205.

FRANCO SOTO, J.: *Tuberculosis pulmonar.* Bol. As. Méd. P. R., julio y agosto de 1929, año XXII, núm. 172: 19.

GIULIANI, SALVADOR: *Tratamiento de la disfagia en la tuberculosis laríngea por inyecciones de alcohol al nivel del nervio laríngeo superior.* Bol. As. Méd. P. R., junio de 1915, año XI, núm. 107: 83.

——: *Citología del esputo.* Bol. As. Méd. P. R., diciembre de 1915, año XII, núm. 109: 261.

——: *Algunas observaciones sobre el bacillus Calmette-Guerin en Puerto Rico.* Bol. As. Méd. P. R., septiembre y octubre de 1929, año XXII, núm. 173: 1.

GUTIÉRREZ IGARAVÍDEZ, P.: *Campaña antituberculosa en Puerto Rico.* En *Memoria del Segundo Congreso Español Internacional de la Tuberculosis.* San Sebastián, España, 1914, vol. 2.

——: *La lucha contra la tuberculosis.* Tip. La Democracia, San Juan, P. R., 1923, 8 p.

——: *Defiéndase usted y defienda a los demás de la tuberculosis.* P. R., 1925, 12 p.

——: *Breves notas sobre la sanocrisina: su aplicación en el Sanatorio Insular de Puerto Rico.* Bol. As. Méd. P. R., diciembre de 1927, año XXI, núm. 159: 39.

——: *La profilaxis vaccinal de la tuberculosis, según el método Calmette-Guerin.* Imp. Cantero, Fernández & Cía., Inc., San Juan, P. R., 1927, 16 p. [V. Bol. As. Méd. P. R., año XXI, núms. 157 y 158.]

GUTIÉRREZ ORTIZ, VÍCTOR: *Valor de los Dispensarios en la campaña contra la tuberculosis.* Bol. As. Méd. P. R., junio de 1926, año XX, núm. 152: 15.

IGARTÚA, JOSÉ: *Estudio roentgenológico de tuberculosis pulmonar.* Bol. As. Méd. P. R., mayo y junio de 1929, año XXII, núm. 171: 1.

LAVANDERO, RAMÓN; RODRÍGUEZ PASTOR, J., y QUINTERO, ERNESTO: *Informes de los Negociados de Medicina social y Puericultura, Tuberculosis y Enfermedades venéreas.* [P. R.], 1923-1924, 67 p.

MARTÍNEZ ÁLVAREZ, ANTONIO: *Las Clínicas del Hospital Municipal.* Departamento de Medicina. Meningitis tuberculosa. Bol. As. Méd. P. R., marzo de 1917, año XII, núm. 114: 13

MARTÍNEZ RIVERA, E.: *Los Dispensarios como arma de combate contra la tuberculosis*. Bol. As. Méd. P. R., septiembre de 1926, año XX, núm. 153: 17.

MORALES OTERO, P.: *Review of Recent Literature on Vaccination against Tuberculosis*. P. R. Rev. Pub. Health, 1927-1928, vol. 3: 358.

PEREA FAJARDO, PEDRO: *Contagio de la tuberculosis*. Bol. As. Méd., P. R., agosto de 1906, año IV, núm. 45: 143.

QUEVEDO BÁEZ, MANUEL: *Sección de propaganda contra la tuberculosis*. Bol. As. Méd. P. R., junio de 1904, año II, núm. 18: 285; núm. 19: 298.

——: *La protección a la infancia en la lucha antituberculosa*. P. R. I., 9 de mayo de 1914, núm. 219.

RODRÍGUEZ PASTOR, J.: *Organizing the Work against Tuberculosis*. P. R. Health Rev., July 1925, vol. I, N° 1: 19.

——: *Catecismo de la tuberculosis*. Pub. por el Dept. de Sanidad, P. R., 1926, 15 p.

——: *El tratamiento de la tuberculosis en el hogar*. Pub. por el Dept. de Sanidad, P. R., 1926, 43 p.

——: *Epidemiology of Tuberculosis in Porto Rico*. P. R. Rev. Pub. Health, April 1929, vol. 4, N° 10: 431.

——: *Aplicación de la Prueba Mantoux*. Su importancia como indicación de la infección tuberculosa. Bol. As. Méd. P. R., enero de 1931, año XXIII, núm. 184: 14.

——: *Estudio de las hemoptisis que ocurren en Puerto Rico desde el punto de vista etiológico*. Bol. As. Méd. P. R., s. f., año XXI, núm. 157: 55.

ROLDÁN, AMALIO: *Un concepto poco revolucionario y una nota terapéutica de la tuberculosis*. Bol. As. Méd. P. R, septiembre de 1930, año XXII, núm. 180: 184.

RUIZ ARNAU, R.: *El porqué de una Liga contra la tuberculosis*. Bol. As. Méd. P. R., septiembre de 1904, año II, núm. 21: 333; núm. 22: 356; núm. 23: 372; núm. 24: 387; año III, núm. 25: 7; núm. 27: 43.

RUIZ NAZARIO, R. C.: *Epidemiology of Tuberculosis in Porto Rico*. (3). Incidence of Tuberculosis among Persons applying for Health Certificate to Engage in Food Handling and other Occupations. P. R. Rev. Pub. Health, 1928-1929, vol. 4: 179.

SALAZAR, GUILLERMO: *El bacilo de Koch y las nucleinas*. Bol. As. Méd. P. R., abril de 1907, año V, núm. 53: 294.

SIMONET, JACOBO: *Terapéutica antituberculosa*. Rev. Farmacéutica, San Juan, P. R., abril de 1928, año II, núm. 8: 7.

TOWNSEND, J. G.: *Tuberculosis Survey of the Island of Porto Rico*. Pub. by U. S. Public Health Service, 1924, 98 p.

WOOD, E. E.: *Tuberculosis in Porto Rico*. Charities and the Commons, N. Y., Sept. 5, 1908, vol. 20: 666.

Actualidad científica. El Lcdo. Rafael Loubriel Cueto y su bálsamo contra la tuberculosis. P. R. I., 1 de noviembre de 1913, núm. 192.

Informe general de la colecta pro tuberculosos. (Este Informe comprende desde el 3 de noviembre de 1915 hasta el 28 de julio de 1917.) Tip. Variedades, Bayamóm, P. R. [1917?], 28 p.

18) Uncinariasis (anemia).

ASHFORD, BAILEY K.: *Anemia, its cause, treatment, and prevention.* Circular N° 5. Superior Board of Health of Porto Rico, 1899.

——: *Ankylostomiasis in Porto Rico.* The first announcement of the epidemic presence of hookworm disease in American territory. N. Y. Med. Jour., April 14, 1900, vol. 171: 552-556.

——: *La uncinariasis en Puerto Rico.* Tip. El País, San Juan, P. R., 1903. [Texto en inglés.]

——: *Notes and observations on uncinariasis in Porto Rico.* Including an address delivered before the Medical Association of Porto Rico, at their Annual Meeting, Dec. 27, 1903. New Orleans Med. and Surg. Jour. March-April 1904, vol. 56: 47.

——: *Sección de propaganda: De la Liga contra la uncinariasis en Puerto Rico.* (Discurso.) Bol. As. Méd. P. R., agosto de 1905, año III, núm. 32: 119,

——: *Where Treatment of all Infected is the Surest Prophylactic Measure.* The problem of epidemic uncinariasis in Porto Rico. Mil. Surg., Jan. 1907, vol. 20, N° 1: 40-55.

——: *The Control of Epidemic Uncinariasis in Porto Rico.* Washington Medical Annals, July 6, 1907, vol. 6: 191-204.

——: *Summary of a ten Years Campaing Against Hookworm Disease in Porto Rico.* Jour. Am. Med. As., 1910, vol. 54: 1757-1761.

——: *The Economic Aspects of Hookworm Disease in Porto Rico.* Transaction 15th Intérn'l Congress of Hygiene and Demography held at Washington, Sept. 23-28, 1912, vol. 3, pt. 11: 742-757. [V. Survey, N. Y., Dec. 13, 1913, vol. 31: 391.]

——: *Una evaluación del extracto de hígado en el tratamiento de las anemias tropicales, especialmente del Sprue.* La Tribuna Médica, mayo de 1928, año III, núm. 26: 5-11.

——: *A Rapid Method of Typing the Pernicious Anemias.* Amer. Med., n. s., 1930, vol. 25: 124-125.

—, y GUTIÉRREZ IGARAVÍDEZ, PEDRO: *Uncinariasis en Puerto Rico.* (Un problema médico y económico.) [Contiene, además de los datos históricos y clínicos de esta enfermedad, los primeros tres informes rendidos por la Comisión de Anemia de Puerto Rico.] Bur. Supp. Prtg., 1916, 452 p. También en inglés, como documento 808 del Senado de los Estados Unidos; Congreso 61, tercera sesión. Gov. Prtg. Off., Wa., 1911, 335 p.

ASHFORD, BAILEY K., and KING, W. W.: *A Study of Uncinariasis in Porto Rico.* Am. Med., Sept. 5 and 12, vol. 6, Nos 10 and 11: 391-396; 431-438.

——, ——: *Uncinariasis, its Development, Course and Treatment.* Jour. Am. Med., Aug. 10, vol. 49: 471-476.

——; ——, y GUTIÉRREZ IGARAVÍDEZ, PEDRO: *Estudio de la anemia en Puerto Rico.* Bur. Supp. Prtg., 1904, 120 p. También en inglés: *Report of the Commission for the Study and Treatment of the Anemia in Porto Rico.* Bur. Supp. Prtg., 1904, 119 p. + plates, etc.

GARCÍA DE QUEVEDO, LUIS: *Cambios de la sangre en anemia perniciosa.* Bol. As. Méd. P. R., agosto de 1903, año I, núm. 8: 115.

——: *Uncinariasis o anquilostomiasis.* Bol. As. Méd. P. R., septiembre de 1903, año I, núm. 9: 141.

——: *La anemia de Puerto Rico y sus causas.* Bol. As. Méd. P. R., junio de 1915, año XI, núm. 107: 88.

GONZÁLEZ MARTÍNEZ, IGNACIO: *La Liga de defensa contra la uncinariasis.* Revista del Ateneo, San Juan, P. R., 1905.

GUTIÉRREZ IGARAVÍDEZ, PEDRO: *Report of the Director of the Anemia Dispensary Service of Porto Rico.* (1909). Bur. of Insular Affairs. War Department. Gov. Prtg. Off., Wa., 1910, 6 p.

——; KING, W. W., y ASHFORD, BAILEY K.: *Anemia en Puerto Rico. Informe preliminar.* Bur. Supp. Prtg., 1905, 58 p. más estadísticas. En inglés: *Anemia in Porto Rico. Preliminary Report.* San Juan, P. R., 1906, 51 p. +.

——; GONZÁLEZ MARTÍNEZ, IGNACIO, and SEÍN SEÍN, FRANCISCO: *Anemia in Porto Rico.* Report of the Permanent Commission for the Suppression of Uncinariasis in Porto Rico for the Fiscal Year, 1906-1907. Bur. Supp. Prtg., 1906-1907, 120-CXVII p. [Otro informe... for the Fiscal Year, 1907-1908, 49 p. +. En inglés y en español.]

HILL ROLLA, B.: *Catecismo de la uncinariasis.* San Juan, P. R., 1920, 10 p.

——: *Informe del Negociado de Uncinariasis.* San Juan, P. R., 1923-1924, 20 p.

——: *Algunos recientes descubrimientos relacionados con el control de la uncinariasis.* Bol. As. Méd. P. R., octubre de 1922, año XVI, núm. 139: 179.

——: *The Uncinariasis Problem.* P. R. Health. Rev., July 1925, vol. 1, No 1: 11.

——: *The Amount and Distribution of Hookworm Infestation in Porto Rico.* P. R. Health. Rev., Sept. 1926, vol. 2, No 3: 3.

——, and EARLE, WALTER C.: *The Presence of Arcylostoma Duodenale in Porto Rico.* Bol. As. Méd. P. R., junio de 1924, año XVIII, núm. 145: 6.

HOWARD, H. H.: *Hookworm Disease and Hookworm Infestation in Porto Rico.* P. R. Rev. of Pub. Health, 1928, vol. 4: 239.

Janer Larraneta, Pedro: *Helioterapia.* Nuevo tratamiento de la anemia de los niños. Tip. Borinquen, Yauco, P. R, 1897, 48 p.

Martínez Rosselló, Manuel: *Sobre penetración de las larvas de anchylostoma por la piel.* Bol. As. Méd. P. R., mayo de 1906, año IV, núm. 42: 84.

Mayr, Ludwig: *La anemia producida por la leche de cabra.* Rev. Agr., agosto de 1927, vol. 19, núm. 2: 70

Payne, George C.: *Porto Rico. Hookworm Control.* P. R. Health Rev., Jan. 1927, vol. 2. Nº 7 : 3.

Quevedo Báez, Manuel: *Cartilla higiénica para prevenir la enfermedad de la uncinaria en Puerto Rico.* Bol. As. Méd. P. R, junio de 1904, año II, núm. 18: 286.

Rodríguez Pastor, José: *Un problema que debe resolverse.* Bol. As. Méd. P. R., septiembre de 1926, año XX, núm. 153: 33.

Stahl, Agustín: *Informe de la Estación particular de Anemia establecida en Bayamón.* Bol. As. Méd. P. R., marzo de 1905, año III, núm. 27: 35; núm. 28: 51.

——: *Difusión de la uncinaria y Liga de defensa contra la anemia.* Bol. As. Méd. P. R., octubre de 1905, año III, núm. 35: 155.

——: *Experiencias obtenidas en la Estación de Anemia en Bayamón.* Bol. As. Méd. P. R., septiembre de 1907, año V, núm. 58: 404.

Suárez, Ramón M; Morales Otero, P., y Rodríguez Molina, Rafael: *Estudios de dos casos de anemia.* Bol. As. Méd. P. R., mayo-junio de 1929, año XXII, núm. 171: 5.

West, Randolph: *Liver Therapy in Pernicious Anemia.* P. R. Rev. Pub. Health, Aug. 1928, vol. 4: 81.

19) Viruela y vacuna.

Angelis, Pedro de: *La vacuna en Puerto Rico en 1803.* En *Misceláneas Puertorriqueñas.* P. R., 1894, p. 22.

Brau, Salvador: *La viruela en Puerto Rico.* En *La Colonización de Puerto Rico.* Imp. Cantero, Fernández & Co., San Juan, P. R., 1930, p. 474. [V. Bol. As. Méd. P. R, marzo de 1907, año V, núm. 52: 276.]

Elías, José: *Lo que es la vacuna inglesa.* Un consejo a las madres de familia. Imp. de J. González Font, San Juan, P. R., 1886, 26 p.

——: *La vacuna.* Revista... en conmemoración del primer centenario de su descubrimiento. Imp. El Boletín Mercantil, San Juan, P. R., 1896, 23 p.

——: *Instituto provincial de Vacuna de Puerto Rico.* Memoria expresiva de los trabajos del mismo en el año 1894-1895. Taller Tip. de Beneficencia, San Juan, P. R., 1895, 18 p. [Hay otras Memorias correspondientes a otros años.]

FERNÁNDEZ JUNCOS, MANUEL: *Documentos históricos. Sobre la importancia de la vacuna en América y su propagación en Puerto Rico.* Rev. Puertorriqueña, San Juan, P. R., 1888-1889, vol. 2: 344-354.

KING, W. W.: *Smallpox in Porto Rico, 1916.* Public Health Reports, July 7, 1916, vol. 31, N° 27: 1748-1750.

MARTÍNEZ ÁLVAREZ, ANTONIO: *De actualidad. La vacuna.* P. R. I., 24 de junio de 1916, núm. 330.

VALLE ATILES, F. DEL: *Apuntes a propósito del brote de viruelas actual.* Bol. As. Méd. P. R., junio de 1916, año XII, núm. 111: 57.

Los primeros casos de viruela en la Isla, en 1519. B. H. P. R., 1922, vol. 9: 147.

Real orden de 20 de mayo de 1804... sobre la propagación de la vacuna. B. H. P. R., 1916, vol 3: 27.

Reglamento de Vacunas en 1818. B. H. P. R., 1916, vol. 3: 35.

20) Virus filtrable.

ARMAIZ, J. M.: *Poliomielitis anterior aguda.* Casos ocurridos en Vega Baja. Bol. As. Méd. P. R., septiembre de 1928, año XXI, núm. 165: 39.

COSTA MANDRY, O.: *Algunas observaciones sobre el bacteriófago de D'Herelle.* Bol. As. Méd. P. R., abril de 1928, año XXI, núm. 161: 13.

GARRIDO MORALES, EDUARDO: *Acute anterior Poliomyelitis at Vega Baja, Puerto Rico.* Reprt from the Journal of Infectious Diseases, Chicago, Jan. 1930, vol. 46, N° 1: 31-35.

MC KINLEY, EARL B.: *Experimental Herpetic Encephalitis in the Guinea Pig Produced Through the Respiratory Tract.* Proc. Soc. Exp. Biol. and Med., 1929, vol. 26: 699.

——: *Filterable Virus and Rickettsia Diseases in the Tropics.* P. R. Rev. Pub. Health, 1929, pts. 1, 2, 3, 4, 5, 6, en el vol. 4: 281, 344, 392, 444, 538, 599; pt. 8, vol. 5: 114.

——: *The Bacteriophage.* P. R. Jour. Pub. Health, 1929-1930, vol. 5, N° 1: 21.

RIVERA, ALFONSO: *Rabies or Hydrophobia in Porto Rico.* P. R. Health Rev., Jan. and Feb. 1926, vol. 1, Nos 7 y 8.

VALLE ATILES, F. DEL: *En dónde está el peligro.* Parálisis infantil. Bol. As. Méd. P. R., septiembre de 1916, año XII, núm. 112: 125.

3. VARIOS ASUNTOS, ENFERMEDADES Y CASOS

ARMAIZ, J. M.: *Pancreatitis aguda, complicación de colelitiasis.* Bol. As Méd. P. R., marzo y abril de 1930, año XXII, núm. 176: 6.

BELAVAL, JOSÉ S.: *Historia clínica de un caso de enfermedad de hodgkin o pseudo-leucemia*. Bol. As. Méd. P. R., julio de 1906, año IV, núm. 44: 119.

BETANCES, EMETERIO: *El cólera*. Historia. Medidas profilácticas, síntomas y tratamiento. Imp. Chaix, Paris, 1890, 30 p.

BRIGANTI, P.: *Ritmo y melodía*. Como guía y ayuda a los ejercicios físicos en la prevención y tratamiento de las enfermedades, con especial mención de la ataxia locomotriz. Bol. As. Méd. P. R., septiembre de 1920, año XIV, núm. 127: 106.

CARBONELL, J. N.: *Un caso de macrodactilia*. Bol. As. Méd. P. R., octubre de 1912, año IX, núm. 85: 14.

CIFERRI, R., and ASHFORD, BAILEY K.: *A New Species of Prototheca and a Variety of the same Isolated from the Human Intestine*. Arch. für Protistenkunde, 1930, vol. 70: 619.

COLL Y TOSTE, CAYETANO: *Cómo fué la invasión del cólera morbo en esta Isla en el siglo XIX*. (Carta al Dr. E. Font y Guillot, 31 de marzo de 1919.) B H. P. R , 1919, vol. 6: 215.

CORREA, JOSÉ F.: *Pseudohipertrofia muscular progresiva o parálisis muscular pseudohipertrófica*. Informe de un caso. Bol. As. Méd. P. R., octubre de 1930, año XXII, núm. 181: 207.

FERNÓS ISERN, ANTONIO: *Difteria*. San Juan, P. R., 1925, 6 p.

GALBREATH, W. R., and WEISS, CHARLES: *Broncho-Moniliasis in Porto Rico*. Report of a case from Porto Rico. P. R. Rev. Pub. Health, 1927-1928, vol. 3, núm. 9: 367. También en Arch. Inter. Med., 1928, vol. 42: 500.

GARCÍA ESTRADA, MANUEL: *Un caso de neurofibromatosis múltiple*. Von Recklinghausen's disease. Bol. As. Méd. P. R., octubre de 1930, año XXII, núm. 181: 205.

GARCÍA LASCOT, E.: *Control de la difteria por prueba de Schic y la inmunización de los susceptibles*. Bol. As. Méd. P. R., septiembre de 1926, año XX, núm. 153: 10.

GARRIDO MORALES, E., and COSTA MANDRY, O.: *Mechanism of Natural Immunity to Diphtheria*. Am. Jour. of Hygiene, July 1931, vol. 14, N° 1.

GONZÁLEZ MARTÍNEZ, IGNACIO: *Sobre el colibacilo*. Bol. As. Méd. P. R., noviembre de 1906, año IV, núm. 48: 201.

———: *Sobre un caso de Ainhun*. Nota preliminar. Bol. As. Méd. P. R., octubre de 1910, año VIII, núm. 73: 1.

GUTIÉRREZ IGARAVÍDEZ, PEDRO: *Concepto actual de las infecciones meningocócicas*. Neg. Mat. Imp., 1919, 15 p.

GUZMÁN RODRÍGUEZ, MANUEL: *Un caso de enfermedad de Parkinson*. Bol. As. Méd. P. R., agosto de 1906, año IV, núm. 45: 138; núm. 46: 149.

———: *Notas clínicas*. Bol. As. Méd. P. R., diciembre de 1914, año X, núm. 105: 1.

MARTÍNEZ ÁLVAREZ, ANTONIO: *Clínicas médicas de los Hospitales municipales*. Un caso de bloqueo del corazón. Bol. As. Méd. P. R., junio de 1917, año XII, núm. 115: 69.

MARTÍNEZ ÁLVAREZ, ANTONIO: *Un caso de quemaduras por ácido muriático.* Bol. As. Méd P. R., septiembre de 1919, año XIII, núm. 124: 83.

MARTÍNEZ ROSELLÓ, MANUEL: *Ectopia cardíaca extratorácica, con presentación personal del caso.* Bol As. Méd. P. R., abril de 1906, año IV, núm. 41: 62.

MAYORAL, ANTONIO: *Clinic Held.* Bol. As. Méd. P: R, abril de 1928, año XXI, núm. 161: 25.

MONAGAS, JESÚS: *Del tratamiento de la fiebre llamada recurrente por las salas químicas.* Bol. As. Méd. P. R., octubre de 1912, año IX, núm. 85: 5.

——: *Algunas consideraciones acerca de la enfermedad de Quinche.* Bol. As. Méd. P. R., diciembre de 1914, año X, núm. 105: 21.

PASARELL, M.: *Consideraciones sobre la patogenia de las dispepsias.* Bol. As. Méd. P. R, marzo de 1904, año II, núm. 15: 225; núm. 16: 248.

PASSALACQUA, LUIS A.: *Colecistitis: algunas referencias.* Bol. As. Méd. P. R., marzo y abril de 1930, año XXII, núm. 176: 25.

PEREA FAJARDO, PEDRO: *Un caso de colecistostomía.* Bol. As. Méd. P. R., enero de 1908, año VI, núm. 1: 7.

——: *El dolor de cabeza considerado como un síntoma.* Bol. As. Méd. P. R., junio de 1908, año VI, núm. 67: 106.

PUJADAS DÍAZ, M.: *Diagnóstico diferencial patológico de procesos comunes en Puerto Rico que ocasionan ulceración intestinal.* Bol. As. Méd. P. R., septiembre de 1928, año XXI, núm. 165: 75.

RUIZ ARNAU, R.: *Algunas objeciones al diagnóstico del caso clínico que el Dr. Curbelo comunicara a la Asamblea Médica reunida en Mayagüez.* Bol. As. Méd. P. R., agosto de 1906, año IV, núm. 45: 134.

SALAZAR, ANDRÉS: *Exclusión intestinal.* Bol. As. Méd. P. R., junio de 1903, año I, núm. 6: 89; núm. 7: 104; núm. 8: 120; núm. 9: 137.

SALAZAR, GUILLERMO: *Los fenómenos de la cloruración y decloruración en las hidropesías.* Bol. As. Méd. P. R., febrero de 1904, año II, núm. 14: 221.

——: *La relación urea cloruros.* Bol As. Méd. P. R., abril de 1906, año IV, núm. 41: 58.

——: *Notas clínicas: Un caso notable de pseudoangina de pecho.* Bol. As. Méd. P. R., septiembre de 1907, año V, núm. 58: 406.

——: *Fragilidad renal.* Apuntes clínicos. Bol. As. Méd. P. R., junio de 1921, año XV, núm. 131: 126.

SEGARRA, E. C.: *Casos de Corea de Sydenham o baile de San Vito.* Bol. As. Méd. P. R., agosto de 1928, año XXI, núm. 163: 17.

SEÍN, FRANCISCO: *Colibacilosis pulmonar.* Bol. As. Méd. P. R., junio de 1904, año II, núm. 18: 279.

SMILLIE, W. G.: *Field Studies of Acute Respiratory Diseases.* P. R. Jour. Pub. Health, 1929-1930, vol. 5, N° 1: 3.

STAHL, AGUSTÍN: *Un caso de neurosis vaso-motora de las extremidades. Erytromelalgia.* Bol. As. Méd. P. R., octubre, noviembre y diciembre de 1908, año VI, núm. 71: 185.

Suárez, Ramón M.: *La histamina y la secreción gástrica en algunas enfermedades tropicales.* Bol. As. Méd. P. R., enero y febrero de 1930, año XXII, núm. 175 : 41.

Torregrosa, Arturo: *Contribución al estudio de la colibacilosis.* Concepto de su especificidad y observaciones acerca de su epidemiología, diagnóstico y pronóstico. Trabajo de clínica médica. [Tip. La Bandera Americana, Mayagüez, P. R, 1912.] 31 p.

Vadi, Emilio: *Afinidades patológicas y sintomáticas en las afecciones del estómago, del hígado y del páncreas.* Bol. As. Méd. P. R., febrero de 1927, año XXI, núm. 155 : 11.

Valle, Pedro del: *Un caso de fiebre de inanición.* Bol. As. Méd. P. R., marzo de 1914, año X, núm. 96 : 13.

Valle Atiles, F. del: *Un caso de edema angroneurótico.* Bol. As. Méd. P. R., noviembre de 1914, año X, núm. 104 : 1.

——: *Vértigo de origen seísmico.* Bol. As. Méd. P. R., marzo de 1919, año XIII, núm. 122 : 1.

Vázquez, Tomás: *La cura de decloruración.* Bol. As. Méd. P. R., mayo de 1907, año V, núm. 54 : 309.

d. — ESPECIALIDADES MÉDICO-QUIRÚRGICAS

1. DERMATOLOGÍA

Ashford, Bailey K.: *Sporothricosis.* Bol. As. Méd. P. R., agosto de 1930, año XXII, núm. 179 : 127.

——: *The Significance of Mycology in Tropical Medicine.* Arch. Dermatology and Syphil, 1930, vol. 22 : 7.

——, and Ciferry, R.: *A New Variety of Acrothecium Obovatum.* Micologia, N. Y., 1930, vol. 22 : 180-185.

——; Mc Kinley, Carl B., and Dowling, George B.: *Experimental Inoculation of Monkeys (Silenus Rhesus) and Guinea Pigs with two Dermatophytes and one Blastomycoides.* P. R. Jour. Pub. Health, 1929-1930, vol. 5, N° 4 : 452.

Barreiro, Julio: *Las dermatitis micósicas de los pies en esta Isla.* Bol. As. Méd. P. R., diciembre de 1919, año XIII, núm. 125 : 120.

Carrión, Arturo L.: *Preliminary Report on the Fungus Causing Epidermophytosis of the General Surface of the Skin in Porto Rico.* P. R. Jour. Pub. Health, 1929-1930, vol. 5, N° 1 : 40.

——: *Observations on Dermatomycosis in Porto Rico.* Report on Epidermophytosis of the General Surface of the Skin. P. R. Jour Pub. Health, Dec. 1930, vol. 6, N° 2 : 217.

——: *Observations on Dermatomycosis in Porto Rico.* Report on the Fungus Commonly Associated with foot Dyshidrosis. P. R. Jour. Pub. Health, 1929-1930, vol. 5, N° 3 : 278.

Ciferri, R., and Ashford, Bailey K.: *A New Species of Mortierella Isolated from the Human Skin.* Source of the Strain. P. R. Jour. Pub. Health, 1929-1930, vol. 5, Nº 2 : 134.

——, ——: *Two Strains of Pullularia Pullulons (de Bary), Berkhout Isolated from the Human Skin.* P. R. Jour. Pub. Health, 1929-1930, vol. 5, Nº 2 : 188.

——, ——: *A New Portorican Species of Acremoniela.* Micologia, N. Y., 1930, vol. 22 : 62-68.

Goodman, Kerman: *Skin Diseases among the Porto Rican Troop.* Repr. from New Orleans Medical and Surgical Journal, Dec. 1919, vol. 72, Nº 6.

Gutiérrez Igaravídez, Pedro: *Un caso interesante de vitiligo.* Instituto de Medicina Tropical e Higiene de Puerto Rico, 1913-1917. Neg. Mat. Imp., 1919, vol. 1: 239.

Kesten, Beatrice M.: *Observations on Skin Diseases in Porto Rico.* P. R. Jour. Pub. Health, 1929-1930, vol. 5, Nº 2: 185.

King, W. W.: *Observaciones sobre las enfermedades de la piel en Puerto Rico.* Instituto de Medicina Tropical e Higiene de Puerto Rico, 1913-1917. Neg. Mat. Imp., 1919, vol. 1: 217.

Quevedo Báez, Manuel: *El nuevo tratamiento del lupus.* Bol. As. Méd. P. R., mayo de 1904, año II, núm. 17: 266.

Ruiz Arnau, R.: *Recurrent Acrodermatosis of Warm Countries.* (Repr. from the Medical Record, Oct. 14, 1916.) William Wood & Co., N. Y., 10 p

Sifre, Ramón J.: *Dermatomicosis, dermatopiosis y nefritis aguda en los niños.* Bol. As. Méd. P. R., septiembre de 1928, año XXI, núm. 165: 55.

2. ENFERMEDADES MENTALES

Álvarez, Raúl: *Relación entre tuberculosos y demencia precoz.* Bol. As. Méd. P. R., junio de 1918, año XV, núm. 119: 242.

Arnau Igaravídez, J. M.: *Carcajadas histéricas.* Leída en el Ateneo la noche del 5 de diciembre de 1891. Imp. La Nación Española, P. R., 1891, 12 p

Goenaga, Francisco R. de: *Dictamen pericial referente al estado psíquico del procesado Ramón Torres Giménez.* Bol. As. Méd. P. R., julio de 1904, año II, núm. 19: 293; núm. 20: 313; núm. 21: 328; núm. 22: 350; núm. 23: 370; núm. 24: 386.

——: *El aislamiento en el tratamiento de la locura.* Trabajo leído por el Dr. Goenaga en la Asamblea de Médicos de Puerto Rico, 8 de octubre de 1905. Bol. As. Méd. P. R., octubre de 1905, año III, núm. 35: 164.

Monagas, Jesús: *Algunas consideraciones acerca de fenómenos cerebrales de orden meníngeos, observados en niños afectados de infección palúdica álgida.* Bol. As. Méd. P. R., diciembre de 1915, año XII, núm. 109: 277.

MORALES, LUIS M.: *Algunos mecanismos mentales y su relación con las psicopatías.* Bol. As. Méd. P. R., septiembre y octubre de 1929, año XXII, núm. 173: 5.

——: *Síntesis de normas para el diagnóstico de las neurosis.* Bol. As. Méd. P. R., marzo y junio de 1930, año XXII, núm. 177: 55.

RODRÍGUEZ CASTRO, JOSÉ: *Enajenados y manicomios.* Tip. El Boletín Mercantil, San Juan, P. R., 1888, 71 p.

RODRÍGUEZ PASTOR, JOSÉ: *Un caso curioso de histerismo.* Bol. As. Méd. P. R., diciembre de 1927, año XXI, núm. 159: 19.

STAHL, AGUSTÍN: *Demostración de dos casos de neuropatías y dos de teratología.* Bol. As. Méd. P. R, abril de 1908, año VI, núm. 65: 57.

——: *Mens sana in corpore sano?* (Enfermedades mentales.) Bol. As. Méd. P. R., junio de 1908, año VI, núm. 67: 99; núm. 68: 122.

VALDÉS LAMBEA, JOSÉ: *Psicopatías de los tuberculosos.* Bol. As. Méd. P. R., diciembre de 1927, año XXI, núm. 159: 9.

VALLE ATILES, FRANCISCO DEL: *La debilidad de la mente y su influencia en nuestro organismo social.* Conferencia leída en la Biblioteca Insular. Bol. As. Méd. P. R., marzo de 1915, año XI, núm. 106: 18.

——: *Colonia de alienados.* Bol. As. Méd. P. R, junio de 1915, año XI, núm. 107: 77. [Discute su necesidad en Puerto Rico.]

3. GÉNITO-URINARIO

AVILÉS, JACINTO: *Un caso de hidronefrosis por obstrucción del segmento inferior del uréter izquierdo. Los rayos X como elementos de diagnóstico.* Bol. As. Méd. P. R., diciembre de 1918, año XII, núm. 121: 286.

——: *Capsular fibro lipomata of the fatty capsule of the right kidney.* Bol. As. Méd. P. R., junio de 1917, año XII, núm. 115: 66.

BELAVAL, JOSÉ S.: *Un caso de riñón solitario encontrado al practicar una autopsia.* Bol. As. Méd. P. R., octubre de 1912, año IX, núm. 85: 12.

——: *Tratamiento de la ectopia vesical.* Bol As. Méd. P. R., noviembre de 1910, año VIII, núm. 74: 15.

CESTERO, RAFAEL: *La irrigación continua en el tratamiento de las cistitis.* Cistotomía suprapubiana de urgencia. (Curación.) Bol. As. Méd. P. R., octubre de 1904, año II, núm. 22: 345.

GARCÍA CABRERA, ESTEBAN: *La urodografía endovenosa por el uroselectan.* Bol. As. Méd. P. R, diciembre de 1930, año XXII, núm. 183: 257. [Hay tirada aparte.]

——: *La espermatocistitis,* s. p. i., 1920, 9 p.

GIULIANI, SALVADOR: *Reporte preliminar sobre la existencia, identificación, aislamiento y cultivo del calymmatus Bacterium Granulomatis.* (Extracto de una Conferencia dada ante la Asamblea de la Asociación Médica de Puerto Rico, diciembre de 1920.) Bol. As. Méd. P. R., agosto de 1921, año XV, núm. 132: 170.

GLINES, W. R.: *Vesiculitis of non-gonorrheal origen.* (Sobre Panamá y Puerto Rico.) Bol. As. Méd. P. R., septiembre de 1915, año XI, núm. 108: 159.

GONZÁLEZ MARTÍNEZ, IGNACIO: *Breves consideraciones sobre técnica y valor diagnóstico de la pieloroentgenoscopia.* Bol. As. Méd. P. R., mayo de 1927, año XXI, núm. 156: 5.

——: *Tratamiento racional de la epididimitis blenorrágica.* Anales Médicos de Puerto Rico, San Juan, P. R., septiembre de 1914. [En inglés, en The Am. Jour. of Urology, N. Y., 1914.]

——: *Pyelo-Roentgenoscopy as the Indispensable complement of Pyelography.* Urologic and Cutaneous Review, 1927, vol. 31, N° 5.

——: *Estado actual de la terapia antigonocócica.* Bol. As. Méd. P. R, junio de 1928, año XXI, núm. 162: 11.

——: *Algunas consideraciones sobre urografía por inyección intravenosa.* Bol. As. Méd. P. R., enero de 1931, año XXIII, núm. 184: 1.

GOODMAN, HERMAN: *El granuloma ulcerativo inguinal.* Reimpreso de The Journal of the American Association. Ed. española, 2 de octubre de 1922, vol. 8: 408-411.

——: *Ulcerating Granuloma of the Pudenda: a Review of the Literature with Bibliography and some Observations of the Disease as seen in Porto Rico.* Arch. Dermat & Syph., Feb. 1920, vol. 1: 151.

——: *Genital Defects and Venereal Diseases Among the Porto Rican Draft Troops.* Repr. from the Jour. Am. Med. As., March 29, 1919, vol. 72: 907.

GUIJARRO, ANTONIO: *Breves apuntes sobre un caso de atrofia de la vejiga.* En *Memoria. Clínica quirúrgica del Dr. Pila.* Ponce, P. R., 1928, vol. 1: 48.

JANER, MANUEL: *Un caso de uretroplastia.* Bol. As. Méd. P. R., junio de 1918, año XV, núm. 119: 234.

PEREA FAJARDO, PEDRO: *Tumor del riñón; nefrectomía.* Caso presentado en la Asamblea celebrada en Mayagüez, el día 26 de marzo de 1911. Bol. As. Méd. P. R., marzo y abril de 1911, año VIII, núm. 78: 12.

QUINTERO, ERNESTO, and SUÁREZ, JENARO: *What we are Doing in Venereal Diseases.* P. R. Health Rev., July 1925, vol. 1, N° 1: 45.

RAMOS CASELLAS, P.: *Enfermedades quirúrgicas de los riñones.* Bol. As. Méd. P. R., febrero de 1907, año V, núm. 51: 265.

SÁRRAGA DEL VALLE, R.: *Comentarios y revistas extractadas de la literatura sobre ácido úrico.* Bol. As. Méd. P. R., julio de 1923, año XVII, núm. 143: 109.

SUÁREZ DE MENDOZA, A.: *Interpretación de un análisis de orina.* Bol. As. Méd. P. R., marzo de 1907, año V, núm. 52: 271; núm. 54: 314; año V, núm. 55: 336; núm. 58: 397; año V, núm. 59: 424.

SUSONI, F.: *Rotura de la uretra en su porción prostática.* Talla hipogástrica. (Curación.) Bol. As. Méd. P. R., mayo de 1906, año IV, núm. 42: 87.

VALLE ATILES, F. DEL: *Ante el problema de las enfermedades venéreas.* Bol. As. Méd P. R, febrero de 1921, año XV, núm. 129: 34.

4. GINECOLOGÍA Y OBSTETRICIA

AVILÉS, JACINTO: *Perinorrafia submucosa.* Bol. As. Méd. P. R., agosto de 1912, año IX, núm. 83: 17.

——: *Ovarian Pregnancy.* Bol. As. Méd. P. R., abril de 1914, año X, núm. 97: 8.

——: *Resultados ulteriores de la ventro-suspensión del útero.* Bol. As. Méd. P. R., diciembre de 1915, año XII, núm. 109: 265.

BELAVAL, JOSÉ S.: *Sobre la práctica de la obstetricia en Puerto Rico.* Bol. As. Méd. P. R., diciembre de 1914, año X, núm. 105: 5.

——: *Notas clínicas sobre cuatro casos de parto en presentación de cara.* Bol. As. Méd. P. R., septiembre de 1915, año XI, núm. 108: 149.

——: *Observaciones sobre las eclampsias en Puerto Rico.* Bol. As. Méd. P. R., junio de 1916, año XII, núm. 111: 68.

——: *Desarrollo excesivo del feto.* Bol. As. Méd. P. R., diciembre de 1916, año X, núm. 113: 226.

——: *Del deber que tiene el comadrón de practicar un cuidadoso examen post-partum del canal parturiento y su obligación ineludible de reparar las dislaceraciones que en él ocurran.* Bol. As. Méd. P. R., junio de 1918, año XV, núm. 119: 230.

——: *Notas clínicas sobre varios casos de desprendimiento preternatural de la placenta.* Bol. As. Méd. P. R., agosto de 1921, año XV, núm. 132: 176.

FEIJÓO, SILVESTRE: *La Nurse en obstetricia.* Tip. Real Hnos, San Juan, P. R., s. f., 16 p.

FONT, J. H.: *Un caso de mola hidatiforme y sincitiomatosis general.* Bol. As. Méd. P. R., octubre de 1928, año XXI, núm. 166: 21.

GARCÍA DE LA TORRE, F.: *Algunas consideraciones sobre la importancia que tiene el diagnóstico precoz en las enfermedades del útero, y de la histerectomía total como único medio curativo del cáncer uterino.* Anales Médicos, San Juan, P. R., marzo de 1912, año I, núm. 1: 49.

LARRU; LLOVET, y BOTELLA: *Indicaciones operatorias en el aborto.* Opiniones. Bol. As. Méd. P. R., mayo de 1904, año II, núm. 17: 267.

LAUGIER, AGUSTÍN: *Operación cesárea-vaginal en un caso de prolapso uterino e hipertrofia del cuello.* Bol. As. Méd. P. R., noviembre de 1914, año X, núm. 104: 5.

López Antongiorgi, J. A.: *Operación cesárea.* Dos casos. Bol. As. Méd. P. R., octubre de 1910, año VIII, núm, 73: 7.

Ortiz Romeu, A : *Mola hematoma, hematoma-tubero subcorial de la decidua.* Bol. As. Méd. P. R., febrero de 1927, año XXI, núm. 155: 33.

——: *Analgesia sinérgica en obstetricia.* Bol. As. Méd. P. R., octubre de 1928, año XXI, núm. 166: 25.

——: *Los rayos X como medio de diagnóstico en el embarazo.* Bol. As. Méd. P. R., marzo y abril de 1930, año XXII, núm. 176: 11.

Perea Fajardo, Pedro: *Contribución al estudio de la técnica de la Pirineografía.* Bol. As. Méd. P. R., enero y febrero de 1930, año XXII, núm. 175: 31.

Pérez Marchand, Dolores: *Contra el rutinario uso de la pituitrina en la abstinencia* Bol. As. Méd. P. R , marzo de 1918, año XIV, núm. 118: 186.

Rodríguez Castro, José: *Manual de partos para uso de las familias.* Dedicado especialmente a los habitantes de los campos. El Vapor, Ponce, P. R., 1883, 20 p. Otra ed.: Imp. La Revista Blanca, Mayagüez, P. R., 1898.

Salazar Guillermo: *La intervención quirúrgica en las puerperales graves.* Bol. As. Méd. P. R., enero de 1906, año IV, núm. 38: 9.

——: *La ovaritis crónica. Su profilaxis.* Bol. As. Méd. P. R., diciembre de 1906, año IV, núm. 49: 222.

Seín, Francisco: *Notas terapéuticas regionales. Inyecciones alcalinas en la fiebre puerperal.* Bol. As. Méd. P. R., abril de 1903, año I, núm. 4: 53.

Stahl, Agustín: *Primera ovariotomía practicada en Puerto Rico.* En el pueblo de Manatí. Imp. de J. González Font, San Juan, P. R., 1890, 16 p.

——: *Fecundidad de la mujer en Puerto Rico.* Bol. As. Méd. P. R., febrero de 1903, año I, núm. 2: 19; núm. 3: 33; núm. 4: 49; núm. 6: 81.

Susoni, Francisco M.: *Neoplasias ováricas.* Bol. As. Méd P. R., noviembre y diciembre de 1911, año VIII, núm. 80: 14.

Toro, Jorge del: *Un caso de placenta previa tratado por la operación cesárea.* Bol. As. Méd. P. R., septiembre de 1912, año IX, núm. 84: 8.

——: *Las clínicas del Municipal.* El uso del útero en la reparación de la fístula vésico-vaginal. Bol. As. Méd., P. R., marzo de 1915, año XI, núm. 106: 14.

——: *Operación cesárea abdominal en un caso de eclampsia antepartum.* Clínicas del Municipal. Bol. As. Méd. P. R., junio de 1915, año XI, núm. 107: 81.

Vélez López, R.: *Fibroma uterino difuso. Salpingitis supurada.* Bol. As. Méd. P. R., marzo de 1904, año II, núm. 15: 235.

——: *Quiste fetal. Embarazo extrauterino. Laparotomía.* Bol. As. Méd. P. R., diciembre de 1910, año VIII, núm. 75: 7.

VÉLEZ LÓPEZ, R.: *Un caso de hemorragia post-partum.* Anales Médicos, San Juan, P. R., marzo de 1912, año I, núm, 1: 53.

——: *Un caso de... cefalotripsia.* Anales Médicos, San Juan, P. R., marzo de 1912, año I, núm. 1: 54.

5. OFTALMOLOGÍA

JESÚS DOMÍNGUEZ, JOSÉ DE: *Teoría de la visión.* Fenómenos fisiológicos. Conferencia. Imp. Martín Fernández, Mayagüez, P. R., 1880, 20 p.

KING, W. W.: *Trachoma in the Schools of Porto Rico.* Gov. Prtg. Off., Wa., 1915, 15 p.

MATANZO, FRANCISCO: *Conjuntivitis tracomatosa en Puerto Rico.* Bol. As. Méd. P. R., octubre de 1914, año X, núm. 103: 3.

MOLINA DE ST. REMY, ANTONIO: *Observaciones sobre la existencia del tracoma en Puerto Rico.* Bol. As. Méd. P. R., septiembre de 1912, año IX, núm. 84: 18.

——: *Tuberculosis primaria de la córnea.* Bol. As. Méd. P. R., agosto de 1914, año X, núm. 101: 4.

RAMÍREZ, M.: *Algo sobre la conjuntivitis catarral aguda en Puerto Rico y su tratamiento por el protargol.* Bol. As. Méd. P. R., noviembre de 1903, año I, núm. 11: 161.

——: *Profilaxia de la oftalmía purulenta de los recién nacidos por el protargol.* Bol. As. Méd. P. R., junio de 1904, año II, núm. 18: 281.

RUIZ ARNAU, R.: *El uso natural de la visión.* Imp. Appleton, N. Y., 1924, 232 p.

6. OTO-RINO-LARINGOLOGÍA

DIMAS ARUTI, F. M.: *Una nueva era en la ciencia dental.* Dentistería Biológica. Bol. As. Méd. P. R., septiembre de 1928, año XXI, núm. 165: 79.

FONT Y GUILLOT, ELISEO: *Cartilla de higiene dental para una clínica dental de Caguas.* S. f. y s. l., 16 p.

GARCÍA, FRANCISCO G.: *Gold Foil as a Filling Material and Its Manipulation.* The Dental Cosmos, Aug. 1922, vol. 64: 848-853.

——: *Supplementary Technic for the Mandibular Injection.* Jour. Am. Dental As., 1929, p. 1412.

LAUGIER, AGUSTÍN R.: *Necesidad de un examen de la vista, nariz y garganta en las escuelas de Puerto Rico.* Bol. As. Méd. P. R., diciembre de 1919, año XIII, núm. 125: 115.

——: *Las vegetaciones, adenoides y afecciones de las amígdalas en la etiología de la tuberculosis; retardo nutritivo de la niñez y las enfermedades infecciosas.* Bol. As. Méd. P. R., abril de 1921, año XV, núm. 130: 67.

LAUGIER, AGUSTÍN R.: *Consideraciones clínicas sobre las cefalalgias de origen intranasal.* Bol. As. Méd. P. R., diciembre de 1923, año XVII, núm. 144: 15.

——: *Ambliopatía de origen dentonasal.* Bol. As. Méd. P. R., julio y agosto de 1929, año XXII, núm. 172: 29.

——: *Mastoiditis latente con necrosis ósea.* Bol. As. Méd. P. R., agosto de 1930, año XXII, núm. 179: 144.

MARGARY, EZEQUIEL D.: *Los dientes. Consideraciones patológicas.* Conferencia científica. Tip. Garmendía, San Germán, P. R., 1881, 12 p.

MOLINA DE ST. REMY, ANTONIO: *Report of a case of suppuration in the mastoid region with infection of the labyrinth and temporary facial paralysis.* Bol. As. Méd P. R., septiembre de 1914, año X, núm. 102: 3.

POMALES, AMÉRICO: *Bacteriologic study of normal throats, pathological throats and tonsils removed at operation in Porto Rico.* P. R. Jour. Pub. Health, 1929-1930, vol. 5, Nº 2: 196.

RAMÍREZ, T. J.: *Consideraciones sobre algunos aspectos clínicos de las tonsilitis. Tonsilectomía.* Bol. As. Méd. P. R., septiembre y octubre de 1929, año XXII, núm. 173: 29.

RIVERO, FRANCISCO H.: *Consideraciones acerca de un caso de pan-piosimisitis peri-nasal del lado izquierdo.* Anales Médicos, San Juan, P. R., marzo de 1912, año I, núm. 1: 15.

——: *Contribución al estudio terapéutico de la tuberculosis laríngea.* Su tratamiento por la ignipuntura eléctrica. Bol. As. Méd. P. R., marzo y abril de 1911, año VIII, núm. 78: 24.

——: *Micosis de la faringe.* ¿El primer caso de esparotricosis en Puerto Rico? Bol. As. Méd. P. R., diciembre de 1915, año XII, núm. 109: 234.

ROCA, JULIO C.: *Relación de los abscesos pulmonares a la cirugía de la garganta y de la boca.* Ciertos aspectos de la enfermedad. Bol. As. Méd. P. R., octubre de 1928, año XXI, núm. 166: 41.

SALAZAR, GUILLERMO: *Confusión oto-cefálica.* Bol. As. Méd. P. R., diciembre de 1923, año XVII, núm. 144: 146.

——: *Consideraciones sobre el poder defensivo de las amígdalas.* En *Memoria. Clínica quirúrgica del Dr. Pila.* Ponce, P. R., 1928, vol. 1: 45.

VALLE ATILES, MANUEL DEL: *Pyorrea alveolar.* Bol. As. Méd. P. R, mayo de 1914, año X, núm. 98: 12.

De Otología: ¿Está indicada la paracentesis inmediata del tímpano en todos los casos de otitis media aguda? Bol. As. Méd. P. R., septiembre de 1908, año VI, núm. 70: 165.

7. PEDIATRÍA

BARY, HELEN V.: *Child Welfare in the Insular Possessions of the U. S.* (Pt. 1, Porto Rico.) Bureau of Publication Nº 127. U. S. Department of Labor. Gov. Prtg. Off., Wa., 1923, p. 75. [V. Monthly Labor Review. Wa., Feb. 1924, vol. 18: 242.]

BELAVAL, JOSÉ S.: *Ojeada sobre las causas de la mortalidad infantil en Puerto Rico.* Bol. As. Méd. P. R, marzo de 1917, año XII, núm. 114: 7.

——: *La estenozis hipertrófica congénita del píloro.* Bol. As. Méd. P. R., octubre de 1928, año XXI, núm. 166: 29.

FERNÓS ISERN, ANTONIO: *El método Credé.* Los ciegos de nacimiento. P. R. I., 18 de enero de 1919, núm. 464.

——: *Nuestro Herodes y nuestros inocentes.* Sobre la mortalidad infantil en Puerto Rico. P. R. I., 10 de febrero de 1923, núm. 676.

——: *Cultivo de niños.* Bol. As Méd. P. R., octubre de 1922, año XVI, núm. 139: 179.

——: *Mortalidad infantil en Puerto Rico.* Bol. As. Méd. P. R., septiembre de 1924, año XVIII, núm. 146: 26. En inglés, v. P. R. Health Rev., July 1925, vol. 1, N° 1: 3.

——, y RODRÍGUEZ PASTOR, J.: *Estudio de la mortalidad infantil en Puerto Rico.* Neg. Mat. Imp., 1930, 63 p. En inglés: A survey of infant mortality in Porto Rico. P. R. Jour. Pub. Health, Dec. 1930, vol. 6, N° 2: 151.

FERRÁN, JOSÉ E.: *Fiebres eruptivas anómalas en los niños.* Imp. La Comercial, P. R., 1896, 10 p.

GARCÍA CABRERA, ESTEBAN: *Los baños de mar en la infancia.* Bol. As. Méd. P. R., junio de 1914, año X, núm. 99: 7.

IRVINE-RIVERA, EDITH M.: *The personal hygiene campaign carried out in the Public Schools of San Juan, Porto Rico.* P. R. Health Rev., June 1926, vol. 1, N° 12: 8.

JANER LARRANETA, PEDRO: *El niño* Cuadros médico-sociales e higiénicos. Tip. Borinquen, Yauco, P. R., 1896, 41 p.

LAVANDERO, RAMÓN: *Instrucciones generales sobre el funcionamiento de los Dispensarios de Maternidad y Puericultura.* [P. R.], 1924-1925, 13 p.

——; RODRÍGUEZ PASTOR, J., y QUINTERO, ERNESTO: *Informe de los Negociados de Medicina social y Puericultura, Tuberculosis y Enfermedades venéreas.* [P. R.], 1923-1924, 67 p.

MARTÍNEZ RIVERA, E.: *Importancia y necesidad de la inspección médica escolar.* Bol. As. Méd. P. R., diciembre de 1927, año XXI, núm. 159: 37.

MONTALVO GUENARD, A.: *La mortalidad infantil y de la niñez en Puerto Rico.* Bol. As. Méd. P. R., noviembre de 1930, año XXII, núm. 182: 233.

PAYNE, GEORGE C.; BERRÍOS, MANUEL, and MARTÍNEZ RIVERA, E.: *Heights and weights of children in three communities of Porto Rico.* P. R. Jour. Pub. Health, 1929-1930, vol. 5, N° 3:344.

QUEVEDO BÁEZ, MANUEL: *Estudios de psicología infantil.* P. R. I., 26 de noviembre de 1911, núm. 91.

——: *La mortalidad infantil y su relación con la ascendencia tuberculosa.* Bol. As. Méd. P. R., agosto de 1912, año IX, núm. 83: 6.

QUEVEDO BÁEZ, MANUEL: *La protección a la infancia en la lucha antituberculosa.* Bol. As. Méd. P. R., abril de 1914, año X, núm. 97: 5.

——: *Las gastro enteritis infantiles. ¿Son de origen exógeno o endógeno?* Bol. As. Méd. P. R., junio de 1917, año XII, núm. 115: 51.

——: *Tributo de la Sociedad y de la Ciencia al niño.* Bol. As. Méd. P. R., octubre de 1928, año XXI, núm. 166: 1.

RALDIRIS, J. P.: *Higiene, Puericultura, Bacteriología, Patología médica y Terapéutica clínica.* Imp. Tasso, Barcelona, 1905, 190 p. Nueva ed.: Vda. de Tasso, Barcelona, 1925, 189 p.

SALAZAR, GUILLERMO: *Higiene de la lactancia.* Bol. As. Méd. P. R., noviembre de 1904, año II, núm. 23: 364.

——: *La barlausiana y la lactancia artificial.* Maternización de la leche de vaca. Su digestibilidad. Bol. As. Méd. P. R., febrero de 1905, año III, núm. 26: 29.

SALIVIA, LUIS A.: *Determinación de una norma Standard de talla y peso para los niños de Puerto Rico.* Bol. As. Méd. P. R., marzo y abril de 1930, año XXII, núm. 176: 32.

SUÁREZ, FLORENCIO: *Puericultura.* Sobre la alimentación artificial en los niños de pecho. Rev. Ant., mayo de 1914, año II, núm. 2.

——: *Dificultades diagnósticas en Pediatría.* En *Memoria. Clínica quirúrgica del Dr. Pila.* Ponce, P. R., 1928, vol. 1: 41.

SUÁREZ, RAMÓN M.: *Alimentación infantil.* El uso de leche de vaca con ácido láctico y Karo. Bol. As. Méd. P. R., septiembre de 1930, año XXII, núm. 180: 191.

VALLE ATILES, MANUEL DEL: *La importancia del cuidado de la boca en los niños.* En *Conferencias dominicales dadas en la Biblioteca Insular de Puerto Rico.* Neg. Mat. Imp., 1913, p. 39.

VALLE ATILES, FRANCISCO DEL: *Inspección médica de los niños de las escuelas.* Bol. As. Méd. P. R., agosto de 1914, año X, núm. 101: 2.

VESTAL, M.: *Clothing the Baby in the Tropics.* (University of Porto Rico. Dept of Home Economics, Bull. N° 2.) Río Piedras, P. R., 1927, 28 p.

ZENO GANDÍA, MANUEL: *Un error de trascendencia. Higiene de la infancia.* Revista Puertorriqueña, P. R., 1887, vol. 1: 180.

Véanse los *Informes anuales* dirigidos al Gobernador de Puerto Rico por el Departamento de Sanidad. Se incluyen en inglés en los Informes anuales del Gobernador al Presidente de los Estados Unidos.

8. RADIOLOGÍA

GONZÁLEZ MARTÍNEZ, IGNACIO: *El progreso de la Roentgenología.* Rev. Ant., 1913, año I, núm. 5.

——: *Some recent advances made in France on the Roentgen Diagnosis of the Diseases of the Heart and its vascular pedicle.* Am. Jour. of Roentgenology, Sept. 1921.

González Martínez, Ignacio: *Sobre la radioterapia de las fibro-miomas y otras metropatías hemorrágicas.* Bol. As. Méd. P. R., febrero de 1929, año XXII, núm. 169: 1.

Gutiérrez Igaravídez, Pedro: *La división de Roentgenología del Departamento de Sanidad en Puerto Rico.* Su organización y objeto. Bol. As. Méd. P. R., junio de 1926, año XX, núm. 152: 3. [Hay tirada aparte.]

Guzmán Jr., Manuel: *De la importancia de los estudios fluroscópicos y radiográficos en la patogenia pulmonar.* Bol. As. Méd. P. R., agosto de 1921, año XV, núm. 132: 172.

Ramos Casellas, Pedro: *Divagaciones roentgenológicas.* Bol. As. Méd. P. R., mayo y junio de 1929, año XXII, núm 171: 13.

e. — MISCELÁNEAS MÉDICAS

Ashford Bailey, K., and Dowling, George B.: *A series of blood-pressures in 250 cases in Porto Rico.* P. R. Jour. Pub. Health, 1929-1930, vol. 5, N° 4: 477.

Betances, Ramón Emeterio: *De L'Oschéotomie.* Mémoire présenté a la Société de Chirurgie de Paris le 28 Septembre 1864. Imprimé par E. Thunot et Cie., Paris, 1864, 24 p.

Brusi, Luis: *Electricidad médica.* P. R. I., 18 de noviembre de 1916, núm. 351.

Ciferri, R., and Ashford Bailey, K.: *A new species of Blastodendrion.* P. R. Jour. Pub. Health, 1929-1930, vol. 5, N° 2: 91.

Goenaga, Francisco R. de: *Informe referente al Balneario de Coamo.* Aprobado por la Junta Superior de Sanidad. Bol. As. Méd. P. R., junio de 1906, año IV, núm. 43: 102.

González Martínez, Ignacio: *La reacción de desviación de complemento aplicada al diagnóstico de la moniliosis del aparato digestivo.* Instituto de Medicina Tropical e Higiene de Puerto Rico, 1913-1917. Neg. Mat. Imp., 1919, vol. 1: 149.

Lambert, Robert A.: *El problema de la autopsia.* Bol. As. Méd. P. R., septiembre de 1928, año XXI, núm. 165: 13.

Martínez Álvarez, Antonio: *El tesoro de las autopsias.* Bol. As. Méd. P. R., septiembre de 1928, año XXI, núm. 165: 9.

Molina de Saint Remy, Antonio: *Migraine.* Repr. from the New York. Med. Jour., N. Y., 1916, 8 p.

Monagas, Jesús: *El ácido cítrico y los citratos en terapéutica.* Bol. As. Méd. P. R., julio de 1914, año X, núm. 100: 29.

Montalvo Guenard, J. L.: *El electrocardiograma en el predominio ven-*

tricular. En *Memoria. Clínica quirúrgica del Dr. Pila.* Ponce, P. R., 1928, vol. 1: 17.

QUEVEDO BÁEZ, MANUEL: *El masaje.* Bol. As. Méd. P. R., noviembre de 1903, año I, núm. 11: 173.

——: *Progreso de las Ciencias médicas.* Estudio acerca de la hipertensión. Episodios cardiovasculares. Bol. As. Méd. P. R., diciembre de 1927, año XXI, núm. 159: 3.

RODRÍGUEZ MOLINA, RAFAEL, y SUÁREZ, RAMÓN M: *Estudio de tensión arterial en Puerto Rico.* Bol. As. Méd. P. R., julio de 1930, año XXII, núm. 178: 115.

RUIZ ARNAU, R.: *El ritmo de la atención espontánea y la determinación de su cifra de frecuencia normal.* Bol. As. Méd. P. R., febrero de 1929, año XXII, núm. 169: 33.

SALAZAR, GUILLERMO: *Sobre la lactasa.* Bol. As. Méd. P. R., octubre de 1904, año II, núm. 22: 349.

TORGERSON, WILLIAM R.: *Blood pressure findings in Porto Rico.* P. R. Jour. Pub. Health, 1929-1930, vol. 5, N° 4: 438.

TORO, JORGE DEL: *El ruido.* Sus efectos perniciosos. Bol. As. Méd. P. R., enero y febrero de 1930, año XXII, núm. 175: 21.

VALLE ATILES, FRANCISCO DEL: *Aspecto médico-legal de la serodiagnosis de Abderhalden.* Bol. As. Méd. P. R., julio de 1914, año X, núm. 100: 1.

——: *Aeroterapia por medio del automóvil.* Bol. As. Méd. P. R., junio de 1918, año XV, núm. 119: 218.

VALLE SÁRRAGA, R. DEL: *Una pequeña maravilla: las bacterias.* P. R. I., 25 de enero de 1919, núm. 465.

——: *El laboratorio clínico y sus actividades.* Bol. As. Méd. P. R., octubre de 1921, año XV, núm. 133: 233.

——: *El análisis micro-químico de la sangre y su interpretación teórica y práctica.* Bol. As. Méd. P. R., octubre de 1922, año XVI, núm. 139: 179. [V. núm. 145: 7. Hay tirada aparte, 78 p.]

——: *Comentarios y revistas extractados de la literatura sobre cloruros.* Bol. As. Méd. P. R., diciembre de 1923, año XVII, núm. 44: 137.

VALLECILLO: *Ensayos de electrocardiografía.* Bol. As Méd. P. R., septiembre de 1925, año XIX, núm. 149: 19.

VÁZQUEZ, TOMÁS: *Accidentes nerviosos del dioxidiamidoarsenobenzol.* Bol. As. Méd. P. R., marzo y abril de 1912, año IX, núm. 82: 1.

I. FARMACOLOGÍA

FERRER, J. E.: *El mercurocromo 220.* Bol. As. Méd. P. R., diciembre de 1926, año XX, núm. 154: 7.

GÓMEZ BRIOSO, JOSÉ: *Medicinas patentes.* Bol. As. Méd. P. R., septiembre de 1912, año IX, núm. 84: 1.

PÉREZ FREYTES, MANUEL: *Ensayos farmacológicos.* Memoria descriptiva y analítica de los productos presentados a las Exposiciones de Amsterdam y Madrid. Imp. Combell, Arecibo, P. R., 1889, 73 p. [Hay varias ediciones de esta obra.]

PUJADAS DÍAZ, MANUEL: *Ineficacia de las drogas en ciertas afecciones.* Bol. As. Méd. P. R., marzo de 1915, año XI, núm. 106 : 10.

SALAZAR, GUILLERMO: *Las terapéuticas.* Bol. As. Méd. P. R., abril de 1905, año III, núm. 28 : 57.

SIMONET, JACOBO: *Aceite alcanforado: ineficacia y perjuicios de su uso.* Rev. Farmacéutica, San Juan, P. R., abril de 1928, año II, núm 9: 25

Anuario de la Asociación de Farmacéuticos de Puerto Rico. Imp. Llabrés Ramírez, San Juan, P. R., 1913, 80 p.

Tarifa farmacéutica aprobada por el Excmo. Ayuntamiento de San Juan Bautista de Puerto Rico, para la valoración de los medicamentos suministrados a los enfermos pobres. Imp. El Boletín Mercantil, San Juan, P. R., 1897, 37 p.

Revista farmacéutica de Puerto Rico. Órgano de la Asociación Farmacéutica, año I, núm. 1, mayo de 1927, hasta año IV, núm. 12, diciembre de 1930. [Sigue publicándose.]

2. VENENOS

COSTA MANDRY, O.: *Envenenamiento por substancias alimenticias.* Bol. As. Méd. P. R., septiembre de 1928, año XXI, núm. 165 : 31.

——: *Food Infections in Porto Rico.* A Bacteriological and Epidemiological study of three outbreaks. P. R. Rev. Pub. Health, 1928-1929, vol. 4 : 128.

——, and GARRIDO MORALES, E.: *Food Poisoning in a Porto Rican Family due to Arsenic.* Bol. As. Méd. P. R., octubre de 1930, año XXII, núm. 181 : 200.

JORDÁN, EDWIN O.: *Food Poisoning.* P. R. Rev. Pub. Health, 1929, vol. 4 : 517.

MC KINLEY, EARL B.: *The Salivary Gland Poison of the Aedes Aegypti.* Proc. Soc. Exp. Biol. and Med., 1929, vol. 26 : 806.

PINA Y CASAS, ENRIQUE: *Venenos Zymóticos.* Ensayo científico. Imp. El Boletín Mercantil, San Juan, P. R., 1884, 29 p.

Nota: Los que consulten el *Boletín de la Asociación Médica de Puerto Rico* deben hacer caso omiso de los años en números romanos. Aunque no siempre han seguido un orden carrelativo, a partir de 1910, y en muchos casos están equivocados, el autor los incluye tal y como aparecen en cada número del *Boletín.* Es más seguro para la búsqueda guiarse por la fecha y el número de la Revista.

V

ECONOMÍA SOCIAL

A. — EL TRABAJO

AMES, AZEL: *Labor Conditions in Porto Rico.* U. S. Bureau of Labor Bulletin, May 1901, N° 34, vol. 6: 377-439. [También en House Document 315, pt. 3. 56th Cong. 2nd sess.]

ARROYO, ANTONIO: *Boletín especial de la historia del Negociado del Trabajo.* Neg. Mat. Imp., 1923, 29 p.

BAILEY, W., and WHITFIELD DIFFIE, JUSTINE: *Overpopulation and Labor.* En Porto Rico: A Broken Pledge, N. Y., cap. VIII.

CÁRDENAS, FRANCISCO: *Estado de la población y del trabajo en las Islas de Cuba y Puerto Rico.* Memorias de la Real Academia de Ciencias. Madrid, 1883, vol. 4: 419.

CORCHADO, MANUEL: *El Trabajo.* Madrid, 1877, 16 p.

DELGADO, JOSEFINA: *Voz de Justicia.* Breve disertación acerca del Capital y el Trabajo. San Juan Printing, P. R., 1919, 8 p.

IGLESIAS, SANTIAGO: *Luchas emancipadoras.* (Crónicas de Puerto Rico, vol. 1.) Imp. Cantero, Fernández & Co., San Juan, P. R., 1929, 388 p.

MARCUS, JOSEPH: *Labor Conditions in Porto Rico.* Department of Labor Gov. Prtg. Off., Wa., 1919, 67 p. +.

MELÉNDEZ MUÑOZ, M.: *El trabajo y la vida de los obreros.* Apuntes sociológicos. P. R. I., 13 de abril de 1918, núm. 424.

MORALES, JOSÉ PABLO: *Misceláneas.* Imp. Sucesión J. J. Acosta, San Juan, P. R., 1895. [V. *El trabajo libre,* p. 75.]

MORENO CALDERÓN, ANTONIO: *Examen y juicio de la explotación exclusiva por el Estado de tierras, industrias, vías de comunicación, etc.* Memoria. [Contiene bibliografía sobre el tema.] Tip. de Jaime Ratés, Madrid, 1909, 133 p.

PLAZA, ENRIQUE: *Capital y Trabajo.* Breve estudio en el campo de las cuestiones obreras. Tip. Rocinante, Caguas, P. R., 1914, 31 p.

RHODES, ANNE: *Byways in Porto Rico.* Outlook, N. Y., March 4, 1899, vol. 61: 502.

RODRÍGUEZ VERA, A.: *Agrarismo colonial y trabajo a domicilio.* San Juan, P. R., 1929.

WARNER, A.: *Progress (and poverty) in Porto Rico.* The Nation., N. Y., Aug. 15, 1922, vol. 117: 158.

WEYL, W. E.: *Labor Conditions in Porto Rico.* U. S. Bureau of Labor Bulletin, Wa., Nov. 1905, vol. 11: 723-856.
Housing. (The U. S. Bureau of Labor and Statistics. Government Aid.) Monthly Labor Rev., Wa., May 1926, vol. 22: 1041-1043.
Labor in Porto Rico. Public. N. Y., Jan. 18, 1919, vol. 22: 58.
Primer informe anual de la División del Trabajo, dirigido a la Hon. Asamblea Legislativa de Puerto Rico por conducto del Hon. Comisionado de Agricultura y Trabajo. Neg. Mat. Imp., 3 de febrero de 1931, 20 p.
Some Causes for Labor Unrest in Porto Rico. Pan American Magazine, N. Y., March 1919, vol. 28: 266.
The Labor Problems. Porto Rico Progress Publishing Company. San Juan, P. R., 1913, 65 p. (House of Delegates.)
Unfinished Business. Bellman, Minneapolis, June 14, 1919, vol. 26: 651.

a. — EL OBRERO

ABRIL, MARIANO: *El socialismo moderno.* Estudio sobre el obrerismo puertorriqueño. Imp. La Primavera, San Juan, P. R, 1911, 78 p.
ACOSTA, JOSÉ JULIÁN: *Cuestión de brazos. Para el cultivo de las tierras de Puerto Rico.* [Folleto que contiene los artículos publicados en el mes de octubre de 1853, en El Boletín Mercantil.] Imp. Sancerrit, San Juan, P. R., 1853, 16 p.
ASENJO, FEDERICO: *Páginas para los jornaleros de Puerto Rico.* Prólogo por el Dr. Francisco J. Hernández. Lib. Bellas Artes, P. R., 1879, 101, p.
BAGUÉ, JAIME: *Porto Rico and the Housing of her Workingmen.* Bull. Pan. Am. Union, Wa., April 1925, vol. 59: 350-359. [V. el Boletín, en español, del mes de noviembre.]
BALZAC, JESÚS M.: *Revolución, ideal obrero.* Artículos. Imp. La Bruja, Mayagüez, P. R., 1900, 54 p.
BILLS JR., J. C.: *Informe sobre las condiciones de vivienda de los trabajadores de Puerto Rico.* Negociado del Trabajo. Neg. Mat. Imp., 1914, 120 p.
——: *Necesidad de proveer terrenos para las clases obreras en Puerta de Tierra.* (Extracto de un informe sobre las condiciones de vivienda de los trabajadores de Puerto Rico.) Negociado del Trabajo. Bol. núm. 1, Neg. Mat. Imp., 1913, 21 p.
——: *Ley de andamios.* Sugestiones a los contratistas y maestros de obras respecto a los requisitos y modo de poner en vigor la nueva ley de andamios, titulada «Ley para prevenir la construcción de andamios, la protección del público, y para otros fines.» Negociado del Trabajo. Bol. núm. 2, Neg. Mat. Imp., 1913, 8 p.
BRAEGGER, VÍCTOR: *How the Workmens Compensation Insurance Opera-*

tes in Porto Rico. Tobacco (A Weekly Trade Review.) N. Y., Dec. 29, 1927, vol. 85, N° 10: 45.

BRAU, SALVADOR: *Clases jornaleras de Puerto Rico.* Su estado actual, causas que lo sostienen y medios de propender al adelanto moral y material de dichas clases. Imp. El Boletín Mercantil, San Juan, P. R., 1882, 90 p.

BRUSCHETTI, ATTILIO: *Catecismo de la obrera.* Consejos para el adelanto moral y mejoramiento del ambiente en que vive la obrera. Ed. R. Morel Campos, Caguas, P. R., 1925, 24 p.

CAPETILLO, LUISA: *Ensayos literarios.* Dedicado a los trabajadores de ambos sexos. Tip. Real Hnos,, San Juan, P. R , 1909, 34 p.

CONDE, EDUARDO: *Acusación y protesta.* Imp. Unión Obrera, Puerta de Tierra, P. R., 1919, 78 p.

DRÍGUEZ, R. VAR: *La esclavitud blanca o el imperio de la burocracia.* Deducciones acerca del estado de opresión en que viven los trabajadores de la Compañía Azucarera Guánica Central. Tip. Brisas del Caribe, Guánica, P. R., 1918, 86 p.

GARCÍA, ALEJANDRO: *Páginas de un obrero radical.* Guayana, P. R., 1922, 36 p.

IGLESIAS, SANTIAGO: *Luchas emancipadoras.* (Crónicas de Puerto Rico, vol. I.) Imp. Cantero, Fernández & Co., San Juan, P. R., 1929, 388 p.

——: *Debates en el Senado.* Discurso parlamentario. Imp. Conciencia Popular, San Juan, P. R., 1922, 29 p.

LEBRÓN RODRÍGUEZ, RAMÓN: *El problema obrero en Puerto Rico.* Tip. El Compás, San Juan, P. R., 1924, 136 p.

MARCANO, JUAN S.: *Páginas rojas.* (Artículos.) Tip. Conciencia Popular, Humacao, P. R., 1919, 59 p.

MATÍAS, FERNANDO J.: *Movimiento obrero en Puerto Rico.* Imp. de M. López, Ponce, P. R., 1899, 200 p.

MELÉNDEZ MUÑOZ, M.: *La economía política y los obreros.* P. R. I., 8 de junio de 1918, núm. 432.

MONTANER, RAMÓN: *Workmen's Compensation in Porto Rico.* U. S. Bureau of Labor, Bull. 432, Wa., 1927. También en Bureau of Labor and Statistics, vol. 92: 6.

MORALES CABRERA, PABLO: *Jornales y jornaleros.* Rev. Agr., abril de 1923, vol. 10, núm. 4: 13.

MORENO CALDERÓN, ANTONIO: *El obrero, el capitalista y el empresario en sus relaciones con la dirección técnica industrial y con la respectiva retribución.* Memoria. Imp. Vda. e Hijos de Jaime R. Martín, Madrid, 1925, 256 p.

RIVERA MARTÍNEZ, PRUDENCIO: *Seguro social.* Fondo exclusivo del Estado versus Compañías privadas de Seguros. San Juan, P R., s. f., 72 p.

RODRÍGUEZ GONZÁLEZ, C.: *Catecismo para obreros y patronos.* Imp. El Pueblo, Fajardo, P. R., 1918, 12 p.

ROMERAL, R. DEL: *Musarañas.* Opúsculo sobre ciertas preocupaciones y costumbres que son un estorbo a los trabajadores puertorriqueños para la compenetración de los reivindicadores ideales del obrerismo universal. Tip. El Carnaval, San Juan, P. R., 1904, 43 p.

TORRES, A.: *Espíritu de clase.* Imp. Federación Libre, San Juan, P. R. [1917?], 49 p.

WARNER, A.: *Porto Rico's Workers Awake.* The Nation, N. Y., Apr. 11, 1923, vol. 116: 419.

WEYL, W. E.: *Educational Opportunities of the Porto Rican Workman.* U. S. Bureau of Labor Bulletin, Wa., Nov. 1905, vol. 11: 799.

ZENO, FRANCISCO M.: *El obrero agrícola o de los campos.* Estudio laureado en un concurso científico del Ateneo Puertorriqueño. Tip. La Correspondencia de Puerto Rico, San Juan, P. R. [1922], 153 p.

Circular del gobernador Primo de Rivera en 1873 suprimiendo por completo el uso de las libretas de jornaleros, así como se derogan cuantas disposiciones se rocen con ellos. B. H. P. R., 1924, vol. 11: 177.

Cuestiones obreras. Cámara de Delegados. Porto Rico Progress Publishing Co., San Juan, P. R., 1913, 61 p.

Información para venir en conocimiento de la conveniencia o inconveniencia de la libreta. B. H. P. R., 1916, vol. 3: 141.

Precios de jornales y sus importes durante una quincena, expresados en moneda americana y en moneda española. Imp. El Boletín Mercantil, San Juan, P. R., 1883, 24 p.

Wages in Porto Rico. Monthly Labor Rev., Wa., Dec. 1923, vol. 17: 1337.

Wages in Porto Rico, 1928. Monthly Labor Rev., Wa., June 1929, vol. 28: 1370.

Wages in Porto Rico, 1928-1929. Monthly Labor Rev , Wa., May. 1930, vol. 30: 1114.

Workmen's compensation Legislation. Monthly Labor Rev., Wa., Dec. 1925, vol. 21: 1335-1336.

Véanse *Problemas Sociales. Problemas Económicos.*

I. ORGANIZACIONES

BALZAC, JESÚS M.: *Unión y fuerza.* (Cuestiones obreras.) Mayagüez, P. R., 1911, 74 p.

ESTEVES, JOSÉ DE JESÚS: *Proyecto de una Asociación de obreros y patronos sobre accidentes del trabajo.* Imp. El Boletín Mercantil, San Juan, P. R., 1910.

IGLESIAS, SANTIAGO: *¿Quiénes somos?* [Organizaciones obreras.] Porto Rico Progress Publishing Co., San Juan, P. R., 1914, 80 p.

RODRÍGUEZ VERA, ANDRÉS: *Los fantoches del obrerismo o el fracaso de una institución.* Tip. Negrón Flores, San Juan, P. R., 1915, 88 p.

RODRÍGUEZ VERA, ANDRÉS: *¿Federación Obrera Pan-Americana?* Imp. La Democracia, San Juan, P. R., 1924, 105 p.

Asamblea local de los Tabaqueros de Bayamón P. R., 1919, 16 p.

Constitución de la Unión Internacional de Tabaqueros de América. 1920, 64 p. Otra ed.: Imp. Cantero, Fernández & Co., San Juan, P. R., 1928, 56 p.

Constitución de la Federación Libre de los Trabajadores de Puerto Rico. Compañía Editora de Justicia, San Juan, P. R., 1921, 20 p.

Federación Libre de los Trabajadores de Puerto Rico. Su programa, leyes y cooperativas. Press of the San Juan News, San Juan, P. R., 1903, 21 p.

La respuesta enviada a los representantes de la Federación Americana del Trabajo. (Por varios «leaders» republicanos.) Tip. The Thimes Publishing Co., San Juan, P. R., 1920, 33 p.

Ley núm. 3: Sobre Cooperativas. Compañía Editora de Justicia, San Juan, P. R., s. f., 10 p.

O perecer o unirse. Federación Libre de Arecibo. Tip El Carnaval, San Juan, P. R., 1904.

Procedimientos del Sexto Congreso Obrero de la Federación Libre de los Trabajadores de Puerto Rico. Celebrado del 18 al 24 de marzo de 1910 en la ciudad de Juncos, Puerto Rico. Tip M. Burillo & Cía., San Juan, P. R., 1910, 183 p.

Reglamento de la Federación Regional de los Trabajadores de Puerto Rico. Tip. El País, San Juan, P. R., 1902, 10 p.

Report de procedimientos del Tercer Congreso de la Federación Libre de los Trabajadores de Puerto Rico, afiliada a la American Federation of Labor, celebrado en Mayagüez del 18 al 25 de junio. (Pub. por orden de la Federación Libre de los Trabajadores de Puerto Rico.) Imp. Unión Obrera, Mayagüez, P. R., 1905, 52 p.

The Tyranny of the House of Delegates of Porto Rico. An address by The Free Federation of Labor of Porto Rico. 62nd. Congress House of Representatives, 3rd. sess Doc. Nº 1415. Gov. Prtg. Off., Wa., 1913, 12 p.

2. HUELGAS

BILLS JR., J. C.: *Huelga de los empleados en la elaboración de tabaco, contra la Porto Rican American Tobacco Co.* Negociado del Trabajo. Bol. núm. 3. Neg. Mat. Imp., 1914, 27 p.

FERNÁNDEZ VANGA, EPIFANIO: *La huelga.* P. R. I., 23 de mayo de 1914, núm. 221.

FIZ JIMÉNEZ, E.: *Informe y comentario sobre la huelga agrícola de Humacao y Yabucoa.* Imp. Conciencia Popular, Humacao, P. R., s. f., 42 p.

HONORÉ, CARMELO: *Influencia social de las huelgas.* En *Conferencias*

Dominicales dadas en la Biblioteca Insular de Puerto Rico. Bur. Supp. Prtg., 1914, p. 172.

IGLESIAS, SANTIAGO: *Luchas emancipadoras.* (Crónicas de Puerto Rico, vol. 1.) Imp. Cantero, Fernández & Co., San Juan, P. R., 1929, 388 p.

LOZANO, RAFAEL C.: *Relampagueos.* (Historia de una huelga.) Imp. El Día, Ponce, P. R., 1918, 56 p.

MELÉNDEZ MUÑOZ, M.: *Desde una orilla de nuestra vida.* Las huelgas. P. R. I., 1 de noviembre de 1919, núm. 505.

MONAGAS, RAFAEL H.: *El microbio de la huelga.* P. R. I., 18 de octubre de 1919, núm. 503.

OCHART, BOLÍVAR: *La noche del 12 de marzo.* (Luchas económicas e industrial.) Imp. Conciencia Popular, Humacao, P. R. 1919, 48 p.

Special Bulletin on Strikes in Porto Rico during fiscal year 1917-1918 and appendix of Labor Laws approved from 1916 to March 1918. Bur. Supp. Prtg, 1918, 62 p. (Bureau of Labor.)

Huelga general de los tabaqueros de Puerto Rico. (Manifiesto.) Tip. La Democracia, San Juan, P. R., 1926, 14 p.

Informe anual de la Comisión de Mediación y Conciliación. Año fiscal de 1926-1927. Neg. Mat. Imp., 1927, 67 p [Hay otros informes publicados anualmente.]

Labor's Troubles in Porto Rico. Public, Oct. 23, 1904, vol. 17: 1101.

Negociado del Trabajo: Quinto informe anual dirigido a la Asamblea Legislativa de Puerto Rico. 11 de abril de 1917. (Materias: huelgas, legislación obrera.) Bur. Supp. Prtg., 1917, 40 p.

Proyecto de reglamento. Imp. Justicia, P. R., 1920, 12 p.

3. DESEMPLEO

JUSTICIA, ANDRÉS: *El problema de la falta de empleo en Puerto Rico.* Porto Rico Progress, San Juan, P. R., 1926, 11 p.

RODRÍGUEZ VERA, A.: *Agrarismo colonial y trabajo a domicilio.* San Juan, P. R., 1929. [V. cap. V: 97.]

Primer informe de la Comisión Legislativa para investigar el malestar y desasosiego industrial y agrícola, y que origina el desempleo en Puerto Rico. Neg. Mat. Imp., 1930, 284 p. [Hay ed. en inglés. El segundo informe está en vías de publicación.]

Reglamento aprobado por S. M. para la corrección de los vagos que existen en la Isla de Puerto Rico. Imp. del Gobierno, P. R., 1850, 15 p. [Hay otros bandos anotados bajo *Problemas Sociales.*]

B. — FACTORES PRINCIPALES

a. — AGRICULTURA

I. OBRAS GENERALES

ACOSTA, JOSÉ JULIÁN: *Tratado de Agricultura teórica con aplicación a los cultivos intertropicales*. Imp. J. J. Acosta, San Juan, P. R., 1862.

ASENJO, FEDERICO: *Nociones de Agricultura para uso de las escuelas de instrucción primaria*. Imp. de González, P. R., 1870, 42 p.

BALLESTEROS MUÑOZ, J.: *Agricultura teórico-práctica*. Imp. El Boletín Mercantil, San Juan, P. R., 1889.

BARKER, EUGENIO: *El mejoramiento de nuestras siembras*. Est. Exp. Ins., circular núm. 30, 1920.

——: *Relación entre el cruzamiento de las plantas y la Agricultura*. Rev. Agr., julio de 1920, vol. 5, núm. 1: 4.

BARRET, O. W.: *The Food Plants of Porto Rico*. Jour. Dept. Agr., Jan. 1925, vol. 9, N° 1.

——: *Granjas modelo del Departamento de Agricultura*. (Circular de Fomento, núm. 5. Depto. de Agricultura.) Neg. Mat. Imp., 1925, 20 p.

——: *Frutas que debemos traer a Puerto Rico*. Rev. Agr., junio de 1924, vol. 12, núm. 6: 395.

——: *Plantas alimenticias de Puerto Rico*. Rev. Agr., julio de 1925, vol. 15, núm. 1: 13. [V. vol. 16, núm. 5.]

——: *Notas históricas acerca de nuestras cosechas*. Rev. Agr., agosto y septiembre de 1926, vol. 17, núms. 2-3: 6.

——: *Algunos problemas importantes de la agricultura tropical*. Rev. Agr., julio de 1928, vol. 21, núm. 1: 8.

BARRUS, M. F: *Observaciones sobre el trabajo de fomento agrícola en Puerto Rico*. Rev. Agr., agosto y septiembre de 1926, vol. 17, núms. 2-3: 3.

BRAU ZURZUARREGUI, MARIO: *El Museo de Historia Natural del Departamento de Agricultura y Trabajo*. Rev. Agr., febrero de 1924, vol. 12, núm. 2: 85.

COLÓN, EDMUNDO D.: *Introducción de especies extranjeras*. Rev. Agr., agosto de 1922, vol. 9, núm. 2: 21.

——: *Breve reseña del desenvolvimiento de la Agricultura en Puerto Rico*. Rev. Agr., febrero de 1922, vol. 8, núm. 2: 49.

——: *Datos sobre la historia de la Agricultura de Puerto Rico antes de 1898*. Imp. Cantero, Fernández & Co., San Juan, P. R., 1930, 302 p. [Única obra histórica de conjunto sobre esta materia.]

COLL Y TOSTE, CAYETANO: *Historia del desarrollo de la Agricultura y de la propiedad territorial en Puerto Rico*. Rev. Agr., febrero de 1923, vol. 10, núm. 2. Sigue en el vol. 10, núms. 3, 4 y 5; vol. 11, núms. 1, 2, 3 y 4.

COOK, ORATOR FULLER : *Agriculture in the Tropical Islands of the United States.* U. S. Dept. Agr. Yearbook, 1901. Gov. Prtg. Off., Wa., 1902, p. 349-368.

CÓRDOVA, PEDRO TOMÁS DE : *Agricultura, Comercio e Industria.* En *Memoria sobre todos los ramos de la Administración de la Isla de Puerto Rico.* Imp. Yenes, Madrid, 1838, p. 144.

——: *Productos de la Isla en 1783 y en 1834.* En *Memoria sobre todos los ramos de la Administración de la Isla de Puerto Rico.* Imp. Yenes, Madrid, 1838, p. 89.

CÓRDOVA DÁVILA, F. : *Assisting the Porto Rico Farmer.* (Speech H. of Rep. of U. S., April 7, 1920.) Gov. Prtg. Off., Wa., 1920, 8 p.

CROCKER, WILLIAM : *Algunas impresiones de Puerto Rico.* Recogidas en una jira de diez días a través de la Isla. Rev. Agr., septiembre de 1927, vol. 19, núm. 3 : 99.

CHARDÓN, CARLOS E : *Porto Rico's proposed Graduate School of Tropical Agriculture.* Tobacco (A Weekly Trade Review), N. Y., 1927, N° 10 : 30-33. [También en P. R. Progress, Dec. 29, 1927, vol. 25, N° 52.]

DÍAZ, MIGUEL A. : *Modernicemos la vida del campo.* Rev. Agr., julio de 1927, vol. 19, núm. 1 : 32.

EVANS, WALTER HARRISON : *Agricultural Investigations in the Island Possessions of the United States.* U. S. Dept. Agr. Yearbook, 1901, Gov. Prtg. Off., Wa., 1902, p. 503-526.

FIGUEROA, CARLOS A. : *Rotación de cosechas.* Rev. Agr., enero de 1919, vol. 2, núm. 2 : 35.

——: *Selección de semillas y semilleros.* Rev. Agr., marzo de 1927, vol. 18, núm. 3 : 136.

——: *Demostraciones agrícolas.* (Circular de Fomento, núm. 3, Depto. de Agricultura.) Neg. Mat. Imp., 1924, 65 p.

——: *El agente agrícola.* (Circular de Fomento, núm. 2, Depto. de Agricultura.) Neg. Mat. Imp., 1925, 24 p.

——: *Algunos problemas agrícolas de Puerto Rico y sus soluciones.* (Circular de Fomento, núm. 8, Depto. de Agricultura.) Neg. Mat. Imp., 1926, 32 p.

——: *Demostraciones agrícolas.* Compilación y notas, 1924-1925. (Circular de Fomento, núm. 7, Depto. de Agricultura.) Neg. Mat. Imp., 1926, 201 p.

FLINTER, GEORGE D. : *An Account of the Present State of the Island.* London, 1834, 392 p. [Contiene datos valiosos sobre Agricultura.]

GANDÍA CÓRDOVA, RAMÓN : *División de la Isla en distritos agronómicos.* Rev. Agr., julio de 1918, vol. 1, núm. 4 : 145.

——: *Riesgos en Agricultura.* Maneras de evitarlos. Rev. Agr., mayo de 1922, vol. 8, núm. 5 : 5.

GANDÍA CÓRDOVA, RAMÓN: *Organización rural de Puerto Rico.* Neg. Mat. Imp, 1922, 300 p. [Contiene: Organización rural, p. 3-81. Ligas agrícolas de Puerto Rico, p. 83-183. Sobre Bancos y préstamos agrícolas, p. 185-242. Industrias, p. 243-268. Bosques, p. 269-279. Notas de interés, 281-300.]

GARDNER, FRANK D.: *La estación de experimentos agriculturales de Puerto Rico, su establecimiento, sitio y propósito.* Agr. Exp. St., Bol. núm. 1, 1902, 15 p [Hay ed. en inglés.]

GOULD, H. P.: *Indicaciones prácticas sobre el cultivo de frutas.* (Depto. del Interior. Neg. Agr. y Minas. Bol. Agr., núm. 19.) San Juan, P. R., enero de 1904, 5 p.

GRIFFITH, J. P.: *Introducción y propagación de plantas.* Su relación con nuestro progreso. Rev. Agr., septiembre de 1923, vol. 11, núm. 3: 21.

HARVEY, ARTHUR J.: *Silos en Puerto Rico.* Rev. Agr., abril-mayo de 1918, vol. 1, núms. 1 y 2 : 89.

HENRICKSEN, HENRY C.: *Breve reseña sobre la Agricultura de Puerto Rico.* Rev. Agr., abril-mayo de 1918, vol. 1, núms. 1 y 2 : 5.

HERNÁNDEZ, FRANCISCO J, y GADEA, ENRIQUE: *Exposición e informe sobre la creación en Puerto Rico de una escuela regional de Agricultura.* 1844.

JARDINE, W. M.: *Estabilizando los precios de los productos agrícolas.* Rev. Agr., septiembre de 1927, vol. 19, núm. 3 : 115.

KERN, F. D.: *Agriculture in Porto Rico.* Pennsylvania State Farmer, State College, Pa., Jan. 1925, vol. 18 : 107.

LEGRAND, J. FEDERICO: *Para evitar la descomposición de las frutas maduras.* Rev. Agr., julio de 1922, vol. 9, núm. 1 : 11.

LÓPEZ BALLESTER, E.: *Servicio de vulgarización agrícola.* Informe de las actividades durante el mes de enero de 1922. Rev. Agr., febrero de 1922, vol. 8, núm. 2 : 59.

——: *Los productos secundarios de las fincas.* Rev. Agr., julio de 1922, vol. 9, núm. 1 : 5.

LÓPEZ DOMÍNGUEZ, FRANCISCO A.: *Orientaciones que debieran seguirse en las investigaciones agrícolas de Puerto Rico.* Rev. Agr., noviembre de 1926, vol. 17, núm. 5: 5. [En la Rev. aparece como núm. 4. V. también vol. 18, núm. 1.]

LÓPEZ TUERO, FERNANDO: *La reforma agrícola.* Imp. El Boletín Mercantil, San Juan, P. R., 1891, 202 p.

——: *Tratado de cultivos tropicales.* Imp. El Boletín Mercantil, San Juan, P. R., 1896, 268 p., 2.ª ed.

——: *Estado moral de los factores de producción en Cuba y Puerto Rico.* Madrid, 1896, 56 p.

MÁRQUEZ, NELSON: *Algunos errores fundamentales en la explotación de fincas agrícolas de Puerto Rico.* Rev. Agr., mayo de 1930, vol. 24, núm. 11 : 210.

MAY, D. W.: *Report on Agricultural Investigations in Porto Rico, 1905.* U. S. Dept. Agr. Office of Exp. Stations, Bull. N° 171, Wa., 1906.

——: *Agricultural Interest and Prospects of Porto Rico.* En *Report of the 33rd. Annual Lake Mohonk Conference on the Indian & other Dependent Peoples,* Oct. 20, 21, 22, 1915, p. 14.

——: *La influencia de la Luna.* (Traducido del Porto Rico Progress.) Rev. Agr., abril de 1924, vol. 12, núm. 4: 233.

MEDINA Y GONZÁLEZ, ZENÓN: *Espontáneas.* (Colección de artículos.) Tip. Comercial, Mayagüez, P. R., 1897, 110 p. [V. Nuestra Agricultura, p. 18.]

MELÉNDEZ MUÑOZ, M.: *La ruina de nuestra Agricultura.* P. R. I., 19 de enero de 1929, año XX, núm. 985: 17.

MILLS, SAMUEL D. W.; DOMÍNGUEZ NIEVES, ANTONIO, y PADÍN, JOSÉ: *Nociones de Agricultura tropical.* Imp. D. C. Heath & Co., N. Y., 1922, 373 p.

NEGRÓN FLORES, RAMÓN: *Por la Tierra Madre.* Rev. Ant., marzo de 1913, año I, núm. 1.

OLDYS, HENRY; BREWSTER, C. E., and EARNSHAW, FRANK L.: *Game Laws for 1911.* A Summary of the provisions relating to seasons, shipments, sale, limits and licenses. U. S. Dept. Agr. Farmer's Bull., N° 470. Gov. Prtg Off., Wa, 1911, 52 p.

ORMACHEA, DARÍO DE: *Memoria acerca de la Agricultura, el Comercio y las Rentas públicas de la Isla de Puerto Rico.* Imp. de D. C. Rufino, Madrid, 1847, 37 p. [V. B. H. P. R., 1915, vol. 2: 226.]

ORTON, W. A.: *Problema de Botánica en la Agricultura de la América Tropical.* Rev. Agr., julio de 1927, vol. 19, núm. 1: 8.

PITTIER, H.: *Notas sobre Agricultura en Puerto Rico.* Rev. Agr., julio de 1928, vol. 21, núm. 1: 3.

RAMÍREZ, CÉSAR: *Secano o Dry Farming.* Sus posibilidades en la zona seca de Lajas y Cabo Rojo. Rev. Agr., abril de 1930, vol. 25, núm. 10: 149.

REGÚLEZ Y SANZ DEL RÍO, ALBERTO: *Nociones de Agricultura, Industria y Comercio.* Imp. de J. González Font, San Juan, P. R., 1887, 112 p.

RODRÍGUEZ Y RODRÍGUEZ, DOMINGO: *Tratado de Agricultura teórica y práctica.* Escrito dialogadamente para las escuelas de Puerto Rico. Obra declarada de texto en la *Gaceta* de 15 de mayo de 1884. Imp. de J. González Font, San Juan, P. R., 1884, 29 p.

ROSENFELD, ARTURO H.: *¿Cambiaremos nuestras opiniones sobre la rotación de cultivos?* Rev. Agr., agosto de 1925, vol. 15, núm. 2: 55.

SANTAELLA, HERMINIO W.: *Nociones de Agricultura con todos los cultivos de Puerto Rico, para uso de las escuelas.* Tip. El Telégrafo, Ponce, P. R., 1894, 97 p. Hay otra ed.: Tip. El Alba, Coamo, P. R., 1898, 128 p.

SENCIAL, ULPIANO B.: *Conferencia sobre importancia de la Agricultura y el interés de estudiarla.* Conferencia dada por el autor en el Salón de Actos de la Universidad de Puerto Rico, el miércoles 26 de abril de 1916. Bur. Supp. Prtg., 1916, 14 p.

STONE, ROY: *Agriculture in Porto Rico.* Yearbook, U. S. Dept. Agr., 1898. Gov. Prtg. Off., Wa., 1899, p. 505-514.

VALLE, JOSÉ G. DEL: *Producción agrícola y movimiento mercantil en Puerto Rico.* The Puerto Rico Herald, N. Y., 11 de enero de 1902, año I, núm. 27.

——: *Agricultura puertorriqueña.* Concurso del Gobierno. The Puerto Rico Herald, N. Y., 29 de marzo de 1902, año I, núms. 38, 39, 42, 46, 48 y 56.

VALLE ZENO, R. DE: *El carbonato de cal en la Agricultura.* Tip. Germán Díaz, San Juan, P. R., marzo de 1923, 26 p.

VAN INGRAN, GEORGE: *Agricultura y Comercio.* Para el agricultor progresista. Nuevos métodos. Yauco Printing Co., Inc., P. R., s. f., 28 p.

WASH, G. E.: *Tropical Specialties for Porto Rico.* Scientific American, N. Y., Aug. 6, 1904, vol. 91: 90.

WOLCOTT, G. N: *Curso de instrucción a los maestros y agentes agrícolas.* Rev. Agr., marzo de 1922, vol. 8, núm. 3: 21.

WURSHIN, HERMAN: *Notas breves sobre varias cosechas.* (Caña, arroz, café, chinas, ganado, tabaco, estiércol.) Rev. Agr., abril y mayo de 1918, vol. 1, núms. 1 y 2: 30.

Agricultura. [Problemas, Estaciones experimentales, tierras, abonos, plantas, riegos, etc.] En *El libro de Puerto Rico,* 1923, cap. VIII, p. 458-517.

Agricultural Out-look in Porto Rico. Scientific American, N. Y., Jan. 22, 1900, vol. 82: 50.

Agricultural Resources and Capabilities of Porto Rico.. With special reference to the establishment of and Agricultural Experiment Station in that island. U. S. Dept Agr. Off. of Experiment Stations. Gov. Prtg. Off., Wa., 1901, 32 p. +.

Annual Reports of the Porto Rico Agricultural Experiment Station. (Mayagüez, P. R.) Under the auspices of the U. S. Dept Agr., 30 vols. [Desde 1901 a 1930.]

Annual Report of the Insular Experiment Station of Porto Rico. Río Piedras, P. R. [Desde 1910 hasta 1929.]

El Agricultor puertorriqueño. (Revista, órgano de la Asociación de Agricultores de Puerto Rico, San Juan, P. R.) vol. 1, núm. 1, 12 de diciembre de 1925, hasta el vol. 10, núm. 12, diciembre de 1930. [Sigue su curso de publicación.]

Experiment Station Records. U. S. Dept. of Agriculture, Office of the Experiment Stations, 63 vols., 1889-1930.

Exposición presentada a la Comisión Colonial de Washington por los gremios de comerciantes, agricultores e industriales de Ponce. Tip. del Correo de Puerto Rico, Ponce, P. R, 1899, 19 p.

Granjas agrícolas. Rev. Obs. Púb., marzo de 1924, año I, núm. 3: 128.

Industrias y agricultura especial. [Caña de azúcar, variedades, enfermedades, fabricación de azúcar, asociación de productos, tabaco, café, frutas citrosas, ganadería, industrias, etc.] En *El libro de Puerto Rico,* 1923, cap. IX, p. 518-647.

Island Territory of the United States. Yearbook, U. S. Dept. Agr., 1901. Gov. Prtg. Off., Wa., 1902, p. 685-687.

Mouvement Commercial, Industriel et Agricole de l'Ile de Porto Rico Raports Com. des agts Diplom. et Consulaires de France (1893-1894), Nº 251. (Ministère du Commerce.)

Petition to the President of the U. S., of the Agriculturist of Porto Rico. Imp. Gibson Bros., Wa., 1899, 17 p.

Revista de Agricultura, Industria y Comercio. Vols. 1 y 2. Imp. El Boletín Mercantil, San Juan, P. R., 1886-1888. Vol. 1, 209 p.; vol. 2, 180 p.

Yearbook of the U. S. Department of Agriculture. Gov. Prtg. Off., Wa. [Para información anual, estadísticas, etc., véanse estos volúmenes anuales, especialmente los publicados de 1898-1930.]

2. SUELOS Y ABONOS

ACOSTA HENRÍQUEZ, J.: *Estiércoles.* Rev. Agr., junio de 1922, vol. 8, núm. 6: 55.

BARKER, E. E.: *La renovación del terreno por medio de siembras intermediarias de plantas leguminosas.* Est. Exp. Ins. Circular núm. 31, 1920.

BATES, CHARLES Z.: *¿Qué es el Humus? Su formación y servicio que rinde al bosque.* Rev. Agr., octubre de 1927, vol. 19, núm. 4: 183.

BONNET, J. AMÉDÉE: *Aplicación práctica de la determinación del valor p. H. en los suelos de labor.* El Mundo Azucarero. La , mayo de 1929, vol. 16, núm 10: 295-298. [También en Rev. Agr., vol. 22, núm. 8.]

——: *Historia de la Microbiología del suelo.* Rev. Agr., marzo de 1929, vol. 22, núm. 9: 99-101.

——: *La importancia de la paja de caña en los suelos de labor.* Rev. Agr., julio de 1930, vol. 25, núm. 1: 11-15.

——: *Reacción de la cianamida comercial en abonos mezclados y en los suelos.* El Agricultor Puertorriqueño, San Juan, P. R., 31 de octubre de 1928, vol. 6, núm. 8: 9. [V. Rev. Agr., vol. 21, núm. 4. Atribuída a J. H. Ramírez, siendo Bonnet su verdadero autor. V. también El Mundo Azucarero, La., vol. 16, núm. 16.]

CADY, W. B.: *Abonos comerciales.* Est. Exp. Ins., Bol. núm. 13, 1915, 13 p. En inglés, *Commercial Fertilizers.* Ins. Exp. St., Bull. Nº 16, 1916, 12 p.

COLÓN, EDMUNDO D.: *De Microbiología de suelos.* Rev. Agr., julio de 1918, vol. 1, núm. 4: 166; vol. 2, núm. 2.

COLÓN, EDMUNDO D.: *La pérdida de nitrógeno en las tierras cultivadas de caña.* Rev. Agr., julio de 1929, vol. 23, núm. 1: 22.

COLÓN FRÍAS, ISIDORO: *Abonos para tabaco.* Rev. Agr., marzo de 1928, vol. 20, núm. 3: 108.

——: *Métodos para la mensura de un campo.* Rev. Agr., enero de 1919, vol. 2, núm. 2: 39.

——: *Tierras y abonos.* Rev. Agr., noviembre de 1922, vol. 9, núm. 5: 13.

——: *Intercambio de bases en el suelo.* Rev. Agr., agosto de 1928, vol. 21, núm. 2: 76.

——: *Terrenos de caña y materias fertilizantes.* Rev. Agr., septiembre de 1928, vol. 21, núm. 3: 110.

——: *Abonos para caña de azúcar en Puerto Rico.* Rev. Agr., enero de 1929, vol. 22, núm. 7: 17; vol. 23, núm. 1: 25.

——: *Fertilizantes para frutas en Puerto Rico.* Rev. Agr., marzo de 1929, vol 22, núm. 9: 110.

——: *Fertilizantes para tabaco en Puerto Rico.* Rev. Agr., agosto de 1929, vol. 23, núm. 2: 92.

——: *Soils and Fertilizers.* Varying characteristics and Requirements in Porto Rico. En *Memoirs of the Association of Sugar Technologists of Porto Rico.* San Juan, P. R., Jan. 1922, vol. 1, N° 1.

COLÓN, ISMAEL A.: *¿Cómo es más oportuna la primera aplicación de abono?* Rev. Agr., junio de 1929, vol. 22, núm. 12: 236.

CRAWLEY, J. T.: *Fertilizers.* Exp. St. of Sugar Producers, Bull. N° 13, Oct. 1912. Times Pub. Co., San Juan, P. R., 1912.

——: *Aplicación de abonos al terreno y pérdidas por filtración.* Rev. Agr., noviembre-diciembre de 1918, vol. 2, núm. 1: 11.

CHARDÓN, CARLOS E.: *Estudio preliminar sobre la amonificación y nitrificación de los terrenos de Puerto Rico.* Rev. Agr., enero de 1921, vol. 6, núm. 1: 37.

——: *Aviso sobre análisis de abono para tabaco.* Rev. Agr., febrero de 1926, vol. 16, núm. 2: 91.

——: *Problemas cafeteros de Puerto Rico* (1). *Abonos para café.* (Circular de Fomento, núm. 12, Depto. de Agr.) Neg. Mat. Imp., 1927, 29 p. [V. Rev. Agr., vol. 19, núm. 4: 157.]

DORSEY, CLARENCE W.; MESMER, LOUIS, y CAINE, THOMAS A.: *Reconocimiento de terrenos desde Arecibo a Ponce, Puerto Rico.* Agr. Exp. St., Bol. N° 3, 1903, 54 p. [Hay ed. en inglés.]

EARLE, F. S.: *Fertilizers in Porto Rico.* Effects of different ingredients upon the maturity of cane. En *Memoirs of the Association of Sugar Technologists of Porto Rico.* San Juan, P. R., Jan. 1922, vol. 1, N° 1.

FERNÁNDEZ GARCÍA, RAFAEL: *La materia orgánica de los suelos de labor.* (Ensayo técnico.) Rev. Agr., 1926, vol. 17: 24-26.

GILE, P. L.: *Relación entre los terrenos calcáreos y la clorosis de la piña.* Agr. Exp. St., Bol., núm. 11, 1913, 53 p. +. [Hay ed. en inglés.]

GILE, P. L.: *Lime-Magnesia ratio as influenced by concentration.* Agr. Exp. St., Bull., N° 12, 1913, 24 p.

——: *El aprovechamiento de las fuentes de abono de Puerto Rico.* Rev. Agr., abril-mayo de 1918, vol 1, núms. 1 y 2: 75.

——, and AGETON, C. N.: *The red clay soil of Porto Rico.* Agr. Exp. St., Bull., N° 14, 1914, 24 p.

——, ——: *The effect of strongly calcareous soils on the growth and ash composition of certain plants.* Agr. Exp. St., Bull. N° 16, 1914, 45 p.

——, and CARRERO, J. O.: *The bat guanos of Porto Rico and their fertilizing value.* Agr. Exp. St., Bull., N° 25, 1918, 66 p.

——, ——: *Efficiencies of phosphatic fertilizers as affected by liming and by the lengh of time the phosphates remained in Porto Rican soils.* Agr. Dept. Jour. Agr. Research, 1923, vol. 25: 171-194.

——, ——: *Assimilation of nitrogen, phosphorus and potassium by corn when nutrient salts are confined to different roots.* Agr. Dept. Jour. Agr. Research, July 15, 1921, vol. 21, N° 8: 545.

GÓMEZ, JUAN J.: *Utilización del bagazo de la caña en los cultivos.* Rev. Agr., junio de 1928, vol. 20, núm. 6: 303.

GRAGO, W. H.: *La reclamación de terrenos poyalosos en Puerto Rico.* Rev. Agr., agosto de 1930, vol. 15, núm. 2: 85.

HERNÁNDEZ, ELÍAS: *La erosión de los suelos en relación con el cultivo de café.* Rev. Agr, enero de 1930, vol. 25, núm. 7: 23.

HOSTOS, ADOLFO DE: *Antillean fertility, idols and primitive ideas of plant fertilization elsewhere.* Compte rendu au XXIe Congrès International des Américanistes. La Haya, 1924.

KINMAN, C. F.: *Experimentos con abonos en árboles del género citrus en Puerto Rico.* Agr. Exp. St., Bol. N° 18, 1914, 34 p. [Hay ed. en inglés.]

——: *Plantas para proteger y enriquecer los terrenos de Puerto Rico.* Agr. Exp. St., Bol. núm. 19, 1915, 30 p. [Hay ed. en inglés.]

LEGRAND, J. FEDERICO: *Necesidad del uso de la cal en el terreno.* Rev. Agr., marzo de 1920, vol. 4, núm. 3: 9.

LOEW, OSCAR: *Some principles in manuring with lime and magnesia.* Agr. Exp. St., Circular N° 10, 1909, 15 p.

——: *Soil disinfection in Agriculture.* Agr. Exp. St, Circular N° 11, 1909, 13 p.

——: *On the sick soils of Porto Rico.* Agr. Exp. St., Circular N° 12, 1910, 24 p.

——: *Studies on acid soils of Porto Rico.* Agr. Exp. St., Bull. N° 13, 1913, 23 p.

LÓPEZ DOMÍNGUEZ, FRANCISCO A.: *La preparación de abonos mezclados por el agricultor.* Est. Exp. Ins., Circular núm. 19, 1919.

——: *Experimentos con abonos para caña.* Est. Exp. Ins., Circular núm. 33, 1920, p. 20-31.

López Domínguez, Francisco A.: *Abonos.* Est. Exp. Ins., Bol. núm. 21, 1919, 41 p.

——: *Fertilizer experiments on cane.* Ins. Exp. St., Bull. N° 29, 1924, 39 p.

——: *Modo de tomar las muestras de tierra y abono para su análisis.* Rev. Agr., agosto de 1918, vol. 1, núm. 5. [V. vol. 11, núm. 2.]

Márquez, Nelson: *La erosión de los suelos. Representa una seria amenaza para la agricultura en la zona tabacalera.* Rev. Agr., febrero de 1930, vol. 25, núm. 8: 46.

May, D. W.: *Fertilizadores o abonos.* Agr. Exp. St., Circular núm. 6, 1907, 18 p. [Hay ed. en inglés.]

——, and Gile, P. L.: *The catalase of soils.* Agr. Exp. St., Circular N° 9, 1909, 13 p.

Menéndez Ramos, Rafael: *La cal como enmienda.* Est. Exp. Ins., Circular núm. 74, 1923,

——: *El análisis químico de los suelos.* Su valor y sus limitaciones. Rev. Agr., agosto de 1923, vol. 11, núm. 2: 13.

——: *El suelo no puede ser responsable del matizado de la caña.* Rev. Agr., septiembre de 1923, vol. 11, núm. 3: 13.

Mercado, Julio: *Manufactura de abonos en Puerto Rico.* Rev. Agr., febrero de 1929, vol. 22, núm. 8: 52; vol. 23, núm. 1: 15.

Osuna, Pedro: *Abono para la hortaliza.* Rev. Agr., octubre de 1926, vol. 17, núm. 4: 20.

Quiñones, Pedro E.: *Variabilidad y distribución de la humedad en los abonos para caña mezclados en Puerto Rico.* Rev. Agr., febrero de 1930, vol. 25, núm. 8: 67.

R. S.: *Un nuevo procedimiento para el abono de los campos.* Rev. Agr., enero de 1927, vol. 18, núm. 1: 42.

Ramírez, José Hipólito: *El valor de la cachaza como fertilizante.* Est. Exp. Ins., Bol. núm. 31, mayo de 1922, 32 p.

——: *La nutrificación de las cachazas en los terrenos arcillosos de reacción ácida de Puerto Rico.* Rev. Agr., marzo de 1923, vol. 10, núm. 3: 23.

Ríos Lavienna, G.: *Abonos para bananos.* Rev. Agr., diciembre de 1928, vol. 21, núm. 6: 212.

——: *Plantas leguminosas como abonos verdes.* Rev. Agr., noviembre de 1930, vol. 25, núm. 5: 188.

Rolfs, P. H.: *Sites, soils and varieties for citrus groves in the Gulf States.* U. S. Dept. Agr. Farmer's Bull., N° 538. Gov. Prtg. Off., Wa., 1913, 15 p.

Stubbe, J. D.: *Abono del tabaco y preparación de semilleros en Puerto Rico.* Rev. Agr., enero de 1924, vol. 12, núm. 1: 19.

Sweet, A. T.: *La mesura y clasificación de los suelos de Puerto Rico.* Rev. Agr., marzo de 1929, vol. 22, núm. 9: 115.

TORRES, IGNACIO L.: *Abonos para algodón*. Demostración de la división de Fomento Agrícola. Rev. Agr., octubre de 1926, vol. 17, núm. 4: 14.

VICENTE, MANUEL L.: *Drenaje de terrenos poyalosos en Puerto Rico*. Rev. Agr., enero de 1930, vol. 25, núm. 7: 11.

VILÁ MAYO, RAFAEL: *Abonos*. Est. Exp. Ins., Bol. núm. 26, 1920, 39 p.

—— : *El carbonato calizo con relación al grado de pulverización*. Rev. Agr., octubre de 1926, vol. 17, núm. 4: 6.

—— : *Una nueva prima fertilizante. Leunasaltpeter*. Rev. Agr., noviembre de 1926, vol. 17, núm. 5: 8. [En la Rev. aparece como núm. 4.]

—— : *Historia del servicio de inspección de abonos en la Isla de Puerto Rico*. Rev. Agr., enero de 1927, vol. 18, núm. 1: 10.

—— : *La magnesia en los abonos para tabaco*. Rev. Agr., diciembre de 1927, vol. 19, núm. 6: 302.

—— : *Inspección de abonos en la Isla de Puerto Rico*. Rev. Agr., junio de 1930, vol. 24, núm. 12: 240.

VILLAMIL, FERNANDO A.: *Estudio preliminar de los suelos de riego de Isabela, Aguadilla y Moca con respecto a su acidez Op. H.*, Rev. Agr., diciembre de 1929, vol. 24, núm. 6: 145.

—— : *Clasificación de suelos*. Rev. Agr., junio de 1930, vol. 24, núm. 12: 232. [V. vol. 25, núm. 8: 45.]

—— : *Conveniencia de usar mapas aéreos en clasificaciones de suelos*. Rev. Agr., noviembre de 1930, vol. 25, núm. 5: 178.

WILEY, H. W.: *Fermentos del suelo importantes en agricultura*. Dept. del Interior de Puerto Rico. Neg. Agr. y Minas. Bol. Agr., núm. 24, San Juan, P. R., junio de 1904, 5 p.

Fábrica de superfosfatos y abonos minerales en Mayagüez, Puerto Rico. Conveniencia de los abonos minerales, modo de emplearlos y condiciones de venta. D. Quintanelli, director. Tip. Comercial, Mayagüez, P. R., 1895, 15 p., 3.ª ed., corregida.

Información correspondiente al Departamento de Agricultura y Trabajo, y Estación Experimental Insular. Neg. Mat. Imp., 1931, 46 p.

La cal en la agricultura. Rev. Agr., febrero de 1929, vol. 22, núm. 8: 66.

Véase *Propiedad territorial*.

3. CULTIVOS MAYORES

1) *Café*.

ACOSTA, JOSÉ JULIÁN: *El café*. Estudio histórico de esta planta. P. R., 1856.

—— : *El café y la caña de azúcar*. (Folleto. Bosquejo histórico agrícola.) Imp. J. J. Acosta, San Juan, P. R., 1884.

ACOSTA HENRÍQUEZ, JUAN: *Café*. Rev. Agr., junio de 1919, vol. 3, núm. 1: 30.

—— : *Sombra para cafetales*. Rev. Agr., mayo de 1922, vol. 8, núm. 5: 19.

Ballesteros Muñoz, José: *El cultivo del café.* Imp. El Boletín Mercantil, San Juan, P. R., 1888, 36 p.; 2.ª ed., Tip. del Pregonero, Caracas, Venezuela, 1889; 3.ª ed., Imp. El Ideal Católico, Ponce, P. R., 1907.

Blanco, Julián E.: *In favor of Porto Rican Coffee.* The Puerto Rico Herald, N. Y., Nov. 30, 1901, año I, N° 21; Dec. 7, 1901, N° 22.

Brau, Salvador: *De cómo y cuándo nos llegó el café.* [Estudio histórico.] En *Tierra,* revista agrícola, San Juan, P. R., 20 de agosto de 1906, vol. 1, núm. 8.

Britton, N. L.: *El café en Puerto Rico.* Rev. Agr., abril de 1924, vol. 12, núm. 4: 237

Crespo, Ulpiano: *Cartilla de la siembra, cultivo, recolección y preparación del café para su venta al por mayor en los mercados exteriores.* Añasco, P. R., 1912, 12 p.

——: *Siembra, cultivo, recolección y preparación del café.* Rev. Agr., septiembre de 1920, vol. 5, núm. 3: 33.

Cook, C. F.: *Efecto de la sombra en la calidad del café.* Rev. Agr., diciembre de 1923, vol. 11, núm. 6: 7.

Chardón, Carlos E.: *Las plantaciones de café destruidas por el ciclón pueden rehabilitarse.* Rev. Agr., septiembre de 1928, vol. 21, núm. 3: 87.

——: *Problemas cafeteros.* (1) *Abono para café.* Neg. Mat. Imp., 1927, 29 p. [V. Rev. Agr., vol. 18, núm. 2: 63.]

——: *Problemas cafeteros de Puerto Rico.* (2) *El pasto Yaraguá.* (Circular de Fomento, núm. 13, Depto. Agr.) Neg. Mat. Imp., 1928, 26 p. [Hay tirada aparte. V. Rev. Agr., vol. 18, núm. 4: 179.]

——: *Problemas cafeteros.* (3) *Semilleros y almácigas.* Neg. Mat. Imp., 1929, 16 p. [V. Rev. Agr., vol. 19, núm. 4: 157.]

——: *Problemas cafeteros.* (4) *La poda del café.* Neg. Mat. Imp., 1930, 30 p. [V. Rev. Agr., 1927, vol. 4, núm. 4; vol. 25, núm. 10. Boletín de Agricultura y Caminos de Guatemala, 1927, vol. 6, núm. 5. Rev. Cafetera de Guatemala, 1928, vol. 1, núm. 1. Boletín de la Cámara de Comercio de Caracas, 1927; reproducido con notas del Dr. H. Peltier.]

Dinwiddie, W.: *Coffee Culture* [*in Porto Rico*]. Harper's Weekly, N. Y., Feb. 11, 1899, vol. 43: 146.

Earle, F. S.: *La industria del café en Puerto Rico.* Rev. Agr., noviembre de 1922, vol. 9, núm. 5: 5.

Fawcet, G. L.: *Enfermedades del café causadas por hongos en Puerto Rico.* Agr. Exp. St., Bol. núm. 17, 1914, 31 p. +. [Hay ed. en inglés.]

Figueroa, Carlos A.: *El problema cafetero de Puerto Rico.* Neg. Mat. Imp., 1923, 34 p.

——: *La odisea del café.* Rev. Agr., septiembre de 1925, vol. 15, núm. 3: 95.

——: *Temas de la industria cafetera.* La poda del cafeto. Rev. Agr., agosto de 1929, vol. 23, núm. 2: 55.

FIGUEROA, CARLOS A.: *Producción y distribución mundial del café.* Rev. Agr., diciembre de 1929, vol. 24, núm. 6: 223.

FOX, ALVIN.: *Coffee Culture in Cuba and Porto Rico.* Bull. Pan. Am. Union, Wa.,Jan. 1919, vol. 48, N° 1: 59-68.

GONZÁLEZ RÍOS, P.: *Germinación de la semilla del café.* Rev. Agr., abril de 1929, vol. 22, núm. 10: 147.

——: *Poda de renovación en café.* Rev. Agr., diciembre de 1929, vol. 24, núm. 6: 233.

HERNÁNDEZ, ELÍAS: *Adaptación de las frutas citrosas como cultivo secundario para la zona cafetera de Puerto Rico.* Rev. Agr., junio de 1929, vol. 22, núm. 12: 243; vol. 13, núm. 4: 166.

——: *Sombras para café.* Rev Agr., septiembre de 1930, vol. 25, núm. 3: 101.

KRAMER, WILLIAM P.: *Nuestros cafetales y nuestra silvicultura.* Rev. Agr., septiembre de 1925, vol. 15, núm. 3: 115.

LEGRAND, J FEDERICO: *Plantas útiles de Puerto Rico: El café.* Rev Agr., abril de 1921, vol. 6, núm. 4: 11.

LÓPEZ BALLESTER, E.: *Conferencias núm. 1 y núm. 2, sobre el status de la industria cafetera en Puerto Rico.* Rev. Agr., marzo de 1922, vol. 8, núm. 3: 17.

LÓPEZ TUERO, FERNANDO: *Cultivos perfeccionados: Café y piña de América.* P. R., 1891, 55 p.

LUCCA, F.: *Resurgimiento de la industria cafetera.* Rev. Agr., octubre de 1929, vol. 23, núm. 4: 157.

LUCHETTI, M.: *El empréstito para el café.* Imp. El Boletín Mercantil, San Juan, P. R., 1904, 29 p.

MALLEN Y ORTIZ, MANUEL: *El café en general.* (Tesis sostenida para optar el grado de Licenciado en Farmacia.) Imp. La Rev. Ilustrada de New York, N. Y., 1889, 32 p

MARIANI. A.: *Conferencia internacional cafetera.* Tip. La Correspondencia, San Juan, P. R., 1903, 32 p.

MARIANI, XAVIER: *Estadística de la exportación de café desde el año 1870 hasta el 1928.* Rev. Agr., noviembre de 1930, vol. 25, núm. 5: 187.

MARTÍNEZ GALVÁN, MODESTO: *Apuntes sobre el cultivo del café. La poda.* Rev. Agr, octubre de 1923, vol. 11, núm. 4: 13.

MARVIN, SAMUEL W.: *Una nueva era para la cosecha del café.* Rev. Agr., noviembre de 1928, vol. 21, núm. 5: 190.

MC CLELLAND, T. B.: *Indicaciones acerca de la siembra de café en Puerto Rico.* Agr Exp. St., Circular núm. 15, 1914, 23 p. [Hay ed. en inglés.]

——: *Terrenos productivos e improductivos de café.* Agr. Exp. St., Bol. núm. 21, 1916, 15 p. [Hay ed. en inglés.]

——: *Efectos de diferentes métodos de trasplantar café.* Agr. Exp. St., Bol. núm. 22, 1917, 12 p. [Hay ed. en inglés.]

MC-CLELLAND, T. B.: *La mancha de la hoja del café en Puerto Rico.* Agr. Exp. St., Bol. núm. 28, 1922, 9 p. [Hay ed. en inglés.]

——: *Coffee Varieties in Porto Rico.* Agr. Exp. St., Bull. N° 30, 1924, 27 p.

——: *Experiments with Fertilizers for Coffee in Porto Rico.* Agr. Exp. St., Bull. N° 31, 1926, 34 p.

——: *Effect of Topping on Yield of Coffee in Porto Rico.* Agr. Exp. St., Bull. N° 32, 1928, 8 p.

——: *Variedades de café.* Rev. Agr., septiembre de 1925, vol. 15, núm. 2: 69, y núm. 3: 110.

——: *El café Excelsa.* Rev. Agr., marzo de 1929, vol. 22, núm. 9: 87.

MEDINA Y GONZÁLEZ, ZENÓN: *Cultivo del café.* En *Espontáneas.* P. R., 1897, p. 37.

——: *Extracto de café.* En *Espontáneas.* P. R., 1897, p. 110.

MELÉNDEZ MUÑOZ, M.: *Por nuestro café.* P. R. I., 5 de enero de 1929, año XIX, núm. 983: 11.

MUT, ANTONIO: *La agricultura práctica del café.* Rev. Agr., septiembre de 1922, vol. 9, núm. 3: 29.

MYERS, WILLIAM S. (traductor): *La siembra del café.* Breve tratado compilado con referencia a las condiciones de cultivo en Cuba y Puerto Rico. The Richardson Press, N. Y., 16 p.

NOYES, R. B.: *La preparación del café.* Rev. Agr, marzo de 1925, vol. 14, núm. 3: 198-200.

OLIVER, ÁNGEL: *La agricultura del café en Puerto Rico.* Rev. Agr., mayo de 1929, vol. 22, núm. 11: 198.

PASTOR RODRÍGUEZ, JUAN: *Cultivos para la zona cafetera.* Rev. Agr., agosto de 1929, vol. 23, núm. 2: 72.

RIVERA, EUGENIO M.: *Rehabilitación de las fincas de café.* Rev. Agr., abril de 1929, vol. 22, núm. 10: 159. [V. vol. 25, núm. 8: 55.]

RODRÍGUEZ GONZÁLEZ, R.: *Exportación de café.* Rev. Agr., diciembre de 1926, vol. 17, núm. 6: 29. [En la Rev. aparece como núm. 5.]

VALLE, JOSÉ G. DEL: *La venta del café.* En *A través de diez años.* Barcelona, 1907, p. 242.

——: *Fraudes de café de Puerto Rico en Barcelona.* En *A través de diez años.* Barcelona, 1907, p. 251.

VAN LEENHOFF, J.: *The Conditions of the Coffee Industry in Porto Rico.* Agr. Exp. St., Circular N° 2, 1904, 2 p.

——: *La siembra del café en Puerto Rico.* Agr. Exp. St., Circular núm. 5, 1904, 15 p. [Hay ed. en inglés.]

VÉLEZ GONZÁLEZ, JORGE: *Algo acerca del estado actual de nuestro agricultor cafetero.* Rev. Agr., marzo de 1930, vol. 24, núm. 9: 97.

Algodón, arroz, café, maíz y otros frutos. B. H. P. R, 1914, vol. 1: 255.

Defendiendo a los cafeteros. La Asamblea de cafeteros de 5 de octubre de 1930. Tip. La Correspondencia, San Juan, P. R., 1930, 60 p.

El café. B. H. P. R., 1919, vol. 6: 130.

La venta del café extranjero en Puerto Rico. Rev. Agr., diciembre de 1927, vol. 19, núm. 6: 307.

Memorial presentado al Consejo Ejecutivo y Cámara de delegados de Puerto Rico. Ponce, P. R., 1910, 12 p.

——: *Asamblea general celebrada el día 12 de septiembre de 1915.* Memorias y resoluciones aprobadas, datos estadísticos. Tip. El Águila, Ponce, P. R., 1915, 45 p. (National Coffee Grower's Association.)

Proyecto de Memorial al Congreso que la Comisión de propaganda para la protección del café presenta a la Asamblea de agricultores de café y al Comercio de Puerto Rico. Tip. Baldorioty, Ponce, P. R., noviembre de 1908, 22 p.

Real cédula protegiendo la siembra del café. B. H. P. R., 1919, vol. 6: 241.

2) *Caña de azúcar.*

ACOSTA, JOSÉ JULIÁN: *El café y la caña de azúcar.* (Folleto, bosquejo histórico agrícola.) Imp. Acosta, San Juan, P. R., 1884.

ANDINO, A. M. DE, y COLÓN, EDMUNDO D.: *Cane Varieties in Northern Porto Rico.* Some observations on Results obtained in Field and Factory on the North Coast with Various Canes. En *Memoirs of the Association of Sugar Technologists of Porto Rico.* San Juan, P. R., Jan. 1922, vol. 1, N° 1.

BALLESTEROS MUÑOZ, JOSÉ: *Descripción y cultivo de la caña de azúcar.* Tip. El Pregonero, Caracas, 1899, 30 p.

BARBER, C. A.: *The Classification of Sugar Cane Varieties.* Internat. Sugar Journal, London, 1922, vol. 24: 350-353.

BARRET, O. W.: *Notas históricas acerca de nuestras cosechas. La caña de azúcar.* Rev. Agr., octubre de 1926, vol. 17, núm. 4: 3.

BARROW, E. H.: *Cane Varieties at Guánica.* Advantages and Drawbacks of Various kinds as observed under cultivation. En *Memoirs of the Association of Sugar Technologists of Porto Rico.* San Juan, P. R., Jan. 1922, vol. 1, N° 1.

BERMÚDEZ, RAFAEL: *El cruce y la selección como medios para conseguir nuevas variedades de caña en Puerto Rico.* Rev. Agr., julio de 1929, vol. 23, núm. 1: 18.

BOURNE, H.: *Making Gran Banks.* (Use of tractors and Bull Plows for this work in Porto Rico.) En *Memoirs of the Association of Sugar Technologists of Porto Rico.* San Juan, P. R., Jan. 1922, vol. 1, N° 1.

BOX, HAROLD E.: *Porto Rican Cane Grubs and their Natural Enemies.* Jour. Dept. Agr., Oct. 1925, vol. 9, N° 4.

BRAU, SALVADOR: *La caña de azúcar.* [Estudio histórico.] En *Tierra,* revista agrícola. San Juan, P. R., de octubre a noviembre de 1906, vol. I, núms. 15, 16, 17 y 18.

BREBNER, MR.: *Los tractores y su utilización en el cultivo de la caña de azúcar en Puerto Rico.* Est. Exp. Ins., Circular núm. 33, 1920, p. 43-51.

COLÓN, EDMUNDO D.: *The Absorption Spectrum of the Chlorophyll in Yellow Stripped Sugar Cane.* Jour. Dept. Agr., Oct. 1919, vol. 3, N° 4.

——: *La caña Caledonia amarilla.* Est. Exp. Ins., Circular núm. 33, 1920, p. 10-15.

——: *El cultivo de la caña de azúcar en Puerto Rico.* Rev. Agr., junio de 1930, vol. 24, núm. 12: 267.

COLÓN FRÍAS, ISIDORO: *Liquidación de caña por el dulce* Est. Exp. Ins., Circular núm. 33, 1920, p. 37-42.

COOK, MELVILLE T.: *La importancia de la selección de semilla de caña.* Rev. Agr., abril de 1927, vol. 18, núm. 4: 198.

COWGILL, H. B.: *A Method of Identification and Description of Sugar-Cane Varieties and its Application to Types grown in Porto Rico.* Jour. Dept. Agr., July 1917, vol. 1, N° 3.

——: *Studies in Inheritance in Sugar Cane.* Jour. Dept. Agr., Jan. 1918, vol. 2, N° 1.

——: *Cross Pollination of Sugar Cane.* Jour. Dept. Agr., Jan. 1919, vol. 3, N° 1.

——: *Nuevas variedades de cañas.* Rev. Agr., junio de 1918, vol. 1, núm. 3: 114.

——: *Distribución de caña para semilla.* Est. Exp. Ins., Circular núm. 8, 1917, 13 p.

CRAWLEY, J. T.: *Organization of the Station and Cultivation of Sugar Cane in Porto Rico.* Ins Exp. St., Bull. N° 1, 1911, p. 5-13.

——: *Deshoje de la caña.* Rev. Agr., septiembre-octubre de 1918, vol. 1, núm. 6: 239.

——, y CADY, W. B.: *Miscelánea de artículos sobre caña y abonos...* Est. Exp. Ins., Bol. núm. 8, 1915, 23 p.

CHARDÓN, CARLOS E.: *La relación de ciertas yerbas con el matizado de la caña de azúcar.* Rev. Agr, 1924, vol. 12: 305-314.

——: *La revolución de las variedades de la caña en Puerto Rico.* Rev. Agr., marzo, 1927, vol. 18, núm. 3: 117. [En inglés en Jour. Dept. Agr., P. R, 1927, vol. 11: 9. También en Facts about Sugar, 1927, vol. 22, N° 37: 894.]

——: *Experiencias sobre la caña P. O. J. 2725.* Est. Exp. Ins., Bol. núm. 34, 1928, 67 p. [Repr. por el Club Azucarero de Cuba.]

CHARDÓN, FERNANDO: *Las nuevas variedades de caña.* Rev. Agr., septiembre de 1929, vol. 23, núm. 3: 102.

DAVIS, ROBERT L.: *Cruce con variedades de Java y Barbados en Puerto Rico.* Rev. Agr., julio de 1929, vol. 23, núm. 1: 5.

EARLE, F. S.: *Varieties of Sugar Cane in Porto Rico.* Jour. Dept. Agr., April 1919, vol. 3, N° 2.

——: *An Annotated List of the Sugar Cane Varieties of the World.* Jour. Dept. Agr., July 1920, vol. 4, N° 3.

——: *Sugar Cane Varieties of Porto Rico.* (2.) Jour. Dept. Agr., July 1921, vol. 5, N° 3.

——: *Recomendaciones sobre el cultivo de la caña en Puerto Rico.* Est. Exp. Ins., Circular núm. 17, 1919.

——: *Variedades de caña.* Est. Exp. Ins., Circular núm. 23, 1920.

EARLE, W. C.: *Cane field irrigation and Malaria.* Sugar, Waverly Place, N. Y., Aug. 1926, vol. 28: 384.

FERNÁNDEZ GARCÍA, RAFAEL: *Técnica de experimentación de campo.* (Ensayo técnico.) El Mundo Azucarero, La., 1928, vol. 16: 112-114.

FERNÁNDEZ UMPIERRE, MANUEL: *Manual práctico de la agricultura de la caña de azúcar.* Imp. El Boletín Mercantil, San Juan, P. R., 1884, 199 p.

JOHNSTON, J. R.: *Selection and Treatment of Cane Seed.* Exp. St. of the Sugar Producers of Porto Rico. Bull. N° 6, Times Pub. Co., San Juan, P. R., 1913, 29 p.

LÓPEZ DOMÍNGUEZ, FRANCISCO A.: *Depreciation of Cane caused by fire and delays in shipping.* Ins. Exp. St., Bull. N° 30, 1922, 52 p.

——: *La caña uba y su rendimiento de azúcar en Puerto Rico.* Est. Exp. Ins., Bol. núm. 28, 1928, 60 p.

MARI, MARIANO: *La caña Santa Cruz 12/4 en Guayama.* Rev. Agr., junio de 1923, vol. 10, núm. 6: 29.

MATZ, JULIUS: *A new vascular organism in Sugar Cane.* Jour. Dept. Agr., Jan. 1920, vol. 4, N° 1.

MAY, D. W.: *La caña de azúcar en Puerto Rico.* Agr. Exp. St, Bol. núm. 9, 1910, 44 p. [Hay ed. en inglés.]

MAYORAL REINAT, A.: *Breves notas sobre el cultivo de la caña.* Rev. Agr., septiembre de 1920, vol. 5, núm. 3: 41.

MC CONNIE, R. C.: *Nuevas variedades de cañas de azúcar.* Rev. Agr., abril y mayo de 1918, vol. 1, núms. 1 y 2: 12.

——: *Cane Cultivation at Fajardo.* (Methods Followed in a Leading Cane District of Porto Rico.) En *Memoirs of the Association of Sugar Technologists of Porto Rico.* San Juan, P. R., Jan. 1922, vol. 1, N° 1.

MC CORMICK, SANTIAGO: *Artículos publicados en El Asimilista sobre la caña de azúcar.* Imp. El Asimilista, San Juan, P. R., 1884.

MEDINA Y GONZÁLEZ, ZENÓN: *La caña de azúcar.* En *Espontáneas,* P. R., 1897, p. 41.

——: *Variedades de caña.* En *Espontáneas,* P. R., 1897, p. 48.

MENÉNDEZ RAMOS, RAFAEL: *Variedades de caña.* Rev. Agr., marzo de 1924, vol. 12, núm. 3: 151.

MENÉNDEZ RAMOS, RAFAEL: *Variedades de la caña en Puerto Rico.* Sugar, Waverly Place, N. Y, noviembre de 1924, vol. 26: 576. [También en Planter and Sugar Manufacturer, New Orleans, La., Jan. 3, 1925, vol. 74: 9.]

PAGE, ROSS L.: *The Future of Uba Cane in Porto Rico.* En *Memoirs of the Association of Sugar Technologists of Porto Rico.* San Juan, P. R., Jan. 1922, vol. 1, N° 1.

——: *Observaciones sobre el cultivo de la caña en Hawaii y Puerto Rico.* Rev. Agr., enero de 1930, vol. 25, núm. 7: 10. [Este número que aparece en el vol. 25 es realmente del vol. 24. V. también vol. 24, núm. 12: 225.]

RICHARDSON KUNTZ, PEDRO: *Notas sobre el cultivo de la caña de azúcar en Puerto Rico.* Rev. Agr., septiembre de 1922, vol. 9, núm. 3: 21. [También en La Hacienda. Buffalo, N. Y., noviembre de 1923, vol. 18: 342.]

——: *Observaciones sobre el cultivo de la caña de azúcar en Vieques, Puerto Rico.* Rev. Agr., marzo de 1927, vol. 18, núm. 3: 145. [También en Sugar, Waverly Place, N. Y., septiembre de 1927, vol. 29: 452.]

——: *Probando nuevas cañas para las zonas secas de Puerto Rico.* Rev. Agr., junio de 1927, vol. 18, núm. 6: 306.

——: *Una nueva variedad de caña en Puerto Rico.* Rev. Agr., noviembre de 1928, vol. 21, núm. 5: 163.

——: *Relación entre las variedades de caña y los problemas agrícolas prevalecientes en algunas zonas cañeras de la Isla.* Rev. Agr., julio de 1929, vol. 23, núm. 1: 10.

——: *Notas al margen de nuestra labor experimental en caña de azúcar.* Rev. Agr., septiembre de 1929, vol. 23, núm. 3: 99.

——: *Consideraciones sobre el control de nuestras plantaciones de caña.* Rev. Agr., diciembre de 1929, vol. 24, núm. 6: 247.

——: *Un poco de historia sobre variedades de caña en Puerto Rico.* Rev. Agr., enero de 1930, vol. 25, núm. 7: 3. [Este número que aparece en el vol. 25 es realmente del vol. 24. V. también vol. 24, núm. 12: 248.]

——: *Estudio comparativo de las cañas Kavangire, Zuinga y Cayanna 10.* Est. Exp. Ins., Circular núm. 73, noviembre de 1923, 17 p.

RÍOS GONZÁLEZ, P.: *La producción de nuevas variedades de caña.* Rev. Agr., noviembre y diciembre de 1918, vol. 2, núm. 1: 29.

RIVERA, EUGENIO M.: *Resultados alcanzados con la variedad de caña Santa Cruz.* Rev. Agr., septiembre de 1923, vol. 11, núm. 3: 31.

ROSENFELD, ARTHUR H.: *La selección de caña de azúcar para la plantación.* Rev. Agr., noviembre de 1925, vol. 15, núm. 5: 231.

——: *La plantación de caña de azúcar.* Consideraciones generales sobre el valor relativo de los tallos gruesos y de los tallos delgados para la siembra de un cañaveral, según los resultados de numerosas experiencias. Rev. Agr., febrero de 1926, vol. 16, núm. 2: 67; núm. 5: 251.

ROSENFELD, ARTHUR H.: *La rotación de cosechas en el cultivo de la caña.* Algunos experimentos hechos para demostrar su utilidad. Rev. Agr., octubre de 1926, vol. 17, núm. 4: 8.

——: *The Java P. O. J. Canes in Tucumán and Porto Rico.* Jour. Dept. Agr., July 1924, vol. 8, N° 3.

——: *The BH-10 (12) and SC-12 (4) Canes.* Some Observations on these two Promising varieties in the West Indies. Jour. Dept. Agr., July 1925, vol. 9, N° 3.

——: *A Monograph on Sugar Vane Varieties.* Jour. Dept. Agr., Jan.-Oct. 1927, vol. 11, N° 1-4.

SALDAÑA, EDUARDO E.: *Método nacional para el pago de la caña de azúcar.* Imp. Cantero, Fernández & Cía., Inc., San Juan, P. R., 1929, 101 p.

TORRANCE, A.: *Doctoring peons with a practicante on the sugar plantations.* Hygeia, Chicago, Nov. 1929, vol. 7: 1123.

VENDRELL, ADOLFO: *La caña de azúcar.* Nociones sobre su cultivo y trabajo industrial. Tip. del Asilo de Beneficencia, P. R., 1892, 59 p.

VEVE, RAFAEL A.: *Our Experience with Cane Varieties.* (Results of work carried out in Porto Rico by the Experimental Station of the Fajardo Sugar Company.) En *Memoirs of the Association of Sugar Technologists of Porto Rico.* San Juan, P. R., Jan. 1922, vol. 1, N° 1.

——: *Wat Sugar Cane variety to plant.* Jour. Dept. Agr., Oct. 1925, vol. 9, N° 4.

Cane Cultivation in Porto Rico. International Sugar Journal. London, E. C., Oct. 1925, vol. 27: 519.

Informe sobre las diversas clases de caña sacarina introducidas en Puerto Rico. B. H. P. R., 1921, vol. 8: 56.

La caña de azúcar. B. H. P. R., 1914, vol. 1: 243.

La caña de azúcar. (Cómo fué importada.) En González Font, José: *Escritos sobre Puerto Rico,* Barcelona, 1903, p. 113.

Porto Rico Sugar News. Sugar, Waverly Place, N. Y, Feb. 1921, vol. 23: 81.

Sugar Cane Work in Porto Rico. International Sugar Jour. London, E. C., March 1925, vol. 27: 131.

Véanse *Fitopatología:* Enfermedades de la caña. *Entomología Económica:* Insetos que atacan a la caña. *Industria azucarera.*

3) Frutas cítricas.

ALLAN, WILLIAM: *Allan's Annual, 1904, Devoted to the cultivation of oranges, lemons and other citrus fruits in the Island of Porto Rico.* Nurseries on the Bayamón River, near San Juan, P. R., Copyright, 1903.

BARRET, O. W.: *Las frutas cítreas.* Rev. Agr., marzo de 1927, vol. 18, núm. 3: 133.

Barret, O. W.: *El limón «Meyer»*. Rev. Agr., septiembre de 1927, vol. 19, núm. 3: 119.

——: *La acción y reacción del huracán en la industria frutera.* Rev. Agr., octubre de 1928, vol. 21, núm. 4: 128.

Chace, E. M., y Denny, F. E.: *El uso de etileno en la coloración de frutas cítreas.* Rev. Agr., julio de 1927, vol. 19, núm. 1: 3.

Earle, F. S.: *The cultivation of citrus fruits in Porto Rico.* Ins. Exp. St., Circular N° 28, 1920.

——: *El cultivo de los agrios en Puerto Rico.* La Hacienda, Buffalo, N. Y., July 1923, vol. 18: 210. [V. Rev. Agr., vol. 22. núm. 11: 178.]

Henricksen, H. C.: *Propagación y venta de chinas [naranjas] en Puerto Rico.* Agr. Exp. St., Bol. núm. 4, 1904, 26 p. [Hay ed. en inglés.]

——: *Citrus Culture in Porto Rico.* Agr. Exp. St., Bull. N° 33, 1930, 34 p.

——: *Algunos de los factores que afectan el precio de frutas del género Citrus de Puerto Rico.* Rev. Agr., diciembre de 1923, vol. 11, núm. 5: 25.

Hill, Robert George, and Hawkins, L. A.: *Transportation of Citrus Fruits from Porto Rico.* Gov. Prtg. Off., Wa., 1924, 20 p.

Honoré, Carmelo: *Reformas plausibles en la zona frutera.* Rev. Agr., enero de 1927, vol. 18, núm. 1: 21.

Iorns, M. J.: *Recolección y empaque de frutas del género citrus.* Agr. Exp. St., Circular núm. 8, 1909, 19 p. [Hay ed. en inglés.]

Lome, H. M.: *Porto Rico as a Fruit Garden.* World To-Day. Chicago, Apr. 1909, vol. 16: 424.

López Domínguez, Francisco A.: *Madurez modelo de las frutas cítricas (toronjas.)* Rev. Agr., junio de 1918, vol. 1, núm. 3: 101.

——: *Requisitos legales que deben llenar las frutas cítricas para su admisión al mercado de Estados Unidos.* Est. Exp. Ins., Circular núm. 54, 1921, 27 p.

——: *Changes wrought in the Grapefruit in the Process of maturition.* Pt. 1: *Matural Changes.* Jour. Dept. Agr., Oct. 1920, vol. 4, N° 4. Pt. 2: *Factors affecting the composition of the Fruit,* vol. 5, N° 4.

Mann, C. W.: *The Handling of Porto Rican Oranges, Grapefruits and Pineapples.* Ins. Exp. St., Bull. N° 7, 1914, 59 p.

Mari, Mariano: *Instrucciones para hacer una siembra combinada de piñas y toronjas en el mismo predio.* Rev. Agr., julio de 1930, vol. 25, núm. 1: 21.

Mayoral Reinat, Adolfo: *La propagación de los Citrus en Puerto Rico.* Rev. Agr., noviembre de 1926, vol. 17, núm. 5: 10. [En la Rev. aparece como núm. 4.] Vol. 22, núm. 9: 97; vol. 22, núm. 11: 215; vol. 24, núm. 6: 236; vol. 24, núm. 9: 108.

Ríos Lavienna, G: *El cultivo de la cidra en Puerto Rico.* Rev. Agr., mayo de 1929, vol. 22, núm. 11: 188.

RODRÍGUEZ GONZÁLEZ, RAMÓN: *Nuestras exportaciones de frutas.* Rev. Agr., enero de 1927, vol. 18, núm. 1 : 52.

ROLFS, P. H.: *Citrus Fruit Growing in the Gulf States.* U. S. Dept. Agr. Farmer's Bull., N° 238, Gov. Prtg. Off., Wa., 1906, 48 p.

TURNER, J. M.: *Citrus Fruits in Porto Rico.* Monthly Consular and Trade Report, June 1910, N° 357 : 89-90.

La poda de los árboles frutales. Rev. Agr., noviembre de 1926, vol. 17, núm. 5 : 20. [En la Rev. aparece como núm. 4.]

Notice to Citrus Growers. Est. Exp. Ins., Circular núm. 4, [1915]?

4) Piña.

APP, FRANK: *Report of the Fact Finding Survey of Porto Rico Citrus and Pine-apple distribution.* Auspices of Fruit Growers Improvement Committee of Porto Rico, March 1930, vol. 7, 38 p.

BARRET, O. W.: *La piña.* Rev. Agr., abril de 1927, vol. 18, núm. 4: 236.

GONZÁLEZ RÍOS, P.: *A Pine-apple Fertilizer Experiment.* Jour. Dept. Agr., Jan. 1919, vol. 3, N° 1.

HENRICKSEN, H. C.: *El cultivo de la piña.* Rev. Agr., marzo de 1928, vol. 20, núm. 3: 114.

——: *La siembra de la piña en Puerto Rico.* Agr. Exp. St., Bol. núm. 8, 1909, 48 p. [Hay ed. en inglés.]

LÓPEZ TUERO, FERNANDO: *Cultivos perfeccionados. Café y piña de América.* Imp. Acosta, San Juan, P. R., 1891, 55 p.

ROLFS, PETER H.: *Pine-apple Growing.* U. S. Dept. of Agr. Farmer's Bull., N° 140, Gov. Prtg. Off., Wa., 1901, 47 p.

Horticultural observations in Porto Rico, Cuba and Florida in relation to the horticulture of Hawaii. The pine-apple industry in Porto Rico. Cultural methods, diseases and insectcs, Marketing, Canned pineapples. Report of the Hawaii Agricultural Experiment Station, 1915. (Under the supervision of States Relations Service Office of Experiment Stations, U. S. Dept. of Agriculture.) Gov. Prtg. Off., Wa., 1916, 73 p. [V. p. 58-63.]

5) Tabaco.

ABAD, JOSÉ RAMÓN: *Memoria que presenta a la Junta directiva de la Exposición Agrícola e Industrial de Tabaco realizada en Ponce, Puerto Rico, durante el mes de diciembre de 1883.* Tip. El Vapor, Ponce, P. R., 1884, 130 p.

AGUAYO, R. C.: *Manual del cultivo del tabaco precedido de su historia, su monografía y caracteres botánicos, y otros conocimientos generales que conducen a aquel objeto.* Imp. El Comercio, Ponce, P. R., 1884, 78 p.

AMADEO, LUCAS: *Discurso pronunciado por ——, en el solemne acto de la apertura de la Exposición de Tabaco, verificada el día 2 de diciembre de 1883.* Imp. El Vapor, Ponce, P. R., 1883.

BARRET, O. W.: *Notas históricas acerca de nuestras cosechas. (El tabaco.)* Rev. Agr., noviembre de 1926, vol. 17, núm. 5: 3. [En la Rev. aparece como núm. 4.]

BUNKER, F. H.: *El cultivo del tabaco en Puerto Rico.* (Circular de Fomento, núm. 16, Dept. de Agricultura.) Neg. Mat. Imp., 1926, 73 p. [V. Rev. Agr., vol. 14, núm. 1: 17; vol. 17, núm. 6: 32; vol. 18, núm. 1: 45; vol. 22, núm. 11: 199; vol. 23, núm. 2: 87.]

——: *El tabaco: semilleros, preparación del terreno, abonos y cultivos.* Rev. Agr., abril-mayo de 1918, vol. 1, núms. 1 y 2: 33.

——: *Los semilleros de tabaco, terrenos adecuados y situación.* Rev. Agr., noviembre de 1926, vol. 17, núm. 5: 27. [En la Rev. aparece como núm. 4.]

——: *El uso del color artificial en la cura del tabaco en Puerto Rico.* Rev. Agr., abril de 1927, vol. 18, núm. 4: 223.

——: *Clasificación del tabaco portorriqueño para tripa.* Rev. Agr., febrero de 1928, vol. 20, núm. 2: 90.

——: *Breves notas sobre el cultivo del tabaco.* Rev. Agr., noviembre de 1930, vol. 25, núm. 5: 167.

——: *Introduction of Porto Rico Tobacco and its Various Trade Types.* Tobacco. (A Weekly Trade Review.) N. Y., Dec. 30, 1926, vol. 83, N° 10: 21.

——: *The Porto Rico Sterilization, Fertilization and Extermination.* Tobacco. (A Weekly Trade Review.) N. Y., Dec. 30, 1926, vol. 83, N° 10: 30.

——: *Actual Conditions Affecting the Price of Porto Rico Tobacco.* Tobacco. (A Weekly Trade Review.) N. Y., Dec. 29, 1927, vol. 85, N° 10: 22.

——: *Classification of Porto Rican Tobacco Changed by Circumstances.* Tobacco. (A Weekly Trade Review.) N. Y., Dec. 27, 1928, vol. 87, N° 10: 14.

COLL Y TOSTE, CAYETANO: *When the Pen of the Historian Touches the Tobacco plant.* Tobacco. (A Weekly Trade Review.) N. Y., Dec. 29, 1921, vol. 73, N° 9: 13.

——: *El tabaco.* Su origen, su historia, etc. Tobacco. (A Weekly Trade Review.) N. Y., Dec. 29, 1921, vol. 73, N° 9: 57.

COOK, MELVILLE T.: *El «Salcocho» en los semilleros de tabaco.* Rev. Agr., octubre de 1925, vol. 15, núm. 4: 187.

CHAPMAN, G. H.: *Various Tobacco Growing Methods used by Producers in Porto Rico.* Tobacco. (A Weekly Trade Review.) N. Y., Dec. 25, 1924, vol. 79, N° 9: 21.

CHARDÓN, CARLOS E.: *Cause and Effect of Porto Rico's Largest Tobacco*

Crop Last Season. Tobacco. (A Weekly Trade Review.) N. Y., Dec. 30, 1926, vol 83, N° 10: 47.

DINWIDDIE, W.: *Tobacco-culture [in Puerto Rico].* Harper's Weekly. N. Y., Feb. 23, 1899, vol. 43: 193.

FISHKIND, H. H.: *How Porto Rico is Guarding her Tobacco Reputation.* Tobacco. (A Weekly Trade Review.) N. Y., Dec. 29, 1921, vol. 73, N° 9: 19.

HENRICKSEN, HENRY C.: *Porto Rican Tobacco Seed Bed. Difficulties and Suggestions.* Tobacco. (A Weekly Trade Review.) N. Y., Dec. 29, 1927, vol. 85, N° 10: 25.

IZQUIERDO, LUIS A.: *Fermentación del tabaco.* Rev. Agr., agosto de 1922, vol. 9, núm. 2: 47.

JOGLAR RODRÍGUEZ, F.: *Historia sobre el cultivo del tabaco.* Rev. Agr., junio de 1929, vol. 22, núm. 12: 231.

——: *Tabaco. Apolamiento o fermentación.* Rev. Agr., agosto de 1930, vol. 15, núm. 2: 81.

LEGRAND, J. FEDERICO: *El tabaco.* Rev. Agr., noviembre de 1919, vol. 3, núm. 6: 1.

LEÓN LUGO, M.: *First Ciales District as a Prospective new Field for Tobacco growing.* Tobacco. (A Weekly Trade Review.) N. Y., Dec. 31, 1925, vol. 81, N° 10: 29.

——: *Improving the Growth of Tobacco in the Famous Ciales District.* Tobacco. (A Weekly Trade Review.) N. Y., Dec. 30, 1926, vol. 83, N° 10: 27.

LÓPEZ TUERO, FERNANDO: *Maíz y tabaco.* (Cultivos perfeccionados.) Imp. Acosta, San Juan, P. R., 1890, 70 p.

MÁRQUEZ, NELSON: *Temas tabacaleros. El semillero permanente y la esterilización del terreno.* Rev. Agr., noviembre de 1929, vol. 23, núm. 5: 198.

MATZ, JULIUS: *El salcocho en los semilleros de tabaco.* Est. Exp. Ins., Circular núm. 55, 1921, 6 p.

MAYS, DR.: *The Future of Tobacco culture in Porto Rico.* Tobacco. (A Weekly Trade Review.) N. Y., Dec. 29, 1921, vol. 73, N° 9: 16.

MEDINA GONZÁLEZ, ZENÓN: *Plantación del tabaco.* En *Espontáneas,* P. R., 1897, p. 57.

MELÉNDEZ MUÑOZ, M.: *The Significance of Tobacco in the Economic Life of Porto Rico.* Tobacco. (A Weekly Trade Review.) N. Y., Dec. 28, 1922, vol. 75, N° 9: 5.

——: *Porto Rican Tobacco Plantations and some expenses per hectare.* Tobacco. (A Weekly Trade Review.) N. Y., Feb. 1, 1923, vol. 75, N° 14: 21.

——: *Present and Future Prospects of the Porto Rican Tobacco Crops.* Tobacco. (A Weekly Trade Review.) N. Y., Dec. 31, 1925, vol. 81, N° 10: 23.

MELÉNDEZ MUÑOZ, M: *Importancia del tabaco en la vida económica de Puerto Rico.* Ligero resumen histórico. Su producción y mercados antes del cambio de soberanía. P. R. I., 5 de mayo de 1923, núm. 688.

——: *Porto Rican Tobacco Investigation at the Experiment Station.* Tobacco. (A Weekly Trade Review.) N. Y., Dec. 29, 1927, vol. 85, Nº 10: 37.

RODRÍGUEZ JOGLAR, F.: *Climas y terrenos propios para tabaco.* Rev. Agr., octubre de 1929, vol. 23, núm. 4: 167.

SALAZAR, TOMÁS DE: *Cartilla agraria para el cultivo del tabaco.* Mandada a publicar en la Isla de Cuba por disposición de aquella Superintendencia, y reimprimir en ésta por acuerdo de la Junta de Comercio y Fomento, para distribuirlas gratis entre los hacendados y personas que se dedican a este ramo de Agricultura. Imp. El Boletín Mercantil, San Juan, P. R., 1850, 67 p.

SANTINI, NICOLÁS: *Tabaco de Puerto Rico.* The Puerto Rico Herald, N. Y., Sept. 12, 1903, vol. 3, año III, núm. 111: 924.

SHEPARD, NOAH: *What Federal Banking Laws do for Porto Rican Tobacco Planters.* Tobacco. (A Weekly Trade Review.) N. Y., Dec. 31, 1925, vol. 81, Nº 10: 33.

——: *Cooperation of Porto Rico Planters and Credit Bank for Market.* Tobacco. (A Weekly Trade Review.) N. Y., Dec. 30, 1926, vol. 83, Nº 10: 25

STUBBE, JOHN B.: *Fertilization of Porto Rican Tobacco Fields.* Tobacco. (A Weekly Trade Review.) N. Y., Dec. 29, 1921, vol. 73, Nº 9: 23.

——: *Some Important Facts about Tobacco Fertilization in Porto Rico.* Tobacco. (A Weekly Trade Review.) N. Y., Dec. 25, 1924, vol. 79, Nº 9: 29.

——: *Seed Selection and Improved Porto Rican Cultivation Required.* Tobacco. (A Weekly Trade Review.) N. Y., Dec. 31, 1925, vol. 81, Nº 10: 27.

——: *Practical Suggestions for Improving Quality of Porto Rican Leaf.* Tobacco. (A Weekly Trade Review.) N. Y., Dec. 29, 1927, vol, 85, Nº 10: 20.

——: *Seedbeds and Irrigation Linked in Porto Rican Leaf Production.* Tobacco. (A Weekly Trade Review.) N. Y., Dec. 27, 1928, vol. 87, Nº 10: 17.

——: *Porto Rican Leaf Supply on Demand.* Most important trade factor. Tobacco. (A Weekly Trade Review.) N. Y., Dec. 27, 1928, vol. 87, Nº 10: 20.

TOWNER, HORACE M.: *Reviews Tobacco Progress of Porto Rico.* Tobacco. (A Weekly Trade Review.) N. Y., Dec. 30, 1926, vol. 83, Nº 10: 19.

——: *Tobacco Holds a Prominent Place among the Porto Rican Products.* Tobacco. (A Weekly Trade Review.) N. Y., Dec. 29, 1927, vol. 85, Nº 10: 19.

TOWNER, HORACE M.: *Reviews Leaf Conditions in Porto Rico.* Tobacco. (A Weekly Trade Review.) N. Y., Dec. 27, 1928, vol. 87, Nº 10: 13.

VAN LEENHOFF JR., J.: *Investigaciones sobre el tabaco en Puerto Rico durante 1903-1904.* Agr. Exp. St., Bol. núm. 5, 1904, 47 p. [Hay ed. en inglés.]

VILÁ MAYO, RAFAEL: *Efectos del cloro en el tabaco de fumar.* Rev. Agr., agosto y septiembre de 1926, vol. 17, núms. 2-3: 15.

ZENO, FRANCISCO M.: *El tabaco de Puerto Rico en el mercado americano.* Tobacco. (A Weekly Trade Review.) N. Y., Dec. 29, 1921, vol. 73, Nº 9: 59.

Disposiciones complementarias de Indias. Imp. Sáez Hnos., Madrid, 1930. [V. *Se prohibe el cultivo del tabaco por diez años en Santo Domingo, Cuba,. Margarita, Venezuela, Puerto Rico, Cumaná y Nueva Andalucía,* vol. 1: 323.]

El tabaco. B. H. P. R., 1914, vol. 1: 246; 1919, vol. 6: 129.

Equipment Improvements Needed by Porto Rican Tobacco Planters. Tobacco. (A Weekly Trade Review.) N. Y., Dec. 27, 1928, vol. 87, Nº 10: 22.

Indeed a Rich Port. (An editorial.) Tobacco. (A Weekly Trade Review.) N. Y., Dec. 30, 1926, vol. 83, Nº 10: 69.

Porto Rico's Enduring Fame. (An editorial.) Tobacco. (A Weekly Trade Review.) N. Y., Dec. 25, 1924, vol. 79, Nº 9: 56.

Proper Seed Bed Treatment on the Porto Rican Tobacco Plantations. Tobacco. (A Weekly Trade Review.) N. Y., Dec. 30, 1926, vol. 83, Nº 10: 39.

Statistical Tables Showing the Tobacco Acreage and Production. Tobacco. (A Weekly Trade Review.) N. Y., Dec. 30, 1926, vol. 83, Nº 10: 28.

The Hopes of Porto Rico. (An editorial.) Tobacco. (A Weekly Trade Review.) N. Y., Dec. 29, 1921, vol. 73, Nº 9: 68.

Tobacco Croop Development in Porto Rico. A scientific undertaking. Tobacco. (A Weekly Trade Review.) N. Y., Dec. 30, 1926, vol. 83, Nº 10: 69.

Value of Porto Rican Tobacco Land. Tobacco. (A Weekly Trade Review.) N. Y., Dec. 25, 1924, vol. 79, Nº 9: 25; vol. 81, Nº 10: 39; vol. 83, Nº 10: 26.

Véanse *Industria tabacalera. Entomología económica:* Insectos que atacan al tabaco. *Fitopatología.*

4. CULTIVOS MENORES

1) Aguacate.

COLLINS, G. N.: *The Avocado, a Salad Fruit from the Tropics.* U. S. Dept. Agr. Bureau of Plant Industry, Bull. Nº 77, Gov. Prtg. Off., Wa., 1905, 49 p. +.

Griffith, J. P.: *The Avocado in Porto Rico.* Ins. Exp. St., Circular Nº 72, Jan. 1923, 41 p.

——: *Un estudio de variedades de aguacate para Puerto Rico.* Rev. Agr., marzo de 1925, vol. 14, núm. 3: 213-218.

Mayoral Reinat, Adolfo: *La propagación del aguacate en Puerto Rico.* Rev. Agr., enero de 1928, vol. 20, núm 1: 26; núm. 3: 102.

Torres, Ignacio L.: *La propagación del aguacate en Puerto Rico.* Rev. Agr., diciembre de 1927, vol. 19, núm. 6: 321.

El aguacate. Sus propiedades. En González Font, José: *Escritos sobre Puerto Rico.* Barcelona, 1903, p. 69.

2) *Algodón.*

Casellas, A.: *Industrialización de Puerto Rico. Industria algodonera.* Rev. Agr., mayo de 1927, vol. 18, núm. 5: 291.

Figueroa, Carlos A.: *Apuntes prácticos sobre el cultivo del algodón Sea Island en Puerto Rico.* (Circular de Fomento núm. 6, Depto. Agr.) Neg. Mat. Imp., 1925, 18 p. [También en Rev. Agr., vol. 25, núm. 4: 195.]

Floyd, A. G.: *Observaciones sobre el cultivo del algodón en Puerto Rico.* Rev. Agr., marzo de 1924, vol. 12, núm. 3: 169.

Forbes, W. T. M., and Leonard, M. P.: *A new leaf-miner of cotton in Porto Rico.* (Nepticula gossypünew species.) Jour. Dept. Agr., 1930, vol. 14, Nº 3: 151.

Legrand, J. Federico: *Siembra del algodón.* Rev. Agr., abril de 1923, vol. 10, núm. 4: 35.

Matos, Juan N.: *Apuntes prácticos sobre la siembra y cultivo del algodón.* Imp. Nigaglioni Hnos., San Germán, P. R., s. f., 8 p.

Mayoral Reinat, Adolfo: *Cultivo del algodón.* Rev. Agr., abril de 1920, vol. 4, núm. 4: 41.

Medina y González, Zenón: *El algodón.* En *Espontáneas,* P. R., 1897, p. 52.

Olivencia, P.: *Resultados de una demostración en algodón con el uso de abonos comerciales.* Rev. Agr., enero de 1924, vol. 12, núm. 1: 23.

Pastor Rodríguez, Juan: *El cultivo del algodón Sea Island.* Rev. Agr., abril de 1929, vol. 22, núm. 10: 157.

——: *Consejos prácticos a los cosecheros de algodón y maíz del Distrito Sur de Puerto Rico.* Rev. Agr., octubre de 1930, vol. 25, núm. 4: 149.

Toro, Rafael A: *La caída de las bellotas del algodón.* Rev. Agr., enero de 1926, vol. 16, núm. 1: 17.

Torres, Ignacio L.: *Algo sobre el algodón Sea Island.* Rev. Agr., marzo de 1929, vol. 22, núm. 9: 90.

Walker, R. M.: *El algodón Sea Island en Puerto Rico.* (Nota por Frank

D. Gardner.) Agr. Exp. St., Circular núm. 3, 1904, 4 p. [Hay ed. en inglés.]

Williams, W. C.: *A Memory of Tropical Fruit.* The Dial, Chicago, 1927, vol. 82: 476-478.

Algodón, arroz, café, maíz y otros frutos. B. H. P. R, 1914, vol. 1: 255.

Cultivo del algodonero Sea Island. El Fomento. (Rev. quincenal.) San Juan, P. R., 1863, vol. 1: 38-43.

La pepita del algodón y sus productos. Depto. del Interior de Puerto Rico. Neg. Agr. y Minas. Bol. Agr, núm. 21, San Juan, P. R., marzo de 1904, p. 27.

Resultados obtenidos en una demostración de cultivo de algodón para introducirlo en el Distrito de Morovis. Rev. Agr., enero de 1925, vol. 14, núm. 1.

3) Arroz.

Acosta, Henríquez, J.: *El arroz.* Rev. Agr., agosto de 1920, vol. 5, núm. 2: 14.

Barret, O. W.: *El arroz.* Rev. Agr., junio de 1927, vol. 18, núm. 6: 309.

Figueroa, Carlos A.: *Las experiencias del año en el cultivo del arroz Honduras en Puerto Rico* Rev. Agr., enero de 1927, vol. 18, núm. 1: 25.

López Tuero, Fernando: *Arroz y cacao.* (Cultivos perfeccionados.) Imp. Acosta, San Juan, P. R., 1889, 35 p.

Márquez, Nelson: *El cultivo del arroz Honduras en el Distrito de Caguas, Aguas Buenas.* Rev. Agr, marzo de 1928, vol. 20, núm. 3: 138.

Torres, Ignacio L.: *El cultivo de arroz en Puerto Rico.* Rev. Agr., octubre de 1927, vol. 19, núm. 4: 188.

Willis, L. G., and Carrero, J. O.: *Influence of some nitrogenous fertilizers on development of chlorosis in rice* (with list of literature cited). Agr. Dept., Jour. Agr., Research, 19 May 1923, vol. 24, N° 7: 621.

Algodón, arroz, café, maíz, y otros frutos. B. H. P. R., 1914, vol. 1: 255.

El cultivo del arroz en Puerto Rico. Rev. Agr., marzo de 1929, vol. 22, núm. 9: 104.

4) Coco.

Abbad Lasierra, Fray Íñigo: *De las palmas y de algunos otros árboles que hay en la Isla de Puerto Rico.* En *Historia Geográfica, Civil y Natural de San Juan Bautista de Puerto Rico.* [Anotada por José Julián Acosta.] Imp. Acosta, San Juan, P. R., 1866, cap. XL: 490.

Bailey, L. H.: *Las palmeras y su utilidad.* Rev. Agr., julio de 1928, vol. 21, núm. 1: 20.

Barret, O. W.: *Notas históricas acerca de nuestras cosechas. El cocotero.* Rev. Agr., febrero de 1927, vol. 18, núm. 2: 75.

González Ríos, P.: *El cultivo del cocotero en Puerto Rico.* Est. Exp. Ins, Circular núm. 35, 1921.

Harvey, Arthur J.: *Frutos menores en plantaciones de cocotero.* Rev. Agr., abril-mayo de 1918, vol. 1, núms. 1 y 2: 59.

López Tuero, Fernando: *Cultivos tropicales. Plátano y palma de coco.* Imp. El Boletín Mercantil, San Juan, P. R., 1892, 55 p.

Saavedra, Emilio S.: *Cómo levantar las palmeras de cocos azotados por el temporal.* Rev. Agr., febrero de 1930, vol. 25, núm. 8: 53.

Van Middeldyk, R. A.: *El coco y la producción de copra.* Una industria agrícola nueva, fácil y remuneradora para los habitantes de la costa. Datos prácticos recopilados. The San Juan News Power Print, P. R., 1899, 14 p.

Wester, P. J.: *Cultivo del cocotero.* Rev. Agr., noviembre de 1928, vol. 21, núm. 5: 174.

Una firma del Continente interesada en obtener cocos de Puerto Rico. Rev. Agr., diciembre de 1926, vol. 17, núm. 6: 19. [En la Rev. aparece como núm. 5.]

5) *Forrajes.*

Fernández García, Rafael: *Datos sobre hierbas forrajeras importadas recientemente.* Est. Exp. Ins., Circular núm. 81, noviembre de 1924.

Legrand, J. Federico: *El paspalum dilatatum.* (1 y 2.) Rev. Agr., julio de 1920, vol. 5, núm. 1: 13, y agosto de 1920, vol. 5, núm. 2: 8.

Ríos Lavienna, G.: *El cultivo de hierbas forrajeras.* Rev. Agr., abril de 1930, vol. 25, núm. 10: 165.

Torres, Ignacio L.: *La yerba elefante en Bayamón.* Rev. Agr., junio de 1928, vol. 20, núm. 6: 274.

6) *Gandul.*

Barret, O. W.: *La odisea de un gandul.* Trad. de Clotilde Benítez. Rev. Agr., mayo de 1925, vol. 15, núm. 5: 308-309.

——, y Mayoral Reinat, A.: *Descripciones de variedades de gandul.* Rev. Agr., abril de 1927, vol 18, núm. 4: 196.

Figueroa, Carlos A.: *Los gandules en Puerto Rico.* Rev. Agr., noviembre de 1923, vol. 11, núm. 5: 45.

Mayoral Reinat, A.: *El gandul.* Rev. Agr., octubre de 1926, vol. 17, núm. 4: 11.

Westgate, J. M.: *El gandul.* Trad. por Manuel León Parra. Rev. Agr., febrero de 1927, vol. 18, núm. 2: 80; núm. 3: 150.

7) *Hortalizas.*

Barker, E. E.: *Una nueva industria hortícola para Puerto Rico.* Rev. Agr., diciembre de 1921, vol. 7, núm. 6: 15.

DINWIDDIE, W.: *Fruit raising market gardening and Horticulture [in Puerto Rico]*. Harper's Weekly, N. Y., March 4, 1899, vol. 43: 217.

FULLADOS, SALVADOR: *Hortalizas pequeñas*. Rev. Agr., abril y mayo de 1918, vol. 1, núms. 1 y 2: 64.

GONZÁLEZ RÍOS, P.: *Legumbres*. Rev. Agr., abril de 1920, vol. 4, núm. 4: 5.

GRIFFITH, J. P.: *Instrucciones para el cultivo de legumbres*. Rev. Agr., noviembre de 1922, vol. 9, núm. 5: 27.

——: *Experiencias del año en el cultivo de legumbres*. Est. Exp. Ins., Circular núm. 62, 1923, 17 p.

HENRICKSEN, H. C.: *El cultivo de legumbres en Puerto Rico*. Agr. Exp. St., Bol. núm. 7, 1906, 64 p. [Hay ed. en inglés.]

KINMAN, C. F., y MC CLELLAND, T. B.: *Experimentos sobre el supuesto deterioro de diferentes legumbres en Puerto Rico*. Con indicaciones para la preservación de la semilla. Agr. Exp. St., Bol. núm. 20, 1916, 32 p. [Hay ed. en inglés.]

LOCKE, C. A.: *Report of Hearing Held by the Federal Horticultural Board to consider the Advisability of Restricting or Prohibiting the entry from Porto Rico of Fruits and Vegetables into the United States*. Jour. Dept. Agr, Jan. 1924, vol. 8, Nº 1.

MARI, MARIANO: *El cultivo del tomate*. Rev. Agr., noviembre de 1930, vol. 25, núm. 5: 173.

OLIVER LUGO, F.: *Tomates*. Rev. Agr., abril de 1930, vol. 25, núm. 10: 151.

——: *Posibilidades de convertir la hortaliza en factor importante de nuestra dieta*. Rev. Agr., agosto de 1930, vol. 25, núm. 2: 83.

OSUNA, PEDRO: *Siembra de productos de hortaliza*. Rev. Agr., noviembre de 1925, vol. 15, núm. 5: 241.

——: *Semillas: siembra y cultivo de hortalizas*. Rev. Agr., diciembre de 1926, vol. 17, núm. 6: 14. [En la Rev. aparece como núm. 5.]

——: *La horticultura para el hogar*. Rev. Agr., noviembre de 1929, vol. 23, núm. 5: 194.

SIMONS, JULIO: *Consideraciones sobre hortalizas*. Rev. Agr., mayo de 1929, vol. 22, núm. 11: 209.

Apuntes sobre cultivo, propiedades alimenticias y medicinales de las hortalizas. Rev. Agr., agosto de 1928, vol. 21, núm. 2: 57.

El acetileno y la maduración de las frutas y hortalizas. Rev. Agr., diciembre de 1928, vol. 21, núm. 6: 210.

8) Maíz.

ASENSIO, E.: *El maíz*. Los pequeños cultivos. Consideraciones. Rev. Ant., marzo de 1913, año I, núm. 1.

BARKER, E. EUGENIO: *Cómo seleccionar y cuidar la semilla de maíz para la próxima siembra*. Rev. Agr., enero de 1921, vol. 6, núm. 1: 9.

BARRET, O. W.: *El maíz.* Rev. Agr., mayo de 1927, vol. 18, núm. 5: 256.
COWLES, H. T.: *Maíz.* Rev. Agr., junio de 1918, vol. 1, núm. 3: 109.
CUEVAS ZEQUEIRA, LUIS: *La selección de la semilla en el cultivo del maíz.* Rev. Agr., abril de 1921, vol. 6, núm. 4: 9; núm. 5: 17.
——: *El cultivo del maíz.* Rev. Agr., noviembre de 1923, vol. 11, núm. 5: 53; núm. 6: 29.
GUERRERO, OSCAR: *Apuntes sobre el cultivo del maíz.* Rev. Agr., abril de 1923, vol. 10, núm. 4: 31.
HENRICKSEN, H. C.: *The Selection of Seed Corn in Porto Rico.* Agr. Exp. St., Circular N° 18, 1920, 22 p.
LEGRAND, J. FEDERICO: *El maíz.* Rev. Agr., julio de 1923, vol. 11, núm. 1: 25.
LÓPEZ TUERO, FERNANDO: *Maíz y tabaco.* (Cultivos perfeccionados.) Imp. Acosta, San Juan, P. R., 1890, 70 p.
MEDINA Y GONZÁLEZ, ZENÓN: *El maíz.* En *Espontáneas,* P. R., 1897, p. 75.
Algodón, arroz, café, maíz y otros frutos. B. H. P. R., 1914, vol. 1: 255.
El maíz. S. f. y s. l., 73 p. [Folleto dividido en capítulos, sin título general, el primero de los cuales es El maíz. Los otros tratan del plátano, el trigo, el arroz, la yuca, el apio, el ñame, la patata, etc.]

9) Mango.

COLLINS, G. N.: *The Mango in Porto Rico.* U. S. Dept. of Agr. Bureau of Plant Industry, Bull. N° 28, Gov. Prtg. Off., Wa., 1903, 36 p. +.
KINMAN, C. F.: *The Mango in Porto Rico.* Agr. Exp. St., Bull. N° 24, 1918, 30 p.
PASTOR RODRÍGUEZ, JUAN: *Las posibilidades del mango en Puerto Rico.* Rev. Agr., mayo de 1930, vol. 24, núm. 11: 197.

10) Maní.

GÓMEZ, JESÚS C.: *El cultivo del maní.* Rev. Agr., julio de 1930, vol. 25, núm. 1: 22.
HANDY, R. B.: *El maní. Su cultivo y sus usos.* Depto. del Interior de Puerto Rico. Neg. de Agr. y Minas., Bol. núm. 21, San Juan, P. R., marzo de 1904, p. 5.
MOLINARY SALÉS, E.: *El maní.* Rev. Agr., octubre de 1929, vol. 23, núm. 4: 161.

11) Papa (patata).

JOGLAR, FRANCISCO: *La papa.* Un cultivo remunerador. Rev. Agr., enero de 1920, vol. 4, núm. 1: 27.
MARVIN JR., S. W.: *El cultivo de la papa en Puerto Rico.* Rev. Agr., abril-mayo de 1918, vol. 1, núms. 1 y 2: 43.

NIETO GARCÍA, JOSÉ: *Cultivo de la patata.* Rev. Agr., abril de 1925, vol. 14, núm. 4: 253.

OSUNA, PEDRO: *Datos sobre el cultivo de la papa.* Rev. Agr., septiembre de 1930, vol. 25, núm. 3: 118.

TORRES, IGNACIO L.: *El cultivo de papas en Puerto Rico.* Rev. Agr., diciembre de 1929, vol. 24, núm. 6: 239.

12) Plátano.

BARRET, O. W.: *Notas históricas acerca de nuestras cosechas. El banano.* Rev. Agr., diciembre de 1926, vol. 17, núm. 6: 3. [En la Rev. aparece como núm. 5.]

CASPUJOL: *El plátano y la industria.* Rev. Agr., enero de 1926, vol. 16, núm. 1: 20.

GONZÁLEZ RÍOS, P.: *Cultivo del banano en Puerto Rico.* Est. Exp. Ins., Bol núm. 25, 1920, 30 p. [V. también el Bol. núm. 36, 1930.]

LÓPEZ TUERO, FERNANDO: *Cultivos tropicales. Plátano y palma de coco. Jengibre, curcuma y achiote.* Imp. Acosta, San Juan, P. R., 1893, 45 p.

LUCCA, FRANCISCO: *El cultivo del banano para exportación.* Rev. Agr., abril de 1930, vol. 25, núm. 10: 156.

MÁRQUEZ, NELSON: *El cultivo remunerador: el plátano.* Rev. Agr., abril de 1929, vol. 22, núm. 10: 152.

MEDINA Y GONZÁLEZ, ZENÓN: *El plátano.* En *Espontáneas,* P. R., 1897, p. 70.

ROSENFELD, ARTHUR H.: *La plantación del banano.* Una opinión. Rev. Agr., abril de 1926, vol. 16, núm. 4: 205.

13) Tubérculos (yautías, batatas, ñames, yuca, etc.).

BARRET, O. W.: *Las yautías de Puerto Rico.* Agr. Exp. St., Bol. núm. 6, 1905, 15 p. [Hay ed. en inglés.]

CAMPO, ALBERTO DEL: *Cultivos productivos. La yuca.* Rev. Agr., abril de 1926, vol. 16, núm. 4: 194.

KINMAN, C. F.: *Yam Culture in Porto Rico.* Agr. Exp. St., Bull. N° 27, 1921, 22 p.

MILÁN, FERNANDO: *Tubérculos (ñame, yautía, batata y yuca).* Rev. Agr., abril y mayo de 1918, vol. 1, núms. 1 y 2: 53.

MILLER, FRED. E.: *Sweet-Potato Growing.* U. S. Dept. of Agr. Farmer's Bull., N° 999, Wa., 1919, 30 p.

MOLINARY SALÉS, E.: *Apuntes sobre el cultivo de la batata.* Rev. Agr., marzo de 1929, vol. 22, núm. 9: 102.

NESBIT, D. N.: *La batata.* Depto. del Interior de Puerto Rico. Neg. de Agr. y Minas., Bol. núm. 16. Imp. El Boletín Mercantil, San Juan, P. R., 1903, 40 p.

Oliver Lugo, F : *Yautías*. Rev. Agr., septiembre de 1929, vol. 23, núm. 3: 109.

Osuna, Pedro: *El cultivo de la yautía*. Rev. Agr., abril de 1920, vol. 22, núm. 10: 149.

Simons, Julio S.: *Yautías y malangas*. Su cultivo y producción para el mercado. Rev. Agr., julio de 1930, vol. 25, núm. 1: 23.

Torres, Ignacio L.: *El cultivo de los ñames*. Rev. Agr., noviembre de 1929, vol. 19, núm. 5: 246.

14) Vainilla.

Bazán, Vives: *El cultivo de la vainilla*. Rev. Agr., agosto de 1930, vol. 25, núm. 2: 82.

López Tuero, Fernando: *Cultivos tropicales. Añil y vainilla*. Imp. El Boletín Mercantil, San Juan, P. R., 1892.

Mari, Mariano: *La vainilla*. (Trad.) Rev. Agr., noviembre de 1922, vol. 9, núm. 5: 29.

Mc Clelland, T. B.: *Vainilla: a promising new crop for Porto Rico*. Agr. Exp. St., Bull. Nº 26. April 1919, 32 p. [V. Rev. Agr., abril de 1918, vol. 1, núms. 1 y 2.]

5. CULTIVOS MISCELÁNEOS

Acosta Henríquez, Juan: *Habichuelas soyas*. Rev. Agr., junio de 1919, vol. 3, núm. 1: 18.

Bates, Charles Z.: *Algo sobre goma*. Rev. Agr., mayo de 1925, vol. 14, núm. 5: 321-324.

Campo, Alberto del: *Cultivos productivos. La fresa*. Rev. Agr., febrero de 1926, vol. 16, núm. 2: 92.

Cook, O. F.: *Posibilidad del cultivo del caucho en Puerto Rico*. Depto. del Interior de Puerto Rico. Neg. de Agr. y Minas, Bol. núm. 17, San Juan, P. R., noviembre de 1903, 41 p.

Espéndez Navarro, Juan: *Más frutos menores*. Rev. Agr., abril de 1926, vol. 16, núm. 4: 206.

Figueroa, Carlos A.: *Recolección y manipulación de cebollas*. Rev. Agr., septiembre-octubre de 1918, vol. 1, núm. 6: 280.

González Ríos, P.: *Injerto de la berenjena cimarrona*. Rev. Agr., junio de 1920, vol. 4, núm. 6: 27.

Griffith, J. P.: *Cultivando una nueva frambuesa en Puerto Rico*. Rev. Agr., marzo de 1924, vol. 12, núm. 3: 190.

——: *El desarrollo de uvas adaptables a Puerto Rico*. Rev. Agr., junio de 1924, vol. 12, núm. 6: 401.

Kramer, Wm. P.: *Investigaciones y estudio del caucho en Puerto Rico.*

Rev. Agr., diciembre de 1926, vol. 17, núm. 6: 11. [En la Rev. aparece como núm. 5.]

LEGRAND, J. FEDERICO: *Cultivo del alcanfor en Puerto Rico.* Rev. Agr., junio de 1921, vol. 6, núm. 1: 7. [V. otros trabajos de este autor en la sección titulada *Botánica popular.*]

——: *Plantas útiles de Puerto Rico. Caimito, calambreño, calabaza.* Rev. Agr., agosto de 1921, vol. 7, núm. 2: 5.

LÓPEZ, JUAN C.: *Resultado de una demostración.* Para interesar a los agricultores de Corozal en el cultivo de la cebolla y probar que esta siembra es lucrativa. Rev. Agr., junio de 1923, vol. 10, núm. 6: 25.

LÓPEZ BALLESTER, E.: *Los frutos menores.* Rev. Agr., abril de 1922, vol. 8, núm. 4: 31

LÓPEZ TUERO, FERNANDO: *Cultivos tropicales. Plátano y palma de coco. Jengibre, curcuma y achiote.* Imp. Sucesión J. J. Acosta, San Juan, P. R., 1893, 45 p.

MACE, W. A.: *Habichuelas soyas.* Rev. Agr., abril-mayo de 1918, vol. 1, núms. 1 y 2: 49.

MAYORAL REINAT, A.: *Preservación de granos y semillas.* Rev. Agr., enero de 1919, vol. 2, núm. 2: 41.

MEDINA Y GONZÁLEZ, ZENÓN: *El orégano.* En *Espontáneas,* P. R., 1897, p. 86.

——: *El perejil.* En *Espontáneas,* P. R., 1897, p. 103.

——: *El achiote.* En *Espontáneas,* P. R., 1897, p. 105.

MORALES CABRERA, PABLO: *Plantas textiles.* Rev. Agr., agosto de 1922, vol. 9, núm. 2: 39.

NOLLA, J. A. B.: *El cultivo de la cebolla en Puerto Rico.* (Circular de Fomento núm. 9. Depto. de Agricultura.) Neg. Mat. Imp., 1925, 22 p.

RIVERA, EUGENIO M., y COLOMBANI, J. C.: *El cultivo de la malagueta y la extracción del aceite.* (Circular de Fomento núm. 1. Depto. de Agricultura.) Neg. Mat. Imp., 1923, 15 p.

SURO CORTÉS, A.: *Breve estudio sobre la siembra de ajos.* Rev. Agr., octubre de 1922, vol. 9, núm. 4: 27.

TORRES, IGNACIO L.: *La habichuela Velvet.* Rev. Agr., julio de 1919, vol. 3, núm. 2: 34; núm. 7: 17.

VARGAS, JOSÉ MARÍA: *Apuntes sobre el guaco: su descripción, sus virtudes, su preparación como remedio anticolérico y modo de administrarlo.* Imp. El Fénix, Ponce, P. R., 1855, 24 p.

El panapén. Rev. Agr., mayo de 1927, vol. 18, núm. 5: 255.

La cañafístola y el jengibre. B. H. P. R., 1914, vol. 1: 253.

Véanse *Botánica popular* y *Botánica económica.*

6. FLORICULTURA

HOWE, MARSHALL A.: *Dahlias and their Culture.* Jour. N. Y. Bot. Gard., Sept. 1923, vol. 24, N° 285: 169.

Santiago, Olimpio: *Jardines escolares*. Rev. Agr., febrero de 1919, vol. 2, núm. 3: 21.

Selkirk, A., and Clark, C.: *Garden Spots in Porto Rico*. House Beautiful, Dec. 1923, vol. 54: 592.

Starr, Ida M. H.: *Gardens of the Caribbees*. L. C. Page & Co., Boston, 1904.

Floricultura. Condiciones necesarias para obtener buenas flores. Rev. Agr., noviembre de 1926, vol. 17, núm. 5: 21. [En la Rev. aparece como núm. 4.]

7. FITOPATOLOGÍA

Catoni, L. A.: *Una enfermedad del cocotero*. Est. Exp. Ins., Circular núm. 43, 1921.

Cook, Melville, T.: *Enfermedades de las plantas*. Métodos para combatir la sarna de las frutas cítreas en Puerto Rico. Rev. Agr., noviembre de 1926, vol. 17, núm. 5: 14. [En la Rev. aparece como núm. 4.]

——: *The Status of Plant Pathology in Porto Rico*. Jour. Dept. Agr., July 1923, vol. 7, N° 3.

——: *Coconut Fall*. Preliminary Paper. Jour. Dept. Agr., Oct. 1924, vol. 8, N° 4.

——: *Epiphytic Orchids, a Serious Pest on the Citrus Trees*. Jour. Dept. Agr., April 1926, vol. 10, N° 2.

——: *Life History of Ligniera Vascularum*. Jour. Dept. Agr., 1929, vol. 13, N° 1: 19-29.

Fawcett, G. L.: *Enfermedades del café causadas por hongos en Puerto Rico*. Agr. Exp. St., Bol. núm. 17, 1914, 31 p. [Hay ed. en inglés.]

——: *Porto Rican Disease of Bananas*. P. R. Agr. Exp. St. Report, 1915, N° 13, 1916, p. 36-41.

González, P.: *El mal del plátano*. Rev. Agr., octubre de 1919, vol. 3, núm. 5: 51.

Joglar Rodríguez, F.: *El mosaico. Enfermedad del tabaco*. Rev. Agr., abril de 1930, vol. 25, núm. 10: 150.

Johnston, John R.: *Naturaleza de las enfermedades fungoideas*. Est. Exp. Ins , Circular núm. 2, 1913, 27 p.

——: *Naturaleza de las enfermedades fungoideas de las plantas*. Est. Exp. Ins., Circular núm. 2, 1913.

——: *La relación entre el cultivo de la caña y el dominio de las enfermedades fungoideas*. Est. Exp. Ins., Circular núm. 3, 1913.

——: *History and Cause of the Rind Disease*. Jour. Dept. Agr., Jan. 1917, vol. 1, N° 1.

Leonard, Mortimer P.: *Recomendaciones para combatir las plagas del algodón en Puerto Rico*. Rev. Agr., octubre de 1930, vol. 25, núm. 4: 135.

LEONARD, MORTIMER P.: *A Bibliography of the Banana Root Weevil.* Jour. Dept. Agr., April 1931, vol. 15, N° 2: 147.

LÓPEZ SANTIAGO, BERNARDO: *Algunas enfermedades del tomate en Puerto Rico.* Rev. Agr., diciembre de 1922, vol. 9, núm. 6: 33

MATZ, JULIUS: *Citrus Spots and Blemishes.* Est. Exp. Ins., Circular núm. 16.

——: *Citrus and Pine-apple Fruit Rots.* Est. Exp. Ins., Bull. N° 24, 1920, 12 p.

——: *El mal del guineo.* Est. Exp. Ins., Circular núm. 25, 1920.

——: *La enfermedad de la raíz en el café.* Est. Exp. Ins, Circular núm. 32, 1920.

——: *Una enfermedad dañina de la habichuela.* Est. Exp. Ins., Circular núm. 57, 1921, 8 p.

——: *The Rhizoctonias of Porto Rico.* Jour. Dept. Agr., Jan. 1921, vol. 5, N° 1.

——· *Pudrición de la base en plantas de hortaliza.* Rev. Agr., julio de 1919, vol. 3, núm. 2: 44.

——: *Algunas enfermedades del follaje en plantas.* Rev. Agr., diciembre de 1919, vol. 3, núm. 7: 20.

——: *Observaciones hechas en la región cerca de Maricao con respecto a las enfermedades del café y del guineo.* Rev. Agr., noviembre de 1920, vol. 5, núm. 5: 15.

——: *Informe de la estación experimental insular.* (Informe de la División de Botánica y Patología.) Rev. Agr., febrero de 1922, vol. 8, núm. 2: 63. [V. otros informes en Annual Reports of the Insular Experiment Station.]

MILES, L. E.: *Some Diseases of Economic Plants in Porto Rico.* Phytopathology, Baltimore, Oct. 1917, vol. 7: 345.

NOLLA, J. A. B.: *The Anthracnoses of Citrus Fruits, Mango and Avocado.* Jour. Dept. Agr., April 1926, vol. 10, N° 2.

——: *Mango Wither-Tip (Colletotrichum gloeosporioides Penz.)* Jour. Dept. Agr., July-Oct. 1926, vol. 10, Nos 3-4.

——: *The Eggplant Blight and Fruit Rot in Porto Rico.* Jour. Dept. Agr., 1929, vol. 13, N° 2: 35-57.

——: *The Black-Shank of Tobacco in Porto Rico.* Jour. Dept. Agr., Oct. 1928, vol. 12, N° 4: 185.

——: *La enfermedad pata-prieta del tabaco.* Rev. Agr., abril de 1929, vol. 22, núm. 10: 151.

OLIVER LUGO, F.: *El mosaico del tabaco y cómo combatirlo.* Rev. Agr., enero de 1923, vol. 10, núm. 1: 11.

SAAVEDRA, F.: *El cocotero y la podredumbre del cogollo en Puerto Rico.* Rev. Agr., abril de 1929, vol. 22, núm. 10: 167.

——: *¿Es alarmante la propagación de la podredumbre del cogollo en Puerto Rico?* Rev. Agr., diciembre de 1929, vol. 24, núm. 6: 220.

STEVENSON, JOHN A.: *Diseases of Vegetables and Garden Crops.* Jour. Dept. Agr., April 1917, vol. 1, N° 2.

——: *Citrus Diseases of Porto Rico.* Jour. Dept. Agr., April 1918, vol. 2, N° 2.

——: *La enfermedad del mosaico del tabaco.* Rev. Agr., noviembre-diciembre de 1918, vol. 2, núm. 1: 39.

——: *Wood Rot o podredumbre de la madera de los cítricos.* Est. Exp. Ins., Circular núm. 10, 1917.

——: *Citrus Scab in Porto Rico.* Ins. Exp. St., Bull. N° 17, 1917, 16 p.

——: *Catálogo de las enfermedades fungosas y no parasíticas que atacan las plantas de Puerto Rico.* Rev. Agr., noviembre-diciembre de 1918, vol. 2, núm. 1 : 19.

——: *Enfermedades fungosas y no parasíticas que atacan las plantas económicas de Puerto Rico.* Rev. Agr., enero de 1919, vol. 2, núm. 2: 23.

——: *Enfermedades del citro en Puerto Rico.* Rev. Agr., octubre de 1919, vol. 3, núm. 5 : 25; núm. 7 : 25; vol. 4, núm. 1 : 31; núm. 3 : 34; núm. 4 : 25; núm. 5 : 22; núm. 6: 9.

TORO, RAFAEL A.: *Studies on Banana Anthracnose.* Jour. Dept. Agr., Oct. 1922, vol. 6, N° 4.

——: *Una enfermedad importante de las cebollas en Puerto Rico.* Est. Exp. Ins., Circular núm. 71, 1923.

——: *La influencia del ambiente en la protección de las plantas contra enfermedades.* Est. Exp. Ins., Circular núm. 90, 1925.

——: *Represión de las enfermedades de las plantas.* Rev. Agr., enero de 1927, vol. 18, núm. 1 : 19; núm. 2 : 86.

TUCKER, C. M.: *La pudrición del cogollo del cocotero en Puerto Rico.* Rev. Agr., junio de 1924, vol. 12, núm. 6 : 385.

——: *La enfermedad de la raíz del café en los semilleros.* Rev. Agr., marzo de 1926, vol. 16, núm. 3 : 129; vol. 17, núms. 2 y 3.

——: *Enfermedades del café en América.* Rev. Agr., enero de 1929, vol. 22, núm. 7 : 27.

Leyes y Reglamentos concernientes a la importación e inspección de plantas, enfermedades de insectos y plagas. Junta de Comisionados de Agricultura. División de Entomología. Circular núm. 1, Bur. Supp Prtg., 1911.

Preparation and use of Lime-Sulphur. Ins. Exp. St., Circular N° 13, 1918.

Represión del comején o piche de la batata. Rev. Agr., mayo de 1927, vol. 18, núm. 5 : 276.

l) Enfermedades de la caña.

ACOSTA, JOSÉ JULIÁN: *Informe dado a la Excelentísima Diputación Provincial sobre la enfermedad de la caña en el Cuarto Departamento de la Isla de Puerto Rico.* Imp. J. J. Acosta, San Juan, P. R., 1878, 42 p.

ASHBY, S. F.: *Mottling or Yellow stripe Disease of Sugar-cane.* Jour. Jamaica Agr. Soc., 1919, vol. 23: 344-347.

BOURNE, B. A.: *Morphological Similarity between the Pythium-Like Fungus Found associated with Diseased Sugar-cane Roots in Hawaii and Porto Rico.* Jour. Dept. Agr., April 1924, vol. 8, N° 2: 61.

BRANDES, E. W.: *The Mosaic Disease of Sugar-cane and other Grasses.* U. S. Dept. Agr., Bull. N° 829, 1919, 26 p.

COLÓN, EDMUNDO D.: *La eradicación de la enfermedad de las rayas amarillas de la caña.* Est. Exp. Ins., Circular núm. 14, 1918.

COOK, MELVILLE T.: *Present Knowledge of Mosaic Disease.* Jour. Dept. Agr., April 1924, vol. 8, N° 2: 50.

——: *Sugar-cane Leaf Spots in Porto Rico.* Jour. Dept. Agr., April 1924, vol. 8, N° 2: 55.

——: *Helmintho Sporium Leaf Spots of Sugar-cane in Porto Rico.* Preliminary Paper. Jour. Dept. Agr., Oct. 1924, vol. 8, N° 4.

——: *The Gummosis of Sugar-cane.* Jour. Dept. Agr., 1929, vol. 12, N° 3: 143. [Segunda parte: vol. 13, N° 2.]

——: *Life History of «Ligniera Vascularum» (Matz) Cook.* Jour. Dept. Agr., 1929, vol. 13, N° 1: 19-29.

——: *The Effect of some Mosaic Diseases on Cell Structure and on the Chloroplasts.* Jour. Dept. Agr., 1930, vol. 15, N° 2: 69-101.

——: *El dominio del matizado de la caña de azúcar.* Rev. Agr., enero de 1925, vol. 14, núm. 1: 7-9.

——: *Enfermedades de la mancha de la hoja de la caña de azúcar.* Rev. Agr., marzo de 1925, vol. 14, núm. 3: 185-187.

——: *Enfermedades de la raíz de la caña de azúcar.* Rev. Agr., abril de 1925, vol. 14, núm. 4: 245-246.

——: *Producción de azúcar y enfermedades de la caña.* Rev. Agr., diciembre de 1925, vol. 15, núm. 6: 273.

——: *Enfermedades de las plantas. El mosaico de la caña de azúcar en Puerto Rico.* (Aviso.) Rev. Agr., diciembre de 1926, vol. 17, núm. 6: 6. [En la Rev. aparece como núm. 5.]

——: *Experiencias con la gomosis de la caña de azúcar.* Rev. Agr., mayo de 1927, vol. 18, núm. 5: 281.

——: *Tres enfermedades de la caña de azúcar encontradas recientemente en Puerto Rico.* Rev. Agr., enero de 1929, vol. 22, núm. 7: 15.

——: *La gomosis de la caña de azúcar en Puerto Rico.* Rev. Agr., mayo de 1929, vol. 22, núm. 11: 175.

——: *La situación actual en enfermedades de la caña de azúcar en Puerto Rico.* Rev. Agr., junio de 1930, vol. 24, núm. 12: 227.

——: *Gomosis de la caña P. O. J. 2878 en Puerto Rico.* Rev. Agr., septiembre de 1930, vol. 25, núm. 3: 102.

——: *Distribución geográfica de las enfermedades de la caña de azúcar.* Rev. Agr., noviembre de 1930, vol. 25, núm. 5: 170.

Cribot Grandcourt, C.; Stahl, Agustín, y Acosta, José Julián: *Informe dado a la Excelentísima Diputación provincial sobre la enfermedad de la caña.* Imp. J. J. Acosta, San Juan, P. R., 1878, 42 p.

Chardón, Carlos E.: *Resumen de la literatura sobre el origen de las enfermedades del mosaico en las plantas.* Rev. Agr., octubre de 1922, vol. 9, núm. 4: 13.

——: *La relación de ciertas yerbas con el matizado de la caña.* Rev. Agr., mayo de 1924, vol. 12, núm. 5: 305.

——: *Mosaic Investigation at Central Cambalache.* Preliminary Report, Jour. Dept. Agr, April 1924, vol. 8, N° 2.

——, and Veve, R. A.: *The Transmission of Cane Mosaic.* The Role of aphis maidis in Spreading the Disease under Field conditions in Porto Rico. En *Memoirs of the Association of Sugar Technologists of Porto Rico.* San Juan, P. R., Jan. 1922, vol. 1, N° 1. [También en Phytopathology, 1923, vol. 13: 24.]

——, ——: *Sobre la transmisión del matizado de la caña por medio de insectos.* Rev. Agr., agosto de 1922, vol. 9, núm. 2: 9.

Earle, F. S.: *El mosaico de la caña y matizado.* El estado actual de la epidemia. Est. Exp. Ins., Circular núm. 22, 1920.

——: *La resistencia de las variedades de caña a la enfermedad de las rayas amarillas o del mosaico.* Est. Exp. Ins., Bol. núm. 19, 1919, 19 p.

——: *Eradication as a means of control in Sugar-cane Mosaic or Yellow Stripe.* Ins. Exp. St., Bull. N° 22, 1919, 17 p.

——: *The year's Experience with Sugar-cane Mosaic or Yellow Stripe Disease.* Jour. Dept. Agr., Oct. 1919, vol. 3, N° 4.

——: *Sugar-cane Root Disease.* Jour. Dept. Agr., Jan. 1920, vol. 4, N° 1.

Figueroa, Carlos A.: *The Mottling Disease of Cane and the Sugar Production in Porto Rico.* Jour. Dept. Agr., Oct. 1919, vol. 3, N° 4.

——: *El matizado de la caña de azúcar y la producción de azúcar de Puerto Rico.* Rev. Agr., septiembre de 1920, vol. 5, núm. 3: 25.

Johnson, J. R.: *Cane Diseases.* Ins. Exp. St., Bull., N° 1, 1911, p. 35-47.

——, and Stevenson, John A.: *Sugar-cane Fungi and Diseases of Porto Rico.* Jour. Dept. Agr., Oct. 1917, vol. 1, N° 4.

López Domínguez, Francisco A: *Has Yellow Stripe or Mottling Disease any effect on the Sugar content of Cane juice?* Jour. Dept. Agr., Oct. 1919, vol. 3, N° 4.

——: *El mosaico de la caña de azúcar.* [P. R.], 1928, 23 p.

López Tuero, Fernando: *La caña de azúcar en Puerto Rico.* Su cultivo y enfermedad. Imp. El Boletín Mercantil, San Juan, P. R., 1895, 123 p.

Matz, Julius: *La gomosis de la caña.* Rev. Agr., julio de 1920, vol. 5, núm. 1: 24.

——: *Observaciones en la gomosis de la caña en Puerto Rico.* Rev. Agr., abril de 1921, vol. 6, núm. 4: 33. [V. vol. 8, núm. 4.]

MATZ, JULIUS: *La enfermedad de la gomosis de la caña de azúcar*. Rev. Agr., septiembre de 1922, vol. 9, núm. 3: 11.

——: *Recientes investigaciones en el estudio de la naturaleza del mosaico de la caña de azúcar y otras plantas*. Rev. Agr., octubre de 1922, vol. 9, núm. 4: 9.

——: *La gomosis de la caña de azúcar*. Est. Exp. Ins., Circular núm. 20, 1920.

——: *Últimos desarrollos en la patología de la caña de azúcar*. Est. Exp. Ins., Circular núm. 33, 1920, p. 32-36.

——: *La enfermedad de la raíz de la caña de azúcar*. Est. Exp. Ins., Circular núm. 56, 1921, 12 p. [También en Rev. Agr., vol. 2, núm. 3: 38.]

——: *Infection and Nature of the Yellow Stripe Disease of Cane (Mosaic, Mottling, etc.)*. Jour. Dept. Agr., Oct. 1919, vol. 3, N° 4.

——: *Investigations of Root Disease of Sugar-cane*. Jour. Dept. Agr., Jan. 1920, vol. 4, N° 1.

——: *The Gumming Disease of Sugar cane*. Its distribution and present status in Porto Rico. Methods of transmission and means of control. En *Memoirs of the Association of Sugar Technologists of Porto Rico*. San Juan, P. R., Jan. 1922, vol. 1, N° 1. [V. Jour. Dept. Agr., July 1922, vol. 6, N° 3.]

MENÉNDEZ RAMOS, RAFAEL: *Estudios sobre el mosaico de la caña*. Rev. Agr., 1924, 7 p.

——: *The Control of Sugar-cane Mosaic in the West Indies* En *The Reference Book of the Sugar Industry of the World*, 1927, p. 8.

PAGE ROSS, L.: *La enfermedad del matizado, su extirpación y control*. Un bosquejo de los métodos usados con éxito en una finca de Puerto Rico, en el control de la enfermedad Rev. Agr., julio de 1923, vol. 11, núm. 1: 19.

ROSENFELD, ARTHUR H.: *Aspecto beneficioso del matizado de la caña de azúcar*. Rev. Agr., enero de 1924, vol. 12, núm. 1: 7.

RUIZ QUIÑONES, ANTONIO: *Memoria sobre la enfermedad de la caña de azúcar*. Tip. La Prensa, Mayagüez, P. R, 1877, 43 p.

SEÍN JR., FRANCISCO: *Nuevo método de transmitir el matizado y su aplicación práctica*. Rev. Agr., agosto de 1920, vol. 25, núm. 2: 64. [V. Jour. Dept. Agr., 1930, vol. 14, N° 2: 49-68.]

STAHL, AGUSTÍN: *La enfermedad de la caña de azúcar*. Contiene cuanto se ha escrito en Puerto Rico sobre ese tópico. Imp. J. J. Acosta, San Juan, P. R., 1880, 140 p.

STEVENSON, J. A.: *La nueva enfermedad de la caña*. Est. Exp. Ins., Circular núm. 11, 1917. [V. Rev. Agr., abril-mayo de 1918, vol. 1, núms. 1 y 2.]

——: *La enfermedad de las raíces de la caña*. Rev. Agr., septiembre y octubre de 1918, vol. 1, núm. 6: 269.

STEVENSON, J. A.: *El matizado de la caña.* Rev. Agr., enero de 1919, vol. 2, núm. 2: 11.

—: *The Mottling or Yellow Stripe Disease of Sugar-cane.* Jour. Dept. Agr., July 1919, vol. 3, N° 3.

VEVE, R.: *La represión del matizado en Fajardo.* Est. Exp. Ins., Circular núm. 33, 1920, p. 52-55.

Instrucciones para extirpar la gomosis de la caña de azúcar. Rev. Agr., junio de 1921, vol. 6, núm. 1: 23.

La enfermedad del mosaico de la caña de azúcar. Rev. Agr., enero de 1926, vol. 16, núm. 1: 7.

Véase *Entomología económica:* Insectos que atacan a la caña.

8 ENTOMOLOGÍA ECONÓMICA

1) *Apicultura.*

BRENNER, H.: *Porto Rico and its Beekeepers.* Am. Bee Jour. Hamilton, Illinois, Nov. 1916, vol. 56: 380.

—: *Porto Rico Beekeeping.* Am. Bee Jour. Hamilton, Illinois, Feb. 1918, vol. 58: 51.

HOLMER, E., and LITTLE, L. L.: *Porto Rico, Beehive and Orchard.* Travel, N. Y., Jan. 1921, vol. 36: 22.

PHILLIPS, E. F.: *La Apicultura puertorriqueña.* Agr. Exp. St., Bol. núm. 15, 1915, 28 p. [Hay ed. en inglés.]

SNYDER, P. G.: *Beekeeping in Foreign Lands.* Gleanings in Bee Culture, Medina, Ohio, Dec. 1920, vol. 48: 721.

TOWER, W. V.: *La Apicultura en Puerto Rico.* Agr. Exp. St., Circular núm. 13, 1911, 39 p. [Hay ed. en inglés.]

VAN ZWALUWENBURG, R. H., y VIDAL, RAFAEL: *La cría de abejas-reinas en Puerto Rico.* Agr. Exp. St., Circular núm. 16, 1918, 12 p. [Hay ed. en inglés.]

VIDAL, RAFAEL: *Needs of the Porto Rican Beekeeper.* Gleanings in Bee Culture, Medina, Ohio, May 15, 1916, vol. 44: 409.

Algunas consideraciones sobre la industria Apícola. Rev. Agr., agosto de 1928, vol. 21, núm. 2: 56.

2) *Estudios generales sobre insectos en Puerto Rico.*

ASBORN, HERBERT: *Notes on Porto Rican Homoptera.* Jour. Dept. Agr., 1929, vol. 13, N° 3, 81: 112.

BALLOU, H. A.: *Root Borers and other Grubs in West Indian Soils.* Dept. Agr. for W. I., Barbados, 1913. Phamphlet Series, N° 73, p. 38.

BALLOU, H. A.: *Notes on Porto Rico Insects.* The Agr. News, Barbados, Aug. 28, 1915, p. 282. [Reseña sobre la Circular núm. 6. Ins. Exp. St., P. R., que trata de la changa.]

BARBER, H. G.: *A Preliminary Report on the Hemiptera-Heteroptera of Porto Rico collected at the Am. Mus. of Nat. Hist.* Am. Mus. of Nat. Hist., Novitates, May 11, 1923, N° 75: 1-13.

BARRET, O. W.: *La changa o grillotolpa (Scapteriscus didactylus) en Puerto Rico.* Agr. Exp. St., Bol. núm. 2, 1902, 20 p. [Hay ed. en inglés]

BISHOFF, AUGUSTO: *Extirpación de la hormiguilla.* Rev. Agr., abril y mayo de 1918, vol. 1, núms. 1 y 2.

BRAU, MARIO: *Divagaciones entomológicas.* Rev. Agr., diciembre de 1928, vol. 21, núm. 6: 211.

BUSCK, A: *Notes on a Brief Trip to Puerto Rico in January and February, 1899.* U. S. Dept. Agr. Bureau of Entomology, 1900, Bull. N° 22, n. s., p. 88-92.

CATONI, LUIS A: *Informe de las actividades de la campaña de erradicación del gusano rosado en Puerto Rico, llevada a cabo por el Departamento de Agricultura y Trabajo.* Rev. Agr., abril de 1922, vol. 8, número 4: 15.

——: *Medidas para combatir las plagas de insectos* Rev. Agr., octubre de 1922, vol. 9, núm. 4: 33.

——: *Las chinches harinosas y los medios de combatirlas.* Rev. Agr., mayo de 1923, vol. 10, núm. 5: 35.

COQUILLET, D. W.: *Report on a Collection of Dipterons Insects from Porto Rico.* Proc. U. S. Nat. Mus., Wa., 1900, vol. 22: 249.

COTTON, R. T.: *Scale Feeding Habits of a Porto Rican Milipede.* Jour. Dept. Agr., July 1917, vol. 1, N° 3: 173.

——: *Life History of Haltica Jamaicense Fab.* Jour. Dept. Agr., July 1917, vol. 1, N° 3: 171.

——: *The Eggplant Lace-Bug in Porto Rico.* Jour. Dept. Agr., July 1917, vol. 1, N° 3: 168.

——: *Experimental Control on the White Grubs of Porto Rico.* Jour. Dept. Agr., Jan. 1918, vol. 2, N° 1: 1.

CRESPO, M. A.: *El comején.* Rev. Agr., noviembre de 1919, vol. 3, núm. 6: 35.

——: *Un insecto muy dañino a las palmitas de coco.* Rev. Agr., marzo de 1920, vol. 4, núm. 3: 47.

DEWITZ, H.: *Dämmerung.und Nachtfalter von Porto Rico.* Mitt. Munch. Entomol. Ver., 1877, p. 91-96.

——: *Hymenopteren von Porto Rico.* Berliner Entomol. Zeitschrift, 1881, vol. 25, pt. 2: 197.

——: *Tagschmetterlinge von Porto Rico.* Stettiner Entomol. Zeitschrift, 1877, vol. 38: 233.

DOZIER, H. L.: *Some new Porto Rican Scale Parasites (hymenoptera: encyrtidae.)* Delaware Notes, University of Delaware. Newark, Delaware. 4th series, 1926, p. 61-66.

——: *Some new and interesting Porto Rican Leaf Hoppers.* Jour. Dept. Agr., July-Oct. 1926, vol. 10, N°s 3-4: 259.

FERNALD, M. E.: *Catalogue of the Coccidae of the World.* Hatch. Exp. Sta. Mass. Agr. College, March 1903, Bull. N° 88, 360 p. [Para Puerto Rico, v. p. 109.]

FORBES, W. T. M.: *Insects of Porto Rico and the Virgin Island. (Heterocera or Moths, excepting the Noctuidae, Geometridea, and Pyralididae.)* Scientific Survey of Porto Rico and the Virgin Islands. N. Y. Acad. Sci., N. Y., 1930, vol. 12, pt. 1.

HOOD, J. D.: *Two new Thysanoptera from Porto Rico.* Insecutor Inscitiae Menstrus, June 1913, vol. 1: 65-70.

——: *On a Collection of Thysanoptera from Porto Rico.* Insecutor Inscitiae Menstrus, Dec. 1913, vol. 1, N° 12: 149-154.

HOOKER, C. W.: *Entomological Conferences in Porto Rico.* Jour. of Economic Entomology, Feb. 1913, vol. 6, N° 1: 148-150. [Contiene: May-beetles of Porto Rico (por D. L. Van Dine); Cane Aphis (T. H. Jones); The Changa (S. S. Grossman); A Fungus Parasite of Cane Mealy-bug (R. C. Mc Connie), y Cane Insect Work at Guánica (T. C. Murphy.)]

HOWARD, L. O.: *Some Injurious Garden and Field Insects in Tropical America.* U. S. Dept. Agr. Bureau Entomology, Wa., Bull. N° 44, 1904

HUTSON, J. C.: *Some Weevils of the Genus Diaprepes in the West Indies.* The Agr. News, Barbados, June 16, 1917, p. 186.

——: *The West Indian Mole Cricket or Changa.* The Agr. News, Barbados, April 6, 1918, p. 106; April 20, 1918, p. 122.

JOHNSTON, JOHN R.: *The Entomogenous Fungi of Porto Rico.* Board of Commissioners of Agriculture, of Porto Rico., Bull. N° 10, 1915, 33 p. +.

JONES, THOMAS H.: *Some notes on Laphygma Frugiperda S. and A. in Porto Rico.* Jour. of Economic Entomology, April 1913, vol. 6, N° 2: 230.

——: *A List of the Coccidae of Porto Rico.* Jour. Dept. Agr., Jan. 1917, vol. 1, N° 1.

KELLOGG, VERNON L.: *American Insects.* Henry Holt and Co., N. Y. 1905, 694 p. +. [Para Puerto Rico, v. p. 161.]

LENG, CHAS. W., and MUTCHLER, A. J.: *A preliminary List of the Coleoptera of the West Indies as Recorded to January 1, 1914.* Bull. of Am. Mus of Nat. Hist., N. Y., Aug. 26, 1914, vol. 23, art. 30: 391-493. [Para Puerto Rico, v. p. 442, 454, 469, 478 y 480.]

——; ——: *Descriptive Catalogue of West Indian Cincidelinae.* Bull. of Am. Mus. of Nat. Hist., N. Y, Oct. 17, 1916, vol. 35: 681.

LUCIANO, JOSÉ: *La mosca del Mediterráneo.* Rev. Agr., marzo de 1927, vol. 18, núm. 3: 143.

MATZ, JULIUS: *Citrus Spots and Blemishes.* Ins. Exp. St., Circular N° 16.
MORE, JOHN D.: *Insectos predominantes durante el mes.* Rev. Agr., enero de 1921, vol. 6, núm. 1 : 33.
PERGANDE, T., and COCKERELL, T. D. A.: *List of Coccidae collected by Mr. A. Busck in Puerto Rico.* 1899. U. S. Dept. Agr. Bureau of Entomology, 1900, Bull. N° 22, n. s., p. 92-93.
QUEDENFELDT, G.: *Neue und Seltnere Kafer von Porto Rico.* Berliner Entomol. Zeitschrift, 1886, p. 119-128.
ROEDER, VICTOR VON: *Dipteren von der Inser Porto Rico.* Stettiner Entomol. Zeitschrift, 1885, p. 337.
ROOT, FRANCIS GUETCALF: *Notes on Mosquitoes and other blood sucking flies from Porto Rico.* Am. Jour. of Hygiene, July 1922, vol. 2, N° 4 : 394.
ROSENFELD, ARTHUR H.: *La utilidad del sapo en la Agricultura.* Rev. Agr., enero de 1929, vol. 22, núm. 7 : 24.
SEÍN JR., FRANCISCO: *Cucarachas.* Est. Exp. Ins., Circular núm. 64, 1923, 12 p.
——: *El sapo.* Rev. Agr., noviembre de 1927, vol. 19, núm. 5 : 238.
——: *Nuevas cosechas, nuevas plagas.* Rev. Agr., agosto de 1929, vol. 23, núm. 2 : 84.
SMYTH, E. GRAYWOOD: *Cómo se coleccionan y conservan los insectos.* Rev. Agr., julio de 1919, vol. 3, núm. 2 : 17.
——: *Skunds and Toads. A Warning.* The Agr. News, Barbados, Nov. 15, 1919, p. 361. [Discussion of proposed introduction of skunks and toads into Porto Rico, to combat white-grubs.]
——: *Entomology in Porto Rico.* The Agr. News, Barbados, Nov. 15, 1919, p. 362.
——: *Insects and Mottling Disease.* Jour. Dept. Agr., Oct. 1919, vol. 3, N° 4.
TOWER, W. V.: *Estudio acerca de los mosquitos en San Juan, Puerto Rico.* Agr. Exp. St., Circular núm. 14, 1911, 25 p. [Hay ed. en inglés.]
——: *Mosquito Survey in Mayagüez.* Agr. Exp. St., Circular núm. 20, 1921, 10 p.
VAN DINE, D. L.: *Progress Report on Introductions of Beneficial Parasites into Porto Rico.* First Report, Board of Commissioners of Agriculture of Porto Rico, period from, July 1, 1911, to Jan. 1912, p. 31-47.
——: *The Introduction of Parasites of May-beetles into Porto Rico.* Second Report, Board of Commissioners of Agriculture of Porto Rico, for 1912-1913, San Juan, P. R., June 30, 1913, p. 36-48.
VAN ZWALUWENBURG, R. H.: *Preliminary Check List of Porto Rican Insects.* Mayagüez, P. R., Sept. 1914, p. 62.
——: *The Changa or West Indian Mole Cricket.* Agr. Exp. St., Bull. N° 23, 1918, 28 p.

Walton, W. R.: *A new species of Tachinidae from Porto Rico.* Proceedings of Entomology Soc. of Washington, Jan. 10, 1912, vol. 14, N° 4: 198+.

Weise, J.: *Beitrag zur Chrysomeliden und Coccinelliden Fauna von Portorico.* Archives für Naturgeschichte, 1885, vol. 51, pt. 1: 144.

Wheeler, Wm. M: *The Ants of Porto Rico and the Virgin Islands.* Bull. of Am. Mus. of Nat. Hist., Feb. 7, 1908, vol. 24: 117-158.

Wolcott, George N.: *Useful Birds of Porto Rico.* Porto Rico Progress, San Juan, P. R., 1913, vol. 4, N° 13: 13. [V. Exp. Station Record, June 1913, vol. 28, N° 8: 751.]

——: *Destruction of Mole Crickets in Porto Rico by the Heron and Gaulding.* The Agr. News, Barbados, Sept. 27, 1913, p. 314.

——: *A Reaction to a Variation in Light Intensity by Leucoptera Coffeella.* Ecology, Jan. 1922, vol. 3, N° 1: 86.

——: *Los comejenes de Puerto Rico.* Est. Exp. Ins., Circular núm. 44, 1921, 14 p.

——: *Afidos de importancia económica en Puerto Rico.* Est. Exp. Ins., Circular núm. 59, 1922, 11 p.

——: *Vaquitas de importancia económica en Puerto Rico.* Est. Exp. Ins., Circular núm. 60, 1922, 20 p.

——: *Hormigas.* Est. Exp. Ins., Circular núm. 75, 1924.

——: *El Cucubano.* Est. Exp. Ins., Circular núm. 80, octubre de 1923.

——: *Entomología económica puertorriqueña.* Est. Exp. Ins., Bol. núm. 32, julio de 1924, 176 p. Trad. de Francisco Seín Jr.

——: *Insect-Parasite Introduction in Porto Rico.* Jour. Dept. Agr., Jan. 1922, vol. 6, N° 1.

——: *Curso de instrucción a los maestros y agentes agrícolas.* Rev. Agr., marzo de 1922, vol. 8, núm. 3: 21.

——: *Status of Entomology in Porto Rico* Jour. Dept. Agr., April 1922, vol. 6, N° 2. [V. Sugar, N. Y., Feb. 1924, vol. 26: 93.]

——: *Informe de la Estación Experimental Insular.* (Informe del Departamento de Entomología.) Rev. Agr., febrero de 1922, vol. 8, núm. 2: 65 [V. otros informes en Annual Reports of the Insular Experiment Station.]

——, y Seín Jr., Francisco: *Los caculos cornudos o los escarabajos rinocerontes de Puerto Rico.* Est. Exp. Ins., Circular núm. 58, 1922, 13 p.

3) Insectos que atacan a la caña.

Barrow, E. H.: *White Grubs (Lachnosterna sp.), and Larvae of the Weevil Root Borer (Diaprepes spengleri L.) Attacking Sugar-cane in Guánica District of Porto Rico and Method Practiced for Controlling them.* The Jour. Dept. Agr., April 1924, vol. 8, N° 2.

BOX HAROLD, E.: *Porto Rican Cane Grubs and their Natural Enemies* Jour. Dept. Agr., Oct. 1925, vol. 9, N° 4.

CATONI, LUIS A.: *Informe del viaje verificado a Venezuela con objeto de introducir parásitos para combatir el taladrador de la caña de azúcar en Puerto Rico.* Rev. Agr., mayo de 1927, vol. 18, núm. 5: 252.

HUTSON, J. C.: *White Grubs Injuring Sugar-cane in Porto Rico.* The Agr. News, Barbados, July 14, 1917, p. 218; July 28, 1917, p. 234; Aug. 11, 1917, p. 250.

——: *Sugar-cane White Grubs in Porto Rico.* The Agr. News, Barbados, Oct. 20, 1917, p. 330.

JONES, T. H : *Sugar-cane Insects in Porto Rico.* Jour. of Economic Entomology, Dec. 1914, vol. 8, N° 6: 461.

——: *Aphides or Plant-lice Attacking Sugar-cane in Porto Rico.* Exp. St. Board of Commissioners of Agriculture of Porto Rico, Bull. N° 11, 1915, 19 p.

——: *The Sugar-cane Moth Stalk-Borer (Diatraea saccharalis Fabr.).* Exp. St. Board of Commissioners of Agriculture of Porto Rico, Bull. N° 12, 1915, 30 p. Hay ed. en español: *La mariposa.* Barreno del tallo de la caña de azúcar, Bol. núm. 12, 1915, 31 p.

——: *The Sugar-cane Weevil Root-Borer. (Diaprepes spengleri L.).* Exp. St. Board of Commissioners of Agriculture of Porto Rico, Bull. N° 14, 1915, 19 p.

——, and WOLCOTT, GEORGE N.: *The Caterpillars which eat the leaves of Sugar-cane in Porto Rico.* Jour. Dept Agr., Jan. 1922, vol. 6, N° 1.

KIRKALDY, G. W.: *A Bibliography of Sugar-cane Entomology.* Exp. Sta. H. S. P. A., Division of Entomology. Honolulu, Dec. 24, 1909, p. 73. [Incluye a Puerto Rico.]

LEONARD, MORTIMER P.: *Plaga de insectos, de la cual está libre la caña en Puerto Rico.* Rev. Agr., agosto de 1930, vol. 25, núm. 2: 62.

MENÉNDEZ RAMOS, RAFAEL: *El pulgón amarillo de la caña.* Rev. Agr., octubre de 1923, vol. 11, núm. 4: 23.

MOLINARY SALES, E.: *Cómo hemos combatido el gusano agrimensor de la caña en Humacao.* Rev. Agr., enero de 1926, vol. 16, núm. 1: 9.

PIERCE, W. DWIGHT: *Some Sugar-cane Root-Boring Weevils of the West Indies.* (3 varieties occurring in Porto Rico.) Jour. Agr. Research, Wa., June 15, 1915, vol. 4, N° 3: 255.

SEÍN JR., FRANCISCO: *La oruga de la raíz de la caña.* Un insecto que no se sabía existiera en Puerto Rico y que causa mucho daño. Rev. Agr., agosto-septiembre de 1926, vol. 17, núms. 2-3: 17.

——: *The Sugar-cane Root Caterpillar and other new Root Pests in Porto Rico.* Jour. Dept. Agr., 1930, vol. 14, N° 3: 167.

SMYTH, E. GRAYWOOD: *The White Grubs Injuring Cane in Porto Rico.* (1.) *Life History of May-Beetles or Melolonthids.* Jour. Dept. Agr., April 1917, vol. 1, N° 2. [Continúa en vol. 1, N° 3.]

SMYTH, E. GRAYWOOD: *An Annotated Bibliography of Porto Rican Cane Insects.* Jour. Dept. Agr., Oct. 1919, vol. 3, Nº 4: 117.

——: *List of the Insects and Mite Pests of Sugar-cane in Porto Rico.* Jour. Dept. Agr., Oct. 1919, vol. 3, Nº 4: 135.

——: *The White Grubs Injuring Sugar-cane in Porto Rico.* (2.) *The Rhinoceros Beetles.* Jour. Dept. Agr., April 1920, vol. 4, Nº 2.

STAHL, AGUSTÍN: *La enfermedad de la caña y el caculo.* Imp. Sucesión J. J. Acosta, San Juan, P. R., 1894, 18 p.

VAN DINE, D. L.: *Cane Insects.* Ins. Exp. St., Bull. Nº 1, 1911, pág. 17-31.

——: *Daño ocasionado al jugo de la caña por el barreno del tallo o «Borer». (Diatraea saccharalis Fabr.)* Est. Exp. Ins., Circular núm. 1, 1912.

——: *Insects Injurious to Sugar-cane in Porto Rico, and their Natural Enemies.* Jour. Board Agr., British Guiana, 1913, vol. 6, Nº 4: 199-203.

——: *The Insects affecting Sugar-cane in Porto Rico.* Jour. of Economic Entomology, April, 1913, vol. 6. Nº 2: 251.

WOLCOTT, GEORGE N.: *Influencia de la lluvia y la quemazón de la paja sobre la abundancia de Diatraea saccharalis.* Est. Exp. Ins., Circular núm. 7, 1915, 6 p.

——: *The Minor Sugar-cane Insects of Porto Rico.* Jour. Dept. Agr., April 1921, vol. 5, Nº 2.

——: *The influence of the variety of Sugar-cane on its infection by Diatraea saccharalis and the other factors affecting the abundance of the Moth Borer.* Jour. Dept. Agr., Jan. 1922, vol. 6, Nº 1.

La cera de la caña. Se introducen parásitos de la caña de azúcar en Puerto Rico. Rev. Agr., julio de 1927, vol. 19, núm. 1: 33.

Véase *Fitopatología:* Enfermedades de la caña.

4) *Insectos que atacan al tabaco.*

CATONI, LUIS A.: *Plagas de insectos que atacan la planta del tabaco.* Rev. Agr., noviembre de 1921, vol. 7, núm. 5: 45.

MORE, JOHN D.: *Las pulgas del tabaco.* Est. Exp. Ins., Circular núm. 50, 1921, 8 p.

WOLCOTT, GEORGE N.: *La lapa del tabaco y otras siembras.* Est. Exp. Ins., Circular núm. 51, 1921, 8 p.

——: *Los gusanos de la hoja del tabaco.* Est. Exp. Ins., Circular núm. 53, 1922, 15 p.

Algunos remedios contra los principales insectos que atacan el tabaco. Depto. del Interior de Puerto Rico. Neg. Agr. y Minas, Bol. Agr. núm. 17, San Juan, P. R., noviembre de 1903, p. 5.

Véase *Fitopatología.*

5) Insectos que atacan al café.

SEÍN JR., FRANCISCO: *Las abejas en los cafetales.* Est. Exp. Ins., Circular núm. 79, noviembre de 1923.

VAN ZWALUWENBURG, R. H.: *Insects Affecting Coffee in Porto Rico.* Jour. of Economic Entomology, Dec. 1917, vol. 10, N° 6: 513.

WOLCOTT, G. N.: *El caculo taladrador del tallo del cafeto. (Apate Francisca Fabr.)* Est. Exp. Ins, Circular núm. 48, 1921, 7 p.

——: *El minador de las hojas del café. Leucoptera Coffeella Stain.* Est. Exp. Ins., Circular núm. 52, 1921, 12 p.

Véase *Fitopatología.*

6) Insectos que atacan a las frutas cítricas.

BARRET, O. W.: *Remedios contra la hormiga brava en las plantaciones de chinas. (Solenopsis geminata.)* Agr. Exp. St, Circular núm. 4, 1904, 3 p. [Hay ed. en inglés.]

CATONI, LUIS: *Plagas de insectos que atacan a los árboles del género citro en Puerto Rico y cómo combatirlas.* Rev. Agr., octubre de 1920, vol. 5, núm. 4: 35.

COOK, MELVILLE T., and DOZIER, H. L.: *Spraying Citrus Fruits in Porto Rico.* Ins. Exp. St., Circular N° 88, 1925.

DOZIER, H. L.: *Undescribed White Fly attacking Citrus in Porto Rico.* Jour. Agr. Research. Gov. Prtg. Off., Wa., May 1, 1927, vol. 34: 853.

SMYTH, E. GRAYWOOD: *Dominio de insectos de los cítricos en Puerto Rico.* Rev. Agr., junio de 1919, vol. 3, núm. 1: 39.

TOWER, W. V.: *Insectos perjudiciales a las frutas del género Citrus y medios de combatirlos.* Agr. Exp. St., Bol. núm. 10, 1911, 36 p. [Hay ed. en inglés.]

——: *Medio de combatir la hormiga brava (Solenopsis geminata) y el piojo de bolsa blanca y queresa (Pseudococcus citri) en los piñales.* Agr. Exp. St., Circular núm. 7, s. f. [Hay ed. en inglés, s. f.]

Véase *Fitopatología.*

7) Insectos que atacan al algodón.

CATONI, LUIS A.: *Plagas de insectos que atacan la planta del algodón y cómo combatirlas.* Rev. Agr., marzo de 1921, vol. 6, núm 3: 25.

——: *Dos plagas del algodón que no queremos en Puerto Rico.* Est. Exp. Ins., Circular núm 41, 1921.

MORE, JOHN D.: *Instrucciones concernientes al gusano rosado de la cápsula del algodón.* Rev. Agr., mayo de 1921, vol. 6, núm. 5: 21.

SAAVEDRA, EMILIO F.: *La oruga rosada de la cápsula del algodón en Puerto Rico.* Rev. Agr., noviembre de 1929, vol. 23, núm. 5: 207.

SMYTH, E. GRAYWOOD: *Cotton Insects in Porto Rico.* Entomol. News, 1920, vol. 31: 121.

WOLCOTT, GEORGE N.: *The Distribution of the Pink Bollworm in Porto Rico.* Ins. Exp. St., Circular N° 85, Sept. 1923.

——; MORE, J. S., y SEÍN JR., FRANCISCO: *La oruga rosada de la cápsula del algodón en Puerto Rico.* Est. Exp. Ins., Circular núm. 63, 1921, 12 p.

8) Insectos que atacan a diferentes cultivos, animales, etc.

BRYANT, G. E., and WOLCOTT, G. N.: *An important new Pest of Beets in Porto Rico.* Jour of Economic Entomology, Oct. 1923, vol. 16, N° 6: 459.

CATONI, LUIS A.: *Insectos que atacan al hombre.* Rev. Agr., febrero de 1921, vol. 6, núm. 2: 47.

——: *Plagas de insectos que atacan a la palma de coco.* Rev. Agr., 30 de septiembre de 1921, vol. 7, núm. 3: 21.

——: *Plagas de insectos que atacan a las plantaciones de batatas.* Rev. Agr., septiembre de 1922, vol. 9, núm. 3: 25.

——: *Insectos que atacan a los animales domésticos.* Rev. Agr., marzo de 1923, vol. 10, núm. 3: 35.

——: *Gorgojos que atacan a las habichuelas y los guisantes.* Rev. Agr., marzo de 1923, vol. 10, núm. 3: 49.

——: *El picudo del aguacate.* Rev. Agr., diciembre de 1923, vol. 11, núm. 6: 55.

COTTON, R. T.: *Insects attacking Vegetables in Porto Rico.* Jour. Dept. Agr., Oct. 1918, vol. 2, N° 4: 265 +. [V. Rev. Agr., 1918, vol. 1, números 3, 4, 5 y 6.]

GONZÁLEZ RÍOS, P.: *El gorgojo del banano.* Rev. Agr., diciembre de 1922, vol. 9, núm. 6: 39

——: *El gusano del cogollo de la yuca.* Rev. Agr., abril de 1923, vol. 10, núm. 4: 45.

JONES, T. H.: *Insects Affecting Vegetable Crops in Porto Rico.* U. S. Dept. Agr., Bull. N° 192. Gov. Prtg. Off., Wa., 1915, 11 p. +.

MORE, JOHN D.: *La vaquita o piche de la batata.* Est. Exp. Ins., Circular núm. 34, 1921.

RIVERA, EUGENIO M.: *Informe sobre el trabajo de estudios del gorgojo del ñame del banano.* Por el personal del campo destacado en Utuado, Adjuntas y Jayuya. Rev. Agr., agosto de 1927, vol. 19, núm. 2: 59.

SEÍN JR., FRANCISCO: *El gorgojo del ñame del guineo.* Est. Exp. Ins., Circular núm. 82, noviembre de 1923.

——: *Sericicultura.* Rev. Agr., febrero de 1928, vol. 20, núm. 2: 51.

——: *Insectos que atacan a la alfalfa en Puerto Rico.* Rev. Agr., agosto de 1930, vol. 25, núm. 2: 91.

SMYTH, EUGENE G.: *Cómo combatir el gorgojo de la batata.* Rev. Agr., junio de 1918, vol. 1, núm. 3: 136.

TORRES, IGNACIO L.: *El gorgojo del ñame de guineo.* Rev. Agr., agosto de 1927, vol. 19, núm. 2: 56.

WOLCOTT, GEORGE N.: *Insectos que atacan a los productos almacenados.* Est. Exp. Ins., Circular núm. 65, 1922, 8 p.

9) Insecticidas.

CATONI, LUIS A.: *El gas hidrocidánico como agente fumigante.* Rev. Agr., enero de 1921, vol. 6, núm. 1: 27.

——: *Aparatos apropiados para combatir las plagas de insectos.* Rev. Agr., enero de 1923, vol. 10, núm. 1: 27.

COLÓN, EDMUNDO D.: *El sulfato de amoníaco como insecticida.* Est. Exp. Ins., Circular núm. 15, 1919.

COLÓN FRÍAS, ISIDORO A.: *Insecticidas y fungicidas.* Est. Exp. Ins., Bol. núm. 20, 1919, 23 p.

COTTON, R. T.: *Las queresas y cómo combatirlas.* Est. Exp. Ins., Circular núm. 9, 1917, 7 p.

——: *Medios para combatir los gusanos blancos.* Est. Exp. Ins., Circular núm. 12, 1918.

——: *Preparation and use of Lime-sulphur.* Ins. Exp. St., Circular Nº 13, 1918, 9 p.

GROSSMAN, S. S., and WOLCOTT, G. N.: *Cómo dominar la changa.* Est. Exp. Ins., Circular núm. 6, 1915, 5 p.

HINDS, W. E.: *El bisulfuro de carbono como insecticida.* Depto. del Interior de Puerto Rico. Neg. Agr. y Minas, Bol. Agr., núm. 17, San Juan, P.R., noviembre de 1903, p. 19.

LÓPEZ DOMÍNGUEZ, FRANCISCO A.: *La preparación de la disolución arsenical para el exterminio de la garrapata.* Est. Exp. Ins., Circular núm. 24, 1920.

LUCIANO, JOSÉ: *Plagas de insectos dañinos al hogar y medios para combatirlos.* Cucarachas, hormigas, mosca, grillos, hormiga blanca, el pica y huye, la polilla. Rev. Agr., enero de 1922, vol. 8, núm. 1: 27.

MARLATT, C. L.: *Insecticidas importantes.* Instrucciones para su preparación y uso. Depto. del Interior de Puerto Rico. Neg. Agr. y Minas, Bol. Agr. núm. 18, San Juan, P. R., diciembre de 1903.

MOORE, E. L.: *Insect Pests and their extermination.* The Porto Rico Horticultural News., San Juan, P. R., Sept. 1910, p. 134, 143, 144. [Discute la changa, p. 143.]

VAN ZWALUWENBURG, R. H., and THOMAS, H. E.: *Some means of controlling Insects, Fungi and other pests in Porto Rico.* Agr. Exp. St., Circular Nº 17, 1918, 30 p.

9. CUARENTENA E INSPECCIÓN DE PLANTAS

CATONI, LUIS A.: *Informe de la inspección y cuarentena de plantas (1919-1920).* Est. Exp. Ins., Bol. núm. 27, 1921, 25 p.

SMYTH, E. G.: *Plant Inspection and Quarantine Report (1918-1919).* Ins. Exp. St., Bull. Nº 23, 1919, 61 p.

STEVENSON, JOHN A.: *Cuarentena de plantas.* Rev. Agr., julio de 1918, vol. 1, núm. 4: 176; núm. 5.

Leyes y Reglamentos concernientes a la importación e inspección de plantas, enfermedades de insectos y plagas en la Isla de Puerto Rico. Aprobado por la Junta de Comisionados de Agricultura. San Juan, P. R., Bur. Supp. Prtg., 1911, 7 p.

Plant Quarantine Regulations. Est. Exp. Ins., Circular Nº 5, April 12, 1915.

10. INSTITUCIONES AGRÍCOLAS

ARRIBAS, MIGUEL: *Memoria leída por el presidente de la Sociedad de Agricultura.* [P. R.], 1877.

BAGUÉ, JAIME: *La Asociación de Tecnólogos Azucareros de Puerto Rico.* Rev. Agr., junio de 1930, vol. 24, núm. 12: 272.

COLE, J. L.: *Informe al Comité Nacional de Investigaciones Tropicales.* Rev. Agr., abril de 1928, vol. 20, núm. 4: 159.

COLÓN, EDMUNDO D.: *Instituciones relacionadas con la Agricultura.* Rev. Agr., noviembre de 1922, vol. 9, núm. 5: 7.

MC CORMICK, SANTIAGO: *Conferencia agrícola dada en Ponce, Puerto Rico, en el Teatro La Perla, el 22 de mayo de 1877, bajo el patrocinio de la Sociedad de Agricultura.* Ponce, P. R., 1877.

CRAWLEY, J. T.; JOHNSON, J. R., y VAN DINE, D. L.: *Organización de la Estación y cultivo de la caña de azúcar en Puerto Rico. Insectos de la caña y enfermedades de la caña.* Est. Exp. de Cañas de la Asociación de Productores de Azúcar. Progress Pub. Co., San Juan, P. R., 1911, 49 p.

CROCKER, WM: *Puerto Rico, centro ideal para la Escuela de Agricultura Tropical.* Rev. Agr., enero de 1928, vol. 20, núm. 1: 10.

CUEVAS ZEQUEIRA, LUIS: *La Granja y la Escuela.* Rev. Agr., abril de 1926, vol. 16, núm. 4: 181.

CURTIS, H. S.: *Experiment Station at Porto Rico.* Jour. Education, Boston, June 2, 1910, vol. 71. 601.

CHARDÓN, CARLOS E.: *Porto Rico's Proposed Graduate School of Tropical Agriculture.* Tobacco. (A Weekly Trade Review) N. Y., Dec. 29, 1927, vol. 85, Nº 10: 30.

Chardón, Carlos E.: *La Escuela graduada de Agricultura tropical.* Rev. Agr., enero de 1928, vol. 20, núm. 1: 3.

——: *La Misión Agrícola de Puerto Rico en Colombia.* Rev. Agr., noviembre de 1929, vol. 23, núm. 5: 173.

Gadea, Enrique: *Informe sobre el establecimiento de una Escuela de Agricultura en Puerto Rico.* 1884.

Gandía Córdova, Ramón: *Las Ligas Agrícolas.* Rev. Agr., enero de 1920, vol. 4, núm. 1; vol. 4, núm. 2; vol. 8, núm. 2.

——: *Del objeto de las Ligas Agrícolas.* Rev. Agr., junio de 1920, vol. 4, núm. 6: 1.

Gardner, Frank D.: *La Estación de Experimentos Agriculturales de Puerto Rico: su establecimiento, sitio y propósito.* Agr. Exp. St., Circular núm. 1, 1902, 15 p. [Hay ed. en inglés.]

Garwood, R. S.: *El Congreso Agrícola.* Rev. Agr., abril y mayo de 1918, vol. 1, núms. 1 y 2: 3.

Griffith, J. P.: *Informe de la Estación Experimental Insular.* Informe del Horticultor. Rev. Agr., febrero de 1922, vol. 8, núm. 2: 68.

Hernández, Francisco J.: *Proyecto e informe sobre la creación en Puerto Rico de una Escuela Regional de Agricultura, publicados por acuerdo de la Junta Provincial de Agricultura, Industria y Comercio.* Imp. El Boletín Mercantil, San Juan, P. R., 1884, 58 p.

Lebrón, Ramón: *Las Corporaciones y las Cooperativas.* Rev. Agr., noviembre de 1929, vol. 19, núm. 5: 249.

López Domínguez, Francisco A.: *La Estación Experimental Insular. Ideas y procedimientos para su desarrollo.* Tesis presentada a la Hon. Comisión de Servicio Civil de Puerto Rico para postular el cargo de Director en propiedad de la Estación Experimental Insular de Puerto Rico. Rev. Agr., febrero de 1926, vol. 16, núm. 2: 78.

Mari, Mariano: *Actividades de la Granja de Arecibo.* Rev. Agr., abril de 1926, vol. 16, núm. 4: 196.

Navarrete, Agustín: *Las Asociaciones agrícolas.* [Habla de la organización y propósito de las mismas en Puerto Rico.] Rev. Ant., 1914, año II, núm. 6: 5.

Regúlez y Sanz del Río, Alberto: *Nociones de Agricultura, Industria y Comercio para las escuelas de Instrucción primaria en Puerto Rico y el ingreso en el Instituto de Segunda enseñanza,* extractadas de otras obras más fundamentales y acomodadas al objeto. Imp. de J. González Font, San Juan, P. R., 1887, 112 p.

Rodríguez y Rodríguez, Domingo: *Tratado de Agricultura teórica y práctica.* Escrito dialogadamente para las escuelas de Puerto Rico. Declarado de texto en la *Gaceta* de 15 de mayo de 1884. Imp. de J. González Font, San Juan, P. R., 1884, 31 p.

Stahl, Agustín: *Programa para la escuela elemental de Agricultura en Puerto Rico.* Imp. San Juan News, San Juan, P. R., 1901, 15 p.

True, A. C.: *Work of Farmer's Institutes in Alaska, Hawaii, Porto Rico.* Exp. St. Off., Wa., Bull. N° 120, 1902, p. 33.

Whetzel, H. H.: *Homesteading in Porto Rico.* Cornell Countryman. Ithaca, N. Y., April 1925, vol. 22: 203.

Acta de la Junta general celebrada por la Asociación de Agricultores de Puerto Rico en 31 de agosto de 1895, y documentos leídos en ella, además de la Memoria, cuenta, proyecto de presupuesto y relaciones asociadas. Imp. Sucesión J. J. Acosta, San Juan, P. R., 1895, 35 p.

Defensa agraria. Informe. Imp. La Correspondencia, San Juan, P. R., 1930, 105 p.

El Agricultor Puertorriqueño. San Juan, P. R., [Revista de la Asociación de Agricultores. En curso de publicación.]

Estatutos y Reglamento de la Asociación de Agricultores de Puerto Rico, Imp. Sucesión J. J. Acosta, San Juan, P. R., 1892, 29 p.

Experiment Station in Porto Rico. Science, N. Y., 1904, vol. 21 : 156.

Junta calificadora de concursos agrícolas. Imp. Sucesión J. J. Acosta. San Juan, P. R., 1891, 30 p. Otra ed. de 1896, 7 p.

La Reforma Agrícola. Revista, órgano de la Asociación de Agricultores de Puerto Rico, San Juan, P. R., 1896-1897, 2 vols.

Lo que dice la revista El Agricultor Puertorriqueño sobre la Estación Experimental Insular. (Reproducido.) Rev. Agr., mayo de 1926, vol. 16, núm. 5: 247.

Llamando a las filas. [Asociación de Agricultores.] Imp. Venezuela, San Juan, P. R., s. f., 55 p.

Memoria descriptiva de la Tercera Exposición pública de la Agricultura, la Industria y Bellas Artes de la Isla de Puerto Rico. Celebrada en junio de 1860. Imp. El Boletín Mercantil, San Juan, P. R., 1860.

Memoria dirigida por la Sociedad de Agricultura del Departamento de Ponce. Tip. El Vapor, Ponce, P. R., 1883, 12 p. [Hay otra ed.: Ponce, P. R., 1887, 9 p.]

Porto Rico Agricultural Experiment Station. Mayagüez, Porto Rico. Annual Reports. [Informes anuales desde el 1901 hasta el 1928 sobre el trabajo rendido por esta Estación agrícola, 1901-1928, 28 vols. También hay informes anuales de la Est. Exp. Ins., Río Piedras, P. R.]

II. Legislación agrícola

Crespo, M. A.: *Restricciones legales al comercio de plantas en Puerto Rico.* Est. Exp. Ins., Circular núm. 27, 1920.

Chardón León, Carlos F.: *La legislatura y las granjas agrícolas.* Rev. Agr., agosto de 1930, vol. 25, núm. 2: 73.

Gandía Córdova, Ramón: *Preámbulo del proyecto de ley organizando las Ligas Agrícolas de Puerto Rico.* Rev. Agr., febrero de 1921, vol. 6, núm. 2: 15.

Gandía Córdova, Ramón: *La Ley del Congreso autorizando las Asociaciones cooperativas de producción entre los agricultores.* Rev. Agr., septiembre de 1922, vol. 1, núm. 3: 5.

——: *Comentarios a la Ley federal de préstamos agrícolas.* Tip. El Compás, San Juan, P. R., s. f., 27 p.

Figueroa, Carlos A.: *Comentarios al sistema de amortización de la Ley federal de créditos rurales.* Rev. Agr., abril de 1922, vol. 8, núm. 4: 39.

Comentarios a la Ley núm. 19 de 1925. Para fomentar la repoblación de los bosques y estimular las nuevas siembras de café. Rev. Agr., diciembre de 1926, vol. 17, núm. 6: 16. [En la Rev. aparece como núm. 5.]

[*Legislación, audiencias, etc., del Gobierno federal, Wa., sobre Agricultura en Puerto Rico.* V. la bibliografía oficial: *Catalogue of the Public Documents... [from the 55th to the 67th Congress. U. S. A.*], 1901-1930, vols. 4-16.]

Ley del Congreso autorizando las Cooperativas de producción. Una Ley autorizando la Asociación de Productores Agrícolas. Rev. Agr., septiembre de 1922, vol. 9, núm. 3: 9.

b. — SILVICULTURA

Abbad Lasierra, Fray Íñigo: *Descripción de algunos árboles de la Isla de Puerto Rico.* En *Historia Geográfica, Civil y Natural de San Juan Bautista de Puerto Rico.* [Anotada por José Julián Acosta.] Imp. Acosta, San Juan, P. R., 1866, cap. XXXVIII: 471.

——: *Árboles silvestres y fructíferos que se hallan en los bosques y vegas de esta Isla.* En *Historia Geográfica, Civil y Natural de San Juan Bautista de Puerto Rico.* [Anotada por José Julián Acosta.] Imp. Acosta, San Juan, P. R., 1866, cap. XXXIX: 483.

Barker, E. Eugenio: *La arboleda en las carreteras.* Rev. Agr., octubre de 1930, vol. 5, núm. 4: 41.

Barret, O. W.: *The Fall of Porto Rican Forests.* Plant World, 1902, vol. 5: 111.

Bates, Charles Z.: *Algo acerca de la repoblación de bosques.* Rev. Agr., noviembre de 1920, vol. 5, núm. 5: 29.

——: *La siembra de árboles.* Rev. Agr., noviembre de 1921, vol. 7, núm. 5: 33.

——: *Lo que la Silvicultura puede hacer por Puerto Rico.* Rev. Agr., febrero de 1925, vol. 14, núm. 2: 97-101.

——: *Introducción de árboles exóticos.* Rev. Agr., mayo de 1925, vol. 14, núm. 5: 305-307.

——: *La vida del árbol.* Rev. Agr., octubre de 1926, vol. 17, núm. 4: 18.

——: *Bosques.* Observaciones acerca de la siembra y conservación de los árboles ornamentales y de sombra. Rev. Agr., noviembre de 1926, vol. 17, núm. 5: 11. [En la Rev. aparece como núm 4.]

BATES, CHARLES Z.: *Árboles importantes de Puerto Rico.* Rev. Agr., mayo de 1927, vol. 18, núm. 5: 263.

—— : *La Silvicultura en la finca.* Una necesidad en Puerto Rico. Rev. Agr., julio de 1930, vol. 25, núm. 1: 16.

—— : *Windbreaks in Porto Rico.* Their effects, value and establishment. Dept. of Agr. and Labor, Division of Forestry, Bull. N° 2, 1930.

BRITTON, E. G.: *Trip to El Yunque.* Torreya. Lancaster, Pa., Sept. 1924, vol. 24: 83.

BRITTON, N. L.: *El plantel del servicio forestal de Puerto Rico.* Rev. Agr., febrero de 1925, vol. 14, núm. 2: 83-84.

—— : *Forestry and Agriculture in Porto Rico.* Jour. N. Y. Bot. Gard., May 1928, vol. 29, núm. 341: 101.

BRUNER, E. MURRAY: *Programa del trabajo del servicio forestal de Puerto Rico.* Rev. Agr., noviembre de 1919, vol. 3, núm. 6: 29.

—— : *El problema forestal en Puerto Rico.* Rev. Agr., diciembre de 1919, vol. 3, núm. 7: 1.

—— : *Programa del servicio de bosques.* Rev. Agr., enero de 1920, vol 4, núm. 1 : 39.

—— : *La importancia de la Silvicultura para los agricultores de Puerto Rico.* Rev. Agr., septiembre de 1920, vol. 5, núm. 3 : 19.

—— : *El valor estético de los árboles.* Rev. Agr., nóviembre de 1920, vol. 5, núm. 5 : 19.

—— : *Celebración especial del Día del Árbol.* Rev. Agr., noviembre de 1920, vol. 5, núm. 5 : 33.

—— : *Agricultura y Silvicultura.* Rev. Agr., junio de 1921, vol. 6, núm. 1 : 17.

—— : *Algunos hechos a los que debería darse énfasis especial en celebraciones del Día del Árbol.* Rev. Agr., noviembre de 1921, vol. 7, núm. 5: 41.

—— : *Por qué debemos adquirir terrenos que, no sirviendo para fines agrícolas, sirvan para uso forestal.* Rev. Agr., diciembre de 1921, vol. 7, núm. 6 : 11.

—— : *La extensión forestal en Puerto Rico.* Una necesidad económica. Rev. Agr., noviembre de 1922, vol. 9, núm. 5 : 19.

—— : *El problema de la restauración forestal de Puerto Rico.* Rev. Agr., marzo de 1923, vol. 10, núm. 3: 15. Sigue en los núms. de abril y mayo de 1923. [V. Sugar, Waverly Place, N. Y., June 1923, vol. 25: 341.]

BRUSH, VIRGIL D. : *Condición de las plantaciones forestales en los bosques insulares de Maricao y Guánica.* Rev. Agr., febrero de 1925, vol. 14, núm. 2 : 88-96.

CUEVAS ZEQUEIRA, LUIS : *El cultivo de los bosques.* Rev. Agr., febrero de 1925, vol. 14, núm. 2 : 81-82.

DURLAND, W. D. : *Silvicultura.* Rev. Agr., marzo de 1924, vol. 12, núm. 3 : 159.

Durland, W. D.: *El desarrollo de la Silvicultura.* Rev. Agr., mayo de 1924, vol. 12, núm. 5: 335.

——: *Pearl of the Antilles.* American Forest and Forest Life., Wa., D. C., Dec. 1924, vol. 30: 713.

——: *Status of Forestry in Porto Rico.* Journal of Forestry, Wa., D. C., Nov. 1925, vol. 23: 913.

Fernández y Jiménez, J. M.: *Tratado de la Agricultura cubana, y lleva agregada la de la Isla de Pinos y Puerto Rico.* Habana, 1867, 227 p.

Gifford, John C.: *The Luquillo Forest Reserve,* Porto Rico. U. S. Dept. Agr. Forestry, Bull. N° 54, 1905, 52 p.

Gutiérrez de Alba, J. M.: *La sierra de Luquillo.* (Impresiones de viaje.) En González Font, José: *Escritos sobre Puerto Rico.* Barcelona, 1903, p. 113.

Hill, Robert Thomas: *Notes on the Forest Conditions of Porto Rico.* U. S. Dept. Agr. Division Forestry, Bull. N° 25, 1899, 48 p.

Hoar, H. M.: *Estudio sobre la producción de divi-divi y desarrollo de esta industria.* Rev. Agr., marzo de 1924, vol. 12, núm. 3: 165.

Kramer, William P.: *La casuarina.* Rev. Agr., enero de 1924, vol. 12, núm. 1: 15.

——: *El bosque del acueducto.* Rev. Agr., mayo de 1924, vol. 12, núm. 5: 315.

——: *El jardín arbóreo de Arnold y el proyectado jardín arbóreo de Puerto Rico.* Rev. Agr., febrero de 1925, vol. 14, núm. 2: 85-87.

——: *Imposición contributiva sobre terrenos forestales.* Rev. Agr., febrero de 1925, vol. 14, núm. 2: 102-109.

——: *Estados interesados en la Silvicultura.* Rev. Agr., vol. 14, núm. 2: 132-134.

——: *El árbol de chaulmoogra.* Rev. Agr., febrero de 1925, vol. 14, núm. 2: 137-147.

——: *Una Estación experimental de Silvicultura en perspectiva para Puerto Rico.* Rev. Agr., febrero de 1926, vol. 16, núm. 2: 75.

——: *División forestal.* Resumen de los trabajos efectuados en el plantel del servicio forestal durante los meses de abril y mayo. Rev. Agr., junio de 1926, vol. 16, núm. 6: 301.

——: *¿Qué es la Silvicultura?* Lo que ella puede hacer por Puerto Rico. Rev. Agr., agosto-septiembre de 1926, vol. 17, núms. 2-3: 13.

——: *Árboles famosos.* Rev. Agr., abril de 1927, vol. 18, núm. 4: 225.

——: *Nuestro bosque tropical nacional.* Rev. Agr., febrero de 1928, vol. 20, núm. 2: 54.

——: *Plan de repoblación forestal para Puerto Rico.* Rev. Agr., marzo de 1928, vol. 20, núm. 3: 109.

Ledrú, Andrée Pierre: *Bosques de Aibonito.* En *Viaje a la Isla de Puerto Rico en el año 1797.* Imp. Militar de J. González, San Juan, P. R., 1863, cap. III.

LEGRAND, J. FEDERICO: *Consideraciones acerca de la destrucción de los bosques en Puerto Rico.* Rev. Agr., noviembre de 1923, vol. 11, núm. 5: 9.

LÓPEZ CANALS, MANUEL: *Por qué debemos repoblar nuestras montañas.* Rev. Agr., febrero de 1925, vol. 14, núm. 2: 111.

MELÉNDEZ MUÑOZ, M.: *El arbolado y la Patria.* P. R. I., 16 de octubre de 1915, núm. 294.

——: *El arbolado y su riqueza.* P. R. I., 30 de octubre de 1915, núm. 296.

——: *El problema del arbolado.* P. R. I., 28 de junio de 1919, núm. 487.

——: *Defensa y conservación de bosques.* (Consideraciones generales.) P. R. I., 26 de junio de 1919, núm. 491.

——: *Una política nueva: política forestal.* P. R. I., noviembre de 1920, núm. 560.

MORALES CABRERA, PABLO: *Algo sobre Silvicultura.* Rev. Agr., enero de 1922, vol. 8, núm. 1: 13.

MURPHY, LOUIS SUTLIFFE: *Forests of Porto Rico; past, present and future and their physical and economic environment.* (In cooperation with Porto Rico Board of Commissioners of Agriculture.) U. S. Dept. Agr., Bull. N° 354, 1916, 99 p.

RIVERA ÁNGEL: *Puerto Rico y la Silvicultura.* Rev. Agr., abril de 1925, vol. 14, núm. 4: 261-263.

SHERMAN, E. A.: *Condiciones silvícolas de Puerto Rico.* Rev. Agr., junio de 1928, vol. 20, núm. 6: 259.

Departamento de Agricultura y Trabajo, con motivo de la Fiesta del Árbol. [P. R.], 1923, 8 p.

El Día del Árbol. Published by the Department of Education of Porto Rico. 1908, 23 p. [Hay varios folletos publicados en diferentes años.]

Porto Rico Forest Reserve. Scientific American, N. Y., Jan. 21, 1905, vol. 59: 24295.

Reserva de los bosques de Luquillo por el Presidente de los Estados Unidos. B. H. P. R., 1918, vol. 5: 273.

c. — ZOOTECNIA

1. ESTUDIOS GENERALES

ACOSTA, JOSÉ JULIÁN: *Discurso sobre ganadería.* En el certamen celebrado por el Ateneo Puertorriqueño, 2 de septiembre de 1882. Imp. J. J. Acosta, San Juan, P. R., 1882, 9 p.

ÁLVAREZ, A. A.: *Enfermedad de deficiencia mineral del ganado debido a la falta de sales en los terrenos bajos de Puerto Rico.* Rev. Agr., mayo de 1928, vol. 20, núm. 5: 225.

ASHBROOK, F. G.: *Cómo se mata el cerdo y se cura su carne.* Rev. Agr., marzo de 1920, vol. 4, núm. 3: 16; núm. 5: 28.

BAGUÉ, JAIME: *El problema pecuario. El ganado vacuno.* Rev. Agr., abril de 1920, vol. 4, núm. 4: 37.

——: *El problema pecuario. El ganado cabrío.* Rev. Agr., junio de 1920, vol. 4, núm. 6: 20.

——: *El problema pecuario. El ganado de cerda.* Rev. Agr., julio de 1920, vol. 5, núm. 1: 21.

——: *El problema pecuario. Un programa a seguir.* Rev. Agr., agosto de 1920, vol. 5, núm. 2: 33.

——: *Lecciones de ganadería.* Rev. Agr., octubre de 1922, vol. 9, núm. 4: 31.

——: *Lecciones de ganadería. El mejoramiento de nuestro ganado.* Rev. Agr., diciembre de 1922, vol. 9, núm. 6: 9.

——: *Lecciones de ganadería. Abrigo y alimentación.* Rev. Agr., enero de 1923, vol. 10, núm. 1: 15.

——: *Lecciones de ganadería. Heno y ensilaje.* Rev. Agr., abril de 1923, vol. 10, núm. 4: 27.

——: *Lecciones de ganadería. El becerro.* Rev. Agr., mayo de 1923, vol. 10, núm. 5: 11.

——: *El ganado y el cultivo de la tierra.* Rev. Agr., junio de 1927, vol. 18, núm. 6: 301.

——: *El mejoramiento del ganado.* Rev. Agr., julio de 1927, vol. 19, núm. 1: 5.

——: *Sobre ganado caballar.* Rev. Agr., diciembre de 1927, vol. 19, núm. 6: 280.

——: *La ganadería en la zona del Caribe.* Rev. Agr., octubre de 1929, vol. 23, núm. 4: 147.

——: *El mejoramiento sistemático de nuestras razas de animales.* Est. Exp. Ins., Circular núm. 47, 1922, 16 p. [Hay tirada aparte.]

——: *Cuido del cerdo.* Est. Exp. Ins., Circular núm. 66, 1922, 31 p. [Hay tirada aparte, 1922.]

——: *La cría del conejo.* Est. Exp. Ins., Circular núm. 76, 1924.

——: *Cría de animales domésticos.* Imp. D. C. Heath & Co., N. Y., 1928, 271 p.

BALLESTEROS MUÑOZ, JOSÉ: *El caballo de carrera. Cría y doma del mismo.* Imp. El Combate, Mayagüez, P. R., 1909.

BENNET, IRVING S.: *Cuido y cría de conejos.* Rev. Agr., julio de 1927, vol. 19, núm. 1: 20.

CARRERAS, JUAN: *La crianza de conejos en Puerto Rico.* (Conferencia.) Rev. Agr., abril de 1922, vol. 8, núm. 4: 49.

CASTRO, RAFAEL DE: *Algunos puntos de interés para los criadores de cerdo.* Rev. Agr., noviembre de 1928, vol. 21, núm. 5: 167.

COOK ORATOR, FULLER: *Notes on the Animal Industry of Porto Rico.* U. S. Dept. Agr. Bur. Animal Industry. Ann. Report for 1899. Gov. Prtg. Off., Wa., 1900, vol. 16: 663-667. [Hay tirada aparte.]

ESTEBA JR., CARLOS: *La higiene de la carne en los mataderos.* Rev. Agr., mayo de 1928, vol. 20, núm. 5: 227.

FIX, ALOIS A.: *La crianza de becerros de raza lechera.* Rev. Agr., abril de 1927, vol. 18, núm. 4: 226.

INFIESTA, ALEJANDRO: *Animales vivos y modelos de establecimientos agrícolas.* En *La Exposición de Puerto Rico.* P. R., 1895, p. 258-262.

LEAVITT, J. A.: *Instrucciones prácticas a los propietarios de ganado vacuno.* Rev. Agr., enero de 1923, vol. 10, núm. 1: 35.

LÓPEZ DOMÍNGUEZ, FRANCISCO A.: *Datos químicos sobre las hierbas «guinea» y «malojillo» como alimento para el ganado.* Est. Exp. Ins., Circular núm. 61, 1922, 35 p.

MENÉNDEZ GUILLOT, F.: *Apetito depravado en el ganado vacuno.* (Pica.) Rev. Agr., octubre de 1926, vol. 17, núm. 4: 23.

MENÉNDEZ RAMOS, RAFAEL: *Datos sobre la alimentación del ganado.* Est. Exp. Ins., Circular núm. 83, mayo de 1924.

MOLINA SERRANO, EUSEBIO: *Memoria sobre el tema: Estudio de las razas bovinas que pueblan esta Isla; descripción de las modificaciones que en ellas ha producido el clima; modo de corregir las que de éstas sean desfavorables a los varios fines de la industria pecuaria.* Imp. El Comercio, Ponce, P. R., 1882, 38 p.

MONTGOMERY ELLISON, W.: *Cuido del ganado importado.* Rev. Agr., octubre de 1926, vol. 17, núm. 4: 17.

——: *El buey para yugo.* Rev. Agr., abril de 1929, vol. 22, núm. 10: 155.

——: *Puerto Rico y el ganado guernsey.* Rev. Agr., noviembre de 1929, vol. 23, núm. 5: 206.

——: *El cruzamiento consanguíneo, la reproducción en línea directa y el cruzamiento progresivo del ganado vacuno en Puerto Rico.* Rev. Agr., febrero de 1930, vol. 25, núm. 8: 56.

——: *La importación del ganado.* Rev. Agr., mayo de 1930, vol. 24, núm. 11: 181.

MORALES CABRERA, PABLO: *Origen de nuestra ganadería.* El Agricultor Puertorriqueño, San Juan, P. R., 31 de agosto de 1921, vol. 8, núm. 4: 24.

MORALES OTERO, PABLO: *Investigación serológica del ganado vacuno.* Rev. Agr., octubre de 1930, vol. 25, núm. 4: 151.

PICÓ, FRANK J.: *La crianza del ganado en la región cafetera.* Rev. Agr., junio de 1929, vol. 22, núm. 12: 223.

RIVERA, ALFONSO: *El cuido del becerro.* Est. Exp. Ins., Circular núm. 67, noviembre de 1923.

RODRÍGUEZ GONZÁLEZ, RAMÓN: *La riqueza pecuaria de Puerto Rico en decadencia.* Rev. Agr., junio de 1927, vol. 18, núm. 6: 324.

ROQUÉ PÉREZ, ARTURO: *Posibilidades de una industria ganadera en la altura.* Rev. Agr., abril de 1929, vol. 22, núm. 10: 165.

STEDDOM, RICE PRICE: *A Report Concerning the Cattle of Porto Rico.*

U. S. Dept. Agr., Bureau Animal Indus. Ann. Report. 1899. Gov. Prtg. Off., Wa., 1900, vol. 16: 512-514.

TORRES, IGNACIO L.: *Silos y silajes en Puerto Rico.* Neg. Mat. Imp., 1923, 15 p.

TURNER, J. M.: *Stock Food for Porto Rico.* Monthly Consular and Trade Report, May 1910, N° 356: 78-79.

VALLE ATILES, F. DEL: *Los animales vertebrados útiles y los dañinos a la agricultura de Puerto Rico.* Rev. Agr., agosto de 1920, vol. 5, núm. 2: 4; núm. 3: 13; núm. 4: 13; núm. 5: 9.

VARAS CATALÁ, J.: *Serie de lecciones instructivas para los ganaderos.* (2.ª lección.) Rev. Agr., julio de 1922, vol. 9, núm. 1: 23.

Cattle of Porto Rico. Scientific Am. Supplement, N. Y., May 11, 1901, vol. 51: 21206.

Junta... registro y amillaramientos. Ganadería. (Resumen de la ganadería existente en esta Isla.) Imp. del Gobierno, San Juan, P. R., 1896, 5 p.

La crianza de becerros en relación con la ganadería en Puerto Rico. Rev. Agr., abril de 1928, vol. 20, núm. 4: 174.

La crianza de cerdos. Rev. Agr., septiembre de 1928, vol. 21, núm. 3: 95.

La industria de conejos está extendiéndose en el Oeste. Rev. Agr., enero de 1927, vol. 18, núm. 1: 38.

La ganadería. B. H. P. R., 1914, vol. 1: 249.

Libertad en la matanza y venta de carnes. B. H. P. R., 1919, vol. 6: 135.

Prohibición de exportar ganado de la Isla. [1898.] B. H. P. R., 1919, vol. 6: 44.

Reglamento de la Sociedad Protectora de los Animales. B. H. P. R., 1919, vol. 6: 123.

Véanse *Fauna. Entomología económica. Ferias y Exposiciones.*

2. PRODUCCIÓN DE LECHE

ACOSTA, JUAN F.: *El costo de producir leche en el Colegio de Agricultura.* Rev. Agr., mayo de 1928, vol. 20, núm. 5: 211.

ALCALÁ FRASQUERI, FRANCISCO: *La vaca de raza lechera.* Rev. Agr., mayo de 1924, vol. 12, núm. 5: 341.

BAGUÉ, JAIME: *El problema de la leche en Puerto Rico.* Rev. Agr., enero de 1926, vol. 16, núm. 1: 29.

——: *Informe sobre una cooperativa de productores de leche preparada para los ganaderos de San Germán, Lajas y Guánica.* Rev. Agr., abril de 1930, vol. 25, núm. 10: 141.

BELAVAL, JOSÉ S.: *Propaganda pro refrigeración de la leche en Puerto Rico.* Bol. As. Méd. P. R., septiembre de 1926, año XX, núm. 153: 25.

BERKELEY, WM. N.: *Leche.* Suministro de la leche en Puerto Rico, instrucciones sobre su análisis y cuidados que se han de tener para conservarla. Tip. El País, San Juan, P. R., 1904, 27 p.

Bofill, Miguel A.: *La higiene en la producción de leche.* Rev. Agr., mayo de 1928, vol. 20, núm. 5: 322.

Crespo, M. A.: *La industria lechera en Puerto Rico.* Rev. Agr., agosto de 1920, vol. 5, núm. 2: 20.

Cuevas Zequeira, Luis: *Problema económico-social. La leche.* Rev. Agr., febrero de 1926, vol. 16, núm. 2: 65.

Mari, Mariano: *Cómo aumentar la producción de leche en Puerto Rico.* (Conferencia.) Rev. Agr., marzo de 1922, vol. 8, núm. 3: 35.

May, D. W.: *Las vaquerías en Puerto Rico.* Agr. Exp. St, Bol. núm. 29, 1924, 16 p. [Hay ed. en inglés.]

Montgomery Ellison, W.: *Leche desnatada en polvo para alimentación de becerros.* Rev. Agr, marzo de 1926, vol. 16, núm. 3: 131.

Morales Otero, Pablo: *How to improve Porto Rico's milk supply.* P. R. Health Rev., Nov. 1925, vol. 1, Nº 5: 3.

——: *Porto Rico and its milk problems.* Am. Jour. Pub. Health, 1928, vol. 18: 1384.

Pearson, Raymond A.: *The dairy industry and dairy markets in Porto Rico, with notes on St. Thomas and Cuba.* (Reprint from the 18th Annual Report of the Bureau of Animal Industry, 1901, p. 307-397.) Gov. Prtg. Off., Wa., 1902, 91 p.

Rivera, Alfonso: *A model dairy at the Antituberculosis Sanatorium of Porto Rico.* P. R. Health Rev., Aug. 1925, vol. 1, Nº 2: 17.

Salazar, Guillermo: *La leche: su esterilización; sus fermentos.* Bol. As. Méd. P. R., diciembre de 1904, año II, núm. 24: 383.

Valle Atiles, Francisco del: *El problema de la leche.* Bol. As. Méd. P. R., abril de 1921, año XV, núm. 130: 69.

Valle Sárraga, Rafael del: *Las ptomaínas en el queso y en la leche.* Bol. As. Méd. P. R., agosto de 1904, año II, núm. 20: 315.

——: *Ideal sanitario en lo relativo al comercio de la leche.* Bol. As. Méd. P. R., octubre de 1904, año II, núm. 22: 352; núm. 23: 372.

——: *Estudio preliminar comparativo de la composición química de la leche de vacas alimentadas con ciertas yerbas del país; del efecto que produce en la composición química de aquélla la adición del agua, y del modo de interpretar estas alteraciones.* Bur. Supp. Prtg., 1905, 21 p.

——; Lucas, J. N., y Román Benítez, J.: *Estudio sobre la leche de vacas de Puerto Rico.* Reprint Jour. of Industry & Engineering Chemistry, Jan. 1914.

An act providing punishment for the adulteration of milk and for other purposes. Approved by the Legislature of Puerto Rico, Aug. 12, 1925. P. R. Health Rev., Sept. 1925, vol. 1, Nº 3: 19.

La influencia de la cantidad de agua que beben las vacas sobre la abundancia de leche. Rev. Agr., mayo de 1921, vol. 6, núm. 5: 27.

Procedimiento para la esterilización de la leche en recipiente cerrado sin autoclave. Rev. Agr., diciembre de 1926, vol. 17, núm. 6: 17. [En la Rev. aparece como núm. 5.]

3. AVICULTURA

Abbad Lasierra, Fray Íñigo: *De las aves que se crían en esta Isla.* En *Historia Geográfica, Civil y Natural de San Juan Bautista de Puerto Rico.* [Anotada por José Julián Acosta.] Imp. Acosta, San Juan, P. R., 1866, cap. XXXVI: 463.

Bermúdez, Rafael: *La crianza de aves de corral en Puerto Rico.* (Circular de Fomento, núm. 11. Depto. de Agricultura.) Neg. Mat. Imp., 1925, 48 p.

Blanch Jr, Jaime: *Consejos al avicultor puertorriqueño.* Rev. Agr., junio de 1929, vol. 22, núm. 12: 249.

——: *La Avicultura en relación con la diversificación agrícola industrial.* Rev. Agr., septiembre de 1929, vol. 23, núm. 3: 108.

——: *La crianza de gallinas.* Est. Exp. Ins., Circular núm. 91, enero de 1930.

Capifali, Capitán: *Aves domésticas.* Rev. Agr., abril y mayo de 1918, vol. 1, núms. 1 y 2: 86.

Henricksen, H. C.: *La crianza de aves en Puerto Rico.* Agr. Exp. St., Circular núm. 19, 1921, 22 p. [Hay ed. en inglés.]

Montgomery, Ellison W.: *Notas acerca de la crianza de aves de corral en Puerto Rico.* Trad. de María T. Martínez. Est. Exp. Ins., Circular núm. 78, agosto de 1924.

Otero, José I.: *Avicultura.* Rev. Agr., marzo de 1923, vol. 10, núm. 3: 41.

Ponsignon, Maurice: *¿Deben producirse polluelos en los meses de junio y julio?* Rev. Agr., noviembre de 1928, vol. 21, núm. 5: 168.

Slocum, R.: *La producción de huevos para el consumo diario* Rev. Agr., septiembre de 1928, vol. 21, núm. 3: 102.

Nuestra granja avícola. Rev. Agr., julio de 1928, vol. 21, núm. 1: 33.

4. VETERINARIA

Álvarez, A. A.: *Influenza de las gallinas.* Rev. Agr., abril de 1927, vol. 18, núm. 4: 217.

Bagué, Jaime: *Extirpación de la garrapata.* Est. Exp. Ins., Circular núm. 18, 1919, 12 p. También en Rev. Agr., abril de 1918, vol. 1, núms. 1 y 2.

——: *El cólera del cerdo.* Est. Exp. Ins., Circular núm. 21, 1920.

——: *Antrax.* Est. Exp. Ins., Circular núm. 26, 1920.

——: *La morriña negra.* Est. Exp. Ins., Circular núm. 29, 1920.

BAGUÉ, JAIME: *Males de la boyada que aumentan el costo de producción.* Est. Exp. Ins., Circular núm. 33, 1920, p. 56-59.
——: *Lombrices del cerdo.* Est. Exp. Ins., Circular núm. 36, 1921.
——: *La pepita del cerdo.* Est. Exp Ins., Circular núm. 37, 1921.
——: *Bronquitis verminosa o tos del becerro.* Est. Exp. Ins., Circular núm. 38, 1921.
——: *Lamparones.* Est. Exp. Ins., Circular núm. 40, 1921.
——: *El muermo.* Est. Exp. Ins., Circular núm. 42, 1921.
——: *La piroplasmosis o fiebre de Tejas.* Est. Exp. Ins., Circular núm. 45, agosto de 1921, 5 p.
——: *La diarrea blanca.* Est. Exp. Ins., Circular núm. 46, 1921. [V. también en Rev Agr., noviembre de 1929, vol. 3, núm. 6: 39.]
——: *La cucaracha del cerdo.* Est. Exp. Ins., Circular núm. 49, 1921, 8 p.
——: *Cólicos.* Est. Exp. Ins., Circular núm. 70, febrero de 1922. [Véase también en Rev. Agr., octubre de 1927, vol. 19, núm. 4: 166.]
——: *Tétanos.* Est. Exp. Ins., Circular núm. 84, enero de 1923.
——: *Lecciones de ganadería. La tos del becerro.* Rev Agr., junio de 1923, vol. 10, núm. 6: 15.
——: *¿Tenemos tuberculosis en nuestro ganado?* Rev. Agr., marzo de 1927, vol. 18, núm. 3: 128.
——: *La tuberculosis en relación con la ganadería.* Rev. Agr., abril de 1927, vol. 18, núm. 4: 186.
——: *¿Y los parásitos?* Rev. Agr., febrero de 1928, vol. 20, núm. 2: 49.
——: *Un experimento interesante.* Sección española del Boletín de la Unión Panamericana, Wa., julio de 1924.
——: *¿Garrapata o ganado?* Sección española del Boletín de la Unión Panamericana, Wa., abril de 1929. [V. también en Rev. Agr., abril de 1929, vol. 22, núm. 10: 139.]
BAÍZ, LEO: *A los ganaderos de la Isla. El ántrax o fiebre carbunclosa.* Manera de evitarla con la vacuna contra el ántrax. Rev. Agr., febrero de 1922, vol. 8, núm. 2: 55.
BLANCH JR., JAIME: *El moquillo y la ventilación del gallinero.* Rev. Agr., junio de 1929, vol. 22, núm. 12: 255.
ELÍAS, JOSÉ: *De la vacuna animal en la Isla de Puerto Rico.* Imp. de J. González Font, San Juan, P. R., 1886, 96 p.
GAUDIER GANDÍA, JOSÉ A.: *Medicina e higiene veterinaria.* Tratado práctico para curar y evitar las enfermedades del caballo y del ganado vacuno. Tip. Aurora, Mayagüez, P. R., 1908, 146 p.
GÓMEZ, JESÚS C.: *Anthrax: fiebre carbunclosa.* Rev. Agr., mayo de 1928, vol. 20, núm. 5: 218.
HALL, MAURICE: *Parásitos del ganado en la América Latina.* Rev. Agr., febrero de 1929, vol. 22, núm. 8: 56; núm. 9: 117.
LIGNIERES, JOSÉ: *El supuesto descubrimiento del microbio de la fiebre aftosa.* Rev. Agr., enero de 1925, vol. 14, núm. 1: 10-12.

López Domínguez, Francisco A.: *La preparación de la disolucion arsenical para el exterminio de la garrapata.* Est. Exp. Ins., Circular núm. 24, 1920.

Lucca, F.: *Aparición del «cólera porcino» y trabajos realizados para evitar su propagación en el barrio Jaguas de Ciales, Puerto Rico.* Rev. Agr., diciembre de 1926, vol. 17, núm. 6: 12. [En la Rev. aparece como núm. 5.]

Menéndez Guillot, Francisco: *La fiebre aftosa o glosopeda.* (Circular de Fomento núm. 4. Depto. de Agricultura.) Neg. Mat. Imp., 1924, 8 p.

—— : *Enfermedades de las aves de corral: Su diagnóstico y su tratamiento.* Rev. Agr., junio de 1926, vol. 16, núm. 6: 285.

—— : *La masamorra.* Rev. Agr., agosto y septiembre de 1926, vol. 17, núms. 2-3: 16.

—— : *Carbunclo sintomático. (Morriña negra.)* Rev. Agr., marzo de 1927, vol. 18, núm. 3: 162.

—— : *Queratitis contagiosa.* Rev. Agr., noviembre de 1927, vol. 19, núm. 5: 268.

Pérez Torres, Manuel: *Fiebre tejana.* Rev. Agr., mayo de 1928, vol. 20, núm. 5: 220.

Picó, Frank J.: *La coccidiosis intestinal.* Rev. Agr., mayo de 1929, vol. 22, núm. 11: 203.

Rivera, Alfonso: *Foot and Mouth Disease in Cattle.* P. R. Health Rev., Sept. 1925, vol. 1. N° 3: 10.

—— : *Enfermedades de la piel en el ganaao.* Est. Exp. Ins., Circular núm. 68, abril de 1922.

—— : *Tumores y heridas.* Est. Exp. Ins., Circular núm. 69, 1922.

—— : *Aborto contagioso del ganado vacuno.* Est. Exp. Ins., Circular núm. 77, junio de 1924.

——, y Bagué, Jaime: *La esterilidad de las vacas y reinversión del útero.* Est. Exp. Ins., Circulares núms. 86 y 87, 1923.

Rodríguez Pastor, José, y Rivera, Alfonso: *Tuberculosis en el ganado vacuno de Puerto Rico.* Bol. As. Méd. P. R., marzo-abril de 1930, año XXII, núm. 176: 1. [También en Rev. Agr., abril de 1930, vol. 25, núm. 10: 147.]

Smyth, E. Graywood: *Dominio de la plaga de la mosca del ganado en Puerto Rico.* Rev. Agr., octubre de 1919, vol. 3, núm. 5: 11; núm. 6: 17.

—— : *La mosca del ganado. (The horn fly)* Est. Exp. Ins., Circular núm. 39, 1921.

Varas Catalá, Juan: *Inflamación de la ubre de la vaca. (Mastitis.)* Est. Exp. Ins., Circular núm. 89, 1925.

—— : *Distomatosis del ganado vacuno, o sea la cucaracha del hígado.* Rev. Agr., diciembre de 1919, vol. 3, núm. 7: 35.

VARGAS CATALÁ, JUAN: *Algunas de las causas que contribuyen a la propagación de las enfermedades contagiosas de los animales en Puerto Rico y manera de evitarlas.* Rev. Agr., 30 de septiembre de 1921, vol. 7, núm. 3: 19.

——: *Maneras de inmunizar el ganado vacuno susceptible a la fiebre de Texas contra dicha enfermedad.* Rev. Agr., marzo de 1922, vol. 8, núm. 3: 39.

——: *Recetas útiles para el tratamiento de las diferentes enfermedades de los animales domésticos.* Rev. Agr., marzo de 1922, vol. 8, núm. 3: 41.

——: *Tratamiento curativo de la fiebre de Texas.* Rev. Agr., septiembre de 1922, vol. 9, núm. 3: 35.

——: *Distomatosis hepática (vulgo, cucarachas del hígado.)* Rev. Agr., diciembre de 1927, vol. 19, núm. 6: 283.

——: *La desmineralización como factor causante de varias enfermedades de los animales.* Rev. Agr., junio de 1928, vol. 20, núm. 6: 279.

——: *Lombrices del cuarto estómago del ganado vacuno.* Rev. Agr., julio de 1928, vol. 21, núm. 1: 25.

——: *Osteoporosis del ganado.* Rev. Agr., mayo de 1929, vol. 22, núm. 11: 195.

——: *Afecciones parasitarias más comunes del ganado vacuno en Puerto Rico.* Rev. Agr., diciembre de 1929, vol. 24, núm. 6: 243.

——: *Principales parásitos intestinales de la res bovina de Puerto Rico.* Rev. Agr., mayo de 1930, vol. 24, núm. 9: 112.

——: *Cólera aviar.* Rev. Agr., octubre de 1930, vol. 25, núm. 4: 144.

VIVAS, EUGENIO J.: *Ideas rudimentarias sobre higiene veterinaria.* Rev. Agr., diciembre de 1919, vol. 3, núm. 7: 37.

Equitación. Enfermedades del caballo y modos de curarlas. Imp. de J. González Font, San Juan, P. R., s. f., 60 p., vol. 2 de la Biblioteca Puertorriqueña.

ch. — INDUSTRIA

1. INDUSTRIAS GENERALES

ACOSTA, JOSÉ JULIÁN: *Exposición industrial en Puerto Rico,* 1 de mayo de 1854. Imp. J. J. Acosta, San Juan, P. R.

AMADEO, LUCAS: *Carta dirigida al Excmo. Sr. Gobernador de Puerto Rico.* Por L. A., Presidente de la Unión Mercantil e Industrial de la ciudad de Ponce. Tip. El Vapor, Ponce, P. R., 1882, 10 p.

BARRET, O. W.: *Notas sobre la industria de Cidra.* Rev. Agr., abril de 1926, vol. 16, núm. 4: 204.

BLANCO FERNÁNDEZ, A.: *Comercio e industrias de Puerto Rico desde 1820 al 1930.* En *España y Puerto Rico,* San Juan, P. R., 1930, p. 119.

BOOY, T. DE: *Panama Hats, the chief industry of south western Porto Rico.* Scientific American Supplement. N. Y., May 25, 1918, vol. 85: 328.

BUEL, A. W.: *Industrial Development of Porto Rico.* Engineering Magazine, N. Y., Aug. 1900, vol. 19: 683.

BUELL, C. E.: *Industrial Liberty. Our duty to rescue the people of Cuba, Porto Rico and the Philippine Islands from... poverty.* Plainfield, N. J., 1900, 116 p.

CAMACHO, R. M.: *Valor industrial de la vainilla.* Rev. Agr., septiembre de 1919, vol. 3, núm. 4: 29.

CAMPO, ALBERTO: *El plátano evaporado.* Una industria lucrativa. Rev. Agr., octubre de 1921, vol. 7, núm. 4: 41.

CARROLL, HENRY K.: *Report on the Industrial and Commercial Condition of Porto Rico.* Treasury Department, Document N° 2091. Division of Customs. Gov. Prtg. Off., Wa., 1899, 86 p.

CASELLAS, A.: *Industrialización de Puerto Rico.* Industria algodonera. Rev. Agr., mayo de 1927, vol. 8, núm. 5: 391.

CASPUJOL: *El plátano y la industria.* Rev. Agr., enero de 1926, vol. 16, núm. 1: 20.

CAVANILLAS Y ARRAZOLA, JOSÉ M.: *Reglamento y tarifas... por orden alfabético de industrias, comercios y profesiones, para la imposición, administración y cobranza de la contribución industrial y de comercio.* Tip. El Comercio, P. R., 1893, 34 p. +

CUEVAS ZEQUEIRA, LUIS: *Industrias rurales. El caracol.* Rev. Agr., enero de 1926, vol. 16, núm. 1: 5.

D. F. H. A.: *Manual de industria.* Para uso de la escuela elemental de la Isla. Único texto aprobado por el Gobierno. Imp. Militar de J. González, San Juan, P. R., 1866, 27 p.

DÁVILA Y MORALES, LUIS: *Sirop de mesa.* Rev. Agr., septiembre de 1919, vol. 3, núm. 4: 24.

DAVIS, GEORGE W.: *Reports on Industrial and Economic Conditions of Puerto Rico.* (War Department, Division of Insular Affairs, 1899.) Gov. Prtg. Off., Wa., 1900, 47 p.

DEWEY, L. H.: *Fibras vegetales como ayuda para la producción de alimentos.* Rev. Agr., abril-mayo de 1918, vol. 1, núms. 1 y 2: 94.

DINWIDDIE, W.: *Porto Rico. The industrial possibilities of the Island.* Harper's Weekly, N. Y., Feb. 4, 1899, vol. 43: 101.

FERNÁNDEZ GARCÍA, RAFAEL: *Nuevas industrias.* Ensayo técnico. En *El libro de Puerto Rico,* 1923, p. 635-647. [V. Rev. Agr., mayo de 1930, vol. 24, núm. 11: 193.]

——: *La química en la industria.* Conferencia científico-popular. Rev. Obs. Púb., 1925, vol. 2: 519-523; 529-533.

GANDÍA CÓRDOVA, RAMÓN: *La industria fabril.* Rev. Agr., enero de 1922, vol. 8, núm. 1: 9.

GONZÁLEZ, RAFAEL A.: *Notas sobre las posibilidades de ulterior progreso en la industrialización de Puerto Rico.* Rev. Obs. Púb., junio de 1929, año VI, núm. 66 : 144.

——: *Study of the natural resources of the Island as a basis for the establishment of new industries.* Rev. Obs. Púb., Sept. 1930, año VII, núm. 9 : 247.

GORBEA PLA, M.: *Manufactura de almidón de yuca.* Rev. Agr., junio de 1922, vol. 8, núm. 6 : 39.

GRIFFITH, JEAN P.: *La industria vegetal en Puerto Rico.* Rev. Agr., junio de 1922, vol. 8, núm. 6 : 43.

HILL, ROBERT T.: *Cuba and Porto Rico.* Century, N. Y., 1903. [V. Transportation, agriculture, industry and commerce, cap. XVII.]

HOAR, H. M.: *Estudio sobre la producción de divi-divi y desarrollo de esta industria.* Rev. Agr., marzo de 1924, vol. 12, núm. 3: 165.

HONORÉ, CARMELO: *Naranjito industrial.* Rev. Agr., octubre de 1927, vol. 19, núm. 4 : 180.

INFIESTA, ALEJANDRO: *Productos de las industrias extractivas.* Fosfatos tribásicos. Galena argentífera. Mineral de hierro magnético. Mineral de cobre. Madera. En *La Exposición de Puerto Rico,* 1895, p. 200-207.

JIMÉNEZ Y SANZ, AURELIANO: *Lecciones de industrias químicas.* Imp. El Boletín Mercantil, San Juan, P. R., 1888, 72 p.

JONES, G. L.: *Sweat Shop on the Spanish Main.* Survey, N. Y., Nov. 15 1923, vol. 51 : 209.

JUSTO, MANUEL: *La manufactura de sombreros de paja como ocupación doméstica para la población rural de Puerto Rico.* Rev. Agr., julio de 1918, vol. 1, núm. 4 : 169; núm. 5 : 185.

LARRINAGA, TULIO: *Las industrias en Puerto Rico.* Rev. Ant., junio de 1913, núm. 4.

LEBRÓN, RAMÓN: *Algo sobre industrias.* Dos cartas interesantes. Rev. Agr., junio de 1921, vol. 6, núm. 1 : 13.

LUCCHETTI, ANTONIO: *Industrias.* Incentivos que deben darse por el Gobierno para el establecimiento de nuevas industrias. Rev. Agr., febrero de 1927, vol. 18, núm. 2 : 77.

MEDINA Y GONZÁLEZ, ZENÓN: *Maderas de construcción.* En *Espontáneas,* P. R., 1897, p. 66.

PLANELLAS, MIGUEL: *Industrias agrícolas que más convenga realizar y medio práctico de plantearlas de modo que sean provechosas.* P. R., 1893.

RAMÍREZ, JOSÉ HIPÓLITO: *Por nuestra industrialización.* Rev. Agr., enero de 1929, vol. 22, núm. 7: 32.

RICHARDS, CHARLES F.: *The Economic Development of Porto Rico and its Chief Industries.* Tobacco. (A Weekly Trade Review.) N. Y., Dec. 28, 1922, vol. 75, Nº 9: 17.

RODRÍGUEZ GONZÁLEZ, RAMÓN: *La exportación de artículos de paja.* Rev. Agr., noviembre de 1927, vol. 19, núm. 5: 253.

Rodríguez Vera, Andrés: *Conferencia sobre industrialización.* Rev. Agr., marzo de 1928, vol. 20, núm. 3: 150.

Santaella, H. W.: *Nociones de Agricultura, Industria y Comercio.* Imp. El Alba, Coamo, P. R., 1898.

Smith, Philip S.: *Electrical Goods in Porto Rico.* Gov. Prtg. Off., Wa., 1917, 16 p.

Stahl, Agustín: *La manteca de coco.* (De la Rev. de Agricultura, Industria y Comercio.) Rev. Agr., marzo de 1922, vol. 8, núm. 3: 31.

Tucker, W. A.: *Textiles in Porto Rico and Jamaica.* Department of Commerce. Foreign and Domestic Commerce Bureau. Special Agents Series, 137. Gov. Prtg. Off., Wa., 1917, 31 p.

Turner, J. M.: *Cotton Goods in Porto Rico.* Monthly Consular and Trade Report, June 1910, N° 357: 219.

Van Leenhoff, J.: *The Conditions of the Coffee Industry in Porto Rico.* Agr. Exp. St., Circular N° 2, 1904, 2 p.

Van Middeldyk, R. A.: *El coco y la producción de copra.* Una industria agrícola nueva, fácil y remunerativa para los habitantes de la costa. Datos prácticos recopilados. The San Juan News Power Print, P R., 1899, 14 p.

Varas Catalá, Juan: *Industrias de productos animales.* Rev. Agr., septiembre de 1919, vol. 3, núm. 4: 19.

Velasco, Félix A.: *Aprovechemos mejor el malojo, la paja y la tusa del maíz* Rev. Agr., enero de 1923, vol. 10, núm. 1: 27.

Winthrop, B.: *Industrial Progress in Porto Rico.* North American Review, N. Y., Jan. 1906, vol. 182: 104.

Annual reports of the industrial commission of Porto Rico. Aug. 13, 1928, to June 30, 1929. Otra ed. para el año fiscal 1929-1930. [V. Informes Anuales de la Comisión Industrial.]

Industria puertorriqueña que prospera Rev. Agr., enero de 1927, vol. 18, núm. 1: 29.

Industrias y Agricultura. [Caña de azúcar, variedades, enfermedades, fabricación de azúcar, asociación de productos, tabaco, café, frutas citrosas, frutos menores, plantas ornamentales, ganadería, industrias, etc.] En *El libro de Puerto Rico,* 1923, cap. IX: 518-647.

Porto Rico, its industries and exports, with special review of sugar industry of Island. Agr. Dept. Progress of beet-sugar industry in the United States in 1898, p. 113-129. (Dept. of Agr., Wa.)

Report on the Industrial and Commercial Conditions of Porto Rico. Treasury Dept, Wa., Doc. N° 2091, Dec. 30, 1898, 86 p.

The Needle Industry in Porto Rico. Imp. Porto Rico Progress, San Juan, P. R., 1929, 11 p. (Chamber of Commerce of Porto Rico.)

Trade and Industry in Porto Rico. Scientific American Supplement. Jan. 20, 1900, vol. 49: 20120.

Unión mercantil e industrial de Ponce. Memoria leída en la sesión de la Junta general celebrada el día 11 de abril de 1886. Imp. El Vapor, Ponce, P. R, 1886, 10 p.

Valiosos secretos industriales. Rivalle Publishing Co., s. f., 24 p.

Véanse *Comercio. Producción de Leche.*

2. INDUSTRIA AZUCARERA

ACOSTA, JOSÉ JULIÁN: *Determination of maceration percent of cane and the percentage of fibre and sucrose in cane.* Jour. Dept. Agr., April 1924, vol. 8, N° 2.

ARAUJO, ISIDORO: *Derechos de importación en la Península sobre los azúcares de Cuba y Puerto Rico.* Madrid, 1855, 59 p.

BAILEY, W., and WHITFIELD DIFFIE, JUSTINE: *The Sugar Industry.* En *Porto Rico: A Broken Pledge.* N. Y., 1931, cap. IV.

BARR, H. C.: *Development of the Sugar Industry in Porto Rico.* Dun's International Review, N. Y., July 1926, vol. 47: 53.

BRAVO, JOSÉ OSCAR: *Estudio del aumento de producción de azúcar en Puerto Rico.* Rev. Agr., julio de 1929, vol. 23, núm. 1: 28.

BROWNE, C. A.: *Prevención de las pérdidas debidas al deterioro de los azúcares brutos.* Rev. Agr., septiembre-octubre de 1918, vol. 1, núm. 6: 246.

COOK, MELVILLE T.: *Producción de azúcar y enfermedades de la caña.* Rev. Agr., 1925, vol. 15, núm. 6: 273.

CROSS, WILLIAM E.: *Temas de la industria azucarera: El efecto del grado de extracción sobre la pureza del jugo proveniente de la caña de azúcar.* Rev. Agr., marzo de 1926, vol. 16, núm. 3: 123.

CHARDÓN, CARLOS E.: *La aportación de las ciencias agrícolas a la industria azucarera de Puerto Rico.* Rev. Agr., junio de 1930, vol. 24, núm. 12: 222.

DELGADO, ENRIQUE: *Proyecto para la creación de una Empresa de Factorías Centrales en la Isla de Puerto Rico.* Imp. J. J. Acosta, San Juan, P. R., 1881, 61 p.

DINWIDDIE, W.: *Sugar-culture [in Puerto Rico].* Harper's Weekly, N. Y., Feb. 18, 1899, vol. 43: 167.

FERRERAS PAGÁN, J.: *Biografía de las riquezas de Puerto Rico.* Imp. Luis Ferreras Pagán, P. R, vol. 1, 1902, 127 p.; vol. 2, 1902, 88 p.

GILMORE, A. B.: *The Porto Rico Sugar Manual.* Including Data on Santo Domingo Mills. New Orleans, 1930, 280 p.

GIORGETTI, EDUARDO: *La cuestión del azúcar.* P. R. I., 2 de marzo de 1912, núm. 105.

GUERRA SÁNCHEZ, RAMIRO: *Azúcar y población en las Antillas.* Imp. Cultural, S. A., Habana, 1927, 190 p.

HILERA, FÉLIX R.: *La producción del azúcar en Puerto Rico.* Rev. Agr. junio de 1930, vol. 24, núm. 12: 285.

LÓPEZ DOMÍNGUEZ, FRANCISCO A.: *Sugar Yield of the Uba Cane in Porto Rico.* Sugar, Waverly Place, N. Y., Oct.-Nov. 1924, vol. 26: 510-512; 559-561. También en Ins. Exp. St., Bull. N° 28, 1924, 55 p.

—— : *Origen y desarrollo de la industria azucarera en Puerto Rico.* Rev. Agr., agosto de 1927, vol. 19, núm. 2: 49; núm. 3: 103; núm. 4: 167; núm. 5: 222; núm. 6: 287. También en inglés, en Planter and Sugar Manufacturer. New Orleans, July 23 and Aug. 13, 1927, vol. 79.

——, y FERNÁNDEZ GARCÍA, RAFAEL: *An interesting case of boiler-tube corrosion.* (Ensayo técnico.) Jour. Dept. Agr., April 1924, vol. 8, N° 2: 40-47.

MC CORMICK, SANTIAGO: *Extractos de los trabajos presentados acerca del establecimiento en esta Isla de Factorías Centrales, en junio de 1881, ante la Diputación Provincial de Puerto Rico.* S. p. i. y s. f.

—— : *Factorías Centrales en Puerto Rico.* Informe dado a la Excelentísima Diputación Provincial sobre el sistema de las Factorías Centrales para la elaboración del azúcar; sobre la utilidad y conveniencia de esas Empresas, y sobre los medios de plantearlas en escala grande y general para toda esta provincia. P. R., 1880, 174 p.

—— : *Informe referente a la creación de factorías centrales.* Tip. González & Cía., San Juan, P. R., 1882, 20-VIII p.

MENÉNDEZ RAMOS, RAFAEL: *Experiences in the Manufacture of Cane Sugar in Porto Rico.* Jour. Dept. Agr., April 1923, vol. 7, N° 2.

POEY, JUAN: *Informe sobre la rebaja de los derechos que pagan en la Península los azúcares de Cuba y Puerto Rico, presentado al Sr. Intendente general de Hacienda.* Imp. del Gobierno y Capitanía General, Habana, 1862, 87 p.

ROSICH, M. y J.: *Fabricación del azúcar moscabado.* En relación con las Factorías Centrales. Tip. Baldorioty, Ponce, P. R., 1902, 60 p.

RUTTER, F. R.: *Porto Rican Sugar.* Quarterly Jour. of Economics, Boston, Nov. 1902, vol. 17: 65.

SALABERRI LESGUM, ENRIQUE: *Puerto Rico: Vega Baja.* Fabricación de azúcar. Tip. La Integridad Nacional, P. R., 1889, 8 p.

SÁNCHEZ, ELADIO: *La situación mundial del azúcar.* Rev. Agr., febrero de 1929, vol. 22, núm. 8: 65.

SCOTT, JOHN M.: *Temas de la industria azucarera: De cómo los fertilizantes no afectan la calidad del jugo de caña de azúcar.* Rev. Agr., abril de 1926., vol. 16, núm. 4: 183.

SULSONA, J. D.: *El melado de caña.* Rev. Agr., agosto de 1918, vol. 1, núm. 5: 195.

VENDRELL, ADOLFO: *Nociones sobre el cultivo y trabajo industrial de la caña del azúcar.* [P. R.?], 1893.

Comparative Statistical Report of Sugar Manufactured in Porto Rico. P. R. Dept. of Finance, Bureau of Property Taxes, San Juan, P. R., s. f., 1 p.

El azúcar. B. H. P. R., 1919, vol. 6: 129

Estatutos y Reglamentos y demostración de los beneficios de la segunda serie de acciones de la empresa de Factorías Centrales de Puerto Rico. P. R., 1882.

Estimated Production of Sugar in Porto Rico for the 1924-1925 crop. Louisiana Planter. New Orleans, La., Dec. 27, 1924, vol. 73: 512.

Exposición al Gobierno pidiendo franquicias para el azúcar de Puerto Rico en la Península. B. H. P. R., 1924, vol. 11: 373.

Fajardo Sugar Company of Porto Rico. Moody's Investors Service. May 26, 1927, vol. 19: 187.

Informe emitido por los señores diputados D. José de Celis Aguilera y otros acerca de los trabajos presentados por D. Santiago Mc Cormick acerca del establecimiento en esta Isla de Factorías Centrales, a la Diputación Provincial. [Noviembre de 1881, fecha de certificación; 28 de octubre de 1881, fecha del informe]; s. p. i. y s. f.

Investigaciones en Puerto Rico. Sugar, Waverly Place, N. Y., Nov. 1924, vol. 26: 577.

La progresista industria azucarera de Puerto Rico. (Traducción.) Rev. Agr., septiembre de 1927, vol. 19, núm. 3: 114.

Porto Rico Sugar News. Sugar, Waverly Place, N. Y. [Los números mensuales de esta Rev. traen estas noticias.]

Porto Rico. Sugar Production for Seven Years. International Sugar Jour., London, E. C., March 1926, vol. 28: 145.

Primera Central «San Vicente» en la villa de la Vega, Puerto Rico. Imp. El Boletín Mercantil, San Juan, P. R., 1883, 21 p.

Proyecto de aplicar en el país la máquina de vapor a la molienda de caña. [1840.] B. H. P. R., 1921, vol. 8: 174.

Puerto Rico y las refinerías de azúcar. Rev. Obs. Púb., diciembre de 1926, año III, núm. 36: 1074.

Tercer informe anual de la Estación Experimental de la Asociación de Productores de Azúcar de Puerto Rico. Bol. núm. 5, The Times Pub. Co., San Juan, P. R.. 1914, 71 p.

The Sugar Affair of Interest to Porto Rico. The Puerto Rico Herald, N. Y., June 21, 1902, año I, N° 50.

I) Alcohol.

ANGELIS, PEDRO DE: *Aguardiente de caña [en] 1747.* En *Misceláneas Puertorriqueñas,* P. R., 1894, p. 9.

JESÚS DOMÍNGUEZ, JOSÉ DE: *Alcohol.* (Historia del alcohol desde su descubrimiento, etc.) Imp. Martín Fernández, Mayagüez, P. R., 1875, 25 p.

LEGRAND RODRÍGUEZ, FEDERICO: *La industria del alcohol.* Memoria consultiva para la fabricación industrial de alcoholes y aguardientes de caña en Puerto Rico. Imp. Salicrup y Cía., Arecibo, P. R., 1892, 115 p.

Real orden prohibiendo la fabricación de aguardientes de caña, su venta y uso, y las de sus componentes. B. H. P. R., 1918, vol. 5: 22. [V. un bando sobre el mismo asunto, p. 25.]

Véanse *Prohibicionismo.*

3. INDUSTRIA TABACALERA

ABAD, JOSÉ RAMÓN: *Memoria que presenta a la Junta directiva de la Exposición Agrícola e Industrial de Tabaco, realizada en Ponce, Puerto Rico, durante el mes de diciembre de 1883.* Tip El Vapor, Ponce, P. R., 1884, 130 p.

BAILEY, W., and WHITFIELD DIFFIE, JUSTINE: *The Tobacco and Fruit Industries.* En *Porto Rico: A Broken Pledge.* N. Y., 1931, cap. V.

BALAGUER Y PRIMO, FRANCISCO: *Monografías industriales. Cultivo y beneficio del tabaco, fabricación de cigarros puros, cigarrillos, rapé, picaduras,* etc. Lib. de Cuesta, Madrid, 1879, 47 p.

BROWN, ARTHUR SELWYN: *The Triumph of Porto Rican Tobacco largely due to American aid.* Tobacco. (A Weekly Trade Review.) N. Y., Dec. 25, 1924, vol. 79, N° 9: 27.

——: *The Progress and Expansion of the Tobacco Industry in Porto Rico.* Tobacco. (A Weekly Trade Review.) N. Y., Dec. 25, 1924, vol. 79, N° 9: 31.

——: *Great Pleasures and Philosophy of Smoking Porto Rican Cigars.* Tobacco. (A Weekly Trade Review.) N. Y., Dec. 29, 1927, vol. 85, N° 10: 47.

CARRO, FELIPE: *Mutual good will vitally necessary in Porto Rican Tobacco-trade.* Tobacco. (A Weekly Trade Review.) N. Y., Dec. 27, 1928, vol. 87, N° 10: 21.

CHARDÓN, CARLOS E.: *Tobacco growing and cigar manufacture important to Porto Rico.* Tobacco. (A Weekly Trade Review.) N. Y., Dec. 31, 1925, vol. 81, N° 10: 18.

LÓPEZ, LIONELLO: *The genuine Porto Rican cigar has distinctive merits of its own.* Tobacco. (A Weekly Trade Review.) N. Y., Dec. 28, 1922, vol. 75, N° 9: 13.

MELÉNDEZ MUÑOZ, M.: *Importancia del tabaco en la vida económica de Puerto Rico.* Primeras fábricas de cigarros y cigarrillos. Antiguos sistemas de cultivo. P. R. I., 9 de junio de 1923, núm. 693.

NOLLA, J. A. B.: *Problemas de la industria tabacalera en Puerto Rico.* Rev. Agr., febrero de 1930, vol. 25, núm. 8: 61.

RAMÍREZ, JOSÉ H.: *El uso de los residuos de tabaco en la fabricación de nicotina.* Rev. Agr., octubre de 1928, vol. 21, núm. 4: 145.

SHAW, WILLIAM B.: *Commended by merit and by use more recommended.* Tobacco. (A Weekly Trade Review.) N. Y., Dec. 29, 1921, vol. 73, N° 9: 31.

SHEPARD, NOAH: *Three years Review of the Incorporated Tabacaleros in Porto Rico.* Tobacco. (A Weekly Trade Review.) N. Y., Dec. 29, 1927, vol. 85, N° 10: 27.

TOWNER, HORACE M.: *The Porto Rican Tobacco Industry.* Porto Rico as growing and manufacturing center. Tobacco. (A Weekly Trade Review.) N. Y., Dec. 25, 1924, vol. 79, N° 9: 19.

—— : *The Porto Rican Tobacco Industry.* Tobacco. (A Weekly Trade Review.) N. Y., Dec. 31, 1925, vol. 81, N° 10: 17.

ZENO, FRANCISCO M.: *Porto Rican Tobacco grower-manufacture situation analyzed.* Tobacco. (A Weekly Trade Review.) N. Y., Dec. 29, 1927, vol. 85, N° 10: 40.

A Porto Rican cigar manufacturer. Buyers of Porto Rico cigars should seek quality. Tobacco. (A Weekly Trade Review.) N. Y., Dec. 29, 1921, vol. 73, N° 9: 29.

A story of Porto Rican cigar. Tobacco. (A Weekly Trade Review.) N. Y., Dec. 29, 1921, vol. 73, N° 9: 23.

Directory of Leading cigar manufacturers, leaf dealers, strippers and growers in Porto Rico. Tobacco. (A Weekly Trade Review.) N. Y., Dec. 29, 1921, vol. 73, N° 9: 57.

The administration of Porto Rican Tobacco Guarantee Agency. Tobacco. (A Weekly Trade Review.) N. Y., Dec. 30, 1926, vol. 83, N° 10: 20.

d. — COMERCIO

ACOSTA, JOSÉ JULIÁN: *El sistema prohibitivo y la libertad de comercio en América.* (Bosquejo histórico.) Imp. de Aurelio J. Alaria, Madrid, 1879, 30 p.

ALZOLA Y MINONDO, PABLO: *Relaciones comerciales entre la Península y las Antillas.* Madrid, 1895, 331 p.

ANTÚNEZ Y ACEVEDO, RAFAEL: *Memorias históricas sobre legislación y gobierno del comercio de los españoles con sus colonias en las Indias Occidentales.* Imp. Sancha, Madrid, 1797, 330 p.

ASENJO, FEDERICO: *Estudios económicos.* El comercio de la Isla y la influencia que en él ha de ejercer el Banco Español de Puerto Rico. Tip. Militar, de J. González, San Juan, P. R., 1862, 76 p.

AUGHINBAUGH, WILLIAM E.: *Selling Latin America.* A problem in international salesmanship. What to sell and how to sell it. Small Maynard & Co., Boston, 1915. [Para P. R., v. cap. XVII: 186.]

AUSTIN, O. P.: *Our trade with Hawaii and Porto Rico.* Ann. Am. Acad. Pol. Sci., May 1902, vol. 19, N° 339: 377.

BLANCO FERNÁNDEZ, ANTONIO: *Comercio e industrias de Puerto Rico desde 1820 al 1930. Comisionistas, Seguros, Colegios comerciales.* En *España y Puerto Rico.* 1820-1930. Imp. Cantero, Fernández & Cía., San Juan, P. R., 1930, p. 119.

BLOMA, PEPE: *Vida comercial.* Reseña del movimiento comercial en la Isla. P. R. I., 1 de enero de 1911, núm. 44; 12 de marzo de 1911, núm. 54; 10 de septiembre de 1911, núm. 80.

BROCK, H. G.: *Market for boots and shoes in Porto Rico.* Foreign and Domestic Commerce Bureau. Special Agents Series 135, 1917, 28 p.

BRYAN, EDWARDS: *The history of civil and commercial relations of the British colonies in the West Indies.* London, 1793, 2 vols.; London, 1794, ed. revisada y aumentada.

CÓRDOVA, PEDRO TOMÁS DE: *Agricultura, Comercio e Industria.* En *Memorias sobre todos los ramos de la administración de la Isla de Puerto Rico.* Imp. Yenes, Madrid, 1838, p. 144.

CORWINE, WILLIAM R.: *Report on Porto Rico to the Merchant's Association of New York.* N. Y., 1899, 20 p.

CHENEY, B. A.: *Comparative statement of the commerce of Porto Rico.* Overland Monthly, San Francisco, Cal., April 1919, vol. 73: 337.

DASHIELL, H. H.: *Trade financing and exchange in Porto Rico and Haiti.* U. S. Bureau of Foreign and Domestic Commerce. Dept. of Commerce. Trade Information Bulletin N° 595. Gov. Prtg. Off., Wa., 1929, 17 p.

ENAMORADO TORAL, JULIO: *Carnet del dependiente de comercio.* Colección de reglas, tablas y demás datos útiles a los que se dedican a tareas comerciales en la Isla de Puerto Rico. Tip. Borinquen, Yauco, P. R., 1896, 57 p.

FERNÁNDEZ GARCÍA, RAFAEL: *Plan para iniciar la organización de los mercados de Puerto Rico.* Rev. Agr., Julio de 1930, vol. 25, núm. 1: 8.

FLINTER, GEORGE D.: *An Account of the Present State of the Island of Porto Rico.* Comprising numerous original facts and documents illustrative of the state of Commerce and Agriculture, London, 1834, 392 p.

FLUX, A. W.: *The flag and the trade: a summary review of the trade of the chief colonial empires.* Royal Statistical Society Journal, Sept. 1899, vol. 62: 512.

GIMBERNAT, FLORENTINO: *Memoria leída por el Secretario de la Junta de Comercio de Puerto Rico en la apertura de sus sesiones, celebradas el 7 de enero de 1839.* Tip. de Dalmau, P. R, 1839, 26 p.

GRINNELL, W. F.: *Manchester exports to Cuba, Porto Rico, and Philippines.* Consular Reports, July 1899, vol. 60, N° 226: 521.

GUERRA, RAMÓN H.: *De todo un poco.* Riqueza sacarina, comercio e industria, biografías de hombres del día. Vol. 1, Tip. Matías & Sobrino, Ponce, P. R, 1911, 37 p.; vol. 2, Progress Pub. Co, San Juan, P. R., 1912, 45 p.; vol. 3, Progress Pub. Co., San Juan, P. R., 1912, 46 p. [El vol. 3 lleva el título de *Puerto Rico en el maletín.* «Porto Rico in a Nut Shell.»]

HALL, J. D.: *Puerto Rico.* Commercial Relations, 1897, vol. 1: 770-772.

HITCHCOCK, F. H.: *Trade of Porto Rico.* U. S. Dept. Agr. Foreign Markets Section., Bull. Nº 13, 1898, 84 p.

JIMENO AGIUS, JOSÉ: *Población y comercio de la Isla de Puerto Rico.* Memoria de 1885. Tip. El Correo, Madrid, 1885. [V. B. H. P. R., 1918, vol. 5: 279.]

MORRIS, H. C.: *Belgian trade with Cuba and Puerto Rico.* Consular Reports., Aug. 1898, vol. 57, Nº 215: 539-541.

ORMAECHEA, DARÍO DE: *Memoria acerca de la Agricultura, el Comercio y las Rentas internas de la Isla de Puerto Rico.* Imp. D. C. Rufino, Madrid, 1847, 37 p. [V. B. H. P. R., 1915, vol. 2: 226.]

RAYNAL, GUIL: *Histoire philosophique et politique des établissements du commerce des Europeans dans les deux Indes.* Genève, 1780, 10 vols.

REAL, CRISTÓBAL: *Comercio (de Puerto Rico).* En *La Ominosa España.* P. R., 1905, p. 117.

SERVERA, JOAQUÍN: *Trading under the laws of Porto Rico.* (U. S. Bureau of Foreign and Domestic Commerce. Dept. of Commerce. Trade Promotion Series, Nº 58.) Gov. Prtg. Off., Wa., 1927, 44 p.

TERRY, EMILIO: *Relaciones mercantiles de Cuba y Puerto Rico con la Metrópoli, con los Estados Unidos, con la Europa en general.* En *El problema colonial contemporáneo.* Lib. de V. Suárez y Fernando Fe, Madrid, 1879, p. 309-335.

TURNER, J. M.: *Flour trade in Latin America.* Manufactures Bureau. Special agents series 35, 1910, 30 p. [Para P. R., v. la parte 1.ª]

——: *Porto Rico, good market for American automobiles.* Monthly Consular Trade Report, May 1910, Nº 356: 47-48.

VIÑA, ANDRÉS: *Relaciones mercantiles entre España y Puerto Rico.* Estado actual de la Agricultura y Comercio de la Antilla. Imp. de Antonio Pérez, Madrid, 1855, 23 p. [V. B. H. P. R., 1920, vol. 7: 210.]

WALDRON, G. B.: *The commercial promise of Cuba, Porto Rico and the Philippines.* Mc Clure, N. Y., Sept. 1898, vol. 11: 481.

Balanza mercantil de la Isla de Puerto Rico. Correspondiente al año de... [1837 al 1861.] [Hemos visto estos folletos sin paginación, impresos por la Imp. Gimbernat, primero, y luego por las imprentas Márquez y Acosta, desde el año 1837 al 1861, inclusives. Uno cada año.]

Comercio, finanzas, comunicaciones. [Desarrollo, asociaciones, tratados, bancos, aduanas, puertos, servicio postal, telégrafo, teléfono, cables, radio, comunicación naval.] En *El libro de Puerto Rico,* 1923, cap. X: 648-721

Comercio del partido de Arecibo [en 1822]. B. H. P. R., 1916, vol. 3: 330.

Commerce with Porto Rico. Hunt's Merchant's Magazine, N. Y., April 1843 [?], 1844 [?], vol. 10: 327.

Commerce between the United States and Porto Rico. Scientific American Supplement, N. Y., Sept. 8, 1900, vol. 50: 20645; Jan. 7, 1902, vol. 53: 22104.

Commerce with Cuba and Puerto Rico, and imports into Hawaiian Islands. Monthly Summary of Commerce and Finances. June, 1898, n. s., vol. 5: 2019-2074. (Treasury Dept. Statistics Bureau.)

Commercial Porto Rico in 1906. Showing commerce, production, transportation, finance, area, population, and details of trade with the United States and foreign countries during a term of years. Dept. of Commerce and Labor. Bureau of Statistics. Gov. Prtg. Off., Wa., April 1907, 69 p.

Cuba and Porto Rico. Consular Reports, July 1898, vol. 57, N° 214: 321-340. (Foreign Bureau of Commerce.)

El cabotaje con la Península y el Tratado de Comercio con los Estados Unidos de la América del Norte. Imp. del Gobierno, San Juan, P. R., 1891, 247 p.

El movimiento mercantil durante la dominación americana. En Paul G. Miller, *Historia de Puerto Rico.* N. Y., 1922, apéndice I.

Exposición-protesta dirigida al Excmo. Sr. Ministro de Ultramar por varios señores comerciantes de esta capital en 10 de mayo de 1882, publicada en el periódico El Agente, el 25 del mismo mes. Imp. El Agente, P. R., 1882, 14 p.

Exports to Porto Rico. 1901. Scientific American, N. Y., Aug. 31, 1901, vol. 85: 121.

Extracto de las contestaciones que los Comisionados elegidos por las Islas de Cuba y Puerto Rico han dado al interrogatorio que se ha puesto a su discusión sobre los tratados de navegación y comercio que convenga celebrar con otras naciones y las reformas que para llevarlas a cabo deben hacerse en el sistema arancelario y en el régimen de las aduanas de aquellas Islas. S. p. i., 537 p. (Junta informativa de Ultramar.)

Free trade with Porto Rico. Independent, N. Y., Jan. 25, 1900, vol. 52: 221.

Free trade with the colonies. Nation, N. Y., Jan. 25, 1900, vol. 70: 64.

Foreign trade of Puerto Rico from date of American occupation. Varying from, July 28 to Oct. 18, 1898, to 31 Dec. 1899. [Contiene tres tablas dobladas, sin numeración de páginas, ni año, ni imprenta.]

Foreign commerce of Cuba, Porto Rico, Hawaii, Philippines and Samoan Islands, their imports and sports by countries, also commerce of United States therewith. Monthly Summary of Commerce and Finance. Feb. 1899, n. s., vol. 6: 1913-2014. (Treasury Dept. Statistics Bureau.)

Información general y estadísticas. [Población, riqueza, deuda, terrenos, cosechas, exportación e importación, matrícula escolar, estadísticas sociales, empleos, etc.] En *El libro de Puerto Rico,* 1923, cap. XX: 1098-1104.

Informe de la Comisión de Comercio de Puerto Rico. Bur. Supp. Prtg., 1913, 12 p.

[*Informes anuales del Gobernador de Puerto Rico al Presidente de los Estados Unidos.* 1900-1930, 31 vols.]

Imports, exports and production in the Philippine Islands, 1901 to 1908, with comparative data for Porto Rico since the establishment of free trade with the United States in 1901. Gov. Prtg. Off., Wa., 1909, 31 p. (Philippine Islands. Bureau of Internal Revenue.)

La Cédula de Gracias. Reglamento para el comercio de Puerto Rico. B. H. P. R., 1914, vol. 1: 297.

Porto Rico, Collector of Customs... Comparative statement and summary of the commerce of the Island of Porto Rico. (Fiscal years 1901-1906.) Dept. of the Secretary of Porto Rico, Bur. Supp. Prtg, 1906, 22 p.

Porto Rico Growth in Production and Exports. Jour. of Geography, N. Y., Feb. 1917, vol. 15: 207.

Proposiciones del Marqués de Variñas sobre los asuntos de Indias, fraudes en su comercio y necesidad de la fortificación de sus puertos. [La parte correspondiente a Puerto Rico, Santo Domingo y Habana, 1677.] B. H. P. R., 1916, vol. 3: 317.

Real decreto concediendo a los súbditos de la Isla de Mallorca el comercio con Puerto Rico. [1777.] B. H. P. R., 1921, vol. 8: 48.

Real cédula de S. M., que contiene el Reglamento para la población y fomento del Comercio, Industria y Agricultura de la Isla de Puerto Rico. Madrid, 1815, 8 hojas. [V. Asenjo, Federico: *Estudios Históricos y Económicos.* 1862, apéndice, p. 67-75. Hay eds. aparte de la Real cédula en español, inglés y francés.]

Real cédula al Almirante para que todos libremente puedan traer de la Española provisiones y mantenimientos a la Isla de San Juan, como no sean personas prohibidas. B. H. P. R., 1915, vol. 2: 53.

Real Compañía de Comercio para las Islas de Santo Domingo, Puerto Rico y la Margarita. Imp. Joseph Rico, Madrid, 1755, 33 p.

Reglamento de consumos de Fajardo. Imp. El Boletín Mercantil, San Juan, P. R., 1891, 9 p.

Reglamento de corredores, agentes de cambios de esta plaza, aprobado por S. M. en Real orden de 13 de febrero de 1851. Imp. de J. Guasp, P. R., 1860, 14 p.

Repertorio del Convenio Comercial entre España y los Estados Unidos, aplicable a las Islas de Cuba y Puerto Rico. Imp. del Gobierno, San Juan, P. R., 1894, 103 p. Ed. oficial.

Report on industrial and commercial condition of Porto Rico. Treasury Dept. [Wa.], Doc. N° 2091, Dec. 30, 1898, [pub. 1899], 86 p.

Revista Oficial de la Cámara de Comercio de Puerto Rico. Año I, núm. 1, 19 de septiembre de 1925, hasta año III, núm. 136, 28 de abril de 1928. [Siendo secretario D. Claudio Capó.]

The Book Trade in Porto Rico. Publisher's Weekly, Dec. 3, 1898, vol. 54: 1176.

Trade with Porto Rico. Independent, N. Y., June 8, 1899, vol. 51: 1585.

Trade with Porto Rico. En *Laws Relating to Navigation and Merchant Marine,* 1903, p. 238-240. (Commerce and Labor Dept. Navegation Bureau.)

Trade in Porto Rico. Present business conditions and methods. The Philadelphia Commercial Museum, Phila., 1898, 21 p.

Véanse *Textos Comerciales. Derecho Mercantil.*

I. ESTADÍSTICAS ECONÓMICAS

RUIZ SOLER, J.: *Estadística azucarera.* San Juan, P. R., 1914.

VIJANDE, ENRIQUE: *Apuntes estadísticos económicos referentes a la Isla de Puerto Rico, que pueden servir para el arreglo de los aranceles de aduana y del sistema monetario.* Tip. de la Casa P. de Caridad, Barcelona, 1896, 76 p.

Annuals Reports of the Governor of Porto Rico to the President of the United States, 1900-1930. [Contienen estadísticas de comercio, importación, exportación, etc.]

... *Commercial Porto Rico in 1906.* Showing commerce, production, transportation, finances, area, population, and details of trade with the United States and foreign countries during a term of years. U. S., Bureau of Statistics Gov. Prtg. Off., Wa., 1907, 69 p. (Dept. of Commerce and Labor.)

Commerce of Porto Rico with foreing countries and the United States and of the United States with Porto Rico. 1901. Statistcs Bureau Foreing Commerce and Navigation, 1902, vol. 1: 1267-1408. [Para otras estadísticas comerciales consúltese *Catalogue of the Public Documents... [from the 55th to the 67th Congress.]* 1901-1930, vols. 4-16.]

Datos estadísticos referentes a los Municipios. En Paul G. Miller: *Historia de Puerto Rico.* N. Y., 1922, apendice L.

Estadística general del comercio exterior de esta provincia de Puerto Rico correspondiente al año 1862. P. R., 1862. [Hemos visto estas estadísticas, generalmente publicadas por la Imp. de Hacienda, Puerto Rico, desde el año 1862 hasta el 1898 inclusive. La última es la que sigue.]

Estadística general del comercio exterior de la provincia de Puerto Rico, correspondiente al año natural de 1897, redactada de orden del Ilmo. Sr. Secretario del Despacho de Hacienda, D. Manuel Fernández Juncos. Imp. de Hacienda, P. R., 1898, 313 p.

Statesman's year-book. Statistical and historical annual of the states of the world for the year 1923. Mac Millan and Co., London, 1923, 1583 p. [Incluye a Puerto Rico.]

Tabla de valores para la estadística comercial y el arancel de aduana con arreglo a lo dispuesto en la Real orden número 726 de 8 de noviembre de 1881. Imp. J. J. Acosta, San Juan, P. R , 1881, 21 p. Ed. oficial.

2. BANCOS Y CRÉDITOS

ABAD, JOSÉ RAMÓN *Proyecto de una sociedad de crédito mutuo y de otras garantías recíprocas.* Tip. El Vapor, Ponce, P. R., 1882, 15 p.

ASENJO, FEDERICO: *Estudios económicos.* El comercio de la Isla y la influencia que en él ha de ejercer el Banco Español de Puerto Rico. Imp. Militar, de J. González, San Juan, P. R., 1862, 76 p.

BALDORIOTY DE CASTRO, ROMÁN: *Bases para la fundación de un Banco de emisión y descuento.* Destinado principalmente a préstamos a la Agricultura y el Comercio, movilizando una parte de la riqueza rústica y urbana y promoviendo la garantía provincial del interés. Imp. J. J. Acosta, San Juan, P. R., 1871, 19 p.

BLANCO FERNÁNDEZ, ANTONIO: *Instituciones bancarias [de Puerto Rico].* En *España y Puerto Rico,* 1820-1930. Imp. Cantero, Fernández & Cía., San Juan, P. R., 1930, p. 275.

BONETA, JOSÉ H.: *Escrito de réplica.* Sobre el pleito que sigue contra el Banco Territorial y Agrícola, 1897. Tip. La Correspondencia, San Juan, P. R., 1899, 38 p.

CÓRDOVA DÁVILA, F.: *Increased Rural Credits for Porto Rico.* Speech, H. of Rep. of United States. Sat., Feb. 17, 1923. Gov. Prtg. Off., Wa., 1923, 4 p.

CORDOVÉS BERRÍOS, JOSÉ: *Recopilación de cuanto se ha publicado en la Prensa de esta Isla y en algunos periódicos de la Península sobre Cajas de Ahorros escolares.* Prólogo de José Francisco Díaz y Díaz. Imp. El Comercio, P. R. [1884], 52 p.

Banco de Crédito y Economías. Contiene Estatutos, Reglamento y Dos Palabras, por Bartolomé Esteva, P. R., 1886.

Banco Territorial y Agrícola de Puerto Rico. (Sección de ahorros.) Reglamento, [P. R], 1913, 7 p.

Estatutos del Banco Español de Puerto Rico aprobados por Real decreto de 5 de mayo de 1888, que acordó su creación. Imp. El Boletín Mercantil, San Juan, P. R., 1888, 79 p.+.

Estatutos del Banco Territorial y Agrícola de Puerto Rico. Imp. El Boletín Mercantil, San Juan, P. R., 1901, 34 p.

Estatutos del Banco de Puerto Rico aprobados por el Real decreto del 5 de mayo de 1888 y reformados de acuerdo con la resolución conjunta del Congreso de los Estados Unidos de 6 de junio de 1900 en Juntas generales de accionistas de 28 de febrero de 1902 y 14 de diciembre de 1905, con la aprobación del Gobierno de Puerto Rico. Imp. El Boletín Mercantil, San Juan, P. R., 1906, 101 p.

Estatutos y reglamento de la Caja de Economías y Préstamos de Cabo Rojo. Imp. Martí, Cabo Rojo, P. R., 1910, 22 p.

Estatutos y Reglamentos para las sucursales del Banco Español de Puerto Rico. Imp. El Boletín Mercantil, San Juan, P. R. 1891, 33 p.

Folleto del Banco de San Juan, fundado en 1919. Publicado para dar a conocer a los trabajadores y al público en general los beneficios que reporta el Banco de San Juan y cómo funciona. Imp. Federación Libre, San Juan, P. R. [1919?], 20 p.

Informe de la Junta general extraordinaria del Banco Español, celebrada en 14 y 16 de diciembre de 1905. Imp. El Boletín Mercantil, San Juan, P. R.

Memoria leída en la Junta general de accionistas del Banco Español de Puerto Rico. Imp. El Boletín Mercantil, San Juan, P. R., 1891, 16 p. [Siguen estas Memorias publicadas anualmente hasta 1911.]

Memoria y balance general del Banco Territorial y Agrícola de Puerto Rico, correspondiente al año 1911 a 1912. Tip. Real Hnos., San Juan, P. R., 1912, 30 p.

Orden denegando la solicitud de D. Tomás Casaña pidiendo autorización para crear un Banco de emisión y descuento en Puerto Rico, en tanto no desistan de realizarlo los primitivos autores del Banco o éste se declare caducado. B. H. P. R., 1923, vol. 10 : 23.

Periódico, Banco, Lotería y papel moneda. B. H. P. R., 1914, vol. 1 : 289.

Proyecto de instrucción que para los préstamos hipotecarios del Banco Español de Puerto Rico somete el Consejo de Gobierno del mismo a la aprobación de la Junta general ordinaria de accionistas de 25 de febrero de 1893. Imp. El Boletín Mercantil, San Juan, P. R., 1893, 14 p.

Proyecto para los Estatutos del Banco de Economías de Ponce, Puerto Rico. Imp. La Revista Blanca, Mayagüez, P. R., 1898.

Refutación de cargos que el ex director de la Sociedad Anónima del Crédito Mercantil de San Juan de Puerto Rico dirige a sus consocios. Madrid, 1 de enero de 1888. Imp. El Liberal, Madrid, 1888, 40 p.

Reglamento del Banco Español de Puerto Rico. Madrid, 1878, 118 p.

Reglamento de corredores, agentes de cambios de esta plaza, aprobado por S. M. en Real orden de 13 de febrero de 1851. Imp. de Ignacio Guasp, P. R., 1860, 14 p.

Un Banco. El Fomento de Puerto Rico. (Rev. quincenal.) San Juan, P. R., 1864, vol. 2: 75-82.

1) Moneda.

ACOSTA, JOSÉ JULIÁN: *El canje de la moneda de plata mejicana en Puerto Rico.* Tip. de Meltz, P. R., 1887, 16 p.

BASTÓN Y CORTÓN, FRANCISCO: *La cuestión monetaria en Puerto Rico.* Imp. El Comercio, Madrid, 1894, 24 p.

CASTELLANO, TOMÁS: *Canje de la moneda en Puerto Rico.* (Discursos.) Imp. de los Hijos de J. A. García, Madrid, 1896, 68 p.

COLL Y TOSTE, C.: *Informe respecto a una moneda de oro encontrada en las playas del Norte de la Isla.* P. R. I., 29 de abril de 1922, núm. 635.

DINWIDDIE, W.: *The Money of Porto Rico.* Harper's Weekly, N. Y., Dec. 31, 1898, vol. 42: 1286.

GOTHA, ISIDRO, y MAYMÍ CRUELLS, FRANCISCO: *¿Canje tenemos? Crisis segura.* Colección de artículos publicados por el periódico El País, desde el 22 de octubre al 6 de noviembre de 1895. Imp. Sucesión J. J. Acosta, San Juan, P. R., 1895, 24 p.

HANNA, P. C.: *Currency in Porto Rico.* Consular Reports, Jan. 1899, vol. 59, Nº 220: 52.

LÓPEZ LANDRÓN, RAFAEL: *La moneda en Puerto Rico.* En *Cartas abiertas al pueblo de Puerto Rico.* Imp. Unión Obrera, Mayagüez, P. R., 1911. [Véanse las cartas 13, 14, 15, 16, 17, 18, 19 y 20.]

O. G. J.: *El canje de moneda en Puerto Rico.* Dudas expuestas en cartas al Sr. D. F. Martín Sánchez por un amigo y compañero suyo. Imp. de los Hijos de J. A. García, Madrid, 1895.

PERALES, JUAN: *La cuestión monetaria en Puerto Rico y el Sr. Bastón.* Imp. de la Revista de Navegación y Comercio, Madrid, 1894.

PORTER, ROBERT P.: *Report on the Currency Question of Porto Rico.* Gov. Prtg. Off., Wa., 1899, 19 p.

SANCERRIT, PASCASIO P.: *Catecismo del sistema métrico decimal o teoría de las nuevas pesas, medidas y monedas legales que deben regir en todos los dominios españoles desde el 1 de enero de 1860.* P. R., 1860.

SUÁREZ DE MENDOZA, A.: *El canje de la plata mejicana en Puerto Rico.* Imp. Lachése y Cía., París, 1895, 32 p.

VIJANDE, ENRIQUE: *La cuestión monetaria en Puerto Rico.* Madrid, 1889, 67 p.

WHELPLEY, J. D.: *Currency of Porto Rico.* Forum, N. Y., July, 1899, vol. 27: 564.

Bando del Gobernador D. Fernando Cotoner disponiendo el modo de recoger la moneda macuquina. B. H. P. R., 1915, vol. 2: 116.

Cómo debe entenderse la Circular de la Intendencia sobre la macuquina. B. H. P. R., 1921, vol. 8: 359.

Creación de una moneda especial para Puerto Rico, y recogida de la moneda mejicana en 1895. B. H. P. R., 1921, vol. 8: 263.

Cuba and Porto Rico special commissioner. Report on currency question of Porto Rico. Treasury Dept., Wa., Doc. 2082, Jan. 3, 1899, 19 p.

Cuestión monetaria. Telegramas, cartas y artículos del Comercio, Agricultura y la Prensa de la Isla protestando contra la circular de D. Guillermo Mullenhoff. Tip. Comercial, Mayagüez, P. R., 1888, 72 p.

Decreto del Presidente de los Estados Unidos sobre el valor de la moneda en Puerto Rico. B. H. P. R., 1919, vol. 6: 104.

Documento referente a la plata macuquina. Circular. Aviso al comercio. B. H. P. R., 1921, vol. 8: 358.

El canje de la moneda en Puerto Rico. La opinión del Banco Español de esta Isla. Tip. La Correspondencia, San Juan, P. R., 1898, 14 p.

El papel moneda en Puerto Rico por vez primera en 1812. B. H. P. R., 1916, vol. 3: 225.

Estado de las cantidades invertidas en el canje de la moneda macuquina. B. H. P. R., 1915, vol. 2: 120.

Estado de las cantidades invertidas en el canje de la moneda mejicana por la provincia puertorriqueña en 1895. B. H. P. R., 1920, vol. 7: 27.

Exposición que acerca de la cuestión monetaria eleva al Excmo. Sr. Ministro de Ultramar la Cámara Oficial de Comercio, Industria y Navegación de San Juan de Puerto Rico. Imp. El Boletín Mercantil, San Juan, P. R., 1894, 10 p.

La amortización del papel moneda y contribución a la riqueza urbana. B. H. P. R., 1914, vol. 1: 292.

La moneda macuquina. Decreto del Gobernador Meléndez, dando circulación en el país a la plata macuquina. B. H. P. R., 1915, vol. 2: 113.

Memoria sobre el papel moneda y acuerdo de la Junta de Hacienda y Diputación Provincial sobre el establecimiento de una Caja de Cambios. P. R., 1813, 19 p. (Gobierno y Capitanía General.)

Monedas extranjeras en Puerto Rico. B. H. P. R., 1915, vol. 2: 146.

Real decreto ordenando la recogida de la moneda macuquina. B. H. P. R., 1915, vol. 2: 115.

Recogida de las pesetas sevillanas en 1841. B. H. P. R., 1922, vol. 9: 46.

Valor de la moneda circulante en Puerto Rico en 1865. B. H. P. R., 1916, vol. 3: 140.

Véase *Derecho mercantil.*

3. FERIAS Y EXPOSICIONES

ABAD, JOSÉ RAMÓN: *La Exposición Agrícola-Industrial de Tabaco realizada en Ponce, Puerto Rico, diciembre de 1883.* Tip. El Vapor, Ponce, P. R., 1884.

Abad, José Ramón: *Puerto Rico en la Exposición de Ponce en 1882*. Memoria redactada de orden de la Junta directiva de la misma. Tip. El Comercio, Ponce, P. R., 1885, 351 p.

Bagué, Jaime: *Ferias escolares*. Rev. Agr., mayo de 1922, vol. 8, núm. 5: 11.

Baldorioty de Castro, Román: *Exposición Universal de París en 1867*. Descripción e informes importantes sobre Puerto Rico en la Exposición. Imp. J. J. Acosta, San Juan, P. R., 1868, 368 p.

Fernández Juncos, Manuel: *Conferencia*. (Dada en la Exposición de Puerto Rico, 1903.) Imp. El País, San Juan, P. R., 1903, 16 p.

Fonseca, Joaquín de: *Los concursos agrícolas en Puerto Rico*. Memoria presentada a la Junta calificadora. Imp. J. J. Acosta, San Juan, P. R., 1889, 55 p.

Infiesta, Alejandro: *La Exposición Universal de Barcelona* Imp. El Boletín Mercantil, San Juan, P. R., 1889, 342 p.

——: *La Exposición de Puerto Rico*. Memoria redactada según acuerdo de la Junta del Centenario. Imp. El Boletín Mercantil, San Juan, P. R., 1895, 312 p. [Historia, Geografía, Meteorología, Comercio, Agricultura, Ciencia, etc.]

López de Tord, C.: *La Exposición Pou, en el Deportivo de Ponce*. P. R. I., 15 de enero de 1921, núm. 568.

Negrón Flores, Ramón: *La Exposición de San Luis o El triunfo de las ideas*. (En verso.) San Juan, P. R., 1904, 11 p.

Neuman Gandía, Eduardo: *La Exposición de Filadelfia y el movimiento intelectual en la Unión Americana*, 1877.

Real, Cristóbal: *Ferias y Exposiciones*. En *La Ominosa España*, P. R., 1905, p. 111.

Stahl, Agustín: *Memoria presentada a la Excma. Diputación Provincial de Puerto Rico*. (Primera Exposición de Matanzas en 1881.) Tip. González y Cía., San Juan, P. R., 1882, 34 p.+.

Texidor, Antonio: *Feria ganadera*. Informe de la feria ganadera. Rev. Agr., julio de 1927, vol. 19, núm. 1: 37.

Valle, José G. del: *Concursos agrícolas de Puerto Rico*. Memoria presentada a la Junta calificadora por su secretario. Imp. Sucesión J. J. Acosta, San Juan, P. R., 1894, 25 p.

——: *Puerto Rico en Exposiciones y Concursos*. Tip. La Correspondencia, San Juan, P. R., 1895.

——: *Trabajos descriptivos y de investigaciones críticas*. Puerto Rico-Chicago. Prólogo de Alejandro Infiesta. Tip. La Correspondencia, San Juan, P. R., 1895, 233 p.+. [Historia de las ferias y exposiciones habidas en Puerto Rico y de las que ha concurrido en el extranjero.]

Vázquez Alayón, M.: *Por el Arte. (Exhibiciones.)* P. R. I., 10 de febrero de 1917, núm. 363.

VIÑA, ANDRÉS: *Memoria descriptiva de la primera Exposición pública de la Industria, Agricultura y Bellas Artes de la Isla de Puerto Rico en junio de 1854.* Tip. de Ignacio Guasp, San Juan, P. R., 1854, 56 p. [V. B. H. P. R., 1916, vol. 3: 165.]

Concursos agrícolas de Puerto Rico. Memoria relativa al cuarto concurso celebrado los días 24 y 25 de junio de 1891. Imp. J. J. Acosta, San Juan, P. R., 1891, 20 p.

Chicago: Exposición Universal de 1893. Adición al Catálogo de la Sección española. Comprende las Islas de Cuba, Puerto Rico, Filipinas, publicada por la Comisión general de España. Imp. Ricardo Rojas, Madrid, 1894.

Documentos referentes de la segunda Feria-Exposición celebrada el año 1855 en Puerto Rico. B. H. P. R., 1920, vol. 7: 88.

Exposición colonial de Amsterdam en 1883. Catálogo correspondiente a las provincias ultramarinas de España, publicado por la Comisión Central Española. Est. Tip. El Correo, Madrid, 1883, 382 p.

Exposición de Puerto Rico. Cuarto Centenario del descubrimiento de Puerto Rico. Exposición para 1893. Reglamento. Imp. El Boletín Mercantil, San Juan, P. R., 1893, 16 p.

Junta calificadora de concursos agrícolas. Programa para el que se celebrará en los días 24 y 25 de junio de 1892. Imp. J. J. Acosta, San Juan, P. R., 1891, 7 p.

Lista de expositores y premios de la Feria insular. 1911-1912, San Juan. Tip. La Democracia, San Juan, P. R. [1912], 100 p.

Memoria descriptiva de la primera Exposición pública de la Agricultura, la Industria y Bellas Artes de la Isla de Puerto Rico. Imp. Guasp, San Juan, P. R., 1854, 56 p. [V. *Memoria descriptiva de la primera Exposición de Puerto Rico,* 1854. B. H. P. R., 1916, vol. 3: 165 y 173.]

Memoria descriptiva de la segunda Exposición pública de la Agricultura, la Industria y Bellas Artes de la Isla de Puerto Rico. Imp. Guasp, San Juan, P. R., 1855, 39 p. [V. B. H. P. R., 1920, vol. 7: 88.]

Memoria descriptiva de la tercera Exposición pública de la Agricultura, la Industria y Bellas Artes de la Isla de Puerto Rico. Celebrada en junio de 1860, con arreglo al programa aprobado por Real orden de 30 de octubre de 1858. Imp. El Boletín Mercantil, San Juan, P. R, 1860, 34 p. [V. B. H. P. R., 1920, vol. 7: 287.]

Memoria descriptiva de la cuarta Feria y Exposición pública de la Agricultura, la Industria y Bellas Artes de la Isla de Puerto Rico. Celebrada en junio de 1865, con arreglo al programa aprobado por Real orden de 25 de febrero último. Imp. J. J. Acosta, San Juan, P. R., 1865, 29 p. [V. B. H. P. R., 1922, vol. 9: 127.]

Memoria descriptiva de la quinta Feria y Exposición pública de la Agricultura, la Industria y Bellas Artes de la Isla de Puerto Rico.

Celebrada en junio de 1871... Imp. Sancerrit, San Juan, P. R., 1871, 21 p.

Memoria relativa al cuarto concurso agrícola celebrado en junio de 1891. San Juan, P. R., 1891, 20 p.

Primera Feria insular de Puerto Rico, febrero 23 a febrero 28, 1911. Imp. El Boletín Mercantil, San Juan, P. R., 1911, 77 p.

Programa oficial de las fiestas durante la semana de la Feria insular. 1911. Imp. M. Burillo & Cía., San Juan, P. R. [1911], 32 p.

Programa de la primera Feria-Exposición de Puerto Rico en 1854. B. H. P. R., 1916, vol. 3 : 165 y 173.

Programa de la cuarta Feria y Exposición públicas que se han de celebrar en esta Isla en el mes de junio de 1865, aprobado por Real decreto del 25 de febrero de 1864. Imp. Militar, San Juan, P. R., 1865, 8 p.

Reglamento de la Exposición Agrícola e Industrial del Tabaco. [16 de diciembre de 1883.] Tip. El Comercio, Ponce, P. R., 1883, 12 p.

Reglamento para la Feria de Ponce. (Año de 1882.) Tip. El Vapor, Ponce, P. R., 1882, 8 p.

Reseña general de la Isla de Puerto Rico redactada para la Exposición colonial de Amsterdam en 1883. Imp. El Boletín Mercantil, San Juan, P. R., 1883, 26 p.

Segunda Feria insular de Puerto Rico, diciembre 7 a diciembre 12, 1911. Imp. Progress Press, San Juan, P. R., 1911, 62 p.

Tercera Feria insular de Puerto Rico. Imp. Porto Rico Progress Publishing Co., San Juan, P. R., 1913, 104 p. [V. P. R. I., 14 de septiembre de 1912, núm. 133.]

Véase *Instituciones agrícolas.*

e. — PROBLEMAS ECONÓMICOS

Acosta, José Julián: *Colección de artículos.* Imp. J. J. Acosta, San Juan, P. R., 1869, 200 p. [Contiene trabajos sobre economía, educación, agricultura, biografías, críticas, tradiciones, etc.]

Adams, T. S.: *Financial Problems of Porto Rico.* Ann. Am. Acad. Pol. Sci., May 1901, vol. 17 : 444. [Hay reimpresión aparte.]

Amadeo, L.: *Economic Conditions of Porto Rico.* Independent, N. Y., Dec. 28, 1899, vol. 51 : 3478.

Andruss, F. E.: *Porto Rico enjoys prosperity wave.* Bankers Magazine, N. Y., June 1919, vol. 98 : 740.

Baker, N. D.: *Gate to Riches.* Independent, N. Y., June 5, 1920, vol. 102 : 315.

Barnés, Julio H.: *La empresa privada ante la nacionalización.* Rev. Agr., abril de 1930, vol. 25, núm. 10 : 170.

CARRIÓN MADURO, TOMÁS: *El problema económico.* En *Cumba.* Imp. El Boletín Mercantil, San Juan, P. R., 1903, p. 143.

CASTAÑER CASANOVAS, PEDRO: *La crisis política y económica de Puerto Rico.* Apuntes sobre la actual situación. Tip. El Criollo, Aguadilla, P. R., 1909, 104 p.

CHARDÓN, CARLOS E.: *Seeking the solution of economic problems now facing Porto Rico.* Tobacco. (A Weekly Trade Review.) N. Y., Dec. 25, 1924, vol. 79, N° 9: 25.

EARLE, F. S.: *Problemas económicos de Puerto Rico.* Rev. Agr., enero de 1920, vol. 4, núm. 1: 10; núm. 2: 11.

GANDÍA CÓRDOVA, RAMÓN: *Sistema económico de la Isla de Puerto Rico.* Rev. Agr., enero de 1922, vol. 8, núm. 1: 19.

GONZÁLEZ, JULIO CÉSAR: *Puerto Rico.* Su problema económico y político. Tip. La Correspondencia, San Juan, P. R., 1924, 15 p.

HANNA, P. C.: *Conditions in Porto Rico.* Consular Reports, Jan. 1899, vol. 59, N° 220: 53.

HOLLANDER, J. H.: *Financial Re-organization of Porto Rico.* En *Proceedings of the 22nd Annual Meeting of the Lake Mohonk Conference of Friend of the Indians and other Dependent People.* 1904, p. 95.

JESÚS TIZOL, JOSÉ DE: *El malestar económico de Puerto Rico.* Sus causas y remedios. Tip. La Correspondencia, San Juan, P. R., 1922, 140 p.

LEBRÓN, RAMÓN: *El malestar económico de Puerto Rico, y sus causas y remedios.* Rev. Agr., septiembre de 1928, vol. 21, núm. 3: 106; núm. 4: 131.

——: *El problema económico en Puerto Rico.* Rev. Agr., noviembre de 1929, vol. 23, núm. 5: 208.

LEGRAND, J. FEDERICO: *Economía rural.* Rev. Agr., noviembre de 1926, vol. 17, núm. 5: 7. [En la Rev. aparece como núm. 4.]

LÓPEZ, WILLIAM D.: *Aspectos del problema económico.* Rev. Agr., octubre de 1930, vol. 25, núm. 4: 150.

LÓPEZ TUERO, FERNANDO: *Estudios de economía rural.* Imp. El Boletín Mercantil, San Juan, P. R., 1893, 142 p.

MELÉNDEZ MUÑOZ, M: *Entre Scila y Caribdis.* Problemas económicos de Puerto Rico. P. R. I., 23 de febrero de 1929, año XX, núm. 990: 13.

MORALES, JOSÉ PABLO: *Estudios de economía social.* En *Misceláneas.* Imp. Sucesión J. J. Acosta, San Juan, P. R., 1895, p. 25.

PAGÁN, CARLOS: *1919-1923: Sobre el estado económico de Puerto Rico.* P. R. I., 29 de diciembre de 1923, núm. 722.

PÉREZ PIERRET, ANTONIO: *Visiones del futuro.* (Economía en Puerto Rico.) Rev. Ant., junio de 1913, núm. 4.

PRATS, JOSÉ G.: *Las dos crisis. Apuntes para el estudio del malestar actual de Puerto Rico.* En *Informes y Memorias.* Aibonito, P. R., 1886, 70 p.

PUBILL, FÉLIX: *Puerto Rico: Su progreso y su miseria.* Tip. El Día, Ponce, P. R., 1916, 129 p.

QUIÑONES, FRANCISCO MARIANO: *Conflictos económicos.* Breve estudio sociológico. Tip. Comercial, Mayagüez, P. R., 1888, 59 p.

REID, H.: *High Rents and Law Wages.* [Porto Rico.] Public, N. Y., March 29, 1919, vol. 22: 323.

RENOD, CH.: *Mission Belgique aux Antilles.* Rapport sur le commerce de Cuba en 1903, acompagné d'une étude de M. Longrée sur la situation économique de Puerto Rico..., pendant la même période. En *Recueil Consulaire.* Bruxelles, 1905, vol. 128: 271.

ROQUE PÉREZ, ARTURO: *Nuestro problema económico y su solución agrícola.* Rev. Agr., septiembre de 1929, vol. 23, núm. 3: 122.

ROSA, FERNANDO DE LA: *Crisis económica en Puerto Rico.* The Puerto Rico Herald, N. Y., July 11, 1903, vol. 2, N° 102: 775.

——: *Economic Crisis in Porto Rico.* The Puerto Rico Herald, N. Y., July 18, 1903, vol. 2, N° 103: 786.

VALLE, JOSÉ G. DEL: *Economic situation of Porto Rico.* The Puerto Rico Herald, N. Y., Dec. 7, 1901, año I, N° 22. [En español, en *A través de diez años.* Barcelona, 1907. Del mismo autor.]

WHELPLEY, J. D.: *Financial Problems in Porto Rico.* Independent, N. Y., Aug. 30, 1900, vol. 52: 2101.

WIENER, C.: *Financial Wrong in Porto Rico.* North American Review, N. Y., Dec. 1898, vol. 167: 754. [V. Public Opinion, N. Y., Dec. 25, 1898, vol. 25: 806.]

Asamblea de Aibonito. Informes presentados por las Comisiones departamentales. Acta de las sesiones. Exposición al Excmo. Sr. Ministro de Ultramar. Otros documentos. Tip. Comercial, Mayagüez, P. R., 1886, 88 p.

Campaña económica, por el Director de El Boletín Mercantil, escrita con motivo de la anunciada reunión magna de Aibonito, y dedicada a sus promovedores. Imp. El Boletín Mercantil, San Juan, P. R., 1886, 26 p.

Conferencia en pro de la rehabilitación y reconstrucción social, económica, industrial y agrícola. Tendrá lugar el día 12 de octubre de 1930, Día de la Raza, en el salón de la Cámara de Representantes de Puerto Rico. Neg. Mat. Imp., 1930, 10 p.

Economic Conditions. Harper's Weekly, N. Y., June 4, 1904, vol. 48: 856.

Economic Conditions. Board of Trade Journal, July 1898, vol. 25: 26.

Exposición al Presidente de los Estados Unidos del estado económico de Puerto Rico con motivo del cambio de nacionalidad. B. H. P. R., 1919, vol. 6: 128.

Memoria de la Comisión Económica al Hon. Gobernador de Puerto Rico. (With English Translation.) Neg. Mat. Imp., 1914, 43 p.

Véanse *El Hogar. El Trabajo. Comercio. Hacienda. Dominación norteamericana.*

I. ORGANIZACIONES ECONÓMICAS

1) Sociedad Económica de Amigos del País.

Acta de la Sociedad Económica en 1836. B. H. P. R., 1921, vol. 8: 379.

Acta de la Junta pública de la Sociedad Económica de Amigos del País de Puerto Rico, celebrada el día 18 de noviembre de 1840. Imp. de D. S. Dalmau, San Juan, P. R. [1840?], 38 p.

Acta de la Junta pública celebrada por la Sociedad Económica de Amigos del País de Puerto Rico el día 27 de junio de 1844. Imp. de Gimbernat, San Juan, P. R., 1844, 32 p. [V. B. H. P. R., 1920, vol. 7: 354.]

Acta de la Junta pública celebrada por la Sociedad Económica de Amigos del País de Puerto Rico, 1845. P. R., 1845.

Acta de la Junta pública celebrada por la Sociedad de Amigos del País de Puerto Rico. Imp. de Gimbernat, San Juan, P. R., 1847, 30 p.

Acta de la Junta pública tenida por la Sociedad Económica de Amigos del País, 23 de enero de 1859. Imp. Guasp, San Juan, P. R., 1859, 69 p.

Acta de la Junta pública efectuada por la Sociedad Económica de Amigos del País, el 22 de enero de 1863. Para la inauguración del monumento dedicado al célebre pintor puertorriqueño José Campeche, y adjudicación del premio a la composición de D. Manuel Corchado. Imp. El Boletín Mercantil, San Juan, P. R., 1863, 34 p.

Discurso por D. Miguel Aguayo en la Real Sociedad Económica de Amigos del País en elogio de D. Alejandro Ramírez y el pintor Campeche. [1841.] B. H. P. R., 1921, vol. 8: 172.

Discurso pronunciado por D. Nicolás Alonso de Andrade en la Sociedad Económica de Amigos del País, como director. P. R., 1842.

Estatutos de la Real Sociedad Económica de Amigos del País de Puerto Rico, aprobados por S. M. en 1814. B. H. P. R., 1920, vol. 7: 56.

Fundación de la Sociedad Económica de Amigos del País. B. H. P. R., 1914, vol. 1: 295.

Junta general de la Sociedad Económica de Amigos del País de Puerto Rico, celebrada el 29 de diciembre de 1821, en virtud del art. 31 de sus Estatutos. Imp. Fraternidad, de D. Julián Blanco, San Juan., P. R., 1822, 37 p.

Junta general de la Sociedad Económica de Amigos del País, 1823. Imp. Fraternidad de D. Julián Blanco, San Juan, P. R., 1823.

Junta general de la Sociedad Económica de Amigos del País de Puerto Rico. [1824]. P. R., 1824. [Existen los discursos pronunciados en esta Junta por José María Vargas y por José Gutiérrez del Arroyo.]

Junta general de la Sociedad Económica de Amigos del País de Puerto Rico, celebrada en 3 de enero de 1825 en virtud del art. 81 de sus Estatutos. Imp. del Gobierno, a cargo de D. V. Sanmillán, P. R., 1825, 34 p.

Junta específica de la Sociedad Económica de Amigos del País de Puerto Rico, celebrada el 10 de febrero de 1826 en virtud del art. 32 de sus Estatutos. Imp. del Gobierno, a cargo de D. V. Sanmillán, San Juan, P. R., 1826, 18 p.

Nuevos Estatutos de la Sociedad Económica de Amigos del País de Puerto Rico, reformada en 1829. B. H. P. R., 1920, vol. 7: 158.

Por qué se suprimió la Real Sociedad Económica de Amigos del País. [1898.] B. H. P. R., 1920, vol. 7: 319.

Nota: Sospechamos que hay otras memorias, etc., relativas a la Sociedad Económica de Amigos del País; todos los esfuerzos del autor de esta BIBLIOGRAFÍA por conseguirlas han resultado inútiles.

2) *Cámaras de Comercio.*

BLANCO FERNÁNDEZ, ANTONIO: *Cámaras de Comercio y otros organismos afines a las instituciones de esta naturaleza.* En *España y Puerto Rico, 1820-1930.* Imp. Cantero, Fernández & Cía., San Juan, P. R., 1930, p. 294.

DOMENECH, MANUEL V.: *Discurso que ——, presidente de la Cámara de Comercio de Puerto Rico, pronunció en la Asamblea anual celebrada en Mayagüez el 28 de enero de 1928.* Imp. Porto Rico Progress, San Juan, P. R., [1928, p. sin numerar.]

PASARELL, EMILIO J.: *Memorial and Petition to the United States Congress.* (For the Chamber of Commerce, Ponce Branch.) Ponce, P. R., 1919, 10 p.

A los honorables Senado y Cámara de Representantes de los Estados Unidos. Memoria presentada por la Sección de Ponce de la Cámara de Comercio de Puerto Rico. Imp. de Manuel López, Ponce, P. R., 1903, 15 p.

Cámara de Comercio de Puerto Rico. Trabajos realizados por su Junta directiva en los años 1899-1904. Imp. El Boletín Mercantil, San Juan, P. R., 1904, 88 p. [Hay otras Memorias análogas.]

Cámara de Comercio de Puerto Rico. Trabajos realizados por su Junta directiva, años 1905-1906. Bur. Supp. Prtg., s. f., 398 p. [Contiene: Directiva de los años 1905-1907; Memoria anual de la Junta directiva; trabajos realizados por la Junta directiva de la Cámara de Comercio de Puerto Rico en los años 1899-1904.]

Cámara Oficial de Comercio, Industria y Navegación de San Juan de Puerto Rico. Memoria presentada por la Junta directiva a la Asamblea general el 28 de febrero de 1892. Imp. El Boletín Mercantil, San Juan, P. R., 1892, 28 p.

Cámara de Comercio de Puerto Rico. Estatutos, Reglamento y reglas de arbitraje. (Sección de San Juan.) Imp. Cantero, Fernández & Cía., San Juan, P. R., s. f., 25 p.

Cámara de Comercio de Puerto Rico. (Sección de San Juan.) *Directorio comercial, industrial y profesional de San Juan de Puerto Rico, 1926.* Imp. Porto Rico Progress, San Juan, P. R., 167 p. + [También tiene título en inglés.]

Cámara de Comercio de Puerto Rico. Constitución. Imp. Cantero, Fernández & Cía., Inc., San Juan, P. R., 1921, 31 p. Otra ed.: Imp. Venezuela, San Juan, P. R., 1931, 11 p.

Memoria de la Cámara Oficial de Comercio, Industria y Navegación, presentada por la Junta directiva a la Asamblea general el 17 de febrero de 1895. Imp. El Boletín Mercantil, San Juan, P. R., 1895, 26 p.

Reglamento de arbitraje de la Cámara de Comercio de Puerto Rico. Imp. Venezuela, San Juan, P. R., 1931, 7 p. [Hay otra ed. de 1921.]

Se funda la Cámara de Comercio. Cuartel general. Departamento de Puerto Rico. [1899.] Decreto. B. H. P. R., 1919, vol. 6: 122.

3) Uniones mercantiles e industriales.

AMADEO, LUCAS: *Carta dirigida al Gobernador general de Puerto Rico por ——, presidente de la Unión Mercantil e Industrial de Ponce, en relación con la Unión que preside.* Tip. El Vapor, Ponce, P. R., 1882, 10 p.

ESTEVA, BARTOLOMÉ: *Proyecto de Compañía Mercantil Anónima.* Imp. Comercial, Mayagüez, P. R., 1889, 70 p.

Informe que emite la Comisión designada en la reunión celebrada en la Casa Consistorial de Mayagüez el 9 del corriente octubre 1884 acerca del proyecto formulado por la Sociedad Unión Mercantil e Industrial de Ponce para conjurar la crisis económica de Puerto Rico, y medios al propio fin que por dicha Comisión proponen Carlos Peñaranda y José María Monge. Imp. Comercial, Mayagüez, P. R., 1884, 11 p.

Informe de la Comisión de Mayagüez. [Comisión nombrada por la Sociedad Unión Mercantil e Industrial de Ponce, tendente a mejorar la situación penosa que atravesaba la Isla.] Mayagüez, P. R., 13 de octubre de 1884, 11 p.

Informe que emite la Comisión nombrada en la ciudad de San Juan, capital de la Isla de Puerto Rico, sobre el proyecto presentado por la Sociedad Unión Mercantil e Industrial de la ciudad de Ponce, proponiendo la movilización de valores fiduciarios y que se adopten otras resoluciones tendentes a mejorar la situación económica que atraviesa la provincia. Imp. El Asimilista, San Juan., P. R., 1884, 55 p.

Memoria leída en la sesión de la Junta general de la Unión Mercantil e Industrial de Ponce el día 19 de abril de 1885. Tip. El Vapor, Ponce, P. R., 1885, 10 p.

Sociedad Anónima de Crédito Mercantil. Informes y Memorias. Tip. González & Cía., P. R., 1881, 11 p. [Existen otras análogas.]

Sociedad Anónima de Crédito Mercantil de Puerto Rico. Reglamentos y Memorias, años de 1875 a 1892 [P. R., 1892?], 1 vol.

4) Otras Sociedades.

Barbosa y Alcalá, José C.: *El Ahorro colectivo.* Memoria presentada en la Junta general de Accionistas, 27 de enero de 1895. Imp. J. J. Acosta, San Juan, P. R., 1895, 35 p. Otra ed..: Imp. El Boletín, Mercantil, San Juan, P. R., 1896, 30 p.

Cuevas Zequeira, Sergio: *Discurso en la repartición de premios a los alumnos de la Asociación de Dependientes..., etc.* Imp. Graphical Arts, Habana, 1924, 20 p.

Quiñones, Francisco Mariano: *La Liga económica.* En *Apuntes para la historia de Puerto Rico.* Tip. Comercial, Mayagüez, P. R., 1888, p. 101. (Segunda ed.)

El Ahorro colectivo: Reglamento y modificaciones a los artículos. Imp. La Cooperativa, P. R., 1894, 22 p.

Estatutos de la Sociedad Cooperativa El Ahorro colectivo. Tip. de Arturo Córdova, San Juan, P. R., 1893, 15 p.

Estatutos para la formación de una sociedad por acciones a capital ponderado, denominada Unión Agrícola. Tip. de A. Lynn e Hijos de Pérez Moris, San Juan, P. R, 1900, 12 p.

Financial Institutions of Porto Rico. Banks Magazine, N. Y., 1903, vol. 68: 28.

Liga de Defensa Económico-Social. San Juan, P. R., 1918, 28 p. [La invitación aparece firmada por Rincón Plumey, Enrique; Sarriera, Ramón; Vincenti, Francisco, y Negrón Flores, Ramón.]

Liga de Propietarios de fincas urbanas de San Juan. Memoria presentada por la Junta directiva dando cuenta de sus actos al cesar en el año 1909, a la general de socios celebradas en enero de 1910. Tip. El Alba, San Juan, P. R., 1910, 11 p.

Memoria de los trabajos de la Liga de Propietarios de fincas urbanas de San Juan. P. R., 1901, s. p. i.

Proyecto de una sociedad de Crédito Mutuo y de otra de Garantías Recíprocas presentado por D. José Ramón Abad a la Unión Mercantil e Industrial de Ponce. Tip. El Vapor, Ponce, P. R., 1882, 15 p.

Real Compañía de Comercio para las Islas de Santo Domingo, Puerto Rico y la Margarita. Imp. Joseph Rico, Madrid, 1755, 33 p. +.

Reglamento de la sociedad incorporada Liga de Propietarios de fincas urbanas de San Juan. Monotipo Germán Díaz y Hno., San Juan, P. R., 1917, 14 p.

VI

HISTORIA POLÍTICA Y ADMINISTRATIVA

A. — LA ORGANIZACIÓN

a. — GOBERNACIÓN

I. INSULAR

BLANCO, JULIÁN E.: *El proyecto de ley sobre reforma del Gobierno y administración civil de Cuba y Puerto Rico.* Carta del director político, presidente de la Delegación del Partido Autonomista, ——, al leader del mismo Partido en la metrópoli. San Juan, P. R., 1893.

COLL Y TOSTE, CAYETANO: *Rectificación histórica: División de mandos, el militar y el civil, en 1822* B. H. P. R., 1920, vol. 7: 62.

CÓRDOVA, PEDRO TOMÁS DE: *Memoria sobre todos los ramos de la administración de la Isla de Puerto Rico.* Imp. Yenes, Madrid, 1838, 548 p. [Contiene como apéndice el informe presentado a S M. en 1818, por el mismo autor.]

CORTÓN, ANTONIO: *La separación de mandos en Puerto Rico.* Madrid, 1890.

CUETO, JOSÉ A. DEL: *Situación administrativa de las Islas de Cuba y Puerto Rico.* En *El problema colonial contemporáneo.* Libs. de V. Suárez y Fernando Fe, Madrid, 1879, p. 337-363.

D. M. J. C.: *Breves reflexiones acerca de los decretos de nombramiento de una Comisión regia para informar sobre el estado de la administración de las Islas de Cuba y Puerto Rico.* Madrid, 1839.

FOSTER, HORACE N.: *Principles of Colonial Government adapted to the present needs of Cuba, Porto Rico and the Philippines.* Ed. L. Page & Co., Boston, 1899.

HILL, ROBERT T.: *History and administration.* En *Cuba and Porto Rico.* Century, N. Y., 1903, chap. XVI.

LEDRU, ANDRÉ PIERRE: *Administración política y civil. Ingresos. Egresos. Régimen eclesiástico.* En *Viaje a la Isla de Puerto Rico en el año 1797.* Imp. Militar de J. González, San Juan, P. R., 1863, cap. VI.

LÓPEZ TUERO, FERNANDO: *Régimen del gobierno de la Isla de Puerto Rico.* Lib. Fernando Fe, Madrid, 1896.

LUCHETTI, M.: *Exposición al Congreso de Washington con respecto al régimen administrativo y económico que ha de establecerse en Puerto Rico.* Primera parte: El canje por oro. Segunda parte: El porvenir económico. Tip. de F. J. Marxuach, San Juan, P. R., 1898, 1 vol. 39 p.

MAURA Y MONTANER, ANTONIO: *Proyecto de ley reformando el gobierno y administración civil de las Islas de Cuba y Puerto Rico.* Madrid, 1893.

MILLER, PAUL G. (ed.): *Manual on the civil government of Porto Rico to accompany Thorpe's The government of the people of Porto Rico.* Hinds, Noble & Eldredge, Phila. and N. Y., 1904, 41 p.

MORALES MIRANDA, JOSÉ PABLO: *Misceláneas.* Imp. J. J. Acosta, San Juan, P. R., 1895, 290 p. [Hay capítulos sobre la administración.]

QUINTERO ÁNGEL: *El Gobierno español en sus colonias y en las Repúblicas americanas.* N. Y., 1862.

RAMÍREZ, ALEJANDRO: *Carta de ——, primer Intendente de Puerto Rico, dando cuenta al Gobierno supremo de la instalación de la primera Diputación provincial de Puerto Rico.* B. H. P. R., 1919, vol. 6: 212.

ROMERO Y ROBLEDO, FRANCISCO: *Discursos.* Pronunciados los días 9 y 11 de febrero de 1895 en el Congreso de los Diputados con motivo de la discusión del proyecto de ley de régimen de gobierno y administración civil en las Islas de Cuba y Puerto Rico. Tip. de los Hijos de M. G. Hernández, Madrid, 1895.

SAGRA, RAMÓN DE LA: *Apuntes destinados a ilustrar la discusión del artículo adicional al proyecto de Constitución que dice: «Las provincias de Ultramar serán gobernadas por leyes especiales.»* París, 1837.

SENDRAS BURÍN, ANTONIO: *Cómo se gobierna a Puerto Rico.* Imp. Marcelino Burgasé, Madrid, 1886.

SUÁREZ INCLÁN, ESTANISLAO: *El Gobierno del Ministerio presidido por el Sr. Posada Herrera con respecto a la administración de las provincias de Ultramar.* Imp. Fortanet, Madrid, 1884, 276 p.

THORPE, FRANCIS NEWTON, and TOUS SOTO, JOSÉ: *The Government of the people of Porto Rico.* Eldredge & Brother, Philadelphia, 1903, 78 p.

WILLOUGHBY, W. F.: *Territories and Dependencies of the United States.* Their Government and Administration. 1905, s. p. i.

——: *Executive Council of Porto Rico.* Am. Pol. Sci. Review, Baltimore, Aug. 1907, vol. 1: 561.

Alocución del Consejo de Secretarios al país. [22 de abril de 1898, Francisco Mariano Quiñones, L. Muñoz Rivera, M. Fernández Juncos, J. Hernández López, Manuel F. Rossy, José Severo Quiñones.] B. H. P. R., 1919, vol. 6: 40.

Alocución del Consejo de Secretarios al pueblo de Puerto Rico. [Nueva soberanía.] B. H. P. R., 1919, vol. 6: 71.

Annual Report of the Governor of Porto Rico. [Submitted annually to the President of the United States, from 1900 to 1930. Information from all the Departments; Records, Statistics, etc.] Gov. Prtg. Off., Wa., 1901-1930, 31 vols.

Carta del general Henry al secretario de Gobierno. [L. M. R., 13 de enero de 1898.] B. H. P. R., 1919, vol. 6: 99.

Cómo se convirtió la antigua Plaza de Mercado en Diputación Provincial en 1873. B. H. P. R., 1925, vol. 12: 27.

Constitución del Gobierno civil de Puerto Rico. B. H. P. R., 1919, vol. 6: 153.

Constitution establishing Self-government in the Islands of Cuba and Porto Rico. Translation. Promulgated by Royal Decree of Nov. 25, 1897. War Dept. Division of Customs and Insular Affairs. Gov. Prtg. Off., Wa., 1899, 24 p.

Decretos estableciendo el régimen autonómico en las Islas de Cuba y Puerto Rico. (Ed. oficial.) Imp. de la Viuda de M. Minuesa de los Ríos, Madrid, 1897, 102 p. (Ministerio de Ultramar.)

Diputación provincial de Puerto Rico. Reglamento interior. Imp. Carlos González Font., P. R., s. f., 10 p.

Diputación provincial de Puerto Rico. Memoria[s]. Primer semestre, 1877-1888. Tip. J. González Font, San Juan, P. R., 1887. Segundo semestre, 1877-1888. Tip. J. González Font, San Juan, P. R., 1888, 17 p. +. [Estas Memorias siguen publicándose dos veces al año hasta la siguiente: Segundo semestre, 1897-1898. Tip. del Asilo de Beneficencia, P. R., 1898, 17 p. +.)

Dirección de Administración civil del Gobierno superior civil de la Isla de Puerto Rico. [1866. Carece de portada.] 15 p.

Extracto de las providencias que ha adoptado el Excmo. Sr. Presidente, Gobernador y Capitán general en la visita política que pasó a la Isla a fin del año próximo pasado. Imp. del Gobierno, San Juan, P. R., 1832, 22 p.

First Annual Report of Charles H. Allen, Governor of Porto Rico, covering the period from May 1, 1900, to May 1, 1901. Respectfully submitted to Hon. Williom Mc Kinley through the Hon. John Hay. Sec. of State. Gov. Prtg. Off., Wa., 1901, 445 p. [V. Ann. Acad. Pol. Sci., vol. 18 : 383.]

Fundación de la Secretaría civil del Gobierno americano. B. H. P. R., 1919, vol. 6: 140.

Gobierno. [Del 1892 al 1923; departamentos ejecutivos; judicatura; partidos políticos, etc.] En *El libro de Puerto Rico,* 1923, cap. IV: 150-225.

Gobierno general de la Isla de Puerto Rico. P. R., 1859, 21 p. (Ministerio de Ultramar.)

Gobierno general de la Isla de Puerto Rìco. [P. R., 1880], 67 p.

Gobierno general de la Isla de Puerto Rico. Tip. El Vapor, Ponce, P. R., 1883, 4 p.

Índice de cédulas reales. B. H. P. R., 1914, vol. 1: 11.
Índice de Reales cédulas de la Capitanía general. B. H. P. R., 1914, vol. 1: 203.
Informes presentados por las Comisiones departamentales. Acta de las sesiones. Tip. Comercial, Mayagüez, P. R., 1886, 88 p. [Contiene otros documentos como Las Dos Crisis, de Pratts, y el Acta de la Junta Magna.]
Inmoralidades administrativas. The Puerto Rico Herald, N. Y., Jan. 17, 1903, vol. 2, N° 77: 378.
Instrucción para gobierno, uso y aplicación de los efectos timbrados en la Isla de Puerto Rico. Imp. J. J. Acosta, San Juan, P. R., 1881, 34 p.
Journal of the Executive Council of Porto Rico. Gov. Prtg. Off., Wa., 1909, 186 p.
Junta informativa de Ultramar. Extracto de las contestaciones dadas al interrogatorio sobre las bases en que deben fundarse las leyes especiales que al cumplir el artículo 80 de la Constitución de la Monarquía española deben presentarse a las Cortes para el gobierno de las provincias de Cuba y Puerto Rico. Madrid, 1869.
Laws relating to the Civil Administration and Government of the Island of Porto Rico. Translation. War Dept. Division of Customs and Insular Affairs. Gov. Prtg. Off., Wa., 1899, 53 p.
Memoria de la administración y actos de gobierno del Teniente general Excmo. Sr. D. José Laureano Sanz y Posse desde el 2 de febrero de 1874 hasta fines de noviembre de 1875. Est. Tip. de Reguera, a cargo de R. Navarro, San Juan, P. R., 1875, 20 p.
Memoria del gobernador D. Esteban Bravo de Rivera a S. M., en 1859, respecto a Puerto Rico. B. H. P. R., 1919, vol. 6: 377.
Memoria leída en la sesión de la Junta general del día 19 de abril de 1885, como prescribe el artículo 59 de los Estatutos. Tip. El Vapor, Ponce, P. R., 1885, 10 p.
Nueva Constitución del Gobierno Insular. [1899.] B. H. P. R., 1919, vol. 6: 105.
Orígenes de la administración de la Isla. (1) Administración pública de España. (2) Administración pública de Ultramar. El Fomento de Puerto Rico. (Rev. quincenal.) San Juan, P. R., 1864, vol. 2: 107-115, 124-130, 145-152 y 177-183.
Proclama del gobernador D. Rafael Primo de Rivera, en 1873. B. H. P. R., 1921, vol. 8: 278.
Proclamación del primer Gobernador civil americano en Puerto Rico B. H. P. R., 1919, vol. 6: 152.
Ratificación en los cargos de secretarios de despacho del Gobierno Insular. B. H. P. R., 1919, vol. 6: 85.
Real decreto organizando los Consejos de las provincias de Ultramar. Habana, 1866.

Real decreto. Ley de 13 de octubre de 1890. Reorganizando la carrera del personal administrativo de Ultramar. Imp. del Gobierno, San Juan, P. R., 1890, 38 p.

Real orden fijando en 25.000 pesos el sueldo del Gobernador, Capitán general de Puerto Rico. B. H. P. R., 1917, vol. 4: 253.

Reales disposiciones organizando la carrera administrativa en las provincias de Ultramar, como también la administración civil y la de hacienda de la Isla de Cuba. Imp. del Gobierno y Capitanía General, Habana, 1864, 75 p.

Rectificaciones en los Departamentos. [1849.] B. H P. R., 1917, vol. 4: 251.

Reforma del nuevo Gabinete Insular. [1899.] B. H. P. R., 1919, vol. 6: 109.

Régimen del gobierno y administración civil de la Isla de Puerto Rico. Reformas planteadas con arreglo a la ley de Bases de 15 de marzo de 1895. Leyes y Decretos. Imp. de la Viuda de M. Minuesa de los Ríos, Madrid, 1897, 206 p. Ed. oficial. [Otra ed. con el mismo título, seguida de este otro: Parte fundamental y orgánica. Tip. de Felipe Pinto y Orovio, Madrid, 1897, 374 p.]

Reglamento de la Diputación provincial de Puerto Rico. Imp. El Boletín Mercantil, San Juan, P. R., 1881, 13 p.

Reglamento de las dependencias de la Diputación provincial de Puerto Rico, P. R., 1895.

Reglamento interior de la Secretaría del Gobierno general. Imp. de la Capitanía General, San Juan, P. R., 1887, 18 p.

Reglas y Reglamentos de la Comisión de servicio público. Aprobado el 27 de octubre de 1917. Neg. Mat. Imp., 1917, 14 p. (Ed. oficial.)

Renuncia del Secretario del Interior. B. H. P. R., 1919, vol. 6: 120.

Renuncia de los Secretarios de despacho. [1899.] B. H. P. R., 1919, vol. 6: 107.

Se le quita a Gobernación la Dirección de Policía. B. H. P. R., 1919, vol. 6: 109.

Toma de posesión y apertura de la Diputación provincial de Puerto Rico, creada en 1871. B. H. P. R., 1918, vol. 5: 31.

Véanse *Derecho Político. Historia de Puerto Rico. Dominación norteamericana.*

1) Gobernadores.

ABBAD LASIERRA, FRAY ÍÑIGO: *Catálogo de los Gobernadores de la Isla de Puerto Rico.* En *Historia Geográfica, Civil y Natural de San Juan Bautista de Puerto Rico.* [Anotada por José Julián Acosta.] Imp. J. J. Acosta, San Juan, P. R., 1866, apéndice, p. 502.

AMADEO, LUCAS: *Carta dirigida al Excmo. Sr. Gobernador general de Puerto Rico.* P. R. I., 7 de agosto de 1910, núm. 23: 7.

COLL Y TOSTE CAYETANO: *Carta —— respondiendo al Cónsul de Venezuela a una consulta sobre el gobernador D. Miguel de la Torre.* [23 de noviembre de 1915.] B. H. P. R., 1918, vol. 5: 131.

COLL Y TOSTE, CAYETANO: *Rectificación histórica. Catálogo de los Gobernadores de Puerto Rico.* B. H. P. R., 1921, vol. 8: 135.

——: *Rectificación histórica. Hasta cuándo estuvo el gobernador Baldrich en Puerto Rico.* B. H. P. R., 1922, vol. 9: 294.

CÓRDOVA DÁVILA, F.: *Maladministration of Governor E. Mont Reily in Porto Rico.* (Speech H. of Rep. of U. S., April 4, 1922.) Gov. Prtg. Off., Wa., 1922, 26 p.

——: *Demand that Governor E. Mont Reily be recalled from Porto Rico.* (Speech H. of Rep. of U. S., March 2, 1922.) Gov. Prtg. Off., Wa., 1922, 34 p.

FERNÁNDEZ VANGA, EPIFANIO: *La renuncia de Reily y la política americana en Puerto Rico.* P. R. I., 17 de marzo de 1923, núm. 681.

——: *El mensaje de Towner.* P. R. I., 14 de abril de 1923, núm. 685.

INGLIS, W.: *Governor Post, of Porto Rico, in the midst of Tribulations.* Harper's Weekly, N. Y., Dec. 7, 1907, vol. 51: 1795.

MACFARLAND, H.: *Charles H. Allen, the first Governor of Porto Rico.* Review of Reviews, N. Y., May 1900, vol. 21: 563.

O'NEILL DE MILÁN, LUIS: *Con el gobernador* [*Yager*]. P. R. I, 9 de marzo de 1918, núm. 419.

Carta del gobernador D. Ambrosio de Benavides al Sr. D. Alejandro O'Reilly, en 1765. B. H. P. R., 1921, vol. 8: 124.

Cese del gobernador D. Pedro Ruiz Dana, en 1890. B. H. P. R., 1924, vol. 11: 73.

Detalles de la despedida del general Contreras. B. H. P. R., 1921, vol. 8: 183.

Entrega el mando el Gobernador general Baldrich, y toma de posesión del gobernador Gómez Pulido. B. H. P. R., 1924, vol. 11: 253.

Exposición que el Teniente general conde de Torrepando hace a S. M. al dejar el mando político y militar de la Isla de Puerto Rico. B. H. P. R., 1922, vol. 9: 303.

Informe del gobernador D. Juan José Colomo contra varios empleados del Gobierno de Puerto Rico. [1748.] B. H. P. R., 1918, vol. 5: 136.

Juicio de residencia del general D. Miguel de la Torre, Gobernador que fué de Puerto Rico. B. H. P. R., 1917, vol. 4: 251.

Los últimos días de dominación de España en la Isla. Informe de Coll y Toste. B. H. P. R., 1924, vol. 11: 363.

Memoria del gobernador Sanz. Memoria de administración y actos de gobierno desde 2 de febrero de 1874 hasta fines de noviembre de 1875. B. H. P. R., 1919, vol. 6: 223.

Muere de fiebre amarilla el gobernador D. José Gamir y Maladeña. B. H. P. R., 1924, vol. 11: 14.

Nombramiento de D. Ramón de Castro como Gobernador, Capitán general e Intendente de Puerto Rico, en 1773. B. H. P. R., 1924, vol. 11: 74

Nombramiento del gobernador D. José Lasso y Pérez, en 1890. B. H. P. R., 1924, vol. 11: 73.

Opinión del gobernador Navarro a los alcaldes y tenientes a guerra, dándoles cuenta de haber llegado el Gobernador civil, en 1822. B. H. P. R., 1920, vol. 7: 64.

Proclama del brigadier Aróstegui al tomar posesión del gobierno de esta Isla. B. H. P. R., 1915, vol. 2: 133

Proclamación del primer Gobernador civil americano en Puerto Rico. B. H. P. R., 1919, vol. 6: 152.

Real cédula de S. M. concediendo al gobernador [*D. Íñigo de la Mota Sarmiento*] *de San Juan facultad para nombrar sustituto por su ausencia o enfermedad grave.* [1636.] B. H. P. R., 1921, vol. 8: 52.

Real orden comunicada al Excmo. Sr. Presidente, Gobernador, Capitán general y jefe político de esta Isla, respecto al ex gobernador D. Francisco Moreda. B. H. P. R., 1917, vol. 4: 308.

Real orden de S. M. al gobernador Dufresne, de Puerto Rico, con motivo de sus desacuerdos y ataques al Sr. Obispo. [13 de marzo de 1782.] B. H. P. R., 1917, vol. 4: 79.

Real orden en que manda S. M. instruir al gobernador electo D. Agustín de Pareja sobre la separación del sargento mayor de la plaza y otros oficiales a quienes había resuelto despedir del servicio y previene se les haga salir de la Isla si hallase causa para ello. [1749.] B. H. P. R., 1918, vol. 5: 135.

Toma de posesión del cargo de gobernador de Puerto Rico por Sabas Marín. B. H. P. R., 1924, vol. 11: 290.

Un gobernador de Puerto Rico desconocido hasta ahora: D. José de Novoa y Moscoso. B. H. P. R., 1916, vol. 3: 271.

2) *Mensajes de los gobernadores, 1900-1930.*

Mensaje de Su Excelencia Charles Allen a las dos Cámaras de la Legislatura de Puerto Rico. Tip. El País, San Juan, P. R., 1900, 20 p. [El Mensaje lleva fecha de 4 de diciembre de 1900.]

Mensaje del Hon. William H. Hunt, gobernador de Puerto Rico, a la Asamblea Legislativa. Segunda sesión. 2 de enero de 1902. Imp. San Juan News, San Juan, P. R., 1902, 19 p.

Mensaje del Hon. William H. Hunt, gobernador de Puerto Rico, a la segunda Asamblea Legislativa. Primera legislatura. 13 de enero de 1903. Imp. Louis E. Tuzo, P. R. [1903], 23 p.

Mensaje del Hon. William H. Hunt, gobernador de Puerto Rico, a la segunda Asamblea Legislativa. Segunda legislatura. 12 de enero de 1904. Imp. Louis E. Tuzo, P. R. [1904], 32 p.

Message of the Hon. Beckman Winthrop, Governor of Porto Rico, to the Third Legislative Assembly. First session. Jan. 9th, 1905, 15 p. Tip. El País, San Juan, P. R. [1905].

Mensaje anual del gobernador de Puerto Rico a la Asamblea Legislativa de Puerto Rico. 15 de enero de 1907. (Informe conjunto sobre tierras para fines navales.) [Hon. Beekman Winthrop.] S. p. i. [1907], 50 p.

Mensaje anual del gobernador de Puerto Rico a la Asamblea Legislativa de Puerto Rico. [Hon. Regis H. Post.] 14 de enero de 1908. Bur. Supp. Prtg., San Juan, P. R., 1908, 54 p.

Mensaje del gobernador de Puerto Rico a la Asamblea Legislativa de Puerto Rico, en sesión extraordinaria. [Hon. Regis H. Post.] 8 de septiembre de 1908, s. p. i., 34 p., español e inglés. [Contiene un apéndice sobre el litigio entre la Iglesia católica y el pueblo de Puerto Rico y Estados Unidos.]

Mensaje anual del gobernador de Puerto Rico a la Asamblea Legislativa de Puerto Rico. [Hon. Regis H. Post.] 12 de enero de 1909. Bur. Supp. Prtg., 1909, 16 p. En inglés, 15 p.

Mensaje del gobernador de Puerto Rico a la quinta Asamblea Legislativa. Segunda sesión. [Hon. Geo. R. Colton.] 10 de enero de 1910. Bur. Supp. Prtg., San Juan, P. R. [1910], 26 p. En inglés, 26 p.

Mensaje del gobernador de Puerto Rico a la Asamblea Legislativa. Sesión extraordinaria. [Hon. Geo. R. Colton.] 30 de agosto de 1910. Bur. Supp. Prtg., San Juan, P. R. [1910], 24 p., español e inglés.

Mensaje especial del gobernador de Puerto Rico a la Asamblea Legislativa. Legislatura extraordinaria. 1 y 2 de septiembre de 1910. [Hon. Geo. R. Colton.] Bur. Supp. Prtg., San Juan, P. R. [1910], 8 p.

Mensaje especial del gobernador de Puerto Rico a la sexta Asamblea Legislativa. Primera legislatura. 1911. [Hon. Geo. R. Colton.] S. p. i., 6 p. En inglés, 6 p.

Mensaje del gobernador de Puerto Rico a la sexta Asamblea Legislativa. Primera sesión. 9 de enero de 1911. [Hon. Geo. R. Colton.] Bur. Supp. Prtg., San Juan, P. R. [1912], 32 p. En inglés, 28 p.

Mensaje del gobernador de Puerto Rico a la sexta Asamblea Legislativa. Segunda legislatura. 8 de enero de 1912. [Hon. Geo. R. Colton.] Bur. Supp. Prtg., San Juan, P. R. [1912], 21 p. En inglés, 19 p.

Mensajes especiales del gobernador de Puerto Rico a la sexta Asamblea Legislativa. Segunda legislatura. (Proclama convocando para una legislatura extraordinaria a la Asamblea Legislativa y Mensaje dirigido a la misma.) [Hon. Geo. R. Colton.] S. p. i., 1912, 13 p. En inglés, 13 p.

Mensaje del gobernador de Puerto Rico a la séptima Asamblea Legislativa. Primera legislatura. 13 de enero de 1913. [Hon. Geo. R. Colton.] Bur. Supp. Prtg., San Juan, P. R. [1913], 21 p. En inglés, 19 p.

Mensaje especial del gobernador de Puerto Rico a la séptima Asamblea

Legislativa. Legislatura extraordinaria. 21 de junio de 1913. (Modificación de la Ley de Patentes.) [Hon. Geo. R. Colton.] S. p. i. [1913]. 4 p. En inglés, 4 p.

Mensaje especial del gobernador de Puerto Rico a la séptima Asamblea Legislativa. Legislatura extraordinaria. 20 de junio y 19 de agosto de 1913. (Varios asuntos.) [Hon. Geo. R. Colton.] S. p. i. [1913].

Mensaje especial del gobernador de Puerto Rico a la séptima Asamblea Legislativa. Legislatura extraordinaria. (Cursos de Agricultura para los maestros rurales.) [Hon. Geo. R. Colton.] 23 de junio de 1913, s. p. i. [1913], 4 p. En inglés, 4 p.

Mensaje especial del gobernador de Puerto Rico a la séptima Asamblea Legislativa. Legislatura extraordinaria. 23 de junio de 1913. (Traspaso a EE. UU. de terrenos pertenecientes al Gobierno Insular, situados dentro de las líneas divisorias establecidas en los puertos por el Gobierno federal.) [Hon. Geo. R. Colton.] S. p. i. [1913], 4 p. En inglés, 4 p.

Mensaje especial del gobernador de Puerto Rico a la séptima Asamblea Legislativa. Legislatura extraordinaria. 25 de junio de 1913. (Emisión de bonos del Gobierno Insular para la consolidación de los préstamos hechos a las Corporaciones municipales y Juntas escolares a cambio de bonos de los mismos.) [Hon. Geo. R. Colton.] S. p. i. [1913], 4 p. En inglés, 4 p.

Mensaje especial del gobernador de Puerto Rico a la séptima Asamblea Legislativa. Legislatura extraordinaria. 26 de junio de 1913. (Traspaso a la ciudad de San Juan de terrenos situados en Puerta de Tierra y reventa de los mismos. Horas de cierre de los establecimientos de industria y comercio. [Hon. Geo. R. Colton.] S. p. i. [1913], 4 p. En inglés, 4 p.

Mensaje especial del gobernador de Puerto Rico a la séptima Asamblea Legislativa. Legislatura extraordinaria. 27 de junio de 1913. (Modificación de las Leyes de Rentas internas.) [Hon. Geo. R. Colton.] S. p. i. [1913], 4 p. En inglés, 4 p.

Mensaje especial del gobernador de Puerto Rico a la séptima Asamblea Legislativa. Legislatura extraordinaria. 30 de junio de 1913. (Suspensión de la ejecución de la Ley núm. 106, aprobada en 13 de marzo de 1913.) [Hon. Geo. R. Colton.] S. p. i. [1913], 4 p. En inglés, 4 p.

Mensaje especial del gobernador de Puerto Rico a la séptima Asamblea Legislativa. Legislatura extraordinaria. Junio de 1913. Contiene un apéndice. [Hon. Geo. R. Colton.] S. p. i. [1913], 25 p. En inglés, 23 p.

Mensaje especial del gobernador de Puerto Rico a la séptima Asamblea Legislativa. Legislatura extraordinaria. 1 de julio de 1913. (Suspensión de la ejecución de la Ley núm. 42, aprobada en 13 de marzo de 1913.) [Hon. Geo. R. Colton.] S. p. i. [1913], 4 p. En inglés, 4 p.

Mensaje especial del gobernador de Puerto Rico a la séptima Asamblea

Legislativa. Legislatura extraordinaria. 5 de julio de 1913. (Pesas y medidas.) [Hon. Geo. R. Colton.] S. p. i. [1913], 5 p. En inglés, 5 p.

Mensaje especial del gobernador de Puerto Rico a la séptima Asamblea Legislativa. Legislación extraordinaria. 8 de julio de 1913. (Prohibiendo a los funcionarios públicos que celebren contratos con el Gobierno Insular y con los Gobiernos municipales.) [Hon. Geo. R. Colton.] S. p. i. [1913], 5 p. En inglés, 5 p.

Mensaje especial del gobernador de Puerto Rico a la séptima Asamblea Legislativa. Legislatura extraordinaria. 10 de julio de 1913. (Modificación de la Ley de Patentes suplementarias.) [Hon. Geo. R. Colton.] S. p. i. [1913], 4 p. En inglés, 4 p.

Mensaje especial del gobernador de Puerto Rico a la séptima Asamblea Legislativa. Legislatura extraordinaria. 10 de julio de 1913. (Recomendando la modificación de la Ley para regular el trabajo de mujeres y niños.) [Hon. Geo. R. Colton.] S. p. i. [1913], 5 p. En inglés, 5 p.

Mensaje especial del gobernador de Puerto Rico a la séptima Asamblea Legislativa. Legislatura extraordinaria. 15 de julio de 1913. (Exención del impuesto de Rentas internas a los cigarros conocidos con el nombre de «Fumas». [Hon. Geo. R. Colton.] S. p. i. [1913], 4 p. En inglés, 4 p.

Mensaje especial del gobernador de Puerto Rico a la séptima Asamblea Legislativa. Legislatura extraordinaria. 16 de julio de 1913. (Enmienda de la descripción del terreno, para cuya venta a la Federación de los Espiritistas de Puerto Rico se concedió autorización.) [Hon. Geo. R. Colton.] S. p. i. [1913], 4 p. En inglés, 4 p.

Mensaje especial del gobernador de Puerto Rico a la séptima Asamblea Legislativa. Legislatura extraordinaria. 26 de julio de 1913. (Recomendando que se conceda autorización para reparar puentes y alcantarillas en la carretera insular núm. 3.) [Hon. Geo. R. Colton.] S. p. i. [1913], 4 p. En inglés, 4 p.

Mensaje especial del gobernador de Puerto Rico a la séptima Asamblea Legislativa. Legislatura extraordinaria. 31 de julio de 1913. (Recomendando enmiendas a la Ley del 9 de marzo de 1905 enmendada por la Ley núm. 112, aprobada en 13 de marzo de 1913.) [Hon. Geo. R. Colton.] S. p. i. [1913], 4 p. En inglés, 4 p.

Mensaje especial del gobernador de Puerto Rico a la séptima Asamblea Legislativa. Legislatura extraordinaria. 4 de agosto de 1913. (Drenaje de los valles de San Germán y Cabo Rojo.) [Hon. Geo. R. Colton.] S. p. i. [1913], 4 p. En inglés, 4 p.

Mensaje especial del gobernador de Puerto Rico a la séptima Asamblea Legislativa. Legislatura extraordinaria. 4 de agosto de 1913. (Recomendando que se enmiende la Ley del Registro civil.) [Hon. Geo. R. Colton.] S. p. i. [1913], 4 p. En inglés, 4 p.

Mensaje especial del gobernador de Puerto Rico a la séptima Asamblea Legislativa. Legislatura extraordinaria. 4 de agosto de 1913. (Ley de Ocho Horas de Trabajo.) [Hon. Geo. R. Colton.] S. p. i. [1913], 4 p. En inglés, 4 p.

Mensaje especial del gobernador de Puerto Rico a la séptima Asamblea Legislativa. Legislatura extraordinaria. 6 de agosto de 1913. (Terminación de la carretera núm. 2 que conduce a Arecibo.) [Hon. Geo. R. Colton.] S. p. i. [1913], 4 p. En inglés, 4 p.

Mensaje especial del gobernador de Puerto Rico a la séptima Asamblea Legislativa Legislatura extraordinaria. 8 de agosto de 1913. (Traspaso de tierras al Casino de Puerto Rico.) [Hon. Geo. R. Colton.] S. p. i. [1913], 4 p. En inglés, 4 p.

Mensaje del gobernador de Puerto Rico a la séptima Asamblea Legislativa. Segunda legislatura. 12 de enero de 1914. [Hon. Arthur Yager.] Bur. Supp. Prtg., San Juan, P. R. [1914], 15 p. En inglés, 13 p.

Mensaje del gobernador de Puerto Rico a la octava Asamblea Legislativa. Primera legislatura. 11 de enero de 1915. [Hon. Arthur Yager.] Bur. Supp. Prtg. [1915], 12 p. En inglés, 11 p.

Mensaje del gobernador de Puerto Rico a la octava Asamblea Legislativa. Segunda legislatura. 14 de febrero de 1916. [Hon. Arthur Yager.] Bur. Supp. Prtg. [1916], 10 p. En inglés, 10 p.

Mensaje del gobernador de Puerto Rico a la octava Asamblea Legislativa. Tercera legislatura. 12 de febrero de 1917. [Hon. Arthur Yager.] Bur. Supp. Prtg. [1917], 7 p. En inglés, 6 p.

Segundo Mensaje del gobernador de Puerto Rico a la octava Asamblea Legislativa. Tercera legislatura. 7 de marzo de 1917. Bur. Supp. Prtg. [1917], 8 p. En inglés, 8 p.

Mensaje del gobernador de Puerto Rico a la novena Asamblea Legislativa. Primera legislatura. 13 de agosto de 1917. [Hon. Arthur Yager.] Bur. Supp. Prtg. [1917], 12 p. En inglés, 11 p.

Mensaje del gobernador de Puerto Rico a la novena Asamblea Legislativa. Legislatura extraordinaria. 5 de febrero de 1918. [Hon. Arthur Yager.] Bur. Supp. Prtg. [1918], 5. p. En inglés, 5 p.

Mensaje del gobernador de Puerto Rico a la novena Asamblea Legislativa. Legislatura extraordinaria. 11 de febrero de 1918. [Hon. Arthur Yager.] Bur. Supp. Prtg. [1918], 5 p. En inglés, 5 p.

Mensaje del gobernador de Puerto Rico a la novena Asamblea Legislativa. Legislatura extraordinaria. 14 y 16 de febrero de 1918. [Hon. Arthur Yager.] S. p. i. [1918].

Mensaje del gobernador de Puerto Rico a la novena Asamblea Legislativa. Legislatura extraordinaria. 26 de noviembre de 1918. [Hon. Arthur Yager.] Bur. Supp. Prtg. [1918], 8 p. En inglés, 8 p.

Mensaje del gobernador de Puerto Rico a la novena Asamblea Legislativa.

Segunda legislatura. 10 de febrero de 1919. [Hon. Arthur Yager.] Bur. Supp. Prtg. [1919], 12 p. En inglés, 12 p.

Mensaje del gobernador de Puerto Rico a la décima Asamblea Legislativa. Segunda legislatura. 12 de febrero de 1923. [Hon. H. M. Towner.] S. p. i. [1923], 21 p. En inglés, 23.

Mensaje del gobernador de Puerto Rico a la décima Asamblea Legislativa. Legislatura extraordinaria. 14 de agosto de 1923 [Hon. H. M. Towner.] Bur. Supp. Prtg. [1923], 8 p. En inglés, 8 p.

Mensaje del gobernador de Puerto Rico a la undécima Asamblea Legislativa. Primera legislatura. 16 de febrero de 1925. [Hon. H. M. Towner.] Neg. Mat. Imp. [1925], 10 p. En inglés, 10 p.

Mensaje especial del gobernador de Puerto Rico a la undécima Asamblea Legislativa. Primera legislatura. 18 de marzo de 1925. Bur. Supp. Prtg. [1925], 10 p. En inglés, 10 p.

Mensaje del gobernador de Puerto Rico a la undécima Asamblea Legislativa. Legislatura extraordinaria. 28 de junio de 1926. [Hon. H. M. Towner.] Bur. Supp. Prtg. [1926], 17 p. En inglés, 17 p.

Mensaje del gobernador de Puerto Rico a la undécima Asamblea Legislativa. Segunda legislatura. 14 de febrero de 1927. [Hon. H. M. Towner.] Bur. Supp. Prtg. [1927], 17 p. En inglés, 18 p.

Mensaje especial de Theodore Roosevelt, gobernador de Puerto Rico, a la duodécima legislatura. Segunda sesión ordinaria. 10 de febrero de 1930. Neg. Mat. Imp. [1930], 8 p.

Mensaje de Theodore Roosevelt, gobernador de Puerto Rico, a la duodécima legislatura. Tercera sesión ordinaria. 9 de febrero de 1931. Neg. Mat. Imp. [1931], 23 p.

[*Informe anual del gobernador de Puerto Rico al presidente de los Estados Unidos*, 1900-1930, 31 vols. Debemos advertir que los mensajes de los gobernadores no siempre fueron publicados. Pueden verse completos en las *Actas del Senado de Puerto Rico* y en las de la Cámara de Representantes.]

2. MUNICIPAL

Fragoso, Fernando: *Instrucción para la cobranza por la vía del apremio de los débitos a favor de los Ayuntamientos y para la gestión de las Diputaciones provinciales.* Tip. Revista de Puerto Rico, Ponce, P. R., 1891, 8 p. Otra ed.: Tip. M. López, Ponce, P. R., 1895.

Gandía Córdova, Ramón: *Los Municipios de Puerto Rico.* Rev. Obs. Púb., noviembre de 1929, año VI, núm. 11: 298. [V. *Geografía municipal.*]

Moraza Díaz, Manuel: *Ley para establecer un sistema de gobierno local y para otros fines y otras disposiciones legales.* Imp. Llabrés Ramírez, San Juan, P. R., 1916, 116 p.

Pagán, Bolívar: *Ley municipal.* Revisada, anotada y comentada. Imp. La Correspondencia, San Juan, P. R., 1925, 260 p.

PUBILL, FÉLIX: *La administración municipal de Ponce.* Memoria de las gestiones practicadas en la administración municipal de Ponce por los alcaldes y ayuntamientos que han tenido desde el año 1882 al 1900. Imp. de José Picó Matos, Ponce, P. R., 1900, 152 p

RÍO ITURRALDE, ALFREDO DEL: *Ayuntamiento de Lares.* Proyecto del Sr. —— sobre Asociación de Socorros Mutuos de los Ayuntamientos para prever y combatir las calamidades públicas. P. R., 1889, 51 p.

ROMANACCE, SERGIO: *Un gobierno municipal modelo.* P. R. I., 8 de febrero de 1919, núm. 467.

VALLE, JOSÉ G. DEL: *Supresión de veinte Ayuntamientos.* En *A través de diez años.* Barcelona, 1907, p. 121.

VALLE Y SORIANO, SEBASTIÁN DEL: *Manual para el puntual cumplimiento de varias de las obligaciones de los Ayuntamientos de la provincia de Puerto Rico.* Imp. de González, P. R., 1882, 17 p.

VARONA, NARCISO: *Ley estableciendo un sistema de Gobierno local y reorganizando los servicios municipales y otras disposiciones legales.* Con un índice de leyes y resoluciones de carácter general relacionadas con los Municipios. Tip. El Compás, San Juan, P. R., 1922, 89 p.

WILLOUGHBY, W. E.: *Reorganization of municipal government in Porto Rico.* Political Science Quarterly. Boston, 1909, vol. 24: 409; y vol. 25: 69.

Actas de la Asamblea de Alcaldes y Jueces municipales celebrada en la Casa de Gobierno. San Juan, P. R., 13 y 14 de julio de 1910. Bur. Supp. Prtg. [1910], 97 p.

Annual Report of the Governor of Puerto Rico. Gov. Prtg. Off., Wa., 1900-1930, 30 vols. [Hay asuntos que interesan a los Municipios.]

Auto acordado para que los alcaldes donde no haya escribanos, autoricen los testamentos. B. H. P. R., 1917, vol. 4 : 312.

Ayuntamientos. El Fomento de Puerto Rico. (Rev. quincenal.) San Juan, P. R., 1863, vol. 1 : 204-210.

Carta del general Henry al secretario de gobierno. [Luis Muñoz Rivera. Ni oficiales ni soldados tienen autoridad para entrar en las sesiones del Ayuntamiento.] B. H. P. R., 1919, vol. 6 : 99.

Cartilla-guía para las Comisiones, Subcomisiones y Ayuntamientos de la Isla de Puerto Rico, para la contribución territorial. Imp. Sucesión J. J. Acosta, San Juan, P. R., 1899, 46 p.

Destitución del Alcalde de San Juan. The Puerto Rico Herald, N. Y., Feb. 14, 1903, vol. 2 : N° 81 : 442; N° 82 : 449 y 458.

El Gobernador militar destituye los Ayuntamientos populares de Aguadilla y Moca. B. H. P. R., 1919, vol. 6 : 102.

El Juzgado de Aguada pasa a Aguadilla, 1841. Auto acordando sobre el lugar que debe ocupar en actos públicos el juez de 1.ª instancia de la Aguadilla. B. H. P. R., 1915, vol. 2 : 191.

Información correspondiente a la Comisión de mejoras rurales. (Impreso para el uso de los legisladores.) Neg. Mat. Imp., 1931, 32 p.

Ley municipal de 13 de diciembre de 1872 que ha de regir en la Isla de Puerto Rico, según lo dispuesto por las Cortes Constituyentes de 24 de junio de 1873. Puerto Rico, 1873, 39 p.

Leyes provincial y municipal de 24 de mayo de 1878, mandadas a cumplir en Puerto Rico en 17 de junio último. Imp. El Boletín Mercantil, San Juan, P. R., 1878, 104 p.

Ley provincial y municipal de la Isla de Puerto Rico. Imp. J. J. Acosta, San Juan, P. R., 1881, 95 p.

Ley sobre municipalidades. Imp. Sucesión J. J. Acosta, San Juan, P. R., 1902, 21 p.

Leyes municipales y electorales de Puerto Rico. Tip. El País, San Juan, P. R., 1902, 102 p. +.

Ley municipal de 8 de marzo de 1906 y sus concordantes y relacionadas. Tip. El Boletín Mercantil, San Juan, P. R., 1906, 121 p.

Ley municipal de 1906. Con las enmiendas hasta la legislatura de 1912 y con un índice de Leyes que se relacionan con los Municipios. San Juan, P. R., 71 p. [V. *Estatutos revisados,* p. 370-403. Las enmiendas en orden cronológico en las *Leyes de 1907,* p. 266, 263, 254, 267; *Leyes de 1909,* p. 193, 195; *Leyes de 1910,* p. 113, 118; *Leyes de 1911,* p. 135. Enmiendas posteriores a 1912: *Leyes de 1913,* p. 109, 187; *Leyes de 1915,* p. 55; *Leyes de 1917,* p. 201, 153, vol. 1]

[*Una nueva Ley municipal, 1919.*] Ley núm. 85, de 31 de julio de 1919; Leyes de ese año, p. 685-733: Estableciendo un sistema de gobierno local y reorganizando los servicios municipales. [Esta Ley deroga la Municipal de 1906 y se incluye con sus enmiendas hasta 1923, en Herrero, Juan M.: *Compilación de las enmiendas introducidas en los códigos de Puerto Rico desde 1912 a 1923.* Neg. Mat. Imp., enero de 1924, p 93-127.] Enmiendas a esta Ley hasta 1928: *Leyes de 1920,* p. 53; *Leyes de 1921,* p. 437; *Leyes de 1924,* p. 77; *Leyes de 1927,* p. 145.

[*Otra nueva Ley municipal, 1928.*] Ley núm. 53, de 28 de abril de 1928; Leyes de ese año, p. 335-403: Estableciendo un sistema de gobierno para los Municipios de Puerto Rico. [Deroga la anterior de 1919 y todas sus enmiendas.]

[*Leyes municipales de índole particular, y otras Leyes aplicables a los Municipios.*] (1) Ley de 8 de marzo de 1905; Leyes de ese año, p. 86: Para proveer un gobierno para la isla de Culebra y para otros fines. *Estatutos revisados de 1911,* p. 403-405. (2) Ley núm. 73, de 6 de diciembre de 1917, *Leyes de 1917,* vol. 2: 559: Para incluir la Isla de Culebra entre los Municipios organizados de Puerto Rico. (3) Ley núm. 40, de 7 de marzo de 1912; Leyes de ese año, p. 76-78: Autorizando a los Municipios para que concedan el uso de solares..., etc. [Enmiendas a esta Ley constan: (a) En *Leyes de 1914,* p. 142. (b) En *Leyes de 1913,* p. 77.] (4) Ley núm. 64, de 7 de marzo de 1912; Leyes de ese año, p. 112: Autorizando a los Municipios para imponer una contribución para la amortización de bonos, en relación con los anticipos o préstamos que les haga el pueblo de Puerto Rico. (5) Ley núm. 106, de 1913; Leyes de ese año, p. 152-159: Para establecer un nuevo sistema de patentes industriales y de comercio; para derogar el párrafo 10 de la sección 70, y las secciones de la 72 a la 81, ambas inclusive, de la Ley municipal de 1906. [V., en relación con la Ley que precede, Herrero, obra citada, p. 160-168.] (6) Ley núm. 42, de 1917; Leyes de ese año, vol. 1: 223: Para crear la Municipalidad de Villalba, Puerto Rico. (7) Ley núm. 52, de 3 de diciembre de 1917, *Leyes de 1917*, vol. 2: 365: Para autorizar a los Municipios a reglamentar la venta de carnes frescas. (8) Ley núm. 74, de 6 de diciembre de 1917; Leyes de ese año, vol. 2: 563: Para reglamentar el servicio médico de la Beneficencia Municipal. (9) Ley núm. 30, de 25 de abril de 1927; Leyes de ese año, p. 175-181: Para constituir la Municipalidad de Cataño, Puerto Rico, etc. (10) Leyes aplicables a los Municipios, Herrero: *Compilación de las enmiendas,* ya citada, p. 133-168.

Los que hayan servido cargos de Concejales de Ayuntamiento se propondrán para oficiales de urbanos y no quedan de soldados. B. H. P. R., 1917, vol. 4: 192.

Nombramiento del regidor alférez real del Ayuntamiento de la villa de Aguada en 1832. B. H. P. R., 1920, vol. 7: 375.

Personal que constituye el Ayuntamiento de la capital el 1.º de enero de 1882. B. H. P. R., 1920, vol. 7: 119.

Proyecto de Reglamento para la Sociedad de Empleados Provinciales y Municipales de Puerto Rico. Imp. Sucesión J. J. Acosta, San Juan, P. R., 1895, 9 p.

Real cédula de S. M. y señores del Consejo a consulta del extraordinario de 24 de febrero de este año, en que se crean Juntas Provinciales y Municipales para entender en la venta de bienes ocupados a los regulares de la Compañía y prescriben por menor las reglas que con uniformidad se deben observar inclusos los dominios ultramarinos de Indias e Islas Filipinas. Madrid, 1769, 18 p.

Real cédula comunicada al Excmo. Sr. Capitán general de esta Isla y publicada por bando en esta plaza, respondiendo a los tenientes a guerra y suprimiendo los alcaldes ordinarios. [1827], B. H. P. R., 1918, vol. 5: 89.

Real cédula concediendo la contaduría de San Juan a Francisco de Lizaur. B. H. P. R., 1915, vol. 2: 55.

Real decreto para organizar el régimen municipal en 1846. B. H. P. R., 1917, vol. 4: 305.

Real orden dando a Mayagüez el título de Villa y facultad para formar Ayuntamiento. B. H. P. R., 1916, vol. 3: 341.

Real orden sobre alcaldes mayores en 1832. B. H. P. R., 1916, vol. 3: 43.

Reglamento de Comisarios de barrios. S. p. i., [P. R.], 1870, 8 p.

Reglamento para el régimen de la contabilidad municipal. Redactado por el tesorero de Puerto Rico, y aprobado por el Consejo ejecutivo en su sesión de 28 de mayo de 1906 Bur. Supp. Prtg. [1906 ?], 54 p. [Hay otras eds.]

Reglamento para la ejecución de los Reales decretos de 27 de febrero de 1846 y 31 de julio de 1847. Sobre organización de los Ayuntamientos en la Isla de Puerto Rico. Imp. del Gobierno, San Juan, P. R., 1859, 22 p.

Relación de alcaldes, tenientes, síndicos, procuradores y regidores en 1848. B. H. P. R., 1925, vol. 12 : 61.

Secretaría de gobernación. (Circular a las Corporaciones municipales.) B. H. P. R, 1919, vol. 6 : 113.

Tirantez de relaciones entre el Gobernador militar y algunos Ayuntamientos populares. B. H. P. R., 1919, vol. 6: 112.

Translation of the Provincial and Municipal Laws of Porto Rico. (Division of Customs and Insular Affairs. War Department, Aug. 1899.) Gov. Prtg. Off., Wa., 1899, 58 p.

Veinte Municipios menos. El gobierno de la venganza. The Puerto Rico Herald, N. Y., March 22, 1902, año I, N° 37.

Véanse *Geografía municipal. Historia local.*

b. — LEGISLACIÓN

Adams, T. S.: *The First Legislature of Porto Rico.* Nation, N. Y., March 1901, vol. 72: 191.

Arimón y Andario, Joaquín: *Proyecto de Leyes especiales para las provincias de Ultramar, precedido de algunas reflexiones.* Barcelona, 1852, 96 p.

Bas y Cortés, Vicente: *Derecho ultramarino vigente.* Tip. La Universidad, Habana, 1867.

Beltrán y Alcázar, Manuel: *Índice de la legislación de Ultramar.* Comprende, con separación de materias, las Leyes, Decretos, Reales órdenes, Reglamentos y Circulares dictadas acerca de dicho ramo e insertas en la *Colección Legislativa* de España y en la *Gaceta de Madrid,* desde 16 de marzo de 1833 hasta fin de agosto de 1872. Imp. de la Revista Médica, Cádiz, 1872, 182 p.

Brabo, D. E.: *Compilación de las disposiciones orgánicas de la administración en las provincias y posesiones ultramarinas.* Madrid, 1891.

Crespo, Ulpiano: *Uniformidad de legislación.* Estudio comparativo entre las leyes de Puerto Rico y Estados Unidos. Rev. Ant., San Juan, P. R., octubre de 1914, año II, núm. 8.

DIEGO, JOSÉ DE: *Resolución conjunta núm. 53 de la Cámara de Representantes de Puerto Rico.* San Juan, P. R., 1917, 100 p.

FERNÁNDEZ MARTÍN, M.: *Compilación legislativa del gobierno y administración civil de Ultramar, arreglada en virtud de Reales órdenes de 8 de febrero de 1886, 29 de enero de 1888 y 27 de mayo de 1893.* Madrid, 1888-1898, 15 vols. [Interesante publicación compuesta de todo lo legislado referente a Cuba, Puerto Rico y Filipinas desde 1 de enero de 1886 a 30 de abril de 1890.]

GARCÍA MOLINAS, FRANCISCO: *Trabajos parlamentarios. Legislatura: 1893-1894.* Imp. Hijos de J. A. García, Madrid, 1894, 102 p.

HERRERO, JUAN M. (compilador): *Compilación de las enmiendas introducidas a los Códigos de Puerto Rico desde 1912 a 1923.* Índice de la Legislación general y permanente de Puerto Rico, 1912-1923. Ley municipal enmendada y otras Leyes aplicables a los Municipios. Neg. Mat. Imp., 1924, 201 p.

MILLER, PAUL G.: *Presidentes de las Cámaras Legislativas.* En *Historia de Puerto Rico.* N. Y., 1922, apéndice M.

MORALES, JOSÉ PABLO: *Sobre la conveniencia de que se haga extensiva a esta Isla la regla vigésima segunda de la Ley provisional para la aplicación de las disposiciones del Código penal, vigente en la Península.* El Fomento de Puerto Rico. (Rev. quincenal.) San Juan, P. R., 1864, vol. 2: 92.

MORENO CALDERÓN, ANTONIO: *Indice de Legislacion española y extranjera; Bibliografía y Jurisprudencia.* [No hemos podido ver esta obra.]

MUÑOZ RIVERA, LUIS: *Discurso pronunciado en la Cámara de Delegados de Puerto Rico en la sesión del 30 de enero de 1908.* Imp. La Unión, Aguadilla, P. R., 1908, 20 p.

POVENTUD, JOSÉ A.: *Legislación y Jurisprudencia.* Leyes aplicables a Puerto Rico en los problemas obreros. Rev. Ant., San Juan, P. R., abril de 1914, año II, núm. 2.

RAMOS, FRANCISCO: *Prontuario de disposiciones oficiales* [*de Puerto Rico*]. Desde 1824 a 1865. Imp. de J. González Font, San Juan, P. R., 1866, 531 p.

——: *Apéndice al Prontuario de disposiciones oficiales.* Contiene las que se han publicado desde el 1 de abril de 1865 al 31 de diciembre de 1866. Imp. de J. González Font, San Juan, P. R., 1867, 314 p. +. [V. *Historia del Derecho.*]

RODRÍGUEZ SAMPEDRO, J.: *Legislación ultramarina.* Concordada y anotada. Madrid, 1865-1869, 16 vols.

ROMEU, RAFAEL: *Leyes de inquilinato y de desahucio, aplicadas a Cuba y Puerto Rico, con notas y formulario para su mejor inteligencia y cumplimiento.* Imp. El Boletín Mercantil, San Juan, P. R., 1879, 40 p.

THOMAS, B. H.: *Friction between excutive Council and native House of Delegates.* Van Norden Magazine, N. Y., June 1909, vol. 5: 345.

TORO CUEVAS, EMILIO DEL: *Uniformidad de legislación*. Rev. Ant., San Juan, P. R., abril de 1913, núm. 2: 127-128.

WILLOUGHBY, W. F.: *Two years Legislation in Porto Rico*. Atlantic Monthly, Boston, July 1902, vol. 90: 34.

ZAMORA Y CORONADO, JOSÉ M.: *Registro de Legislación ultramarina y Ordenanza general de 1803 para intendentes y empleados de Hacienda en Indias*. Habana, 1839, 4 vols.

——: *Biblioteca de Legislación ultramarina en forma de diccionario alfabético* (Contiene: el texto de todas las Leyes vigentes en Indias y extractadas las de algún uso, aunque sólo sea para recuerdo histórico; las dos Ordenanzas de Intendentes, 1786 y 1803; el Código de Comercio de 1829..., las Reales cédulas y demás disposiciones legislativas aplicadas a cada ramo) Imp. Alegría y Charlain, Madrid, 1844-1846, 6 vols.

Actas de la Cámara de Delegados de Puerto Rico, 1901-1917. [Desde 1901, primera sesión de la primera Asamblea Legislativa, hasta la octava sesión en 1917, en que pasa a ser Cámara de Representantes (desapareciendo el Consejo Ejecutivo y siguiendo su colaboración con el Senado) desde la novena sesión legislativa al presente. Estas actas no han sido publicadas y son documentos oficiales de la actual Cámara de Representantes.]

Actas de la Cámara de Representantes de Puerto Rico, 1917-1930. [Desde 1917, novena Asamblea Legislativa y primera sesión con el Senado de Puerto Rico, hasta 1930, duodécima Asamblea Legislativa. Hay traducción al inglés.] Neg. Mat. Imp., 1917-1930. [Varios volúmenes sin numeración.]

Actas del Senado de Puerto Rico, 1917-1930. [Desde la primera sesión inaugural, 13 de agosto de 1917, novena Asamblea Legislativa, hasta 1930, duodécima Asamblea Legislativa. Del 1917 al 1926, una Asamblea cada dos años; desde 1926 al presente, Asambleas anuales. Hay traducción al inglés.] Neg. Mat. Imp., 1917-1930. [Varios volúmenes sin numeración.]

Proyectos de ley y resoluciones del Senado de Puerto Rico, 1917-1930. [Contienen los proyectos de ley y resoluciones presentados al Senado de Puerto Rico desde 1917, fecha de su iniciación, novena Asamblea Legislativa, hasta el presente, 1930, duodécima Asamblea Legislativa. Hay traducción al inglés.] Neg. Mat. Imp., 1917-1930. [Varios volúmenes sin numeración.]

Aplazamiento de la apertura de las Cámaras Insulares [*1898*]. B. H. P. R., 1919, vol. 6: 43.

Bases de las Leyes especiales para el gobierno de Cuba y Puerto Rico. Presentadas al Gobierno Supremo en marzo de 1869 por los comisionados del grupo reformista..., etc. Imp. J. J. Acosta, San Juan, P. R., 1869, 55 p.

Comentarios sobre los Códigos. Informe de la Comisión codificadora de Puerto Rico. Imp. El Boletín Mercantil, San Juan, P. R., 1902, 41 p.

Compilación de las citas hechas por el Tribunal Supremo de Puerto Rico de todas las Leyes de Puerto Rico, de los Estados Unidos y de España, los Reglamentos de las Cortes y Administrativas, y de las decisiones de Puerto Rico, del Tribunal Supremo de los Estados Unidos, de la Corte de apelaciones de circuito y del Tribunal Supremo y Dirección general de los Registros de España. Neg. Mat. Imp., 1925, 146 p. (Comisión codificadora.)

Compilación de los Estatutos revisados y Códigos de Puerto Rico. Comprendiendo ciertas Leyes españolas aún vigentes en Puerto Rico; las Leyes de la Asamblea Legislativa de Puerto Rico desde 3 de diciembre de 1900 hasta 9 de marzo de 1911, omitiendo toda Ley o Leyes de carácter particular, especial, provisional o local que no constituyen parte de la legislación general y permanente de la Isla de Puerto Rico, e incluyendo la Ley Orgánica de la Isla de Puerto Rico y las modificaciones hechas a dicha Ley; el Tratado de Paz con España y las Leyes del Congreso de los Estados Unidos que se refieren especialmente a Puerto Rico. Preparada e impresa por la Secretaría de Puerto Rico. Bur. Supp. Prtg., 1914-1916, 1669 p.

Compilation of the Revised Statutes and Codes of Porto Rico in force on March 9, 1911. (War. Dept. Bur. of Insular Affairs.) Gov. Prtg. Off., Wa., 1913, 1682 p. Senate Doc. 813, 61st Cong. 3rd Sess.

Compilation of the Organic Provisions of the Administration of Justice in force in the Spanish Colonial Provinces and appendices relating thereto [1891]. (Translation.) War Dept. Division of Customs & Insular Affairs. Gov. Prtg. Off., Wa., 1899, 170 p.

Disposiciones oficiales de Puerto Rico. Desde 1.° de julio de 1869 a 30 de junio de 1870, coleccionadas previa autorización del Gobierno superior civil de la Isla. Imp. González y Cía., San Juan, P. R., 1878, XVIII-284 p. Otro tomo... de 1870 a 1871, 884 p.; otro... de 1871 a 1872, 639 p.

Estatutos revisados y Códigos de Puerto Rico. Conteniendo todas las Leyes aprobadas en la primera y segunda sesión de la Asamblea Legislativa, en vigor desde el 1.° de julio de 1902, incluyendo el Código político, el Código penal, el Código de Enjuiciamiento criminal, el Código civil. Imp. El Boletín Mercantil, San Juan, P. R., 1233 p. +. Traducida al inglés: *Revised Statutes and codes of Porto Rico.* Imp. El Boletín Mercantil, San Juan, P. R., 1183 p. +.

House of Delegates of Porto Rico. Minutes of the session held by the House of Delegates on March 12, 1913. Contents: Address of the Speaker José de Diego, speech of Mr. Borland and Remarks of Mrs. Taylor and Luis Muñoz Rivera. Porto Rico Progress Publishing Co., San Juan, P. R., 1913.

Índice alfabético cronológico de las Reales órdenes y Disposiciones publicadas en Gacetas desde enero de 1878 hasta fin de diciembre de 1887. Imp. de Arecco, hijo, Mayagüez, P. R., 1888, 91.

Informe de la Comisión codificadora de Puerto Rico. Vol. 1: *Revisión del Código civil.* Imp. El Boletín Mercantil, San Juan, P. R., 1902, 111 p.+; vol. 2: *Código político.* Imp. El Boletín Mercantil, San Juan, P. R., 1902, 214 p.; vol. 3: *Código penal.* Imp. El Boletín Mercantil, San Juan, P. R., 1902; vol. 4: *Enjuiciamiento criminal.* Imp. El Boletín Mercantil, San Juan, P. R., 1902. [El tomo 3 y 4 están en un solo vol., 255 p.]

Informe de la Comisión codificadora de Puerto Rico. Comentarios sobre los Códigos. [L. S. Rowe, J. M. Keedy, Juan Hernández López, comisionados.] Imp. El Boletín Mercantil, San Juan, P. R., 1902, 41 p.

Journal of the Executive Council of Porto Rico. [Desde 1901, primera Asamblea Legislativa, hasta 1917, octava Asamblea Legislativa, en que es substituído por el Senado de Puerto Rico en la novena Asamblea. La Cámara de Delegados que trabajaba con este Cuerpo pasa a ser, desde la novena Asamblea Legislativa, Cámara de Representantes.] Neg. Mat. Imp., 1901-1917. [Varios vols.]

Laws of Porto Rico. The acts and resolutions of... [All the Legislative assemblies of Porto Rico from 1901 to 1930.] Containing the text, carefully compared with the original and certified by the secretary of Porto Rico, San Juan, P. R., 1901-1930. [Varios vols. de las Leyes aprobadas en cada Legislatura y firmadas por el Gobernador.]

Ley para el ejercicio del derecho de reunión. Imp. del Gobierno, San Juan, P. R, 1880, 5 p.

Ley para el ejercicio del derecho de asociación. Mandada a observar en las Islas de Cuba y Puerto Rico por Real decreto de 13 de junio de 1888. Imp. del Gobierno, San Juan, P. R., 1888, 6 p.

Ley de Aguas vigente en la Isla de Puerto Rico. Tip. La Primavera, San Juan, P. R., 1908, 79 p. [En inglés: *Translation of the Laws of Waters in force in the Island of Porto Rico.* Bur. Supp. Prtg., s. f., 73 p.]

Leyes comunes a todos los territorios de los Estados Unidos de América. Imp. El País, San Juan, P. R., 1898, 28 p.

New Porto Rican Law Codes. Review of Reviews, N. Y., Aug. 1902, vol. 26: 205.

Real decreto relativo a la publicación en la «Gaceta de Madrid» y en los periódicos oficiales de las provincias ultramarinas de todas las resoluciones dictadas por el Ministerio de Ultramar. Imp. M. Minuesa, Madrid, 1888, 9 p.

Report of the Commission to Revise and Compile the Laws of Porto Rico. House of Rep. Doc. 52, 57th Congress. Vol. 1 (pts. 1, 2, 3), Gov. Prtg. Off., Wa., 1901, 313 p. Vol. 2 (pts. 4 y 5), Gov. Prtg. Off., Wa., 1901, 1077 p. (Inglés y español).

Translation of the Provincial and Municipal Laws of Porto Rico. War

Dept. Division of Customs & Insular Affairs. Gov. Prtg. Off., Wa., 1899, 58 p.

Work of Porto Rican Code Commission. Ann. Am. Acad. Pol. Sci., Phila., March 1902, vol. 19: 326.

Véanse *Reforma colonial. Campañas parlamentarias.*

I. DECISIONES JUDICIALES Y ADMINISTRATIVAS

BERGA Y PONCE DE LEÓN, PABLO: *Digesto de las decisiones de Puerto Rico en materia gubernativa.* Recursos contra Registradores de la Propiedad. Neg. Mat. Imp., 1916, 102 p.

——, y MESTRE, SALVADOR: *Digesto de las decisiones de Puerto Rico en materia penal.* Imp. Cantero, Fernández & Cía., Inc., San Juan, P. R., 1920, 417 p.

HOWE, ALBERT H.: (Compiler.) *The Insular Cases Comprising Records, Briefs, and arguments of counsel in the Insular cases of October term 1900, in the Supreme Court of the United States, etc.* Gov. Prtg. Off., Wa., 1901.

POMALES, ANTONIO: *Jurisprudencia hipotecaria.* Recopilación, cuidadosamente practicada, desde abril de 1900 a julio de 1915. Tip. Negrón Flores, San Juan, P. R., 163 p. +.

ROWE, L. S.: *Supreme Court and the Insular Cases.* Ann. Am. Acad. Pol. Sci., Sept. 1901, vol. 18: 226.

Attorney-General. V. *Catalogue of the Public Documents... [from the 55th to the 67th Congress]*, 1901-1930, vols. 4-16.

Compilación de las citas hechas por el Tribunal Supremo de Puerto Rico en todas las Leyes de Puerto Rico, de los Estados Unidos y de España, y de las Decisiones de Puerto Rico, del Tribunal Supremo de los Estados Unidos y del Tribunal Supremo y Dirección general de los Registros de España. Neg. Mat. Imp., 1925, 146 p. (Comisión codificadora.)

Decision of the Supreme Court [of Porto Rico]. Outlook, N. Y., 1900, vol. 68: 337.

Decisiones de Puerto Rico. Bur. Supp. Prtg., San Juan, P. R., 1899-1930, 40 vols. [Los dos primeros vols. llevan por título: *Sentencias del Tribunal Supremo.* Existe ed. en inglés: *Report of cases adjudged in the Supreme Court of Porto Rico,* hasta 1914, vol. 21; y desde 1915, el vol. 22: *Porto Rico Reports. Cases adjudged in the Supreme Court of Porto Rico.* Antonio F. Castro hizo en 3 vols. una selección de las opiniones más importantes (desde 1899 a 1903, vol. 1; de 1903-1905, vol. 2, y 1906, vol. 3.) Publicados: vol. 1, 1906; vol. 2, 1907, y vol. 3, 1908. Tip. La República.]

Jurisprudencia criminal establecida por el Tribunal Supremo de Puerto

Rico. (Correspondiente al año 1904.) Imp. El Boletín Mercantil, San Juan, P. R., 1905, 217 p.

Opinions of the Attorney-General of Porto Rico. 1903-1928, 13 vols.

Porto Rico Federal Reports. United States District Court for the District of Porto Rico. [Decisiones de la Corte Federal de Puerto Rico.] The Lawyers Cooperative Publishing Co., Rochester, N. Y., 1906-1924, 13 vols.

Sentencias del Juzgado de Aguadilla y Audiencia Territorial de Puerto Rico. Dictadas en las tercerías de dominio, seguidas por D. Francisco Juliá y la sucesión de D. Juan Amell, contra el Estado y el Ayuntamiento de Aguada. Tip. Voz del Pueblo, Aguadilla, P. R., 1896, 160 p.

Supreme Court decisions on imposing taxes in territories. Harper's Weekly, N. Y., June 18, 1901, vol. 18: 226.

2. DERECHO POLÍTICO

COLL Y CUCHÍ, CAYETANO: *La Ley Foraker.* Imp. El Boletín Mercantil, San Juan, P. R., 1904.

HOSTOS, EUGENIO MARÍA DE: *Lecciones de Derecho Constitucional.* Santo Domingo, 1887. Segunda ed.: P. Ollendorf, Paris, 1908, 482 p. [Obra premiada en 1897.]

LÓPEZ BARALT, JOSÉ: *Some Aspects of the Constitutional Relations between Porto Rico and the United States.* En *Clark University Thesis Abstracts.* Worcester, Mass., 1930, p. 105.

ROWE, L. S.: *Supreme Court and the Insular Cases.* Ann. Am. Acad. Pol. Sci., Sept. 1901, vol. 18: 226.

SAGRA, RAMÓN DE LA: *Apuntes destinados a ilustrar la discusión del artículo adicional al Proyecto de Constitución, que dice: «Las provincias de Ultramar serán gobernadas por leyes especiales.»* París, 1837.

THORPE, FRANCIS NEWTON, and TOUS SOTO, JOSÉ: *The Government of the People of Porto Rico.* Eldredge & Brother, Phila., 1903, 78 p.

A comparison of H. R. 14866. A Bill to provide a civil Government of Porto Rico and for other purposes, and the Act of April 12, 1900, known as the Foraker Act; and acts and Resolutions amendatory thereof now forming the organic Law of Porto Rico. Gov. Prtg. Off., Wa., 1914, 99 p.

Bill Jones. Imp. El Día, Ponce, P. R., s. f., 32 p. [Ley vigente en Puerto Rico desde el día 2 de marzo de 1917.]

Constitución del Gobierno civil en Puerto Rico. B. H. P. R., 1919, vol. 6: 153.

Constitution establishing Self-government in the Islands of Cuba and Porto Rico. Promulgated by Royal Decree of Nov. 25, 1897. Gov. Prtg. Off., Wa., 1899, 24 p.

Decretos estableciendo el régimen autonómico en las Islas de Cuba y Puerto Rico. (Ed. oficial.) Imp. Viuda de M. Minuesa de los Ríos, Madrid, 102 p. (Ministerio de Ultramar.)

Informe de la Comisión codificadora de Puerto Rico. Vol. 2: *Código político.* Imp. El Boletín Mercantil, San Juan, P. R., 1902, 214 p.

Laws relating to the Civil Administration and Government of the Island of Porto Rico. (Translation.) Division of Customs & Insular Affairs. War Dept. Gov. Prtg. Off., Wa., 1899, 53 p.

Nueva constitución del Gobierno Insular. [1899.] B. H. P. R., vol. 6: 105.

Organic Act of Porto Rico. With Amendments to date, 1928. Bur. Supp. Prtg., 1928, 97 p. [Ed. en inglés y español.]

Porto Rico proposed Constitutional Changes. Outlook, N. Y., Feb. 12, 1910, vol. 94: 323.

The Porto Rican Bill. Nation, N. Y., April 19, 1900, vol. 70: 294.

Véanse *Gobernación. Dominación Norteamericana:* Status de Puerto Rico. Relaciones políticas con los Estados Unidos, etc.

3. DERECHO ADMINISTRATIVO

DIEGO, JOSÉ DE: *La codificación administrativa.* Notas para un libro. Tip. La Razón, Mayagüez, P. R., 1890, 65 p.

SOLER Y CASTELLÓ, FEDERICO: *Derecho administrativo español, arreglado a la legislación vigente, extensivo a las provincias de Ultramar, precedido de las nociones fundamentales de Derecho político, que le sirven de base.* Nueva Imp y Lib. de San José, Madrid, 1886, 389 p.

Administración pública. Judicatura administrativa. El Fomento de Puerto Rico. (Rev. quincenal.) San Juan, P. R., 1864. vol. 2: 83-85.

El procedimiento administrativo en los negocios de Ultramar. Centro Editorial de Góngora, Madrid, 1889, 89 p.

Instrucción para la ejecución de los artículos del Código sobre inscripción de los matrimonios en el Registro civil. Imp. de J. González Font, San Juan, P. R., 1890, 14 p.

Ley de Expropiación forzosa para la Isla de Puerto Rico, aprobada por Real decreto de 13 de junio de 1884, y Reglamento para la aplicación de la misma. Imp. del Gobierno, San Juan, P. R., 1884, 70 p.

Real Decreto-Ley aplicando a las provincias de Ultramar la Ley sobre ejercicio de la jurisdicción Contencioso-administrativa. Imp. M. Minuesa de los Ríos, Madrid, 1888, 46 p. (Ed. oficial.)

Reglas y Reglamentos de la Comisión de servicio público. Aprobados el 27 de octubre de 1913. Neg. Mat. Imp., 1917, p. 3-14. (Ed. oficial.)

Reglamento para la ejecución de la Ley de Registro civil en las Islas de Cuba y Puerto Rico, aprobado por Real decreto de 8 de enero de 1884. Habana, 1885, 46 p.

1) Franquicias.

Franquicias. B. H. P. R., 1914, vol. 1: 258.

Franquicias. V. *Catalogue of the Public Documents...* [*from the 55th to the 67th Congress.*] 1901-1930, vols. 4-16.

Franchises in Porto Rico. Public Opinion, April 26, 1900, vol. 20: 519.

Franchises granted in Porto Rico. Message from the President of the United States, s. p. i., 1913, 35 p.

Franchises granted in Porto Rico; copies of 6 franchises granted by Public Service Commission of Porto Rico, 1919, 26 p. [Senate doc. N° 52, 66th Cong., 1st. sess., vol. 16: 7611.]

Franchises. President of United States. Public Service Commission of Porto Rico, message transmitting certified copies of franchises granted by Public Service Commission of Porto Rico. March 12, 1920, 1 p. [Senate doc. N° 251, 66th Cong., 2ª sess., vol 15: 7671.]

Real orden dando franquicias a la Real Compañía de Barcelona en 1767. B. H. P. R., 1924, vol. 11: 162.

United States Franchises in Porto Rico. Statement of Mr. Miguel Guerra Mondragón. Feb. 27, 1906, Gov. Prtg. Off., Wa., 1906, 11 p.

2) Marcas de fábrica.

Law Concerning the Registration of Domestic Trade Marks and Commercial Designs. Bur. Supp. Prtg. [1909], 24 p.

Law Concerning the Registration of Domestic Trade Marks and Commercial Designs With the Rules of the Executive Secretary's Office Relating Thereto. Bur. Supp. Prtg., 1919, 27 p.

3) Pesas y medidas.

ALVARADO Y GONZÁLEZ, LUIS: *Elementos de sistema métrico decimal.* Imp. de J. González Font, San Juan, P. R., 1883, 41 p.

HUYKE, ENRIQUE: *Compendio de sistema métrico decimal..., escritos para el Colegio de San Bernardo, en Arroyo, Puerto Rico.* Tip. La Correspondencia, San Juan, P. R., 1896, 35 p.

JANER Y SOLER, FELIPE: *Cartilla del sistema métrico decimal.* Imp. de J. González Font, San Juan, P. R., 1888, 51 p.

MARTÍNEZ GARCÍA, RAMÓN: *Sistema métrico decimal de medidas, pesas y monedas.* Imp. El Boletín Mercantil, San Juan, P. R., 1889, 89 p

ROSADO BRINCAU, RAFAEL: *Lecciones de sistema métrico decimal.* Imp. El Boletín Mercantil, San Juan, P. R., 1886.

SANCERRIT PASCASIO, P.: *Catecismo del sistema métrico decimal, o teoría de las nuevas pesas, medidas y monedas legales que deben regir en todos los dominios españoles desde 1.º de enero de 1860.* Imp. J. J. Acosta, San Juan, P. R., 1860, 98 p; 2.ª ed., en la misma Imprenta, aumentada y corregida, 1868, 111 p.

SANTAELLA, HERMINIO W.: *Catecismo del sistema métrico decimal, para uso de las escuelas.* Imp. El Telégrafo, Ponce, P. R., 1895, 44 p.

Instrucciones a los funcionarios de pesas y medidas. Especificaciones y variaciones permisibles a los aparatos comerciales. Preparadas por F. S. Holbrook. Neg. Mat. Imp., 1921, 156 p.

Instructions for Weights and Measures Officials and Tolerance and Specifications for Commercial Apparatus with Weigts and Measures law and Rules and Regulations. Bur. Supp. Prtg., 1913, 142 p.

Reglamento para la ejecución de la Ley de pesas y medidas de 19 de julio de 1849 en las Islas de Cuba y Puerto Rico. [Carece de portada.] 44 p.

Reglamento sobre pesas y medidas del sistema métrico decimal para la Isla de Puerto Rico. Imp. Sucesión J. J. Acosta, San Juan, P. R., 1899.

Sistema métrico decimal. Tablas de equivalencias de precios entre el antiguo y nuevo sistema de pesas y medidas. Tip. González y Cía., 1888, 24 p.

Weights and Measures in Porto Rico. Monthly Weather Review, U. S. Dept. Agr., Weather Bureau, Gov. Prtg. Off., Wa., 1898, vol. 26: 567.

4. DERECHO MUNICIPAL

V. *La Organización Municipal.*

5. CORPORACIONES

CASANOVA, FELIPE: *Corporaciones.* Con un prólogo de Juan B. Huyke. Ed. Instituto Casanova, San Juan, P. R. [1926?], VI-112 p.

Laws and Regulations Regarding Foreign and Domestic Corporations in Porto Rico. Containing provisions of the civil code, information as to fees, instructions for qualification and registration of Corporations, copies of forms. Issued by Secretary of Porto Rico. Bur. Supp. Prtg., July 1, 1903, 30 p.

Laws and Regulations Regarding Domestic and Foreign Corporations in Porto Rico. Containing provisions of the civil and political codes, instructions and registration, fees, forms and taxations. Compiled by the Secretary of Porto Rico. Bur. Supp. Prtg., July 1, 1909, 59 p.

Laws and Regulations Regarding Domestic and Foreign Corporations in Porto Rico. Containing provisions of the laws in force, rules and instructions for registrations, fees, forms and taxations. Compiled by Secretary of Porto Rico. R. Siaca Pacheco. Bur. Supp. Prtg., Aug. 1, 1911, 77 p.

Laws and Regulations Regarding Domestic and Foreign Corporations and Associations in Porto Rico. Bur. Supp. Prtg., 1930, 80 p.

6. DERECHO ELECTORAL

ANDRÉS, S.: *La reforma electoral de nuestras Antillas.* Madrid, 1889, 62 p.

BENÍTEZ, EUGENIO; BAIGÉS GÓMEZ, PEDRO, y GÓMEZ, RICARDO A.: *En la Cámara de Representantes de Puerto Rico. Impugnación de Francisco del Moral vs. Alfonso Valdés.* Investigación de la alteración de papeletas electorales. Colegios 15, 16, 17, 19 de Mayagüez, 10 de septiembre de 1917. Imp. El Boletín Mercantil, San Juan, P. R., 1917, 24 p.

BIAGGI, VIRGILIO: *Manual del elector puertorriqueño.* Obrita publicada bajo los auspicios del Comité liberal ponceño. Tip. El Vapor, Ponce, P. R., 1886.

CEPEDA, FRANCISCO (anotador): *Ley Electoral para Diputados a Cortes.* Ley Electoral de 28 de diciembre de 1878 para diputados a Cortes. Tip. Revista de Puerto Rico, Ponce, P. R., 1889, 96 p. (Propaganda autonomista.) Biblioteca Labra.

CRUZ, BERNARDO: *Estudios y comentarios.* Reformas en la Ley Electoral de Inscripciones y Elecciones. Tip. Eco de Puerta Tierra, San Juan, P. R., 1916, 15 p.

KAYE, PERCY LEWIS: *Suffrage and Self-government in Porto Rico.* 1903

MUÑOZ RIVERA, LUIS: *Reglas para las elecciones municipales.* (Editadas por orden del Sr. Muñoz Rivera.) P. R., 1899, 8 p.

SOTO, JUAN B.; FELIÚ, LEOPOLDO, y GONZÁLEZ MENA (abogados del representante A. Valdés): *En la Cámara de Representantes de Puerto Rico. En reimpugnación de Francisco del Moral vs. Alfonso Valdés.* Alegato del impugnado. Investigación de la alteración de papeletas electorales. Colegios 15, 16, 17, 19. Mayagüez, 10 de septiembre de 1917. Imp. El Boletín Mercantil, San Juan, P. R., 1917, 24 p.

Adaptation of the Electoral Law of June 26, 1890, to the Islands of Cuba and Puerto Rico. (Translation.) War Dept. Division of Customs & Insular Affairs. Gov. Prtg. Off., Wa., 1899, 23 p.

Artículos de la Ley Electoral de 20 de agosto de 1870. Imp. J. J. Acosta, San Juan, P. R., 1881, 16 p.

Compilación de las Leyes sobre elecciones. Con las enmiendas introducidas en ellas hasta 12 de marzo de 1908. Publicada por el secretario de Puerto Rico. Bur. Supp. Prtg., 1908, 46 p.

Compilación de las Leyes sobre inscripciones y elecciones. Publicada por el superintendente de elecciones de Puerto Rico, 1910. Bur. Supp. Prtg., 1910, 49 p.

Compilación de las Leyes sobre inscripciones y elecciones. Publicada por el superintendente de elecciones de Puerto Rico. 1912, 61 p.

Compilación de las Leyes sobre inscripciones y elecciones. Publicada por la Junta Insular de Elecciones de Puerto Rico, 1920. Neg. Mat. Imp., 1920, 78 p.

Derecho electoral. [Legislación de Puerto Rico, histórica y vigente, sobre elecciones e inscripciones, desde 1906 hasta 1930.] (1) Ley de 8 de marzo de 1906, p. 33: Para proveer lo necesario para Inscripciones y elecciones. *Estatutos revisados de 1911,* secciones 793-897, p. 180-203. Enmendada por Ley de 12 de marzo de 1908, p. 73. (2) Ley de 7 de marzo de 1906, p. 59: Proveyendo el procedimiento para impugnar la elección de funcionarios, excepto los miembros de la Legislatura y el comisionado a los Estados Unidos. *Estatutos revisados de 1911,* secciones 898-915, p. 204-207. (3) Ley núm. 79 de 14 de marzo de 1912, p. 125: Para enmendar la sección 85 de la Ley para proveer lo necesario para Inscripciones y elecciones, aprobada en 8 de marzo de 1906. (4) Ley núm. 83 de 14 de marzo de 1912, Leyes de ese año, p. 174: Para establecer la representación de las minorías en la Cámara de Delegados. (5) Ley núm. 4 de 17 de marzo de 1916, Leyes de ese año, p. 38: Para enmendar las secciones 16, 32, 40 y 47 de la Ley Electoral vigente [o sea la de 8 de marzo de 1906, citada antes. V. Ley núm. 79, más adelante.]

Electoral Law for the Election of Council and Provincial Deputies in Porto Rico. (Translation. Division of Customs and Insular Affairs. War. Dept., Aug. 1899.) Gov. Prtg. Off., Wa., 1899, 32 p.

Electores parroquiales en 1820. B. H. P. R., 1915, vol. 2: 19.

Ley Electoral de 27 de diciembre de 1892 para Diputados a Cortes. Imp. del Gobierno, San Juan, P. R., 1893, 43 p.

Ley Electoral y de Inscripciones de Puerto Rico. Aprobada en 8 de marzo de 1906. Bur. Supp. Prtg., 1906, 32 p.

Ley núm. 79 de 25 de junio de 1919. En Leyes de ese año, p. 531-613: Para establecer la Ley de Inscripciones y Elecciones. [Esta Ley deroga las anteriores.] Enmiendas a la citada Ley de 1919: (1) Ley núm. 15 de 12 de marzo de 1920, Leyes de ese año, p. 103-123: Para enmendar numerosas secciones de la Ley anterior [la de 1919], y adicionar otras. (2) Ley núm. 74 de 30 de junio de 1923, Leyes de ese año. Sesión ord., p. 561-603: Para enmendar la Ley de Inscripciones y Elecciones [esto es: la de 1919, antes citada.] (3) Ley núm. 1 de 18 de junio de 1924, Leyes de ese año, p. 3-37: Para enmendar la Ley de Inscripciones y Elecciones aprobada en 25 de junio de 1919 (4) Ley núm. 2 de 18 de junio de 1924, p. 37-43: Para enmendar la sección 37 de la Ley de Inscripciones y Elecciones de 1919. (5) Ley núm. 3 de 18 de junio de 1924, p. 43-45: Para enmendar la sección 40 de la citada Ley de 1919. (6) Ley núm. 4 de 18 de junio de 1924, p. 45-59: Para enmendar la sección 42 de la citada Ley de 1919. (7) Ley núm. 7 de 23 de junio de 1924, p. 67:

Para enmendar la Ley titulada: Ley para establecer la Ley de Inscripciones de 1919, intercalando la sección 98 *a*. (8) Ley núm. 1 de 7 de mayo de 1927. (Sesión extraord.) *Leyes de 1927*, p. 395: Para enmendar las secciones 40 y 42 de la Ley de Inscripciones y Elecciones de 1919. (9) Ley núm. 67 de 5 de mayo de 1928, p. 45: Para enmendar el párrafo 2 de la sección 44 de la Ley de Inscripciones y Elecciones de 1919. [Su objeto es crear la candidatura independiente.] (10) Ley núm. 27 de 18 de abril de 1929, *Leyes de 1929*. Sesión ord., p. 181-191. [Enmienda la Ley Electoral de 1919, ya citada. Concede el voto a todo varón o mujer que sepa leer y escribir.]

Leyes de Elecciones y de Inscripciones de electores de Puerto Rico. Además, sección del Código penal de Puerto Rico, que define los delitos contra los derechos del elector, como fueron aprobadas en la segunda sesión de la Asamblea Legislativa de 1902. Tip. El País, San Juan, P. R., 1902, 44 p.

Leyes municipales y electorales de Puerto Rico. Tip. El País, San Juan, P. R., 1902, 102 p. +.

Proclama del gobernador Aróstegui con motivo de las elecciones de 1820. Elección de O'Daly. B. H P. R., 1921, vol. 8: 369.

Proyecto de los trabajos electorales en la junta preparatoria para arreglar las elecciones. B. H. P. R., 1915, vol. 2: 22.

R. C. núm. 5 de 12 de abril de 1917. En *Leyes de 1917*. Vol. 1: 331-359. Disponiendo la celebración de elecciones generales en Puerto Rico en el año 1917, y subsiguientemente, para proveer el nombramiento de candidatos, y las condiciones de electores para dichas elecciones. Aprobada al aprobarse por el Congreso Americano la actual Carta Orgánica de Puerto Rico de 2 de marzo de 1917.

Real decreto de 25 de noviembre de 1897 adoptando la Ley Electoral de 26 de junio de 1890 a las Islas de Cuba y Puerto Rico. Imp. del Gobierno y Capitanía General, Habana, 1898, 40 p.

Real convocatoria para la celebración de las Cortes del Reino. Imp. del Gobierno, San Juan, P. R., 1834, 19 p.

Reglamento y demás disposiciones relativas a las elecciones quo para diputados a Cortes Constituyentes han de tener lugar en Puerto Rico en los días 10, 11, 12 y 13 de mayo de 1873 Imp. de González, P. R., 1873, 56 p.

Reglamento provisional para la adoptación de la Ley Electoral de 26 de junio de 1890 a las Islas de Cuba y Puerto Rico. Imp. Sucesión J. J. Acosta, San Juan, P. R., 1898, 31 p.

Reales decretos sobre reforma de la Ley Electoral para la elección de diputados a Cortes en las Islas de Cuba y Puerto Rico y fijando la división territorial de las mismas. Imp. Viuda de Minuesa de los Ríos, Madrid, 1893, 76 p.

The Election and Registration Laws of Porto Rico. Tip. El País, San Juan, P. R., 1902, 39 p.

1) Sufragio.

BURCH, H. R.: *Suffrage in Porto Rico.* Ann. Am. Acad. Pol. Sci., May 1902, vol. 19: 424.

BUTLER, B. F.: *Elections in Porto Rico.* Ann. Am. Acad. Pol. Sci., March 1903, vol. 21: 338.

DÁVILA, RODOLFO: *El voto electoral femenino.* Realidades. P. R. I., 29 de septiembre de 1917, núm. 396.

DIEGO, JOSÉ DE, y DÍAZ NAVARRO, HERMINIO: *Ilegalidad de las elecciones.* Dictamen de la minoría federal en la Comisión de Actas. The Puerto Rico Herald, N. Y., Jan. 31, 1903, vol. 2, Nº 79: 407.

KAYE, PERCY LEWIS: *Suffrage and Self-government in Porto Rico.* Yale Review. New Haven, Conn., 1904, vol. 12: 167.

PAGÁN, BOLÍVAR: *El sufragio femenino.* San Juan, P. R., 1924.

RAMÍREZ BRAU, E.: *Mancha roja o Historia breve de un elector que no se manchó.* Imp. El Día, Ponce, P. R., 1929, 27 p.

REAL, CRISTÓBAL: *Cómo se verificaban antaño las elecciones en Puerto Rico.* En *La Ominosa España,* P. R., 1905, p. 52.

ROMANACCE, SERGIO: *El voto a la mujer puertorriqueña.* P. R. I., 18 de noviembre de 1916, núm. 351.

UBARRI, PABLO: *Carta oponiéndose a la extensión del sufragio electoral.* B. H. P. R., 1918, vol. 5: 255.

VALLE, JOSÉ G. DEL: *Escándalos electorales.* En *A través de diez años.* Barcelona, 1907, p. 39.

Election in 1900. [In Porto Rico.] Outlook, N. Y., 1900, vol. 66: 906.

Las últimas elecciones en Puerto Rico. El Gobierno americano protegiendo a los ladrones de votos. The Puerto Rico Herald, N. Y., Nov. 22, 1902, vol. 2, Nº 72: 295.

Los comicios de noviembre. The Puerto Rico Herald, N. Y., Aug. 16, 1902, vol. 2, Nº 58: 71.

More votes for Women. Nation, N. Y., June 1929, vol. 128: 755.

Suffrage in Cuba and Porto Rico. Public Opinion, N. Y., Feb. 8, 1900, vol. 28: 165.

The new Puerto Rican Law Codes. (From Review of Reviews.) The Puerto Rico Herald, N. Y., Aug. 16, 1902, vol. 2, Nº 58: 68.

Una campaña electoral en Puerto Rico. (Del «Sun.») The Puerto Rico Herald, N. Y., Oct. 11, 1902, vol. 2, Nº 66: 202.

Woman Suffrage in Porto Rico. Woman Citizen, N. Y., April 4, 1925, vol. 9: 22.

7. DERECHO PENAL (SUBSTANTIVO Y ADJETIVO)

ARNAU IGARAVÍDEZ, JOSÉ M.: *El hombre ante el Código penal.* Estudio fisiológico jurídico-social. Imp. El Boletín Mercantil, San Juan, P. R, 1892, 27 p. [V. P. R. I., 21 de agosto de 1910, núm. 25.]

BARROLETA SCHEIDNAGEL, SANTIAGO A.: *Ley de Enjuiciamiento criminal para las Islas de Cuba y Puerto Rico.* Habana, 1888.

BECERRA Y ALFONSO, PEDRO: *El juicio por Jurados.* Estudios sobre su legislación en Inglaterra, Francia, Italia, Estados Unidos, Austria, Alemania, Suiza. Tip. de Medina, Mayagüez, P. R., 1884, 104 p. Tercera ed. aumentada notablemente.

BERGA Y PONCE DE LEÓN, PABLO: *El Jurado en Puerto Rico.* Conferencia en la Universidad de Puerto Rico. Imp. Real Hnos., San Juan, P. R. [1929], 54 p.

——, y MESTRE, SALVADOR: *Digesto de las decisiones de Puerto Rico en materia penal.* Imp. Cantero, Fernández & Cía., Inc., San Juan, P. R., 1920, 417 p.

BERNAL Y BERNAL, GUILLERMO: *Ley provisional para la aplicación de las disposiciones del Código penal vigente en Cuba y Puerto Rico.* Habana, 1881.

DIEGO, JOSÉ DE: *Apuntes sobre delincuencia y penalidad.* [Contiene una estadística criminal del año 1900 en el distrito judicial de Mayagüez, delitos de sangre, delitos contra la propiedad, contra la honestidad, sobre la pena de muerte, rapto, estupro y mayoridad.] Tip. La Correspondencia, San Juan, P. R., 1901, 45 p. [V. un juicio de esta obra en F. Matos Bernier, *Isla de Arte,* 1907, p. 81.]

HOSTOS, EUGENIO CARLOS DE: *Los delitos políticos.* Tesis para obtener el título de licenciado en Derecho en el Instituto Profesional de la República Dominicana. Imp. Cuna de América, 1901, 36 p.

MACRAY, E. L.: *Jury System in Porto Rico.* Green Bog., Boston, 1902, vol. 14: 420.

MC KIM GARRISON, LLOYD: *The Penal Code of Cuba and Porto Rico.* Harvard Law Review, Mass., June 1899, vol. 13: 124.

MORENO CALDERÓN, ANTONIO (Marco Antonio): *Apuntes de derecho penal.* Contestaciones al programa de exámenes ante el Tribunal Supremo de los aspirantes al ejercicio de la abogacía en Puerto Rico. Imp. El Boletín Mercantil, San Juan, P. R., 1903, 96 p.

——: *Reincidencia.* Estudio sobre el segundo delincuente. Curso de 1906 a 1907, Madrid, 109 p.

OROZCO Y HARASCOT, ANDRÉS: *Código penal de 1879 para las Islas de Cuba y Puerto Rico.* G. Montiel, Habana, 1879, 154 p.

N. P. M. [Nemesio Pérez Moris.] *Jurisprudencia criminal de 1904.* (Ordenada para la publicación.) Imp. El Boletín Mercantil, San Juan, P. R., 218 p.

RODRÍGUEZ FLEITES, JOSÉ: *Manual de procedimientos.* Materia criminal para los funcionarios y agentes de Policía, Guardia civil, Jueces y Fiscales municipales, Juzgados de instrucción, con apéndices de distintas leyes y disposiciones vigentes. Imp. El Boletín Mercantil, San Juan, P. R., 1896, 207 p. +.

ROSSY, JESÚS M.: *Código penal de Puerto Rico.* Tip. Real Hnos., San Juan, P. R., 1909, 287 p.

ROWE, LEO S.: *The Introduction of Trial by Jury.* En *The United States and Porto Rico.* N. Y., 1904, cap. XIII.

SEDANO Y AGRAMONTE, JOSÉ: *Ley de Enjuiciamiento criminal para las Islas de Cuba y Puerto Rico con el Real decreto de 26 de octubre de 1888, dictado para la organización de los Tribunales de lo criminal, comentada y anotada por José Sedano y Agramonte, abogado.* Imp. La Propaganda Literaria, Habana, 1889, 173 p. +.

SCHOENRICH, OTTO: *Jury Trials.* Ann Am. Acad. Pol. Sci., Jan. 1903, vol. 21: 134.

TIÓ, FÉLIX: *¿Es justo el castigo del criminal?* Conferencia dada en la Asociación Instructiva y de Recreo de Sábana Grande. Imp. La Industria, San Germán, P. R., 1888, 12 p.

Apéndices al Código penal de Cuba y Puerto Rico. Imp. de José Góngora, Madrid, 1890, 540 p. +.

Código penal para las provincias de Cuba y Puerto Rico y Ley provisional de Enjuiciamiento criminal, mandados observar por Real decreto de 23 de mayo de 1879. Imp. Nacional, 1879.

Código penal y Código de Enjuiciamiento criminal de Puerto Rico. Edición de Díaz Valdepares, cuidadosamente corregida. Press of the San Juan News. San Juan, P. R., 1902, 291 p.

Código penal para las Islas de Cuba y Puerto Rico. Anotado con la jurisprudencia del Tribunal Supremo y seguido de varios apéndices que contienen la Legislación penal especial. 1.ª parte. Imp. de Góngora, Madrid, 1886, 544 p +.

Código penal, seguido de varios apéndices. Año 1905, Puerto Rico. Bur. Supp. Prtg., 1905, 112 p.

Courts. Insular affairs Committee, House. Conferring concurrent jurisdiction on Territorial Courts of Porto Rico for enforcement of national prohibition act, report to accompany H. R. 9270; submitted by Mr. Towner, June 14, 1922, 2 p. (H. R. 1102, 67th, Cong. 2d. sess., vol. 3: 7957.)

Courts Congress, H. R. 9270, act to confer upon Territorial Courts of Porto Rico, concurrent jurisdiction with United States courts of that district of all offenses under national prohibition act and all acts amendatory thereof or supplemental thereto. Approved, Sept. 21, 1922, 1 pt. Public Doc. 327, 67th Cong. [También en *Statutes at Large,* vol. 42: 993, p. 1.]

Enjuiciamiento criminal. Real decreto aplicando la ley de —— en las Islas de Cuba y Puerto Rico, Habana, 1888.

Estadística criminal (1, 2 y 3). El Fomento de Puerto Rico. (Rev. quincenal.) San Juan, P. R., 1864. Vol. 2: 25-31; 68-74; 95-97.

Informe de la Comisión codificadora de Puerto Rico. Vol. 3: *Código penal.* Imp. El Boletín Mercantil, San Juan, P. R., 1902. [Los tomos 3 y 4 están en un solo vol., 255 p.]

Jurisprudencia criminal establecida por el Tribunal Supremo de Puerto Rico. (Correspondiente al año 1904.) Imp. El Boletín Mercantil, San Juan, P. R., 1905, 217 p.

Ley de Enjuiciamiento criminal para las Islas de Cuba y Puerto Rico. Imp. de Ramón Moreno y Ricardo Rojas, Madrid, 1888, 307 p. (Ed. oficial. Ministerio de Ultramar.)

Ley de Enjuiciamiento criminal vigente en Cuba y Puerto Rico, anotada por la redacción de la Revista de los Tribunales. Contiene cuanto han resuelto en sentencias el Tribunal Supremo, su Presidencia, Fiscalía, circulares y memorias desde el establecimiento del juicio oral y público y apéndices con los Reales decretos de 26 de octubre de 1888, de 4 de julio de 1861, sobre competencias. Centro Editorial de Góngora, Madrid, 1888, 688 p.

Translation of the Penal Code in force in Cuba and Porto Rico, from the original of Salvador de Albacete. War. Dept. Division of Custom and Insular Affairs. Gov. Prtg. Off., Wa., 1900, 175 p.

1) Pena de muerte.

Carrión Maduro, Tomás: *La pena de muerte no es pena, no es muerte, no es ley.* En *Cumba.* Imp. El Boletín Mercantil, San Juan, P. R., 1903, p. 123.

Corchado, Manuel: *La pena de muerte.* Discurso pronunciado en el Ateneo Catalán, Sección de Ciencias Morales. Imp. de Leopoldo Domenech, Barcelona, 1871, 24 p. Nueva ed.: Imp. El Criollo, Aguadilla, P. R, 1903, 24 p.

——: *La pena de muerte y la prueba de indicios.* Discurso leído en la Sociedad Económica Matritense de Amigos del País. Imp. A. J. Alaria, Madrid, 1877, 18 p.

Huertas Zayas, Edelmiro: *Porción de argumentos contra la pena de muerte.* Tip. El Fénix, Coamo, P. R., 1911, 15 p.

López Landrón, Rafael: *Apuntes sobre la pena de muerte.* Examen ante la razón pura, ante el derecho positivo, opinión en contra. Imp. Enrique Teodoro, Madrid, 1885, 86 p.

Navarrete y Texera, Agustín: *Un condenado a muerte.* Vista pública y sentencia de la causa seguida contra Miguel Rivera Colón, Miguel Pujals y Juan Matos Galindo, por el asesinato de Antonio Rosa Herrera, el 11 de octubre de 1890. Tip. de la Rev. Ant., Ponce, P. R., 1891, 61 p.

Carta del secretario de la Cámara de Representantes al Dr. Coll y Toste sobre la pena de muerte. B. H. P. R, 1924, vol. 11 : 245.

Carta del secretario de la Cámara al historiador de Puerto Rico. Comunicándole la abolición de la pena de muerte en Puerto Rico [23 de junio de 1921]. B. H. P. R., 1924, vol. 11 : 302.

Decreto aboliendo la pena de muerte en horca [1832]. B. H. P. R., 1916, vol. 3 : 14.

8. DERECHO INTERNACIONAL

BOLAROS Y NOVOA, PASCUAL : *Compendio de los preceptos del Derecho de Gentes, natural, infringidos por el Gobierno francés, contra cuya inicua y abominable conducta se arma España y deben armarse todas las naciones del Universo.* Con aprobación y licencia de la Suprema Junta de Gobierno de España e Indias. Reimpreso en Puerto Rico, Imp. de la Capitanía General, San Juan, P. R , 1808.

MARTÍNEZ ÁLVAREZ, RAFAEL : *Prontuario de Derecho Internacional Privado.* Tip. Real Hnos., San Juan, P. R., 1920, vol. 1, 136 p.

SOTO, JUAN B. : *Puerto Rico ante el Derecho de Gentes.* Prólogo por Antonio R. Barceló. Tip. La Democracia, Inc., San Juan, P. R., 1928, 122 p.

9. DERECHO CIVIL

ARMAS Y SÁENZ, RAMÓN DE: *Ley de disenso paterno, aplicada a las Islas de Cuba y Puerto Rico* Imp. de Manuel G. Hernández, Madrid, 1882, 172 p.

BENTABOL Y URETA, AURELIO, y MARTÍNEZ PARDO, PABLO (compiladores) : *Legislación de aguas.* Comprende todas las principales disposiciones que se han dictado sobre esta materia desde 1846 hasta fin de junio de 1879. Imp. de Manuel G. Hernández, Madrid, 1879, 630 p.

BLANCO, JULIÁN E.: *Nuestro Derecho.* Con motivo de un despojo de bienes, Ponce, P. R., 1883, 9 p.

DIEGO, JOSÉ DE : *De una nueva teoría de la prescripción del dominio sobre la tierra.* En *Conferencias Dominicales dadas en la Biblioteca Insular de Puerto Rico.* Neg. Mat. Imp., 1913, p. 68.

ELÍAS, JOSÉ : *Disposiciones de Derecho civil vigente en Ultramar.* Apéndice a la obra *Derecho civil, general y foral de España,* Barcelona, 1880, 2 vols.

LLORÉNS TORRES, LUIS (Luis de Puertorrico) : *Vulgarización del Derecho.* Incumplimiento de promesa de matrimonio. Rev. Ant., mayo de 1913, núm. 3 : 118-121.

MARTÍNEZ ÁLVAREZ, RAFAEL : *Prontuario de Código civil.* Imp. Cantero, Fernández & Cía., San Juan, P. R., 1921, 3 vols., 136 p., 265 p. y 257 p., respectivamente.

MORENO CALDERÓN, ANTONIO (Marco Antonio) : *Apuntes de Derecho civil.* Contestaciones al programa de exámenes de esta asignatura en los ejercicios, ante el Tribunal Supremo, de los aspirantes al título de abogado en Puerto Rico. Imp. El Boletín Mercantil, San Juan, P. R., 1903, 217 p.

PASO Y DELGADO, NICOLÁS: *Derecho civil español de la Península, Islas adyacentes, Cuba, Puerto Rico y Filipinas, conforme al Código de 1889.* Madrid, 1890.

ROMEU, RAFAEL: *Leyes de arrendamiento y desahucio de la Península, Cuba y Puerto Rico.* Con notas para su mejor inteligencia y un formulario para su exacto cumplimiento en los Juzgados Municipales y de Paz. Imp. de Alejandro Gómez Fuentenebro, Madrid, 1879, 69 p.

ROSARIO GELPÍ, JOSÉ: *Digesto civil de Puerto Rico.* Prólogo de José Tous Soto. Tip. El Día, Ponce, P. R., 1923, vol. 1: 420 p.

SOCORRO, FRANCISCO: *Código civil de Puerto Rico, anotado y concordado.* Imp. El Boletín Mercantil, San Juan, P. R., 1914.

TEXIDOR Y ALCALÁ DEL OLMO, JACINTO: *El Derecho civil en Puerto Rico.* Obligaciones y contratos, según el Código civil, en Puerto Rico. Neg. Mat. Imp., 1924, 215 p.

WALTON, CLIFFORD STEVENS: *The Civil Law in Spain and Spanish America, including Cuba, Puerto Rico and the Philippine Islands; and the Spanish Civil Code in force; annotated and with references to civil codes of Mexico, Central and South America...* W. H. Lowdermelk Co., Wa., 1900, XIX-672 p.

Código civil hecho extensivo a las Islas de Cuba, Puerto Rico y Filipinas. Habana, 1890.

Derechos del propietario en cuanto se relaciona con la propiedad inmutable, o sea nociones de Derecho constituído al alcance de todas las inteligencias, por un abogado. Imp. El Progreso, Mayagüez, P. R., 1895, 36 p.

Informe de la Comisión codificadora de Puerto Rico. Vol. 1: *Revisión del Código civil.* Imp. El Boletín Mercantil, San Juan, P. R., 1902, 111 p.+.

Instrucción para la ejecución de los artículos del Código sobre inscripción de los matrimonios canónicos en el Registro civil. Imp. de J. González Font, San Juan, P. R., 1890, 14 p.

Real decreto de 8 de enero de 1884 declarando extensiva a esta provincia la Ley provisional del Registro civil, seguido del Reglamento para la ejecución de la misma en las Islas de Cuba y Puerto Rico. Imp. de J. González Font, San Juan, P. R., 1885, 76 p. Otra ed.: Habana, 1885, 46 p.

10. DERECHO HIPOTECARIO

BELAVAL, JOSÉ S.: *El proyecto de Ley de Registro de la propiedad.* Tip. Baldorioty, Ponce, P. R., 1906, 16 p.

BERGA Y PONCE DE LEÓN, PABLO: *Digesto de las decisiones de Puerto Rico en materia gubernativa.* Recursos contra Registradores de la Propiedad. Neg. Mat. Imp., 1916, 102 p.

CLARENS, ÁNGEL: *Ley hipotecaria reformada para Cuba, Puerto Rico y Filipinas.* Anotada y concordada. Habana, 1893.

MORELL, JOSÉ: *Legislación hipotecaria de Ultramar.* Imp. de la Revista de Legislación, Madrid, 1893, 365 p. +.

OROZCO Y HARASCOT, ANASTASIO, y FONT STERLING, CARLOS: *Diccionario de las materias contenidas en la Ley hipotecaria para las Islas de Cuba y Puerto Rico.* Imp. del Gobierno y Capitanía General, Habana, 1880.

POMALES, ANTONIO: *Jurisprudencia hipotecaria.* Recopilación cuidadosamente practicada. Desde abril de 1900 a julio de 1915. Tip. Negrón Flores, San Juan, P. R., 163 p. +.

STUYCK Y REIG, JUAN: *Legislación hipotecaria y del notariado de las provincias de Cuba y Puerto Rico.* Imp. de la Viuda e Hijos de A. Peñuelas, Madrid, 1880, vol. 1, 766 p.; vol. 2, 584 p.

Decreto de 1870 haciendo extensiva a Puerto Rico la Ley hipotecaria de la Península. B. H. P. R., 1923, vol. 10: 11.

Estadística de la administración de justicia, del Registro de la Propiedad y del Notariado en la Isla de Puerto Rico, correspondiente al año 1880, formada por la Presidencia de la Real Audiencia. P. R., 1881, 50 folios.

Instrucción general sobre la manera de redactar los documentos públicos sujetos a registro en las provincias de Cuba y Puerto Rico. Imp. Nacional, Madrid, 1879, 31 p. (Ed. oficial.)

Ley hipotecaria para la provincia de Puerto Rico. Imp. Acosta, San Juan, P. R , 1879, 204 p. (Ed. oficial.)

Ley hipotecaria para las provincias de Ultramar. Imp. de la Viuda de M. Minuesa de los Ríos, Madrid, 1893, 164 p. (Ministerio de Ultramar. Ed. oficial.)

Real decreto suprimiendo los oficios de anotadores de hipotecas existentes en Puerto Rico e indemnizándolos en 1879. B. H. P. R., 1923, vol. 10: 18.

Real decreto mandando que desde 1 de enero de 1880 rija en la Isla de Puerto Rico la Ley Hipotecaria vigente en la Península, etc. B. H. P. R., 1927, vol. 14 : 24-25.

Real decreto de 10 de abril de 1891, sobre arancel de los Registradores de la Propiedad. Imp. del Gobierno, San Juan, P. R., 1891, 17 p.

Real decreto estableciendo Registros de la Propiedad en determinados pueblos de Puerto Rico en 1879. B. H. P. R , 1923, vol. 10 : 18.

Real orden fijando los sueldos y gratificaciones de los Registradores de la Propiedad en Puerto Rico. B. H. P. R., 1923, vol. 10 : 21.

Real orden mandando pagar a Narciso Ramírez y Cía., de Barcelona, la impresión de libros para el Registro de la Propiedad de Puerto Rico. B. H. P. R., 1923, vol. 10 : 21.

Reglamento general para la ejecución de la Ley Hipotecaria de Cuba, Puerto Rico y Filipinas, anotado y concordado por la Redacción de la

Revista de los Tribunales. Centro Editorial de Góngora, Madrid, 1893, 552 p.

Reglamento general para la ejecución de la Ley Hipotecaria de la provincia de Puerto Rico. Imp. Nacional, Madrid, 1879, 192 p. (Ed. oficial.)

Reglamento general para la ejecución de la Ley Hipotecaria de las provincias de Ultramar. Imp. de la Viuda de M. Minuesa de los Ríos, Madrid, 1893, 268 p. (Ed. oficial.)

Se suspende la ejecución sobre hipotecas vencidas. [Gobierno militar.] B. H. P. R., 1919, vol. 6: 100.

Translation of General Regulations for the Execution of the Mortgage Law for Cuba, Puerto Rico and the Philippines. [1893.] War. Department. Division of Customs and Insular Affairs. Gov. Prtg. Off., Wa., 1899, 156 p.

II. DERECHO NOTARIAL

BRUSI Y FONT, JUAN: *Indicador notarial.* Colección de cuadros sinópticos para la mejor inteligencia y aplicación práctica de la Ley Hipotecaria destinada a los notarios, escribanos y secretarios de los Juzgados municipales. Imp. de Salicrup, Arecibo, P. R., 1880, 122 p.

MARTÍNEZ ÁLVAREZ, RAFAEL: *Prontuario de Ley notarial.* Legislación notarial en Puerto Rico. Neg. Mat. Imp., 1922, 286 p.

MONAGAS Y DROZ, R., y PARDO, J. M.: *Legislación orgánica del Notariado y del Poder judicial en las Islas de Cuba y Puerto Rico.* V. Suárez, Madrid, 1873, 235 p.

MUÑOZ MORALES, LUIS: *El Notariado puertorriqueño y el informe de la Comisión americana.* Refutación de errores. Imp. Sucesión J. J. Acosta, San Juan, P. R., 1899, 32 p.

RUIZ GÓMEZ, JUAN EUGENIO: *Novísima legislación orgánica del Notariado de las Islas de Cuba y Puerto Rico.* Concordada con la que rige para el de la Península española y sus extensos comentarios, etc. Imp. de la Viuda de G. de Montes, Málaga, 1874, XXIX-364 p.

[*Derecho Notarial. Legislación notarial de Puerto Rico, histórica y vigente, bajo el régimen americano.*]: (1) Ley relativa al ejercicio del Notariado en Puerto Rico, de 31 de enero de 1901. Leyes de ese año, p. 111. [Esta Ley no derogó totalmente la legislación notarial española; sólo la modificó en algunos extremos.] (2) Ley de 10 de febrero de 1902 para modificar la anterior. [Tampoco derogó totalmente la legislación notarial española.] (3) Ley para regular el ejercicio de la profesión notarial en Puerto Rico, de 8 de marzo de 1906. Leyes de ese año, p. 141. *Estatutos revisados de 1911,* p. 407-413. [Ha sido enmendada, véase infra.] Enmiendas a la Ley anterior, que es la vigente: (1) Ley núm. 9, de 29 de febrero de 1912. Leyes de ese año, p. 42. [Texto en inglés. Se enmienda la sección 2.] (2) Ley número 48, de 13 de marzo de 1913. Leyes de ese año, p. 89. [Se enmienda la sección 35.] (3) Ley núm. 15, de 12 de marzo de 1914. Leyes de ese año, p. 151. [Se enmiendan las secciones 2, 17, 25 y 38.] (4) Ley núm. 1, de 16 de abril de 1919. Leyes de ese año, p. 101. [Se enmienda la sección 3.] (5) Ley núm. 2, de 28 de abril de 1919 Leyes de ese año, p. 101. [Se enmienda la sección 5.] (6) Ley número 13, de 14 de mayo de 1925. Leyes de ese año, p. 129. [Se enmienda la sección 3.] (7) Ley núm. 19, de 23 de abril de 1927. Leyes de ese año, p. 147. [Se enmienda la sección 2.] (8) Ley núm. 7, de 8 de abril de 1929. Leyes de ese año. Sesión ord, p. 133. [Se enmienda la sección 17.] (9) Ley núm. 1, de 25 de junio de 1929 Leyes de ese año, sesión extraord., p. 3. [Se enmienda la sección 17.].

Estadística de la Administración de Justicia, del Registro de la Propiedad y del Notariado en la Isla de Puerto Rico, correspondiente al año 1880, formada por la Presidencia de la Real Audiencia. P. R, 1881, 50 folios.

Instrucción general sobre la manera de redactar los documentos públicos sujetos a registro en las provincias de Cuba y Puerto Rico. Imp. Nacional, Madrid, 1879, 31 p. (Ed. oficial.)

Legislación orgánica del Notariado y del Poder judicial en las Islas de Cuba y Puerto Rico. Imp. de J. M. Pérez, Madrid, 1873, 238 p.

Legislación notarial vigente en Cuba, Puerto Rico y Filipinas. Contiene la Ley y Reglamento del notario, la instrucción para redactar los instrumentos públicos sujetos a registro, varios apéndices con los aranceles vigentes, demarcación notarial. Real decreto creando el Registro general de actas de última voluntad. Imp. de Góngora, Madrid, 1888, 421 p.

Los notarios de Puerto Rico. Tip. El País, San Juan, P. R., s. f., 18 p. [También hay ed. en inglés.]

Programa de preguntas y temas para el primero y segundo ejercicio para las oposiciones a Registros de la Propiedad. Bur. Supp. Prtg., 1907, 62 p.

Reglamento del Colegio Notarial de Puerto Rico. Imp. de Larroca, P. R., 1875, 21 p.

Reglamento del Montepío Notarial para la Isla de Puerto Rico Imp. de J. González Font, San Juan, P. R., 1882, 18 p.

The Notorial Laws in Force in Cuba and Porto Rico. [1888.] (Translation.) War. Dept. Division of Customs and Insular Affairs. Gov. Prtg. Off., Wa., 1899, 58 p.

12. DERECHO MERCANTIL

GALLOSTRA Y FRAU, J.: *Código de comercio español vigente en la Península e Islas de Cuba y Puerto Rico.* Madrid, 1887.

Romero Girón, Vicente: *El nuevo Código de Comercio para la Península y las Antillas, concordado, anotado y con una introducción.* Madrid, 1886.

Walton, Clifford Stevens: *Leyes comerciales y marítimas de la América latina.* Comparadas entre sí y con los Códigos de España y las Leyes de los Estados Unidos de América. Profusamente anotados con la legislación de España y con la jurisprudencia extranjera. Imp. del Gobierno, 1907, 5 vols. [Incluye a Cuba, Puerto Rico, Haití y Santo Domingo.]

Creación de jueces avenidores para los negocios mercantiles en Puerto Rico. [1841.] B. H. P. R., 1923, vol. 10: 180.

Novísima Ley de Enjuiciamiento civil y mercantil. Para España y Ultramar. Reformada, anotada, concordada y ampliada. Imp. de Aribau y Cía., Madrid, 1877, 303 p. (Segunda ed.).

Translation of the Code of Commerce in Force in Cuba, Porto Rico and the Philippines, amended by the law of June 10, 1897, etc. Gov. Prtg. Off., Wa., 1899, 291 p.

13. DERECHO PROCESAL CIVIL

Armas y Sáenz, Ramón de: *Formulario de la transitación de los negocios civiles con arreglo a la Novísima Ley de Enjuiciamiento, modificada para las Islas de Cuba y Puerto Rico.* Tip. La Razón, Habana, 1885, 500 p.

Céspedes y Orellano, J. M.: *Elementos teórico-prácticos de procedimientos civiles, con aplicación a las Islas de Cuba y Puerto Rico.* Habana, 1866, 2 vols.

Córdova Dávila, Félix: *Comentarios al Código de Enjuiciamiento civil vigente.* (Fragmento de la obra en preparación.) Rev. Ant., mayo de 1913, núm. 3: 122-128.

Fabié, A. N.: *Comentarios de la Ley para el ejercicio de la jurisdicción contenciosa y Real decreto haciéndola extensiva a las provincias de Ultramar.* Madrid, 1889.

Govín y Torres, A.: *Enjuiciamiento civil de Puerto Rico.* Habana, 1886, 632 p.

Martínez Álvarez, Rafael: *Estudio histórico-jurídico. Los orígenes del vigente Código de Enjuiciamiento civil de Puerto Rico.* Rev. Ant., 14 de septiembre de 1914, año II, núm. 7.

Morales, José Pablo: *¿Qué plazo debe mediar desde que se hace la citación para un juicio de paz hasta que se verifique éste?* El Fomento de Puerto Rico. (Rev. quincenal.) San Juan, P. R., 1864, vol. 2: 32-34.

Romeu, Rafael: *Leyes de inquilinato y de desahucio aplicadas a Cuba y Puerto Rico, con notas y formulario.* Imp. El Boletín Mercantil, San Juan, P. R., 1879, 40 p.

ROMEU, RAFAEL: *Leyes de arrendamiento y desahucio de la Península, Cuba y Puerto Rico.* Con notas para su mejor inteligencia y un formulario para su exacto cumplimiento en los Juzgados Municipales y de Paz. Imp. de Alejandro Gómez Fuentenebro, Madrid, 1879, 69 p.

ROSARIO GELPÍ, JOSÉ: *Digesto civil de Puerto Rico.* Prólogo de José Tous Soto. Imp. El Día, Ponce, P. R., 1923, 420 p. Otra ed.: Imp. Correo Dominical, San Juan, P. R., 1929, 300 p.

TOUS SOTO, JOSÉ: *Proyecto de Código de Enjuiciamiento civil.* Imp. del Gobierno, San Juan, P. R., 1905.

——: *Reynolds. Ley de evidencia.* Trad. y anotación jurídica. Imp. Águila, Ponce, P. R., 1907. [V. el último título de esta p.]

Aranceles judiciales para los negocios civiles en las Islas de Cuba, Puerto Rico y Filipinas. Imp. del Gobierno, San Juan, P. R., 1893, 44 p.

Código de Enjuiciamiento civil aprobado el 10 de marzo de 1904 y puesto en vigor desde el día 1 de julio del mismo año. San Juan, P. R., 1904, 348 p.

Informe de la Comisión codificadora de Puerto Rico. Vol. 4: *Enjuiciamiento.* Imp. El Boletín Mercantil, San Juan, P. R., 1902. [Los tomos 3 y 4 están en un solo vol., 255 p.]

Law of Civil Procedure for Cuba and Porto Rico with annotations, explanatory notes, and amendments made since the American occupation. Gov. Prtg. Off., Wa., 1901, 508 p.

Ley de Enjuiciamiento civil y disposiciones acordadas para su cumplimiento en las Islas de Cuba y Puerto Rico. Imp. Nacional, Madrid, 1866, 294 p. (Ed. oficial.)

Ley de casación y revisión en lo civil para las provincias de Cuba y Puerto Rico. Mandada observar por Real decreto de 20 de julio de 1882. Tip. El Correo, Madrid, 1883, 54 p.

Ley de Enjuiciamiento civil reformada para las Islas de Cuba y Puerto Rico. Imp. Nacional, Madrid, 1885, 334 p. +. (Ed. oficial.)

Ley de Enjuiciamiento civil reformada para las Islas de Cuba y Puerto Rico. Anotada con la jurisprudencia del Tribunal Supremo por la Redacción de la Rev. de los Tribunales. Tip. de Góngora, Madrid, 1885, 608 p.

Ley referente a la prueba en los procedimientos civiles o... de evidencia. Puesta en vigor desde 1 de julio de 1905. Imp. El Boletín Mercantil, San Juan, P. R., 1905, 67 p.

Leyes de inquilinato y desahucio, vigentes en la Isla de Puerto Rico. Imp. de J. González Font, San Juan, P. R., 1885, 12 p.

Novísima Ley de Enjuiciamiento civil y mercantil para España y Ultramar. Reformada, anotada y concordada y ampliada. Imp. de Aribau y Cía., Madrid, 1877, 303 p. (Segunda ed.)

Teoría de la Ley de evidencia según se ha establecido en los Estados Unidos y manera de conducir el examen de testigos, por William Rey-

nolds. Traducida de la última ed. americana, por Ulpiano R. Colón y José Tous Soto. Imp. El Boletín Mercantil, San Juan, P. R., 1908, 218 p. [Creemos que ésta es la correcta. El Sr. Tous nos entregó los datos en la forma en que aparecen a continuación. ¿Acaso es otra ed.?]

14. EVIDENCIA

TOUS SOTO, JOSÉ: *Reynolds. Ley de evidencia.* (Traducción y anotación jurídica.) Imp. Águila, Ponce, P. R., 1907. [V. el título anterior.]

Ley referente a la prueba en los procedimientos civiles o ... de evidencia. Puesta en vigor desde 1 de julio de 1905. Imp. El Boletín Mercantil, San Juan, P. R., 1905, 67 p.

15. QUIEBRAS

DUPREY Y GAYA, LUIS E.: *Defensa de D. Leonardo Igaravídez.* Imp. Acosta, San Juan, P. R., 1882, 150 p.

[TOUS SOTO, JOSÉ]: *Ley de quiebras de los Estados Unidos vigente en Puerto Rico.* Imp. El Boletín Mercantil, San Juan, P. R., 1905, 72 p.

Documentos que debieron leerse en la reunión de acreedores de D. Leonardo Igaravídez, convocada para el día 17 de noviembre de 1888 por la Comisión Interventora del cumplimiento del Convenio. Imp. Acosta, San Juan, P. R., 1888, 27 p.

Memoria leída en la reunión de acreedores de D. Leonardo Igaravídez, que tuvo efecto en 17 de julio de 1888, presidida por el Sr. D. Augusto de Cottes. Imp. Acosta, San Juan, P. R., 1888, 14 p.

Quiebras: Código de Comercio de Puerto Rico. Libro cuarto: De la suspensión de pagos, de las quiebras y de las prescripciones. (Suspendido por la Ley federal de Quiebras.) En *Estatutos revisados de Puerto Rico de 1911*, p. 1312.

16. HISTORIA DEL DERECHO

AGUIRRE, JOAQUÍN, y MONTALBÁN, JUAN MANUEL: *Recopilación compendiada de las Leyes de Indias, aumentada con algunas notas que no se hallan en la edición de 1841 y con todas las disposiciones dictadas posteriormente para los dominios de Ultramar.* Madrid, 1846.

ARECCO Y TORRES, DOMINGO: *Recopilación de disposiciones oficiales.* Leyes, Reales órdenes y disposiciones publicadas en la *Gaceta Oficial* desde el 1 de enero de 1872 hasta el fin de diciembre de 1887. Imp. Arecco Hijo, Mayagüez, P. R., 1889.

COLL Y CUCHÍ, CAYETANO: *(Historia del Derecho.) Legislación autonómica de Puerto Rico.* (Fragmento.) En *Cuarto Centenario de la Colonización*

Cristiana de Puerto Rico. Imp. El Boletín Mercantil, San Juan, P. R., 1908, p. 126.

COLL Y TOSTE, CAYETANO: *Penas de Cámara.* Las multas impuestas a los contraventores de las Ordenanzas reales. B. H. P. R., 1923, vol. 10: 181.

CUCHÍ ARNAU, FELIPE: *Desarrollo del Derecho escrito en Puerto Rico.* En *Cuarto Centenario de la Colonización Cristiana de Puerto Rico.* Imp. El Boletín Mercantil, San Juan, P. R., 1908, p. 144-153.

FABIÉ, A. N.: *Comentarios de la Ley para el ejercicio de la jurisdicción contenciosa y Real decreto haciéndola extensiva a las provincias de Ultramar.* Madrid, 1889.

——: *Ensayo histórico sobre la legislación de los Estados españoles de Ultramar.* Rivadeneyra, Madrid, 1897, 336 p.

LAGUARDIA: *Leyes de Indias con las posteriores a este Código vigente hoy y un epílogo sobre las reformas legislativas ultramarinas.* Madrid, 1889-1890, 13 vols.

MALARET, AUGUSTO: *Desarrollo del Derecho escrito en Puertc Rico.* En *Cuarto Centenario de la Colonización Cristiana de Puerto Rico.* Imp. El Boletín Mercantil, San Juan, P. R., 1908, p. 129-143.

MARTÍNEZ ÁLVAREZ, RAFAEL: *Estudio histórico-jurídico. Los orígenes del vigente Código de Enjuiciamiento civil de Puerto Rico.* Rev. Ant., 14 de septiembre de 1914, año II, núm. 7.

RAMOS, FRANCISCO: *Prontuario de disposiciones oficiales.* Redactado por ——, y aprobado... por el Gobierno Superior civil de Puerto Rico. Contiene las disposiciones más notables del Gobierno Superior..., desde 1824... hasta... 1865. Imp. de González, P. R., 1866, 531 p.

——: *Apéndice al Prontuario de disposiciones oficiales.* Contiene las que se han publicado desde el 1 de abril de 1865 a 31 de diciembre de 1866, varias de años anteriores y más de cien órdenes que corresponden al ramo de Guerra, relativas a derechos personales de los militares en estado activo y pasivo, sus viudas y huérfanos. Imp. de González, P. R., 1867, 314 p.

SAMALEA IGLESIAS, LUIS: *Elogio de las Leyes de Indias.* [Ensayo jurídico.] Imp. Cantero, Fernández & Cía., San Juan, P. R., 1917, 17 p.

Autos acordados en la Real Audiencia de la Isla de Puerto Rico, y Reales cédulas, órdenes, reglamentos, decretos y circulares, desde el año 1858 hasta 1862 inclusive. Imp. de J. González Font, San Juan, P. R., 1863, 528 p. [V. la sección *Real Audiencia.*]

Disposiciones oficiales de Puerto Rico. (Desde 1 de julio de 1870 a 30 de junio de 1871.) Imp. de González, San Juan, P. R., 1870-1871, 884 p.

——: (Desde 1 de julio de 1871 a 30 de junio de 1872.) Tip. de González, San Juan, P. R., 1874, 639, p.

——: (Desde 1 de julio de 1872 a 31 de diciembre de 1873.) Tip. de González, San Juan, P. R., 1876, 430 p.

Disposiciones oficiales de Puerto Rico. (Correspondientes al año 1874.) Tip. de González, San Juan, P. R., 1876, 384 p.

Ley mandando que las provincias de Ultramar se rijan por leyes especiales. [Abril de 1837.] B. H. P. R., 1915, vol. 2: 29.

Leyes Provincial y Municipal de la Isla de Puerto Rico. Imp. Nacional, Madrid, 1878. (Ed. oficial.)

Reglamento para la ejecución de la Ley del Registro civil en las Islas de Cuba y Puerto Rico, aprobado por Real decreto de 8 de enero de 1884. Habana, 1885, 46 p.

Translation of the Provincial and Municipal Laws of Porto Rico. War. Dept. Division of Customs and Insular Affairs. Gov. Prtg Off., Wa., 1899, 58 p.

1) Real Audiencia: varios asuntos.

LARA Y CÁRDENAS, MANUEL DE: *Circular de la Fiscalía de la Real Audiencia de Puerto Rico, a los promotores de la Isla...* Imp. Márquez, Mayagüez, P. R., 1857, 32 p.

Arancel judicial que deberá observarse en la Real Audiencia y Juzgados de esta Isla. P. R., 1852, 4 p.

Arancel judicial vigente en la Real Audiencia y Juzgados de la Isla de Puerto Rico. [1865.] Imp. Militar, San Juan, P. R., 1865.

Autos acordados en la Real Audiencia de la Isla de Puerto Rico, y Reales cédulas, órdenes, reglamentos, decretos y circulares comunicadas desde la instalación de dicho Superior Tribunal. Imp. Márquez, Mayagüez, P. R., 1857, 508 p. [Hay un suplemento a estos autos acordados. Imp. Márquez, Mayagüez, P. R., 1857.]

Autos acordados en la Real Audiencia de la Isla de Puerto Rico. 1857. Suplemento a los autos acordados, que comprende el Reglamento provisional de Justicia de 1835, P. R., 1858.

Autos acordados en la Real Audiencia de Puerto Rico, y Reales cédulas, órdenes, reglamentos, decretos y circulares desde el año 1858 hasta 1862 inclusive. Imp. de J. González Font, San Juan, P. R., 1863, 253 p.

Aviso del alcalde de primera elección a los vecinos de la capital, con motivo de la creación de la Real Audiencia Territorial de Puerto Rico en 1832. B. H. P. R., 1923, vol. 10: 365.

Circular del gobernador D. Miguel de la Torre con motivo de la creación de la Audiencia de Puerto Rico en 1832. B. H. P. R., 1923, vol. 10: 363.

Creación de la Audiencia de Puerto Rico. B. H. P. R., 1915, vol. 2: 286.

Estado del despacho de la Real Audiencia de Puerto Rico en 1837. B. H. P. R., 1924, vol. 11: 272.

Ordenanzas de la Real Audiencia de Puerto Rico y Reglamento de la Secretaría de Gobierno del mismo Tribunal, respectivamente, aprobadas por Real decreto de 22 de agosto de 1877 y Real orden de 4 de octubre de 1867. P. R., 1878.

Real decreto trasladando a Cuba la Real Audiencia de Santo Domingo, de la cual dependía Puerto Rico. [1797.] B. H. P. R., 1918, vol. 5: 348.

Real orden de 1837 disponiendo que la Real Audiencia no use la voz «colonia» en sus comunicaciones para designar las posesiones ultramarinas. B. H. P. R., 1923, vol. 10: 368.

Reglamento y Aranceles formados por la Audiencia de la Isla de Puerto Rico para los Procuradores de número de los Juzgados de Primera instancia de su territorio. P. R., 1842, 13 p.

Relación de los negocios despachados y pendientes en la Real Audiencia de Puerto Rico en 1848. B. H. P. R., 1925, vol. 12: 52.

Relación exacta de las fiestas que se han practicado en esta plaza con motivo de la instalación de la Real Audiencia y entrada del Real Sello, y discursos pronunciados por el Excmo. Sr. Presidente y Sr. Regente después de instalado dicho Superior Tribunal. Imp. del Gobierno, San Juan, P. R., 1832, 55 p.

Una campaña parlamentaria: por la Diputación provincial de Puerto Rico. Imp. de M. G. Hernández, Madrid, 1874.

Véanse *Cortes* y *Funcionarios.*

2) *Discursos de apertura de la Real Audiencia.*

ARÍSTEGUI, RAFAEL DE: *Discurso leído el día 2 de enero de 1847 en la solemne apertura de la Real Audiencia de Puerto Rico,* 1847, 26 p.

BÁRBARA MATOS, JOSÉ: *Discurso leído el día 2 de enero de 1862 en la apertura solemne de la Real Audiencia de Puerto Rico, por ——, presente Decano de Sala y Regente accidental.* Imp. Acosta, San Juan, P. R., 1862.

CALBETÓN, JOAQUÍN: *Discurso leído por ——, Regente de la Real Audiencia de Puerto Rico, en el solemne acto de la apertura del Tribunal, el día 2 de enero de 1867.* Imp. de la Viuda de González, San Juan, P. R., 1867, 58 p.

——: —— *el 2 de enero de 1868.* Imp. de la Viuda de González, San Juan, P. R., 1868, 15 p.

DÍAZ AGERO, RICARDO: *Discurso leído por ——, Presidente de la Audiencia Territorial de Puerto Rico, en el solemne acto de la apertura de los Tribunales de la Isla en 2 de enero de 1890.* P. R., 1890.

——: —— *el 2 de enero de 1891.* Imp. El Boletín Mercantil, San Juan, P. R. [1891], 33 p.

GARCÍA SALGADO, MANUEL: *Discurso pronunciado ante la Real Audiencia de Puerto Rico.* En defensa de Federico Bellón, presunto matador de D. José Pérez Moris, etc. Imp. Acosta, San Juan, P. R., 1882, 13 p.

GONZÁLEZ, FRANCISCO: *Discurso que en el solemne acto de la apertura del Tribunal leyó el Sr. ——, el día 2 de enero de 1857.* P. R., 1857.

—— : —— *de 1857,* publicado en 1858. S. p. i.

LARA Y CÁRDENAS, MANUEL DE: *Discurso que pronunció el Sr. ——, el día 2 de enero de 1860, al abrirse la Real Audiencia, Chancillería de Puerto Rico.* Imp. Acosta, San Juan, P. R., 1860.

—— : —— *el 2 de enero de 1861.* Imp. Acosta, San Juan, P. R., 1861, 52 p.

—— : —— *el 2 de enero de 1863.* Imp. Acosta, San Juan, P. R., 1863, 12 p.

LÓPEZ DE BAÑOS, MIGUEL: *Discurso que en la solemne apertura de la Real Audiencia de Puerto Rico dijo su Presidente D.——.* Imp. del Gobierno, a cargo de D. V. Sanmillán, San Juan, P. R., 1838, 9 p. (Gobierno y Capitanía general.)

MÉNDEZ DE VIGO, SANTIAGO: *Discurso que el día 2 de enero de 1841, en la solemne apertura de la Audiencia Territorial de Puerto Rico, dijo su Presidente D. ——, Gobernador y Capitán general de la Isla.* Imp. del Gobierno, a cargo de D. V. Sanmillán, San Juan, P. R., 1841, 7 p. (Gobierno y Capitanía general.)

—— : —— *el 3 de enero de 1842.* Imp. del Gobierno, San Juan, P. R., 1842, 7 p. (Gobierno y Capitanía general.)

MUÑOZ DE SEPÚLVEDA, PEDRO: *Discurso leído en el solemne acto de la apertura de los Tribunales de la Isla, en 2 de enero de 1888.* Imp. de J González Font, San Juan, P. R., 1887, 12 p.

—— : —— *en 2 de enero de 1889.* P. R , 1888. [Así constan estos años en las portadas.]

NORZAGARAY, FERNANDO: *Discurso que el día 3 de enero de 1853, en la solemne apertura de la Real Audiencia de Puerto Rico, dijo su Presidente el Excmo. Sr. Gobernador y Capitán general de Puerto Rico——.* Imp. Márquez, Mayagüez, P. R., 1853, 14 p.

—— : —— *el 2 de enero de 1854.* Imp. Márquez, Mayagüez, P. R., 1854, 14 p.

PALACIOS, MANUEL ANTONIO: *Discurso leído por ——, Presidente de la Excma. Audiencia de Puerto Rico, en el solemne acto de la apertura del Tribunal, el día 2 de enero de 1872.* Tip. de González, P. R [1872?] 64 p.

PAULA VILCHES, FRANCISCO DE: *Discurso de contestación del Sr. Regente de la Real Audiencia Territorial de Puerto Rico ——, al establecerse este alto cuerpo de justicia, en 23 de julio de 1832.* B. H. P. R., 1923, vol. 10: 348.

—— : *Discurso del Sr. Regente ——, al Tribunal, con motivo de la fundación de la Real Audiencia Territorial de Puerto Rico, en 1832.* B. H. P. R., 1923, vol. 10: 349.

PEZUELA, JUAN DE LA: *Discurso que el día 2 de enero de 1849, en la solemne apertura de la Real Audiencia de Puerto Rico, dijo su Presidente, el*

Sr. Teniente general ——, *Gobernador y Capitán general de la misma.* Imp. de Gimbernat, San Juan, P. R., 1849, 15 p. [V. B. H. P. R., 1924, vol. 11: 359.]

PRIM, JUAN: *Discurso que el día 3 de enero de 1848, en la solemne apertura de la Real Audiencia de Puerto Rico, dijo su Presidente* ——, *Conde de Reus, Gobernador y Capitán general de la misma Isla.* Imp. de Gimbernat, San Juan, P. R., 1848, 14 p. [V. B. H. P. R., 1924, vol. 11: 305.]

TORRE, MIGUEL DE LA: *Discurso del Gobernador, Capitán general y Presidente* ——, *al inaugurarse en la Isla la Real Audiencia Territorial, en 1832.* B. H. P. R., 1923, vol. 10: 345.

TELLERÍA, JULIÁN LUIS: *Discurso que el día 2 de enero de 1846, en la solemne apertura de la Real Audiencia de Puerto Rico, dijo su Ministro decano, encargado accidentalmente de la Regencia* ——. Imp. de Gimbernat, San Juan, P. R., 1846, 10 p.

VÁZQUEZ QUEIPO, JOSÉ MARÍA: *Discurso de apertura de la Real Audiencia de Puerto Rico, el 2 de enero de 1850.* Imp. de Gimbernat, San Juan, P. R., 1850, 14 p.

——: —— *el 2 de enero de 1851.* Imp. Márquez, Mayagüez, P. R., 1851, 15 p. +.

——: —— *el 2 de enero de 1852.* Imp. Márquez, Mayagüez, P. R., 1852, 14 p.

VEGA SEOANE, ANTONIO: *Discurso que el día 2 de enero de 1855, en la solemne apertura de la Real Audiencia de Puerto Rico, dijo su Regente, el Sr.* ——. Imp. Márquez, Mayagüez, P. R., 1855, 19 p.

——: —— *el 2 de enero de 1856.* Imp. Márquez, Mayagüez, P. R., 1856, 8 p.

ZAFRA, MARQUÉS DE: *Discurso pronunciado por el Sr.* ——, *Presidente de Sala y Regente interino de la Real Audiencia de Puerto Rico, en el solemne acto de la apertura del Tribunal, el día 2 de enero de 1866.* P. R., 1866, 11 p.

ZORRILLA Y ARREDONDO, VENANCIO: *Discurso leído por el Sr.* ——, *Presidente de la Real Audiencia de Puerto Rico, en el solemne acto de la apertura del Tribunal, el día 2 de enero de 1884.* P. R., 1884.

——: —— *el 2 de enero de 1886* Imp. de J. González Font, San Juan, P. R., 1886, 14 p.

——: —— *el 3 de enero de 1887*, P. R., 1886.

Discurso leído por el Excmo. Sr. Presidente, Gobernador y Capitán general, el 2 de enero de 1835, en la apertura del Tribunal Superior de la Real Audiencia de esta Isla. Imp. del Gobierno, San Juan, P. R. [1835], 10 p. (Gobierno y Capitanía general.)

Discurso leído por el Excmo. Sr. Prócer del Reino, Presidente, Gobernador y Capitán general, el 2 de enero de 1836, en la apertura del Tribunal Superior de la Real Audiencia de esta Isla. Imp. del Gobierno, San Juan, P. R. [1836], 9 p. (Gobierno y Capitanía general.)

17. ALEGATOS JURÍDICOS

LLORÉNS TORRES, LUIS: *De Derecho.* Alegato presentado ante la Corte Suprema de Puerto Rico. Imp. El Boletín Mercantil, San Juan, P. R., 1912, 58 p.

MARTÍNEZ Y GONZÁLEZ, VÍCTOR P.: *¡Justicia!* Alegato ante la Corte de Distrito de Mayagüez, Puerto Rico, en la demanda de Víctor Martínez y Martínez vs. Joaquín y María Moreno Cebollero. Tip. El Nacionalista, Mayagüez, P. R. [1905?], 52 p.

MARTÍNEZ QUINTERO, J. E.: *Alegato en la apelación del caso de El Pueblo de Puerto Rico contra Luisa Nevárez Ortiz por el delito de asesinato en primer grado.* Ante la Corte Suprema de Puerto Rico. Imp. El Boletín Mercantil, San Juan, P. R., 1905, 94 p.

Alegato de Juan Monclova, apelante, representado por el abogado Luis Freyre Barbosa, en el recurso de apelación vs. Agustín Rexach contra la sentencia de la Corte de Distrito de Arecibo en pleito sobre oposición a una información posesoria ante la Corte Suprema de Puerto Rico. Tip. El Alba, P. R., 1912, 37 p.

El crimen de las lomas (Juan Díaz). Informe pericial sobre las facultades mentales de Francisco Corchado, por D. J. Rodríguez Castro y D. Ramón Torres, médicos forenses. Imp. El Vapor, Ponce, P. R., 1893, 29 p.

En la Corte Suprema de Puerto Rico. Civil. Núm. 471. En apelación: Rosa María, José Miguel, Gumersinda Dolores y María Higinia Calaf y Zugurull y César Velázquez y Calaf vs. Federica Calaf Rivera. Nulidad de institución de herederos. Transcripción del record. Abogados de los demandantes y apelados: Carlos López de Tord, Eduardo Acuña Aybar, Nemesio R. Canales. Abogados del demandado y apelante: Antonio Álvarez Nava, C. M. Baerman. Tip. de M. Burillo & Co, San Juan, P. R., 128 p. [Adjunto va un escrito titulado: Pliego de excepciones, con 25 p.]

Supreme Court of the United States, October Term, 1903. N° 225. Isabela González, appellant vs. Williams, United States commissioner of immigration at the port of New York, appellee. Brief filed by leave of the court by Federico Degetau, Resident Commissioner from Porto Rico, as Amicus Curiae. Imp. Press of Byron S. Adams [1903], 44 p.

1) Procesos célebres

NAVARRETE Y TEXERA, AGUSTÍN: *El crimen de Villalba.* Vista pública y sentencia de la causa seguida contra Evangelista Figueroa, José Vidal y Nicasio Chavarría, Nicolás Pabón, Claudino Casiano y Lorenzo Otero, condenados a muerte por haber asesinado a D. Jerónimo Báez el 11 de junio de 1889. Tip. de La Revista de Puerto Rico, Ponce, P. R., 1890, 184 p.

TORRE, JOVINO DE LA: *Proceso célebre.* Reseña histórica del crimen, juicio oral y demás actos del proceso contra Juan de la Cruz Márquez y otros por robo y asesinato de Leonardo Valentín (a) Corrochobo. Causa del Juzgado de Mayagüez. Imp. Arecco Hijo, Mayagüez, P. R., 1890, 66 p.

Asesinato de José Adolfo Pesante. Juicio oral celebrado en Mayagüez el día 20 de septiembre de 1905 en contra de José Morales. (Yareyare.) Tip. La Opinión, Mayagüez, P. R., 1905, 167 p.

Crimen de la carretera de Añasco. (Quebrada de Oro.) Causa contra Rodolfo Lara, José Ortiz, Rafael Gutiérrez, Natalio Yáñez y Virgilio López Agostiny por asesinato en primer grado. Juicio por Jurado, sentencia y otros muchos pormenores. Corte de Distrito de Mayagüez. Imp. La Bandera Americana, Mayagüez, P. R., 1903, 95 p.

Discursos sobre el proceso de El Agente. Artículo denunciado: *Ardides viejos,* por Manuel Fernández Juncos. Defensa por Manuel Corchado. Sentencia dictada por el Tribunal de Imprenta. Imp. El Agente, San Juan, P. R., 1881, 29 p.

En el Tribunal Supremo de Puerto Rico, núm. 1399. Conspiración. El Pueblo de Puerto Rico, apelado vs. Simón Alcaide y otros apelantes. Alegato de los acusados apelantes Simón Alcaide y Rafael Cintrón Lastra. Antonio Álvarez Nava, Miguel Guerra Mondragón, abogados de los apelantes. Imp. Cantero, Fernández & Cía., Inc., San Juan, P. R. [1918], 155 p.

Proceso Rodil. Causa célebre. Instruída con motivo de la muerte violenta dada al Dr. Franco, y vista en juicio oral y público ante la Audiencia de lo criminal de Mayagüez. Con un plano de la parte NE. del pueblo de Cabo Rojo. Tip. Comercial, Mayagüez, P. R., 1893, 344 p.

Sentencia dictada por el juez Murube en la causa seguida por asesinato a Pérez Moris. B. H. P. R , 1924, vol. 11 : 94.

18. JUSTICIA

BLANCH, JOSÉ: *Almanaque judicial para el año 1898.* Mayagüez, P. R., s. f.

LÓPEZ INFANTES Y PÉREZ, LEOPOLDO: *Guía de la Policía judicial ante los delitos públicos en las Islas de Cuba y Puerto Rico.* Imp. Galería Literaria, Matanzas, Cuba, 1895, 103 p.

ROWE, LEO S.: *The Reorganization of the Judicial System.* En *The United States and Porto Rico.* N. Y., 1904, cap. XII.

SERRET, ANTONIO: *Consideraciones sobre el Real decreto de 23 de enero de 1855 para la administración de justicia en las provincias de Ultramar.* Madrid, 1859, 15 p.

VAN DEUSEN, RICHARD J.: *La Judicatura en Puerto Rico según el Bill Jones.* Rev. de Legislación y Jurisprudencia, San Juan, P. R., noviembre y diciembre de 1916, vol. 3: 379.

Compilation of the Organic Provisions of the administration of justice in force in the Spanish colonial Provinces and appendices relating thereto. [1891.] (Translation from the original in Spanish by Ramón Sánchez Ocaña.) War. Dept. Division of Customs and Insular Affairs. Gov. Prtg. Off., Wa., 1899, 170 p.

Estadística de la administración de justicia, del Registro de la Propiedad y del Notariado en la Isla de Puerto Rico, correspondiente al año de 1880, formada por la Presidencia de la Real Audiencia. P. R., 1881, 50 folios.

[*Estudios jurídicos.* Véanse los vols. de la *Revista de Legislación y Jurisprudencia,* de la Asociación de Abogados de Puerto Rico. Empezó en el año 1914. Publicada mensualmente en 1914 y 1915, y cada dos meses desde 1916 en adelante. El autor de este ensayo no ha podido ver todos los vols.]

Reglamento provisional para la administración de justicia en lo respectivo a la Real jurisdicción ordinaria. Reimpreso en la Oficina del Gobierno a cargo de D. V. Sanmillán, San Juan, P. R., 1836, 26 p.

Reorganización de los Tribunales de Justicia. B. H. P. R., 1919, vol. 6: 137.

Se suprime la Secretaría de Justicia. B. H. P. R., 1919, vol. 6: 133.

Suplemento a los Autos acordados, que comprende el Reglamento provisional de Justicia de 1835. Imp. Acosta, San Juan, P R., 1858, 178 p.

Varios proyectos de leyes para organizar el sistema judicial de Puerto Rico. 1904, s. p. i., 42 p.

1) Cortes y funcionarios.

ALONSO Y COLMENARES, EDUARDO: *Práctica de los Juzgados de Paz de las Islas de Cuba y Puerto Rico.* Imp. del Gobierno y Capitanía General y Real Audiencia, Habana, 1866, 253 p. (Segunda ed.)

ALLEN, C. H.: *Reorganization of the Courts and the New Tax law.* Independent. N. Y., Jan. 1902, vol. 54: 84.

BERGA Y PONCE DE LEÓN, PABLO: *Labor social de las Cortes de Justicia.* Conferencia en la Universidad de Puerto Rico. Imp. La Democracia, San Juan, P. R., 1928, 38 p.

——: *Organización, funcionamiento y jurisdicción de los Tribunales Insulares.* Conferencia en la Universidad de Puerto Rico. Imp. Correo Dominical, San Juan, P. R., 1928, 55 p.

HAMILTON, PETER JOSEPH: *The Federal Court.* Address upon opening the new court room in the Federal Building. San Juan, P. R., Bur. Supp. Prtg., 1914.

——: *The Federal Court of Porto Rico.* Remarks. San Juan, P. R., 1914, 16 p.

Ormaechea, Florencio de: *Memoria sobre los Tribunales y la Legislación de la Isla de Puerto Rico, con indicación de los medios más conducentes y apropiados de mejorarlas.* Tip. de D. S. Saunaque, Madrid, 1850, 37 p.

Toro Cuevas, Emilio del: *Corte federal de Puerto Rico.* Discurso de apertura por el Hon. ——, y discurso por Peter J. Hamilton, con motivo de la primera sesión celebrada en el edificio federal de San Juan. 4 de noviembre de 1914, Bur. Supp. Prtg., 1914, 15 p.

Administración pública. Judicatura administrativa. El Fomento de Puerto Rico. (Rev. quincenal.) San Juan, P. R., 1864, vol. 2: 83-85.

Documentación para la historia de los Tribunales de justicia de Puerto Rico. [Año 1899.] B. H. P. R., 1922, vol. 9: 355.

Fundación de la Junta superior de Competencias. Junta para dirimir todas las que se susciten entre las autoridades y Juzgados de la Isla. tanto los Juzgados ordinarios, los privilegiados como los especiales, B. H. P. R., 1917, vol 4: 307.

Organización de los Tribunales de justicia y procedimiento criminal y civil para los distritos judiciales a propuesta de la Junta Judicial en 10 de agosto de 1899. Imp. Fernández, Mayagüez, P. R., 1899, 30 p. [También en inglés.]

Real decreto de 15 de enero de 1884 sobre reorganización de los Juzgados municipales de las Islas de Cuba y Puerto Rico, en virtud de la cual se crean las Fiscalías para dichos Juzgados... Imp. Acosta, San Juan, P. R., 1884, 27 p.

Real decreto sobre organización del juicio oral y público. Imp. El Clamor, San Juan, P. R., 1888, 52 p.

Real orden dando conocimiento de la muerte de D. José Campillo y de quién le substituye. B. H. P. R., 1917, vol. 4: 143.

Reglamentos y reglas para el Tribunal Supremo de Puerto Rico y Cortes de Distritos. Neg. Mat. Imp., 1926, 73 p.

Reorganización de los Tribunales de justicia. B. H. P. R., 1919, vol. 6: 137.

Supreme Court of Porto Rico. Green Bag., Boston, 1903, vol. 14: 186.

The Court of Humacao. Iniquities, abuses, outrages and acts of vengance. The Puerto Rico Herald, N. Y., Oct. 5, 1901, año I, Nº 13.

Trabajos del fiscal Saravia relacionados con Puerto Rico. B. H. P. R., 1914, vol. 1: 276.

2) *Abogacía.*

[*Abogacía. Legislación histórica.*] (1) Ley de 31 de enero de 1901, titulada: Ley sobre la admisión de abogados al ejercicio de su profesión ante el Tribunal Supremo de Puerto Rico y los otros Tribunales de la Isla. En *Leyes de Puerto Rico de 1909 y 1901*, p. 112; *Estatutos revisados de 1902*, secciones 38 y sigs. (2) Ley de 1 de marzo de 1902, titulada : Ley regulando la admisión de abogados para ejercer ante los Tribunales de la Isla de Puerto Rico. En *Estatutos revisados de 1902*, secciones 44 y sigs. (3) Ley de 8 de marzo de 1906, derogatoria de las dos anteriores. *Estatutos revisados de 1911*, p. 33-36. (4) Ley de 14 de marzo de 1907, p. 165, enmendatoria de la anterior en su sección 4. *Estatutos revisados de 1911*, p. 35. (5) Ley núm. 51, de 9 de marzo de 1911, enmendatoria de la Ley anterior de 1906 en sus secciones 2, 3 y 6. *Leyes de 1911*, texto español, p. 174. *Estatutos revisados de 1911*, p. 34 y 35.

[*Abogacía. Legislación vigente.*] (1) Ley núm. 38, de 13 de abril de 1916, Leyes de ese año, p. 92 (texto inglés, p. 89), según ha sido enmendada por la legislación subsiguiente, infra. Enmiendas a la Ley anterior: (1) Ley núm. 91, de 22 de agosto de 1925. Leyes de ese año, p. 681. [Se enmienda la sección 3] (2) Ley núm. 17, de 20 de mayo de 1925. Leyes de ese año, p. 135. [Se enmienda la sección 4.] (3) Ley núm. 12, de 20 de abril de 1927. Leyes de ese año, p. 133. [Se enmienda la sección 2, inciso 2.] (4) Ley núm. 29, de 25 de abril de 1927. Leyes de ese año, p. 533. [Se enmienda la sección 4.] (6) Ley núm. 24, de 18 de abril de 1929. Leyes de ese año. Sesión ord., p. 175. [Se enmienda el inciso 2 de la sección 2.] (7) Ley núm. 56, de 28 de abril de 1930. Leyes de ese año, p. 413-415. [Se enmienda la sección 8.] *Nota:* Hay además ciertas disposiciones transitorias, de poca importancia, que se omiten.

Comisión de Reputación y Disbarment: Ley proveyendo para la organización de una Comisión de Abogados que examine e informe sobre las condiciones morales de los aspirantes al ejercicio de la Abogacía, etc., de 11 de marzo de 1909. Leyes de ese año, p. 97. También *Estatutos revisados de 1911*, p. 36-39.

Escrito presentado al Hon. Procurador general a nombre de los abogados de Puerto Rico para que declare nulo y si a ello no hubiere lugar, suspenda la ejecución del Reglamento promulgado por el Tribunal Supremo con fecha 28 de junio último. Tip. El País, San Juan, P. R., 1902, 16 p.

Lista de los abogados del Ilustre Colegio de Abogados de Puerto Rico. Puerto Rico, s. p. i. [1866-1873.]

Lista de abogados en 1875. B. H. P. R., 1924, vol. 11: 313.

Lista de los abogados del Ilustre Colegio de Puerto Rico para el año de 1884. Imp. de J. González Font, San Juan, P. R., 1883, 10 p.

Lista de los abogados del Ilustre Colegio de Puerto Rico para el año de 1890. Tip. de A. Córdova, San Juan, P. R., 1890, 12 p.

Lista de los abogados de Puerto Rico para el año de 1894. Tip. Sucesión de A. Córdova, San Juan, P. R., 1894, 10 p.

Lista de los procuradores de Puerto Rico para el año de 1896. Imp. Sucesión J. J. Acosta, San Juan, P. R., 1896, 10 p.

Programa para el examen y admisión de los aspirantes al ejercicio de la Abogacía ante los Tribunales Insulares al ejercicio del Notariado en Puerto Rico. Imp The San Juan News, P. R., 1904, 108 p. Otra ed.: Imp. El Boletín Mercantil, San Juan, P. R., 1907, 57 p.

Reglamento del Montepío del Ilustre Colegio de Abogados de Puerto Rico. Imp. de J. González Font, San Juan, P. R., 1872, 6 p.

Reglamento para el examen de aspirantes al ejercicio de la Abogacía, aprobado por el Tribunal Supremo de Puerto Rico el 18 de enero de 1912, y enmendado por el mismo Tribunal el 12 de febrero de 1913. Programas del primero, segundo y tercer cursos aprobados por el Tribunal Supremo de Puerto Rico, los del primero, el 12 de febrero de 1912, y los del segundo y tercero, el 12 de febrero de 1913. Bur. Supp. Prtg. [1913], 149 p.

Se da permiso a los abogados peninsulares para ejercer en Puerto Rico. B. H. P. R., 1919, vol. 6: 120.

10. POLICÍA Y PRISIONES

ALEXANDER, T. M.: *Porto Rican Insular Police*. Harper's Weekly, N. Y., Dec. 30, 1899, vol. 43: 1327.

BLANCO, JULIÁN E.: *Carta referente a los atropellos de la Guardia civil en 1887*. B. H. P. R., 1923, vol. 10: 60.

CARRIÓN MADURO, TOMÁS: *Las Leyes y las Cárceles*. En *Cumba*. Imp. El Boletín Mercantil, San Juan, P. R., 1903, p. 101.

MOLINERO Y GÓMEZ-COMEJO, ANDRÉS: *Compilación de las disposiciones referentes a la Guardia civil de Puerto Rico*. P. R., 1879.

OCHART, BOLÍVAR: *Mis dos años de prisión*. Cuestiones legales y el sistema carcelario del país. Imp. Cantero, Fernández & Cía., Inc., San Juan, P. R., 1919, 90 p.

PEZUELA, JUAN DE LA: *Proclama de Policía*. P. R., 1850, 93 p. Nueva ed.: 1862, 112 p.

TORRENTE, MARIANO: *Policía ultramarina*. Madrid, 1854.

TUTHILL, S. S.: *Insular Police of Porto Rico*. Independent, N. Y., July 20, 1899, vol. 51: 1922.

WILCOX, M.: *A Puerto Rican Problem: The Crowded Prisions*. Harper's Weekly, N. Y., Oct. 29, 1898, vol. 42: 1055

Bando de policía y buen gobierno. [Miguel López de Baños. Imp. del Gobierno, San Juan, P. R., 1838], 40 p. Hay otra ed. de 1841, 40 p.

Bando de policía y buen gobierno de la Isla de Puerto Rico. P. R, 1849, 93 p.

Bando de policía y buen gobierno de D. Miguel de la Torre. [1824.] 66 artículos para el buen orden de los pueblos. B. H. P. R., 1915, vol. 2: 32.

Bando de policía y buen Gobierno del general Méndez de Vigo. [1841.] Disposiciones para procurar el bienestar de la Isla. Ocho artículos. B. H. P. R., 1917, vol. 4: 223.

Bando sobre orden público del Gobernador general, 1898. [D. Manuel Macías.] Seis artículos para garantizar el orden público. B. H. P. R., 1919, vol. 6: 41.

Concesión del plus al Ejército, Guardia civil y Orden público. B. H. P. R., 1919, vol. 6: 48.

Creación del Cuerpo de la Guardia civil en Puerto Rico. B. H. P. R., 1920, vol. 7: 379.

Creación de la Guardia civil en Puerto Rico, en 1867. B. H. P. R., 1922, vol. 9: 148.

Documento para la historia política de Puerto Rico. Proclama del gobernador D. Romualdo Palacios al país, dando a conocer la carta del jefe de la Guardia civil sobre la sociedad secreta «Secos y Mojados». B. H. P. R., 1918, vol. 5: 17.

Establecimiento de alguaciles y supresión de las guardias de urbanos. B. H. P. R., 1917, vol. 4: 196.

Formulario para la documentación que deben tener los comandantes de Sección, Línea y Puesto de la Guardia civil de Puerto Rico, con arreglo a lo mandado para los Tercios de la Península. Imp. Militar de J. González, San Juan, P. R., 1873, 105 p.

La Policía Insular de Puerto Rico. Lo que dice el órgano de ese Cuerpo. (De La Democracia.) The Puerto Rico Herald, N. Y., Aug. 17, 1901, año I, N° 6.

Manual de la Macana. Para la Policía Insular. Bur. Supp. Prtg., 1905, 14 p.

Manual del Reglamento del Departamento de la Policía Insular de Puerto Rico. Neg. Mat. Imp., 1929, 188 p.

Ordenanzas de Policía urbana y rural para la ciudad de Ponce y su término municipal, aprobadas por el Excmo. Sr. Gobernador general en 24 de febrero de 1888. Tip. de Manuel López, Ponce, P. R., 1889, 45 p.

Real orden aprobando el establecimiento de una correccional para los vagos en la Puntilla B. H. P. R., 1917, vol. 4: 254.

Real orden aumentando la consignación para gastos de Policía secreta, 1858. B. H. P. R., 1917, vol. 4: 304; vol. 10: 183.

Reglamento para el servicio de la Policía rural. Imp. Acosta, San Juan, P. R., 1861, 8 p.

Reglamento para las cárceles de la Isla de Puerto Rico. [1866. Carece de portada], 53 p. +.

Reglamento del Cuerpo de Policía y Seguridad municipal y de Orden pú-

blico de la provincia de Puerto Rico. Segunda ed., aumentada con el libro 3.° del Código penal y varias disposiciones de carácter general. Imp. El Boletín Mercantil, San Juan, P. R., 1888, 72 p.

Reglamento para el Cuerpo de Policía municipal de Ponce. Tip. La Democracia, Ponce, P. R., 1899, 30 p.

Reglamento para la organización del Cuerpo de Vigilancia de Policía urbana de la ciudad de San Juan de Puerto Rico. Imp. del Municipio, San Juan, P. R , 1890, 11 p.

Reglamento para el Cuerpo de Policía municipal de San Juan, Puerto Rico. Tip. de Francisco J. Marxuach, San Juan, P. R., 1899, 20 p.

Reglamento para la organización y régimen del Cuerpo de Policía urbana de San Juan. Tip. El País, San Juan, P. R., 1900, 26 p.

Reglamento para el Cuerpo de Policía municipal de Mayagüez. Imp. La Rev. Blanca, Mayagüez, P. R., 1898, 26 p.

Se le quita a Gobernación la Dirección de Policía. B. H. P. R., 1919, vol. 6 : 109.

Se funda la Policía Insular. B. H. P. R., 1919, vol. 6 : 116.

Se suprime la cadena y el grillete en el presidio. B. H. P. R., 1919, vol. 6 : 118.

Servicios públicos.. Policía y Prisiones. En *El Libro de Puerto Rico* 1923, cap. V.

Suspensión de las garantías constitucionales. Aplicación de la Ley de Orden público de 23 de abril de 1870. B H. P. R., 1919, vol. 6 : 40.

20. ASUNTOS VARIOS

LLORÉNS TORRES, LUIS: *La doctrina jurídica del Estoppel en Puerto Rico.* Rev. Ant., julio de 1914, año II, núm. 5.

MORENO CALDERÓN, ANTONIO: *Reincidencias.* Estudio sobre el segundo delincuente, presentado en forma de Memoria... Real Academia de Jurisprudencia y Legislación. Madrid, 1907, 109 p.

PEREA, JUAN AUGUSTO, y PEREA, SALVADOR: *Pareceres jurídicos.* San Juan, P. R., 1930. [Contiene doce consultas.]

Circular del conde de Mirasol, en 1846, sobre las Juntas de visita y sus atribuciones y sus relaciones con el corregidor y tenientes a guerra. B. H. P. R., 1925, vol. 12 : 47.

Comité de Defensa. Memoria dirigida por dicha Junta al Gobernador de Puerto Rico, relativa al Bill núm. 5 y para otros fines. Tip. Sucesión J. J. Acosta, San Juan, P. R., 1901, 18 p.

Decreto de amnistía. A todas las personas sentenciadas, procesadas o sujetas a responsabilidad por delitos políticos de cualquier especie. B. H. P. R., 1920, vol. 7 : 258.

c. — FOMENTO

I. OBRAS PÚBLICAS EN GENERAL

Coll y Toste, C.: *Informe del Secretario civil——, para que el Gobierno Insular se incaute de los edificios de la Diputación provincial y los destine a servicios útiles del país.* B. H. P. R., 1924, vol. 11: 167.

Esteves, Guillermo: *Desarrollo de las obras públicas de la Isla de Puerto Rico.* Rev. Obs. Púb., enero de 1924, año I, núm. 1: 1.

——: *Edificios públicos.* (Resumen histórico del informe del año 1920.) Rev. Obs. Púb., mayo de 1924, año I, núm. 5: 183; núm. 6: 226; núm. 7: 258.

Gadea, Enrique: *Memoria sobre los medios de impulsar la construcción de las obras públicas en Puerto Rico.* P. R., 1883.

Gandía Córdova, Ramón: *Materiales de construcción.* Rev. Obs. Púb., enero de 1924, año I, núm. 1, núm. 2 y núm. 3.

Moreno Calderón, Antonio: *Examen y juicio de la explotación exclusiva por el Estado de tierras, industrias, vías de comunicación, etc.* Memoria premiada con accésit por la Real Academia de Ciencias Morales y Políticas. Madrid, 1907. Tip Jaime Ratés, Madrid, 1909, 157 p.

Nones, Rafael: *Obras públicas en Puerto Rico.* Rev. Obs. Púb., octubre de 1926, año III, núm. 34: 1013.

Perkins, F. E.: *New Capitol of Porto Rico.* Architectural Record, N. Y., April 1909, vol. 25: 271.

Towner, H. C.: *Government House: Porto Rico.* The Pan American Magazine. Panama, March, 1928, vol. 41: 39-41.

——: *Porto Rico's La Fortaleza, Beautiful Government House at San Juan.* National Republic., Wa., Nov. 1929, vol. 17: 14.

Valle, Carlos del: *Estudios de vigas de alma llena.* Revista, órgano de la Sociedad Cubana de Ingenieros, Habana, 1908.

Wilson, H. M.: *The Engineering Development of Porto Rico.* Engineering Magazine, 1899, vol. 17: 602-621.

Álbum de las obras públicas municipales de Puerto Rico, realizadas con fondos de empréstitos. (Años 1919 a 1928.) Departamento del Interior de Puerto Rico. Neg. Mat. Imp., 1928, 232 p.

Alumbrado público. B. H. P. R., 1924, vol. 11: 333.

Canal de Loiza a la laguna de Piñones. B. H. P. R., 1917, vol. 4: 217.

Colección de disposiciones oficiales referentes a obras públicas. Taller Tip del Asilo de Beneficencia, San Juan, P. R., 1896, 128 p. (Diputación provincial.)

División de edificios públicos. Resumen histórico. En *Informe del Comisionado del Interior al Hon. Gobernador de Puerto Rico.* Neg. Mat. Imp., 1919, p. 145.

División de obras municipales. Resumen histórico. En *Informe del Comisionado del Interior al Hon. Gobernador de Puerto Rico.* Neg. Mat. Imp., 1919, p. 195.

División de terrenos públicos y archivos. Resumen histórico. Origen de la propiedad en Puerto Rico. En *Informe del Comisionado del Interior al Hon Gobernador de Puerto Rico.* Neg. Mat. Imp., 1919, p. 224.

El Fomento de Puerto Rico. (Rev. quincenal.) Ed. responsable, D. Juan González. Imp. Militar, San Juan, P. R., vol. 1, agosto a diciembre de 1863, 242 p.; vol. 2, 1864, 258 p.

Estatutos y Reglamento de la Compañía de Alumbrado Eléctrico de Mayagüez. Tip. Comercial, Mayagüez, P. R., 1895, 16 p.

General Conditions for the Contracting of the Insular Public Works. Island of Porto Rico. July, 1902. Bur. Supp. Prtg. [1902], 35 p.

Informe de la Excma. Diputación provincial acerca de la Memoria sobre los medios de impulsar la construcción de las obras públicas de Puerto Rico, redactada por orden del Sr. Gobernador general. Imp. El Comercial, P. R., 1884, 56 p.

Junta de Obras del puerto de San Juan de Puerto Rico. Memoria que manifiesta el estado y progreso de las obras de mejora de dicho puerto y cuenta de ingresos y gastos durante el año económico de 1890-1891. Imp. El Boletín Mercantil, San Juan, P. R., 1892, 106 p.

Las obras proyectadas. Importancia relativa de las mismas. La crisis y la situación del país. El crédito público. Tip. El Asimilista, San Juan, P. R., 1885, 36 p.

Ley general de Obras públicas para la Isla de Puerto Rico. Imp. de González, 1881, 34 p. (Ministerio de Ultramar.)

Ley general de Obras públicas para la Isla de Puerto Rico y Reglamento para la ejecución de dicha Ley. Reimpreso por González & Cía., P. R., 1882, 63 p.

Memoria sobre los medios de impulsar la construcción de las obras públicas de Puerto Rico, redactada por orden del Excmo. Sr. Gobernador general. Imp. González & Cía., P. R., 1884, 70 p.

Memoria sobre las obras públicas de la Isla de Puerto Rico en el año de 1875 a 1876. Revista de Obras Públicas, Madrid, 1878, vol. 6.

Obras públicas de Puerto Rico. Resumen histórico. Rev. Obs. Púb., abril de 1924, año I, núm. 4: 151.

Organización de obras públicas en Puerto Rico desde el año 1875 hasta mayo de 1900 En *Informe del Comisionado del Interior al Hon. Gobernador de Puerto Rico.* Neg. Mat. Imp., 1919, p. 8.

Orígenes del acueducto de San Juan. B. H. P. R., 1921, vol. 8: 268.

Pliego de condiciones generales para los contratos de obras públicas, aprobado por Real decreto de esta fecha. P. R., 1868.

Public Buildings. Insular Affairs Committee, House authorizing repair and rebuilding of Customs Buildings in Porto Rico, report to accompany H. R. 6557; submitted by Mr. Towner, June 7, 1921, 2 p. [También en H. Report. 147, 67th Cong., 1st. sess., vol. 1 : 7920.]

Public Buildings. Repair Customs Buildings in Porto Rico. Hearing on H. R. 6557, 1921, 18 p.

——: Territories and Insular Possessions Committee, Senate. Customs Buildings in Porto Rico. Report to accompany H. R. 6557, to authorize Sec. of Treasury to repair and rebuild Customs Buildings in Porto Rico and to pay for same out of duties collected in Porto Rico; submitted by Mr. New. Dec. 20, 1921, 1 p. S. Report 368, 67th Cong., 2d. sess., vol. 1 : 7950.

——: Congress. H. R. 6557; act to authorize Secretary of Treasury to repair and rebuild Customs Buildings in Porto Rico and to pay for same out of duties collected in Porto Rico. Approved, Jan 10, 1922, 1 p. (Public 122, 67th. Cong. also in Statutes at Large, vol. 42 : 355.)

Puerto Rico : Obras públicas, 1894. [Un volumen compuesto de 49 fotografías de 520 × 400 mm., encuadernado en piel.]

Real orden concediendo permiso para edificar de mampostería en la Marina, en el lugar llamado la Puntilla, en 1849. B. H. P. R, 1923, vol. 10 : 63.

Reglamento general para la nueva organización y servicio de las obras públicas. Imp. de González, P. R., 1874, 92 p.

Reglamento para la ejecución de la Ley general de obras públicas de la Isla de Puerto Rico. Imp. El Boletín Mercantil, San Juan, P. R., 1881, 53 p.

Relación circunstanciada de todas las obras públicas que se han emprendido y continuado en la Isla de Puerto Rico en el año 1828. Imp. del Gobierno, San Juan, P. R., 1829, 34 p.

Relación circunstanciada de todas las obras públicas que se han emprendido y continuado en la Isla de Puerto Rico en el año de 1829, por disposición del Excmo. Sr. D. Miguel de la Torre. Imp. del Gobierno, San Juan, P. R., 1830, 34 p. [Hemos visto estas relaciones publicadas anualmente por la Imp. del Gobierno hasta el año 1835.]

Renuncia del Secretario del Interior. B. H. P. R , 1919, vol. 6 : 120.

Servicios públicos. El Fomento de Puerto Rico. (Rev. quincenal.) San Juan, P. R., 1864, vol. 2 : 252-258.

Servicios públicos. [Hacienda, Comisiones, Registro de la Propiedad, Obras públicas, Juntas examinadoras, Policía, Prisiones, etc.] En *El Libro de Puerto Rico,* 1923, cap. V: 226-285.

Translation of collection of laws referring to public works in Porto Rico. From the original in Spanish by Francisco Fontanals y Martínez (1896). War Dept. Division of Customs and Insular Affairs, 1899. Gov. Prtg. Off., Wa., 1899, 112 p.

Véanse los informes anuales del Comisionado del Interior al Hon. Gobernador de Puerto Rico. Véase también *Acueductos.*

2. RIEGOS

BARRET, O. W.: *Proyecto del riego de Isabela.* Rev. Agr., julio de 1927, vol. 19, núm. 1: 42.

COLÓN, EDMUNDO D., and BERROCAL, J. E.: *An Experiment on Drainage by means of Pumps.* Jour. Dept. Agr., Oct. 1925, vol. 9, N° 4. Abstract: Internacional Sugar Jour., May 1927, vol. 29: 239-240.

ELLIOTT, C. G.: *El drenaje.* Depto. del Interior de Puerto Rico. Neg. Agr. y Minas, San Juan, P. R., 1904, Bol. Agr., núm. 23: 5.

GILES, G. M.: *Some notes on tile drainage on the south coast of Porto Rico.* Jour. Dept. Agr., April 1924, vol. 8, N° 2.

GONZÁLEZ, RAFAEL A.: *Porto Rican irrigation project has novel features.* Engineering News, Jan. 25, 1923, vol. 90: 161-164.

——: *Proyecto de riego de Isabela.* Rev. Obs. Púb., marzo de 1924, año I, núm. 3: 120.

——: *Conferencia sobre el sistema de riego en Isabela.* Rev. Agr., agosto de 1928, vol. 21, núm. 2: 41; v. también vol. 24, núm. 12.

——: *Servicio de riego de Isabela.* (Informe anual.) Rev. Obs. Púb., noviembre de 1930, núm. 11: 293.

——: *Servicio de riego de la costa Sur.* Rev. Obs. Púb., abril de 1925, año II, núm. 16: 493.

HERNÁNDEZ, ALBERTO: *¿Es el drenaje beneficioso a la Agricultura?* Rev. Agr., junio de 1928, vol. 20, núm. 6: 278.

LUCHETTI, ANTONIO A.: *Servicio de riego de Guayama.* Rev. Obs. Púb., marzo de 1924, año I, núm. 3: 100. [V. también el núm. 62.]

——: *Servicio de riego de la costa Sur y utilización de las fuentes fluviales.* (Informe.) Rev. Obs. Púb., noviembre de 1930, núm. 11: 288.

——: *Servicio de riego de Puerto Rico.* Rev. Agr., junio de 1930, vol. 24, núm. 12: 258.

MENÉNDEZ RAMOS, RAFAEL: *El problema de desagüe en los suelos de barro impermeable de Cuba.* Rev. Agr., mayo de 1930, vol. 24, núm. 11: 184. [Hace alusiones a los de Puerto Rico.]

PAGE ROSS, L.: *Implement tillage for irrigation.* Jour. Dept. Agr., April 1924, vol. 8: 16-21. [También en Sugar, Wawerly Place, N. Y., Feb. 1926, vol. 28: 75.]

RODRÍGUEZ, JORGE, y ARRILLAGA, ANTONIO: *Desarrollo del riego en Puerto Rico.* Rev. Obs. Púb., mayo de 1928, año V, núm. 53: 1609.

ROMEU AGUAYO, RAFAEL: *El canal de Guayama.* Rev. Obs. Púb., julio de 1925, año II, núm. 19: 555.

SERRANO, LUIS A.: *Primeras experiencias de la Agricultura bajo riego en Isabela.* Rev. Agr., agosto de 1930, vol. 15, núm. 2: 57.

El sistema de riego en Puerto Rico. Resumen histórico. Rev. Obs. Púb., junio de 1925, año II, núm. 18: 525.

Riego. Resumen histórico. En *Informe del Comisionado del Interior al Hon. Gobernador de Puerto Rico.* Neg. Mat. Imp., 1919, p. 325.
Servicio de riego de la costa Sur de Puerto Rico y utilización de las fuentes fluviales. Rev. Obs. Púb., febrero de 1930, año VII, núm. 2: 46.
Servicio de riego de Puerto Rico. Sistema de riego. Provisión de aguas. En *Informe del Comisionado del Interior al Hon. Gobernador de Puerto Rico.* Neg. Mat. Imp., 1919, p. 330.

Véase *Hidrografía:* acueductos.

3. COMUNICACIÓN Y TRANSPORTE

AYUSO, DOMINGO: *Memoria que comprende la nueva vigorización y reformas introducidas en el Cuerpo de Comunicaciones... de Puerto Rico desde 1889 hasta la fecha.* Imp. El Boletín Mercantil, San Juan, P. R., 1895, 38 p.
FERRÍN, A. W.: *New York and Porto Rico Steamship Co.* Moody's Magazine, N. Y., March 1917, vol. 20: 127.
HILL, ROBERT T.: *Transportation, Agriculture, Industry and Commerce.* En *Cuba and Porto Rico.* Century, N. Y., 1903, chap. XVII.
KRAUSZ, S.: *Transportation in Porto Rico.* Book Lover Magazine, N. Y., 1904, vol. 5: 503
Anuario oficial de Comunicaciones de Puerto Rico. Redactado y publicado por la Administración general del Ramo. Imp. del Gobierno, San Juan, P. R., 1890. El segundo se publicó en la Imp. El Boletín Mercantil, San Juan, P. R., 1892, 203 p.; el tercero en la misma Imprenta, 1893, 171 p.; el cuarto, 1894, 179 p.
Comercio, Finanzas y Comunicaciones. [Desarrollo, Asociaciones, Tratados, Bancos, Aduanas, Puertos, Servicio postal, Telégrafos, Teléfonos, Cables, Radio, Comunicación naval.] En *El Libro de Puerto Rico,* 1923, cap. X: 648-721.
El automóvil en Puerto Rico. (Revista.) San Juan, P. R., del año I, núm. 1, al año VI, núm. 71, enero de 1931.
Ley de automóviles de Puerto Rico decretada en abril 13, 1910. (Departamento del Interior. Neg. Mat. Imp., 1916, 12 p.)
Reglamento orgánico del Cuerpo de Comunicaciones de la Isla de Puerto Rico. Aprobado por Real orden núm. 233, de 17 de junio de 1891, que rige desde el 11 de julio del mismo año. Imp. El Boletín Mercantil, San Juan, P. R.. 1891, 16 p.

4. OBRAS GENERALES

1) Carreteras y caminos.

BARKER, E. EUGENE: *La arboleda de las carreteras.* Rev. Agr., octubre de 1920, vol. 5, núm. 4: 41.

CASTILLO, JUAN E.: *El puente de San Antonio.* Rev. Obs. Púb., marzo de 1926, año III, núm. 27: 776.

——: *El puente La Aurora.* Rev. Obs. Púb., noviembre de 1929, año VI, núm. 71: 211.

——: *La carretera central.* Su historia. Rev. Obs. Púb., diciembre de 1929, año VI, núm. 72: 316; año VII, núm. 1: 21; núm. 2: 36; núm. 3: 64; núm. 4: 95; núm. 5: 126; núm. 6: 143.

DINWIDDIE, W.: *Porto Rico: The Military Road.* Harper's Weekly, N. Y., Nov. 26, 1898, vol. 42: 1163.

DOMENECH, MANUEL V.: *Roads in Porto Rico.* Overland Monthly, San Francisco, California, April 1919, vol. 73: 321.

DONNET, B.: *Las carreteras en la Isla de Puerto Rico.* Madrid, 1897, 16 p.

GANDÍA CÓRDOVA, RAMÓN: *Caminos vecinales.* Rev. Agr., junio de 1919, vol. 3, núm. 1: 1.

——: *Las carreteras de Puerto Rico comparadas con las de los Estados Unidos.* Rev. Obs. Púb., marzo de 1928, año V, núm. 51: 1545.

LAVIS, F.: *Tipos de carreteras y costo de conservación en Puerto Rico.* Rev. Obs. Púb., junio de 1926, año III, núm. 30: 882.

LÓPEZ LANDRÓN, RAFAEL: *La construcción de puentes.* En *Cartas abiertas al pueblo de Puerto Rico.* Imp. Unión Obrera, Mayagüez, P. R., 1911, carta 12, p. 60.

NIN Y MARTÍNEZ, ANTOLÍN: *Nuestra red de carreteras insulares y los caminos vecinales que son su complemento.* Rev. Obs. Púb., diciembre de 1929, año VI, núm. 72: 329; año VII, núm. 1: 15; núm. 4: 93.

ORTEGA, ENRIQUE: *Las buenas carreteras.* Rev. Obs. Púb., febrero de 1925, año II, núm. 14: 440.

STIERLE, A.: *Road construction.* Ann. Am. Acad. Pol. Sci., Nov. 1902, vol. 20: 663.

TUR, JACOBO: *Los puentes de Arecibo.* Rev. Obs. Púb., diciembre de 1926, año III, núm. 36: 1057.

Artículos adicionales al Reglamento de la Junta directiva de Caminos y Canales de esta Isla, aprobado en 3 de noviembre de 1848. Imp. del Gobierno, San Juan, P. R, 1852, 8 p.

Breves datos históricos sobre las primeras carreteras insulares construidas. En *Informe del Comisionado del Interior al Hon. Gobernador de Puerto Rico.* Neg. Mat. Imp., 1919, p. 21.

Construcción de carreteras y puentes, años de 1871-1899 y 1899-1919. En *Informe del Comisionado del Interior al Hon. Gobernador de Puerto Rico.* Neg. Mat. Imp., 1919, p. 18.

Construcción de carreteras y puentes en el año económico de 1923-1924. (Del Informe anual del comisionado Sr. Esteves.) Rev. Obs. Púb., octubre de 1924, año I, núm. 10: 339. [V. los Informes anuales del Comisionado del Interior para otros años.]

Método que se utiliza en la construcción del afirmado y asfaltado de las carreteras insulares. Rev. Obs. Púb., abril de 1927, año IV, núm. 40: 1205.

Nedd of Good Roads [in Porto Rico.] Munsey, July, 1889, vol. 21: 486.

Por qué la carretera central pasa por Cayey y no por Cidra. B. H. P. R, 1915, vol. 2: 196.

Real cédula al Consejo, Justicia y Regidores de la Isla de San Juan, concediéndoles el producto de penas de cámara para hacer puentes, caminos y calzadas. B. H. P. R., 1915, vol. 2: 50.

Reglamento de carruajes. Tip. de la Revista de Puerto Rico, Ponce, P. R. [1892?], 15 p.

Reglamento económico administrativo del ramo de caminos vecinales de la provincia de Puerto Rico. Imp. El Boletín Mercantil, San Juan, P. R., 1879, 43 p. [Hay otro igual publicado por la Imp. J. J. Acosta, San Juan, P. R., 1859, 20 p.]

Reglamento para el gobierno de la Junta directiva de Caminos y Canales de la Isla de Puerto Rico. [Carece de portada, fecha y lugar.]

Reglamento para la conservación y policía de las carreteras de la Isla de Puerto Rico. Tip. de J. González Font, San Juan, P. R., 1884, 10 p. [Hay otra ed., 1902, 11 p.]

Reglamento para la organización y servicio de los peones camineros en la Isla de Puerto Rico. Tip. de J. González Font, San Juan, P. R., 1885, 13 p.

Reglamento para las Juntas subalternas de Caminos en la Isla de Puerto Rico, aprobado por el Excmo. Sr. Gobernador, Capitán general de la misma. Imp. de Gimbernat, San Juan, P. R., 1849, 21 p.

2) *Ferrocarriles.*

ACOSTA, JOSÉ JULIÁN: *Discurso en la inauguración del primer trozo de Martín Peña a Río Grande del ferrocarril de circunvalación.* Imp. J. J. Acosta, San Juan, P. R., s. f.

BAILEY, W., and WHITFIELD DIFFIE, JUSTINE: *Public Utilities, Railroads and other Investments.* En *Porto Rico: A Broken Pledge.* N. Y, 1931, cap. VI.

HILL, ROBERT T.: *Railway Stations.* En *Cuba and Porto Rico.* Century, N. Y., 1903. Appendix VII.

LUCHETTI, M.: *Étude sur les chemins de fer secondaire a Porto Rico.* Imp. Chaix, Paris, 1892, 56 p.

LLUVERAS, A. MATELL: *Need of electric tramways in Porto Rico.* (The exploitation of electric tramways in Porto Rico.) Engineering Magazine, N. Y., Feb. 1899, vol. 16: 799.

REAL, CRISTÓBAL: *Ferrocarriles* El primer tranvía En *La Ominosa España,* P. R., 1905, p. 93.

Compañía de ferrocarriles de vía estrecha de Mayagüez. Memoria presentada a la Junta general de accionistas por el Consejo de Administración de la misma en 31 de enero de 1897. Imp. Fernández, P. R., 1897, 39 p.

Compagnie des chemins de fer de Porto Rico. L'Economiste Française, Paris, 1904, Année 32, vol. 2: 329.

Concesiones de ferrocarriles y tranvías en Puerto Rico. B. H. P. R., 1917, vol. 4: 88.

El ferrocarril de la capital a Arecibo. El Fomento de Puerto Rico. (Rev. quincenal.) San Juan, P. R., 1864, vol. 2: 131-138.

Ferrocarriles de Puerto Rico. Reglamentos generales. Ley de policía y Reglamento para su ejecución. Reglamento de señales especiales para el servicio de exportación. Imp. El Boletín Mercantil, San Juan, P. R , 1890, 183 p.+.

Ferrocarriles y tranvías. (Resumen histórico.) De los Informes del Comisionado del Interior. Rev. Obs. Púb., febrero de 1926, año III, núm. 26: 711. [V. los Informes anuales del Comisionado del Interior.]

Las obras proyectadas. Los ferrocarriles. La crisis y la situación del país. El billete del Tesoro, forma de pago y su atraso. Conversión de esta deuda. El crédito público. Tip. El Asimilista, P. R., 1885, 36 p.

Ley de ferrocarriles para la Isla de Puerto Rico. Hecha extensiva a la misma por Real decreto de 9 de diciembre de 1887. Imp. de J. González Font, San Juan, P. R., 1888, 115 p.

Proyecto de Estatutos para la Compañía general de Ferrocarriles de vía estrecha de Mayagüez, Puerto Rico. Imp. El Progreso, Mayagüez, P. R., 1895, 14 p.

Translation of public law of Railroad of Porto Rico and regulations for its application, promulgated Feb. 17, 1888. War. Dept. 1899, 37 p.

Translation of the law of Railroads for the Island of Porto Rico, granted to the Island by Royal Decree of Dec. 9, 1887, and promulgated in Porto Rico on January 10, 1888. [War. Dept.] Gov. Prtg. Off., Wa., 1899, 45 p.

3) Telégrafo, teléfonos, cables, etc.

ACOSTA, JOSÉ JULIÁN: *El teléfono.* Conferencia pronunciada en el Ateneo de Puerto Rico el 13 de abril de 1879. Imp. Acosta, San Juan, P R., 1878, 15 p.

BLANCO FERNÁNDEZ, ANTONIO: *Historia de los primeros ensayos e instalación definitiva del telégrafo en Puerto Rico.* En *España y Puerto Rico, 1820-1930.* Imp. Cantero, Fernández & Cía., San Juan, P. R., 1930, p. 322.

——: *El teléfono.* En *España y Puerto Rico, 1820-1930.* Imp. Cantero, Fernández & Cía., San Juan, P. R., 1930, p. 324.

——: *Compañías cablegráficas* [*de Puerto Rico*]. En *España y Puerto Rico, 1820-1930.* Imp. Cantero, Fernández & Cía., San Juan, P. R., 1930, p. 325.

CASSADY, J. H.: *La estación naval de telégrafo inalámbrico de Cayey.* Rev. Obs. Púb., septiembre de 1925, año II, núm. 21: 591.

COLL Y TOSTE, C.: *Rectificación histórica. Sobre Morse y la invención de su telégrafo en Puerto Rico.* B. H. P. R., 1924, vol. 11: 262.

ESTEVES, GUILLERMO: *Negociado del telégrafo insular. Resumen histórico.* Primeros ensayos. (Del Informe anual del Comisionado.) Rev. Obs. Púb., agosto de 1924, año I, núm. 8: 278; núm. 9: 303; núm. 10: 327.

GREELY, A. W.: *Report on Military Telegraph Lines in Porto Rico.* Gov. Prtg. Off., Wa., 1900, 100 p.

REAL, CRISTÓBAL: *Obras públicas. Telégrafos.* En *La Ominosa España.* P. R., 1905, p. 75.

ÚBEDA DELGADO, MANUEL: *Apuntes de Telegrafía militar.* Imp., Lib. y Encuad. de Menor Hnos., Toledo, 1886, 152 p. [Con grabados después del Índice.]

Book of Rules and Instructions. Jan. 1906, Bur. Supp. Prtg. [1906], 62-VIII p. (Bureau of Insular Telegraph.)

Decretos referentes a los Semáforos y Reglamento para el servicio de los mismos. Depósito Hidrográfico, Madrid, 1872, 39 p.

Documento para la historia de la telegrafía de Morse en Puerto Rico. B. H. P. R., 1922, vol. 9: 357.

El primer cablegrama de San Juan a los Estados Unidos, por un americano. B. H. P. R., 1919, vol. 6: 73.

El 21 de agosto de 1821 se inaugura un nuevo servicio cablegráfico en Puerto Rico. B. H. P. R., 1921, vol. 8: 243.

Establecimiento del cable submarino entre esta Isla y la de Saint Thomas, en 1870. B. H. P. R., 1915, vol. 2: 162.

High-power radio station, Island of Porto Rico. Communication submitting estimate of appropriation for establishment of high-power radio station on the Island of Porto Rico. House Doc. N° 259, 65th Cong., 1st. sess., July 13, 1917, vol. 35: 7300.

Negociado del Telégrafo Insular. Resumen histórico. (Primeros ensayos.) En *Informe del Comisionado del Interior al Hon. Gobernador de Puerto Rico.* Neg. Mat. Imp., 1919, p. 267.

Negociado del Telégrafo Insular. Tarifas telegráficas. Neg. Mat. Imp., 1923, 43 p. (Depto. del Interior.)

Orden aprobando el establecimiento telegráfico eléctrico desde la capital a Arecibo, en la Isla de Puerto Rico, en 1869. B. H. P. R., 1922, vol. 9: 125.

Orden disponiendo la forma en que han de verificarse los gastos del personal y material de la línea telegráfica entre la capital y Arecibo. B. H. P. R., 1922, vol. 9: 373.

Orden y Reglamento para el establecimiento de una red telegráfica en la Isla de Puerto Rico. B. H. P. R., 1922, vol. 9: 375.

Prohibición de circular telegramas de Estados Unidos. B. H. P. R., 1919, vol. 6: 49.

Prohibición de telegramas particulares en claves. B. H. P. R., 1919, vol. 6: 43.

S. M. el Rey aprueba provisionalmente las tarifas del cable submarino. B. H. P. R., 1915, vol. 2: 163.

Tarifa del cable submarino. B. H. P. R., 1915, vol. 2: 163.

[*Telégrafos, teléfonos, cables, radio,* etc.] En *El Libro de Puerto Rico,* 1923, cap. X.

Telégrafos en Puerto Rico en 1870. B. H. P. R, 1922, vol. 9: 375.

d) Correos.

BEAMUD, JOAQUÍN: *Cuentas hechas. Tablas para el franqueo de cartas, telegramas, medicinas y muestras sin valor, y para la reducción de moneda oficial a corriente.* Imp. de J. Haro & Cía., Mayagüez, P. R., 1893, 14 p.

CALLEJO, FERNANDO: *El servicio de Correos y Cajas de Ahorro postales.* En *Conferencias Dominicales dadas en la Biblioteca Insular de Puerto Rico.* Bur. Supp. Prtg., 1914, p. 200.

COLL Y TOSTE, C.: *Historia del servicio de Correos en Puerto Rico.* B. H. P. R., 1918, vol. 5: 224.

MARTOS, CRISTINO: ... *Dictamen sobre la exposición dirigida a las Cortes por el marqués de Campo ofreciendo ejecutar sin subvención del Estado el servicio de Correos marítimos entre la Península, las Islas de Cuba, Puerto Rico, Golfo de Méjico y Mar de las Antillas.* Madrid, 1882.

MÉNDEZ, BALDOMERO JOSÉ: *Noticia alfabética de las administraciones de Correos de la Península, Islas Baleares, Puerto Rico, Cuba y Filipinas.* Orihuela, 1842.

Arrangement for exchange of postal money orders between the United States and Porto Rico. (Signed San Juan, April 20, 1899, approved May 19, 1899.) 4 p. Post-Offiice Dept.

Datos estadísticos del servicio de Correos de la Isla de Puerto Rico. Correspondientes al año 1861. Imp. de D. I. Guasp, P. R., 1862, 19 p. +.

Guía postal y Directorio general de Puerto Rico. Trad. y recopilación por Juan de Choudens Jr. Imp. El Boletín Mercantil, San Juan, P. R., 1911, 299 p.

Ordenanza general de Correos, publicada en el año 1794. Imp. de J. Guasp, P. R., 1845, 40 p.

Origen del uso del sello de correos en Puerto Rico. B. H. P. R., 1916, vol. 3: 142.

Porto Rico Postal Committee. Report of committee to investigate postal service of Porto Rico. Nov. 11, 1898, 37 p. [También en Post-Office Dept. Reports, 1898, p. 29-65.]

Postal Service. Cong. H. R. 7972, act to improve administration of postal service in Hawaii, Porto Rico and Virgin Islands. (Became law by limitation of time, Oct. 28, 1919, without approval.) 1 P. (Public 67, 66th Cong.) [También en Statutes at Large, vol. 41, pt. 1: 323.]

Postal Service. Post-Offices and Post Roads Committee. Senate. Postal service in territory of Hawaii, report to accompany H. R. 7972 (to improve administration of postal service in Hawaii, in Porto Rico and Virgin Islands). Submitted by Mr. Townsend. Oct. 7, 1919.

Report of Porto Rico Postal Committee to investigate postal service of Porto Rico. Nov. 11, 1898, 37 p. [También en Post-Office Dept. Reports, 1898, p. 26-65.]

[*Servicio Postal.*] En *El Libro de Puerto Rico.* 1923, cap. X.

Tarifa general de Correos para las Islas de Cuba, Puerto Rico y Filipinas. Imp. La Propaganda Literaria, 1897, 13 p.

Vapores correos de las Antillas. El Fomento de Puerto Rico. (Rev. quincenal.) San Juan, P. R., 1863, vol. 1: 110-118; 135-140.

5) Muelles y Puertos.

[Aldea Berenguer, Manuel]: *Memoria relativa al progreso y adelanto de las obras de este puerto durante el año económico de 1892-1893.* Imp. Sucesión J. J. Acosta, San Juan, P. R., 1894, 157 p.

[Asenjo, Federico]: *Memoria relativa al progreso y adelanto de las obras del puerto de San Juan de Puerto Rico, durante el año económico de 1891-1892.* Imp. Sucesión J. J. Acosta, San Juan, P. R., 1892, 172 p.

Dillon, F. P.: *Servicio de faros de los Estados Unidos en Puerto Rico.* Rev. Obs. Púb., marzo de 1925, año II, núm. 15: 453.

——: *Desarrollo del sistema de faros en Puerto Rico.* Rev. Obs. Púb., abril de 1926, año III, núm. 28: 779.

Gadea, Enrique: *Memoria sobre el progreso y adelanto de las obras del puerto de San Juan de Puerto Rico durante los años económicos de 1884-1885 y 1885 a 1886.* Tip. González & Cía., San Juan, P. R., 1887.

GANDÍA CÓRDOVA, RAMÓN: *El alumbrado de las costas de Puerto Rico.* Rev. Obs. Púb., marzo de 1926, año III, núm. 27: 747.

NADAL, R. A.: *El puerto de San Juan.* La Compañía de Vapores. Breve historia de la Porto Rico Line. Rev. Obs. Púb., octubre de 1925, año II, núm. 22: 627.

NEWCOMER, H. C.: *Rivers and Harbors.* Report upon river and harbor improvement in district of Porto Rico. (Fiscal year 1922.) Engineering Dept. Report, 1922, pt 1: 1989-1994.

WILSON, E. E.: *Report upon river and harbor improvement in district of Porto Rico.* (Fiscal year 1921.) Engineering Dept. Report 1921, pt. 1: 1966-1970.

Buoys. Lighthouses Bureau. West Indies of United States, buoy list, Porto Rico and adjacent Islands, 9th lighthouse district, 1921, corrected to Nov. 15, 1921, 24 p. (Includes Guantanamo Bay on South coast of Cuba and the Virgin Island.)

Customs tariff and regulations for ports in Porto Rico in possession of United States. 1898, 42 p. (War Dept.) [Otra ed., enmendada, 1899, 108 p.]

División de muelles y puertos. Resumen histórico. En *Informe del Comisionado del Interior al Hon. Gobernador de Puerto Rico.* Neg. Mat. Imp., 1919, p. 302. [V. Rev. Obs. Púb., mayo de 1925, núm. 17: 503. Véanse en Informes Anuales del Comisionado del Interior.]

Documentos relativos a la subasta de las obras del puerto de San Juan de Puerto Rico. Imp. de J. González Font, San Juan, P. R., 1883, 23 p. +.

El puerto de Arecibo. Informe de la Cámara de Comercio de Puerto Rico. Rev. Obs. Púb., mayo de 1926, año III, núm. 29: 824.

Habilitación de puertos en la Isla. B. H. P. R., 1914, vol. 1: 282.

Instrucción aprobada por el Rey para el establecimiento y gobierno de un gremio de gente de mar matriculada en la Isla de San Juan de Puerto Rico y sus aguadas. Imp. de Real Marina, España, 1796, 32 p.

Junta de Obras del Puerto de San Juan. Memoria que manifiesta el estado y progreso de las obras de mejora de dicho puerto y cuenta de ingresos y gastos durante el año económico 1890-1891. Imp. El Boletín Mercantil, San Juan, P. R., 1892, 106 p.

Memoria de The Insular Dock Company. Tip. Cantero, Fernández & Cía., San Juan, P. R., 1920, 20 p. [Hay otra ed. de 1922.]

Memoria sobre el progreso y adelanto de las obras del puerto de San Juan de Puerto Rico durante el año económico de 1884-1885. Tip. González & Cía., San Juan, P. R., 1885, 15 p. [Hay otras de 1887, 1894, 1895, 1896, etc.]

Ley de puertos vigente en la Isla de Puerto Rico, según Real orden de 5 de febrero de 1886. Imp. de J. González Font, San Juan, P. R., 1886, 32 p.

Ley y Reglamento para el servicio de muelles y puertos de Puerto Rico. Bur. Supp. Prtg., 1907, 35 p. [Hay otra ed.: 1912, 40 p.]

Orden aprobando el proyecto de alumbrado marítimo en la Isla de Puerto Rico. B. H. P. R., 1923, vol. 10 : 53.

[*Puertos*.] En *El Libro de Puerto Rico*, 1923, cap. X.

Refutación por la Junta directiva de la Empresa Marítima Puertorriqueña al artículo publicado por «El Boletín Mercantil», en su número de 25 de febrero de 1883, P. R., 1883, 13 p.

Reglamento de policía que debe observarse en los muelles de esta plaza, dispuesto por la Junta de Comercio de la misma y aprobado por Real orden de 15 de diciembre de 1854. Imp. de Ignacio Guasp, P. R., 1855, 8 p.

Relación del movimiento y progreso marítimo del Puerto de San Juan durante los últimos veinte años. En *Informe del Comisionado del Interior al Hon. Gobernador de Puerto Rico*. Neg. Mat. Imp., 1919, p. 312.

Se suprime la Junta de Obras del Puerto y se suspenden sus trabajos. B. H P. R., 1919, vol. 6 : 111.

Para las costas de Puerto Rico, v. *Cartografía*.

ch. — HACIENDA PÚBLICA

ADAMS, T. S.: *Finance of Porto Rico under the Spanish and American Government*. American Economic Assoc. Publications, N. Y., 1902, vol. 3 : 314.

ADRIANSEUS, JOAQUÍN: *Reseña de la gestión de la Hacienda pública de Puerto Rico*, P. R., 1880, 14 p.

ÁLVAREZ, GABRIEL: *Instrucción provincial para el régimen del Tesoro público de esta Isla, aprobada por el Excmo. Sr. Gobernador Superior civil a propuesta de la Intendencia general de Hacienda pública, en 25 de julio de 1867*. Imp. del Gobierno, San Juan, P. R., 1867, 32 p.

HOLLANDER, J. H.: *Finances of Porto Rico*. Independent, N. Y., Oct. 10, 1901, vol. 53 : 2402. [V. Political Sci. Quarterly, N. Y., Dec. 1901, vol. 16: 553. Hay reimpresión de este último: Ginn. Co., Boston, 1901.]

LEDRÚ, ANDRÉS PEDRO: *Administración política y civil*. Ingresos. Egresos. Régimen eclesiástico. En *Viaje a la Isla de Puerto Rico en el año 1797*. Imp. Militar de J. González, San Juan, P. R., 1863, cap. VI.

LÓPEZ DE ACEVEDO, MIGUEL: *Memoria que el Excmo. e Ilmo. Sr. Superintendente delegado de la Real Hacienda ——, presenta a su sucesor, el Sr. D. Perfecto Valdés Argüelles*. P. R., 1852.

LUJÁN, MANUEL E.: *Manual del Auditor*. Ley municipal núm. 53, comentada y anotada con las ideas expuestas respecto a la interpretación de sus preceptos. Gen. Printing Works. Arecibo, P. R., 1930, 110 p.

MORALES, JOSÉ PABLO: *Historia de la contratación en Puerto Rico*. En *Misceláneas históricas*. Tip. La Correspondencia, San Juan, P. R., 1924, p. 94.

Sanromá, Joaquín María: *Puerto Rico y su Hacienda.* Imp. Fortanet, Madrid, 1873, 96 p.

Abono de un millón de pesetas del Tesoro peninsular al Tesoro insular. B. H. P. R., 1919, vol. 6: 44.

Acta de la Junta provisional de Hacienda de 20 de mayo de 1813. [P. R., 1813], 27 p.

Annuals Reports of the Governor of Porto Rico to the President of the United States. 1900-1930. [Contienen estadísticas y balances anuales del Tesorero de Puerto Rico.]

Balanza mercantil de la Isla de Puerto Rico, correspondiente al año 1838. Imp. de Dalmau, San Juan, P. R., 1839, 22 p.

Comercio, finanzas, comunicaciones. [Desarrollo, Asociaciones, Tratados, Bancos, Aduanas, Puertos, Servicio postal, Telégrafos, Teléfonos, Cables, Radio, Comunicación naval.] En *El Libro de Puerto Rico,* 1923, cap. X: 648-721.

Decreto de la administración económica y contabilidad de Ultramar, de 12 de septiembre de 1870, e instrucción para llevarlo a efecto, de 4 de octubre del mismo año, acompañada de los modelos de libros, documentos y cuentas principales. Imp. Rojas, 1870, 42 p. +.

[*Hacienda.*] En *El Libro de Puerto Rico,* 1923, cap. V.

Información proeedente de la oficina del Aditour dc Puerto Rico. (Impreso para el uso de los legisladores.) Neg. Mat. Imp., 1931, 33 p.

Informe de Hacienda nacional con las observaciones que de suyo arrojan las bases en que está fundado. Imp. del Gobierno, San Juan, P. R., 1827, 9 p.

Informe sobre el situado o dinero enviado a Méjico para auxiliar las cajas reales de Puerto Rico. B. H. P. R., 1918, vol. 5: 365.

Instrucción para el servicio de contabilidad de las Juntas provinciales de Instrucción pública de las Islas de Cuba y Puerto Rico, en cumplimiento del Real decreto de 1.º de febrero de 1894. [Carece de portada.] 43 p.

Instrucción aprobada provisionalmente relativa al modo de proceder para hacer efectivos los débitos a favor de la Hacienda pública. Imp. Sancerrit, San Juan, P. R., 1875, 37 p.

Instrucción aprobada por Real decreto de 3 de diciembre de 1880 relativa al modo de proceder para hacer efectivos los debitos a favor de la Hacienda pública. Imp. Acosta, San Juan, P. R., 1881, 37 p. [Hay otras eds: 1884, 26 p. +; 1887, 61 p.

Instrucciones para el Contador de San Juan. B. H. P. R., 1915, vol. 2: 57.

Liquidación definitiva de la Diputación provincial de Puerto Rico. B. H. P. R., 1919, vol. 6: 149.

Memoria. Intendencia general de Hacienda pública de Puerto Rico. Imp. R. Velasco, Madrid, 1885, 16 p.

Ordenanza y Reglamento de 30 de abril de 1855 para los Tribunales de

Cuentas de Ultramar, y Reales disposiciones que con posterioridad a aquéllas se han expedido y tienen relación con dichos Tribunales. P. R., 1864.

Poor Porto Rico. (Finances) Nation, N. Y., March 1930, vol. 130: 287.

Porto Rican Finance. Outlook, N. Y., July 24, 1909, vol. 92: 669.

Real decreto de 27 de febrero de 1852 sobre contratación de servicios por cuenta del Estado e instrucción provincial para el cumplimiento de las disposiciones que contiene en la parte relativa a los ramos que están a cargo de las oficinas generales de Hacienda pública. Imp. J. J. Acosta, San Juan, P. R., 1859, 19 p. (Ed oficial.)

Real orden respecto a los ministros de Real Hacienda en el puerto de la Aguadilla en 1779. B. H. P. R, 1921, vol. 8: 267.

Reglas para la venta en pública subasta de doscientos mil pesos para el Tesoro insular. B. H. P. R., 1919, vol. 6: 44.

Reseña de la gestión de la Hacienda pública de Puerto Rico. Año económico 1879-1880. (Intendencia general de Hacienda.) Imp. del Gobierno, San Juan, P. R., 1880, 14 p.

Revised Report of the Auditor of Porto Rico and the Receipts and Expenditure of the Late Military Government of Porto Rico from July 1, 1899, to April 30, 1900, s. l., s. f. y s. p. i.

Tesoro insular. Historia hasta el año 1897. En Coll y Toste: *Reseña del estado social, económico e industrial de la Isla de Puerto Rico antes de tomar posesión de ella los Estados Unidos.* P. R., 1899, p. 378.

Véanse los Informes anuales del Gobernador de Puerto Rico al Presidente de los Estados Unidos, 1900-1930. V. también *Problemas económicos.*

1. PRESUPUESTOS

ACOSTA, JOSÉ JULIÁN, y LAIGLESIA, FRANCISCO: *Discursos pronunciados en el Congreso de los Diputados el día 10 de abril de 1880, al discutirse la sección de Fomento del presupuesto de gastos de la Isla de Cuba.* P. R., 1880, 8 p.

ADRIANSEUS, JOAQUÍN: *El presupuesto de Puerto Rico.* [1871-1872, sin portada.]

BETANCOURT, JOSÉ RAMÓN: *Discusión parlamentaria sobre autorizaciones y presupuestos de las Antillas en ambas Cámaras.* Imp. y Fundición de los Hijos de J. A. García, Madrid, 1885. [1883 a 1884 y 1885 a 1886.]

CABEZAS, MIGUEL: *Memoria relativa a la liquidación del presupuesto de 1882-1883.* P. R., 1884. (Intendencia general de Hacienda de la Isla de Puerto Rico.)

REAL, CRISTÓBAL: *Presupuestos.* En *La Ominosa España.* P. R., 1905, p. 136.

VALLE, JOSÉ G. DEL: *Presupuestos generales de la Isla.* En *A través de diez años.* Barcelona, 1907, p. 41.

WHELPLEY, J. D.: *Last Spanish Budget in Porto Rico.* Independent, N. Y., Sept. 13, 1900, vol. 52: 2206.

Economías hechas en el presupuesto de la Isla por orden del gobernador general Henry. B. H. P. R., 1919, vol. 6: 96.

Memoria.. relativa a la liquidación de los presupuestos de 1883-1884, comparada con los de 1882-1883; al resultado de la recaudación y presupuesto de 1884-1885, a la situación del Tesoro en fin de dicho año económico, a la gestión de la administración económica y al desenvolvimiento del comercio en 1884. Imp. Acosta, San Juan, P. R., 1885, 69 p. +.

Memoria... de la liquidación definitiva de los presupuestos de 1884-1885, comparada con la de los de 1883-1884. Imp. de Hacienda, 1886, 107 p. [Ingresos, pagos, situación del Tesoro, etc. Comprende también una breve reseña del comercio de importación y exportación verificado en... 1885. Situación económica y social de la Isla y circulación monetaria. Suponemos que existan otras que no hemos podido ver.]

Provincias ultramarinas y sus presupuestos. Madrid, 1864, 82 p.

Presupuestos generales de gastos e ingresos de las Islas de Cuba, Puerto Rico y Filipinas para el año 1839. Madrid, 1840.

Presupuestos generales de ingresos y gastos de las Islas de Cuba, Puerto Rico y Fernando Póo para el año 1860. Madrid, 1860, 32 p. [Con el mismo título existen presupuestos de otros años.]

Presupuestos generales de ingresos y gastos correspondientes al año económico que principia en 1 de julio de 1864 y concluye en fin de julio de 1865, aprobado por Real decreto en 21 de junio de 1864. San Juan, P. R., 114 p. (Ministerio de Ultramar.) [Aunque es de suponerse que estos presupuestos generales existan desde mucho antes, hasta que cesa la dominación española en Puerto Rico, el autor sólo ha podido conseguir los siguientes: de 1867 al 1868, 105 p.; 1874-1875, Imp. de D. Juan Aguado, Madrid, 1874, 101 p.; 1877-1878, Imp. Nacional, Madrid, 1877, 125 p. +; 1878-1879, Imp. Miguel Ginesta, Madrid, 1878, 115 p. +; 1880-1881, Imp. Manuel Ginés Hernández, Madrid, 1880, 108 p. +; 1885-1886, Imp. Rivadeneyra, 1885, 127 p.; 1888-1889, Imp. Rivadeneyra, 1888, 122 p. +; 1882-1883, Tip. El Correo, Madrid, 1882, 112 p. +; 1883-1884, Tip. El Correo, Madrid, 1883, 116 p. +; 1886-1887, Imp. Rivadeneyra, Madrid, 1886, 112 p.; 1890-1891, Imp. Rivadeneyra, Madrid, 1890, 131 p.; 1891-1892, Imp. Rivadeneyra, Madrid, 1891; 1892-1893, Imp. Rivadeneyra, Madrid, 1892, 137 p.; 1893-1894, Imp. Rivadeneyra, Madrid, 1893; 1894-1895, Imp. Felipe Pinto, Madrid, 1894, 142 p.; 1896-1897, Imp. Hijos G. M. Hernández, Madrid, 1896, 160 p. +; 1897-1898, Imp. Hijos G. M. Hernández, Madrid, 1897, 133 p.]

Presupuestos para el año económico de 1875-1876 y tarifa de arbitrios para el mismo año. Tip. González, P. R., 1875, 19 p.

Los presupuestos. [Desde el año 1850 a 1899.] En Coll y Toste: *Reseña del estado social, económico e industrial de la Isla de Puerto Rico antes de tomar posesión de ella los Estados Unidos.* P. R., 1899, p. 395.

2. CONTRIBUCIONES

AGUT Y FERNÁNDEZ, JULIÁN: *Legislación del impuesto del Timbre en España y provincias de Ultramar, concordada y anotada.* Con un prólogo de D. Modesto Fernández y González. Madrid, 1882.

BLANCO, JULIÁN E.: *Los nuevos Aranceles y el Presupuesto.* Carta del Director político, Presidente de la Delegación del Partido Liberal Puertorriqueño, al leader del mismo Partido, jefe de su representación parlamentaria en la Metrópoli. Tip. de Arturo Córdova, San Juan, P. P., 1872.

CAVANILLAS Y ARRAZOLA, JOSÉ M.: *Reglamento y Tarifas para la imposición, administración y cobranza de la contribución industrial y de comercio, con notas e indicaciones.* Tip. El Comercio, San Juan, P. R., 1893, 41 p.

COLL Y TOSTE, C.: *Reglamento para los colectores de rentas internas.* Tip. de A. Lynn e Hijos de Pérez Moris, San Juan, P. R., 1899, 14 p.

——: *Reglamento que ha de servir de guía a las Comisiones Municipales y Ayuntamientos para el impuesto de la contribución a la riqueza urbana.* Imp. Sucesión J. J. Acosta, San Juan, P. R., 1899, 15 p.

——: *Cartilla-guía para las Comisiones, Subcomisiones y Ayuntamientos de la Isla de Puerto Rico, para la contribución territorial.* Imp. Sucesión J. J. Acosta, San Juan, P. R., 1899, 46 p.

CÓRDOVA, PEDRO TOMÁS DE: *Resultado de las contribuciones que pagaron los pueblos en 1830 respecto a su riqueza y productos.* En *Memoria sobre todos los ramos de la Administración de la Isla de Puerto Rico.* Imp. Yenes, Madrid, 1838, p. 47-49.

CUTTER, R. AMMI: *Informe dirigido al Honorable Teodòro Roosevelt, gobernador de Puerto Rico, y a la Honorable Asamblea Legislativa, sobre el sistema contributivo de Puerto Rico.* (Impreso para el uso de los legisladores.) Neg. Mat. Imp., 1931, 94 p.

DINWIDDIE, W.: *Revenue and Taxes.* Harper's Weekly, N. Y., April 8, 1899, vol. 43: 345.

GÁLVEZ, F.: *Cuadro analítico del comercio, navegación y rentas de la Isla de Puerto Rico en el año 1842.* Imp. Gimbernat y Dalmau, San Juan, P. R., 1843, 25 p.

HABA Y TRUJILLO, ABELARDO DE LA: *El impuesto de Consumos en Puerto Rico.* Colección de artículos publicados en el periódico La Unión.

Tip. de A. Lynn e Hijos de Pérez Moris, San Juan, P. R., 1897, 30 p.

HOLLANDER, J. H.: *Excise Taxation in Porto Rico.* Quarterly Journal of Econom., Feb. 1902, vol. 16 : 187.

LEDRÚ, ANDRÉS PEDRO: *Ingresos y egresos.* En *Viaje a la Isla de Puerto Rico en el año 1797.* Imp. Militar de J. González, San Juan, P. R., 1863, cap. VI.

MARTÍNEZ, JOSÉ A.: *Manual de Income Tax y de Contabilidad.* (El único escrito en castellano.) Imp. La Democracia, San Juan, P. R., 1924, 461 p.

MURRAY HAIG, ROBERT: *The First step in a plan for the revision of the revenue system of Porto Rico.* Submitted to tax and revenue commission, established by the Legislature of Porto Rico by act., N° 11, approved Aug. 28, 1923. Bur. Supp. Prtg., 1925, 18 p.

ORMAECHEA, DARÍO DE: *Memoria acerca de la Agricultura, el Comercio y las Rentas Internas de la Isla de Puerto Rico.* Imp. D. C. Rufino, Madrid, 1847, 37 p. [V. B. H. P. R., 1915, vol. 2 : 226.]

ORTIZ ALIBRÁN, J. J.: *El contribuyente.* Imp. Germán Díaz, San Juan, P. R., 1917, 106 p.

PAZ, PÍO DE LA: *Desde Puerto Rico. El Bill de Rentas. La protesta del país.* The Puerto Rico Herald, N. Y., Aug. 3, 1901, año I, núm. 4.

PLEHN, CARL C.: *Revenue systems of state and local Government.* Reprinted from the Census Report on Wealth, Debt and Taxation. Gov. Prtg. Off., Wa., 1907, p. 617.

ROSA, FERNANDO DE LA: *Las contribuciones aumentan.* Descontento general. Ley absorbente. The Puerto Rico Herald, N. Y., Sep. 13, 1902, vol. 2, núm. 62: 135.

SEDANO Y AGRAMONTE, JOSÉ: *Nueva Ley del Timbre y Sello del Estado, y Reglamento, Tarifas e instrucciones para la organización del Registro mercantil en las Islas de Cuba y Puerto Rico.* Habana, 1886, 85 p.

WILLOUGHBY, W. F.: *Insular and Municipal Finances in Porto Rico for the Fiscal year 1902-1903.* Bur. of the U. S. Census, Wa., 1905.

A Comparison of a Bill to Amend an Act Entitled an Act Temporarily to provide Revenues and a Civil Government for Porto Rico, etc. ...And the Act of April 12, 1900, known as the Foraker Act, etc... Wa., D. C., 1910.

Additional instructions relative to articles of merchandise of Porto Rican manufacture, subject to internal-revenue tax. Aug. 23, 1901. Treasury Dept., Wa., Circular N° 85, 1901. (Internal Revenue Office.)

Administración central de contribuciones y rentas de la Isla de Puerto Rico. S. p. i. y s. f.

Comité de defensa. Memoria dirigida por dicha Junta al Gobernador de Puerto Rico, relativa al Bill núm. 5 para proveer de rentas al pueblo de Puerto Rico y otros fines. Imp. Sucesión J. J. Acosta, San Juan, P. R., 1901, 18 p.

Contribuciones públicas. El Fomento de Puerto Rico. (Rev. quincenal.) San Juan, P. R., 1863, vol. 1: 32-37.

Contribución a la Isla de Vieques por primera vez en 1869. B. H. P. R., 1922, vol. 9: 370.

Documento para la historia de la tributación en Puerto Rico. [1842.] B. H. P. R., 1921, vol. 8: 365.

El impuesto de Guerra. Cartas y Telegramas. B. H. P. R., 1919, vol. 6: 46.

Hearing before the tax and revenue commission. (Created by an act entitled «an act to create a tax and revenue commission which, with the cooperation of the economy commission of the Legislative Assembly shall make a complete revision of the tax and revenue laws of Porto Rico.») Bur. Supp. Prtg., 1924, 35 p.

Instrucción para el régimen y gobierno de los investigadores de la contribución industrial y de comercio de la Isla de Puerto Rico. Imp. J. J. Acosta, San Juan, P. R., 1877, 15 p.

Instrucción para la administración del impuesto sobre cédulas personales en la Isla de Puerto Rico. Imp. Sucesión J. J. Acosta, San Juan, P. R., 1892, 38 p.

Instrucción para llevar a efecto el empadronamiento general de habitantes de la Isla de Puerto Rico, dispuesto en el artículo 3.º del Real decreto de 30 de septiembre de 1858. Imp. de I. Guasp, San Juan, P. R., 1860, 22 p. +.

Junta provincial de Registros y Amillaramientos de la Isla de Puerto Rico. Imp. del Gobierno, San Juan, P. R., 1897, 18 p. +.

Ley para proveer, temporalmente, de rentas y un Gobierno civil a la Isla de Puerto Rico y para otros fines. (Official, revised and corrected translation.) Imp. El País, San Juan, P. R., 1900, 22 p.

Otro impuesto de Guerra. Sobre los haberes civiles que se paguen por las arcas del Estado. B. H. P. R., 1919, vol. 6: 46.

Porto Rico... Insular revenue laws, with amendments incorporated to, March 14, 1907. Bur. Supp. Prtg., 1907, 61 p.

Real orden disponiendo no se suprima el tributo de las primicias. B. H. P. R., 1915, vol. 2: 144.

Reglamento general para la imposición, administración y cobranza del impuesto de la contribución industrial y de comercio en la Isla de Puerto Rico, aprobado por Real decreto de 24 de diciembre de 1875. Imp. J. J. Acosta, San Juan, P. R., 1882, 45 p.

Reglamento para la administración y cobro del impuesto de Derechos reales y de trasmisión de bienes en la provincia de Puerto Rico. Con un boleto tarifario, e Intendencia general de Hacienda pública de la Isla de Puerto Rico. Imp. de Hacienda, San Juan, P. R., 1885, 59 p.

Reglamento provisional para la administración y cobranza del impuesto de Consumos. Imp. El Boletín Mercantil, San Juan, P. R., 1886, 59 p.

Reglamento provisional de Registros y Amillaramientos para la provincia de Puerto Rico. Imp. La Cooperativa, s. f., 91 p.

Se suprime el subsidio y se crea la [contribución] territorial, industrial y de comercio. [30 de abril de 1869.] B. H. P. R., 1922, vol. 9: 323.

Se suprimen ciertas contribuciones. B. H. P. R., 1919, vol. 6: 113.

Supreme Court Decisions on imposing taxes in territories. Harper's Weekly, N. Y., June 18, 1901, vol. 18: 226.

Supresión de ciertas contribuciones e imposición de otras para dar impulso a la urbanización. B. H. P. R., 1919, vol. 6: 114.

Supresión de las cédulas personales como tributo en 1898. Orden general aprobada en 1898 para suprimir las contribuciones e impuestos establecidos por la Administración española. B. H. P. R., 1925, vol. 12: 24.

Supresión del tributo de las primicias por el general Prim. B. H. P. R., 1915, vol. 2: 145.

Tarifas de los haberes, sueldos y gratificación que deben abonarse a los diferentes Cuerpos que existen en la Isla de Puerto Rico, con las notas y explicaciones que en cada uno debe tenerse presente según sus particulares Reglamentos y Reales órdenes vigentes que en ella se citan. Imp. del Gobierno, San Juan, P. R., 1840, 30 p.

Taxing Porto Rico. Outlook, N. Y., March 17, 1900, vol. 64: 616.

Translation of the Levy and Collected Taxes in Porto Rico. Gov. Prtg. Off., Wa., 1900, 110 p. (Division of Customs and Insular Affairs. War Dept. Wa.)

Tributo de las galleras y billares en toda la Isla de Puerto Rico a favor del presupuesto insular en 1853. B. H. P. R., 1923, vol. 10: 183.

Véase *Problemas económicos.*

3. ARANCELES Y ADUANAS

ACOSTA, JOSÉ JULIÁN: *La reforma arancelaria y los Tratados de Comercio.* Imp. de Meltz, P. R., s. f.

ALZOLA, P.: *Comisión de reforma arancelaria de Cuba y Puerto Rico.* Discurso. Bilbao, 1896.

AMES, A.: *Effect of Proposed Tariff for Porto Rico.* Independent, N. Y., March 15, 1900, vol. 52: 637.

BACON, AUGUSTUS O.: *The Porto Rico Tariff.* Speech. Senate of U. S., March 22, 1900. Gov. Prtg. Off., Wa., 1900, 14 p.

BAILEY, JOSEPH W.: *Against the Porto Rico's Tariff.* Speech. H. of Rep. of U. S., Feb. 27, 1900. Gov. Prtg. Off., Wa., 1900, 16 p.

BAILEY, W., and WHITFIELD DIFFIE, JUSTINE: *The Tariff.* En *Porto Rico: A Broken Pledge,* N. Y., 1931, cap. VII.

CÓRDOVA DÁVILA, F.: *How Proposed Tariff will Affect Porto Rico.*

Speech. H. of Rep. of U. S., July 13, 1921. Gov. Prtg. Off., Wa., 1921, 4 p.

DIEGO, JOSÉ DE: *El caso de Puerto Rico y el Bill de Tarifas.* Minutas de la sesión celebrada por la Cámara de Delegados el 2 de marzo de 1913.

HOPKINS, A. J.: *Portorican Relief Bill.* Outlook, N. Y., March 10, 1900, vol. 64: 569. [V. Forum, N. Y., April 1900, vol. 27: 139.]

LARRINAGA, TULIO: *La Tarifa.* Rev. Ant., mayo de 1913, núm. 3: 113-115.

LLOYD, JAMES T.: *The Porto Rico Tariff.* Speech. H. of Rep. of U. S., Feb. 23, 1900. Gov. Prtg. Off., Wa., 1900, 8 p.

PORTER, ROBERT P.: *Reports and recommendations on the customs tariff of the Island of Porto Rico.* Treasury Dept. Doc. N° 2084. Division of Customs. Gov. Prtg. Off., Wa., 1899, 69 p.

——: *Tariff Policy of Porto Rico.* Ann. Am. Acad. Pol. Sci., Phila., May 1900, vol. 15, suppl. 171.

RUBERT, JUAN: *Exposición elevada al Excmo. Sr. Ministro de Ultramar por la Cámara Oficial de Comercio, Industria y Navegación de San Juan de Puerto Rico, emitiendo su opinión acerca de las ordenanzas y aranceles de Aduanas puestos en vigor por RR. DD. de 24 de junio y 29 de abril de 1892.* San Juan, P. R., 1892.

SLOAN, H. S.: *Tariff as a cause of Porto Rican poverty.* Current History, N. Y., March 1929, vol. 29: 993.

WHITNEY, E. B.: *The Porto Rico Tariffs of 1899 and 1900.* Yale Law Journal, New Haven, May 1900, vol. 9: 297.

A Collection of the Speeches in the Congress of the United States, 1900, on the relations of Porto Rico and the United States dealing mainly with the Porto Rican Tariff. 1900. Gov. Prtg. Off., Wa., 1900, 840 p. [Discursos de diez senadores y treinta y nueve representantes, sobre tarifas para Puerto Rico, en el Congreso de Washington.]

[*Aduanas.*] En *El Libro de Puerto Rico,* 1923, cap. X.

Amended Customs Tariff and Regulations for Ports in Porto Rico. Gov. Prtg. Off., Wa., 1899, 108 p.

Aranceles. [Tarifas, etc., desde 1899 a 1923. Consúltese la bibliografía: *Catalogue of the Public Documents U. S. ... [from the 55th to the 67th Congress.]* 1901-1930, vols. 4-16.]

Aranceles generales para el cobro de derechos de introducción y exportación, en todas las aduanas de los puertos habilitados de la Isla de Puerto Rico. Imp. Gimbernat, San Juan, P. R., 1849, 23 p. [Con el título *Aranceles generales,* hemos visto las siguientes eds.: Imp. Márquez, Mayagüez, P. R., 1850, 92 p.; Imp. Acosta, San Juan, P. R., 1857, 92 p.; Imp. Acosta, San Juan, P. R., 1881, 208 p.; Imp. Acosta, San Juan, P. R., 1882, 67 p. +.]

Cuba and Porto Rico Special Commissioner. Report on Customs Tariff of Porto Rico. Treasury Dept. [Wa.] Doc. N° 2084, Jan. 19, 1899, 69 p.

Customs Tariff and Regulations for Ports in Porto Rico in possession of the United States. Gov. Prtg. Off., Wa., 1898, 42 p.

Debate on the Porto Rican Tariff Bill. Public Opinion, March 1, 1900, vol. 28: 259.

Disposiciones creando y organizando el Cuerpo de Empleados de Aduanas de las Islas de Cuba y Puerto Rico. Ed. oficial. Imp. Nacional, Madrid, 1870, 63 p.

El caso de Puerto Rico y el Bill de Tarifas. Al Presidente y al Congreso de Estados Unidos, presentado por la Comisión Económica de Puerto Rico: Martín Travieso Jr., Antonio R. Barceló, Carlos Cabrera, Héctor H. Scoville. Progress Pub. Co., San Juan, P. R., 1913, 49 p. [Hay ed. en inglés.]

Fechas en que el Gobierno Militar americano ocupó, en 1898, las Aduanas de Puerto Rico. B. H. P. R., 1922, vol. 9: 371.

Informe emitido por la Cámara de Comercio de San Juan de Puerto Rico en contestación al interrogatorio formulado por la Comisión nombrada por el Gobierno Supremo para el estudio de la reforma arancelaria y los Tratados de Comercio. Imp. El Boletín Mercantil, San Juan, P. R. 1890, 22 p.

Instrucción para el gobierno de los depósitos de efectos, géneros y mercancías nacionales y extranjeras en la plaza de Puerto Rico. Año de 1834. Imp. del Gobierno, a cargo de D. Valeriano San Millán, San Juan, P. R., 1834, 22 p.

Instrucción reglamentaria para el servicio de las Aduanas en los puertos habilitados de la Isla de Puerto Rico. P. R. 1849, 67 p. [Hay otra ed.: Imp. Acosta, San Juan, P. R., 1857, 92 p.]

Los aranceles. Estudio económico-administrativo. El Fomento de Puerto Rico. (Rev. quincenal.) San Juan, P. R., 1863, vol. 1: 127-134.

New Customs Tariff of Porto Rico. Board of Trade Jour., March, 1899, vol. 26: 321.

Ordenanzas generales de Aduana para la Isla de Puerto Rico. P. R., 1872. [Hemos visto las siguientes eds.: Imp. El Boletín Mercantil, San Juan, P. R., 1881, 249 p.; Imp. de la Viuda de M. Minuesa de los Ríos, Madrid, 1892, 179 p.]

Orden creando una Aduana en el puerto de Guánica, habilitada para el comercio general. B. H. P. R., 1923, vol. 10: 22.

Orden del Presidente de los Estados Unidos sobre las Aduanas de Puerto Rico. B. H. P. R., 1919, vol. 6: 94.

Orden habilitando la Aduana de Humacao para el comercio exterior. B. H. P. R., 1923, vol. 10: 25.

Protectionist's Victory. Public Opinion, Feb. 8, 1900, vol. 28: 165.

Real orden de 5 de marzo de 1856. [Sobre rebaja de aranceles y otros derechos, a raíz del cólera.] Publicada como parte del apéndice de

Estudios económicos, por Federico Asenjo. Imp. Militar de J. González, San Juan, P. R., 1862, p. 75-76.

Real orden habilitando para el Comercio general la Colecturía del puerto de Guayanilla. B. H. P. R., 1922, vol. 9: 374.

Régimen arancelario establecido entre las Islas de Cuba y Puerto Rico y los Estados Unidos de la América del Norte, en virtud de Real decreto de 28 de julio de 1891 y documentos anejos. Madrid, 1891, xxiv-264 p.

Reglamento para el servicio de las Aduanas de la Isla de Puerto Rico por parte de sus empleados. Imp. de Gimbernat, San Juan, P. R., 1849, 27 p.

Reglamento para la exacción de derechos del impuesto de carga y descarga de mercancías y embarque y desembarque de viajeros. Imp. J. J. Acosta, San Juan, P. R., 1883, 6 p.

Reglamento y Tarifas de Aduana para los puertos de la Isla de Puerto Rico sujetos a la soberanía de los Estados Unidos. Traducción de la ed. oficial para mayor facilidad y beneficio del comercio. Imp. El Boletín Mercantil, San Juan, P. R., 1898, 44 p.

Repertorio alfabético para la aplicación a los productos y manufacturas importadas directamente de los Estados Unidos en Cuba y Puerto Rico del Arancel vigente, de acuerdo con las tablas definitivas del Tratado celebrado con dicha nación. Publicado en la *Gaceta Oficial.* Imp. del Gobierno y Capitanía General, Habana, 1893, 105 p.

The Tariff schedules now in force and effect in Cuba, Puerto Rico and the Philippine Islands. Gov. Prtg. Off., Wa., 1900, 326 p. [También en 56th Cong., 1st. sess. Senate. Doc. 254.]

The Porto Rican Tariff. Independent, N. Y., vol. 52, Feb. 1, 1900, p. 285; Feb. 8, 1900, p. 345; Feb. 15, 1900, p. 446; March 1, 1900, p. 517 y 559; March 8, 1900, p. 605 y 613; March 15, 1900, p. 640, 645, 671; April 12, 1900, p. 899.

——: Nation, N. Y., vol. 70, Feb. 15, 1900, p. 122; March 8, 1900, p. 178; April 19, 1900, p. 294; March 29, 1900, p. 236.

——: Outlook, N. Y., vol. 64, Feb. 24, 1900, p. 569; April 14, 1900, p. 841; vol. 65, June 13, 1900, p. 427.

——: Public Opinion, N. Y., vol. 28, Dec. 21, 1900, p. 773; March 8, 1900, p. 298.

——: Literary Digest, N. Y., April 7, 1900, vol. 20: 413.

——: Chantanguan, May, 1900, vol. 31: 118.

Tratado de Comercio con los Estados Unidos y Aranceles de las provincias de Cuba y Puerto Rico. Repertorio. Imp. del Gobierno y Capitanía General, Habana, 1891, 185 p. (Dirección General de Hacienda.)

Traslación de la Aduana de Naguabo a la punta de Santiago, puerto de Humacao, y de la Colecturía de este pueblo a Naguabo. B. H. P. R., 1915, vol. 2: 223.

1) Libre cambio.

ACOSTA, JOSÉ JULIÁN: *El sistema prohibitivo y la libertad de comercio de América.* Bosquejo histórico. B. H. P. R., 1920, vol. 7: 272.

Comercio libre. B. H. P. R., 1914, vol. 1: 283.

Conveniencia del libre concurso. El Fomento de Puerto Rico. (Rev. quincenal.) San Juan, P. R., 1864, vol. 2: 17-24.

Instrucción de lo que se ha de practicar para que tenga su entero cumplimiento mi Real intención en la libertad de comercio, que por Decreto de esta fecha concedo a mis vasallos, para que puedan hacerlo a la Isla de Cuba, Santo Domingo, Puerto Rico, Margarita y Trinidad. s. p. i, 1765, 4 hojas.

Los vecinos de San Juan piden al Rey, en 1797, puerto franco en la ciudad, y S. M. se lo niega. B. H. P. R., 1921, vol. 8: 164.

Meeting libre-cambista sobre las reformas arancelarias en las Antillas. Imp. Enrique la Riva, Madrid, 1880, dos folletos de 64 y 69 p.

2) Contrabando.

COLL Y TOSTE, CAYETANO: *Narración histórica. Un contrabando de sombreros de jipi-japa.* B. H. P. R., 1922, vol. 9: 33.

LÓPEZ LANDRÓN, RAFAEL: *El contrabando colonial.* En *Cartas abiertas al pueblo de Puerto Rico.* Imp. Unión Obrera, Mayagüez, P. R., 1911. Carta 32, p. 152. [Véase también la carta 33.]

Contrabando de harinas procedente de Filadelfia en 1768. B. H. P. R., 1924, vol. 11: 87.

Contrabando de licores. The Puerto Rico Herald, N. Y., 17 de enero de 1903, vol. 2, núm. 77: 376.

Instrucción sobre el servicio del resguardo, sus obligaciones, derechos y penas. Imp. de Gimbernat, San Juan, P. R., 1849, 73 p.

Oficio del Gobernador al Intendente para que vigile la introducción de algodón preparado, por los fines filibusteros que pueda tener. B. H. P. R., 1916, vol. 3: 54.

Reglamento orgánico del resguardo de la Isla de Puerto Rico. Imp. de Gimbernat, San Juan, P. R., 1849, 26 p. +.

4. PROPIEDAD PÚBLICA, TIERRAS, TASACIÓN

ASENJO, FEDERICO: *El catastro de Puerto Rico, necesidad de su formación y posibilidad de llevarlo a cabo,* P. R., 1890, 143 p.

BERROCAL, ENRIQUE: *Tratado de la evaluación de la propiedad urbana.* Barcelona, 1888, 260 p.

Coll y Toste, Cayetano: *La propiedad territorial en Puerto Rico.* Su desenvolvimiento histórico. Primeras tierras cedidas. B. H. P. R., 1914, vol. 1: 239.

Gandía Córdova, Ramón: *Del Catastro.* Rev. Agr., diciembre de 1921, vol. 7, núm 6: 7; vol. 9: 5.

Lebrón, Ramón: *Distribución de tierras por el Gobierno.* Rev. Agr., febrero de 1927, vol. 18, núm. 2: 89.

Meléndez Muñoz, M.: *Nuestra madre la tierra.* P. R. I., 3 de octubre de 1914, núm. 240.

——: *Nuestra tierra se nos va.* Papeles viejos... y temas actuales. P. R. I., 17 de mayo de 1919, núm. 481.

——: *La pequeña propiedad en el desarrollo agrario de Puerto Rico.* En *El Libro de Puerto Rico,* 1923, p. 728.

Moreno Calderón, Antonio: *Examen y juicio de la explotación exclusiva por el Estado de tierras, industrias, vías de comunicación, y Memoria premiada con accésit por la Real Academia de Ciencias Morales y Políticas en el concurso ordinario de 1907.* Tip. de Jaime Ratés, Madrid, 1909, 160 p.

Real, Cristóbal: *El derecho a la tierra.* En *La Ominosa España*, P. R., 1905, p. 157.

Rivera, Eugenio M.: *Valoración de las tierras.* Rev. Agr., mayo de 1930, vol. 24, núm. 11: 182.

Rivera Zayas, Rafael: *El dominio de las tierras en relación con el problema económico de Puerto Rico.* Puerto Rico. (Rev. mensual.) San Juan, P. R., noviembre de 1919, año I, núm. 7: 172-186.

Rodríguez Vera, A.: *El Día de la Tierra.* En *Agrarismo colonial y trabajo a domicilio.* P. R., 1930, cap. III: 67.

Stuyck y Reig, Juan: *División territorial de Puerto Rico y nomenclatura de sus poblaciones.* Imp. de la Viuda e Hija de Peñuelas, Madrid, 1880.

Disposiciones complementarias de Indias. Imp. Sáez Hnos., Madrid, 1930. [V. Bases para el reparto de tierra en Puerto Rico, forma de hacerlo a fin de que haya el mayor número de propietarios..., etc., vol. 3: 303.]

División de terrenos públicos y archivos. Resumen histórico. Implantación de la Ley Hipotecaria en 1880. (2) y (3). Rev. Obs. Púb., marzo de 1925, año II, núm. 15: 463; núm. 16: 483.

——: *Resumen histórico.* Origen de la Propiedad en Puerto Rico. En *Informe del Comisionado del Interior al Hon. Gobernador de Puerto Rico.* Neg. Mat. Imp., 1919, p. 224.

Expedienteo de las tierras para el reparto. B. H. P. R., 1914, vol. 1: 278.

Las tierras del duque de Crillón-Mahón y otros concesionarios. B. H. P. R., 1914, vol. 1: 280.

Origen de la propiedad. Resumen histórico. Rev. Obs. Púb., enero de 1925, año II, núm. 13: 408.

Proclama del Presidente de los Estados Unidos traspasando al pueblo de Puerto Rico ciertas tierras hasta aquí reservadas para fines de los Estados Unidos. B. H. P. R., 1921, vol. 8: 168.

Real cédula concediendo la propiedad de las tierras de Puerto Rico. B. H. P. R., 1914, vol. 1: 270. [Nombramiento para cumplir la Real cédula anterior: B. H. P. R., 1914, vol. 1: 275.]

Real orden comisionando al Fiscal de la Real Audiencia de Santo Domingo, D. Julián Díaz de Saravia, para cumplimentar la orden del reparto de tierras en Puerto Rico. B. H. P. R., 1927, vol. 14: 104.

[*Registro de la Propiedad*] En *El Libro de Puerto Rico,* 1923, cap. V.

Public Lands. [V. *Catalogue of the Public Document...* [*from the 55th to the 67th Congress.*] 1901-1930, vols. 4-16.]

Véase *Suelos y abonos.*

d.—SERVICIO CIVIL

REID, WHITELOW: *A continental union, Civil Service for the Islands and address at the Massachusetts Club, Boston.* March 3, 1900. H. Hall, N. Y., 1900, 12 p.

Civil Service Act and Rules. Porto Rican Civil Service Board. Bur. Supp. Prtg., Jan. 1, 1908, 21 p.

Civil Service in Porto Rico. Outlook, N. Y., March 9, 1912, vol. 100: 520.

Direcciones a los solicitantes de oficios en el Servicio Civil federal clasificado en Puerto Rico. [Gov. Prtg. Off., Wa.], octubre de 1912, 22 p. (Civil Service Commission.)

Información para aspirantes a nombramientos en el Servicio Civil puertorriqueño, septiembre de 1914. Bur Supp. Prtg., 1914, 55 p. (Comisión del Servicio Civil.)

Informe a los aspirantes a empleos en el Servicio Civil clasificado en Puerto Rico, abril de 1923, 22 p. (Civil Service Commission.)

Informes de la Comisión de Servicio Civil. [V. Annuals Reports of the Governor of Porto Rico, 1900-1930.]

Instrucciones a los solicitantes para los ramos de las Oficinas generales del Gobierno, de Aduanas y de Correos del Servicio Civil clasificado en Puerto Rico, marzo de 1902, 15 p. (Civil Service Commission.)

Instructions to applicants for positions in federal classified Civil Service in Hawaii and Porto Rico. [Gov. Prtg. Off.,Wa.], Oct 1915, 23 p. (Civil Service Commission.)

Ley y Reglamento del Servicio Civil. San Juan, P. R., 1914, 102 p. (Comisión del Servicio Civil.) [En inglés y español.]

Primer informe anual de la Comisión del Servicio Civil puertorriqueño. Año económico que finaliza en 30 de junio de 1908. Bur. Supp. Prtg. [1908?], 215 p. [V. los informes anuales de esta Comisión.]

e.—INSTRUCCION.—I: DOMINACIÓN ESPAÑOLA

I. ASUNTOS GENERALES

ARECCO Y TORRES, D.: *Compilación de disposiciones sobre Instrucción pública mandada a regir en la Isla de Puerto Rico desde 1.º de enero de 1878 a fines de 1889.* Imp. de Arecco e Hijos, Mayagüez, P. R., 1890, 196 p.

CARPEGNA, RAMÓN: *Prospecto del Establecimiento de Educación, fundado con permiso del Gobierno en la ciudad de San Juan Bautista de Puerto Rico,* P. R., 1832.

COLL Y TOSTE, CAYETANO: *Informe.. sobre Instrucción pública.* B. H. P. R., 1924, vol. 11 : 317.

——: *Historia de la Instrucción pública en Puerto Rico hasta 1898.* Imp. El Boletín Mercantil, San Juan, P. R., 1910, 206 p.

FERRER HERNÁNDEZ, GABRIEL: *La Instrucción pública en Puerto Rico.* Su pasado, su presente y modo de mejorarla en lo futuro. Imp. de J. González Font, San Juan, P. R., 1885, 206 p.

——: *Memoria leída por el Presidente de la Sociedad Protectora de la Inteligencia,* P. R., 1896.

INFIESTA, ALEJANDRO: *Educación de la campesina puertorriqueña.* Revista Puertorriqueña, P. R., 1887, vol. 1 : 444.

OSUNA, JOHN JOSEPH: *Education in Porto Rico.* Columbia University, N. Y., 1923, 312 p. [La historia más completa sobre esta materia.]

PATONS Y DE LA LASTRA, JUAN JOSÉ: *Lo que hace falta en Ponce en materia de instrucción.* Tip. El Vapor, Ponce, P. R., 1895, 18 p.

REAL, CRISTÓBAL: *Instrucción pública.* En *La Ominosa España,* P. R., 1905, p. 139.

——: *Cultura e instrucción.* En *La Ominosa España,* P. R., 1905, p. 182.

ROBERTSON, JOSIAH: *La educación considerada con respecto al desarrollo y engrandecimiento del hombre.* Imp. de J. Hero & Cía., Mayagüez, P. R., 1892, 41 p.

SALA GONZÁLEZ, JUAN: *Recuerdos del primer Certamen pedagógico provincial celebrado en Puerto Rico.* Imp. La Industria, de M. Ramírez Ortiz, San Germán, P. R., 1890, 100 p.

TIMOTHÉE, PEDRO C.: *Desarrollo de la Instrucción pública en Puerto Rico.* En *Cuarto Centenario de la Colonización Cristiana de Puerto Rico.* Imp. El Boletín Mercantil, San Juan, P. R., 1908, p. 106-119.

TRAVIESO Y QUIJANO, MARTÍN: *Memoria sobre el estado actual de la Instrucción pública, su pasado y medios para su mejoramiento futuro.* Tip. Comercial, Mayagüez, P. R., 1885, 55 p.

[Xiorro, Miguel]: *Fundación de una clase de Gramática en 1801.* B. H. P. R., 1921, vol. 8: 175.

Documentos para la historia de la Instrucción pública en Puerto Rico. 8 de julio de 1843. Programa de los exámenes. B. H. P. R., 1920, vol. 7: 345.

Educación pública. El Fomento de Puerto Rico. (Rev. quincenal.) San Juan, P. R., 1863, vol. 1: 150-156.

Instrucción pública. Programas de inglés para oposiciones al grado superior y elemental. Imp. El Boletín Mercantil, San Juan, P. R., 1898, 10 p.

Niega el gobernador Despujols a Baldorioty abrir una escuela en Mayagüez. B. H. P. R., 1919, vol. 6: 271.

Noticias sobre el primer Gabinete químico en Puerto Rico. [1841.] B. H. P. R., 1923, vol. 10: 54.

Plan general de Instrucción pública para las Islas de Cuba y Puerto Rico. Habana, 1846.

Real orden suprimiendo las cátedras de Náutica, Botánica y Agricultura en la Isla de Puerto Rico, cuya enseñanza se ordena dar en las escuelas superiores hasta que se instituya el Instituto civil. B. H. P. R., 1923, vol. 10: 61.

Reglamento de Escuelas públicas y particulares y para examen de maestros. Imp. Acosta, San Juan, P. R., 1881, 17 p.

Reglamento de la Sociedad Propagadora de la Instrucción en Mayagüez en las escuelas de la misma. Tip. Comercial, Mayagüez, P. R., 1883, 39 p.

Reglamento general de Instrucción pública de Puerto Rico. Imp. del Gobierno, San Juan, P. R., 1821, 20 p.

Reglamento para la instrucción de la mujer. San Juan, P. R., 1886. (Asociación de Damas.)

Reglamento para los exámenes generales de las Escuelas de esta capital. Tip. González & Cía., San Juan, P. R., 1881, 8 p.

Reglamento provisional, aprobado por el Gobierno, para el orden exterior del Establecimiento de educación. P. R., 1832, 8 p.

Reglamentos de Escuelas públicas por el periódico «La Instrucción Pública». Tip. González & Cía., San Juan, P. R., 1882, 126 p. +.

Sociedad para la educación de los niños. Est. Tip. de F. J. Marxuach, P. R., 1899, 6 p.

Sociedad Propaganda de la Instrucción en Mayagüez, Puerto Rico. Memoria y discursos leídos en el acto de la apertura del curso de 1884-1885, verificado en el Colegio de Señoritas y en el Liceo de Mayagüez el 1 de octubre de 1884. Tip. Comercial, Mayagüez, P. R., 1884, 37 p.

Supresión de las cátedras de Botánica y Agricultura que sostenía el Gobierno. B. H. P. R., 1915, vol. 2: 225.

United States Bureau of Education. Circular of Information for 1872 Education in the West Indies. Wa. D. C., 1872.

2. ESCUELAS E INSTITUCIONES, ETC.

1) Instrucción primaria.

BOBADILLA Y RIVAS, JOSÉ: *Memoria con los cuadros estadísticos correspondientes que sobre el estado de la instrucción primaria en el Distrito Norte de esta Provincia presenta al Gobierno general de la misma el Inspector de Primera enseñanza.* Tip. El Comercio, de J. Anfosso y Cía., P. R., 1886, 42 p. +.

CALONJE, ESTEBAN: *Discurso de inauguración del Colegio de Primera y Segunda enseñanzas en Santurce, dirigido por los RR. PP. Escolapios, y leído en el acto de la apertura del primer curso.* Taller Tip. de Beneficencia, San Juan, P. R., 1896, 19 p.

COLL Y TOSTE, CAYETANO: *Narración histórica: La Escuela de la Aldea Dabán.* B. H. P. R., 1924, vol. 11: 27.

DEGETAU Y GONZÁLEZ, FEDERICO: *El A B C del sistema Frœbel.* Experimentos pedagógicos. Imp. de José Perales y Martínez, Madrid, 1896, 131 p.

INFIESTA, ALEJANDRO: *Memoria con los cuadros de enseñanza y estadísticos correspondientes que sobre el estado de la instrucción primaria en el Distrito Sud de Puerto Rico presenta al Gobierno general de la misma* ——. Imp. El Comercio, San Juan, P. R., 1886.

MACHO MORENO, JUAN: *Compilación legislativa de Primera enseñanza en la Isla de Puerto Rico y formularios para toda clase de servicios relacionados con la instrucción primaria.* Imp. de la Viuda de Hernando y Cía., Madrid, 1895, 1023 p.

MORALES, JOSÉ PABLO: *La enseñanza primaria obligatoria.* En *Misceláneas.* Imp. Sucesión J. J. Acosta, San Juan, P. R., 1895, p. 127.

NEUMANN GANDÍA, EDUARDO: *Las Escuelas de adultos.* Su organización y metodología, P. R., 1890.

Decreto orgánico del 1.º de junio de 1865 sobre instrucción primaria y Reglamento para llevar a cabo lo relativo al mismo ramo. Imp. del Gobierno, San Juan, P. R., 1866. [Hay otra ed. de 1869, 89 p.; otra de 1879, 112 p.]

Escuelas de párvulos. El Fomento de Puerto Rico. (Rev. quincenal.) San Juan, P. R., 1863, vol. 1: 77-81.

Instrucción primaria. Acta de la Junta especial celebrada por la Comisión Superior provincial de la instrucción primaria, 15 de enero de 1842, para la adjudicación de los premios... a los alumnos sobresalientes... B. H. P. R., 1922, vol. 9: 48.

Manual de industria para uso de las Escuelas elementales de la Isla. Único texto aprobado por el Gobierno para las mismas. Imp. Militar de J. González, San Juan, P. R., 1866, 27 p.

2) *Instituto de Segunda enseñanza.*

ACOSTA, JOSÉ JULIÁN: *Memoria en oposición a la cátedra de Geografía e Historia...* Discurso pronunciado por el mismo en la apertura del Instituto Civil de Segunda enseñanza el 2 de noviembre de 1873. Imp. Sancerrit, San Juan, P. R., 1874, 22 p.

——: *Discurso leído el 22 de noviembre de 1882 en la apertura del Instituto Civil de Segunda enseñanza* Imp. Acosta, San Juan, P. R., 1882, 10 p.; otra ed.: Imp. El Asimilista, San Juan, P. R., 1883, 12 p. [V. B. H. P. R., 1922, vol. 9: 378.]

——: *Discurso sobre la Segunda enseñanza.* Pronunciado en la apertura del Curso Académico de 1883-1884. Imp. El Asimilista, San Juan, P. R., 1883, 12 p.

HERNÁNDEZ, JUAN: *Programa del curso de Inglés para el Instituto de Segunda enseñanza de Puerto Rico.* Imp. La Cooperativa, San Juan, P. R., 1894, 12 p.

INFIESTA, ALEJANDRO: *Instrucción pública.* Instituto de Segunda enseñanza. En *La Exposición de Puerto Rico,* P. R., 1895, p. 262-268.

ROSELL Y CARBONELL, A: *Por la Verdad y Nuestro Derecho.* Defendiendo el Instituto de Segunda enseñanza. Tip. La Lucha, San Juan, P. R., 1899, 28 p. [Contiene al final un plan de estudios del Bachillerato reformado.]

RUIZ IBARRA: *Programa de Física y Química para el Instituto de Segunda enseñanza de Puerto Rico.* Imp. La Cooperativa, San Juan, P. R., 1893, 24 p.

TERÁN Y MASSONI, MANUEL DE: *Instituto de Segunda enseñanza de Puerto Rico.* Programa de Historia de España. Imp. El Boletín Mercantil, San Juan, P. R., 1896, 603 p.

UBARRI, PABLO: *Cartas de D. Pablo Ubarri a los diputados a Cortes, combatiendo el Instituto Civil de Segunda enseñanza y la Universidad para Puerto Rico.* B. H. P. R., 1918, vol. 5: 229.

Discurso leído en la solemne apertura del curso de 1887-1888, por don Alberto Regúlez y Sanz del Río. Imp. de J. González Font, San Juan, P. R., 87 p. (Instituto provincial de Segunda enseñanza.)

Memoria acerca del Instituto provincial de Puerto Rico, leída en la solemne apertura del curso académico de 1883 a 1884, por Manuel Tenés López. Imp. Acosta, San Juan, P. R., 1883, 67 p.

Memoria del curso de 1883 a 1884, leída en la solemne apertura del de 1884 a 1885, por Manuel Tenés López. Imp. de J. González Font, San

Juan, P. R. [1884?], 41 p. (Instituto provincial de Segunda enseñanza.)

Memoria del curso 1884-1885, leída en la solemne apertura del de 1885-1886, por D. Enrique Álvarez Pérez, y discurso leído en la solemne apertura del curso de 1885 a 1886, por D. Alberto Regúlez y Sanz del Río. Imp. de J. González Font, San Juan, P. R. [1885], 124 p. (Instituto provincial de Segunda enseñanza.)

Memoria del curso de 1885-1886, leída en la solemne apertura del de 1886 a 1887, por D. Enrique Álvarez Pérez. Discurso, 1886-1887, por D. Alberto Regúlez y Sanz del Río. Imp. de J. González Font, San Juan, P. R. [1886], 99 p. (Instituto provincial de Segunda enseñanza.

Memoria del curso de 1886-1887, leída en la solemne apertura del de 1887-1888. Contiene también un discurso leído en la solemne apertura del curso de 1887 a 1888, por D. Alberto Regúlez y Sanz del Río. Imp. de J. González Font, San Juan, P. R. [1887?], 87 p. (Instituto provincial de Segunda enseñanza.)

Memoria..., curso 1888-1889, por Alberto Regúlez y Sanz del Río. Imp. de J. González Font, San Juan, P. R., 1889, 77 p. (Instituto provincial de Segunda enseñanza.)

Memoria del curso de 1893-1894, leída en la solemne apertura del de 1894-1895, por Santiago Hita y Comas, precedido del discurso..., por Jaime Comas y Muntaner. Imp. El Boletín Mercantil, San Juan, P. R., 1895, 219 p. (Instituto provincial de Segunda enseñanza.)

Memoria del curso de 1894-1895, leída en la solemne apertura del de 1895-1896, por Santiago Hita y Comas, precedido del discurso..., por Jaime Comas y Muntaner. Imp. El Boletín Mercantil, San Juan, P. R., 1896, 68 p. (Instituto provincial de Segunda enseñanza.)

Memoria del curso de 1895-1896, leída en la solemne apertura del de 1896-1897, por Santiago Hita y Comas, precedido del discurso..., por Jaime Comas y Muntaner. Imp. A. López Robert, Barcelona [1897]. (Instituto provincial de Segunda enseñanza.)

Memoria correspondiente al curso académico de 1896 a 1897, leída en la solemne apertura del de 1897 a 1898, por D. José Pérez de Acevedo, precedida del discurso leído en dicho acto por D. Jaime Comas y Muntaner. Imp. A. López Robert, Barcelona [1897?], 76 p. (Instituto provincial de Segunda enseñanza.)

Programa de Psicología, Lógica y Filosofía moral del Instituto Civil de Segunda enseñanza de Puerto Rico. Imp. El Boletín Mercantil, San Juan, P. R., 1874, 10 p.

Real orden aprobando el establecimiento de un colegio de Segunda enseñanza. B. H. P. R., 1917, vol. 4: 255.

3) Colegios religiosos.

Escuela protestante en Vieques. B. H. P. R., 1915, vol. 2: 161.

Fundación del Colegio de los Padres Escolapios en 1895 en el Instituto de Santurce. B. H. P. R., 1923. vol. 10: 375.

Instituto-Colegio de Puerto Rico, bajo la dirección de la Compañía de Jesús. Solemne distribución de premios el día 25 de julio de 1880, a la una de la tarde. Tip. de González y Cía., P. R., 1880, 16 p.

—— *Solemne distribución de premios el día 29 de junio de 1881, a la una de la tarde.* Imp. El Boletín Mercantil, San Juan, P. R., 1881, 23 p.

Memoria del Colegio de San Ildefonso, redactada por la Excma. Sra. Presidenta de la Junta de Damas del mencionado Asilo, D.ª Rosario Vallejo de Dabán. Correspondiente a las gestiones económicas desde 1891 hasta 1894 inclusive. Imp. de la Capitanía General, San Juan, P. R., [1894?], 8 p. +.

Nombramiento del primer Rector del Seminario Conciliar de Puerto Rico. B. H. P. R., 1916, vol. 3: 340.

Oficio de San Ildefonso. Casa de Caridad. Documentos para la historia de la instrucción de Puerto Rico. B. H. P. R., 1920, vol. 7: 312.

Real orden declarando los estudios hechos en el Seminario Conciliar. B. H. P. R., 1917, vol. 4: 256.

Solemne distribución de premios del curso de 1863 a 1864 en el Seminario. Colegio de Puerto Rico, bajo la dirección de los PP. de la Compañía de Jesús, el día 1.º de julio de 1864. Imp. El Comercio, San Juan, P. R., 1864, 10 p.

—— *del curso de 1864 a 1865* ——, *el día 2 de julio de 1865.* Imp. El Comercio, San Juan, P. R., 1865, 12 p.

—— *del curso de 1867 a 1868* ——, *el día 7 de julio de 1868.* Imp. El Comercio, San Juan, P. R., 1868, 12 p.

—— *en el Seminario-Colegio dirigido por los PP. de la Compañía de Jesús, en San Juan, Puerto Rico, el día 30 de junio de 1872.* Imp. El Boletín Mercantil, San Juan, P. R., 1872, 12 p.

4) Enseñanza superior y otras Escuelas profesionales, de Artes y Oficios, de Agricultura, etc.

ACOSTA, JOSÉ JULIÁN: *Discurso leído en la sesión pública que celebró la Real Junta de Fomento, con motivo del establecimiento de una Escuela de Comercio, Agricultura y Náutica.* San Juan, P. R., 1854.

——: *Apuntes para la Historia de Puerto Rico.* Artículos publicados en El Agente, con motivo del proyecto de Escuela Filotécnica en... Mayagüez. Imp. Acosta, San Juan, P. R., 1879, 22 p.

ANGELIS, PEDRO DE: *Primera Escuela de niñas.* En *Misceláneas Puertorriqueñas.* P. R., 1894, p. 17.

ELZABURO, MANUEL: *La institución de enseñanza superior de Puerto Rico.* Imp. de J. González Font, San Juan, P. R., 1888, 48 p. [V. B. H. P. R., 1923, vol. 10: 144.]

HERNÁNDEZ, FRANCISCO J.: *Exposición e informe sobre la creación en Puerto Rico de una Escuela regional de Agricultura.* S. p. i., 1884.

MARCILLA Y VIVES, SALVADOR: *Novísima Escuela de Música.* Pauta universal, nociones de solfeo y piano y cartilla armónica, basados en el sistema geneufónico, por el autor e inventor de la pauta universal. Imp. El Asimilista, San Juan, P. R., 1883, 26 p.

MOLINA SERRANO, EUSEBIO: *Proyecto de Escuela teórico-práctica de Agricultura y Beneficencia, redactado por el Secretario de la Sociedad de Agricultura del Departamento de Ponce.* Imp. El Comercio, Ponce, P. R., 1886, 32 p.

NEUMANN GANDÍA, EDUARDO: *Reforma de la Segunda enseñanza.* Revista Puertorriqueña, 1888 a 1889, vol. 2: 917-923.

PEÑA, JOSÉ DE LA: *Escuela de Artes y Oficios de San Sebastián.* Memoria leída en la apertura del curso académico de 1883 a 1884. Tip. de Peña y Pozo, San Sebastián, P. R., 1883, 32 p. [Contiene unos cuadros de datos estadísticos sobre dicha Escuela, a manera de apéndice.]

PÉREZ ALLÚ, LUIS: *Discurso leído por el Director de la Escuela Normal Superior de Maestros de Puerto Rico, ——, en la solemne inauguración de las Escuelas Normales de Maestros y Maestras de esta Isla y apertura del curso extraordinario en las mismas, cuyo acto tuvo lugar el día 8 de febrero de 1891.* Imp. El Boletín Mercantil, San Juan, P. R., 1891, 12 p.

RODRÍGUEZ DE TIÓ, LOLA: *Discurso—— en la apertura del Colegio de Señoritas..., el 1.º de enero de 1884.* Tip. El Comercio, Mayagüez, P. R., 1884, 4 p.

ROQUÉ DE DUPREY, ANA: *Explicaciones de Pedagogía.* Para la Escuela Superior Modelo de Humacao. Imp. El Criterio, Humacao, P. R., 1894.

Acta del Cabildo de San Juan de Puerto Rico en 1795, pidiendo al Rey el traslado de la Universidad de Santo Domingo a esta capital, con motivo de la cesión de aquella Isla a la Francia por el Tratado de Basilea. B. H. P. R., 1922, vol. 9: 377.

Apertura del Establecimiento de Educación, fundado en la ciudad de San Juan Bautista de Puerto Rico. P. R., 1833, 14 p.

Devolución por orden del gobernador Pezuela, en 1849, del dinero recogido en la Isla para fundar el Colegio Central. B. H. P. R., 1924, vol. 11: 81.

Discurso leído por D.ª Clementina Albéniz de Ruiz en el acto solemne de la inauguración [del Colegio de Señoritas], el 1.º de enero de 1884. S. p. i. y s. f., 11 p.

El Colegio Carpegna. [1832.] B. H. P. R., 1921, vol. 8: 177.

Informe de la Junta de Instrucción pública negando la creación de una Universidad en Puerto Rico. [1879.] B. H. P. R., 1918, vol. 5: 274.

Liceo de Mayagüez. B. H. P. R., 1920, vol. 7: 142.

Memoria leída en el acto solemne de la apertura del curso de 1884 a 1885 de la Escuela Profesional de Puerto Rico, por el director interino, D. Aureliano Jiménez y Sanz. Imp. de J. González Font, San Juan, P. R., 1884, 14 p.

Memoria leída en el acto solemne de la apertura del curso de 1887 a 1888 en la Escuela Profesional de Puerto Rico, bajo la presidencia del Excmo. Sr. Gobernador general, por el director interino de la misma, D. Aureliano Jiménez y Sanz. Imp. El Boletín Mercantil, San Juan, P. R., 1887, 16 p.

Memoria relativa a las Escuelas de Artes y Oficios. Tip. de la Escuela de Artes y Oficios, P. R., 1898.

Proyecto de Reglamento para la Escuela Profesional de Puerto Rico. Tip. El Asimilista, San Juan, P. R., 1883, 30 p.

Proyecto de Universidad en Puerto Rico. [1838.] Documento para la historia de la instrucción pública en Puerto Rico. B. H. P. R., 1921, vol. 8: 166.

Reglamento para la instrucción y gobierno de la Escuela de Nobles Artes bajo los auspicios de la Sociedad Económica de Amigos del País de Puerto Rico. P. R., 1821, 5 hojas.

Reglamento de la Institución de Enseñanza Superior en Puerto Rico. P. R., 1892, 8 p. [V. B. H. P. R., 1920, vol. 7: 28.]

Véase *Asuntos varios:* Pedagogía y Sociología.

3. MAESTROS Y FUNCIONARIOS

COLÓN Y COLÓN, ISIDORO: *Consideraciones a los maestros en los reinados de Alfonso X y Enrique II.* Memoria. Imp. M. López, Ponce, P. R., 1890, 30 p. Segunda ed., 1895, 39 p.

COLL Y TOSTE, CAYETANO: *Devolviendo los derechos al profesor D. José Julián Acosta.* B. H. P. R., 1925, vol. 12: 152.

LUZ CABALLERO, JOSÉ DE LA: *Informe presentado a la clase de Educación de la Real Sociedad Económica de Amigos del País sobre el establecimiento de un plan educativo fundado por D. Ramón Carpegna en San Juan de Puerto Rico.* B. H. P. R., 1924, vol. 11: 215.

NEUMANN GANDÍA, EDUARDO: *Importancia social del maestro.* Estado actual de la instrucción en Puerto Rico. Breves consideraciones. (Premiado con medalla de oro, premio especial dedicado por los Sres. Bastinos, de Barcelona, en el certamen pedagógico de Lares.) Revista Puertorriqueña, San Juan, P. R., 1889-1890, vol. 4: 612-621.

OLLERO, ANDRÉS F.: *Los derechos pasivos del Magisterio de Ultramar. Real decreto y Reglamento que regulan estos derechos, y formularios completos para la solicitud de jubilaciones, viudedades y orfandades.* Lib. de la Viuda de Hernando y Cía., Madrid, 1894, 38 p. +.

TADEO DE RIVERO, FRANCISCO: *Instrucción metódica sobre lo que deben observar los maestros de primeras letras para la educación y enseñanza de los niños.* Imp. Nacional de Puerto Rico, 1820, 45 p.

Circular referente a D. Ramón Carpegna, año de 1821. B. H. P. R., 1921, vol. 8: 368.

El gobernador Sanz despoja del título de maestro al profesor D. José Jacinto Dávila, en 1870. B. H. P. R., 1922, vol. 9: 147.

Informe del ponente del Negociado de Instrucción pública a favor del Sr. Ramón Marín. B. H P. R., 1919, vol. 6: 238.

Programas publicados por «La Instrucción pública.» Imp. de González, P. R., 1882, 31 p. (Tribunal de exámenes para maestros elementales y superiores de Puerto Rico.) [Hemos visto las siguientes eds.: 1883, 31 p.; 1884, 76 p.; 1889, 19 p.]

Protesta del profesor Ramón Marín por no concederle el gobernador Sanz la Escuela principal de Ponce, ganada en rigurosa oposición. [23 de abril de 1883.] B H. P. R., 1919, vol. 6: 237.

Relación que comprende los profesores de Instrucción primaria, elemental y superior residentes en la capital, su moralidad, aptitud y españolismo. B. H. P. R., 1925, vol. 12: 50.

4. TEXTOS Y MANUALES

ACOSTA, JOSÉ JULIÁN: *Instrucción pública.* Programa para la enseñanza de la Geografía en la Isla de Puerto Rico. 30 de noviembre de 1853, P. R. [1853].

——: *Tratado de Agricultura teórica.* Con aplicación a los cultivos intertropicales. Resumen de las lecciones dadas en la Escuela de Comercio, Agricultura y Náutica de la Isla de Puerto Rico. Imp. Acosta, San Juan, P. R., 1862, 289 p.

AGUAYO, ALFREDO M., y TORRE Y HUERTA, CARLOS DE LA: *Geografía de la Isla de Cuba para uso de las escuelas.* Imp. La Moderna Poesía, Habana, 200 p.

ÁLVAREZ PÉREZ, ENRIQUE: *La ciencia del lenguaje.* Revista Puertorriqueña. San Juan, P. R., 1887, vol. 1: 153-273.

——: *Disquisiciones filológico-gramaticales.* Tip. Comercial, Mayagüez, P. R., 1887.

——: *Gramática histórico-comparativa de la Lengua latina.* Precedida de un prólogo por D. Manuel Tenés López, catedrático del Instituto. Imp. El Boletín Mercantil, San Juan, P. R., 1889, 233 p.

Álvarez Pérez, Enrique: *Programa razonado de Gramática de la Lengua griega.* P. R., 1892, 124 p.

——: *Gramática filosófica e histórico-comparativa de la Lengua castellana.* Tip. del Asilo de Beneficencia, San Juan, P. R., 1893.

Arroyo, D. M. de los A.: *Manual de Moral práctica y religiosa.* Para el uso de las escuelas primarias de ambos sexos y de los padres y madres de familia. Imp. El Boletín Mercantil, San Juan, P. R., 1879, 86 p. +. Segunda ed.

Asenjo, Federico: *Ligeras nociones de Industria.* De texto en 1866.

——: *Nociones de Agricultura.* Para uso de las escuelas de instrucción primaria. Imp. González, San Juan, P. R., 1870, 42 p.

Ballesteros Muñoz, J.: *Agricultura teórico-práctica.* Imp. El Boletín Mercantil, San Juan, P. R., 1889.

Baráibar Ururita, Narciso: *Teoría de la Lectura y Escritura, con breves nociones sobre revisión de letras.* P. R., 1892.

Beauchamp, Demetrio: *Moral y urbanidad.* Cartilla escolar. Imp. Martín Fernández, Mayagüez, P. R., 1876, 40 p.

Casuela, J.: *Compendio de Gramática inglesa.* Imp. La Tribuna, San Juan, P. R., 1886.

Colón y Colón, Isidoro: *Geografía de España y Puerto Rico.* Breves nociones de Geografía de España y Puerto Rico, escrita para niños. Imp. El Telégrafo, Ponce, P. R., 1896, 80 p.

——: *Cartilla de Anatomía.* Imp. El Anunciador, 1896, 11 p. Quinta ed.

——: *Nociones de Historia de España para los niños.* Tip. Listín Comercial, Ponce, P. R., 1898, 190 p. Quinta ed.

——: *Novísima Geografía de los Estados Unidos.* Imp. de Manuel López, Ponce, P. R., 1903, 109 p.

Cordero Rodríguez, Modesto: *El Verbo.* Obra didáctica. Imp. Borinquen, Yauco, P. R., 1895, 56 p.

Cordovés Berríos, José: *Lectura para las escuelas: Las plantas textiles.* Descripción de plantas textiles, métodos industriales empleados para la extracción de las fibras textiles de las plantas que describe. Tip. Beneficencia, San Juan, P. R., 1897, 71 p.

Cuevas Aboy, Juan: *Tratado de Analogía.* Imp. El Vapor, Ponce, P. R., 1890, 140 p.

——: *Explicación sobre la acentuación castellana.* Tip. Pasarell, Ponce, P. R., 1906, 42 p.

——: *Tratado de explicaciones de Aritmética.* Tip. de Quintín Negrón Sanjurjo, Ponce, P. R., 1903, 49 p.

Cuevas, Manuel H.: *Tratado de los verbos irregulares para facilitar su conocimiento y conjugación, arreglado por ——, para los alumnos del Colegio de la Concepción.* Imp. Militar, San Juan, P. R., 1862, 39 p.

Daussa, Pedro: *Aritmética.* Para uso de las escuelas elementales y superiores. Tip. de González, P. R., 1875, 125 p.

Díaz, Emiliano J.: *Breve compendio de Sintaxis.* Imp. El Comercio, Yauco, P. R., 1892, 74 p.

——: *Tratado teórico-práctico de Aritmética elemental.* Imp. de Manuel López, Ponce, P. R., 1898, 107 p. Décima ed.

Font y Guillot, Eliseo: *Introducción al estudio de la Química.* Imp. Acosta, San Juan, P. R., 1891, 150 p.

García Vila, Secundino: *Rudimentos de Aritmética y sistemas antiguos y métrico decimal para uso de los niños.* P. R., 1898.

Guasp Cervera, Ignacio: *Primer Libro de la Infancia. Ejercicios de lectura y lecciones de moral para el uso de las escuelas primarias.* Tip. de González, San Juan, P. R, 1872, 110 p. +.

Hernández, Juan: *Compendio de Gramática inglesa para uso... del Instituto de Segunda enseñanza de Puerto Rico.* Imp. Acosta, San Juan, P. R., 1888, 126 p.

Inés, Manuel: *Nociones de Geografía Universal y Particular de España.* P. R., 1899.

Infiesta, Alejandro: *Ortografía de la Lengua castellana.* Imp. de Manuel López, Ponce, P. R., 1886.

Janer y Soler, Felipe: *Teoría de la Caligrafía.* Imp. de la Capitanía General, San Juan, P. R., 1888, 37 p.

——: *Silabario o Método rápido de Lectura para uso de las escuelas primarias.* Imp. González & Cía., San Juan, P. R., 1893, 112 p.

López Arias, Félix: *Método racional de Lectura.* Tip. Comercial, Mayagüez, P. R., 1888, 48 p.

Macho Moreno, Juan: *Análisis Gramatical de la Lengua española.* Tip. La Correspondencia, San Juan, P. R., 1893, 253 p.

Martínez García, Ramón: *Curiosidades gramaticales o complemento de la Gramática castellana.* P. R., 1880; Madrid, 1883.

——: *Aritmética para las escuelas elementales y superiores de Puerto Rico.* Est. Tip. de A. Lynn e Hijos de Pérez Moris, San Juan, P. R., 1900, 120 p.

Martínez, J. C.: *Apuntes para facilitar el estudio de la Geografía.* Tip. La Libertad, Ponce, P. R., 1897.

Mirasol, Conde de [Rafael de Aróstegui]: *Circular del gobernador, conde de Mirasol, ordenando se le compren libros a los niños pobres, costeados por los fondos públicos.* B. H. P. R., 1915, vol. 2: 290.

Monclova, José Julián: *Elementos de Aritmética.* S. p. i. y s. f., 85 p.

Monfort y Prats, Manuel: *Programa de Latín y Castellano.* Segundo curso. Tip. La Correspondencia, San Juan, P. R., 1897, 28 p.

Neumann Gandía, Eduardo: *Elementos de Analogía,* P. R, 1880.

——: *Elementos de Sintaxis, análisis lógico y ejercicio de composición.* P. R., 1881.

Ollero y Carmona, Ernesto: *Nociones de Geometría.* Obra arreglada para la enseñanza elemental. Tip. El Boletín Mercantil, San Juan, P. R., 1884, 53 p. +.

Profesor M. R. C.: *Breves nociones de Sintaxis.* Imp. Salicrup, Arecibo, P. R., 1873, 29 p.

Regúlez y Sanz del Río, Alberto: *Análisis literario.* Trozos escogidos de algunas notables composiciones en prosa y verso para ejercicios prácticos de los alumnos de Retórica y Poética. Imp. de J. González Font, San Juan, P. R., 1888, 197 p.

Roqué de Duprey, Ana: *Geografía Universal.* Texto en colaboración con D. Alejandro Infiesta. Imp. Ignacio Otero, Humacao, P. R., 1894. [Hay ed. de 1888.]

——: *Explicaciones de Gramática castellana.* Imp. El Criterio, Humacao, P. R., 1889. [Segunda ed., 1890.]

Ruiz Gandía, Manuel: *Aritmética apropiada al alcance de los niños.* Tip. de la Revista de Puerto Rico, Ponce, P. R, 1890, 114 p.

——: *Elementos de Analogía y Sintaxis de la Lengua castellana.* Extractados de la Gramática de la Real Academia Española. Tip. de la Revista de Puerto Rico, Ponce, P. R., 1890, 24 p.

Serra, José M.ª, y Arroyo, Manuel M.ª: *Elementos de Gramática castellana destinados al uso de las escuelas fundadas por la Sociedad Propagadora de la Instrucción en Mayagüez, P. R.* Imp. de La Razón, Mayagüez, P. R., 1892, 97 p. Tercera ed., aumentada y corregida.

Solves Balaguer, José: *Silabario y libro primero de Lectura declarado de texto para uso de las escuelas primarias.* Imp. El Boletín Mercantil, San Juan, P. R., 1897, 110 p.

Torres y Roldán, Juan A. de: *Silabario completo de la Lengua castellana.* Tip. de la Viuda de González, San Juan, P. R., 1894, 112 p.

Vall Espinosa, Z.: *Compendio de la novísima Gramática para aprender a leer, hablar y escribir rápida y correctamente el idioma inglés.* Tip. El Vapor, Ponce, P. R., 1887, 120 p.

Valle Atiles, Francisco del: *Cartilla de Higiene.* Texto de escuela. Imp. de J. González Font, San Juan, P. R., 1886, 126 p.

Vega, Eladio J.: *Prosodia.* Tip. González y Cía., San Juan, P. R., 1885, 65 p. +.

Virella Uribe, Francisco: *Ortografía de la Lengua española, escrita según los preceptos de la Real Academia y los adelantos de la Filología moderna.* Tip. de la Revista de Puerto Rico, Ponce, P. R., 1892, 217 p.

Vizcarrondo, Julio L.: *Silabario.* De texto en las escuelas públicas. P. R., 1862.

Zeno Gandía, Manuel: *Compendio razonado de la Gramática castellana.* The History Company, San Francisco, California, 1891. [M. Z. G., director. Colaboran varios autores.]

Manual de Moral práctica y religiosa. Para uso de las escuelas primarias de ambos sexos. Imp. de José Solves [P. R.?], 1866, 94 p.

e. — INSTRUCCIÓN. — II: DOMINACIÓN NORTEAMERICANA

1. ASUNTOS GENERALES

1) El nuevo sistema escolar de Puerto Rico.

ABBOT, L.: *Education in Porto Rico.* Outlook, N. Y., Aug. 4, 1906, vol. 83: 801.

AYRES, LEONARD P.: *The Schold System in Porto Rico.* En *Proceedings of the 25th Annual Meeting of the Lake Mohonk Conference of Friends of the Indian and other Dependent Peoples.* Brandon Printing Co., Albany, N. Y., 1907, p. 172.

——: *Year's Work in Porto Rico.* Journal of Education, Boston, Jan. 30, 1908, vol. 67: 118.

BALLARD, W. J.: *Ten Years American Education in Porto Rico.* Journal of Education, Boston, May 27, 1909, vol. 69: 584.

BRUMBAUGH, MARTIN G.: *Education in Porto Rico.* American Journal of Science, Boston, 1902, vol. 40: 1264.

——: *Progress of Education in Porto Rico.* National Education Assn. Proceedings and Addresses. Wa., 1902, p. 253.

——: *The Beginnings of Education under Civil law in Porto Rico.* En *Report of the 29th Annual Meeting of the Lake Mohonk Conference of Friends of the Indian and other Dependent Peoples.* Oct. 18, 19 y 20, 1911, p. 174.

CLARK, VICTOR S.: *Education in Porto Rico.* Forum, N. Y., Oct. 1900, vol. 30: 229.

CORDERO MATOS, R.: *La instrucción pública en Puerto Rico.* Imp. de Manuel López, Ponce, P. R., 1903, 20 p.

DELGADO, CELEDONIO: *Apuntes sobre el problema educacional portorriqueño.* Tip. El Día, Ponce, P. R, 1918, 24 p.

DEXTER, EDWIN G.: *Education in Porto Rico.* Extracts from historical review of education. Progress of a decade, 1899-1908. Report 1909. Education Bureau [Wa.], 1909, vol. 1: 311-322.

——: *Education in Porto Rico.* En *Report of the 26th Annual Meeting of the Lake Mohonk Conference of Friends of the Indian and other Dependent Peoples.* 1908, p. 155. [V. también Bull. Pan Am. Union, Jan. 1911, vol. 32: 81.]

——: *Porto Rico's Generosity to Public Education.* Journal of Education, Boston, Feb. 11, 1909, vol. 69: 150.

——: *Educational Progress in Porto Rico.* National Education Assn. Proceedings and Addresses. Wa., 1909, p. 100. [V. también Journal of Education, Boston, July 15, 1909, vol. 70: 75.]

DEXTER, EDWIN G.: *Present Educational Conditions in Porto Rico.* En *Report of the 29th Annual Meeting of the Lake Mohonk Conference of Friends of the Indian and other Dependent Peoples.* Oct. 18, 19, 20, 1911, p. 180.

——: *Education in Porto Rico.* Abridgment of report 1910-1911. Report 1911. Education Bureau [Wa.], 1912, vol. 1 : 419-440.

ECKMAN, S. W.: *Importance of Educational Work in Porto Rico.* En *Report of the 31st Annual Meeting of the Lake Mohonk Conference of Friends of the Indian and other Dependent Peoples.* Oct. 22, 23, 24, 1913, p. 164.

FALKNER, R. P.: *Testing Results.* Journal of Education, Boston, Sep. 10, 1908, vol. 68 : 249.

GARDNER, A. P.: *Porto Rico School System.* Forum, N. Y., Feb. 1899, vol. 26 : 711.

GIORGETTI, CARLOS Q.: *El tópico de la instrucción.* Artículos. Imp. El Águila, Ponce, P. R., 1926, 28 p.

GROFF, G. C.: *Education in Porto Rico.* American Journal of Social Science, Boston, 1902, vol. 40 : 181.

HALSEY, MRS. GEO. F.: *The Puerto Rican Students.* The Puerto Rico Herald, N. Y., Jan. 6, 1903, vol. 2 : Nº 97 : 692.

HENDERSON, C. H.: *Impressions of Porto Rico and her Schools.* Atlantic Monthly, Boston, Dec. 1902, vol. 90 : 183.

HUYKE, JUAN B.: *Nuestras escuelas públicas.* En *Conferencias Dominicales dadas en la Biblioteca Insular de Puerto Rico.* Neg. Mat. Imp., 1913, p. 22.

KERN HOWARD, L.: *The Schools and Courts of Porto Rico.* En *Report of the 33rd Annual Meeting of the Lake Mohonk Conference of Friends of the Indian and other Dependent Peoples.* Oct. 20, 21, 22, 1915, p. 166.

LEGRAND, J. FEDERICO: *Lecciones teórico-prácticas de Agricultura para las escuelas rurales de Puerto Rico.* Rev. Agr., abril de 1920, vol. 4, núm. 4 : 45; núm. 6 : 23.

LEMMON, H. A.: *Porto Rico.* Popular Education, Boston, Jan. 1924, vol. 41 : 268.

LINDSAY, MC CUNE SAMUEL: *Education in Porto Rico.* Independent, N. Y., July 17, 1902, vol. 54 : 1697.

——: *Educational Conditions in Porto Rico.* Independent, N. Y., Dec. 11, 1902, vol. 54 : 2937.

——: *Education in Porto Rico.* En *Proceedings of the 22nd Annual Meeting of the Lake Mohonk Conference of Friends of the Indian and other Dependent Peoples,* 1904, p. 90.

——: *Inauguration of the American School System in Porto Rico.* Gov. Prtg. Off, Wa., 1907. (U. S. Comm. of Education Report for 1905. Reprinted 1907.)

LORD, EVERETT W.: *Some Educational Experiments in Porto Rico.* En

Report of the 26th Annual Meeting of the Lake Mohonk Conference of Friends of the Indian and other Dependent Peoples. 1908, p. 166.

MARVIN, A. W.: *Education in Porto Rico.* Education, Boston, May 1904, vol. 24: 562.

MILLER, PAUL G.: *Education in Porto Rico.* U. S. Bureau of Education Bulletin, Wa., 1919, vol. 12: 3. [También en Biennial Survey of Education, 1916-1918, vol. 1.]

——: *Education in Porto Rico. Problems and Progress.* Review of Reviews, N. Y., Sept. 1921, vol. 64: 301.

——: *School Progress in Porto Rico.* Survey, N. Y., May 14, 1921, vol. 46: 216.

OSUNA, JUAN JOSÉ: *Education in Porto Rico.* En *Twenty Five Years of American Education.* The Mc Millan Co., N. Y., 1924, p. 433-444.

——: *Education in Porto Rico.* Columbia University, N. Y., 1923, 312 p.

PACKARD, R. L.: *Education in Cuba, Porto Rico and Philippines.* With extracts from article on Primary Education in Cuba, by J. E. Liras, and on History of separatist tendency in Spanish colonies, by Ferdinand Blumentritt and bibliography. Education Bureau. Report, 1898, vol. 1: 909-983.

PADÍN, JOSÉ: *Bibliografía escolar.* La Nueva Democracia, N. Y, diciembre de 1925.

——: *The Problem of Teaching English to the People of Porto Rico.* San Juan, P. R., 1916.

RAMÍREZ DE ARELLANO, RAFAEL W.: *La Escuela puertorriqueña y su producto.* Conferencia pedagógica. Tip. Real Hnos., San Juan, P. R., 1910, 20 p.

——: *Inter-American Significance of Porto Rico's Educational Program.* National Education Assn., Proceedings and Addresses. Wa., 1927, vol. 65: 730-735.

RODRÍGUEZ, ANTONIO: *Are Bilingual children able to think in either language with equal facility and accuracy?* Bulletin of the Dept. of Elementary School Principles. Wa., Jan. 1931, vol. 10, Nº 2: 98. [V. *Lingüística.*]

SALDAÑA, ESTEBAN: *Address delivered at the Theacher's Conference, held Tuesday, June 26, 1900, in the Theatre of San Juan.* P. R. [1900], 8 p.

TANNER, MARY E.: *Education in American Dependencies.* Great Britain Education Board. Special Reports on Educational Subjects. London 1902, vol. 11: 471

VIZCARRONDO, FRANCISCO: *Education in Porto Rico.* Department of Education, San Juan, P. R., 1929, 93 p. [Informe general.]

WALTERS, F. C.: *Psychological Tests in Porto Rico.* School and Society. Garrison, N. Y., 1927, vol. 25: 231-233.

WATERS, C. E.: *Public Instruction in Porto Rico.* Education, Boston, Dec. 1898, vol. 19: 238. [V. también Review of Reviews, N. Y., Jan. 1899, vol. 19: 92.]

WILLOWGHBY, WILLIAM F.: *The Problem of Political Education in Porto Rico.* En *Report of the 27th Annual Meeting of the Lake Mohonk Conference of Friends of the Indian and other Dependent Peoples,* Oct. 21, 22, 23, 1909, p. 160.

Apprenticeship combined with School work. School Life, Wa., May 1925, vol. 10: 163.

A Survey of the Public Educational System of Porto Rico. (International Institute. Authorized by the University of Porto Rico.) Teachers College. Columbia University, N. Y., 1926, 453 p.

Boletín oficial del Departamento municipal de Instrucción pública. Printing Class R. B. de Castro, Technical School, San Juan, P. R., 1923, 106 p.

Consultas sobre fondos de jubilaciones de maestros y contestación del Dr. Coll y Toste a Rosaura Arroyo, Vda. de Santiago. B. H. P. R., 1924, vol. 11: 175.

Course of Study and Duties of Teachers, 1901-1902. Press of the San Juan News, San Juan, P. R., 1901, 14 p [Texto en inglés y en español.]

Children of Porto Rico. School and Society. Garrison, N. Y., Feb. 9, 1924, vol. 19: 153.

Educating the Cubans and Porto Ricans. Public Opinion, Sept. 1, 1898, vol. 25: 262.

Education in Porto Rico. Outlook, N. Y., Sept. 1, 1900, vol. 66: 6.

——, Forum, Oct. 1900, vol. 30: 229.

Education in the Philippines, Cuba, Porto Rico, Hawaii and Samoa. En *Annual Reports of the Department of the Interior for the Fiscal year ended June 30, 1900.* Report of the Commissioner of Education, vol. 2. Gov. Prtg. Off., Wa., 1901, chap. XXIX: 1650.

Educational Progress in Porto Rico. Ann. Am. Acad. Pol. Sci., Phila., March, 1904, vol. 23: 402.

Educational Progress in Porto Rico. Review of Reviews, N. Y., March, 1911, vol. 43: 362.

Educational Situation in Porto Rico. Journal of Education, Boston, May 16, 1912, vol. 75: 546.

El yugo del idioma. The Puerto Rico Herald, N. Y., 14 de mayo de 1903, vol. 2, núm. 85: 503. [V. *Lingüística.*]

Federal Aid of the Schools of Porto Rico. School and Society, Garrison, N. Y., July 19, 1919, vol. 10: 72.

Informe anual del Comisionado de Instrucción pública de Puerto Rico. [Publicados anualmente, 1900-1930. Se incluyen en Annual Report of the Governor of Porto Rico, 1900-1930.]

La Dirección de la Instrucción pública se da al general Eaton. [16 de enero de 1898.] B. H. P. R., 1919, vol. 6: 100.

La instrucción en Puerto Rico. The Puerto Rico Herald, N. Y., June 28, 1902, año I, núm. 51.

La enseñanza en Puerto Rico. The Puerto Rico Herald, N. Y., Dec. 6, 1902, vol. 2, Nº 74: 327.

La Revista Escolar de Puerto Rico. (Porto Rico School Review.) 1917-1930, 14 vols. [El primer número salió en enero de 1917. El «Whole number 135», diciembre de 1930. En curso de publicación.]

Manual de exámenes. Publicado por el Departamento de Instrucción de Puerto Rico. Bur. Supp. Prtg., 1906, 20 p.

School Fund in Porto Rico. Independent, N. Y., March 21, 1901, vol. 53: 690.

Schools Labor and Life in Porto Rico. Survey, N. Y., Sept. 14, 1912, vol. 28: 741.

School System of Porto Rico. Ann. Am. Acad. Pol. Sci., Nov. 1902, vol. 20: 657

2) *Literatura escolar.*

ARCHILLA CABRERA, ALFREDO: *La Educación.* P. R. I., 28 de diciembre de 1918, núm. 461.

CAPETILLO, LUISA: *Verdad y Justicia.* Para los niños. Imp. M. Burillo, San Juan, P. R., 1910, 80 p.

CÓRDOVA LANDRÓN, ARTURO: *Palabras...* [Pedagogía.] P. R. I., 19 de febrero de 1921, núm. 573.

GONZÁLEZ GINORIO, JOSÉ: *Materia educativa.* Conferencia sobre educación moral y cívica, pronunciada ante la Asamblea Anual de la Asociación de Maestros de Puerto Rico, en Caguas, diciembre de 1923. Imp. Cantero, Fernández & Cía., San Juan, P. R., 1923, 18 p.

HUYKE, JUAN B.: *Edad escolar.* Imp. Cantero, Fernández & Cía., San Juan, P. R., 1928, 34 p.

——: *Artículos pedagógicos.* Neg. Mat. Imp., 1929, 99 p.

——: *¿Cómo educo a mi hijo?* Imp. El Correo Dominical, San Juan, P. R., 1929, 32 p.

MARTÍNEZ, ALBERTO F.: *Notas pedagógicas.* Imp. El Boletín Mercantil, San Juan, P. R., 1901, 163 p.

NEGRÓN COLLAZO, MANUEL: *Consejos.* P. R. I., 15 de enero de 1916, núm. 307. [V. un juicio de M. Quevedo Báez, P. R. I., 4 de noviembre de 1916, núm. 349.]

——: *Laborando.* Colección de artículos escolares. Imp. Cantero, Fernández & Cía., San Juan, P. R., 1924, 155 p.

OSUNA, JUAN JOSÉ: *El origen y desarrollo del moderno movimiento educativo en España.* Summer School News. University of Porto Rico, 1927.

——: *La moderna aplicación del procedimiento científico a la educación.* Summer School News. University of Porto Rico, 1928.

——: *Función trascendental de la Escuela.* Summer School News. University of Porto Rico, 1929.

PADÍN, JOSÉ: *La función de la Escuela en la vida puertorriqueña.* Hispania, California, 1929, vol. 12, núm. 5.

QUEVEDO BÁEZ, MANUEL: *Relaciones psicológicas entre el hogar y la Escuela.* P. R. I., 5 de noviembre de 1911, núm. 88.

RODRÍGUEZ ARIAS, JOSÉ: *La Moral y la Escuela.* En *Conferencias Dominicales dadas en la Biblioteca Insular de Puerto Rico.* Bur. Supp. Prtg., 1914, p. 38.

——: *La educación.* En *Conferencias Dominicales dadas en la Biblioteca Insular de Puerto Rico.* Bur. Supp. Prtg., 1914, 162.

ROSARIO, ISAAC DEL: *Mis cinco años de maestro rural.* Imp. La Voz Escolar, Mayagüez, P. R., 1920, 96 p.

VALLE ATILES, FRANCISCO DEL: *Ilustrémonos.* P. R. I., 11 de agosto de 1917, núm. 389.

3) Disciplina y legislación escolar.

MARTÍNEZ QUINTERO, J. E.: *Leyes escolares.* [Colección de artículos.] Tip. de Casuela y López, P. R., 1899, 43 p.

MORALES CABRERA, PABLO: *La disciplina escolar en Puerto Rico.* Memoria pedagógica premiada en el certamen del Ateneo Puertorriqueño el 29 de junio de 1903. Tip. La Correspondencia, San Juan, P. R., 1905, 43 p.

RODRÍGUEZ LÓPEZ, FRANCISCO: *Disciplina escolar.* ¿Cuál es la más adaptable a Puerto Rico? En *Cuarto Centenario de la Colonización Cristiana de Puerto Rico.* Imp. El Boletín Mercantil, San Juan, P. R., 1908, 154 p.

Las Leyes escolares de Puerto Rico. Incluyendo la Ley escolar compilada, 1903; la Ley creando una Universidad, 1903, y la Ley relativa a la creación de becas en la Escuela Normal, 1903. Dept. of Education, Div. of Printing, San Juan, P. R., 1904, 60 p. [Hay otras eds.]

Leyes escolares de la Isla de Puerto Rico, decretadas por orden del general Guy V. Henry. 1 de mayo de 1899. Tip. El País, San Juan, P. R., 1899, 51 p. [Hay ed. en inglés.]

The School Laws of Porto Rico. Tip. El País, San Juan, P. R., 1901, 27 p.

——. Dept. of Ed., Bull. N° 3, Whole N° 3, 1916.

——. Dept. of Ed., Bull. N° 3, Whole N° 12, 1917.

2. ESCUELAS, INSTITUCIONES, ETC.

ALLEN, C. H.: *Impressions of Porto Rican Schools.* North American Review, N. Y., Feb. 1902, vol. 174: 159.

ANNEXY, JAIME: *La Escuela central de Artes y Oficios de San Juan.* Rev. Obs. Púb., marzo de 1927, año IV, núm. 39: 1188.

BENNER, THOMAS E.: *University of Porto Rico as Instrument for Inter-America Understanding.* School Life, Wa., D. C., Nov. 1927, vol. 13: 44.

CASTRO, FERNANDO: *Historia del Colegio de Agricultura.* Rev. Obs. Púb., mayo de 1928, año V, núm. 53: 1597.

FALKNER, R. P.: *Training Teachers in Porto Rico.* Journal of Education, Boston, May 28, 1908, vol. 67: 596.

FIGUEROA, CARLOS A.: *El Colegio de Agricultura e Ingeniería de la Universidad de Puerto Rico.* Rev. Obs. Púb., mayo de 1925, año V, núm. 53: 1596. [V. Rev. Agr., vol. 20, núm. 5: 231; hay otros artículos sobre el mismo tema en este número.]

FLEAGLE, FRED. K.: *Results of the Anthropometric Measurements among the Students of the University of Porto Rico.* Jan. 1917, 22 p.

HARING, C. H.: *La Universidad de Puerto Rico y las dos Américas.* Conferencia Bulletin of Spanish Studies, Liverpool, 1927, vol. 4: 170-179.

IRVINE RIVERA, EDITH M.: *School of Tropical Medicine.* University of Porto Rico. Bull. Pan. Am. Union, Feb 1927, vol. 61: 164-167.

JANER, RAFAEL: *Colonia especial de estudiantes puertorriqueños en Baltimore.* S. p. i. y s. f.

MATIENZO, BIENVEDIDO: *Necesidad de la instrucción agrícola en Puerto Rico.* Rev. Ant., junio de 1913, núm. 4.

NIN MARTÍNEZ, ANTOLÍN: *El Colegio de Agricultura e Ingeniería de la Universidad de Puerto Rico.* Rev. Obs. Púb., junio de 1928, año V, núm. 54: 1637.

ROOSEVELT, THEODORE: *Discurso del Hon. Gobernador — — en la Universidad de Puerto Rico.* Bur. Supp. Prtg., 1929, 14 p.

STAHL, AGUSTÍN: *Programa para una Escuela elemental de Agricultura en Puerto Rico.* Imp. The San Juan News, San Juan, P. R., 1901, 15 p.

ZENO, FRANCISCO M.: *La Escuela rural en Puerto Rico.* Imp. Nueva Democracia, N. Y., 1928, vol. 9, núm. 3: 24.

Colegio puertorriqueño de niñas. Memoria anual y Reglamento del mismo. 1913-1914. Tip. La Correspondencia, San Juan, P. R. [1914?], 29 p.

Escuela [nocturna] Industrial, Román Baldorioty de Castro. Clase 1925 San Juan, P. R. [1925], 18 p.

Información referente a la Universidad de Puerto Rico y al Colegio de Agricultura y Artes mecánicas de Mayagüez. Impreso para el uso de los legisladores. Neg. Mat. Imp., 1931, 40 p.

Instrucción. [Asilos, Institutos, Colegios, Universidad, Asociaciones de padres y maestros, Bibliotecas, etc.] En *El Libro de Puerto Rico,* 1923, cap. VII: 380-457.

Porto Rico as center for Pan-American education. Outlook, N. Y., Jan. 5, 1927, vol. 145: 6-7.

Prospecto de la Escuela técnico-industrial Román Baldorioty de Castro. San Juan, P. R., s. f., 15 p.

Prospecto del Colegio de Agricultura y Artes mecánicas de Mayagüez. Publicado por la Universidad de Puerto Rico. Información sobre requisitos de entrada, etc. Mayagüez, P. R., 1919-1920, 67 p. [V. los prospectos anuales que publica la Universidad de Puerto Rico.]

Reglamento para la Escuela Correccional de Puerto Rico. Aprobado por el Gobernador en 11 de diciembre de 1907. Bur. Supp. Prtg. [1907], 19 p.

Report of Joint Commission for the Establishment of the School of Tropical Medicine of the University of Porto Rico, under the Auspices of Columbia University. Imp. Germán Díaz, N. Y. [1924?], 42 p.

School of Tropical Medicine of Porto Rico. School and Society, N. Y., May 1, 1926, vol. 23: 549-550.

Spanish in the University of Porto Rico. School and Society, Garrison, N. Y., 1927, vol. 25: 362.

University of Porto Rico. School and Society, N. Y, Oct. 13, 1928, vol. 28: 447; Feb. 1930, vol. 31: 253.

University of Porto Rico. Account and Conditions. School and Society, N. Y., Jan. 1930, vol. 31: 111.

Puerto Rico's Normal Schoold. The Puerto Rico Herald, N. Y., March 7, 1903, vol. 2, N° 84: 485.

i) Actividades escolares.

Bainter, E. M.: *Betterment of Physical Training and Play Ground Activities for Porto Rico.* American Physical Educational Review, Jan. 1917, vol. 22: 7.

Custis, H. S.: *Playgrounds for Porto Rico.* American Physical Educational Review, Springfield, Mass., June, 1909, vol. 14: 371.

Falkner, R. B.: *School Holidays in Porto Rico.* World To Day. Chicago, June, 1905, vol. 8: 658.

Fernández Juncos, Manuel: *Las artes manuales en las escuelas.* P. R. I., 7 de abril de 1917, núm. 371.

Gonze, Cesarina, y López de Arce, Luis: *Cancionero del Oeste.* Colección. Letra de canciones escolares originales, adaptadas y traducidas. Tip. La Voz de la Patria, Mayagüez, P. R., 1922-1923, 24 p. Segunda ed.

Irvine Rivera, Edith M.: *Physical Education in the Public Schools of Porto Rico.* P. R. Health Rev., May, 1926, vol. 1, N° 11: 10.

Rosario, José C.: *Home Economics in the Rural Schools.* Bull. Pan. Am. Union., July, 1927, vol. 61: 685-692.

Wiggins, B. E.: *Playgrounds and Physical Training in Porto Rico.* Playground, N. Y., Dec. 1915, vol. 9: 319.

El Día del Árbol. Indicaciones y ejercicios para la celebración del Día

del Árbol, 25 de noviembre de 1904, en las Escuelas públicas de la Isla. Dept. of Education, San Juan, P. R , 1904, 40 p. [Hay otra ed. de 1907, 31 p.; otra de 1911, 47 p.; otra de 1913.]
Home Economics in Porto Rico. Jour. Home Economics. Baltimore, July, 1927, vol. 19: 388.

2) *Textos y libros de instrucción.*

ALICEA, ENCARNACIÓN, y ALICEA, JUANA: *Cartilla Fonética.* Libro de lectura para primer grado. Ed. por Rand Mc Nally & Co., N. Y., 1928, 154 p.
——, ——: *Guía del Maestro. Método Fonético.* Rand Mc Nally & Co., N. Y., 170 p.
ACEVEDO, HERMINIA, y DALMAU, MANUELA: *Libro primero de Lectura.* Ginn. and Co., N. Y., 1921, 103 p.
——, ——: *Libro segundo de Lectura.* Ginn. and Co., N. Y., 1923, 142 p.
ARÁN, PEDRO P.: *Lecciones prácticas de lenguaje español.* Libro de lenguaje para cuarto y quinto grados. D. C. Heath & Co., N. Y., 1928, vols. 1 y 2, 112 p.
ARROYO GÓMEZ, MANUEL MARÍA: *Tratado elemental teórico-práctico de la Prosodia y Ortografía de la Lengua castellana.* Times Publishing Co., San Juan, P. R., 1912, 195 p.
BERNIER, SERGIO: *Lecciones de Ortografía.* Tip. Baldorioty, Ponce, P. R., 1902, 100 p. Quinta ed.
BLANCO, JUAN P.: *My Little Friend Reading Book.* Rand Mc Nally & Co., N. Y., 1928, 207 p.
CLOPPER, E. N.: *Facts of Porto Rican History for Grammar School Pupils.* Hinds & Noble., N. Y., 1906, 53 p.
CUEVAS ABOY, JUAN: *Miscelánea gramatical.* Imp. La Bandera Americana, Mayagüez, P. R., 1915, 56 p.
DELIZ, MONSERRATE: *Cantos infantiles.* Ilustrados por Helen Babbit y Ethel Blossom. D. C. Heath, N. Y., 1924, 73 p.
DOMÍNGUEZ NIEVES, ANTONIO: *Nociones de Agricultura tropical.* D. C. Heath, N. Y., 1922, 374 p.
FERNÁNDEZ JUNCOS, MANUEL: *Los primeros pasos en castellano.* Trad. y adaptación de «First Steps in English», por A. D. R. Barlett. Silver Burdett & Co., N. Y., 1901, 173 p.
——: *Libro cuarto de Lectura.* En colaboración con Isabel K. Macdermott. Silver Burdett & Co., N. Y., 1902, 311 p.
——: *Canciones escolares.* Colección de cantos sencillos. De texto en las escuelas. Silver Burdett & Co., N. Y., 1903, 2 vols. [Ambos vols. con música de Dueño Colón.]

FERNÁNDEZ JUNCOS, MANUEL: *Compendio de Moral para las escuelas.* Silver Burdett & Co., N. Y., 1904, 84 p.

——: *Lecturas escogidas.* Colección de obras de autores eminentes. Silver Burdett & Co., N. Y., 1910, 236 p.

GARCÍA MÉNDEZ, CARMEN: *Los mejores cuentos de Andersen.* Narrados para los niños de habla española. Rand Mc Nally & Co., N. Y.

GEORGE, MARIAM M.: *A Little Journey to Cuba and Porto Rico.* For Intermediate and Upper Grades. Library of Travel. A. Flanagan Company, Chicago, 1923: 83-76.

GONZÁLEZ GINORIO, JOSÉ: *Lectura infantil.* Bur. Supp. Prtg., s. f.

——: *Método racional para enseñar a leer y escribir.* Bur. Supp. Prtg., s. f.

HERNÁNDEZ, ENRIQUE C.: *Lecciones de Gramática castellana.* Appleton & Co., N. Y., 1909, 251 p.

HUYKE, JUAN B.: *Libro de Lectura.* Silver Burdett & Co., N. Y., 1913, 99 p.

——: *Consejos a la juventud.* Neg. Mat. Imp., 1919, 45 p. [Hay otra ed. de 1922, 73 p.; otra de 1928, 92 p.]

——: *Niños y Escuelas.* D. C. Heath & Co., N. Y., 1919, 216 p.

——: *Estímulos.* Primera ed. Neg. Mat. Imp., 1922, 213 p. Segunda ed., 1927, 229 p.

——: *Lecturas.* Prólogo de Pedro C. Timothée. Neg. Mat. Imp., 1923, 205 p.

——: *Páginas escogidas.* Prólogo de F. Rodríguez López, ilustraciones por Gleb E. Botkin. D. C. Heath and Co., N. Y., 1925, VII-179 p.

——: *Rimas infantiles.* Versos para niños. Prólogo de Claudio Capó. Ilustraciones por Gleb E. Botkin. D. C. Heath and Co., N. Y., 1926, XVII-90 p.

JANER Y SOLER, FELIPE: *Gramática castellana.* Silver Burdett & Co., N. Y., 1919, 432 p.

LASSALLE, BEATRIZ: *Cuentos mitológicos.* Rand Mc Nally & Co., N. Y.

NIN, MANUEL G.: *El buen castellano.* Scott, Foresman & Co., Chicago, 1920, 127 p.

PEÑA, A. C.: *Cartilla básica.* (Para aprender a leer.) Tip. Burset, Humacao, P. R., 1924, 32 p.

RIVERA DE TUDÓ, ÁNGELA: *Idioms and other Expressions, in English and Spanish.* Prologado por la Sra. L. K. Ramírez. Porto Rico Progress, San Juan, P. R., 1929, 84 p.

RODRÍGUEZ, ISAÍAS: *Tratado de Ortofonía española.* Imp. El Día, Ponce, P. R., 1919, 42 p.

VIZCARRONDO, FRANCISCO: *Porto Rico Civics.* D. C. Heath and Co., N. Y., 1922, 271 p.

3. PUBLICACIONES DEL DEPARTAMENTO DE EDUCACIÓN

AGUAYO VÉLEZ, MANUEL: *Course of study in elementary manual arts.* Dept. of Ed., Bull. N° 32, Whole N° 108, 1927.

ÁLVAREZ, BLANCA: *Course of study in geography for the 5th and 6th grade.* Dept. of Ed., Bull. N° 9, Whole N° 49, 1922.

APONTE, J. IGNACIO: *Lecciones de Civismo.* Curso de estudios para cuarto grado. Dept. of Ed., Bull. N° 20, Whole N° 96, 1928

ARÁN, PEDRO P.: *Course of study in Physical education for the first grade.* Dept. of Ed., Bull. N° 7, Whole N° 69, 1926.

——: *Course of study in Physical education for the second grade.* Dept. of Ed., Bull. N° 8, Whole N° 70, 1926.

——: *Course of study in Physical education for the third grade.* Dept. of Ed., Bull. N° 9, Whole 71, 1926.

——: *Course of study in Physical education for the fourth grade.* Dept. of Ed., Bull. N° 10, Whole N° 72, 1926.

——: *Course of study in Physical education for the fifth grade.* Dept. of Ed., Bull. N° 11, Whole N° 73, 1926.

——: *Course of study in Physical education for the 6th, 7th and 8th, grades.* Dept. of Ed., Bull. N° 12, Whole N° 74, 1926.

——: *Health education.* Dept of Ed., Bull. N° 14, Whole N° 76, 1926.

——: *Curso de estudios probatorio en historia de Puerto Rico.* Para escuelas rurales. Dept. of Ed, Bull. N° 8, Whole N° 84, 1927.

——: *Curso de estudios probatorio en ciudadanía para escuelas rurales.* Dept. of Ed, Bull. N° 9, Whole N° 85, 1927.

——: *Course of study for the rural schools of Porto Rico in English.* Dept. of Ed., Bull. N° 10, Whole N° 86, 1927.

——: *Tentative course of study for rural schools in Arithmetic.* Dept. of Ed., Bull. N° 11, Whole N° 87, 1927.

——: *Language lessons in English.* Dept. of Ed., Bull. N° 24, Whole N° 100, 1927.

——: *Curso de estudio de español para las escuelas rurales de Puerto Rico, grados 1 al 6, lectura y lenguaje.* Dept. of Ed., Bull. N° 31, Whole N° 107, 1927.

BLANCO, JUAN P.: *English reading for 2nd grade.* Dept. of Ed., Bull. N° 11, Whole N° 119, 1929.

BROWN, AGNES E., y NIN, MANUEL G.: *El buen castellano, lecciones de lenguaje para el tercer grado.* Dept. of Ed., Bull. N° 2, Whole N° 17, 1918.

CLARK, VÍCTOR S.: *Teacher's Manual for the Public Schools of Porto Rico.* Issued under the authority of the Insular Board of Education, by the President of the Board... Silver Burdett & Co., N. Y., 1900, 595 p. + 31 ilustraciones adicionales. [Ed. en español e inglés.]

DILWORTH, VERNON: *Material relating to University Freshman English of interest to High School Seniors*. Dept. of Ed., Bull. N° 3, Whole N° 111, 1929.

FIOL NEGRÓN, JULIO: *Course of study in history for 7th and 8th grades for the public schools of Porto Rico* Dept. of Ed., Bull. N° 18, Whole. N° 94, 1927.

——: *Job analysis of the work of District supervisors*. A Survey. Dept. of Ed., Bull. N° 23, Whole N° 99, 1927.

——: *History course of study for the sixth grade*. Dept. of Ed., Bull. N° 6, Whole N° 114, 1929.

——: *Historia de Puerto Rico, grados cuarto al octavo*. Dept. of Ed., Bull. N° 9, Whole N° 117, 1929.

——: *Artículos sobre Educación*. Dept. of Ed., Bull. N° 12, Whole N° 120, 1929.

FIX, MARGARET D.: *Home Economics course of study for Elementary and High Schools*. Dept. of Ed., Bull. N° 30, Whole N° 106.

GONZÁLEZ GINORIO, JOSÉ: *Manual del Maestro. Método racional para enseñar a leer y escribir el castellano simultáneamente*. Dept. of Ed., Bull. N° 6, Whole N° 6, 1916.

——: *Cursos de estudio para las escuelas graduadas de Puerto Rico: español, escritura*. Dept. of Ed., Bull. N° 2, Whole N° 21, 1919.

HICKLE, CAREY: *The school laws of Porto Rico*. Suplementary edition. The acts of the Legislative Assembly affecting Public Instruction. Dept. of Ed., Bull. N° 3, Whole N° 3, 1916.

HJORTH, HERMANN: *The Course of Study in Manual Training of the public schools of Porto Rico*. Bur. Supp. Prtg., 1914, 32 p.

HUNTINGTON, SUSAN D.: *Curso de estudio en educación moral y cívica para las escuelas públicas de Puerto Rico*. Vol I: Grados 1 al 4. Vol. II: Grados 5 y 7. Dept. of Ed., Bull. N° 4, Whole N° 13, 1917.

HUYKE, JUAN B.: *Si tuviese veintiún años*. Dept. of Ed., Bull. N° 2, Whole N° 33, 1921.

——: *Artículos pedagógicos*. Dept. of Ed., Bull. N° 4, Whole N° 112, 1929.

——: *Preliminary exercises in phonics*. Dept. of Ed., Bull N° 10, Whole N° 118, 1929.

JOHNSON, G. EDWIN: *Laboratory directions High School Botany*. Dept. of Ed., Bull. N° 6, Whole N° 25, 1919.

——: *Laboratory directions High School Zoology*. Dept. of Ed., Bull. N° 2, Whole N° 27, 1920.

LEÓN, JUAN N., y RODRÍGUEZ LÓPEZ, FRANCISCO: *Cursos de estudio en español: Grados 3 al 4*. Escuelas urbanas. Dept. of Ed., Bull. N° 7, Whole N° 115, 1929.

——, ——: *Curso de estudio en español; escuelas urbanas: grados 6 al 8*. Dept. of. Ed., Bull. N° 8, Whole N° 116, 1929.

LUCE, ALLENA: *Course of music for the public schools of Porto Rico.* Dept. of Ed., Bull. N° 4, Whole N° 29, 1920.

LLUCH MATTEI, RAFAEL: *Apuntes sobre la enseñanza de la Agricultura en las escuelas rurales de Puerto Rico.* Dept. of Ed., Bull. N° 4, Whole N° 4, 1916.

MARTIN, H. A.: *Course of Study for High Schools.* Dept. of Ed., Bull. 1, Whole N° 51, 1923.

——: *Standard equipment for Chemistry, Biology and Physics.* Dept. of Ed., Bull. N° 2, Whole N° 64, 1926.

MC CROSKEY, U. C.: *Course of study for the High Schools of Porto Rico.* Dept. of Ed., Bull. N° 4, Whole N° 19, 1918.

——, and VIZCARRONDO, FRANCISCO: *The Course of Study in Physiology and Hygiene for the Graded Shools of Porto Rico.* Dept. of Ed., Bull. N° 3, Whole N° 22, 1919.

MILLER, PAUL G., and PADÍN, JOSÉ: *Official Library Guide for the Public School System of Porto Rico.* Compiled by ——, Commissioner of Education and ——, M. A. General Superintendent. Dept. of Ed., Bull. N° 7, Whole N° 7, 1916.

——, —— *Cervantes-Shakespeare, Tercentenary.* 1616-1916. Biographical Notes. Selections and appreciations. Dept. of Ed., Bull. N° 2, Whole N° 2, 1916.

MINOT GRIFFITH, C.: *Promotion and Retardation in the Elementary Shools of Porto Rico.* Dept. of Ed., Bull. N° 9, Whole N° 9, 1916.

MORIN, JOSEPH C.: *Teacher's Manual for first grade oral English.* Dept. of Ed., Bull. N° 1, Whole N° 10, 1917.

——: *Teacher's Manual for second grade oral English.* Dept. of Ed., Bull. N° 6, Whole N° 15, 1917.

——: *Teacher's Manual for first grade oral English.* Dept. of Ed., Bull. N° 1, Whole N° 20, 1919.

——: *Teacher's Manual for first grade oral English.* Dept. of Ed., Bull. N° 3, Whole N° 34, 1921.

——: *Fourth grade language book, teacher's Manual.* Dept. of Ed., Bull. N° 9, Whole N° 40, 1921.

——: *Teacher's Manual for first grade oral English.* Dept. of Ed., Bull. N° 7, Whole N° 47, 1922.

——: *Course of study in English from 1st to 6th grades.* Dept. of Ed., Bull. N° 13, Whole N° 75, 1926.

NASE, DANIEL R.: *Moral training and ethics, secondary schools.* Dept. of Ed., Bull. N° 12, Whole N° 88, 1927.

NIN, MANUEL G.: *El problema de la enseñanza del castellano en las escuelas públicas de Puerto Rico.* Dept. of Ed., Bull. N° 8, Whole N° 8, 1916.

PADÍN, JOSÉ: *Problems of teaching English to the people of Porto Rico.* Dept. of Ed., Bull. N° 1, Whole N° 1, 1916.

PORRATA DORIA, OSCAR: *Course of study in nature study for the public schools of Porto Rico.* Dept. of Ed., Bull. N° 16, Whole N° 92, 1927.
——: *Course of study in Agriculture for the public schools of Porto Rico.* Dept. of Ed., Bull. N° 17, Whole N° 93, 1927.
PUGH, FRANK S.: *Course of study in manual arts for the public schools of Porto Rico.* Dept. of Ed., Bull. N° 5, Whole N° 14, 1917.
RODRÍGUEZ LÓPEZ, FRANCISCO: *Tentative course in nature study and agriculture.* Dept of Ed., Bull. N° 1, Whole N° 57, 1924.
——: *Bulletin of tentative course of study in Arithmetic.* Dept. of Ed., Bull. N° 22, Whole N° 98, 1927.
——, y DÍAZ BALDORIOTY, HATUEY: *Español de grados primarios en matrícula doble.* Dept. of Ed., Bull. N° 29, Whole N° 105, 1927.
ROSARIO, JOSÉ C.: *Course of study for rural schools.* Dept. of Ed., Bull. N° 10, Whole N° 50, 1922.
——: *Course of study for the rural schools of Porto Rico.* Dept. of Ed., Bull. N° 3, Whole N° 65, 1926.
SEALS, LAURA S.: *Manual de Aritmética para maestros elementales, primero y segundo grados.* Dept. of Ed., Bull. N° 5, Whole N° 5, 1916.
SELLÉS SOLÁ, GERARDO: *Lenguaje castellano para cuarto grado.* Dept. of Ed., Bull. N° 7, Whole N° 38, 1921.
——: *Lenguaje castellano para cuarto grado, segundo semestre.* Dept. of Ed., Bull. N° 8, Whole N° 39, 1921.
——: *Course of study in Spanish language for 5th grade.* Dept. of Ed., Bull. N° 8, Whole N° 48, 1922.
VIZCARRONDO, FRANCISCO: *Revised course in nature study for the elementary schools of Porto Rico.* Dept. of Ed., Bull. N° 5, Whole N° 24, 1919,
——: *Outline of report of representative of Porto Rico to the convention of National Ed. Association* Dept. of Ed., Bull. N° 2, Whole N° 78, 1927.
——: *Education in Porto Rico.* Dept. of Ed., Bull. N° 5, Whole N° 113, 1929.
——: *Las segundas unidades rurales de Puerto Rico.* Departamento de Educación, San Juan, P. R., 1930, 15 p.
WILLSEY, ELSIE MAE: *Course of study in Home Economics for the Elementary and High Schools of Porto Rico.* Dept. of Ed., Bull. N° 4, Whole N° 35, 1921.
——: *Curso de estudios en costura, calado y bordado para las escuelas de Puerto Rico.* Dept. of Ed., Bull. N° 5, Whole N° 36, 1921.
——: *Home Economics Bulletin.* Dept. of Ed., Bull. N° 5, Whole N° 45, 1922.
——: *Curso de estudios en costura, calado y bordado.* Dept. of Ed., Bull. N° 6, Whole N° 46, 1922.
——: *Curso de estudios en costura, calado y bordado.* Dept. of Ed., Bull. N° 2, Whole N° 52. Neg. Mat. Imp., 1923.

WILLSEY, ELSIE MAE: *Boletín de información en costura, calado y bordado.* Dept. of Ed., Bull. N° 3, Whole N° 53, 1923.

——: *Home Economics Bulletin.* Dept. of Ed., Bull. N° 4, Whole N° 54, 1923.

——: *Course of study in Home Economics for the Elementary and High Schools.* Dept. of Ed., Bull. N° 5, Whole N° 55, 1923.

——: *Directory of Home Economics Instructors in public schools of Porto Rico.* Dept. of Ed., Bull. N° 6, Whole N° 56, 1923.

——: *Directory of Home Economics Instructors in the public and private schools of Porto Rico.* Dept. of Ed., Bull. N° 2, Whole N° 58, 1924.

——: *Home Economics Education in Porto Rico.* Dept. of Ed., Bull. N° 4, Whole N° 66, 1926.

An outline of the municipal law and the organic act... Dept. of Ed., Bull. N° 3, Whole N° 28, 1920.

Arithmetic. Course of study... Dept. of Ed., Bull. N° 2, Whole N° 42, 1922.

Bulletin of general information on positions open to American teachers in the public schools system of Porto Rico. Dept. of Ed., Bull. N° 2, Whole N° 11, 1917.

Bulletin of general information on positions open to American teachers in the public schools system of Porto Rico. Dept. of Ed., Bull. N° 1, Whole N° 16, 1918.

Bulletin of general information on positions open to teachers of the United States in the public school system of Porto Rico... Dept. of Ed., Bull. N° 1, Whole N° 26, 1920.

Bulletin of general information... Dept. of Ed., Bull. N° 3, Whole N° 43, 1922.

Bulletin of summer school course. Dept. of Ed., Bull. N° 3, Whole N° 44, 1922.

Bulletin of general information on positions open to teachers of the United States... Dept. of Ed., Bull. N° 3, Whole N° 59, 1924.

Bulletin of general information on positions open to teachers of the United States. Dept. of Ed., Bull. N° 1, Whole N° 63, 1926.

Bulletin of general information for American teachers... Dept. of Ed., Bull. N° 1, Whole N° 77, 1927.

Bulletin of general information for American teachers... Dept. of Ed., Bull. N° 19, Whole N° 95, 1927.

Bulletin of general information for American teachers... Dept. of Ed., Bull. N° 1, Whole N° 109, 1929.

Bulletin of general information on positions open to teachers of the United States in the public school system of Porto Rico. Dept. of Ed., Bull. N° 1, Whole N° 122, 1931.

Course of study for Chemistry and Physics... Dept. of Ed., Bull. N° 2, Whole N° 61, 1925.

Course of study in Geography, 4th to 20th week... Dept. of Ed., Bull. Nº 6, Whole Nº 37, 1921.
Course of study for the Graded schools of Porto Rico. Dept. of Ed., 1907, 114 p.
Course of study for the High Schools, supplementary to the general course... Dept. of Ed., Bull. Nº 28, Whole Nº 104, 1927.
Course of study in civics, 7th and 8th grades... Dept. of Ed., Bull. Nº 26, Whole Nº 102, 1927.
Course of study for Commercial Course. Dept. of Ed., Bull. Nº 25, Whole Nº 101, 1927.
Course of study in nature study for the public schools of Porto Rico. Dept. of Ed., Bull. Nº 14, Whole Nº 90, 1927.
Course of study in Geography for the 5th grade. Dept. of Ed., Bull. Nº 13, Whole Nº 89, 1927.
Course of study in Geography for the 4th grade... Dept. of Ed., Bull. Nº 7, Whole Nº 83, 1927.
Course of study for the High Schools of Porto Rico, general course... Dept. of Ed., Bull. Nº 6, Whole Nº 82, 1927.
Course of study for the continuation schools of Porto Rico. Dept. of Ed., Bull. Nº 4, Whole Nº 80, 1927.
Curso de estudios de educación moral y cívica... Dept. of Ed., Bull. Nº 27, Whole Nº 103, 1927.
Curso de estudios en trabajo industrial para las escuelas rurales de Puerto Rico, grados 1 al 6... Dept. of Ed., Bull. Nº 2, Whole Nº 110, 1929.
Geografía para cuarto grado. División de supervisión... Dept. of Ed., Bull. Nº 5, Whole Nº 67, 1926.
Manual del Comedor Escolar. Dept. of Ed., Bull. Nº 13, Whole Nº 121, 1929, 15 p.
Oral English elementary urban schools, grades 1, 2 and 3... Dept. of Ed., Bull. Nº 15, Whole Nº 91, 1927.
Outline for English, grades 5, 6, 7, 8... Dept. of Ed., Bull. Nº 1, Whole Nº 60, 1925.
Outline of course in Spanish for the American teachers... Dept. of Ed., Bull. Nº 6, Whole Nº 31, 1920.
Professional Bulletin... Dept. of Ed, Bull. Nº 1, Whole Nº 41, 1922.
Professional Bulletin for the public schools of Porto Rico. Dept. of Ed., Bull. Nº 5, Whole Nº 30, 1920.
Positions opened for American teachers... Dept. of Ed., Bull. Nº 1, Whole Nº 32, 1921.
Rules and regulations governing organization and administration of High Schools in Porto Rico... Dept. of Ed, Bull. Nº 3, Whole Nº 79, 1927.
Spanish course for American teachers. Dept. of Ed., Bull. Nº 5, Whole Nº 81, 1927.

Syllabus of work to be covered by candidates for the principal's license in preparing for the examinations... Dept. of Ed., Bull. N° 3, Whole N° 18, 1918.

The course of study in United States history, for the graded schools of Porto Rico. Dept. of Ed., Bull. N° 4, Whole N° 23, 1919.

The school laws of Porto Rico. Supplementary edition, the acts of the Legislative Assembly affecting public instruction... Dept. of Ed., Bull. N° 3, Whole N° 12, 1917.

The school system of Porto Rico. A Survey of the year's work... Dept. of Ed., Bull. N° 21, Whole N° 97, 1927.

Tropical foods, Bulletin N° 1, vegetables, chayote, yautía, plantain, banana... Dept. of Ed., Bull. N° 3, Whole N° 62, 1925.

4. NEGOCIADO DE ESTUDIOS LIBRES

CAPÓ, CLAUDIO: *The Island of Porto Rico.* A compilation ot tacts and some comments on the Geography of the country. Bureau of Extension, Doc. N° 26, 1925, 123 p.

GIL, PEDRO: *Program of studies.* Bureau of Extension, Doc. N° 1, 1923, 95 p.

Annual Report of the Director of the Bureau of Extension Work and Examination, 1923-1924. Bureau of Extension, Doc. N° 19, 1924, 16 p.

Collections of Examinations questions, 1924. Bureau of Extension, Doc. N° 29. [En mimeógrafo.]

Course of Study in Political Economy. Bureau of Extension, Doc. N° 2, 18 p. [En mimeógrafo.]

Course of study in Sociology. Bureau of Extension, Doc. N° 3, 1924, 30 p.

Course of study in History of Porto Rico. Bureau of Extension, Doc. N° 4, 1924, 16 p

Course of study in Zoology. Bureau of Extension, Doc. N° 10. [En mimeógrafo.]

Course in History of Europe. Bureau of Extension, Doc. N° 11, 38 p. [En mimeógrafo.]

Course of study in Plane Geometry. Bureau of Extension, Doc. N° 12, 1924, 13 p.

Course of study in Domestic Science. Bureau of Extension, Doc. N° 13. [En mimeógrafo.]

Course of study in General History. Bureau of Extension, Doc. N° 14. [En mimeógrafo.]

Course of study in Zoology. Bureau of Extension, Doc. N° 20, 1928, 32 p.

Course of study in Mathematics. Bureau of Extension, Doc. N° 23. Contiene: 1, First course in Algebra, 7 p.; 2, Intermediate Algebra (Second course), 4 p.; 3, Higher Algebra (Third course); 4, Solid Geometry, 3 p.; 5, Plane Trigonometry, 4 p. [En mimeógrafo.]

Course of study in Zoology. Bureau of Extension, Doc. N° 28, 44 p. [En mimeógrafo.]

Course of study. Fifth year vocational civics; social civics; Music; H. S Arithmetic. Bureau of Extension, Doc. N° 35. [Páginas sin numerar, en mimeógrafo.]

Diagnosis of failures in Spanish. Bureau of Extension, Doc. N° 30, 29 p. [En mimeógrafo.]

Examination Questions. June 1924, to Aug. 1929. Bureau of Extension, Doc. N° 33. [Incluye el núm. 17 en mimeógrafo.]

Examination Questions. 8th Grade. Bureau of Extension, Doc. N° 15, 1923. [En mimeógrafo.]

Exercises. Laboratory in Botany. Bureau of Extension, Doc. N° 31. [Páginas sin numerar, en mimeógrafo.]

Handbook. Rules and Regulations of the Bureau of Extension and Examination. Revised. Bureau of Extension, Doc. N.° 25, 1928, 51 p.

Handbook. Rules and Regulations governing the Bureau of Extension Work and Examination. Bureau of Extension, Doc. N° 16, 1924, 26 p.

High School Questions, 1924. Bureau of Extension, Doc. N° 18, 1924. [En mimeógrafo]

Laboratory Directions. Bureau of Extension, Doc. N° 7, 1924, 13 p.

Laboratory Directions in Botany. Revised. Bureau of Extension, Doc. N° 6, 8 p. [En mimeógrafo.]

Laboratory Exercises in Zoology. Bureau of Extension, Doc. N° 32, 33 p. [En mimeógrafo.]

Laboratory Notes in Biology. Bureau of Extension. [S. núm. y s. f.]

Laboratory Exercises. Zoology. Bureau of Extensión, Doc. N° 27, 59 p. [En mimeógrafo.]

Letter to our students. Bureau of Extension, Doc. N° 9, 4 p. [En mimeógrafo.]

Lessons in Spanish. Bureau of Extension, Doc. N° 34, Study Division. [En mimeógrafo.]

Programs of study in English, Spanish, French and Latin. Bureau of Extension, Doc. N° 24, 1924, 24 p.

Programs of study in History and Civics. Bureau of Extension, Doc. N° 21, 1924, 23 p.

Programs of study in Science. Bureau of Extension, Doc. N° 22, 22 p. [En mimeógrafo.]

Program of study in Botany. Bureau of Extension, Doc. N° 5, 10 p. [En mimeógrafo.]

Program of study in Eighth Grade subjects. Bureau of Extension, Doc. N° 36, 1930. [Páginas sin numerar, en mimeógrafo.]

Suggestive Programs of study. Bureau of Extension, Doc. N° 8. [5 p., en mimeógrafo.]

f. — MILICIA

I. ÉPOCA ESPAÑOLA

BRAU, SALVADOR: *La ofrenda del Miliciano.* San Juan, P. R., 1891.

CASTRILLÓN MERA, ANTONIO: *Episodios militares.* Imp. La Primavera, San Juan, P. R., 1929, 36 p.

COLL Y TOSTE, CAYETANO: *Narración histórica. Cómo se fundó el primer batallón de soldados puertorriqueños.* B. H. P. R., 1918, vol. 5: 315.

CÓRDOVA, PEDRO TOMÁS DE: *Estado Mayor. Ingenieros. Valor gastado en las obras de fortificación. Artillería..., etc....* En *Memoria sobre todos los Ramos de la Administración de la Isla de Puerto Rico.* Imp. Yenes, Madrid, 1838, p. 216-266.

DORDA Y LÓPEZ, RAMÓN: *Cartilla del voluntario de la Isla de Puerto Rico.* Imp. Sucesión J. J. Acosta, San Juan, P. R., 1893, 133 p. +.

GAMIR Y MALADEN, SABINO: *Apuntes sobre la defensa de Puerto Rico.* [Agosto de 1866.] B. H. P. R, 1915, vol. 2: 276.

MORENO LUCAS, MANUEL: *Reglamento para la carga y manejo del fusil.* (Sistema Remigton.) Imp. El Boletín Mercantil, San Juan, P. R., 1873, 47 p.

O'REILLY, ALEJANDRO: *Reorganización de la tropa y de la milicia disciplinadas de Puerto Rico.* B. H. P. R., 1916, vol. 3: 129.

PÉREZ MORIS, JOSÉ: *Memorias de un militar, sacadas de un libro inédito.* Arregladas por ——. Nueva Imp. El Boletín Mercantil, San Juan, P. R., 1877, 465 p.

POTOUS, JUAN JOSÉ: *Reclutamiento para los ejércitos de Cuba y Puerto Rico.* Imp. de la Maestranza de Artillería, Habana, 1885, 12 p.

ROSADO Y BRINCAU, RAFAEL: *Bosquejo histórico de la Institución de Voluntarios en Puerto Rico.* Imp. de la Capitanía General, San Juan, P. R., 1888, 313 p. +.

——: *Nociones de Derecho común y militar.* Imp. Francisco J. Marxuach, San Juan, P. R., 1897, 206 p.

STOCKTON, CHAS. HERBERT: *Account of some past Military and Naval Operations Directed Against Cuba and Porto Rico.* 1900.

Adición al Reglamento de las milicias de la Isla de Cuba, hecha para el particular gobierno de la de San Juan de Puerto Rico, en los asuntos que la situación de los pueblos y demás circunstancias peculiares al país pedían..., P. R., 1823. [Hay otra ed. anterior de la Imp. San Martín, Madrid, 1766, 6 p]

Apéndice sobre el uso de divisas. B. H. P. R., 1917, vol. 4: 192.

Banderín de enganche en Canarias para cubrir bajas en la guarnición de Puerto Rico. B. H. P. R., 1916, vol. 3: 346.

Carta del Rey al Cabildo de San Juan. [Contribución adicional para costear armamento y vestuario de las milicias disciplinadas de Puerto Rico.] B. H. P. R., 1914, vol. 1: 260.

Carta del cónsul español en Saint Thomas dando cuentas de que allí no se hacen preparativos filibusteros de embarcar armas para Puerto Rico. [14 de julio de 1887.] B. H. P. R., 1920, vol. 7: 34.

Carta del primer jefe del Batallón Provincial de Puerto Rico al Dr. Coll y Toste. B. H. P. R., 1919, vol. 6: 32.

Cartilla del voluntario de la Isla de Puerto Rico. Imp. J. J. Acosta, San Juan, P. R., 1893, 56 p. (Capitanía General.)

Circular sobre revista y reemplazo de las milicias de Puerto Rico en 1817. B. H. P. R., 1925, vol. 12: 57.

Concesión al Ejército, Guardia civil y Orden público del plus de campaña. B. H. P. R., 1919, vol. 6: 48.

Defensas ante el Consejo de Guerra de Oficiales generales. Causa instruída con motivo de la defensa de Mayagüez, Puerto Rico. Contra el coronel D. Julio Soto Villanueva Lemente; coronel D. Antonio Osés Mozo, y el segundo teniente D. Juan Hernández Martínez. Imp. Antonio Marzo, Madrid, 1899, 81 p.

Documento para la Historia de Puerto Rico. Envío de tropas a Puerto Rico por el coronel D. Manuel Castaños y Montijo para defenderla de piratas. B. H. P. R., 1923, vol. 10: 3.

El día 25 de julio de cada año se verificará la revista de urbanos. B. H. P. R., 1917, vol. 4: 197.

Establecimiento de Colonias militares en Ultramar. Madrid, 1883, vol. 14: 16 p.

Estado de defensa de la plaza de San Juan Bautista de Puerto Rico en 1541. B. H. P. R., 1922, vol. 9: 270.

Estado militar que comprende el personal de las clases de jefes y oficiales de todas las Armas e Institutos residentes en la misma, y Escalafón general por el orden de antigüedad de los jefes, oficiales, sargentos primeros y cadetes de los cuerpos de Infantería y Milicias disciplinadas en el 1.º de enero de 1856. Tip. de D. Ignacio Guasp, San Juan, P. R., 1855, 116 p.

Estados de las fuerzas y material sucesivamente enviado con motivo de las actuales campañas a los distritos de Ultramar, en las fechas que se expresan. Madrid, 1897.

Fundación del primer batallón de tropas puertorriqueñas. B. H. P. R., 1919, vol. 6: 132.

Instrucción para el resguardo de la Isla de Puerto Rico. 1849, 72 p. *Reglamento orgánico del resguardo de la Isla.* San Juan, P. R., 1849, 15 p. [Ambos encuadernados juntos.]

Instrucciones a los tenientes a Guerra... [*1832*]. B. H. P. R., 1916, vol. 3: 38.

La defensa militar de Puerto Rico. B. H. P. R., 1919, vol. 6: 7.

Levantamiento de los artilleros de la Isla de Puerto Rico, siendo gobernador general D. Andrés García Camba. Imp. Higinio Reveses, Madrid, 1856, 86 p. [V. B. H. P. R., vol. 14: 28-89.]

Los tiempos coloniales. Circular para los tenientes a Guerra en el desempeño de su cargo. B. H. P. R., 1917, vol. 4: 6.

Memoria artillera del coronel Díaz. B. H. P. R., 1915, vol. 2: 164.

Nombramiento del teniente del Cañuelo. B. H. P. R., 1916, vol. 3: 137.

Nuevo Reglamento de la tropa de esta plaza. B. H. P. R., 1916, vol. 3: 131.

Orden general de D. Ramón de Castro a los jefes de la plaza para estar prevenidos en caso de alarma. B. H. P. R., 1915, vol. 2: 207.

Orden del general Macías dando cuenta de que los americanos desembarcan por Guánica. B. H. P. R., 1919, vol. 6: 50.

Ordenanza de S. M. para el régimen y gobierno militar de las matrículas de mar. Reimpresa en Puerto Rico, P. R., 1817, 219 p.

Parte de una carta del cronista Oviedo a S. M., en la que le da cuenta de la fortaleza de Santa Catalina en San Juan, en 1537. B. H. P. R., 1922, vol. 9: 146.

Patente de capitán de Infantería española para D. Antonio de los Reyes Correa. B. H. P. R., 1921, vol. 8: 198.

Proclama del gobernador Miguel de la Torre con motivo de la sublevación militar de 25 de octubre de 1835 B. H. P. R., 1921, vol. 8: 372.

Real orden dando aviso que se recela el rompimiento de guerra con los ingleses. Queda enterado el Rey de la tormenta habida en 1738. B. H. P. R., 1917, vol. 4: 132.

Real orden para que se tenga buena correspondencia con los gobernadores de las colonias francesas y para que se les pida material de guerra. [11 de abril de 1740.] B. H. P. R., 1917, vol. 4: 136

Real orden aprobando la organización militar de la plaza para su defensa. B. H. P. R., 1917, vol. 4: 137.

Real orden aprobando la reorganización de un batallón de Infantería y una compañía de Artillería. B. H. P. R., 1917, vol. 4: 138.

Real orden en la que S. M. aumenta al brigadier D. Matías de Abadía su sueldo y le prorroga el gobierno. B. H. P. R., 1917, vol. 4: 141.

Real orden aprobando el nombramiento de tenientes de los Castillos. B. H. P. R., 1917, vol. 4: 142.

Real orden sobre el batallón y el almacén para la pólvora que no aprueba S. M. B. H. P. R., 1917, vol. 4: 143.

Real orden aprobando la prisión de cuatro capitanes y que se siga la causa a D. José Valentín Urquizu. B. H. P. R., 1917, vol. 4: 153.

Real orden de que el Rey queda enterado de no haberse podido construir cuarteles en el Castillo del Morro y no haber satisfecho sus haberes a los oficiales que fueron a México. [6 de agosto de 1745.] B. H. P. R., 1917, vol. 4: 154.

Real orden disponiendo que las propuestas de vacantes han de pasar precisamente por manos del Gobernador, el que al pie pondría su dictamen; y que no se admita recurso de oficial ni individuo de tropa que no vaya dirigido por el Gobernador. B. H. P. R., 1917, vol. 4: 154.

Real orden aprobando el Rey las providencias tomadas para reparar el navío de guerra El Príncipe, que arribó desarbolado al puerto de Añasco. B. H. P. R., 1917, vol. 4: 156.

Real orden declarando exceptuados de los sorteos de la milicia los comerciantes y mercaderes en los dominios de Indias. B. H. P. R., 1917, vol. 4: 187.

Real orden para recoger en esta Isla los desertores de la escuadra a cargo de D. Andrés Reggio. B. H. P. R., 1918, vol. 5: 80. [V. también el vol. 7: 178.]

Real orden en que se prohibe levantar otros planos de las fortificaciones que los que se encaminasen a la Secretaría de Indias. [1747.] B. H. P. R., 1918, vol. 5: 80.

Real orden mandando cambios en la guarnición y ascenso de D. Esteban Bravo de Rinero, que llegó luego a gobernador. B. H. P. R., 1920, vol. 7: 309.

Reglamento de las milicias urbanas. B. H. P. R., 1917, vol. 4: 189.

Reglamento para el ejercicio y maniobras del regimiento de milicias disciplinadas de Caballería de Puerto Rico, extractado del general mandado observar por S. M. el año 1815. Imp. Fraternidad, de J. Blanco, San Juan, P. R., 1823, 92 p.

Reglamento para las milicias disciplinadas de la Isla de San Juan de Puerto Rico. P. R., 1830.

Reglamento para el Cuerpo de Estado Mayor de Plazas de Ultramar, aprobado por S. M. en Real orden de 17 de agosto de 1861. Imp. del Gobierno, Habana, 1861, 18 p. (Ministerio de la Guerra.)

Reglamento de la Sociedad Liceo Militar de San Juan de Puerto Rico. Año de 1885. Imp. El Boletín Mercantil, San Juan, P. R. [1885], 18 p.

Reglamento para los Cuerpos de Voluntarios de la Isla de Puerto Rico. Imp. El Boletín Mercantil, San Juan, P. R., 1888, 56 p.

Segundo batallón de milicias disciplinadas de Puerto Rico. Año de 1853. Relación de jefes y oficiales. B. H. P. R., 1921, vol. 8: 246.

Supresión del servicio activo de las milicias de Puerto Rico en 1870. B. H. P. R., 1915, vol. 2: 267.

Suprimiendo el servicio que prestaba la milicia urbana de guardias en las cárceles y otros actos. B. H. P. R., 1917, vol. 4: 193.

Tercer batallón de milicias disciplinadas destacado en Aguadilla. [1838.] B. H. P. R., 1921, vol. 8: 361.

Título de teniente a Guerra, del pueblo de Manatí, en D. Manuel de Santana. B. H. P. R., 1915, vol. 2: 193.

Título de D. Salvador Meléndez y Bruna, de brigadier de Infantería. B. H. P. R., 1923, vol. 10: 181.

Véase *Historia puertorriqueña:* Ataques e invasiones.

2. ÉPOCA NORTEAMERICANA

Almy, William: *Roster of troops serving in the Department of Porto Rico, commanded by Brigadier General G. W. Davis.* U. S. A., San Juan, P. R., 1900, 13 p.

Carrol, H. R.: *What has been done under Military Rule in Porto Rico.* Review of Reviews, N. Y., Dec. 1899, vol 20: 705.

Davis, George W.: *Report of the Military Government of Porto Rico.* Wa., 1900.

Esteves, Luis Raúl: *Manual del soldado puertorriqueño.* Imp. El Boletín Mercantil, San Juan, P. R., 1918, 276 p.

Glassford, W. A.: *Porto Rico and a necessary military position in the West Indies.* Journal of the Military Service Institution. Governor's Island, N. Y., 1901, vol. 28, 15 p.

Kransz, S.: *Provisional Regiment of Infantry.* Journal of the Military Service Institution. Governor's Island, N. Y , 1905, vol. 37: 43.

López, Pascual: *Nociones de Topografía militar.* Imp. Cantero, Fernández & Cía., Inc., San Juan, P. R., 1918, 39 p. +.

Mansfield, F. W.: *Porto Rico.* Journal of the Military Service Institution. Governor's Island, N. Y., 1900, vol. 27, 30 p.

Negrón Rodríguez, F. (traductor): *El soldado moderno.* Imp. Cantero, Fernández & Cía., San Juan, P. R., 1918, 113 p.

Paniagua Jr., Reinaldo: *Roll of Honor.* Oficiales puertorriqueños en servicio militar durante la guerra mundial. 176 p.

Ribera Chevremont, Evaristo: *Los soldados puertorriqueños.* P. R. I., 19 de mayo de 1917, núm. 377.

Rodríguez García, Luis: *Teoría de la educación e instrucción del recluta.* Imp. de Federico Ferreiros, San Sebastián, P. R., 1907, 324 p.

——, y Echauri Cobas, Avelino: *El soldado en una semana.* [Madrid?], 1901.

Rowe, Leo S.: *Military Training as a factor in the civic Reorganization of Porto Rico.* Review of Reviews, N. Y., March 1901, vol. 23: 334.

Tuthill, S. S.: *Military Government in Porto Rico.* Independent, N. Y., March 16 and 23, 1899, vol. 51: 745 and 818.

Directory of the Military Government of Porto Rico. Headquarters, San Juan, P. R. Published by Direction of the Commanding General. April 30, 1900.

Documentos referentes al Gobierno Militar americano en Puerto Rico B. H. P. R., 1919, vol. 6: 85.

Fundación del primer batallón de tropas puertorriqueñas. B. H. P. R., 1919, vol. 6: 132.

Funda el general Davis el batallón de Caballería puertorriqueña. B. H. P. R., 1919, vol. 6: 145.

Headquarters Department of Porto Rico. San Juan, P. R., Aug. 1899. (Brigadier General W. Davis, U. S. A.)

Health of the troops. Report of the Surgeon-general of the Army to the Secretary of War for the Fiscal year ended June 30, 1900. Gov. Prtg. Off., Wa., 1900, p. 186.

La Guardia Nacional en Puerto Rico, en 1919. B. H. P. R., 1921, vol. 8: 259.

Manual of Instruction for the Porto Rico Provisional Regiment of Infantry. Press of the San Juan News, San Juan, P. R., 1902, 207 p.

Military Notes on Porto Rico. War Department, Adjutant General's Office. Military Information Division. Gov. Prtg. Off., Wa., 1898, 75 p.

Military secretary's Department. Register of officers of Porto Rico Provincial Regiment of Infantry and Philippine Scouts. Aug. 15, 1904, 19 p.

Reglamento prescrito por el Presidente para las Juntas locales y de distrito... Para... aumentar temporalmente el establecimiento militar de los Estados Unidos. Neg. Mat. Imp., 1917, 109 p.

Reglas a que se han de ajustar los exámenes físicos. Prescritas por el Presidente bajo la sanción de la Ley del Congreso, aprobada el 18 de mayo de 1917. Neg. Mat. Imp., 1917, 14 p.

Report of the adjutant general to the Governor of Porto Rico on the operation of the military registration and selective draft in Porto Rico. Bur. Supp. Prtg., 1924, 165 p.

Roster of Troops serving in the Department of Porto Rico commanded by Brigadier Gen. George W. Davis. U. S. A. Adjutant General's Office. San Juan, P. R., July 1900, 13 p.

Se organiza el regimiento de Puerto Rico. B. H. P. R., 1919, vol. 6: 148.

Véanse *Guerra hispanoamericana. Guerra Europea.*

VII

ORGANIZACION CULTURAL

A. — INSTITUCIONES PRINCIPALES

a. — RELIGION

1. ASUNTOS GENERALES

ALONZO, A. A.: *Religion Progress [in Porto Rico]*. Catholic World, Jan. 1903, vol. 76: 445.

ANGELIS, PEDRO DE: *La Iglesia católica en Puerto Rico.* Resumen cronológico de los sucesos ocurridos en esta Isla desde la erección de la Iglesia católica hasta nuestros días. (Fragmento.) En *Cuarto Centenario de la Colonización Cristiana de Puerto Rico.* Imp. El Boletín Mercantil, San Juan, P. R., 1908, p. 181-186.

AYERRA Y SANTA MARÍA, FRANCISCO: *Palestra literaria.* Aparece en la obra *Triumpho Parthénico que en gloria de María Santísima inmaculadamente concebida, celebró la Pontificia Imperial y Regia Academia Mexicana,* por Carlos de Sigüenza. Imp. Juan de Rivera, México, 1683, 118 p.

BONILLA, FRAY JOSÉ ANTONIO: *Apuntamientos críticos, canónicos, teológicos, legales sobre la cuestión de dispensas matrimoniales, relativo a la Real cédula de 30 de mayo de 1815 y sus concordantes posteriores.* Imp. del Gobierno, a cargo de D. Valeriano Sanmillán, San Juan, P. R., 1823, 36 p.

CARRIÓN MADURO, TOMÁS: *La idea católica.* Imp. El Día, Ponce, P. R., 1919, 30 p.

CARROL, H. K.: *Religious Question in Porto Rico.* Independent, N. Y., Nov. 2, 1899, vol. 51: 2935.

——: *Porto Rico as a Mission Field.* Missionary Review of the World, N. Y., Aug. 9, 1900, vol. 23: 583.

CIVEZZA, MARCELINA DA: *Storia Universale delle Missioni Francescane.* Tip. Tiberina, Roma, 1857-1895, 11 vols. [Referentes a Puerto Rico los vols. 6 y 7, sección primera.]

COLL Y TOSTE, CAYETANO: *La primera misa en América.* Rev. Ant., abril de 1913, núm. 2: 24-36.

COLL Y TOSTE, CAYETANO: *Historia de Puerto Rico. Décima conferencia. Implantación de la Iglesia católica en la Isla.* Rectificaciones históricas. B. H. P. R., 1923, vol. 10: 310.

CÓRDOVA, PEDRO TOMÁS DE: *Imposiciones piadosas, capellanías, sus capitales.* En *Memoria sobre todos los Ramos de la Administración de la Isla de Puerto Rico.* Imp. Yenes, Madrid, 1838, p. 72.

DERKES, ELEUTERIO: *La Religión.* Panegírico inspirado en la Historia y en el Evangelio. Imp. de Salinas y Sánchez, Arroyo, P. R., 1871, 52 p.

FORD, H.: *One generation in Porto Rico.* Misssionary Review of the World, N. Y., Oct. 1925, vol. 48: 789-794.

GONZÁLEZ DÁVILA, GIL: *Teatro eclesiástico de la primitiva Iglesia de las Indias Occidentales.* Imp. Díaz de la Carrera, Madrid, 1648-1655, 2 vols., 308 p. y 109 p. [V. la parte referente a Puerto Rico en B. H. P. R., 1916, vol. 3: 315.]

GROFF, G. G.: *Porto Rico, a Mission Field.* Independent, N. Y., Dec. 22, 1898, vol. 50: 1880.

HENRION, M. LE BARON: *Histoire Générale des Missiones Catholiques, depuis le VIII siècle jusque nos jours.* Gaume Frères, Paris, 1846. Dos tomos en 4 vols. [Importante para la historia eclesiástica de Puerto Rico.]

HERNÁEZ, FRANCISCO JAVIER: *Colección de bulas, bienes y otros documentos relativos a la Iglesia de América y Filipinas, dispuesta, anotada e ilustrada por ——.* Bruselas, 1879, 2 vols.

HERNÁNDEZ LÓPEZ, JUAN: *En el Tribunal Supremo de Puerto Rico. La Iglesia Católica Apostólica Romana en Puerto Rico, vs. El pueblo de Puerto Rico.* Pleito núm. 1. Tip. El País, San Juan, P. R., 1906, 31 p. [Traducción al inglés, publicada por El Boletín Mercantil, San Juan, P. R., 1906.]

ISONA, FAUSTINO: *La verdad evangélica al alcance de todos.* Santurce Printing Works, San Juan, P. R., 1923, 93 p.

——: *La verdad frente a frente del error.* Maucci, Barcelona, s. f., 272 p.

——: *La luz del Evangelio ante la razón humana.* Laham Prtg. Santurce, P. R., s. f., 87 p.

JONES, GUILLERMO A.: *Las primicias de la Iglesia en América.* En *Sínodo diocesano del Obispado de Puerto Rico...* Imp. Cantero, Fernández & Cía., San Juan, P. R., 1917, apéndice III, pág. 160.

LEDRÚ, ANDRÉ PIERRE: ... *Régimen eclesiástico.* En *Viaje a la Isla de Puerto Rico en el año 1797.* Imp. Militar de J. González, San Juan, P. R., 1863, cap. VI.

LÓPEZ DE HARO, DAMIÁN: *Constituciones Sinodales hechas por el Ilustrísimo y Reverendísimo Sr. Dr. Fray ——, Obispo de la ciudad de San Juan de Puerto Rico, Islas de Barlovento, provincia de Cumaná y demás anexas a ella.* Imp. Catalina de Barrio, Madrid, 1674, 128 p. Nueva ed., Imp. del Seminario, San Juan, P. R., 1920, 170 p.

Mc Elhinney, J. M.: *Porto Rico under the United States.* Missionary Review of the World, N. Y., April 1900, vol. 23: 270.

Mier, Elpidio de: *La propiedad de la Iglesia Romana ante el derecho escrito.* Tip. Baldorioty, Ponce, P. R., 1904, 37 p.

——: *Cristianismo.* Prólogo de A. Álvarez Nava, con una carta de Monseñor W. A. Jones. Imp. La Primavera, San Juan, P. R., 1910, 102 p.

——: *¿Usted es protestante?* La Madre de Jesús. Imp. Real Hnos., San Juan, P. R., 1906.

Morton, C. M.: *Union and Progress in Porto Rico.* Missionary Review of the World, N. Y., March 1930, vol. 58: 188.

——: *Special Correspondence from Porto Rico.* Religious institutions and affairs. Christian Century, Chicago, Aug. 6, 1930, vol. 47: 972.

Navarrete, Agustín: *Influencia intelectual, social y política del Episcopado en Puerto Rico.* En *Sínodo diocesano del Obispado de Puerto Rico...* Imp. Cantero, Fernández & Cía., San Juan, P. R, 1917, apéndice III, p. 175.

Novel, Canónigo Carlos: *Historia eclesiástica de la Archidiócesis de Santo Domingo, primada de América.* Roma 1913. [Contiene asuntos relativos a Puerto Rico, vol. 1.]

Ormaechea, Carlos: *El Congreso Eucarístico de Chicago y aventuras de unos peregrinos.* Imp. Cantero, Fernández & Cía., San Juan, P. R., 1927, 112 p.

Perea, Salvador, y Perea, Juan Augusto: *Early Ecclesiastical History of Puerto Rico.* Tip. Cosmos, Caracas, 1929, 102 p.

Rodríguez, Luis: *Estado de la Diócesis en enero de 1917 y la estadística correspondiente al año anterior.* En *Sínodo diocesano del Obispado de Puerto Rico...* Imp. Cantero, Fernández & Cía., San Juan, P. R., 1917, apéndice IV, p. 189.

Rodríguez de Olmedo, Mariano: *Constituciones Sinodales del Obispado de Puerto Rico.* Las presentes Constituciones fueron publicadas por el Ilmo. Sr. Obispo Dr. Fray Damián López de Haro, en Madrid, en 1674, y reimpreso ahora por el Obispo R. de O., M., 1818.

Soriano Hernández, Enrique: *La Religión, fundamento de la Moral.* En *Estudios literarios premiados en el Certamen del Círculo de Recreo de San Germán, celebrado el día 19 de diciembre de 1880.* Tip. de González, San Germán, P. R, 1881, p. 91-108.

Sosa, Francisco J. de: *Aniversario del 1 de octubre de 1824.* San Juan, P. R., 1824, 54 p. [Lleva al final el sermón alusivo a la fiesta, que pronunció el P. Francisco J. de Sosa.]

Suárez, Francisca: *Refutación al Vicario capitular.* Tip. Comercial, Mayagüez, P. R., 1899, 17 p.

TERREFORTE ARROYO, JUAN P.: *En la picota.* Breves consideraciones sobre la Iglesia romana y sus ministros. Imp. El Porvenir, Aguadilla, P. R., 1903, 30 p.

TORRES DÍAZ, JOSÉ (recopilador): *Sínodo diocesano del Obispado de Puerto Rico, celebrado en los días 9, 10 y 11 de enero del año 1917, por el Ilmo. y Rvdmo. Sr. Obispo Dr. D. Guillermo A. Jones. O. S. A.* Imp. Cantero, Fernández & Cía., San Juan, P. R., 1917, 203 p.

UNDERHILL, EDWARD BEAN: *The West Indies. Their Social and Religious Condition.* Jackson, Walford & Holder, London, 1862, x-493 p.

VAN BUREN, JAMES HEARTH: *Puerto Rico. Information in regard to the Island and our Church Work There.* [N. Y.?], 1906, 15 p.

——: *Work of Roman Catholic Church* [*in Porto Rico*], *up to 1907.* N. Y., 1907.

VÉLEZ LÓPEZ: *Un libro ilustrado de la obra evangélica en Puerto Rico.* [Colección de artículos sobre distintos aspectos de la evangelización de la Isla. Prólogo de J. Rodríguez Cepero.] Imp. Llabrés Ramírez, San Juan, P. R., 1914, 87 p.

VINCENTY, FRANCISCO: *Controversia religiosa, sostenida entre Sansón, director de La Verdad, y ——, presidente de la Federación Espiritista de Puerto Rico.* Imp. El Sol, Ponce, P. R. [1907], 131 p.

WILLIS, S. T.: *First Missionaries to Porto Rico.* Independent, N. Y., Feb. 2, 1899, vol. 51: 371.

Americanizing the Church in Cuba and Porto Rico. Harper's Weekly, N. Y., Aug. 5, 1899, vol. 43: 777.

Anexos al Obispado de Puerto Rico. [V. Tapia: *Biblioteca histórica de Puerto Rico,* Mayagüez, P. R., 1854, p. 480-493.]

Bula de erección del Obispado de San Juan. En Brau, Salvador: *La colonización de Puerto Rico.,* P. R., 1930, p. 459.

Catholic Problem in Porto Rico and Cuba. Independent, N. Y., Feb. 16, 1899, vol, 51: 499.

Ceremonial para las funciones de tabla y demás actos públicos y religiosos que debe observarse en la Isla de Puerto Rico. [Compilado por el Gobernador Pezuela.] Imp. del Gobierno, San Juan, P. R., 1850, 34 p. (Gobierno y Capitanía General.)

Contra el abuso de la curia eclesiástica. B. H. P. R., 1917, vol. 4: 221.

Cuarto Centenario de la Colonización Cristiana de Puerto Rico. Imp. El Boletín Mercantil, San Juan, P. R., 1908.

Christian Missions in Porto Rico. Missionary Review of the World, N. Y., March 1900, vol. 23: 205.

Church Cooperation in Porto Rico. Literary Digest, N. Y., Aug. 13, 1921, vol. 70: 30.

Decreto de desmembración de Puerto Rico en las Indias Occidentales y de erección del nuevo Obispado en la ciudad de Guayama. [1790.] En Blanco y Azpurúa: *Documentos para la Historia de la Vida pública del Libertador,* Caracas, 1875, 14 vols. [V. vol. 1: 226.]

Decreto garantizando a todos los habitantes de las Antillas españolas el ejercicio público y privado del culto que profesan, y declarando independiente de las creencias religiosas el desempeño de todos los cargos públicos y la adquisición de los derechos civiles y políticos. B. H. P. R., 1922, vol. 9: 371.

Documento para la historia del culto y clero católicos en Puerto Rico. [1858.] B. H. P. R., 1921, vol. 8: 283.

El Piloto. (Revista religiosa.) Año I, núm. 1, 5 de mayo de 1923; año VII, núm. 17, 27 de diciembre de 1930, 1923-1930, 7 vols.

Extensión territorial del Obispado. En Brau, Salvador: *La colonización de Puerto Rico.* P. R, 1930, p. 481.

Insular Commission on Church and State. Independent, N. Y., July 13, 1899, vol. 51: 1894.

La Inquisición en Puerto Rico. Real cédula dando cuenta que el obispo Alonso Manso y el provincial dominico Fray Pedro de Córdova quedaban nombrados inquisidores para las Indias Occidentales. [Barcelona, 20 de mayo de 1519.] B. H. P. R., 1916, vol. 3: 143.

La Verdad. (Revista religiosa.) Año I, núm. 1, 29 de julio de 1905, hasta año XXIV, núm. 23, 15 de diciembre de 1929. [Ya no se publica.]

Porto Rico Union Protestant Church. Missionary Review of the World, N. Y., Dec. 1921, vol. 44: 910.

Protestant Missions in Porto Rico. With a preface. Imp. Times Publishing Co., San Juan, P. R., 1912, 31 p.

Real cédula sobre derechos de la Iglesia en la Isla. B. H. P. R., 1916, vol. 3: 52.

Religión. [Iglesia católica, protestante, etc.] En *El Libro de Puerto Rico,* 1923, p. 120-149.

Religion in Porto Rico. Outlook, N. Y., Aug. 25, 1900, vol. 65: 950.

Supresión de la inmunidad de acogerse a sagrado. B. H. P. R., 1917, vol. 4: 246.

The Church of Christ in Our New Possessions. Independent, N. Y., Feb. 19, 1899, vol. 51 : 431.

The Church Property in Porto Rico. Independent, N. Y., March 9, 1899, vol. 51 : 711.

The Church Unity in Porto Rico. Independent, N. Y., April 6, 1899, vol. 51 : 974.

Traslados de los restos de las monjas Carmelitas del cementerio particular que tenían en el antiguo convento de la calle del Cristo. H. B. P. R., 1916, vol. 3 : 292.

Year Book. Official minutes. Porto Rico Mission Conference of the Methodist Episcopal Church. [Publicados anualmente.]

Véanse *Colonización, Religión y Moral.*

2. OBISPOS Y OTROS FUNCIONARIOS

ABADD LASIERRA, FRAY ÍNIGO: *Catálogo de los obispos de la Diócesis de Puerto Rico.* En *Historia Geográfica, Civil y Natural de San Juan Bautista de Puerto Rico*. [Anotada por José Julián Acosta.] Imp. Acosta, San Juan, P. R., 1866, apéndice, p. 498.

ALCEDO, ANTONIO DE: *Diccionario geográfico e histórico de las Indias Occidentales o América, 1786-1789.* 5 vols. [En el vol. 4, p. 307-315, trata de Puerto Rico, y da una lista de sus obispos.]

BLANCO Y AZPURÚA: *Documentos para la historia de la vida pública del libertador de Colombia, Perú y Bolivia.* Imp. La Opinión Nacional, Caracas, 1875, 14 vols. [Para los orígenes de la Iglesia en Puerto Rico, v. vol. 1 : 31-34. Para la historia de Bastidas, v. p. 37.]

COLL Y TOSTE, CAYETANO: *Puerto Rico pudo haber tenido obispo puertorriqueño a fines del siglo XIX, como lo tuvo a principio de dicho siglo.* B. H. P. R., 1921, vol. 8 : 148.

MORALES, JOSÉ PABLO: *El obispo Balbuena.* En *Misceláneas históricas.* Tip. La Correspondencia, San Juan, P. R., 1924, p. 38.

NAVARRO, NICOLÁS E.: *Anales Eclesiásticos Venezolanos.* Tip. Americana, Caracas, 1929. [Importante para la historia de los obispos de Puerto Rico, que también lo fueron de Venezuela, Rodrigo Bastidas, Juan López Agurto de la Mata, F. Julián de Antolino y Mariano Martí.]

ORMAECHEA LLORENTE, CARLOS: *El primer obispo de Puerto Rico y primero que vino a América.* En *Sínodo diocesano del Obispado de Puerto Rico...* Imp. Cantero, Fernández & Cía., San Juan, P. R., 1917, apéndice III, p. 166.

PANIAGUA OLLER, ÁNGEL: *Episcopologio Portorricense.* En *Sínodo diocesano del Obispado de Puerto Rico...* Imp. Cantero, Fernández & Cía., San Juan, P. R., 1917, apéndice II, p. 133.

SUCRE, LUIS ALBERTO: *Gobernadores y Capitanes generales de Venezuela.* Tip. El Comercio, Caracas, 1928. [V. Bastidas y Remírez de Estenoz, obispos, relacionados con Puerto Rico.]

TERRERO, JOSEPH: *Theatro de Venezuela y Caracas.* Litografía del Comercio, Caracas, 1926. [Importante para la historia de los obispos y gobernadores de Puerto Rico que también lo fueron de Venezuela.]

XIMÉNEZ PÉREZ, [F.]: *Edicto del obispo —— transformando la cátedra de Gramática del Colegio de San Ildefonso en cátedra de Moral.* B. H. P. R., 1921, vol. 8 : 65.

Archbishop Chapelle Mission. Independent, N. Y., Feb. 2, 1899, vol. 51 : 358.

Auto del Inquisidor general de España designando salarios para el obispo Manso, primer inquisidor de Indias. B. H. P. R, 1916, vol. 3 : 146.

Bishop Blenk in Porto Rico; the carnival. Harper's Weekly, N. Y., March 10, 1900, vol. 44 : 220. [V. Independent, N. Y., April 5, 1900, vol. 52 : 852.]

Bodas de plata de los Padres Redentoristas en Puerto Rico. Imp. Cantero, Fernández & Cía., San Juan, P. R., 1927.

Carta del obispo de Puerto Rico Fray Damián López de Haro a D. Juan Díaz de la Calle. [27 de septiembre de 1644.] B. H. P. R., 1917, vol. 4: 81.

Carta del Arzobispo de Santo Domingo a S. M. en su Real Consejo de Indias sobre puntos tocantes al Obispo de Cuba, al Presidente y Oidores de aquella Audiencia, a Juan Melgarejo, al Obispo de Puerto Rico, al Abad de Jamaica y al valor de la moneda. B. H. P. R., 1917, vol. 4: 157.

Carta del obispo Fray Benigno Carrión, de Málaga, dando cuenta de haber sido nombrado obispo de Puerto Rico contra su voluntad. B. H. P. R., 1924, vol. 11 : 169.

Carta de los Frailes Dominicos. B. H. P. R., 1924, vol. 11: 338.

Disposiciones complementarias de las Leyes de Indias. Imp. Sáez Hnos., Madrid, 1930. [V. Que se recojan... y se envíen a España a los frailes que andan fuera de observancia y regla... en Puerto Rico, 1605. Vol. 2: 18.]

Disposiciones complementarias de las Leyes de Indias. Imp. Sáez Hnos., Madrid, 1930. [V. Que los obispos intervengan en las visitas y cuentas del Hospital de San Juan de Puerto Rico... Vol. 2: 152.]

Edicto del obispo Jiménez en 1773. B. H. P. R., 1919, vol. 6: 222.

Episcopology of Porto Rico. A Catalogue of Bishops. Catholic Historical Review, Wa., Oct. 1918, vol. 4: 348.

Epistolario del obispo Bastidas. Carta al Príncipe en el Concejo. Año de 1544. B. H. P. R., 1921, vol. 8: 104.

Explicación de la Bula de Cruzada... que manda dar a luz el Ilmo. Sr. Comisario general de la misma Santa Cruzada. Reimpreso en Puerto Rico, Imp. de la Capitanía General, San Juan, P. R., 1808.

Información mandada hacer por el obispo Alonso Manso contra los usureros. Año de 1533. B. H. P. R., 1921, vol. 8: 47.

Memoria con que el Ilmo. Sr. Dr. Fray Jiménez Pérez dió cuenta a S. M. de todos los acontecimientos y providencias que tomó en su santa pastoral visita, extensiva a los anexos de esta Diócesis. [1774.] B. H. P. R., 1920, vol. 7: 36.

Parte de la carta que dirige a S. M. el Obispo electo para la Española y Presidente de su Audiencia, avisando su llegada a Puerto Rico y Santo Domingo. B. H. P. R., 1918, vol. 5: 28.

Real cédula a Miguel de Pasamonte para que se paguen de los diezmos a los curas y ministros sus salarios y estipendios. B. H. P. R., 1915, vol. 2: 49.

Real cédula aprobando el nombramiento de inquisidor apostólico en el licenciado Alonso López de Cerrato, para Santo Domingo, Cuba, San

Juan, Jamaica, Cabagua, Venezuela, Cartagena y Santa Marta. B. H. P. R, 1916, vol. 3: 151.

Suplicación al Papa para la creación de Arzobispado y Obispados en la Española y San Juan, dejando sin efecto la Bula de 1504 y concediendo al Rey la gracia de Patronato y Presentación. B. H. P. R., 1918, vol. 5: 324.

Visita del obispo Issasi al Valle de San Blas de Coamo, en 1661. B. H. P. R., 1917, vol. 4: 162.

I) Pastorales, Sermones y Discursos.

Acosta, José Julián: *La Iglesia.* Discursos pronunciados en el Congreso de los Diputados. Cuba, 1880.

Agustí y Milá, Jaime: *Sermones predicados en las iglesias de San Juan:* (1) *El Papado.* (2) *El Racionalismo.* (3) *El Indiferentismo.* (4) *El Comunismo.* (5) *El Radicalismo.* (6) *El Matrimonio social.* Imp. del Comercio, San Juan, P. R., 1867, 65 p.

Carrión de Málaga, Pablo Benigno: *Carta pastoral que el Excmo. e Ilmo. Sr. Obispo de Puerto Rico dirige a los fieles de su Diócesis.* Imp. de D. Ignacio Guasp, San Juan, P. R., 1861, 55 p.

——: *Carta pastoral que el Excmo. e Ilmo. Sr. Obispo de Puerto Rico dirige al clero y pueblo de su Diócesis al ausentarse a Roma para asistir al Santo Concilio Ecuménico.* Imp. El Boletín Mercantil, San Juan, P. R., 1869, 7 p.

Gandía, Ramón F.: *Sermón: Las Siete Palabras.* Predicado en la Iglesia Franciscana. Imp. El Agente, San Juan, P. R., 1882, 22 p.

Gutiérrez del Arroyo, José: *Discurso canónico legal.* Imp. Fraternidad, San Juan, P. R., 1823, 20 p.

Gutiérrez de Cos, Pedro: *Pastoral del obispo Dr. D. Pedro Gutiérrez de Cos a sus diocesanos portorriqueños.* P. R., julio de 1826.

Manso Alonso: *Carta pastoral del primer Obispo de Puerto Rico y primer Inquisidor del Nuevo Mundo... a sus ovejas, encargándoles el respeto y acatamiento al Santo Tribunal de la Inquisición.* [6 de enero de 1528.] B. H. P. R., 1916, vol. 3: 147.

Meneses y Meneses, Dionisio de: *Discurso que... pronunció en la Parroquia del partido de Ponce.* Imp. del Gobierno, a cargo de D. V. Sanmillán, San Juan, P. R., 1823, 27 p.

Minguella y Arnedo, Fray Toribio: *Carta pastoral que el Ilmo. Sr. ——, Obispo de Puerto Rico, dirige al clero y fieles de su Diócesis con motivo de su solemne entrada.* Imp. El Boletín Mercantil, San Juan, P. R., 1894, 20 p.

——: *Carta pastoral que el Ilmo. Sr. Obispo de Puerto Rico dirige al clero y fieles de su Diócesis.* Imp. El Boletín Mercantil, San Juan, P. R., 1897, 23 p.

MINGUELLA Y ARNEDO, FRAY TORIBIO: *Carta pastoral que con motivo de la Santa Cuaresma dirige a sus diocesanos.* Imp. El Boletín Mercantil San Juan, P. R, 1895, 23 p.

ORIOL COTS, JOSÉ: *Sermón que en la solemne función a la Virgen de la Providencia, celebrada el día 2 de enero de 1858, en la Santa Iglesia Catedral de Puerto Rico, dijo el Sr. Arcediano de la misma...* P. R., 1858.

——: *Oración fúnebre.* P. R., 1853, 12 p

——: *Pastoral.* P. R., 1855, 12 p.

——: *Sermón que predicó en el convento de las Madres Carmelitas el día de la Virgen del Carmen, en que se inauguró el nuevo templo.* P. R., 1858.

PADILLA, FRAY FRANCISCO: *Carta del obispo —— a los vecinos de San Germán en 1691.* B. H. P. R., 1924, vol. 11: 188.

PICÓ Y SILVA, JOSÉ: *Sermón predicado en la Iglesia parroquial de San Francisco de Asís de San Juan Bautista de Puerto Rico.* P. R., 1880.

PUENTE, FRANCISCO DE LA: *Pastoral.* Imp. Guasp., San Juan, P. R., 1848, 8 p.

RODRÍGUEZ DE OLMEDO, MARIANO: *Carta pastoral que dirige a sus feligreses el obispo de Puerto Rico ——.* Madrid, 1816.

RODRÍGUEZ VERA, FRANCISCO: *Panegírico de la Inmaculada Concepción de la Madre de Dios.* Impreso en México, por Juan Ruiz, 1662.

——: *Sermón en la fiesta que por cédula de Su Majestad celebró la Muy Noble y Leal Ciudad de Guatemala,* etc. Impreso en México, 1663, 12 p.

ROMEU AGUAYO, DOMINGO: *Discurso.* Con motivo de la inauguración de la Iglesia de San Antonio de Padua, de Guayama, el 13 de junio de 1873. Tip. de González, P. R., 1873, 17 p.

——: *Sermón de los Dolores de María Santísima, predicado en la Real Capilla el día 16 de marzo de 1883 por el Dr. ——, prebendado de la Santa Iglesia Catedral de Puerto Rico y predicador de S. M.* En presencia de S. A. R. la Serma. Sra. Infanta D.ª María Isabel. Imp. de Alejandro Gómez Fuentenebro, Madrid, 1883, 20 p.

——: *Sermón predicado el día 2 de enero de 1885 en la festividad de Nuestra Señora de la Providencia.* Imp. El Boletín Mercantil, San Juan, P. R., 1885, 21 p.

——: *La Providencia de Dios y el Nuevo Mundo.* Recuerdo que dedica a la provincia de Puerto Rico con motivo de la celebración del IV Centenario de su descubrimiento. Imp. El Boletín Mercantil, San Juan, P. R., 1894, 28 p.

SANLÚCAR, MANUEL MARÍA: *Sermón, 2 de mayo de 1812.* P. R., 1812, 20 p.

SANTAELLA, JOSÉ MATÍAS: *Discurso panegírico que hizo a sus feligreses.* P. R., 1812, 18 p.

3. IGLESIAS, TEMPLOS, ETC

ANDÚJAR, MANUEL: *Nuevo templo metodista en San Juan.* B. H. P. R., 1923, vol. 10: 366.

COLL Y TOSTE, CAYETANO: *Informe sobre la Iglesia parroquial de San Germán.* B. H. P. R., 1925, vol. 12: 35.

MILLAND, JUAN: *Una iglesia modelo.* (Ensayo.) Tip. R. Morel Campos, Caguas, P. R., 1927, 17 p.

Datos acerca de las reparaciones en la Iglesia parroquial de San Germán. B. H. P. R., 1925, vol. 12: 38.

Erección de la Iglesia Catedral en la ciudad de San Juan Bautista de Puerto Rico [1512.] B. H. P. R, 1918, vol. 5: 327. [V. Tapia: *Biblioteca histórica de Puerto Rico,* 1854, p. 361-376.]

Estatutos y Reglamento de la V. O. T. Carmelitana. Tip. El Comercio, San Juan, P. R., 1885, 29 p.

Estatutos para el régimen y gobierno de la Cofradía de las Benditas Ánimas, formados por los Hermanos Mayores que la componen y aprobados por S. M. Imp. Márquez, Mayagüez, P. R., 1851, 33 p.

Fecha de la fundación de las Parroquias; los señores Obispos que entonces gobernaban la Diócesis; barrios que comprende la jurisdicción de cada una; número de habitantes de cada Parroquia y de sus barrios, según el censo de 1910; vicarías a que pertenecen, etc. En *Sínodo diocesano del Obispado de Puerto Rico...* Imp. Cantero, Fernández & Cía., San Juan, P. R., 1917, apéndice I, p. 111.

Fundación de la ermita de la Monserrate en Hormigueros [1630-1640.] B. H. P. R., 1914, vol. 1: 223.

Fundación del Monasterio de monjas Carmelitas Calzadas en San Juan de Puerto Rico. B. H. P. R., 1916, vol. 3: 252.

Fundación de la nueva Iglesia parroquial de Guánica en 1910. B. H. P. R., 1925, vol. 12: 43.

Protesta de la supresión de los conventos de Santo Domingo y San Francisco en Puerto Rico en 1821. B. H. P. R., 1920, vol. 7: 150.

Real cédula disponiendo que al convento de San Francisco de Puerto Rico se le ayude con cera y vino. B. H. P. R., 1917, vol. 4: 5.

Real cédula concediendo a los vecinos de San Germán 500 pesos para ayuda de la fábrica de la Iglesia parroquial. B. H. P. R., 1924, vol. 11: 186.

1) Textos religiosos.

ALFONSO, OSVALDO: *El Evangelio de nuestro redentor Jesús por los encargados de su revelación en 1882.* Tip. de L. W. Marr, N. Y., 1883.

——: *La voz del Apóstol San Juan en el siglo XIX o la revelación de Juan el Teólogo.* Imp. James C. Baldwing & Co., N. Y., 1881.

ARROYO, D. M. DE LOS A.: *Manual de Moral práctica y religiosa.* Obra adoptada de texto para los establecimientos de instrucción primaria. Traducida libremente del francés por ——. Imp. El Boletín Mercantil, San Juan, P. R., 1879, 88 p. Tercera ed.

VAUGHN, KENELM: *Catecismo de expiación.* P. R., 1883, 50 p.

Cartilla que contiene las obligaciones, privilegios y demás exenciones de que gozan los Sres Hermanos de ambos sexos de la Ilustre Cofradía de Jesús Crucificado y Santa Rosa de Lima. Septiembre de 1844.

Catecismo de la Doctrina Cristiana para la Diócesis de Puerto Rico. Imp. Cantero, Fernández y Cía., San Juan, P. R., 1919, 63 p. Quinta ed.

Ceremonial para las funciones de tabla y demás actos públicos y religiosos que debe observarse en la Isla de Puerto Rico. Imp. del Gobierno, San Juan, P. R., 1850, 34 p. (Gobierno y Capitanía General.)

b. — SOCIEDADES CULTURALES

I. ATENEO PUERTORRIQUEÑO

ACOSTA, JOSÉ JULIÁN: *Discurso pronunciado en el certamen celebrado por el Ateneo Puertorriqueño el 2 de septiembre de 1882.* Imp. Acosta, San Juan, P. R., 1882.

CESTERO, FERDINAND R.: *Memoria informando a la Asamblea celebrada en diciembre de 1910 de la labor realizada por la Directiva al terminar sus funciones en el propio año.* Tip. M. Burillo y Cía., San Juan, P. R., 1910, 22 p. (Ateneo Puertorriqueño.)

COLL Y TOSTE, CAYETANO: *Mi última labor en el Ateneo Puertorriqueño.* B. H. P. R., 1918, vol. 5: 378.

ELZABURO, MANUEL: *El Ateneo.* Discurso sobre el Ateneo Puertorriqueño; su fundación e influencia literaria en Puerto Rico. Imp. de J. González Font, San Juan, P. R., 1888, 19 p.

FERRER Y HERNÁNDEZ, GABRIEL: *Memoria leída en Junta general ordinaria celebrada en los salones del Ateneo Puertorriqueño el día 4 de diciembre de 1895.* Imp. Sucesión J. J. Acosta, San Juan, P. R., 1896, 34 p.

JIMÉNEZ O'NEILL, FRANCISCO: *El Ateneo.* La personalidad del pueblo puertorriqueño. P. R. I., 18 de enero de 1919, núm. 464.

LAGO, JOSÉ MARÍA: *Discurso pronunciado por el Sr. Presidente del Ateneo Puertorriqueño ——, en el acto de la colocación de la primera piedra, 23 de mayo de 1923.* B. H. P. R, 1923, vol. 10: 187.

LUIGGI: *Crónica social. La fiesta del Ateneo.* P. R. I., 8 de abril de 1916, núm. 319.

QUEVEDO BÁEZ, MANUEL: *Memoria de los trabajos realizados en el Ateneo Puertorriqueño durante los años 1904 y 1905.* Tip. del Heraldo Español, San Juan, P. R. [1905], 17 p.

ROMANACCE, SERGIO: *Con todo respeto.* El Ateneo debe un homenaje a Labra. P. R. I., 20 de enero de 1923, núm. 673.

SOLER, CARLOS MARÍA: *Discurso leído en el Ateneo Puertorriqueño, por su presidente ——, la noche del 6 de abril de 1894, en el acto de la solemne distribución de los premios obtenidos en el certamen que con la cooperación de la Sociedad Económica de Amigos del País y la de los Amigos del Bien Público celebró aquel Centro para conmemorar el descubrimiento de Puerto Rico en su Cuarto Centenario.* Imp. Sucesión J. J. Acosta, San Juan, P. R., 1894, 21 p.

Ateneo Puertorriqueño. Su fundación, sus fundadores, sus presidentes, su Directiva, sus Estatutos. Tip. La Democracia, San Juan, P. R., 1919, 34 p. [Otra ed.: Cantero, Fernández & Co., San Juan, P. R., 1925, 33 p.]

El Ateneo. En *El Libro de Puerto Rico,* 1923, cap. XVI.

Estatuto y Reglamento del Ateneo Puertorriqueño Imp. Acosta, San Juan, P. R., 1876, 11 p. Otra ed.: El País, San Juan, P. R., 1900, 23 p. Otra: Tip. El Alba, San Juan, P. R., 1909, 17 p. [V. B. H. P. R., 1920, vol. 7: 224.]

Fundación del Ateneo Puertorriqueño. Acta de la primera Junta general de socios. B. H. P. R., 1915, vol. 2: 141.

Homenaje del Ateneo Puertorriqueño al ilustre manco de Lepanto, Miguel de Cervantes Saavedra, en conmemoración del Tercer Centenario de la publicación del «Ingenioso Hidalgo Don Quijote de la Mancha». Mayo, 1605-1905, s. p. i. [P. R., 1905.]

Véase *Periódicos y Bibliotecas.*

2. LOGIAS, MASONERÍA, ETC.

AGUSTÍ Y MILÁ, JAIME: *Una escaramuza con la masonería en Puerto Rico.* Imp. El Boletín Mercantil, San Juan, P. R., 1884, 47 p.

ARAMBURO, JOAQUÍN N.: *Liturgia del grado de aprendiz adoptada por la Gran Logia Soberana de Puerto Rico.* Tip. Francisco Torres, 1902, 59 p.

——: *Liturgia del grado de maestro masón.* Tip. de Francisco Torres, 1902, 38 p. [Otra ed.: 1910, 33 p.]

CASSARD, ANDRÉS: *Los masones son los cristianos por excelencia.* Con un prólogo de Mario Braschi. Imp. de López, Ponce, P. R., 1873 [24 p.].

CASTRO, VICENTE A. DE: *Liturgia del grado noveno.* Elegido de los nueve. Rito escocés. Est. Tip. de J. de Jesús López, Sábana Grande, P. R., 1904, 31 p.

——: *Liturgia del grado de soberano: príncipe Rosa Cruz.* Est. Tip. Borinquen, Yauco, P. R., 1904, 67 p.

CORDERO, MODESTO: *Junto al Ara.* Colección de trabajos masónicos en prosa y verso. Biblioteca Masónica. Tip. La Voz Escolar, Mayagüez, P. R., s. f., 184 p.

CORDERO, MODESTO: *Influencia de la masonería en el progreso político-social de Puerto Rico.* En *Junto al Ara.* Tip. La Voz Escolar, Mayagüez, P. R., s. f., p. 11.

——: *Apuntes históricos de la masonería en Puerto Rico.* En *Junto al Ara.* Tip. La Voz Escolar, Mayagüez, P. R., s. f., p. 25.

——: *Historiando.* Organización de la masonería en Puerto Rico. En *Junto al Ara.* Tip. La Voz Escolar, Mayagüez, P. R., s. f., p. 81.

——: *La primera Logia puertorriqueña.* En *Junto al Ara.* Tip. La Voz Escolar, Mayagüez, P. R., s. f., p. 157.

MORALES, JOSÉ PABLO: *Los Masones.* En *Misceláneas.* Imp. Sucesión J. J. Acosta, San Juan, P. R., 1895, p. 141.

MORRIS, EDWARD H. (compilador): *Leyes generales para el gobierno de la Gran Orden unida de Oddfellows de América.* Redactada por las Asambleas... [de] 1845 hasta 1915 inclusive... Traducción e impresión a cargo de Jesús M. Quiñones y Moisés S. Laham. Imp. Variedades, Bayamón, P. R., 1920, 130 p.

PALÉS, VICENTE: *A la Masonería.* Tip. La Unión, Guayama, P. R., 1886, 10 p.

RUIZ QUIÑONES, A. (traductor): *Origen, organización y competencia de los pueblos masónicos por H. Chaberand.* Traducción del francés. Santo Domingo, 1885, 87 p.

SIMONPIETRI, ARÍSTIDES: *Recopilación masónica arreglada al rito escocés antiguo.* Explicación general de grado, etc. Ponce, P. R., 1873, 48 p.

——: *Resumen histórico de la francmasonería antigua y moderna.* Imp. de Manuel López, Ponce, P. R., 1885, 39 p.

TORRES, JOSÉ G.: *Bosquejo histórico de la masonería en Puerto Rico.* En *Congreso Masónico Interantillano,* San Juan, P. R., 1922, apéndice, p. 233.

——: *Folleto que contiene la Memoria de los trabajos realizados por la Logia Hijos de la Luz, de Yauco, en el año 1891, leída por el Secretario de la misma,* ——, *en la sesión del 4 de enero de 1892.* P. R., 1892.

VALLÉS, ROMUALDO: *Labrando la piedra bruta.* [Literatura masónica.] Tip. El Compás, San Juan, P. R., 1922, 22 p.

YUMET, FEDERICO: *Almanaque masónico para el año de 1901.* Imp. El País, San Juan, P. R., 1900, 43 p.

Actas y resumen del Congreso Masónico Interantillano. San Juan, P. R., 1922, 238 p.

Acuerdos tomados por la Resp. Log. Luz del Valle, del Oriente de Yabucoa, Puerto Rico, cuya realización se encomienda para bien de la Humanidad. Imp. La Primavera, San Juan, P. R., 1909, 16 p.

Anuario de la muy Resp. Gran Logia Soberana de Puerto Rico. (1885-1888.) Tip. de Benito A. Monge, Mayagüez, P. R., 1888, 156 p. [Hay otros publicados en otros años.]

Anuario de la Gran Logia Soberana de Puerto Rico. Tip. El Compás, San Juan, P. R., 1921, 169 p.

Constitución y demás Leyes generales de la Gran Logia Soberana de Puerto Rico. Tercera ed., que comprende todas las modificaciones aprobadas por la Gran Logia hasta la fecha. Tip. Comercial, Mayagüez, P. R., 1892, 182 p. [La quinta ed. es de 1909, 124 p. +.]

Iniciación en el grado noveno. Elegido de los nueve, o perfecto masón electo. Rito escocés antiguo, aceptado, compilado y arreglado de acuerdo con las más notables obras sobre masonería y según los antiguos límites, usos y costumbres de la francmasonería universal. Imp. La Industria, San Germán, P. R., 1913, 20 p.

La masonería ante la razón, ante el derecho y ante la experiencia. Ed. costeada por varios católicos. Imp. El Boletín Mercantil, San Juan, P. R., 1892, 23 p.

La obra de Cosmos. Tip. El Compás, San Juan, P. R., 1924, 91 p.

Liturgia del grado de aprendiz. Discutida y aprobada por la Logia de Instrucción el día 8 de enero de 1882. Tip. de la Revista de Puerto Rico, Ponce, P. R., 1890, 57 p.

Liturgia del grado de aprendiz. Rito escocés antiguo y aceptado. Imp, Arcelay Hnos., Mayagüez, P. R., 1913, 44 p.

Liturgia del grado de compañero. Tip. de la Revista de Puerto Rico, Ponce, P. R. 1891, 27 p.

Liturgia de ceremoniales masónicos. Arreglada por un H. de la Resp. Log. Estrella del Sud, y adoptada por la misma. Tip. Borinquen, Yauco, P. R, 1903, 59 p.

Liturgia del grado de maestro. Tip. de la Revista de Puerto Rico, Ponce, P. R., 1891, 28 p.

Liturgia del grado de maestro. Rito escocés, antiguo y aceptado. Imp. El Progreso, Mayagüez, P. R., 1903, 28 p.

Los Clérigos. Folleto escrito en defensa de la sacrosanta Institución Masónica por el H. Borinquen Gr. 9. Ord. de la Resp. Log. Fraternidad. Imp. El Comercio, P. R., 1874, 8 p.

Masonería. En *El Libro de Puerto Rico,* 1923, cap. XVI.

Memoria de la Resp. Logia Sinceridad, núm. 9686, Santurce, Puerto Rico. Presentada por el P. M. V. P. Moisés S. Laham. Imp. Variedades, Bayamón, P. R., 30 p.

Oriente de Puerto Rico. Valle de Yauco. Resp. Log. Hijos de la Luz. Recopilación de los trabajos premiados en el certamen masónico promovido por dicha Logia para conmemorar el segundo aniversario de su fundación. Tip. El Comercio, Yauco, P. R., 1892.

Reglamento del Sob. Cap. de Rosa Cruz. Sigilo núm. 31, dependiente del Supremo Consejo de Colón. Tip. de Benito A. Monge, Mayagüez, P. R., 1887, 17 p.

Reglamento de seguro de vida masónico, iniciado por la Logia Tanamá. Imp. de J. Prats, San Juan, P. R., 1902, 16 p.

Procedimientos para la constitución e instalación de la Gran Logia Soberana de Puerto Rico. Publicado por el H. Catalina. Santo Domingo, 1885, 27 p. [V. B. H. P. R., 1920, vol. 7: 231].

Rito escocés antiguo y aceptado. Liturgia del grado de aprendiz, discutida y aprobada por la Logia de Instrucción, el día 8 de enero de 1882. Imp. de J. Hero y Cía., Mayagüez, P. R., 1893, 44 p.

3. ESPIRITISMO, ETC.

Bacón, Emeterio: *Memorias de un maniático, o apuntes históricos ael Espiritismo en Puerto Rico de los años 1872 al 1876.* Imp. La Bandera Americana, Mayagüez, P. R., 1910, 118 p.

Bolta, Luis: *El Espiritismo.* Para los niños. Tip. Comercial, P. R., 1893, 31 p.

Carmen: *Un episodio de la historia de un espíritu.* Obtenido medianímicamente por Francisco Sánchez Hernández, en Aguadilla, octubre de 1900. Imp. El Porvenir, Aguadilla, P. R., 1904, 20 p.

Corchado, Manuel: *Historias de ultratumba.* Imp. Alcántara, Madrid, 1872, 112 p.

González, Julio César: *Catecismo espiritista.* Imp. Venezuela, San Juan, P. R., 1929, 34 p. +.

Matías, Fernando J.: *Guía para los médiums espirituales.* Imp. de Manuel López, Ponce, P. R., 1904, 50 p.

Morales, Agapito: *Breve tratado de hipnotismo, magnetismo, espiritismo y sugestoterapia.* Imp. El Alba, San Juan, P. R., 1904, 48 p.

Pérez Marchand, R. B.: *Deísmo y espiritismo.* Tip. El Día, Ponce, P. R., 1920, 29 p.

Pintor, Jesús María: *Daniel o un pobre moro.* Cuatro existencias sobre la tierra, contadas por sí mismo. Manatí Printing Co., Manatí, P. R., 1913, 72 p.

Ponte, Francisco: *Conferencia.* [Espiritismo.] Imp. The Times Pub. Co., San Juan, P. R., 1914, 36 p.

Vincenty, Francisco: *Lecciones de espiritismo, basadas en el Libro de los Espíritus, de A. Kardec.* (Primera parte.) Tip. Aurora, Mayagüez, P. R., 1908, 50 p.

——: *Controversia religiosa sostenida entre Sansón, director de La Verdad, y ——, presidente de la Federación Espiritista de Puerto Rico.* Imp. El Sol, Ponce, P. R. [1907], 131 p.

Catecismo Espiritista. Imp. Llabrés Ramírez, San Juan, P. R., 1915, 82 p. [Ed., F. Calderón Prieto. Compilador, M. J. Calderón López.]

Espiritistas del Centro Unión. Nuestra opinión. Objeciones a las bases propuestas por el Dr. Anastasio García López, de Madrid, para la fundación de una sociedad denominada Fraternidad Universal. Imp. El Eco, Mayagüez, P. R., 1891.

Federación de espiritistas. En *El Libro de Puerto Rico,* 1923, cap. XVI.

Herminia y María. Dictado de ultratumba. Ponce Printing Co., Ponce, P. R. [1920?], 35 p.

Historia de un monje en dos existencias físicas. Dictado de ultratumba por el espíritu de Fernando de Castro, recibido por la médium Francisca Suárez. Tip. de la Revista de Puerto Rico, Ponce, P. R., 1892, p. 418.

La reencarnación. Trabajo obtenido medianímicamente del espíritu de Momo. Tip. Negrón Flores, San Juan, P. R., 1913, 12 p.

La lucha de un espíritu, contada por él mismo. Trabajo medianímico obtenido en el Centro Fraternidad, de Isabela, Puerto Rico, por el médium F. R. G. Imp. Biblioteca de La Irradiación, Madrid, 112 p. Tercera ed.

Memoria de la Asamblea espiritista celebrada en Mayagüez durante los días 18 y 19 de abril de 1903. Imp. La Bandera Americana, Mayagüez, P. R., 1903, 140 p.

Memorias de las Asambleas espiritistas celebradas en San Juan, Lares, Ponce y Arecibo en los días 18 y 19 de abril de los años 1904, 1905, 1906 y 1907. Tip. El Sol, Ponce, P. R., 1908, 141 p.

Mensajes del infinito. Mediumnímicas obtenidas en el Centro Redención, de Cabo Rojo, Puerto Rico. Imp. Gloria, Mayagüez, P. R., 1909, 153 p.

Pepito. Dictado medianímico por el espíritu de José Ortiz y Otaya. Obtenido por la médium Srta. Aurora Rosabal. Mayagüez, P. R., 1910, 200 p.

Tesoros espirituales o Dictados ultraterrestres, obtenidos en Arecibo, Puerto Rico. Tip. El Machete, Arecibo, P. R., 1911, 57 p.

4. OTRAS SOCIEDADES

ACOSTA, JOSÉ JULIÁN: *Discurso pronunciado sobre la Sociedad Protectora de la Inteligencia, el 30 de mayo de 1889.* Imp. de Meltz [1899].

AGUAYO, ALFREDO M.: *Palabras pronunciadas en la inauguración de la Sociedad Puertorriqueña.* Las Antillas, Habana, abril de 1920, año I, vol. 1, núm. 1: 45.

ALFAU BARALT, ANTONIO: *La Ciencia y su obstáculo.* Discurso pronunciado en el Casino de Ponce con motivo de la inauguración de la Sección Científico-Literaria. En *Casino de Ponce. Inauguración de la Sección Científico-Literaria...* Tip. El Vapor, Ponce, P. R., 1880, 24 p.

ALFONSO, OSVALDO: *Discurso leído en la inauguración del Centro de Lectura... de Utuado.* Imp. de González, P. R., 1883, 12 p.

BLANCO FERNÁNDEZ, ANTONIO: *Instituciones principales españolas y puertorriqueñas de Auxilio Mutuo, Beneficencia, Cívicas, Sociales, Culturales y de Fomento.* En *España y Puerto Rico, 1820-1930.* Tip. Cantero, Fernández y Co., San Juan, P. R., 1930, p. 77.

BRASCHI, ANTONIO: *Influencia y triunfos de la Literatura.* Discurso pronunciado en el Casino de Ponce con motivo de la inauguración de la Sección Científico-Literaria. En *Casino de Ponce. Inauguración de la Sección Científico-Literaria...* Est. Tip. El Vapor, Ponce, P. R., 1880, 24 p.

CUEVAS ZEQUEIRA, SERGIO: *Discurso pronunciado en la repartición de premios a los alumnos de la Asociación de Dependientes de Comercio, el día 2 de septiembre de 1917.* Imp. P. Fernández y Cía., Habana, 1918, 10 p. [Hay otro discurso de 1923, 16 p.]

——: *Discurso en el acto de la apertura del torneo de ajedrez del Centro de Dependientes.* Imp. de E. López Salas, Habana, 1923, 16 p.

FERRER Y HERNÁNDEZ, GABRIEL: *Sociedad Protectora de la Inteligencia. Memoria leída en Junta general ordinaria, celebrada en los salones del Ateneo Puertorriqueño el día 4 de diciembre de 1895.* Imp. Sucesión J. J. Acosta, San Juan, P. R., 1896.

LÓPEZ DOMÍNGUEZ, FRANCISCO A.: *Informe anual de la Fraternidad Phi, Chi, Delta.* Tip. Real Hnos., San Juan, P. R., 1913.

M. A. N.: *Gallarda Asociación Patriótica.* Organización de la Asociación Cívica Puertorriqueña. P. R. I., 7 de diciembre de 1912, núm. 145.

MONTEAGUDO RODRÍGUEZ, JOAQUÍN: *Liga Juvenil Cristiana de Puerto Rico.* Conferencia literaria dada en los salones de dicha Asociación la noche del viernes 17 de diciembre de 1915. Prólogo de Manuel J. Ríos. Tip. La Bomba, Puerta de Tierra, P. R., 1915, 21 p.

MORIANO, M.: *Bases constitutivas aprobadas para la creación del Centro de Geómetras y Constructores.* Imp. La Cooperativa, San Juan, P. R., 1893, 7 p.

SALAZAR, SALVADOR: *La fiesta inaugural de la Asociación Puertorriqueña en el Ateneo de la Habana.* Las Antillas, Habana, abril de 1920, año I, vol. 1, núm. 1: 26.

VEGA, LAUREANO: *Memoria leída por el Presidente de la Sociedad Protectora de la Inteligencia en la Junta general celebrada el día 29 de diciembre de 1884.* Imp. El Agente, San Juan, P. R., 1885, 16 p.

Asociación Patriótica Puertorriqueña Borinquen. Bases y Reglamento general. Imp. de Rambla, Habana, 1913, 17 p.

Bases y Reglamento de la Institución Libre de Enseñanza Popular. Imp. de J. González Font, San Juan, P. R., 1888, 16 p.

Caballeros de Colón. Consejo de San Juan de Puerto Rico, núm. 1543. Fundado en 13 de enero de 1911. S. p. i., 1917, 23 p.

Casa de España en Puerto Rico. Incidente promovido por el segundo vicepresidente D. Vicente Balbás Capó. Datos y antecedentes recopilados y comentados por D. Abelardo de la Haba, presidente de dicha Institución. Tip. Negrón Flores, San Juan, P. R., 1915, 186 p.

Casino de Ponce. Inauguración de la Sección Científico-Literaria. Velada del 21 de julio de 1880 con motivo de la celebración del IV Aniversario de la Sociedad. Contiene: Discurso inaugural por D. Miguel Rosich; La Ciencia y su obstáculo, discurso por el Dr. Antonio Alfau Baralt, e Influencia y triunfos de la Literatura, discurso por D. Antonio Braschi. Tip. El Vapor, Ponce, P. R., 1880, 24 p.

Casino de Puerto Rico. Memoria para ser sometida a la Junta general de Accionistas que ha de celebrarse el día 30 de marzo de 1922. Tip. La Primavera, San Juan, P. R., 1922, 31 p.

Centro de Geómetras y Constructores. Reglamento para el régimen interior. Imp. La Cooperativa, San Juan, P. R., 1893, 17 p.

Colegio y Montepío Médico. Proyecto de Reglamento. Imp. El Imparcial, P. R., 1886, 12 p.

Constitución, Estatutos y Reglamento de la Academia de Medicina de Puerto Rico. Tip. Real Hnos., San Juan, P. R., 1916, 31 p.

Constitución y Reglamento de la Hermandad de Electricistas de Puerto Rico. Organizada en San Juan, 12 de octubre de 1927. Imp. Cantero, Fernández & Co., Inc., San Juan, P. R. [1927], 21 p.

Elemento español y extranjero. [Figuras españolas, Colonias, Sociedades, etc.] En *El Libro de Puerto Rico,* 1923, cap. XV: 846-867.

Estatutos y Reglamento general de la Sociedad Montepío Médico-Farmacéutico. Tip. Córdova, San Juan, P. R., 1894, 16 p.

Estatutos de la Casa de España. Tip. El Progreso, Santo Domingo, 1917.

Estatutos de la Sociedad de Conciertos Club Armónico. Tip. Real Hnos., San Juan, P. R. [1913], 9 p.

Guía social: Directorio de la Sociedad y elemento oficial de San Juan. Contiene fotografías de distinguidas damas y relación de socios de los Centros sociales Casino de Puerto Rico, Casino Español, Unión Club, Auxilio Mutuo, Casa de España, Hijas Católicas de América, Caballeros de Colón, Legislatura, Obispado y funcionarios públicos. Imp. Cantero, Fernández & Co., San Juan, P. R. [1926].

Informe de la Institución Cultural Española de Puerto Rico, 1928 a 1929. Imp. Cantero, Fernández & Co., Inc., San Juan, P. R., 21 p.

Instituciones de Progreso. [Ateneo, Masonería, Caballeros de Colón, Y. M. C. A., Federación de Espiritistas, de Trabajadores, Cruz Roja, Club Rotario, Elks, etc.] En *El Libro de Puerto Rico,* 1923, cap. XVI: 868-919.

La Junta directiva Central a la Junta general Central de la Casa de España en Puerto Rico, reunida en sesión en Humacao el 15 de febrero de 1925. Imp. Cantero, Fernández & Co., San Juan, P. R. [1925?], 40 p.

Liga Económica Política de San Juan, Puerto Rico. Tip. La Democracia, San Juan, P. R., 1915, 15 p.

Liga Progresista de Ponce. Reglamento. Tip. La Defensa, San Juan, P. R., 1912, 14 p.

Octavo informe anual y Directorio de socios [de la] Asociación Cristiana de jóvenes de San Juan. S. p. i., 1920, 16 p.

Por qué se constituye la Asociación Cívica Puertorriqueña. Cláusulas de Incorporación. Tip. Heraldo Español, Santurce, P. R. [1912?], 24 p.

Reglamento de la Sociedad de Amigos Progreso de la Amistad. Imp. de J. González Font, San Juan, P. R., 1882, 17 p.

Reglamento para el régimen y gobierno de la Junta Delegada de la Sociedad Protectora de los Niños en la Isla de Puerto Rico. Imp. de Carlos González Font, San Juan, P. R., 1883, 36 p. +.

Reglamento de la Sociedad Amor y Caridad, de Fajardo, Puerto Rico. Aprobado por el Excmo. Sr. Gobernador general. Tip. La Fajardina, Fajardo, P. R., 1888, 10 p.

Reglamento de la Sociedad Protectora de la Inteligencia. Imp. El Boletín Mercantil, San Juan, P. R., 1891, 16 p.

Reglamento para el gobierno del Centro de Instrucción y Recreo de la villa de Coamo. Imp. de Manuel López, Ponce, P. R, 1896, 20 p.

Reglamento para el régimen y gobierno de la Sociedad de Conciertos Unión Artística. Imp. de la Viuda de González, P. R., 1896, 16 p.

Reglamento del Casino de Puerto Rico. Imp. El País, San Juan, P. R., 1902, 8 p.

Reglamento de la Colonia Española de Bayamón. Presentado ante Martín E. Gill. acting Sec. of Porto Rico y aprobado en 4 de enero de 1905. Tip. Heraldo Español, San Juan, P. R., 18 p.

Reglamento general de la Asociación de Escritores y Artistas en Puerto Rico. Aprobado en la Asamblea celebrada el 19 de diciembre de 1905. Tip. La República Española, San Juan, P. R. [1906?], 12 p.

Reglamento de la Asociación Insular del Magisterio, aprobado en la Asamblea del 23 de marzo de 1910. Tip. M. Burillo, San Juan, P. R. [1910], 13 p.

Reglamento de la Asociación de Farmacéuticos de Puerto Rico. Tip. La Verdad, San Juan, P. R., s. f., 14 p.

Reglamento de la Asociación de Dependientes de Comercio. Imp. El Alba, San Juan, P. R., 1912, 25 p.

Tertulia Antillana de Amigos de la Ciencia. B. H. P. R., 1922, vol. 9: 326.

c. — PERIÓDICOS Y BIBLIOTECAS

Abril, Mariano: *El primer diario de San Juan.* Rev. Ant., junio de 1914, año II, núm. 4. [V. también Almanaque Puertorriqueño, San Juan, P. R., 1915, p. 112.]

BLANCO FERNÁNDEZ, ANTONIO: *Prensa periódica puertorriqueña.* En *España y Puerto Rico, 1820-1930.* Tip. Cantero, Fernández y Cía, San Juan, P. R., 1930, p. 109.

BRASCHI, MARIO: *Proceso del periódico La Civilización.* Artículo denunciado, de M. Braschi. Defensa por Manuel García Salgado. Tip. La Civilización, Ponce, P. R., 1881, 27 p.

DALMAU CANET, SEBASTIÁN: *Catálogo de los libros que se hallan en el Gabinete de Lectura y Librería de Sebastián Dalmau Canet.* Imp. del Gobierno, a cargo de D. V. Sanmillán, San Juan, P. R., 1836, 16 p.

FERNÁNDEZ JUNCOS, MANUEL: *Bibliotecas de Puerto Rico.* En *Conferencias Dominicales dadas en la Biblioteca Insular de Puerto Rico.* Neg. Mat. Imp., 1913, p. 128.

——: *Bibliotecas antillanas.* Rev. Ant., mayo de 1913, núm. 3: 34-39.

——: *El proceso de El Agente.* Artículo denunciado. Defensa-sentencia. Imp. El Agente, San Juan, P. R., 1881, 29 p. [El artículo es de Fernández Juncos, y la defensa fué hecha por M. Corchado.]

MELÉNDEZ MUÑOZ, MIGUEL: *Sobre la Prensa independiente.* P. R. I., 31 de julio de 1915, núm. 283.

MORALES, JOSÉ PABLO: *La Ley de Imprenta.* En *Misceláneas históricas.* Imp. La Correspondencia, San Juan, P. R., 1924, p. 75.

O'NEILL, LUIS: *La Biblioteca pública moderna.* En *Conferencias Dominicales dadas en la Biblioteca Insular de Puerto Rico.* Neg. Mat. Imp., 1913, p. 82.

TORO CUEVAS, EMILIO DEL: *Influencia de la Biblioteca pública moderna en la familia y en la cultura social.* En *Conferencias Dominicales dadas en la Biblioteca Insular de Puerto Rico.* Neg. Mat. Imp., 1913, p. 50.

[*Bibliotecas.*] En *El Libro de Puerto Rico,* 1923, cap. VII.

Biblioteca pública y Museo científico. El Fomento de Puerto Rico. (Rev. quincenal.) San Juan, P. R., 1863, vol. 1: 19-24.

Carta del Rey aprobando El Diario Económico. B. H. P. R., 1919, vol. 6: 318.

Catálogo... de las obras existentes en la Biblioteca del Ilustre Colegio de Abogados de la Isla de Puerto Rico. Imp. de González, P. R., 1882, 108 p.

Catálogo... de las obras existentes en la Biblioteca del Ateneo Puertorriqueño, P. R., 1879, 83 p.; otra ed.: 1882, 108 p.; otra ed: 1897, 63 p.

Circular a los fiscales sobre libertad de Imprenta. B. H. P. R., 1915, vol. 2: 220.

Indulto a los directores de periódicos. B. H. P. R., 1919, vol. 6: 123.

Ley de Imprenta para Cuba y Puerto Rico, aprobada por S. M. en 11 de noviembre de 1886. Imp. del Gobierno, San Juan, P. R., 1886, 9 p.

Libertad de Imprenta en 1870. B. H. P. R., 1915, vol. 2: 219.

Prospecto de un diario de Agricultura, Industria y Comercio de la Isla de Puerto Rico. [Imp. del Gobierno, a cargo de D. V. Sanmillán, San Juan, P. R., 1814.] 40 p.

Se suprime el periódico La Metralla y se encausa a su director. B. H. P. R., 1919, vol. 6 : 117.

Tentativa del prebendado D. Rufo Manuel Fernández de fundar en la capital una Biblioteca Química. B. H. P. R., 1923, vol. 10 : 62.

Viaje del director de La Correspondencia a Ponce y Mayagüez. B. H. P. R., 1919, vol. 6: 52.

B. — LAS ARTES

a. — ASUNTOS GENERALES

HOSTOS, ADOLFO DE: *On the Origin of Ornament.* A Psychophysiological View. American Journal of Physiological Optics, 1926, vol. 7, N° 3.

LÓPEZ SOTO, RODOLFO: *Coloquio con mis hijos.* Concepto de la vida y el arte en sus esenciales formas: la Pintura, la Música y la Poesía. West Printing Co., Mayagüez, P. R., 64 p.

MILLER, PAUL G.: *Ciencias, Artes y Literatura.* En *Historia de Puerto Rico.* N. Y., 1922, cap. XXVI.

Artes y Letras. [Música, Pintura, Arquitectura.] En *El Libro de Puerto Rico,* 1923, cap. XII: 756.

Ciencias, Literatura, Música, Pintura, Dibujo, Esculturas, etc. En *La Exposición de Puerto Rico.* Memoria redactada por Alejandro Infiesta, 1895, p. 74-148.

Nota: Consúltense las Memorias e Informes que aparecen en *Ferias y Exposiciones.*

b — ARQUITECTURA

BAXTER, S.: *Recent Civic Architecture in Porto Rico.* Adrian C. Finlayson, architect. Architectural Record, N. Y., 1920, vol. 48: 136.

——: *Porto Rico's New Capitol.* Plans. Architectural Record, N. Y., 1921, vol. 49: 172.

EMERSON, W. R.: *The Architecture and Furniture of the Spanish Colonies during the 17th and 18th Centuries.* Including Mexico, Cuba, Porto Rico and the Philippines, Boston, 1901.

LAVANDERO, RAMÓN: *Causerie arquitectónica.* P. R. I., 8 de diciembre de 1923, núm. 719.

SCHUYLER, M.: *Architecture in Porto Rico.* Architectural Record, N. Y., 1900, vol. 9: 277.

c. — MÚSICA Y BAILES

AGULLÓ Y PRATS, JOSÉ: *Tratado de Armonía teórico-práctico.* San Juan, P. R., 1893.

ASTOL, EUGENIO: *Nuestra danza.* P. R. I., 27 de marzo de 1915, núm. 265.

BRAU, SALVADOR: *La danza puertorriqueña.* Disquisiciones sociológicas. En *El Almanaque de las Damas para 1885.* Imp. de J. González Font, San Juan, P. R., 1884, p. 134 a 156. Reproducida en *Escritos sobre Puerto Rico,* por D. José González Font. Lib. de José González Font, Barcelona, 1903, p. 34-54.

——: *La danza portorriqueña.* Monografía sociológica. Imp. de J. González Font, San Juan, P. R., 1887, 25 p. [Véase también The Puerto Rico Herald, N. Y., 21 de noviembre de 1903, vol. 3, núm. 121, p. 1079.]

CALLEJO, FERNANDO: *Música y músicos portorriqueños.* Imp. Cantero, Fernández & Co., San Juan, P. R., 1915, 316 p.

COLL Y TOSTE, CAYETANO: *¿Dónde, cuándo y por quién se escribió la Borinqueña?* B. H. P. R., 1922, vol. 9: 266.

CORTIJO, A. L.: *La musicología latino-americana.* La música popular y los músicos célebres de la América latina. Imp. Maucci, Barcelona, s. f., 446 p. [Para Puerto Rico, v. p. 373.]

CHAVIER, ARÍSTIDES: *Siluetas musicales.* Imp. El Día, Ponce, P. R., 1926, 150 p.

DEAN, F.: *Going to the Opera in Porto Rico.* Bookman, N. Y., marzo de 1912, vol. 35: 31

MANZANO AVIÑÓ, PEDRO: *Por Campos y sus danzas.* Crítica social y artística, P. R. I., 9 de mayo de 1910, p. 7.

MARCILLA Y VIVES, SALVADOR: *Novísima Escuela de Música.* Pauta universal: nociones de solfeo y piano y cartilla armónica. Imp. El Asimilista, San Juan, P. R., 1883.

MARTÍNEZ PLEÉ, MANUEL: *Por la danza de Puerto Rico.* En *Plumas Amigas.* Cuarto fascículo. Imp. Cantero, Fernández & Co., San Juan, P. R., 1913.

MATOS BERNIER, FÉLIX: *La Música en Puerto Rico.* En *Isla de Arte.* San Juan, P. R., 1907, p. 229.

MERCADIER, M. P. L.: *Ensayo de instrucción musical* (en francés). Traducida al español por un aficionado. Imp. Militar de J. González, San Juan, P. R., 1862, 145 p.

MORALES, JOSÉ PABLO: *El baile.* En *Misceláneas.* Imp. Sucesión J. J. Acosta, San Juan, P. R., 1895, p. 41.

——: *La danza y los danzantes.* En *Misceláneas.* Imp. Sucesión J. J. Acosta, San Juan, P. R., 1895, p. 41.

ORTIZ, AURELIO: *El mejor método para aprender a tocar la guitarra sin maestro.* Imp. Variedades, Bayamón, P. R., 1922, 28 p.

OTERO, IGNACIO: *Rudimentos de Música.* Escritos expresamente para niños. Imp. de F. Otero, Humacao, P. R., 1920, 16 p. Sexta ed.

RIBERA CHEVREMONT, EVARISTO: *Prosas minúsculas.* Música y el idioma castellano. P. R. I., 7 de febrero de 1925, núm. 779.

RODRÍGUEZ CABRERO, LUIS: *Nuestra danza en peligro.* Lamentaciones del amigo Pérez. En *Plumas Amigas.* Cuarto fascículo. Imp. Cantero, Fernández & Co., San Juan, P. R., 1913.

Artes y Letras. [V. *Música.*] En *El Libro de Puerto Rico,* 1923, cap. XII.

ch. — PINTURA

LEVIS, JOSÉ ELÍAS: *El Retrato.* P. R. I., 25 de febrero de 1922, núm. 626.

LÓPEZ DE TORD, C.: *La Exposición de Pinturas.* P. R. I., 3 de febrero de 1917, núm. 362.

OLLER, FRANCISCO: *Academia de Dibujo y Pintura. Dirigida por* ——. Imp. El Boletín Mercantil, San Juan, P. R., 46 p.

——: *Conocimientos necesarios para dibujar de la Naturaleza.* Elementos de perspectiva al alcance de todos. Tip. El País, San Juan, P. R., 1902, 39 p. Quinta ed.

ZEQUEIRA, J. DE: *Estudio crítico de El Velorio.* Cuadro de costumbres puertorriqueñas del pintor F. Oller. Tip. La Cooperativa, San Juan, P. R., 1894, 11 p.

Artes y Letras. [V. *Pintura.*] En *El Libro de Puerto Rico,* 1923, cap. XII.

Lista de la recaudación de cien pesos para la compra del retrato al óleo hecho por el pintor D. Ramón Atiles, del primer Intendente de Puerto Rico. B. H. P. R., 1921, vol. 8: 176.

Véanse *Antropología cultural. Instrucción. Ferias y Exposiciones. Historia de Puerto Rico. Folklore.*

VIII

HISTORIA DE PUERTO RICO

A. — OBRAS GENERALES

a. — FUENTES PRIMITIVAS

BERWICK Y DE ALBA, DUQUESA DE: *Autógrafos de Cristóbal Colón.* Madrid, 1892, 203 p.

——: *Nuevos autógrafos de Cristóbal Colón y relaciones de Ultramar.* Imp. Rivadeneyra, Madrid, 1902, 294 p.

——: *Documentos escogidos de la Casa de Alba.* Imp. M. Tello, Madrid, 1891.

CALVO, CARLOS: *Colección completa de los tratados... de todos los Estados de la América latina... desde... 1493 hasta nuestros días, precedidos de una memoria del estado actual... de cuadros estadísticos, de un diccionario diplomático y de una noticia histórica sobre cada uno de los tratados más importantes.* París, 1862-1869, 11 vols.

FERNÁNDEZ DE NAVARRETE, MARTÍN: *Biblioteca Marítima Española.* Obra Póstuma. Imp. de la Viuda de Calero, Madrid, 1851, 2 vols.

——: *Colección de los viajes y descubrimientos que hicieron por mar los españoles desde fines del siglo XV, con varios documentos inéditos..., coordinada e ilustrada.* Madrid, 1825-1837, 5 vols. [Hay otra ed.: 1837-1880.]

GONZÁLEZ BARCIA, A.: *Historiadores primitivos de las Indias Occidentales, que juntó, tradujo en parte y sacó a la luz...* ——. Madrid, 1749, 3 vols.

HAKLUYT, R.: *The Principal Navigations, Voyages, Traffiques and Discoveries of the English Nation.* Ed. for the Hakluyt Soc. Glasgow. MacMillan Co., N. Y., 1904, 12 vols.

HERNÁIZ, FRANCISCO JAVIER: *Colección de Bulas, Breves y otros documentos relativos a la Iglesia de América y Filipinas.* Imp. de Alfredo Vromant, Bruselas, 1879, 2 vols.

MORELLI, CIRIACUS: *Fasti novi orbis et ordinatronum apostolocarum ad Indias pertinentium breviarum cum adnotationibus.* Imp. Ant.° Zata, Venecia, 1776, 643 p.

RUBIO Y MORENO, LUIS: *Inventario general de Registros cedularios del Archivo General de Indias de Sevilla.* C. I. A. P., Madrid [1929],

454 p. (Vol. 4 de la Colección de Documentos inéditos para la Historia de Hispano-América.)

SÁNCHEZ ALONSO, B.: *Fuentes de la Historia Española e Hispanoamericana.* Madrid, 1927. [V. el vol. 1, cap. VI.]

SERRANO Y SANZ, MANUEL: *Historiadores de Indias...* Madrid, 1909, 2 vols. [V. *Nueva Biblioteca de Autores Españoles,* vols. 13 y 15.]

SIGÜENZA, FRAY JOSÉ DE: *Historia de la Orden de San Jerónimo.* Imp. Bailly-Ballière, Madrid, 1907-1909, 2 vols. Segunda ed. [Tiene especial interés para el gobierno de los Padres Jerónimos en Puerto Rico.]

TAPIA Y RIVERA, ALEJANDRO: *Biblioteca histórica de Puerto Rico.* Contiene varios documentos de los siglos XV, XVI, XVII y XVIII, coordinados y anotados por ——. Imp. Márquez, Mayagüez, P. R., 1854, 587 p.

TERNAUX-COMPANS, HENRI: *Voyages, Relations et Mémoires Originaux pour servir à L'Histoire de la Découverte de L'Amérique.* Paris, 1837-1841, 20 vols.

TORRES LANZAS, PEDRO: *Catálogo de los documentos relativos a las Islas Filipinas, existentes en el Archivo de Indias de Sevilla.* Barcelona, 1925-1929, 5 vols. [Esta obra, en curso de publicación al cerrarse esta BIBLIOGRAFÍA, contiene signatura y datos de documentos relativos a Puerto Rico.]

Bibliografía Colombina. Enumeración de libros y documentos concernientes a Cristóbal Colón y sus viajes; obra que publica la Real Academia de la Historia, Madrid, 1892.

Biblioteca de los Americanistas. Madrid, 1882-1885, 4 vols.

Boletín de la Real Academia de la Historia. Madrid, 1877-1930, 97 vols.

Códice diplomáticoamericano de Cristóbal Colón. Colección de cartas de privilegios, cédulas y otras escrituras del gran descubridor del Nuevo Mundo, Almirante Mayor del Mar Océano, Virrey y Gobernador de las Islas y Tierra Firme de las Indias, etc. Habana, 1867, x-298 p. +.

Colección de documentos inéditos relativos al descubrimiento, conquista y colonización de las antiguas posesiones españolas en América y Oceanía, sacadas en su mayor parte del Real Archivo de Indias, bajo la dirección de los Sres. D. J. F. Pacheco, D. F. de Cárdenas y D. L. Torres de Mendoza. Primera serie. Querós, Madrid, 1864-1884, 42 vols. [Valiosa fuente para nuestra Historia; v., principalmente, los vols. 34 y 36. También interesan los núms. 1, 3, 7, 11, 12, 22, 29, 31 y 39, utilizados por el B. H. P. R., y desglosado este último por el autor de esta BIBLIOGRAFÍA.]

Colección de documentos inéditos relativos al descubrimiento, conquista y organización de las antiguas posesiones españolas de Ultramar. Segunda serie. Publicada por la Real Academia de la Historia. Imp. Rivadeneyra, Madrid, 1885-1899, 13 vols. [Continuada luego; v. principalmente los vols. 1, 4 y 5.]

Disposiciones complementarias de las Leyes de Indias. Ministerio de Trabajo y Previsión. Serie de Estudios Históricos. Imp. Sáez Hnos., Madrid, 1930, 3 vols. [Obra en curso de publicación al cerrarse esta BIBLIOGRAFÍA. Para Puerto Rico, v. disposiciones 59, 163, 215, 266, 339, 442, 453, 456, 503, 516, 630, 647, 821, 836, 846 y 839.]

Fuentes históricas sobre Puerto Rico. (Rev. mensual.) [Director, Rafael W. Ramírez. De septiembre de 1929 a diciembre de 1929 salieron cuatro números del primer vol., versando todos sobre las fuentes del descubrimiento de Puerto Rico.]

Historiadores primitivos de Indias. Colección dirigida e ilustrada por D. Enrique de Vedia. En *Biblioteca de Autores Españoles.* Imp. Rivadeneyra, Madrid, vols. 22 y 26.

Memorias de la Real Academia de la Historia. Imp. Sancha, Madrid, 1796-1910, 14 vols.

Nueva colección de documentos inéditos para la Historia de España y de sus Indias. Madrid, 1892-1896, 6 vols.

Publicaciones del Centro Oficial de Estudios Americanistas, de Sevilla. Biblioteca Colonial Americana, Sevilla, 1918.

Relaciones históricas de América. Primera mitad del siglo XVI. Introducción por Manuel Serrano y Sanz. Madrid, 1916, CXLIII-255 p. [V. en la colección *Sociedad de Bibliófilos Españoles,* vol. 29.]

Segundo Congreso de Historia y Geografía Hispano-Americanas, celebrado en Sevilla en mayo de 1921. Madrid, 1921, 570 p

b. — HISTORIA DE INDIAS

ACOSTA, JOSÉ DE: *Historia Natural y Moral de las Indias, en la que se tratan las cosas notables del cielo y elementos, metales, plantas y animales de ellas, y los ritos y ceremonias, y leyes y gobierno, y guerra de los indios.* Juan de León, Sevilla, 1590; otra ed.: Imp. Aznar, Madrid, 1792, 2 vols. Traducciones principales: italiana, Vetra, 1596; al francés, Paris, 1598, 375 p.; Amsterdam, 1624; una al inglés, London, 1880, 2 vols.

AGUADO, FRAY PEDRO DE: *Historia de Venezuela.* Con prólogo, notas y apéndices por Jerónimo Becker. Tip. de Jaime Ratés, Madrid, 1918-1919, 2 vols. [V. vol. 1, caps. XXV al XXVIII del libro 4.°, referentes a Puerto Rico. También vol. 1, apéndice 3, sobre la jurisdicción inquisitorial de Puerto Rico.]

ALCEDO, ANTONIO DE: *Diccionario geográfico-histórico de las Indias Occidentales o América.* Madrid, 1786-1789, 5 vols. [Hay trad. al inglés por Thompson, G. A., London, 1812-1815, 5 vols.]

ANGHIERA, PIETRO MARTIRE DE: *De Orbe Novo Decades.* Compluti 1516 y 1530. Trad. española por Torres Asencio, Joaquín: *Fuentes históri-*

cas sobre Colón y América. Madrid, 1892, 4 vols. [Trad. al inglés por Mac Mutt, F. A., N. Y., 1912, 2 vols.; reciente, una de Torres Asencio.]

AYALA, MANUEL JOSEF: *Diccionario de Gobierno y Legislación de Indias.* C. I. A. P., Madrid, 1929, vol. 1, 411 p. [V. Puerto Rico en Índice alfabético de lugares geográficos, p. 404.]

BENZONI, GIROLAMO: *Historia del Mondo Nuovo.* Venezia, 1565. [Trad. al inglés por Smith, W. A : *History of the New World,* Hackluyt, London, 1857.]

BERNÁLDEZ BACHILLER, ANDRÉS: *Historia de los Reyes Católicos D. Fernando y D.ª Isabel.* Imp. que fué de D. José María Geofrin, Sevilla, 1870, 2 vols. [El segundo vol. da fuentes para el segundo viaje de Colón.]

CASAS, FRAY BARTOLOMÉ DE LAS: *Historia de las Indias...*, ahora por primera vez dada a la luz por el marqués de la Fuensanta del Valle y D. José Sancho Rayón. Imp. de Miguel Ginesta, Madrid, 1875-1876, 5 vols. Nueva ed.: Aguilar, Madrid [1927], 3 vols. [Hay trad. al francés, italiano, inglés, etc.]

——: *Apologética Historia de las Indias...*, ed. por M. Serrano y Sanz. Madrid, 1909, 704 p. [V. *Nueva Biblioteca de Autores Españoles,* vol. 13.]

CLADERA, CHRISTÓBAL: *Investigaciones históricas sobre los principales descubrimientos de los españoles en el Mar Océano en el siglo XV y principios del siglo XVI, en respuesta a la memoria de Mr. Otto sobre el verdadero descubridor de América.* Madrid, 1794.

COBO, BERNABÉ: *Historia del Nuevo Mundo.* Publicada por primera vez con notas y otras ilustraciones de D. Marcos Jiménez de la Espada. Sevilla, 1890-1893, 4 vols. (Pub. por la Sociedad de Bibliófilos Andaluces.)

COPPIER, GUILL: *Histoire et Voyage des Indes Occidentales et de plusieurs autres régions maritimes...* Lyon, 1645, 182 p.

DANVILA Y COLLADO, MANUEL: *Significación que tuvieron en el gobierno de la América la Casa de la Contratación de Sevilla y el Consejo Supremo de las Indias.* Madrid, 1892.

FABIÉ, ANTONIO MARÍA: *Ensayo histórico de la Legislación española en sus Estados de Ultramar.* Imp. Rivadeneyra, Madrid, 1896, 336 p.

FERNÁNDEZ DURO, CESÁREO: *La Armada española desde la Unión de Castilla y Aragón.* Imp. Rivadeneyra, Madrid, 1895-1903, 9 vols. [Contiene trabajos relativos a Puerto Rico.]

HARING, CLARENCE HENRY: *Trade and Navigation between Spain and the Indies.* Harvard University Press. Cambridge, Mass., 1918, 371 p. [Para Puerto Rico, v. el índice alfabético y los apéndices.]

HARRISSE, HENRY: *Biblioteca Americana Vetustissima.* A Description of works relating to America published between the years 1492 and 1551. Together with additions. N. Y. and Paris, 1866-1872, 2 vols. [Valiosa bibliografía de las obras primitivas sobre América.]

HERNÁNDEZ DE OVIEDO Y VALDÉS, GONZALO: *La Historia General de las Indias.* Sevilla, 1535, 193 fols. Hay otra ed.: *Historia General y Natural de las Indias, Islas y Tierra Firme de mar.* Real Academia de la Historia, al cuidado de José Amador de los Ríos. Madrid, 1851-1855, 4 vols. [Véanse fragmentos relativos a Puerto Rico, en Tapia: *Biblioteca histórica de Puerto Rico.* P. R., 1854, p. 7-90.]

——: *Sumario de la Natural Historia de Indias.* Toledo, 1526, 52 fols. [Versión latina por Urbano Chanveton. Impresa en *Biblioteca de Autores Españoles,* vol. 22: 471-515.]

HERRERA, ANTONIO DE: *Historia General de los hechos de los castellanos en las Islas y Tierra Firme del Mar Océano...* En ocho décadas desde 1492 a 1554. Madrid, 1601-1615, 4 vols. Otra ed.: Rodríguez Franco, Madrid, 1730-1731. [Hay trad. al francés, Paris, 1660, 3 vols.; al inglés, London, 1725-1726, 6 vols. Para lo relativo a P. R., v. Tapia: *Biblioteca histórica de Puerto Rico.* P. R., 1854, p. 91-121.]

LAET, JOANNES DE: *Novus Orbis, feu Descriptionis Indie Occidentalis libré XVIII.* L. B. Elzesier, Leiden, 1633, 699 p. Ed. española de 1640. [V. *Historia del Nuevo Mundo o descripción de las Indias Occidentales,* escrita en 18 libros por Juan Laet, natural de Amberes, en Tapia: *Biblioteca histórica de Puerto Rico.* P. R., 1854, p.123-137.]

LATORRE, GERMÁN: *Relaciones geográficas de Indias.* La Hispano-América del siglo XVI. Sevilla, 1919-1920, 2 vols. [Para Puerto Rico, v. vol. 1.]

LEÓN PINEDO, ANTONIO DE: *Tablas cronológicas de los Reales Consejos Supremo y de la Cámara de las Indias Occidentales.* Tip. M. Ginés Hernández, 1892, 40 p. Segunda ed.

LÓPEZ DE GÓMARA, FRANCISCO: *Historia general de las Indias con todo el descubrimiento y cosas notables que han acaecido desde que se ganaron hasta el año de 1551.* Saragoza, 1552, 122-137 fols. [Hay trad. al francés. Quinta ed., 1584. V. Brau, Salvador: *Puerto Rico y su Historia,* 1894, p. 389.]

LÓPEZ DE VELASCO, JUAN: *Geografía y descripción universal de las Indias...* (Desde el año 1571 al 1574.) Imp. Fortanet, Madrid, 1894, 808 p. y un mapa. [Para Puerto Rico, v. p. 126-134.]

MUÑOZ, JUAN BAUTISTA: *Historia del Nuevo Mundo.* Vol. 1. Tip. de la Viuda de Ibarra, Madrid, 1793, 364 p.

RÍONEGRO, FRAY FROYLÁN DE: *Actuaciones y documentos del Gobierno central de la unidad de la raza en el descubrimiento, exploración, población, pacificación y civilización de las antiguas provincias españolas, hoy República de Venezuela,* 1486-1600. Tip. El Ideal Gallego, s. l., 1926, 389-88 p.

RUIDÍAZ Y CARAVIA, EUGENIO: *La Florida.* Su conquista y colonización por Pedro Menéndez de Avilés. Imp. Hijos de J. A. García, Madrid, 1893, 2 vols. [Importantes para la historia de la colonización de Puerto Rico.]

VÁSCANO, ANTONIO: *Ensayo biográfico del célebre navegante y consumado cosmógrafo Juan de la Cosa, y descripción e historia de su famosa carta geográfica.* Tip. de V. Faure, Madrid, 1892, 40 p.

VILLALOBOS, GABRIEL DE: *Grandezas de Indias.* Estado eclesiástico, político y civil de ellas. [1690.] B. H. P. R., 1916, vol. 3: 312.

Demarcación y división de las Indias en 1575. [Se copia lo referente a Puerto Rico]. B. H. P. R., 1916, vol. 3: 336.

Los descubridores y conquistadores de Indias. Trabajos de conjunto. [V. la bibliografía en Sánchez Alonso, B.: *Fuentes de la Historia Española e Hispanoamericana.* Madrid, 1927, vol. 1: 265.]

Recopilación de leyes de los reynos de las Indias. Imp. J. de Paredes, Madrid, 1681, 4 vols.

Véanse *Historia de Puerto Rico:* Obras generales. *Fuentes bibliográficas.*

c. — HISTORIA DE AMÉRICA

CAMPBELL, JOHN: *A Concise History of the Spanish America;* containing a succint relation of the Discovery and settlement of its several colonies; a circumstantial detall of their respective situation, extent commodities, trade and a full and clear account of the commerce with old Spain by the Galleons Flota and collected chiefly from Spanish writers. Printed for John Stagg and Daniel Browne. London, 1741. [Para Puerto Rico, v. cap. IX: 154-175.]

CAPPA, RICARDO: *Estudios críticos acerca de la dominación española en América.* Imp. de Luis Aguado, 1889-1897, 26 vols.

COROLEU, JOSÉ: *América.* Historia de su colonización, dominación e independencia, completada por D. Manuel Aranda San Juan. Montaner y Simón, Editores, Barcelona, 1894-1896, 4 vols. [Los capítulos XXVII y XXVIII del vol. 3 están consagrados a la Historia de las Antillas, especialmente de Cuba, Santo Domingo y Puerto Rico.]

CRONAU, RUDOLF: *America: Die Geschichte seiner Entdeckung von der ältesten bis auf die neueste zeit.* Leipzig, 1892, 5 vols.

——: *The Discovery of America and the Landfall of Columbus.* The last resting place of Columbus. Two monographs based on personal investigations. N. Y., 1921, 89 p.

——: *América.* Historia de su descubrimiento desde los tiempos primitivos hasta los más modernos. Montaner y Simón, Editores, Barcelona, 1892, 3 vols.

CHURCHILL SEMPLE, ELLEN: *American History and its Geographic conditions.* Houghton Mifflin Co., Boston and N. Y., 1903. [Para Puerto Rico, v. p. 402-417.]

DUTTO, L. A.: *The Life of Bartolomé de las Casas and the First Leaves of the American Ecclesiastical History*. Freiburg in Breisgan, 1902, 592 p.

ESPINOSA CORDERO, NICOLÁS: *Historia de España en América*. Madrid, 1931, 336 p. [Para Puerto Rico, v. libro VII, cap. III, sección 1, p. 175.]

FERNÁNDEZ PESQUERO, JAVIER: *América*. Su Geografía y su Historia, 323 p. [Tiene un cap. sobre Puerto Rico.]

GAYLORD BOURNE, EDWARD: *España en América, 1450-1580*. Traducción [de la ed. de N. Y., 1904] por el Lcdo. Rafael de Zayas Enríquez. Imp. La Moderna Poesía, Habana, 1906, 298 p.

GELPÍ Y FERRO, GIL: *Estudios sobre la América. Conquista, colonización, Gobiernos coloniales y Gobiernos independientes*. Habana, 1864-1870, 4 partes en 2 vols.

GORDON THOMAS, F.: *The History of America containing the History of the Spanish Discoveries in America prior to 1520*. Phila. [1831], 2 vols.

HERNÁNDEZ Y FERNÁNDEZ, E.: *Historia general de España y sus colonias desde la remota antigüedad hasta nuestros días*. Ilustrada con gran número de láminas. Madrid, 1879, 2 tomos.

IBARRA Y RODRÍGUEZ, E.: *Don Fernando el Católico y el descubrimiento de América*. Madrid, 1892.

IRVING, WASHINGTON: *Vida y viajes de Cristóbal Colón*. Imp. Gaspar y Roig, Madrid, 1851.

——: *Viajes y descubrimientos de los compañeros de Cristóbal Colón*. Imp. Gaspar y Roig, Madrid, 1854, 80 p.

LOBO, MIGUEL: *Historia general de las antiguas colonias Hispano-Americanas*. [Desde su descubrimiento hasta el año 1808.] Imp. Miguel Guijarro, 1875, 3 vols. [Para Puerto Rico, v. vol. 1: 304.]

MADOZ, PASCUAL: *Diccionario Geográfico-Estadístico-Histórico de España y sus Posesiones de Ultramar*. Madrid, 1848, 16 vols.

MONTOJO, PATRICIO: *Las primeras tierras descubiertas por Colón*. (Ensayo crítico.) Madrid, 1892.

NEUSSELL, OTTO: *Los cuatro viajes de Cristóbal Colón para descubrir el Nuevo Mundo, según los manuscritos de Fr. Bartolomé de las Casas*. Madrid, 1892.

PEREYRA, CARLOS: *Historia de la América española*. Ed. Saturnino Calleja, Madrid, 1920-1926, 8 vols. [V. Los países antillanos... y descubrimiento y ocupación de Puerto Rico, vol. 5, cap. III.]

PI Y MARGALL, FRANCISCO: *Historia general de América*. Progreso Literario, Centro Ed., Barcelona, 1888, 2 vols. [Magnífica ed.]

ROBERTSON, WILLIAM: *Historia de la América*. Trad. hecha con esmero y exactitud, y aumentada con los libros IX y X. Barcelona, 1839-1840, 4 vols.

ULLOA, ANTONIO DE: *Noticias americanas.* Entretenimiento físico-históricos sobre la América Meridional y la Septentrional Oriental. Comparación general de los territorios, climas y producciones en las tres especies: Vegetales, Animales y Minerales, con relación particular de las petrificaciones de cuerpos marinos de los indios naturales de aquellos países, sus costumbres y usos; de las antigüedades. Discurso sobre la Lengua y sobre el modo en que pasaron los primeros pobladores. Imp. de Francisco M. de Mena, Madrid, 1772, 407 p.

ULLOA, JUAN DE, y ANTONIO DE: *Noticias secretas de América.* Londres, 1826, 2 partes en 1 vol.

WINSOR, JUSTIN: *Narrative and Critical History of América.* Boston, 1884-1889, 8 vols.

ZAMORA Y CABALLERO, E.: *Historia general de España y de sus posesiones de Ultramar, desde los tiempos primitivos hasta el advenimiento de la República,* Madrid, 1873-1875, 6 vols.

Biblioteca de Historia Hispano-Americana. Madrid, 1920.

Descubrimiento y conquista de la América o Compendio de la historia general del Nuevo Mundo. Por el autor del nuevo Robinson, traducido por Juan Corradi. Madrid, 1817, 3 vols.

Los... navegantes y descubridores del Primer Período. [V. una Bibliografía sobre este tema en Sánchez Alonso, B.: *Fuentes de la Historia Española e Hispanoamericana.* Madrid, 1927, vol. 1: 262.]

Véase *Fuentes bibliográficas.*

ch. — HISTORIA DE LAS ANTILLAS

COKE, REV. THOMAS: *History of the West Indies.* Contains the Natural, Civil and Ecclesiastical History of each Island, with account of the Missions in that Archipielago. Liverpool, 1808, 3 vols.

COMAS, JOSÉ: *El mundo pintoresco.* Historia y descripción de las Antillas. Barcelona, 1868. [Comprende: Cuba, Puerto Rico, Haití o Santo Domingo, Jamaica, Colonias inglesas, francesas, danesas, suecas y holandesas.]

DAVY, JOHN: *The West Indies, Before and since Slave Emancipation.* Comprising Windward and Leeward Islands. Military command; founded on notes and observations collected during a three years' residence, 1854.

DESSALLES, ADRIEN: *Histoire Genérale des Antilles.* Paris, 1847-1848, 5 vols.

HOFFMAN, D.: *Notes on the Antilles.* Publicado en el *Almanaque de St. Thomas,* 1879.

LLIERS, HENRY: *Histoire de la Domination Espagnole dans les Iles d'Amérique appelées Antilles.* 1789, 2 vols.

JEFFERYS, THOMAS: *The West India Atlas.* A historical account of the several countries and islands. Robert Sayer, London, 1775. [Contiene mapas de P. R.]

JIMÉNEZ DE LA ROMERA, WALDO: *España. Sus monumentos y artes. Su naturaleza e historia.* Ed. Daniel Cortezo, Barcelona, 1884-1891, 27 vols. [Para Cuba, Puerto Rico y Filipinas, v. vol. 16: 375.]

LABAT, JEAN PIERRE: *Nouveau Voyage aux Iles de L'Amérique Central, L'Histoire Naturelle de ces Pays, L'Origine, les Moeurs, la Religion et le Gouvernement des Habitants Anciens et Modernes.* Paris, 1842, 8 vols. Nueva ed.

MARCH, ALDEN: *The History and Conquest of the Philippines and our other Island Possessions...* The history of Cuba, Porto Rico, the Ladrones, and the Hawaiian islands from their discovery to the present time. John C. Winston, Phila., 1899, 498 p.

MARTIN, R. MONTGOMERY: *History of the West Indies.* London, 1844, 2 vols.

REGNAULT, M. ELÍAS: *Historia de las Antillas.* Imp. del Fomento, Barcelona, 1846, 233 p.

——: *Histoire des Antilles et des Colonies Françaises, Espagnoles, Anglaises, Danoises et Suédoises, Saint Domingue, Cuba et Porto Rico.* Fumin Didot Frères, Paris, 1849, 160 p.

[ROCHEFORT, CHARLES DE]: *Histoire Naturelle et Morale des Iles Antilles.* Rotterdam, 1658, 527 p. +. Otras eds.: Lyon, 1667; Rotterdam, 1861, 583 p.

SOUTHEY, THOMAS: *Chronological History of the West Indies.* London, 1827, 3 vols.

TROLLOPE, ANTHONY: *Wes Indies and the Spanish Main.* Copyright ed., Leipzig, 1860, 320 p.

Véase *Fuentes bibliográficas. Información General:* Puerto Rico y otros países. *Guerra hispanoamericana.*

B. — HISTORIA PUERTORRIQUEÑA

a. — PREHISTORIA

ALBERTI, NARCISO: *América prehistórica.* [Significación de algunos ídolos antillanos. Menciona algunos de Puerto Rico, describiéndolos.] Rev. Ant., mayo de 1914, año II, núm. 3.

COLL Y TOSTE, CAYETANO: *La vida prehistórica.* Rev. Ant., año II, núm. 6: 113.

COLL Y TOSTE, CAYETANO: *Prehistoria de Puerto Rico.* Estudio premiado por la Sociedad Económica de Amigos del País en el certamen público del 8 de mayo de 1897. Imp. El Boletín Mercantil, San Juan, P. R., 1907, 298 p.

DUMONT, D. E.: *Investigaciones acerca de las antigüedades de la Isla de Puerto Rico.* Habana, 1876.

FEWKES, JESSE WALTER: *Prehistoric Puerto Rico.* Science (n. s.), N. Y., 1902, vol. 16: 94.

La América precolombina. [Veáse una interesante bibliografía sobre este tema en Sánchez Alonso, B.: *Fuentes de la Historia Española e Hispanoamericana.* Madrid, 1927, vol. 1 : 230.]

The Prehistoric Puerto Rican. The Puerto Rico Herald, N. Y., Aug. 2, 1902, vol. 2, N° 56: 37; N° 57: 54.

Véanse *Paleontología. Antropología y Etnología.*

b. — ARQUEOLOGÍA

AITKEN, R. T.: *Porto Rican Burial Cave.* Am. Anthropologist, Lancaster, Pa., July 1918, vol. 20: 296.

BRAU, SALVADOR: *Arqueología caribe.* Análisis étnico. En *La Colonización de Puerto Rico,* San Juan, P. R., 1930, p. 29-59.

COLL Y TOSTE, CAYETANO: *Hallazgo indígena.* En González Font, José: *Escritos sobre Puerto Rico.* Barcelona, 1903, p. 195.

——: *Rectificaciones históricas: Los collares de piedra indígenas.* B. H. P. R., 1916, vol. 3: 232.

——: *Rectificaciones históricas: Las pictografías de Puerto Rico.* B. H. P. R., 1918, vol. 5: 7.

DINWIDDIE, W.: *The Great Caves of Porto Rico.* Harper's Weekly, N. Y., March 1899, vol. 43: 293.

FEWKES, JESSE WALTER: *Porto Rican Stone Collars and Tripointed Idols.* Smithsonian Misc. Col., Wa., 1904, vol. 47.

——: *Engraved Celts from the Antilles.* Museum of the Am. Indian, 1915, vol. 2, N° 2: 12

——: *Prehistoric Stone Collar from Porto Rico.* Am. Anthropologist, New Haven, 1917, vol. 16: 319.

——: *Prehistoric Porto Rican Pictographs.* (Repr. from the Am. Anthropologist (n. s.), vol. 5, N° 3, July-Sept. 1903, p. 441-467.) The New Era Printing Co., Lancaster, Pa., 1903.

——: *Porto Rican Elbow-Stones in the Heye Museum with Discussions of Similar Objects Elsewhere.* Am. Anthropologist, New Haven, July 1913, vol. 15, N° 3: 435-459.

——: *Further Notes on the Archeology of Porto Rico.* (Repr. Am.

Anthropologist (n. s.), vol. 10, N° 4.) New Era Printing Co., Lancaster, Pa., 1908.

FEWKES, JESSE WALTER: *Precolumbian West Indian Amulets.* Am. Anthropologist, Oct.-Dec. 1903, vol. 5, N° 4: 679-691. [Hay tirada aparte.]

——: *Preliminary Report on the Archeological trip to the West Indies.* Excavations in Porto Rico. (Repr. Smithsonian, Misc. Col. Quarterly, vol. 45.) Smithsonian Institute, Wa., 1903.

——: *Archeology of Porto Rico.* Am. Anthropologist, New Haven, Oct. 1908, vol. 10: 624.

HAEBERLIN, K. HERMAN: *Some Archeological Works in Porto Rico.* Am. Anthropologist, Lancaster, Pa., 1917, vol. 19, N° 2: 214-238.

HOLDER, J. B.: *The Stone Period of the Antilles.* Scribner's Monthly, N. Y., 1875, p. 427-431.

HOSTOS, ADOLFO DE: *Notes on the Topography of Certain Wooden Objects from the West Indies.* Compte Rendu, XXIe Congrès International des Américanistes, La Haya, 1924.

——: *Antropomorphic Carvings from the Greater Antilles.* Am. Anthropologist, Oct.-Dec. 1923, vol. 25: 525.

——: *Three Pointed Stone Zemi or Idols from the West Indies.* An interpretation. Am. Anthropologist, 1923, vol. 25, N° 1.

——: *Antillean Fertility Idols and Primitive Ideas of Plant Fertilization elsewhere.* Compte Rendu au XXIe Congrès International des Américanistes, La Haya, 1924.

——: *Antillean Stone Collars.* Some suggestions of interpretative value. Journal, Royal Anthropological Institute of Great Britain and Ireland, 1926, vol. 56.

——: *Prehistoric Porto Rican Ceramics.* Repr. from the Am. Anthropologist (n. s.), Oct.-Dec., 1919, vol. 21, N° 4: 376-399.

IMBHURM, EVERARD F.: *Notes on West Indian Stone.* Implement and other Indian relics. Cimehri. Journal of the Royal Agricultural Society of British Guiana, Demerara (?).

LOTHROP, R. W., and S. K.: *Porto Rican Collars and Elbow Stones.* Man., London, 1927.

LOTHROP, S. K., and R. W.: *The Use of Plaster on Porto Rican Stone, Carvings.* Am. Anthropologist, Lancaster, Pa., 1927, vol. 29: 728-730.

MASON, J. ALDEN: *Excavation of a New Archeological Site in Porto Rico.* Extract from Proceedings of the 19th International Congress of Americanists. Washington, Dec. 1915, Wa., D. C., 1917, p. 220-223.

MASON, OTIS T.: *The Latimer Collection of Antiquities from Porto Rico in the National Museum and the Guesde Collection of Antiquities in the Point-a-Pitre. Guadaloupe, West Indies.* Smithsonian Institution Reports for 1876 and 1884, Wa., 1899, p. 372-837.

MONTALVO GUENARD, J. L.: *Ensayos de Arqueología borincana.* P. R. I., 26 de agosto de 1927, núm. 911. [También en Rev. Obs. Púb., P. R., año IV, núm. 46 : 1392.]

MORALES CABRERA, PABLO: *Época neolítica en Puerto Rico.* El Agricultor Puertorriqueño, P. R., 30 de junio de 1929, núm. 12, vol. 7 : 29.

ORTIZ, FERNANDO: *Historia de la Arqueología indocubana.* Imp. El Siglo XX, Habana, 1922, 107 p.

PINART, A. L.: *Notes sur les Petroglyphs et Antiquités des Grandes et Petites Antilles.* Paris, 1890, 28 p.

ROSNY, LUCIEN DE: *Les Antilles.* Étude d'ethnographie et d'archéologie Américaines. Ouvrage posthume publié après la mort de l'auteur. Imp. Devaux, Paris, 1887, 224 p.

STEVENS, E. T.: *Stone Period of the West Indies.* From the author's «Flint Chips», London, 1870.

Caraibiske Olsager. Publié par la Société Royale des Antiquaires du Nord, Copenhague, Imp. J. D., Quist, 1843.

Pensión a un arqueólogo puertorriqueño. [Ley.] Rev. Ant., mayo de 1913, núm. 3 : 148.

Pictografía puertorriqueña. 10th Annual Report of the Bureau of Ethnology..., 1888-1889. Gov. Prtg. Off., Wa., 1893, p. 136

Preliminary Report of an Archeological Trip to the West Indies. Smithsonnian Miscellaneos Collection, 1903, vol. 45: 112-133.

c. — HISTORIAS DE PUERTO RICO

ABBAD Y LASIERRA, FRAY ÍÑIGO: *Historia Geográfica, Civil y Política de la Isla de San Juan Bautista de Puerto Rico.* Dada a luz por D. Antonio Valladares de Soto Mayor. Imp. de D. A. de Espinosa, Madrid, 1788, 261 p. [Reimpresa como parte del primer vol. de las *Memorias geográficas, históricas y económicas...*, por D. Pedro Tomás de Córdova. P. R., 1831. Nueva ed., anotada y continuada por J. J. Acosta, Imp. Acosta, San Juan, P. R., 1866, 508 p.]

ACOSTA, JOSÉ JULIÁN: *Historia Geográfica, Civil y Natural de San Juan Bautista de Puerto Rico.* Por Fray Íñigo Abbad y Lasierra. Nueva ed., anotada en la parte histórica y continuada en la estadística y económica por José Julián Acosta y Calvo. Imp. Acosta, San Juan, P. R., 1866, 508 p.

BRAU, SALVADOR: *Historia de Puerto Rico.* [Ilustraciones de Mario Brau y otros.] D. Appleton y Co., N. Y., 1904, 312 p. [V. *Un libro de Sal vador Brau.* En The Puerto Rico Herald, N. Y., May 26, 1904, vol. 2, núm. 139: 1369.]

—— : *La colonización de Puerto Rico, 1493-1550.* Imp. Heraldo Español, San Juan, P. R., 1908, 497 p. Nueva ed.: Cantero, Fernández & Co., San Juan, P. R., 1930, 510 p. +.

BRAU, SALVADOR: *Puerto Rico en Sevilla.* Conferencia en el Ateneo. P. R., 1896, 31 p.

——: *Puerto Rico y su Historia.* Investigaciones críticas. Imp. Arturo Córdova, San Juan, P. R., 1892. Nueva ed., aumentada: Imp. de F. Vives Mora, Valencia, 1894, 404 p. [Obra muy importante para el descubrimiento y colonización de Puerto Rico.]

BRAVO, ESTEBAN: *Memoria del gobernador D. —— a S. M., en 1859, respecto a Puerto Rico.* B. H. P. R, 1919, vol. 6: 377.

COLL Y TOSTE, CAYETANO: *Boletín Histórico de Puerto Rico.* [Documentos inéditos, reseñas importantes, valiosos datos históricos generales, memorias, etc. de Puerto Rico.] Tip. Cantero, Fernández y Cía., San Juan, P. R., 1914-1926, 13 vols. y dos núms. del vol. 14.

——: *Reseña del estado social, económico e industrial de la Isla de Puerto Rico al tomar posesión de ella los Estados Unidos.* Imp. La Correspondencia, San Juan, P. R., 1899, 485 p.

——: *Memoria de ——, sobre el aspecto general de la civilización de Puerto Rico en 1797, desde el punto de vista moral y material, y breve estudio comparativo entre el estado de cultura de aquella época y el actual.* B. H. P. R., 1914, vol. 1: 162.

CÓRDOVA, PEDRO T ÁS DE: *Memorias geográficas, históricas, económicas y estadísticas de la Isla de Puerto Rico.* Imp. del Gobierno, a cargo de D. Valeriano Sanmillán, San Juan, P. R., 1831-1833, 6 vols. [El primer vol. reimprime el de Íñigo Abbad y Lasierra: *Historia Geográfica, Civil y Política de... Puerto Rico.* 1788. Vol. 1, 1831, 264 p.; vol. 2, 1831, 456 p.; vol. 3, 1832, 498 p.; vol. 4, 1832, 464 p.; vol. 5, 1833, 422 p., y vol. 6, 1833, 486 p.

——: *Memoria sobre todos los ramos de la Administración de la Isla de Puerto Rico.* Imp. Yenes, Madrid, 1838, 348 p.

——: *Memoria presentada a S. M. en 1818.* En *Memoria sobre todos los ramos de la Administración de la Isla de Puerto Rico.* Imp. Yenes, Madrid, 1838, p. 301. [También en B. H. P. R., 1917, vol. 4: 164.]

FIGUEROA, RODRIGO DE: *Carta del licenciado Figueroa a su Majestad describiendo la isleta y la ciudad de Puerto Rico.* B. H. P. R., 1916, vol. 3: 114.

GÓMEZ, JUAN GUALBERTO, y SENDRAS Y BURÍN, ANTONIO: *La Isla de Puerto Rico.* Bosquejo histórico. Desde la conquista hasta principios de 1891. Imp. de José Gil y Navarro, Madrid, 1891, 199 p.

HOSTOS, EUGENIO MARÍA DE: *Reseña histórica de Puerto Rico.* Santiago de Chile, 1872.

JONES, WILLIAM A.: *Porto Rico.* [Historia general de Puerto Rico.] En *The Catholic Encyclopedia.* The Encyclopedia Press, N. Y., 1913, vol. 12: 291-294.

LAVALLÉE, F.: *Esquisse Historique et Géographique de l'Ile de Puerto Rico.* Bulletin de la Société de Géographie, Paris, 1861, vol. 2: 81. (Quinta serie.)

LEDRÚ, ANDRÉS PEDRO: *Viaje a la Isla de Puerto Rico en el año de 1797, ejecutado por una Comisión de sabios franceses de orden de su Gobierno y bajo la dirección del capitán N. Baudín, con objeto de hacer indagaciones y colecciones relativas a la Historia Natural, conteniendo observaciones sobre el clima, suelo, población, agricultura, comercio, carácter y costumbres de los habitantes.* Traducido por Julio L. Vizcarrondo. Imp. Militar de J. González, San Juan, P. R., 1863, 268 p.

LÓPEZ DE HARO, DAMIÁN: *Relación del viaje y embarcación y demás sucesos de Puerto Rico, por el obispo* ——. [1644.] B. H. P. R., 1917, vol. 4: 81. [V. Tapia: *Biblioteca histórica de Puerto Rico.* P. R., 1854, p. 439.]

LÓPEZ DE VELASCO, JUAN: *Descripción de la Isla de San Juan de Puerto Rico en 1571 por el cosmógrafo cronista* ——. B. H. P. R., 1923, vol. 10: 86.

MASCARÓ, IGNACIO: *Trabajos incompletos.* Real orden comisionando a D. ——, para que clasificase terrenos y diera varias noticias sobre fomento, población y agricultura y para que habilitara los puertos menores de Fajardo, Ponce, Cabo Rojo, etc. B. H. P. R., 1914, vol. 1: 285.

MELGAREJO, JUAN: *Memoria y descripción de la Isla de Puerto Rico mandada hacer por S. M. el Rey D. Felipe II en el año 1582.* B. H. P. R., 1914, vol. 1: 75.

MIDDELDYK, R. A. VAN: *The History of Porto Rico.* From the Spanish discovery to the American Occupation. Edited by Martin G. Brumbaugh. Appleton and Co., N. Y., 1903, 318 p. Otra ed.: 1910.

MILLER, PAUL G.: *Historia de Puerto Rico.* Rand Mc Nally and Co., N. Y., 1922, 549 p.

NONES, ADOLFO: *La Isla de Puerto Rico.* Descripción histórico-geográfica que presenta a la Sociedade da Geographia de Lisboa. San Juan, Puerto Rico. Imp. Acosta, San Juan, P. R., 1889, 99 p. Nueva ed.: San Juan, P. R., 1927, 85 p.

O'REILLY, ALEJANDRO: *Memoria de* —— *a S. M. sobre la Isla de Puerto Rico en 1765.* B. H. P. R., 1921, vol. 8: 108. [V. también en Tapia: *Biblioteca histórica de Puerto Rico,* P. R., 1854, p. 516.]

——: *Carta de* —— *al marqués de Grimaldi, ministro de S. M. en 1765.* B. H. P. R., 1921, vol. 8: 125. [Información sobre el estado general de Puerto Rico.]

RAMÍREZ, RAFAEL W.: *Question Book, Porto Rican History.* Progress Pub. Co., San Juan, P. R., 1912, 161 p.

SARDÁ, AGUSTÍN: *La Isla de Puerto Rico.* Estudio histórico y geográfico. Imp. Evaristo Sánchez, Madrid, 1889, 29 p.

TAPIA Y RIVERA, ALEJANDRO: *Biblioteca histórica de Puerto Rico.* Imp. Márquez, Mayagüez, P. R., 1854, 587 p. [Contiene varios documentos de los siglos XV, XVI, XVII y XVIII, coordinados por ——.]

TORRES VARGAS, DIEGO DE: *Descripción de la Isla y ciudad de Puerto Rico y de su vecindad y poblaciones, presidio, gobernadores y obispos, frutos y minerales.* [1647.] B. H. P. R., 1917, vol. 4: 257. [V. Tapia: *Biblioteca histórica de Puerto Rico.* P. R., 1854, p. 447.]

ÚBEDA Y DELGADO, MANUEL: *Isla de Puerto Rico.* Estudio histórico, geográfico y estadístico de la misma. Con prólogo de Manuel Fernández Juncos. Imp. El Boletín Mercantil, San Juan, P. R., 1878, 287 p.

VIZCARRONDO, JULIO L.: *Elementos de Historia y Geografía de Puerto Rico.* San Juan, P. R., 1863, 106 p.

Apéndice a la Memoria de D. Pedro Tomás de Córdova. B. H. P. R., 1917, vol. 4: 203.

Carta del gobernador Diego Menéndez sobre el estado de Puerto Rico en 1590, interceptada por los ingleses. En Hakluyt, R.: *The Principal Navigations... of the English Nation,* 1904, vol. 10: 161-162.

Historia de Puerto Rico. En *El Libro de Puerto Rico,* 1923, cap. II: 72-119.

Repertorio histórico de Puerto Rico. Año I, núms. 1-3, noviembre de 1896; 15 de diciembre de 1897. Imp. J. J. Acosta, San Juan, P. R., 1896-1897, 100 p.

Véanse *Información general:* Puerto Rico y otros países, Impresiones sobre Puerto Rico, Descripción y viajes, Guías, Directorios. *Ferias y Exposiciones. Historia de Puerto Rico:* Obras generales. *Dominación nortemericana:* Puerto Rico como posesión norteamericana, Treinta años de dominación norteamericana. *Folklore.*

I. TRABAJOS DE INFORMACIÓN GENERAL

ANGELIS, PEDRO DE: *Puerto Rico y España.* San Juan, P. R., 1904, 16 p.

BLANCH, JOSÉ: *Directorio comercial e industrial de la Isla de Puerto Rico para 1894.* Formado con relaciones oficiales remitidas por los señores alcaldes municipales de cada localidad... Tip. La Correspondencia, San Juan, P. R., 1894, 192 p. [Contiene noticias geográficas e históricas de Puerto Rico, p. 7.]

CLOPPER, EDWARD NICHOLAS: *Facts of Porto Rican History for Grammar School Pupils.* Hind, Noble & Eldredge, N. Y., 1906, 53 p. Segunda ed.

COLL VIDAL, ANTONIO: *¿Cuál es, en su opinión, el hecho histórico más importante ocurrido en Puerto Rico?* Contestaciones de Mariano Abril, Ramón Siaca Pacheco, Dr. Zeno Gandía y Luis Lloréns Torres. P. R. I., 11 de enero de 1930, año XXI, núm. 1036.

DINWIDDIE, W.: *Puerto Rico: Its Conditions and Possibilities.* Harper Bros., N. Y., 1899, 294 p. +.
HALL, A. D.: *Porto Rico.* Its History, Products and Possibilities. Street & Smith, N. Y., 1898, 171 p.
HILL, ROBERT T.: *Cuba and Porto Rico, with other Islands of the West Indies.* The Century, N. Y., 1898, 429 p. +. Otra ed.: 1903, 447 p. +.
MIXER, KNOWLTON: *Porto Rico.* History and Conditions, Social, Economic and Political. MacMillan, N. Y., 1926, 329 p. [V. una crítica de este libro por José Padín. Revista de Estudios Hispánicos, 1928, vol. 1, núm. 1.]
MORALES MIRANDA, JOSÉ PABLO: *Misceláneas históricas.* Asuntos históricos. Tip. La Correspondencia, San Juan, P. R., 1924, 104 p.
REAL, CRISTÓBAL: *La Ominosa España.* (Reseña de Historia en relación con las Antillas.) Imp. El Boletín Mercantil, San Juan, P. R., 1905, 280 p.
ROJAS, MANUEL F.: *Cuatro siglos de ignorancia y servidumbre en Puerto Rico.* Imp. La Primavera, San Juan, P. R., 1914, 93 p.
SAMALEA IGLESIAS, LUIS: *Cuentan los Archivos de Indias...* P. R. I., 14 de octubre de 1916, núm. 346.
VALLE Y VÉLEZ, S.: *Actuación de los españoles en Puerto Rico.* Imp. El Nacionalista, San Juan, P. R., 1919, 23 p.
VAN DEUSEN, RICHARD JAMES, and KNEIPPLE VAN DEUSEN, ELIZABETH H.: *Porto Rico, a Caribbean Isle.* Henry Holt & Co., N. Y., 1931, 342 p.
VERRIL, ALPHEUS HYATT: *Porto Rico Past and Present and Santo Domingo of Today.* Dodd Mead and Co., N. Y, 1914, XXI-358 p. Otra ed.: 1926, 358 p.
Historiador de Puerto Rico. [Sobre la creación del cargo.] Rev. Ant., mayo de 1913, núm. 3: 65-68.
Sociedad de la Historia de Puerto Rico. Informe de 1911. Tip. Real Hnos., San Juan, P. R., 1912, 9 p.
Suplemento que comprende el Reglamento provisional de Historia de 1835. Imp. Acosta, San Juan, P. R., 1858.

Véanse *Información general:* Impresiones sobre Puerto Rico Viajes. *Treinta años de dominación norteamericana.*

ch. — EFEMÉRIDES. — FECHAS MEMORABLES

ANGELIS, PEDRO DE: *Los sucesos de 14 de septiembre.* P. R, 1901, 97 p.
——: *Fechas memorables en nuestra historia.* Almanaque Asenjo, 1917, 176 p. V. p. 17, 19, 21, 23, 137, 139, 140, 142.
——: *Efemérides de Instrucción pública.* En *Pro Patria,* P. R., 1903.
——: *Efemérides religiosas.* En *Pro Patria,* P. R., 1903.
——: *Efemérides políticas.* En *Pro Patria,* P. R., 1903.

ASENJO, CONRADO: *Efemérides.* 12 de enero de 1537 a 31 de diciembre de 1900. Almanaque Asenjo. Imp. Llabrés Ramírez, San Juan, P. R., 1916, p. 9-11.

ASENJO, FEDERICO: *Efemérides puertorriqueñas.* Imp. de J. González Font, San Juan, P. R., s. f., 107 p.

GONZÁLEZ FONT, JOSÉ: *Algunas fechas de la Historia de Puerto Rico.* En *Escritos sobre Puerto Rico.* Barcelona, 1903, p. 193.

INFIESTA, ALEJANDRO: *Síntesis de los principales acontecimientos de la Historia de Puerto Rico.* En *La Exposición de Puerto Rico.* Imp. El Boletín Mercantil, San Juan, P. R., 1895, p. 1-8.

LLORÉNS TORRES, LUIS: *Lealtad y heroísmo de Puerto Rico.* (1797-1897.) 1897, 11 p.

RIVERO MÉNDEZ, ANGEL: *Homenaje rendido el día 30 de octubre de 1927.* Imp. Cantero, Fernández y Cía., Inc., San Juan, P. R., 1927, 97 p.

TORRES, JOSÉ M. DE LA: *Elementos de Cronología universal y particular de España, Isla de Cuba y Puerto Rico.* Habana, 1845. Segunda ed.

TIMOTHÉE, PEDRO C.: *Efemérides puertorriqueñas.* En *El Consultor.* Tip. La Democracia, San Juan, P. R., 1929, p. 3-18.

Aniversario del Primero de Octubre de 1824 en Puerto Rico. Pub. en la Oficina del Gobierno. San Juan, P. R., 1824, 54 p.

Efemérides de la Isla de Puerto Rico. Imp. de J. González Font, San Juan, P. R. [1886?], 107 p.

Historia del año. Sucesos más notables ocurridos desde el 1.° de octubre de 1915 al 30 de septiembre de 1916. Almanaque Asenjo, 1917, p. 57-75.

C. — SIGLO XV

a. — DESCUBRIMIENTO

ALVAREZ CHANCA, DIEGO: *Carta del físico —— al Cabildo de Sevilla dándole cuenta del segundo viaje de Colón, en el cual descubrió la Isla de San Juan.* B. H. P. R., 1917, vol. 4: 97.

BRAU, SALVADOR: *Discurso en el acto solemne de bendecirse, el día 19 de noviembre de 1893, el monumento conmemorativo erigido en la margen izquierda del río Culebrinas, distrito municipal de Aguada, departamento militar y marítimo de Aguadilla.* En *Puerto Rico y su Historia.* 1894, p. 382.

——: *Sobre el descubrimiento de Puerto Rico.* En *La colonización de Puerto Rico.* San Juan, P. R., 1930, cap. II.

BROWN, ARTHUR SELWYN: *A Sketch of the Discovery and Development of Porto Rico.* Tobacco. (A Weekly Trade Review) N. Y., Dec. 29, 1921, vol. 73, N° 9: 27.

COLL Y TOSTE, CAYETANO: *Colón en Puerto Rico.* Disquisiciones histórico-filológicas. Imp. La Correspondencia, San Juan, P. R., 1894, 193 p.

——: *Descubrimiento de la Isla de Puerto Rico.* (1.ª conferencia.) B. H. P. R., 1916, vol. 3: 263.

FERNÁNDEZ JUNCOS, MANUEL: *Cristóbal Colón y el descubrimiento de América.* En *Conferencias Dominicales dadas en la Biblioteca Insular de Puerto Rico* Bur. Supp. Prtg., San Juan, P. R., 1913, p 9.

JIMÉNEZ DE LA ROMERA, WALDO: *España. Sus monumentos y artes. Su Naturaleza e Historia. Cuba, Puerto Rico y Filipinas.* Ed. Daniel Cortezo, Barcelona, 1887. [V. Descubrimiento de la Isla, pt. 1, cap. II.]

MONTOJO, PATRICIO: *De cómo fué el descubrimiento de Puerto Rico.* El Centenario, Madrid, 1892-1893, vol. 4 (Rev. ilustrada, órgano oficial de la Junta directiva encargada de disponer las solemnidades que ha de conmemorar el descubrimiento de América.)

MORIN, ALEJANDRO E: *Histoire de la Découverte de la Conquête et de la Colonisation de Porto Rico* New Orleans, 1812, 2 vols.

NAZARIO, JOSÉ MARÍA: *Guayanilla y la Historia de Puerto Rico.* Imp. de la Revista de Puerto Rico, Ponce, P. R., 1893, 165 p. +. [Nueva tesis sobre el desembarco de Colón en Puerto Rico.]

NEUMANN GANDÍA, EDUARDO: *Colón y el descubrimiento de América.* En *Benefactores y hombres notables de Puerto Rico.* Ponce, P. R., 1896, vol. 1. [V. El desembarco de Colón en Puerto Rico, pt. 14.]

PADILLA, JOSÉ GUALBERTO: *Epistolario del Dr. Padilla.* Carta al Dr. Coll y Toste referente a su libro *Colón en Puerto Rico.* B. H. P. R., 1923, vol. 10: 330.

RODRÍGUEZ SIERRA, MIGUEL: *Recuerdos del Culebrinas, Cuarto Centenario del descubrimiento de Puerto Rico.* Tip. La Voz del Pueblo, Aguadilla, P. R., 1893, 42 p.

ROSICH, MIGUEL: *Algo que se relaciona con el Cuarto Centenario del descubrimiento de la Isla de Puerto Rico.* Imp. La Democracia, Ponce, P. R., 1893, 16 p. [Relacionado con el desembarco en Puerto Rico.]

SAMA, MANUEL MARÍA: *El desembarco de Colón en Puerto Rico y el monumento del Culebrinas.* Tip. Comercial, Mayagüez, P. R., 1894, 76 p.

SOLER, CARLOS MARÍA: *Celebración del descubrimiento de Puerto Rico.* Discurso en el Ateneo, 1894. Imp. Sucesión J. J. Acosta, San Juan, P. R., 1894, 21 p.

ZENO GANDÍA, MANUEL: *El derrotero del segundo viaje de Colón.* Del libro en preparación *Resunta Indo-Antillana.* Rev. Ant., agosto de 1913, núm. 5. [Libro aún inédito.]

Colón y el descubrimiento. [V. una bibliografía sobre este tema en Sánchez Alonso, B.: *Fuentes de la Historia Española e Hispanoamericana.* Madrid, 1927, vol. 1: 241.]

Cuarto Centenario del descubrimiento de Puerto Rico. Exposición para 1893. Reglamento. Imp. El Boletín Mercantil, San Juan, P. R., 1893, 16 p.

Documentos inéditos, siglos XV y XVI. En Tapia: *Biblioteca histórica de Puerto Rico,* P. R., 1854, p. 137-416.

Fuentes históricas sobre Puerto Rico. (Rev. mensual.) [De septiembre a diciembre de 1929. Se publicaron cuatro números sobre las fuentes del descubrimiento de Puerto Rico. Resume las numerosas polémicas sobre el desembarco de Colón en Puerto Rico.]

Junta para la celebración del Cuarto Centenario del descubrimiento de Puerto Rico. Imp. Sucesión J. J. Acosta, San Juan, P. R., 1894, 36 p.

Véanse *Historia de Indias. Historia de América. Historia de las Antillas. Historias de Puerto Rico.*

CH. — SIGLOS XVI, XVII Y XVIII

a. — COLONIZACIÓN

Brau, Salvador: *Dos Tratados de la colonización de Puerto Rico.* Imp. Sucesión J. J. Acosta, San Juan, P. R., 1896, 30 p.

——: *La colonización de Puerto Rico.* Desde el descubrimiento de la Isla hasta la reversión a la corona española de los privilegios de Colón, 1493-1550. Tip. Heraldo Español, San Juan, P. R., 1908, 497 p. Nueva ed.: Cantero, Fernández y Cía., San Juan, P. R., 1930, 510 p. +.

Coll y Toste, Cayetano: *Los restos de una cadena de oro.* Relato histórico del 1564. P. R. I., 1 de enero de 1911, núm. 44: 4-5.

——: *Cartas de —— a Navarrete, defendiendo la celebración del Cuarto Centenario de la Colonización Cristiana de la Isla de Puerto Rico.* B. H. P. R., 1916, vol. 3: 234.

——: *Principios de la colonización de la Isla.* (3.ª conferencia.) B. H. P. R., 1922, vol. 9: 93.

——: *El gobierno de los Padres Jerónimos.* (9.ª conferencia.) B. H. P. R., 1923, vol. 10: 203.

——: *Implantación de la Iglesia católica en la Isla.* (10.ª conferencia.) B. H. P. R., 1923, vol. 10: 310.

——: *El obispo Alonso Manso en Caparra y en San Juan.* (11.ª conferencia.) B. H. P. R., 1923, vol. 10: 331.

——: *Juicio de residencia formado al gobernador Bahamonde por su sucesor Solís en 1569.* (17.ª conferencia.) B. H. P. R., 1925, vol. 12: 1.

——: *Estado de la colonización española en la Isla a fines del siglo XVI.* (18.ª conferencia.) B. H. P. R., 1925, vol. 12: 65.

——: *Primer cuarto del siglo XVII.* (19.ª conferencia.) B. H. P. R., 1925, vol. 12: 129.

——: *Estado de la Isla después del ataque de los holandeses en 1625 hasta final del siglo XVII.* (21.ª conferencia.) B. H. P. R., 1925, vol. 12: 321.

COLL Y TOSTE, CAYETANO: *Estado de la Iglesia católica en Puerto Rico en el siglo XVII.* (22.ª conferencia.) B. H. P. R., 1926, vol. 13: 1.
——: *Estancamiento de la colonización en la primera mitad del siglo XVIII.* (23.ª conferencia.) B. H. P. R., 1926, vol. 13: 65.
——: *Segunda mitad del siglo XVIII.* (24.ª conferencia.) B. H. P. R., 1926, vol. 13: 129.
DÁVILA Y LUGO, FRANCISCO: *Memorial al Rey.* Madrid, 1638, 4 p.
FIGUEROA, RODRIGO DE: *Carta del Lcdo. —— a Su Majestad describiendo la isleta y la ciudad de Puerto Rico.* [Santo Domingo, 12 de septiembre de 1519.] B. H. P. R., 1916, vol. 3: 114.
LABRA, RAFAEL M. DE: *La colonización en la Historia.* Conferencias del Ateneo Científico Literario de Madrid: Europa en América. Las colonias hispanoamericanas. Lib. de A. de San Martín, Madrid, 1876, 388 p.
MEDINA, JUAN FRANCISCO DE: *Carta del gobernador de Puerto Rico... a Su Majestad dando cuenta de lo que se había obrado en aquella ciudad en cumplimiento del Real despacho que mandaba entregar a los apoderados de los portugueses el importe del comiso que se hizo a Manuel Pereira.* B. H. P. R., 1917, vol. 4: 226.
MORALES CABRERA, PABLO: *Oro y perlas.* El Agricultor Puertorriqueño, 31 de marzo de 1929, San Juan, P. R., vol. 7, núm. 6: 32. Continúa en el núm. 7.
PANIAGUA, ÁNGEL: *Sección histórica.* [Sobre Caparra.] Patria. (Rev.) San Juan, P. R., 26 de febrero de 1914.
Asiento y capitulación con Vicente Yáñez Pinzón para poblar la Isla de San Juan. [1505.] B. H. P. R., 1914, vol. 1: 214.
Bando del gobernador D. José Dufresne pidiendo un donativo para S. M. en 1780. B. H. P. R., 1924, vol. 11 : 86.
Carta al Emperador Carlos V. Año de 1548. B. H. P. R., 1921, vol. 8: 105.
Capitulación de los Reyes Católicos con los Obispos de Indias en 1512. B. H. P. R., 1920, vol. 7: 381.
Cuarto Centenario de la colonización cristiana de Puerto Rico. Imp. El Boletín Mercantil, San Juan, P. R., 1908, 356 p.
Extracto de varias cédulas y cartas del Rey. [De 1509-1543.] En Tapia: *Biblioteca histórica de Puerto Rico.* P. R., 1854, p. 231-267.
Extracto de varias cartas dirigidas al Soberano. [De 1515 a 1555.] En Tapia: *Biblioteca histórica de Puerto Rico.* P. R., 1854, p. 271-344.
Informe del Cabildo de San Juan al Rey. B. H. P. R., 1914, vol. 1: 262.
La Inquisición actuando en Puerto Rico en 1565. B. H. P. R., 1922, vol. 9: 270.
La Inquisición en Puerto Rico actuando en 1594 B. H. P. R., 1916, vol. 3: 48 y 143.
La parte referente a Puerto Rico de la Memoria del Lcdo. Echagoian al Rey Felipe II. [1561.] B. H. P. R., 1916, vol. 3: 329.

Memoria de Cayetano Coll y Toste sobre el aspecto general de la civilización de Puerto Rico en 1897 desde el punto de vista moral y material, y breve estudio comparativo entre el estado de cultura de aquella época y el actual. B. H. P. R., 1914, vol. 1: 162.

Parte de una Real cédula a los oficiales de la Casa de la Contratación, respondiéndoles a otra suya sobre los diversos asuntos que ha sentido la mala fortuna de Tierra Firme y levantamiento de los caciques de San Juan, para los que se remiten los despachos que versan; que será útil vayan navíos a Tierra Firme; que se ha escrito al Almirante para que remita el duplicado de todo lo que representa que envíen las armas y mantenimientos que necesiten; que los navíos que fueren toquen necesariamente en San Juan, y otras cosas. B. H. P. R., 1915, vol. 2: 77.

Por qué las naves que salían de Sevilla para las Indias, en el siglo XVI, no tocaban en Puerto Rico. B. H. P. R., 1922, vol. 9: 383.

Puerto Rico, su colonización y sus progresos. Revue Britanique, Paris, 1839, vol. 19. Cuarta serie. [Este trabajo apareció primero en la revista inglesa Foreign and Quarterly Review; de aquí lo tradujeron los editores.]

Real cédula a los oficiales de Sevilla ordenándoles que todos los navíos que fueren a la Española hagan escala y vista en San Juan para atemorizar a los caribes. B. H. P. R., 1915, vol. 2: 103.

Real cédula del Emperador Carlos V ordenando que la Isla de San Juan se gobierne por alcaldes ordinarios. B. H. P. R., 1921, vol. 8: 146.

Real cédula de la Audiencia de Santo Domingo disponiendo sea trasladada tierra adentro la villa de Santa María de Guadianilla. [1570.] B. H. P. R., 1918, vol. 5: 115.

Real cédula a los oficiales de la Casa de la Contratación de Sevilla en contestación a sus comunicaciones, y que fué muy bien repartido el dinero que se obtuvo de Bermejo; que envíen un navío al Darien, y que es conveniente se hagan dos carabelas; que procuren cosas sobre el descubrir; que a S. A. ha parecido bien las provisiones de los caribes; que envíen armas, etc. B. H. P. R., 1915, vol. 2: 109.

Real orden disponiendo se auxilien los navíos franceses que llegaren a este puerto. [29 de agosto de 1740.] B. H. P. R., 1917, vol. 4: 138.

Real cédula declarando la capital asiento de la Compañía de Caracas en 1766. B. H. P. R., 1924, vol. 11: 79.

Real cédula de Felipe II, en 1551, para llevar el agua de la fuente Aguilar a la capital. B. H. P. R., 1924, vol. 11: 298.

Real cédula de Fernando VI, en 1755, permitiendo a los catalanes comercien con Puerto Rico. B. H. P. R., 1925, vol. 12: 30.

Real orden dando cuenta que Francia le ha declarado la guerra a Inglaterra. [24 de abril de 1744.] B. H. P. R., 1917, vol. 4: 144.

Real orden avisando la supresión de hostilidades con los ingleses, firmada en Aquisgram. [30 de abril de 1748.] B. H. P. R., 1918, vol. 5: 82.

Relación de... cartas a Su Alteza de los oficiales de la Española. [1515.] B. H. P. R., 1916, vol. 3: 76 y 80.

Relación de una carta a Su Alteza de los oficiales de San Juan. B. H. P. R., 1916, vol. 3: 78.

Relación de una carta a Su Alteza de los oficiales de Sevilla. B. H. P. R., 1916, vol. 3: 82.

Relación del Gobierno en población de las Indias en cuanto a las Islas españolas Cuba, Jamaica y San Juan de Puerto Rico. B. H. P. R., 1916, vol. 3: 118.

Varias Reales cédulas. [De 1538 a 1561.] En Tapia: *Biblioteca histórica de Puerto Rico.* P. R., 1854, p. 379-392.

Véanse *Gobernadores. Religión. Milicia.*

1. LOS INDIOS Y LA CONQUISTA

BRAU, SALVADOR: *Puerto Rico y su Historia.* Investigaciones críticas. San Juan, P. R., 1892. Otra ed.: Valencia, 1894, 404 p. [Contiene muy interesantes capítulos sobre los indios de Puerto Rico.]

COLL Y TOSTE, CAYETANO: *El repartimiento de los indígenas entre los españoles.* (4.ª conferencia.) B. H. P. R., 1922, vol. 9: 276.

——: *El alzamiento de los indios del Boriquén.* (5.ª conferencia.) B. H. P. R., 1922, vol. 9: 342.

——: *¿En qué sitio de Puerto Rico fué que los indios probaron que los españoles eran mortales?* B. H. P. R., 1922, vol. 9: 266.

——: *Nuevo alzamiento de los indios del Boriquén y depredaciones de los caribes.* (8.ª conferencia.) B. H. P. R., 1923, vol. 10: 169.

JIMÉNEZ DE LA ROMERA, WALDO: *España. Sus monumentos y Artes. Su Naturaleza e Historia. Cuba, Puerto Rico y Filipinas.* Ed. Daniel Cortezo, Barcelona, 1887. [V. *Indios,* pt. 1, caps. III, IV, V y VI.]

LLORÉNS TORRES, LUIS: *América histórica y protohistórica.* Carta del Rey Fernando el Católico al cacique Agüeybana de Puerto Rico. Rev. Ant., julio de 1914, año II, núm. 5: 28.

——: *Agüeybana.* P. R. I., 24 de septiembre de 1927, núm. 916.

Bula de S. S. Paulo III sobre la libertad de los indios. En Brau, Salvador: *La colonización de Puerto Rico,* P. R., 1930, p. 509.

Carta al Emperador dándole cuenta de que los caribes atacaron a San Juan y que la ciudad se muda a la isleta. B. H. P. R., 1916, vol. 3: 325.

Disposiciones complementarias de las Leyes de Indias. Imp. Sáez Hnos., Madrid, 1930, 3 vols [V. en el vol. 1: *Indios,* pt. III; *Caciques indios,* pt. IV; *Repartimientos y Encomiendas de indios,* pt. V; *Tributos y tasas de indios,* pt. VI; *Protector de indios,* pt. VII; *Caja de comunidades de indios,* pt. VIII; *Mitos y régimen de trabajo,* pt. IX.]

Indios de San Juan. En Brau, S.: *La colonización de Puerto Rico,* P. R., 1930, p. 463. [V. también Brau, S.: *Puerto Rico y su Historia,* 1894, p. 394.]

Narración histórica. Un protector de indios de Cumaná [Venezuela] *condenado al presidio de Puerto Rico.* B. H. P. R., 1924, vol. 11: 179.

Pareceres, Informes y Ordenanzas sobre el tratamiento de los indios de la Isla de San Juan. En Tapia: *Biblioteca histórica de Puerto Rico,* P. R., 1854, p. 192-227. [V. otros documentos sobre los indios, por Lcdo. Velázquez, los Padres Jerónimos, Lcdo. Figueroa y el Bachiller Enciso, p. 347-360.]

Parte de una Real cédula al almirante D. Diego Colón y oficiales, ordenándoles intrucciones respecto del envío del dinero en los navíos; que mande relación de cada función y sobre repartimiento de indios. B. H. P. R., 1915, vol. 2: 92.

Parte de una Real orden al Almirante respondiéndole haberse recibido los 18.000 pesos que remitió; que escriba lo que ocurre; que para lo de San Juan lo primero es echar los caribes de la Isla de Santa Cruz; que para los indios que trajeran de fuera los puedan señalar en las piernas y brazos; que en la Jamaica procure reconocer si hay oro con que socorrer a sus pobladores, y que los vecinos de Jamaica provocan de mantenimiento para el paso a Tierra Firme. B. H. P. R., 1915, vol. 2: 81.

Pervertidas las Ordenanzas respecto al reparto de indios. B. H. P. R., 1914, vol. 1: 136.

Real cédula al almirante D. Diego Colón para que todos los indios que trajeren de otras Islas los tengan por esclavos, de ellos y de sus herederos, de quien los trajeren; que haga pregonar las provisiones para que ninguno tenga más de 300 indios; que tenga cuidado de visitar los navíos para que no vayan demasiado cargados; que tenga mucho cuidado en la Isla de San Juan al tiempo que allá fuere; que ponga diligencia sobre lo de Cuba; que procure saber el secreto de la Isla de la Trinidad, y otras cosas. B. H. P. R., 1915, vol. 2: 98.

Real cédula para que se puedan tomar por esclavos los caribes de Trinidad y de las otras Islas, y los que los tomaren los pueden tener por esclavos. B. H. P. R., 1915, vol. 2: 90.

Real cédula para que los indios caribes que trajeron los de San Juan, los puedan tener por esclavos, ellos y sus herederos. B. H. P. R., 1915, vol. 2: 94.

Real cédula a Juan Cerón y a Miguel Díaz, alcalde y alguacil mayores de la Isla de San Juan, ordenándoles, entre otras cosas, que a los que fueren a saber si hay oro en la Trinidad les favorezcan mucho; que los navíos no toquen en la Trinidad ni en las otras Islas donde hay caribes; que traten bien a los indios después de apaciguarlos; que se les envíen las carabelas y espingardas; que remitan la relación del repartimiento de los indios; que hagan guerra a los caribes y sean esclavos, y que los bergantines para el Almirante se han enviado ya. B. H. P. R., 1915, vol. 2: 104.

Real cédula a Juan Cerón y Miguel Díaz para que muestren mucha voluntad y amor a Juan Ponce de León; que está bien lo que escribiere éste sobre pacificación de los caciques; que si no se avienen procure atraerlos con maña y si no por fuerza; que se previene a los oficiales de Sevilla le remitan uno o dos bergantines para que haga granjería y se saque mucho oro. B. H. P. R., 1915, vol. 2: 84.

Real provisión de la Reina D.ª Juana. [1511. Contra los caribes cautivados.] B H. P. R, 1914, vol. 1: 211.

Relación de una carta a Su Alteza de los oficiales de la Isla de San Juan. [Quejas sobre los indios y otras personas que no tenían dinero para cumplir ciertas ordenanzas del Rey.] B. H. P. R., 1916, vol. 3: 65.

Relación de una carta a Su Alteza del almirante D. Diego Colón. B. H. P. R., 1916, vol. 3: 81.

Relación de una carta a Su Alteza del Lcdo. Velázquez al Rey. B. H. P. R., 1916, vol. 3: 55.

Sancho Velázquez, fiscal de la Audiencia de Santo Domingo, en el repartimiento de indios de la Isla de San Juan, en 1515, encomienda el cacique Arasibo a Conchillas, secretario de S. A. B. H. P. R., 1921, vol. 8: 53.

Véanse *Historia de Indias. Historia de América. Antropología y Etnología:* Indios de Puerto Rico; Lingüística.

2. JUAN PONCE DE LEÓN

BALBÁS CAPÓ, VICENTE: *Exhumación de los restos de Ponce de León.* En *Cuarto Centenario de la Colonización Cristiana de Puerto Rico.* Imp. El Boletín Mercantil, San Juan, P. R., 1908, p. 42.

——: *Procesión cívica-religiosa para trasladar los restos de Juan Ponce de León de la iglesia de Santo Tomás (hoy San José) a la Catedral.* En *Cuarto Centenario de la Colonización Cristiana de Puerto Rico.* Imp. El Boletín Mercantil, San Juan, P. R., 1908, p. 36-41.

CASTELLANOS, JUAN: *Elegías de varones ilustres de Indias.* Madrid, 1589, 202 p. Otra ed. de B. C. Aribau, Barcelona, 1847. [V. *Biblioteca de Autores Españoles,* vol. 4, y B. H. P R., 1915, vol. 2: 303.]

COLL Y TOSTE, CAYETANO: *Exploración de la Isla por Juan Ponce de León.* (2.ª conferencia.) B. H. P. R, 1917, vol. 4: 296.

——: *Narración histórica. La fuente mágica. Descubrimiento de la Florida.* B. H. P. R., 1920, vol. 7: 251.

——: *Continúa Ponce de León la colonización de la Isla.* (6.ª conferencia.) B. H. P. R., 1923, vol. 10: 32.

COLL Y TOSTE, CAYETANO: *Juan Ponce de León se va a la conquista de la Florida.* (12.ª conferencia.) B. H. P. R., 1924, vol. 11: 1.

——: *Juicio de residencia al gobernador Juan Ponce de León en 1512, por el licenciado Sancho Velázquez, de orden del Rey.* (16.ª conferencia.) B. H. P. R., 1924, vol. 11: 321.

——: *Viaje de Juan Ponce de León a la Isla de Puerto Rico.* [12 de agosto de 1508.] En *Cuarto Centenario de la Colonización Cristiana de Puerto Rico.* Imp. El Boletín Mercantil, San Juan, P. R., 1908, p. 7-10.

——: *Tercera y última conferencia del Dr. —— sobre la fecha exacta del desembarco de Juan Ponce de León en Puerto Rico, como explorador, colonizador, conquistador y gobernador de la Isla.* En *Cuarto Centenario de la Colonización Cristiana de Puerto Rico.* Imp. El Boletín Mercantil, San Juan, P. R., 1908, p. 13-23. [V. B. H. P. R., 1915, vol. 2: 294.]

——: *Juan Ponce de León, primer explorador, conquistador, poblador y gobernador de la Isla de Puerto Rico.* En *Cuarto Centenario de la Colonización Cristiana de Puerto Rico.* Imp. El Boletín Mercantil, San Juan, P. R., 1908, p. 288.

FERNÁNDEZ JUNCOS, MANUEL: *El Fausto español: Ponce de León.* Crónica de hace 400 años. En *Cuarto Centenario de la Colonización Cristiana de Puerto Rico.* Imp. El Boletín Mercantil, San Juan, P. R., 1908, p. 60.

LLORÉNS TORRES, LUIS: *Cómo Puerto Rico descubrió a Estados Unidos.* [Refiere, históricamente, la vida de Ponce de León en Puerto Rico y su viaje a Florida.] P. R. I., 23 de julio de 1927, núm. 907.

NEUMANN GANDÍA, EDUARDO: *Juan Ponce de León.* En *Benefactores y hombres notables de Puerto Rico,* P. R., 1896, vol. 1: 163.

OBER, FREDERICK A.: *Heroes of American History.* (Ponce de León.) Harper & Brothers, Publishers, N. Y. and London, 1908, 288 p.

PANIAGUA, ÁNGEL: *La tumba del Conquistador y las Fiestas del Centenario.* Imp. Heraldo Español, San Juan, P. R., 18 de enero de 1913.

——: *Juan Ponce de León.* Rev. Ant., junio de 1914, año II, núm. 4: 57. [V. *Conferencias Dominicales dadas en la Biblioteca Insular de Puerto Rico.* Bur. Supp. Prtg., 1914, p. 85.]

PEREA, JUAN AUGUSTO, Y PEREA, SALVADOR: *Historia del adelantado Juan Ponce de León.* (Orígenes Puertorriqueños.) Tip. Cosmos, Caracas, 1929, 119 p.

Capitulación con Juan Ponce de León sobre el descubrimiento de la Isla Biminí. En Brau, S.: *La colonización de Puerto Rico,* P. R., 1930, p. 452.

Capitulación con Ponce de León para el descubrimiento de la Isla de Biminí. [1512.] B. H. P. R., 1914, vol. 1: 137.

Carta de Ponce de León al Rey. [Informa haber descubierto la Florida, etc. 1521.] B. H. P. R., 1914, vol. 1: 141.

Carta de Juan Ponce de León sobre puntos tocantes a Bartolomé Bayón, Pedro Menéndez Olivera, Guillermo de Maguipen, Francisco Bahamonde de Lugo y Lcdo. Carassa. [1566.] B. H. P. R., 1918, vol. 5: 83.
Carta de Ponce de León al Cardenal Cisneros. [Pidiendo mercedes en atención de sus largos servicios. 1521.] B. H, P. R., 1914, vol. 1: 140.
Concesión del título de Adelantado de la Florida y Biminí a favor de Luis Ponce de León. B. H. P. R., 1914, vol. 1: 144.
Concesión de la Alcaydía de la ciudad de Puertorrico a Luis Ponce de León, hijo del conquistador. [1524.] B. H. P. R., 1914, vol. 1: 143.
Costo de la estatua de Ponce de León que está en la plazuela de San José. B. H. P. R., 1914, vol. 1: 157.
Descubrimiento de la Florida por Juan Ponce de León. B. H. P. R, 1918, vol. 5: 6.
Informe sobre el biznieto del Conquistador. B. H. P. R., 1918, vol. 5: 229.
Informe de Ponce de León a Ovando, en 1.º de mayo de 1509. B. H. P. R., 1914, vol. 1: 121.
Fin de la armada de Ponce de León que fué a la conquista de la Florida en 1521. B. H. P. R., 1914, vol. 1: 142.
Las cenizas del Conquistador. En Brau, S.: *La colonización de Puerto Rico.* P. R., 1930, p. 490.
Nueva capitulación con el dicho Juan Ponce sobre la Isla Biminí y la Isla Florida. En Brau, S.: *La colonización de Puerto Rico.* P. R., 1930, p. 456.
Parte de una carta de los oficiales reales en lo que se refiere a Puerto Rico. [1528.] B. H. P. R., 1918, vol. 5: 26.
Primeras capitulaciones entre Ponce de León y Ovando en 15 de junio de 1508 para explorar el Boriquén. B. H. P. R., 1914, vol. 1: 118.
Poder de Capitán de Mar y Tierra de la Isla de San Juan a favor de Juan Ponce de León. [1510.] B. H. P. R., 1914, vol. 1: 129.
Real cédula a Ponce de León, acompañándole el título de Gobernador de San Juan. [1509.] B. H. P. R., 1914, vol. 1: 127.
Real cédula a Ovando para que auxilie a Ponce de León en la población de San Juan. [1509.] B. H. P. R., 1914, vol. 1: 128.
Real cédula a Ponce de León acompañando el poder de Capitán de Mar y Tierra. B. H. P. R., 1914, vol. 1: 131.
Real cédula al gobernador Ovando. [Aplazando la vuelta a España de Ovando; noticias sobre diezmos; Ponce de León; etc. 1508.] B. H. P. R., 1914, vol. 1: 208.
Real cédula al Almirante para que deje pasar de la Española a San Juan los bienes que tiene Juan Ponce de León. B. H. P. R., 1915, vol. 2: 51.
Real orden a Juan Ponce de León respondiéndole a otra carta suya y dándole gracias por el oro que ha remitido; que ha parecido bien el memorial enviado sobre el repartimiento de indios; asimismo respecto de las justificaciones que se hicieron con los de aquella Isla y que por no

haber obedecido les hizo la guerra, y que procure registrar si hay islas cercanas que conquistar. B. H. P. R., 1915, vol. 2: 86.

Real cédula al Lcdo. Sancho Velázquez mandándole tomar residencia a Juan Ponce de León y sus oficiales, del tiempo que fué Capitán y Gobernador de la Isla de San Juan. B. H. P. R., 1915, vol. 2: 88.

Real cédula a Miguel de Pasamonte ordenándole haga saber todo lo que pasare en la Isla de San Juan, y que entienda con Juan Ponce de León sobre la población de la Isla de Biminí. B. H. P. R., 1915, vol. 2: 102.

Real cédula confirmando a Juan Ponce de León en la Capitanía de la Isla de San Juan. B. H. P. R., 1917, vol. 4: 21.

Relación de una carta de Juan Ponce de León al Rey. B. H. P. R., 1916, vol. 3: 64.

Relación de Ponce de León a Ovando de su primer viaje al Boriquén. B. H. P. R., 1914, vol. 1: 119.

Remoción de los restos de Ponce de León en la iglesia de San José del lugar en que estaban depositados. B. H. P. R., 1914, vol. 1: 145.

Segundas capitulaciones entre Ponce de León y Ovando en 2 de mayo de 1509. B. H. P. R., 1914, vol. 1: 124.

Título de Gobernador de la Isla de San Juan a favor de Juan Ponce de León. B. H. P. R., 1914, vol. 1: 126.

Título de Capitán de la Isla de San Juan concedido a Ponce de León. En Brau, S.: *La colonización de Puerto Rico.* P. R., 1930, p. 444.

3. COLONIZADORES Y ASUNTOS VARIOS

COLL Y TOSTE, CAYETANO: *Lo que hizo el Cabildo de Puerto Rico en 1515.* B. H. P. R., 1922, vol. 9: 359.

——: *Gobierno de Juan Cerón y demás tenientes de D. Diego hasta 1515, que vuelve a gobernar Juan Ponce de León.* (7.ª conferencia.) B. H. P. R., 1923, vol. 10: 76.

——: *Miguel Díaz.* Rectificación histórica. P. R. I., 10 de septiembre de 1911, núm. 80.

MORALES CABRERA, PABLO: *Trágica muerte del colono D. Cristóbal de Guzmán, en el año 1530.* El Agricultor Puertorriqueño, San Juan, P. R., 15 de agosto de 1929, vol. 8, núm. 3: 32.

SEDEÑO, ANTONIO: *Carta al cardenal de Fortosa avisando la llegada de Francisco Velázquez, hermano de Sancho Velázquez, justicia mayor que fué de la Isla y muerto en la cárcel de la Inquisición.* B. H. P. R., 1916, vol. 3: 342.

Carta de los oficiales reales de Santo Domingo al cardenal de Fortosa, sobre la causa formada por la Inquisición a Alonso Fernández de las Varas, y entrega de ella al Obispo de Puerto Rico. [12 de octubre de 1521.] B. H. P. R., 1916, vol. 3: 144.

Carta del Lcdo. de La Gama al Emperador. [15 de febrero de 1521.] B. H. P. R., 1917, vol. 4: 20.

Carta de Pedro Menéndez de Aviles a S. M., en 1565. B. H. P. R., 1917, vol. 4: 302.

Cartas del Rey a D. Diego Colón, dando franquicias a los pobladores de San Juan. B. H. P. R., 1914, vol. 1: 232.

Carta de creencia que llevarán Xoán Cerón y Miguel Díaz para el cacique Guaybaná en 1511. B. H. P. R., 1920, vol. 7: 36.

Carta y pregón del obispo D. Alonso Manso, como Inquisidor general de Indias. B. H. P. R., 1920, vol. 7: 380.

Carta del obispo Fray Diego de Salamanca, agustino, 1579. [Necesidades de la Isla y súplica para que el Rey ayude.] B. H. P. R., 1924, vol. 11: 199.

Concesión a Cristóbal Montoro de la plaza de fiel executor de la ciudad de Puerto Rico en remuneración de sus servicios, y oposición del Cabildo a darle posesión del cargo. B. H. P. R., 1917, vol. 4: 23.

Documentos relativos al siglo XVIII. En Tapia, *Biblioteca histórica de Puerto Rico.* P. R., 1854, p. 496-587.

Instrucción de lo que han de observar Juan Cerón, alcalde mayor de San Juan, y Miguel Díaz, alguacil mayor de ella. B. H. P. R., 1915, vol. 2: 67.

Memorial del almirante D. Diego Colón. [Dando cuenta de varias cosas que pasaban en las Indias y proponiendo al Rey lo que se ha de hacer para corregirlas.] B. H. P. R., 1914, vol. 1: 134.

Memorial para el Cardenal Cisneros. (Documento anónimo. No tiene firma ni fecha. Probablemente, por lo que se deduce del texto, es de 1517.) En *Documentos inéditos del Archivo de Indias,* vol. 1: 253.

Oficios de la Isla de Puerto Rico. [1644.] En Tapia: *Biblioteca Histórica de Puerto Rico.* P. R., 1854, p. 438.

Parte de una Real cédula a Miguel de Pasamonte, que se ha extrañado no haya escrito sobre las mercedes que se ha hecho a la Isla de San Juan, y que cuide y favorezca a Juan Cerón y Miguel Díaz. B. H. P. R., 1915, vol. 2: 76.

Real cédula al Almirante y oficiales reales, que está bien la remesa que hicieron de los 18.000 pesos; aprobando se remitiese a Nicuesa la carabela para favorecer la gente, y que procuren atenderla y remitir lo que necesiten para que no se pierda lo adelantado en Tierra Firme; que para el sosiego de la Isla de San Juan se ha enviado a Juan Cerón por alcalde mayor, y a Miguel Díaz por alguacil mayor, con cartas credenciales para que, demostradas a los caciques, vean si se entregan pacíficamente, y de no, les declarasen la guerra y otras cosas. B. H. P. R., 1915, vol. 2: 68.

Real cédula concediendo a los vecinos del partido de San Germán franquicias en los presos que hicieron a los enemigos de la Corona en 1660. B. H. P. R., 1924, vol. 11: 185.

Real cédula al almirante D. Diego Colón, sobre varias cosas. [1509.] B. H. P. R., 1914, vol. 1: 209.

Real cédula a D. Diego Colón y a los oficiales reales, sobres varias cosas. [1510.] B. H. P. R., 1914, vol 1: 210.

Real cédula a D. Diego Colón para que no intervenga en cosas pertenecientes a la Isla de San Juan. [1510.] B. H. P. R., 1914, vol. 1: 211.

Real cédula haciendo merced de la tenencia de la Isla de San Juan a favor de Yáñez Pinzón. [1505.] B. H. P. R., 1914, vol. 1: 220

Real cédula haciendo merced del oficio de veedor de la Isla de San Juan a favor de Diego de Arce. [1510.] B. H. P. R., 1914, vol. 1: 221.

Real cédula a los vecinos y moradores de la Isla de San Juan para que gocen de las mismas libertades y franquicias que La Española. B. H. P. R., 1915, vol. 2: 54.

Real cédula a los vecinos y moradores de la Isla de San Juan para que por tiempo de diez años sólo paguen la quinta parte de todo lo que sacaren. B. H. P. R., 1915, vol. 2: 51.

Real cédula para que se administre justicia a Martín García de Salazar en la Isla de San Juan, en 1516. B. H. P. R., 1921, vol. 8: 55.

Real cédula para que se haga justicia a los vecinos de San Germán, en 1765. B. H. P. R., 1924, vol. 11: 189.

Real cédula a Juan Ponce de León para que restituya la vara de la Alcaldía mayor de San Juan a Juan Cerón. B. H. P. R., 1915, vol. 2: 62.

Real cédula a Miguel de Pasamonte sobre que trate con Juan Ponce de León para si quiere hacer otra población, lo consulte, para que acá se determine, por ser acreedor a atenderlo. B. H. P. R., 1915, vol. 2: 71.

Real cédula para que a Juan Cerón y a Miguel Díaz den los vecinos de San Juan el auxilio y favor que necesitaren para la pacificación de los indios rebeldes; y otras cosas que se expresan. B H. P. R., 1915, vol. 2: 72.

Real cédula a Juan Cerón y a Miguel Díaz sobre lo que han de observar para la pacificación, gobierno y administración de la Isla de San Juan. B. H. P. R., 1915, vol. 2: 73.

Real cédula de Pasamonte, avisándole haber recibido sus cartas. B. H. P. R., 1915, vol. 2: 59.

Real cédula al almirante D. Diego Colón contestando la carta suya del 10 de septiembre del año anterior sobre varios puntos importantes de las cosas de allá. B. H. P. R., 1915, vol. 2: 96.

Real cédula rehabilitando a Martín García, sentenciado y castigado por el inquisidor de Indias, obispo Manso. B. H. P. R., 1916, vol. 3: 149.

Real cédula para que al adelantado D. Bartolomé Colón se le conserve la Isla de la Mona, que D. Diego Colón le dió por repartimiento. [1511.] B. H. P. R., 1918, vol. 5: 30.

Real cédula a los oficiales de la Casa de la Contratación, respondiéndoles a otra suya, y previniéndoles lo que deben ejecutar en la Isla de San

Juan, y con los pesos que se han remitido, y que envíen el dinero que tengan y razón del oro que ha venido este año. B. H. P. R., 1915, vol. 2 : 45.

Real título a favor de Juan de Oviedo de pregonero mayor de la Isla de San Juan. [1511.] B. H. P. R., 1915, vol. 2 : 66.

Real cédula a Diego de Arce, veedor de la Isla de San Juan, dándole instrucciones sobre la citada Isla. [1511.] B. H. P. R., 1915, vol. 2 : 46.

Real cédula a Miguel de Pasamonte para que en la Isla de San Juan se paguen los diezmos de lo que se cogiere, como se usa en La Española, y no en oro ni en otra especie. B. H. P. R., 1915, vol. 2 : 47.

Real cédula de Felipe V pidiendo, en 1713, a los habitantes de la América española un donativo voluntario para combatir y castigar a los catalanes sublevados. B. H. P. R., 1923, vol. 10 : 308.

Relación que dieron al Rey sobre lo acontecido en San Juan cuando prendieron a Cerón, tomada de los autógrafos de Cristóbal Colón y papeles de América, publicados por la Duquesa de Berwick y de Alba, Madrid, año de 1892. En Brau, S.: *Puerto Rico y su Historia,* 1894, p. 371.

Relación de una carta de Andrés de Haro al Rey. [1515.] B. H. P. R., 1916, vol. 3 : 57.

Relación de una carta a Su Alteza, de Iñigo de Zúñiga. Agravios del licenciado Sancho Velázquez a la Justicia. [1515.] B. H. P. R., 1916, vol. 3 : 60.

Relación de una cuenta que se tomó a Francisco de Cardona. B. H. P. R., 1916, vol. 3 : 68.

Relación de una carta a Su Alteza, del Sr. Andrés de Haro. [8 de agosto de 1515. Sobre la situación económica de la Isla.] B. H. P. R., 1916, vol. 3 : 69.

Relación de una carta a Su Alteza, de Antonio de Sedeño. [8 de agosto de 1515. Información sobre las cuentas de Francisco de Cardona.] B. H. P. R., 1916, vol. 3 : 71.

Relación de una carta a Su Alteza, de Pasamonte. B. H. P. R., 1916, vol. 3 : 74.

Relación de una carta a Su Alteza de Juan de Dampies. [5 de octubre de 1515.] B. H. P. R., 1916, vol. 3 : 77.

Relación de una carta a Su Alteza, de D. Andrés de Haro, tesorero de San Juan. [6 de octubre de 1515.] B. H. P. R., 1916, vol. 3 : 79.

Relación de lo acontecido en Caparra cuando Ponce de León prendió a Cerón, Díaz y Morales. B. H. P. R., 1914, vol. 1 : 132.

Relación de una carta a Su Alteza, de Pasamonte. [Alteraciones en la Isla después de la llegada de Juan Ponce de León.] B. H. P. R., 1916, vol. 3 : 78.

Suplicatorio de los vecinos de San Germán a la Reina Isabel II, en 1859. B. H. P. R., 1924, vol. 11 : 274.

Título de Capitán y Corregidor de San Juan a favor de Vicente Yáñez Pinzón. [1505.] B. H. P. R., 1914, vol. 1 : 217.

Transmisión del cargo de Adelantado [a Luis Ponce de León]. En Brau, S. : *La colonización de Puerto Rico.* P. R., 1930, p. 485.

D.—ATAQUES E INVASIONES SIGLOS XVI-XVIII

Abbad y Lasierra, Fray Íñigo : *Los ingleses, a las órdenes del conde de Estrees, pasan a Puerto Rico y se pierden en la costa, arman segunda escuadra y desembarcan en la Isla, recházalos el capitán Correa; naufragio de la flota de Puerto Rico.* En *Historia Geográfica, Civil y Natural de San Juan Bautista de Puerto Rico.* [Anotada por José Julián Acosta.] Imp. Acosta, San Juan, P. R., 1866, cap. XIX: 184.

Alcedo y Herrera, Dionisio: *Piraterías y agresiones de los ingleses y de otros pueblos de Europa en la América española desde el siglo XVI al XVIII.* Madrid, 1883.

Buena Maison : *Piratas de la América y luz a la defensa de las costas de Indias Occidentales.* Dala a luz esta tercera edición D. M. C. R, con licencia. Madrid, 1793.

Castaños y Montijano, Manuel: *Defensa de la ciudad de Puerto Rico en 1797.* Estudio histórico-militar de tan glorioso hecho de armas. Imp. de la Revista Técnica de Infanteria y Caballería, Madrid, 1916, 19 p.

Castro, Manuel Felipe : *Defensa de la ciudad de Puerto Rico durante el asedio británico.* Imp. Carreño Hnos., Caracas, 1894, 80 p.

Coll y Toste, Cayetano : *Ataque de los holandeses a la Isla.* (20.ª conferencia.) B. H. P. R., 1925, vol. 12 : 193.

—— : *Ataques de los ingleses a San Juan en 1797.* (25.ª conferencia.) B. H. P. R., 1926, vol. 13 : 193.

—— : *Ataques de los piratas franceses a la Isla de Puerto Rico.* (13.ª conferencia.) B. H. P. R., 1924, vol. 11 : 63.

—— : *Información del Dr. —— respecto al pirata Cofresí.* B. H. P. R., 1924, vol. 11 : 247.

—— : *Naufragio de Mr. Ogeron en las costas de Puerto Rico.* [Siglo XVII.] B. H. P. R., 1918, vol. 5 : 319.

—— : *Rectificación histórica. Puerto Rico y su Historia.* Sobre un supuesto ataque a Puerto Rico por una escuadra inglesa en 1678. B. H. P. R., 1920, vol. 7 : 117.

—— : *Primer ataque de los ingleses a la Isla de Puerto Rico.* [1595.] (14.ª conferencia.) B. H. P. R., 1924, vol. 11 : 191.

COLL Y TOSTE, CAYETANO: *Segundo ataque de los ingleses a la Isla en el siglo XVI.* [1598.] (15.ª conferencia.) B. H. P. R., 1924, vol. 11 : 265.

CORBETT, JULIAN S.: *Drake and the Ludor Navy.* Longman, Green & Co., N. Y., 1899, 2 vols. [Tiene una relación sobre el ataque de Drake a Puerto Rico y un Apéndice que contiene una bibliografía completa sobre esa expedición.]

ECHEVARRÍA, JUAN MANUEL: *Defensa de la ciudad de Puerto Rico contra los holandeses en 1625.* Imp. Carreño Hnos., Caracas, 1854, 34 p. [V. en *Poesía* el nombre del autor]

HAKLUYT, R.: [*Ataque a San Juan de Puerto Rico por Drake y Hawkins.*] En *The Principal Navigations... of the English Nation.* 1904, vol. 10 : 230-233.

——: [*Viajes y ataques de los ingleses a Puerto Rico.*] En *The Principal Navigations... of the English Nation.* 1904, vol. 6: 405; vol. 8: 311 y 408; vol. 10: 2, 184, 191, 203, 210.

HARING, C. H.: *The Buccaneers in the West Indies, in the Seventeenth Century.* London, 1910.

JIMÉNEZ DE LA ROMERA, WALDO: *España: Sus monumentos y artes. Su naturaleza e historia. Cuba, Puerto Rico y Filipinas.* Ed. Daniel Cortezo, Barcelona, 1887. [V. Ataques a Puerto Rico, pt. 1, caps. VIII, IX, X y XI.]

LARRASA, DIEGO: *Relación de la entrada y cerco del enemigo Bouduyno Henrico...* En Tapia: *Biblioteca histórica de Puerto Rico.* P. R., 1854, p. 416.

MARCEL, GABRIEL: *Les Corsaires Françaises au XVI siècle dans les Antilles.* Paris, 1902.

MAYNARDE, THOMAS: *Sir Francis Drake, his Voyage 1595, together with the Spanish Account of Drake's Attack on Porto Rico.* Edited from the original manuscript by W. O. Cooley. Hakluyt Soc., London, 1849, vol. 7 : 65 p.

NEUMANN GANDÍA, EDUARDO: *Gloriosa epopeya.* Sitio de los ingleses de 1797, con datos hasta ahora no publicados. Imp. La Libertad, Ponce, P. R., 1897, 52 p.

——: *Patriotismo de D. Ramón de Castro y demás heroicos defensores de Puerto Rico en 1797.* En *Benefactores y hombres notables de Puerto Rico.* Ponce, P. R., 1896, vol. 1 : 269. [V. *El sitio de los ingleses.* Amplificaciones, p. 317.]

SIGÜENZA, CARLOS DE: *Infortunios que Alonso Ramírez, natural de la ciudad de Puerto Rico, padeció, así en poder de ingleses piratas que lo apresaron en las Islas Filipinas, como navegante por sí solo, y sin derrota hasta varar en la costa de Yucatán.* Aprobada por el Lcdo. Francisco Ayerra. Imp. Herederos Viuda de B. Calderón, México, 1690, 132 p.

Ataque de los ingleses, al mando de Drake, a la ciudad de San Juan en 1595. B. H. P. R., 1915, vol. 2 : 148.

Ataque y toma de la ciudad de San Juan por el conde de Cumberland en 1598. B. H. P. R., 1915, vol. 2 : 150.

Ataque de los ingleses a la ciudad de San Juan en 1797. B. H. P. R., 1915, vol. 2 : 153.

Carta a S. M. de los señores oficiales de San Juan acusando los males que causaba en aquella tierra un corsario francés y de haber quemado la villa de San Germán. B. H. P. R., 1917, vol. 4 : 22.

Copia de documentos ilegibles de 1797 respecto al sitio de los ingleses puesto a esta capital. B H. P. R., 1914, vol. 1 : 180.

Corsario Drake. En Tapia: *Biblioteca histórica de Puerto Rico,* P. R., 1854, p. 397-416.

Correspondencia del obispo Fray Juan Bautista de Zengotita con motivo del sitio de los ingleses en 1797. B. H. P. R., 1920, vol. 7: 175.

Diario y documentación del sitio que pusieron los ingleses a la ciudad de Puerto Rico en 1797. En Tapia: *Biblioteca histórica de Puerto Rico,* P. R., 1854, p. 550-587.

Error de Íñigo Abbad y otros escritores sobre el conde d'Estrees y el naufragio de su armada. B. H. P. R., 1915, vol. 2: 210.

Fragmentos del proceso hecho en la Audiencia Real de la Isla Española sobre la Nao de corsarios francesa que saqueó a San Germán en 1528. En Brau, S.: *La colonización de Puerto Rico,* P. R., 1930, p. 502.

La toma de la capital por Cumberland. Extracto del informe del conde Cumberland. B. H. P. R., 1918, vol. 5: 40.

Lealtad y heroísmo de la Isla de Puerto Rico, 1797-1897. Imp. Lynn e Hijos de Pérez Moris, San Juan, P. R., 1897. [Obra en celebración del Centenario.]

Naval Actions and Operations Against Cuba and Porto Rico, 1593-1815, Published for the Military Historical Society of Mass., by E. B. Stillings and Co., Boston, 1901, 205 p.

Noticia de importancia de la Gaceta de Londres. Carta del general inglés Sir Raphael Abercromby, que puso sitio a la Capital en 1797. B. H. P. R., 1918, vol. 5: 317.

Ordenanza de S. M. que prescribe las reglas con que se ha de hacer el corso de particulares, contra los enemigos de la Corona. Imp. Real, Madrid, 1801, 32 p. +.

Para la historia militar de Puerto Rico. Relación de la entrada y cerco del enemigo Bouduyno Henrico, general de la armada del príncipe de Orange, en la ciudad de Puerto Rico de las Indias, por el Lcdo. Diego de Larrosa, teniente auditor general que fué de ella. B. H. P. R., 1917, vol. 4: 229.

Parecer de Tiburcio Spanoqui sobre la fortificación de Puerto Rico. [1603.] B. H. P. R., 1916, vol. 3: 50.

Parte de una carta al Emperador, de la Real Audiencia de la Isla Española, dándole cuenta de un ataque a la Isla de San Juan en 1541. B. H. P. R., 1922, vol. 9: 147.

Patente de corso en 1766. B. H. P. R., 1915, vol. 2: 191.

Real orden aprobando se noticie a los Gobernadores de Sotavento que hay una escuadra inglesa en aguas de las Antillas. B. H. P. R., 1917, vol. 4: 155.

Real orden avisando que en Inglaterra se halla una escuadra pronta a hacerse a la vela para estos mares. B. H. P. R., 1917, vol. 4: 155.

Real orden dando patentes de corsos contra ingleses. B. H. P. R., 1917, vol. 4: 134.

Real orden disponiendo el canje de prisioneros ingleses con arreglo a cédula adjunta. B. H. P. R., 1917, vol 4: 142.

Real orden participando el armamento que hace Inglaterra para estos mares, para que se esté con la mejor vigilancia. B. H. P. R., 1917, vol. 4: 136.

Real orden para que en el puerto de Santiago de Cuba y no otro se hiciesen los canjes de prisioneros ingleses. [1747.] B. H. P. R., 1918, vol. 5: 81.

Real cédula del Rey Felipe V premiando a los defensores de Arecibo contra los ingleses en 1702. B. H. P. R., 1921, vol. 8: 195.

Real orden acompañando un memorial de D. Marcos Candosa para que informe. [Sobre lo que sucedió cuando invadieron los ingleses el puerto de Boca Chica.] B. H. P. R., 1917, vol. 4: 144.

Relación del naufragio que M. Beltrán Ogerón, gobernador de la Isla Tortuga, padeció; cómo cayó él y sus compañeros en manos de los españoles. Cuéntase la sutileza con que salvó la vida. Empresa que forjó contra Puerto Rico... [1673.] B. H. P. R., 1919, vol. 6: 298.

Sitios y ataques que ha sufrido Puerto Rico. En González Font, José: *Escritos sobre Puerto Rico,* Barcelona, 1903, p. 81.

Véanse *Milicia. Guerra Hispano-Americana.*

E. — HISTORIA LOCAL

a. — ESTUDIOS GENERALES

ABBAD, FRAY IÑIGO: *Descripción de los pueblos de la Isla de Puerto Rico en 1776...* Con notas de Coll y Toste. B. H. P. R., 1921, vol. 8: 210.

BRAU, SALVADOR: *Fundación de pueblos en Puerto Rico.* Apuntes de un cronista. B. H. P. R., 1920, vol. 7: 79.

COLL Y TOSTE, CAYETANO: *Información histórica de ——, respecto a cuándo fué nombrada Provincia la Isla de Puerto Rico.* B. H. P. R., 1922, vol. 9: 285.

——: *Pueblos de Puerto Rico.* Fundación, dependencia eclesiástica, militar y judicial, jurisdicción, censo de almas; riqueza agrícola, pecuaria y urbana; industria y comercio; presupuestos municipales de 1889-1899. En *Reseña del estado social, económico e industrial de la Isla de Puerto Rico al tomar posesión de ella los Estados Unidos.* P. R., 1899, p. 29.

CÓRDOVA, PEDRO TOMÁS DE: *Varias noticias curiosas relativas a la Isla; años en que se han formado los pueblos; número de casas que hay en las poblaciones y en los campos.* En *Memoria sobre todos los ramos de la Administración de la Isla de Puerto Rico.* Imp. Yenes, Madrid, 1838, 45 p.

DINWIDDIE, W.: *Cities of Puerto Rico.* Harper's Weekly, N. Y., May 13, 1899, vol. 43: 481.

ELZABURU, MANUEL: *Croquis de una aldea.* Apuntes de viaje. Revista Puertorriqueña, San Juan, P. R., 1887, vol. 1: 704.

HILL, ROBERT T.: *Cities of Porto Rico. Distances between principal cities.* En *Cuba and Porto Rico,* Century, N. Y., 1903, cap. XIX y Appendix 6.

JIMÉNEZ DE LA ROMERA, WALDO: *España. Sus monumentos y sus artes. Su naturaleza e historia. Cuba, Puerto Rico y Filipinas.* Ed. Daniel Cortezo, Barcelona, 1887. [V. Los Departamentos. Pueblos de Puerto Rico, pt. 2, cap. V.]

LEDRÚ, ANDRÉS PEDRO: *Pueblos de Puerto Rico.* En *Viaje a la Isla de Puerto Rico en el año 1797...* [Traductor Julio L. Vizcarrondo] P. R., 1863, p. 91-112.

MELÉNDEZ, SALVADOR: *Circular del Gobernador ——, recordando el modo de construir los pueblos con arreglo a las leyes de Indias.* B. H. P. R., 1921, vol. 8: 150.

REAL, CRISTÓBAL: *Poblaciones ricas.* En *La Ominosa España,* P. R., 1905, p. 106.

RIBERA CHEVREMONT, EVARISTO: *Nuestros pueblos.* P. R. I., 26 de septiembre de 1918, núm. 448.

STUYCK Y REID, JUAN: *División territorial de Puerto Rico y nombramiento de sus poblaciones.* Imp. de la Viuda e Hijas de Peñuelas, Madrid, 1880.

División de la Isla en siete partidos en 1832. B. H. P. R., 1916, vol. 3: 46.

Se ocupan militarmente todos los pueblos de la Isla. B. H. P. R., 1919, vol. 6: 103.

Véanse *Geografía municipal. Organización municipal. Colonización. Siglo XIX:* Sucesos varios.

I. PUEBLOS DE PUERTO RICO

1) Adjuntas.

QUIÑONES, FRANCISCO MARIANO: *Lo de Adjuntas.* En *Apuntes para la Historia de Puerto Rico.* Tip. Comercial, Mayagüez, P. R., 1888, p. 68. Segunda ed.

2) Aguada.

Coll y Toste, Cayetano: *El emplazamiento de la Cruz del Culebrinas.* B. H. P. R., 1924, vol. 11: 251.

González, Eugenio: *Álbum histórico de Aguada.* Imp. La Voz de la Patria, Mayagüez, P. R., 1926, 90 p.

El Juzgado de Aguada pasa a Aguadilla. [1841.] B. H. P. R., 1915, vol. 2: 191. [V. B. H. P. R., 1917, vol. 6: 237.]

Incendio del Archivo del Municipio de Aguada. B. H. P. R., 1923, vol. 10: 218.

Nombramiento del Regidor Alférez Real del Ayuntamiento de la villa de Aguada en 1832. B. H. P. R., 1920, vol. 7: 375.

Toma de posesión de la villa de Aguada. B. H. P. R., 1918, vol. 5: 86.

3) Aguadilla.

Milán, Fernando: *Aguadilla y su historia.* P. R. I., 11 de diciembre de 1926, núm. 871.

Neumann Gandía, Eduardo: *Monografía histórica sobre la fundación de Aguadilla y su desarrollo urbano.* Tip. El Criollo, Aguadilla, P. R., 1910, 20 p.

Quintana, Pepe: *Pro-Aguadilla.* Tip. Libertad, Aguadilla, P. R., 1923, 82 p. [Recopilación de artículos, guía profesional, etc., con un prólogo del Lcdo. B. V. Esteves.]

Stahl, Agustín: *Fundación de Aguadilla.* Imp. El Boletín Mercantil, San Juan, P. R., 1910, 33 p. [Más una p. de aguadillanos notables y dos de índice de fechas.]

Valle, José G. del: *Por Aguadilla.* En *Lealtad y heroísmo de la Isla de Puerto Rico, 1797-1897.* San Juan, P. R., 1897, p. 293-304.

El Gobernador militar destituye los Ayuntamientos populares de Aguadilla y Moca. B. H. P. R., 1919, vol. 6: 102.

Protesta de Aguada por llevar el Juzgado a Aguadilla. B. H. P. R., 1917, vol. 6: 237. [V. B. H. P. R., 1915, vol. 2: 191.]

4) Aibonito.

Coll y Toste, Cayetano: *Informe histórico sobre Aibonito.* B. H. P. R., 1921, vol. 8: 169.

5) Añasco.

Coll y Toste, Cayetano: *Quién fué el verdadero fundador de Añasco.* B. H. P. R., 1922, vol. 9: 266.

Origen del pueblo de Añasco y algunos datos sobre esta ciudad. B. H. P. R., 1917, vol. 4: 199.

6) Arecibo.

COLL Y TOSTE, CAYETANO: *Crónicas de Arecibo.* Apuntes históricos. Tip. Salicrup, Arecibo, P. R., 1891, 93 p.

——: *Narración histórica. La inundación del valle de Arecibo después del ciclón de San Ciriaco en 1899.* B. H. P. R., 1923, vol. 10: 257.

JULIÁ MARÍN, R.: *Crónicas íntimas: Arecibo.* P. R. I., 3 de agosto de 1912, núm. 127.

——: *Marina: Rada en Arecibo.* P. R. I., 31 de agosto de 1912, núm. 131.

PIETRI, AUGUSTO: *Isla adentro: Arecibo.* P. R. I., 27 de agosto de 1921, núm. 600

7) Bayamón.

STAHL, AGUSTÍN: *Fundación de Bayamón.* Imp. El Boletín Mercantil, San Juan, P. R., 1910, 22 p. +.

8) Cabo Rojo.

COLL Y TOSTE, CAYETANO: *Informe de —— sobre los puertos de Cabo Rojo y Mayagüez.* B. H. P. R., 1925, vol. 12: 44.

9) Caguas.

BLANCO FERNÁNDEZ, ANTONIO: *La noble Caguas.* En *España y Puerto Rico, 1820-1930.* Imp. Cantero, Fernández & Cía , San Juan, P. R., 1930, p. 55.

Caguas, electa ciudad en 1894. B. H. P. R., 1915, vol. 2: 268.

Escritura de donación de terrenos a favor de Caguas. B. H. P. R., 1917, vol. 4: 159.

10) Caparra.

Caparra y San Germán. B. H. P. R., 1914, vol. 1: 240.

Véase *Colonización de Puerto Rico.*

11) Carolina.

Fundación del pueblo de la Carolina. B. H. P. R., 1916, vol. 3: 17.

12) Ceiba.

Creación del pueblo de la Ceiba. B. H. P. R., 1916, vol. 3: 260.

13) Coamo.

Antigüedad de Coamo. B. H. P. R., 1915, vol. 2: 159.
Informe histórico sobre el pueblo de Coamo. B. H. P. R., 1921, vol. 8, 183.

14) Comerío.

NEUMANN GANDÍA, EDUARDO: *Memoria sobre la fundación y progreso del Municipio de Comerío.* Redactada por encargo de su Hon. Ayuntamiento. Tip. Real Hnos., San Juan, P. R., 1911, 56 p.

15) Culebra.

DABÁN: *Memoria relativa a la Isla de Culebra.* Taller Tipográfico de Beneficencia, San Juan, P. R., 1895, 14 p.
VÁZQUEZ ALAYÓN, MANUEL: *La Isla de Culebra, Puerto Rico.* Apuntes sobre su colonización. Imp. J. J. Acosta, San Juan, P. R., 1891, 66 p. +.

16) Fajardo.

LEDRÚ, ANDRÉS PEDRO: *Descripción de Fajardo.* En *Viaje a la Isla de Puerto Rico en el año 1797.* Imp. Militar de J. González, San Juan, P. R., 1863, cap. II.
El episodio de Fajardo. B. H. P. R., 1919, vol. 6: 76.
Libro de información de Fajardo. Published by the Compiler, San Juan, P. R., 1926, 104 p. [En inglés y español.]

17) Guánica.

COLL Y TOSTE, CAYETANO: *Los orígenes de Guánica.* B. H. P. R., 1921, vol. 8: 208.
Documentos históricos referentes al pueblo de Guánica. B. H. P. R., 1921, vol. 8: 199.
Proclama del Alcalde de Guánica. [Pro invasión.] B. H. P. R., 1919, vol. 6: 58.

Véase *Iglesias, Templos, etc.*

18) Guayama.

DESSÚS, LUIS FELIPE: *Album de Guayama.* Imp. Cantero, Fernández y Cía., San Juan, P. R., 1918, 218 p.
PALÉS MATOS, LUIS: *Las cuevas de Guayama.* P. R. I., 27 de enero de 1923, núm. 674.
Real orden aprobando la agregación del barrio de Salinas a Guayama. B. H. P. R., 1917, vol. 4: 254.

19) Guayanilla.

COLL Y TOSTE, CAYETANO: *Origen y datos sobre Guayanilla.* B. H. P. R., 1924, vol. 11: 164.
NAZARIO, JOSÉ MARÍA: *Guayanilla y la Historia de Puerto Rico (1838-1919).* Imp. de la Revista de Puerto Rico, Ponce, P. R., 1893, 165 p. +.

20) Hatillo.

Fundación del pueblo de Hatillo y fiestas constitucionales en la villa de Arecibo. B. H. P. R., 1916, vol. 3: 332.
Fundación de... Hatillo. B. H. P. R , 1921, vol. 8: 258.

21) Hormigueros.

ANGELIS, PEDRO DE: *La peregrinación a Hormigueros, tradiciones, recuerdos y anécdotas.* Imp. Heraldo Español, San Juan, P. R., 1914, 28 p.
COLL Y TOSTE, CAYETANO: *Informe sobre Hormigueros y San Germán.* B. H. P. R., 1924, vol. 11: 303.
Declaratoria del pueblo caserío de Hormigueros en 1874. B. H. P. R., 1924, vol. 11: 15.
Fundación de Hormigueros como pueblo. B. H. P. R., 1915, vol. 2: 265.

Véase *Iglesias, Templos, etc.*

22) Humacao.

Fundación de la Parroquia de Humacao. B. H. P. R., 1915, vol. 2: 154.

23) Juana Díaz.

QUIÑONES, FRANCISCO MARIANO: *Compontes de Juana Díaz.* Carta de Domingo Catoni a Francisco Cepeda. En *Apuntes para la Historia de Puerto Rico.* Tip. Comercial, Mayagüez, P. R., 1888, p. 96. Segunda ed.

QUIÑONES, FRANCISCO MARIANO: *Sucesos de Juana Díaz.* En *Apuntes para la Historia de Puerto Rico.* Tip. Comercial, Mayagüez, P. R., 1888, p. 65. Segunda ed.

Manifestaciones del elemento español de Puerto Rico con motivo de los sucesos de Juana Díaz. San Juan, P. R., 1887, 81 p.

24) Juncos.

PIÑERO RODRÍGUEZ, FULGENCIO: *Origen y fundación del pueblo de Juncos y su progreso desde el año 1797.* 10 de enero de 1923. Tip. Burset, Humacao, P. R., 1923, 14 p.

Fundación del pueblo de Juncos en 1797. B. H. P. R., 1915, vol. 2: 206.

Noticia del pueblo de Juncos dada por el Cura párroco en 1851 a D. José Julián Acosta. B. H. P. R., 1924, vol. 11: 81.

25) Lajas.

Fundación del pueblo de Lajas. B. H. P. R., 1915, vol. 2: 291.

26) Las Marías.

Creación del pueblo de Las Marías. B. H. P. R., 1915, vol. 2: 223.

27) Mayagüez.

QUIÑONES, FRANCISCO MARIANO: *Prisiones y sucesos trágicos de Mayagüez.* En *Apuntes para la Historia de Puerto Rico.* Tip. Comercial, Mayagüez, P. R., 1888, p. 171.

VÁZQUEZ ALAYÓN, MANUEL: *El otro lado.* Sobre el barrio de la Marina, de Mayagüez. Imp. de Genaro Cortés, Mayagüez, P. R., 1898, 50 p.

Fundación del pueblo de Mayagüez. B. H. P. R., 1920, vol. 7: 268; B. H. P. R., 1924, vol. 11: 293.

28) Mona.

ACOSTA, JOSÉ JULIÁN: *Informe oficial sobre las Islas Mona y Monito y sus fosfatos calizos.* San Juan, P. R., 1858.

BATES, CHARLES Z.: *Excursión a la Isla de Mona.* Rev. Agr., junio de 1927, vol 18, núm. 6: 302.

BRUSI Y FONT, JUAN: *Viaje a la Isla de Mona.* Para inteligencia de todos y escarmiento de muchos. Tip. Comercial, Mayagüez, P. R., 1884, 40 p.

29) Pepino (El).

MÉNDEZ LICIAGA, ANDRÉS: *Boceto histórico de El Pepino*. Prólogo de Agustín E. Font. Imp. La Voz de la Patria, Mayagüez, P. R., 1925, 228 p.

30) Ponce.

ARRILLAGA ROQUÉ, JUAN: *Ponce en el año 1887*. En *Memorias de antaño*. Tip. Baldorioty, Ponce, P. R., 1910, p. 9.

——: *Ponce y sus hombres*. En *Memorias de antaño*. Tip. Baldorioty, Ponce, P. R., 1910, p. 19.

BRAU, SALVADOR: *La fundación de Ponce*. Estudio retrospectivo que comprende desde los asomos de vecindad europea en las riberas del Portugués, al terminar el siglo XVI, hasta el incendio casi total del pueblo de Ponce en febrero de 1820. Imp. La Democracia, San Juan, P. R., 1909, 42 p. [V. también B. H. P. R., 1923, vol. 10: 222.]

GANDÍA CÓRDOVA, RAMÓN: *Estado actual de Ponce*. Informe al Alcalde. Imp. La Democracia, Ponce, P. R., 1899, 38 p.

——: *Estudio de las inundaciones del valle de Ponce*. P. R., 1899.

MARÍN, RAMÓN: *La villa de Ponce considerada en tres distintas épocas*. Estudio histórico, descriptivo y estadístico hasta fines del año 1876. Editoriales publicados en el periódico La Crónica por su Director. Tip. El Vapor, Ponce, P. R., 1877, 145 p.

NEUMANN GANDÍA, EDUARDO: *Verdadera y auténtica historia de la ciudad de Ponce*. Desde sus primitivos tiempos hasta la época contemporánea. Imp. M. Burillo, San Juan, P. R., 1913, 340 p.

SICHAR Y SALAS, MARIANO: *El porvenir de Ponce*. Imp. de Manuel López, Ponce, P. R., 1889, 59 p.

Origen del escudo de Ponce sustituyendo un león a un cordero. B. H. P. R., 1915, vol. 2: 293.

31) Punta Salinas.

COLL Y TOSTE, CAYETANO: *Informe histórico sobre Punta Salinas*. B. H. P. R., 1921, vol. 8: 244.

32) Sábana Grande.

RODRÍGUEZ SERRA, MANUEL: *Fundación de Sábana Grande*. B. H. P. R., 1927, vol. 14: 122-128.

33) San Germán.

COLL Y TOSTE, CAYETANO: *Rectificaciones históricas. Orígenes y datos sobre el viejo y el nuevo San Germán*. B. H. P. R., 1918, vol. 5: 111.

QUIÑONES, FRANCISCO MARIANO: *Sucesos de San Germán.* En *Apuntes para la Historia de Puerto Rico.* Tip. Comercial, Mayagüez, P. R., 1888, p. 127.

Caparra y San Germán. B. H. P. R., 1914, vol. 1: 240.

Real cédula ordenando que se cumpla la orden de trasladar la villa de San Germán al sitio de San Francisco en el puerto de la Aguada. En Brau, S.: *La colonización de Puerto Rico.* Imp. Cantero, Fernández & Co., San Juan, P. R., 1930, p. 501.

San Germán en Añasco. Provanza fecha en la villa a pedimyento del Procurador del Consejo della, 1526. En Brau, S.: *La colonización de Puerto Rico.* Imp. Cantero, Fernández & Co, San Juan, P. R., 1930, p. 498.

San Germán en Guadianilla. Extracto del códice Descripción Universal de las Indias, compilado en 1569 por el cosmógrafo cronista Juan López de Velazco, bajo los auspicios del eminentísimo magistrado Juan de Ovando, visitador del Consejo de Indias. Descripción particular de los pueblos de San Juan, Guadianilla. En Brau, S.: *La colonización de Puerto Rico.* Imp. Cantero, Fernández & Co., San Juan, P. R., 1930, p. 505.

San Germán en Las Lomas de Santa Marta. Real provisión. En Brau, S.: *La colonización de Puerto Rico.* Imp. Cantero, Fernández & Co., San Juan, P. R., 1930, p. 506.

Real cédula de la Audiencia de Santo Domingo disponiendo sea trasladada tierra adentro la villa de Santa María de Guadianilla. [1570.] B. H. P. R., 1918, vol. 5: 115.

Véanse *Colonización. Iglesias, Templos, etc.*

34) San Juan.

ARRILLAGA ROQUÉ, JUAN: *San Juan y sus hombres.* En *Memorias de antaño.* Tip. Baldorioty, Ponce, P. R., 1910, p. 30.

BLANCO FERNÁNDEZ, ANTONIO: *Porto Rico Railway Light and Power Co. Alumbrado y fuerza eléctrica de San Juan y Santurce, Puerto Rico.* En *España y Puerto Rico, 1820-1930.* Imp. Cantero, Fernández & Co., San Juan, P. R., 1930, p. 312.

[CAPÓ, CLAUDIO]: *The Romantic Capital of Porto Rico.* San Juan, P. R., 1929, 48 p. [Álbum ilustrado.]

COLL Y TOSTE, CAYETANO: *La ciudad de San Juan.* En *Lealtad y heroísmo de la Isla de Puerto Rico, 1797-1897.* San Juan, P. R., 1897, p. 307-333.

CÓRDOVA, PEDRO TOMÁS DE: *Descripción de la ciudad de San Juan en 1845.* B. H. P. R., 1922, vol. 9: 17.

HENRY, G. V.: *San Juan, Porto Rico.* Outlook, N. Y., April 6, 1901, vol. 67: 815.

JIMÉNEZ DE LA ROMERA, WALDO: *España. Sus monumentos y artes. Su naturaleza e historia. Cuba, Puerto Rico y Filipinas.* Ed. Daniel Cortezo, Barcelona, 1887. [V. la capital, fortificaciones, plazas, edificios, etc., pt. 2, cap. I; la catedral, conventos, etc., cap. II.]

ESGA: *El derribo de las históricas murallas.* [1897.] P. R. I., 26 de mayo de 1917, núm. 378.

NIN Y MARTÍNEZ, A.: *Lo que debe ser San Juan.* Rev. Obs. Púb., febrero de 1929, núm. 62.

RIBERA CHEVREMONT, EVARISTO: *San Juan, la ciudad de las aguas.* Rev. Ant., junio de 1913, núm. 4.

——: *San Juan en mi ensueño.* Rev. Ant., marzo de 1914, núm. 3.

TOWNER HARRIET, C.: *Government House.* San Juan, s. f., P. R. [Descripción e historia ilustrada.]

VALLE ATILES, FRANCISCO DEL: *De higiene y ornato. Hagamos atractivo a San Juan.* Bol. As. Méd. P. R., abril de 1903, año I, núm. 4: 58.

Centenario de la fundación de San Juan. Almanaque Asenjo, 1917, p. 42 y 43.

Cangrejos. El Fomento de Puerto Rico. (Rev. quincenal.) San Juan, P. R., 1863, vol. 1: 219-224.

Descripción de la capital en 1776 por Fray Íñigo Abbad, con notas de Coll y Toste. B. H. P. R., 1921, vol. 8: 78.

El año de 1842 existía un palmar todavía en el barrio de la Marina. B. H. P. R., 1923, vol. 10: 185.

El ejido urbano de San Juan. En Brau, S.: *La colonización de Puerto Rico.* Imp. Cantero, Fernández & Co., San Juan, P. R., 1930, p. 469.

El Ayuntamiento de San Juan aprueba que se denomine calle del General Contreras a la calle del Sol. [1913.] B. H. P. R., 1921, vol. 8: 182.

En Puerta de Tierra a la calle de Santiago se le pone calle Padre Hoff. B. H. P. R., 1922, vol. 9: 149.

La ciudad de San Juan. The City of San Juan. Tip. Germán Díaz y Hno., Inc., San Juan, P. R., s. f. [Álbum. Folleto informativo ilustrado de la ciudad de San Juan, en español y en inglés.]

Old San Juan. Tip. Real Hnos., San Juan, P. R., 1926, 74 p.

Primer reloj público en la capital, 1815. En Angelis, Pedro de: *Misceláneas puertorriqueñas,* P. R., 1894.

Real orden concediendo un distintivo al Ayuntamiento de la capital. B. H. P. R., 1917, vol. 4: 293.

Real orden concediendo el tratamiento de Excelencia al Ayuntamiento de la capital de Puerto Rico. B. H. P. R., 1918, vol. 5: 7.

Relación de otra carta de Andrés de Haro al Rey para mudar la ciudad de Puerto Rico a una isleta sobre el mar. B. H. P. R., 1916, vol. 3: 60.

Resolución para cambiar el nombre de la avenida Canejo por el de avenida José de Diego. [1921.] B. H. P. R., 1921, vol. 8: 171.

Rectificación histórica. Orígenes de los edificios municipales de San Juan. B. H. P. R., 1919, vol. 6: 316.

San Juan, Porto Rico. In the Isle of Enchantment. S. p. i., 1916. [Álbum con 37 ilustraciones sin numerar.]

What to see in San Juan and how to see it. Imp. Real Hnos., s. f., 51 p.

Véanse *Colonización. Iglesias, Templos, etc.*

35) Santa Isabel.

Creación del pueblo de Santa Isabel de Coamo. B. H. P. R., 1917, vol. 4: 93.

36) Utuado.

MOREL CAMPOS, RAMÓN: *El porvenir de Utuado.* Estudio histórico, descriptivo y estadístico..., con un prólogo de Marcelino Andino. Tip. El Vapor, Ponce, P. R., 1896, 245 p.

Fundación del pueblo de Utuado. B. H. P. R., 1915, vol. 2: 158.

37) Vieques.

BRAU, SALVADOR: *La Isla de Vieques.* Bosquejo histórico trazado a petición del Hon. Gobernador de Puerto Rico, Mr. W. H. Hunt, el 6 de junio de 1902. Reproducido en el folletín de la revista Gráfico. San Juan, P. R , noviembre de 1912, 12 p.

CÓRDOVA, PEDRO TOMÁS DE: *Descripción geográfica y estadística de la Isla de Vieques.* En *Memoria sobre todos los ramos de la Administración de la Isla de Puerto Rico.* Imp. Yenes, Madrid, 1838, p. 294.

Memoria referente a la estadística de la Isla de Puerto Rico... [1860.] Adicionada con la descripción geográfica, histórica, física y política de la enunciada Isla y su dependiente la de Vieques. Imp. J. Guasp., San Juan, P. R., 1861, 82 p.

38) Yabucoa.

El motín de Yabucoa. B. H. P. R., 1919, vol. 6: 362.

39) Yauco.

MASINI, JUAN; NEGRONI JR., SANTIAGO; VIVALDI, J. M., y MATTEI, ANDRÉS (editores): *Historia ilustrada de Yauco.* Yauco Printing Co., Yauco, P. R., 1925, 400 p.

Negroni Jr., Santiago: *Historia de Yauco.* Yauco Printing Co., Yauco, P. R., 1927, 200 p.

Méndez, Ángel M.: *El pueblo de Yauco: su fundación.* Yauco Printing Co, Yauco, P. R, 1921, 47 p. [Actualidades, yaucanos sobresalientes, cartas históricas, acontecimientos.]

Quiñones, Francisco Mariano: *Sucesos de Yauco y Guayanilla.* En *Apuntes para la Historia de Puerto Rico.* Tip. Comercial, Mayagüez, P. R., 1888, p. 121.

Real orden aprobando la creación del pueblo de Yauco. B. H. P. R., 1917, vol. 4: 17.

F. — SIGLO XIX

a. — OBRAS GENERALES

Blanco y Sosa, Julián, E.: *Veinticinco años antes.* Apuntes para la Historia. Imp. Sucesión J. J. Acosta, San Juan, P. R., 1898, 250 p. [Contiene: (1) Colección de artículos políticos publicados en El Progreso y La Voz del País. (2) Un apéndice de los manifiestos del 28 de noviembre de 1870 y del 31 de enero de 1873. La proposición de Ley de Álvarez Peralta: el banquete de los Reformistas, 7 de julio de 1871; la exposición elevada al Ministro de Ultramar, 18 de enero de 1872.]

Coll y Toste, Cayetano: *Narración histórica. Cómo se hilaba en Puerto Rico en 1825.* B. H. P. R., 1923, vol. 10: 52.

——: *Principios del siglo XIX hasta la implantación en la Isla de la Constitución de Cádiz en 1812.* (26.ª conferencia.) B. H. P. R., 1926, vol. 13: 277.

——: *Implantación en la Isla de la Constitución española de 1812.* (27.ª conferencia.) B. H. P. R., 1926, vol. 13: 321.

——: *La cédula de gracias y sus efectos.* (28.ª conferencia.) B. H. P. R., 1927, vol 14: 3.

——: *Rectificación histórica. La conjura de 1835 en Puerto Rico.* B. H. P. R., 1917, vol. 4: 14.

Escoto, José: *La Isla de Puerto Rico en 1829.* Del archivo de D. ——. Las Antillas, Habana, 1922, vol. 5: 20.

Flinter, George Dawson: *An Account of the Present State of Porto Rico.* Longmans, London, 1834, 392 p.

Morales, José Pablo: *Misceláneas históricas.* Imp. La Correspondencia, San Juan, P. R., 1924.

Ortega Rubio, Juan: *Puerto Rico desde Isabel II hasta la Regencia de María Cristina.* En *Historia de España.* Imp. Bailly-Ballière, Madrid, s. f., 8 vols. V. vol. 6, cap. XV.

SANROMÁ, JOAQUÍN MARÍA: *Mis memorias.* Tip. de los Hijos de M. G. Hernández, Madrid, 1894, vol. 1, 446 p.; vol. 2, 430 p. +. [El primero cubre de 1828-1852, y el segundo de 1852-1868.]

SOLDEVILA, FERNANDO: *El año político.* Desde 1895-1915. Madrid, 1896-1915, 21 vols. [Para P. R., v. los vols. del 1895-1900.]

TAPIA, ALEJANDRO: *Mis memorias.* Puerto Rico: cómo lo encontré y cómo lo dejo. De Laisne and Rossboro, N. Y. [1928], 227 p. [Abarcan desde 1826 a 1854.]

VASSALLO, PEDRO: *Gritos sin fruto.* Imp. Nacional, San Juan, P. R., 1821.

WILSON, BARONESA DE: *Puerto Rico en la actualidad.* En *América en fin de siglo.* Ed. Henrick, Barcelona, 1897, cap I: 13.

Abolición de la Inquisición en Puerto Rico en 1813. B. H. P. R, 1920, vol. 7: 380.

Gobierno de Puerto Rico en 1832. B. H. P. R., 1924, vol. 11: 367.

Las facultades omnímodas en 1811 y los diputados de Puerto Rico en 1869. Imp. de la Gaceta, Madrid, 16 p.

Oficio de Narváez, ministro de la Guerra, al Capitán general de Puerto Rico. [1844.] B. H. P. R., 1927, vol. 14: 65. [V. otros documentos del siglo XIX, B. H. P. R., 1927, vol. 14: 66-89.]

Primeros sucesos desagradables en la Isla de Puerto Rico. Imp. Real, Cádiz, 1811, 18 p.

Véanse *Historias de Puerto Rico. Historia política. Guerra hispanoamericana.*

b. — ESCLAVITUD

ALCALÁ Y HENKE, AGUSTÍN: *La esclavitud de los negros en la América española.* Imp. de Pueyo, Madrid, 1919, 110 p. [Contiene la legislación referente a los esclavos de Puerto Rico a partir de 1680.]

ARGUDÍN, CUNHA REIS Y PERDONES: *Proyecto de inmigración africana para las Islas de Cuba y Puerto Rico y el Gobierno del Brasil, presentado a los respectivos Gobiernos.* Habana, 1860, 600 p.

BERNAL, CALIXTO: *Apuntes sobre la cuestión de la reforma política y de la introducción de africanos en las Islas de Cuba y Puerto Rico.* Imp. Fortanet, Madrid, 1866.

BETANCES, RAMÓN EMETERIO: *L'Esclavage et La Traite à Cuba. Question cubaine.* Typ. Tolmer et Isidor Joseph, Paris, 1876, 30 p. [Betances traduce al francés a J. G. N.]

BRISSON, J. E.: *Juan el esclavo.* Narración histórica. Prólogo de E. Le Compte. Editores West Prtg. Co., Mayagüez, P. R., 1917, 38 p.

CASAS, BARTOLOMÉ DE LAS: *Remedios para las Islas españolas Cuba, San Juan y Jamaica.* B. H. P. R., 1916, vol. 3: 326.

CASTELLANOS Y MOJARRIETA, MANUEL: *Proyecto de manumisión de esclavos en las Antillas españolas.* Imp. Fortanet, Madrid, 1871, 45 p.

COCHINO, AGUSTÍN: *L'Espagne et L'Esclavage dans les Iles de Cuba et de Porto Rico.* Extrait de la Revue des Deux Mondes. Imp. de J. Claye, Paris, 1869, 29 p.

COLL Y TOSTE, CAYETANO: *Origen de la esclavitud de los negros y de la trata en América.* B. H. P. R., 1921, vol. 8: 276.

——: *Notas para la historia de la esclavitud de los negros en las Antillas, por* ——. Resolución de la Isla Española del Lcdo. Echagoian, enviada al Rey D. Felipe II. [1561.] B. H. P. R., 1922, vol. 9: 297.

[DUPIERRY.] UN NEGRÓFILO CONCIENZUDO: *Cuba y Puerto Rico.* Modo de conservar estas dos Antillas en un estado de esplendor. José Cruzado, Madrid, 1866, 159 p.

FLINTER, GEORGE DAWSON: *A View of the Present Condition of the Slave Population in the Island of Porto Rico under the Spanish Government showing the... Danger of prematurely Emancipating the West India Slaves.* A. Waldie, Phila., 1832, 117 p.

——: *Examen del estado actual de los esclavos de la Isla de Puerto Rico bajo el Gobierno español.* Imp. Española del Redactor, N. Y., 1832, 124 p.

HELPS, ARTHUR: *The Spanish Conquest in America and its Relation to the History of Slavery and to the Government of Colonies.* John W. Parker, London, 1855-1857. [Para Puerto Rico, v. vol. 3, cap. VII: 210.]

MORALES, JOSÉ PABLO: *De la esclavitud de los negros en la Península.* En *Misceláneas.* Imp. Sucesión J. J. Acosta, San Juan, P. R., 1895, p. 145.

PRIM, JUAN: *Bando contra los individuos de raza africana.* P. R., 1848, 1 hoja, gran folio.

RAMOS, FRAY NICOLÁS DE: *Carta del Arzobispo de Santo Domingo —— a S. M. en su Real Consejo de Indias sobre lo ocurrido en San Juan de Puerto Rico con algunos negros hechiceros, siendo él Obispo de aquella Isla.* [Santo Domingo, 23 de julio de 1594.] B. H. P. R., 1916, vol. 3: 48.

SCELLE, G.: *La Traite Négrier aux Indes de Castille.* Paris, 1906, 2 vols.

TURNBULL, DAVID: *Travels in the West Indies.* Cuba, with Notices of Porto Rico and the Slave Trade. London, 1840.

VEGA MAR, CONDE DE: *Apuntes sobre la cuestión de la reforma política, y de la introducción de africanos en las Islas de Cuba y Puerto Rico.* Madrid, 1866, 350 p.

WINSLOW, JENS O.: *Journal holden i skibet christiandad paa reisenti, Cuba, Puerto Rico og West Indien.* 1790, 2 vols.

——: *État, condition et usages des nègres des Antilles.* Comparé avec la condition des nègres de la Côte-d'Or. Amsterdam, 1795.

Acta de tasación y liberación de una esclava. B. H. P. R., 1920, vol. 7: 325.

Bando del general Prim contra la raza africana. B. H. P. R., 1915, vol. 2: 122. [V. Apéndice en la p. 124.]

Bando del gobernador Pezuela derogando el Bando de Prim contra la raza africana. B. H. P. R., 1915, vol. 2: 129.

Censo clasificado de la Isla de Puerto Rico correspondiente al año 1854. [Esclavos.] B. H. P. R., 1921, vol. 8: 199.

Circular contra la venta de gente emigrada de las Islas Canarias. B. H. P. R., 1917, vol. 4: 310.

Circular expedida por el Excmo. Sr. Presidente, Gobernador, Capitán general y Jefe político superior a las autoridades de la Isla con el objeto de dar una aplicación adecuada a su procedencia al fondo de multas impuestas a los que infrinjan las disposiciones vigentes sobre el trato que debe darse a la esclavitud. B H. P. R., 1920, vol. 7: 318.

Contribución a las casas por primera vez y capitación a los esclavos. [1815.] B. H. P. R., 1922, vol. 9: 376.

Conspiración de los negros esclavos en Ponce. B. H. P. R., 1916, vol. 3: 347.

Convenio entre las Coronas de España y de Dinamarca para la mutua restitución de esclavos y desertores en la Isla de Puerto Rico y en las danesas de Santa Cruz, Santo Tomás y San Juan, concluido y firmado en Madrid el 21 de julio de 1767. B. H. P. R., 1919, vol. 6: 308.

Disposiciones complementarias de las Leyes de Indias. Imp. Sáez Hnos., Madrid, 1930. [V. *Negros,* vol. 1, pt. 14.]

Esclavos extranjeros prófugos. [1838.] B. H. P. R., 1921, vol. 8: 42.

Estado demostrativo de los esclavos que existían en Registro hasta el 30 de marzo de 1873, con exclusión de las bajas por todos conceptos. B. H. P. R., 1917, vol. 4: 95.

Imposición del arbitrio de un peso por cada negro bosal que se introduzca en la Isla. B. H. P. R., 1920, vol. 7: 147

La esclavitud de los negros y la Prensa madrileña. Madrid, 1870, 41 p.

La muerte de un esclavo. B. H. P. R., 1916, vol. 3: 21.

Los esclavos no podían salir de sus haciendas sin estar documentados. [1842.] B. H. P. R., 1921, vol. 8: 366.

Los negros en Sevilla. Anales eclesiásticos y seculares de la Muy Noble y Muy Leal Ciudad, desde el año de 1246 hasta el de 1671, formados por D. Diego Ortiz de Zúñiga, caballero de la Orden de Santiago, Imp. Real, Madrid, 1677. [V. Brau, S.: *Puerto Rico y su Historia,* 1894, p. 392.]

Memoria sobre las acciones navales, por el Sr. D. José Serapio Majarrieta, ministro togado de la Real Audiencia de Puerto Rico. [1837.] B. H. P. R., 1920, vol. 7: 201.

Negros introducidos de 1760 a 1770. B. H. P. R., 1922, vol. 9: 122

Negros sin bautizar en Puerto Rico en 1835. B. H. P. R., 1925, vol. 12: 56.

Negros marcados todavía en 1822. B. H. P. R., 1920, vol. 7 : 150.

Nota al Bando de Prim. [Carta de seguridad y licencia a esclavos para salir de un sitio a otro.] B. H. P. R., 1915, vol. 2 : 126.

Para la historia de la esclavitud en Puerto Rico. Real cédula aboliendo el tráfico de negros en esta Isla. B. H. P. R., 1917, vol, 4 : 90.

Proclama del gobernador D. Juan Prim con motivo de una conspiración de los negros de Ponce. B. H. P. R., 1915, vol. 2 : 128.

Real cédula de Su Majestad concediendo libertad para el comercio de negros con los virreynatos de Santa Fe, Buenos Ayres, Capitanía general de Caracas e Islas de Santo Domingo, Cuba y Puerto Rico, a españoles y extranjeros baxo las reglas que se expresan. Imp. Lorenzo de San Martín, Madrid, 1791, 17 p.

Real cédula de 1512 concediendo el pase a San Juan de dos esclavos blancos. B. H. P. R., 1923, vol. 10 : 26.

Real orden concediendo a un comerciante de Nantes introducir en Puerto Rico un cargamento de negros africanos. B. H. P. R., 1924, vol. 11: 69.

Real orden a los oficiales de San Juan sobre contrabando de negros en 1779. B. H. P. R., 1924, vol. 11 : 72.

Real orden permitiendo comprar negros en las Antillas francesas y traerlos a Puerto Rico en 1780. B. H. P. R., 1924, vol. 11 : 88.

Real orden para evitar el contrabando con motivo de efectuar el tráfico de negros en 1784... B. H. P. R., 1924, vol. 11 : 88.

Real orden regularizando el tráfico negro en 1787. B. H. P. R., 1924, vol. 11 : 89.

Real orden sobre rebaja de precios en la venta de africanos. B. H. P. R., 1924, vol. 11 : 92.

Rebelión de negros en el pueblo de Vega en 1844. B. H. P. R., 1922, vol. 9 : 25.

Reglamento sobre la educación, trato y ocupaciones que deben dar a sus esclavos los dueños o mayordomos de esta Isla. 1826, 21 p.

Reglamento aprobado por Real decreto de 18 de junio de 1867 para la aplicación de la Ley sobre represión y castigo del tráfico de negros. Imp. del Gobierno, San Juan, P. R., 1867, 23 p.

Slave Trade. [Documentos relacionados con el comercio de esclavos, situación de los chinos, condición de los libertos, abolición de la esclavitud, etc.] En *Great Britain Parlamentary Papers,* vol. 62, 1874, y vol. 71, 1875; otros asuntos, vol. 64, 1847. Imp. Harrison and Sons, London. V. también *Diplomatic and Consular Reports.* Annual series, London, 1888-1911.

Sublevación de los negros esclavos en Ponce. [1848.] B. H. P. R., 1921, vol. 8 : 106.

Sucesos de Santa Cruz. B. H. P. R., 1921, vol. 8 : 75.

Valor de los esclavos negros en 1539. B. H. P. R., 1922, vol. 9 : 288.

I. ABOLICIÓN DE LA ESCLAVITUD

ACOSTA, JOSÉ JULIÁN: *La abolición de la esclavitud en Puerto Rico.* Imp. J. J. Acosta, San Juan, P. R., 1871. [Contiene un discurso de ——; mitin abolicionista en el Teatro Real de Madrid, 1871.]

——: *La esclavitud en Puerto Rico.* Discurso pronunciado en la Conferencia abolicionista del 5 de febrero de 1872. Imp. Sancerrit, San Juan, P. R., 1873, 26 p.

AHUMADA, JOSÉ: *La abolición de la esclavitud en la colonización europea.* Madrid, 1870.

ALONSO Y SANJURJO, EUGENIO: *Apuntes sobre los proyectos de la abolición de la esclavitud en las Islas de Cuba y Puerto Rico.* Madrid, 1868.

CASTELAR, EMILIO: *Propaganda anti-esclavista.* Las reformas en Ultramar. Discursos pronunciados en la sesión celebrada por el Congreso de los Diputados el día 21 de diciembre de 1872, Madrid, 1873.

——: *Discurso de —— pronunciado el día 20 de junio de 1870 en el Parlamento español sobre la abolición de la esclavitud en las Antillas españolas.* B. H. P. R., 1918, vol. 5: 197.

DESCHAMPS, EUGENIO: *¡Libres!* Artículos sobre la abolición de los esclavos. Imp. La Democracia, Ponce, P. R., 1896, 32 p.

FACUNDO, JOSÉ: *Discurso a favor de la abolición de la esclavitud en Puerto Rico.* B. H. P. R., 1923, vol. 10: 67.

HERNÁNDEZ ARVIZU, JUAN A.: *Proyecto de Ley sobre abolición de la esclavitud en la Isla de Puerto Rico.* Imp. a cargo de Tomás Alonso, Madrid, 1869, 30 p.

LABRA, RAFAEL M. DE: *La abolición de la esclavitud en las Antillas españolas.* Imp. J. E. Morete, Madrid, 1869, 116 p.

——: *La libertad de los negros de Puerto Rico.* Discurso pronunciado en la Asamblea Nacional Española en marzo de 1873. Imp. Sociedad Abolicionista Española, Madrid, 1873, 99 p.

——: *La abolición de la esclavitud en el orden económico.* Imp. de J. Noguera, a cargo de M. Martínez, Madrid, 1873, xx-458 p.

——: *La abolición y la Sociedad Abolicionista Española en 1873.* Madrid, 1874.

——: *La experiencia abolicionista de Puerto Rico.* 1874.

——: *Discursos políticos, académicos y forenses.* La vida política en la sociedad contemporánea, La propaganda abolicionista en España, La unidad y la especialidad en el régimen colonial. Primera serie. Imp. de Aurelio J. Alaria, Madrid, 1884, 386 p.

MORALES, JOSÉ PABLO: *La abolición.* En *Misceláneas históricas.* Imp. La Correspondencia, San Juan, P. R., 1924, p. 79.

MORET, SEGISMUNDO: *La abolición de la esclavitud.* Madrid, 1870, 116 p.

MURGA, GONZALO: *De la abolición de la esclavitud en las Islas de Cuba y Puerto Rico.* Madrid, 1868.

PANIAGUA, ÁNGEL: *El 29 de marzo de 1873.* [Sobre la esclavitud en Puerto Rico.] Patria (Rev.), San Juan, P. R., 22 de marzo de 1914.

RUIZ BELVIS, SEGUNDO; ACOSTA, JOSÉ JULIÁN, y QUIÑONES, FRANCISCO MARIANO: *Informe sobre la abolición inmediata de la esclavitud en la Isla de Puerto Rico.* Presentado en la Junta de Información Ultramarina el 10 de abril de 1867. Tip. R. Vicente, Madrid, 1870, 52 p.

SANROMÁ, JOAQUÍN MARÍA: *La esclavitud en Cuba.* Discurso en la tercera conferencia abolicionista de 1872. Imp. Fortanet, Madrid, 1872, 24 p.

——: *Propaganda anti-esclavista. La emancipación de los esclavos en Puerto Rico.* Madrid, 1873.

VALLE, JOSÉ G. DEL: *Lo de los negros de Puerto Rico.* En *A través de diez años,* Barcelona, 1907, p. 245

Abolición parcial de la esclavitud en 1870. B. H. P. R., 1923, vol. 10: 15.

Abolición de la esclavitud en las Islas de Cuba y Puerto Rico. Madrid, 1868, 24 p.

Abolicionista (El). Eco de la Sociedad Abolicionista Española. Madrid, años I-VI, 1 de octubre de 1872 al 25 de diciembre de 1874.

Carta de la Junta directiva de la Sociedad Abolicionista Española al Excmo. Sr. D. Juan Topete. [1872.] B. H. P. R., 1918, vol. 5: 123.

Circular del gobernador Laportilla en 1876 dictando disposiciones para que al entrar los libertos en la vida civil de los pueblos cultos entiendan y cumplan los deberes que les imponen los derechos de que van a disfrutar. B. H. P. R., 1925, vol. 12: 25.

Decreto nombrando una Comisión encargada de redactar las bases para la realización de la abolición de la esclavitud. B. H. P. R., 1923, vol. 10: 6.

Decreto para indemnización a los esclavistas de Puerto Rico en 1876. B. H. P. R., 1925, vol. 12: 26.

Disposiciones sobre la represión y castigo del tráfico negrero, mandadas observar por Real decreto de 29 de septiembre de 1866. Madrid, 1866, 27 p.

Efectos en Puerto Rico del movimiento anti-esclavista de la Martinica. [1848.] B. H. P. R., 1921, vol. 8: 69.

La abolición de la esclavitud en Puerto Rico. Reunión celebrada el 25 de enero de 1873. Madrid, 1873. (Sociedad Abolicionista Española.)

La abolición en Puerto Rico. Primeros efectos de la Ley del 22 de marzo de 1873. Artículos reimpresos de La Discusión. Madrid, 1876.

La experiencia abolicionista de Puerto Rico. Exposiciones de la Sociedad... al Ministro de Ultramar, 15 de julio... 30 de septiembre de 1874. Imp. Sociedad Abolicionista Española, Madrid, 1874, 102 p. (Sociedad Abolicionista Española.)

La Sociedad Abolicionista expone el problema social de la Península. B. H. P. R., 1921, vol. 8: 186.

Ley aboliendo la esclavitud en Puerto Rico. En Paul G. Miller: *Historia de Puerto Rico,* N. Y., 1922, apéndice F.

Ley de 4 de julio de 1870. (Sobre abolición de la esclavitud y Reglamento para su ejecución en las Islas de Cuba y Puerto Rico.) González, Impresor del Gobierno, San Juan, P. R , 1872, 21 p.

Objeto de la Sociedad Abolicionista Española: abolición inmediata de la esclavitud. B. H. P. R., 1921, vol. 8: 63.

Ordenanza de negros emancipados. Aprobada por Real orden de 6 de agosto de 1855. B. H. P. R., 1922, vol. 9: 363.

Project for the extinction of slavery in Cuba and Porto Rico. N. Y., 1865. (General Planters of Cuba.)

Real orden designando los Vocales de la Comisión anti-esclavista. B. H. P. R., 1923, vol. 10: 10.

The abolition of slavery in Cuba and Porto Rico. By several Cubans and Porto Rican abolitionists. Wm. C. B. Bryant & Co., Printers, N. Y., 1866, 34 p.

c. — SUCESOS VARIOS

Angelis, Pedro de: *Los sucesos del 14 de septiembre.* P. R., s. f., 97 p.

Aróstegui, Gonzalo de: *Respuesta del Gobernador de Puerto Rico a D. José Núñez, que lo invitó a sublevar la Isla contra España.* P. R., 1821. Reproducido del Diario Liberal, núm. 15. En P. R. I., 14 de agosto de 1910, núm. 24.

Baldorioty de Castro, Román: *Las facultades omnímodas en 1811 y los Diputados de Puerto Rico en 1869.* Reminiscencia. Imp. de la Gaceta de los Caminos de Hierro, Madrid, 1869, 16 p.

Borges, Vicente Jr. (recopilador): *Memorias de un revolucionario.* Apuntes históricos sobre la revolución de Lares en 1868. P. Borges, editor, Lares, P. R., s. f., 45 p. [Ilustrados con fotografía. Primera ed.]

Cortabarría, Antonio Ignacio: *Manifiesto al pueblo de Venezuela.* [Reimpreso y anotado en Puerto Rico.] Imp. del Gobierno, a cargo de D. V. Sanmillán, San Juan, P. R., 1811, 73 p.

Miller, Paul G.: *Militarismo, absolutismo y separatismo.* En *Historia de Puerto Rico.* N. Y., 1922, cap. XVII.

Power, Ramón: *Nobles y generosos naturales de Santo Domingo, emigrados en Puerto Rico...* Proclama patriótica del 18 de agosto de 1809, 4 p.

Quiñones, Francisco Mariano: *Prisiones y compontes.* En *Apuntes para la Historia de Puerto Rico,* Tip. Comercial, Mayagüez, P. R., 1888, p. 76. Segunda ed.

Valdés, Manuel Marcelino: *Discurso que al prestar el pueblo de Cayey, Isla de Puerto Rico, en su Iglesia parroquial, el debido juramento de*

fidelidad y obediencia a S. M. la Reina de las Españas D.ª Isabel II, declarada mayor de edad por las Cortes del Reino, pronunció el Cura párroco de dicha iglesia. P. R. S. p. i. y s. f.
Cartas de Indias. Publícalas por primera vez el Ministro de Fomento. Madrid, 1877.
Cartas de los hacendados y comerciantes de Santa Cruz al gobernador de Puerto Rico, D. Juan Prim. [1848.] B. H. P. R., 1921, vol. 8: 98.
Carta de Castelar sobre el conflicto antillano. B. H. P. R., 1916, vol. 3: 13.
Carta del gobernador Sanz al cónsul español de St. Thomas. B. H. P. R., 1919, vol. 6: 376.
Captura y fusilamiento del célebre bandido El Águila. [1848.] B. H. P. R., 1921, vol. 8: 21.
Circular para recoger una estampa contra el rey Carlos III. B. H. P. R., 1915, vol. 2: 187.
Donativos de Puerto Rico a favor del Rey de España. B. H. P. R., 1920, vol. 7: 271.
Documentos referentes a la estatua de Isabel II. B. H. P. R., 1919, vol. 6: 304.
El episodio de Fajardo. B. H. P. R., 1919, vol. 6: 76.
El motín de Yabucoa. B. H. P. R., 1919, vol. 6: 362.
El Rey de España y los españoles de Puerto Rico. The Puerto Rico Herald, N. Y., 9 de agosto de 1902, año XI, núm. 57.
Informes presentados por las Comisiones departamentales. Acta de las sesiones. Exposición al Excmo. Sr. Ministro de Ultramar. Otros documentos. Tip. Comercial, Mayagüez, P. R., 1886, 88 p. (Asamblea de Aibonito.)
Las facultades omnímodas de 1810. En Paul G. Miller: *Historia de Puerto Rico.* N. Y., 1922, apéndice D.
Los sucesos de Ciales. B. H. P. R., 1919, vol. 6: 80.
Manifestaciones del elemento español de Puerto Rico con motivo de los sucesos de Juana Díaz. P. R., 1887, 81 p.
Memoria que la Comisión especial de la Isla de San Juan Bautista de Puerto Rico dedica al Excmo. Sr. Teniente General D. Romualdo Palacio y González, Gobernador general de la Isla. Madrid, 10 de noviembre de 1887. Tip. de los Huérfanos, Madrid, 1887, 51 p.
Proclama del gobernador Martínez Flores dando cuenta de los sucesos de Camuy. B. H. P. R , 1919, vol. 6: 365. *Proclama de la Prensa radical*, vol. 6: 366. *Lo de Camuy*, vol. 6: 369.
Proclama del Alcalde de Guánica. B. H. P. R., 1919, vol. 6: 58.
Rozamientos entre el Gobernador y el Intendente. Varapalo del Rey al Gobernador. Creación de una Junta de reparto de tierras. B. H. P. R., 1914, vol. 1: 308.
Socorro a los emigrados de Venezuela. [1814.] B. H. P. R., 1919, vol. 6: 317.

ch. — POLÍTICA ULTRAMARINA

ALZOLA Y MINONDO, BENITO DE: *Relaciones entre la Península y las Antillas.* Madrid, 1895.

ARAIZTEGUI, RAMÓN MARÍA: *Votos de un español.* Imp. M. Minuesa, Madrid, 1869, 147 p.

ARMAS, F. DE: *Régimen político de las Antillas españolas.* Biblioteca Popular, Palma, 1882, 211 p. +.

BLANCO HERRERO, MIGUEL: *Política de España en Ultramar.* Madrid, 1888.

BRAU, SALVADOR: *Lo que dice la Historia.* Cartas al Sr. Ministro de Ultramar, por el Director de El Clamor del País. Tip. Hijos de M. G. Hernández, Madrid, 1893, 45 p.

CEPEDA, FRANCISCO: *Conferencias de Abuli.* Celebradas con Rafael M. de Labra sobre política antillana. Imp. de la Revista de Puerto Rico, Ponce, P. R., 1890, p. 304.

CORTÓN, ANTONIO: *La separación de mandos en Puerto Rico.* Discurso escrito y comenzado a leer... ante la Comisión del Congreso. Imp. de H. Álvarez, Habana, 1890, 31 p.

DÍAZ CANEJA, IGNACIO: *La cuestión ultramarina.* Bosquejo crítico e histórico, político y gubernativo, administrativo y económico. Imp. El Boletín Mercantil, San Juan, P. R., 1885, 337 p.

ESTÉVANEZ, NICOLÁS: *Impresiones de ——, en San Juan de Puerto Rico en 1865.* B. H. P. R., 1921, vol. 8: 367.

FERRER DE CANTO, JOSÉ: *Cuestiones de Méjico, Venezuela y América en general.* Imp. A. Santa Coloma, Madrid, 1861, 660 p.

FLORES ESTRADA, ÁLVARO: *Examen imparcial de las disensiones de la América con la España, de los medios de su recíproco de la España.* Cádiz, 1812. Segunda ed.

GELPÍ Y FERRO, GIL: *Situación de España y de sus posesiones de Ultramar al principiar el año 1875.* Su verdadero peligro y el único medio de conjurarlo. Imp. G. Gelpí y Ferro, Madrid, 1875, 87 p.

IZQUIERDO, JOSÉ A.: *Restos del Imperio colonial de España en América.* Cuba y Puerto Rico. Alegato en favor de la autonomía. Madrid, 1895, 24 p.

JIMÉNEZ DE LA ROMERA, WALDO: *España. Sus monumentos y artes. Su naturaleza e historia. Cuba, Puerto Rico y Filipinas.* Ed. D. Cortezo, Barcelona, 1887, 944 p. [Para Puerto Rico, v. p. 373-552, 926-936.]

LABRA, RAFAEL M. DE: *La pérdida de las Américas.* Artículos publicados en los Conocimientos Útiles, semanario enciclopédico popular. Imp. a cargo de Francisco Roig, Madrid, 1869, 74 p.

LABRA, RAFAEL M. DE: *La cuestión colonial.* Artículos publicados en el periódico Las Cortes. Cuba, Puerto Rico y Filipinas. Tip. de Gregorio Estrada, Madrid, 1869, 120 p.

—— : *La pérdida de las Antillas.* Madrid, 1870.

—— : *La cuestión de Puerto Rico.* Cuestiones de Ultramar. Trata de los proyectos de Constitución de Becerra y Moret. Imp. de J. F. Morete, Madrid, 1870, 118 p.

—— : *La cuestión de Ultramar.* Discurso pronunciado en el Congreso de los Diputados. Tomado del Diario de Sesiones del 10 de julio de 1871. Imp. de J. Noguera, Madrid, 1871, 55 p.

—— : *A los electores de Sábana Grande, Puerto Rico,* su diputado a Cortes. Imp. M. G. Hernández, 1873, 59 p.

—— : *Política y sistemas coloniales.* Conferencias dadas en el Ateneo de Madrid. Tip. Valverde, Madrid, 1874, 93 p.

—— : *La política antillana en la Metrópoli española.* Imp. El Liberal, Madrid, 1891, 147 p.

—— : *La crisis colonial de España, 1868-1898.* Estudios de política palpitante y discursos parlamentarios. Madrid, 1901.

—— : *La República y las libertades de Ultramar.* Madrid, 1897.

—— : *España y América, 1812-1912.* Estudios políticos, históricos y de Derecho internacional. Tip. del Sindicato de Publicidad, Madrid, 1912, 485 p.

—— : *La política colonial y la revolución española de 1868.* Madrid, 1915.

——; GIBERGA, ELISEO; CASTAÑEDA, TIBURCIO; DOLZ, EDUARDO; MONTORO, RAFAEL; TERRY, EMILIO, y CUETO, JOSÉ A. DEL: *El problema colonial contemporáneo.* Libs. de Victoriano Suárez y Fernando Fe, Madrid 1879, 407 p.

LLORÉNS TORRES, LUIS: *La nobleza de las Antillas.* P. R. I., 2 de julio de 1927, núm. 904.

MELÉNDEZ Y BRUNA, SALVADOR: *Puerto Rico.* Cuestiones políticas y coloniales. Cádiz, 1811.

NAVARRO Y RODRIGO, CARLOS: *Las Antillas.* Imp. Rivadeneyra, Madrid, 1872, 72 p. Segunda ed.

PEZUELA Y LOBO, JACOBO DE LA: *Crónica de las Antillas.* Imp. Rubio, Grilo y Vitturi, Madrid, 1871, 231 p.

PRATS, JOSÉ G.: *Las dos crisis.* Apuntes para el estudio del malestar actual de Puerto Rico. Tip. Comercial, Mayagüez, P. R., 1886, 25 p.

PULGARÍN, JOSÉ MARÍA: *Honra y barcos.* Observaciones y comentarios sobre Cuba, Puerto Rico y Filipinas, Madrid, 1872, 48 p.

QUINTERO, A.: *Gobierno español en sus Colonias y en las Repúblicas americanas.* Manifiesto, N. Y., 1865, 100 p. +.

TERREFORTE ARROYO, JUAN P.: *El caciquismo colonial.* Ligeras consideraciones. Tip. Comercial, Mayagüez, P. R., 1894, 12 p.

TORRÉNS, MARIANO: *Política ultramarina*... Relaciones de España con los Estados Unidos... Inglaterra y las Antillas... Compañía General de Impresores, Madrid, 1854, 444 p.

TURNBULL: *Porto Rico and Cuba.* Southern Quaterly Review. Charleston, S. C., July 1847, vol. 12: 91.

VATTEMARE, H.: *Antilles Espagnoles et la Politique des Etats Unis.* Revue Contemporaine, París, 1869, vol. 2: 138.

X X X: *Puerto Rico por dentro.* Cartas abiertas. Imp. José Gil y Navarro, Madrid, 1888, 114 p.

Breves reflexiones acerca de los Decretos de nombramiento de una Comisión regia para informar sobre el estado de la administración de las Islas de Cuba y Puerto Rico. Por D. M. J. C. Imp. Yenes, Madrid, 1839, 16 p.

Boletín Oficial del Ministerio de Ultramar. Imp. Nacional, Madrid, 1875, 303 p.

Cuba y Puerto Rico. Caracas, 1869, 55 p.

Cuestión política de las provincias ultramarinas, Madrid, 1855, 23 p.

Exposición al Ministro de Ultramar acompañando el acta de la Asamblea de Aibonito. Documentos varios. Adhesiones de Sábana Grande y Lares. En *Informes y Memorias.* Tip. Comercial, Mayagüez, P. R., 1886, 10 p.

Exposición que dirigen al Excmo. Sr. Presidente del Consejo de Ministros por conducto del Excmo. Sr. Gobernador General de Puerto Rico y del Ministro de Ultramar. Imp. José Gil y Navarro, Madrid, 1888, 49 p.

Gaceta extraordinaria de Puerto Rico del lunes 15 de mayo de 1820. ¡Viva la Constitución! B. H. P. R., 1915, vol. 2: 15.

Instrucción que deberá observarse para la elección de Diputados a Cortes, Sevilla, 1810. [Reimpreso en Puerto Rico, en la Imp. de la Capitanía General, 1810.]

Junta informativa de Ultramar. Extracto de las contestaciones que las Comisiones elegidas por las Islas de Cuba y Puerto Rico han dado al interrogatorio que se ha puesto a su discusión, etc. Madrid, 1869.

Organización y Reglamento del Consejo de Ultramar. Imp. de Ramón Moreno y Ricardo Rojas, Madrid, 1887, 29 p. (Ministerio de Ultramar.)

Periódicos que consagrados a los asuntos de las Antillas se publicaron en España desde 1852 hasta 1895. En González Font, José: *Escritos sobre Puerto Rico,* Barcelona, 1903, p. 188.

Proyecto del Sr. Suñer Capdevila, Ministro de Ultramar, para conceder a Puerto Rico el título 1.º de la Constitución española de 1869. B. H. P. R., 1920, vol. 7: 263.

¡Viva la integridad de la Patria! Artículos publicados en defensa de las Antillas españolas por La Prensa, diario político de Madrid. Imp. La Prensa, Madrid, 1871, 85 p.

1. CAMPAÑAS PARLAMENTARIAS

ACOSTA, JOSÉ JULIÁN: *Discurso político.* En el Congreso de los Diputados de España, al discutirse la Sección de Fomento. Imp. J. J. Acosta, San Juan, P. R., 1880.

——; RUIZ BELVIS, SEGUNDO, y QUIÑONES, FRANCISCO MARIANO: *Informe de los Comisionados de Puerto Rico.* S. p. i., s. l. y s. p.

BALDORIOTY DE CASTRO, ROMÁN: *La interpelación del diputado D. Luis Padial y sus consecuencias.* Imp. de la Gaceta de los Caminos de Hierro, Madrid, 1869, 71 p.

——: *La Junta informativa de reformas para Puerto Rico,* 1869.

——: *Una campaña parlamentaria.* Colección de proposiciones presentadas y discursos pronunciados en las Cortes españolas de 1872-1873, por la Diputación de Puerto Rico, Madrid, 1873.

——: *Discurso en las Cortes Constituyentes de 1870 y controversia que provocó.* B. H. P. R., 1916, vol. 3: 350.

BELDA, JOSÉ, y LABRA (Hijo), RAFAEL M. DE: *El Centenario de 1812.* Las Cortes de Cádiz en el Oratorio de San Felipe, notas históricas, Madrid, 1912, 110 p.

BONA, FÉLIX DE: *Cuba, Santo Domingo y Puerto Rico.* Historia, estado, cuestiones políticas, comentarios a los discursos del Senado, etc. Tip. Galiano, Madrid, 1861, 155 p.

CASTRO, ADOLFO DE: *Cortes de Cádiz.* Complementos de las sesiones verificadas en la Isla de León y en Cádiz. Extractos de las discusiones, datos, noticias, documentos y discursos publicados en periódicos y folletos de la época, Madrid, 1903, 2 vols.

COMENGE, RAFAEL: *Antología de las Cortes de Cádiz,* Madrid, 1909-1911, 2 vols.

GARCÍA MOLINA, FRANCISCO: *Trabajos parlamentarios en las legislaturas de 1893-1894,* Madrid. Imp. de los Hijos de J. A García, Madrid, 1894, 102 p.

LABRA, RAFAEL MARÍA DE: *Puerto Rico en 1885.* Discursos pronunciados en el Congreso de los Diputados; sesiones del 30 de mayo y 1 de junio de 1885. Imp. de Aurelio J. Alaria, Madrid, 1885, 78 p.

——: *Mi campaña en las Cortes españolas de 1881-1883.* Imp. de Aurelio J. Alaria, Madrid, 1885, 365 p.

——: *Una fórmula de transacción.* Discurso parlamentario de 1886, pronunciado en el debate sobre los presupuestos de Puerto Rico, Madrid, 1886.

——: *América y la Constitución española de 1812.* Estudio histórico-jurídico, Madrid, 1914.

—— (Hijo): *Los presidentes americanos de las Cortes de Cádiz.* Estudios biográficos, Cádiz, 1912.

Lastra y Jodo, V.: *Los representantes de las Antillas.* (Siluetas integristas.) Madrid, 1888.

Martín Sánchez, F.: *Discursos y rectificaciones pronunciados en el Congreso de los Diputados... 1895.* Imp. de los Hijos de J. A. García, Madrid, 1895.

[Ponce de León, Néstor]: *Apuntes históricos sobre la representación de Cuba en España y la Junta de Información celebrada en Madrid en 1866 y 1867 por los representantes de Cuba y Puerto Rico.* New York, 1877, 53 p.

Ruiz Zorrilla, Manuel: *Discurso pronunciado por el Excmo. Sr. —— en el Congreso de los Diputados con motivo de una pregunta hecha por el Sr. Bugallal sobre las reformas de Ultramar.* Imp. Nacional, Madrid, 1872, 14 p.

Acta del Ayuntamiento de San Juan Bautista de Puerto Rico sobre la publicación y la promulgación de la Constitución de Cádiz en 1836. B. H. P. R., 1915, vol. 2 : 28.

Acta para implantar la Constitución de Cádiz por segunda vez en Puerto Rico en 1820. B. H. P. R., 1915, vol. 2 : 13.

Carta del gobernador E. Despujol al secretario Fontanals sobre elecciones de Diputados a Cortes. B. H. P. R., 1916, vol. 3 : 11.

Decreto de las Cortes de Cádiz. [Renovación de la orden con que el Gobernador y Capitán general de la Isla de Puerto Rico había sido ampliamente autorizado para remover, confinar y proceder contra cualquier persona.] B. H. P. R., 1919, vol. 6 : 236.

Decreto y Reglamento para la elección de Diputados a Cortes Constituyentes en la provincia de Puerto Rico. Imp. del Comercio, 1873, 36 p.

El Centenario de las Cortes de Cádiz. Madrid, 1913.

El Consejo de Regencia en 1810 se dirige a los habitantes de esta Isla dándole cuenta de los acontecimientos ocurridos en la Península. B. H. P. R., 1923, vol. 10 : 274.

Estatuto Real para la convocación de las Cortes Generales del Reino. Imp. del Gobierno, San Juan, P. R., 1834, 26 p.

Exposición presentada a las Cortes por los diputados de Ultramar en la sesión de 25 de junio de 1821. Sobre el estado actual de las provincias de que son representantes y medios convenientes para su definitiva pacificación. Imp. de Diego García, Madrid, 1821.

Instrucciones y poderes dados al diputado D. Ramón Power por el Ayuntamiento de San Juan y los de las villas de Arecibo, Aguada y Coamo. B. H. P. R., 1923, vol. 10 : 102.

Interpelación del Brigadier D. Luis Padial, diputado por Puerto Rico, en las Cortes Constituyentes de 1869 y sus consecuencias. B. H. P. R., 1917, vol. 4 : 33.

Junta Superior de Cádiz. A la América española. Pueblos de América, etc. Cádiz, 1810, 5 hojas.

La Constitución de Cádiz en Puerto Rico. B. H. P. R., 1915, vol. 2 : 3.

La Constitución de Cádiz proclamada por tercera vez en Puerto Rico en 1836. B. H. P. R., 1915, vol. 2 : 25.

La República española concede a Puerto Rico el título primero de la Constitución de 1869. B. H. P. R., 1920, vol. 7 : 261.

Las Antillas ante el Parlamento español en 1872. Imp. de Antonio Pérez Dubrull, Madrid, 1873, 653 p.

Los diputados americanos en las Cortes españolas. Los diputados de Puerto Rico, 1872-1873. Imp. de Aurelio J. Alaria, Madrid, 1880, 395 p. +.

Los diputados reformistas de Puerto Rico. La América. Madrid, 3 de marzo de 1873.

Una campaña parlamentaria. Imp. de M. G. Hernández, Madrid, 1873, 395 p. [Proposiciones y discursos pronunciados en las Cortes españolas de 1872-1873 por la Diputación radical de Puerto Rico. Contiene los trabajos de Labra, Sanromá, Cintrón, Álvarez Peralta, Luis Padial, etc.]

2. REFORMA COLONIAL

ANDRÉS, S. : *La reforma electoral en nuestras Antillas.* Imp. A. Mellado, Madrid, 1899, 62 p.

BALDORIOTY DE CASTRO, ROMÁN : *Las facultades omnímodas en 1811 y los diputados de Puerto Rico en 1869.* Reminiscencia. Imp. La Gaceta de los Caminos de Hierro, Madrid, 1869, 16 p.

CÁNOVAS DEL CASTILLO, ANTONIO : *Discurso del Excmo. Sr. ——, pronunciado en el Congreso de los Diputados el día 13 de febrero de 1895, con motivo de la discusión del proyecto de ley de régimen de gobierno y administración civil en las Islas de Cuba y Puerto Rico.* Madrid, 1895.

CASA-NOA Y ST. LUIS, MAURICIO DE : *Las reformas y después la independencia.* Defensa del plan de Maura. Habana, 1894, 36 p.

DÍAZ CANEJA, IGNACIO : *Las reformas del Sr. Maura.* Estudio crítico. Imp. El Boletín Mercantil, San Juan, P. R., 1893, 60 p.

ESLAVA, RAFAEL G. : *Las reformas y su secreto.* Con un prólogo de D. Juan López Seña. Habana, 1894, 24 p.

FLINTER, GEORGE DAWSON : *Consideraciones sobre la España y sus colonias y ventajas que resultarían de su mutua reconciliación.* Madrid, 1834.

GONZÁLEZ, DACIO : *Las reformas de Maura.* Matanzas, 1894, 68 p.

HERNÁNDEZ ARVIZU, JUAN A. : *Memoria sobre la situación de la Isla de Puerto Rico y reformas que deben introducirse en su régimen.* Imp. Española, Madrid, 1869, 44 p.

LABRA, RAFAEL M. DE : *La reforma colonial en España.* Madrid, 1869.

—— : *Discursos políticos, académicos y forenses.* Imp. de Marcelino Burgase, Madrid, 1886, 185 p. [Contiene un artículo sobre Puerto Rico en 1885, y otro sobre distintos asuntos políticos y sociales.]

LABRA, RAFAEL M. DE: *La reforma electoral en las Antillas.* Con un estudio sobre la política antillana en la Metrópoli. Imp. de El Liberal, Madrid, 1891, 320 p.

———: *La reforma colonial en las Antillas.* Madrid, 1896, 204 p.

———: *La reforma política de Ultramar.* Discursos y folletos, 1868-1900. Tip. de A. Alonso, Madrid, 1901.

LUGO VIÑA, WENCESLAO: *Memoria sobre las reformas de Puerto Rico.* Madrid, s. f.

MAURA Y MONTANER, ANTONIO: *Proyecto de ley reformando el gobierno y administración civil de.. Cuba y Puerto Rico.* Madrid, 1893.

ORTEGA RUBIO, JUAN: *Historia de España.* Imp. Bailly-Baillière, Madrid, s. f., 8 vols. [V. Reformas de Maura en Filipinas, Cuba y Puerto Rico, vol. 7, cap. VIII.]

RODRÍGUEZ SAN PEDRO, JOAQUÍN: *La cuestión social en las Antillas españolas.* Madrid, 1871.

SENDRAS Y BURÍN, ANTONIO: *Cómo se gobierna en Puerto Rico.* Observaciones de actualidad. Propaganda reformista. Imp. Marcelino Bargase, Madrid, 1886, 62 p.

VALIENTE, PORFIRIO: *Reformes dans les Iles de Cuba et de Porto Rico.* Avec une préface par Edouard Laboulage. Imp. A. Chaix, Paris, 1869, 412 p.

VÁZQUEZ QUEIPO, VICENTE: *Breves observaciones sobre las principales cuestiones que hoy se agitan respecto de las provincias ultramarinas.* Madrid, 1873.

Apuntes sobre la cuestión de la reforma política y de la introducción de africanos en las Islas de Cuba y Puerto Rico. Imp. Fortanet, Madrid, 1866, 68 p.

Carta de D. Pablo Ubarri contra los españoles afectos a las reformas y contra los hijos del país reformistas. B. H. P. R., 1918, vol. 5: 258.

Documento para la historia política de Puerto Rico. Vuelven los diputados puertorriqueños al Parlamento español en 1869. B. H. P. R., 1924, vol. 9: 127.

La situación de Puerto Rico. Las falacias de los conservadores y los compromisos del Partido Radical. Propaganda reformista. Imp. de J. Nogueras, Madrid, 1873, 79 p. [En *Biblioteca Histórica Cubana,* vol. 1, p. 78. Trelles adjudica esta obra a Labra, y asegura que éste insertó en el folleto documentos referentes a la historia política de Puerto Rico y una exposición de 34.000 puertorriqueños pidiendo reformas.]

Las Antillas ante el Parlamento español, 1872. Imp. de Antonio Pérez Dubrull, Madrid, 1873, 651 p.

Los diputados reformistas de Puerto Rico. B. H. P. R., 1918, vol. 5: 116.

Ley de reformas para Ultramar. Imp. Sucesión J. J. Acosta, San Juan, P. R., 1895, 21 p.

Leyes de Indias. Con las posteriores a este Código vigente hoy y un epílogo sobre las reformas legislativas ultramarinas, por Miguel de la Guardia. Madrid, 1889-1890.

Meeting libre-cambista sobre reformas arancelarias en las Antillas. Imp. de Enrique de la Riva, Madrid, 1880, 64 p.

Rectificación de un error internacional cometido al publicarse los informes sobre reformas en Cuba y Puerto Rico. Habana, 1869, 35 p.

Reformas. B. H. P. R., 1914, vol. 1: 287.

Régimen del gobierno y administración civil de la Isla de Puerto Rico. Reformas planteadas con arreglo a la Ley de Bases de 15 de marzo de 1895. Leyes y Decretos. Edición oficial. Imp. de la Viuda de Minuesa de los Ríos, Madrid, 1897, 206 p.

G. — SIGLOS XIX Y XX

a. — HISTORIA POLÍTICA Y DE PARTIDOS

ACOSTA, JOSÉ JULIÁN: *Vindicación.* En *Artículos políticos.* P. R., 1878, p. 14.

ALLEN, H. H.: *Political Evolution of Porto Rico.* National Magazine. Boston, 1904, vol. 21: 439.

AMY, FRANCISCO J.: *Predicar en desierto.* Verdades que no querrá oír la actual generación, pero que sabrán apreciar las generaciones venideras. Imp. El Alba, San Juan, P. R., 1907, 240 p.

APONTE, JOSÉ AGUSTÍN: *El pueblo y sus derechos.* Consideraciones. Imp. La Voz del Pueblo, Aguadilla, P. R., 1895, 16 p. (Biblioteca Puertorriqueña.)

ARRILLAGA ROQUÉ, JUAN: *La política en 1888.* En *Memorias de antaño.* Tip. Baldorioty, Ponce, P. R., 1910, p. 87.

AYALA, R.: *El ideal de la Patria.* Imp. Cantero, Fernández y Cía., San Juan, P. R., 1921.

AYBAR, JULIO: *Labor parlamentaria.* Imp. Unión Obrera, San Juan, P. R., 1915, 37 p.

BLANCO Y SOSA, JULIÁN E.: *Veinticinco años antes.* Apuntes para la Historia. Colección de artículos publicados en El Progreso y La Voz del País. Imp. Sucesión J. J. Acosta, San Juan, P. R., 1898, 250 p.

BRAU, SALVADOR: *Lo que dice la Historia.* Cartas al Sr. Ministro de Ultramar por el Director de El Clamor del País y Secretario general del Partido Autonomista Puertorriqueño, D. ——. Tip. de los Hijos de M. G. Hernández, Madrid, 1893, 45 p.

CELIS AGUILERA, JOSÉ DE: *Mi honradez política y la de mis detractores.* Imp. El Asimilista, San Juan, P. R., 1885, 28 p.

CELIS AGUILERA, JOSÉ DE: *Mi grano de arena para la historia de Puerto Rico.* Imp. J. J. Acosta, San Juan, P. R., 1886, 111 p. +.

COLL CUCHÍ, CAYETANO: *Notas políticas.* Imp. El Boletín Mercantil, San Juan, P. R., 1909, 150 p.

——: *Pro Patria.* Situación política de Puerto Rico antes del conflicto legislativo de 16 de marzo de 1909. P. R., 422 p.

——: *Cuatro meses de política.* [Administración de Mont Reily.] Imp. G. Lamadrid Hnos., P. R., 1923, 209 p.

COLL CUCHÍ, JOSÉ: *Ante la opinión pública.* Imp. La Correspondencia San Juan, P. R, 1924, 40 p.

COLL VIDAL, JOSÉ: *Una idea y unos hombres.* Apuntes sobre el problema político de Puerto Rico. Imp. La Democracia, San Juan, P. R., 1923, 160 p. [V. Meléndez Muñoz, M.: *Una idea y unos hombres.* Crítica de esta obra de José Coll Vidal. P. R. I., 7 de abril de 1923, núm. 684.]

CUEVAS ZEQUEIRA, SERGIO: *En la contienda.* Colección de artículos políticos, con un prólogo de Gastón Mora. Tip. El Fígaro, Habana, 1901, 119 p.

DIEGO, JOSÉ DE: *El problema de Puerto Rico.* P. R., 1913, 27 p.

FERNÁNDEZ, JOSÉ: *Ensayos políticos.* Imp. La Civilización, Ponce, P. R., 1879.

FERNÁNDEZ VANGA, EPIFANIO: *Imperialismo puertorriqueño.* Rev. Ant., marzo de 1913, año I, núm. 1.

——: *El Comité del Senado.* (Problema político de Puerto Rico.) P. R. I., 28 de marzo de 1914, núm. 213.

——: *Garrison.* (Sobre el problema político de Puerto Rico.) P. R. I., 4 de abril de 1914, núm. 214.

——: *La inútil lucha.* (Sobre el problema político de Puerto Rico.) P. R. I., 27 de junio de 1914, núm. 226.

——: *Los dos mundos.* (Sobre el problema político de Puerto Rico.) P. R., 18 de abril de 1914, núm. 216.

FERRER Y FERRER, JOSÉ: *¿Por qué no somos políticos?* Recopilación de varios capítulos publicados en el periódico La Miseria. Imp. de Luis Ferreras, San Juan, P. R., 1901, 29 p.

FINLEY, J.: *Political Beginnings in Porto Rico.* Review of Reviews, N. Y., Nov. 1900, vol. 22: 511.

FÚSTER MORALES, C.: *Miserias políticas.* Historia de un alcalde y dos propagandistas. Tip. La Democracia, Caguas, P. R., 1903, 56 p.

GUASP, IGNACIO: *Una bala histórica.* Imp. Militar, Habana, 1878, 27 p.

GUZMÁN BENÍTEZ, JOSÉ DE: *Una deuda.* Folleto político. Tip. de la Viuda de Ballesteros, Mayagüez, P. R., 1882, 13 p.

HUYKE, JUAN B.: *Combatiendo.* Imp. La Primavera, San Juan, P. R., 1922, 276 p. [Colección de artículos políticos.]

KRIPPINE, H. P.: *Porto Rico's Playful Politics.* Current History Magazine, of the New York Times, N. Y., Jan. 1922, vol. 15: 610.

López Landrón, Rafael: *Cartas abiertas para el pueblo de Puerto Rico.* Imp. Unión Obrera, Mayagüez, P. R., 1911, 166 p.

Matías, Fernando J.: *La anarquía en Puerto Rico.* Imp. de Manuel López, Ponce, P. R., 1903, 146 p. [Otra ed.: 1905, 220 p.]

Matos Bernier, Félix: *Ecos de la propaganda.* Caracas, 1889, 224 p. [Artículos políticos.]

Montañez, Francisco E.: *Granos de arena.* Tip. El Telégrafo, Ponce, P. R., 1895, 133 p. +. [Colección de artículos políticos y literarios.]

Morales, José Pablo: *Política* En *Misceláneas.* Imp. Sucesión J. J. Acosta, San Juan, P. R., 1895, p. 193-285.

Muñoz Rivera, Luis: *Carta al Lcdo. Herminio Díaz Navarro, sobre política puertorriqueña en 1916.* B. H. P. R., 1920, vol. 7: 55.

——: *Campañas políticas.* Prólogo de Rafael Hernández Usera. Editorial Puerto Rico, Madrid, 1925, 3 vols.

——: *Epistolario de* ——. Carta a Martínez Plée sobre política puertorriqueña. B. H. P. R., 1923, vol. 10: 220.

——: *Epistolario.* Carta a Fernández Vanga sobre política puertorriqueña. B. H. P. R., 1922, vol. 9: 289.

——: *Epistolario.* Opinión contra las Comisiones [que van] a Washington a recabar del Gobierno derechos políticos. B. H. P. R., 1927, vol. 14: 26-27.

——: *Los recursos de siempre.* Artículo desmintiendo informes falsos del gobernador Hunt, que aparecen en el New York Herald. The Puerto Rico Herald, N. Y., 2 de agosto de 1902, vol. 2, N° 56, 40 p.

——: *Political Conditions in Porto Rico.* En *Report of the 29th Annual Lake Mohonk Conference of Friends of the Indian and other Dependent Peoples,* Oct. 18, 19, 20, 1911, p. 186.

Quiñones, Francisco Mariano: *Apuntes para la historia de Puerto Rico.* (Tiempos del gobernador Palacios.) Tip. Comercial, Mayagüez, P. R., 1888, 204 p. Segunda ed.

Quixano y Font de la Vall, Luis de: *Cuatro palabras al público imparcial, ilustrado y sensato.* Arecibo, P. R., 1886.

Palacio, Manuel del: *Un liberal pasado por agua.* Recuerdos de un viaje a Puerto Rico. Imp. Miguel Guijarro, Madrid, 1868, 207 p.

Rivera Mattei, Miguel: *Mis 14 líneas.* Juncos, P. R., 1923, 22 p. [Prosa y verso; política.]

Todd, Roberto H.: *R. H. T. habla al país.* Tip. Heraldo Español, San Juan, P. R., 1906, 22 p.

Valle, José G. del: *Imitemos todos a Baldorioty.* En *A través de diez años,* Barcelona, 1907, p. 75.

Wilson, Edward S.: *Political Development of Porto Rico.* Publisher Fred. J. Heer, Colombus, Ohio, 1905, 156 p.

Artículos publicados en el periódico liberal reformista El Agente. La Constitución de Puerto Rico. Imp. J. J. Acosta, San Juan, P. R., 1881, 12 p.

Carta de Epifanio Fernández Vanga a Muñoz Rivera en contestación a la anterior. B. H. P. R., 1922, vol. 9: 291.
Carta política de D. José Pablo Morales a D. Román Baldorioty de Castro. B. H. P. R., 1924, vol. 11: 264.
Comité de Defensa. Imp. Sucesión J. J. Acosta, San Juan, P. R., 1901, 18 p.
Documentos para la historia política de Puerto Rico. Diputados y Senadores por Puerto Rico. B. H. P. R., 1918, vol. 5: 375.
Documentos para la historia política de Puerto Rico. B. H. P. R., 1921, vol. 8: 189.
Documentos para la historia política de Puerto Rico. Carta del Lcdo. Miguel Guerra Mondragón al Dr. Coll y Toste, sobre el espionaje en Saint Thomas. [1837.] B. H. P. R., 1922, vol. 9: 349.
El Transvaal y Puerto Rico. The Puerto Rico Herald, N. Y., 21 de marzo de 1903, vol. 2, N° 86, p. 519.
La desmoralización en Puerto Rico empieza por los altos funcionarios. The Puerto Rico Herald, N. Y., 24 de enero de 1903, vol. 2, año II, N° 78, p. 392.
Los dos políticos. The Puerto Rico Herald, N. Y., 29 de noviembre de 1902, vol. 2, N° 73, p. 311.
Los dos yugos. The Puerto Rico Herald, N. Y., 30 de mayo de 1903, vol. 2, N° 96, p. 673.
[*Partidos políticos*.] En *El Libro de Puerto Rico*, 1923, cap. IX.
Puerto Rico en la anarquía. The Puerto Rico Herald, N. Y., 4 de octubre de 1902, vol. 2, N° 65, p. 183.
Puerto Rico y Filipinas. The Puerto Rico Herald, N. Y., 7 de diciembre de 1901, vol. 1, N° 22.
Sociedad Republicana de Cuba y Puerto Rico. Manifiesto. . : Nuestra Sociedad, nuestro propósito y nuestra bandera, 1865.
Una enseñanza para Puerto Rico y para los Estados Unidos. The Puerto Rico Herald, N. Y., 27 de septiembre de 1902, vol. 2, N° 64, p. 167.
Un Gobierno demagogo. Un país en la anarquía. The Puerto Rico Herald, N. Y., 6 de septiembre de 1902, vol. 2, N° 61, p. 125.

I. SUCESOS POLÍTICOS

ACOSTA, JOSÉ JULIÁN: *Horas de prisión*. Imp. Sancerrit, San Juan, P. R., 1868. [Folleto escrito con motivo de su prisión en las bóvedas del Castillo del Morro, San Juan, P. R., por los sucesos de la revolución de Lares, 1868.]
ANGELIS, PEDRO DE: *Célebre proceso*. Los sucesos del 14 de septiembre. Reseña imparcial del curso de la causa seguida contra D. Luis Muñoz Rivera, D. Tulio Larrinaga, D. Octavio García Salgado, D. Ma-

nuel Palacio Salazar, D. Álvaro Palacio Salazar, D. José Labrador Viñals, D. Manuel Aldea Nazario, D. Antonio Moreno Calderón, D. Jaime Vilaseca y D. Eduardo Pérez Rijos. Imp. El Boletín Mercantil, San Juan, P. R., 1901, 97 p.

Carreras y Rubán, Pedro: *Apéndice al relato increíble que D. Policarpo Echevarría ha tenido la audacia de titular fiel reseña de la actitud que él tomara a fines del año 1887, en los escándalos, desvergüenzas y crímenes cometidos en aquella época siendo alcalde de Juana Díaz.* Tip. de la Revista de Puerto Rico, Ponce, P. R., 1889, 20 p. [V. B. H. P. R., 1924, vol. 11 : 51.]

Coll y Toste, Cayetano: *La cuestión Cervera-Janer y preliminares de un duelo a espada.* B. H. P. R , 1919, vol. 6 : 35.

Córdova Dávila, Félix: *Cosas de Washington.* La Policía y los puertorriqueños. The Puerto Rico Herald, N. Y., 30 de agosto de 1902, vol. 2, N° 60 : 109.

Díaz Díaz, Arístides: *Falsedades de Fabrístides Cepeda, comprobadas por D.* ——. Tip. El Vapor, Ponce, P. R., 1889, 17 p.

Díaz, José Domingo: *Seis manifiestos o proclamas fechadas en Curazao, en 15 de octubre de 1813, 30 de octubre de íd., 24 de diciembre de íd., 29 de enero de 1814, 5 de abril de íd., y 4 de julio de íd.* P. R., s. p. i. y s. f.

Matías, Fernando J.: *La anarquía en Puerto Rico.* Relación de los sucesos políticos más importantes ocurridos durante el año 1902. Persecuciones y atropellos. Las víctimas del coloniaje. Ed. Gregorio Rivera. Imp. La Competencia, Ponce, P. R., 1903, 144 p.

Pérez Moris, José, y Cueto y González Quijano, Luis: *Historia de la insurrección de Lares, precedida de una reseña de los trabajos separatistas que se vienen haciendo en la Isla de Puerto Rico desde la emancipación de las demás posesiones hispanoultramarinas, y seguidas de todos los documentos a ella referentes.* Imp. N. Ramírez y Cía., Barcelona, 1872, 342 p.

Ríus, José Antonio: *Muy leales y amados puertorriqueños.* [Manifiesto.] Habana, 1812.

Rosa, Fernando de la: *Siguen los escándalos en la Administración de Puerto Rico.* The Puerto Rico Herald, N. Y., 28 de marzo de 1903, vol. 2, N° 86 : 536.

[Urquía, Juan]: *La guerra hispanoamericana.* Historia negra. Relato de los escándalos ocurridos en nuestras ex colonias durante las últimas guerras, por el Capitán Verdades. Barcelona, 1899, xvi-255 p.

Valle, José G. del: *Los escándalos de San Juan.* En *A través de diez años,* Barcelona, 1907, p. 77.

Vélez, B.: *Los sucesos de Ciales.* [Insurrección del 1898.] B. H. P. R., 1919, vol. 6 : 80.

Vizcarrondo, Julio L.: *Carta a las Cortes con motivo del componte de 1887.* B. H. P. R., 1925, vol. 12 : 133.

X X X: *Puerto Rico por dentro.* Cartas abiertas. Imp. José Gil y Navarro, Madrid, 1888, 112 p.

Amnistía concedida a los presos desterrados o emigrados por delitos políticos en Puerto Rico. B. H. P. R., 1915, vol. 2 : 221.

Carta que los presos políticos del Castillo del Morro dirigen a un patriota de Mayagüez. [Año 1887.] B. H. P. R, 1921, vol. 8 : 49.

Componte en 1887. Reseña de D. Policarpo Echevarría. B. H. P. R., 1924, vol. 11 : 39.

Contrabando y fraudes en Puerto Rico. The Puerto Rico Herald, N. Y., 23 de mayo de 1903, vol. 2, N° 95: 663.

Decreto concediendo amnistía a los que hubieren tomado parte en la sublevación de Lares, Puerto Rico. B. H. P. R., 1922, vol. 9 : 327.

Documentos referentes a la insurrección de Lares. Captura de cabecillas, 1868. B. H. P. R., 1920, vol. 7 : 254.

Documentos relativos a la insurrección de Lares. Asalto al Pepino. [Hoy San Sebastián.] B. H. P. R., 1920, vol. 7 : 309.

Documento para la historia de la insurrección de Lares. B. H. P. R., 1921, vol. 8 : 378.

Documentos para la historia de la Sociedad secreta Secos y Mojados, llamada también La Torre del Viejo, que dió lugar a los sucesos políticos de 1887. B. H. P. R., 1918, vol. 5 : 263.

El ministro de Ultramar, D. Víctor Balaguer, aprueba los atropellos oficiales del gobernador D. Laureano Sanz, en 1874. B. H. P. R., 1920, vol. 7 : 33.

Instrucciones al conde Donzelot, gobernador de Martinica, respecto a Cuba y Puerto Rico, en 1823. B. H. P. R., 1916, vol. 3 : 231.

La defensa de las turbas. The Puerto Rico Herald, N. Y., 28 de marzo de 1903, vol. 2, N° 86 : 535.

La lápida del Morro. [En memoria de Baldorioty, Cepeda, etc.] B. H. P. R., 1917, vol. 4 : 29.

La Ley del Látigo en Puerto Rico. Sobre política. Contra Lindsay, comisionado de educación. The Puerto Rico Herald, N. Y., 20 de junio de 1903, vol. 2, N° 99: 721.

La prueba de un crimen. Las turbas son dueñas de Puerto Rico. The Puerto Rico Herald, N. Y., 24 de enero de 1903, vol. 2, N° 78: 391.

Las turbas en Puerto Rico. The Puerto Rico Herald, N. Y., 28 de junio de 1902, N° 51.

La verdad es mentira. Las turbas no existen. The Puerto Rico Herald, N. Y., 26 de julio de 1902, vol. 2, N° 55: 24.

Manifestaciones del elemento español de Puerto Rico con motivo de los sucesos de Juana Díaz. P. R., 1887, 81 p.

Manifiesto de los habitantes de la Isla de Puerto Rico y pública vindicación de los agravios inferidos por su gobernador capitán brigadier D. Salvador Meléndez a D. José Antonio Ríus, alcalde de... Aguada y vocal de la Junta provincial, para asegurar la libertad y contener abusos de imprenta. Imp. de A. J. Valdés, Habana, 1812, 82 p.

Proclama del gobernador Pavía sobre los sucesos revolucionarios de Lares en 1868. B. H. P. R., 1924, vol. 11: 177.

Se suprimen los duelos. B. H. P. R., 1919, vol. 6: 144.

The Humacao Killing. From The San Juan News, The Puerto Rico Herald, N. Y., 13 de septiembre de 1902, vol. 2, N° 62: 133.

Véanse *Policía y prisiones. Sufragio.*

2. PARTIDOS POLÍTICOS: SU HISTORIA, PROGRAMAS, ETC.

ACOSTA, JOSÉ JULIÁN: *Los partidos políticos.* Trabajo histórico-político, publicado en 1870. Imp. Sancerrit, San Juan, P. R , 1870, 35 p

ALFAU Y BARALT, ANTONIO: *Los partidos antillanos.* Imp. de J. González Font, San Juan, P. R., 1886, 23 p.

BENÍTEZ CASTAÑO, EUGENIO: *Mundo político.* Editoriales. Movimiento político en Puerto Rico. Rev. Ant., marzo de 1913, año I, núm. 1.

FERNÁNDEZ VANGA, EPIFANIO: *El ideal de nuestros partidos.* P. R. I., 18 de julio de 1914, núm. 229.

MILLER, PAUL G.: *Formación e historia de los partidos políticos.* En *Historia de Puerto Rico.* N. Y., 1922, cap. XIX.

QUIÑONES, FRANCISCO MARIANO: *Artículos.* Partidos políticos, cuadros históricos, el campo y la ciudad en Puerto Rico. Tip. El Vapor, Ponce, P. R., 1887, 83 p.

ROSA, FERNANDO DE LA: *Desde Puerto Rico: Los partidos políticos.* The Puerto Rico Herald, N. Y., 1901, vol. 1, N°s 8, 9, 12 y 16.

ROWE, LEO S.: *Political Parties in Porto Rico, and their Platforms.* Ann. Am. Acad. Pol. Sci., May 1902, vol. 19: 351.

SENDRAS Y BURÍN, ANTONIO: *Propaganda reformista.* Madrid, 1886-1887, 2 vols. [Uno de los vols. está subtitulado: *Cómo se gobierna en Puerto Rico,* y el otro: *Un nuevo partido. Antecedentes, formación y aspiraciones del Autonomista Puertorriqueño.*]

VALLE, JOSÉ G. DEL: *Desde Puerto Rico: Los partidos políticos.* En *A través de diez años.* Barcelona, 1907, p. 91. [Cuatro artículos.]

WEDGE, A.: *Los partidos políticos de Puerto Rico.* The Puerto Rico Herald, N. Y., 30 de agosto de 1902, vol. 2, N° 60: 106.

WILSON, EDWARD S.: *Desarrollo político de Puerto Rico.* S. p. i., 1910.

Los partidos políticos. S. p. i., 1870, 35 p.

1) Autonomista.

BLANCO, JULIÁN E.: *Enmiendas a la constitución orgánica del Partido Autonomista Puertorriqueño, presentadas a la Asamblea de Mayagüez que deberá celebrarse el 1.º de abril.* Tip. de la Revista de Puerto Rico, Ponce, P. R., 1891, 137 p.

Cánovas del Castillo, Antonio: *Discurso pronunciado... el día 13 de febrero de 1895 en el Congreso de los Diputados con motivo de la discusión del Proyecto de ley de régimen de Gobierno y Administración civil en las Islas de Cuba y Puerto Rico.* Hijos de M. G. Hernández, Madrid, 1895, 38 p.

Cepeda, Francisco: *Catecismo autonomista y la autonomía colonial al alcance de todos.* (La Cartilla autonomista de Cepeda, publicada en Ponce en 1888.) B. H. P. R., 1923, vol. 10: 281.

Coll y Cuchí, Cayetano: *Legislación autonómica de Puerto Rico.* En *Cuarto Centenario de la Colonización Cristiana de Puerto Rico.* Imp. El Boletín Mercantil, San Juan, P. R., 1908, p. 126-128. [Fragmento.]

Díaz Caneja, Ignacio: *La autonomía de las Antillas, su historia, sus principios, sus errores, sus tendencias y su porvenir, ante la razón, ante el derecho y ante el patriotismo.* Imp. El Boletín Mercantil, San Juan, P. R., 1887, 102 p. +.

Gómez Brioso, José: *Discurso en la Asamblea a favor del Pacto.* B. H. P. R., 1921, vol. 8: 25.

Jesús Domínguez, José de: *La autonomía administrativa en las Antillas.* Tip. Comercial, Mayagüez, P. R., 1887, 98 p.

——; Riera Palmer, Mariano; Roura y Owen, Ramón; Sama, Manuel María; Casanova, Carlos; Toro, Emilio del, y Romeu, R.: *Canto a la autonomía colonial.* Imp. La Revista Blanca, Mayagüez, P. R., 1908, 9 p.

Labra, Rafael M. de: *La autonomía colonial en España.* Imp. de los Sucs. de Cuesta, Madrid, 1892, 316 p.

López Ladrón, Rafael: *La autonomía en Puerto Rico.* En *Cartas abiertas al pueblo de Puerto Rico.* Imp. Unión Obrera, Mayagüez, P. R., 1911. [Véase las cartas 21, 22, 23, 24, 25, 26, 27, 28 y 29.]

López Tuero, Fernando: *El pesimismo autonomista en las Antillas.* Lib. de Fernando Fe, Madrid, 1896, 53 p.

Matías, Fernando J.: *Mi doctrina.* Plan de gobierno autonómico. Tip. El Vapor, Ponce, P. R., 1889, 30 p.

Moret, Segismundo: *Carta del ministro de Ultramar... a D. Luis Muñoz Rivera, respecto a la política del pacto liberal peninsular.* B. H. P. R., 1918, vol. 5: 362.

Muñoz Rivera, Luis: *Cartas... a favor del pacto con el Partido Liberal de la Península.* [1897.] B. H. P. R., 1918, vol. 5: 349-362.

——: *Carta a D. Vicente Balbás, director de El Heraldo, sobre política puertorriqueña.* [2 de abril de 1914.] B. H. P. R., 1919, vol. 6: 207-211.

——: *Carta a Fernández Vanga sobre política puertorriqueña.* [2 de agosto de 1912.] B. H. P. R., 1922, vol. 9: 289. [V. Contestación de Fernández Vanga, p. 291.]

QUIÑONES, FRANCISCO MARIANO: *Constitución orgánica del Partido Autonomista Puertorriqueño.* En *Apuntes para la Historia de Puerto Rico.* Tip. Comercial, Mayagüez, P. R., 1888, p. 34. Segonda ed.

——: *Propaganda autonomista.* En *Apuntes para la Historia de Puerto Rico.* Tip. Comercial, Mayagüez, P. R., 1888, p. 49. Segunda ed.

——: *Propaganda autonomista.* Artículos publicados en El Liberal de Mayagüez, Ponce, P. R., 1887.

RAMOS, JUAN RAMÓN: *Discurso del Lcdo. ——, combatiendo el acto fusionista en la Asamblea de febrero de 1897.* B. H. P. R., 1921, vol. 8: 30.

SENDRAS Y BURÍN, ANTONIO: *Un nuevo Partido.* Antecedentes, formación y aspiraciones del Autonomista Puertorriqueño. Imp. de Emilio Saco y Brey, Madrid, 1887, 75 p.

Acta de la Asamblea constituyente del Partido Autonomista Puertorriqueño. [1887.] B. H. P. R., 1919, vol. 6: 275.

Acuerdo de la Delegación del Partido Autonomista en 1892. B. H. P. R., 1919, vol. 6: 349.

Constitución autonómica, política, administrativa de las Islas de Cuba y Puerto Rico. Imp. Sucesión J. J. Acosta, San Juan, P. R., 1897, 67 p.

Constitución autonomista de las Islas de Cuba y Puerto Rico. Comprende los Reales decretos de 25 de noviembre de 1897. Imp. de Felipe Pinto y Orovio, Madrid, 1898, 135 p.

Constitución autonómica. Decreto sobre igualdad de derechos políticos y Ley Electoral de Puerto Rico. Imp. El País, San Juan, P. R., 1898, 29 p.

Constitución colonial de las Islas de Cuba y Puerto Rico, y Leyes complementarias del régimen autonómico, establecido por los Reales decretos de 25 de noviembre de 1897. Imp. del Gobierno, Habana, 1897, 310 p.+.

Constitución del Partido Autonomista reformada en la Asamblea de Mayagüez. Tip. F. Córdova, San Juan, P. R. [1887], 28 p.

Constitution Establishing Self-government in the Islands of Cuba and Porto Rico. Promulgated by Royal Decree of November 25, 1897. (Translated by Division of Customs and Insular Affairs, War Department, Aug. 1899.) Gov. Prtg. Off., Wa., 1899, 24 p.

Constitución orgánica del Partido Autonomista. Tip. F. Córdova, San Juan, P. R., 1891, 29 p.

Decretos estableciendo el régimen autonómico en las Islas de Cuba y Puerto Rico. Madrid, 1897, 4 vols. (Ed. oficial.)

Delegación del Partido Autonomista Puertorriqueño. Acta de las sesiones semestrales celebradas en los días 12 y 13 de febrero de 1892. Tip. de Arturo Córdova, San Juan, P. R., 1892, 42 p.

El Partido Autonomista Puertorriqueño. Madrid, 1888.

Enmiendas y reformas de la constitución orgánica del Partido Autonomista Puertorriqueño, votadas en la Asamblea de Mayagüez de mayo de 1891. B. H. P. R., 1919, vol. 6: 327.

Exposición que dirigen al Sr. Presidente del Consejo de Ministros, por conducto del... Sr. Gobernador general de Puerto Rico y Ministro de Ultramar, el Directorio y la Delegación del Partido Autonomista Puertorriqueño. Imp. José Gil y Navarro, Madrid, 1888, 49 p.

Extracto del acta de Mayagüez [Partido Autonomista Puertorriqueño.] B. H. P. R., 1919, vol. 6 : 236.

La fórmula del Sr. Sagasta para hacer la fusión con el Partido Dinástico. B. H. P. R., 1921, vol. 8 : 25.

Manifiesto del Directorio Autonomista en 1891. B. H. P. R., 1919, vol. 6 : 343.

Manifiesto de la Delegación del Partido Autonomista, con motivo de las elecciones de 1891. B. H. P. R., 1919, vol. 6 : 326.

Manifiesto-programa de la Junta Central Directiva de la Agrupación Autonómica Oportunista. Imp. La Correspondencia, San Juan, P. R., 1898, 25 p.

Proclama del Club Revolucionario Puertorriqueño de New York. Al pueblo puertorriqueño. Club Borinquen. B. H. P. R., 1920, vol. 7: 69-77.

Programa y declaraciones del Partido Autonomista de Puerto Rico. B. H. P. R., 1919, vol. 6: 293.

Propaganda autonomista colonial. El Partido Autonomista Puertorriqueño. Protesta del Directorio y de la Delegación, 1888. Imp. José Gil y Navarro, Madrid, 1888, 49 p. +.

Proposiciones de ley de los diputados del Partido Autonomista de las Islas de Cuba y Puerto Rico. Imp. de los Hijos de J. A. García, Madrid, 1886, 16 p.

Protesta del Partido Autonomista contra el proceso de Juana Díaz. [1887.] B. H. P. R., 1919, vol. 6: 319.

Título segundo de la constitución orgánica del Partido Autonomista puertorriqueño, tal como fué establecido en la Asamblea de Ponce el 7 de marzo de 1887. B. H. P. R., 1920, vol. 7: 155.

2) *Liberal.*

Muñoz Rivera, Luis: *Partido Liberal.* Comité provincial. Instrucciones electorales. Tip. El Vapor, Ponce, P. R., 1897, 30 p.

Quiñones, Francisco Mariano: *Historia de los Partidos Reformista y Conservador.* Tip. Comercial, Mayagüez, P. R., 1889, 59 p.

Fundación del Partido Liberal. La Asamblea autonomista de 1897, B. H. P. R., 1921, vol. 8: 24-41.

Manifiesto del Partido Liberal Reformista. P. R., 1870.

Manifiesto del Comité Liberal Reformista en 1873. B. H. P. R., 1920, vol. 7: 376.

3) *Nacionalista. Independencia.*

ATILES GARCÍA, GUILLERMO: *Independencia o muerte.* Tip. Passarell Hnos., Ponce, P. R., 1905.

BECERRA, RICARDO: *Cuestión palpitante.* Un poco de historia a propósito de la Independencia de Cuba y Puerto Rico. Caracas, 1898, 123 p.

BERLE JR., A. A.: *Porto Rican Independence.* Survey, N. Y., Sept. 24, 1921, vol. 46: 704.

BYRNE LOCKEY, J.: *Orígenes del Panamericanismo.* Imp. El Cojo, Caracas, 1927. [Interesante para el estudio del nacionalismo en Puerto Rico. Valiosa bibliografía sobre el Panamericanismo, p. 499.]

COLL Y CUCHÍ, JOSÉ: *El nacionalismo en Puerto Rico.* San Juan, P. R., 1923, 306 p. [Aparte del estudio, el autor inserta poesías de A. Mirabal, Luis Antonio Miranda, José A. Balseiro, Fernando Torregrosa, Jesús María Lago, V. Geigel Polanco, y J. Ramírez Santibáñez.]

CUEVAS ZEQUEIRA, SERGIO: *Sobre las íes.* (Independencia de Puerto Rico.) Las Antillas, Habana, marzo de 1921, año II, vol. 3, núm. 3: 201.

DIEGO, JOSÉ DE: *Nuevas campañas.* [Independencia de Puerto Rico. Unión Antillana. Solidaridad ibero-americana.] Sociedad General de Publicaciones, Barcelona, 374 p. [V. Lefebre, Enrique: *Nuevas campañas.* En *Paisajes mentales.* San Juan, P. R., 1918, p. 197.]

DIFFIE, BAILEY W., and WHITFIELD DIFFIE, JUSTINE: *The Desire for Independence.* En *Porto Rico: A Broken Pledge,* N. Y., 1931, cap. IX.

LÓPEZ, JACINTO: *La Independencia de Puerto Rico.* Reforma Social. N. Y., 1921, vol. 21: 231-236.

SOTO, JUAN B.: *Concepto filosófico de la Independencia nacional.* En *Conferencias Dominicales dadas en la Biblioteca Insular de Puerto Rico.* Bur. Supp. Prtg., 1914, p. 208.

Curiosidades de Puerto Rico. Las banderas de la Independencia. P. R. I., 2 de marzo de 1912, núm. 105.

La Independencia. The Puerto Rico Herald, N. Y., 12 de marzo de 1904, vol. 3, N° 137: 1335.

Programa económico y político del Partido de la Independencia de Puerto Rico. Tip. Real Hnos., San Juan, P. R. [1912], 40 p.

4) *Republicano.*

FERNÁNDEZ VANGA, EPIFANIO: *El programa republicano.* Resumen histórico. P. R. I., 10 de noviembre de 1923, núm. 715.

RIVAS, NICOLÁS F.: *Política del Partido Republicano Puertorriqueño y perfiles de jóvenes obreros republicanos.* Tip. de L. Ferreras, San Juan, P. R., 1903, 15 p.

TOUS SOTO, JOSÉ: *Discurso pronunciado en la reunión política del Partido Republicano, celebrada en el Teatro Broadway, de Ponce, el 13 de abril de 1924.* Tip. El Águila, Ponce, P. R., 1924, 30 p.

Constitución y plataforma del Partido Republicano Puertorriqueño, aprobada en la Asamblea celebrada en San Juan los días 4 y 5 de abril de 1920. Tip. Times Publishing Co., San Juan, P. R., 1920, 13 p.

Constitución y plataforma del Partido Republicano Puertorriqueño, aprobada en la Asamblea extraordinaria celebrada en San Juan los días 16 y 17 de junio de 1923. Tip. Germán Díaz, San Juan, P. R., 36 p

El Partido Republicano de Puerto Rico. The Puerto Rico Herald, N. Y., 26 de octubre de 1901, vol. 1, N° 16.

Informe de los delegados del Partido Republicano de Puerto Rico, ante la Convención Nacional Republicana celebrada en Chicago en 21 de junio de 1904. Tip. El País, San Juan, P. R., 1904, 34 p.

Los republicanos de Puerto Rico. The Puerto Rico Herald, N. Y., 16 de noviembre de 1901, vol. 1, N° 19.

Republican Party. Call for the convention of the Republican Party to be held at San Juan, May 17th, 1902. Imp. El País, San Juan, P. R., 1902, 17 p. [Firmado por Manuel F. Rossy, José C. Barbosa, L. Sánchez Morales y Jaime Sifre.]

Plataforma del Partido Republicano Puertorriqueño, aprobada en la Asamblea que se celebró en San Juan de Puerto Rico en los días 17, 18 y 19 de mayo de 1902. Tip. El País, San Juan, P. R. [1902?], 16 p.

Plataforma del Partido Republicano Puertorriqueño, aprobada unánimemente en la Asamblea celebrada en San Juan durante los días 14 y 15 de mayo de 1917. S. p. i. [1917].

Reglamento del Partido Republicano aprobado en la Asamblea celebrada en San Juan durante los días 27 y 28 de diciembre de 1904. B. H. P. R., 1927, vol. 14: 109-115.

Reglamento de la Sociedad Fraternidad Republicana de Bayamón, Puerto Rico. Imp. Eco del Torcedor, Bayamón, P. R. [1909?], 10 p.

5) *Socialista.*

IGLESIAS PANTÍN, SANTIAGO: *Discursos parlamentarios del senador socialista* ——. Tip. Ferrer Arroyo, Caguas, P. R., 1917, 49 p.

LÓPEZ LANDRÓN, RAFAEL: *Los ideales socialistas.* Estudio sociológico. San Juan, P. R., 1907.

MORENO CALDERÓN, ANTONIO: *Evolución de la escuela socialista.* Su incorporación a los partidos políticos. Las huelgas en sus aspectos políticos, jurídicos y económicos. Intervención del Poder público. Imp. del Índice de Legislación, Madrid, 1911, 147 p.

ORCHART, BOLÍVAR: *Mis dos años de prisión.* Imp. Cantero, Fernández y Cía., San Juan, P. R., 1919, 90 p.
RIVERA MARTÍNEZ, PRUDENCIO: *Partido Socialista de Puerto Rico.* Imp. Cantero, Fernández y Cía., Inc., San Juan, P. R., 1924, 16 p.
ROMERAL, R. DEL: *Catecismo socialista.* Educación y propaganda obrera. Imp. de L. Labrador, San Juan, P. R., 1905, 24 p.
Partido Socialista. Séptima Convención Regular. Arecibo, P. R., 1928, 24 p.
Principios, programa y constitución del Partido Obrero Socialista de los Estados Unidos de América. P. R., 1899, 20 p.
Programa, constitución territorial y actuaciones del Partido Socialista. Tip. Justicia, San Juan, P. R., 1919, 87 p.
Programa y constitución del Partido Socialista de Puerto Rico, aprobado en la Quinta Convención Regular, celebrada en Ponce, P. R., durante los días 29 y 30 de julio de 1923. Tip. Justicia, San Juan, P. R., 1923, 42 p.
Programa y constitución del Partido Socialista de Puerto Rico, aprobado en la Sexta Convención Regular, celebrada en San Juan, P. R., durante los días 13 y 14 de julio de 1924. Santurce Printing Works, P. R., 1924, 52 p.

Véase *El Trabajo:* El obrero, Huelgas, etc.

6) Federal y Unionista.

APONTE, JOSÉ AGUSTÍN: *Vida política y literaria.* Campaña unionista de 1906. Artículos. Imp. Gloria, Mayagüez, P. R., 1908, 135 p.
COLL Y CUCHÍ, CAYETANO: *Historia del gran partido político puertorriqueño Unión de Puerto Rico.* Imp. La Democracia, San Juan, P. R., 1930, 298 p.
MATIENZO CINTRÓN, ROSENDO: *Discurso en el Teatro Municipal de San Juan en febrero de 1902, y que da origen a la fundación del Bloque Unionista.* B. H. P. R., 1924, vol. 11: 17.
VALLE, JOSÉ G. DEL: *El Partido Federal y Muñoz Rivera.* En *A través de diez años.* Barcelona, 1907, p. 71.
——: *El Partido Federal Americano y el Gobernador.* En *A través de diez años.* Barcelona, 1907, p. 140.
——: *La Unión de Puerto Rico.* Cómo nació, etc... En *A través de diez años.* Barcelona, 1907, p. 270.
VALLE Y VÉLEZ, SANTIAGO: *La Unión de Puerto Rico está en la cima gloriosa del patriotismo.* Apuntes políticos. Tip. La Democracia, Inc., San Juan, P. R., 1923, 18 p.
A Striking Contrast. About the convention of the Federal Party. The Puerto Rico Herald., N. Y., Aug. 2, 1902, vol. 2, N° 56: 36.

Bases de la Unión de Puerto Rico. San Juan, P. R., 1909, 13 p.

Disolución del Partido Federal. B. H. P. R., 1919, vol. 6: 172.

Dos documentos. (1) Manifiesto político de Luis Muñoz Rivera desde Washington, julio de 1912. (2) Programa político aprobado por la Asamblea unionista de Mayagüez, septiembre de 1912. Tip. La Democracia, San Juan, P. R., 1913, 19 p.

El Partido Unionista propone al Partido Republicano un pacto para obtener del Gobierno de los EE. UU. la mayor suma de libertades posibles. B. H. P. R., 1920, vol. 7: 339.

Fundación del Partido Unionista. B. H. P. R., 1919, vol. 6: 177.

La Asamblea Federal. The Puerto Rico Herald, N. Y., 26 de julio de 1902, año 2, N° 55.

La Unión y los unionistas. The Puerto Rico Herald, N. Y., 13 de septiembre de 1902, vol. 2, N° 62: 136.

La fundación del Partido Federal. B. H. P. R., 1919, vol. 6: 165.

Manifiesto de la Directiva del Partido Unión de Puerto Rico en 1914. B. H. P. R., 1922, vol. 9: 27.

Manifiesto de la Unión de Puerto Rico al Electorado de San Juan. Tip. La Democracia, San Juan, P. R., 1920.

Nueva orientación política del Partido Unionista, tomada en San Juan en 1922. B. H. P. R., 1922, vol. 9: 361.

Programa aprobado en la Asamblea Magna de la Unión de Puerto Rico el 11 de septiembre de 1920. Imp. La Democracia, San Juan, P. R., 1920, 32 p.

Programa del Partido Federal. S. p. i. y s. f., 16 p.

Puerto Rico ante el imperialismo norteamericano. Denuncia del Régimen de Gobierno que Estados Unidos de América impone al pueblo de Puerto Rico. San Juan, P. R., 1931, 14 p. (Unión de Puerto Rico. Comité de Publicidad Internacional.)

Reglamento de la Unión de Puerto Rico, discutido y aprobado en Asamblea general, el día 28 de agosto de 1910. Imp. M. Burillo y Cía., San Juan, P. R., 1911, 25 p.

Reglamento de la Unión de Puerto Rico, 1913. Imp. El Boletín Mercantil, San Juan, P. R., 1914, 31 p.

Reglamento de la Unión de Puerto Rico. Tip. La Democracia, San Juan, P. R., 1915, 39 p.

7) *Revolucionario.*

Memoria de los trabajos realizados por la Sección Puerto Rico del Partido Revolucionario Cubano, 1895-1898. Imp. de A. W. Howes, N. Y., 1898, 250 p.

Proclama del Club Revolucionario Puertorriqueño de Nueva York. B. H. P. R., 1920, vol. 7: 69.

8) Otros Partidos.

BALBÁS, CASIANO: *El Partido Incondicional Español de Puerto Rico.* Imp. El Boletín Mercantil, San Juan, P. R., 1887, 53 p.

Credo y constitución del Partido Incondicional Español. Imp. El Comercio, P. R., 1886, 2 p.

Junta Central del Partido Oportunista. Manifiesto-programa. Imp. La Correspondencia, San Juan, P. R., 1898, 25 p.

b. — GUERRA HISPANOAMERICANA

ALEDXILEF, ERROT: *Apuntes acerca de la guerra de los Estados Unidos de América con España.* Buenos Aires, 1898, 32 p.

ALGER, R. A: *The Spanish American War.* New York and London, 1901.

ALVES DE MORAES: *La guerra hispanoamericana e a Península.* Porto, 1898, xv-287 p.

AMADOR Y CARRANDI, ERNESTO: *La guerra hispanoamericana ante el Derecho Internacional.* Con un prólogo de D. Damián Isern. Madrid, 1900, xv-218 p.

BRIDE, CH.: *La Guerre Hispano-Américaine de 1898.* Lib. Militaire R. Chapelot et Ce., Successeurs de L. Baudoin, Paris, 1899, 275 p. [Para P. R, v. cap. XIV.]

BROOKS, ELDRIDGE: *The Story of Our War with Spain.* Boston, 1899, 349 p.

BUJAC, EMILE: *La Guerre Hispano-Américaine.* Les origines, la lutte, le Traité de Paris, Paris, 1899, 240 p.

BUSHNELL, HART ALBERT (ed.): *American History told by Contemporaries. The Spanish War.* Mc Millan Co., N. Y., 1918, vol. 4: 573.

BUTLER, CHARLES H.: *Our Treaty with Spain.* Triumphant diplomacy. Washington, 1898, 64 p.

CERVERA Y BAVIERA, JULIO: *La defensa militar de Puerto Rico.* Imp. de la Capitanía General, 1898. [V. B. H. P. R., 1919, vol. 6: 7-22.]

CERVERA Y TOPETE, P.: *Guerra hispanoamericana.* Colección de documentos referentes a la escuadra de operaciones en las Antillas. El Ferrol, 1899, 218 p. [Segunda y tercera ed. de 1900 y cuarta de 1904. Trad. al inglés: U. S. Navy Department, *War Notes N° 7.* Gov. Prtg. Off., Wa., 1899, 165 p.]

COLL Y CUCHÍ, CAYETANO: *Notas para la historia diplomática de la guerra hispanoamericana.* Rev. Ant, 1 de abril de 1913, núm. 2: 74-78; 2 de mayo de 1913, núm. 3: 108-112.

COMMANDER J. [JACOBSEN]: *Sketches from the Spanish American War.* Gov. Prtg. Off., Wa., 1899. [V. el cap. II, *War Notes N° 3,* 38 p., y cap. VII, *War Notes N° 4,* 28 p. Son dos folletos diferentes con el mismo título y autor.]

CONCAS Y PALAU, VÍCTOR M.: *La escuadra del almirante Cervera...* Madrid, 1900, 24 p. [V. *The Squadron of admiral Cervera.* En *War Notes N° 8,* cap. VI. Gov. Prtg. Off., Wa., 1900, 117 p.]

CORTIJO, VICENTE DE: *Apuntes para la historia de la pérdida de nuestras colonias, por un testigo presencial.* Madrid, 1899, 64 p.

CHADWICK, FRENCH EUSOR: *Relations of the United States and Spain. The Spanish American War.* N. Y., 1911, 2 vols.

DIDAPP, JUAN PEDRO: *España en la guerra.* Estudio histórico crítico del conflicto ibérico-americano. Puebla, 1898, 60 p.

GÓMEZ NÚÑEZ, SEVERO: *La guerra hispanoamericana.* Imp. del Cuerpo de Artillería, Madrid, 1899, 160 p. [Ed. en inglés: *The Spanish American War.* Gov. Prtg. Off., Wa., 1899, incluída en *War Notes,* capítulo V, N° 6.]

GÓMEZ PALACIOS, CARLOS: *La raza latina.* La guerra de España con los Estados Unidos ante el Derecho. España y América, Habana, 1898, 59 p.

HALSTEAD, N. F.: *Imprisonment of W. F. H.* Illustrated American, Aug. 12, 1898, vol. 24: 105.

HALSTEAD, MURAT: *Full Official History of the War with Spain, written over the wires in the discharge of public duty by the highest authorities of the government.* Chicago [1899], 794 p.

JOHNSTON, W. A.: *History up to date.* A concise account of the war between the United States and Spain. London, 1899, 258 p.

JOUNG [JAMES R.], and MOORE [J. K]: *History of our War with Spain...* Phila., 1898, 704 p.

KELLOG, EVA M. C.: *The War Islands.* Cuba and other Islands of the sea. Edited by Larkin Dunton. Silver Burdett and Co., N. Y., 1898, 448 p.

KING, W. NEPHEW: *The History of the War of 1898...* N. Y., 1898, 321 p.

KUNZ, MAYOR: *La guerra hispanoamericana.* Trad. del alemán por Manuel Martínez. Imp. Casanovas, Barcelona, 1909, 109 p.

LATHROP, HENRY M.: *Under the Red Cross, or the Spanish American War as seen by a Red Cross Surgeon.* Compiled... by John R. Musick, N. Y., 1898, 287 p.

LE FUR, LOUIS: *Étude sur la Guerre Hispano-Américaine... au point de vue du Droit International Public.* Paris, 1899, 316-XLIII p.

LESLIES: *Official History of the Spanish American War.* A pictorial and descriptive record of the Cuban rebellion, the causes that involved the U. S... information respecting Cuba, Porto Rico, etc. [Wa., 1899], 612 p.

MAHAN, ALFRED THOYER: *Lessons of the War with Spain and other articles.* Little Brown, Boston, 1899, 320 p.

MAURICIO (seud.): *La gran traición*. Historia de la pérdida de las colonias españolas, con un prólogo por Iberno. Barcelona, 1899, 109 p.

MENDOZA Y VIZCAÍNO, ENRIQUE: *Historia de la guerra hispanoamericana*. Con un prólogo del Sr. Francisco G. Cosmes. Colaboración del Sr. Alberto Ledug, seguida de algunas protestas de las colonias españolas en México. A. Barral y Cía., Editores, 1902, 244 p. Tercera ed.

MILLER, PAUL G.: *La guerra hispanoamericana. Puerto Rico pasa a la soberanía de los Estados Unidos*. En *Historia de Puerto Rico*. N. Y., 1922, cap. XXII.

MOFFAT, JAMES S.: *A Brief History of the Conflict between the United States and Spain*... Eustis. [Phila.], 1899, 50 p.

MONFORT, M.: *Historia de la guerra de Cuba*. P. R., 1896.

MONNER SANS, R.: *España y Norteamérica*. La guerra actual, antecedentes y consideraciones. Buenos Aires, 1898, 141 p.

MORRIS, CHARLES: *Our War with Spain*. Phila., 1898, 383 p.

MUSICK, JOHN R.: *Lights and Shadows of our War with Spain*. A series of historical sketches, incidents, anecdotes and personal experiences in the Híspano American War. N. Y., 1898, 224 p.

——: *History of the War with Spain*. With a complete record of its causes, with incidents of the struggle for supremacy in Western hemisphere. N. Y., 1898, XXXIII-468 p.

OLLERO, ANDRÉS F.: *Teatro de la guerra*. Descripción geográfica, histórica, estadística, militar y marítima de las Islas de Cabo Verde, la Martinica, Puerto Rico, Cuba, Filipinas y los Estados Unidos. Madrid, 1898.

ORTEGA RUBIO, JUAN: *Historia de España*. Imp. Bailly-Ballière, Madrid, s. f., 8 vols. [Para Puerto Rico, v. Guerra hispanoamericana, sus antecedentes y causas. Conquista de Puerto Rico, vol. 7, cap. XVIII.]

RUSSELL, HENRY B.: *Ilustrated History of our War with Spain, its causes, incidents and results*... Hartford, 1898, 780 p.

SOLAS, P. J.: *Atlas de la guerra*. Impresiones y notas referentes a España y sus colonias. Madrid, 1898.

SOTO, JUAN B.: *Causas y consecuencias*. Antecedentes diplomáticos de la guerra hispanoamericana. Imp. La Correspondencia, San Juan, P. R., 1922, 298 p. [V. juicio de Pascual Santa Cruz, Nuestro tiempo, Madrid, 1923, vol. 23: 245-248.]

THITHERINGTON, R. H.: *A History of Spanish American War*. The events described by eye witnesses. N. Y., 1900, 415 p. [Para Puerto Rico, v. p. 331.]

[URQUÍA, JUAN]: *La guerra hispanoamericana*. Historia negra. Relato de los escándalos ocurridos en nuestras ex colonias durante las últimas guerras, por el Capitán Verdades (seud.). Con un prólogo de D. Adolfo Suárez de Figueroa. Barcelona, 1899, XVI-255 p.

WATTERSON, HENRY: *History of the Spanish American War, Embracing a Complete Review of our Relations with Spain...* N. Y. [1898], xx-470 p.

WEBBER, HARRY ENDICOTT: *Twelve Months with the 8th Massachussetts Infantry in the service of the United States.* [Spanish-American War] Salem, 1908, 392 p.

WHITE, TRUMBULL: *Our War with Spain for Cuba's freedom...* Chicago [1898], 416 p.

——: *Pictural History of our War...* Phila. [1898], 460 p.

WILCOX, MARRION: *A Short History of our War with Spain.* N. Y., 1898, 350 p.

WILSON, H. W.: *Downfall of Spain.* History of Spanish American War. London, 1900, 451 p.

Correspondencia oficial referente a las operaciones navales durante la guerra con los Estados Unidos en 1898. Madrid, 1899, 310 p.

Disposiciones de España y de los Estados Unidos referentes a la guerra y declaraciones de neutralidad. Publicadas de Real orden por el Ministerio de Estado, Madrid, 1898, 131 p.

Documento diplomático. Negociaciones generales con los Estados Unidos, desde 1.º de abril de 1896 hasta la declaración de la guerra. Negociaciones diplomáticas desde el principio de la guerra con los Estados Unidos hasta la firma del protocolo de Washington y gestiones practicadas para su cumplimiento: I, II. Conferencia de París y Tratado de Paz de 10 de diciembre de 1898, Madrid, 1898, 198 p.

Documentos referentes al período de la guerra hispanoamericana en Puerto Rico. B. H. P. R., 1919, vol. 6: 40-85.

El suicidio de España. Detalles, episodios y juicios de la guerra hispanoamericana, en 1898, por varios testigos presenciales. Barcelona, 1899.

Naval Operations of the War with Spain. Appendix of the Report of the Chief of the Bureau of Navigation Navy Dept. Gov. Prtg. Off., Wa., 1898, 740 p.

Notes on the Spanish American War. Washington, 1899-1900, 8 pts. United States. Office of Naval Intelligence.

Suspensión de las garantías constitucionales en Puerto Rico. Decreto de 1898. B. H. P. R., 1919, vol. 6: 40.

The American Spanish War. A history by the War Leaders. Norwich [Conn.], 1899, 607 p.

War with Spain. 1898. [V. una interesante bibliografía de los documentos oficiales del Gobierno de los Estados Unidos en *Catalogue of the Public Documents of the Fifty-Fifth Congress and other Department of the Government of the United States, for the period from July 1, 1897 to June 30, 1899.* Gov. Prtg. Off., Wa., 1901, p. 1014-1016.]

c. — INVASIÓN DE PUERTO RICO

ALVARADO Y GONZÁLEZ, LUIS: *Impresiones sobre el bombardeo de Puerto Rico.* Madrid, 1899.

ASHFORD, BAILEY K.: *Observations on the Campaing in Western Porto Rico during the Spanish American War.* Jour. Ass. Mil. Surg., Sept., vol. 15, Nº 3: 157-168.

BALDWIN, G. G.: *Porto Rico To-day.* Independent, N. Y., Oct. 6, 1898, vol. 50: 964.

CABOT LODGE, HENRY: *The War with Spain.* Harper and Bro., N. Y. and London, 1899, 276 p. [Para Puerto Rico, v. *The Campaign in Porto Rico,* cap. IX: 167.]

CLAYTON, B. T.: *With General Miles in Porto Rico.* Independent, N. Y., March 9, 1899, vol. 51: 679.

COLL Y TOSTE, CAYETANO: *Entrega de San Juan a los americanos.* De la obra inédita *La invasión americana en Puerto Rico: antecedentes, hechos y documentación,* 1898. Almanaque Puertorriqueño, San Juan, P. R., 1915, p. 67.

——: *La toma de Mayagüez, Guayama y Coamo por los americanos; los preliminares de la paz y la entrega de la Capital.* B. H. P. R., 1919, vol. 6: 24.

CHAPMAN, C. T.: *How the Stars and Stripes come to Arroyo.* Harper's Weekly, N. Y., Sept. 3, 1898, vol. 42: 874.

——: *The Occupation of Ponce.* Harper's Weekly, N. Y., Sept. 3, 1898, vol. 42: 863.

——: *With Admiral Sampson's Fleet.* The bombardment of San Juan. Harper's Weekly, N. Y., June 4, 1898, vol. 42: 538.

CHURCH, J. A.: *Occupation of Porto Rico.* Review of Reviews, N. Y., 1898, vol. 18: 282.

DARRACH, J. M. A.: *The Puerto Rico Campaign.* Harper's Weekly, N. Y., Sept. 24, 1898, vol. 42: 942.

DAVIS, RICHARD HARDING: *The Cuban and Porto Rican Campaigns.* Charles Scribners Sons. N. Y., 1898, 360 p. +. [Otra ed.: London, 1899, 335 p.]

——: *Campaign in Porto Rico.* Scribner's Magazine, N. Y., Nov. 1898, vol. 24: 575.

DINWIDDIE, W.: *The Evacuation of Porto Rico.* Harper's Weekly, N. Y., Nov. 19, 1898, vol. 42: 1139.

EMERSON JR., E.: *Alone in Porto Rico.* A war correspondent's adventure. Century, N. Y., Sept. 1898, vol. 56: 666.

——, and others: *The San Juan Bombardment.* Leslie's Weekly, June 9, 1898, vol. 86: 378.

FORNEY STEELE, MATHEU: *American Campaigns.* Byron S. Adams, Wa., 1909. [V. Porto Expedition, vol. 1: 614; Capture, vol. 1: 627; v. mapas, vol. 2: 310 y 311.]

GÓMEZ NÚÑEZ, SEVERO: *La guerra hispanoamericana.* Puerto Rico y Filipinas. Con 8 planos y 15 fotograbados. Imp. del Cuerpo de Artillería, Madrid, 1902, 254 p.

HAY, JAMES: *Report from Committee on Military affairs, favoring House Resolution 347, of inquiry relative to number of troops required for garrisoning towns in Porto Rico, Cuba, and Philippines.* House Report, 1670, Dec. 13, 1898, 55th Cong., 3rd. sess., vol 1.

HERMANN, CARL STEPHEN: *From Yauco to Las Marías.* Being a story of the recent campaign in western Porto Rico by the Independent Regular Brigade under command of Brigadier General Schwan. Richard G. Badger and Co., Boston, 1900, 109 p.

LODGE, H. C.: *Campaign in Porto Rico.* Harper's Monthly, N. Y., June 1899, vol. 99: 63.

LÓPEZ LANDRÓN, RAFAEL: *La invasión americana.* En *Cartas abiertas para el pueblo de Puerto Rico.* Imp. Unión Obrera, Mayagüez, P. R., 1911, V, carta 2.ª, p. 7.

MARQUES, ENRIQUE J.: *Cuba y Puerto Rico.* Imp. El País, San Juan, P. R., 1899, 13 p.

MARTIN, H.: *Bombardment of San Juan.* Harper's Weekly, N. Y., May 28, 1898, vol. 42: 507.

MILLER, PAUL G.: *Proclama del general Miles a los habitantes de Puerto Rico.* En *Historia de Puerto Rico,* N. Y., 1922, apéndice H.

REAL, CRISTÓBAL: *El bombardeo.* Hablan Sampson y Macías. En *La Ominosa España,* P. R., 1905, p. 265.

RIVERO, ÁNGEL: *Carta al Dr. Coll y Toste sobre hechos ocurridos en 1898, cuando el cambio de nacionalidad.* B. H. P. R., 1921, vol. 8: 281.

——: *Crónica de la guerra hispanoamericana en Puerto Rico.* Tip. Sucesores de Rivadeneyra, Madrid, 1922, 688 p. [Contiene un prólogo del Excmo. Sr. D. Antonio Maura, la dedicatoria, un prólogo del autor y varios apéndices. V. juicio de Romanacce, Sergio: *El libro del Sr. Rivero Méndez.* P. R. I., 17 de febrero de 1923, núm. 677.]

STEWARD, T. G.: *Garrisoning in Cuba and Porto Rico.* Independent, N. Y., Dec. 29, 1898, vol. 50: 1927.

STOCKTON, CHAS. HERBERT: *An account of some past military and naval operations directed against Cuba and Puerto Rico.* Houghton, Mifflin and Co., N. Y., 1900, 28 p.

SUTTON, W. P.: *In Porto Rico with General Miles.* Cosmopolitan Magazine, N. Y., Nov, 1898, vol. 26: 13.

WALCOTT, E. A.: *Miles takes Porto Rico.* Overland, N. Y., Sept. 1898, vol. 32: 257.

WALKER, T. D.: *The Puerto Rican Expedition.* Harper's Weekly, N. Y., Aug 20, 1898, vol. 42: 827.

——: *A Dramatic Interruption.* End of the War in Porto Rico. Harper's Weekly, N. Y., Sept. 24, 1898, vol. 42: 958

WESTER, ARVID M. T. E.: *La campaña de Santiago de 1898.* Trad. por F. P. F. Lundblad. Corregida y arreglada por Domingo Arráiz de Condorena, Madrid, 1909. [V. *El combate de San Juan,* cap. XVIII.]

WILCOX, M.: *From Guayama to St. John.* Harper's Weekly, N. Y., Oct. 15, 1898, vol. 42: 1010.

WILSON, H. W.: *Puerto Rico Campaign.* London, 1900.

WINTHROP, W.: *Porto Rico and the Capture of San Juan.* Outlook, N. Y., 1898, vol. 59: 675.

ZOGBOUM, R. F.: *Occupation of Mayagüez.* Harper's Weekly, N. Y., Oct. 29, 1898, vol. 42: 1067.

Army Corps, 1st Report of General Commanding Corps on Operations in Porto Rico..., with reports of subordinate officers, May 16, Aug. 13, 1898. En *Mayor-General Commanding Army, Report, 1898,* p. 137-147. [V. también *War Dept. Reports,* 1898, vol. 1, pt. 2.]

Campaing in Porto Rico. Independent, N. Y., Aug. 11, 1898, vol. 50: 290.

Carta del jefe americano Bliss al jefe español Nouvilas, en Aibonito. B. H. P. R., 1919, vol. 6: 57.

Correspondence Relating to Porto Rico. May-Aug., 1898. En *Adjutant-General's Dept. Correspondence Relating to War with Spain, 1902.* [1903], vol. 1: 259-405.

El impuesto de guerra. [1898.] B. H. P. R., 1919, vol. 6: 46.

Homenaje a los héroes del 1898. [La portada empieza con este título: 9 de agosto de 1898. Homenaje rendido el día 30 de octubre de 1927.] P. R., 97 p.

Military notes on Puerto Rico. (17 maps.), 1898, 75 p. (Military Information Division.)

Military Orders Having the Force of Law Promulgated by the Commanding General Department of Porto Rico. From Oct. 18th, 1898, to April 30th, 1900. Official Gazzete of Porto Rico, vol. 2, 143 p. [En español e inglés.]

Orden general del gobernador Macías dando cuenta, como Capitán general, del bombardeo de San Juan por la escuadra americana. B. H. P. R., 1919, vol. 6: 47.

Orden general para el 17 de agosto de 1898, dada en San Juan de Puerto Rico. B. H. P. R., 1919, vol. 6: 23. (Capitanía general de la Isla de Puerto Rico.)

Our reception in Porto Rico. Public Opinion, Aug. 11, 1898, vol. 25: 164.

Parte del informe del general Miles al secretario de la Guerra (lo referente a Puerto Rico). B. H. P. R., 1919, vol. 6: 62.

Proclama del Cuartel general del Ejército de los Estados Unidos. B. H. P. R, 1919, vol. 6: 56.

Proclama publicada en Utuado por el jefe americano allí destacado. B. H. P. R., 1919, vol. 6: 57.

Reply to inquire number of troops required for garrisoning towns in Porto Rico, Cuba and Philippines. Dec. 16, 1898. House, Doc. N° 85, 55th Cong., 3rd sess., vol. 44.

Report of Subordinate Officers Concerning Operation in Porto Rico. July 25-Aug 13, 1898. En *Mayor-General Commanding Army. Report, 1898,* p. 226-243, 246-266 + 5 maps. [V. también *War Dept. Reports,* 1898, vol. 1, pt. 2]

Report upon investigations made in civil affairs of Porto Rico, with recommendations. En *Insular Affairs Division.* June 9, 1899, 76 p.

Se ocupan militarmente todos los pueblos de la Isla. B. H. P. R., 1919, vol. 6: 103.

Spain's Last Outpost [Puerto Rico], Gunton's Magazine, N. Y., Aug. 1898, vol. 15: 95.

Suspensión de sueldos a los empleados en la zona ocupada por los americanos. B. H. P. R., 1919, vol. 6: 51.

Telegrama del general Miles al secretario de la Guerra. [Y la contestación.] B. H. P. R., 1919, vol. 6: 71.

Telegrama del Ministro de la Guerra en nombre del Congreso de Diputados. [15 de mayo de 1898. Felicitando a la Capitanía general de la Isla por haber rechazado victoriosamente el ataque de la escuadra de Estados Unidos.] B. H. P. R., 1919, vol. 6: 50.

Viaje del Director de la Correspondencia a Ponce y Mayagüez. [Época de la invasión.] B. H. P. R., 1919, vol. 6: 52.

I. NEGOCIACIONES DE PAZ

BENTON ELBERT, JAY: *International Law and Diplomacy of the Spanish-American War.* Baltimore, 1908, 300 p.

LABRA, RAFAEL M. DE: *El Tratado de París de 1898...* Conferencia... Madrid, 1899, 24 p.

MAC DONALD, WILLIAM: *The Treaty of Paris.* Select statutes and others Documents illustrative of the *History of the United States, 1861-1898.* Mc Millan Co., N. Y., 1909, vol. 10: 335 p.

MC KINLEY, W. E.: *Dramatic Reception of Peace News.* Leslies Weekly, Sept. 22, 1898, vol. 87: 234.

MERIGNAC, A.: *La Paix Hispano-Américaine.* Paris, 1899.

PIÑEYRO, ENRIQUE: *Cómo acabó la dominación de España en América.* Garnier Hnos., Paris, 1908, 340 p.

REAL, CRISTÓBAL: *La Paz.* En *La Ominosa España,* P. R., 1905, p. 277.

A Treaty of Peace between the United States and Spain. Wa., 1899.
Documents Diplomatiques. Négociations pour la Paix entre l'Espagne et les États Unis. Paris, 1898.
Documentos presentados a las Cortes en la Legislatura de 1898 por el Ministro de Estado. (Duque de Almodóvar del Río.) Imp. Rivadeneyera, Madrid, 1899, 324 p. [V. los referentes al Tratado de paz con EE. UU. Negociaciones diplomáticas desde el principio de la guerra hasta la firma del Protocolo en Washington.]
Tratado de paz con España. En *Compilación de los Estatutos revisados y Códigos de Puerto Rico.* Bur. Supp. Prtg., 1914-1916, 1669 p

1) Gobierno militar, 1898-1900.

BLANCH, JOSÉ (compilador): *Órdenes judiciales.* Dictadas por el Comandante en Jefe del Depto., Sec. de Justicia, Corte Suprema de Justicia, Junta Judicial y Procurador general, desde 18 de octubre de 1898, día de la ocupación americana, hasta 30 de abril de 1900, en que cesó el Gobierno militar. Imp. El Progreso, Mayagüez, P. R, 1900, 104 p. +.
DAVIS, GEORGE W.: *Our Policy Towards Porto Rico.* The Independent, N. Y., Jan. 18, 1900, vol. 52: 161.
——: *Porto Rico. Its present and future.* En *Report of the 2nd. Annual Meeting of the Lake Mohonk Conference of Friends of the Indian and other Dependent Peoples.* October 20, 21, 22, 1909, p. 149.
GROFF, G. G.: *Successful Colonial Government of Porto Rico.* Independent, N. Y., Jan. 11, 1900, vol. 52: 102.
HENNA, JULIO J., and ZENO GANDÍA, MANUEL: *The Case of Porto Rico.* Press. of W. F. Roberts, Wa., 1899, 78 p. [Hostos, que no aparece aquí como autor, colaboró en esta obra. Hay trad. al español, 1917.]
ROWE, LEO S.: *The Period of Military Rule.* En *The Unites States and Porto Rico.* N. Y., 1904, cap. VI.
STONE, ROY: *Needs and Possibilities of Porto Rico.* A practical suggestion. Outlook, N. Y, Dec. 30, 1899, vol. 63: 1023.
Annual Report of Brigadier General George W. Davis... Commanding Department of Porto Rico, to the Adjutant General of the Army, 1900. San Juan, P. R., 1900. [Sin paginación. Se encuentra también en *Annual Reports of the War Department on the Fiscal year Ended June 30, 1899.* Pt. 1: 319. Gov. Prtg. Off., Wa., 1899.]
Compilation of the acts of Congress treaties and proclamations relating to insular and military affairs from March 4, 1897 to March 3, 1903. 58th Cong., 2nd. sess. Senate, Doc. Nº 105. Gov. Prtg. Off., Wa., 1904, 472 p. [Para Puerto Rico, v. p. 87-110.]

Directory of the Military Government of Porto Rico. Headquarters. San Juan, April 30th, 1900. Published by direction of Commanding General, P. R , 78 p.

Destitution in Porto Rico. Independent, N. Y., April 13, 1899, vol. 51: 993.

Documentos referentes al Gobierno militar americano en Puerto Rico. B. H. P. R., 1919, vol. 6: 85-156.

General Henry's Policy in Porto Rico. Independent, N. Y., Feb. 2 and March 2, 1899, vol. 51: 310 and 643.

Index to General Orders and Circular Issued from Headquarters Department of Porto Rico. 1898, 7 p. Otra ed.: 1899, 23 p. Otra ed.: 1900, 13 p.

Military Government of Porto Rico from Oct. 18, 1898, to April 30, 1900. Appendices to the Report of the Military Governor. Epitome of reports of (1) The Superior Board of Health, (2) The Board of Charities. Gov. Prtg. Off., Wa., 1901, VII-352 p.

Military Orders having the Force of Law Promulgated by the commanding General Department of Porto Rico. From Oct. 18, 1898, to April 30, 1900. Official Gazette of Porto Rico, vol. 2.

Porto Rico... Laws, Ordinances, Decrees and Military Orders having the Force of Law, Effective in Porto Rico. May 1, 1900 (60th Cong. 2nd. sess. House, Doc. N° 1484.) Gov. Prtg. Off., Wa., 1909, 4 vols.

Puerto Rico's Gabinet. Harper's Weekly, N. Y., March 18, 1899, vol. 43: 258.

Reclaims made against United States by reason of military operations, encampment of troops, conduct of soldiers, etc., in Porto Rico, Cuba, Hawaii and Philippines. [1901], 15 p. (Insular Affairs Bureau.)

Report of the Military Government of Porto Rico on Civil Affairs. En *Annual Reports of the War Department for the Fiscal year ended June 30, 1900.* Gov. Prtg. Off., Wa., 1902, 834 p.

Rules and Instructions to Carry into effect the executive orders relating to the military government by the United States in the Island of Porto Rico and all Islands in the West Indies coast of the 74° W. longitude evacuated by Spain, during the maintenance of such military government. Wa , 1899, 15 p.

The Case of Porto Rico. Independent, N. Y., July 27, 1899, vol. 51: 2031.

Troops in Porto Rico. Report of Gen. J. R. Brooke, etc. En *Annua Reports of the War Department for the Fiscal year ended June 30, 1898.* Gov. Prtg. Off., Wa., 1898, 720 p.

2. INICIACIÓN DEL GOBIERNO CIVIL

ALLEN, CHARLES H.: *Government of Porto Rico.* Independent, N. Y., July 19, 1900, vol. 52: 958.

ALLEN, CHARLES H.: *How Civil Government was Established* North American Review. N. Y., Feb. 1902, vol. 174: 159.

CARROL, HENRY K.: *Porto Rico, How shall it be governed.* Forum, N. Y., Nov. 1899, vol. 28: 257.

——: *Report on Porto Rico.* Independent, N. Y., Jan. 4, 1900, vol. 52: 75.

CULLOM, SHELBY MOORE: *The Government of Porto Rico.* Speech of Hon. S. M. C. of Illinois, in the Senate of U. S. April 2, 1900. Gov. Prtg. Off., Wa., 1900, 15 p.

FISHER, HORACE N.: *Principles of Colonial Government adapted to the Present Needs of Cuba and Porto Rico and of the Philippines.* L. C. Page and Co., Boston, 1899, 56 p.

GROFF, G. G.: *After Two Years Work in Porto Rico.* Independent, N. Y., Aug. 9, 1900, vol. 52: 1913.

HAESALBARTH, A. C.: *Porto Rican Government; Fight with America.* Review of Reviews, N. Y., July 1904, vol. 30: 57.

HUNT, WILLIAM HENRY: *Inaugural Address.* Tip. El País, San Juan, P. R., 1901, 15 p. (Hay ed. en español.)

——: *Results of the Civil Government in Porto Rico.* World's Work, N. Y., Sept. 1901, vol. 2: 1170.

LUCCHETTI, M.: *Exposición al Congreso de Washington con respecto al régimen administrativo y económico que ha de establecerse en Puerto Rico.* Imp. Francisco J. Marxuarch, San Juan, P. R., 1898, 39 p. [Hay ed. en inglés.]

ROWE, LEO S.: *Problems Confronting the Civil Government.* En *United States and Porto Rico.* N. Y., 1904, chap. VIII.

——: *The Establishment of Civil Government.* En *The United States and Porto Rico.* N. Y., 1904, chap. VII.

THORPE, F. N.: *The Government of the People of Porto Rico.* Eldrege and Brother, Phila., 1903, 78 p.

Act to provide a Civil Government for Porto Rico and for other Purposes. Am. Jour. of International Law., N. Y., April 1917, vol. 11, Supplement, p. 66.

Bill for Governing Porto Rico. Outlook, N. Y., 1899, vol. 64: 569.

Civil Government in Porto Rico. Nation, N. Y., Feb. 19, 1903, vol. 76: 147.

Civil Government for Porto Rico. Conference report to accompany H. R., 9533, 64th Cong., 2nd. sess. House, Report Nº 546. Gov. Prtg. Off., Wa., 1917, 7 p.

Civil Government for Porto Rico. Report to accompany H. R., 9533, 64th Cong., 1st. sess. Senate, Report Nº 579. Gov. Prtg. Off., Wa., 1916, 8 p.

Government of Porto Rico. Historical and Political aspects. Hispanic American Historical Review. Baltimore, Nov. 1919, vol. 2: 543.

Government of Porto Rico. Review of Reviews, N. Y., June 1900, vol. 21 : 654.

Governor Allen Inaugurated. Outlook, N. Y., May 12, 1900, vol. 65 : 95. [Primer Gobernador civil de la Isla.]

How Shall Porto Rico be Governed. Public Opinion, Sep. 7, 1899, vol. 27 : 294. (Independent, Nov. 23, 1899, vol. 51 : 3180.)

How Porto Rico Will be Governed. Review of Reviews, N. Y., May 1900, vol. 21 : 517.

Inauguration of the first civil governor of Porto Rico, May 1900. Published by direction of the commanding general. Department of Porto Rico. English and Spanish. [San Juan, P. R., 1900], 35 p.

Proclamación del primer Gobernador civil americano en Puerto Rico. B. H. P. R., 1919, vol. 6 : 152.

Report of the United States Insular Commission to the Secretary of War upon investigations made into the civil affairs of the Island of Porto Rico with recommendation. War Department Division of customs and Insular affairs, June 9, 1899. Gov. Prtg. Off., Wa., 1899, 76 p.

The Civil Government of Porto Rico. Protectionist, May 1900, vol. 12: 34.

The Government of Porto Rico. Independent, N. Y., April 19, 1900, vol. 52 : 958.

The Progress of Government in Porto Rico. Ann. Am. Acad. Pol. Sci., 1901, vol. 18 : 383.

Véase *Gobernación:* Gobernadores, Mensajes de los Gobernadores.

H. — SIGLO XX. DOMINACIÓN NORTEAMERICANA

a.—PUERTO RICO COMO POSESION NORTEAMERICANA

Abbot, B. V.: *Porto Rico under the American Flag.* Outlook, N. Y., June 26, 1909, vol. 92 : 447.

Allen, Charles H.: *Opportunities in Porto Rico.* Opportunities in the Colonies and Cuba. N. Y., 1902, p. 275-369.

Amadeo, Lucas: *El Dr. Carrol y Puerto Rico.* San Juan, P. R., 1900, 18 p.

Axtell, A. G.: *From Porto Rico.* Outlook, N. Y., Dec. 8, 1915, vol. 111 : 873.

Baldwin, James: *Our New Possessions: Cuba, Puerto Rico, Hawaii, Philippines.* American Book Co., N. Y., 1899.

Baxter, S.: *Porto Rico under the Stars and Stripes.* Review of Reviews, N. Y., May 1903, vol. 67 : 497.

Bolen, G. L.: *Porto Rico and Hawaii as Colonies.* Gunton's Magazine, N. Y., Jan. 1900, vol. 18 : 26 p.

BOYCE, WILLIAM DICKSON: *The Hawaiian Islands and Porto Rico.* Rand Mc Nally and Co., Chicago [1914].

BRYAN, W. J.: *United States in Porto Rico.* Independent, N. Y., July 7, 1910, vol. 69: 20.

——: *Discurso pronunciado en el banquete que le ofrecieron los hombres de negocios de San Juan, Puerto Rico, el 9 de abril de 1910.* Bur. Supp. Prtg. [1910], 19 p.

CALDWELL, HOWARD WALTER: *Porto Rico and the Philippines.* Territorial Expansion, N° 10, Ainsworth, 1900.

CAPÓ RODRÍGUEZ, P.: *Colonial Representation in the American Empire: with special reference to Porto Rico.* Am. Jour. of International Law, N. Y., Oct. 1921, vol. 15: 530. [Hay traducción en español, N. Y., 1921, 32 p.]

CARROL, HENRY K.: *Report on the Island of Porto Rico.* Its population, civil government, commerce, etc., etc... Submitted to Hon. Mc Kinley... Supt. of Documents, Wa., 1899, 813 p.

CLARKE, W.: *The American Impasse.* Speaker. New series, Jan. 26, 1901, vol. 3: 456.

DELAND, E.: *Our new Island [Porto Rico].* Chautauquan. Meadville, Pa., Sept. 1898, vol. 27: 669.

DOMÍNGUEZ, JORGE V.: *Porto Rico.* En *Report of the 29th Annual Lake Mohonk Conference of Friends of the Indian and Other Dependent Peoples.* 1911, p. 202.

FORBES, E. A.: *United States in Porto Rico.* World's Work. N. Y, Sept. 1907, vol. 14: 9290.

FORBES-LINDSAY, CHARLES H. A.: *America's Insular Possessions.* The J. C. Winston Co, Phila., 1906, 2 vols. [Para Puerto Rico, v. vol. 1: 45.]

FRANCK, H. A.: *Our Porto Rico.* Century, N. Y., Aug. 1920, vol. 100: 521.

HALSTEAD, MURAT: *Our New Possessions.* Natural riches, industrial, resources... of Cuba, Porto Rico, Hawaii, the Ladrones, and the Philippines Islands. The Dominion Co., Chicago, 1898, 400 p.

——: *Pictorial History of America's New Possessions.* The isthmian canals and the problem of expansion... with chapters on the policy of American expansion, contributed by W. Mc Kinley, G. Cleveland... and others. The Dominion Co., Chicago, 1898, 681 p. Segunda ed., 1902. [Para Puerto Rico, v. caps. I, II, III y IV.]

HENRY, G. V.: *Porto Rico from a Woman's Point of View.* Review of Reviews, N. Y., Aug. 20, 1899, vol. 20: 117.

HERBERT, H. A.: *Porto Rico, Cuba and the Philippines.* Independent, N. Y., Dec. 8, 1898, vol. 50: 1646.

HILL, ROBERT T.: *The Value of Porto Rico.* Forum, N. Y., June 1899, vol. 27: 414.

HOLMES, R. L.; SAMPLE, P. A.; RICE, G. L., and NICHOLS, N. L.: *Porto Rican Book.* Published by the Ladies Aid Society of the First Methodist Church of San Juan, P. R. Imp. M. Burillo, San Juan, P. R., 156 p.

JONES CHESTER, LLOYD: *Caribbean Interests of the United States.* Relations with West Indies, etc. Appleton and Co., N. Y., 1919, 379 p.

LEMMON, H. A.: *The Lesser and the Greater.* Stone and Webster Journal, Boston, 1923, vol. 33: 134-165.

LEROY-BEAULIEN, PIERRE: *Porto Rico sous la domination Américaine.* L'Economiste Français, Paris, 1901, Année XXIX, vol. 1: 533.

LINDSAY, SAMUEL MC CUNE: *The United States and Porto Rico.* Proceedings Acad. Pol. Sci., N. Y., July 1917, vol. 7: 437. [V. Puerto Rico (rev. mensual), julio de 1919, año I, núm. 3.]

MAC QUEEN, P.: *New United States Colony.* [Porto Rico.] National Magazine, Boston, Oct. 1898, vol. 9: 3.

MC KINLEY, ALBERT EDWARD: *Island Possessions of the United States.* En *History of North America.* George Barrie and Sons., Phila., 1907, 516 p

MUÑOZ MARÍN, LUIS: *Porto Rico. The American Colony.* Nation, N. Y., April 8, 1925, vol. 120: 379.

NEELY, F. T.: *Panorama of our Possessions.* F. T. Neely, N. Y., 1898, 127 p.

OBER, F. A.: *The Island of Porto Rico.* Century, N. Y., Aug. 1898 y Oct. 1898, vol. 56: 546 y 957; Public Opinion, Aug. 11, 1898, vol. 25: 169; Living Age, Aug. 13, 1898, vol. 218: 478.

——: *Puerto Rico and its Resources.* Appleton and Co., N. Y., 1899, 288 p.

OVINGTON, M. W.: *United States in Porto Rico.* New Republic, N. Y., July 8-15, 1916, vol. 7: 244.

PASARELL, EMILIO J.: *Porto Rico's Place in the Americas.* Review of Reviews, N. Y., May 1918, vol. 57: 525.

POWERS, LILLIAN D.: *Porto Rico.* En *Report of the 29th Annual Lake Mohonk Conference of Friends of the Indian and Other Dependent Peoples.* Oct. 18th, 19th and 20th, 1911. Fifth sess.: Puerto Rico, 1911, 248 p.

RICHMOND, F. H.: *America's Vassal Island.* Eclectic Magazine, N. Y., Dec. 1906, vol. 147: 483.

ROBINSON, ALBERT GARDNER: *The Porto Rico of Today.* Pen pictures of the people and the country, Charles Scribner's sons, N. Y. 1899, XIV-240 p.

ROSA, FERNANDO DE LA: *Los Estados Unidos en Puerto Rico.* The Puerto Rico Herald, N. Y., 4 de julio de 1903, vol. 2, N° 101: 763.

ROWE, LEO S.: *The United States and Porto Rico.* Ann. Am. Acad. Pol. Sci., Nov. 1904, vol. 24: 575.

SEAWRIGHT, WILLIAM JORDAN: *The Philippines and new Possessions.* This book also contains many photographs and much valuable information in regard to Spain, Cuba, Porto Rico and Hawaii. R. H. Woodward Co., Baltimore, 1899.

SLOANE, W. H.: *Puerto Rico and the Puerto Ricans.* Missionary Review, April, 1899, vol. 22 : 253.

SOLOMON, A.: *Porto Rico.* Independent, N. Y., July 28, 1898, vol. 50 : 254.

STREITBERG, TH. DE: *L'Ile de Puerto Rico, Possession Américaine.* Bulletin Soc. Belge d'Études Colonists, Bruxelles, 1922, Année XIX: 73-98.

THOMPSON, JAY EARLE: *Our Atlantic Possession.* Silver Burdett and Co., 1928, 219 p.

TRELLES, CARLOS M.: *Puerto Rico en 1899.* De la Rev. Cuba y América. The Puerto Rico Herald, N. Y., septiembre de 1901, vol 1, Nos 11 y 12.

WADE, MARY HAZELTON: *Our Little Portorican Cousin.* L. Page and Co., Boston, 1902, 106 p.

WARD, W. H.: *Observations in Porto Rico.* Independent, N. Y., Feb. 16, 1899, vol. 51 : 463.

——: *Porto Rico, the land and the people.* Independent, N. Y., Feb. 23, 1899, vol. 51 : 543.

WHITE, H.: *Expresident Harrison on Porto Rico.* The Nation, N. Y., 1900, vol. 71 : 302.

WHITE, TRUMBULL: *Our New Possessions.* A graphic account descriptive and historical, of the island which have fallen under our way. The Henry Pub. Co., Chicago, 1901, 667 p.

WILSON, WOODROW: *A History of the American people.* Harper Bros, N. Y. and London, 1901, 10 vols. [Para Puerto Rico, *The End of a Century,* vol. 10 : 84 p.]

WOOD, LEONARD; TAFT, W. H.; ALLEN, CHAS H.; LACOSTA, P., and BEALL, M. E.: *Opportunities in the colonies and Cuba.* Lewis Scribner and Co., N. Y., 1902, 369 p.

Cuba and Puerto Rico. Points of Resemblance. The Puerto Rico Herald, N. Y., Nov. 2, 1901, vol. 1, Nº 17.

Deeds, not words. Nation, March 8, 1900, vol. 70 : 178.

Hawaii and Porto Rico. Independent, N. Y., Jan. 5, 1899, vol. 51 : 77.

In Porto Rico, a Port of Greater America P. Mason and Co, Boston, 1900, 64 p.

Our New Possessions: Cuba, Puerto Rico, Hawaii, Philippines. American Book Co., N. Y., 1899, 32 p.

Porto Ricans as Aliens. Chautauquan, Dec. 1902, vol. 36 : 233.

Porto Rico. National Magazine, Boston, 1903, vol. 18 : 34.

Porto Rico and the United States. Pan American Magazine, N. Y., Oct. 1919, vol. 29 : 321.

Porto Rico under the American Flag. Review of Reviews, N. Y., Aug. 1909, vol. 40 : 232.

Porto Rico under the American Flag. Literary Digest, N. Y., Oct. 12, 1912, vol. 45: 611.

Puerto Rico and its Resources. The Porto Rican Exhibit at the Pan-American Exposition at Buffalo, N. Y., May-Nov., 1901, and Charleston, South Carolina, Dec. 1901, May 1902, s. p. i., 58 p.+.

Treasure Islands, The Philippines, Hawaii and Porto Rico. N. Y., 1926.

Uncle's Sam Man-factory in Porto Rico. Harper's Weekly, N Y., Feb. 1902, vol. 46, 138 p.

Véase *Gobernación*: Gobernadores, Mensajes de los Gobernadores.

I. TREINTA AÑOS DE DOMINACIÓN. CONDICIONES GENERALES

Balbás Capó, Vicente: *Puerto Rico a los diez años de americanización.* Tip. Heraldo Español, San Juan, P. R., 1910, 481 p. [Serie de 115 artículos políticos.]

Beardsley, J. W.: *A Few General Conditions in Porto Rico.* En *Report of the 34th Annual Meeting of the Lake Mohonk Conference of Friends of the Indian and other Dependent Peoples.* 1916, p. 186.

Bird Arias, Jorge: *The True Conquest of Porto Rico.* En *Proceedings of the 25th Annual Meeting of the Lake Mohonk Conference of Friends of the Indian and other Dependent Peoples.* 1907, p. 167.

Brown, Arthur Selwyn: *Development of Porto Rico, a Remarkable result of Cooperation.* Tobacco. (A Weekly Trade Review.) N. Y., Dec. 31, 1925, vol. 81, Nº 10: 21.

——: *Porto Rican in Distinctive Quality Class by Themselves.* Tobacco. (A Weekly Trade Review.) N. Y., Dec. 27, 1928, vol. 87, Nº 10: 18.

Carrión Maduro, Tomás: *Americanización.* En *Cumba*, Imp. El Boletín Mercantil, San Juan, P. R., 1903, p. 53.

Coll y Cuchí, Cayetano: *A Defence of Porto Rico.* En *Report of the 27th Annual Meeting of the Lake Mohonk Conference of Friends of the Indian and other Dependent Peoples.* 1909, p. 174.

Córdova Dávila, Félix: *Conditions in Porto Rico.* (Speech-H. of Rep. of U. S., March 4, 1925.) Gov. Prtg. Off., Wa., 1925, 27 p.

Cromwell, A. D.: *Observations in Porto Rico.* Conditions and supplies. Jour. of Geography, Madison, Wis., May, 1914.

Davis, George Whitefield: *Porto Rico. Its present and future.* Reprinted from the Proceedings of Lake Mohonk Conference, Oct. 1909. Boston and N. Y., 1909, 11 p.

Diffie Bailey, W., and Whitfield Diffie, Justine: *Porto Rico in 1898.* En *Porto Rico: A Broken Pledge,* N. Y., 1931, cap. I. [V. también los caps. III y X.]

DOOLY, HENRY W.: *Some Thoughts on Porto Rico.* En *Report of the 34th Annual Meeting of the Lake Mohonk Conference of Friends of the Indian and other Dependent Peoples.* 1916, p. 190.

ENAMORADO CUESTA, JOSÉ: *Porto Rico after Twenty Four Years of American Rule.* Current History Magazine (N. Y. Times.), N. Y., April, 1923, vol. 18: 141.

——: *Porto Rico, Past and Present.* The island after thirty years of american rule; a book of information, written for the american reading public, in the interest and for the benefit of the people of Porto Rico. Eureka Printing Co., N. Y., 1929, 170 p.

FALKNER, ROLAND P.: *Progress in Porto Rico.* En *Report of the 26th Annual Meeting of the Lake Mohonk Conference of Friends of the Indian and other Dependent Peoples,* 1908, p. 171.

FORBES LINDSAY, CH. H. A.: *What Have We done in Porto Rico.* Review of Reviews, N. Y., May 1912, vol. 45: 571.

FORD, H.: *Our Generation in Porto Rico.* Missionary Review of the World, N. Y., Oct. 1925, vol. 48: 789 p.

FOWLES, G. M.: *Present conditions in the island of Porto Rico.* Eaton and Mains, N. Y., 1906, 163 p.

GONZÁLEZ, JULIO CÉSAR: *Comment on a Report on Porto Rico during the past year rendered to the Federal Government by the Governor of Porto Rico, Arthur Yager.* San Juan, P. R., 1920, 6 p.

GORCE, J. O. LA: *Prosperity under the American Administration.* National Geographic Magazine, Wa., Dec. 1924, vol. 46: 599.

HARDING, G. L.: *Porto Rico; shining example.* Current History Magazine (N. Y. Times), N. Y., March, 1925, vol. 21: 864.

HENRY, G. V.: *Americanizing Porto Rico.* Independent, N. Y., June 1, 1899, vol. 51: 1475.

HUNT, WILLIAM H.: *Conditions in Porto Rico.* Independent, N. Y., Oct. 8, 1903, vol. 55: 2394.

——: *El Puerto Rico de hoy.* The Puerto Rico Herald, N. Y., 16 de agosto de 1902, vol. 2, N° 58: 72.

——: *Present Conditions (in Puerto Rico).* Independent, N. Y., July 31, 1902, vol. 54: 1813.

IGLESIAS, SANTIAGO: *Porto Rico's Onward March.* American Federationalist, Wa., Nov. 1924, vol. 31: 894.

JAMES, A.: *Twenty Years in Porto Rico.* Home Missions, San Juan, s. f.

——: *Thirty Years in Porto Rico.* Record of the progress since American occupation. Porto Rico Progress, San Juan, P. R., 1927, 63 p. [V. Padín, José (crítica): Rev. de Estudios Hispánicos, 1928, vol. 1, núm. 4.]

——: *Creative service in Porto Rico.* Missionary Review of the World, March, 1928, vol. 51: 195-197.

KEYES, I. P.: *Letter from Porto Rico.* Good Housekeeping, N. Y., Aug. 1924, vol. 79: 48.

LARRINAGA, TULIO: *Conditions in Porto Rico.* Ann. Am. Acad. Pol. Sci., July, 1905, vol. 26: 55.

LINDSAY, SAMUEL MC CUNE: *Porto Rico Revisited.* Contrasts in twenty five years. Review of Reviews, N. Y., May, 1926, vol. 73: 511.

LÓPEZ DÍAZ, ENRIQUE: *El liberalismo o la razón cívica.* Actitud americana. Situación puertorriqueña. Imp. La República Española, San Juan, P. R., 1908, 70 p.

LYLE, E. P.: *Our Experience in Porto Rico.* World's Work, N. Y., Jan. 1906, vol. 11: 7082.

MARVIN, GEORGE: *Puerto Rico 1900-1903.* The Puerto Rico Herald, N.Y., July 18, 1903, vol. 3, N° 103: 789. [V. los núms. 104, 105 y 106.]

MAXEY, EDWIN: *What the United States has done for Porto Rico.* En *Making of America.* Chicago, 1906, vol. 2. [También en Guntons Magazine, April, 1904, vol. 26: 335.]

MC AFEE, J. E.: *To-day in Porto Rico.* Missionary Review of the World, N. Y., April, 1915, vol. 38: 577.

MC LEAN, ROBERT, and WILLIAMS, GRACE P.: *Old Spain in new America.* N. Y., Association Press [1916], 161 p.

MIER, ELPIDIO DE: *Pensando en España.* Tip. Baldorioty, Ponce, P. R., 1906, 318 p.

MILLER, PAUL G.: *Cambios políticos y administrativos desde 1898.* En *Historia de Puerto Rico*, N. Y., 1922, cap. XXIII.

——: *Desarrollo económico, cívico, educativo y social al amparo de la bandera americana.* En *Historia de Puerto Rico,* N. Y., 1922, cap. XXV.

MUÑOZ MARÍN, L.: *Ninety-eight percent American in Porto Rico.* New Republic, N. Y., Jan. 4, 1922, vol. 29: 151.

——: *What next is Porto Rico?* The Nation, N. Y., Nov. 1929, vol. 129: 608.

ORTIZ LEÓN, VICENTE: *Cambios en nuestro pueblo*: Puerto Rico (Rev. mensual), San Juan, P. R., junio de 1920, año II, núm. 2.

OSBORNE, J. B.: *Americanization of Porto Rico.* World's Work, N. Y., May 1904, vol. 8: 4759.

POST, REGIS H.: *Some Facts of Interest Concerning Porto Rico.* En *Report of the 27th Annual Meeting of the Lake Mohonk Conference of Friends of the Indians and other Dependent Peoples,* 1909, p. 180.

PUBILL, FÉLIX: *Puerto Rico, su progreso y su miseria.* Imp. El Día, Ponce, P. R., 1916, 129 p.

SAMALEA IGLESIAS, LUIS: *La reforma que viene.* Artículos políticos. Tip. La Voz del Pueblo, Ponce, P. R., 1910, 16 p.

THOMPSON, C. L.: *Ten Years Progress in Porto Rico.* Missionary Review of the World, N. Y., March, 1910, vol 33: 192.

TREVES, SIR FREDERICK: *The Cradle of the Deep.* E. P. Dutton and Co., N. Y., 1925, 378 p. [Para Puerto Rico, v. caps. XLII-XLVI.]

Valle, José G. del: *A través de diez años.* (1897-1907.) Tip. de Feliú y Susanna, Barcelona, 1907, 290 p. [Trabajos políticos, económicos, históricos, sociales y una biografía]

Van Buren, J. H.: *Political Social and Industrial Conditions in Puerto Rico.* Reader. Indianapolis, Sept. 1904, vol. 4: 357.

——: *Present-day Porto Rico.* Outlook, N. Y., Jan. 14, 1905, vol. 79: 127.

Ward, W. H.: *Conditions of Porto Rico.* Review of Reviews, N. Y., March, 1899, vol. 19: 313.

Warner, A.: *Our Quarter Century in Porto Rico.* Century, N. Y., Sept. 1923, vol. 106: 686.

Welton, A. D.: *Assimilation of Porto Rico.* Harper's Weekly, N. Y., Feb. 16, 1901, vol. 45: 188.

Whitney, C.: *Porto Rico the Unexploited.* Collie's National Weekly, N. Y., May 7, 1910, vol. 45: 16.

Winthrop, B.: *Development of Porto Rico.* Independent, N. Y., May 31, 1906, vol. 60: 1264.

Yager, Arthur: *Veinte años de progreso en Puerto Rico bajo el Gobierno americano.* (Twenty years progress in Porto Rico under american administration.) Extracto del último informe anual del Gobernador de Puerto Rico. 1918-1919, s. p. i., p. 3-11.

Americanizing Puerto Rico. From La Lucha of Havana. The Puerto Rico Herald, N. Y., Jan. 24, 1903, vol. 2, Nº 78: 389.

Annual Reports of the Governor of Porto Rico. 1900-1931. [Algunos de estos informes no fueron publicados. El orden de los Gobernadores que firman los informes es el siguiente]:

1900-1901, Chas, H. Allen.
1901-1902, William H. Hunt.
1902-1903, William H. Hunt.
1903-1904, William H. Hunt.
1904-1905, Beekman Winthrop.
1905-1906, Beekman Winthrop.
1906-1907, Regis H. Post.
1907-1908, Regis H. Post.
1908-1909, Regis H. Post.
1909-1910, George R. Colton.
1910-1911, George R. Colton.
1911-1912, George R. Colton.
1912-1913, George R. Colton.
1913-1914, Arthur Yager.
1914-1915, Arthur Yager.
1915-1916, Arthur Yager.
1916-1917, Arthur Yager.
1917-1918, Arthur Yager.
1918-1919, Arthur Yager.
1919-1920, Arthur Yager.
1920-1921, Arthur Yager.
1921-1922, E. Mont Reily.
1922-1923, Horace M. Towner.
1923-1924, Horace M. Towner.
1924-1925, Horace M. Towner.
1925-1926, Horace M. Towner.
1926-1927, Horace M. Towner.
1927-1928, Horace M. Towner.
1928-1929, Horace M. Towner.
1929-1930, Theodore Roosevelt.
1930-1931, Theodore Roosevelt.

[Contienen estos informes anuales la historia oficial de estos treinta años de dominación norteamericana en Puerto Rico.]

Canada in 1839; Puerto Rico in 1916. Introductory note to the report of the Earl of Durham, her Majesty's high commissioner and Governor General of British North America. Reproduction by La Democracia, San Juan, P. R., 1916, 20 p.

Conditions in Porto Rico. Message from the President of the United States transmitting a report by the Secretary of War upon conditions existing in Porto Rico. (61st. Cong., 2nd. sess. House, Doc. 615.) Gov. Prtg. Off., Wa., 1910, 25 p.

El paso de Mr. Bryan por San Juan. Compilación de los discursos del gran orador americano y los de los Sres. Colton, Zeno, Gandía, Degetau, de Diego y Georgetti. P. R., 1910, 85 p.

Nuestro antiamericanismo. The Puerto Rico Herald, N. Y., 9 de mayo de 1903, vol. 2, N° 93 : 631.

Political Conditions in Porto Rico. Outlook, N. Y., April 24, 1909, vol. 91 : 902.

Progress in Porto Rico. Outlook, N. Y., Feb. 27, 1918, vol. 118: 322.

Puerto Rico para los puertorriqueños. The Puerto Rico Herald, N. Y., 11 de abril de 1903, vol. 2, N° 89: 567.

Situation in Porto Rico. Report of the committee on the civil service in dependencies. N. Y., 1902. (National Service Reform League.)

The Situation of Puerto Rico. On a level with that of Manchuria. The Puerto Rico Herald, N. Y., July 27, 1901, vol. 1, N° 3.

Twenty Years of Progress in Porto Rico. Pan American Magazine, N. Y., March, 1920, vol. 30: 250.

Un escándalo de los «politicians» americanos. The Puerto Rico Herald, N. Y., 25 de octubre de 1902, vol. 2, N° 68: 231.

2. GUERRA EUROPEA

ABRIL, MARIANO: *Alemania ante el conflicto europeo.* Progress Publishing Co., San Juan, P. R., 1915, 222 p. [Contiene un apéndice por Luis Muñoz Rivera sobre Mariano Abril, y también *La neutralidad de Bélgica,* por John W. Burgus. V. un juicio de Guerra Mondragón, Miguel: *La Alemania de abril.* P. R. I., 17 de abril de 1915, núm. 268.]

——: *El caso de Nietzsche.* Contestando al artículo de Guerra Mondragón... P. R. I., 24 de abril de 1915, núm. 269.

ASTOL, EUGENIO: *Los «salvajes» en la guerra europea.* Alrededor de una opinión del escritor francés Romain Rolland. P. R. I., 16 de enero de 1915, núm. 255.

BAXTER, S.: *Food Commission that Made Money.* Review of Reviews, N. Y., Aug. 1919, vol. 60: 181.

COLL Y CUCHÍ, CAYETANO: *Apuntes sobre la guerra europea.* Tip. La Democracia, San Juan, P. R., 1918, 278 p.

Córdova Dávila, Félix: *Porto Rico's part in the War.* (Speech. H. of Rep of U. S., Aug. 20, 1918.) Gov. Prtg. Off., Wa, 1918, 4 p.

Escabí, Norberto: *Producción y conservación de alimentos.* P. R. I., 10 de agosto de 1918, núm. 441.

Fernández, Francisco: *Aspectos médicos de la guerra.* Bol. As. Méd. P. R., diciembre de 1918, año XII, núm. 121: 305.

Fernández Vanga, Epifanio: *La guerra.* Sobre la política americana en Puerto Rico. P. R. I., 14 de febrero de 1914, núm. 207.

——: *La violación de Bélgica y el Attorney general de Puerto Rico.* P. R. I., 5 de diciembre de 1914, núm. 249.

——: *Made in Germany.* P. R. I., 8 de agosto de 1914, núm. 232.

——: *El ejemplo de Francia.* P. R. I., 15 de agosto de 1914, núm. 233.

——: *Lo que se ve.* (Sobre las causas de la Gran Guerra.) P. R. I., 22 de agosto de 1914, núm. 234.

——: *El pleito de Alsacia.* P. R. I., 5 de septiembre de 1914, núm. 236.

——: *Lecciones de la guerra.* P. R. I., 21 de noviembre de 1914, núm. 247.

——: *Pro Pueris Belgicae.* P. R. I., 28 de noviembre de 1914, núm. 248.

——: *Old England!* P. R. I., 19 de diciembre de 1914, núm. 251.

Ferguson, Clarence: *The People of Porto Rico and the War.* Overland Monthly, San Francisco, California, April 1919, vol. 73: 293.

Guerra Mondragón, Miguel: *La entelequia alemana.* Contra un artículo de E. González Blanco sobre la democracia alemana. P. R. I., 6 de marzo de 1915, núm. 262.

——: *Campos de batalla y campos de ruinas.* Sobre un libro así titulado, de E. Gómez Carrillo. P. R. I., 8 de mayo de 1915, núm. 271.

Lewis, R.: *Making Men in Porto Rico.* Outing, N. Y., Dec. 1918, vol. 73: 129.

Meléndez Muñoz, Miguel: *La crisis del pacifismo.* P. R. I., 29 de agosto de 1914, núm. 235.

——: *Némesis y la guerra.* Alrededor de la revista Némesis, de J. M. Vargas Vila. P R. I., 3 de julio de 1915, núm. 279.

Miller, Paul G.: *Puerto Rico en la Gran Guerra Mundial.* En *Historia de Puerto Rico.* N. Y., 1922, cap. XXIV.

Pasarell, Emilio J.: *Porto Rico in the War.* Review of Reviews, N. Y., Sept. 1918, vol. 58: 286.

Rivero, Ángel: *Servicio obligatorio.* Carta a C. Coll y Toste, y contestación. B. H. P. R, 1917, vol. 4: 185.

Roldán, Amalio: *Evolución y revolución de la Cirugía como consecuencia de las enseñanzas de la guerra.* Bol. As. Méd. P. R., diciembre de 1922, año XVI, núm. 140: 235.

Samalea Iglesias, Luis: *Como un soldado y como un hombre.* Sobre la muerte de un puertorriqueño en la Gran Guerra. P. R. I., 14 de julio de 1923, núm. 698.

El conflicto europeo. P. R. I., 8 de agosto de 1914, núm. 232.
Food Commission. Report of food commission of Porto Rico. Fiscal year, 1919. En *Porto Rico Governor Report,* 1919, 731. The accompanying accounts cover the entire period of the activities of the commission. May 5, 1917; July 15, 1919.
Los médicos y la guerra. Bol. As. Méd. P. R, septiembre de 1917, año XII, núm. 116: 85.
Primer informe anual de la Comisión de Alimentos al Gobernador de Puerto Rico. Bur. Supp. Prtg., 1918, 174 p.
Registration day, Porto Rico. Proclamation appointing July 5, 1917, as day of registration for military draft in Porto Rico. En *Statutes at Large,* June 27, 1917, vol. 40, pt. 2: 1674.
Servicio médico militar. Bol. As. Méd. P. R., diciembre de 1917, año XIII, núm. 117: 131.

3. PROHIBICIONISMO

Enamorado Cuesta, J.: *Prohibition in Porto Rico.* Current History Magazine, N. Y., 1927, vol. 26: 256-258.
Valle Atiles, Francisco del: *Los médicos ante el prohibicionismo.* Bol. As. Méd. P. R, septiembre de 1919, año XIII, núm. 124: 57.
Valle Sárraga, Rafael del: *Carabelita.* P. R. I., 8 de febrero de 1919, núm. 467.
La prohibición de las bebidas alcohólicas. Bol. As. Méd. P. R., marzo de 1917, año XII, núm. 114: 41.

b. — RELACIONES POLÍTICAS CON LOS ESTADOS UNIDOS

Abbott, L.: *Teaching the Art of Self-government.* Outlook, N. Y., July 21, 1906, vol. 83: 665.
Aboy Benítez, Ramón: *Vida económica de Puerto Rico bajo la dominación de los Estados Unidos.* Rev. Ant, julio de 1914, núm. 5: 74.
Barceló, Antonio R.: *American Rule in Porto Rico, 1899-1924.* Current Hist. Magazine, N. Y., Jan. 1925, vol. 21: 511.
Butler: *Report of the Committee on Territories and Insular Possessions submitted to accompany-542-47.* Gov. Prtg. Off., Wa., June 7, 1926, 4 p.
Capó Rodríguez, Pedro: *Aspectos jurídicos de las relaciones de los Estados Unidos y Puerto Rico.* Originalmente publicado en Washington, en American Journal of International Law. N. Y. Trad.: 1920, 73 p.
——: *Relations between the United States and Puerto Rico.* American Journal of International Law, N. Y., Oct. 1915; Oct. 1915, vol. 9: 883; Jan. 1916, vol. 10: 65; July, 1919, vol. 13: 483. [V. vol. 12: 27 (?).]

CAPÓ RODRÍGUEZ, PEDRO: *Some Historical and Political Aspects of the Government of Porto Rico.* Reprt. from: The Hispanic American Historical Review, Baltimore, 1919, vol. 2.

COLL Y CUCHÍ, CAYETANO: *American Rule in Porto Rico.* Living Age, Boston, July 29, 1922, vol. 314: 262.

CUBAN, L.: *Porto Rican View of American Control.* Current History, N. Y., March, 1930, vol. 31: 1158.

DALZELL, JOHN: *Report from committee on Rules submiting House Resolution 328 to amend rule 34 of House so as to admit resident commissioner from Porto Rico to floor of House as substitute for House Resolution 169.* House report 2735. 57th Cong., 1st. sess., June 28, 1902, vol. 9: 4407.

FERNÁNDEZ VANGA, EPIFANIO: *A. B. C. vs. Doctrina de Monroe.* P. R. I., 16 de mayo de 1914, núm. 220.

FORAKER, J. B.: *Porto Rico.* (Speech in the Senate of United States. March 8, 1900.) Gov. Press., Wa., 1900, 40 p.

——: *The United States and Porto Rico.* North American Review, N. Y., April 1900, vol. 170: 464.

——: *Puerto Rico.* And address by ——, before the League of Philadelphia, April 21, 1900, 31 p.

HARLAM, J. S.: *American Rule in Porto Rico.* World To-day, Chicago, 1904, vol. 7: 927.

HUNT, MAYOR I. L.: *The Bureau of Insular Affairs.* En *Report of the 31st Annual Meeting of the Lake Mohonk Conference of Friends of the Indian an other Dependent Peoples,* 1913, p. 162.

LARRINAGA, TULIO: *Porto Rico's Attittude Toward the United States.* En *Proceedings of the 25 Annual Meeting of the Lake Mohonk Conference of Friends of the Indian and other Dependent Peoples*, 1907, p. 159.

MC BRIDE, N. L.: *Our Benevolent Government.* International Socialist Review, Chicago, Jan. 1917, vol. 17: 399.

PIATT, OWILLE HITCHCOCK: *Our Relations to the People of Cuba and Porto Rico.* 1901.

RODRÍGUEZ PASTOR, J.: *Porto Ricans in the United States.* Porto Rican Inmigrant. Family, Albany, N. Y., Nov. 1925, vol. 6: 208.

REED, N.: *Politics and Porto Rico.* The Nation, N. Y., Feb. 1, 1922, vol. 114: 131.

ROOSEVELT, THEODORE: *Our Insular Policy.* An address at Hartford. The Puerto Rico Herald, N. Y., Aug. 30, 1902, vol. 2, N° 60: 99.

ROSS, J.: *Our Treaty Relations to Porto Rico and the Philippines.* Independent, N. Y., March 22, 1900, vol. 52: 639.

SOLÍS Y COMMINS, MANUEL: *Historia de la constitución de los Estados Unidos de América.* Tip. Borinquen, Yauco, P. R., 1899, 125 p

STUART, GRAHAM H.: *The U. S. in Porto Rico.* A study in American Territorial Government. En *Latin America and the United States.* The Century, N. Y., 1922, p. 182-200.

TYLER, C. W.: *Our Record in Porto Rico.* Harper's Weekly, N. Y., Oct. 14-Dec. 2, 1905; vol. 49: 1478, 1514, 1550, 1575, 1594, 1611, 1626, 1672, 1698, 1717, 1738; vol. 50: 264.

Acts of Congress Concerning Porto Rico. Gov. Prtg. Off., Wa. [?]

Affairs in Porto Rico. Message from the President [Taft] inviting the attention of the Congress to the affairs of the Island of Porto Rico, and recommending legislation amending the act under which the Island is governed. (61st. Cong., 1st. sess. House, Doc. 43.) Gov. Prtg. Off., Wa., 1909, 6 p.

Affairs in Porto Rico. Message from the President [Taft] inviting the attention of the Congress to the legislative dificulties in Porto Rico, with accompanying papers, and recommending an amendment to the Foraker act. (61st. Cong., 1st. sess. Senate, Doc. 40.) Gov. Prtg. Off., Wa., 1909, 17 p.

At Once, Mr. Harding! Independent, N. Y., Feb. 11, 1922, vol. 108: 137.

Ex President Harrison on Porto Rico. The Nation, Oct. 18, 1900, vol. 71: 302.

La política americana en Puerto Rico. The Puerto Rico Herald, N. Y., March 22, 1902, vol. 1, N° 37.

Message from the President [Roosevelt] relative to his recent visit to the Island of Porto Rico. (59th. Cong., 2nd. sess. Senate, Doc. 135.) Gov. Prtg. Off., Wa., 1906, 200 p.

Message to the Congressmen of the United States by the Major and Municipal Assembly of Aguadilla, Porto Rico. Imp. Ruiz, Aguadilla, P. R., 7 p.

Nuestro sistema de gobierno. Almanaque Asenjo, San Juan, P. R., 1918, p. 5.

Our First Delegate to Congress from Puerto Rico. The Puerto Rico Herald, N. Y., July 5, 1902, vol. 1, N° 52.

President's Attitude. Outlook, N. Y., March 17, 1900, vol. 64: 616.

President Rebukes Porto Rico. Literary Digest, N. Y., March 31, 1928, vol. 96: 13-14.

Representante en Washington. Indicaciones de The Puerto Rico Herald. The Puerto Rico Herald, N. Y., Sept. 20, 1902, vol. 2, N° 63: 151.

The Congress and the Porto Ricans. Outlook, N. Y., March 10, 1900, vol. 64: 574.

The President, on Porto Rico. Outlook, N. Y., Dec. 22, 1906, vol. 84: 950.

The President and Porto Rico. The Nation, March 1, 1900, vol. 70: 158.

I. AUDIENCIAS Y COMISIONES A WASHINGTON

BARCELÓ, ANTONIO R.: *El problema de Puerto Rico*. Imp. La Democracia, San Juan, P. R. [1919], 31 p. (Presidente del Senado y del Partido Unión de Puerto Rico, ante varios representantes del Congreso de los Estados Unidos en su visita a la Isla el 23 de abril de 1919. Un editorial del periódico La Democracia.)

COLL Y CUCHÍ, CAYETANO: *Address of Representative——, before Congressional Delegation*. San Juan, P. R., April 22, 1919. Tip. Real Hnos., San Juan, P. R., 16 p.

——: *Pro Patria*. Relación documentada de los trabajos llevados a cabo en la ciudad de Washington por la Comisión de la Cámara de delegados de Puerto Rico con motivo de los conflictos legislativos de 1909. Tip. Burillo y Cía., San Juan, P. R., 1909, 422 p.

FERNÁNDEZ VANGA, EPIFANIO: *El paso del huésped*. P. R. I, 12 de mayo de 1923, núm. 689. [Sobre la visita a Puerto Rico del Hon. John W. Weeks, secretario de la Guerra de Estados Unidos.]

IGLESIAS, SANTIAGO: *Brillante discurso parlamentario... contra el Bill Campbell*. Tip. Conciencia Popular, Humacao, P. R, 1922, 29 p.

A Civil Government for Porto Rico. Hearings... 63rd. Cong., 2nd. sess. on H. R. 13818... Feb. 26, 28, and March 2. Gov. Prtg. Off., Wa., 1914, 74 p. (U. S. House Committee on Insular Affairs.)

Committee Reports and Hearings. Insular Affairs committee. Relative to affairs in Porto Rico. [Véase la bibliografía oficial publicada sobre esta materia en *Catalogue of the Public Documents... [From the 55th Congress to the 67th Congress.]* 1901-1930, vol. 4-16.]

Exposición presentada a la Comisión Colonial de Washington por los gremios de comerciantes, agricultores e industriales de Ponce. Tip. El Correo de Puerto Rico, Ponce, P. R., 1899, 19 p.

General Insular Affairs, Committee House, Porto Rican interests, hearings held at Wa. D. C. Sept. 10-11, 1919, 52 p.

Hearings before the Committee on Pacific Islands and Porto Rico. United States Senate. Sixty-fourth Congress. First session on S. 1217. Gov. Prtg. Off., Wa., 1916, 102 p.

Joint Hearings before the Committee of Territories and Insular Possessions, U. S. Senate, and the Committee of Insular Affairs House of Representatives. A Bill for the Relief of Porto Rico. Gov. Prtg. Off., Wa., 1929, 97 p.

Memoria que presenta el Ayuntamiento de Sábana Grande al Honorable Henry K. Carroll, comisionado especial del Gobierno de Washington en Puerto Rico. Tip. Borinquen, Yauco, P. R., 1899, 15 p.

The Puerto Rico Case. Press of W. F. Roberts, Wa., 1899, 78 p. [Hay trad. al español de 1917. Primera Comisión puertorriqueña a Washington: Dr. Julio Henna, Dr. M. Zeno Gandía y Eugenio María de Hostos.]

U. S. Hearing on the Bill (H. R. 23000) to provide a civil government for Porto Rico and for other purposes. Gov. Prtg. Off., Wa., 1911, 21 p.

U. S. Porto Rican legislation. Jan. 31, 1910. [Gov. Prtg. Off., Wa., 1910.] 41 p. Hearing, May 13, 1910. Gov. Prtg. Off., Wa., 1910, 25 p.

U. S. Supervisory authority over public lands in Porto Rico. (Hearing, April 12, 1902. Gov. Prtg. Off, Wa., 1902.) 31 p.

U. S. Hearing, Feb. 6, 1906. (On bill S. 2620, to provide that the inhabitants of Porto Rico should be citizens of the United States.) Gov. Prtg. Off., Wa., 1906, 16 p.

2. CIUDADANÍA

BORAH, W. E.: *A people without a country; appeal for United States Citizenship for people of Porto Rico.* Published by the American Federation of Labor, Wa., 1912. (Compilation) April 22, 1912, 31 p. [V. Doc. Nº 968, 62nd. Cong., 3rd. sess., vol. 24: 6364. Gov. Prtg. Off., Wa., 1912.]

CÓRDOVA DÁVILA, FÉLIX, and BONETA, MANUEL J.: *Puerto Ricans claim they are Citizens.* The Puerto Rico Herald, N. Y., June 27, 1903, vol. 2, Nº 100: 741.

DEGETAU, A. M. DE: *Federico Degetau. Pequeño resumen de algunas de sus obras en favor de la ciudadanía y el Estado para Puerto Rico.* Madrid, 4 de noviembre de 1916, 20 p.

DIEGO, JOSÉ DE: *Porto Rican Citizenship.* Open letter from the Speaker of the House of Delegates of Porto Rico to U. S. Senator Miles Poindexter. Progress Pub. Co., San Juan, P. R., 1913, 23 p. [Con la trad.]

FALKNER, R. P.: *Citizenship for Porto Ricans.* American Political Science Review, Baltimore, May 1910, vol. 4: 180.

FENILLE, FRANK: *Razones por las cuales debe darse la ciudadanía americana a los puertorriqueños.* Revista Colonial Americana y Magazine Intertropical, Wa., D. C., mayo de 1908, vol. 1, núm. 1: 22-30.

FERNÁNDEZ VANGA, EPIFANIO: *Los ciudadanos artificiales.* [Sobre la ciudadanía americana en Puerto Rico.] P. R. I., 17 de octubre de 1914, núm. 242.

MUÑOZ MORALES, LUIS: *Collective Citizenship for Porto Ricans.* En *Report of the 28th Annual Meeting of the Lake Mohonk Conference of the Friends of the Indian and other Dependent Peoples,* 1910, p. 140.

PERLATI, FRANCISCO: *¿Cuál será el mejor ciudadano?* Exposición compendiada, social, política y religiosa. Imp. El Sol, Ponce, P. R., 1912, 54 p.

POST, REGIS H., and WARD, W. H.: *Porto Rico and U. S. Citizenship for Porto Rico.* Outlook, N. Y., Dec. 18, 1909, vol. 93: 860.

RALDIRIS, EDUARDO J. L.: *Citizenship and Self-government for Porto Rico.* En *Report of the 29th Annual Meeting of the Lake Mohonk Conference of Friends of the Indian and other Dependent Peoples,* 1911, p. 196.

SAWYER, L. R.: *Schools of Training for American Citizenship for Porto Rico.* Dartmouth Bi Monthly, Hanover, N. Y., 1905, vol. 1: 255.

SHAW, ALBERT: *Porto Ricans as Citizens.* Review of Reviews, N. Y., May 1921, vol. 63: 483.

TRAVIESO JR., MARTÍN: *American Citizenship for Porto Ricans.* En *Report of the 28th Annual Meeting of the Lake Mohonk Conference of Friends of the Indian and other Dependent Peoples,* 1910, p. 148.

——: *Citizenship and Self-government for Porto Ricans.* En *Report of the 26th Annual Meeting of the Lake Mohonk Conference of Friends of the Indian and other Dependent Peoples,* 1908, p. 143.

——: *Citizenship for Porto Ricans.* En *Report of the 29th Annual Meeting of the Lake Mohonk Conference of Friends of the Indian and other Dependent Peoples,* 1911, p. 208.

VAN DEUSEN, RICHARD J.: *Naturalización de puertorriqueños.* Revista de Legislación y Jurisprudencia, San Juan, P. R., enero y febrero de 1917, vol. 4: 23.

Blanket Naturalization for Porto Rico. Outlook, N. Y., 11 de junio de 1910, vol. 95: 273.

Citizenship for Porto Rico. Independent, N. Y., April 5, 1900, vol. 52: 845.

Ciudadanía de los puertorriqueños. Carta abierta de José de Diego, presidente de la Cámara de Delegados de Puerto Rico. Porto Rico Progress Publishing Co., San Juan, P. R., 1913, 23 p.

Our Fellows Citizens in Porto Rico. Literary Digest, N. Y., March 10, 1917, vol. 54: 609.

Porto Ricans and American Citizenship. Review of Reviews, N. Y., July 1908, vol. 38: 95.

Porto Ricans Citizenship. Outlook, N. Y., Jan. 8, 1910, vol. 94: 47

Porto Ricans made Americans. Outlook, N. Y., March 14, 1917, vol. 115: 447.

[*Porto Rico.*] *Denationalized, unpatriated.* Independent, N. Y., Oct. 26, 1911, vol. 71: 932.

Sobre ciudadanía. Memorial de la Cámara de Delegados de Puerto Rico al Presidente y al Congreso de los Estados Unidos. En español e inglés. Imp. Porto Rico Progress, San Juan, P. R. [1914?], 15 p.

Supreme Court of the United States, October Term., 1903. N° 225. Isabela González, appellant, vs. William Williams, United States Commissioner of Immigration at the port of New York, appellee. Brief filed by leave of the court by Federico Degetau, Resident Commissioner from Porto Rico, as Amicus Curiae. Press of Byrons, Adams [1903], 44 p.

U. S. Hearing, Feb. 6, 1906. (On bill S. 2620, to provide that the inhabitants of Porto Rico should be citizens of the United States.) Gov. Prtg. Off., Wa , 1906, 16 p.

3. STATUS POLÍTICO

ALBIZU CAMPOS, PEDRO: *La resolución conjunta núm. 2.* (Conferencia.) Imp. El Día, Ponce, P. R., 1923, 15 p.

BIRD, H. S.: *Should Porto Rico be Self governing?* The Outlook, N. Y., Nov. 11, 1905, vol. 81 : 621.

CAPÓ, CLAUDIO: *¿República independiente o Estado federal?* (Ensayo político.) San Juan, P. R., 1921, 104 p.

COLL Y CUCHÍ, CAYETANO: *La Ley Foraker.* (Estudio histórico-político comparado.) Imp. El Boletín Mercantil, San Juan, P. R., 1904, 203 p.

CÓRDOVA DÁVILA, FÉLIX: *Empire or Democracy?* (Porto Rico's relation to the United States should be definitely determined without further delay. Speech in the House of Representatives, April 12, 1928.) Gov. Prtg. Off, Wa., 1928, 67 p.

——: *Full Self government for Porto Rico.* (Speech. H. of Rep. of U. S., Jan. 11, 1924.) Gov. Prtg. Off., Wa., 1924, 4 p.

——: *Home Rule for Porto Rico.* (Speech H. of Rep. of U. S., March 24, 1926.) Gov. Prtg. Off., Wa., 1926, 4 p.

CROWELL, KATHERINE RONEY: *Star 49?* (A story of happenings in Porto Rico.) The Woman's Board of Home Missions of the Presbyteriam Church in U. S. A., N. Y. [1910], 69 p.

CUCHÍ ARNAU, FELIPE: *Criterio que debe presidir a las leyes de Puerto Rico.* ¿Debe inspirarse en el Derecho histórico o en el norteamericano? En *Cuarto Centenario de la Colonización Cristiana de Puerto Rico.* Imp. El Boletín Mercantil, San Juan, P. R., 1908, p. 120.

CURTIS, H. G.: *Status of Porto Rico.* Forum, N. Y., Dec. 1899, vol. 28 : 403.

CHAMBERLAIN, W.: *Porto Rico asks for Self-government and a chance to help.* Outlook, N. Y., April 28, 1926, vol. 142 : 646.

CHIPMAN, N. P.: *The Constitution and the Territories.* Overland Monthly, San Francisco, California, Oct. 1901, vol. 38 : 289.

DEGETAU, FEDERICO: *The Political Status of Porto Rico.* Globe Prtg. Co., Wa., 1902, 16 p. [V. The Puerto Rico Herald, 1902, vol. 1, Nos 46 y 47.]

——: *The Constitution and the Flag in Porto Rico.* (Speech), Wa., 1905.

DIEGO, JOSÉ DE: *El plebiscito puertorriqueño.* Imp. El Boletín Mercantil, San Juan, P. R. [1916?], 100 p.

DOMENECH, MANUEL V.: *The Hope of Ultimate Statehood.* En *Report of the 33rd Annual Meeting of the Lake Mohonk Conference of Friends of the Indian and other Dependent Peoples,* 1915, p. 153.

DRAPER, ANDREWS S., and ABBOT, LYMAN: *Presentation of the Platform.* En *Report of the 28th Annual Meeting of the Lake Mohonk Conference of Friends of the Indian and other Dependent Peoples,* 1910, p. 153.

FERNÁNDEZ VANGA, EPIFANIO: *Cuentas claras.* P. R. I., 12 de diciembre de 1914, núm. 250. [Sobre el status político de Puerto Rico.]

——: *Territorio y Estado.* P. R. I., 14 de marzo de 1914, núm. 211.

——: *La resolución número dos.* P. R. I., 24 de noviembre de 1923, núm. 717. [Sobre el status político de Puerto Rico.]

FISHER, H. N.: *Principles of Colonial Government adapted to the present needs of Cuba, Porto Rico and the Philippines.* L. C. Page, Boston, 1900, 56 p.

LÓPEZ LANDRÓN, RAFAEL: *Gobierno propio, ¿para quién?* San Juan, P. R., 1907.

MUÑOZ MORALES, LUIS: *Autonomous Government for Porto Rico.* Journal of Race Development Worcester, Mass., Jan. 1911, vol. 1: 363.

——: *El status político de Puerto Rico.* Prólogo de M. Fernández Juncos, Tip. El Compás, San Juan, P. R., 1921, 171 p. [Conferencias en el Ateneo Puertorriqueño de San Juan las noches del 2 y 9 de junio de 1921. Con los siguientes apéndices: (a) Constitución autonómica de 1897; (b) Tratado de París; (c) Proclama del general Miles, 1898; (d) Acta Foraker; (e) Acta Jones; (f) Nota bibliográfica.]

MUÑOZ RIVERA, LUIS: *Are the Porto Rican People prepared for Self-government?* (Speech in the House of Delegates. Extract from remarks of Tulio Larrinaga, etc.) Wa., 1908, 13 p.

——: *Porto Rican Self-government.* (Speech H. of Delegates of Porto Rico.) Gov. Prtg. Off., Wa., May 8, 1908, 13 p.

NIEVES, JUAN B.: *La anexión de Puerto Rico a los Estados Unidos de América.* Tip. Listín Comercial, Ponce, P. R., 1898, 20 p.

NORTON, F. L.: *Porto Rico and the Constitution.* Are you not too Dogmatic? Outlook, N. Y., 1899, vol. 64: 645.

PARKER, LE ROY: *The Constitution in Porto Rico.* Yale Law Journal, N. Y., Feb. 1901, vol 10: 136.

PARSONS, HERBERT (M. C.): *The Olmstead Bill and its Provisions.* En *Report of the 28th Annual Meeting of the Lake Mohonk Conference of Friends of the Indian and other Dependent Peoples,* 1910, p. 134.

PFEIL, S.: *Status of the People of Porto Rico in our Politics.* Forum, N. Y., Feb. 1901, vol. 30: 717.

RICHARDSON, J. D.: *Porto Rico is it a Part of the United States.* Independent, N. Y., Feb. 1900, vol. 52: 467.

RODRÍGUEZ SERRA, MANUEL: *The Aspirations of the Porto Ricans.* En

Report of the 26th Annual Meeting of the Mohonk Lake Conference of Friends of the Indian and other Dependent Peoples, 1908, p. 161.

ROWE, LEO S.: *Civil Rights and Political Status.* En *The United States and Porto Rico.* N. Y., 1904, cap. IV.

——: *The Status of Porto Rico.* The Insular Decisions. En *The United States and Porto Rico.* N. Y., 1904, cap. III.

——: *The Supreme Court and the Insular Cases.* Ann. Am. Acad. Pol. Sci., N° 317 Sept., 1901, 62 p.

SAMALEA IGLESIAS, LUIS: *El momento más trascendental.* (Incorporación territorial.) P. R. I., 4 de agosto de 1917, núm. 388.

SMITH, G. H.: *Porto Rico and the Constitution.* Arena, Boston, June 1900, vol. 23: 626.

SOTO, JUAN B.: *Puerto Rico ante el Derecho de Gentes.* Prólogo de Antonio R. Barceló. Tip. La Democracia, San Juan, P. R., 1928, 122 p. +.

SWEET, WILLIS: *Gobierno propio para Puerto Rico.* Proyecto de Ley para Condados. Tip. La República Española, San Juan, P. R. [1906?], 108 p.

TOOD JR., ROBERTO H.: *Nuestro Status político y su concepto jurídico.* Estudio publicado en El Tiempo y reproducido en la Revista de Legislación y Jurisprudencia, San Juan, P. R., 1919, 11 p.

TOUS SOTO, JOSÉ: *La autonomía española y la Ley Foraker.* S. f. y s. l.

VAN BUREN, J. H.: *Movement in Porto Rico towards Home Rule.* Outlook, N. Y., April 5, 1905, vol. 80: 861.

All May be Free but the Puerto Ricans. The Puerto Rico Herald, N. Y., June 7, 1902, vol. 1, N° 48.

Civil Government for Porto Rico. Report to accompany H. R. 11769, to amend act to Provide Civil Government for Porto Rico. Submitted by Mr. Towner. Jan. 22, 1920, 2 p. (H. Rp. 516th, 66th Cong., 2d. sess., vol. 1: 7652.)

Civil Government for Porto Rico. Report to accompany H. R. 11769, to amend act to Provide Civil Government for Porto Rico. Submitted by Mr. Poindexter. Dec. 23, 1920, 2 p. (S. Rp. 674, 66th Cong., 3d. sess., vol. 1: 7774.)

Congress H. R. 11769, amend act to Provide Civil Government for Porto Rico. Approved Feb. 3, 1921, 1 p. (Public 301, 66th Cong.) [V. *Statutes at Large,* vol. 41, pt. 1, p. 1096.]

Forcible Annexation. Nation, July 28, 1898, vol. 67: 65.

Hearing upon the Bill proposing to amend the present Organic Law of Porto Rico, Jan. 31, 1910, to Feb. 24, 1910. Gov. Prtg. Off., Wa., 1910, 327 p.

Is Porto Rico a Territory? Harper's Weekly, N. Y., April 11, 1903, vol. 47: 608.

[*Is Porto Rico a*] *Territory or a Province?* Independent, N. Y., Jan. 25, 1900, vol. 52: 265.

Ley Foraker que regirá en Puerto Rico desde el día 1.º de mayo de 1900, para proveer temporalmente entradas para socorrer la Isla de Puerto Rico y para otros propósitos. Imp. El País, San Juan, P. R., 1900, 36 p.

New Constitution Establishing Self-government in the Island of Cuba and Porto Rico... with comments by Cuban Autonomists on the scope of the plan and its liberality, as compared with Canadian Autonomy and federal state rights. Office of Cuba, N. Y., 1898, 75 p.

Organic acts for Hawaii and Porto Rico with amendments thereto and an appendix on Hawaii, Porto Rico, Guam, and Tutuila. Begining with 56th Cong., 1st sess., ending with 59th Cong., 2d sess. Gov. Prtg. Off., Wa., 1907, 107 p.

Porto Rico and Self-government. Outlook, N. Y., Aug. 5, 1905, vol. 80: 855.

Porto Rico: a Colonial Reponsibility. New Republic, N. Y., Feb. 1929, vol. 57: 311.

Porto Rico as a part of the United States. Current History, N. Y., May 1928, vol. 28: 263.

Self-government in Porto Rico. World's Work, N. Y., March 1922, vol. 463: 4.

Status of Porto Rico and Hawaii. Review of Reviews, N. Y., April 1900, vol. 21: 387.

The Foraker Bill... Inverse Autonomy. The Puerto Rico Herald, N. Y., Sep. 28, 1901, vol. 1, Nº 12.

The organic act of Porto Rico. March 2, 1917. As amended to March 4, 1927. Gov. Prtg. Off., Wa., 1927, 22 p.

U. S... Committee reports, hearings, and acts of Congress corresponding thereto. Fifty-ninth Cong., 1905-1907. Comp. by R. B. Horton. Gov. Prtg. Off., Wa., 1908, 411 p. Amendment of Porto Rican Civil Government act. (Hearings, Jan. 19, April 10, 1906.) p. 41-153.

4. PROBLEMAS, PROTESTAS, CAMBIOS, NECESIDADES, ETC.

ABBOTT, L.: *Has Porto Rico a Grievance?* Outlook, N. Y., April 3, 1909, vol. 91: 770.

——: *What Our Youngest Child Wants.* Outlook, N. Y., Aug. 11, 1906, vol. 83: 853.

ADAM, T. S.: *Political Problems in Porto Rico.* Nation, N. Y., April 25, 1901, vol. 72: 334.

APPLETON, C. D.: *What Porto Ricans are Worring About.* Outlook, N. Y., March 12, 1929, vol. 136: 428.

ARAQUISTAIN, LUIS: *La agonía antillana.* El imperialismo yanqui en el Mar Caribe, Espasa-Calpe, Madrid, 1928, 296 p. [Para Puerto Rico, v. p. 21-98.]

ARAQUISTAIN, LUIS: *Porto Rican Pros and Cons.* The Living Age, Boston, 1927, vol. 332 : 487.

BAGUÉ, JAIME : *Porto Rico: an Interesting Experiment,* Bull. of Pan Am. Union, Wa., July 1924, vol. 58 : 662.

BARCELÓ, ANTONIO R.: *Defendiendo a Puerto Rico.* Carta al jefe del Negociado de Asuntos Insulares del Departamento de la Guerra. Imp. La Democracia, San Juan, P. R., 1925, 41 p. [Contiene una resolución del Senado haciendo suya dicha carta.]

——: *El problema de Puerto Rico.* Discurso. (En español e inglés.) Edit. de La Democracia, San Juan, P. R., 1919, 32 p.

BARI, V.: *Porto Rico, a Test.* Woman Citizen. N. Y., Jan. 24, 1925, vol. 9: 9.

BEACH, S.: *Awakening in the Isle of Dreams.* Independent, Boston, Sept. 29, 1928, vol. 121: 310.

BENNER, THOMAS E.: *American Difficulties in Porto Rico.* Foreign Affairs, N. Y., July 1930, vol. 8: 609.

BISHOP, J. B.: *Almost Forgotten Porto Rico.* International Quarterly, N. Y., Sept. 1902, vol. 6: 211.

BRUMBAUGH, M. G.: *Problems in the Beginning of the American Government in Porto Rico.* En *Proceedings of the 22nd. Annual Meeting of the Lake Mohonk Conference of Friends of the Indians and other Dependent Peoples,* 1904, p. 86.

CAMERON, A. GUYOT: *Porto Rican Perspective.* The Financial Forum, N. Y., June 1928, vol. 2, Nº 19: 6.

CAPÓ RODRÍGUEZ, PEDRO: *Just a Word for Porto Rico.* Speech before the Colonial Club of New York, Wa., 1918, 15 p.

——: *Puerto Rico como un problema nacional.* Reforma Social, N. Y., 1920, vol. 17: 262.

——: *Porto Rico as a National Problem.* The American Journal of International Relations, Baltimore, Jan. 1921, vol. 11: 442.

COATES, N. W.: *What's the matter in Porto Rico.* Growth of Anti American sentiment. Current Hist., Magazine (of the N. Y. Times), N. Y., vol. 16: 108.

COSTAÑER CASANOVAS, PEDRO: *La crisis política y económica de Puerto Rico.* Apuntes sobre la actual situación. Tip. El Criollo, Aguadilla, P. R., 1909, 104 p.

DANA, A. G.: *Porto Rico's Case.* Outcome of American Sovereignty, 1898-1924, 1925-1928. First edition, subject to final revision. Tuttle, Morehouse and Taylor Co., New Haven, Conn., 1928, 48 p.

DANZIGER, S.: *Misgovernment in Porto Rico.* The Public, Chicago, May 12, 1916, vol. 19: 436.

——: *Free Speech in Porto Rico.* The Public, Chicago, March 2, 1917, vol. 20: 198.

DIEGO, JOSÉ DE: *The Problem of Porto Rico.* En *Report of the 31st.*

Annual Meeting of the Lake Mohonk Conference of Friends of the Indians and other Dependent Peoples, 1913, p. 154. [Hay tirada aparte: Porto Rico Progress Publishing Co., San Juan, P. R., 1913, 28 p.]

DIFFIE, BAILEY, W., and WHITFIELD DIFFIE, JUSTINE: *Porto Rico: A Broken Pledge.* The Vanguard Press, N. Y., 1931, 252 p.

DINWIDDIE, W.: *Burden Bearing in Porto Rico.* Harper's Weekly, N. Y. May 6, 1899, vol. 43: 458

——: *Puerto Rico: Its conditions and possibilities.* Harper and Bros, N. Y., 1899, VIII-294 p.

FORBES-LINDSAY, CHARLES H. A.: *Land of Problems.* World To-day, Chicago, March 1908, vol. 14: 251.

FREEMAN, L. R.: *Porto Rico Winning Prosperity, thru Hardship.* Review of Reviews, N. Y., Sept. 1907, vol. 36: 316.

FREITES ROQUES, A.: *Una víctima americana.* Imp. de la Viuda de García, Santo Domingo, febrero de 1913, 39 p.

GARCÍA SANJURJO, ANTONIO: *Esbozos antiimperialistas.* Prólogo de Rodulfo Gautier. Imp. La Revista Blanca, Mayagüez, P. R., s. f., 290 p.

GARMO, C. DE: *Our Problem in Porto Rico.* Gunton's Magazine, N. Y., June 1903, vol. 24: 490.

GHIRALDO, ALBERTO: *La lucha contra el imperialismo de Yanquilandia bárbara.* Ed. Historia Nueva, Madrid, 1929, 214 p. +. [Para Puerto Rico, v. p. 141-147.]

GOODMAN, H.: *Porto Rico Experiment.* Social Hygiene, N. Y., April 1919, vol. 5: 185.

GOVIN CASANOVA, FERNANDO: *Las Grandes Antillas y la presión yankee.* Tip. Boada, San Juan, P. R., 1916.

H. E. W.: *The Porto Rican Question.* Outlook, May 5, 1900, vol. 65: 91.

HARTZELL, CHARLES: *What is just to Porto Rico.* En *Report of the 27th Annual Meeting of the Lake Mohonk Conference of Friends of the Indian and other Dependent Peoples,* 1909, p. 169.

HEIDEMANN, KARL: *Puerto Rico's Woes.* The Puerto Rico Herald, N. Y., March 12, 1904, vol. 3, Nº 137: 1331.

HENRY, G. V.: *Our Duty in Porto Rico.* Munsey's Magazine, N. Y., Nov. 1899, vol. 22: 223.

HOPKINS, A.: *Porto Rico Needs and Possibilities of Porto Rico.* Outlook, N. Y., July 13, 1901, vol. 68: 629.

LARRINAGA, TULIO: *Needs of Porto Rico.* Independent, N. Y., Feb. 16, 1911, vol. 70: 356 p.

LINDSAY, SAMUEL MC CUNE: *New Aspects of the Problem of Porto Rico.* En *Proceedings of the 25th Annual Meeting of the Lake Mohonk Conference of Friends of the Indian and other Dependent Peoples.* Brandow Printing Co. Albany, N. Y., 1907, p. 164.

LÓPEZ LANDRÓN, RAFAEL: *La plutocracia norteamericana.* Rev. Ant., abril de 1913, núm. 2: 85.

LÓPEZ, RAMÓN B.: *Needs of Porto Rico.* Independent, N. Y., Nov. 29, 1900, vol. 52: 2857.

MARUEÑO, MARIANO JOSÉ: *Problemas americanos.* Madrid, 1906.

MASON, A. B.: *Porto Rico in Transition.* Century, N. Y., April 1911, vol. 81: 870.

MUÑOZ MARÍN, LUIS: *Sad Case of Porto Rico.* American Mercury, N. Y., Feb. 1929, vol. 16: 136.

MUÑOZ RIVERA, LUIS: *La disolución.* Colección de artículos publicados en La Democracia. Tip. La Democracia, Caguas, P. R., 1900, 48 p.

——: *Needs of the Porto Ricans.* Independent, N. Y., May 11, 1899, vol. 51: 1284.

NORTON, H. K.: *American Imperialism in Porto Rico.* World's Work, N. Y., Dec. 1925, vol. 51: 217.

——: *Ethics of Imperialism* [*Porto Rico*]. World's Work, N. Y., Jan. 1926, vol. 51: 321.

ODGEN, R.: *The Closed Door in Porto Rico.* The Nation, Nov. 1898. vol. 67: 383.

OLMEDO, M.: *Case of Porto Rico.* Ecletic Magazine, N. Y., March 1907, vol. 148: 205.

PENNOCK, F. M.: *Porto Rico's Need. Our Duty.* Outlook, N. Y., Nov. 16, 1907, vol. 87: 591.

PETIT, W. V.: *Difficulties Confronting the U. S.* [*In Porto Rico.*] Atlantic Monthly, Boston, May 1899, vol. 83: 634.

POST, REGIS H.: *What's Wrong in Porto Rico?* World's Work, N. Y., Jan. 1922, vol. 43: 261.

ROBINSON, A. G.: *Causes of Unrest in Porto Rico.* Independent, N. Y., March 15, 1906, vol. 60: 612.

ROOSEVELT, THEODORE: *El caso de Puerto Rico.* Revista Bimestre Cubana, noviembre-diciembre de 1930, vol. 26, núm. 2: 316.

——: *Constructive Movie.* Christian Century, Chicago, Aug. 13, 1930, vol. 47: 993.

ROSA, FERNANDO DE LA: *Escandalosos fraudes en Puerto Rico.* Culpabilidad del Gobierno. Mr. Hunt, encubriendo. The Puerto Rico Herald, N. Y., 8 de agosto de 1903, vol. 3, N° 106: 842.

——: *Los frutos del imperialismo en Puerto Rico.* The Puerto Rico Herald, N. Y., 4 de junio de 1904, vol. 3, N° 149: 1524.

——: *Maquiavelismo del Gobierno americano.* División entre los puertorriqueños. The Puerto Rico Herald, N. Y., 29 de agosto de 1903, vol. 3, N° 109: 887.

——: *Puerto Rico en pleno imperialismo.* The Puerto Rico Herald, N. Y., 7 de noviembre de 1903, vol. 3, N° 119: 1047.

ROWE, LEO S.: *The Significance of the Porto Rican Problem.* North American Review, N. Y., July 1901, vol. 173: 35.

ROWE, LEO S.: *The United States and Porto Rico.* With special reference to the problems arising out of our contact with the Spanish American civilization. Longmans, Green and Co., N. Y., 1904, 271 p. +.

ST. JOHN, CHARLES W.: *What's the Matter in Porto Rico?* Reply to Mr. W. Coates, with rejoinder. Current History Magazine. (N. Y. Times.) N. Y., July 1922, vol. 16: 650.

STONE, ROY: *Be Honest with Porto Rico.* Outlook, N. Y., 1899, vol. 64: 470.

——: *Our Failure in Porto Rico.* North American Review, N. Y., Oct. 1905, vol. 32: 472.

UÑA SARTHOU, J.: *Inglesas y norteamericanas.* Trascendencia del problema puertorriqueño. La Lectura, Madrid, 1901, vol. 2: 315.

VAN BUREN, JAMES H.: *Problems in Porto Rico.* En *Report of the 31st. Annual Meeting of the Lake Mohonk Conference of Friends of the Indian and other Dependent Peoples,* 1913, p. 149.

WARD, C.: *Porto Rican Balanced Sheet.* World's Work, N. Y., May 1914, vol. 28: 43.

WARNER, A.: *The Pot and the Kettle in Porto Rico.* The Nation, N. Y., Jan. 31, 1923, vol. 116: 117.

YAGER, ARTHUR: *Fundamental, Social and Political Problems of Porto Rico.* En *Report of the 33rd. Annual Meeting of the Lake Mohonk Conference of Friends of the Indian and other Dependent Peoples,* 1915, p. 145.

American Experiment. Living Age, Boston, Nov. 20, 1909, vol. 263: 502.

A Humiliating Situation. Popular Science, Monthly, May 1900, vol. 57: 100.

Close Question. Outlook, N. Y., Nov. 20, 1909, vol. 93: 620.

Degenerando (sobre política). The Puerto Rico Herald, N. Y., 26 de diciembre de 1903, vol. 3, N° 126: 1153.

Discipline for Porto Rico. Independent, N. Y., May 20, 1909, vol. 66: 1050.

En defensa de Puerto Rico. Carta dirigida por los Sres. Antonio R. Barceló y José Tous Soto al comisionado residente de Puerto Rico en Washington, Hon. Félix Córdova Dávila, contestando la carta del Presidente de los Estados Unidos al Hon. Horace M. Towner, gobernador de Puerto Rico. [San Juan, P. R., 1928], 71 p.

Foreign Policy Association: The Problem of Porto Rico. International Information Service, Jan. 18, 1929, vol. 4: 437-456.

Government Aid. Monthly Labor Review, Wa., May 1926, vol. 22: 1041-1043.

I accuse: in Porto Rico. The Nation, N. Y., Sept. 6, 1922, vol. 115: 236.

La miseria en Puerto Rico. Lo que va de Hunt a Gompers. The Puerto Rico Herald, N. Y., 2 de abril de 1924, vol. 3, N° 140: 1383.

La política americana. The Puerto Rico Herald, N. Y., 21 de noviembre de 1903, vol. 3, N° 121: 1075.

Morals of the Porto Rican Question. Nation, N. Y., Feb. 22, 1900, vol. 70: 140.

Our Duty to Porto Rico. Harper's Weekly, N. Y., Dec. 9, 1905, vol. 49: 1784.

Our Fundamental Duties to Porto Rico. Harper's Weekly, N. Y., Nov. 25, 1905, vol. 46: 1696.

Our Policy Towards Porto Rico. Independent, N. Y., Jan. 18, 1900, vol. 52: 161.

Porto Rican Crisis. Outlook, N. Y., May 22, 1909, vol. 92: 135.

Porto Rican Discontent. Public Opinion, Sept. 6, 1900, vol. 29: 296.

Porto Rico's Grievance. Outlook, N. Y., Nov. 18, 1911, vol. 99: 643.

Porto Ricans who would go Back to Spain. Literary Digest, N. Y., July 22, 1922, vol. 74: 17.

Porto Rico's Problems. Tobacco. (A Weekly Trade Review.) N. Y., Dec. 29, 1927, vol. 85, N° 10: 56.

Puerto Rico ante el imperialismo norteamericano. Denuncia del régimen de gobierno que Estados Unidos de América impone al pueblo de Puerto Rico. San Juan, P. R., s. p. i., 1931, 14 p. (Comité de Publicidad Internacional. Unión de Puerto Rico.)

Rectification of False Conceptions. The Puerto Rico Herald, N. Y., Jan. 23, 1904, vol. 3, N° 130: 1219.

Shall Simple Justice be Done to Porto Rico? Independent, N. Y., Feb. 1, 1900, vol. 52: 325.

The Case of Porto Rico. A statement read to the congressional committee visiting Porto Rico, by the Aguadilla Delegation, March 1927. [Aguadilla?, 1927], 11 p.

The Question of Porto Rico. Yale Review. New Haven, 1900, vol. 8: 355.

The Porto Rican Inhumanity. Nation, Feb. 15, 1900, vol. 70: 122.

The Problems of Porto Rico. Speeches delivered by the President of the Senate and Speaker of the House of Representatives of Porto Rico, the Hon. Antonio R. Barceló and the Hon. José Tous Soto, respectively, at a dinner tendered by the Legislature of Porto Rico to the Secretary of the War of the United States, the Hon. Dwight F. Davis, on occasion of his visit to Porto Rico. Tip. La Democracia, San Juan, P. R. [1927], 12 p.

What Annoys Porto Rico. Literary Digest, N. Y., Feb. 2, 1924, vol. 80: 19.

5. EL FUTURO

HILL, ROBERT T.: *The Future of the West Indies.* En *Cuba and Porto Rico.* Century, N. Y., 1903, cap. XXIII.

O'SHEEL, S.: *New Hope in Porto Rico.* Commonwealth, N. Y., Nov. 5, 1930, vol. 13: 7.

ROOSEVELT, THEODORE: *Porto Rico has a Future.* Review of Reviews, N. Y., Aug. 1930, vol. 82: 50.

SOTO NUSA, ISIDORO: *Mirando al futuro.* P. R. I., 3 de junio de 1916, núm. 327.

STONE, R.: *Porto Rico and its Future.* Munsey's Magazine, N. Y., Aug. 1900, vol. 23: 620.

TORO CUEVAS, EMILIO DEL: *El futuro de Puerto Rico.* En *Conferencias Dominicales dadas en la Biblioteca Insular de Puerto Rico.* Bur. Supp. Prtg., 1914, p. 218. [Hay tirada aparte en inglés. Progress Publishing Co., San Juan, P. R., 1914, 14 p.]

VALLE ATILES, FRANCISCO DEL: *Cimentando el futuro.* P. R. I., 23 de septiembre de 1916, núm. 343.

VINCENTY, NÉSTOR I.: *La civilización americana y el porvenir de Puerto Rico.* Neg. Mat. Imp., 1928, 55 p.

Opinión del general Grant, presidente de los Estados Unidos, sobre el porvenir de las Antillas. B. H. P. R., 1918, vol. 5: 228.

The Future of Porto Rico. Independent, N. Y., Sept. 28, 1899, vol. 51: 2633.

c. — PUERTO RICO Y AMÉRICA

ARAGONÉS, EUSTIQUIO: *Los temas fundamentales de Hispano-América.* Lib. Alejandro Pueyo, Madrid, 1927, 194 p. [Para Puerto Rico, v. p. 151.]

ASHFORD, BAILEY K.: *Bridge Between the Americas.* North American Review, N. Y., Sept. 1924, vol. 220: 40.

BAS, J. J.: *La Confederación Antillana.* Al Sr. Carlos Casanova. Artículos publicados en La Correspondencia de Puerto Rico. Tip. El País, San Juan, P. R., 1903, 38 p.

BRISSON, HENRY: *Puerto Rico y Panamá.* Traducido de Les Annales Politiques et Littéraires. Rev. Ant., marzo de 1913, año I, núm. 1.

CAPÓ RODRÍGUEZ, PEDRO: *Puerto Rico y el Pan-Americanismo.* Cuba Contemporánea, Habana, 1917, vol. 13: 155.

COLL Y CUCHÍ, JOSÉ: *Orientación política de América.* Conferencia pronunciada... en la Universidad de Columbia de New York, Imp. De Laisne and Rossboro, N. Y. [1928], 32 p.

DIEGO, JOSÉ DE: *La Unión Antillana.* Bases constituyentes, aprobadas en Santo Domingo..., Santiago de Cuba, en la Habana y San Juan de Puerto Rico. Imp. El Boletín Mercantil, San Juan, P. R., 1915, 11 p.

——: *Nuevas campañas.* Independencia de Puerto Rico. Unión Antillana. Solidaridad iberoamericana, etc. Sociedad General de Publicaciones, Madrid, 382 p.

FERNÁNDEZ VANGA, EPIFANIO: *Puerto Rico y el Canal de Panamá.* P. R. I., 7 de marzo de 1914, núm. 210.

FORT, GUSTAVO: *El hispanoamericanismo y el angloamericanismo*. P. R. I., 5 de mayo de 1917, núm. 375.

GRICHFIELD, GEORGE W.: *American Supremacy*. The rise and progress of the Latin American Republics and their relations to the U. S. under the Monroe Doctrine. Brentano, N. Y., 1908, 2 vols. [Para Puerto Rico, v. vol. 2: 499.]

HILL, R. C.: *Roosevelt and the Caribbean,* Chicago, 1927.

HULL, H.: *Our Caribbean State.* Banker's Magazine, vol. 117: 677.

INMAN, SAMUEL GUY: *The Present Situation of the Caribbean,* N. Y., 1923.

——: *Problems in Pan-Americanism.* George H. Doran Co., N. Y., 1925, 415 p.

LATANÉ, J. H.: *History of American Foreign Policy,* N. Y., 1927.

LLORÉNS TORRES, LUIS: *La nobleza en las Antillas.* P. R. I., 2 de julio de 1927, núm. 904.

MUÑOZ MORALES, LUIS: *Importancia del Canal de Panamá.* En *Conferencias Dominicales dadas en la Biblioteca Insular de Puerto Rico.* Bur. Supp. Prtg., 1913, p. 113.

NORTON, HENRY K: *American Imperialism in Porto Rico.* World's Work, N. Y, vol. 51: 217.

SANTOS CHOCANO, JOSÉ: *Los verdaderos intereses de los Estados Unidos en la América Española.* En *Conferencias Dominicales dadas en la Biblioteca Insular de Puerto Rico.* Bur. Supp. Prtg., 1914, p. 137.

WINKLER, MAX: *Investment of the U. S. Capital in Latin America,* Boston, 1928.

New Spanish Empire. Review of Reviews, N. Y., March 1922, vol. 65: 323.

IX

HISTORIA LITERARIA

A.—ESTUDIOS GENERALES

APONTE, JOSÉ AGUSTÍN: *Vida política y literaria.* Imp. Gloria, Mayagüez, P. R., 1908, 135 p.

AYALA, D. C.: *Resumen histórico-crítico de la Literatura hispano-americana,* Caracas, 1927, 312 p. [Para Puerto Rico, v. p. 92-99.]

BRASCHI, JUAN: *Mirando hacia el pasado.* Crítica literaria. P. R. I., 23 de octubre de 1915, núm. 295.

COESTER, ALFRED: *The Literary History of Spanish America.* The Mac Millan Co., N. Y., 1921. [Para Puerto Rico, v. cap. XIII: 431.]

COLL Y TOSTE, CAYETANO: *El alborear de la Literatura en Puerto Rico.* Puerto Rico. (Rev. mensual.) San Juan, diciembre de 1919, año I, núm. 8: 238.

CUEVAS ZEQUEIRA, SERGIO: *Las Letras en Puerto Rico.* Breves apuntes para su historia. Las Antillas, Habana, marzo de 1921, año II, núm. 3: 235.

DALMAU CANET, SEBASTIÁN: *Crepúsculos literarios.* Imp. El Boletín Mercantil, San Juan, P. R., 1904, 240 p. [Contiene: Literatura puertorriqueña, Perfiles críticos, Artículos literarios y un prólogo del Sr. M. Fernández Juncos.]

——: *Criticismo literario.* Tendencias ambientales. P. R. I., 10 de julio de 1910, núm. 19.

DEGETAU Y GONZÁLEZ, FEDERICO: *Al escritor puertorriqueño.* Madrid, 1895, 40 p.

ESTEVES, JOSÉ DE JESÚS: *Observaciones.* Problemas literarios puertorriqueños. P. R. I., 26 de agosto de 1916, núm. 339.

FERNÁNDEZ JUNCOS, MANUEL: *El Parnasillo.* En *Cuarto Centenario de la Colonización Cristiana de Puerto Rico.* San Juan, P. R, 1908, p. 164.

FERNÁNDEZ VANGA, EPIFANIO: *El crepúsculo de una literatura.* Fragmento del prólogo para el libro en prensa de D. Jorge Adsuar. P. R. I., 22 de abril de 1916, núm. 321.

FORT, GUSTAVO: *La cuestión de escuelas literarias... y otras cuestiones.* Rev. Ant., mayo de 1913, núm. 3: 43.

GINER DE LOS RÍOS, HERMENEGILDO, y GIVANELL Y MAS, JUAN: *Manual de Literatura nacional y extranjera, antigua y moderna.* Lib. de V. Suárez, Madrid [1917]. [Para Puerto Rico, v. p. 252-257.]

GÓMEZ COSTA, ARTURO: *Nuestra moderna literatura y la aparición de «Oasis».* P. R. I., 4 de septiembre de 1915, núm. 288.

GUERRA MONDRAGÓN, MIGUEL: *San Juan de Puerto Rico, su movimiento literario.* Rev. Ant., 1914, núm. 4: 80.

JULIÁ MARÍN, RAMÓN: *Crónicas íntimas.* Sobre literatura y crítica. P. R. I., 5 de octubre de 1912, núm. 136.

LEFEBRE, ENRIQUE: *La prosa [en Puerto Rico].* En *Paisajes mentales,* San Juan, P. R., 1918, p. 51.

MENÉNDEZ PELAYO, M.: *Historia de la Poesía hispanoamericana.* Lib. de V. Suárez, Madrid, 1911, 3 vols. [Para Puerto Rico, v. vol. 1, cap. V, 329-351.]

MILLER, PAUL G: *Ciencias, artes y literatura.* En *Historia de Puerto Rico.* N. Y., 1922, cap. XXVI.

PADILLA, J. S.: *A la juventud literaria de Puerto Rico.* San Juan, P. R., 1884, 11 p.

PAGÁN, BOLÍVAR: *El arte nuevo.* De la vida intelectual. P. R. I., 1 de enero de 1921, núm. 566.

PEDREIRA, ANTONIO S.: *En honor a la verdad.* Transatlánticas. P. R. I., 14 de mayo de 1921, núm. 585. [Literatura puertorriqueña en general.]

PEÑARANDA, CARLOS: *Cartas puertorriqueñas.* Dirigidas al célebre poeta D. Ventura Ruiz Aguilera (1878-1880). Imp. Rivadeneyra, Madrid, 1885, 193 p.

RIBERA CHEVREMONT, EVARISTO: *Nuestros prosistas.* P. R. I., 5 de enero de 1918, núm. 410.

——: *El oscurantismo en nuestra literatura.* P. R. I., 27 de agosto de 1927, núm. 912.

RODRÍGUEZ CABRERO, LUIS: *Currente Cálamo.* Gaya Ciencia. Comentarios sobre el modernismo. P. R. I., 19 de julio de 1913, núm. 177.

SAMALEA IGLESIAS, LUIS: *Los americanos en nuestras Letras.* P. R. I., 15 de abril de 1916, núm. 320.

VALLE, RAFAEL DEL: *Por la Literatura portorriqueña.* Carta a D. Virgilio Dávila. P. R. I., 29 de marzo de 1913, núm. 161.

Artes y Letras. [Literatura, Elocuencia, escritores contemporáneos, Arte musical, la Pintura, la Arquitectura.] En *El Libro de Puerto Rico,* 1923, cap. XII: 756-797.

Literature from Porto Rico. Literary World, Boston, June 9, 1888, vol. 19: 189.

a. — ANTOLOGÍAS

I. ALMANAQUES LITERARIOS

ATILES GARCÍA, GUILLERMO: *Almanaque de bolsillo.* 1917. West Printing Co., Mayagüez, P. R. [No tiene paginación completa.]

RIVERA, JUAN [JUAN VICENTE RAFAEL, seud.]: *Almanaque de Humacao.* Tip. Burset, Humacao, P. R., 1924, 30 p.

——: *Almanaque de Humacao.* Tip. Burset, Humacao, P. R., 1925, 30 p.

——: *Almanaque de Humacao.* Tip. Burset, Humacao, P. R., 1926, 30 p.

——: *Almanaque de Humacao.* Imp. Conciencia Popular, Humacao, P. R., 1927.

——: *Almanaque de Humacao.* Imp. Conciencia Popular, Humacao, P. R., 1928, 45 p.

Álbum Puertorriqueño. Barcelona, 1844, 194 p. [Contiene trabajos de Alonso, Sáez, Vidarte, Vassallo y Cabrera.]

Aguinaldo Puerto-Riqueño. Imp. de Gimbernat, San Juan, P. R., 1843, 206 p. [Colección de producciones en prosa y verso: Alejandrina Benítez, Guasp, Pastrana, Echevarría, Cabrera, Roig, Kolhmann, Travieso, Pedroso, Vassallo, Cavailhón.]

Aguinaldo Puerto-Riqueño. San Juan, P. R., 1846, 242 p. [Segundo de la serie.]

Almanaque-Aguinaldo de la Isla de Puerto Rico para el año 1857. Mayagüez, P. R., 1857, 138 p. [Éste fué el tercero. Prosa y verso: Tapia, Vassallo, Comas, Castro, Acosta, etc.]

Almanaque-Aguinaldo de la Isla de Puerto Rico correspondiente al año de 1859. Imp. Acosta, San Juan, P. R., 1859, 144 p. [Prosa y verso: Vassallo, Comas, Tapia, Marín, Rosado, Brincau, El Bachiller Fernando de Rojas, etc. Según Sama, no salió el Almanaque de 1858.]

Almanaque-Aguinaldo de la Isla de Puerto Rico para el año bisiesto de 1860. Imp. Acosta, San Juan, P. R., 1860, 144 p. [Prosa y verso: Marín, Podaliro, J. Pablo Morales, Fidoro, Acosta, Tapia, el Bachiller Fernando de Rojas, etc.]

Almanaque-Aguinaldo de la Isla de Puerto Rico para el año de 1861. Imp. Acosta, San Juan, P. R., 1861, 128 p. [Prosa y verso: Tapia, Vidarte, Comas, Amy, Marín, Rosado, Brincau, Pitillas, Guajataca, etc.]

Almanaque-Aguinaldo de la Isla de Puerto Rico ... 1862. Imp. Acosta, San Juan, P. R., 1862, 134 p. [Prosa y verso: Amy, Tapia, Marín, Comas, Rosado, Brincau, Vizcarrondo, Pitillas, Acosta, Nicolás Aguayo, J. P. Morales, etc.]

Almanaque-Aguinaldo de la Isla de Puerto Rico ... 1863. Imp. Acosta,

San Juan, P. R., 1863, 134 p. [Prosa y verso: Guajataca, Vassallo, Bernal, Vega, Marín, Comas, Rosado, Brincau, Aguayo, Morales, el Bachiller Fernando de Rojas, etc.]

Almanaque-Aguinaldo de la Isla de Puerto Rico ... 1864. Imp. Acosta, San Juan, P. R., 1864, 164 p. [Prosa y verso: Guajataca, Rodríguez, Marín, Tió y Segarra, Tapia, Rosado, Comas, el Bachiller Fernando de Rojas, Aguayo, Sancerrit, Bernal, etc.]

Almanaque-Aguinaldo de la Isla de Puerto Rico ... 1865. Imp. Acosta, San Juan, P. R., 1865, 128 p. [Prosa y verso: Comas, Vega, Marín, el Bachiller Fernando de Rojas, Bernal, Acosta, Sancerrit, etc.]

Almanaque-Aguinaldo de la Isla de Puerto Rico ... 1866. Imp. Acosta, San Juan, P. R., 1866, 136 p. [Prosa y verso: Rodríguez, Ali Seb, Amy, Marín, Morales, Comas, Fidela (Sra. Matheu), el Bachiller Fernando de Rojas, Oliva de Sá-rraga, Sancerrit, etc.]

Almanaque-Aguinaldo de la Isla de Puerto Rico ... 1867. Imp. Acosta, San Juan, P. R., 1867, 136 p. [Prosa y verso: Tió, Díaz, Ali Seb, Rodríguez, Derkes, Marín, Soler, Comas, el Bachiller Fernando de Rojas, Canals, Tapia, Fontán, Oliva de Sárraga, etc.]

Almanaque-Aguinaldo de la Isla de Puerto Rico ... 1869. Imp. Acosta, San Juan, P. R., 1868, 133 p. [Prosa y verso: Padilla, Soler, Pesquera, Puente, Rodríguez, Flores, el Bachiller Fernando de Rojas, Acosta, Vassallo, etc. No apareció el de 1868.]

Almanaque-Aguinaldo de la Isla de Puerto Rico ... 1870. Imp. Acosta, San Juan, P. R., 1869, 144 p. [Prosa y verso: Tapia, Carlota Robreño, Rodríguez, Dávila, Soler, Amy, Tió, Sánchez de Fuentes, Lujano Vega, Padilla, Camacho, Reguera, Matheu, Marín, el Bachiller Fernando de Rojas, Pesquera, Morales, etc.]

Almanaque-Aguinaldo de la Isla de Puerto Rico ... 1871. Imp. Acosta, San Juan, P. R., 1871, 131 p. [Prosa y verso: Aranzamendi, Tapia, Manuel Padilla Dávila, Dueño Colón, Carmona, Marín, Gautier Benítez, Marcelino Andino. Este almanaque no lo registra Sama en su Bibliografía.]

Almanaque-Aguinaldo de la Isla de Puerto Rico ... 1872. Imp. Sancerrit, San Juan, P. R., 1871, 131 p. [Prosa y verso: Orgena, Marín, Padilla, Tapia, Soler, Quijano, Fernández Juncos, Dueño, Andino, Robreño, Cortón, Blanco, Gautier, el Bachiller Fernando de Rojas, etc.]

Almanaque-Aguinaldo de la Isla de Puerto Rico ... 1873. Imp. Sancerrit, San Juan, P. R., 1872, 134 p. [Prosa y verso: Gautier, Ali Seb, Dueño, Fernández Juncos, Tió, Quijano, Brau, Padilla, Marín, Rodríguez, Sama, Soler, Orgena, Cortón, Tapia, Elzaburo, etc.]

Almanaque-Aguinaldo de la Isla de Puerto Rico ... 1874. Imp. Sancerrit, San Juan, P. R., 1873, 144 p. [Prosa y verso: Amy, Andino, Quijano, Marín, Padilla, Orgena, Pesquera, Daubón, Brau, Sama, Sosa, Derkes, Rodríguez, Tapia, el Bachiller Fernando de Rojas, Fernández Juncos, Cortón, Grau, Acosta, ect.]

Almanaque-Aguinaldo de la Isla de Puerto Rico ... 1875. Imp. Sancerrit, San Juan, P. R., 1874, 36 p. [Prosa y verso: Fernández, Juncos, Tió, Marín, Quijano, Soler, Cuevas, Paniagua, Sama, Dueño, Orgena, Amy, Cortón, Morales, Elzaburo, Tapia, Grau, etc.]

Almanaque-Aguinaldo de la Isla de Puerto Rico ... 1876. Imp. Sancerrit, San Juan, P. R., 1875, 144 p. [Prosa y verso: Matheu, Tió, Daubón, Dueño, Marín, Brau, Alvarez, Amy, Cortón, Fernández Juncos, Acosta, el Bachiller Fernando de Rojas, etc.]

Almanaque-Aguinaldo de la Isla de Puerto Rico ... 1877. Imp. Acosta, San Juan, P. R., 1876, 136 p. [Prosa y verso: Muller, Tió, Valle, Brau, Marín, Monge, Sama, Texera, Fernández Juncos, Neumann, Morales, Padilla, Camuñas, etc.]

Almanaque-Aguinaldo de la Isla de Puerto Rico ... 1878. Imp. Acosta, San Juan, P. R., 1877, 152 p. [Prosa y verso: Muller, Monge, Power, Cortón, Sama, Zeno, Pinedo, Amy, Daubón, Raldiris, Padilla, Neumann, Acosta, etc.]

Almanaque-Aguinaldo de la Isla de Puerto Rico... 1879. Imp. Acosta, San Juan, P. R., 1878, 144 p. [Prosa y verso: Belmonte, Alonso, Padilla, Quijano, Gautier, Pinedo, Brau, Fernández Juncos, Font, Acosta, etc.]

Almanaque-Aguinaldo de la Isla de Puerto Rico ... 1880. Imp. Acosta, San Juan, P. R., 1879, 168 p. [Prosa y verso: Tió, Daubón, Monge, Peñaranda, Corchado, Gautier, Padilla, Elzaburo, Ferrer, Vizcarrondo, Neumann, del Valle, Acosta, etc. Después de éste, de 1880, no hemos encontrado ningún otro con este título. Éste debe ser el último de la colección.]

Almanaque del buen humor puertorriqueño para 1875. Imp. González, San Juan, P. R., 1874, 104 p. +. [Prosa y verso: Tió, Padilla, Tapia, Vassallo, Alonso, Pérez Moris, Pinedo, Soler, Brau, Infiesta, Daubón, Aguayo, etc.]

Almanaque del buen humor puertorriqueño para 1876. Imp. González, San Juan, P. R., 1875, 104 p. + [Prosa y verso: Padilla, Tió, Infiesta, Belmonte, Muller, Soler, Romero, Fernández Juncos, Pérez Moris, Daubón, etc.]

Almanaque de bufete, para la Isla de Puerto Rico en el año bisiesto de 1884. Seguido de las Efemérides más notables de la Isla. Imp. de J. González Font, San Juan, P. R., 1884, 106 p.

Almanaque de las damas para 1884. Imp. de J. González Font, San Juan, P. R. [1883?], 132 p. [Prosa y verso: Brau, Corchado, Daubón, Fernández Juncos, Hernández, Padilla, Peñaranda, Sama, Pesquera, del Valle, etc.]

Almanaque de las damas ... 1885. Imp. de J. González Font, San Juan, P. R., 1884, 158 p. [Prosa y verso: C. Arenal, Tió, Brau, Cortón,

Daubón, Fernández Juncos, Monge, Muñoz Rivera, El Caribe, Peñaranda, Sama, Valdivia, etc.]

Almanaque de las damas ... 1886. Imp. de J. González Font, San Juan, P. R., 1885, 201 p. [Prosa y verso: Tió, Alfau, Amy, Brau, Daubón, Fernández Juncos, Ferrer, Lugo, Muñoz, Negrón, Palés, Padilla, etc.]

Almanaque de las damas ... 1887. Imp. de J. González Font, San Juan, P. R., 1886, 200 p. [Prosa y verso: Tió, El Caribe, Pinedo, Sánchez, Domínguez, Regúlez, Elzaburo, Muñoz, Palés, Daubón, Ferrer, Brau, Gordils, De Diego, etc.]

Almanaque Hispano-Americano. Director J. E. Barreiro. [Tip. El Carnaval?], San Juan, P. R., 1920, 21 p.

Almanaque literario del Boletín Mercantil para el año de 1881. Imp. El Boletín Mercantil, San Juan, P. R., 1880, 156 p. [Con los peninsulares colaboran en esta obra Cortón, Brau, Padilla y Sama.]

Almanaque literario de Puerto Rico para el año de 1877. Imp. González, San Juan, P. R., 1876, 112 p. [Prosa y verso: Padilla, Brau, Fernández Juncos, Marín, Infiesta, Zeno, Tió, Daubón, Muller, Vizcarrondo, etc.]

Almanaque literario de Puerto Rico ... 1880. Imp. González, San Juan, P. R., 1879, 96 p. [Prosa y verso: El Caribe, Padilla, Morales, Infiesta, Sama, Fernández Juncos, Gautier, Tió, Daubón, Neumann, Sánchez, etc.]

Almanaque literario de Puerto Rico ... 1889. Imp. González y Cía., San Juan, P. R., 1888, 114 p. [Prosa y verso: Tió, Fernández Juncos, Matheu, Daubón, Monge, Padilla, Dávila, Torregrosa, Gordils, Zeno, Ferrer, etc. No he encontrado ninguno para el año 1888.]

Almanaque de la Isla de Puerto Rico ... 1892. Publicado por la Revista de Agricultura, Industria y Comercio. Imp. Acosta, San Juan, P. R., 1891, 153 p.

Almanaque de la Isla de Puerto Rico ... 1887. Imp. J. J. Acosta, San Juan, P. R., 1886, 88 p.

Almanaque de la Isla de Puerto Rico ... 1889. San Juan, P. R., 1888, 96 p.

Almanaque de la Isla de Puerto Rico ... 1890. San Juan, P. R., 1889, 161 p.

Almanaque de la Isla de Puerto Rico ... 1891. San Juan, P. R., 1890, 137 p.

Almanaque de la Isla de Puerto Rico ... 1892. San Juan, P. R., 1891, 111 p.

Almanaque de la Isla de Puerto Rico ... 1893. San Juan, P. R., 1892, 175 p.

Almanaque de la Isla de Puerto Rico ... 1895. Imp. Sucesión J. J. Acosta, San Juan, P. R., 1894, 135 p. [Contiene una guía oficial de San Juan, una guía comercial y trabajos de Pedro de Angelis, etc.]

Almanaque de Los Domingos del Boletín. Imp. A. Lynn e Hijos de Pérez Moris, San Juan, P. R., 1904. [Contiene el calendario del año 1904, cuentos, artículos y poesías por diversos autores.]

Almanaque masónico para el año de 1901. Tip. El País, San Juan, P. R., 1900, 43 p.

Almanaque ponceño. 1925. Tip. Venezuela, San Juan, P. R., 115 p. [Contiene un índice santoral.]

Almanaque de Puerto Rico para 1911. Tip. M. Burillo y Cía., San Juan, P. R., 1910, 358 p. [Con la colaboración, en prosa y verso, de varios autores.]

Almanaque puertorriqueño. 1913. Conrado Asenjo, editor. Tip. La Idea, San Juan, P. R., 1913, 124 p. [Colaboraciones en prosa y verso.]

Almanaque puertorriqueño. 1914. Conrado Asenjo, editor. Tip. El Almanaque, San Juan, P. R., 1914, 176 p. [Prosa y verso.]

Almanaque puertorriqueño. 1915. Conrado Asenjo, editor. Tip. La Correspondencia, San Juan, P. R., 1915, 170 p. [Prosa y verso.]

Almanaque Asenjo. 1916. Conrado Asenjo, editor. Imp. Llabrés Ramírez, San Juan, P. R., 1916, 152 p. [Prosa y verso.]

Almanaque Asenjo. 1917. Conrado Asenjo, editor. Imp. Llabrés Ramírez, San Juan, P. R., 1917, 176 p. [Prosa y verso.]

Almanaque Asenjo. 1918. Conrado Asenjo, editor. Imp. Germán Díaz, San Juan, P. R , 1918, 76 p. [Prosa y verso.]

Calendario de Puerto Rico para el año 1879. Imp. M. García, Humacao, P. R., 1878, 40 p. [Artículos y poesías: Angelina Martínez, Quijano, Brau, Fernández Juncos, Raldiris, Peñaranda, Figueroa, Sama, etc.]

Número de Almanaque [de Vida Alegre]. 1913. San Juan, P. R., 1914.

2. COLECCIONES POÉTICAS

ANGELIS, MARÍA LUISA DE: *Poetas puertorriqueños.* San Juan, P. R., 1920, 144 p. [Contiene 16 poetas y producciones de éstos.]

——: *Musa borincana.* Antología puertorriqueña de poetas líricos, San Juan, P. R., 1907, 120 p.

BAZIL, OSVALDO: *Parnaso antillano.* Compilación completa de los mejores poetas de Cuba, Puerto Rico y Santo Domingo. Imp. Maucci, Barcelona, 1918, VIII-384 p.

BLACKWELL, ALICE STONE: *Some Spanish American Poets. Translations.* N. Y., 1929, 559 p. [Para Puerto Rico, v. p. 516-524.]

CARRERAS CARLOS, N. (compilador): *Antología completa de poetas puertorriqueños* Imp. Puerto Rico Ilustrado, San Juan, P. R., 1922, 3 vols. Vol. 1: *Poetas que fueron,* 176 p. +. Vol. 2: *Los Contemporáneos,* 180 p. +. Vol. 3: *Los Nuevos,* 178 p. + (Biblioteca Puerto Rico Ilustrado, San Juan, P. R.). [V. Lefebre, Enrique: *Antología,* P. R. I., 28 de julio de 1923, núm. 700.]

JANER Y SOLER, FELIPE: *Selecciones poéticas.* Silver Burdett and Co., N. Y., 1926, 510 p. [De autores puertorriqueños y extranjeros. Especie de Antología general. Prólogo de Henry Grattare Doyle.]

LASO DE LOS VÉLEZ, PEDRO: *Poetas de Cuba y Puerto Rico.* Barcelona, 1877.

LIMÓN DE ARCE, JOSÉ: *Poetas arecibeños.* Antología. Ed. por Harry C. del Pozo, Arecibo, P. R., 1926, 292 p. [V. Padín, José: *Crítica.* En Revista de Estudios Hispánicos, 1928, vol. I, núm. 3.]

MARCIAL ODÓN (compilador): *La lira puertorriqueña.* Colección de poesías escogidas. Tip. La Correspondencia, San Juan, P. R., 1899, 16 p.

MONGE, JOSÉ MARÍA; SAMA, MANUEL M., y RUIZ QUIÑONES, ANTONIO: *Poetas puertorriqueños.* Producciones en verso, escogidas y coleccionadas, precedidas de un prólogo por D. José M. Monge. Imp. Martín Fernández, Mayagüez, P. R., 1879, VII-388 p.

MUÑOZ GARCÍA, RAFAEL: *Los mártires de la Libertad.* Bellísima colección de poesías patrióticas de distinguidos autores cubanos, puertorriqueños y filipinos. Imp. del Listín Comercial, Ponce, P. R., 1900, 35 p.

RIBERA CHEVREMONT, EVARISTO, y ALEGRÍA, JOSÉ S.: *Antología de poetas jóvenes de Puerto Rico.* Tip. Real Hnos., San Juan, P. R., 1918, 175 p.

ROIG, PABLO: *Antología puertorriqueña.* Imp. Diario del Oeste, Mayagüez, P. R., 1912, 126 p.

SOLER Y MARTORELL, MANUEL: *Nuevo Cancionero de Borinquen.* Tip. González, P. R., 1872, 216 p. [Colección de poesías. Contiene poesías de Alejandrina Benítez, Matheu, Arizmendi, Alonso, Corchado, Comas, Dávila, Daubón, Gautier, Monge, Marín, Padilla, Soler, Tapia, Valle, Vassallo, etc.]

TORRES, DALILA (compiladora): *Para ayudar al maestro.* Colección de trabajos literarios de carácter didáctico, para ser usados en las escuelas, en fiestas, conferencias, veladas, etc. Tip. Brisas del Caribe, Yauco, P. R., 1927, 80 p.

TORRES RIVERA, ENRIQUE: *Parnaso puertorriqueño.* Imp. Maucci, Barcelona, 1920, 351 p. [V. crítica de Pagán, Bolívar, en *América y otras páginas,* P. R, 1922, p. 145-150.]

VIZCARRONDO, JULIO L. (compilador): *Segundo Cancionero de Borinquen.* [P. R., 1858?], 134 p. [Poesías de A. Benítez, Carlos Cabrera, Labra, Marín, Vidarte, Sáez, Bibiana Benítez, Laureano Vega, Amy, Cuevas, Andino, etc.]

Aguinaldos populares para 1893. Colección recreativa. Ponce, P. R., 1893.

Álbum literario del Boletín Mercantil. Imp. Guasp, San Juan, P. R., 1854-1855, 2 vols. Vol. I, 200 p.; vol. 2, 160 p. [Viajes, leyendas históricas, biografías, novelas y poesías.]

Álbum literario del Boletín Mercantil para el año 1856. Imp. Guasp, San Juan, P. R. [1855?], 112 p.

Álbum puertorriqueño. Barcelona, 1844, 194 p. [Colección de ensayos poéticos de Vidarte, Vassallo, Alonso, Cabrera y Sáez.]

Antología de poetas hispanoamericanos. Publicada por la Real Academia Española. Prólogo de D. Marcelino Menéndez Pelayo. Madrid, 1893-1895, 4 vols. [Para Puerto Rico, v. vol. 2.]

Antología puertorriqueña. Imp. Garriga Hnos., Guayama, P. R., 1912, 167 p. [Prosa y verso.]

Canto a la autonomía colonial. Poesía en colaboración por los señores José de J. Domínguez, Mariano Riera Palmer, Ramón Roura y Owen, Manuel María Sama, Carlos Casanova, Emilio del Toro y R. Romeu. Imp. La Revista Blanca, Mayagüez, P. R., 1898.

El Cancionero de Borinquen. Imp. de Martín Carlé, Barcelona, 1846, 237 p.

Lira Ponceña. Imp. La Defensa, Ponce, P. R., 1912, 125 p. [Poesías de varios autores residentes en Ponce.]

Notas perdidas. Poesías de los vates arecibeños Balseiro, Coll y Toste, Colón, Padilla, Rendón, Matheu, Zeno, Marín, etc. Imp. A. Salicrup, Arecibo, P. R., 1879, 160 p.

¡Para los náufragos! Poesías dedicadas a la Sociedad de Salvamento de San Juan, y leídas en la velada lírico-literaria celebrada en la noche del 8 de febrero de 1888, por José Gualberto Padilla, Gabriel Ferrer Hernández, José Antonio Daubón y Salvador Brau. Imp. El Boletín Mercantil, San Juan, P. R., 1888, 31 p.

Poetas de Cuba y Puerto Rico. Imp. Trella y Serros, Barcelona, 1877, 168 p. [Colección escogida de poesías de Avellaneda, Heredia, Mendive, Milanés y Tapia.]

Poetas puertorriqueños. Poesías de poetas del país. Imp. Martín Fernández, Mayagüez, P. R., 1879, 388 p.

Poetas puertorriqueños, Mayagüez Printing Co., Mayagüez, P. R., 1912, 173 p. +.

Rebeldías cantadas. Hermosa colección de poemas, poesías e himnos obreros de los más distinguidos autores socialistas españoles y latinoamericanos. Imp. Conciencia Popular, Humacao, P. R., 1924, 52 p.

3. CERTAMENES Y FIESTAS LITERARIAS

ACOSTA, JOSÉ JULIÁN: *Certamen Cervántico.* Discurso pronunciado en el Teatro de la capital de Puerto Rico en el certamen iniciado por M. Fernández Juncos en 1880. Imp. Acosta, San Juan, P. R., 1880, 8 p.

ACOSTA, JOSÉ JULIÁN: *Centenario de Calderón.* Discurso pronunciado en el Ateneo de Puerto Rico. Imp. Acosta, San Juan, P. R., 1881, 18 p.

Casino Español de Puerto Rico. Obras premiadas en el certamen literario y científico celebrado el día 12 de agosto de 1909. Imp. M. Burillo, San Juan, P. R., 1909, 206 p.

Casino de Ponce: Inauguración de la Sección Científico-Literaria. Ponce, P. R., 1880, 34 p.

Certamen literario organizado por la Asociación Nacionalista de Ponce, con ocasión de la Fiesta de la Raza, su primer aniversario 12 de octubre de 1921. Laudo y composiciones premiadas. Imp. El Día, Ponce, P. R., 1921, 40 p.

Certamen literario y científico. Casino Español de San Juan, 22 de mayo de 1909. Imp. El Boletín Mercantil, San Juan, P. R. [1909], 13 p.

Colección de trabajos filosóficos leídos en la velada por el grupo familiar Esperanza... Imp. La Nueva Bandera, Mayagüez, P. R., 1900, 31 p.

Composiciones premiadas en el certamen masónico literario organizado por la Resp. Logia Elegidos de la Patria. Núm. 338. En conmemoración del cuarto aniversario del fusilamiento de Francisco Ferrer y Guardia. Imp. La Primavera, San Juan, P. R., 1913, 82 p.

Cuarto Centenario de la Colonización Cristiana de Puerto Rico. Colección y fragmentos de los trabajos premiados. Imp. El Boletín Mercantil, San Juan, P. R., 1908, 358 p.

El Ayuntamiento de la capital de Puerto Rico a D. Pedro Calderón de la Barca en su segundo centenario. Poesías de Peñaranda, Brau y Belmonte Muller. Imp. El Boletín Mercantil, San Juan, P. R., 1881.

Estudios literarios. Premiados en el certamen del Círculo de Recreo de San Germán, Puerto Rico. Tip. González, P. R., 1881, 108 p. [Trabajos de los Sres. Vicente Pagán, Francisco M. Quiñones y Enrique Soriano Hernández.]

Fiesta literaria en honor de D. Pedro Calderón de la Barca. Imp. Martín Fernández, Mayagüez, P. R., 1881, 98 p. [Trabajos de José María Serra, Dr. Martín Travieso, D. Bonocio Tió Segarra, Lola Rodríguez de Tió, Dr. J. J. Domínguez, José María Monge y Manuel María Sama.]

Juegos florales celebrados en el Casino Hispano-Americano de la ciudad de San Germán el día 25 de julio de 1889. Imp. La Industria, de Manuel Ramírez Ortiz, San Germán, P. R., 1889. [Trabajos premiados de F. Mariano Quiñones, M. Asencio Centén, J. Pou Cardona, R. Vera, G. Rosado y R. Biaggi.]

Juegos florales de Arecibo. Poesías premiadas. Tip. El Imparcial, P. R. [1908], 25 p.

Laureles. Colección de composiciones premiadas en el certamen literario de la Logia Aurora. Tip. Baldorioty, Ponce, P. R., 1909, 54 p.

Los juegos florales de San Juan. Rev. Ant., mayo de 1913, núm. 3: 141-147.

Poemas premiados por la Academia Real de Buenas Letras de Puerto Rico en la sesión pública que celebró en 19 de noviembre de 1851. Imp. Guasp, San Juan, P. R., 1851, 81 p.

Trabajos premiados. [En un certamen del Ateneo de Puerto Rico.] P. R. I., 7 de febrero de 1914, núm. 206.

¡Un año menos! Trabajos líricos y literarios con los cuales fué organizada la fiesta del Casino Español para despedir el año 1899. Imp. El Boletín Mercantil, San Juan, P. R., 1900, 31 p.

4. COLECCIONES MIXTAS

ALONSO FERNÁNDEZ, JORGE: *Antología puertorriqueña.* (Para el monumento a Derkes.) Tip. Garriga Hnos., Guayama, P. R., 1912, 170 p.

ANGELIS, PEDRO DE: *Pro-Patria.* Colección de trabajos en prosa y verso de varios autores. Imp. del Listín Mercantil, San Juan, P. R., 32 p.

FERNÁNDEZ JUNCOS, MANUEL: *Antología puertorriqueña.* Hind, Noble and Eldredge, 1907, 164 p. Otra ed : Hind, Noble and Eldredge, 1911, 164 p. Nueva ed. aumentada: Hind, Noble and Eldredge, 1913, 268 p. Otra nueva ed. aumentada: Hind, Hayden and Eldredge, 1923, 346 p. [Biografías, prosa y verso para lectura escolar.]

——: *Colección de trabajos originales.* Para un número que la Revista Puertorriqueña dedicó a la conmemoración del Cuarto Centenario del descubrimiento de Puerto Rico, San Juan, P. R., 1903, 182 p

WILSON, BARONESA DE: *El mundo literario americano.* Escritores comtemporáneos. Semblanzas, poesías, apreciaciones, pinceladas. Casa Ed. Maucci, Barcelona, 1903, vol. 2, 352 p. +.

Aquella nube. Colección literaria en prosa y verso. P. R., 1891, 143 p. [Colaboran Zeno Gandía, Gordils, Valle Atiles, Coll y Toste, Daubón, Padilla Dávila, Asenjo, Pineda, Morales, Ferrer, Sama, Ponce de León, Julio M. Padilla, E. Carreras, Fernández Juncos, Lugo, Vega Nevárez, Tito Mas y J. A. Negrón Sanjurjo.]

El Cancionero de Borinquen. Imp. de Martín Carlé, Barcelona, 1846, 237 p. [Composiciones originales en prosa y verso de Vassallo, Sáez, Alonso, Vidarte, Cabrera y Carpegna.]

Lealtad y heroísmo de la Isla de Puerto Rico, 1797 a 1897. Imp. de Lynn e Hijos de Pérez Moris, San Juan, P. R., 1897, 363 p. [Serie de trabajos literarios sobre personajes y hechos históricos por diversos autores. En verso y en prosa.]

5. ANTOLOGÍAS DE CUENTOS

CARRERAS, CARLOS N. (compilador): *Florilegio de cuentos puertorriqueños.* Imp. de P. R. I., San Juan, P. R., 1924, 200 p.

SILVA DE QUIÑONES, ROSITA: *Antología de cuentos.* Imp. Cantero, Fernández y Cía., San Juan, P. R., 1928, 253 p. [Biografía y cuentos de autores puertorriqueños.]

Gran colección de cuentos instructivos y morales. Tip. National Printing Co., Mayagüez, P. R., 1913, 16 p. [Biblioteca Popular. Contiene cuentos, fábulas, anécdotas, pensamientos, poesías, misceláneas...]

Novelas, cuentos y poemas puertorriqueños. Biblioteca de El Buscapié, San Juan, P. R., 1894, 264 p. [Por Brau, Muñoz, Zeno, Valle Atiles, Ferrer, González García, Gordils, Fernández Juncos.]

Nota: Otros libros de carácter antológico han sido clasificados según sus temas respectivos. Véanse, por ejemplo, *Historia local. Biografía. Artículos. Folk-lore.*

B. — GÉNEROS LITERARIOS

a. — EL CUENTO

ABRIL, MARIANO: *Sensaciones de un cronista.* Imp. La Democracia, San Juan, P. R., 1903, 231 p. [Literatura, viajes, semblanzas, cuentos, etc.]

ANGELIS, MARÍA LUISA DE: *Ratos perdidos.* National Printing Co., Mayagüez, P. R., 1914?, 50 p. [Cuentos, narraciones y notas curiosas.]

AQUENZA, JACINTO (seud.) [ANTONIO PINEDA]: *Los cuentos de mi abuela.* Veladas del hogar. Cuentos que tienen de todo, menos de cuentos de abuela. Imp. de Larroca, San Juan, P. R., 1875.

ARROYO CORDERO, AMÉRICO: *Escalinata social.* Tip. Aurora, Mayagüez, P. R., 1908, 144 p. [Colección de artículos y cuentos.]

ASENJO, CONRADO: *Florecimiento.* Artículos, cuentos y leyendas. Tip. El Alba, San Juan, P. R., 1908, 95 p.

ASTOL, EUGENIO: *Cuentos y fantasías.* Tip. de Quintín Negrón Sanjurjo, Ponce, P. R., 1904, 120 p. [V. una crítica de *Cuentos y fantasías,* en F. Matos Bernier: *Isla de Arte.* P. R., 1907, p. 121.]

BALBÁS, VICENTE: *El cuento de la abuela.* Juan el Soldado. Tip. Heraldo Español, San Juan, P. R., 1907, 9 p.

BLANCO FERNÁNDEZ, ANTONIO: *Del certamen.* Cuento. Tip. Heraldo, Español San Juan, P. R., 1908, 45 p.

——: *Memorias de un Indiano.* Imp. Cantero, Fernández & Co., San Juan, P. R., 1922, 112 p. [Contiene cuentos y artículos.]

BRASCHI, JUAN: *Prosas del sendero.* Imp. El Día, Ponce, P. R., 1916. [Cuentos, artículos literarios, crónicas, etc.]

BRAU, SALVADOR: *La pecadora.* Narración puertorriqueña. Imp. González, San Juan, P. R., 1890, 70 p. También en Revista Puertorriqueña. San Juan, P. R., 1887, vol 1: 32, 86, 217, 344, 435, 580, 647 y 774.

BUSQUETS, ERNESTO: *Páginas altruístas.* Prólogo de Rafael Martínez. Imp. La Voz de la Patria, Mayagüez, P. R., 1906, 254 p. [Artículos y cuentos.]

Calderón Aponte, José: *Cuentos e impresiones*. Imp. El País, San Juan, P. R., 1903, 156 p.

Cadilla, Arturo: *Así era la locura del Doctor Yago*. Premiado en un certamen de cuentos de la Revista Universal. [Publicado?]

Cadilla de Martínez, María: *Cuentos a Lillian*. Imp. P. R. I., San Juan, P. R. 1925, 138 p.

Capetillo, Luisa: *Verdad y justicia*. Cuento de Navidad para niños. Tip. M. Burillo y Cía., San Juan, P. R., 1910, 80 p.

Cintrón, Guillermo V.: *Bombones de sal*. Tip. La Defensa, Ponce, P. R., 1910.

Coll y Toste, Cayetano: *El tesoro de los frailes*. El Cuento Quincenal, San Juan, P. R., núm. 2: 17.

Cordero, Rosendo: *Cuentos puertorriqueños*. Tip. del Correo de Puerto Rico, Ponce, P. R., 1899, 96 p.

Degetau y González, Federico: *¡Qué Quijote!* Cuento educativo. Madrid, 15 p.

—: *Cuentos. Para el viaje*. Imp. A. Avrial, Madrid, 1894, 237 p.

—: *Cuentos pedagógicos*. Imp. P. R. I., San Juan, P. R., 1925. (Biblioteca de Puerto Rico Ilustrado, vol. 7.)

Delgado, Celedonio: *Don Tomás. (El Loco.)* Cuentos regionales. Mayagüez Printing Co., Mayagüez, P. R., 1915, 52 p.

Díaz, Ángel Manuel: *La escuela rural*. Cuento. Tip. R. Morel Campos, Caguas, P. R., 1925, 14 p. [Contiene también *Sinfonía helénica*, de José de Jesús Esteves, y la *Canción de las Antillas*, de Luis de Lloréns Torres.]

Fernández Juncos, Manuel: *El gran poder*. El Cuento Quincenal, San Juan, P. R., núm. 1: 18.

—: *Cuentos y narraciones*. Tip. M. Burillo y Cía., San Juan, P. R., 1907, 217 p. [Contiene cuentos cortos y tradiciones puertorriqueñas.]

González García, Matías: *Mis cuentos*. Imp. La Correspondencia, San Juan, P. R., 1899, 31 p.

—: *Cosas de antaño y cosas de ogaño*. Poesías y cuentos. Tip. R. Morel Campos, Caguas, P. R, 1918-1922, vol. 1, 260 p.; vol. 2, 224 p. [V. *Apreciación del Cuentista*, por Antonio S Pedreira, en Índice (Mensuario de Cultura). San Juan, P. R., octubre de 1929, vol. 1, núm. 7.]

Guerra, Ramón Héctor: *Del estudio y de la lucha*. Cuentos sobre costumbres y acontecimientos sociales borincanos. Estudios jurídicos, históricos, políticos y sociales. Prólogo de Ramón Rodríguez González. Imp. La Primavera, San Juan, P. R., 1919, 89 p.

Hija del Caribe, La (seud.) [Trini Padilla de Sanz]: *Rebeldía*. Cuento realista. Standard Printing Works, San Juan, P. R., 1918 23 p. [Contiene también algunas poesías.]

Huyke, Juan B.: *Cuentos de Puerto Rico*. Prólogo de F. Rodríguez López. Rand Mc Nally, Chicago, 1926, 276 p.

Huyke, Juan B.: *Cuentos para niños*. Imp. Puerto Rico Evangélico, Ponce, P. R., 1928, 108 p.

Lassalle, Beatriz: *Cuentos mitológicos*. Rand Mc Nally, Chicago, 1925.

López de Victoria, Pelegrín: *Cuentos literarios*. Est. Tip. Francisco Torres, Yauco, P. R., 1902, 30 p.

Mariani, Pedro Domingo: *Cuentos de cuentos*. Para abuso externo. Tip. S. Negroni, Yauco, P. R., 1918, 10 p.

Martínez Nadal, Rafael: *Tempraneras*. Colección de siluetas de teatro, crónicas, cuentos y ensayos críticos. San Juan, P. R., 1908, 233 p.

Matos Bernier, Félix: *Llore y Ría*. Cuentos. Ponce, P. R., 1916, 356 p.

Meléndez Muñoz, Miguel.: *Retazos*. Ensayos y cuentos. Imp. El Boletín Mercantil, San Juan, P. R., 1905, 258 p.

Morales Cabrera, Pablo: *Cuentos populares*. Con prólogo de Manuel Fernández Juncos. Tip. El Progreso, Bayamón, P. R., 1914, 193 p.

——: *Cuentos criollos*. Segundo vol. de *Cuentos populares*. Tip. La Correspondencia, San Juan, P. R., 1925, 220 p. +.

Muñoz Marín, Luis: *Borrones*. Imp. La Democracia, San Juan, P. R., 1917, 189 p. [Cuentos, artículos, etc.]

Muñoz Marín, Luis; Ribera Chevremont, Evaristo, y Coll Vidal, Antonio: *Madre haraposa*. Páginas Rojas. Prólogo de Gustavo Fort. Imp. Cantero, Fernández y Co., San Juan, P. R., s. f., 50 p.

Padró, Humberto: *Diez cuentos*. Imp. Venezuela, San Juan, P. R., 1929, 64 p.

Pagán, Bolívar: *América y otras páginas*. San Juan, P. R., 1922, 192 p. [Artículos, ensayos, cuentos.]

Pelati, Francisco: *Revelaciones de Juan Bully*. Colección de cuentos históricos populares. Imp. El Sol, Ponce, P. R., 1911, 77 p.

Pérez Losada, José: *La piedad de matarla*. Cuento. El Cuento Quincenal, San Juan, P. R., núm. 3: 18.

——: *Trazos de sombra*. Imp. El Boletín Mercantil, San Juan, P. R., 1904, 116 p. [Novelas, cuentos, artículos y poesías con una carta al autor, del Sr. M. Fernández Juncos.]

Ponce de León, Leonardo: *Ortigas y malvas*. Cuentos. Ponce, P. R., 1890.

Prats Bonilla, Juan P.: *Cuentos y artículos*. Tip. Jesús y María, Arecibo, P. R., 1901, 112 p.

Ramírez Brau, E.: *Después del cabaret*. Cuento. Proemio de Augusto Prieto. [¿Publicado?]

Real, Cristóbal: *Palmas*. Imp. Heraldo Español, San Juan, P. R., 1903, 59 p. [Trabajos literarios. Contiene *El Romance* y dos cuentos.]

Reyes Chicano, Reynaldo: *Cuentos novelescos*. Tip. Eco de Puerta de Tierra, San Juan, P. R., 1916, 72 p.

Roig, Pablo (recopilador): *Gotas de menta*. Colección de cuentos, por Piripitipi. Mayagüez Printing Co., Mayagüez, P. R., 1917, 160 p.

SÁNCHEZ SOTOMAYOR, JOSÉ [PEPÍN seud.]: *Cuentos recreativos y docentes.* Imp. Puerto Rico Evangélico, Ponce, P. R., 1928, 56 p.

SEPÚLVEDA, FRANCISCO U.: *Cuentos cortos.* Imp. de Vilá Morel, Santiago de los Caballeros, R. D., 1898.

TAPIA Y RIVERA, ALEJANDRO: *Miscelánea.* Tip. González y Cía., San Juan, P. R., 1880, 262 p. [Novelas, cuentos, bocetos y otros opúsculos.]

TIMOTHÉE, PEDRO C.: *Cuentos populares.* San Juan, P. R., 1917, 196 p.

TORRES REYES, P. (compilador): *Reír es vivir.* Colección de cuentos, chistes, anécdotas, colmos, adivinanzas, etc. Tip. de Luis Carminely, 1924, 127 p.

Véase *Leyendas y tradiciones.*

b. — LA NOVELA

1. ESTUDIOS GENERALES

GÓMEZ TEJERA, CARMEN: *Nuestra retardación novelística.* Índice. (Mensuario de Cultura.) San Juan, P. R., vol. 1: 224.

MATOS BERNIER, FÉLIX: *La novela en Puerto Rico.* En *Isla de Arte,* P. R., 1907, p. 17. [V. también *Páginas sueltas,* P. R., 1897.]

Véase *Literatura puertorriqueña:* Estudios generales.

2. OBRAS NOVELESCAS

ABAD RAMOS, J.: *Esther.* Novela corta. Imp. El Día, Ponce, P. R., 1923, 20 p.

ABOY BENÍTEZ, JUAN: *Su primer amor.* Imp. Las Novedades, N. Y., 1900, 73 p. [Novela de costumbres.]

AMADEO, JESÚS MARÍA: *La plegaria de una Virgen.* En *Ensayo Científico Social: Una plaga social.* Premiado en la Exposición de Puerto Rico. San Juan, P. R., 1894, 314 p.

——: *Un pétalo de una rosa blanca.* Novela instructiva. Segunda parte de *La plegaria de una Virgen.* Tip. La Correspondencia, San Juan, P. R., 1894.

——: *Olga Duroc.* Tip. Heraldo Español, San Juan, P. R., 1907, 105 p.

——: *Olimpo.* Tip. El Progreso, Bayamón, P. R., 1912, 132 p.

——: *Mademoiselle de Monmari.* Imp. Variedades, Bayamón, P. R., 1919, 346 p.

——: *El Profeta.* Tip. La Correspondencia, San Juan, P. R., 1920, 301 p.

AMADEO, JESÚS MARÍA: *María Dupplessis.* Imp Venezuela, San Juan, P. R., 1926, 250 p.

—— : *Marengo.* Novela. [Publicada?]

ARCE ÁLVAREZ, A.: *Adelaida.* Capullo de novela. Tip. La Progresista, Cabo Rojo, P. R., 1922, 32 p.

ARNAU IGARAVÍDEZ, JOSÉ M.: *Consuelo.* Episodio trágico. Tip. El Vapor, Ponce, P. R., 1888, 24 p.

ARROYO CORDERO, AMÉRICO: *Cabezas.* Novela de escuela naturalista. Colección galante. Imp. de Fernández y Roig, Mayagüez, P. R., 1904, 30 p. Con un epílogo de 7 p.

AYALA MOURA, ELADIO: *El hijo de Carmen o aventuras de un obrero.* Novela original. Tip. Pasarell, Ponce, P. R., 1909, 204 p.

—— : *Esposa infiel.* Novela del natural. Imp. Unión Obrera, Mayagüez, P. R., 1912, 195 p.

BALSEIRO, JOSÉ A.: *Cuando el amor nace.* Prólogo de A. Hernández Catá. Ed. Mundo Latino, Madrid, s. f.

—— : *La maldecida.* Novela corta. [V. Ríos Ocaña, M.: *Temas actuales. Una novela de Pepito Balseiro: La maldecida,* novela corta. P. R. I., 20 de enero de 1923, núm. 673.]

—— : *El sueño de Manón.* Prólogo de A. González Blanco. Imp. Rivadeneyra, Madrid, 1922, 191 p.

—— : *La ruta eterna.* Ed. Mundo Latino, Madrid, 1926, 311 p.

BETANCES, RAMÓN EMETERIO: *La Vierge de Borinquen.* Imp. E. Thunot et Cie., Paris, 1859, 13 p.

BRASCHI, JUAN: *La úlcera.* Breve ensayo de novela realista. Imp. El Águila, Ponce, P. R., 1915, 36 p.

BRAU, SALVADOR: *La pecadora.* Narración puertorriqueña. Imp. González, San Juan, P. R., 1890, 70 p.

CABALLERO, PEDRO: *Paca antillana.* Novela pedagógica. Imp. F. Mayans, N. Y., 1931, 276 p.

CADILLA DE MARTÍNEZ, MARÍA: (1) *El tesoro de D. Alonso.* (2) *Del sendero florido.* (3) *El pródigo.* [Novelas cortas.] En *Cuentos a Lillian.* Imp. P. R. I., San Juan, P. R., 1925.

CANALES, NEMESIO R.: *Mi voluntad se ha muerto.* Novela de la juventud. Buenos Aires, 1921, 19 p.

CASANOVA, CARLOS: *Novelas cortas.* Tip. F. J. Marxuach, San Juan, P. R., 1900, 112 p. [Vol. 2 de la Biblioteca Puertorriqueña.]

CASUALIDAD (seud.): *Los ojos del alma.* Novela fantástica. Tip. La Libertad, 1897, 44 p.

CAVAILHON, MATEO: *Muerta por amor.* En *Aguinaldo Puertorriqueño.* Imp. Gimbernat y Dalmau, San Juan, P. R., 1843, p. 9.

COLL Y VIDAL, ANTONIO: *Madre haraposa.* Novelas cortas. Tip. Barros, San Juan, P. R., 1918, 100 p.

COLLAZO Y DÍAZ: *Mártir de su belleza.* Novela histórica, basada en el crimen ocurrido en Río Piedras y del que fué víctima la niña Guillermina. P. R., 1924, 14 p.

Corchado, Manuel: *Historias de ultratumba.* Imp. Alcántara, Madrid, 1872, 111 p

Correa, J.: *Divina bohemia.* Novela. P. R. I., 2 de julio de 1927.

Degetau y González, Federico: *El secreto de la domadora y el fondo del aljibe.* Imp. E. Teodoro, Madrid, 1886, XIV-235 p. Tercera ed.

——: *Juventud.* Novela. Tip. de Agustín Avrial, Madrid, 1895, 368 p.

Diego Padró, José I. de: *Sebastián Guenard.* Novela corta. La Novela Corta, San Juan, P. R., 1924, 33 p.

——: *En Babia.* Novela. San Juan, P. R., 1930, 150 p. (Primer cuaderno de las Publicaciones de La Correspondencia.)

E. M. B.: *Felicidad.* Novela. Imp. La Voz de la Patria, Mayagüez, P. R., 1902, 60 p.

Echevarría, Juan Manuel [Hernando, seud.]: *La infanticida.* En *Aguinaldo Puertorriqueño,* Imp. Gimbernat y Dalmau, San Juan, P. R., 1843, p. 27.

Fernández, Victoriano M.: *Adelina.* Novela corta. *Febé.* Novela corta. Ambas en *Páginas morales,* Mayagüez, P. R., 1908, 46 p.

Fernández Juncos, Manuel: *La vida cara.* Ed. por la rev. semanal literaria La Novela Azul, San Juan, P. R., 21 de diciembre de 1918, año I, núm. 1, 19 p.

Fonfrías, Ernesto Juan: *Raúl.* Novela corta. P. R., 1927, 28 p.

Franck, Dr. (seud.) [Ortea, Francisco?]: *La enlutada del tranvía.* Mayagüez, P. R, 1889. [Continuación de *Madama Belliard.* Cuba, 1879.]

——: *El tesoro de Cofresí.* Novela. Tip. Comercial, Mayagüez, P. R., 1889, 191 p. [Continuación de *La enlutada del tranvía.*]

——: *Una novela al vapor.* Imp. Ravelo y Hno., Santiago de Cuba, 1882, 104 p.

——: *Margarita.* Escenas de la vida íntima. Imp. de Arecco, Mayagüez, P. R., 1889, 174 p.

González Font, José: *Miscelánea.* Imp. González y Cía., San Juan, P. R., 1880, 200 p. [Novelas, cuentos, bocetos y otros opúsculos.]

González García, Matías: *La primera cría.* Narración novelesca sobre asuntos del país. Imp. El Boletín Mercantil, San Juan, P. R., 1892, 53 p. [V. *Las novelas de Matías González García,* por Carmen Gómez Tejera, en Índice. (Mensuario de Cultura.) San Juan, P. R., octubre de 1929, vol. 1, núm. 7.]

——: *Cosas.* Novela. Tip. de Arturo Córdova, San Juan, P. R., 1893, 77 p.

——: *El escándalo.* Novela naturalista. Tip. de Arturo Córdova, San Juan, P. R., 1894, 98 p.

——: *Ernesto.* Novela regional. Imp. El Buscapié, San Juan, P. R., 1895, 200 p. [Apareció como folletín de la rev. El Buscapié.]

González García, Matías: *Gestación.* Novela. Tip. La Democracia, San Juan, P. R., 1905, 243 p.

——: *El tesoro del Ausubal.* Novela. Imp. Borinquen, Caguas, P. R., 1913, 206 p.

——: *Carmela.* Novela de costumbres puertorriqueñas. Imp. P. R. I., San Juan, P. R., 1925, 149 p. [Se publicó en 1903 como folletín de Heraldo Español, y en 1925 como parte de la colección de Puerto Rico Ilustrado, vol. 8.]

González Ginorio, José: *Tanamá.* Imp. Cantero, Fernández y Cía., San Juan, P. R., 1924, 2 vols. [Novela histórica que trata de la época del descubrimiento y colonización de la Isla de Puerto Rico.]

González Quiara, José E.: *Juanillo.* Novela. Imp. La Bruja, Mayagüez, P. R., 1900, 150 p.

——: *Vida amarga.* Novela. Imp. La Revista Blanca, Mayagüez, P. R., 1897, 246 p.

Guerrero, Teodoro: *Entre dos amores.* Novela social. Imp. El Boletín Mercantil, San Juan, P. R., 1900, 207 p.

Hernando, (seud.): V. Echevarría, Juan Manuel.

Hostos, Eugenio María de: *La peregrinación de Bayoán.* Imp. El Comercio, Madrid, 1863, 430 p. Segunda ed., Santiago de Chile, 1873, 427 p. [Novela de propaganda política en forma de diario.]

Huyke, Juan B.: *La Maestra de Jácana.* Novela corta. Neg. Mat. Imp., 1924, 32 p.

——: *Vida escolar.* Novela. Imp. Cantero, Fernández & Cía., San Juan, P. R., 1925, 128 p.

——: *Pepe el Abogado.* Novela. Tip. Puerto Rico Evangélico, Ponce, P. R., 1926, 65 p.

——: *El joven Ingeniero.* Novela corta. Tip. Puerto Rico Evangélico, Ponce, P. R., 1927, 46 p.

Juliá Marín, Ramón: *Tierra adentro.* Novela. [Anterior a *La Gleba.* ¿Publicada?]

——: *La Gleba.* Novela. Tip. Real Hnos., San Juan, P. R., 1912, 155 p.

Kolhmann, Mario, (seud.) [Eduardo González Pedroso]: *El Astrólogo y la Judía.* Leyenda de la Edad Media. En *Aguinaldo Puertorriqueño,* Imp Gimbernat y Dalmau, San Juan, P. R., 1843, p. 30.

Levis, José Elías: *Estercolero.* Novela. Imp. de Manuel López, Ponce, P. R. Primera ed., 1900, 100 p. Segunda ed., Imp. El Progreso, Mayagüez, P. R., 1901, 150 p.

——: *Mancha de lodo.* Novela. Imp. El Progreso, Mayagüez, P. R., 1903, 164 p.

——: *Planta maldita.* Novela. Tip. Heraldo Español, San Juan, P. R., 1906, 199 p.

——: *Vida nueva.* Novela. Tip. El Progreso, Bayamón, P. R., 1911, xiv-205 p. [V. Martínez Plée, Manuel: *Vida Nueva*. Estudio crítico sobre una novela de J. Elías Levis. P. R. I., 23 de julio de 1911.]

López Ballesteros, Luis: *Lucha extraña*. The Century Co., N. Y., 1925, xix-247 p.

López Merjeliza, Ignacio: *El solterón vencido*. Novela del ambiente local. Imp. Venezuela, San Juan, P. R, 1929, 43 p.

Marín Fernández, M. D.: *Nyta. Deuda de amor*. Imp. de Combell, Arecibo, P. R., 1897, 35 p. +.

Martínez, Josefa [La Cieguecita de la Cantera, seud.]: *Colección de novelitas y artículos de recreo*. Tip. La Civilización, Ponce, P. R., 1880, 84 p.

Martínez Álvarez, Rafael [Martín Alva, seud.]: *Don Cati*. Novela. Tip. Real Hnos., San Juan, P. R., 1923, 284 p.

——: *El loco del Condado*. Novela. Imp. Cantero, Fernández & Co., San Juan, P. R., 1925, 257 p.

——: *La ciudad chismosa y calumniante*. Sátira de costumbres. Imp. Venezuela, San Juan, P. R., 1926, 234 p.

——: *Madre: ahí tienes a tu hijo*. Novela. Imp. El Mundo, San Juan, P. R., 1927, 225 p.

Matos Bernier, Eulalia: *Felicidad*. Novela. Tip. La Voz de la Patria, Mayagüez, P. R., 1902, 60 p.

Matos Bernier, Félix: *Puesta de sol*. Novela. Tip. San Juan News, San Juan, P. R., 1903, 287 p.

Meléndez Muñoz, Miguel: *Fuerzas contrarias*. Novela rápida. En *Retazos*, Imp. El Boletín Mercantil, San Juan, P. R., 1905, 258 p.

——: *Yuyo*. Novela regional. Imp. El Boletín Mercantil, San Juan, P. R., 1913, 171 p. [V. Real, Cristóbal: *La novela de Meléndez Muñoz*. (Crítica de *Yuyo*.) P. R. I., 4 de abril de 1914, núm. 214.]

Miranda, Luis Antonio: *Prosas ingenuas*. Novela. Imp. Cantero, Fernández & Co., San Juan, P. R., 1922, 206 p.

Morales Ferrer, Abelardo: *Idilio fúnebre*. Novela. Tip. La Cooperativa, San Juan, P. R., 1894, 28 p.

Nicolau, Rafael: *Arminda y Lucila*. Novela original. Tip. El Alba, San Juan, P. R., 1909, 84 p.

Ortiz Alibrán, J. J.: *Dos corazones mártires*. Novela. Imp. La Voz de la Patria, Mayagüez, P. R., 1910, 233 p.

Pasarell, Emilio J.: *Trío incoherente. Del ambiente*. Esbozo novelesco, escarceos de mi pensar. Conferencia. Genesio y panlogio-diálogo. Imp. El Día, Ponce, P. R., 1924, 40 p.

Pérez Losada, José: *La Patulea*. Novela. Imp. M. Burillo y Cía., San Juan, P. R., 1906, 308 p.

——: *El Manglar*. Novela. Segunda parte de *La Patulea*. Imp. El Boletín Mercantil, San Juan, P. R., 1909, 313 p.

——: *Alma negra*. Novela corta. En *Trazos de sombra*. Imp. El Boletín Mercantil, San Juan, P. R., 1903, p. 5-60.

Pérez Moris, José: *El tesoro de los piratas.* Novela original. Imp. El Boletín Mercantil, San Juan, P. R., 1881, 238 p.

Polo, María Dolores: *Angélica.* Novela. Imp. Cantero, Fernández & Co., San Juan, P. R., 1925, 2 vols.

——: *Aurelia.* Novela corta. Imp. Venezuela, San Juan, P. R., 1927, 36 p.

Ponce de León, Leonardo A.: *Nené.* Novela original. Tip. La Voz del Pueblo, Ponce, P. R., 1908, 424 p.

Quiñones, Francisco Mariano [A. Kadosh, seud.]: *Nadir Shah.* Novela persa en tres partes [No llegó a publicarse la tercera; la primera se titula *Kalila;* la segunda, *Fátima;* la inédita, *Riza Kouli.*] Hnos. Gottlieben, Bruselas, 1875, 266 p.

——: *Fátima.* Segunda parte de *Nadir Shah.* Novela persa. Hnos. Gottlieben, Bruselas, 1876, 388 p.

——: *La Magofonia.* Novela persa. Hnos. Gottlieben, Bruselas, 1875, 296 p.

Ríos Ríos, Max: *La bella intrusa.* Ed. Figarola Maurin. Toulouse, 1930, 315 p. [V. Betances Jaeger, Clotilde: *Glosando a La bella intrusa,* de Max Ríos Ríos, en P. R. I., 15 de noviembre de 1930, núm. 1080.]

Rivera Mas, Adela: *El egoísmo del amor o un amor fatal.* Novela. Imp. Unión Obrera, Mayagüez, P. R., s. f., 65 p.

Rodríguez, Juan Zacarías: *La novela está en la vida.* Prólogo de La Hija del Caribe. Tip. Negrón Flores, San Juan, P. R., 1913, 132 p.

Rodríguez, Paulino: *Don Pepito.* Novela corta. Tip. La Nueva Libertad, Guayama, P. R., 1920, 27 p.

Rodríguez González, R.: *Atavismo.* Realidades de la vida. Standard Printing Works, San Juan, P. R., 1919, 20 p. (Colección La Novela Azul, núm. 4.)

Román de Nieves, Josefa: *El heroísmo de una niña.* Novela. Imp. La Revista Blanca, Mayagüez, P. R., 1923, 25 p.

——: *Las víctimas del infortunio.* Historia triste. Tip. La Reforma, Yauco, P. R., 1924, 125 p.

——: *Un rapto misterioso,* Mayagüez, P. R., 1928, 112 p.

Roqué de Duprey, Ana: *Pasatiempos.* Colección de novelas. [*El Rey del Mundo. El secreto de una soltera. La fiesta de Reyes.*] Imp. El Criterio, Humacao, P. R., 1894.

——: *Novelas y cuentos,* Ponce, P. R., 1895, 75 p.

——: *Sara la obrera.* Novela, P. R., 1895.

——: *Luz y sombra.* Novela. Tip. de Quintín Negrón Sanjurjo, Ponce, P. R., 1903, 114 p.

——: *Un ruso en Puerto Rico.* Treinta años atrás. Cuento puertorriqueño. Standard Printing Works, San Juan, P. R., 1919, 27 p. (Colección La Novela Azul, núm. 5.)

Ruiz García, Zoilo: *Amor, odio y venganza.* Novela, Mayagüez Printing Co., Mayagüez, P. R., 1924, 100 p.

——: *Bajo el rosal de los ensueños o la confesión de una mártir.* Novela. Mayagüez, P. R., 1927.

Stella, María L.: *La vida de Adela de la Tour.* Novela. Tip. Llabrés Ramírez, San Juan, P. R, 1914, 50 p.

——: *El vigilante de Santa Bárbara.* Novela. Imp. La Buena Prensa, San Juan, P. R., 1927, 105 p.

Tapia y Rivera, Alejandro: *La antigua sirena.* Leyenda veneciana. Más bien extensa novela. En *El Bardo del Guamaní,* Habana, 1862, 591 p.

——: *La leyenda de los veinte años.* Novela. Imp. González y Cía, San Juan, P. R., 1874, 119 p. [También contiene una composición en verso dedicada al pintor Frasquito Oller.]

——: *Cofresí.* Novela. Tip. González y Cía., San Juan, P. R., 1876, 282 p.

——: *A orillas del Rhin.* Novela corta. Tip. González y Cía., San Juan, P. R., 1880. [En un tomo, con *Enardo y Rosael* y otras fantasías y cuentos.]

——: *Miscelánea.* Tip. González y Cía., San Juan, P. R., 1880, 262 p. [Novelas, cuentos, bocetos y otros opúsculos.]

——: *Póstumo el transmigrado.* Historia de un hombre que resucitó en el cuerpo de su enemigo. [115 p.] Contiene además *Póstumo envirginado,* o historia de un hombre que se coló en el cuerpo de una mujer. [123 p.] Imp. de J. González Font, San Juan, P. R., 1882, 238 p. [Ambas en un solo vol.]

Terreforte Arroyo, Juan P.: *Todo en este mundo es falso.* Novela corta. Prólogo de Eladio J. Vega. Imp. El Trabajo, Aguadilla, P. R., 1893, 17 p.

——: *El calvario de un obrero.* Novela corta con un prólogo de Ferdinand R. Cestero. Escenas reales. Imp. El Boletín Mercantil, San Juan, P. R., 1905, 25 p.

Texidor, Jacinto: *Los culpables.* Novela corta. Tip. El Boletín Mercantil, San Juan, P. R., 1910, 93 p.

Timothée, Pedro C.: *La mala educación.* Novela realista. Tip. Linotipo Heraldo de las Antillas, 1919, 22 p. (Colección La Novela Azul, núm. 6.)

Toro Soler, Ricardo del: *Hucacán.* Novela puertorriqueña. Tip. La Libertad, Ponce, P. R., 1897, 87 p.

Travieso Jr., Martín: *Pedro Duchateau.* Novela corta. En *Aguinaldo Puertorriqueño,* Imp. Gimbernat y Dalmau, San Juan, P. R., 1843, p. 16.

Valle, Rafael del: *Lucila. De la forma al fondo.* Tip. Siglo XX, Caracas, 1897, 232 p. [Dos novelas.]

Valle Atiles, Francisco del: *Inocencia.* Novela. Imp. El Asimilista, San Juan, P. R., 1884, 201 p.

VALLE Y VÉLEZ, SANTIAGO: *Magdalena.* Novela de costumbres vertida en el hermoso molde de la escuela realista. Con un exordio y Dos palabras mías. Mayagüez, P. R. [1907], 73 p.

——: *El brazo justiciero.* Novela realista moral-social. Tip. La Democracia, Inc., San Juan, P. R., 1922, 52 p.

VIERA, JUAN G.: *Misterios de María.* Novela original. Imp. El Día, Ponce, P. R., 1921, 373 p.

VIETA DE ÁLVAREZ, PROVIDENCIA: *Por ser madre.* Ed. Poliedro, San Juan, P. R., 1929, 182 p.

VILLARONGA CHARRIEZ, J.: *El tren expreso.* Novela. Imp. de F. J. Matías, Ponce, P. R., 1922, 23 p.

——: *Como aman los superhombres.* Novela. Imp. El Día, Ponce, P. R, 1923, 15 p.

ZAHONERO, JOSÉ: *El secreto de la domadora.* Segunda ed., aumentada y seguida de *El fondo del aljibe,* y una epístola de José Zahonero. Imp. E. Teodoro, Madrid, 1886, 235 p.

ZENO GANDÍA, MANUEL: *Rosa de mármol.* Revista Puertorriqueña, San Juan, P. R., 1889.

——: *Piccola.* Revista Puertorriqueña, San Juan, P. R., 1890.

——: *La charca.* Crónicas de un mundo enfermo. Novela. Imp. de Manuel López, Ponce, P. R., 1894, 291 p. Nueva ed.: Lib. y Ed. Campos, San Juan, P. R., 1930, 286 p.

——: *Garduña.* Novela. Tip. El Telégrafo, Ponce, P. R., 1896, 212 p. [V. Matos Bernier, F.: *Isla de Arte.* P. R., 1907, p. 25.]

——: *Redentores.* Novela. Imp. El Imparcial (?).

——: *El negocio.* Novela. Imp. Powers, N. Y., 1922, 360 p. [V. *Nuestro novelista de la Tierra,* ——, por Samuel R. Quiñones. Índice. (Mensuario de Cultura.) San Juan, P. R., mayo de 1930, vol. 1, núm. 12: 183.]

c.—EL TEATRO

1. ESTUDIOS Y DOCUMENTOS SOBRE EL TEATRO

ASTOL, EUGENIO: *El santo en escena.* Crítica teatral. P. R. I., 29 de enero de 1916, núm. 309.

DALMAU CANET, SEBASTIÁN: *La Literatura y el Teatro español en Puerto Rico.* Las Antillas, Habana, septiembre de 1920, año I, núm. 1: 47. [V. también en Puerto Rico (rev. mensual), San Juan, P. R., 1920, año I, núm. 11: 140-150.]

GARCÍA, INÉS N. DE: *El teatro nativo.* Al cultísimo escritor J. Pérez Losada. P. R. I., 26 de agosto de 1916, núm. 339.

PÉREZ LOSADA, JOSÉ: *Acotaciones. El teatro nativo.* P. R. I., 12 de agosto de 1916, núm. 337.

Estatutos para el régimen y gobierno de la Sociedad conservadora del Teatro Español de Puerto Rico. P. R., 1855, 17 p.

Expediente con motivo de la dedicatoria que ha hecho al Ayuntamiento D. Alejandro Tapia y Rivera de su drama titulado La parte del León, y homenaje de la Ilustre Corporación al autor. [1879.] B. H. P. R., 1923, vol. 10: 40.

Ordenanza para el buen orden y policía del Teatro de San Juan y para su régimen interior. Tip. El Tiempo, San Juan, P. R., 13 p.

Orígenes del Teatro Municipal de San Juan. B. H. P. R., 1919, vol. 6: 189.

2. OBRAS TEATRALES

ALONSO PIZARRO, MANUEL: *Cosas del día.* Juguete cómico en un acto y en verso. Imp. de Manuel López, Ponce, P. R., 1892, 27 p.

—— : *Fernando y María.* Ponce, P. R., 1892, 8 p.

—— : *Me saqué la lotería.* Juguete cómico-jíbaro, en un actoy en verso. Imp. Jiménez, Mayagüez, P. R., 1887, 27 p.

—— : *Los amantes despreciados.* Ensayo dramático, en un acto y en prosa. Tip. El Telégrafo, Ponce, P. R., 1894, 36 p.

—— : *El hijo de la verdulera.* Guayama, P. R., 1902, 51 p.

ÁLVAREZ, FRANCISCO: *Obras literarias.* Prólogo de M. Fernández Juncos. Tip. González, San Juan, P. R., 1882, 168 p. [Consta de un drama en dos actos: *Dios en todas partes o un verso de Echegaray,* tres poemas y cincuenta y una poesías diversas.]

AMADEO, JESÚS MARÍA: *Maldita Venus.* Drama en prosa, en tres actos. Tip. El Progreso, Bayamón, P. R., 1910, 71 p.

—— : *Don Pepe.* Comedia melodramática en tres actos. Tip. El Progreso, Bayamón, P. R., 1913, 99 p.

—— : *La dama del lucero.* Comedia en tres actos, arreglada para una opereta. Tip. El Progreso, Bayamón, P. R., 1914, 83 p.

—— : *La capa azul.* Drama en tres actos. Tip. El Progreso, Bayamón, P. R., 1915, VII-87 p.

ASENJO, CONRADO: *El alma de Gautier.* (Insinuación escénica referente a Gautier Benítez.) Almanaque Asenjo, 1916, p. 105. Tirada aparte, 1930.

ASTOL, EUGENIO: *Tres banderas.* Comedia en un acto y en prosa. Imp. La Defensa, Ponce, P. R., 1912, 23 p.

AVELLANET BALAGUER, JOSÉ: *El anillo de bronce.* Drama en tres actos y en verso. Tip. Comercial, Mayagüez, P. R., 1892, 72 p. [La primera ed. es de 1887.]

BALBÁS, CASIANO: *Españoles sobre todo.* Drama en tres actos y en verso. Tip. El Comercio, Ponce, P. R., 1887, 107 p.

BENÍTEZ, MARÍA BIBIANA: *La Cruz del Morro.* Episodio de la historia de Puerto Rico en el año 1625, en que los holandeses tomaron la plaza. Drama en dos actos. Prólogo por un amigo. Imp. Guasp, San Juan, P. R., 1862, 37 p.

BETANCES, RAMÓN EMETERIO: *La botijuela.* Comedia escrita en latín hace 1600 años por Marcus Accius Plantais, traducida por Bin-Tah [palabra india que significa corazón herido, según Sama, que la adjudica a Betances]. N. Y., 1863, 64 p.

BOZELLO Y GUZMÁN, CARMEN: *Abnegación y sacrificio.* Comedia en dos actos y en prosa. Imp. de Sánchez y Vegas, Arroyo, P. R., 1876, 43 p.

BRAU, SALVADOR: *Héroe y mártir.* Drama en tres actos y en verso. Imp. González y Cía., San Juan, P. R., 1871, 67 p.

——: *De la superficie al fondo.* Comedia en tres actos y en verso. Imp. González y Cía., San Juan, P. R., 1874, 90 p.

——: *La vuelta al hogar.* Estudio dramático en tres actos y en verso. Nueva Imp. El Boletín Mercantil, San Juan, P. R., 1877, 81 p.

——: *Los horrores del triunfo.* Drama en tres actos y en verso. Imp. de J. González Font, San Juan, P. R., 1887, 84 p. [V. Fernández Juncos, Manuel: *Juicio literario del drama de Brau, Los horrores del triunfo.* Revista Puertorriqueña, San Juan, P. R., 1887, vol. 1: 148.

CAMPOS Y MOLES, JUAN: *Quien bien quiere nunca olvida.* Zarzuela en verso en un acto, música de Fermín Toledo. Imp. J. R. Freyre, Mayagüez, P. R., 1863, 32 p.

CARRERAS, ERNESTO (letra), y ANDINO, JULIÁN (música): *Figuras chinescas.* Revista cómico-lírico local. Estrenada en el Teatro de San Juan, Puerto Rico, por los Bufos Habaneros, la noche del 12 de enero de 1895. Tip. La Correspondencia, San Juan, P. R., 1895, 43 p.

CEREZO VÁZQUEZ, BENITO: *Alegría de primavera.* Ensayo en dos actos. [¿Publicado?]

CINTRÓN, GUILLERMO V.: *La criada respondona.* Comedia en verso. Imp. La Bruja, Mayagüez, P. R, 1900, 30 p.

COLL Y BRITAPAJA, JOSÉ: *La voz pública.* Zarzuela. Letra de D. ——, música del maestro Cerecedo, figurines de D. Eusebio Planás. Imp. de Jaime Jepus, Barcelona, 1879, 48 p.

COLL Y VIDAL, ANTONIO: *Feminismo y prohibición.* Juguete cómico. Imp. Boada, San Juan, P. R., 1921, 175 p.

——: *Un hombre de cuarenta años.* Comedia. Habana, 1928, 90 p.

CORCHADO, MANUEL: *María Antonieta.* Cuadro dramático en verso. Imp. Acosta, San Juan, P. R., 1880, 30 p.

——: *Desde la comedia al drama.* Comedia en tres actos y en verso. Imp. El Asimilista, San Juan, P. R., 1887, 104 p.

CORDERO RODRÍGUEZ, MODESTO: *Los monopolios.* Juguete cómico. Imp. El Telégrafo, Ponce, P. R., 1895, 29 p.

CORDERO RODRÍGUEZ, ROSENDO: *El nuevo Mesías o cada cual por su inte-*

rés. Juguete cómico en un acto y en verso. Tip. de Carbonell y Esteva, 1906, 31 p.

CORONADO, ENRIQUE: *Angélica.* Diálogos dramáticos divididos en tres actos... y en prosa. Imp. Alfred Ratle, Caracas, 1879, 40 p.

CRESPO, JOSÉ: *$ 13,000.* Juguete cómico en un acto y en verso. En *Preludios,* Tip. El Vapor, Ponce, P. R., 1885, 72 p.

DERKES, ELEUTERIO: *Ernesto Lefebre o el triunfo del talento.* Drama en cuatro actos y en prosa. Estrenado en el Teatro de Guayama en la noche del 25 de marzo de 1871. Imp. de Salinas y Sánchez, Arroyo, P. R., 1872, 50 p.

——: *Don Nuño Tiburcio de Pereira.* Pieza cómica en un acto y en verso. Imp. de Sánchez y Vegas, Arroyo, P. R., 1877, 28 p.

——: *Tío Fele.* Comedia en un acto. Imp. de Morel, Ponce, P. R., 1883, 44 p.

ESCALONA, RAFAEL E.: *Amor a la Pompadour.* Pieza jíbaro-bufo-catedrática en un acto y en verso y prosa. Imp. de Carlos González Font, San Juan, P. R., 1883, 18 p.

——: *Flor de una noche.* Parodia bufo-cómico-catedrática. Escrita para el Círculo Calderón de la Barca. Imp. de Carlos González Font, San Juan, P. R., 1888, 18 p.

FABRO VALDÉS, JUAN: *Carlota Brohan: La reina de los ladrones.* Melodrama en seis actos. Barcelona, 1912.

——: *Malditas cartas.* Comedia. Madrid, 1913

FERRER HERNÁNDEZ, GABRIEL: *Herir en el corazón.* Drama en cuatro actos y en prosa. Imp. El Boletín Mercantil, San Juan, P. R., 1883, 67 p.

FIGUEROA, SOTERO (letra); MOREL CAMPOS, JUAN (música): *Don Mamerto.* Zarzuela en un acto. Representada por primera vez en el Teatro La Perla, la noche del 27 de noviembre de 1881. Tip. El Vapor, Ponce, P. R., 1886, 27 p.

GARCÍA BERENGUER, JOSÉ: *Martirio del corazón.* Drama en cuatro actos, en prosa. Imp. Salvador Acuña, Sevilla, 1875, 56 p.

GIORDANI, J. A.: *Tragedia.* En cuatro actos. Tip. El Sol, Ponce, P. R., 1906, 35 p.

GONZÁLEZ, ALBERTO M.: *Colegiales.* Zarzuela en tres actos. Música de Rafael Hernández, N. Y. City, 1928, 26 p.

GONZÁLEZ, MAGDALENO: *Arte y rebeldía.* Dramas y comedias. Tip. Vida Libre, Caguas, P. R., 1920, 157 p.

HERNÁNDEZ, CARMEN: *Obras dramáticas.* Imp. del Comercio, P. R., 1863. [Contiene *Amor ideal,* comedia original en tres actos y en verso; *Los deudos rivales,* drama original en cinco actos y en prosa.]

——: *Hacer el bien al enemigo es el mayor castigo.* Drama. P. R., 1866.

HUYKE, JUAN B.: *Dolor.* Drama en dos actos. Neg. Mat. Imp., 1925, 17 p.

——: *El batey.* Comedia. Neg. Mat. Imp., 1926, 42 p.

——: *La sentimental.* Comedia en dos actos. Neg. Mat. Imp., 1926, 55 p.

HUYKE, JUAN B.: *Mañana de prueba.* Comedia en un acto. Neg. Mat. Imp., 1927, 38 p.

HUYKE, JUAN B.: *Abuelo y nieta.* Comedia. Neg. Mat. Imp., 1929, 10 p.

——: *Día de Reyes.* Comedia en un acto y en verso. Neg. Mat. Imp., 1929, 14 p.

——: *Niños sin padres.* Comedia, Neg. Mat. Imp., 1927, 18 p.

——: *Las pequeñas causas.* Comedia en tres actos. Tip. El Correo Dominical, San Juan, P. R., 1928, 67 p. [V. Padín, José (crítica): Revista de Estudios Hispánicos, 1928, vol. 1, núm. 2.]

IRIZARRY, FRANCISCO: *Un matrimonio al vapor.* Juguete cómico-jíbaro en un acto y en verso. Imp. de Manuel López, Ponce, P. R., 1886, 33 p.

JANER Y SOLER, FELIPE: *Elección por gratitud.* Comedia en un acto y en verso. Imp. El Boletín Mercantil, San Juan, P. R., 1879, 40 p.

——: *El secreto de un padre.* Boceto dramático en un acto y en verso. Imp. El Boletín Mercantil, San Juan, P. R., 1881, 27 p.

JUSTIZ Y SANZ, FRANCISCA: *La inundación de Ponce.* Revista histórico-lírico-dramática en dos actos y en verso y en prosa. Música de doña Marta Val de Carneiro. Tip. de la Revista de Puerto Rico, Ponce, P. R., 1889, 32 p.

LIMÓN DE ARCE, JOSÉ: *Redención.* Ensayo dramático en cuatro actos y en prosa. Imp. El Alba, San Juan, P. R., 1906, 92 p. [Otros inéditos.]

LLORÉNS TORRES, LUIS: *El grito de Lares.* Drama histórico-poético en tres actos y en prosa y en verso. Prólogo por Luis Muñoz Rivera. Tip. La Libertad, Aguadilla, P. R. [1927], 120 p.

MARÍN, FRANCISCO GONZALO: *El 27 de febrero.* [Este drama fué estrenado en Santo Domingo en 1888, y sospechamos que allí se publicó. No hemos visto la obra.]

MARÍN, RAMÓN: *El hijo del amor.* Comedia en tres actos y en verso. Imp. Francisco Vidal, Ponce, P. R., 1872, 80 p.

——: *Lazos de amor.* Segunda parte de *El hijo del amor.* Comedia en tres actos y en verso. Tip. El Vapor, Ponce, P. R., 1878, 88 p. [Contiene un Apéndice, en que aparece un artículo de crítica firmado C. A. A.]

MARTÍN, DIEGO: *Edgoe o los neurasténicos.* Drama filosófico-social en cuatro actos. Tip. Real Hnos., San Juan, P. R., 1924, 118 p.

MARTÍNEZ, MANUEL [JOSÉ ARCE, seud.]: *Los baños de Coamo.* Zarzuela de costumbres puertorriqueñas, P. R., 1898.

MARTÍNEZ ÁLVAREZ, RAFAEL: *La convulsiva.* Drama en tres actos. San Juan, P. R., 1917, 39 p.

——: *Cabaret.* Drama. Imp. Biblioteca de la Revista El Áncora, San Juan, P. R., 1918.

——: *Don Cati y Doña Doro.* Comedia. Imp. Biblioteca de la Revista El Áncora, San Juan, P. R., 1925, 40 p.

MARTÍNEZ ÁLVAREZ, RAFAEL: *La madreselva enflorecía.* Comedia. Imp. Biblioteca de la Revista Aurora, San Juan, P. R., 1926, 38 p.

MAS MIRANDA, ARTURO: *La víctima de los celos.* Ensayo dramático en tres actos y en prosa. Tip. La Patria, Ponce, P. R., 1897, 48 p.

—: *Ante Dios y ante la Ley.* Ensayo dramático en tres actos y en prosa. Tip. Igualdad, Sábana Grande, P. R., 1902, 72 p.

MASFERRER BERRÍOS, JOAQUÍN: *La voz de la conciencia.* Drama en tres actos y en verso. Imp. de Manuel López, Ponce, P. R, 1889, 65 p.

MATOS BERNIER, RAFAEL: *Deshonra y muerte o el rescate del honor.* Drama en cinco actos y en prosa. Imp. El Boletín Mercantil, San Juan, P. R., 1903, 137 p.

MEIRELES, EDUARDO: *La entrega del mando o fin de siglo.* Revista cómico-lírico-crítica, en verso, en un acto y dos cuadros, original; música de los Sres. Vizcarrondo y Tizol. Estrenada en San Juan el 8 de julio de 1899, suspendida su segunda representación al siguiente día por el señor Alcalde. Tip. A. Lynn e Hijos de Pérez Moris, San Juan, P. R., 1899, 46 p. [El autor es cubano.]

MÉNDEZ QUIÑONES, RAMÓN: *Un jíbaro.* Juguete cómico-jíbaro en un acto y en verso. Imp. Martín Fernández, Mayagüez, P. R., 1881, 24 p.

—: *Los jíbaros progresistas o la feria de Ponce.* Juguete cómico en un acto. Imp. El Propagador, Mayagüez, P. R., 1882, 30 p.

—: *La vuelta de la feria.* Segunda parte del juguete cómico *Los jíbaros progresistas o la feria de Ponce.* Tip. El Vapor, Ponce, P. R., 1882, 37 p.

MILIÁN, ANTONIO: *El poder del obrero o la mejor venganza.* Drama en dos actos y tres cuadros. Prólogo de Epifanio Fiz Giménez. Tip. P. Moreno, Bayamón, P. R., 1916, 51 p.

NEBOT, CELEDONIO LUIS: *Muceu o el triunfo del patriotismo.* Tragedia. P. R., 1833?, 48 p.

OJEDA LÓPEZ, RAMÓN: *El puente de San Antonio o el sitio de los ingleses.* Drama en dos cuadros, en verso y en prosa. [Fué estrenado en 1897; pero ignoramos si se publicó.]

O'NEILL, GONZALO: *Moncho Reyes.* Comedia en tres actos, precedidos de un breve prólogo en prosa. Spanish American Printing, N. Y. [1923], 53 p.

NAVARRO Y ALMANSA, FÉLIX, y ORMAECHEA, FERNANDO DE: *Revista de Puerto Rico.* Apropósito joco-serio con ribetes de filosófico en un acto y en verso. Imp. Acosta, San Juan, P. R., 1880, 40 p.

PARDIÑAS, J. [YARA, seud.]: *El Estado libre en Puerto Rico o el regreso de Barceló.* Tip. Real Hnos., San Juan, P. R., 1922. [Contiene también el *Ambiente cómico-político,* de Raúl de la Vega. Diálogo.]

PEÑARANDA, CARLOS: *El obrero de Maguncia* Drama en tres actos y en verso. Imp. de Fernández Gautier, Mayagüez, P. R., 1882, 78 p. [V. *Peñarandinas,* en Bonafoux, Luis: *Ultramarinos.* Madrid, 1882, p. 157.]

PÉREZ LOSADA, JOSÉ: *La rabia.* Drama Grand Guignol en un acto. Imp. El Boletín Mercantil, San Juan, P. R., 1912.

——: *Los primeros fríos.* Comedia en tres actos. Imp. El Boletín Mercantil, San Juan, P. R., 1915.

——: *La vida es ácida.* Comedia en tres actos. Tip. Real Hnos., San Juan, P. R., 1925.

——: *La crisis del amor.* Comedia en tres actos. Tip. Real Hnos., San Juan, P. R., 1925. [V. *La crisis del amor. Una comedia de Pérez Losada. Entrevista con el autor.* P. R. I., 13 de abril de 1912, núm. 111; *El estreno de La crisis del amor. Los que triunfan en la escena.* P. R. I., 27 de abril de 1912, núm. 113.]

——: *Teatro portorriqueño: La crisis del amor, La vida es ácida.* Tip. Real Hnos., San Juan, P. R., 1925, vol. 1, 264 p.

——, y DÍAZ CANEJA, LUIS: *La Soleá, Sangre mora, La cantaora, Los sobrinos del tío Sam, El viaje de los congresistas.* Zarzuelas. Imp. Cantero, Fernández y Cía., San Juan, P. R., 1918.

PLAZA, ENRIQUE: *Futuro.* Comedia de ambiente político. Tip. El Lápiz Rojo, Puerta de Tierra, P. R., 24 p.

PONCE DE LEÓN, LEONARDO A.: *Primera noche de novios.* Juguete cómico en un acto y en verso. Imp. El Telégrafo, Guayama, P. R., 1885, 48 p.

PRIDA Y DÍAZ, ANTONIO: *La sombra de Padilla.* Drama histórico en tres actos y en verso. Imp. Pedro Ramos, P. R., 1877, 70 p.

——: *El esclavo del deber.* Drama en un acto y en verso. Tip. Comercial, Mayagüez, P. R., 1886, 25 p.

QUINTANA, PEPE (seud.) [ÁNGEL M. TORREGROSA]: *La estatua de Colón.* Revista patriótica en un acto y en prosa. Tip. La Libertad, Aguadilla, P. R., 1926.

RAMÍREZ MOLL, EMILIO: *La vida es amor.* Comedia en dos actos. Imp. San Juan Printing, San Juan, P. R., 1929, 80 p.

RAMOS Y BRANS, JOSÉ: *El tirano de su anhelo.* Ensayo dramático en dos actos y en verso. Argumento de Ibo Alfaro. Estrenado en la Sociedad Círculo de Amigos, de Mayagüez, el 6 de octubre de 1888. Imp. de Arecco Hijo, Mayagüez, P. R., 1889, 55 p.

RIVERA CORTÉS, FÉLIX: *Justicia de Dios.* Drama en tres actos. Tip. La Defensa, Ponce, P. R., 1913, 52 p.

RODRÍGUEZ HARRISON, JOSÉ M.: *El Sol y la Luna.* Pleito representable. Imp. Lamuela, Mayagüez, P. R., 1892, 13 p.

ROIG, PABLO: *De cosecha ajena.* Comedia en tres actos. Imp. Mayagüez Printing Co., Mayagüez, P. R., 1922, 74 p.

ROMERAL, R. DEL: *La emancipación del obrero.* Drama alegórico en un acto. Imp. La Bruja, Mayagüez, P. R., 1903, 35 p.

SAMA, MANUEL MARÍA: *Inocente o culpable.* Drama original en tres actos y en verso. Imp. Torrens y Navarro, Madrid, 1877, 75 p.

Sama, Manuel María: *La víctima de su falta.* Drama en tres actos y en verso, San Juan, P. R., 1878.

—: *El regreso de Colón.* Cuadro histórico dramático en un acto y en verso. Tip. Comercial, Mayagüez, P. R., 1892, 19 p.

Sánchez de Fuentes, Eugenio: *Amante, rival y paje.* Comedia en cuatro actos y en verso. Imp. J. Rodríguez, Madrid, 1854, 65 p.

—: *Colón y el Judío Errante.* Fantasía dramática en dos actos y en verso. Imp. La Propaganda, Habana, 1877, 39 p.

—: *Cuatro siglos después.* Loa en un acto y en verso. Imp. La Especial, Habana, 1892.

—: *Entre una mujer y Dios.* Drama en tres actos y en prosa. Imp. La Especial, Habana, 1895.

—: *El primo Basilio.* Drama en cuatro actos y en verso. Imp. Fernández y Cía., San Juan, P. R., 1901, 57 p.

—: *Sacrificio.* Comedia en dos actos y en prosa. Estrenada la noche del 7 de agosto de 1919. La Laguna de Tenerife, Imp. Suc. de M. Curbelo, 142 p.

Sánchez del Río, J.: *El carbón que ha sido brasa.* Proverbio en acción en un acto y en verso. Ed. por Julio Font Camuñas, Vega Baja, P. R., 1893, 53 p.

Sancho Cardona, Jaime: *Por el amor... libre.* Zarzuela seria, música de Eleuterio Quiñones Cardona. [¿Se publicó?]

Tapia y Rivera, Alejandro: *Bernardo de Palissy.* Drama en verso en cuatro actos. En *El bardo del Guamaní,* Habana, 1862, 591 p. [V. *Bernardo de Palissy,* en Matos Bernier, F.: *Páginas sueltas.* P. R., 1897, p. 201.]

—: *Roberto D'Evreux.* Drama en cuatro actos. En *El bardo del Guamaní,* Habana, 1862. [V. Acosta, José Julián: *Juicio crítico sobre Roberto D'Evreux, drama histórico en cuatro actos, de A. Tapia y Rivera.* Imp. de Sancerrit, San Juan, P. R., 1856.]

—: *La Cuarterona.* Drama original en tres actos. Tip. Fortanet, Madrid, 1867, 72 p.

—: *Camöens.* Drama original en cuatro actos. Tip. Fortanet, Madrid, 1868, 74 p. Refundición en tres actos. Segunda ed.: Imp. Acosta, San Juan, P. R., 1878, 76 p.

—: *Vasco Núñez de Balboa.* Drama histórico en tres actos. Estrenado en 11 de noviembre de 1872. Tip. González y Cía., San Juan, P. R., 1873, 80 p.

—: *La parte del león.* Drama en tres actos y en prosa. Tip. González y Cía., San Juan, P. R., 1880, 56 p. [V. *La parte del león,* en Bonafoux, Luis: *Ultramarinos,* Madrid, 1882, p. 162. V. también *Tapia Dramaturgo,* por Antonia Sáez. Índice. (Mensuario de Cultura.) San Juan, P. R., febrero de 1930, vol. 1, núm. 11: 168].

Tió Segarra, Bonocio: *La fiesta del genio.* Loa. En *Fiesta literaria en honor de D. P. Calderón de la Barca, celebrada en el Casino de Mayagüez el 25 de mayo de 1881.* P. R., 1881.

TORO CUEVAS, EMILIO DEL: *La fuerza del Destino.* Estudio dramático en cinco actos y en verso. Imp. de Fernández, Mayagüez, P. R., 1893, 80 p.

TORO SOLER, RICARDO DEL: *Abismo sin fondo.* Drama trágico-histórico. Tip. de Pablo Bellido, Cabo Rojo, P. R., 1912, 64 p.

——: *Victoria.* Sainete en un acto y en prosa. Cabo Rojo, P. R., 1931, 24 p.

TORREGROSA, LUIS A.: *Combates del corazón.* Ensayo dramático en tres actos y en verso. Imp. La Voz del Pueblo, Aguadilla, P. R., 1888, 98 p.

——: *Vice Versa.* Juguete cómico en un acto y en verso. Imp. El Trabajo, Aguadilla, P. R., 1893, 37 p.

YUMET MÉNDEZ, JOSÉ: *La Cruz Roja.* Ensayo dramático. Imp. de Fidel Ruiz, Aguadilla, P. R., 1916, 30 p.

3. MONÓLOGOS Y DIÁLOGOS

ASTOL, EUGENIO: *Noche de fiesta.* Monólogo. Imp. La Democracia, Ponce, P. R., 1897, 9 p.

BLASCO, AMÉRICO: *Un espiritista y un católico.* Diálogo. Imp. Jesús y María, Arecibo, P. R., 1901, 13 p.

CINTRÓN, GUILLERMO V.: *La bruja en el Poder.* Monólogo en verso. Imp. La Bruja, Mayagüez, P. R., 1900, 20 p.

MONGE, JOSÉ MARÍA [JUSTO DERECHO, seud.]: *Los apuros del Bachillerato.* Diálogo en verso. Tip. Comercial, Mayagüez, P. R., 1886, 9 p.

MORALES FERRER, ABELARDO: *Crisálida.* Monólogo representable en verso. Escuela Tipográfica del Hospicio, Madrid, 1887, 24 p.

MUÑOZ RIVERA, LUIS: *Las dos musas.* Diálogo alegórico. Imp. J. González Font, San Juan, P. R., 1886, 16 p.

O'NEILL, GONZALO: *La India borinqueña.* Diálogo en verso. Carta-prólogo de Domingo Collazo, N. Y., 1922, 12 p.

ORMAECHEA, FERNANDO: *Cuarto menguante.* Monólogo en un acto y en verso. Tip. El Comercio, Ponce, P. R., 1885, 17 p.

RAMÍREZ, MANUEL M.: *Marta.* Monólogo representable, original y en prosa. Estrenado en San Germán, el 15 de diciembre de 1912. Imp. La Industria, San Germán, P. R., 1912, 12 p.

RIBRA PALMER, MARIANO: *La elección.* Alegoría dialogada en verso. Imp. El Progreso, Mayagüez, P. R., 1903, 14 p.

RODRÍGUEZ CABRERO, LUIS: *Nuestro debut.* Diálogo recitado por los jóvenes D. Genaro Gautier y D. Juan N. Torruellas en el festival artístico-literario celebrado en el Casino la noche del 10 de octubre de 1897. Imp. La Democracia, Ponce, P. R., 1897, 8 p.

TAPIA Y RIVERA, ALEJANDRO: *Hero.* Monólogo trágico. Música de D. Mateo Sabater. Imp. de F. Vidal, Ponce, P. R., 1869, 14 p.

Terreforte Arroyo, Juan P.: *Amor.* Diálogo en verso. Aguadilla, P. R., 1896, 11 p.

Vando de León, Ángel: *Borinquen y el poeta.* Diálogo en verso. Imp. Vando, San Juan, P. R., 1928, 19 p.

El epílogo de un baile. Diálogo entre Matilde e Isabel. Imp. de la Vega [1887], 15 p.

ch. — LA POESÍA

1. ESTUDIOS GENERALES

Abril, Mariano: *Poesía criolla.* P. R. I., 27 de abril de 1918, núm. 426.

Arrache, Ramón: *El modernismo y el poeta modernista.* P. R. I., 31 de enero de 1920, núm. 518.

Camejo, Rafael W.: *El desenvolvimiento de la poesía modernista en Puerto Rico y sus iniciadores.* P. R. I., 24 de febrero de 1917, núm. 365.

Cebollero, Pedro A.: *El cantar puertorriqueño.* Rev. Ant., 1914, año II, núm. 5.

Coll y Toste, Cayetano: *Historia de la poesía en Puerto Rico.* (1) *El alborear de la literatura puertorriqueña.* B. H. P. R., 1926, vol. 13: 140. (2) B. H. P. R., 1926, vol. 13: 333.

——: *La lírica puertorriqueña a mediados del siglo XIX.* (Parte 3.ª) B. H. P. R., 1927, vol. 14: 89. [V. también Puerto Rico (Rev. mensual), 1920, año I, núms. 9-12 inclusives.]

Cruz Monclova, Lidio: *Temas portorriqueños: La poesía popular portorriqueña.* P. R. I., 9 de septiembre de 1922, núm. 654.

Esteves, José de Jesús: *El modernismo en la poesía.* En *Conferencias Dominicales dadas en la Biblioteca Insular de Puerto Rico.* Bur. Supp. Prtg., 1914, p. 238.

Fernández Juncos, Manuel: *Origen y desarrollo de la poesía puertorriqueña.* En *Plumas amigas.* (Primer fascículo.) Imp. Cantero, Fernández y Cía., San Juan, P. R., 1912.

——: *Origen y desarrollo de la poesía puertorriqueña.* Conferencia dada en la Universidad de Puerto Rico. Las Antillas, Habana, febrero de 1921, año II, núm. 2: 127.

Gallardo, Carlos: *Nuestros poetas.* (Alberto P. Graham.) P. R. I., 25 de febrero de 1922, núm. 626.

Guerra Mondragón, Miguel: *Libros y poetas.* El Caribe, Chocano, Ribera Chevremont. Rev. Ant., mayo de 1914, año II, núm. 2: 83.

Lefebre, Enrique: *La poesía* [*de Puerto Rico*]. En *Paisajes mentales.* San Juan, P. R., 1918, p. 7.

——: *Poetas antillanos.* P. R. I., 5 de mayo de 1923, núm. 688.

——: *La poesía de los jóvenes.* P. R. I., 19 de mayo de 1923, núm. 690.

——: *Rapsodas antillanos.* P. R. I., 9 de junio de 1923, núm. 693.

LEFEBRE, ENRIQUE: *Los nuevos*. P. R. I., 16 de junio de 1923, núm. 694.
——: *Nuestra poesía*. P. R. I., 30 de junio de 1923, núm. 696.
MARTÍNEZ ÁLVAREZ, ANTONIO: *Del cantar callejero*. P. R. I., 12 de enero de 1929, núm. 984.
MARTÍNEZ PLÉE, MANUEL: *El Witmanismo en Puerto Rico*. Puerto Rico (Rev. mensual), San Juan, P. R., mayo de 1919, año I, núm. 1.
MATOS BERNIER, FÉLIX: *Modernismo y decadentismo*. En *Isla de Arte*. P. R., 1907, p. 236.
PAGÁN, BOLÍVAR: *Parnaso puertorriqueño. De la vida intelectual*. P. R. I., 9 de abril de 1921, núm. 580.
PAGÁN GRAHAM, ALBERTO: *Nuestros poetas*. P. R. I., 1.° de abril de 1922, núm. 631.
PALÉS MATOS, VICENTE: *El poeta Manuel A. Martínez Dávila y su obra*. P. R. I., 8 de septiembre de 1923, núm. 706.
ROMANACCE, SERGIO: *José de Diego y el modernismo*. P. R. I., 3 de agosto de 1928, núm. 440.
VALLDEJULI RODRÍGUEZ, J.: *Voces de tierra adentro*. Sobre la copla popular en Puerto Rico. P. R. I., 18 de febrero de 1922, núm. 625.

2. OBRAS POÉTICAS

A

ABOY BENÍTEZ, JUAN: *Poesías seleccionadas*. En el folletín de El Cervantes, San Juan, P. R, 1907.
ABRIL, MARIANO: *Amorosas*. Poesías. Tip. La Democracia, Ponce, P. R., 1900, 93 p.
ACOSTA, JOSÉ N.: *Propios y extraños*. Colección de poesías escogidas por ——. Tip. El Despertar, Santurce, P. R., s. f., 87 p. (Biblioteca El Despertar.)
AL CAMPO, CARLOS: *Insurrexit*. Poesía. Imp. Beltrán, Ponce, P. R., 1903, 10 p.
ALFONSO, GRACILIANO: *Odas de Anacreonte*. Los amores de Leandro y Hero. Traducción del griego por ——. Con permiso del Gobierno. Imp. Dalmau, San Juan, P. R., 1838.
ALONSO, J. E.: *Sueños del alma*. Tip. La Correspondencia, San Juan, P. R., 1925, 242 p., sin numerar.
ALONSO, MANUEL A.: *El gíbaro*. Cuadro de costumbres de la Isla de Puerto Rico. Imp. Juan Olivares, Barcelona, 1849, 204 p. Segunda ed., aumentada: San Juan, P. R., 1882-1883, 2 vols., 164 p. y 108 p.
ALTIERY, GENARO: *Efluvios*. Prólogo de Mariano Riera Palmer. Mayagüez, P. R., 1907, 107 p. [Prosa y verso.]

ALVAREZ, FRANCISCO: *Obras literarias.* Tip. González y Cía., San Juan, P. R., 1882, 168 p. [Con un estudio por M. Fernández Juncos. Contiene un drama y poesías: *Flores de un retamal.*]

ÁLVAREZ, PERFECTO: *Trovas rurales.* Imp. Morel Campos, Caguas, P. R., 1919, 32 p.

AMY, FRANCISCO J.: *In memoriam.* Notas íntimas. En *Predicar en desierto.* Tip. El Alba, San Juan, P. R., 1907, 19 p. [Contiene: José R. Rodríguez Mc Carty. Poesías: *Ramón Marín, Gautier Benítez, Corchado, Mario Braschi.*]

——: *Ecos y notas.* Colección de poesías. Imp. de Manuel López, Ponce, P. R, 1884, III-193 p. [Contiene: traducciones, ensayos, poesías varias, ensayos apológicos y epigramáticos, poesías en inglés, prólogo del Lcdo. R. Baldorioty de Castro. V. Padilla, José G.: *Juicio crítico.* Tip. El Vapor, Ponce, P. R., 1885, 9 p.]

——: *Letras de molde.* Imp. El Porvenir, N. Y., 1890, 172 p. [Prosa y verso.]

——: *Musa bilingüe.* Being a collection of translations... from the standard Anglo-American poets into Spanish and Spanish, Cuban and Porto Rican poets into English with originals text opposite and biographical notes. Imp. El Boletín Mercantil, San Juan, P. R, 1903, 329 p. [V. *Musa bilingüe,* en Matos Bernier, F.: *Isla de Arte.* P. R., 1907, p. 207.]

APONTE, JOSÉ AGUSTÍN: *Flores y nubes.* Primeros versos. Tip. Comercial, Mayagüez, P. R., 1887, 54 p.

——: *Ecos de la Patria.* Composiciones poéticas. Imp. La Voz del Pueblo, Aguadilla, P. R., 1889, 68 p.

——: *Ecos del Nuevo Mundo.* Poesías. Imp. El Progreso, Mayagüez, P. R., 1905, 150 p.

ARANA, FELIPE N.: *Florecillas silvestres.* Prólogo de La Hija del Caribe. Imp. Ruiz, Aguadilla, P. R., 1927, 109 p.

ARCHILLA CABRERA, ÁNGEL: *Primicias de mi huerta.* San Juan, P. R., 1919, 119 p.

ARCHILLA CABRERA, JOSÉ: *Dudas y esperanzas.* Poesías, P. R., 1910, 125 p.

ARMIÑO DE CUESTA, ROBUSTIANA: *Poesías.* Oviedo, 1851, 2 vols., 188 y 206 p.

ARNALDO SEVILLA, P.: *El último patriota.* Tip. Gil de Lamadrid Hnos., s. f., 4 p.

——: *Jardín doliente.* Poesías. Tip. E. Sulsona y Cía., San Juan, P. R., 1924, 70 p.

ARNAU IGARAVÍDEZ, JOSÉ MARÍA: *Carcajadas histéricas.* P. R., 1891.

ARROYO, MARIANO: *En broma y en serio.* Poesías. Tip. Sánchez y Barreiro, Caguas, P. R., 1915, 70 p.

ATILES GARCÍA, GUILLERMO: *Lira de bronce.* Prólogo de D. Félix Matos Bernier. Imp. de Manuel López, Ponce, P. R., 1900, 52 p

Atiles García, Guillermo: *¡Independencia o muerte!* Poesía con epílogo en prosa. Tip. Pasarell Hnos , Ponce, P. R., 1905, 15 p.

——: *Kaleidoscopio.* Imp. de Manuel López, Ponce, P. R., 1905, 193 p. [Prosa y verso.]

——: *Cien sonetos.* Prólogo por D. Eduardo Zamacois. Tip. Morel Campos, Ponce, P. R., 1925, 198 p.

Autonomista (seud.): *Décimas populares.* Est. Tip. Borinquen, Yauco, P. R., 1895, 16 p

Avellanet Mattei, Ernesto: *Bohemias.* Prólogo de D. Vicente Balbás Capó. Tip. de La Verdad [San Juan, P. R.], 39 p.

——: *Crepúsculo.* Imp. La Bruja, Mayagüez, P. R., 1902, 40 p.

Ayerra y Santa María, Francisco: *Versos premiados en el certamen poético para la canonización de San Juan de Dios.* Imp. Juan de Santibáñez, México, 1702.

B

Balseiro, José A.: *Música cordial.* Poemas, 1923-1925. (Ed. privada de 300 ejemplares. Tip. Artística Cervantes, Madrid, 1926, 113 p.

——: *La copa de Anacreonte.* Poesías. Prólogo de Eduardo Marquina. Epílogo de F. Villaespesa. Ed. Mundo Latino, Madrid, 1924, 180 p.

——: *Al rumor de la fuente.* Poesías. Imp. Real Hnos., San Juan, P. R., 1922, 117 p. [V. Torregrosa, Fernando: *Al rumor de la fuente...* Sobre la personalidad de José Balseiro. P. R. I., 13 de mayo de 1922, núm. 637.]

——: *Las palomas de Eros.* Poesías. Prólogo de E. Ribera Chevremont. Ed. América, Madrid.

——: *Flores de primavera.* Poesías. Prólogo de Carlos N. Carreras. Imp. Cantero, Fernández & Cía , San Juan, P. R., 1919, 121 p. [V. Pagán, Bolívar: *Juicio sobre Flores de primavera, por José A. Balseiro.* En *América y otras páginas.* San Juan, P. R., 1922, p. 163.]

Berríos Herrero, Alfonso: *Ritmos errantes.* Poesías. Tip. Victoria, Humacao, P. R., s. f., 18 p.

Blanco, Antonio Nicolás: *El jardín de Pierrot.* Poesías. Prólogo de Luis Samalea Iglesias. Ed. Antillana, San Juan, P. R., 1914, 112 p. [V. Balseiro, José A.: *Blanco y su nuevo libro El jardín de Pierrot.* P. R. I , 7 de junio de 1919, núm. 484; Lefebre, Enrique: *El jardín de Pierrot.* En *Paisajes mentales.* P. R., 1918, p. 151.]

——: *Y muy sencillo.* Poesías. Standard Printing Works, San Juan, P. R., 1919, 148 p.

——: *Alas perdidas.* Poesías. Imp. Real Hnos., San Juan, P. R., 1928, 150 p.

Bosch, Rafael: *Cosas de la vida.* Poesías. Imp. Germán Díaz, San Juan, P. R., s. f.

BOSCH, RAFAEL: *Limas y narcisos.* Poesías. Imp. Germán Díaz, San Juan, P. R., s. f., 64 p.

BRAU, SALVADOR: *Hojas caídas.* Tip. La Democracia, San Juan, P. R, 1909, 350 p.

——: *Patria.* Poesía premiada con la flor natural en los Juegos florales del Ateneo Puertorriqueño. Imp. Acosta, San Juan, P. R., 1899, 27 p.

[——]: *Un poema de Brau.* Con prólogo de Antonio Cortón. Imp. El Boletín Mercantil, San Juan, P. R., 1905, 26 p. [Este folleto contiene la poesía *Mi camposanto.* V. Fernández Juncos, Manuel: *Estudio crítico de Mi camposanto, por Brau.* Revista Puertorriqueña, San Juan, P. R., 1887, vol. 1: 615.]

BRAU ZUZUARREGUI, MARIO: *Castigat Ridendo.* Tip. The Puerto Rico Herald, N. Y., 1903, 125. [Caricaturas y versos.]

——: *Trazos.* Tip. La Primavera, San Juan, P. R., 1915, 125 p. [Caricaturas y versos.]

BRITO, FERNANDO: *Sonatas que vibran.* Ponce Printing Co., Ponce, P. R., 1927, 58 p.

C

CADILLA MATOS, ARTURO: *Oro de antaño.* Poesías. Tip. General Printing Works, Arecibo, P. R., 1926, 184 p.

CADILLA, CARMEN ALICIA: *Los silencios diáfanos.* Prólogo de José A. Romeau. Imp. Venezuela, San Juan, P. R., 1931, s. p.

CALDERÓN ESCOBAR, JUAN: *Bajo la tapa comba.* Imp. Lenares, San Juan, P. R., 1923, 195 p. +.

CAMEJO, RAFAEL W.: *Cuando florezcan los rosales..* Poemas. San Juan, P. R., 1915, 52 p. [V. Fernández Juncos, Manuel: *Dos libros de versos. Sobre Oasis, de M. Real, y Cuando florezcan los rosales, de R. W. Camejo.* P. R. I., 28 de agosto de 1915, núm. 287.]

CANTERO AMBERT, JOSÉ: *Notas ingenuas.* Poesías varias. Tip. El Vapor, Ponce, P. R., 1889, 63 p.

CARIBE, LA HIJA DEL [TRINIDAD PADILLA DE SANZ]: V. Hija del Caribe (La).

CASALDUC, ISMAEL: *Scherzi.* Imp. El Carnaval, San Juan, P. R., 1925, 150 p.

CASANOVA, CARLOS: *Póstumas* Poesías. Imp. Montalvo, Mayagüez, P. R., 1905, 106 p. [V. Matos Bernier, F.: *Isla de Arte,* P. R., 1907, p. 156.]

CASTRO, RAFAEL: *El yunque.* Canto épico leído por su autor en la Academia Real de Buenas Letras de Puerto Rico. Octavas reales. Imp. de J. Guasp, San Juan, P. R., 1851, 13 p.

——: *Varias composiciones poéticas.* Imp. Sánchez y Vegas, Arroyo, P. R., 1876, 16 p. [Trabajos en prosa y verso.]

CESTEROS, FERDINAND R.: *Poesías laureadas.* Imp. El País, San Juan, P. R., s. f., 39 p.

Cesteros, Ferdinand R.: *A Teresita. Epístola.* Imp. El Comercio, San Juan, P. R., 1889, 4 p.

——: *Ave Populi.* A la patria de Washington. En la Exposición de San Luis. Poesía. Imp. El Boletín Mercantil, San Juan, P. R., 1904, 11 p.

——: *Lírica. Página azul.* Poesía dedicada a la Srta. Ángela Negrón Sanjurjo y Muñoz en su álbum. P. R. [1905?], 7 p.

——: *Lira y corazón.* Poesías. Imp. Cantero, Fernández & Co., San Juan, P. R., 1929, 112 p.

Cintrón, Guillermo V.: *De todo un poco.* Imp. El Progreso, Mayagüez, P. R., 1907, 315 p. [Verso y prosa. V. Matos Bernier, F.: *Isla de Arte.* P. R., 1907, p. 186.]

——: *Bombones de sal.* Versos. Imp. La Defensa, Ponce, P. R., 1910, 269 p.

Coballes Gandía, L.: *Patrios rosales.* General Printing Works, Arecibo, P. R., 1926, 117 p.

Colón, Valeriano: *Reencarnación.* Tema en verso. Cayey, P. R., 1916, 14 p.

Coll Vidal, Antonio: *Trovas de amor.* Imp. Querol, Bayamón, P. R., 1915, 150 p.

——: *Mediodía...* Poesías, con un prólogo de Amado Nervo. Biblioteca de Autores Hispanoamericanos. Hispania Press, N. Y., 1919, 209 p. [V. Lefebre, Enrique: *Lira Antillana.* P. R. I., 21 de abril de 1923, núm. 686]

——: *Rosario.* Versos para mi muerta. Imp. Venezuela, San Juan, P. R., 1929, 150 p.

Comas, Juan Francisco: *Preludios del arpa.* Ensayos poéticos. Tip. de José M. Serra, Mayagüez, P. R., 1858, 2 vols., 102 y 101 p.

Comas Pagán, Ezequiel: *Flores y espigas.* Poesías. Imp. La Revista Blanca, Mayagüez, P. R., 1898, 32 p. +.

——: *Trozos del alma.* Poesías. Mayagüez, P. R., 1904, 37 p.

——: *Sonetos.* (De la obra inédita D. S. T.) Imp. Quiñones Bros, N. Y., 1929, 40 p.

Corchado, Manuel, y Benisia, Alejandro: *Páginas sangrientas.* Colección de romances escritos sobre episodios de la guerra civil. Imp. Juan Aguado, Madrid, 1875, 250 p.

——: *El Trabajo.* Poesía. Publicada como suplemento a la Revista de Estudios Psicológicos. Madrid, 1878, 16 p.

Cordero, Modesto: *Melodías.* Ensayos poéticos. Prólogo de José G. Torres. Imp. El Águila, San Germán, P. R., 1883, 105 p.

——: *Mi juventud.* Poesía. Epitalamio. Contestación a la anterior, por Eduardo León. Imp. La Industria, de Manuel Ramírez Ortiz, San Germán, P. R., 1889, 10 p.

——: *Flores criollas.* Poesías. Imp. El Telégrafo, Ponce, P. R., 1895, 128 p.

CORDERO, MODESTO: *Junto al ara.* Imp. La Voz Escolar, Mayagüez, P. R., s. f., 184 p. [Prosa y verso.]

——, y SOLÍS, MANUEL: *Rubias y trigueñas.* Polémica en verso en que contribuyen otros poetas. Tip. Borinquen, Yauco, P. R., 1895, 69 p. [El libro aparece firmado con los seudónimos Otsedom y Numela.]

CORDERO, ROSENDO: *Un libro: Décimas para el pueblo.* Tip. La Libertad, Ponce, P. R, 1897, 68 p.

CÓRDOVA DÁVILA, FÉLIX: *Agridulces* S. p. i. y s. f., 129 p. [V. *Agridulces,* en Matos Bernier, F.: *Isla de Arte.* P. R., 1907, p. 170.]

CÓRDOVA, ULPIANO S.: *Ruido de alas.* Imp. El Águila, Ponce, P. R., 1908, 200 p. [Verso y prosa.]

CRESPO, JOSÉ: *Preludios.* Pasatiempos literarios. Poesías y un juguete cómico: *$ 13,000.* Tip. El Vapor, Ponce, P. R., 1885, 72 p.

CRUZ, VENANCIO: *Fragmentos.* Colección de poesías con un prólogo de F. G. Acosta. Tip. del Listín Mercantil, San Juan, P. R., 1903, 23 p.

CUEVAS ZEQUEIRA, SERGIO: *Tres joyas de la literatura cubana.* Imp. Graphical Arts., Habana, 1924, 12 p.

D

DAUBÓN, JOSÉ ANTONIO: *Poesías.* Con un prólogo del Dr. Rafael del Valle. Imp. F. J. Marxuach, San Juan, P. R., 1900, 207 p.

——: *Epístola. A José Gualberto Padilla.* Poesía. Tip. El Clamor, San Juan, P. R., 1885, 10 p.

——: *Al Caribe.* Poema. P. R., 1885, 7 p.

——: *El negro José.* Poema. Imp. de J. González Font, San Juan, P. R., 1886, 33 p. Nueva ed.: Mayagüez, P. R., 1898, 33 p.

DÁVILA, VIRGILIO: *Patria.* Versos, con un prólogo de M. González García. Imp. El Boletín Mercantil, San Juan, P. R., 1903, 143 p.

——: *Viviendo y amando.* Poesías. Prólogo de Romualdo Real. Tip. El Progreso, Bayamón, P. R., 1912, 113 p. [V. *Viviendo y amando. Breves apuntes sobre un libro de versos de Virgilio Dávila, así titulado.* P R. I., 27 de abril de 1912, núm. 113.]

——: *Aromas del terruño.* Imp. Moreno, Bayamón, P. R., 1916, 120 p. [V. Fernández Juncos, Manuel: *Aromas del terruño, nuevo libro de D. Virgilio Dávila.* (Boceto crítico.) Tip. de Germán Díaz Hno., San Juan, P. R., 1916, 9 p. Coll y Vidal, Antonio: *Aromas del terruño, versos criollos por Virgilio Dávila,* P. R. I., 10 de junio de 1916, núm. 328. Lefebre, Enrique: *Aromas del terruño*, en *Paisajes mentales.* P. R., 1918, p. 85. Lefebre, Enrique: *Estudios críticos. Aromas del terruño, por Virgilio Dávila.* P. R. I., 23 de diciembre de 1916, núm. 356.]

DÁVILA, VIRGILIO: *Pueblito de antes.* Versos criollos. Imp. Cantero, Fernández & Co., San Juan, P. R., 1917, 65 p. [V. Archilla Cabrera, José: *Pueblito de antes.* P. R. I., 14 de abril de 1917, núm. 372. Meléndez Muñoz, M.: *Pueblito de antes.* P. R. I., 31 de marzo de 1917, núm. 370.]

——: *Un libro para mis nietos.* Imp. Venezuela, San Juan, P. R., 1928, 126 p. [V. A. S. Pedreira, Sobre ——. Rev. de Estudios Hispánicos, 1928, vol. 2: 82.]

DELGADO, JUAN B. (compilador): *Oro de las ideas o bouquet literario.* Colección de bellísimas poesías de distinguidos autores mundiales, coleccionadas por ——. Tip. T. Barreiro, Caguas, P. R., 24 p.

DERKES, ELEUTERIO: *Poesías.* Imp. del Comercio, P. R., 1871, 135 p.

——: *La Macabiada.* Poema joco-serio, satírico y humorístico. Imp. de Morell, Ponce, P. R., 1883.

DESSÚS, LUIS FELIPE: *Flores y balas.* Imp. Unión Guayamesa, Guayama, P. R., 1916, 264 p. [Versos y prosa. V. Lefebre, Enrique: *Flores y balas,* en *Paisajes mentales.* P. R., 1918, p. 137. Lefebre, Enrique: *Estudios críticos. Luis F. Dessús: Flores y balas.* P. R. I., 6 de enero de 1917, núm. 350.]

——: *Redención.* Poesía. Imp. Cantero, Fernández y Cía., San Juan, P. R., 1918, 10 p.

DÍAZ, EUGENIO: *Lirios vesperales.* Tip. El Correo Dominical, San Juan, P. R., 1929, 116 p. [Verso y prosa.]

DIEGO, JOSÉ DE: *Los grandes infames.* (26 sonetos.) Ed. V. Acha, Barcelona, 1885, 32 p.

——: *Sor Ana.* Poema en dos cantos. Tip. Comercial, Mayagüez, P. R., 1887, 47 p. Nueva ed.: Tip. Militar y Comercial, Barcelona, 1889, 47 p.

——: *Dos poesías: A Laura* y *¡Patria!* Tip. La Voz del Pueblo, Aguadilla, P. R., 18 p.

——: *Pomarrosas.* Poesías. Primera ed.: Imp. Henrich, Barcelona, 1904, xv-219 p. Segunda ed.: Imp. Maucci, Barcelona, 1916, 223 p. [Véase Terreforte Arroyo, Juan P.: *José de Diego y su libro Pomarrosas,* Imp. El Criollo, Aguadilla, 1905, 8 p.; *José de Diego: Pomarrosas.* en Matos Bernier, F.: *Isla de arte.* San Juan, P. R., 1907, p. 111.]

——: *Jovillos.* Coplas de estudiante. Imp. Maucci, Barcelona, 1916, 206 p. [Contiene: Introducción por el autor y notas al fin.]

——: *Cantos de rebeldía.* Poesías políticas. Imp. Maucci, Barcelona, 1916, 206 p. [Véase Cruz Monclova, L.: *José de Diego, poeta.* P. R. I., 18 de diciembre de 1920, núm. 564. Meléndez Muñoz, M.: *La canción del Múcaro.* P. R. I., 21 de mayo de 1921, núm. 586.]

DIEGO PADRÓ, JOSÉ I. DE: *La última lámpara de los dioses.* Poesías. Tip. de G. Hernández y Galo Sáez, Madrid, 1921, 201 p. (Bibl. Ariel.) [V. Martínez Plée, Manuel: *Artifex Gloriosus.* (Epílogo del precioso libro de poesías titulado *La última lámpara de los dioses,* de J. I. de Diego Padró.) P. R. I., 5 de marzo de 1921, núm. 575.]

DIEGO, PEDRO R. DE [RAÚL DE LA VEGA, seud.]: *Largo y estrecho.* Versos festivos. Standard Printing Works, San Juan, P. R., 1919, 200 p.

—— : *Ajilimójili.* Tipos del medio ambiente, Acrimonia política, En carne viva, De puertas adentro, Chilindrinas del arroyo. Santurce Printing Works, Santurce, P. R., 1923, 180 p.

DOMÍNGUEZ, JOSÉ DE JESÚS: V. Jesús Domínguez, José de.

DOS DESOCUPADOS [AQUENZA, JACINTO, Y NAVARRO ALMANSA, FÉLIX]: *Perfiles y garabatos.* Galería cómico-fotográfica. Imp. El Boletín Mercantil, San Juan, P. R., 1881, 132 p.

E

ECHEVARRÍA, JUAN MANUEL: *La victoria del Morro.* Sitio de los holandeses. Canto dedicado a los puertorriqueños. Imp. de Carreño Hnos., Caracas, 1854, 34 p. Otra ed.: Imp. La Primavera, San Juan, P. R., 1911, 33 p.

—— : *Gloriosa defensa de la ciudad de Puerto Rico durante el asedio de los ingleses, que sufrió en 1797.* Incluída en *Lealtad y heroísmo de la Isla de Puerto Rico.* P. R., 1897, p. 27.

—— , y LÓPEZ CASTRO, M.: *Poemas premiados por la Academia Real de Buenas Letras de Puerto Rico.* 19 de noviembre de 1851, en certamen para celebrar la gloriosa defensa de la ciudad de San Juan de Puerto Rico durante el asedio británico que sufrió en 1797. Imp. Guasp, San Juan, P. R., 1851, 81 p. [Los trabajos de Echevarría y Castro forman el volumen.]

ESCUDERO MIRANDA, JUAN: *Dios.* Poesía. Imp. Acosta, San Juan, P. R., 1886, 11 p.

ESPADA RODRÍGUEZ, J.: *A la sombra de la esfinge.* Poesías. Tip. El Compás, San Juan, P. R., 106 p

ESPINO GONZÁLEZ, V. R.: *Cristalinas.* Cantos a la Independencia por el Ideal y por la Patria. Recuerdos de Muñoz Rivera y José de Diego. San Juan, P. R., 16 p.

ESTEVES, JOSÉ DE JESÚS: *Rosal de amor.* Versos para mujeres. Imp. Real Hnos., San Juan, P. R., 1917, 200 p. [V. La Hija del Caribe: *Rosal de amor.* P. R. I., 29 de septiembre de 1917, núm. 396.]

—— : *Crisálidas.* Imp. F. Otero, Humacao, P. R., 1909, 160 p.

F

FERNÁNDEZ (hijo), JOSÉ MARÍA: *Dies Iræ.* Poesía. Tip. Comercial, Mayagüez, P. R., 1885, 14 p.

FERNÁNDEZ JUNCOS, MANUEL: *Epístola satírica.* Composición en tercetos premiada en los Juegos Florales de Mayagüez, en 1893. Tip. El Buscapié, San Juan, P. R., 1893, 12 p.

FERNÁNDEZ MONTES, JOSÉ: *Ensayos poéticos.* Imp. La Civilización, Ponce, P. R., 1879, 32 p.

——: *Delirium poético.* Imp. de Manuel López, Ponce, P. R., 1886, 74 p.

——: *Álbum poético-literario.* Imp. de Manuel López, Ponce, P. R., 1897, 39 p.

FERNÓS ISERN, ANTONIO: *Nébula.* Versos de juventud. Tip. El Compás, San Juan, P. R., 1923, 32 p.

FERRER HERNÁNDEZ, GABRIEL: *Consecuencias.* Poema. Imp. de Berger-Levrault y Cía., Nancy, 1892, 61 p.

——: *El entierro de Corchado.* Imp. de J. González Font, San Juan, P. R., 1885, 4 p.

FONFRÍAS RIVERA, ERNESTO JUAN: *Diadema de lirios.* Imp. Cantero, Fernández & Co., Inc., San Juan, P. R., 1925, 48 p.

FORTUÑO SELLÉS, RAMÓN: *Miosotis.* Prólogo de Arturo Córdova Landrón. Imp. Morel Campos, Caguas, P. R., 1915, 75 p. +. [Prosa y verso.]

——: *Horas santas.* Poemas infantiles. Tip. El Correo Dominical, San Juan, P. R., 1928, 301 p.

FOXÁ Y LECANDA, NARCISO: *Canto épico para el descubrimiento de la América por Cristóbal Colón.* 1846.

——: *Ensayos poéticos.* Los da a la luz, precedidos de un breve juicio crítico por D. Manuel Cañete, su amigo Ildefonso de Estrada y Zenón. Imp. de Andrés y Díaz, Madrid, 1849, 130 p. [V. Mitjans, Aurelio: *Historia literaria de Cuba.* Ed. América, Madrid, 1918; juicio sobre el poeta Narciso Foxá, p. 217.]

FRANQUIZ, JOSÉ A.: *Lirios y jazmines.* Prólogo de L. Torres Grau. Tip. El Eco, Yauco, P. R., 130 p.

FRAY CONCIERTO: *La Metáfora.* Romance. Ponce, P. R., 1895, 14 p.

G

GARCÍA MESELO, GABINO: *Los que no tienen perdón.* Composición poética, anotada con documentos históricos de innegable valor, que refutan los principales errores del P. Nazario sobre el desembarco de Colón en esta Isla. Imp. de López, Aguadilla, P. R., 1893.

GAUTIER BENÍTEZ, JOSÉ: *Poesías.* Prólogo de M. Elzaburo. Imp. González, y Cía., San Juan, P. R., 1880, 232 p. [Corona literaria por Biaggi, Corchado, Daubón, Tió, Fernández Juncos, Sama, Brau, etc. Segunda ed.: Sucesión J. J. Acosta, San Juan, P. R., 1892, 176 p. Tercera ed., San Juan, P. R., 1906, 232 p. Cuarta ed.: Biblioteca P. R. I., San Juan, P. R., 1924, prólogo de Carlos N. Carreras. Quinta ed.: con prólogo de A. Collado Martel, Lib. Campos, San Juan, P. R., 1929, 274 p.]

GERENA BRAS, GASPAR: *Mientras muere la tarde.* Ed. Excelsior, Lares, P. R., 1929, 130 p.

Gil de Lamadrid, Jesús [Simplicio, seud.]: *Ex abruptos*. Poesías satíricas. Imp. The Globe Publishing Co., San Juan, P. R., 1925, 130 p.

——: *A punta de lápiz*. Imp. Venezuela, San Juan, P. R., 1928, 128 p. [Poesías festivas; crítica lírica.]

Gil de Lamadrid, Joaquín: *Vendimia interior*. Poesías líricas. Imp. The Globe Publishing Co., San Juan, P. R., 1925, 128 p.

Gómez Acosta, Fernando: *De todo un poco*. Colección de ensayos literarios. (Versos.) Tip. El Carnaval, San Juan, P. R., 1904, 24 p.

Gómez Costa, Arturo: *El Alcázar de Ariel*. Poesías. Imp. Cantero, Fernández & Co., San Juan, P. R., 1918, 52 p.

González Alberty, F.: *Grito*. Editorial Atalaya de los Dioses, San Juan, P. R., 1931. [Sin paginación.]

González Font, José (editor): *Escritos sobre Puerto Rico*. Noticias históricas, poesías, artículos y otros datos. Barcelona, 1903, 198 p.

González García, Matías: *Cosas de antaño y cosas de ogaño*. Imp. Morel Campos, Caguas, P. R., 1918-1922, 2 vols., 260 y 224 p. [Prosa y verso.]

Gordils Vasallo, José: *Los amores de la infancia*. Poema. Imp. El Boletín Mercantil, San Juan, P. R., 1889, 16 p.

——: *Violetas*. Poesías precedidas de un prólogo de D. Manuel Fernández Juncos. Imp. de Acosta, San Juan, P. R., 1886, 16 p.

——: *Patria*. Poesía premiada con Rosa de Oro en los Juegos Florales celebrados en... San Juan... en 1901. Imp. La Correspondencia, San Juan, P. R., 1901, 9 p.

Guerra, José Agustín: *Cantos rojos*. Tip. Conciencia Popular, Humacao, P. R., 1924, 74 p. [Prosa y verso.]

Guillermety, Rafael: *Miguel*. Poema. Tip. El Alba, San Juan, P. R., 1909, 68 p.

Guillot, Leonides: *Pinceladas y arpegios*. San Juan, P. R., 28 p. [Prosa y verso.]

H

Heráclito y Demócrito (seuds.) [Luis Muñoz Rivera y J. A. Negrón Sanjurjo]: *Retamas*. Poesías. Tip. El Vapor, Ponce, P. R., 134 p.

Hernández Aquino, Luis: *Niebla lírica*. Poemas de vanguardia. Imp. Venezuela, San Juan, P. R., 1931, s. p.

Hernández, José P. H.: *Coplas de la vereda*. Standard Printing Works, San Juan, P. R., 75 p. [V. Balseiro, José A.: *Coplas de la vereda*. P. R. I., 19 de abril de 1919, núm. 477. Monagas, Rafael H.: *Coplas de la vereda* (crítica). P. R. I., 12 de abril de 1919, núm. 476.]

——: *El último combate*. Poesías. Imp. La Democracia, San Juan, P. R., 1921, 44 p.

HERNÁNDEZ, JOSÉ P. H.: *Cantos de la sierra.* Poesías. Prólogo de Carlos N. Carreras. Ed. Puerto Rico Ilustrado, San Juan, P. R., 1925, 162 p.

HERNÁNDEZ ORTIZ, JESÚS: *Reflejos de crepúsculos.* Poesías. Imp. The Globe Publishing Co., San Juan, P. R., 1924, 79 p.

——: *Versos.* Imp. El Tiempo, San Juan, P. R., 1924, 80 p.

HIJA DEL CARIBE (LA), seud. [TRINIDAD PADILLA DE SANZ]: *De mi collar.* Ed. París-América, París, 1926, 204 p. [V. Toro Soler, Ricardo: *El libro de poesía De mi collar.* P. R. I., 3 de septiembre de 1927, núm. 913.]

HURTADO, MANUEL: *Reminiscencias.* Colección de artículos y poesías. Tip. El Telégrafo, Ponce, P. R., 1892, 37 p.

HUYKE, JUAN B.: *Rimas infantiles.* Prólogo de Claudio Capó. Primera ed.: Neg. Mat. Imp., San Juan, P. R., 1924, 163 p. Segunda ed., con ilustraciones de Gleb. E. Botkin D. C. Heath and Co., N. Y., 1926, XVII-90 p.

——: *Versos para Héctor.* Imp. Cantero, Fernández y Cía., San Juan, P. R., 1929, 100 p.

J

JESÚS DOMÍNGUEZ, JOSÉ DE: *Poesías de Gerardo Alcides.* Imp. de Martín Fernández, Mayagüez, P. R., 1879, 220 p.

——: *Odas elegíacas.* En honor del pintor puertorriqueño Crisanto Duprey, Calderón de la Barca, José Selgas y Alejandro Tapia. Imp. Martín Fernández, Mayagüez, P. R., 1883, 24 p.

——: *Las huríes blancas.* Poema. Imp. Comercial, Mayagüez, P. R., 1886, 59 p.

——: RIERA PALMER, MARIANO; ROURA Y OWEN, RAMÓN; SAMA, MANUEL MARÍA; CASANOVA, CARLOS; TORO CUEVAS, EMILIO DEL, y ROMEU, R.: *Canto a la autonomía colonial.* Poesía. Imp. La Revista Blanca, Mayagüez, P. R., 1898, 12 p.

JESÚS ESTEVES, JOSÉ DE: V. Esteves, José de Jesús.

JOGLAR CACHO, M.: *Góndolas de nácar.* Poesías. Imp. Harry C. del Pozo, Manatí, P. R., 1925, 139 p.

L

LAGO, JESÚS MARÍA: *Cofre de sándalo.* Sonetos. Madrid, 1927, 127 p. [V. Astol, Eugenio: *Un poeta: Jesús María Lago.* P. R. I., 21 de diciembre de 1929, núm. 1033.]

LANAUZE, JOSÉ A.: *Momentos.* Poesías y cuentos. Imp. El Águila, Ponce, P. R., 1916, 191 p.

LEVIS, JOSÉ ELÍAS: *Verba Sacra.* A los poetas de Puerto Rico. En *Plumas amigas.* Segundo fascículo. Imp. Cantero, Fernández y Cía., San Juan, P. R., 1912.

LICIAGA, DOMINGO: *Olas y espumas.* Colección de poesías. Imp. El Sol, Ponce, P. R., 53 p.

LIMÓN DE ARCE, JOSÉ: *Canto al soldado puertorriqueño.* Tip. El Compás, San Juan, P. R., 1918, 10 p.

—— : *Hojas de acacia.* Tip. El Compás, San Juan, P. R., 1923, 68 p. +. [Verso y prosa.]

LOBATO, ADOLFO: *Trabajo de navaja y tijera a pelo y a contrapelo.* Imp. de Valdepares, P. R., 1901, 52 p. [Prosa y verso.]

LOIRA Y ROSALES, JOSÉ MANUEL: *Borinqueña.* Colección de poesías escogidas. Imp. A. Laudín, Pontevedra, 1874, 358 p.

LOMAR, MARTHA: *Silabario de espumas.* Poesías. San Juan, P. R., 1931, 92 p.

—— : *Vejez sonora.* [¿Publicada?]

LOMBA, JOSÉ MARÍA: *Hojarasca.* Prólogo de J. Pérez Losada. Epílogo del Dr. Casto Paradís. Imp. El Boletín Mercantil, San Juan, P. R., 1904, 207 p. [En prosa y verso.]

LUGO, ELEUTERIO: *Una pregunta.* Poesía dedicada a mi querido amigo D. P. S. C. Imp. J. M. Castillo, Guayama, P. R., 1883, 6 p.

—— : *Al eximio poeta José G. Padilla con motivo de su Adiós a la Lira.* Poesía. Imp. El Telégrafo, Guayama, P. R., 1885, 11 p.

—— : *Al Ateneo de Puerto Rico.* Imp. de J. González Font, San Juan, P. R., 1887, 8 p.

Ll

LLORÉNS TORRES, LUIS: *Al pie de la Alhambra.* Versos, precedidos de un estudio acerca de Granada y sus principales literatos. Imp. Viuda e Hijos de Sabatel, Granada, 1899, 143 p.

—— : *Sonetos sinfónicos.* Imp. de la Ed. Antillana, San Juan, P. R., 1914, 109 p.

—— : *La canción de las Antillas y otros poemas.* Neg. Mat. Imp., 1929, 27 p. [V. *Visiones de mi Musa.* Estudio de su escuela pancalista, Rev. Ant., 4 de junio de 1913, núm. 4. Carbonell, Néstor: *Un poeta puertorriqueño.* Estudio crítico sobre la poesía de Lloréns Torres, Rev. Ant., año II, núm. 7: 62. Cruz Monclova, L.: *Con el iniciador del Pancalismo: Luis Lloréns Torres.* P. R. I., 31 de mayo de 1919, núm. 483.]

M

MACHIAVELO, JOSÉ A.: *Disonancias.* Con prólogo de Rosendo Rivera Colón. Imp. Salicrup, Arecibo, P. R., 1892, 106 p.

MANGUAL DE CESTERO, TERESITA: *Sutil.* Página Rosa. Poesía dedicada a Ángela. P. R. [1905?], 2 p.

MANZANO HERNÁNDEZ, TOMÁS: *Tempraneras*. Poesías. Mayagüez, P. R. 132 p.

MARCUCCI, ÁNGEL R.: *Lampos y penumbras*. Poesías. Imp. La Correspondencia, San Juan, P. R., 1915, 48 p.

MARÍN, FRANCISCO GONZALO: *Mi óbolo. Mis dos cultos. A la Asamblea. Al Sol*. Poesías, con una carta de D. Herminio Díaz. Tip. El Vapor, Ponce, P. R., 1887, 17 p.

——: *Emilia*. Imp. del Olimpo, Venezuela, 1890, 104 p. [Poema original, escrito en 1889, con un prólogo y una dedicatoria al Presidente de la República Dominicana, general Ulises Heureaux.]

——: *En la arena*. Ed. por Modesto A. Tirado. N. Y., 1898, 33 p.

——: *Flores nacientes*. Versos. Utuado, P. R., 1884, 85 p

——: *Romances*. Versos. Ed. por Modesto A. Tirado. N. Y. [1898?], 126 p.

MARRERO, JACINTO: *Átomos*. Poesías varias. Aguadilla Printing Co., Aguadilla, P. R., 1915, 18 p.

——: *Adelfas*. Poesías. Aguadilla, P. R., 1917, 38 p.

——: *Góndola azul*. Colección de poesías. Aguadilla, P. R., 1918, 48 p.

——: *Las flores del deseo*. Poèmes du Amour Maligne. Aguadilla, P. R., 1922, 60 p.

MARTÍNEZ ACOSTA, CARMELO.: *Reflejos*. Tip. Pasarell Hnos., Ponce, P. R., [1907], 96 p. +.

MARTÍNEZ ÁLVAREZ, RAFAEL: *Del verdín de mis jardines*. Poesías. Imp. Rev. Ant., San Juan, P. R., 1914, 200 p.

MAS Y PÉREZ, JOSÉ [G. NARO, seud.]: *Cantos rodados*. Versos satíricos. Imp. La Información, Ponce, P. R., 1910, 126 p.

——: *Ripios propios y ajenos*. Imp. La Información, 1910, 116 p. [Crítica y sátira.]

MATOS BERNIER, EULALIA: *Ojos del alma*. Poema en prosa. Tip. La Libertad, Ponce, P. R., 1897, 44 p.

MATOS BERNIER, FÉLIX: *Disonancias*. Poesías. Imp. El Comercio, Ponce, P. R., 1885, 70 p.

——: *Notas errantes*. Poesías. Imp. de Manuel López, Ponce, P. R., 1885, 103 p.

——: *La salvación de un ángel*. Poema. Tip. El Vapor, Ponce, P. R., 1886, 19 p.

——: *Margarita Gautier*. Poema en verso. Ponce, P. R., 1894, 16 p.

——: *Nieves y lavas*. Poesías. Ponce, P. R., 1894, 21 p.

——: *Recuerdos benditos*. Poesías. Imp. El Telégrafo, Ponce, P. R., 1895, 320 p.

——: *La mujer*. Poesía premiada en el certamen de la Prensa de Ponce del 13 de diciembre de 1896. Ponce, P. R., 1896, 16 p.

——: *Bernardo de Palissy*. Canto al trabajo, premiado en los Juegos Florales de Mayagüez del 30 de enero de 1897. P. R., 1897, 16 p.

Matos Bernier, Félix: *Páginas sueltas.* Imp. La Libertad, Ponce, P. R., 1897, 210 p. [Artículos y poesías.]

——: *Canto a la Patria.* Imp. del Listín Comercial, Ponce, P. R., 1898, 16 p.

——: *Cantos rodados.* Sonetos. Imp. F. J. Marxuach, San Juan, P. R., 1900, 207 p. [V. Abril, Mariano: *Cantos rodados, libro de Matos Bernier,* en *Sensaciones de un cronista.* Tip. La Democracia, San Juan, P. R., 1903, p. 69.]

——: *Acantos.* Colección de poesías. Tip. La Voz del Pueblo, Mayagüez, P. R., 1902, 107 p.

——: *La protesta de Satán.* Poema en verso. Caracas, 1909, 24 p.

——: *Poema de las Islas.* Tip. La Opinión, Ponce, P. R., 1914.

Matos Bernier, Rafael: *Tiempo tras tiempo viene o la justicia de Dios.* Poema en verso. Imp. de Manuel López, Ponce, P. R., 1899, 28 p.

Matos Paoli, Francisco: *Signario de lágrimas.* Imp. La Tribuna Libre, Lares, P. R , 1931.

Mayoral Barnés, Manuel: *La canción de las tiples.* Tip. Pasarell Hnos., Ponce, P. R., 1907, 23 p.

Medina y González, Adolfo: *Primeros versos.* Imp. El Comercio, Yauco, P. R., 1885, 19 p.

——: *Ensayos poéticos.* Imp. La Industria, San Germán, P. R., 1886, 29 p.

——: *Artículos y poesías.* San Juan, P. R., 1909, 18 p.

——: *Ecos del camino.* Sonetos. Prólogo de D. Félix Matos Bernier. Imp. El Día, Ponce, P. R., 1915, 12 p.

——: *Notas rítmicas.* Colección de poesías, con un prólogo de D. Manual Fernández Juncos. Tip. C. Pujols, San Juan, P. R., 22 p.

Medina y González, Zenón: *Espontáneas.* Tip. Comercial, Mayagüez, P. R., 1897, 110 p. [Contiene poesías.]

Meléndez, Concha: *Psiquis doliente.* Poesías. Imp. Cantero, Fernández & Co., San Juan, P. R., 1923, 98 p. [V. La Hija del Caribe: *Concha Meléndez: Su libro Psiquis doliente.* P. R. I., 4 de agosto de 1923, núm. 701.]

Méndez González, Andrés: *Conchas.* Poesías. National Printing Co., Mayagüez, P. R., 1914, 55 p.

——: *Varias poesías.* Con prólogo de P. Díaz de la Torre. Standard Printing Works, San Juan, P. R., 14 p.

——: *Capullos de primavera.* Poesía. Imp. La Industria, San Germán, P. R., 59 p.

——: *Preludios.* Colección de poesías. Tip. Aguadilla Printing Co., Aguadilla, P. R. 19 p.

Mera, Bernardino: *Horas de ociosidad.* Colección de poesías serias y jocosas. Imp. a cargo de Martínez, Ponce, P. R., 1868, 96 p.

Mercado, José [Momo, seud.]: *Virutas.* Versos festivos. Prólogo de M. Fernández Juncos. Imp. F. J. Marxuach, San Juan, P. R., 1900, 91 p., vol. 3 de la Biblioteca Puertorriqueña. [V. Mercado, José: *Virutas,* en F. Matos Bernier: *Isla de Arte.* P. R., 1907, p. 74.]

MERCADO, JOSÉ [MOMO, seud.]: *Mi equipaje.* Versos. Imp. Boada, San Juan, P. R., 1901, 15 p. [V. Rodríguez Cabrero, Luis: *En honor de un poeta.* P. R. I., 9 de diciembre de 1911, núm. 93.]

MIRABAL, ANTONIO: *De tu rosal y mi selva.* Poesías. Prólogo de Salvador Rueda. Imp. El Día, Ponce, P. R. [1917], 182 p.

——: *Patria.* Cantos antillanos. Prólogo de Sergio Cuevas Zequeira. Tip. El Diario, Santo Domingo, 1920, 114 p.

——: *Alas y olas.* Imp. El Día, Ponce, P. R. [1922], 120 p.

——: *Mis versos quisqueyanos.* Imp. Vila Morel, Santiago de los Caballeros, Santo Domingo, 1926, 120 p.

MIRANDA, ARMANDO A.: *Almendro en flor.* Poesías, con un prólogo de Jacinto Texidor. Ed. Bolívar, San Juan, P. R., 1924, 64 p.

MIRANDA, LUIS ANTONIO: *El rosario de doña Inés.* Poesías. Prólogo de Enrique Zorrilla. P. R., 1919, 203 p. [V. Pagán, Bolívar: *Juicio sobre El rosario de doña Inés, por Luis Antonio Miranda,* en *América y otras páginas.* San Juan, P. R., 1922, p. 165-166.]

——: *Albas sentimentales.* Ed. privada. Ed. Fraguada, P. R., 1923, 102 p. +. [V. Balseiro, José A.: *Albas sentimentales, por Luis Antonio Miranda.* P. R. I., 15 de diciembre de 1923, núm. 720.]

——: *Música prohibida.* Poesías. Prólogo de Vigil Díaz. Imp. Harry del Pozo, Manatí, P. R., 1925.

——: *Abril florido.* Poesías. Atrio de José de Jesús Esteves. Imp. Real Hnos., San Juan, P. R., s. f., 132 p.

MIRANDA ARCHILLA, GRACIANY: *Responsos.* Poesías. [San Juan, P. R.], 1930, 24 p.

MOLL, ARÍSTIDES: *Mi misa rosa.* Poesías. Imp. El Boletín Mercantil, San Juan, P. R., 111 p. +.

MONGE, JOSÉ MARÍA: *Poesías y prosa.* Imp. [Martín Fernández], Mayagüez, P. R., 1883, 423 p. [Otra ed., con prólogo de Bolet Peraza, N. Y., 1897, XI-423 p.]

——: *Poesías.* Tip. Comercial, Mayagüez, P. R., 1885, 23 p.

MONTEAGUDO RODRÍGUEZ, JOAQUÍN [ARMANDO DUVAL, seud.]: *Lirios negros.* Sonetinos. Ed. West Printing Co., Mayagüez, P. R., s. f., 72 p.

——: *Acústica.* Poesías. Ed. La Provincia, Santo Domingo, 1928.

——: *Canto a Puerto Rico.* Tip. El Regionalista, Arecibo, P. R., 8 p.

——: *Humo y Sol.* San Juan, P. R., 160 p. [Prosa y verso.]

MONTIJO, ENRIQUE: *Capullos líricos.* Ed. Fraguada, Manatí, P. R., 1928, 50 p.

MONTILLA DE ARROYO, JULIA A.: *A la guerra de España contra Marruecos.* Oda. P. R., 1860, 8 p.

MORALES FERRER, ABELARDO: *La religión del amor.* Poema. Tip. Manuel G. Hernández, Madrid, 1886, 38 p.

MOREL, EMILIO A.: *Lucérnulas.* Prólogo de E. Astol. Tip. La Defensa, Ponce, P. R., 1911, 112 p.

MORERA CUADRA, J.: *Del vivir.* [Humacao, P. R., 1918], 64 p.

MORILLO, PROVIDENCIA: *Bajo el gris de los cielos.* Poesías. Tip. Santurce Printing Press, P. R., 1924, 169 p.

MUÑOZ IGARTÚA, ÁNGEL: *Savia íntima.* Ed. del Pozo, Arecibo, P. R., 1927, 134 p.

MUÑOZ RAMOS, RAFAEL: *Poemas raros.* Cantar de la vida. S. p. i., 1918, 116 p.

MUÑOZ RIVERA, JOSÉ: *Sol de gloria.* A España. Tip. M. Burillo, San Juan, P. R., 1911, 16 p.

MUÑOZ RIVERA, LUIS: *Tropicales.* Poesías. Imp. H. M. Coll, N. Y., 1902, 202 p. Segunda ed.: Ed. Puerto Rico, Madrid, 1925, 206 p.

[V. *Tropicales,* en Matos Bernier, F.: *Isla de Arte.* P. R. 1907, p. 104.]

—— [HERÁCLITO, seud.] y NEGRÓN SANJURJO, JOSÉ [DEMÓCRITO, seud.]: *Retamas* Imp. El Vapor, Ponce, P. R., 134 p. [Este libro aparece firmado con los seudónimos.]

N

NAZARIO, SANTIAGO: *Apuntes de mi lira.* Imp. Morel Campos, Caguas, P. R., 1924, 158 p.

NAZARIO RIVERA, RAMÓN: *Crepusculares.* Poesías. Im. El Sol, Ponce, P. R., 1913, 112 p.

NEGRÓN FLORES, RAMÓN: *En la cárcel.* Poesía. Imp. El Boletín Mercantil, San Juan, P. R., 1902.

——: *Nuestro ideal.* Poesía laureada con la flor natural en los Juegos Florales espiritistas celebrados en la ciudad de Barcelona, en 18 de mayo de 1902. Imp. El Boletín Mercantil, San Juan, P. R., 1902, 45 p.

——: *La Exposición de San Luis o el triunfo de las ideas.* Poema. Imp. El Boletín Mercantil, San Juan, P. R., 1904.

——: *Hacia la cumbre.* Primer premio, medalla de oro y diploma. Ateneo Puertorriqueño. Tip. La República, San Juan, P. R., 1907, 12 p.

——: *Para el mármol.* Laureada con el primer premio en el certamen literario-científico celebrado por el Casino Español de San Juan en 1909. Imp. M. Burillo, San Juan, P. R., 1909, 15 p.

——: *Sinfonía primaveral.* Poesía laureada con la flor natural y diploma en los Juegos Florales de Bayamón, Puerto Rico, 30 de abril de 1910. Tip. R. Negrón Flores, San Juan, P. R., 1912, 17 p.

NEGRÓN SANJURJO, JOSÉ A.: *Mensaje a El Caribe.* Tip. La Democracia, Ponce, P. R., 1896, 3 p.

——: *Mensajeras.* Poesías cortas. Tip. La Democracia, Ponce, P. R., 1899, 99 p.

NEGRÓN SANJURJO, JOSÉ A.: *Dua Kreanto.* Poema en esperanto. Imp. El Día, Ponce. P. R., 1910, 12 p. [V. Astol, Eugenio: *Nuestros poetas: José Negrón Sanjurjo.* Estudio crítico. P. R. I., 25 de junio de 1911, núm. 69.]

——: *Poesías.* Íntimas, reflexivas, panegíricas, galantes, festivas, criollas y traducciones. Imp. El Boletín Mercantil, San Juan, P. R., 1905, 230 p. [V. *J. Negrón Sanjurjo, Poesías,* en Matos Bernier, F.: *Isla de Arte.* P. R., 1907, p 147.]

NEGRÓN SANJURJO, QUINTÍN: *Palique.* Tip. La República, San Juan, P. R. [1906], 10 p.

O

OLIVIERI, ULISES: *Cantos populares de Puerto Rico,* Yauco, P. R., 1882.

O'NEILL, GONZALO: *Sonoras pagatelas o sicilianas.* Con un prólogo del Dr. Manuel Quevedo Báez. Poesías. [Imp. América], N. Y., 1924, 127 p. [V. Justo Veraz: *Juicio del libro Sonoras bagatelas o sicilianas, de Gonzalo O'Neill.* P. R. I., 5 de julio de 1925, núm. 800.]

ORMAECHEA, CARLOS: *Los versos de San Patricio.* Tip. La Correspondencia, San Juan, P. R., 1922, 16 p.

ORMAECHEA, FERNANDO DE: *Quejas y risas.* Versos serios y festivos con un prólogo de D. Manuel Corcnado. Tip. de Gregorio Estrada, Madrid, 1881, 138 p. +.

ORTIZ STELLA, CRUZ: *Los oros se vislumbran.* Imp. Burset, Humacao, P. R., 1918, 60 p. [V. Lloréns, Noel: *Crítica literaria. Cruz Ortiz Stella: Los oros se vislumbran.* (I) P. R. I., 1 de junio de 1918, núm. 431. (II) 8 de junio de 1918, núm. 432.]

——: *La caravana oscura.* Prólogo de R. Cruz Monclova. Imp. Real Hnos., San Juan, P. R., 1921, 186 p.

P

PADILLA, JOSÉ GUALBERTO [EL CARIBE, seud.]: *A mi lira. Adiós.* Poesía. Imp. de J. González Font, San Juan, P. R., 1885, 11 p.

——: *Zoopoligrafía.* Poema en cuatro cantos. Imp. de Bosh y Cía., P. R., 1855.

——: *Para un Palacio, un Caribe.* Barcelona, 1874, 36 p. [Polémica en verso entre el autor que firma con el seud. El Caribe y el poeta español Manuel del Palacio.] Segunda ed.: Tip. El Vapor, Ponce, P. R., 1891, 37 p. Otra ed.: Imp. La Democracia, San Juan, P. R., 1900, 50 p. Otra ed., con un epílogo histórico de Pedro de Angelis, Imp. Prats, San Juan, P. R., 1906, 47 p. Otra ed.: El Correo Dominical, San Juan, P. R., 1929.

PADILLA, JOSÉ GUALBERTO [EL CARIBE, seud.]: *En el combate.* Poesías. Prólogo de M. Fernández Juncos. Dedicatoria de Trinidad Padilla de Sanz, La Hija del Caribe. Lib. Ollendorf, París, 1912, 305 p. [V. Rourell, Amado: *Una gloria del pasado. Alrededor de la publicación del libro En el combate, de José G. Padilla.* P. R. I., 20 de diciembre de 1913, núm. 199.]

——: *A la muerte de Alejandro Tapia.* Imp. de J. González Font, San Juan, P. R., 1883, 14 p.

——: *En la muerte de Corchado. ¡Hasta mañana!* Imp. de J. González Font, San Juan, P. R., 1885, 8 p.

——: *Rosas de pasión.* Poesías. Lib. Ollendorf, París, 1912, 291 p.

——: *Ad Alta. Por nuestros muertos.* Poesía. Imp. de J. González Font, San Juan, P. R., 1886, 12 p. [V. Balseiro, José A.: *Padilla y el canto a Puerto Rico.* P. R. I., 13 de julio de 1929, año XX, núm. 1010: 9. Figueroa, S.: *Poetas puertorriqueños: El Caribe y el Dr. Hernández.* P. R. I., 23 de abril de 1911, núm. 60, y 30 de abril de 1911, núm. 61. Fernández Vanga, E.: *El Caribe, poeta lírico.* P. R. I., 6 de junio de 1914, núm. 223. Fernández Vanga, E.: *El lirismo del Caribe.* P. R. I., 13 de junio de 1914, y 20 de junio de 1914, núms. 224-225. Fernández Juncos, Manuel: *Fragmento.* De un prólogo para la primera ed. de las obras del Dr. José Gualberto Padilla (El Caribe). P. R. I., 27 de abril de 1912, núm. 113.]

PADILLA DÁVILA, MANUEL: *Sensitivas.* Poesías escogidas. Prólogo de don Manuel Fernández Juncos. Tip. El Progreso, Bayamón, P. R., 100 p.

PADILLA DE SANZ, TRINIDAD: Véase Hija del Caribe (La).

PALÉS MATOS, LUIS: *Azaleas.* Colección de poesías. Tip. Rodríguez y Cía., Guayama, P. R., 1915, 116 p.

PALÉS, VICENTE: *El cementerio.* Imp. Castillo y Luzunaris, Guayama, P. R., 1889, 14 p.

——: *A la masonería.* Guayama, P. R., 1886, 10 p.

PEREDA FALERO, CLEMENTE: *Versos de otoño.* Imp. Cantero, Fernández y Co., San Juan, P. R., 1929, 82 p.

PÉREZ FREITES, FRANCISCO J.: *A la luna.* Poesía. Imp. de Salicrup, Arecibo, P. R., 1885, 5 p.

PÉREZ GARCÍA, MANUEL: *La noche pensativa.* Poesías. Aguadilla, P. R., 158 p.

PÉREZ LOSADA, JOSÉ: *Trazos de sombra.* Narraciones y poesías. Imp. El Boletín Mercantil, San Juan, P. R., 1903.

PÉREZ PIERRET, ANTONIO: *Bronces.* Prólogo de Miguel Guerra Mondragón. Ed. Antillana, San Juan, P. R., 1914, 86 p. [V. Medrano, Higinio J.: *Bronces. Crítica sobre un libro de versos de Antonio Pérez Pierret.* Rev. Ant., septiembre de 1914, año 2, núm. 8.]

PETROVITCH, BARTOLOMÉ JAVIER [BANDOLÍN, seud.]: *Mi Breviario.* National Printing Co., Mayagüez, P. R., 1914, 37 p.

PONCE DE LEÓN, LEONARDO A.: *La mariposa blanca.* Pequeño poema. Tip. El Vapor, Ponce, P. R., 1889, 16 p.

——: *Ortigas y malvas.* Ponce, P. R., 1892.

PRIETO RICHARDS, ADELARDO (recopilador): *El Cancionero popular.* Álbum de canciones y guarachas antiguas y modernas de diversos autores y procedencias, recopiladas por A. Prieto Richards. Tip. La Correspondencia, San Juan, P. R., 1894, 236 p. +.

PUENTE ACOSTA, LORENZO: *Álbum poético.* Descripción en verso de las fiestas de San Juan, Puerto Rico en 1868. Imp. Audiencia, San Juan, P. R., 1868, 62 p.

R

RALDIRIS GUASP, JUAN P. [DUQUE DE LERMA, seud.]: *Preludios del arpa.* Poesías. Imp. Acosta, San Juan, P. R., 1879, 24 p.

RAMÍREZ DE ARELLANO, CLEMENTE: *¿Dudo o creo?* Poesía premiada con la flor natural en los Juegos Florales celebrados por el Casino de Mayagüez en la noche del 5 de mayo de 1895. Imp. Sucesión J. J. Acosta, San Juan, P. R., 1895, 8 p.

——: *La Poesía...* Premiada con pensamiento de oro en el certamen científico y literario celebrado por la Real Sociedad Económica de Amigos del País el 19 de marzo de 1896. Imp. El Boletín Mercantil, San Juan, P. R., 1896, 11 p.

RAMÍREZ DE ARELLANO, DOMINGO: *Crítica y Urbanidad.* Imp. Fernández, Mayagüez, 1876, 36 p. [En quintillas.]

RAMÍREZ BRAU, ENRIQUE: *Lira rebelde.* Imp. El Águila, Ponce, P. R., 1925, 100 p.

——: *Bajo tu cielo azul.* Imp. El Águila, Ponce, P. R., 1928, 85 p.

RAMÍREZ, MANUEL M.ª: *Margaritas.* Poesías. Cuasi prólogo de R. M. Cuevas Zequeira. Imp. La Industria, San Germán, P. R. [1908], 88 p.

RAMOS, JULIO S.: *Cortina de sueños.* Poesías. Imp. Boulevard, San Juan, P. R., 1926, 130 p.

REAL, CRISTÓBAL: *Floralia.* Poesía. Tip. Heraldo Español, San Juan, P. R., 1907, 54 p.

——: *Palmas.* Tip. Heraldo Español, San Juan, P. R., 1903, 59 p.

——: *Rumor de besos.* Tip. Real Hnos., San Juan, P. R., 1909, 36 p.

——: *Del certamen.* Tip. Heraldo Español, San Juan, P. R., 1908, 45 p.

REAL, MATÍAS: *Oasis.* Prólogo de Eugenio Astol. Tip. Real Hnos., San Juan, P. R., 1915, 130 p. [V. Fernández Juncos, M.: *Dos libros de versos.* Sobre *Oasis,* de Matías Real, y *Cuando florecen los rosales,* de R. W. Camejo. P. R. I., 28 de agosto de 1915, núm. 287. Forestier, Emilio: *Rasgos críticos. Oasis, de Matías Real.* P. R. I., 5 de mayo de 1917, núm. 375. García, Inés N. de: *Oasis.* Sobre el libro de versos de Matías Real. P. R. I., 21 de agosto de 1915, núm. 286.]

Real, Matías: *El jardín de la quietud.* Poesías Tip. Real Hnos., San Juan, P. R., 1923, 123 p. [V. Romanacce, Sergio: *El poeta de la quietud.* Crítica del libro *El jardín de la quietud,* de Matías Real. P. R. I., 31 de marzo de 1923, núm. 683. Quevedo Báez, M.: *El jardín de la quietud.* Crítica de esta obra de Matías Real. P. R. I., 14 de abril de 1923, núm. 685.]

Rechani Agrait, Luis, y Rivera Otero, Rafael: *Una nube en el viento.* Versos para niños. Neg. Mat. Imp., 1929, 63 p.

Rey, Miguel: *Rebeldías cantadas.* Poemas. Imp. Conciencia Popular, Humacao, P. R., s. f.

Ribera Chevremont, Evaristo: *Los almendros del Paseo de Covadonga.* Poesías. Imp. P. R. I., San Juan, P. R., 1928, 135 p.

——: *La hora del orífice.* Poesías. San Juan, P. R., 1929, 52 p.

——: *Pajarera.* Imp. Poliedro, San Juan, P. R., 1929, 104 p.

——: *Tierra y sombra.* Poesías. Tip. Florete, San Juan, P. R., 1930.

——: *El templo de los alabastros.* Poesías. Ed. Ambos Mundos, Madrid, 300 p.

——: *Desfile romántico.* Poesías. Tip. Real Hnos., San Juan, P. R., s. f. 57 p. [V. Lefebre, Enrique: *Desfile romántico,* en *Paisajes mentales,* P. R., 1918, p. 115.]

——: *La copa de Hebe.* Madrid [¿Publicado?] [V. González Blanco, A.: *Cartas de España. Un nuevo libro de Ribera Chevremont, La copa de Hebe.* P. R. I., 24 de marzo de 1923, núm. 682.]

Ribera Chevremont, José Joaquín: *Elegías románticas.* Prólogo de Luis Lloréns Torres. Retrato espiritual, poesía de Carlos N. Carreras, San Juan, P. R., 1918, 62 p. [V. Gauthier, P. M.: *Un libro de versos y un viaje a París. (Elegías románticas, por José Joaquín Ribera.)* P. R. I., 30 de marzo de 1918, núm. 422.]

——: *Breviario de vanguardia.* San Juan, P. R., 1930, 50 p. [V. Ramos, Francisco: *Crónica de la montaña.* (Sobre el libro *Breviario de vanguardia,* de José Joaquín Ribera.) P. R. I., 14 de junio de 1930, año XXI, núm. 1058: 61. Padilla de Sanz, Trinidad: *Breviario de vanguardia,* de José Joaquín Ribera. P. R. I., 3 de mayo de 1930, año XXI, núm. 1052: 15.]

Riera Palmer, Mariano: *Mi orgullo.* Mayagüez, P. R., 1898.

——: *Cantares.* Dedicados a la Sociedad Protectora de la Inteligencia. Con prólogo de D. Félix Matos Bernier y una biografía por don Enrique Novoa. Imp. La Revista Blanca, Mayagüez, P. R., 1898, xviii-256 p. [V. Riera Palmer, M.: *Cantares,* en Matos Bernier, F.: *Isla de Arte.* P. R., 1907, p. 55.]

——: *Rasgos* Prólogo de S. Dalmau Canet. Imp. El Progreso, Mayagüez, P. R., 1903, 253 p.

——: *Mis postales.* Poesías. Imp. El Boletín Mercantil, San Juan, P. R., 1904, 316 p.

RIVAS, NICOLÁS: *Crepúsculos de invierno.* Imp. El Día, Ponce, P. R., 1926, 200 p.

RIVERA, DANIEL: *Agüeybana el Bravo.* Canto heroico, con prólogo de Pedro de Angelis. Imp. El Nacionalista, San Juan, P. R., 1919, 12 p.

RIVERA, JUAN [JUAN VICENTE RAFAEL, seud.]: *Carmina Sacra.* Versos para creyentes. Luis Gili, librero, Barcelona, 1924, 91 p. [Firmadas con el seudónimo.]

——: *Carmina Amaritúdinis.* Elegías de un huérfano, con las debidas licencias. Luis Gili, librero, Barcelona, 1925, 72 p.

RIVERA MATTEY, MIGUEL ÁNGEL: *Postales.* Imp. Hercilio Vázquez, Yauco, P. R., 1903, 26 p.

RÍOS VILLAHERMOSA, MARCOS: *Verdades amargas.* Poesías. Imp. Negrón, Utuado, P. R., s. f.

RODRÍGUEZ BARRIL, ALEJANDRO: *Burbujas blancas.* Poesías. Mystic Star Press, San Juan, P. R., 1918, 34 p.

RODRÍGUEZ CABRERO, LUIS.: *Mangas y capirotes.* Imp. de F. J. Marxuach, San Juan, P. R., 1900, 146 p. [V. Rodríguez Cabrero: *Mangas y capirotes,* en Matos Bernier, F.: *Isla de Arte.* P. R., 1907, p. 130.]

RODRÍGUEZ CALDERÓN, JUAN: *Canto en justo elogio de la Isla de Puerto Rico.* Madrid, 1816.

RODRÍGUEZ, JUAN ZACARÍAS: *Acordes de un pandero.* Poesías. Tip. Comercial, Mayagüez, P. R., 1885, 56 p.

——: *Diccionario Epigramático.* Tip. Comercial, Mayagüez, P. R., 1895, 15 p. Otra ed.: Imp. La Económica, Arecibo, P. R., 1900, 26 p. Con un suplemento por el autor.

RODRÍGUEZ RIVERA, VICENTE: *Poemas vesperales.* Tip. Real Hnos., San Juan, P. R., 1918, 116 p. [V. Ribera, José Joaquín: *Rodríguez Rivera y su libro.* (Los Modernos.) P. R. I., 10 de mayo de 1919, núm. 480. Meléndez Muñoz, M.: *Un poeta: Vicente Rodríguez Rivera.* P. R. I., 16 de marzo de 1918, núm. 420.]

RODRÍGUEZ, SANTIAGO: *Hálitos de rosa.* Imp. Nigaglioni Hnos., San Germán, P. R., 1925, 47 p.

RODRÍGUEZ DE TIÓ, LOLA: *Mis cantares.* Primer libro de esta índole publicado en Puerto Rico por una dama. Prólogo de D. Bonocio Tió Segarra. Imp. M. Fernández, Mayagüez, P. R., 1876, 120 p.

——: *Mi ofrenda.* Poesía dedicada al Gabinete de Lectura Ponceño, con motivo de la velada literaria iniciada en honor de D. José Gautier Benítez, 11 de abril de 1880. Imp. de J. R. González, San Germán, P. R., 1880, 14 p.

——: *Claros y nieblas.* Poesías. Prólogo de Carlos Peñaranda y un juicio de D. Cecilio Acosta. Tip. Comercial, Mayagüez, P. R., 1885, XXIX-333 p.

——: *A mi Patria en la muerte de Corchado.* Tip. Comercial, Mayagüez, P. R., 1885, 8 p.

RODRÍGUEZ DE TIÓ, LOLA: *Noche Buena.* Mayagüez, P. R., 1887, 10 p.

——: *Mi libro de Cuba.* Poesías. Prólogo de A. Valdivia. Imp. Moderna, Habana, 1893, 179 p.

RODRÍGUEZ DEL VALLE, JOSEFA: *Cantares.* Imp. La Voz del Pueblo, Aguadilla, P. R., 1891, 44 p.

ROIG, PABLO: *Mosaicos.* Poesías. Mayagüez Printing Co., Mayagüez, P. R., 1922, 200 p.

——: *Historia de Puerto Rico.* Mayagüez Printing Co., Mayagüez, P. R., 1924, 116 p. [Versos.]

ROMÁN VEGA, ANTONIO: *Efluvios tiernos.* Tip. La Defensa, Ponce, P. R., 1911, 52 p. [Verso y prosa.]

ROMERAL, R. DEL: *Entre broma y vera.* Manjares en salsa picante que conviene digerir con calma y sana intención para el bien de la higiene social. Tip. La República Española, San Juan, P. R., 1906, 62 p.

ROSA NIEVES, CESÁREO: *Las veredas olvidadas.* Poesías. Imp. Morel Campos, Caguas, P. R, 1922, 55 p.

——: *La danza puertorriqueña.* Poema. Tip. Comercial, Humacao, P. R., 8 p.

——: *La feria de las Burbujas.* Humacao, P. R., 1930.

ROURA Y OWEN, RAMÓN: *Hormigueros.* Poema. Imp. La Revista Blanca. Mayagüez, P. R., 1898, 5 p.

——: *A Monseñor Blenk.* Obispo de Puerto Rico. Poema. P. R. [1902], 4 p.

——: *Décimas.* A mi distinguido y estimado amigo D. Arturo Aponte y Rodríguez. Tip. La Voz de la Patria, Mayagüez, P. R., 1903, 2 p.

RUIZ, AGUSTÍN: *Hojas de invierno.* Ensayo poético. Tip. El Comercio, Ponce, P. R., 1887, 64 p.

RUIZ GARCÍA, ZOILO [CLARÍN DE LUZ, seud.]: *De perfil y a media tinta.* Mayagüez, P. R., 1923, 28 p. [Poesías y artículos en prosa.]

S

SÁINZ DE LA PEÑA, ENRIQUE: *Tropicales.* Imp. Matías y Cía., Ponce, P. R., 1919, 50 p. [Prosa y verso.]

——: *¡Vaporosas!* Tip. Nacional, Ponce, P. R., 1920, 32 p.

SANCERRIT, PASCASIO P.: *Colección de trozos escogidos.* De texto en 1866. P. R. [1866?]. [Prosa y verso.]

SÁNCHEZ DE FUENTES, EUGENIO: *Arrullos.* Texto de lectura en verso. Imp. González y Cía., San Juan, P. R., 1870, 92 p.

——: *Poesías.* Preludios. Ecos de las Antillas. Prólogo de D. R. Montalvo y apunte para una Bibliografía por el Dr. V. Morales, impresas y anotadas por sus hijos. Imp. La Universal, Habana, 1894, 363 p.

SÁNCHEZ PESQUERA, MIGUEL: *Primeras poesías.* Est. Tip. Eduardo Viota, Madrid, 1880, 115 p. [Contiene un poema en la muerte de D. José Gautier Benítez. V. *Primeras poesías (1870-1880) de Miguel Sánchez Pesquera,* en Luis Bonafoux : *Ultramarinos.* Madrid, 1882, p. 81.]

SÁNCHEZ SOTOMAYOR, JOSÉ: *Flores de un árbol marchito.* Tip. Real Hnos., San Juan, P. R., 1922, 105 p. +.

SANDOVAL RIVAS, LEOPOLDO: *Antillana.* Poesía presentada en el concurso de los Juegos Florales de Manatí. Tip. El Alba, San Juan, P. R., 1907, 26 p.

SANTIAGO, JESÚS M.: *Flores y dardos.* Poesías. P. R., 1918, 43 p.

SASTRE ROBLES, PABLO: *De los sacros trigales.* Poesía religiosa. Imp. Puerto Rico Evangélico, Ponce, P. R., 1925, 88 p.

—— : *Floración lírica.* Poesías. Imp. Ruiz, Aguadilla, P. R., 1927, 116 p.

SERRA GELABERT, MARÍA: *Florestales.* Con prólogo de J. A. Negrón Sanjurjo. Tip. El Ideal Católico, Ponce, P. R., 1916, 216 p.

SIACA RIVERA, MANUEL: *Gotas líricas.* Imp. Venezuela, San Juan, P. R., 1931, 107 p.

SOLÍS, MANUEL: *Ayes.* Colección de poesías. Tip. El Comercio, Yauco, P. R., 1886, 41 p.

T

TAPIA Y RIVERA, ALEJANDRO [CRISÓFILO SARDANÁPALO, seud.]: *La Sataniada.* Grandiosa epopeya dedicada al Príncipe de las Tinieblas, 30 cantos. Imp. A. J. Alaria, Madrid, 1878, XXI-406 p.

TERREFORTE ARROYO, JUAN P.: *Lágrimas y sonrisas.* Ensayos poéticos. Tip. El Vapor, Ponce, P. R., 1888, 64 p.

—— : *¡Guerra a la infancia!* Versos. San Juan, P. R., 1889.

—— : *Arpegios.* Imp. La Libertad, Ponce, P. R., 1898, 48 p.

—— : *Preludios.* Composiciones poéticas. Tip. La Voz del Pueblo, Aguadilla, P. R., 1901, 20 p.

TINAJERO FEIJÓO, RAMÓN: *Flores silvestres.* Poesías. Tip. Venezuela, San Juan. P. R., s. f.

TORO, ULISES: *Primeros ensayos poéticos.* San Germán, P. R., 1885, 8 p.

TORO SOLER, RICARDO DEL: *Livia.* Poema. Tip. de Pablo Roig, Mayagüez, P. R., 1925, 25 p.

TORREGROSA, LUIS A.: *Magnolias y violetas.* Versos y postales. Tip. de Quintín Negrón Sanjurjo, Ponce, P. R., 1903.

TRELLES, FRANCISCO: *Flores varias.* Poesías. Con un prólogo de M. Fernández Juncos. Imp. Comercial, Cayey, P. R., 1894, 102 p.

V

VALLE, RAFAEL DEL: *Poesías.* Prólogo por D. Aniceto Valdivia. Imp. Salicrup y Cía., Arecibo, P. R., 1884, XIX-205 p.

Valle, Rafael del: *Poesías completas.* Imp. La Primavera, San Juan, P. R., 1921, 300 p. +.

Vando de León, Ángel: *Ritmos.* San Juan, P. R., 1925. [V. *Diálogos y monólogos.*]

Vargas, Pedro P.: *Notas agrestes.* Poesías. Tip. Negrón Flores, San Juan, P. R., 1915, 83 p.

Vázquez, Diego: *Glosario sentimental.* Poesías. Tip. Tomás Barreiro, Caguas, P. R., 1913, 122 p.

Vega, Eladio J.: *A Borinquen.* Poesía. Imp. El Águila, San Germán, P. R., 1885, 10 p.

Vidal Cardona, José: *Flores silvestres.* Poesías precedidas de un prólogo de José Contreras Ramos Imp. Acosta, San Juan, P. R., 1889, 105 p.

——: *El más allá y el espiritismo.* Poesía. Imp. El Eco de Puerta de Tierra, San Juan, P. R., 1918, 4 p.

Vidal Ríos, E.: *Ramillete poético.* Imp. de Manuel López, Ponce, P. R., 1905, 96 p.

Y

Yordán, Manuel N.: *Postales.* Imp. Manuel López, Ponce, P. R., 1905, 90 p.

——: *Rosas blancas.* Poesías. Prólogo de Félix Matos Bernier. Imp. La Democracia, San Juan, P. R., 1906, 159 p. [V. Yordán, Manuel N.: *Rosas blancas,* en Matos Bernier, F.: *Isla de Arte.* P. R., 1907, p. 94.]

Yumet Méndez, José: *Gemas.* Imp. El Águila, Ponce, P. R., 1913, 80 p.

——: *Caminos de Sol.* Imp. Cantero, Fernández & Co., San Juan, P. R., 1920, 79 p.

——: *Ánfora azul.* Poesías. Imp. Venezuela, San Juan, P. R., 1925, 112 p.

Z

Zeno Gandía, Manuel: *Abismos.* Poesía. Tip. El Vapor, Ponce, P. R., 1885, 23 p.

d. — ARTÍCULOS GENERALES

Abril, Mariano: *Sensaciones de un cronista.* Prólogo de Luis Muñoz Rivera. Tip. La Democracia, San Juan, P. R., 1903, 231 p. [Literatura, viajes, semblanzas, cuentos, etc. V. Abril, Mariano: *Sensaciones de un cronista,* en Matos Bernier, F.: *Isla de Arte.* P. R., 1907, p. 117.]

Acosta, José Julián: *Vindicación.* Artículo didáctico. Imp. Acosta, San Juan, P. R., 1878, 13 p.

ADSUAR, JORGE: *Pico a pico.* Imp. Cantero, Fernández y Cía, San Juan, P. R., 1926, 280 p. [Crónicas, artículos, etc.]

——: *Allá va eso.* Prólogo de E. Fernández Vanga. Imp. El Boletín Mercantil, San Juan, P. R. [1916], 268 p. [V. *Allá va eso.* (Libro de Jorge Adsuar.) P. R. I., 28 de octubre de 1916, núm. 348. Real, Cristóbal: *La alegría que pasa.* (Crítica del libro *Allá va eso,* de Jorge Adsuar.) P. R. I., 6 de noviembre de 1915, núm. 297. Pérez Losada, José: *Acotaciones: Allá va eso.* P. R. I., 11 de noviembre de 1916, núm. 350.]

ALTIERY, GENARO: *Efluvios.* Artículos. Casa Ed. Mayagüez, Mayagüez, P. R., 1917, 110 p.

AMY, FRANCISCO J.: *Letras de molde.* Leyenda caribe. Notas, artículos y cosas del país. Halifax, 1890, 187 p.

ANGELIS, PEDRO DE: *Misceláneas puertorriqueñas.* Tip. Ferreras, San Juan, P. R., 1894, 65 p. [Artículos históricos y biográficos.]

APONTE, JOSÉ AGUSTÍN: *Vida política y literaria.* Campaña unionista de 1906. Imp. Gloria, Mayagüez, P. R., 1908, 135 p.

——: *Voces de la revelación.* Imp. El Boletín Mercantil, San Juan, P. R., 1911, 55 p.

ARIAS, LUIS: *Zend Avestha.* San Juan, P. R., 1928, 40 p.

ARMSTRONG DE RAMÍ, SIMPLICIA: *Ramo de azucenas.* Colección de artículos. Tip. Aurora, Mayagüez, P. R., 1908, 160 p.

ARNALDO MEYNERS, JOSÉ: *Al margen de los días y de las cosas.* San Juan, P. R., 1931, 179 p. [Crónicas.]

ARROYO CORDERO, AMÉRICO: *Escalinata social.* Imp. Aurora, Mayagüez, P. R., 1908, 144 p. [Artículos, etc.]

ASENJO, CONRADO: *En amigable plática.* Imp. Cantero, Fernández & Co., San Juan, P. R., 1929, 66 p.

——: *Florecimiento.* Tip. El Alba, San Juan, P. R., 1908, 95 p.

ASENJO, FEDERICO: *Un pequeño libro de actualidad.* Imp. de J. González Font, San Juan, P. R., 1883, 108 p. [Trozos escogidos y traducidos de las obras del Abate Moigno.]

—— [CLARO OSCURO, seud.]: *Viaje de circunvalación por la plaza principal de esta ciudad.* País muy concurrido pero poco estudiado y que no se ha dado a conocer como se propone el autor D. Claro Oscuro. Imp. González y Cía., San Juan, P. R., 1870, 130 p.

ATILES GARCÍA, GUILLERMO: *Kaleidoscopio.* Imp. de Manuel López, Ponce, P. R., 1905, 188 p. [Prosa y verso.]

AVILÉS, MAXIMILIANO: *Fuerza de acción.* Males transitorios de los países latino-americanos y modo de subsanarlos. Prólogo de Mariano José Madueno. N. Y., 1907, 170 p.

AYALA, RAMÓN: *El ideal de patria.* Imp. Cantero, Fernández & Co, Inc., San Juan, P. R., 1921, 8 p.

BALDONI, LOLA: *Impresiones.* Colección de artículos. Tip. El Telégrafo, Ponce, P. R., 1894, 66 p.

Blanco Fernández, Antonio: *Memorias de un indiano.* Imp. Cantero, Fernández y Cía., San Juan, P. R., 1922, 112 p. [Contiene algunos juicios de la Prensa sobre el cuento laureado *Alma Puertorriqueña.* Prólogo en verso por A. Nicolás Blanco.]

——: *España y Puerto Rico.* 1820-1930. Imp. Cantero, Fernández y Cía., San Juan, P R., 1930, 332 p.

Brau, Salvador: *Ecos de la batalla.* Artículos periodísticos. Prólogo de Fernández Juncos. Imp. de J. González Font, San Juan, P. R., 1886, 282 p.

Braschi, Juan: *Prosas del sendero.* Imp. El Día, Ponce, P. R, 1915, 109 p.

Busquets, Ernesto: *Páginas altruístas.* Artículos y cuentos. Prólogo de Rafael Martínez. Imp. Unión Obrera, Mayagüez, P. R., 1906, 254 p. [Contiene 16 p. adicionales, con artículos sobre el autor.]

Caballer, Luis: *Como son ellos.* Contraperfiles. Imp. de la Revista de Puerto Rico, Ponce, P. R., 1893, 30 p.

Calderón Aponte, José: *Estados de alma.* Breves narraciones sentimentales, con prólogo de D. Manuel Fernández Juncos. Imp. El Boletín Mercantil, San Juan, P. R., 1907, 306 p.

Canales, Nemesio R.: *Paliques.* Imp. La Defensa, Ponce, P. R., 1913, 212 p. [V. *Ubicación de Canales,* por Vicente Geigel Polanco. Índice (Mensuario de Cultura), San Juan, P. R., septiembre de 1929, vol. 1, núm. 6: 87. En ese mismo núm.: *El humorismo en la obra de Nemesio Canales,* por Samuel R. Quiñones, p. 88.]

Canals, Salvador: *El año teatral.* Crónicas y documentos. Con un artículo preliminar sobre el público, por Jacinto Octavio Picón. Tip. de El Nacional, Madrid, 1896, 269 p.

Cantero Ambert, José: *Notas ingenuas.* Tip. El Vapor, Ponce, P. R., 1889.

Capetillo, Luisa: *Ensayos literarios.* Imp. Unión Obrera, San Juan, P. R., 1907, 56 p. [Artículos.]

——: *Mi opinión sobre las libertades, derechos y deberes de la mujer, etc.* Imp. The Thimes Publishing Co., San Juan, P. R., 1911.

——: *Influencias de las ideas modernas.* Tip. Negrón Flores, San Juan, P. R., 1916, 196 p.

——: *La Humanidad en el futuro.* Tip. Real Hnos., San Juan, P. R., 1910, 24 p.

Capó, Claudio: *Puliendo el bloque.* Ecos de un certamen literario. San Juan, P. R., 1922, 46 p.

Carrión Maduro, Tomás: *Alma latina.* Ensayos. Imp. El Boletín Mercantil, San Juan, P. R., 1905, 100 p.

——: *Ten con ten.* Impresiones de un viaje a la América del Norte, Tip. La República Española, San Juan, P. R., 1906, 200 p.

——: *Cumba.* Imp. El Boletín Mercantil, San Juan, P. R., 1903, 201 p.

CINTRÓN, GUILLERMO V.: *Bombones de sal.* Imp. La Defensa, Ponce, P. R., 1910.

COLLANTE, LOLA: *Mis inquietudes.* San Juan, P. R., 1922, 87 p.

CORCHADO, MANUEL: *Las barricadas.* Explicación de la formación y uso de las barricadas. Imp. Luis Fiol y Gras, Barcelona, 1870, 42 p. Otra ed.: Imp. El Agente, San Juan, P. R., 1882, 38 p.

CORTÓN, ANTONIO: *Pandemonium.* Crítica y sátira. Lib. Victoriano Suárez, Madrid, 1889.

——: *La literata.* Aguafuerte. Con una carta de prólogo de Julio Nombela. Imp. Hernández, Madrid, 1883, 56 p.

——: *Patria y cosmopolitismo.* Memoria leída en el Círculo Nacional de la Juventud, con motivo de la apertura de la Sección de Ciencias Morales y Políticas, por el Sr. Cortón, secretario de la misma. Imp. J. M. Pérez, Madrid, 1881, 43 p. [Esta Memoria ha sido traducida al francés por Francisco Rey. Burdeos, 1882.]

CRESPO, JOSÉ: *Preludios.* Pasatiempos literarios. Tip. El Vapor, Ponce, P. R., 1885, 46 p. [Prosa y verso.]

CUEVAS ZEQUEIRA, SERGIO: *En la contienda.* Imp. El Fígaro, Habana, 1911, 119 p.

——: *Pláticas agridulces.* Satirillas políticas y literarias, con prólogo de Manuel Márquez Sterling. Tip. El Fígaro, Habana, 1901.

——: *Mirando hacia el lejano ayer.* Apuntes. Imp. de E. López Salas, Habana, 1924, 26 p.

DEGETAU Y GONZÁLEZ, FEDERICO: *La redención de un quinto.* Álbum de trabajos de los Sres. Campoamor, Echegaray, Ferrari, Letamendi, Ortega Munilla, Vital Aza y otros, coleccionados por el Sr. ——, para redimir del servicio de las armas a un estudiante de Medicina. Tip. El Porvenir Literario, Madrid, 1882, 80 p.

——: *Juventud.* Imp. A. Avrial, Madrid, 1905, 366 p.

——: *Fe.* Tip. Sucesores de Lacau, Madrid, 1915, 14 p.

——: *Pensando.* S. p. i., s. l., 32 p.

DELGADO, JOSEFINA: *Puntos de vista.* Imp. Heraldo Odfélico, San Juan, P. R., 1921, 8 p.

DÍAZ CANEJA, IGNACIO: *Waterloo político.* Examen crítico de las principales teorías sobre que descansa el edificio político moderno. Imp. El Boletín Mercantil, San Juan, P. R., 1891, 200 p.

ECHAVARRÍA, COLÓN: *Lienzos españoles.* San Juan, P. R., 1928. Tercera edición.

ESCALONA PACHECO, J.: *Al compás de la vida.* Prólogo de Juan N. Matos. Pensamientos. Tip. El Águila, Ponce, P. R., 1925, 39 p.

ESPÉNDEZ NAVARRO, J: *Alientos.* Imp. Standard Printing Works, San Juan, P. R., 1923, 64 p.

FERNÁNDEZ JUNCOS, MANUEL: *La última hornada.* Imp. Cantero, Fernández & Co., San Juan, P. R. [1928], 132 p. [Trabajos literarios en prosa.]

FERNÁNDEZ JUNCOS, MANUEL: *Sátiras contra vicios y malas costumbres actuales.* Biblioteca de El Buscapié, San Juan, P. R., 1893, 8 p.

—— : *Momento actual de la literatura española.* En *Conferencias Dominicales dadas en la Biblioteca Insular.* Neg. Mat. Imp., 1913, p. 75.

—— : V. *Folklore:* Tipos y costumbres.

FUERTE, JUSTO: *Páginas sueltas.* Tip. El Diario de Ponce, Ponce, P. R., 1901, 50 p.

GANDÍA CARRERAS, LUIS B.: *Iníciate en esta cruz.* Estímulos a la juventud. Tip. El Compás, San Juan, P. R., 1921, 14 p.

GARCÍA MONZÓN, JOSÉ: *Mis memorias, o sea un recuerdo pasado y un presente recuerdo.* Ponce, P. R., 1858.

GIMÉNEZ, IGNACIO: *¡Paso a la verdad!* Contestación del suplemento al núm. 20 de *La Idea,* publicado en Mayagüez el 13 de septiembre de 1886. Imp. El Boletín Mercantil, San Juan, P. R., 1886, 54 p.

GONZÁLEZ FONT, JOSÉ: *Escritos sobre Puerto Rico.* Noticias históricas, poesías, artículos y otros datos. Barcelona, 1903, 198 p.

GOVÍN, FERNANDO: *Mi peregrinación en Puerto Rico.* La Humanidad y sus hombres. Verdades y más verdades. Tip. Nacional, Ponce, P. R., 1920, 47 p.

GUAL, ALFONSO: *Balbuceos literarios.* Tip. Baldorioty, Ponce, P. R., 1905, 49 p. [Artículos literarios de carácter social.]

GUERRA, RAMÓN HÉCTOR: *Del Rincón Boricua.* Imp. Venezuela, San Juan, P. R. [1925], 72 p. [Artículos, semblanzas, etc.]

—— : *Del estudio y de la lucha.* Imp. La Primavera, San Juan, P. R., 1919, 73 p.

HERNÁNDEZ, FÉLIX R.: *¡Guajataca!* En *Plumas amigas.* Segundo fascículo. Imp. Cantero, Fernández & Co., San Juan, P. R., 1912.

HOSTOS, EUGENIO MARÍA DE: *Meditando.* Lib. Ollendorf, París, 1909, 331 p. [Recopilación de ensayos sobre Plácido, Guido Spano, Hamlet, Lastarria, Ureña, etc.]

—— : *Cartas públicas acerca de Cuba.* Examen crítico del derecho de Cuba a la Independencia. Santiago de Chile, 1895.

HOSTOS, LUISA A. DE: *Mi pequeño cine parisino.* Le Livre Libre, Paris, 1927, 192 p.

HUYKE, JUAN B.: *Combatiendo.* Imp. Cantero, Fernández & Co., San Juan, P R., 1922, 276 p.

—— : *La agonía antillana.* Obra política, en contestación a un libro del mismo título por Luis Araquistain. Imp. Cantero, Fernández y Cía., San Juan, P. R, 1928, 34 p.

—— : *Consejos a la juventud.* (1) Si tuviese veintiún años. (2) Oportunidades para la juventud. Neg. Mat. Imp., 1921, 32 p.

—— : *Estímulos.* Prólogo de M. Fernández Juncos. Rand Mc Nally & Co., N. Y., 1922, 219 p.

HUYKE, JUAN B.: *Páginas escogidas*. Prólogo de F. Rodríguez López, ilustrado por Gleb. E. Botkin. D. C. Heath & Co., Boston, 1925, 179 p. +.

——: *Lecturas*. Neg. Mat. Imp., San Juan, P. R., 1923, 205 p. Segunda ed.: Imp. Cantero, Fernández & Co., San Juan, P. R., 1928, 205 p.

JESÚS DOMÍNGUEZ, JOSÉ DE: *Teoría de la visión*. Fenómenos fisiológicos. Imp. de Martín Fernández, Mayagüez, P. R., 1880, 19 p.

LÁZARO, OBDULIA C. DE: *Algo de todo*. Imp. La Correspondencia, San Juan, P. R., 1925, 422 p.

LECOMPTE, EUGENIO: *Impresiones del momento*. Tip. El Águila, Ponce, P. R., 1930, 320 p.

LEFEBRE, ENRIQUE: *Paisajes mentales*. Imp. Cantero, Fernández y Cía., San Juan, P. R., 1918, 254 p. +.

LEVIS, JOSÉ ELÍAS: *Scripta Manent*. Opúsculo. Imp. Santurce Printing Works, Santurce, P. R., 1923, 16 a 20 p.

LIMÓN DE ARCE, JOSÉ: *Hojas de acacia*. Imp. El Compás, San Juan, P. R., 1925, 72 p.

LOMBA, JOSÉ M.: *Hojarasca*. Prólogo de J. Pérez Losada. Imp. El Boletín Mercantil, San Juan, P. R., 1904.

LÓPEZ, JUAN JOSÉ: *Voces libertarias*. Miscelánea. Tip. La Bomba, San Juan, P. R., 32 p.

LÓPEZ MERJELIZA, IGNACIO: *Páginas*. Tip. de la Rev. Vida Española, San Juan, P. R., 1925, 56 p. [Varios trabajos literarios.]

LÓPEZ DE VICTORIA, PELEGRÍN: *Conceptos*. Tip. Borinquen, Yauco, P. R., 1897, 102 p. +. [Colección de artículos en prosa.]

LUCHETTI, M.: *De L'arbitrage Forcé*. Trad. española por José S. Belaval. Imp. Lynn, San Juan, P. R., 1900, 23 p.

LLENZA GONZÁLEZ, JOSÉ: *Esfuerzo propio*. Horas de estudio. Imp. Heraldo Odfélico, San Juan, P. R., 1921, 10 p.

MARÍN FERNÁNDEZ, M. D.: *Nita. Deuda de amor*. Imp. Combell, Arecibo, P. R., 1897, 53 p. + [Contiene artículos.]

MARTÍNEZ ACOSTA, CARMELO: *Mi último amigo*. Tip. Pasarell Hnos., Ponce, P. R., 1900, 28 p.

——: *Aletazos*. Artículos literarios. Tip. La Democracia, San Juan, P. R., 1917, 207 p.

MARTÍNEZ ÁLVAREZ, ANTONIO: *Hilachas*. Tip. El Compás, San Juan, P. R., 1919, 108 p.

——: *Paz de altura*. Imp. Cantero, Fernández & Co., San Juan, P. R., 1923, 130 p.

MARTÍNEZ NADAL, RAFAEL: *Tempraneras*. Imp. M. Burillo, San Juan, P. R., 1908, 240 p. [Contiene artículos.]

——: *Crónicas*. Mayagüez, P. R. [¿Publicada?]

MARTÍNEZ ROSELLÓ, MANUEL: *Galénicas*. Lib. y Ed. Campos, San Juan, P. R., 1930, 314 p.

MATÍAS, FERNANDO J.: *Páginas sueltas.* Imp. El Diario de Ponce, Ponce, P. R., 1901, 50 p.

MATOS BERNIER, FÉLIX: *Pedazos de rocas.* Imp. La Libertad, Ponce, P. R., 1894, 296 p.

——: *Isla de Arte.* Imp. La Primavera, San Juan, P. R., 1907, 269 p.

——: *Páginas sueltas.* Imp. La Libertad, Ponce, P. R., 1897, 210 p. [Contiene también poesías.]

——: *Llore y ría.* Imp. El Día, Ponce, P. R., 1916, 356 p.

——: *Ecos de la propaganda.* Imp. de La Patria, Caracas, 1889, 224 p.

MAYORAL BARNÉS, MANUEL: *Verdad.* N. Y., 1903.

MC CORMICK, SANTIAGO: *Artículos publicados en el periódico El Asimilista.* Imp. El Asimilista, San Juan, P. R., 1884, 70 p.

MEDINA, ADOLFO: *Medinadas.* Con un prólogo del Lcdo. Mariano Riera Palmer y un epílogo de D. Félix Matos Bernier. Tip. La Voz de la Patria, Mayagüez, P. R., 1903, 62 p.

——: *Cartas del libertador Bolívar.* Coleccionadas por el autor. Tip. National Printing Co., Mayagüez, P. R., 14 p.

MEDINA GONZÁLEZ, JULIO: *El escándalo.* Imp. La Voz de la Patria, Mayagüez, 1904, 74 p.

MEDINA Y GONZÁLEZ, ZENÓN: *Pinceladas.* Imp. de la Viuda de González. P R., 1895, 119 p. [Artículos diversos.]

——: *Espontáneas.* Colección de artículos. Tip. Comercial, Mayagüez, P. R., 1897.

MELÉNDEZ MUÑOZ, MIGUEL: *Lecturas puertorriqueñas.* Tip. Real Hnos., San Juan, P. R., 1919, 208 p. [V. Fernández Juncos, Manuel: *Meléndez Muñoz y su nuevo libro.* P. R. I., 30 de agosto de 1919, núm. 496. Pagán, Bolívar: *Juicio sobre Lecturas puertorriqueñas, por M. Meléndez Muñoz,* en *América y otras páginas.* San Juan, P. R., 1922, p. 157.]

MOJARRIETA, JOSÉ SERAPIO: *Memoria sobre las acciones Noxales.* Imp. del Gobierno, San Juan, P. R., 1837, 16 p.

MONTAÑEZ, FRANCISCO E.: *Granos de arena.* Imp. El Telégrafo, Ponce, P. R., 1895, 136 p. [Colección de artículos políticos y literarios.]

——: *Para la siesta.* Tip. Baldorioty, Ponce, P. R., 1904, 111 p.

MORALES CABRERA, PABLO: *Letras y Ciencias.* Tip. G. Hernández y Galo Sáez, Madrid, 1927, 245 p.

MORALES MIRANDA, JOSÉ PABLO: *Misceláneas.* Ciencia, Literatura y Política. Imp. Sucesión J. J. Acosta, San Juan, P. R., 1895, 285 p.

——: *Misceláneas históricas.* Tip. La Correspondencia, San Juan, P. R., 1924, 104 p.

MUÑOZ MARÍN, LUIS: *Borrones.* Imp. La Democracia, San Juan, P. R., 1917, 127 p. [Cuentos, artículos, etc.]

NEGRONI, SANTIAGO: *Fraternales.* Imp. Eco de Yauco, P. R., 1927, 130 p.

——: *¡Treinta años!* Artículos. Imp. Eco de Yauco, P. R., 1927, 150 p.

Nemo San Germán, J.: *La patria de Colón.* Imp. El Imparcial, Mayagüez, P. R., 1893, 48 p.

Ortiz, Antonio: *Un mensaje al hogar.* Río Piedras, P. R., 1915, 56 p.

Pagán, Bolívar: *América y otras páginas.* Con un prólogo por Eugenio Astol. San Juan, P. R., 1922, 192 p. [Ensayos sociales y políticos, crítica literaria y cuatro cuentos de amor.]

Peña, Enrique, S.: *Mis impresiones.* Lo que valen en sí los españoles. Imp. Matías y Cía., Ponce, P. R., 1919, 72 p.

Percy, Fausto: *Opúsculo.* Palabras de aliento y estímulo. Conferencias para estudiantes del curso comercial. Imp. El Día, Ponce, P. R., 1924, 29 p.

Pérez García, M.: *Las gacelas emotivas.* Prólogo de J. Valdejulli Rodríguez. Aguadilla, P. R., 1922, 72 p.

Pérez Losada, José: *Trazos de sombra.* Imp. El Boletín Mercantil, San Juan, P. R., 1904. [Artículos, cuentos, poesías, etc., con un prólogo de M. Fernández Juncos.]

Quiñones, Francisco Mariano: *Artículos.* Tip. El Vapor, Ponce, P. R., 1887, 83 p.

Real, Cristóbal: *La Ominosa España.* Imp. El Boletín Mercantil, San Juan, P. R., 1905, 280 p.

Rechani Agrait, Luis: *Páginas de color de rosa.* D. C. Heath & Co., N. Y., 1928, 132 p.

Reyes, Francisco de Paula: *El demonio de la velocidad.* Tip. Vando, San Juan, P. R., 1923, 100 p.

Riera Palmer, Mariano: *Pensamientos para el pueblo.* Prólogo de Rodulfo H. Gautier. Mayagüez, P. R., 1907, 237 p.

——: *La elección.* Alegoría moral. Imp. El Boletín Mercantil, San Juan, P. R., 1912, 10 p.

Rivas, Nicolás: *En el tráfago.* Tip. La Democracia, San Juan, P. R., 1918.

Rivera, Juan [Juan Vicente Rafael, seud.]: *La enmienda puertorriqueña.* Proyecto de reforma al Almanaque Universal, no al Calendario Gregoriano. Imp. Burset, Humacao, P. R., 1928, 30 p.

Rodríguez, Anatolio: *Hablando a los niños.* San Juan, P. R., 1930, 38 p.

Rodríguez Barril, Alejandro: *Recortes.* Tip. Aurora, Mayagüez, P. R., 1919, 110 p.

Rodríguez, Pastor J.: *Notas de un estudiante puertorriqueño.* Donde se relatan las aventuras de un estudiante pobre en los Estados Unidos. Imp. Cantero, Fernández & Co., San Juan, P. R., 1926, 228 p.

Rodríguez de Tió, Lola: *Trabajos literarios.* Tip. Comercial, Mayagüez, P. R., 1882, 10 p.

Romeral, R.: *Entre broma y vera.* Prosa festiva, San Juan, P. R., s. p. i., 62 p.

ROSA, PEDRO J.: *Crímenes del imperialismo.* Prólogo de F. García Godoy. Casa Ed. Franco-Ibero-Americana, París, 1924, 256 p.

ROSELL Y CARBONEL, A.: *Confidencias y vaticinios de una cotorra borinqueña.* Matanzas [1910], 94 p.

RUIZ GARCÍA, ZOILO: *Al margen de la vida o de todo un poco,* Mayagüez, 1916, 41 p. [Páginas literarias, políticas y de interés general. Tiene un prólogo de Modesto Cordero y un epílogo de José Ortiz Lecodet.]

—— [SEVERO REPÚBLICO, seud.], y FERNÁNDEZ, VICTORIANO M. [LUIS DEL VALLE, seud.]: *Páginas humildes.* Ensayos literarios. Imp. Fernández, Mayagüez, P. R., 1903, 102 p.

SANABRIA RODRÍGUEZ, JUAN; FERNÁNDEZ, NICOLÁS, y BÁEZ, ENRIQUE: *Ensayos literarios.* Con un prólogo de M. Ramírez Ortiz. Imp. La Industria, San Germán, P. R. [1901?], 54 p.

SÁINZ DE LA PEÑA, ENRIQUE: *El hombre ante el Mundo, la Ciencia y la Patria.* Tip. La Primavera, San Juan, P. R., 1915, 64 p. [Artículos.]

SANZ, EMILIO: *Capullos.* Colección de trabajos literarios. Prólogo de M. Riera Palmer. Imp. La Bandera Americana, Mayagüez, P. R., 1917, 155 p.

SUÁREZ, FRANCISCO: *Nuestra réplica.* Tip. Comercial, Mayagüez, P. R., 1892.

TAPIA Y RIVERA, ALEJANDRO: *El bardo del guamaní.* Imp. El Tiempo, Habana, 1862, 591 p. [Contiene artículos, leyendas, poesías, dramas.]

——: *Misceláneas.* Imp. González y Cía., San Juan, P. R., 1880.

TERREFORTE ARROYO, JUAN P.: *Amor.* Tip. La Voz del Pueblo, Aguadilla, P. R., 1896.

TORRES, ALFONSO: *¡Solidaridad!* Imp. Unión Tipográfica, San Juan, P. R., 1905, 43 p.

TORRE, ALFREDO DE LA: *Manchas históricas.* A mis pocos amigos de Puerto Rico. Barbarda-Bridge-Town. Published by R. L. Barnés, 1892, 15 p.

TORRES, JOSÉ G.: *Impresiones.* Primeros ensayos literarios. Imp. El Águila, San Germán, P. R., 1884, 145 p. +.

VARGAS VÉLEZ, LAURENTINO: *Pensamientos.* S. f. y s. p. i. [Caguas, P. R.], 20 p.

——: *Granos de oro.* S. f. y s. p. i. [Caguas, P. R.], 14 p.

VÁZQUEZ ALAYÓN, MANUEL: *Mostaza.* Ensayos críticos. Primera serie. Imp. Sucesión J. J. Acosta, San Juan, P. R., 1893, 55 p. +.

VEGA MORALES, ARTURO: *Colección de artículos publicados en varios periódicos de la Isla.* Imp. El País, San Juan, P. R., 1899, 126 p.

VERA, RAFAEL: *Breve estudio acerca de las letras.* San Germán, P. R., 1880, 6 p.

VICÉNS RODRÍGUEZ, JUAN: *Ecos del alma y de la vida.* Tip. El Eco de Yauco, Yauco, P. R., 1926, 254 p.

VILLARONGA, LUIS: *Alas victoriosas.* Tip. Real Hnos., San Juan, P. R., 1925, 219 p.

WILLIAMS, JUAN: *Hojas de palma.* Colección de artículos enciclopédicos. Imp. El Telégrafo, Ponce, P. R., 1895, 77 p. +.

Colección de buñuelos. Imp. Sucesión J. J. Acosta, San Juan, P. R., 1896, 45 p. [Artículos, cuentos, etc.]

Colorín, colorado. Prohibida su lectura a las mujeres. Por Picio Adán & Co., San Juan, P. R., 1894, 60 p.

Pensamientos. Colección de pensamientos. P. R., s. f., 42 p.

Nota: Otros libros de artículos llevan ordenación temática.

1. ARTÍCULOS DE VIAJES

ALFARO, PABLO: *De Barcelona a Coamo.* Impresiones de viaje. Tip. de González y Cía., San Juan, P. R., 1890, 22 p.

BRAU, SALVADOR: *Puerto Rico en Sevilla.* Conferencia pública en el Ateneo Puertorriqueño. San Juan, P. R., 1896, 31 p.

COMAS, JOSÉ: *El mundo pintoresco.* Resumen general de cuanto más notable se ha publicado sobre viajes, expediciones científicas, aventuras y exploraciones marítimas, etc. Barcelona, 1868.

CORONEL, JUAN: *Un viaje por cuenta del Estado.* Con prólogo de D. Luis Muñoz Rivera. Tip. El Vapor, Ponce, P. R., 1891, 52 p. [Historia del viaje hecho por Francisco Gonzalo Marín, Luis Caballer, Félix Matos Bernier y el autor del folleto, desterrados a Venezuela por asuntos políticos.]

CORTÓN, ANTONIO: *Un viaje a la China.* Madrid, 1908.

——: *La India en fotografías.* Madrid, 1898.

FERNÁNDEZ JUNCOS, MANUEL: *De Puerto Rico a Madrid.* Estudios de viaje. Imp. El Buscapié, San Juan, P. R., 1886, 292 p. Segunda ed.: Imp. de J. González Font, San Juan, P. R., 1887, 125 p. +.

——: *Habana y Nueva York.* Estudios de viaje. Imp. El Buscapié, San Juan, P. R., 1886, 125 p.

FONT, MANUEL: *Recuerdo de Panamá.* Imp. Cantero, Fernández y Cía., San Juan, P. R., 1919, 77 p. [Trabajo en prosa de índole descriptiva; impresiones recogidas por el autor, que servía en el regimiento.]

FRANCESCHI CABALLERO, FRANCISCO, y PÉREZ, VENANCIO: *La odisea del yate Mary.* Imp. Rivadeneyra, Madrid, 1930.

LÁZARO, OBDULIA C. DE: *Algo de todo.* Viajes. Con prólogo de E. Fernández Vanga. Imp. La Correspondencia, San Juan, P. R., 1925, 420 p.

LEVIS, JOSÉ ELÍAS: *Bajo el sol de España: La Semana Santa en Sevilla.* Imp. de Álvarez, Santurce, P. R., 1925, 172 p. Otra ed.: Printing Works, Santurce, P. R., 1926, 174 p.

López Merjeliza, Ignacio: *De mi ruta por América o andanzas de otro manchego.* Tip. de la Revista Española, San Juan, P. R., 1920, 90 p.
——: *De puerto Rico a España.* Impresiones de viajes. Tip. de la revista Vida Española, San Juan, P. R., 1922, 40 p.
Monge, José María: *Viajes por Italia.* Tip. Comercial, Mayagüez, P. R., 1887, 504 p.
Neumann Gandía, Eduardo: *Hojas sueltas.* Viajes por los Estados Unidos de América; la Exposición de París y España, 1879.
——: *Impresiones de viaje por Norte América.* Imp. Dassori, N. Y., 1910, 779 p.
Otero, Tomás J.: *Apuntes de mi tercer viaje a Europa.* Imp. de F. Otero, Humacao, P. R., 1910.
Paniagua, M.: *Ante la catástrofe de Martinica.* Tip. El País, San Juan, P. R., 1903.
Puig y Vals, Rafael: *Viaje a América.* Estados Unidos, Exposición Universal de Chicago, México, Cuba y Puerto Rico, Barcelona, 1894.
Pujals Santana, Joaquín: *La catástrofe del siglo XX.* Los 30.000 muertos del Mont Pelée. Imp. El Correo Dominical, San Juan, P. R., 1929, 323 p. +. [Primera ed.: Tip. Heraldo Español, San Juan, P. R., 1902.]
Regúlez y Sanz del Río, Alberto: *Recuerdos de Marruecos.* Hojas de mi cartera, 1875-1882. Tip. El Comercio, de J. Alfonso & Cía., San Juan, P. R., 1888, 186 p.
Rivero Méndez, Ángel: *Recuerdo de mi visita a Lourdes.* Imp. Rivadeneyra, Madrid, 1922, 40 p.
——: *Toledo.* Descripción histórica de la ciudad y de la Academia militar de la misma. Imp. de la Viuda de Torres, 1885, 120 p.
Rodríguez Castro, José: *Cosas de Haití.* Crónicas satíricas. Tip. El Telégrafo, Ponce, P. R., 1893, 216 p.
Stella Franco, Luis: *Memorias íntimas.* Detalles de un viaje de aventuras. Tip. Brisas del Caribe, Guánica, P. R., 1922, 17 p.

e. — ENSAYOS LITERARIOS

Arce Blanco, Margot: *Garcilaso de la Vega.* Contribución al estudio de la lírica española del siglo XVI. Imp. de la Lib. y Casa Ed. Hernando, Madrid, 1930, 140 p. (Anejo XIII de la Revista de Filología Española. Centro de Estudios Históricos, Madrid.)
Ávila y Lugo, Francisco: *Elogio de una colección de novelas de Alonso Jerónimo de Salas Barbadillo.* Madrid, 1615.
Balseiro, José A.: *El vigía.* Ed. Mundo Latino, Madrid, 1925, vol. 1, 391 p. [Ensayos sobre el poeta y la vida, D Juan, Gautier Benítez, Rubén, Morel Campos, etc.]

Balseiro, José A.: *El vigía.* Ed. Mundo Latino, Madrid, 1928, vol. 2, 401 p. [Ensayos sobre la novela de Unamuno, Ramón Pérez de Ayala y A. Hernández Catá.]

Cortón, Antonio: *Espronceda.* Imp. Particular de La Última Moda. Madrid, 1906, 315 p.

Cuevas Zequeira, Sergio: *El Quijote y el Examen de Ingenios.* Tip. Moderna, Habana, 1923, 20 p.

——: *Miguel Zequeira y Arango y los albores de la literatura cubana.* Apuntes para un ensayo histórico-crítico. Tip. Moderna, Habana, 1923, 50 p.

Fernández Juncos, Manuel: *The Vision of Sir Launfal.* Escrita en colaboración con Miss Mary E. Beckwith. Estudio crítico precedido de biografía y juicio, acerca de James Russel. The Grafton Press, N. Y., 1905.

Flores, Ángel: *Lope de Vega, Monster of Nature.* Brentano, N. Y., 1930, 214 p.

——: *Spanish Literature in English Translation.* A Bibliographical Syllabus. With an introduction by E. Everett Hale, Jr. The H. W. Wilson Co., N. Y., 1926, 82 p.

Guerra Mondragón, Miguel: *Oscar Wilde.* Estudios y traducciones. Tip. Compañía Ed. Antillana, San Juan, P. R., 1914, 110 p.

Hostos, Eugenio María de: *Hamlet.* Ensayo. Prólogo de Antonio S. Pedreira. Imp. El Correo Dominical, San Juan, P. R., 1929, 118 p. (Sociedad Eugenio María de Hostos, Universidad de Puerto Rico.)

Lefebre, Enrique: *Paisajes mentales.* Imp. Cantero, Fernández y Cía., San Juan, P. R., 1918, 254 p. +. [Estudios críticos, impresiones de arte, personalidades políticas.]

Martínez Dávila, Manuel A.: *Lo azul en el arte.* Ed. Poliedro, San Juan, P. R., 1929, 158 p.

Meléndez, Concha: *Amado Nervo.* Estudio. Instituto de las Españas, N. Y., 1926, 85 p. [V. Tild, J.: *Concha Meléndez, Amado Nervo.* Revue de l'Amérique Latine, Paris, 1927, XIV-254-255. Entwistle, W. J.: *Concha Meléndez, Amado Nervo.* Bulletin of Spanish Studies-Liverpool, 1927.]

Meléndez Muñoz, Miguel: *Retazos.* Ensayos. Imp. El Boletín Mercantil, San Juan, P. R., 1905, 258 p.

Miller, Paul G., and Padín, José: *Cervantes-Shakespeare.* Tercentenary, 1616-1916. Neg. Mat. Imp., San Juan, P. R., 1916, 126 p. [Trabajos en prosa y verso. En español y en inglés.]

Pedreira, Antonio S.: *Aristas.* Ensayos. Lib. y Ed. Campos, San Juan, P. R., 1930, 273 p.

Perea, Juan Augusto, y Perea, Salvador: *Horacio en Puerto Rico.* Índice. (Mensuario de Cultura.) San Juan, P. R., vol. 1: 305, 317 y 393.

Quiñones, Francisco Mariano: *Emilia Pardo Bazán.* San Germán, P. R., 1889, 30 p.

RAMÍREZ DE ARELLANO, RAFAEL W.: *Programa de Historia Literaria española.* Imp. Cantero, Fernández y Cía., San Juan, P. R., 1923, 59 p.

RAMÍREZ SANTIBÁÑEZ, JOSÉ: *Aventando cenizas.* Estudio comparativo entre el Ordenamiento de León de 1188 y la gran Carta Inglesa, 1215. Imp. Cantero, Fernández y Cía., San Juan, P. R., 1922, 147 p. +.

TAPIA Y RIVERA, ALEJANDRO: *Conferencia sobre Estética y Literatura.* Imp. González, San Juan, P. R., 1881, 311 p. [Pronunciada en el Ateneo de Puerto Rico.]

VÁZQUEZ ARJONA, CARLOS: *Cotejo histórico de cinco Episodios Nacionales de Benito Pérez Galdós.* University of Minesota, 1925, 334 p.

——: *Elemento autobiográfico e ideológico en el teatro de Alarcón.* Extracto de la Revue Hispanique, Paris, 1928, vol. 73.

VILLARONGA, LUIS: *Azorín.* Su obra. Su espíritu. Imp. Espasa-Calpe, Madrid, 1931, 205 p.

Véase la sección anterior y las tres que siguen.

f. — ENSAYOS FILOSÓFICOS

CUEVAS ZEQUEIRA, SERGIO: *El Padre Varela.* Contribución a la Historia de la Filosofía en Cuba. Tip. Moderna, Habana, 1923, 27 p.

GÁLVEZ OTERO, JULIO: *Estudios filosóficos acerca de Sócrates, Jesús y Kardec.* Tip. Real Hnos., San Juan, P. R., s. f., 63 p.

LÓPEZ LANDRÓN, RAFAEL: *La ciencia y el arte de la Filosofía.* Imp. Cantero, Fernández y Cía., San Juan, P. R., 1915, 77 p.

PAGÁN, VICENTE: *Apuntes sobre la Civilización o ligero estudio sobre la misma.* En *Estudios literarios premiados en el certamen del Círculo de Recreo de San Germán, celebrado el día 19 de diciembre de 1880.* Tip. de González, P. R., 1881, p. 15.

ROMEU Y AGUAYO, DOMINGO: *Reseña histórica de los errores y extravíos del filosofismo, así antiguo como moderno, acerca del origen del Universo.* Imp. El Boletín Mercantil, San Juan, P. R., 1884, 49 p.

SOTO, JUAN B.: *Concepto filosófico de independencia nacional.* En *Conferencias Dominicales dadas en la Biblioteca Insular.* Bur. Supp. Prtg., 1914, vol. 2, p. 208.

——: *Interpretaciones filosóficas.* Tip. El Progreso, Bayamón, P. R., 1916, 110 p.

——: *Estudio de Filosofía Política.* Conferencia en la Biblioteca Carnegie sobre la Independencia. Rev. Ant., año II, núm. 6, p. 74.

——: *Estudios políticos y jurídicos.* Neg. Mat. Imp., San Juan, P. R., 1923, 155 p. [Sobre el Derecho en la Filosofía, orientaciones contemporáneas del pensamiento político y jurídico en Francia y Alemania, etc.]

——: *Reflexiones filosóficas.* P. R., 1916

SOTO, JUAN B.: *Interpretaciones filosóficas.* Tip. El Progreso, Bayamón, P. R., 1916, 110 p.

——: *Filosofía de la Historia o pensamientos sobre la Historia.* Su ley y su causa. Con una carta de José de Diego. Aguadilla, P. R., 1912, 57 p.

g. — ESTUDIOS BIOGRÁFICOS DE EXTRANJEROS

ACOSTA, JOSÉ JULIÁN: *Estudios históricos: Alejandro Farnesio.* Imp. Meltz, San Juan, P. R., 1887, 50 p

——: *Nueva colección de artículos.* Imp. Acosta, San Juan, P. R., 1870, 56 p. [Sobre Hugo, Toussaint L'Ouverture, etc.]

——: *La carta del obispo de Orleáns, monseñor Dupanloup.* San Juan, P. R., 1870, 5 p.

——: *La carta de Víctor Hugo a los alemanes.* San Juan, P. R., 1870, 11 p. [Es un elogio del gran poeta.]

——: *Toussaint L'Ouverture, juzgado por mister Wendell Phillips.* Madrid, 1870, 4 p.

——: *Estudios históricos: El Padre Didón y su libro Los alemanes y la Francia.* Imp. Acosta, San Juan, P. R., 1885, 50 p.

ARRILLAGA ROQUÉ, JUAN: *El general Castro.* Imp. Industrial, Méjico, 1905, 40 p.

BETANCES, RAMÓN EMETERIO (traductor): *Discours sur Toussaint L'Ouverture pour Wendell Phillips.* Imp. Hispano-Américaine, Paris, 1879, 70 p. [Con un prefacio de Betances.]

——: *Ensayo sobre Alejandro Petion.* Estudio sobre Petion, llamado el «Washington haitiano.» Imp. M. M. Zarzamendi, N. Y., 1871, 24 p.

CABRERA, GUSTAVO [UN PUERTORRIQUEÑO, seud.] *Discurso de Wendell Phillips sobre Toussaint L'Ouverture.* Madrid, 1870.

COLÓN Y COLÓN, ISIDORO: *Biografía de Cristóbal Colón.* Imp. El Telégrafo, Ponce, P. R., 1893, 35 p.

——: *Biografía de Simón Bolívar.* Tip. El Telégrafo, Ponce, P. R., 1894, 73 p. [V. Colón, Isidoro: *Biografía de Bolívar,* en Matos Bernier, F.: *Isla de Arte.* P. R., 1907, p. 21.]

CORCHADO, MANUEL, y FELIÚ, JOSÉ: *Abraham Lincoln.* Estudio biográfico. Imp. de los Hijos de Domenech, Barcelona, 1868, 94 p.

CORTÓN, ANTONIO: *Espronceda.* Madrid, 1906, 315 p. (Biblioteca de Autores Célebres.)

——: *Biografía de Toussaint L'Ouverture.* Madrid, 1879.

DALMAU CANET, SEBASTIÁN: *Emilio Zola.* Boceto literario. Imp. El Progreso, Mayagüez, P. R., 1903, 142 p.

——: *La República en España.* (Castelar.) Imp. El Boletín Mercantil, San Juan, P. R., 1907, 329 p.

HERNÁNDEZ LÓPEZ, JUAN: *Jorge Washington.* Tip. F. J. Marxuach, San Juan, P. R., 1900, 24 p.

HOSTOS, EUGENIO MARÍA DE: *Plácido.* Estudio crítico. Santiago de Chile, 1872. [Se incluye en *Meditando,* 1908, p. 95.]

——: *Tres Presidentes y tres Repúblicas.* Estudio de Sociología americana, N. Y., 1874.

——: *Francisco V. Aguilera.* Boceto patriótico, Caracas, 1876.

JESÚS DOMÍNGUEZ, JOSÉ DE: *Juan Guttenberg.* Imp. de Martín Fernández, Mayagüez, P. R., 1882, 34 p.

MATOS BERNIER, FÉLIX: *Bolívar.* Estudio biográfico, 1893, 16 p.

MEDINA, ADOLFO: *Castelar.* Homenaje al gran tribuno en su undécimo aniversario. Tip. El Progreso, Bayamón, P. R. [1911], 71 p.

NEGRONI NIGAGLIONI, F.: *Peral.* Homenaje de admiración al ilustre inventor del submarino, D. Isaac Peral. Imp. El Comercio, Yauco, P. R., 1890, 18 p.

QUIÑONES, JOSÉ MARCIAL: *Víctor Hugo.* Imp. El Águila, San Germán, P. R., 1884, 21 p.

RODRÍGUEZ, PABLO E.: *Traducción de retratos y siluetas del siglo XIX: Balzac,* por Mirecourt. Tip. González, San Juan, P. R., 1877, 67 p.

SAMALEA IGLESIAS, LUIS: *Washington, masón.* Elogio biográfico. Tip. de Quintín Negrón Sanjurjo, Ponce, P. R., 1903, 13 p.

STAHL, AGUSTÍN (traductor): *La enfermedad de Federico III, emperador de Alemania; informes oficiales publicados en la Gaceta de Colonia.* Traducida al castellano por el Dr. ——. San Juan, P. R., 1888, 141 p.

VALLE, RAFAEL DEL: *Maceo.* Club Betances. Imp. Sucesión J. J. Acosta, San Juan, P. R., 1899, 12 p.

VIZCARRONDO, JULIO L.: *Carta a Víctor Hugo y contestación.* B. H. P. R., 1919, vol. 6: 200.

Véanse *Ensayos literarios* y la sección que sigue.

h. — DISCURSOS Y CONFERENCIAS

ACOSTA, JOSÉ JULIÁN: *Discurso en elogio de Cervantes.* Imp. Acosta, San Juan, P. R., 1880, 8 p.

——: *Discurso: Centenario de Calderón.* Pronunciado en el Ateneo de Puerto Rico. Imp. Acosta, San Juan, P. R., 1881, 8 p.

——: *Discurso... en el Ateneo el 2 de septiembre de 1883,* San Juan, P. R., 1883, 9 p. [V. B. H. P. R., 1924, vol. 11: 25.]

——: *Discurso pronunciado en la velada celebrada en el Teatro de Arecibo, en auxilio del Hospital de la Monserrate.* Imp. Acosta, San Juan, P. R., 1891.

Acosta, José Julián: *Conferencias pronunciadas en el Ateneo de Puerto Rico sobre la marcha progresiva de la Humanidad en el conocimiento de la superficie terrestre.* Imp. Acosta, San Juan, P. R., 1879, 61 p.

——: *Conferencias sobre el antiguo Egipto.* Folleto que contiene las conferencias en el Ateneo de San Juan de Puerto Rico, en las noches del 15 y 16 de mayo de 1879. Imp. Acosta, San Juan, P. R., 1879.

——: *En el cementerio.* Discurso. Imp. Acosta, San Juan, P. R., 1869.

——: *Discurso.* Velada de las provincias andaluzas. San Juan, P. R., 1885, 7 p

Agustí y Milá, Jaime: *Oración fúnebre del Excmo. e Ilmo. Sr. Obispo a Fr. Pablo Benigno Carrión, de Málaga.* Madrid, 1872, 30 p.

Alfonso, Osvaldo: *Discurso. Sobre la ilustración y el progreso.* Imp. González, Arecibo, P. R., 1883, 12 p.

——: *Discurso: 18 de noviembre de 1883.* Utuado, P. R., 1883, 6 p.

Braschi, Mario: *Influencia y triunfos de la Literatura.* Discurso en la celebración del cuarto aniversario de la fundación del Casino de Ponce. Tip. El Vapor, Ponce, P. R., 1880, 24 p.

Carbonell, Salvador: *Conferencias. Sobre las víctimas de la Ciencia.* Tip. La Prensa, Mayagüez, P. R., 1881, 15 p.

Centeno, Manuel Asensio: *El ósculo de la fraternidad.* Discurso. San Germán, P. R., s. f., 5 p.

Coll y Cuchí, José, y Diego, José de: *Discursos pronunciados en Santo Domingo con motivo del Día de la Raza.* Imp. Montalvo, Santo Domingo, 1924, 42 p.

Coll y Cuchí, José: *Conferencia pronunciada en la Universidad de Columbia de Nueva York en 1 de febrero de 1928.* Tema: Orientación política de América. De Laisne and Rossboro, Inc., N. Y. [1928], 32 p.

Cuevas Zequeira, Sergio: *Carlos M. de Céspedes.* Discurso... en el Ateneo. Tip. Moderna, Habana, 1923, 18 p.

——: *La función histórica de España en la Edad Media.* Discurso en el Centro Asturiano de la Habana. Imp. Graphical Arts, Habana, 1924, 24 p.

——: *Discurso pronunciado en el Centre Catalá con motivo del 203er aniversario de la pérdida de las libertades catalanas.* Imp. Graphical Arts, Habana, 1924, 16 p.

——: *Discurso leído en la recepción pública del Dr. Salvador Salazar... Academia de la Historia.* Tip. Moderna, Habana, 1923, 12 p.

——: *Discurso pronunciado... en la Universidad de la Habana, confiriendo al Dr. Enrique José Varona el título de catedrático honorario...* Tip. Moderna, Habana, 1923, 15 p.

——: *Discurso pronunciado en la velada del Club Femenino...* Tip. Moderna, Habana, 1923, 10 p.

——: *Discurso leído en... la Academia de la Historia... por el acade[illegible] de número* ——. Tip. Moderna, Habana, 1922, 11 p.

DESCHAMPS, EUGENIO: *Ecos tribunicios.* Imp. El Boletín Mercantil, San Juan, P. R., 1902.

DIEGO, JOSÉ DE: *Conferencia... en la Casa de América.* Barcelona, 1916, 33 p.

—— : *Conferencia.* Tip. C. Pujals, San Juan, P. R., 1917, 31 p.

ELZABURO, MANUEL: *El sentimiento de nacionalidad.* Discurso. Imp. El Clamor, San Juan, P. R., 1889.

—— : *Una relación de la Historia con la Literatura.* Discurso leído en el Ateneo Puertorriqueño por su presidente, D. ——, el 20 de febrero de 1888, con motivo de un certamen celebrado sobre un bosquejo crítico de las primeras manifestaciones literarias de la provincia de Puerto Rico. Imp. de J. González Font, San Juan, P. R., 1888, 18 p.

FERRER HERNÁNDEZ, GABRIEL: *La cooperación como elemento de progreso.* Discurso pronunciado en el Ateneo Puertorriqueño el día 24 de noviembre de 1881, repetido en el Círculo Calderón el 23 de diciembre de 1881. Imp. El Agente, San Juan, P. R., 1881, 27 p.

GARCÍA SALGADO, MANUEL: *Discurso.* P. R., 1882, 13 p.

HOSTOS, EUGENIO MARÍA DE: *La enseñanza científica de la mujer.* Conferencias. Santiago de Chile, 1872.

HUYKE, JUAN B.: *Conferencia.* Dicha en el Colegio de Leyes en 27 de abril de 1923. Imp. La Correspondencia, San Juan, P. R., 1923, 16 p.

LARA Y CÁRDENAS, MANUEL: *Discurso.* P. R., 1859, 17 p. y 5 hojas plegadas.

MARTÍNEZ ROSELLÓ, MANUEL: *Conferencia celebrada en el taller benéfico de Patillas.* Tip El Vapor, Ponce, P. R., 1894, 21 p.

MEDINA GONZÁLEZ, ADOLFO: *Fragmentos del discurso pronunciado por ——, en el teatro de Mayagüez, en la noche del 17 de junio de 1913.* Tip. National Printing Co., Mayagüez, P. R., 7 p.

MORALES CABRERA, PABLO: *El libertador Simón Bolívar.* Conferencia. San Juan, P. R., 1922, 38 p.

OSUNA, JUAN J.: *Discurso pronunciado por el Dr. ——, en la noche de graduación del cuarto año de la Escuela Superior de Aguadilla.* Tip. La Libertad, Aguadilla, P. R., 1929.

PEÑARANDA, CARLOS: *Discurso en elogio de Cervantes.* Tip. González y Cía., San Juan, P. R., 1880, 36 p.

PORRATA, LUIS: *Conferencias pronunciadas en el Gabinete de Lectura Ponceño.* La Geología; Edad de piedra, bronce y de hierro; el Renacimiento. Tip. La Civilización, Ponce, P. R., 1879, 34 p.

Conferencias Dominicales dadas en la Biblioteca Insular de Puerto Rico. Bur. Supp. Prtg., 2 vols., 1913-1914.

Discursos pronunciados en Santo Domingo con motivo del Día de la Raza, por José de Diego, 1915, y José Coll y Cuchí, 1923. Tercera ed., N. Y., 1928, 42 p.

Funerales de Víctor Hugo. Discursos pronunciados en la ceremonia. Obsequio a los suscriptores de El Clamor del País. Imp. El Agente, San Juan, P. R.

Palabras de aliento y estímulo. Conferencias dedicadas a los estudiantes del Colegio Percy. Imp. El Día, Ponce, P. R., 1924, 30 p.

Nota: Otros discursos y conferencias llevan ordenación temática. Véanse, por ejemplo, *Ateneo Puertorriqueño* y *Real Audiencia.*

i.—OBRAS LITERARIAS EXTRANJERAS INSPIRADAS EN PUERTO RICO

Blythe, Marion: *An American Bride in Porto Rico.* Letters of a Missionary to her mother. Life in Porto Rico, 1905-1908. Femeng H Revell Co., N. Y., 1911, 205 p.

Clark Waid, Eva: *From Plaza, Patio and Palm.* A book of borrowings. Council of Women for Home Missions, N. Y., 1916, 91 p.

Duggan, Jaime Pritchard: *Child of the Sea.* A Chronicle of Porto Rico. Am. Bapt., 1920.

——: *Isle of Eden.* A Story of Porto Rico. Am. Bapt., 1912

Frescau, A.: *Theresa at Porto Rico.* A tale of the Insurrection of 1791. Chicago, 1889.

Haeselbarth, Adam C.: *Patty of the Palms.* A Story of Porto Rico. The Kenny Pub. Co., N. Y., 1907, 324 p.

Kneipple de Van Deusen, Elizabeth: *Tales of Borinquen.* Silver Burdett & Co., N. Y., 1928, 294 p. [Cuentos y leyendas.]

——: *Tropical Tales.* Silver Burdett & Co., N. Y., 1929, 240 p.

——: *Stories of Porto Rico.* Silver Burdett & Co., 1926, 245 p. Nueva ed.: Rand Mc Nally and Co., N. Y., 1928, 245 p. [Cuentos.]

——: *Picturesque Porto Rico.* Silver Burdett & Co., N. Y., 1927, 291 p. Nueva ed.: Rand Mc Nally and Co., N. Y., 1928, 291 p.

Llaverías, Federico: *Puerto Rico y Santo Domingo.* Monólogo. Imp. La Competencia, Santo Domingo, 1919, 11 p.

Miller, Lewis: *The Haunted Sentry Box of Porto Rico.* The Knickerbocker Press, N. Y., 1916, 11 p.

Ober, F. A.: *First Fourth.* St. Nicholas, N. Y., July, 1900, vol. 27: 795.

Palacio, Manuel del: *Desengaños de la vida.* [Poesías referentes a Puerto Rico y sus contestaciones.] Imp. Catalana, de Obradors y Sulé, Barcelona, 1874, 36 p. [V. en *Obras poéticas,* Padilla, J. Gualberto: *Para un Palacio, un Caribe.*]

Santos Chocano, José: *Puerto Rico lírico y otros poemas.* Prólogo de Luis Lloréns Torres. San Juan, P. R., 136 p.

SINGLETOWNIR: *A description of the West Indies.* A Poem in four books. London, 1776.

STEVENS, CECIL E.: *Night Thoughts of Columbus.* Porto Rico Progress, San Juan, P. R., 1927, 56 p.

——: *Poemas de la Palma Real.* Porto Rico Progress, San Juan, P. R., 1926, 62 p. [En inglés.]

WARBURTON LEWIS, GEORGE: *Songs of Tropical Trails.* Poems. Dorrange and Co., Publishers [1928], 78 p.

C. — FOLKLORE

a. — LITERATURA FOLKLORICA

CRUZ MONCLOVA, LIDIO: *Folk-lore portorriqueño.* Introducción a su estudio. P. R. I., 24 de junio de 1922, núm. 643.

ESPINOSA, AURELIO M.: *Romances de Puerto Rico.* Revue Hispanique, Paris, agosto de 1918, vol. 43: 309. [Hay ed. aparte: Bailly Ballière, Barcelona, 1918, 56 p.]

LUCE, ALLENA: *Canciones populares.* Canciones de Puerto Rico. Silver Burdett and Co., N. Y., 1921.

MARTÍNEZ ÁLVAREZ, ANTONIO: *Del cantar callejero.* P. R. I., 12 de enero de 1929, núm. 984.

MASON, J. A.: *Porto Rican folk-lore: Riddles.* Edited by Aurelio M. Espinosa. Journal of American Folk-lore, N. Y., Oct.-Dec. 1916, vol. 29: 423.

——: *Porto Rican folk-lore: Décimas, Christmas Carols, Nursery, Rhymes and other popular songs.* Edited by Aurelio M. Espinosa. Journal of American Folk-lore, N. Y., July-Sept. 1918, vol. 31: 289.

——: *Porto Rican Folk-lore. Folk-tales.* Edited by Aurelio M. Espinosa. Journal of American Folk-lore, N. Y., April-June 1921, vol. 34: 143-208.

——, and ESPINOSA, AURELIO M.: *Porto Rican Folk-lore, Folk-tales.* Pt. 1, Cuentos picarescos. Reprinted from the Journal of American. N. Y., Jan.-March 1922, vol. 35: 1-61.

——: *Porto Rican Folk-lore.* II: Edited by Aurelio M. Espinosa. Journal of American Folk-lore, N. Y., July 1924, vol. 37: 247.

——: *Porto Rican Folk-lore. Folk-tales.* III: Cuentos de encantamiento (continuación). Edited by Aurelio M. Espinosa. Journal of American Folk-lore, N. Y., July-Sept. 1926, vol. 39: 227-369.

OLIVIERI, ULISES: *Cantos populares de Puerto Rico.* Tip. El Movimiento, Yauco, P. R., 1882, 20 p. [Refiere un paseo al campo e intercala algunos cantares jíbaros.]

Prieto y Richards, Abelardo: *Cancionero popular*. Colección de canciones y guarachas populares. Tip. La Correspondencia, San Juan, P. R., 1893, 236 p.

Ramírez de Arellano, Rafael [W.]: *Folk-lore puertorriqueño*. Cuentos y adivinanzas recogidos de la tradición oral. Madrid, 1928, 290 p. (Junta para Ampliación de Estudios. Centro de Estudios Históricos, Madrid.)

Spanish Romances from Porto Rico. Journal of American Folk-lore. N. Y., Jan. 1920, vol. 33: 76.

b. — TIPOS Y COSTUMBRES

Abbad Lasierra, Fray Iñigo: *Usos y costumbres de los habitantes de esta Isla*. En *Historia Geográfica, Civil y Natural de San Juan Bautista de Puerto Rico*. (Anotada por José Julián Acosta.) Imp. Acosta, San Juan, P. R., 1866, cap. XXXI.

Angelis, Pedro de: *Recuerdos y tradiciones*. Tip. Heraldo Español, San Juan, P. R., 1905, 26 p.

Arana, Domingo: *Noticias y datos de los tiempos pasados y presentes*. P. R., 1919, 73 p.

Arrillaga Roqué, Juan: *Memorias de antaño*. Páginas históricas. Imp. El Águila, Ponce, P. R., 1910, 186.

Daubón, José Antonio: *Cosas de Puerto Rico*. Primera serie. Tip. La Correspondencia, San Juan, P. R., 1904, 268 p. Segunda serie. Imp. El Boletín Mercantil, San Juan, P. R., 1905, 268 p. [V. Daubón, José A.: *Cosas de Puerto Rico,* en Matos Bernier, F.: *Isla de Arte*. P. R., 1907, p. 126.]

Fernández Juncos, Manuel: *Los vendedores ambulantes*. Tipos italoborinqueños. (1) El hojalatero. (2) El vendedor de santos. Las Antillas, Habana, abril de 1920, año I, vol. 1, núm. 1: 74.

——: *Costumbres y tradiciones*. Imp. Bellas Letras, San Juan, P. R., 1883, 132 p. [Estos cuadros constituyen la parte cómica, humorística, de las costumbres grotescas de Puerto Rico.]

——: *Tipos y caracteres*. Galería Puertorriqueña. Biblioteca de El Buscapié, San Juan, P. R., 1882, VIII-183 p. (Tercera ed.: Imp. El Buscapié, San Juan, P. R., 1893, 254 p.)

——: *Varias cosas*. Colección de artículos, narraciones, sátiras y juicios literarios. Imp. Bellas Letras, San Juan, P. R., 1884, 232 p. +.

Giménez Llano, J.: *Siluetas callejeras. Antaño y ogaño*. Tip. La Democracia, San Juan, P. R., 1923, 48 p.

Gómez Quintero, Lorenzo: *Recuerdos de ayer*. Costumbres puertorriqueñas. En González Font, José: *Escritos sobre Puerto Rico*. Barcelona, 1903, p. 107.

LEFEBRE, ENRIQUE: *Reminiscencias. Serenatas nocturnas.* En *Paisajes mentales.* San Juan, P. R., 1918, p. 93.

MELÉNDEZ MUÑOZ, MIGUEL: *Gente conocida:* El picapleitos. Capítulo de mi libro *Gente conocida.* P. R. I., 8 de junio de 1912, núm. 119.

——: *Tipos cómicos: El orador.* P. R. I., 12 de junio de 1910, núm. 19.

——: *Tipos cómicos: El hombre ilustrado.* P. R. I., 16 de junio de 1910, núm. 20.

ORMAECHEA, FERNANDO: *Poupurrit de aires puertorriqueños.* Tipos, costumbres, impresiones, aventuras y desventuras. Imp. El Agente, San Juan, P. R., 1884, 220 p.

RODRÍGUEZ PASTOR, JOSÉ: *Tipos del país.* P. R. I., 20 de agosto de 1927, núm. 911.

Costumbres. El Fomento de Puerto Rico. (Rev. quincenal.) San Juan, P. R., 1864, vol. 2: 86.

[*Tradiciones y costumbres.*] En *El Libro de Puerto Rico,* 1923, cap. XI.

Véase *Los habitantes.*

c. — FIESTAS POPULARES

ADAMS, T. S.: *Independence Day in Porto Rico.* The Nation, N. Y., July 18, 1901, vol. 73: 46.

ASENJO, FEDERICO: *Las fiestas de San Juan.* Reseña histórica de lo que han sido y de lo que son, y relación verídica de las que se celebran este año de 1868. Imp. del Comercio, San Juan, P. R., 1868, 190 p.

BONAFOUX, LUIS: *El Carnaval en las Antillas,* en *Ultramarinos.* Madrid, 1882, p. 1-8.

BRAU, SALVADOR: *Un bautizo.* Recuerdos históricos. P. R. I., 8 de octubre de 1911, núm. 84. [V. también P. R. I., 15 de octubre de 1911, núm. 85; 22 de octubre de 1911, núm. 86.]

DAUBÓN, JOSÉ A.: *El día de San Juan,* en *Cosas de Puerto Rico.* Primera serie. San Juan, P. R., 1904, p. 83.

——: *El día de San Pedro,* en *Cosas de Puerto Rico.* Primera serie. San Juan, P. R., 1904, p. 98.

——: *El día de Santiago,* en *Cosas de Puerto Rico.* Primera serie. San Juan, P. R., 1904, p. 43.

——: *Las fiestas de San Miguel,* en *Cosas de Puerto Rico.* Primera serie. San Juan, P. R., 1904, p. 20.

——: *Una trulla,* en *Cosas de Puerto Rico.* Primera serie. San Juan, P. R., 1904, p. 11.

——: *Un Carnaval en Ballajá,* en *Cosas de Puerto Rico.* Primera serie. San Juan, P. R., 1904, p. 56.

DAUBÓN, JOSÉ A.: *Un baile de máscaras,* en *Cosas de Puerto Rico.* Primera serie. San Juan, P. R., 1904, p. 68.

FERNÁNDEZ JUNCOS, MANUEL: *La Noche Buena de los niños.* P. R. I., 24 de diciembre de 1920, núm. 565.

GIL DE PRANN, JOSEFINA: *Typical Christmas Customs in Puerto Rico.* Imp. El Correo Dominical, San Juan, P. R, 1929, 40 p. [Aparece firmada con J. G. P.]

IVES, L. H.: *Easter Cycle jaunt in Porto Rico.* Outing, N. Y., April, 1900, vol. 36: 45.

KINGSLEY, CHAS: *At Last, A Christmas in the West Indies.* London, 1896.

MARÍN, RAMÓN: *Las fiestas populares de Ponce.* Crónica sucinta de las fiestas de la Virgen de Guadalupe en 1875. Tip. El Vapor, Ponce, P. R., 1875, 72 p.

MATAMBA Y MOSTAZA (seud.): *Las fiestas de Reyes.* Costumbres puertorriqueñas. Tip. de la Viuda de González, San Juan, P. R., 1896, 19 p.

MELÉNDEZ MUÑOZ, MIGUEL: *De vita et moribus.* La ilusión de los Reyes Magos. P. R. I., 10 de febrero de 1917, núm. 363.

MILLER, PAUL G.: *Christmas in Porto Rico.* Overland Monthly. San Francisco, Dec. 1902, vol. 40: 523.

PUENTE ACOSTA, LORENZO: *Álbum poético.* Descripción en verso de las fiestas de San Juan de Puerto Rico, en el año 1868. Imp. de la Excma. Audiencia, San Juan, P. R., 1868, 62 p. [Termina con un artículo y una poesía contra el general Palacios y unas quintillas de éste, antes de salir de Puerto Rico.]

VÁZQUEZ ALAYÓN, MANUEL, y GONZÁLEZ JIMÉNEZ, RAMÓN: *La fiesta de Reyes.* Costumbres puertorriqueñas. Imp. de J. González Font, San Juan, P. R., 1896, 80 p.

Descripción de las fiestas reales que celebró la ciudad de Puerto Rico con motivo del natalicio del Príncipe de Asturias, D. Alfonso. P. R., 1858, 80 p.

Descripción de las fiestas y regocijos públicos con que la ciudad de Puerto Rico ha celebrado el juramento prestado a S. M. la Reina de las Españas, D.ª Isabel II, declarada mayor de edad por las Cortes del Reino. Imp. Gimbernat, San Juan, P. R., 1844, 24 p.

Crónica de San Juan, o sea descripción de las fiestas con que la ciudad de Puerto Rico ha celebrado su Santo Patrono en el año 1864. Imp. del Comercio, San Juan, P. R., 1864, 54 p. [Comprende desde el día 1.° al 24 de junio inclusives, y contiene la colección completa de todos los versos publicados en ese transcurso.]

Fiestas de San Juan. Consulta del presidente del Comité de Festejos al historiador de Puerto Rico, y contestación de éste. B. H. P. R., 1923, vol. 10: 217.

Las fiestas reales en San Juan. The Puerto Rico Herald, N. Y., 4 de enero de 1902, vol. 1, N° 26.

Programa de las fiestas en honor de San Mateo, patrón de Santurce, en septiembre de 1901. Imp. Sucesión J. J. Acosta, San Juan, P. R. [1901?], 11 p.

Programa de las grandes fiestas populares en honor a Nuestra Señora del Rosario, los días 1, 2, 3, 4, 5, 6, 7 y 8 de octubre en la ciudad de Yauco. Yauco Printing Co., Yauco, P. R., 1922, 16 p.

Relación verídica en la que se da noticia de lo acaecido en esta Isla de Puerto Rico a fines del año de 1745 y principios de 1746 con motivo de llorar la muerte del rey Felipe V y celebrar la exaltación a la corona de Fernando VI. B. H. P. R , 1918, vol. 5 : 148.

Relación de las fiestas públicas verificadas en esta capital con el plausible motivo de la jura de nuestra amada soberana D.ª María Isabel II. Pub. por la Oficina del Gobierno, a cargo de D. Valeriano Sanmillán. San Juan, P. R., 1834, 54 p.

Relación de las fiestas que en la proclamación del Sr. Rey D. Carlos IV ha celebrado la ciudad de San Juan de Puerto Rico en los días 17, 18, 19 y siguientes hasta el 28 de octubre de 1789. Madrid, 1790.

1. CARRERAS DE CABALLOS

Bando sobre carreras de caballos en los días de San Juan y San Pedro en 1838. B. H. P. R., 1916, vol. 3 : 294.

Bando del gobernador Lemerye Ibarrola. Sobre las carreras de caballos. B. H. P. R., 1919, vol. 6 : 245.

Bando del gobernador Pezuela prohibiendo las carreras de caballos dentro de las poblaciones. [1849.] B. H. P. R., 1918, vol. 5 : 146.

Bando del gobernador García Comba. Restableciendo las carreras de caballos suprimidas por Pezuela en 1849. B. H. P. R., 1919, vol. 6: 242.

2. RIÑA DE GALLOS

Dinwiddie, W.: *Cock-fighting in Porto Rico.* Harper's Weekly, N. Y., 3 de diciembre de 1898, vol. 42 : 1174.

——: *Cock-fighting in Porto Rico.* En *Puerto Rico. Its Conditions and Possibilities.* Harper Bros., N. Y., 1899, chap. XVI.

Fernández Juncos, Manuel: *El gallero.* Cuadro de costumbres. En González Font, José: *Escritos sobre Puerto Rico,* Barcelona, 1903, p. 27.

Lefebre, Enrique: *Las riñas de gallos,* en *Paisajes mentales.* San Juan, P. R., 1918, p. 99.

Valle Atiles, Francisco del: *La gallo-maquia.* P. R. I., 20 de octubre de 1917, núm. 399.

Reglamento de galleras, en 1825. B. H. P. R., 1916, vol. 3 : 296.

ch. — LEYENDAS Y TRADICIONES

Alcázar Hernández, José [Pancho Valiente, seud.]: *Laborantes y cipayos.* Narraciones antillanas. Mayagüez, P. R., 1891.

Angelis, Pedro de: *Recuerdos y tradiciones.* Tip. Heraldo Español, San Juan, P. R., 1905, 26 p.

——: *La peregrinación a Hormigueros.* Tradición. Tip. Heraldo Español, San Juan, P. R., 1904, 28 p.

Asenjo, Conrado: *Florecimiento.* Leyendas y ensayos literarios. Imp. El Alba, San Juan, P. R., 1908, 95 p.

Asenjo, Federico: *El Cristo de los Ponce.* Tradición. La Azucena (Rev.), San Juan, P. R., 31 de diciembre de 1875, núm. 34.

Betances, Ramón Emeterio: *La Vierge de Borinquen.* Imp. E. Thunat et Cie., Paris, 1859, 13 p. [Fantasía en francés sobre Puerto Rico.]

Brau, Salvador: *El fantasma del puente.* Leyenda cabo-rojeña. Tip. La Azucena, San Juan, P. R., 20 p.

Brisson, J. E.: *Juan el esclavo.* Narración histórica. Mayagüez, P. R., 1917, 38 p.

Coll y Toste, Cayetano: *Leyendas puertorriqueñas.* Prólogo de Carlos N. Carreras. Ed. Puerto Rico Ilustrado, San Juan, P. R., 1924, v-182 p. Vol. 2: Santurce Printing Works, P. R., 1924, 182 p. Vol. 3: Proemio de M. Guzmán Rodríguez, Imp. Cantero, Fernández y Cía., San Juan, P. R., 1925, 204 p. [Hay nueva ed., en 2 vols., de la Casa Maucci, Barcelona, 1929, 264 y 268 p.]

——: *Narración histórica. El tormento del bacalao.* B. H. P. R., 1920, vol. 7: 342.

Crespo, José: *El valle de la Encantada.* Tradición añasqueña. Tip. El Comercio, Ponce, P. R., 1886, 8 p.

Escudero Miranda, Juan: *¡Oh, preocupaciones!* Leyenda. Tip. El Vapor, Ponce, P. R., 1887, 12 p.

Gante, Carlos de: *Santa Rosa de Lima y el Mole de Guajalote.* P. R. I., 6 de agosto de 1927, núm. 909.

Meléndez Muñoz, Miguel: *Una tradición que se pierde.* P. R. I., 19 de febrero de 1916, núm. 312.

Miller, Lewis: *The Haunted Sentry Box of Porto Rico.* The Knickerbocker Press, N. Y., 1916, 11 p.

Mirabal, Antonio: *Nevia.* Leyenda. Prólogo de José Manuel Carbonell. [¿Publicada?]

Peñaranda, Carlos: *La conversión de un Zegrí.* Leyenda heroica sobre una tradición granadina. Prólogo por D. Narciso Campillo. Lib. de Fernando Fe, Madrid, 1889, 96 p.

REED, HENRY A.: *Spanish Legends and Traditions*. The Gorham Press, Boston, 1914, 184 p.

ROMEU, RAFAEL: *La agregación geográfica de la Isla de Puerto Rico a las Andalucías*. Leyenda fantástica y revista general de costumbres, caracteres y sentimientos de los habitantes de dicha Isla. Imp. El Asimilista, San Juan, P. R., 1885, 82 p.

SABATER, JOSÉ: *Meditaciones*. Mayagüez, P. R., 1929, 83 p. [Contiene tres leyendas.]

SÁNCHEZ PESQUERA, MIGUEL: *El velado profeta del Korán*. Traducción de la primera leyenda del poema Lalla Roolch, por Thomas Moore. Madrid, 1892, 144 p.

SKINNER, CHARLES M.: *Myths and Legends of our New Possessions and Protectorate*. J. B. Lippincott and Co., Phila., 1902.

TAPIA Y RIVERA, ALEJANDRO: *El bardo del Guamaní*. Tip. El Tiempo, Habana, 1862, 591 p. [Contiene leyendas.]

TORREGROSA, RAFAEL E.: *El Moneta*. Sobre la tradición del naufragio del buque El Moneta cerca de las costas de Aguadilla. P. R. I., 16 de diciembre de 1922, núm. 668.

TORO SOLER, RICARDO: *Huracán*. Leyenda puertorriqueña. Tip. La Libertad, Ponce, P. R., 1897, 87 p.

Véase *Cuentos*.

D. — BIOGRAFÍA PUERTORRIQUEÑA

a. — OBRAS DE CONJUNTO

ALONSO FERNÁNDEZ, JORGE: *Colección de semblanzas*. Imp. Alvarez, Guayama, P. R., 1905, 77 p.

AMY, FRANCISCO J.: *Predicar en desierto*. Tip. El Alba, San Juan, P. R., 1907, 240 p.

ANGELIS, MARÍA LUISA DE: *Biografías de puertorriqueños ilustres ya fallecidos*. (Fragmento.) En *Cuarto Centenario de la Colonización Cristiana de Puerto Rico*. Imp. El Boletín Mercantil, San Juan, P. R., 1908, p. 166.

——: *Mujeres puertorriqueñas que se han distinguido en el cultivo de las Ciencias, las Letras y las Artes desde el siglo XVII hasta nuestros días*. Imp. El Boletín Mercantil, San Juan, P. R., 1908, 158 p. Segunda ed.: Tip. Real Hnos., San Juan, P. R., 1910.

ANGELIS, PEDRO DE: *Españoles útiles a Puerto Rico*. Apuntes biográficos de los españoles que más han contribuído al desarrollo moral e intelectual de esta Isla. Tip. Ferreras, San Juan, P. R., 1902, 64 p.

ANGELIS, PEDRO DE: *Españoles en Puerto Rico.* Bocetos biográficos de españoles que han cooperado al desenvolvimiento moral e intelectual de esta Isla. Primera serie. Imp. M. Burillo y Cía., San Juan P. R., 1911, 122 p.

——: *Misceláneas puertorriqueñas.* Tip. Ferreras, San Juan, P. R., 1894, 64 p. [Artículos biográficos e históricos.]

——: *Pro Patria.* Imp. del Listín Mercantil, San Juan, P. R., 1903, 32 p. [Compilación de partidas de bautismo de los hombres más prominentes de Puerto Rico, seguidas de trabajos científico-literarios, y una efemérides.]

——: *Puerto Rico en España.* Apuntes históricos y biográficos de puertorriqueños que han conquistado títulos y honores en España. Tip. Heraldo Español, San Juan, P. R , 1904, 15 p.

AQUENZA, JACINTO [A. PINEDA, seud.], y NAVARRO ALMANSA, FÉLIX: *Perfiles y garabatos.* Galería cómico-fotográfica por Dos Desocupados. Imp. El Boletín Mercantil, San Juan, P. R., 1881, 132 p. [Se ocupan exclusivamente de caricaturizar a escritores y hombres públicos de Puerto Rico, y firman con el seud. Dos Desocupados.]

ARNAU IGARAVÍDEZ, JOSÉ MARÍA: *Consuelo.* Episodio biográfico. Imp. El Boletín Mercantil, San Juan, P. R., 1887, 15 p.

ARRILLAGA Y ROQUÉ, JUAN: *Memorias de antaño.* Tip. Baldorioty, Ponce, P. R., 1910, 183 p. [Contiene capítulos sobre Vizcarrondo, Degetau, Cortón, Muñoz Rivera, de Diego, etc. V. *Ponce y sus hombres,* p. 19; *San Juan y sus hombres,* p. 30.]

ASTOL, EUGENIO: *Hombres del pasado.* En *El Libro de Puerto Rico.* 1923, cap. XVIII, p. 962.

ATILES GARCÍA, GUILLERMO: *Kaleidoscopio.* Imp. de Manuel López, Ponce, P. R., 1905, 194 p. [Contiene artículos, poesías y breves biografías sobre puertorriqueños contemporáneos del autor.]

BRAU, MARIO: *Castigat ridendo.* Colección de caricaturas por ——, con un prólogo del conocido periodista cubano Eulogio Horta. Tip. El Carnaval, San Juan, P. R , 1904, 56 p

BRAU, SALVADOR: *Ecos de la batalla.* Artículos periodísticos. Primera serie, con un prólogo-semblanza del Sr. M. Fernández Juncos. Imp. de J. González Font, San Juan, P. R , 1886, 282 p.

CALLEJO, FERNANDO: *Música y músicos portorriqueños.* Imp. Cantero, Fernández y Cía., San Juan, P. R , 1915, 316 p.

CARRIÓN MADURO, TOMÁS: *Oradores parlamentarios y hombres notables de la Asamblea Legislativa de Puerto Rico.* Imp. El Boletín Mercantil, San Juan, P. R., 1904, 237 p.

COLL Y TOSTE, CAYETANO: *Rectificación histórica.* Carta de —— al señor E. S. Ginorio. B. H. P. R., 1921, vol. 8: 362.

CONTRERAS RAMOS, JOSÉ: *Notas biográficas.* Tip. Baldorioty, Ponce, P. R., 1908, 14 p.

CHAVIER, ARÍSTIDES: *Siluetas musicales*. Tip. El Día, Ponce, P. R., 1926, 107 p.

DALMAU CANET, SEBASTIÁN: *Crepúsculos literarios*. Prólogo de Manuel Fernández Juncos. Imp. El Boletín Mercantil, San Juan, P. R., 1903, 176 p.

——: *Próceres*. Ensayos biográficos. Imp. El Correo Dominical, San Juan, P. R., 1929, 360 p.

FERNÁNDEZ JUNCOS, MANUEL: *Antología puertorriqueña*. Hind Noble and Eldredge, N. Y., 1907, 164 p. [Hay otras eds.: 1911, 164 p.; eds. aumentadas, 1913, 268 p., y 1923, 343 p. Contiene biografías.]

——: *Nuestros muertos ilustres del año*. Datos biográficos sobre Antonio Cortón, Eduardo Neumann Gandía, Federico Degetau y González, Agustín Navarrete, Rosendo Matienzo Cintrón. Almanaque Puertorriqueño, San Juan, P. R., 1915, p. 124.

——: *Semblanzas puertorriqueñas*. Imp. de J. González Font, San Juan, P. R., 1888, 202 p. [Manuel Alonso, José Julián Acosta, Alejandro Tapia, José Pablo Morales, Salvador Brau, Manuel Corchado.]

——: *Varias cosas*. Imp. Bellas Artes, San Juan, P. R, 1884, 232 p. [Contiene biografías.]

FIGUEROA, SOTERO: *Ensayo biográfico de los que más han contribuído al progreso de Puerto Rico*. Prólogo de José Díaz Acosta. Tip. El Vapor, Ponce, P. R., 1888, XVII-356 p.

GUERRA, RAMÓN H.: *De todo un poco*. Riqueza sacarina. Comercio e industria. Biografías de hombres del día. Crónicas, cuentos cortos y artículos varios. Tip. Matías y Sobrino, Ponce, P. R., 1911, 34 p. + 4 p. de anuncios.

HUYKE, JUAN B.: *Esfuerzo propio*. Entrevistas con portorriqueños que se han formado por su propio esfuerzo. Neg. Mat. Imp., 1922, p. 141.

——: *Triunfadores*. Neg. Mat. Imp., 2 vols., 1926, 439 p.; 1927, 295 p.

MALARET Y YORDÁN, AUGUSTO: *Medallas de oro*. Imp. Venezuela, San Juan, P. R., 1928, 155 p. [Biografias de M. Fernández Juncos, Salvador Brau, Román Baldorioty de Castro, J. Gautier Benítez, Francisco Gonzalo Marín.]

MATOS BERNIER, FÉLIX [FRAY JUSTO, seud.]: *Cromos ponceños*. Imp. La Libertad, Ponce, P. R., 1896, 112 p.

——: *Isla de Arte*. San Juan, P. R., 1907, 280 p. [Estudios biográficos.]

——: *Muertos y vivos*. Tip. El País, San Juan, P. R., 1905, 248 p. [Apreciaciones biográficas.]

MEDINA, ZENÓN: *Pinceladas*. Tip. de la Viuda de González, San Juan, P. R., 1895, 119 p.

NEUMANN GANDÍA, EDUARDO: *Benefactores y nombres notables de Puerto Rico*. Bocetos biográfico-críticos con un estudio sobre nuestros gobernadores generales. 2 vols. Tip. La Libertad, Ponce, P. R., 1896, vol. 1, 403 p.; Imp. del Listín Comercial, Ponce, P. R., 1899, vol. 2, 294 p.

Ruiz García, Zoilo: *Nuestros hombres de antaño.* Apuntes biográficos, Mayagüez Publishing Co., Mayagüez, P. R., 1920, 172 p.

Sáinz de la Peña, Enrique: *Altruísmo.* Consagrado a los que valen. Semblanzas. Tip. J. B. Matías, Ponce, P. R., 1917, 72 p.

——; *Lucha sin tregua.* Tip. Puerto Rico Evangélico, Ponce, P. R., 1912, 31 p. [Artículos, páginas sociales, notas, versos y biografías de hombres notables y comerciantes de Puerto Rico.]

Torre, Jovino de la: *Siluetas ponceñas de los principales personajes de la ciudad de Ponce, Ruerto Rico.* Tip. de José Picó Matos, Ponce, P. R., 1900, 86 p.

Los diputados americanos en las Cortes españolas. Imp. A. J. Alaria, Madrid, 1880, p. 396. [Discursos y biografías de los diputados don Luis Padial, José Álvarez Peralta, José Facundo Cintrón y Manuel García Martín.]

The Representative Men of Porto Rico, 1910. Compiled and edited by F. E. Jackson & Son, s. p. i., 1910, 340 p., con fotograbados.

Véase *Estudios biográficos de extranjeros.*

b. — ESTUDIOS PARTICULARES

En esta sección de la Bibliografía nos parece oportuno dar una breve explicación obligados por la dificultad de clasificar claramente la diversidad del material recogido. Deseamos señalar aquí las principales fuentes de un futuro *Diccionario Biográfico Puertorriqueño.* No obstante, incluímos también algunos nombres de extranjeros que por motivos fundamentales deben aparecer entre los nativos.

Seguimos el orden alfabético de biografiados, cuyos nombres hemos puesto, para mayor claridad, en negrita. En la sección anterior se encontrarán la mayor parte de las obras que han servido para hacer ésta. Incluímos, además, algunos trabajos que por su naturaleza consideramos de algún valor biográfico.

A

Abbad y Lasierra, Fray Íñigo.

Huesca, Ramón de: *Biografía de ——, historiador de Puerto Rico y obispo de Barbastro.* B. H. P. R., 1917, vol. 4: 248. [Reproducido del *Teatro histórico de las Iglesias de Aragón,* por el R. P. Fr. de Huesca, Zaragoza, 1807, vol. 9: 289.]

Neumann Gandía, Eduardo: ——. En *Benefactores y hombres notables de Puerto Rico.* Imp. La Libertad, Ponce, P. R., 1896, vol. 1: 253.

Abad, José Ramón.

Don José Ramón Abad. The Puerto Rico Herald, N. Y., 27 de septiembre de 1902, vol. 2, N° 64 : 161.

Abercromby, Sir Ralph.

Coll y Toste, Cayetano: *¿Quién fué Abercromby?* B. H. P. R., 1920, vol. 7: 306.

Abril, Mariano.

Dalmau Canet, Sebastián : ——. En *Crepúsculos literarios.* Tip. El Boletín Mercantil, San Juan, P. R., 1903, p. 31.

Horta, Eulogio : ——. The Puerto Rico Herald, N. Y., 11 de junio de 1903, vol. 2, N° 102: 778.

Muñoz Rivera, Luis : ——. En [prólogo al libro de Mariano Abril] *Sensaciones de un cronista.* Tip. La Democracia, San Juan, P. R., 1903.

Acosta, Eduardo Eugenio.

Acosta, José Julián: *Necrología* ——. P. R., 1868.

Angelis, Pedro de: *Partida de bautismo de* ——. En *Pro Patria.* Imp. del Listín Mercantil, San Juan, P. R., 1903, p. 14.

Neumann Gandía, Eduardo : ——. En *Benefactores y hombres notables de Puerto Rico.* Imp. del Listín Comercial, Ponce. P. R., 1899, vol. 2: 211.

Acosta, José Julián.

Acosta Quintero, Ángel : —— *y su tiempo.* Estudio histórico. Imp. Sucesión J. J. Acosta, San Juan, P. R., 1899, 550 p. [El cap. XII contiene proclamas y recortes de los periódicos.]

Angelis, Pedro de : ——. En *Misceláneas puertorriqueñas.* Tip. Ferreras, San Juan, P. R., 1894, p. 56.

Astol, Eugenio : ——. En *El Libro de Puerto Rico.* 1923, p. 970.

Braschi, Juan : ——. *Doble apostolado.* P. R. I., 18 de noviembre de 1916, núm. 351.

Coll y Toste, Cayetano : ——. Las Antillas, Habana, marzo de 1921, año II, vol. 3, núm. 3: 196.

Coll y Toste, Cayetano : *Puertorriqueños ilustres:* ——. B. H. P. R., 1918, vol. 5: 3.

Fernández Juncos, Manuel : ——. En *Antología puertorriqueña.* Ed. 1923, p. 30.

Fernández Juncos, Manuel : ——. En *Semblanzas puertorriqueñas.* San Juan, P. R., 1888, p. 31.

FERNÁNDEZ JUNCOS, MANUEL: ——. En *Varias cosas.* San Juan, P. R., 1884, p. 168.
MEDINA, ZENÓN: ——. En *Pinceladas.* San Juan, P. R., 1895, p. 27.
NEUMANN GANDÍA, EDUARDO: —— En *Benefactores y hombres notables de Puerto Rico.* Imp. del Listín Comercial, Ponce, P. R., 1899, vol. 2: 169.
NEUMANN GANDÍA, EDUARDO: *Mausoleo erigido a la memoria de* ——. En *Benefactores y hombres notables de Puerto Rico.* Imp. del Listín Comercial, Ponce, P. R., 1899, vol. 2: 187.
Devolviendo los derechos al profesor José Julián Acosta. B. H. P. R., 1925, vol. 12: 152.
José Julián Acosta. En *The Representative Men of Porto Rico.* S. p. i., 1910, p. 285.

Acosta Quintero, Angel.

Ángel Acosta Quintero. En *The Representative Men of Porto Rico*, S. p. i., 1910, p. 238.

Acuña Aybar, Eduardo.

ANGELIS, PEDRO DE: *Partida de bautismo de* ——. En *Pro Patria.* San Juan, P. R., 1903, p. 13.

Aguayo y Aldea, Nicolás.

FIGUEROA, SOTERO: ——. En *Ensayo biográfico...* Tip. El Vapor, Ponce. P. R., 1888, p. 217.

Alegría, José S.

José S. Alegría. En *The Representative Men of Porto Rico.* S. p. i., 1910, p. 223.

Alonso, Manuel.

ASTOL, EUGENIO: ——. En *El Libro de Puerto Rico.* 1923, p. 968.
FERNÁNDEZ JUNCOS, MANUEL: ——. En *Antología puertorriqueña.* Ed. 1923, p. 19.
FERNÁNDEZ JUNCOS, MANUEL: ——. En *Semblanzas puertorriqueñas.* San Juan, P. R., 1888, p. 9.
FERNÁNDEZ JUNCOS, MANUEL: ——. En *Varias cosas.* San Juan, P. R., 1884, p. 156.
Biografía de ——. Bol. As. Méd. P. R., octubre de 1907, año V, núm. 59: 422.
Manuel Alonso. The Puerto Rico Herald, N. Y., año I, núm. 30, 1 de febrero de 1902.
Partida de bautismo del patriota ——. B. H. P. R., 1919, vol. 6: 358.

Álvarez Marrero, Francisco.

ANGELIS, PEDRO DE: *Partida de bautismo de* ——. En *Pro Patria.* San Juan, P. R., 1903, p 5.
BRAU, SALVADOR: *Otra víctima.* En *Ecos de la batalla.* Primera serie. Imp de J. González Font, San Juan, P. R , 1886, p. 121.
FERNÁNDEZ JUNCOS, MANUEL: ——. En *Antología puertorriqueña.* Ed. 1923, p. 176.
FERNÁNDEZ JUNCOS, MANUEL: [Estudio en el libro de Francisco Álvarez, titulado] *Obras literarias.* Imp. de J. González Font, San Juan, P. R., 1882, p. 5.
PÉREZ LOSADA, JOSÉ: ——. En *Plumas amigas.* Primer fascículo. Imp. Cantero, Fernández & Co., San Juan, P. R., 1912.

Álvarez Nava, Antonio.

BLANCO FERNÁNDEZ, ANTONIO: ——. En *España y Puerto Rico. 1820-1930.* Imp. Cantero, Fernández & Co., San Juan, P. R., 1930, p. 331.

Amadeo, Antonio José.

Antonio José Amadeo. Bol. As. Méd. P. R., abril de 1907, año V, núm. 53: 301.

Amézquita y Quijano, Juan de.

COLL Y TOSTE, CAYETANO: *Puertorriqueños ilustres: El capitán Amézquita.* B. H. P. R , 1916, vol. 3: 223.
NEUMANN GANDÍA, EDUARDO: ——. En *Benefactores y hombres notables de Puerto Rico.* Ponce, P. R., 1896, p. 219.

Amy, Francisco J.

ASTOL, EUGENIO: ——. En *El Libro de Puerto Rico.* 1923, p. 986.
COLL Y TOSTE, CAYETANO: *Puertorriqueños ilustres:* ——. B. H. P. R., 1925, vol. 12: 28.
FERNÁNDEZ JUNCOS, MANUEL: ——. En *Antología puertorriqueña.* Ed. 1923, p. 255.
FERNÁNDEZ JUNCOS, MANUEL: *Don* ——. *En su muerte: apreciación crítica.* P. R. I., 7 de diciembre de 1912, núm. 145.

Andino, Cipriana.

ANGELIS, MARÍA LUISA DE: ——. En *Mujeres puertorriqueñas.* San Juan, P. R., 1910, p. 15.

Andino, Emidgio.

ANGELIS, PEDRO DE: *Partida de bautismo de ——*. En *Pro Patria*. San Juan, P. R., 1903, p. 15.

Andino, José de.

COLL Y TOSTE, CAYETANO: *¿Cuál es el verdadero apellido del primer periodista puertorriqueño?* [Don ——.] B. H. P. R., 1921, vol. 8: 362.
NEUMANN GANDÍA, EDUARDO: *José de Andino y Amézquita, primer periodista portorriqueño*. En *Benefactores y hombres notables de Puerto Rico*. Imp. del Listín Comercial, Ponce, P. R., 1899, vol. 2: 11.

Andreu de Aguilar, Isabel.

ESPINA, CONCHA: ——. P. R. I., San Juan, P. R., 25 de octubre de 1930, núm. 1077.
NEGRÓN MUÑOZ, ÁNGELA: ——. P. R. I., San Juan, P. R., 27 de abril de 1929, año XX, núm. 999: p. 36.

Ansoategui, José Antonio.

COLL Y TOSTE, CAYETANO: *¿Quién fué Ansoategui?* B. H. P. R., 1921, vol. 8: 256.

Aponte, José R.

CARRIÓN MADURO, TOMÁS: ——. En *Oradores parlamentarios*. San Juan, P. R., 1904, p. 199.

Araujo, M.ª Dolores.

ANGELIS, MARÍA LUISA DE: ——. En *Mujeres puertorriqueñas*. San Juan, P. R., 1910, p. 8.

Arcilagos, Pedro.

CHAVIER, ARÍSTIDES: ——. En *Siluetas musicales*. Ponce, P. R., 1926, p. 79.

Archilla, Gustavo.

HUYKE, JUAN B.: ——. En *Triunfadores*. Neg. Mat. Imp., 1926, vol. 1: 269.

Arístegui, Rafael de (conde de Mirasol).

NEUMANN GANDÍA, EDUARDO: ——. En *Benefactores y hombres notables de Puerto Rico*. Imp. del Listín Comercial, Ponce, P. R., 1899, vol. 2: 47.

Armaiz, Dr.

HUYKE, JUAN B.: Dr. ——. *En el Coamo.* En *Triunfadores.* Neg. Mat. Imp., 1927, vol. 2: 277.

Arnaldo Sevilla, Alfredo.

Alfredo Arnaldo Sevilla. En *The Representative Men of Porto Rico.* S. p. i., 1910, p. 265.

Arnau de Ruiz Gandía, Isaura.

ANGELIS, MARÍA LUISA DE: ——. En *Mujeres puertorriqueñas.* San Juan, P. R., 1910, p. 45.

NEGRÓN MUÑOZ, ÁNGELA: ——. P. R. I., 15 de marzo de 1930, año XXI, núm. 1045: 5.

Arizmendi, Juan Alejo de.

COLL Y TOSTE, CAYETANO: *Fechas del nacimiento y muerte del obispo puertorriqueño D. ——.* B. H. P. R., 1921, vol. 8: 362.

COLL Y TOSTE, CAYETANO: *Puertorriqueños ilustres: El obispo ——.* B. H. P. R., 1919, vol. 6: 295.

NEUMANN GANDÍA, EDUARDO: ——. En *Benefactores y hombres notables de Puerto Rico.* Ponce, P. R., 1896, vol. 1: 375.

PANIAGUA, ANGEL: *Rectificación histórica. Verdadera partida de bautismo del obispo ——.* B. H. P. R., 1921, vol. 8: 352.

Arteaga, Julio Carlos de.

CALLEJO, FERNANDO: ——. En *Música y músicos portorriqueños.* San Juan, P. R., 1915, cap. V.

CHAVIER, ARÍSTIDES: ——. En *Siluetas musicales.* Ponce, P. R., 1926, p. 85.

Asenjo, Federico.

COLL Y TOSTE, CAYETANO: *Puertorriqueños ilustres ——.* B. H. P. R., 1925, vol. 12: 141.

COLL Y TOSTE, CAYETANO: *Partida de bautismo de ——.* B. H. P. R., 1920, vol. 7: 324.

FERNÁNDEZ JUNCOS, MANUEL: ——. En *Antología puertorriqueña.* Ed. 1923, p. 106.

VALLE, JOSÉ G. DEL: *Un ciudadano modelo.* (Estudio sobre Federico Asenjo y Arteaga.) Tip. La Correspondencia, San Juan, P. R., 1896, 28 p.

VALLE, JOSÉ G. DEL: ——. En *A través de diez años.* Barcelona, 1907, p. 289.

Ashford, K. Bailey.

Bailey K. Ashford, primero que determinó la existencia en Puerto Rico del Ankilostomun duodenalis y le señaló como elemento causal de la anemia que padece la población rural en la Isla. Bol. As. Méd. P. R., diciembre de 1906, año IV, núm. 49: 221.

Un médico notable, Dr. ——; datos biográficos. P. R. I., 31 de agosto de 1912, núm. 131.

Astol, Eugenio.

Fort, Gustavo: *Hombres afirmativos: ——.* P. R. I., 1 de abril de 1916, núm. 318.

Eugenio Astol. Índice. [Número homenaje a Astol.] San Juan, P. R., noviembre de 1929, vol. 1, núm. 8.

Atilano, Juan del Carmen.

Angelis, Pedro de: ——. En *Misceláneas puertorriqueñas.* San Juan, P. R., 1894, p. 64.

Aybar, Eduardo Osuna.

Eduardo Osuna Aybar. En *The Representative Men of Porto Rico.* S. p. i., 1910, p. 102.

Ayerra y Santa María, Francisco.

Coll y Toste, Cayetano: *Puertorriqueños ilustres: el presbítero Ayerra.* B. H. P. R., 1917, vol. 4: 202.

Ayesa, Gabriel de, y Ayala, Esteban de.

Neumann Gandía, Eduardo: ——. En *Benefactores y hombres notables de Puerto Rico.* Imp. del Listín Comercial, Ponce, P. R., 1899, vol. 2: 35.

B

Báez de Silva, Rosa.

Negrón Muñoz, Ángela: ——. P. R. I., 18 de octubre de 1930, núm. 1076.

Bagué, Jaime.

Huyke, Juan B.: ——. En *Triunfadores.* Neg. Mat. Imp., 1927, vol. 2: 41.

Balbás Capó, Vicente.

Vicente Balbás Capó. En *The Representative Men of Porto Rico.* S. p. i., 1910, p. 107.

Balbuena, Bernardo de.

FERNÁNDEZ JUNCOS, MANUEL: ——, *obispo de Puerto Rico. Estudio biográfico y crítico; época literaria de* ——. Tip. Bellas Letras, San Juan, P. R., 1884, 42 p.

MORALES, JOSÉ PABLO: *El obispo Balbuena.* En *Misceláneas históricas.* Tip. La Correspondencia, San Juan, P. R., 1924, p. 38.

NEUMANN GANDÍA, EDUARDO: ——. En *Benefactores y hombres notables de Puerto Rico.* Ponce, P. R., 1896, vol. 1: 235.

Baldorioty de Castro, Román.

ACOSTA, JOSÉ JULIÁN: *Vindicación. Artículos publicados en El Agente, para vindicar a —— de injustos cargos políticos...* Imp. Acosta, San Juan, P. R., 1878, 22 p.

ANGELIS, PEDRO DE: ——. En *Misceláneas puertorriqueñas.* San Juan, P. R., 1894, p. 48.

ARRILLAGA ROQUÉ, JUAN: ——. En *Memorias de antaño.* Tip. Baldorioty, Ponce, P. R., 1910, p. 69.

BRASCHI, JUAN: *Apología del ilustre puertorriqueño* ——. En *Cuarto Centenario de la Colonización Cristiana de Puerto Rico.* Imp. El Boletín Mercantil, San Juan, P. R., 1908, p. 157.

COLL Y TOSTE, CAYETANO: *Narración histórica. Nobleza de alma de D. —— desde su juventud.* B. H. P. R., 1921, vol. 8: 273.

COLL Y TOSTE, CAYETANO: *Rectificación histórica. Deshaciendo una calumnia contra D.* ——. B. H. P. R., 1923, vol. 9: 144.

COLL Y TOSTE, CAYETANO: *Puertorriqueños ilustres:* ——. B. H. P. R., 1922, vol. 9: 1.

COLL Y TOSTE, CAYETANO: *Un autógrafo.* P. R. I., 2 de enero de 1915, núm. 253.

DALMAU CANET, SEBASTIÁN: *Román Baldorioty de Castro.* Pub. en el folletín de El Boletín Mercantil, San Juan, P. R., 1923, 68 p.

DALMAU CANET, SEBASTIÁN: *Román Baldorioty de Castro.* Noticia biográfica. En *Plumas amigas.* Segundo fascículo. Tip. Cantero Fernández y Cía., San Juan, P. R., 1912.

DALMAU CANET, SEBASTIÁN: ——. En *Próceres,* San Juan, P. R., 1929, p. 11.

FERNÁNDEZ JUNCOS, MANUEL: ——. En *Antología puertorriqueña.* Ed. 1923, p. 1.

MALARET, AUGUSTO: ——. En *Medallas de oro,* San Juan, P. R., 1928, p. 61.

MARTÍ, JOSÉ: *Las Antillas y* ——. (24 de mayo de 1892.) En *Flor y Lava.* Editado en París por la Sociedad de Ediciones Literarias y Artísticas. Lib. P. Ollendorff, París, 1909, p. 232. [V. B. H. P. R., 1918, vol. 5: 140.]

MATOS BERNIER, FÉLIX: *Apología del ilustre puertorriqueño D.* ——. En *Cuarto Centenario de la Colonización Cristiana de Puerto Rico.* Imp. El Boletín Mercantil, San Juan, P. R., 1908, p. 160.

MATOS BERNIER, FÉLIX: —— En *Pedazos de rocas.* Ponce, P. R., 1894, p. 171.

MEDINA, ZENÓN: ——. En *Pinceladas.* San Juan, P. R., 1895, p. 22.

MILLER, PAUL G.: *Carta dirigida por* ——, *desde el Morro, en San Juan, a Federico Degetau, en Madrid.* En *Historia de Puerto Rico.* N. Y., 1922, apéndice N.

MORALES, JOSÉ PABLO: *Carta política a* ——. B. H. P. R., 1924, vol. 11: 264.

MORALES CABRERA, PABLO: *Biografía de* ——. Premiado con el primer premio en el certamen de los Juegos Florales de Bayamón, en 30 de abril de 1910. Con el laudo del Jurado y un apéndice. Tip. El Progreso, Bayamón, P. R., 1910.

NEUMANN GANDÍA, EDUARDO: ——. En *Benefactores y hombres notables de Puerto Rico.* Imp. del Listín Comercial, Ponce, P. R., 1899, vol. 2: 199.

PANIAGUA, ÁNGEL: ——. Patria. (Rev.) 5 de noviembre de 1913.

RUIZ GARCÍA, ZOILO: ——. En *Nuestros hombres de antaño.* Mayagüez, P. R., 1920, p. 134.

Epistolario de D. ——. *Carta al patriota D. José Pablo Morales, comunicándole la fundación del periódico El Derecho.* B. H. P. R., 1922, vol. 9: 9.

Epistolario de D. ——. *Cartas al patriota D. Ramón Gaztambide, 1887.* B. H. P. R., 1921, vol. 8: 373.

Homenaje al patriota D. ——. B. H. P. R., 1919, vol. 6: 248. [El Boletín aparece con el año 1918.]

Niega el gobernador Despujols a Baldorioty abrir una escuela en Mayagüez. B. H. P. R., 1919, vol. 6: 271.

Partida de bautismo del patriota ——. B. H. P. R., 1917, vol. 4: 73.

Román Baldorioty de Castro. En *Cuarto Centenario de la Colonización Cristiana de Puerto Rico.* San Juan, P. R., 1908, p. 157.

Román Baldorioty de Castro, electo diputado a Cortes por Mayagüez. B. H. P. R., 1915, vol. 2: 187.

Román Baldorioty de Castro. The Puerto Rico Herald, N. Y., 18 de abril de 1903, vol. 2, núm. 90: 578.

Balseiro, José A.

HUYKE, JUAN B.: ——. En *Triunfadores.* Neg. Mat. Imp., P. R., 1926, vol. 1: 251.

CARRERAS, CARLOS N.: *Entre nosotros...* (Entrevista con ——.) P. R. I., 22 de diciembre de 1923, núm. 721.

ARNALDO MEYNERS, JOSÉ: *Balseiro se va.* P. R. I., San Juan, P. R., 2 de agosto de 1930, núm. 1065.

Balseiro, Rafael.

GARCÍA, INÉS N. DE: ——. P. R. I., 4 de septiembre de 1915, núm. 288.
Compositores puertorriqueños ——. P. R. I., 15 de enero de 1911, núm. 45.
Rafael Balseiro. Índice. [Número homenaje.] San Juan, P. R., diciembre de 1929, vol. 1, núm. 9.

Balseiro, Áurea de Giorgetti.

NEGRÓN MUÑOZ, ÁNGELA: ——. P. R. I., San Juan, 5 de abril de 1930, año XXI, núm. 1048.

Barbosa, Carmen Belén.

ANGELIS, MARÍA LUISA DE: ——. En *Mujeres puertorriqueñas.* San Juan, P. R., 1910, p. 146.

Barbosa, José C.

ADSUAR, JORGE: *Silencioso... pero no callado* (con José C. Barbosa). En *Pico a pico.* San Juan, P. R., 1925, p. 35.
SACARELLO, RAFAEL: *Su crepúsculo.* Anécdotas íntimas de los últimos dos meses del Dr. ——. Imp. The Times Publishing Co., San Juan, P. R., 1921, 53 p.
José C. Barbosa. En *The Representative Men of Porto Rico.* S. p. i., 1910, p. 20.

Barceló, Antonio R.

HUYKE, JUAN B.: ——. En *Triunfadores.* Neg. Mat. Imp., 1927, vol. 2: 163.
MUÑOZ MARÍN, LUIS: *Conversaciones políticas. El Sr. —— y los pactos.* P. R. I., San Juan, 2 de junio de 1923, núm. 692.

Batista, Tomás L.

RIVERA MATOS, MANUEL: *Los mártires de la emoción.* P. R. I., San Juan, 14 de septiembre de 1929, año XX, núm. 1019.

Bastidas, Rodrigo de.

NEUMANN GANDÍA, EDUARDO: ——, *obispo de la Isla de Puerto Rico desde 1542 a 1561.* En *Benefactores y hombres notables de Puerto Rico.* Ponce, P. R., 1896, vol. 1: 209 [V. *Religión, obispos,* etc.]

Becerra, Luis Antonio.

NEUMANN GANDÍA, EDUARDO: ——. En *Benefactores y hombres notables de Puerto Rico.* Imp. del Listín Comercial, Ponce, P. R., 1899, vol. 2: 269.

Benedicto, José E.

José E. Benedicto. En *The Representative Men of Porto Rico.* S. p. i., 1910, p. 98.

Benítez, Alejandrina.

ACOSTA, JOSÉ JULIÁN: ——. Estudio. Imp. Acosta, San Juan, P. R., 1886, 10 p.

ANGELIS, MARÍA LUISA DE: *Biografías de puertorriqueños ilustres ya fallecidos.* ——. En *Cuarto Centenario de la Colonización Cristiana de Puerto Rico.* San Juan, P. R., 1908, p. 166.

ANGELIS, MARÍA LUISA DE: ——. En *Mujeres puertorriqueñas.* San Juan, P. R., 1910, p. 17.

FERNÁNDEZ JUNCOS, MANUEL: ——. En *Antología puertorriqueña.* Ed. 1923, p. 88.

Alejandrina Benítez. En *Cuarto Centenario de la Colonización Cristiana de Puerto Rico.* San Juan, P. R., 1908, p. 166.

Partida de bautismo de la poetisa portorriqueña D.ª ——. B. H. P. R., 1920, vol. 7: 174.

Benítez, Bibiana.

ANGELIS, MARÍA LUISA DE: ——. En *Mujeres puertorriqueñas.* San Juan, P. R., 1910, p. 9.

ANGELIS, PEDRO DE: *Partida de bautismo de* ——. En *Pro Patria.* San Juan, P. R., 1903, p. 23.

Benítez Castaño, Eugenio.

ASTOL, EUGENIO: ——. En *El Libro de Puerto Rico.* 1923, p. 1048.

Eugenio Benítez Castaño. En *The Representative Men of Porto Rico.* S. p. i., 1910, p. 72.

Berga, Pablo.

HUYKE, JUAN B.: ——. En *Triunfadores.* Neg. Mat. Imp., 1927, vol. 2: 121.

Bernardine de la Huerta, Tomás.

Tomás Bernardine de la Huerta. En *The Representative Men of Porto Rico.* S. p. i., 1910, p. 101.

Berríos, José M.

ANGELIS, PEDRO DE: *El Padre* ——. Rasgos de su vida ejemplar y de su levantada labor evangélica. Tip. El Progreso, Bayamón, P. R., 1920, 15 p.

José M. Berríos, sacerdote. The Puerto Rico Herald, N. Y., 14 de marzo de 1903, vol. 2, núm. 85: 497.

Besosa, Harry F.

Harry F. Besosa. En *The Representative Men of Porto Rico.* S. p. i., 1910, p. 301.

Betances, Ramón E.

ABRIL, MARIANO: —— *y Bonafoux.* Recuerdos. Las Antillas, Habana, septiembre de 1920, año I, vol. 2, núm. 1: 13.

ANGELIS, MARÍA LUISA DE: —— : *Su vida y su labor política.* Imp. La Industria, San Germán, P. R., 1913, 33 p.

ASTOL, EUGENIO: ——. En *El Libro de Puerto Rico.* 1923, p. 976.

BONAFOUX, LUIS: *Betances.* Imp. Modelo, Barcelona, 1901, 560 p.

COLL Y TOSTE, CAYETANO: ——. Las Antillas, Habana, septiembre de 1920, año I, vol. 2, núm. 1: 8.

COLL Y TOSTE, CAYETANO: ——. Estudio biográfico. P. R. I., 12 de julio de 1913, núm. 176.

COLL Y TOSTE, CAYETANO: *Narración histórica. La peregrinación de* ——. B. H. P. R., 1920, vol. 7: 19.

COLL Y TOSTE, CAYETANO: *Puertorriqueños ilustres:* ——. B. H. P. R., 1917, vol. 4: 294.

CUEVAS ZEQUEIRA, SERGIO: ——. Reproducido del libro *Pláticas agridulces.* Las Antillas, Habana, septiembre de 1920, año I, vol. 2, núm. 1: 19.

DAUBÓN, JOSÉ A.: ——. En *Cosas de Puerto Rico.* Segunda serie. San Juan, P. R., 1905, p. 135.

ESTÉVEZ Y ROMERO, LUIS: *El Dr.* ——. The Puerto Rico Herald, N. Y., 31 de mayo de 1902, año I, núm. 47.

GÓMEZ MARTÍNEZ, LUIS: *La vida del Dr.* ——. Imp. La Voz del Pueblo, Guantánamo, Cuba, 1927, 18 p.

LEVIS, ELÍAS J.: ——. Estudio crítico. P. R. I., 9 de agosto de 1913, núm. 180.

NEUMANN GANDÍA, EDUARDO: ——. En *Benefactores y hombres notables de Puerto Rico.* Imp. del Listín Comercial, Ponce, P. R., 1899, vol 2: 221.

PAGÁN, BOLÍVAR: ——. Discurso. En *América y otras páginas.* San Juan, P. R., 1922, p. 89.

PAGÁN, BOLÍVAR: *Elogio de* ——. P. R. I., 14 de agosto de 1920, núm. 546.

Ruiz García, Zoilo: ——. En *Nuestros hombres de antaño.* Mayagüez, P. R., 1920, p. 56.

Acta de exhumación de los restos de ——. Las Antillas, Habana, septiembre de 1920, año I, vol. 2, núm. 1: 22.

Carta del Cónsul español en Saint Thomas al Gobernador de aquella Isla contra el Dr. ——, *pidiéndole la expulsión del territorio del patriota portorriqueño.* [1869.] B. H. P. R., 1920, vol. 7: 48.

Carta del ministro Marqués de la Vega de Armijo al Gobernador de Puerto Rico respecto a ——. B. H. P. R, 1923, vol. 10: 370.

Circular del gobernador Marchessi ordenando la captura de Ruiz Belvis y ——. [1867.] B. H. P. R., 1918, vol. 5: 123.

Dr. Betances. The Puerto Rico Herald, N. Y., 15 de febrero de 1902, año I, núm. 32.

Epistolario de ——. *Carta íntima a su hermana Teresa.* B. H. P. R., 1920, vol. 7: 373.

Epistolario de ——. *Carta al patriota Sotero Figueroa.* B. H. P. R., 1920, vol. 7: 269.

Expediente contra ——. B. H. P. R, 1919, vol. 6: 310.

Las cenizas de —— *traídas a Puerto Rico.* B. H. P. R., 1925, vol. 12: 376.

Nuestras capacidades médicas: Dr. ——. Bol. As. Méd. P. R., marzo de 1906, año IV, núm. 40: 48.

Betancourt, José Ramón.

Bernal, Calixto: *Discursos y Manifiestos políticos. Biografía del Dr.* ——. La Ilustración Cubana, Madrid, 1887, vol. 38: 370.

Bird de Barceló, Josefina.

Negrón Muñoz, Ángela: ——. P. R. I., 13 de julio de 1929, año XX, núm. 1010.

Blanco, Julián E.

Astol, Eugenio: ——. En *El Libro de Puerto Rico.* 1923, p. 282.

Coll y Toste, Cayetano: *Puertorriqueños ilustres:* ——. B. H. P. R., 1923, vol. 10: 195.

Fernández Juncos, Manuel: ——. En *Antología puertorriqueña.* Ed. 1923, p. 78.

Epistolario de D. ——. *Carta al periódico El Progreso en 1872.* B. H. P. R., 1923, vol. 10: 199.

Epistolario de D. ——. *Carta referente a los atropellos de la Guardia civil en 1887.* B. H. P. R., 1923, vol. 10: 60.

Partida de bautismo de ——. B. H. P. R., 1923, vol. 10: 280.

Blanco, Juan P.

PADRÓ, HUMBERTO: *Educadores puertorriqueños: —— y su obra, My Little Friends Reading Book.* P. R. I., 24 de agosto de 1929, año XX, núm. 1016: 15.

Bonafoux, Luis.

ASTOL, EUGENIO: ——. En *El Libro de Puerto Rico.* 1923, p. 1020.
POLANCO, ABRAHAM: *Aquel Bonafoux.* P. R. I., 16 de febrero de 1929, año XX, núm. 989: 57.
Bonafoux y la Prensa española. P. R. I., 30 de julio de 1911, año II, núm. 74.
Carta de —— a Mario Braschi. En *Ultramarinos.* Madrid, 1882, p. 82. [Reproducida en B. H. P. R., 1925, vol. 12: 102.]
Luis Bonafoux. B. H. P. R., 1925, vol. 12: 102.
[*Autobiografía.*] En *Historia de la Lengua y Literatura castellana,* por Julio Cejador y Frauca, Madrid, vol. 10: 347.

Bonilla y Torres, Fray José Antonio.

COLL Y TOSTE, CAYETANO: *Puertorriqueños ilustres: el Padre ——.* B. H. P. R., 1921, vol. 8: 66.
NEUMANN GANDÍA, EDUARDO: ——. En *Benefactores y hombres notables de Puerto Rico.* Imp. del Listín Comercial, Ponce, P. R., 1899, vol. 2: 75.

Braschi, Mario.

AMY, FRANCISCO J.: ——. En *Predicar en desierto.* San Juan, P. R., 1907, p. 239.
BONAFOUX, LUIS: *Carta a ——.* En *Ultramarinos.* Madrid, 1882, p. 82.
FERNÁNDEZ JUNCOS, MANUEL: ——. En *Antología puertorriqueña.* Ed. 1923, p. 184.
MATOS BERNIER, FÉLIX: ——. En *Pedazos de rocas.* Ponce, P. R., 1894, p. 189.
MEDINA, ZENÓN: ——. En *Pinceladas.* San Juan, P. R., 1895, p. 38.
RUIZ GARCÍA, ZOILO: ——. En *Nuestros hombres de antaño.* Mayagüez, P. R., 1920, p. 121.
Corona literaria a la memoria de ——. Tip. El Telégrafo, Ponce, P. R., 1894, 196 p.

Brau, Salvador.

ABRIL, MARIANO: *Un antillano ilustre: ——.* Rev. Ant., marzo de 1913, año I, núm. 1.

ASTOL, EUGENIO: ——. En *El Libro de Puerto Rico.* 1923, p. 1000.

CORTÓN, ANTONIO: *A Salvador Brau y Frasquito Oller.* Imp. de Enrique Teodoro, Madrid, 1895, 47 p.

DALMAU CANET, SEBASTIÁN: ——. En *Crepúsculos literarios.* San Juan, P. R., 1903, p. 19.

FERNÁNDEZ JUNCOS, MANUEL: ——. En *Antología puertorriqueña.* Ed. 1923, p. 236.

FERNÁNDEZ JUNCOS, MANUEL: ——. En *Semblanzas puertorriqueñas.* San Juan, P. R., 1888, p. 97. [V. el prólogo de *Ecos de la batalla,* obra de Brau.]

MALARET, AUGUSTO: ——. En *Medallas de oro.* San Juan, P. R., 1928, p. 23.

MATOS BERNIER, FÉLIX: *Triángulo equilátero.* En *Isla de Arte.* San Juan, P. R., 1907, p. 224.

REAL, CRISTÓBAL: ——. *Estudio biográfico crítico.* Imp. M. Burillo & Co., San Juan, P. R., 1910, 120 p.

REAL, CRISTÓBAL: *El homenaje a* ——. P. R. I., 11 de septiembre de 1915, núm. 289.

La carta de ——. Reseña de una carta del autor puertorriqueño que demuestra su carácter. P. R. I., 9 de mayo de 1910, p. 10.

Memoria. Estatua de ——. Por la Comisión, Salvador Brau. San Juan, P. R., 1918, 12 p.

Brau, Mario.

CRUZ MONCLOVA, LIDIO: *Crónicas de arte, de vida y de muerte. Con el dibujante* ——. P. R. I., 12 de julio de 1919, núm. 489.

Brunet del Valle, Lorenzana.

NEGRÓN MUÑOZ, ÁNGELA: ——. Del libro *Bosquejos biográficos de mujeres de Puerto Rico.* P. R. I., 1 de noviembre de 1930, año XXI, núm. 1078.

Bustamante, M.ª Rosario.

ANGELIS, MARÍA LUISA DE: ——. En *Mujeres puertorriqueñas.* San Juan, P. R., 1910, p. 7.

C

Caballero de Huicy, María Jesús.

Corona a la memoria de ——. Imp. Salicrup, Arecibo, P. R., 1875, 27 p.

Cabrera y Rivera, Gabriel Pilar.

Gutiérrez y Jiménez, José A.: *Biografía de* ——. Bol. As. Méd. P. R., octubre, noviembre y diciembre de 1908, año VI, núm. 71: 197.

Caldas, Francisco José de.

Acosta, José Julián: *D.* ——, *naturalista neogranadino*. Rev. Agr., septiembre de 1927, vol. 19, núm. 3: 107; núm. 4: 173

Callejo, Fernando.

Angelis, Pedro de: *Partida de bautismo de* ——. En *Pro Patria*. San Juan, P. R., 1903, p. 19.

Callejo, Margarita.

Adsuar, Jorge: *Un paso más, chiquita*. [Margarita Callejo.] En *Pico a pico*. San Juan, P. R., 1925, p. 187.

Quevedo Báez, Manuel: *Artista que honra a su patria. Estudio biográfico de* ——. P. R. I., 12 de febrero de 1911, núm. 50.

Campeche y Jordán, José.

Acosta, José Julián: *Biografía de* ——. P. R., 1855.

Aguayo, Miguel: *Discurso en la Real Sociedad Económica de Amigos del País, en elogio de D. Alejandro Ramírez y el pintor Campeche*. [1841.] B. H. P. R., 1921, vol. 8: 172.

Balsa, Rafael: ——. Estudio crítico. Revista Puertorriqueña, San Juan, P. R. (dirigida por M. Fernández Juncos), 1891, vol. 5: 17.

Coll y Toste, Cayetano: *Puertorriqueños ilustres: El pintor* ——. B. H. P. R., 1916, vol. 3: 308.

Fernández Juncos, Manuel: ——. Pintor puertorriqueño. Rev. Ant., junio de 1914, núm. 4: 69.

Figueroa Sotero: ——. En *Ensayo biográfico*... Tip. El Vapor, Ponce, P. R., 1888, p. 17.

Neumann Gandía, Eduardo: ——. En *Benefactores y hombres notables de Puerto Rico*. Ponce, P. R., 1896, vol. 1: 335.

Tapia y Rivera, Alejandro: *Vida del pintor puertorriqueño* ——. P. R., 1855, 24 p.

Corona poética: Al maestro ——, *pintor puertorriqueño*. Imp. El Boletín Mercantil, San Juan, P. R., 1863, p. 84. [Incluye la composición laureada de Corchado en el certamen de la Sociedad Económica de Amigos del País y los trabajos de Carmen Hernández, Alejandrina Benítez, La Guardia, Comas, Mario, Britapaja, Rosado y Brincau.]

Camuñas, Manuel.

LEBRÓN RAMÓN: *In Memoriam:* ——. Rev. Agr., diciembre de 1927, vol. 19, núm. 6: 298.

Canales, Nemesio R.

NEGRÓN MUÑOZ, ÁNGELA: ——. *El primer defensor en nuestro Parlamento de los derechos políticos de la mujer.* P. R. I., 20 de julio de 1929, año XX, núm. 1011: 9.

PAGÁN, BOLÍVAR: ——. *In Memoriam.* P. R. I., 29 de septiembre de 1923, núm. 709.

Nemesio R. Canales. En *The Representative Men of Porto Rico.* S. p. i., 1910, p. 203.

Nemesio R. Canales. Índice. [Número homenaje.] San Juan, P. R., septiembre de 1929, vol. 1, núm. 6.

Carbonell, Salvador.

COLL Y TOSTE, CAYETANO: *Puertorriqueños ilustres:* ——. B. H. P. R., 1924, vol. 11: 206.

MEDINA GONZÁLEZ, ADOLFO: *Dr.* ——. Trabajo literario. Segunda ed. Tip. San Juan Printing Co., San Juan, P. R., 1919, 4 p.

RUIZ GARCÍA, ZOILO: *Dr.* ——. En *Nuestros hombres de antaño.* Mayagüez, P. R., 1920, p. 13.

Partida de bautismo de ——. B. H. P. R., 1924, vol. 11: 251.

Cárdenas, Miguel.

MELÉNDEZ MUÑOZ, MIGUEL: *El hombre propone...* ——. P. R. I., 23 de febrero de 1918, núm. 417.

Cardona, Úrsula Angélica.

ANGELIS, MARÍA LUISA DE: ——. En *Mujeres puertorriqueñas.* San Juan, P. R., 1910, p. 30.

Carpegna, Ramón.

LUZ CABALLERO, JOSÉ DE LA: *Informe presentado a la clase de educación de la Real Sociedad Económica de Amigos del País, sobre el establecimiento de un plan educativo fundado por D.* ——, *en San Juan de Puerto Rico.* B. H. P. R., 1924, vol. 11: 215

Circular referente a D. ——. [1821.] B. H. P. R., 1921, vol. 8: 368.

Carrión Maduro, Tomás.

ASTOL, EUGENIO: ——. En *El Libro de Puerto Rico.* 1903, p. 1048.
MEDINA GONZÁLEZ, ADOLFO: *Tomás Carrión Maduro.* Trabajo literario. Tip. El Criollo, Aguadilla, P. R., 1920, 9 p.
PAGÁN, BOLÍVAR: *In Memoriam:* ——. P. R. I., 12 de marzo de 1921, núm. 576. [V. Pagán, Bolívar: *América y otras páginas,* 1922, p. 113.]
Tomás Carrión Maduro. En *The Representative Men of Porto Rico.* S. p. i., 1910, p. 289.

Casanova, Carlos.

RUIZ GARCÍA, ZOILO: ——. En *Nuestros hombres de antaño.* Mayagüez, P. R., 1920, p. 51.

Cautiño, Genaro.

LEFEBRE, ENRIQUE: ——. En *Paisajes mentales.* San Juan, P. R., 1918, p. 223.

Cauzos, Ana de.

ANGELIS, MARÍA LUISA DE: ——. En *Mujeres puertorriqueñas.* San Juan, P. R., 1910, p. 6.

Cayron de Valero, Salvadora.

Corona poética en loor a la distinguida primera actriz Sra. D.ª ——. Tip. El Vapor, Ponce, P. R., 1875, 18 p.

Celis Aguilera, José de.

ASTOL, EUGENIO: ——. En *El Libro de Puerto Rico.* 1923, p. 972.
COLL TOSTE, CAYETANO: *Puertorriqueños ilustres: el patriota* ——. B. H. P. R., 1922, vol. 9: 69.
MATOS BERNIER, FÉLIX: ——. En *Pedazos de rocas.* Ponce, P. R, 1894, p. 221.
MEDINA, ZENÓN: ——. En *Pinceladas.* San Juan, P. R., 1895, p. 32.
José de Celis Aguilera. The Puerto Rico Herald, N. Y., 17 de enero de 1903, vol. 2, año II, N° 77: 369.

Cepeda, Francisco.

MATOS BERNIER, FÉLIX: ——. En *Pedazos de rocas.* Ponce, P. R., 1894, p. 207.

ARRILLAGA ROQUÉ, JUAN: *Fisonomía moral de* ——. En *Memorias de antaño.* Ponce, P. R., 1910, p. 23.

Cerecedo, Leopoldo.

HUYKE, JUAN B.: ——. En *Triunfadores.* Neg. Mat. Imp., 1927, vol. 2: 157.

Cerra Andino, José.

REAL, ROMUALDO: *Heroísmo legendario.* Sobre el comportamiento heroico del comandante puertorriqueño ——. P. R. I., 18 de enero de 1913, núm. 151.

Cestero de Ruiz Arnau, Celia.

NEGRÓN MUÑOZ, ÁNGELA: ——. P. R. I., 14 de junio de 1930, año XXI, núm. 1058: 15.

Cestero Ferdinand, R.

ROMEU, JOSÉ A.: *Junto al dolor de un poeta. Una visita a* ——. P. R. I., 16 de agosto de 1930, año XXI, núm. 1067.

Cestero Molina, Rafael.

QUEVEDO BÁEZ, MANUEL: *Dr.* ——. Bol. As. Méd. P. R., octubre de 1910, año VIII, núm. 73: 23.

Cintrón, José Facundo.

COLL Y TOSTE, CAYETANO: *Puertorriqueños ilustres: el diputado* ——. B. H. P. R., 1923, vol. 10: 65.

Cleto Noa, Amalia.

ANGELIS, MARÍA LUISA DE: ——. En *Mujeres puertorriqueñas.* San Juan, P. R., 1910, p. 53.

Cofresí, Roberto.

NEUMANN GANDÍA, EDUARDO: ——. En *Benefactores y hombres notables de Puerto Rico.* Imp. del Listín Comercial, Ponce, P. R., 1899, vol. 2: 28.

Coll y Cuchí, Cayetano.

VARGAS, ALFREDO: *Figuras de relieve.* Dr. ——. Entrevista. P. R. I., 11 de febrero de 1922, núm. 624.

Cayetano Coll y Cuchí En *The Representative Men of Porto Rico.* S. p. i, 1910, p. 61.

Coll y Cuchí, José.

Coll y Cuchí, José. En *The Representative Men of Porto Rico.* S. p. i., 1910, p. 62.

Coll y Toste, Cayetano.

Angelis, Pedro de: *Partida de bautismo de* ——. En *Pro Patria.* San Juan, P. R., 1903, p. 25.
Huyke, Juan B.: ——. En *Triunfadores.* Neg. Mat. Imp., 1927, vol. 2: 127.
Cayetano Coll y Toste. En *The Representative Men of Porto Rico.* S. p. i., 1910, p. 60.
La muerte de un portorriqueño ilustre, D. ——. P. R. I., San Juan, 29 de noviembre de 1930, año XXI, núm. 1082.
Nombramiento de delegado regional de San Juan a favor de —— *en 1789.* B. H. P. R., 1924, vol. 11: 205.
Nombramiento del Dr. —— *de secretario de Hacienda.* B. H. P. R., 1924, vol. 11: 372.

Coll Vidal, José.

Huyke, Juan B.: ——. En *Triunfadores.* Neg. Mat. Imp., 1927, vol. 2: 47.

Collado Martell, Alfredo.

Geigel Polanco, Vicente: *Alfredo Collado Martell.* Índice. (Mensuario de Cultura.) San Juan, P. R., marzo de 1930, vol. 1, núm. 14: 219.

Collazo de Calaf, Concepción.

Angelis, María Luisa de: ——. En *Mujeres puertorriqueñas.* San Juan, P. R., 1910, p. 57.

Colón, Edmundo e Isidoro.

Huyke, Juan B.: —— En *Triunfadores.* Neg. Mat. Imp., 1926, vol. 1: 357.

Concepción Vázquez, Fray Ángel de la.

Coll y Toste, Cayetano: *¿A qué maldición alude Fray* —— *en su carta de 1839 al Padre Rufo?* B. H. P. R., 1921, vol. 8: 364.

Conte, Josefa [Clara Aurora, seud.].

Angelis, María Luisa de: ——. En *Mujeres puertorriqueñas.* San Juan, P. R., 1910, p. 148.

Contreras Ramos, José.

Samalea Iglesias, Luis: ——. Notas biográficas. Tip. Baldorioty, Ponce, P. R., 1908, 14 p.

Una figura del pasado. El general ——. P. R. I., 20 de septiembre de 1913, núm. 186.

Una página de honor. Puerto Rico premia al general —— con motivo de sustituir el nombre de Sol por el de General ——, en una de las calles de San Juan. Estudio biográfico. P. R. I., 6 de septiembre de 1913, núm. 184.

Corchado y Juarbe, Manuel.

Amy, Francisco J.: ——. En *Predicar en desierto.* San Juan, P. R., 1907, p. 238.

Astol, Eugenio: ——. En *El Libro de Puerto Rico.* 1923, p. 998.

Brau, Salvador: ——. *Honremos su memoria.* En *Ecos de la batalla.* Primera serie. Imp. de J. González Font, San Juan, P. R., 1886, p. 158.

Coll y Toste, Cayetano: *Puertorriqueños ilustres:* ——. B. H. P. R., 1920, vol. 7: 65.

Fernández Juncos, Manuel: ——. En *Antología puertorriqueña.* Ed. 1923, p. 132.

Fernández Juncos, Manuel: ——. En *Semblanzas puertorriqueñas.* San Juan, P. R., 1888, p. 203.

Ferrer Hernández, Gabriel: *El entierro de* ——. Imp. de J. González Font, San Juan, P. R., 1885, 4 p.

Figueroa, Sotero: ——. En *Ensayo biográfico...* Tip. El Vapor, Ponce, P. R., 1888, p. 321.

Medina González, Adolfo: *Trabajo literario.* ——. Tip. El Águila, Ponce, P. R., 1921, 6 p.

Medina, Zenón: ——. En *Pinceladas.* San Juan, P. R., 1895, p. 30.

Neumann Gandía, Eduardo: ——. En *Benefactores y hombres notables de Puerto Rico* Imp. del Listín Comercial, Ponce, P. R, 1899, vol. 2: 253.

Padilla, José G.: *En la muerte de* ——. *¡Hasta mañana!* Poesía. Imp. de J. González Font, San Juan, P. R., 1885, 8 p.

Rodríguez de Tió, Lola: *A mi patria, en la muerte de* ——. Poesía. Tip. Comercial, Mayagüez, P. R., 1885, 5 p.

Ruiz García, Zoilo: ——. En *Nuestros hombres de antaño.* Mayagüez, P. R, 1920, p. 24.

Corona poética a la memoria del ilustre puertorriqueño ——. Tip. El Vapor, Ponce, P. R., 1885, 100 p.

Manuel Corchado y Juarbe. The Puerto Rico Herald, N. Y., 26 de abril de 1902, año I, núm. 42.

Corchado, Martín R.

Matos Bernier, Félix: ——. En *Muertos y vivos.* San Juan, P. R., 1905, p. 140.

Biografía. Dr. ——. Bol. As. Méd. P. R., mayo de 1908, año VI, núm. 66: 87.

Cordero, Loaiza.

Huyke, Juan B.: ——. En *Triunfadores.* Neg. Mat. Imp., 1926, vol. 1: 105.

Negrón Muñoz, Ángela: ——. Del libro *Bosquejos biográficos de mujeres de Puerto Rico.* P. R. I., 8 de noviembre de 1930, año XXI, núm. 1079.

Cordero, Rafael.

Brau, Salvador: *Biografía del maestro* ——. Tip. El Agente, San Juan, P. R., 1889, 30 p.

Brau, Salvador: ——. Elogio póstumo con que se iniciara en el Ateneo Puertorriqueño la velada del 31 de octubre de 1891. Tip. de Arturo Córdova, San Juan, P. R., 1891, 22 p.

Daubón, José A.: *El maestro* ——. En *Cosas de Puerto Rico.* Primera serie. San Juan, P. R., 1904, p. 218.

Daubón, José A.: *El maestro* ——. Almanaque Asenjo, 1916, p. 58.

Figueroa, Sotero: ——. En *Ensayo biográfico...* Tip. El Vapor, Ponce, P. R., 1888, p. 173.

Puente Acosta, Lorenzo: *Biografía del maestro* ——. Imp. Acosta, San Juan, P. R., 1868, 24 p. [Contiene un retrato del maestro Rafael y un elogio de Tapia.]

Córdova Dávila, Félix.

Adsuar, Jorge: *El honorable juez...* ——. En *Pico a pico.* San Juan, P. R., 1925, p. 45.

Félix Córdova Dávila. En *The Representative Men of Porto Rico.* S. p. i., 1910, p. 232.

Coronas, Eusebio.

Dr. Eusebio Coronas. Bol. As. Méd. P. R., agosto de 1906, año IV, núm. 45: 142.

Correa de los Reyes, Antonio.

Coll y Toste, Cayetano: *Puertorriqueños ilustres. El capitán* ——. B. H. P. R., 1921, vol. 8: 193.

NEUMANN GANDÍA, EDUARDO: *El capitán* ——. En *Benefactores y hombres notables de Puerto Rico.* Ponce, P. R., 1896, vol. 1 : 241.

Cortón, Antonio.

ARRILLAGA ROQUÉ, JUAN: *Federico Degetau y* ——. En *Memorias de antaño.* Tip. Baldorioty, Ponce, P. R., 1910, p. 62.

FERNÁNDEZ JUNCOS, MANUEL: ——. En *Antología puertorriqueña,* ed. 1923, p. 268.

FERNÁNDEZ JUNCOS, MANUEL: *Nuestros muertos ilustres:* ——. Almanaque puertorriqueño, San Juan, P. R., 1915.

Biografía de ——. Enciclopedia Espasa, Barcelona, vol. 15 : 1062.

Cottes de Lázaro, Obdulia.

NEGRÓN MUÑOZ, ÁNGELA: *Nuestras intelectuales* ——. P. R. I., 6 de diciembre de 1930, año XXI, núm. 1083.

Cruz Horta, Manuel.

HUYKE, JUAN B.: ——. En *Triunfadores.* Neg. Mat. Imp., 1926, vol. 1 : 239.

Cuevas Aboy, Juan.

SAMALEA IGLESIAS, LUIS: *Un vencido glorioso:* ——. P. R. I., 15 de julio de 1916, núm. 333.

Cuevas Zequeira, Sergio.

RODRÍGUEZ GARCÍA, JOSÉ ANTONIO: *Elogio del Dr.* ——. Habana, 1928, 44 p.

Ch.

Chardón, Carlos E.

HUYKE, JUAN B.: ——. En *Triunfadores.* Neg. Mat. Imp., 1926, vol. 1 : 61.

Chavier Arévalo, Arístides.

CALLEJO, FERNANDO: ——. En *Música y músicos portorriqueños.* San Juan, P. R., 1915, cap. VI.

D

Dapina y Cáceres, Dr.

Biografía del Dr. ——. Bol. As. Méd. P. R., diciembre de 1907, año V, núm. 61 : 473.

Daubón, José A.

Dalmau Canet, Sebastián: ——. En *Crepúsculos literarios*. San Juan, P. R., 1903, p. 73.

Dávila, Virgilio.

Huyke, Juan B.: ——. En *Triunfadores*. Neg. Mat. Imp., 1927, vol. 2: 227.

Degetau y González, Federico.

Arrillaga Roqué, Juan: —— *y Antonio Cortón*. En *Memorias ae antaño*. Tip. Baldorioty, Ponce, P. R., 1910, p. 62.

Astol, Eugenio: ——. En *El Libro de Puerto Rico*. 1923, p. 1012.

Coll y Toste, Cayetano: *Puertorriqueños ilustres:* ——. B. H. P. R, 1924, vol. 6: 327.

Fernández Juncos, Manuel: ——. En *Antología puertorriqueña*. Ed. 1923, p. 293.

Fernández Juncos, Manuel: *Nuestros muertos ilustres:* ——. Almanaque puertorriqueño, San Juan, P. R., 1915.

Ferrer, Rafael: ——. Panegírico. Rev. Ant., 1914, año II, núm. 1.

Real, Romualdo: *Un patriota menos. En la muerte de* ——. P. R. I., 24 de enero de 1914, núm. 204.

Federico Degetau y González. En *The Representative Men of Porto Rico*. S. p. i., 1910, p. 82.

Recordando a ——. Los besos de mi madre. Pensamientos. Fragmentos tomados del folleto Fe por los familiares de Degetau. P. R. I., 22 de enero de 1916, núm. 308.

[Varios autores.] *Al escritor puertorriqueño* ——, *autor de Juventud. Testimonio de admiración y simpatía*. Imp. de Agustín Avrial, Madrid, 1895, 40 p.

Delgado, Celedonio.

Meléndez Muñoz, Miguel: —— *y su obra*. P. R. I., 29 de enero de 1921, núm. 570. Continúa en 5 de febrero de 1921, núm. 571.

Derkes, Eleuterio.

Figueroa, Sotero: ——. En *Ensayo biográfico*... Tip. El Vapor, Ponce, P. R, 1888, p. 311.

Díaz Caneja, Luis.

Hernández Usera, Rafael: *Un tributo obligado a* ——. Apreciación crítica de su obra. P. R. I., 13 de enero de 1923, núm. 672.

RÍOS OCAÑA, MANUEL: ——. Apreciación crítica. P. R. I., 21 de octubre de 1922, núm. 659.

Díaz Navarro, Herminio.

CARRIÓN MADURO, TOMÁS: ——. En *Oradores parlamentarios...* San Juan, P. R., 1904, p. 145.
COLL Y TOSTE, CAYETANO: *Narración histórica. Rasgo de nobleza de* ——. B. H. P. R., 1918, vol. 5: 138.
MATOS BERNIER, FÉLIX [FRAY JUSTO, seud.]: ——. En *Cromos ponceños.* Ponce, P. R., 1896, p. 15.
Herminio Díaz Navarro. En *The Representative Men of Porto Rico.* S. p. i., 1910, p. 90.
Herminio Díaz Navarro. The Puerto Rico Herald, N. Y., 11 de octubre de 1902, vol. 2, Nº 66: 199.

Diego, José de.

ADSUAR, JORGE: *Los muertos mandan. Con* ——. En *Pico a pico.* San Juan, P. R., 1925, p. 67.
ARRILLAGA ROQUÉ, JUAN: ——. En *Memorias de antaño.* Tip. Baldorioty, Ponce, P. R., 1910, p. 135.
ASTOL, EUGENIO: ——. En *El Libro de Puerto Rico.* 1923, p. 1042.
CARRIÓN MADURO, TOMÁS: —— En *Oradores parlamentarios...* San Juan, P. R., 1904, p. 83.
CORDERO, MODESTO: ——. En *Junto al Ara.* Tip. La Voz Escolar, Mayagüez, P. R., s. f., p. 153.
DALMAU CANET, SEBASTIÁN: *Biografía de* ——. Imp. Cantero, Fernández & Co., San Juan, P. R., 1923, 90 p.
DALMAU CANET, SEBASTIÁN: ——. En *Crepúsculos literarios.* San Juan, P. R., 1903, p. 47.
DALMAU CANET, SEBASTIÁN: ——. En *Próceres.* San Juan, P. R., 1929, p. 240.
DALMAU CANET, SEBASTIÁN: ——. *Estudio sobre su personalidad.* Imp. Cantero, Fernández & Co, San Juan, P. R., 1923, 87 p.
FERNÁNDEZ JUNCOS, MANUEL: ——. En *Antología puertorriqueña.* Ed. 1923, p. 235.
HIJA DEL CARIBE (LA), seud. [TRINIDAD PADILLA DE SANZ]: ——. *Mi ofrenda.* P. R. I., 3 de agosto de 1918, núm. 440.
JIMÉNEZ RIVERA, FELIPE: ——. *De profundis.* P. R. I, 3 de agosto de 1918, núm. 440
LABRA, RAFAEL MARÍA DE: *Carta de D. Rafael María de Labra al Dr. Coll y Toste, en la que le habla de* —— *y Cayetano Coll y Cuchí.* B. H. P. R., 1924, vol. 11: 246.
MELÉNDEZ MUÑOZ, MIGUEL: ——. *El último cruzado.* P. R. I., 3 de agosto de 1918, núm. 440.

Pérez Losada, José: ——. *La ruta de un astro.* P. R. I., 3 de agosto de 1918, núm. 440.

Ribera Chevremont, Evaristo: *Disquisiciones literarias.* Interview con el Sr. ——. P. R. I., 19 de enero de 1918, núm. 412.

Ruiz García, Zoilo: ——. En *Nuestros hombres de antaño.* Mayagüez, P. R., 1920, p. 144.

Samalea Iglesias, Luis: *Interviews de actualidad.* Entrevista con ——. P. R. I., 13 de septiembre de 1913, núm. 185.

El último patriota. P. R. I., 20 de julio de 1918, núm. 438.

Homenaje a ——. En el segundo aniversario de su muerte. S. p. i. y s. f., 14 p. sin numerar. [Contiene artículos y poesías.]

José de Diego. En *The Representative Men of Porto Rico.* S. p. i., 1910, p. 30.

Partida de bautismo del patriota ——. B. H. P. R., 1919, vol. 6: 194.

Dolz, Rafaela.

Negrón Muñoz, Ángela: *Excma. Sra. D.ª* ——. P. R. I., 6 de septiembre de 1930, año XXI, núm. 1070.

Domínguez, José.

Marín, Ramón: *Biografía del presbítero* ——. P. R., 1871.

Dueño Colón, Braulio.

Callejo, Fernando: ——. En *Música y músicos portorriqueños.* San Juan, P. R., 1915, cap. VII.

E

Echavarría y Goya, Arturo.

Biografía. Dr. ——. Bol. As. Méd. P. R., febrero de 1908, año VI, núm. 62: 33.

Egozcue, Manuel.

Angelis, Pedro de: *Partida de bautismo de* ——. En *Pro Patria.* San Juan, P. R., 1903, p. 19.

Elzaburo, Manuel.

Coll y Toste, Cayetano: *Puertorriqueños ilustres:* ——. Documento para la historia de la instrucción pública en Puerto Rico. La institución de enseñanza superior en Puerto Rico. B. H. P. R., 1923, vol. 10: 139.

Fernández Juncos, Manuel: ——. En *Antología puertorriqueña,* ed. 1923, p. 192.

FERNÁNDEZ JUNCOS, MANUEL: ——. Estudio crítico-biográfico leído en la velada del Ateneo la noche del 13 de septiembre de 1892. Revista Puertorriqueña (dirigida por M. Fernández Juncos). San Juan, P. R., vol. 6, 1892, p. 731.

Manuel Elzaburo. The Puerto Rico Herald, N. Y., 5 de diciembre de 1903, vol. 3, Nº 123: 1105.

Manuel Elzaburo. En *Cuarto Centenario de la Colonización Cristiana de Puerto Rico.* San Juan, P. R., 1908, p. 164.

Partida de bautismo del patriota ——. B. H. P. R., 1923, vol. 10, p. 194.

Escalona, Rosita.

ROMEU, JOSÉ A.: *Una artista puertorriqueña que triunfa.* ——. P. R. I., San Juan, 6 de julio de 1929, año XX, núm. 1009.

Escoriaza, José María Pascasio de.

NEUMANN GANDÍA, EDUARDO: ——. En *Benefactores y hombres notables de Puerto Rico.* Imp. del Listín Comercial, Ponce, P. R., 1899, vol. 2: 281.

Partida de bautismo del diputado a Cortes ——. B. H. P. R., 1922, vol. 9: 24.

Espada, Tiburcio.

NEUMANN GANDÍA, EDUARDO: ——. En *Benefactores y hombres notables de Puerto Rico.* Ponce, P. R., 1896, vol. 1: 250.

Esteves, Guillermo.

HUYKE, JUAN B.: ——. En *Triunfadores.* Neg. Mat. Imp., 1926, vol. 1: 55.

Eulate, Carmela.

ANGELIS, MARÍA LUISA DE: ——. En *Mujeres puertorriqueñas.* San Juan, P. R., 1910, p. 119.

NEGRÓN MUÑOZ, ÁNGELA: *Nuestras mujeres:* ——. P. R. I., 16 de febrero de 1929, año XX, núm. 989: 3.

REAL, CRISTÓBAL: ——. *Una gran escritora portorriqueña.* P. R. I., 24 de julio de 1920, núm. 543.

Biografía de ——. Enciclopedia Espasa. Barcelona, vol. 22: 1336.

F

Fabián, Rafael.

HUYKE, JUAN B.: ——. En *Triunfadores.* Neg. Mat. Imp., 1926, vol. 1: 169.

Feliú, Mariano.

Arnaldo Meyners, J.: *La muerte de un elegido*: ——. P. R. I., 22 de enero de 1927, núm. 881.

Fernández García, Eugenio.

Huyke, Juan B.: ——. En *Triunfadores*. Neg. Mat. Imp., 1926, vol. 1: 309.
Quevedo Báez, Manuel: *Trazos biográficos del Dr. ——*. Ex presidente de la Asociación Médica de Puerto Rico. Bol. As. Méd. P. R., diciembre de 1927, año XXI, núm. 159: 47.

Fernández Guerrero, Manuel.

Angelis, Pedro de: *Partida de bautismo de ——*. En *Pro Patria*. San Juan, P. R., 1903, p. 18.

Fernández Juncos, Manuel.

Huyke, Juan B.: ——. En *Triunfadores*. Neg. Mat. Imp., 1926, vol. 1: 5.
Dalmau Canet, Sebastián: ——. En *Crepúsculos literarios*. San Juan, P. R., 1903, p. 13.
Dalmau Canet, Sebastián: ——. En *Próceres*. San Juan, P. R., 1929, p. 311.
García, Inés N. de: ——. P. R. I., 25 de marzo de 1916, núm. 317.
García Martínez, Víctor: *D. ——. Sus opiniones de España*. P. R. I., 21 de septiembre de 1912, núm. 134.
García Martínez, Víctor: *Madrid, triste*. (España premia a ——.) P. R. I., 24 de agosto de 1912, núm. 130.
Malaret, Augusto: ——. En *Medallas de oro*. San Juan, P. R., 1928, p. 5.
Meléndez Muñoz, Miguel: *Un combatiente que se retira*. P. R. I., 12 de agosto de 1919, núm. 489.
Mercado, J.: *Datos biográficos de D. ——*. Imp. La Editora, Madrid, 1913, 22 p.
Padilla, José G.: *A D. ——. Epístola I*. Revista Puertorriqueña, San Juan, P. R., 1887, vol. 1: 389.
Pedreira, Antonio S.: ——. *Necrología*. Revista de Estudios Hispánicos, 1928, vol. 1: 415.
Manuel Fernández Juncos. En *The Representative Men of Porto Rico*. S. p. i., 1910, p. 105.

Fernández Náter, Amparo.

Angelis, María Luisa de: ——. En *Mujeres puertorriqueñas*. San Juan, P. R., 1910, p. 134.

NEGRÓN MUÑOZ, ÁNGELA: ——. P. R. I, 24 de agosto de 1929, año XX, núm. 1016.

Fernández Náter, Marcolina C. de.

NEGRÓN MUÑOZ, ÁNGELA: ——. P. R. I., 11 de enero de 1930, año XXI, núm. 1036: 3.

Fernández Muñoz, M.ª Manuela de Elzaburo (Olga, seud.).

ANGELIS, MARÍA LUISA DE: ——. En *Mujeres puertorriqueñas*. San Juan, P. R., 1910, p. 59.
NEGRÓN MUÑOZ, ÁNGELA: ——. P. R. I., 15 de noviembre de 1930, núm. 1080.

Fernández, Rufo Manuel.

Rufo Manuel Fernández. [V. Rufo, El padre.]

Ferrer Hernández, Gabriel.

FERNÁNDEZ JUNCOS, MANUEL: ——. En *Antología puertorriqueña*, ed. 1923, p. 156.
QUEVEDO BÁEZ, MANUEL: *Nuestras capacidades médicas:* ——. Bol. As. Méd. P. R., octubre de 1906, año IV, núm. 47: 184.

Ferrer Otero, Monserrate.

NEGRÓN MUÑOZ, ANGELA: *Nuestras artistas:* ——. P. R. I., 19 de julio de 1930, año XXI, núm. 1063.

Figueroa, Jaime.

HUYKE, JUAN B.: ——. En *Triunfadores*. Neg. Mat. Imp., 1926, vol. 1: 303.

Figueroa, Leopoldo.

HUYKE, JUAN B.: ——. En *Triunfadores*. Neg. Mat. Imp., 1926, vol. 1: 365.

Figueroa, Manuel.

QUEVEDO BÁEZ, MANUEL: *Nuestras capacidades médicas. Dr.* ——. Bol. As. Méd. P. R., agosto de 1904, año II, núm. 20: 312. [V. también el núm. de junio de 1906, año IV, núm. 43: 101.]

Figueroa, Narciso y Kachiro.

ROMEU, JOSÉ A.: ——. *Cuentan sus impresiones de España.* Entrevista. P. R. I., 3 de mayo de 1930, año XXI, núm. 1052.

Figueroa, Sotero.

Hombres del día: ——. *Crítica y biografía.* P. R. I., 5 de noviembre de 1911, núm. 88.

Fiol Negrón, Julio.

HUYKE, JUAN B.: ——. En *Triunfadores.* Neg. Mat. Imp., 1927, vol. 2: 9.

Font y Guillot, Eliseo.

TORREGROSA, A.: *In memoriam:* ——. P. R. I., 7 de abril de 1923, núm. 684.

Fort, Gustavo.

FERRER, RAFAEL: *Perfiles. Sobre el poeta* ——. Rev. Ant., julio de 1914, año XI, núm. 5 : 69.

Fortuño Sellés, Ramón.

HUYKE, JUAN B.: ——. En *Triunfadores.* Neg. Mat. Imp., 1926, vol. 1: 407.

Freyre y Rivas, José Ramón.

FERNÁNDEZ JUNCOS, MANUEL: ——. En *Antología puertorriqueña.* Ed. 1923, p. 137.
FIGUEROA, SOTERO: ——. En *Ensayo biográfico...* Tip. El Vapor, Ponce, P. R., 1888, p. 199.
RUIZ GARCÍA, ZOILO: ——. En *Nuestros hombres de antaño.* Mayagüez, P. R., 1920, p. 19.
Partida de bautismo de ——. B. H. P. R., 1923, vol. 10: 53.

G

Gallardo, Juan G.

HUYKE, JUAN B.: ——. En *Triunfadores.* Neg. Mat. Imp., 1926, vol. 1: 65.

García de la Torre, Félix.

BRAU, SALVADOR: ——. En *Ecos de la batalla.* Primera serie. Imp. de J. González Font, San Juan, P. R., 1886, p. 109.

García Salgado, Manuel.

Manuel García Salgado. The Puerto Rico Herald, N. Y., 6 de junio de 1903, vol. 2, año II, núm. 97: 689.

Garrido, Justo.

Mier, Elpidio de: *Figuras puertorriqueñas. Don ——, un militar y diplomático español, nacido en Puerto Rico.* Biografía. P. R. I., 9 de julio de 1911, núm. 71.

Gatell, Rafael A.

Quevedo Báez, Manuel: ——. Bol. As. Méd. P. R., junio de 1916, año XII, núm. 111: 115.

Gautier Benítez, José.

Amy, Francisco J.: ——. En *Predicar en desierto.* San Juan, P. R., 1907, p. 236.

Angelis, Pedro de: *Partida de bautismo de* ——. En *Pro Patria.* San Juan, P. R., 1903, p 11.

Balseiro, José A.: —— *y el espíritu de su época.* En *El Vigía.* Madrid, 1925, vol. 1: 143.

Balseiro, José A.: *Nuevas notas sobre* ——. Hispania, California, diciembre de 1930, vol. 13, núm. 6. [Hay tirada aparte.]

Bonafoux, Luis: ——. En *Ultramarinos.* Madrid, 1882, p. 114.

Coll y Toste, Cayetano: *Puertorriqueños ilustres.* ——. B. H. P. R., 1919, vol, 6: 158.

Coll y Toste, Cayetano: *Rectificaciones históricas. ¿Dónde nació nuestro eximio poeta* ——? B. H. P. R., 1917, vol. 4: 126.

Fernández Juncos, Manuel: ——. En *Antología puertorriqueña.* Ed. 1923, p. 164.

Figueroa, Sotero: ——. En *Ensayo biográfico...* Tip. El Vapor, Ponce, P. R., 1888, p. 253.

Malaret, Augusto: ——. En *Medallas de oro.* San Juan, P. R., 1928, p. 105.

Matos Bernier, Félix: ——. En *Pedazos de rocas.* Ponce, P. R., 1894, p. 183.

Medina, Zenón: ——. En *Pinceladas.* San Juan, P. R., 1895, p. 40.

José Gautier Benítez. En *Cuarto Centenario de la Colonización Cristiana de Puerto Rico.* San Juan, P. R., 1908, p. 168.

Velada literaria en honor de ——. (11 de abril de 1880.) Imp. de J. Ramón González, San Germán, P. R., 1880, 16 p.

Gaylón de Valero, S.

Corona poética dedicada a ——. Tip. El Vapor, Ponce, P. R., 1875, 8 p.

Geigel Polanco, Vicente.

HUYKE, JUAN B.: ——. En *Triunfadores*. Neg. Mat. Imp., 1927, vol. 2: 187.

Gil, Esteve.

NEUMANN GANDÍA, EDUARDO: *El obispo* ——. En *Benefactores y hombres notables de Puerto Rico*. Imp. del Listín Comercial, Ponce, P. R., 1899, vol. 2: 115.

Gil de Lamadrid, Josefa.

ANGELIS, MARÍA LUISA DE: ——. En *Mujeres puertorriqueñas*. San Juan, P. R., 1910, p. 49.

Gil, Pedro.

HUYKE, JUAN B.: ——. En *Triunfadores*. Neg. Mat. Imp., 1926, vol. 1: 223.

Giorgetti, Eduardo.

HUYKE, JUAN B.: ——. En *Triunfadores*. Neg. Mat. Imp., 1926, vol. 1: 47.

Giuliani, Salvador.

QUEVEDO BÁEZ, MANUEL: *Perfil biográfico del Dr.* ——. Bol. As. Méd. P. R., marzo y abril de 1929, año XXII, núm. 170: 47.

Giusti de Giusti, María.

NEGRÓN MUÑOZ, ÁNGELA: *Figuras sobresalientes de nuestra filantropía:* ——. P. R. I., 23 de agosto de 1930, año XXI, núm. 1068.

Goenaga, Francisco R. de.

QUEVEDO BÁEZ, MANUEL: *Nuestras capacidades médicas:* ——. Bol. As. Méd. P. R., julio de 1903, año I, núm. 7: 102.

Goico, Pedro Gerónimo.

Coll y Toste, Cayetano: *Puertorriqueños ilustres: El Dr.* ——. B. H. P. R., 1918, vol. 5: 194.

Pedro Gerónimo Goico. The Puerto Rico Herald, N. Y., 20 de septiembre de 1902, vol. 2, N° 63: 145.

Partida de bautismo del patriota ——. B. H. P. R., 1921, vol. 8: 260.

González, Rosa.

Negrón Muñoz, Ángela: ——. P. R. I., 30 de agosto de 1930, núm. 1069.

González de Degetau, Consuelo.

Negrón Muñoz, Ángela: ——. P. R. I., 7 de diciembre de 1929, año XX, núm. 1031: 3.

González Facundo, Francisco.

Huyke, Juan B.: ——. En *Triunfadores.* Neg. Mat. Imp., 1927, vol. 2: 173.

González García, Matías.

Huyke, Juan B.: ——. En *Triunfadores.* Neg. Mat. Imp., 1926, vol. 1: 193.

Cómo yo hice mi examen de maestro. (Autobiografía y apuntes.) P. R. I., 3 de enero de 1925, núm. 774.

Matías González García. Índice. [Número homenaje.] San Juan, P. R., octubre de 1929, vol. 1, núm. 7.

González Ginorio, José.

Huyke, Juan B.: ——. En *Triunfadores.* Neg. Mat. Imp., 1926, vol. 1: 395.

González Lamas, A.

Huyke, Juan B.: ——. En *Triunfadores.* Neg. Mat. Imp., 1926, vol. 1: 275.

González Martínez, Isaac.

Huyke, Juan B.: ——. En *Triunfadores.* Neg. Mat. Imp., 1926, vol. 1: 319.

Isaac González Martínez. En *The Representative Men of Porto Rico.* S. p. i., 1910, p. 142.

González Mena, Enrique.

Huyke, Juan B.: ——. En *Triunfadores*. Neg. Mat. Imp., 1927, vol. 2: 235.

González Quiara, José.

Matos Bernier, Félix: ——. En *Muertos y vivos*. San Juan, P. R., 1905, p. 166.

Guasp y Daubón, Ignacio.

Angelis, Pedro de: *Partida de bautismo de* ——. En *Pro Patria*. San Juan, P. R., 1903, p. 16.

Guerra Mondragón, Miguel.

Ferrer, Rafael: ——. Estudio crítico-biográfico. Rev. Ant., 1914, año II, núm. 7: 70.

Vargas, Alfredo: *Figuras de relieve*. Entrevista con ——. P. R. I., 4 de marzo de 1922, núm. 627.

Miguel Guerra Mondragón. En *The Representative Men of Porto Rico*. S. p. i., 1910, p. 299.

Guillermety Quintero, Fidel.

Timothée, Pedro C.: ——. Revista Farmacéutica. San Juan, P. R., mayo de 1927, año I, núm. 1: 8.

Gutiérrez de Cos, Pedro.

Hernández, Gaspar: *Oración fúnebre en las honras del Excmo. e Ilmo. Sr. D.* ——. San Juan, P. R., 1833, p. 29.

Figueroa, Sotero: *El obispo* ——. En *Ensayo biográfico...* Tip. El Vapor, Ponce, P. R., 1888, p. 53.

Neumann Gandía, Eduardo: ——. En *Benefactores y hombres notables de Puerto Rico*. Imp. del Listín Comercial, Ponce, P. R., 1899, vol. 2: 7.

Gutiérrez Espinosa, Felipe.

Callejo, Fernando: ——. En *Música y músicos portorriqueños*. San Juan, P. R., 1915, cap. VIII.

Daubón, José A.: *El maestro* ——. En *Plumas amigas*. Cuarto fascículo. Imp. Cantero, Fernández & Co., San Juan, P. R., 1913.

Gutiérrez Igaravídez, Pedro.

Pedro Gutiérrez Igaravídez. En *The Representative Men of Porto Rico.* S. p. i., 1910, p. 140.

H

Henna, Julio José.

O'Neill de Milán, Luis: *Biografía de* ——. P. R. I., 19 de julio de 1930, año XXI, núm. 1063.
Todd, Roberto H.: ——. *Epistolario.* Imp. Cantero, Fernández & Co., San Juan, P. R., 1930, 46 p.
Apuntes. ——. P. R. I., 6 de julio de 1912, núm. 123.

Hernández, Carmen.

Angelis, María Luisa de: ——. En *Mujeres puertorriqueñas.* San Juan, P. R., 1910, p. 27.

Hernández Arbizu, Juan Antonio.

Neumann Gandía, Eduardo: ——. En *Benefactores y hombres notables de Puerto Rico.* Imp. del Listín Comercial, Ponce, P. R., 1899, vol. 2: 285.

Hernández, Francisco J.

Brau, Salvador: *Nuestra ofrenda.* ——. En *Ecos de la batalla.* Primera serie. Imp. de J. González Font, San Juan, P. R., 1886, p. 165.
Figueroa, Sotero: ——. En *Ensayo biográfico...* Imp. El Vapor, Ponce, P. R., 1888, p. 337.
Valle Atiles, Francisco del: *Biografía de* ——. Imp. de J. González Font, San Juan, P. R., 1885, 25 p. [V. Bol. As. Méd. P. R., mayo de 1907, año V, núm. 54: 321; núm. 55: 345, y núm. 56: 359.]
Velada celebrada en obsequio a la memoria del Dr. ——, *por el Ateneo Científico y Literario de Puerto Rico, en la noche del 7 de diciembre de 1885.* Colección de discursos y poesías. Imp. Acosta, San Juan, P. R., 1886, 31 p.

Hernández, José Conrado.

José Conrado Hernández. En *The Representative Men of Porto Rico.* S. p. i., 1910, p. 25.

Hernández López, Juan.

Asenjo, Conrado: *De la vida íntima.* ——. Entrevista y rasgos biográficos. P. R. I., 2 de noviembre de 1912, núm. 140.
Carrión Maduro, Tomás: ——. En *Oradores parlamentarios...* San Juan, P. R., 1904, p. 105.
Juan Hernández López. En *The Representative Men of Porto Rico.* S. p. i., 1910, p. 38.

Hernández y Salgado, Ricardo M.

Quevedo Báez, Manuel: *Dr.* ——. Bol. As. Méd. P. R., septiembre de 1908, año VI, núm. 70 : 167.

Hernández Usera, Rafael.

Balseiro, José A.: *Entrevistas madrileñas.* Con ——. P. R. I., 17 de noviembre de 1923, núm. 716.

Herrero, Juan N.

Huyke, Juan B.: ——. En *Triunfadores.* Neg. Mat. Imp., 1927, vol. 2 : 143.

Hoheb, Carlos B.

Biografía del Dr. ——. Bol. As. Méd. P. R., agosto de 1907, año V, núm. 57 : 381.

Honoré, Carmelo.

Huyke, Juan B.: ——. En *Triunfadores.* Neg. Mat. Imp., 1926, vol. 1 : 141.

Hostos, Eugenio María de.

Astol, Eugenio: ——. P. R. I., 22 de febrero de 1919, núm. 469.
Blanco Fombona, Rufino: ——. En *Grandes escritores de América.* Renacimiento, Madrid, 1917, p. 173.
Coll y Toste, Cayetano: *Puertorriqueños ilustres:* ——. B. H. P. R., 1918, vol. 5 : 260.
Dalmau Canet, Sebastián: ——. En *Crepúsculos literarios.* San Juan, P. R., 1903, p. 67.
Daubón, José A.: ——. En *Cosas de Puerto Rico.* Segunda serie. San Juan, P. R., 1905, p. 138.

FERNÁNDEZ JUNCOS, MANUEL: ——. En *Antología puertorriqueña.* Ed. 1923, p. 117.

LEDESMA MORALES, M.: ——. La Nueva Democracia, N. Y., vol. 8, núm. 9: 6.

MATOS BERNIER, FÉLIX: ——. En *Muertos y vivos.* San Juan, P. R., 1905, p. 171.

NEGRÓN FLORES, RAMÓN: ——. Ensayo biográfico. Rev. Ant., mayo de 1913, núm. 3: 23.

PEDREIRA, ANTONIO S.: *Hostos y Martí.* Revista Bimestre Cubana. Habana, noviembre-diciembre de 1930, vol. 26, núm. 2: 249. [V. mi estudio en prensa: *Hostos: ciudadano de América.*]

SAMALEA IGLESIAS, LUIS: *Horas de tributo.* Sobre un proyecto de publicación de las obras de Hostos. P. R. I., 3 de abril de 1915, núm. 266.

TORRES, CARLOS ARTURO: ——. En *Estudios de crítica moderna.* Ed. América, Madrid, s. f., p. 181.

Carta política de —— a D. Salustiano de Olózaga, en 1868. B. H. P. R., 1924, vol. 11: 279.

El día de conmemoración, 30 de mayo de 1904. Dedicado a la memoria de los nobles puertorriqueños —— y Esteban Antonio Fuentes. Tip. Auditor's Office Division of Printing, San Juan, P. R., 1904, 31 p.

Eugenio María de Hostos. Ofrenda a su memoria. Imp. Oiga, Santo Domingo, 1904, 384 p.

Partida de bautismo del patriota puertorriqueño ——. B. H. P. R., 1920, vol. 7: 78.

Nota: Para una bibliografía de las obras y estudios sobre Hostos, v. la *Contribución para el estudio de Hostos,* por Antonio S. Pedreira, en Alma Latina, San Juan, P. R., marzo de 1931, núm. 8. Aparecerá más completa en mi estudio en prensa: *Hostos: ciudadano de América.*

I

Igaravídez, Leonardo.

ANGELIS, PEDRO DE: *Partida de bautismo de* ——. En *Pro Patria.* San Juan, P. R., 1903, p. 6.

Iglesias, Santiago.

IGLESIAS, SANTIAGO: *Luchas emancipadoras.* Imp. Cantero, Fernández y Cía., San Juan, P. R., 1929, 388 p. [Libro autobiográfico.]

MUÑOZ MARÍN, LUIS: *Conversaciones políticas.* —— *habla del Status político.* P. R. I., 23 de junio de 1923, núm. 695.

ROMERAL, R. DEL: ——. Su biografía en el movimiento obrero de Puerto Rico. Tip. Ferreras, San Juan, P. R., 1901, 20 p.

Irizarry, José F.

LÓPEZ DE VICTORIA, PELEGRÍN: *Rasgos biográficos del teniente coronel ——, en la guerra de Cuba.* Est. Tip. de José de J. López, Sábana Grande, P. R., 1902, 22 p.

Izcoa Díaz, Evaristo.

Evaristo Izcoa Díaz. The Puerto Rico Herald, N. Y., 14 de septiembre de 1901, vol. 1, N° 10.

J

Janer, José.

José Janer. The Puerto Rico Herald, N. Y., 7 de mayo de 1904, vol. 3, N° 145: 1467.

Jesús Domínguez, José de.

RUIZ GARCÍA, ZOILO: ——. En *Nuestros hombres de antaño.* Mayagüez, P. R., 1920, p. 28.

Biografía. Dr. ——. Bol. As. Méd. P. R., marzo de 1908, año VI, núm. 64: 45.

Jiménez Moreno, Eduardo.

NEUMANN GANDÍA, EDUARDO: ——. En *Benefactores y hombres notables de Puerto Rico.* Tip. del Listín Comercial, Ponce, P. R., 1899, vol. 2: 153. [V. Bol. As. Méd. P. R., enero de 1908, año VI, núm. 1: 12.]

Jiménez, Eleuterio.

BALDORIOTY DE CASTRO, ROMÁN: *Recuerdo consagrado a la memoria triste y grata de nuestro inolvidable amigo* ——. Tip. Guasp, San Juan, P. R., 1861. [V. reproducida en Neumann Gandía, Eduardo: *Benefactores y hombres notables de Puerto Rico.* Ponce, P. R., 1899, vol. 2: 119.]

Jiménez, Juan Francisco.

NEUMANN GANDÍA, EDUARDO: *El Dr.* ——. En *Benefactores y hombres notables de Puerto Rico.* Imp. del Listín Comercial, Ponce, P. R., 1899, vol. 2: 69.

Jiménez Sicardó, Gabriel.

ANGELIS, PEDRO DE: *Partida de bautismo de* ——. En *Pro Patria.* San Juan, P. R., 1903, p. 8.

Jiménez, El Padre.

El Padre Jiménez. Fomento de Puerto Rico (Rev. quincenal.) San Juan, P. R., 1864, vol. 2: 35.

Jordán, Manuel.

FERNÁNDEZ JUNCOS, MANUEL: ——. P. R. I., 24 de abril de 1920, núm. 530.

Juliá Marín, Ramón.

REAL, ROMUALDO: ——. *Recordando.* Crítica y recuerdos históricos de la vida del autor y ——, autor de *Tierra adentro.* P. R. I., 2 de julio de 1911, núm. 70.

L

Labra, Rafael María de.

ARRILLAGA ROQUÉ, JUAN: ——. En *Memorias de antaño.* Tip. Baldorioty, Ponce, P. R., 1910, p. 52.
COLL Y TOSTE, CAYETANO: ——. B. H. P. R., 1918, vol. 5: 376.

Lago, Jesús María.

QUIÑONES, SAMUEL R.: ——. Índice. (Mensuario de Cultura.) San Juan, P. R., vol. 1: 269.

Larrinaga y Torres de Vallejo, Tulio.

ASTOL, EUGENIO: ——. En *El Libro de Puerto Rico.* 1923, p. 1006.
BLANCO FERNÁNDEZ, ANTONIO: ——. En *España y Puerto Rico. 1820-1930.* Imp. Cantero, Fernández & Co., San Juan, P. R., 1930, p. 328.
Tulio Larrinaga y Torres de Vallejo. En *The Representative Men of Porto Rico.* S. p. i., 1910, p. 28.

Lasalle, Beatriz.

ANGELIS, MARÍA LUISA DE: ——. En *Mujeres puertorriqueñas.* San Juan, P. R., 1910, p. 155.
NEGRÓN MUÑOZ, ÁNGELA: ——. P. R. I., 18 de mayo de 1929, año XX, núm. 1002: 19.

Lastres, Francisco.

TORREGROSA, CARLOS: *Notas biográficas de D.* ——. Madrid, 1919, 23 p.

Leavitt, Rosita.

RAMOS, JULIO S.: ——. P. R. I., 2 de marzo de 1929, año XX, núm. 991: 73.

Lemery, José.

NEUMANN GANDÍA, EDUARDO: ——. En *Benefactores y hombres notables de Puerto Rico.* Imp. del Listín Comercial, Ponce, P. R., 1899, vol. 2: 109.

Levy, José Elías.

DALMAU CANET, SEBASTIÁN: ——. En *Crepúsculos literarios.* P. R., 1903, p. 57.

Lima, Santa Rosa de.

Documentos referentes a ——, y creencia de haber nacido en San Germán, Puerto Rico. B. H. P. R., 1918, vol. 5: 76.

Linares, Augusto G. de.

MIER, ELPIDIO DE: *Augusto G. de Linares.* Imp. Baldorioty, Ponce, P. R., 1905, 20 p.

Lomar, Martha.

RIBERA CHEVREMONT, EVARISTO: *Dos libros de ——.* P. R. I., 12 de enero de 1929, año XX, núm. 984: 11.

López Cepero, Mariano.

Mariano López Cepero. Bol. As. Méd. P. R., agosto de 1908, año VI, núm. 69: 146.

López Domínguez, Francisco A.

HUYKE, JUAN B.: ——. En *Triunfadores.* Neg. Mat. Imp., 1926, vol. 1: 421

López Landrón, Rafael.

Rafael López Landrón. En *The Representative Men of Porto Rico.* S. p. i., 1910, p. 141.

López de Vélez, Ana.

NEGRÓN MUÑOZ, ÁNGELA: *Feministas de talla:* ——. P. R. I., 23 de febrero de 1929, año XX, núm. 990: 9.

Ll

Llauger, Carlos.

HUYKE, JUAN B.: ——. En *Triunfadores.* Neg. Mat. Imp., 1927, vol. 2: 81.

Llobet Rildón, María.

ANGELIS, MARÍA LUISA DE: ——. En *Mujeres puertorriqueñas.* San Juan, P. R., 1910, p. 117.

Lloréns, Noel.

ALDEA ALEGRE, J.: *Escritores jóvenes:* ——. P. R. I., 22 de enero de 1921, núm. 569.

Lloréns Torres, Luis.

HUYKE, JUAN B.: ——. En *Triunfadores.* Neg. Mat. Imp., 1927, vol. 2: 53. [V. *Obras Poéticas.*]

Lloréns Torres, Soledad.

NEGRÓN MUÑOZ, ÁNGELA: *Nuestras poetisas:* ——. P. R. I, 23 de marzo de 1929, año XX, núm. 994: 3.

Lluberas, Arturo.

HUYKE, JUAN B.: ——. En *Triunfadores.* Neg. Mat. Imp., 1926, vol. 1: 113.

M

Manso, Alonso.

COLL Y TOSTE, CAYETANO: *El obispo* ——, *en Caparra y en San Juan.* (11.ª Conferencia.) B. H. P. R., 1923, vol. 10: 331.

NEUMANN GANDÍA, EDUARDO: ——. En *Benefactores y hombres notables de Puerto Rico.* Ponce, P. R., 1896, vol. 1: 201.

Marcano, Manuel.

COLL Y TOSTE, CAYETANO: *¿Comandaba el departamento Sur de la Isla el coronel de Caballería D. ——, cuando la captura de Cofresí?* B. H. P. R., 1921, vol. 8: 363.

Marín Fernández, Manuel.

Corona literaria a la memoria del malogrado escritor arecibeño D. ——. Fallecido en esta ciudad el día 7 de noviembre de 1897. Imp. El Alba, San Juan, P. R., 1904, 121 p.

Marín, Francisco Gonzalo.

BRASCHI, JUAN: *Biografía de* ——. Tip. El Machete, Arecibo, P. R., 1909, 34 p.
FERNÁNDEZ JUNCOS, MANUEL: ——. En *Antología puertorriqueña.* Ed. 1923, p. 219.
FIGUEROA, SOTERO: ——. *(Pachín.)* En *Plumas amigas.* Tercer fascículo. Imp. Cantero, Fernández & Co., San Juan, P. R., 1912.
FIGUEROA, SOTERO: *Poetas puertorriqueños:* ——. Crítica y biografía. P. R. I., 7 de mayo de 1911, núm. 62.
LIMÓN DE ARCE, JOSÉ: *Biografía de* ——. Imp. del Correo del Norte, Arecibo, P. R. 1910, 128 p.
MALARET, AUGUSTO: ——. En *Medallas de oro.* San Juan, P. R., 1928, p. 139.

Marín, Ramón.

AMY, FRANCISCO J.: ——. En *Predicar en desierto.* San Juan, P. R., 1907, p. 234.
COLL Y TOSTE, CAYETANO: *Puertorriqueños ilustres:* ——. B. H. P. R., 1923, vol. 10: 327.
FERNÁNDEZ JUNCOS, MANUEL: ——. En *Antología puertorriqueña.* Ed. 1923, p. 114.
MATOS BERNIER, FÉLIX [FRAY JUSTO, seud.]: ——. En *Cromos ponceños.* Ponce, P. R., 1896, p. 84.
Informe del ponente del Negociado de Instrucción pública a favor del Sr. ——. B. H. P. R., 1919, vol. 6: 238.
Protesta del profesor —— *por no concederle el gobernador Sanz la Escuela principal de Ponce, ganada en rigurosa oposición.* [1883.] B. H. P. R., 1919, vol. 6: 237.

Martel, Anastasio.

JULIÁ MARÍN, RAMÓN: *Crónicas íntimas.* Sobre un poeta popular: ——. P. R. I., 12 de octubre de 1912, núm. 137. [V. el núm. 141.]

Martínez, Antonia.

Angelis, María Luisa de : ——. En *Mujeres puertorriqueñas.* San Juan, P. R., 1910, p. 56.
Negrón Muñoz, Ángela : *Doña ——. Figura sobresaliente de nuestra filantropía.* P. R. I., 10 de agosto de 1929, año XX, núm. 1014.

Martínez, Pura.

Huyke, Juan B. : ——. En *Triunfadores.* Neg. Mat. Imp. 1926, vol. 1 : 97.

Martínez Álvarez, Antonio.

Huyke, Juan B. : ——. En *Triunfadores.* Neg. Mat. Imp., 1926, vol. 1 : 163.

Martínez Álvarez, Rafael.

Huyke, Juan B. : ——. En *Triunfadores.* Neg. Mat. Imp., 1927, vol. 2 : 3.

Martínez de Andino y Dávila, Vicente.

Coll y Toste, Cayetano : *Puertorriqueños ilustres : El coronel ——.* B. H. P. R., 1920, vol. 7 : 260.

Martínez Gandía, Adrián.

Coll y Toste, Cayetano : *Puertorriqueños ilustres : ——.* B. H. P. R., 1923, vol. 10 : 1.

Martínez Illescas, Rafael.

Negrón Flores, Ramón : *Homenaje a un héroe.* Datos y antecedentes relacionados con el homenaje rendido en Ponce el 21 de mayo de 1915 a la memoria del comandante del ejército español ——. Tip. Negrón Flores, San Juan, P. R., 1915, 86 p.

Martínez Plée, Manuel.

Huyke, Juan B. : ——. En *Triunfadores.* Neg. Mat. Imp., 1926, vol. 1 : 335.
Callejo, Fernando : ——. En *Música y músicos portorriqueños.* San Juan, P. R., 1915, cap. IX.
Epistolario de Muñoz Rivera. Carta a Collazo respecto a ——. B. H. P. R., 1923, vol. 10 : 371.

Matheu y de Adrián, Fidela.

Negrón Muñoz, Ángela: *Poetisas del pasado:* ——. P. R. I., 5 de julio de 1930, núm. 1061.

Matienzo Cintrón, Rosendo.

Astol, Eugenio: ——. En *El Libro de Puerto Rico*. 1923, p. 1012.
Coll y Toste, Cayetano: *El gesto del patriota* ——. B. H. P. R., 1919, vol. 6: 162.
Dalmau Canet, Sebastián: ——. En *Crepúsculos literarios,* San Juan, P. R., 1903, p. 43.
Fernández Juncos, Manuel: *Nuestros muertos ilustres:* ——. Almanaque puertorriqueño, San Juan, P. R., 1915.
Lloréns Torres, Luis: ——. Su inmortal creación Pancho Ibero como tipo representativo de Hispano-América. Rev. Ant., marzo de 1914, año II, núm. 1.
Matos Bernier, Félix [Fray Justo, seud.]: ——. En *Cromos ponceños.* Ponce, P. R., 1896, p. 45.
Medina González, Adolfo: ——. *Estudio biográfico.* National Printing Co., Mayagüez, P. R., 1914, 6 p.
Meléndez Muñoz, Miguel: *Un símbolo:* ——. P. R. I., 4 de marzo de 1922, núm. 627.
Partida de bautismo del patriota ——. B. H. P. R., 1919, vol. 6: 6.
Rosendo Matienzo Cintrón. The Puerto Rico Herald, N. Y., 1 de marzo de 1902, año I, núm. 34.

Matos, Juan N.

Huyke, Juan B.: ——. En *Triunfadores.* Neg. Mat. Imp., 1926, vol. 1: 207.

Matos Bernier, Félix.

Dalmau Canet, Sebastián: ——. En *Crepúsculos literarios.* San Juan, P. R., 1903, p. 35.

Meléndez, Concha.

Gómez Costa, Arturo: *Nuestra primera poetisa contemporánea* ——. P. R. I., 4 de marzo de 1916, núm. 314.
Negrón Muñoz, Ángela: ——. P. R. I., San Juan, 13 de septiembre de 1930, núm. 1071. [V. *Ensayos literarios.*]

Meléndez Muñoz, Miguel.

Lube, Josefina: ——. Índice. (Mensuario de Cultura.) San Juan, P. R., enero de 1930, vol. 1, núm. 10.

Méndez de Arcaya, José.

Don José Méndez de Arcaya. The Puerto Rico Herald, N. Y., 7 de febrero de 1903, vol. 2, año II, núm. 80: 418.

Méndez Vigo, Santiago.

Figueroa, Sotero: ——. En *Ensayo biográfico...* Tip. El Vapor, Ponce, P. R., 1888, p. 71.

Neumann Gandía, Eduardo: ——. En *Benefactores y hombres notables de Puerto Rico.* Imp. del Listín Comercial, Ponce, P. R., 1899, vol. 2: 37.

Mendía, Manuel.

Huyke, Juan B.: ——. En *Triunfadores.* Neg. Mat. Imp., 1926, vol. 1: 155.

Menéndez, Rafael.

Huyke, Juan B.: ——. En *Triunfadores.* Neg. Mat. Imp., 1926, vol. 1: 245.

Mercado, José (Momo, seud.).

Astol, Eugenio: ——. En *El Libro de Puerto Rico.* 1923, p. 1040.

Fernández Juncos, Manuel: ——. En *Antología puertorriqueña.* Ed. 1923, p. 224.

Ginorio, Emigdio S.: ——. *Estudio crítico biográfico.* P. R. I., 26 de marzo de 1911, núm. 56.

Rodríguez Cabrero, Luis: *Recuerdos e impresiones: —— y la popularidad.* P. R. I., 21 de septiembre de 1912, núm. 134, y 28 de septiembre de 1912, núm. 135.

Partida de bautismo del poeta puertorriqueño ——, que escribía con el seudónimo Momo. B. H. P. R., 1922, vol. 9: 119.

Messina, Félix María de.

Neumann Gandía, Eduardo: ——. En *Benefactores y hombres notables de Puerto Rico.* Imp. del Listín Comercial, Ponce, P. R., 1899, vol. 2: 155.

Mislán, Ángel.

CALLEJO, FERNANDO: ——. En *Música y músicos portorriqueños*. San Juan, P. R., 1915, cap. X.
HIJA DEL CARIBE (LA), seud. [TRINIDAD PADILLA DE SANZ]: ——. Crítica musical. P. R. I., 26 de febrero de 1911, núm. 52.

Moll, Josefina (Flor Daliza, seud.).

ANGELIS, MARÍA LUISA DE: ——. En *Mujeres puertorriqueñas*. San Juan, P. R., 1910, p. 138.

Monasterio, Jesús.

MIER, ELPIDIO DE: *Rasgos biográficos de* ——. Tip. de H. Vázquez, Yauco, P. R., 1904.

Monclova, José Julián.

José Julián Monclova. Reseña biográfica. Revista Farmacéutica, San Juan, P. R., octubre de 1927, año I, núm. 4: 2.

Monge, José María (Justo Derecho, seud.).

ASTOL, EUGENIO: ——. En *El Libro de Puerto Rico*. 1923, p. 998.
FERNÁNDEZ JUNCOS, MANUEL: ——. En *Antología puertorriqueña*. Ed. 1923, p. 143.
RUIZ GARCÍA, ZOILO: ——. En *Nuestros hombres de antaño*. Mayagüez, P. R., 1920, p. 53.
Partida de bautismo de ——. B. H. P. R., San Juan, 1921, vol. 8: 54.

Mora, María T.

NEGRÓN MUÑOZ, ÁNGELA: ——. P. R. I., 16 de septiembre de 1930, año XXI, núm. 1072.

Morales Ferrer, Abelardo.

FERNÁNDEZ JUNCOS, MANUEL: ——. En *Antología puertorriqueña*. Ed. 1923, p. 204.

Morales, José Pablo.

ANGELIS, PEDRO DE: ——. En *Misceláneas puertorriqueñas*. San Juan, P. R., 1910, p. 60.
ASTOL, EUGENIO: ——. En *El Libro de Puerto Rico*. 1923, p. 981.

BRAU, SALVADOR: ——. En *Ecos de la batalla.* (Primera serie.) Imp. de J. González Font, San Juan, P. R., 1886, p. 126.

COLL Y TOSTE, CAYETANO: *Puertorriqueños ilustres:* ——. B. H. P. R.. 1917, vol. 4: 129.

FERNÁNDEZ JUNCOS, MANUEL: ——. En *Antología puertorriqueña.* Ed. 1923, p. 61.

FERNÁNDEZ JUNCOS, MANUEL: ——. En *Semblanzas puertorriqueñas.* San Juan, P. R., 1888, p. 123. [V. *Semblanzas.* Revista Puertorriqueña, San Juan, P. R., vol. 1, p. 10, 105, 188, 281, 628 y 786.]

FIGUEROA, SOTERO: ——. En *Ensayo biográfico...* Tip. El Vapor, Ponce, P. R., 1888, p. 277.

GONZÁLEZ FONT, JOSÉ: ——. *Sus últimas producciones.* En *Escritos sobre Puerto Rico.* Barcelona, 1903, p. 70.

MEDINA, ZENÓN: ——. En *Pinceladas.* San Juan, P. R., 1895, p. 34.

Don José Pablo Morales. The Puerto Rico Herald, N. Y., 24 de enero de 1903, vol. 2, año II, núm. 78: 385.

Morel Campos, Juan.

BALSEIRO, JOSÉ A.: —— *y la danza puertorriqueña.* En *El Vigía.* Madrid, 1925, vol. 1: 253.

BALSEIRO, JOSÉ A.: ——. *El hombre y el músico.* Tip. Germán Díaz, San Juan, P. R., 1922, 17 p.

CALLEJO, FERNANDO: ——. En *Música y músicos portorriqueños.* San Juan, P. R., 1915, cap. XI.

CHAVIER, ARÍSTIDES: ——. En *Siluetas musicales.* Ponce, P. R., 1926, p. 67.

DESCHAMPS, EUGENIO: ——. Tip. del Correo de Puerto Rico, Ponce, P. R., 1899, 31 p.

MANZANO AVIÑÓ, PEDRO: *Por Campos y sus danzas.* Crítica social y artística. P. R. I., 9 de mayo de 1910, p. 7.

MATOS BERNIER, FÉLIX: ——. En *Muertos y vivos.* San Juan, P. R., 1905, p. 128.

MATOS BERNIER, FÉLIX: ——. En *Páginas sueltas.* Ponce, P. R., 1897, p. 91.

REAL, ROMUALDO: *Los dioses de la armonía.* Apreciación de ——. P. R. I., 18 de mayo de 1912, núm. 116.

RODRÍGUEZ ARRESON, J. M.: ——. P R. I., 9 de junio de 1923, núm. 693.

SAMALEA IGLESIAS, LUIS: ——. Apuntes para un estudio. P. R. I., 11 de septiembre de 1915, núm. 289.

Corona literaria a la memoria de ——. Imp. El Día, Ponce, P. R., 1918. 168 p. [Colección de artículos y poesías.]

Moreno Calderón, Antonio.

[*Biografía de*] ——. Enciclopedia Espasa, Barcelona, vol. 36: 1010.

Muñoz Díaz, Gustavo.

QUEVEDO BÁEZ, MANUEL: *Nuestras capacidades médicas: El Dr. ——.* Bol. As. Méd. P. R., agosto de 1903, año I, núm. 8: 118.

Muñoz Morales, Luis.

Luis Muñoz Morales. En *The Representative Men of Porto Rico.* S. p. i., 1910, p. 186.

Muñoz, Laura P. de.

NEGRÓN MUÑOZ, ÁNGELA: ——. P. R. I., 4 de octubre de 1930, núm. 1074.

Muñoz Rivera, Luis.

ABRIL, MARIANO: ——. *Con motivo de su libro Tropicales.* En *Sensaciones de un cronista.* Tip. La Democracia, San Juan, P. R., 1903, p. 184.

ADSUAR, JORGE: *Hacerle hablar. Con ——.* En *Pico a pico.* San Juan, P. R., 1925, p. 15.

ADSUAR, JORGE: *Fuerte y sencillo.* En *Allá va eso.* San Juan, P. R, 1916, p. 111.

ANGELIS, PEDRO DE: ——. *Su vida y su noble y levantada labor en defensa de las libertades de su patria.* Imp. Llabrés Ramírez, San Juan, P. R., 76 p.

ARRILLAGA ROQUÉ, JUAN: ——. En *Memorias de antaño.* Tip. Baldorioty, Ponce, P. R., 1910, p. 129 y 137.

ASTOL, EUGENIO: ——. En *El Libro de Puerto Rico.* 1923, p. 1029.

ASTOL, EUGENIO: ——. *Aspectos. Recuerdos.* P. R. I., 2 de diciembre de 1916, núm. 353.

CINTRÓN, GUILLERMO V., y COLÓN BAERGA, E.: *Laureles póstumos.* Tip. El Día, Ponce, P. R, 1916. [Colección de artículos diversos de diferentes autores a la muerte de ——.]

COLL Y TOSTE, CAYETANO: *Denuncia contra Muñoz por el alcalde de Barranquitas.* B. H. P. R., 1919, vol. 6: 375.

DALMAU CANET, SEBASTIÁN: ——. En *Próceres.* San Juan, P. R., 1929, p. 111.

DALMAU CANET, SEBASTIÁN: ——. *Su vida, su política, su carácter.* Imp. El Boletín Mercantil, San Juan, P. R., 1917, 447 p.

FERNÁNDEZ JUNCOS, MANUEL: ——. En *Antología puertorriqueña.* Ed. 1923, p. 307.

FERNÁNDEZ VANGA, EPIFANIO: *In memoriam.* ——. P. R. I., 18 de noviembre de 1916, núm. 351.

GONZÁLEZ GINORIO, JOSÉ: ——. *Laureles póstumos.* Estudio biográfico-crítico-educativo. D. C. Heath, N. Y., 1919, 145 p..

Gutiérrez Ortiz, Víctor: *Vibraciones patrióticas*. Texto en castellano y en inglés. Biografía y artículos. Tip. El Compás, San Juan, P. R., 1918, 161 p.
Hernández Usera, Rafael: ——, *político y gobernante*. Estudio crítico. Ed. Puerto Rico, Madrid, 1926, 35 p.
Lefebre, Enrique: ——. En *Paisajes mentales*. San Juan, P. R., 1918, p. 239.
Levis, José Elías: *La estética del escultor. La estatua de* ——. P. R. I., 22 de septiembre de 1923, núm. 708.
Manzano Aviñó, Pedro: —— *y la mujer puertorriqueña*. P. R. I., 30 de diciembre de 1916, núm. 357.
Matos Bernier, Félix: ——. En *Muertos y vivos*. San Juan, P. R., 1905, p. 191.
Meléndez Muñoz, Miguel: ——. P. R. I., 25 de noviembre de 1916, núm. 352.
Meléndez Muñoz, Miguel: *Nuestro pueblo y sus grandes hombres*. P. R. I., 15 de noviembre de 1917, núm. 403.
O'Neill de Milán, Luis: ——. P. R. I., 15 de noviembre de 1917, núm. 403.
Hija del Caribe (La), seud. [Trinidad Padilla de Sanz]: *A —— en su primer aniversario*. Rosas de humildad. P. R. I., 15 de noviembre de 1917, núm. 403.
Paniagua, Ángel: *D. —— y la bandera de Puerto Rico*. Patria (Rev.), 16 de abril de 1914.
Ruiz Arnau, Ramón: *Al pasar el féretro*. P. R. I., 25 de noviembre de 1916, núm. 352.
Ruiz García, Zoilo: ——. En *Nuestros hombres de antaño*. Mayagüez, P. R., 1920, p. 94.
Artículos y selecciones de los diarios de San Juan a raíz de la muerte de ——. Almanaque Asenjo, San Juan, P. R., 1917, p. 80.
Carta a Balbás. B. H. P. R., 1919, vol. 6: 207.
Carta a Cepeda. B. H. P. R., 1919, vol. 6: 370.
Carta a Herminio Díaz Navarro. B. H. P. R., 1920, vol. 7: 55.
Carta a un amigo de Ponce. B. H. P. R., 1920, vol. 7: 373.
Epistolario. (Carta a Fernández Vanga.) B. H. P. R., 1922, vol. 9: 289.
Epistolario. (Carta a Martínez Plée.) B. H. P. R., 1923, vol. 10: 220.
Epistolario. (Carta a Collazo.) B. H. P. R., 1923, vol. 10: 371.
Epistolario. (Carta a Lloréns Torres.) B. H. P. R., 1924, vol. 11: 25.
Epistolario. (Carta a Coll y Toste.) B. H. P. R., 1924, vol. 11: 162.
Homenaje póstumo que el pueblo de Puerto Rico, movido al unísono por un sentimiento de amor, rindió en Ponce, al estar en capilla ardiente, al ilustre fenecido Hon. ——. Tip. El Águila, Ponce, P. R., 1916, 75 p.
Homenaie a ——. Tip. La Bandera Americana, Mayagüez, P. R., 1922.

Lágrimas y flores. Homenaje a ——. Colección seleccionada de los trabajos escritos en prosa y verso con motivo de su muerte. Tip. La Bandera Americana, Mayagüez, P. R., 1916, 148 p.
Luis Muñoz Rivera. En *The Representative Men of Porto Rico.* S. p. i., 1910, p. 50.

N

Nadal Santacoloma, Juan.

ADSUAR, JORGE: *Único en su clase:* ——. En *Pico a pico.* San Juan, P. R., 1925, p. 137.

Navarrete, Agustín.

FERNÁNDEZ JUNCOS, MANUEL: *Nuestros muertos ilustres:* ——. Almanaque Puertorriqueño, San Juan, P. R., 1915.

Nazario y Cansel, José María.

ASENJO, CONRADO: *De la vida íntima.* Entrevista con —— y el Dr. del Valle. P. R. I., 19 de octubre de 1912, núm. 138.
COLL Y TOSTE, CAYETANO: *Puertorriqueños ilustres:* ——. B. H. P. R., 1924, vol. 11: 181.

Negrón Muñoz, Ángela.

HIJA DEL CARIBE (LA), seud. [TRINIDAD PADILLA DE SANZ]: ——. P. R. I., 22 de marzo de 1930, año XXI, núm. 1046: 3.

Negrón Sanjurjo, Quintín.

ASTOL, EUGENIO: ——. En *El Libro de Puerto Rico.* 1923, p. 1036.

Neumann Gandía, Eduardo.

COLL Y TOSTE, CAYETANO: ——. P. R. I., 20 de septiembre de 1913, núm. 186.
COLL Y TOSTE, CAYETANO: *Puertorriqueños ilustres:* ——. B. H. P. R., 1924, vol. 11: 75.
FERNÁNDEZ JUNCOS, MANUEL: ——. En *Antología puertorriqueña.* Ed. 1923, p. 282.
FERNÁNDEZ JUNCOS, MANUEL: *Nuestros muertos ilustres:* ——. Almanaque Puertorriqueño, San Juan, P. R., 1915.
Partida de bautismo del historiógrafo D. ——. B. H. P. R., 1924, vol. 11: 163.

Nones, Adolfo.

ARNAU IGARAVÍDEZ, JOSÉ M.: *Mr.* ——. Estudio biográfico. Imp. El Boletín Mercantil, San Juan, P. R., 1887, 15 p.

Norzagaray, Fernando de.

NEUMANN GANDÍA, EDUARDO: ——. En *Benefactores y hombres notables de Puerto Rico*. Imp. del Listín Comercial, Ponce, P. R., 1899, vol. 2: 95.

Núñez, Gonzalo.

CALLEJO, FERNANDO: ——. En *Música y músicos portorriqueños*. San Juan, P. R., 1915, cap. XII.

O

Ochart, Bolívar.

OCHART, BOLÍVAR: *Mis dos años de prisión*. Imp. Cantero, Fernández y Cía., San Juan, P. R., 1910.

O'Daly, Demetrio.

COLL Y TOSTE, CAYETANO: *Puertorriqueños ilustres: El general* ——. B. H. P. R., 1918, vol. 5: 129.

NEUMANN GANDÍA, EDUARDO: ——. En *Benefactores y hombres notables de Puerto Rico*. Ponce, P. R., 1896, vol. 1: 381.

Oller, Francisco.

ALEGRÍA, JOSÉ S.: ——. Índice. (Mensuario de Cultura.) San Juan, P. R., junio de 1929, vol. I, núm. 3: 37.

CORTÓN, ANTONIO: *A Salvador Brau y Francisco Oller*. Imp. de Enrique Teodoro, Madrid, 1895, 47 p. [Contiene este folleto un artículo dedicado a Oller; otro a Brau, y la poesía de este último Mi Camposanto.]

FERNÁNDEZ, AMPARO: *El pintor* ——. Estudio crítico-biográfico. Rev. Ant., 14 de septiembre de 1914, año II, núm. 7.

MATOS BERNIER, FÉLIX: *Frasquito Oller. El Velorio*. En *Isla de Arte*. San Juan, P. R., 1907, p. 97.

PANIAGUA SERRACANTE, JOSÉ: *El boricuismo de Oller*. Índice. (Mensuario de Cultura.) San Juan, P. R., junio de 1929, vol. 3: 39.

RIBERA CHEVREMONT, EVARISTO: *Los divinos...:* ——. P. R. I., 26 de mayo de 1917, núm. 378.

Francisco Oller. Índice. (Mensuario de Cultura.) [Número homenaje.] San Juan, P. R., junio de 1929, vol. I, núm. 3.

O'Neill de Milán, Luis.

HUYKE, JUAN B.: ——. En *Triunfadores*. Neg. Mat. Imp., 1926, vol. 1: 3.

Ortiz, Pedro N.

HUYKE, JUAN B.: ——. En *Triunfadores*. Neg. Mat. Imp, 1926, vol. 1: 69.

Ortiz, Ángel Franco.

QUEVEDO BÁEZ, MANUEL: *Nuestras capacidades médicas:* ——. Bol. As. Méd. P. R., noviembre de 1906, año IV, núm. 48: 197.

Osuna, Juan J.

HUYKE, JUAN B.: ——. En *Triunfadores*. Neg. Mat. Imp., 1926, vol. 1: 127.

Otero, Ana.

ANGELIS, MARÍA LUISA DE: ——. En *Mujeres puertorriqueñas*. San Juan, P. R., 1910, p. 61.

CALLEJO, FERNANDO: ——. En *Música y músicos portorriqueños*. San Juan, P. R., 1915, cap. XIII.

CORTÓN, ANTONIO: ——. Estudio biográfico musical. Revista Puertorriqueña (dirigida por M. Fernández Juncos), San Juan, P. R., vol. 3: 193.

NEGRÓN MUÑOZ, ÁNGELA: ——. P. R. I., San Juan, 21 de junio de 1930, año XXI, núm. 1059, p. 7.

P

Pacheco, Juan (Vandel, seud.).

LEFEBRE, ENRIQUE: *Artistas españoles:* ——. *Pintor nacido en Puerto Rico*. P. R. I., 22 de diciembre de 1923, núm. 721.

Padial y Vizcarrondo, Luis.

ACOSTA, JOSÉ JULIÁN: *El brigadier* ——. Folleto biográfico-político, con motivo de su muerte. Imp. de Acosta, San Juan, P. R., 1879, 8 p.

COLL Y TOSTE, CAYETANO: *Puertorriqueños ilustres. El brigadier* ——. B. H. P. R., 1918, vol. 5: 321.

FIGUEROA, SOTERO: ——. En *Ensayo biográfico* ... Tip. El Vapor, Ponce, P. R., 1888, p. 229.

NEUMANN GANDÍA, EDUARDO: *El brigadier D.* ——. En *Benefactores y hombres notables de Puerto Rico.* Imp. del Listín Comercial, Ponce, P. R., 1899, vol. 2: 247.

Padilla, José Luis.

FIGUEROA, SOTERO: *Puertorriqueños meritorios: ——, poeta.* P. R. I., 15 de octubre de 1911, núm. 85.

Padilla, José Gualberto (El Caribe, seud.).

BENÍTEZ FLORES, MANUEL: *El Caribe.* Estudio. Imp. Cantero, Fernández & Co., San Juan, P. R., 1929, 46 p.

COLL Y TOSTE, CAYETANO: ——, *El Caribe.* Ensayo. Almanaque puertorriqueño, San Juan, P. R., 1915, p. 119.

COLL Y TOSTE, CAYETANO: *Puertorriqueños ilustres:* ——. B. H. P. R., 1919, vol. 6: 205.

DAUBÓN, JOSÉ A.: *Al Caribe.* Testimonio de admiración y profundo afecto. P. R., 1885, 7 p.

FERNÁNDEZ JUNCOS, MANUEL: ——. En *Antología puertorriqueña.* Ed. 1923, p. 72.

FERNÁNDEZ JUNCOS. MANUEL: ——, *El Caribe.* En *Conferencias Dominicales dadas en la Biblioteca Insular de Puerto Rico.* Bur. Supp. Prtg., 1914, p. 123.

FERNÁNDEZ VANGA, EPIFANIO: *El Caribe y la Democracia.* Crítica política. P. R. I., 30 de mayo de 1914, núm. 222.

GONZÁLEZ CÁNDAMO, VÍCTOR: *Semblanzas contemporáneas.* Imp. Jesús y María, P. R, 1901, 24 p.

LUGO, ELEUTERIO: *Al eximio poeta ——, con motivo de su Adiós a la Lira.* Tip. El Telégrafo, Guayama, P. R., 1885, 11 p.

MATOS BERNIER, FÉLIX: ——. En *Muertos y vivos.* San Juan, P. R., 1905, p. 135.

Biografía. Dr. ——. (El Caribe.) Bol. As. Méd. P. R., septiembre de 1907, año V, núm. 58: 401.

Documentos para la Historia política de Puerto Rico. Carta íntima del Dr. —— a su esposa, desde la cárcel de Arecibo, donde estaba preso por motivos de la insurrección de Lares. [1868.] B. H. P. R., 1918, vol 5: 128

José Gualberto Padilla. Índice. (Mensuario de Cultura.) [Número homenaje.] San Juan, P. R., julio de 1929, vol. 1, núm. 4.

José Gualberto Padilla. The Puerto Rico Herald, N. Y., 8 de febrero de 1902, año I, núm. 31.

Ramo de pensamientos que el bello sexo de Vega-Baja dedica a la memoria de D. ——, como débil testimonio de su eterna gratitud y cariño. Ed. Julio Font Camuñas, Vega Baja, P. R., 1896, 17 p.

Padilla de Sanz, Trinidad (La Hija del Caribe, seud.).

Andreu de Aguilar, Isabel: *Enfocando.* P. R. I., 30 de marzo de 1929, año XX, núm. 995.
Angelis, María Luisa de: ——. En *Mujeres puertorriqueñas.* San Juan, P. R., 1910, p. 110.
Esteves, José de Jesús: ——. P. R. I., 15 de abril de 1916, núm. 320.
Negrón Muñoz, Ángela: ——. P. R. I., 8 de junio de 1929, año XX, núm. 1005.

Padilla Dávila, Manuel.

Fernández Juncos, Manuel: ——. En *Antología puertorriqueña.* Ed. 1923, p. 214.

Palacios Apellániz, Rafael.

Don ——. The Puerto Rico Herald, N. Y., 23 de agosto de 1902, vol. 2, núm. 59: 81.

Palés Matos, Luis.

Astol, Eugenio: ——. Prólogo del libro *El palacio en sombras,* P. R. I., 20 de enero de 1923, núm. 673. [Este libro aún no se ha publicado.]
Blanco, Tomás: *A Porto Rican Poet: Luis Palés Matos.* The American Mercury, N. Y., Sept. 1930, vol. 21, Nº 81: 72.

Palés, Vicente.

Lefebre, Enrique: ——. En *Paisajes mentales.* San Juan, P. R., 1918, p. 251.

Palmer, Santiago R.

Astol, Eugenio: ——. En *El Libro de Puerto Rico.* 1923, p. 1004.
Coll y Toste, Cayetano: *Puertorriqueños ilustres:* ——. B. H. P. R., 1920, vol. 7: 1.
Cordero, Modesto: ——. Primer gran maestro de la Gran Logia Soberana de Puerto Rico. En *Junto al ara.* Tip. La Voz Escolar, Mayagüez, P. R., s. f., p. 73.
Matos Bernier, Félix: ——. En *Muertos y vivos.* San Juan, P. R., 1905, p. 186.
Ruiz García, Zoilo: ——. En *Nuestros hombres de antaño.* Mayagüez, P. R., 1920, p. 16.

Paoli, Amalia.

ANGELIS, MARÍA LUISA DE: ——. En *Mujeres puertorriqueñas*. San Juan, P. R., 1910, p. 95.
Ramillete poético. A la distinguida artista ponceña Srta. Amalia Paoli. Sus admiradores. Imp. El Alba, Yauco, P. R.

Paoli, Antonio.

CALLEJO, FERNANDO: ——. En *Música y músicos portorriqueños*. San Juan, P. R., 1915, cap. XIV.
COLL Y TOSTE, CAYETANO: *¿Dónde nació el gran tenor de fama mundial ——?* B. H. P. R., 1921, vol. 8: 363.
PIETRI, AUGUSTO: *Signore* ——. Entrevista con el tenor ——. P. R. I., 8 de julio de 1922, núm. 645.

Paoli de Braschi, Olivia.

NEGRÓN MUÑOZ, ÁNGELA: ——. P. R. I., San Juan, 29 de junio de 1929, año XX, núm. 1008.

Parra y Duperón, Francisco.

MOREL CAMPOS, RAMÓN: *Un ciudadano modelo: ——*. Esbozo biográfico. Imp. José Picó Matos, Ponce, P. R., 1900, 17 p.

Pasarell, Manuel.

ABRIL, MARIANO: ——. En *Sensaciones de un cronista*. Tip. La Democracia, San Juan, P. R., 1903, p. 175.

Pavía, Julián Juan.

NEUMANN GANDÍA, EDUARDO: ——. En *Benefactores y hombres notables de Puerto Rico*. Imp. del Listín Comercial, Ponce, P. R., 1899, vol. 2: 241.

Pedreira, José Enrique.

GÉIGEL POLANCO, VICENTE: *Uno que quiere triunfar... ——*. Gran compositor puertorriqueño. P. R. I., 22 de septiembre de 1923, núm. 708.

Peña y Montilla, Ángeles.

ANGELIS, MARÍA LUISA DE: ——. En *Mujeres puertorriqueñas*. San Juan, P. R., 1910, p. 65.

Percy, F.

Huyke, Juan B.: ——. En *Triunfadores*. Neg. Mat. Imp., 1927, vol. 2: 241.

Pérez Losada, José.

Huyke, Juan B.: ——. En *Triunfadores*. Neg. Mat. Imp., 1927, vol. 2: 247.

Camín, Alfonso: ——. En *Los hombres y los días*. Renacimiento, Madrid, 1927, p. 293.

Cruz Monclova, Lidio: *Con* ——. Crónica. P. R. I., 15 de febrero de 1919, núm. 468.

Pérez Marchand, Dolores.

Negrón Muñoz, Ángela: *Dra.* ——. P. R. I., 26 de abril de 1930, año XXI, núm. 1051.

Pérez Moris, José.

Coll y Toste, Cayetano: *Noticia biográfica de* ——. B. H. P. R., 1924, vol. 11: 122.

Pérez Pierret, Antonio.

Ferrer, Rafael: ——. *Crítica y autobiografía*. Rev. Ant, año II, núm. 6: 65.

Pieretti, El Padre.

Negrón Sanjurjo, Quintín: ——. The Puerto Rico Herald, N. Y., 7 de diciembre de 1901, año I, núm. 22.

Pizarro, Diego.

Angelis, Pedro de: *Partida de bautismo de* ——. En *Pro Patria*. San Juan, P. R., 1903, p. 27.

Power y Giral, Ramón.

Angelis, Pedro de: ——. Biografía, cartas políticas, discursos y representaciones de este ilustre hombre público, que en las Cortes generales y extraordinarias de Cádiz defendió con valor y patriotismo los intereses de Puerto Rico. Tip. El Progreso, Bayamón, P. R., 92 p.

Coll y Toste, Cayetano: *El diputado doceañista* ——. B. H. P. R., 1920, vol. 7: 208.

COLL Y TOSTE, CAYETANO: *Narración histórica. Trámites que tuvo el nombramiento de nuestro representante, D. ——, como miembro de la Suprema Junta de Sevilla en 1809 y como diputado a Cortes en 1810.* B. H. P. R., 1923, vol. 10: 96.

FIGUEROA, SOTERO: ——. En *Ensayo biográfico...* Tip. El Vapor, Ponce, P. R., 1888, p. 31.

NEUMANN GANDÍA, EDUARDO: ——. En *Benefactores y hombres notables de Puerto Rico.* Ponce, P. R., 1896, vol. 1: 343.

TAPIA Y RIVERA, ALEJANDRO: *Noticia histórica de D.* ——. Primer diputado de Puerto Rico; con su apéndice, que contiene algunos de sus escritos y discursos. Tip. González, P. R., 1873, 50 p.

VALLE ATILES, FRANCISCO DEL: *Triunfos pasados.* Tributo a la memoria de un puertorriqueño ilustre: ——. Puerto Rico (Rev. mensual.) San Juan, P. R., julio de 1919, año I, núm. 3.

Epistolario de D. ——. Carta al Dr. Coll y Toste sobre el panteón doceañista. B. H. P. R., 1923, vol. 10: 219.

Un recuerdo glorioso. En memoria de ——. P. R. I., 27 de enero de 1912, núm. 100.

Prim, Juan (conde de Reus).

NEUMANN GANDÍA, EDUARDO: ——. En *Benefactores y hombres notables de Puerto Rico.* Imp. del Listín Comercial, Ponce, P. R., 1899, vol. 2: 55.

Puig y Montserrat, Juan Antonio.

NEUMANN GANDÍA, EDUARDO: ——. En *Benefactores y hombres notables de Puerto Rico.* Imp. del Listín Comercial, Ponce, P. R., 1899, vol. 2: 263.

Pujals, Rafael.

NEUMANN GANDÍA, EDUARDO: ——. En *Benefactores y hombres notables de Puerto Rico.* Imp. del Listín Comercial, Ponce, P. R., 1899, vol. 2: 215.

Q

Quintana, Manuel José.

ACOSTA, JOSÉ JULIÁN: ——. Necrología. P. R., 1857.

Quintón, José I.

CHAVIER, ARÍSTIDES: ——. En *Siluetas musicales.* Ponce, P. R., 1926, p. 91.

Quiñones, Buenaventura.

Muerte de D. ——. B. H. P. R., 1917, vol. 4: 18.
Partida de bautismo del patriota ——. B. H. P. R., 1919, vol. 6: 309.

Quiñones, Concepción.

Angelis, María Luisa de: ——. En *Mujeres puertorriqueñas.* San Juan, P. R., 1910, p. 55.

Quiñones Cardona, Eleuterio.

Ramírez, Manuel M.: *Página de luto. A propósito de la muerte del Dr.* ——. P. R. I., 12 de octubre de 1912, núm. 137.

Quiñones, Francisco Mariano.

Acosta, José Julián: ——. Ligeras notas biográficas. P. R., 1888.
Astol, Eugenio: ——. En *El Libro de Puerto Rico.* 1923, p. 984.
Coll y Toste, Cayetano: *Puertorriqueños ilustres:* ——. B. H. P. R., 1922, vol, 9: 140.
Coll y Toste, Cayetano: *Epistolario de D.* ——. Carta al Dr. Coll y Toste dándole cuenta de las obras por él publicadas. B. H. P. R., 1922, vol. 9: 143.
Neumann Gandía, Eduardo: ——. En *Benefactores y hombres notables de Puerto Rico.* Imp. del Listín Comercial, Ponce, P. R., 1899, vol. 2: 191.
Ruiz García, Zoilo: ——. En *Nuestros hombres de antaño.* Mayagüez, P. R., 1920, p. 154.

Quiñones, José María.

Abril, Mariano: *Rectificaciones históricas. Un error histórico. No fué el Lcdo.* —— *el diputado que representó a Puerto Rico en 1813 en las Cortes de Cádiz, después del fallecimiento de D. Ramón Power.* B. H. P. R., 1922, vol. 9: 102.
Coll y Toste Cayetano: *El diputado a Cortes D.* ——. B. H. P. R., 1922, vol. 9: 103.
Neumann Gandía, Eduardo: ——. En *Benefactores y hombres notables de Puerto Rico.* Ponce, P. R., 1896, vol. 1: 371.

Quiñones, José Severo.

Astol, Eugenio: —— . En *El Libro de Puerto Rico.* 1923, p. 990.
Coll y Toste, Cayetano: *Puertorriqueños ilustres.* ——. B. H. P. R., 1924, vol. 11: 283.

José Severo Quiñones. The Puerto Rico Herald, N. Y., 28 de diciembre de 1901, vol. 1, N° 25.

Quiñones, Ramón.

Ramón Quiñones. The Puerto Rico Herald, N. Y., 29 de noviembre de 1902, vol. 2, N° 73: 305.

Quiñones, Samuel R.

Huyke, Juan B.: ——. En *Triunfadores.* Neg. Mat. Imp., 1926, vol. 1: 379.

R

Rabell Cabrero, Narciso.

Huyke, Juan B.: ——. En *Triunfadores.* Neg. Mat. Imp., 1927, vol. 2: 73.

Guzmán, Lino: *Don* ——. Un astro menos. Reproducido de La Democracia, en Revista Farmacéutica, San Juan, P. R., febrero de 1928, año II, núm. 6: 4.

Ramírez de Villa Urrutia, Alejandro.

Acosta, José Julián: *Recuerdo a la memoria del Excmo. Sr. D.* ——. Imp. Acosta, San Juan, P. R., 1880, 17 p.

Aguayo, Miguel: *Discurso en la Real Sociedad Económica de Amigos del País, en elogio de* —— *y el pintor Campeche.* [1841.] B. H. P. R, 1921, vol. 8: 172.

Figueroa, Sotero: ——. En *Ensayo biográfico...* Tip. El Vapor, Ponce, P. R., 1888, p. 43.

Güell y Renté, Juan D.: *Biografía de D.* ——, *primer intendente de Puerto Rico.* Habana, 1848, reproducido en B. H. P. R., 1921, vol. 8: 85.

Neumann Gandía, Eduardo: ——. En *Benefactores y hombres notables de Puerto Rico.* Ponce, P. R., 1896, vol. 1: 357.

El intendente ——. El Fomento de Puerto Rico. (Rev. quincenal.) San Juan, P. R., 1863, vol. 1: 157-164; 178-189.

Ramírez, Alonso.

Narración histórica ——. *Viajero puertorriqueño del siglo XVII, desconocido en el país.* B. H. P. R., 1923, vol. 10: 371.

Ramírez, Mariano.

Dr. Mariano Ramírez, fallecido en Mayagüez el día 7 de septiembre de 1905. Bol. As. Méd. P. R., septiembre de 1905, año III, núm. 34: 136.
QUEVEDO BÁEZ, MANUEL: *Nuestras capacidades médicas:* ——. Bol. As. Méd. P. R., enero de 1907, año V, núm. 50: 244.

Ramírez de Arellano, Clemente.

Clemente Ramírez de Arellano. En *The Representative Men of Porto Rico.* S. p. i., 1910, p. 154.

Ramírez, Simplicia (Viuda de Betances).

PIETRI, AUGUSTO: *Una reliquia.* Entrevista con D.ª ——. P. R. I., 24 de julio de 1922, núm. 647.

Ramos, Adolfo Heraclio.

CALLEJO, FERNANDO: ——. En *Música y músicos portorriqueños.* San Juan, P. R., 1915, cap. XV.
COLL Y TOSTE, CAYETANO: *Puertorriqueños ilustres:* ——. B. H. P. R., 1921, vol. 8: 261.

Real, Cristóbal.

DALMAU CANET, SEBASTIÁN: ——. En *Crepúsculos literarios.* San Juan, P. R., 1903, p. 71.

Real, Manuel.

SAMALEA IGLESIAS, LUIS: *Manolo Real. En su muerte.* P. R. I., 21 de agosto de 1915, núm. 286.

Real, Matías.

LEFEBRE, ENRIQUE: *Intimidades.* ——. En *Paisajes mentales.* San Juan, P. R., 1918, p. 165.

Reyes Correa, Antonio de los.

Partida de defunción de D. ——, teniente a guerra de Arecibo y defensor del pueblo contra la invasión inglesa en 1702. B. H. P. R., 1924, vol. 11: 250.

Ribera Chevremont, Evaristo.

Diego, José de: *Un poeta:* ——. P. R. I., 17 de febrero de 1917, núm. 364.
Paniagua Serracante, José: *La hora del Orífice, por* ——. P. R. I., San Juan, 8 de junio de 1929, año XX, núm. 1005: 61.
Samalea Iglesias, Luis: *Los tres poetas:* ——. P. R. I., 9 de agosto de 1913, núm. 180.

Riera Palmer, Mariano.

Dalmau Canet, Sebastián: ——. En *Crepúsculos literarios.* San Juan, P. R., 1903, p. 51.
Novoa, Enrique: *Biografía de* ——. En *Cantares,* por Mariano Riera Palmer. Imp. La Revista Blanca, Mayagüez, P. R., 1899, XVIII-256 p.
Mariano Riera Palmer. En *The Representative Men of Porto Rico.* S. p. i., 1910, p. 58.

Rigual, Ramón.

Dr. ——. Bol. As. Méd. P. R., agosto de 1908, año VI, núm. 69: 146.

Ríus Ribera, Juan.

Partida de bautismo del patriota puertorriqueño, general cubano ——. B. H. P. R., 1920, vol. 7: 250.

Rivera Colón, Rosendo.

Abril, Mariano: ——. En *Sensaciones de un cronista.* Tip. La Democracia, San Juan, P. R., 1903, p. 178.
Matos Bernier, Félix: ——. En *Muertos y vivos.* San Juan, P. R., 1905, p. 160.

Rivera de Díaz, Elisa.

Negrón Muñoz, Ángela: *Nuestros profesionales: Dra.* ——. P. R. I., San Juan, P. R., 26 de julio de 1930, núm. 1064.

Rivero, Tadeo de.

Coll y Toste, Cayetano: *El educador* ——. B. H. P. R., 1921, vol. 8: 1.
Partida de defunción de D. ——. B. H. P. R., 1924, vol. 9: 372.

Rivero Méndez, Ángel.

FERNÁNDEZ JUNCOS, MANUEL: *Homenaje a un puertorriqueño ilustre.* Discurso en el Casino Español en honor de D. ——. P. R. I., 27 de enero de 1923, núm. 674.
RIVERO MÉNDEZ, ÁNGEL: *Recuerdos de mi vida militar.* Autobiografía. P. R. I., 1 de agosto de 1925, núm. 804.
Angel Rivero Méndez. En *The Representative Men of Porto Rico.* S. p. i., 1910, p. 202.

Rodríguez, Agustina (Viuda de Justiz).

CABALLERO, PEDRO: *Actrices antillanas. D.ª* ——. P. R. I., San Juan, 18 de enero de 1930, año XXI, núm. 1037 : 67.

Rodríguez Cabrero, Luis.

ASTOL, EUGENIO: ——. En *El Libro de Puerto Rico.* 1923, p. 1037.
MEDINA GONZÁLEZ, ADOLFO: ——. Trabajo literario. San Juan, P. R, 1923, 10 p.

Rodríguez, Francisco S.

HUYKE, JUAN B.: ——. En *Triunfadores.* Neg. Mat. Imp., 1927, vol. 2: 87.

Rodríguez, Gabriel.

COLL Y TOSTE, CAYETANO: *Quién fué* ——. B. H. P. R., 1919, vol. 6: 187.

Rodríguez, José Pastor.

HUYKE, JUAN B.: ——. En *Triunfadores.* Neg. Mat. Imp., 1927, vol. 2: 35.

Rodríguez, Tulio.

HUYKE, JUAN B.: ——. En *Triunfadores.* Neg. Mat. Imp., 1927, vol. 2: 223.

Rodríguez de Astudillo, Sebastián.

BRAU, SALVADOR: *Tributo de justicia a* ——. En *Ecos de la batalla.* Primera serie. Imp. de J. González Font, San Juan, P. R., 1886, p. 142.

Rodríguez Rivera, Vicente.

PIETRI, AUGUSTO: *El poeta de Villa Sol.* P. R. I., 10 de diciembre de 1921, núm. 602.

Rodríguez de Tió, Lola.

ANGELIS, MARÍA LUISA DE: ——. En *Mujeres puertorriqueñas*. San Juan, P. R., 1910, p. 71.
FIGUEROA, SOTERO: ——. En el Ateneo Puertorriqueño. P. R. I., 6 de noviembre de 1915, núm. 297.
GARCÍA, INÉS N. DE: ——. P. R. I., 31 de julio de 1915, núm. 283.
NEGRÓN MUÑOZ, ÁNGELA: ——. P. R. I., 13 de diciembre de 1930, año XXI, núm. 1084.

Rojas, José Víctor.

COLL Y TOSTE, CAYETANO: *Puertorriqueños ilustres:* ——. B. H. P. R., 1920, vol. 7: 169.
Documentos referentes al marino arecibeño ——. B. H. P. R., 1920, vol. 7: 172.

Romero y Togores, Calixto.

Biografía del Dr. ——. Bol. As. Méd. P. R., junio de 1908, año VI, núm. 67: 110.

Roqué de Duprey, Ana.

ANGELIS, MARÍA LUISA DE: ——. En *Mujeres puertorriqueñas*. San Juan, P. R., 1910, p. 82.
NEGRÓN MUÑOZ, ÁNGELA: *La primera mujer feminista de Puerto Rico.* Biografía de D.ª ——. P. R. I., 28 de mayo de 1927, núm. 899.

Roses Artau, Dr.

HUYKE, JUAN B.: ——. En *Triunfadores*. Neg. Mat. Imp., 1926, vol. 1: 133.

Rossy, Manuel F.

Manuel F. Rossy. En *The Representative Men of Porto Rico*. S. p. i., 1910, p. 57.

Rubín de Celis, Bernardina (Viuda de Rizo).

ANGELIS, MARÍA LUISA DE: ——. En *Mujeres puertorriqueñas*. San Juan, P. R., 1910, p. 51.

Rufo, El Padre (Fernández, Rufo Manuel).

ANGELIS, PEDRO DE: ——. En *Misceláneas puertorriqueñas*. San Juan, P. R., 1894.

COLL Y TOSTE, CAYETANO: ——. *¿Qué otros servicios prestara al país el altruísta e ilustre gallego ——, que no fuera la ayuda eficaz a los entusiastas puertorriqueños Acosta, Castro, Micault y Núñez?* B. H. P. R., 1921, vol. 8: 363.

FIGUEROA, SOTERO: ——. En *Ensayo biográfico...* Tip. El Vapor, Ponce, P. R., 1888, p. 127.

GONZÁLEZ GARCÍA, MATÍAS: *Los restos del Padre* ——. B. H. P. R., 1924, vol. 11: 29.

NEUMANN GANDÍA, EDUARDO: ——. En *Benefactores y hombres notables de Puerto Rico.* Imp. del Listín Comercial, Ponce, P. R., 1899, vol. 2: 83.

Ruiz Arnau, Ramón.

HUYKE, JUAN B.: ——. En *Triunfadores.* Neg. Mat. Imp., 1926, vol. 1: 149.

Ramón Ruiz Arnau. En *The Representative Men of Porto Rico.* S. p. i., 1910, p. 70.

Ruiz Belvis, Segundo.

ASTOL, EUGENIO: ——. En *El Libro de Puerto Rico.* 1923, p. 978.

COLL Y TOSTE, CAYETANO: *Puertorriqueños ilustres:* ——. B. H. P. R., 1917, vol. 4: 3.

FIGUEROA, SOTERO: ——. En *Ensayo biográfico...* Tip. El Vapor, Ponce, P. R., 1888, p. 159.

FIGUEROA, SOTERO: ——. The Puerto Rico Herald, N. Y., 31 de enero de 1903, vol. 2, año II, Nº 79: 401.

HOSTOS, EUGENIO M. DE: *En la tumba de* ——. Índice. (Mensuario de Cultura.) San Juan, P. R., mayo de 1930, vol. 1, núm. 2: 25.

NEUMANN GANDÍA, EDUARDO: ——. En *Benefactores y hombres notables de Puerto Rico.* Imp. del Listín Comercial, Ponce, P. R., 1899, vol. 2: 163.

RUIZ GARCÍA, ZOILO: ——. En *Nuestros hombres de antaño.* Mayagüez, P. R., 1920, p. 9.

Documento para la historia política de Puerto Rico. Circular del gobernador Marchessi ordenando la captura de —— y Betances. [1867.] B. H. P. R., 1918, vol. 5: 123.

Partida de bautismo del patriota ——. B. H. P. R., 1916, vol. 3: 343.

Ruiz Belvis y Hostos en Madrid. B. H. P. R., 1918, vol. 5: 323.

Segundo Ruiz Belvis. Índice. (Mensuario de Cultura.) [Número homenaje.] San Juan, P. R., mayo de 1929, vol. 1, núm. 2.

Ruiz Gandía, Ramón.

COLL Y TOSTE, CAYETANO: *Un viejo patriota.* Narración histórica. P. R. I., 21 de febrero de 1914, núm. 208.

Ruiz Gandía, Manuel.

COLL Y TOSTE, CAYETANO: *Puertorriqueños ilustres:* ——. B. H. P. R., 1925, vol. 12: 72.

S

Sáez, Pablo.

COLL Y TOSTE, CAYETANO: *Puertorriqueños ilustres:* ——. B. H. P. R., 1922, vol. 9: 263.

Saint Just, José.

NEUMANN GANDÍA, EDUARDO: ——. En *Benefactores y hombres notables de Puerto Rico.* Imp. del Listín Comercial, Ponce, P. R., 1899, vol. 2: 133.

Saint Just, Juan.

NEUMANN GANDÍA, EDUARDO: *El brigadier D.* ——. En *Benefactores y hombres notables de Puerto Rico.* Imp. del Listín Comercial, Ponce, P. R., 1899, vol. 2: 13.

Salazar, Andrés.

D Elr. ——. Importancia biográfica. Bol. As. Méd. P. R., septiembre de 1905, núm. 34, año III: 141.

Saldaña, Eduardo.

HUYKE, JUAN B.: ——. En *Triunfadores.* Neg. Mat. Imp., 1926, vol. 1: 75.

Saldaña, J. E.

QUEVEDO BÁEZ, MANUEL.: *Discurso necrológico ante la tumba del Dr.* ——. Bol. As. Méd. P. R., diciembre de 1926, año XX, núm. 154: 1.

Salicrup, Alejandro.

Alejandro Salicrup. B. H. P. R., 1924, vol. 11: 355.

Sama, Manuel María.

ASTOL, EUGENIO: ——. En *El Libro de Puerto Rico.* 1923, p. 1008.
FERNÁNDEZ JUNCOS, MANUEL: ——. En *Antología puertorriqueña.* Ed. 1923, p. 261.
Partida de bautismo del poeta puertorriqueño D. ——. B. H. P. R., 192:, vol. 8: 188.

Samalea Iglesias, Luis.

HUYKE, JUAN B.: ——. En *Triunfadores.* Neg. Mat. Imp., 1926, vol. 1: 231.

Sanabria de Figueroa, Carmen.

NEGRÓN MUÑOZ, ANGELA: ——. P. R. I., 4 de enero de 1930, año XXI, núm. 1035: 3.

Sancerrit, Pascasio P.

DAUBÓN, JOSÉ A.: ——. En *Cosas de Puerto Rico.* Primera serie. San Juan, P. R., 1904, p. 207.
MORALES, JOSÉ PABLO: *A la buena memoria de D.* ——. En *Misceláneas históricas.* Tip. La Correspondencia, San Juan, P. R., 1924, p. 54.

Sánchez Morales, Luis.

ANGELIS, PEDRO DE: *Partida de bautismo de* ——. En *Pro Patria.* San Juan, P. R., 1903, p. 20.
ASENJO, CONRADO: *De la vida íntima. D.* ——. Una entrevista. P. R. I., 21 de septiembre de 1912, núm. 134.
HUYKE, JUAN B.: ——. En *Triunfadores.* Neg. Mat. Imp., 1927, vol. 2: 67.
Luis Sánchez Morales. En *The Representative Men of Porto Rico.* S. p. i., 1910, p. 86.

Sánchez Lustrino, R. V.

DOMENECH HERNÁNDEZ, LUIS: ——. P. R. I., 3 de julio de 1915, núm. 279.

Sanromá, Joaquín María.

LABRA, RAFAEL MARÍA DE: ——, *escritor, propagandista y diputado a Cortes por Puerto Rico.* Discurso pronunciado por Rafael María de Labra en el Ateneo de Madrid, el 23 de abril de 1895. Tip. Alfredo Alonso, Madrid, 1896, p. 38. [V. B. H. P. R., 1918, vol. 5: 90.]

Santiago, Florencio.

Dr. Florencio Santiago. Bol. As. Méd. P. R., julio de 1908, año VI, núm. 68: 130.

Santoni Rodríguez, Félix.

Félix Santoni Rodríguez. En *The Representative Men of Porto Rico.* S. p. i., 1910, p. 76.

Serralta, Bernabé.

Coll y Toste, Cayetano: *Puertorriqueños ilustres: El capitán* ——. B. H. P. R., 1926, vol. 3: 122.

Neumann Gandía, Eduardo: —— *y los hermanos Sanabria.* En *Benefactores y hombres notables de Puerto Rico.* Ponce, P. R., 1899, vol. 1: 215.

Siaca Pacheco, R.

Pietri, Augusto: ——. Breves datos biográficos. P. R. I., 23 de septiembre de 1922, núm. 656.

Sicardó, Manuel.

Neumann Gandía, Eduardo: ——. En *Benefactores y hombres notables de Puerto Rico.* Imp. del Listín Comercial, Ponce, P. R., 1899, vol. 2: 147.

Soler y Martorell, Manuel.

Angelis, Pedro de: *Partida de bautismo de* ——. En *Pro Patria.* San Juan, P. R., 1903, p. 3.

Soler Martorell, Carlos María.

Carlos María Soler Martorell. En *The Representative Men of Porto Rico.* S. p. i., 1910, p. 48.

Soltero, Augusto.

Huyke, Juan B.: ——. En *Triunfadores.* Neg. Mat. Imp., 1926, vol. 1: 429.

Stahl, Agustín.

Astol, Eugenio: ——. En *El Libro de Puerto Rico.* 1923, p. 1002.

Caballer, Luis: *Dr.* ——. Biografía publicada en el libro *Glorias y Esperanzas* [?].

Coll y Toste, Cayetano: *Puertorriqueños ilustres: Dr.* ——. B. H. P. R., 1918, vol. 5: 71.

Coll y Toste, Cayetano: *Elogio del Dr.* ——. Bol. As. Méd. P. R., diciembre de 1917, año XIII, núm. 117: 158.

CHARDÓN, CARLOS E.: ——. Rev. Agr., 1924, vol. 12, núm. 2: 65. [Hay tirada aparte.]

FERNÁNDEZ JUNCOS, MANUEL: ——. En *Antología puertorriqueña*. Ed. 1923, p. 319.

QUEVEDO BÁEZ, MANUEL: *Nuestras capacidades médicas. Dr.* ——. Bol. As. Méd. P. R., abril de 1903, año I, núm. 4: 55.

Dr. Agustín Stahl. En *The Representative Men of Porto Rico*. S. p. i., 1910, p. 103.

Storer de Lago, Genoveva.

NEGRÓN MUÑOZ, ÁNGELA: *Nuestras feministas:* ——. P. R. I., 22 de noviembre de 1930, año XXI, núm. 1081.

Susoni, Francisco M.

HUYKE, JUAN B.: ——. En *Triunfadores*. Neg. Mat. Imp., 1926, vol. 2: 115.

T

Tapia y Rivera, Alejandro.

ANGELIS, PEDRO DE: *Partida de bautismo de* ——. En *Pro Patria*. San Juan, P. R., 1903, p. 9.

ACOSTA, JOSÉ JULIÁN: ——. Discurso pronunciado en la noche del 19 de los corrientes con motivo de la velada celebrada en el teatro en honor de ——. Imp. Acosta, San Juan, P. R., 1883, 7 p.

ASTOL, EUGENIO: ——. En *El Libro de Puerto Rico*. 1923, p. 974.

BRAU, SALVADOR: ——. En *Ecos de la batalla*. Primera serie. Imp. de J. González Font, San Juan, P. R., 1886, p. 136.

COLL Y TOSTE, CAYETANO: —— *y el Ateneo*. B. H. P. R., 1925, vol. 12: 181.

COLL Y TOSTE, CAYETANO: *Las reliquias de* —— *en el Ateneo*. B. H. P. R., 1925, vol. 12: 312.

COLL Y TOSTE, CAYETANO: *Expediente con motivo de la dedicatoria que ha hecho al Ayuntamiento D.* —— *de su drama titulado: La parte del León, y homenaje de la ilustre Corporación al autor*. [1879.] B. H. P. R., 1923, vol. 10: 40.

COLL Y TOSTE, CAYETANO: *Puertorriqueños ilustres:* ——. B. H. P. R., 1920, vol. 7: 321.

FERNÁNDEZ JUNCOS, MANUEL: ——. En *Antología puertorriqueña*. Ed. 1923, p. 48.

FERNÁNDEZ JUNCOS, MANUEL: ——. En *Semblanzas puertorriqueñas*. San Juan, P. R., 1888, p 57.

FERNÁNDEZ JUNCOS, MANUEL: ——. En *Varias cosas.* San Juan, P. R., 1884, p. 181.

FIGUEROA, SOTERO: ——. En *Ensayo biográfico...* Tip. El Vapor, Ponce, P. R., 1888, p. 287.

MATOS BERNIER, FÉLIX: ——. En *Pedazos de rocas.* Ponce, P. R., 1894, p. 178.

MEDINA, ZENÓN: ——. En *Pinceladas.* San Juan, P. R., 1895, p. 36.

MENÉNDEZ PELAYO, M.: [*Apreciación de* ——.] En *Historia de la poesía hispanoamericana.* Madrid, 1911, vol. 1, cap. V.

PADILLA, JOSÉ G.: *Oda. A la muerte de* ——. Imp. de J. González Font, San Juan, P. R., 1883, 14 p.

TAPIA Y RIVERA, ALEJANDRO: *Mis memorias o Puerto Rico, cómo lo encontré y cómo lo dejo.* Imp. De Laisne y Rossboro, N. Y., 1928, 227 p. [Valiosos datos autobiográficos.]

Taváres, Elisa.

ANGELIS, MARÍA LUISA DE: ——. En *Mujeres puertorriqueñas.* San Juan, P. R., 1910, p. 133.

HUYKE, JUAN B.: ——. En *Triunfadores.* Neg. Mat. Imp., 1926, vol. 1: 413.

Tavárez, Manuel G.

CALLEJO, FERNANDO: ——. En *Música y músicos portorriqueños.* San Juan, P. R., 1915, cap. XVI.

Partida de bautismo del insigne compositor musical ——. B. H. P. R., 1924, vol. 11: 303.

Terreforte, Juan Francisco.

MARTÍN, TULIO B.: *Apuntes biográficos sobre la vida de D.* ——. Imp. Comercial, Mayagüez, P. R., 1888, 32 p.

Texidor y Alcalá del Olmo, Jacinto.

Jacinto Texidor y Alcalá del Olmo. En *The Representative Men of Porto Rico.* S. p. i., 1910, p. 99.

Timothée y Morales, Pedro Carlos.

Pedro Carlos Timothée y Morales. En *The Representative Men of Porto Rico.* S. p. i., 1910, p. 259.

Tió de Malaret, Amina.

NEGRÓN MUÑOZ, ÁNGELA: ——. P. R. I., 25 de mayo de 1929, año XX, núm. 1003.

Tió y Rodríguez, Patria.

ANGELIS, MARÍA LUISA DE: ——. En *Mujeres puertorriqueñas*. San Juan, P. R., 1910, p. 98.
NEGRÓN MUÑOZ, ÁNGELA: *Doña* ——. P. R. I., 7 de junio de 1930, año XXI, núm. 1057.

Tió Segarra, Bonifacio.

RUIZ GARCÍA, ZOILO: ——. En *Nuestros hombres de antaño*. Mayagüez, P. R., 1920, p. 39.

Tizol, Manuel.

HUYKE, JUAN B.: *El maestro* ——. En *Triunfadores*. Neg. Mat. Imp., 1927, vol. 2: 181.

Toro, Domingo del.

BRAU, SALVADOR: *Un hombre útil:* ——. En *Ecos de la batalla*. Primera serie. Imp. de J. González Font, San Juan, P. R., 1886, p. 146.

Toro Cuevas, Emilio del.

HUYKE, JUAN B.: ——. En *Triunfadores*. Neg. Mat. Imp., 1926, vol. 1: 12.
SAMALEA IGLESIAS, LUIS: *Interviews de actualidad. Con* ——. P. R. I., 27 de septiembre de 1913, núm. 187.
Emilio del Toro. En *The Representative Men of Porto Rico*. S. p. i., 1910, p. 27.

Toro, Luis.

HUYKE, JUAN B.: ——. En *Triunfadores*. Neg. Mat. Imp , 1926, vol. 1: 81.

Toro Soler, Ricardo del.

Ricardo del Toro Soler. En *The Representative Men of Porto Rico*. S. p. i., 1910, p. 276.

Torre, Miguel de la.

NEUMANN GANDÍA, EDUARDO: *El general D.* ——. En *Benefactores y hombres notables de Puerto Rico*. Imp. del Listín Comercial, Ponce, P. R., 1899, vol. 2: 21.

Torregrosa, Luis A.

Nuestros valores de antaño: ——. Revista Farmacéutica, San Juan, P. R., mayo de 1928, año II, núm. 9: 9.

Torres Díaz, José.

ROMEU, JOSÉ A.: *Una hora de oración junto a Monseñor* ——. P. R. I., San Juan, 25 de mayo de 1929, año XX, núm. 1003.

Torres Vargas, Diego.

COLL Y TOSTE, CAYETANO: *Puertorriqueños ilustres. El canónigo* ——. B. H. P. R., 1916, vol. 3: 153.

Tous Soto, José.

MUÑOZ MARÍN, LUIS: *Conversaciones políticas. El Sr.* —— *y, entre otras cosas, la americanización.* P. R. I., 19 de mayo de 1923, núm. 690.

José Tous Soto. En *The Representative Men of Porto Rico.* S. p. i., 1910, p. 167.

Travieso, Martín.

ADSUAR, JORGE: *De la fortaleza al capitolio.* ——. En *Pico a pico.* San Juan, P. R., 1925, p. 55.

ANGELIS, PEDRO DE: *Partida de bautismo de* ——. En *Pro Patria.* San Juan, P. R., 1903, p. 7.

FERNÁNDEZ VANGA, EPIFANIO: *Travieso-Domenech.* Con motivo de su exaltación a puestos elevados. P. R. I., 3 de octubre de 1914, núm. 240.

Martín Travieso. En *The Representative Men of Porto Rico.* S. p. i., 1910, p. 24.

Trespalacios y Verdeja, Felipe José de.

Partida de defunción del obispo —— *e inscripción de su lápida mortuoria.* B. H. P. R., 1915, vol. 2: 131.

Tricoche, Valentín.

NEUMANN GANDÍA, EDUARDO: ——. En *Benefactores y hombres notables de Puerto Rico.* Imp. del Listín Comercial, Ponce, P. R., 1899, vol. 2: 143.

U

Ubarri y Capetillo, Pablo.

ANGELIS, PEDRO DE: ——. Su vida y su labor político-social. Tip. Real Hnos., San Juan, P. R., 16 p.

V

Valdés Linares, Manuel.

NEUMANN GANDÍA, EDUARDO: ——. En *Benefactores y hombres notables de Puerto Rico.* Imp. del Listín Comercial, Ponce, P. R., 1899, vol. 2: 275.

Valero de Bernabé, Antonio.

ABRIL, MARIANO: *Un héroe de la Independencia de España y América:——.* Imp. Real Hnos., San Juan, P. R., 1929, 254 p.

MATOS BERNIER, FÉLIX: ——. En *Muertos y vivos.* San Juan, P. R., 1905, p. 117.

NEUMANN GANDÍA, EDUARDO: ——, *héroe portorriqueño.* En *Benefactores y hombres notables de Puerto Rico.* Imp. del Listín Comercial, Ponce, P. R., 1899, vol. 2: 135.

ROSADO, EDUARDO: *Un prócer puertorriqueño: El general——.* B. H. P. R., 1922, vol. 9: 328.

Campañas y acciones de guerra en que se ha hallado el coronel——, en España. B H. P. R., 1922, vol. 9: 338.

Partida de bautismo del general colombiano ——, hijo de Puerto Rico. B. H. P. R., 1922, vol. 9: 338.

Servicios prestados en América por el general——. B. H. P. R., 1922, vol. 9: 339.

Valle Atiles, Francisco del.

VÁZQUEZ ALAYÓN, MANUEL: *El Sr. D.——.* P. R. I., 5 de agosto de 1916, núm. 336.

Francisco del Valle Atiles. En *The Representative Men of Porto Rico.* S. p. i., 1910, p. 56.

Valle, Francisco.

Francisco Valle. En *The Representative Men of Porto Rico.* S. p. i., 1910, p. 272.

Valle y Rodríguez, Rafael del.

ASENJO, CONRADO: *De la vida íntima: Dr. ——*. P. R. I., 5 de octubre de 1912, núm. 136.

DAUBÓN, JOSÉ A.: ——. En *Cosas de Puerto Rico*. Segunda serie. San Juan, P. R., 1905, p. 153.

MATOS BERNIER, FÉLIX [FRAY JUSTO, seud.]: ——. En *Cromos ponceños*. Ponce, P. R., 1896, p. 105.

RUIZ ARNAU, RAMÓN: *Elogio del Dr. ——*. Bol. As. Méd. P. R., diciembre de 1917, año XIII, núm. 117: 156.

Rafael del Valle y Rodríguez. En *The Representative Men of Porto Rico*. S. p. i., 1910, p. 22.

Valle Sárraga, Rafael del.

PIETRI, AUGUSTO: *Oro. Entrevista con el Dr. ——*. P. R. I., 29 de abril de 1922, núm. 635.

Vallecillo, Jerónimo.

HUYKE, JUAN B.: ——. En *Triunfadores*. Neg. Mat. Imp., 1926, vol. 1: 215.

Vargas y Torres, José Joaquín.

ANGELIS, PEDRO DE: *Lcdo. D. ——. Galería biográfica de ponceños ilustres*. Almanaque puertorriqueño, San Juan, P. R., 1915, p. 110.

Vassallo Cabrera, Francisco.

ANGELIS, PEDRO DE: *Partida de bautismo de ——*. En *Pro Patria*. San Juan, P. R., 1903, p. 17.

COLL Y TOSTE, CAYETANO: *Puertorriqueños ilustres: ——*. B. H. P. R., 1919, vol. 6: 350.

NEUMANN GANDÍA, EDUARDO: ——. En *Benefactores y hombres notables de Puerto Rico*. Imp. del Listín Comercial, Ponce, P. R., vol. 2: 161.

Dr. Francisco Vassallo Cabrera. Bol. As. Méd. P. R., enero de 1908, año VI, núm. 1: 13.

Vassallo y Forés, Francisco.

NEUMANN GANDÍA, EDUARDO: ——. En *Benefactores y hombres notables de Puerto Rico*. Imp. del Listín Comercial, Ponce, P. R., 1899, vol. 2: 67.

Vázquez, Fray Ángel de la Concepción.

CASTILLO, FRAY ANTONIO DEL: *Carta de Fray Antonio del Castillo al Dr. Coll y Toste con referencia a ——*. B. H. P. R., 1925, vol. 12: 58.

COLL Y TOSTE, CAYETANO: *Puertorriqueños ilustres:* ——. B. H. P. R., 1916, vol. 3 : 338.
FIGUEROA, SOTERO: ——. En *Ensayo biográfico...* Tip. El Vapor, Ponce, P. R., 1888, p. 63.
NEUMANN GANDÍA, EDUARDO: ——. En *Benefactores y hombres notables de Puerto Rico* Imp. del Listín Comercial, Ponce, P. R., 1899, vol. 2: 31.
Partida de bautismo de Fray ——. B. H. P. R., 1925, vol. 12 : 61.

Veve Calzada, Santiago.

CARRIÓN MADURO, TOMÁS: ——. En *Oradores parlamentarios...* San Juan, P. R., 1904, p. 171.

Vías Ochoteco, Manuel.

ANGELIS, PEDRO DE: *Partida de bautismo de* ——. En *Pro Patria.* San Juan, P. R., 1903, p. 7.

Vidarte, Santiago.

COLL Y TOSTE, CAYETANO: *Puertorriqueños ilustres:* ——. B. H. P. R., 1917, vol. 4 : 74.
FERNÁNDEZ JUNCOS, MANUEL: ——. En *Antología puertorriqueña.* Ed. 1923, p. 56.
FIGUEROA, SOTERO: ——. En *Ensayo biográfico...* Tip. El Vapor, Ponce, P. R., 1888, p. 97.
NEUMANN GANDÍA, EDUARDO: ——. En *Benefactores y hombres notables de Puerto Rico.* Imp. del Listín Comercial, Ponce, P. R., 1899, vol. 2: 51.

Villaronga de Armstrong, Emilia (Azucena, seud.).

ANGELIS, MARÍA LUISA DE: ——. En *Mujeres puertorriqueñas.*. San Juan, P. R., 1910, p. 125.

Villaronga, Eduardo.

MATOS BERNIER, FÉLIX: ——. En *Muertos y vivos.* San Juan, P. R., 1905, p. 149.

Vincenty Ramírez, Néstor.

HUYKE, JUAN B.: ——. En *Triunfadores.* Neg. Mat. Imp., 1927, vol. 2 : 265.

Vizcarrondo, Francisco.

HUYKE, JUAN B.: ——. En *Triunfadores.* Neg. Mat. Imp., 1927, vol. 2: 23.

Vizcarrondo, Julio L.

ARRILLAGA ROQUÉ, JUAN: ——. En *Memorias de antaño*. Tip. Baldorioty, Ponce, P. R., 1910, p 59.
COLL Y TOSTE, CAYETANO: *Puertorriqueños ilustres: ——*. B. H. P. R., 1921, vol. 8: 131.
FERNÁNDEZ JUNCOS, MANUEL: ——. En *Antología puertorriqueña*. Ed. 1923, p. 94.
RUIZ GARCÍA, ZOILO: ——. En *Nuestros hombres de antaño*. Mayagüez, P. R., 1920, p. 141.
Partida de bautismo de ——. B. H. P. R., 1921, vol. 8: 360.

Véase *Genealogía*.

Vizcarrondo y Manzi, Andrés.

Vizcarrondo y Manzi. B. H. P. R., 1922, vol. 9: 37.
Título de D. ——, fundador de la extensa familia de los Vizcarrondo. B. H. P. R., 1922, vol. 9: 30.

Xiorro, Miguel.

ANGELIS, PEDRO DE: *Partida de bautismo de ——*. En *Pro Patria*. San Juan, P. R., 1903, p. 6.

Z

Zengotita, Fray Juan Bautista de.

NEUMANN GANDÍA, EDUARDO: ——. En *Benefactores y hombres notables de Puerto Rico*. Imp. del Listín Comercial, Ponce, P. R., 1899, vol. 2: 1.

Zeno Gandía, Manuel.

HUYKE, JUAN B.: ——. En *Triunfadores*. Neg. Mat. Imp., 1927, vol. 2: 93.
DALMAU CANET, SEBASTIÁN: ——. En *Crepúsculos literarios*. San Juan, P. R., 1903, p. 25.
MATOS BERNIER, FÉLIX [FRAY JUSTO, seud.]: ——. En *Cromos ponceños*. Ponce, P. R., 1896, p. 30.

Zeno, Francisco M.

HUYKE, JUAN B.: ——. En *Triunfadores*. Neg. Mat. Imp., 1927, vol. 2: 109.

Zequeira de Cuevas, Belén.

NEGRÓN MUÑOZ, ÁNGELA: *D.ª ——*. P. R. I., San Juan, 24 de mayo de 1930, año XXI, núm. 1055.

Véase *Estudios biográficos de extranjeros*.

X

ASUNTOS VARIOS

A. — CON RELACIÓN A PUERTO RICO

a. — BANDERAS

COLL Y TOSTE, CAYETANO: *¿Dónde y por quién se hizo la primera bandera puertorriqueña?* B. H. P. R., 1922, vol. 9: 266.

PANIAGUA, ÁNGEL: *Indicaciones oportunas. Sobre la bandera de Puerto Rico.* Patria (Rev.), 13 de diciembre de 1913.

———: *La bandera de Puerto Rico.* Rev. Ant., marzo de 1914, año II, núm. 8.

TAPIA OLIVERA, R.: *La bandera regional.* Imp. Llabrés Ramírez, San Juan, P. R , 1913, 97 p.

Descripción de la bandera puertorriqueña de los independientes de Lares. En Miller, Paul G.: *Historia de Puerto Rico.* N. Y., 1922, apéndice E.

Las banderas de la Independencia. P. R. I., 2 de marzo de 1912, núm. 105.

Rectificación histórica. Carta del capitán Hurtado al Dr. Coll y Toste sobre la bandera puertorriqueña y contestación del honorable historiador de Puerto Rico. B. H. P. R., 1922, vol. 9: 273.

b. — HERÁLDICA

BRAU ZUZUARREGUI, MARIO: *Nuestro blasón.* Reseña heráldica que sirvió al Gobierno insular para la restitución del Escudo de Puerto Rico. Imp. El Boletín Mercantil, San Juan, P. R., 1905, 20 p.

LEUPP, F. E.: *Porto Rico's Coat of Arms.* World's Work, N. Y., Sept. 1901, vol. 2: 1175.

Armas para Baltazar de Castro. B. H. P. R., 1914, vol. 1: 199.

Armas para Diego Ramos. B. H. P. R., 1914, vol. 1: 201.

Armas para Hernando de Lepe. B. H. P. R., 1914, vol. 1: 202.

Real cédula concediendo escudo de armas a la Isla de San Juan. En Brau, S.: *La colonización de Puerto Rico.* San Juan, P. R., 1930, p. 448.

Real orden concediendo escudo de armas a la Isla de San Juan. B. H. P. R., 1917, vol. 4: 216.

The Arms of Porto Rico. Geneological Magazine, London, 1902, vol. 5: 535.

Véase *Genealogía.*

c. — LOTERÍA

SIXTO, MARIANO: *Lotería real.* Reglamento que ha de gobernar, etc., impreso en Puerto Rico. 1829, 24 p.

Instrucción reglamentaria para la renta de loterías en esta Isla. Imp. del Gobierno, San Juan, P. R., 1868, 20 p.

La lotería y caminos en 1841. B. H. P. R., 1922, vol. 9: 11.

La primera lotería que se fundó en Puerto Rico. B. H. P. R., 1921, vol. 8: 271.

Períodico, banco, lotería y papel-moneda. B. H. P. R., 1914, vol. 1: 289.

ch. — FILATELIA

FORBIN, A.: *Catalogue Prix-Courant de timbres fiscaux.* Troisième édition. Ivert & Tellier, 37 rue de Jacobins, Amiens, 1915. [Para Puerto Rico, v. p. 797.]

FRIEDERICH, RUDOLF: *Mitglied des Berliner Philatelesten-Clubs. Die Postwertzeichen Spaniens (Zweite auflage) Mit 13 Tafero in Lichtdruck und 63 abbildungen im Text.* Imp. Verlag von Dr. H. Brendicke, Berlin, 1894. [Para Puerto Rico, v. p. 79-104.]

WOOD, HOWLAND: *The Coinage of the West Indies and The Sou marque.* The American Numismatic Society, N. Y., 1915, 48 p. [Para Puerto Rico, v. p. 9, 28, 29 y 31.]

Catálogo descriptivo de los sellos de Correos y Telégrafos emitidos desde 1840 a 1921. (Undécima ed.) Imp. de Miguel Gálvez, Madrid, 1921, 1022 p.

Priced Catalogue of Postage Stamps. (Twenty-ninth edition, 1925, published annually.) Ivert & Tellier, Amiens, 1925, 1181 p.

Postage Stamps Catalogue. Standard, edited by John N. Luff and Hugh M. Clark. Eighty-fifth edition, 1929, published annually. Scott Stamp & Coin Co. Limited, N. Y. City, 1929, 1752 p.

Priced Catalogue of Stamps of Foreing Countries. 29th edition, published annually. Stanley Gibbons, Limited, London, W. C. 2, 1925, 1135 p. + 32 p. de apéndice.

Postwertzeichen-Katalog, Jubelausgabe. Gebrudes Sens, illustriertes. Verlag von Gebrudes Sent, 1921, 1712 p.

d. — DEPORTES

Casanova, Juan [Jack]: *Boxeo científico.* Imp. P. Moreno, P. R., 1927, 18 p.

García de la Noceda, Carlos [Manolo el Leñero, seud.]: *Record de boxeadores puertorriqueños.* Imp. La Correspondencia, San Juan, P. R., 1929, 274 p.

Ley de caza para las provincias de Cuba y Puerto Rico, decretada en 4 de julio de 1884. Tip. de Góngora, Madrid, 1884, 44 p.

Reglamento, reglas y condiciones adoptadas por la Comisión Hípica Insular de Puerto Rico. Imp. Cantero, Fernández & Co., San Juan, P. R., 1925, 93 p. + 42 p. de tablas etc. [Hay otras eds.]

B. — SIN RELACIÓN CON PUERTO RICO

a. — TRABAJOS CIENTÍFICOS

Acosta, José Julián: *Leyes de Kepler y estabilidad del sistema planetario.* Estudios. P. R., 1868.

Chardón, Carlos E.: *La gomosis, una epidemia grave en la caña de Antioquía.* Escuela Superior de Agricultura y Medicina veterinaria. Medellín. Circular núm. 1, 1926, 23 p.

——: *Reconocimiento agro-pecuario del Valle del Cauca.* Informe emitido por la Misión Agrícola Puertorriqueña, dirigida por el Hon.——, y presentado al Gobernador del departamento del Valle, en Colombia. [Neg. Mat. Imp.], 1930, 342 p. [La Comisión de técnicos estaba integrada por los Sres. Carlos E. Chardón, director; Adolfo Álvarez Valdés, veterinario y zootécnico; José A. B. Nolla, patólogo vegetal; Luis A. Serrano, agrónomo, y José L. Colón, secretario.]

——, and Toro, Rafael A: *Mycological explorations of Colombia.* Jour. Dept. Agr., Oct., 1930, vol. 14, N° 4.

——, ——: *Plant Disease. Notes from the Central Andes.* Phytopathology, 1927, vol. 7: 147.

——, and Kern, F. D.: *Notes on some Rusts of Colombia.* Mycology. 1927, vol. 19: 268.

Fernández García, Rafael, y Valle, Manuel A. del: *Notas sobre la industria azucarera de Java.* Informe sobre el tercer Congreso de la Asociación Internacional de tecnólogos azucareros, celebrado en Sonrabaya, Java. Est. Exp. Ins., Boletín núm. 35. Neg. Mat. Imp., 1930, 131 p.

FONT Y GUILLOT, ELISEO: *Introducción al estudio de la Química.* Con prólogo del Sr. D. José J. Acosta y Calvo. Imp. Acosta, San Juan, P. R., 1891, 150 p.

GARRIDO MORALES, EDUARDO.; DOULL JAMES, A., and HAYWOOD, MARVIN F.: *Typhoid Fever in Knoxville, Tenn.* With special reference to findings in a Sanitary census conducted thru the Schools. Reprinted fron American Journal of Public Health and The Nation's Health, June 1928, vol. 18, N° 6. (Pub. by the American Public Health Assn, N. Y.)

NEUMANN GANDÍA, EDUARDO: *Estudios astronómicos.* P. R., 1880.

I. MATEMÁTICAS

GONZÁLEZ FONT, JOSÉ (editor): *Cuentas hechas de sueldos, alquileres, jornales, etc., desde cuatro reales al mes hasta 500 pesos.* Imp. de J. González Font, San Juan, P. R., 1884, 60 p.

MONSANTO, LUIS JACOBO: *Compendio de Aritmética mercantil.* Imp. Hispano-Americana de Rouge-Dunon y Fresné, Paris, 1873, 183 p.

NEUMANN GANDÍA, EDUARDO: *Nociones de Aritmética.* 1884.

OLLERO Y CARMONA, ERNESTO: *Nociones de Geometría.* Imp. El Boletín Mercantil, San Juan, P. R., 1884, 53 p.

OTERO, OLIMPIO: *Cálculos matemáticos.* Recopilados por ——. Imp. González y Cía., San Juan, P. R., 1882, 28 p.

ROSICH, MIGUEL: *Disertación acerca de los problemas relativos al cálculo de intereses...* Tip. El Vapor, Ponce, P. R., 1884.

——: *Exposición de la verdadera y única teoría que se ha de aplicar a la resolución de todos los problemas relativos al cálculo de intereses, y demostración de los errores que en la práctica ha impuesto la tradición.* Tip. El Vapor, Ponce, P. R., 1888, 24 p. +.

Tablas auxiliares para aprender a contar. Imp. González y Cía., San Juan, P. R., 1886, 17 p.

b. — ESTUDIOS POLÍTICOS

ABAD, JOSÉ RAMÓN: *La República Dominicana.* Estudio general geográfico-estadístico. Imp. García Hnos., Santo Domingo, 1889, 371 p.

AYALA, RAMÓN: *El ideal de Patria.* Ensayo. Imp. Cantero, Fernández y Cía., San Juan, P. R., 1921, 7 p.

CORTÓN, ANTONIO: *Patria y cosmopolitismo.* Memoria leída en el Círculo Nacional de la Juventud con motivo de la apertura de la Sección de Ciencias Morales y Políticas por el Sr. ——, Secretario de la misma. Imp. J. M. Pérez, Madrid, 1881, 43 p. [Traducida al francés por François Rey, Burdeos, 1882.]

DÍAZ CANEJA, IGNACIO: *El Warterlóo político.* Examen crítico de las principales teorías sobre que descansa el edificio político moderno. Imp. El Boletín Mercantil, San Juan, P. R., 1891, 200 p.

GALVÁN, MANUEL DE J.: *El arreglo de la cuestión Dominico-Española de 1879.* Rectificaciones a un opúsculo del doctor Ponce de León. P. R., 1880.

HERNÁNDEZ USERA, RAFAEL: *De América y de España.* Problemas y orientaciones. Prólogo del conde de Romanones. Imp. Rivadeneyra, Madrid, 1922, 196 p. [V. P. R. I., 25 de noviembre de 1922, núm. 665.]

——: *Filipinas y su independencia.* Alegato a favor de la misma. Ed. Puerto Rico, Madrid, 1926.

——: *Semillas a voleo.* Con la palabra y con la pluma. Ed. Puerto Rico, Madrid, 1925, 359 p.

HOSTOS, EUGENIO MARÍA DE: *Descentralización administrativa.* Primer premio. Certamen Varela, Santiago de Chile, 1890.

NOVEL, CARLOS; VALVERDE, MELITÓN; BONILLA, PEDRO P. DE; BONILLA Y ESPAÑA, JOSÉ A.; CASTELLANOS, JOSÉ; CHALAS, FÉLIX, y PEREIRA, EUSEBIO: *Cuestión Dominico-Americana.* Imp. El Centinela Español, Mayagüez, P. R., 1871, 48 p.

SERVERA SILVA, JOAQUÍN: *De la soberanía nacional.* Memoria leída en la Universidad Central el 15 de noviembre de 1895. Imp. de Adolfo Ruiz, Madrid, 1895, 64 p.

Cartilla patriótica. Patria: su significado; deberes para con ella. Arreglada por Urayovan. Tip. La Primavera, San Juan, P. R., 1911, 15 p.

Opiniones y noticias imparciales sobre el conflicto de Melilla: sus causas y sus resultados. Recopilados por la Liga de republicanos españoles en Puerto Rico. Tip. La República Española, San Juan, P. R., 1909, 28 p.

c. — PEDAGOGÍA Y SOCIOLOGÍA

AGUAYO, ALFREDO M.: *Pedagogía científica. Psicología y dirección del aprendizaje cultural.* Habana, 1930, 399 p.

——: *Manual o guía para los exámenes de maestros cubanos.* Imp. La Moderna Poesía, Habana, 1904.

FERNÁNDEZ JUNCOS, MANUEL: *Plan de una escuela elemental primaria que se establecerá por concurso particular en Pola de Allande, Asturias.* Imp. M. Burillo, San Juan, P. R., 1910.

HOSTOS, EUGENIO MARÍA DE: *Tratado de Sociología.* Imp. de Bailly-Baillière, Madrid, 1904, 272 p. [V. Matos Bernier, F.: *Isla de Arte.* P. R., 1907, p. 197.]

——: *La reforma de la enseñanza de Derecho.* Santiago de Chile, 1889, 209 p. [Trabajo publicado por Hostos, Bañados Espinosa y Valentín Letelier.]

HOSTOS, EUGENIO MARÍA DE: *Moral social.* Santo Domingo, 1888. Segunda ed.: Imp. Bailly-Ballière, Madrid, 1906, 262 p. Tercera ed.: Editorial América, Madrid, 1917, 259 p.

——: *Programas de castellano.* (Primer premio del concurso universitario, ed. oficial.) Santiago de Chile, 1893, 34 p.

——: *Repartición de premios en el Liceo de Chillán.* Imp. La Discusión, Chillán [1890], 19 p.

——: *Los frutos de la Normal.* Exposición de Pedagogía práctico-científica. Ed. oficial del Gobierno. Santo Domingo, 1881, 100 p.

——: *Programa para las secciones de enseñanza intuitiva en las Normales.* Santo Domingo, 1904, 40 p.

——: *Proyecto de Ley general de enseñanza pública.* Santo Domingo, 1901, 90 p.

MASSÓ, GILDO: *Education in Utopias.* Bureau of Publications, Teachers College, Columbia University, N. Y., 1927, 200 p.

——: *Education in the Philippines.* En *Twenty Five Years of American Education.* The Mc Millan Co., N. Y., 1924, p. 447.

ch. — GEOGRAFÍA E HISTORIA

ACOSTA, JOSÉ JULIÁN: *Memoria que en la oposición a la cátedra de Geografía e Historia presenta* ——. El 2 de noviembre de 1873. Imp. Sancerrit, San Juan, P. R., 1874, 17 p.

BALSAC, JESÚS MARÍA: *Apuntes históricos.* Imp. Montalvo, 1906, 60 p.

CAPÓ, L. J. (traductor): *Tres grandes épocas de la Historia.* Por la condesa Drohojoroska. Imp. de Salinas, Arroyo, P. R., 1874, 187 p. [Contiene un juicio por Eleuterio Derkes.]

COLÓN Y COLÓN, ISIDORO: *Historia de España.* Imp. del Listín Comercial, Ponce, P. R., 1898, 184 p. Quinta ed.

——: *Nociones de Geografía Universal.* Imp. del Listín Comercial, Ponce, P. R., 1898, 2 vols. 132 y 276 p. Tercera ed.

COLL Y TOSTE, CAYETANO: *¿Quién fué el primer español que vió tierra de América el 12 de octubre de 1492?* En *Conferencias Dominicales dadas en la Biblioteca Insular de Puerto Rico.* Bur. Supp. Prtg., 1914, p. 49.

CUEVAS ABOY, JUAN: *Geografía Universal.* Imp. La Libertad, Ponce, P. R., 1893, 109 p.

HOSTOS, EUGENIO MARÍA DE: *Geografía evolutiva.* Ed. Roberto Miranda, Santiago de Chile, 1895. [Dos cuadernos de 73 y 61 p., respectivamente.]

——: *Programas de Historia y Geografía.* Santiago de Chile, 1893, 30 p.

d. — TEXTOS COMERCIALES

ARÁN, RAFAEL: *Español práctico comercial.* Declared as texbook in High Schools, 1928, by Department of Education. Imp. Cantero, Fernández & Co, San Juan, P. R., 1928, 190 p.

ARCE LUGO, FÉLIX: *Auxiliar de Taquigrafía Gregg.* Texto para la enseñanza de la materia indicada por su título Imp. T. Gregg Publishing Co., New York City, 1927, 123 p.

CASANOVA, FELIPE: *Teneduría de Libros.* Santurce, P. R., 1924.

GARCÍA BERENGUER, JOSÉ: *Tratado teórico-práctico de Taquigrafía.* Imp. La Bruja, Mayagüez, P. R., 1902, 181 p.

GINGUES DU SABLOU, NICOLÁS: *Tratado teórico-elemental de Teneduría de Libros en partida sencilla y doble.* P. R., 1873, 39 p.

RAMÍREZ SANTIAGO, ESTEBAN: *Adaptación de la Taquigrafía Gregg* [*al castellano*]. Tip. La Correspondencia, San Juan, P. R., 1925, 40 p.

REICHARD, PEDRO: *Teneduría de Libros.* Método teórico-práctico para aprender la partida doble sin profesor. Constituye un curso completo de operaciones seguido de varias fórmulas de documentos y los principales cálculos mercantiles. Imp. F. J. Marxuach, San Juan, P. R., 1899, 237 p.

RIVAS, LUIS S.: *Curso de contabilidad.* Para estudiantes de Comercio. Imp. Camacho, Ponce, P. R., 1924, 200 p.

e.— RELIGIÓN Y MORAL

ARANA, DOMINGO: *La Religión de la Ciencia.* Tip. El Sol, Ponce, P. R., 1908.

BEAUCHAMP, DEMETRIO: *Moral y Urbanidad.* Compendio de Urbanidad. Imp. M. Fernández, Mayagüez, P. R., 1876, 40 p.

COLÓN Y COLÓN, ISIDORO: *Religión, Moral e Historia Sagrada.* Imp. El Telégrafo, Ponce, P. R., 1895, 99 p. Sexta ed.

CORCHADO, MANUEL: *Dios.* Réplica al Sr. Suñer y Capdevila. P. R., [1878?], 24 p.

CORTÓN, ANTONIO: *Prólogo a La religión del amor, de Abelardo Morales Ferrer.* Tip. Manuel G. Hernández, Madrid, 1886, 16 p.

ELOLA, JOSÉ DE: *El Credo y la razón.* Imp. F. J. Marxuach, San Juan, P. R., 1897, 311 p.

HERNÁNDEZ, FRANCISCO J.: *El Ateísmo social y la Iglesia.* Cisma del mundo moderno. Opúsculo escrito en francés por M. Laurentie. Tip. González, P. R., 1879, 171 p.

MATÍAS, FERNANDO J.: *Los errores de la Humanidad sobre la existencia del alma.* Imp. de Manuel López, Ponce, P. R., 1904, 51 p.

MOIGNO, EL ABATE: *Un pequeño libro de actualidad.* [Contiene: (1) La fe y la Ciencia. (2) Religión y Patria.] Imp. de J. González Font, San Juan, P. R., 1883, 108 p. [Federico Asenjo, trad.]

QUIÑONES Y QUIÑONES, RAMÓN: *Disertación sobre El Deber.* Imp. La Industria, San Germán, P. R., 1889, 17 p.

Véanse *Religión. Instrucción. La Moral.*

f. — MANUALES PRÁCTICOS

ÁLVAREZ, CÁNDIDO: *Sistema de escribir al tacto en linotype.* Nociones de mecánica. San Juan, P. R., 1922, 47 p.

GELPÍ, JUAN R.: *Manual de Plomería. El A B C del plomero.* Tip. Compañía Tipográfica de Ponce, Ponce, P. R., 1914, 109 p.

GONZÁLEZ FONT, CARLOS: *Tratadito de Tipografía.* Tip. El Comercio, San Juan, P. R, 1887, 100 p.

MATÍAS, FERNANDO J.: *Rudimentos de Tipografía.* Con un prólogo de D. Mario Braschi. Imp. de Manuel López, Ponce, P. R, 1886, 21 p. Otra ed.: Tip. El Vapor, Ponce, P. R., 1893, 24 p.

g. — OTRAS MATERIAS

AGUAYO, C.: *Pensamientos.* Tip. Díaz Hnos., San Juan, P. R., 1917.

HOSTOS, EUGENIO MARÍA DE: *Exposición Nacional de Artes e Industrias.* Memoria. Ed. oficial. Primer premio acordado por el Gran Jurado de la Exposición, 1872. Santiago de Chile, 1873, xc-173 p.

LÓPEZ BALLESTEROS, LUIS: *Junto a las máquinas.* Ed. F. Sampere, Valencia, s. f., 237 p.

RAMÍREZ CASABLANCA, LUIS: *Easy Finding Real Killing Power.* Imp. El Boletín Mercantil, San Juan, P. R., 1910, 15 p.

XI

APÉNDICE

Recogemos en este Apéndice, sin ulterior clasificación, una lista de obras y artículos que, una vez terminado definitivamente nuestro trabajo, fueron apareciendo en Puerto Rico y en España. Esta sección justifica el deseo de hacer lo más completa posible nuestra labor y la certeza de no haber logrado nuestras aspiraciones.

BALDRICH Y PALAU, GABRIEL: *Discurso pronunciado al inaugurar las sesiones de la Diputación Provincial de la provincia de Puerto Rico, el día 1 de abril de 1871.* Imp. González, San Juan, P. R., 1871, 10 p.

BONAFOUX QUINTERO, LUIS: *Asesinato de Víctor Hugo.*

——: *Betances.* Imp. Modelo, Barcelona, 1901, 560 p.

——: *Bilis.* Lib. P. Ollendorf, Paris, 1908, x-319 p.

——: *Bombos y palos, semblanzas y caricaturas.* Lib. P. Ollendorf, Paris, 1907, 303 p.

——: *Casi críticas. Rasguños.* Lib. P. Ollendorf, Paris, 1910, 311 p.

——: *Clericanallas.* Lib. P. Ollendorf, Paris, 1910, 286 p.

——: *Coba.* 1888.

——: *De mi vida y milagros.* 1910.

——: *El avispero.* Novela. 1882.

——: *Emilio Zola.* (En colaboración con Paul Alexis y Vicente Blasco Ibáñez.)

——: *Esbozos novelescos.* 1894.

——: *Francesas y franceses.* Lib. P. Ollendorf, Paris, 1913, 249 p.

——: *Gotas de sangre.* Crímenes y criminales. Lib. P. Ollendorf, Paris, 1910, 317 p.

——: *Huellas literarias.* 1894.

——: *Literatura de Bonafoux.* 1887.

——: *Los españoles en París.* 1912.

——: *Melancolía.* Cuentos y artículos. Lib. P. Ollendorf, Paris, 1911, 386 p.

——: *Mosquetazos de Aramís.* 1887.

——: *París al día.* 1900.

——: *Paños calientes.* Madrid, 1905.

——: *Por el Mundo arriba... Viajes.* Lib. P. Ollendorf, Paris, 1909, 283 p.

BONAFOUX QUINTERO, LUIS: *Príncipes y Majestades.* Lib. P. Ollendorf, Paris, 1912, 285 p.

——: *Risas y lágrimas.* 1900.

——: *Siluetas episcopales.* Santiago de Chile, 1907.

——: *Tiquismiquis. Yo y el plagiario «Clarín».* Madrid, 1888.

——: *Ultramarinos.* Imp. M. Tello, Madrid, 1882, 213 p.

——: [Otras obras: *España política, París y la guerra, París y la paz, Tristes y agrios.*]

[C. P. T.]: *Cuando los pueblos están en la obcecación, serán inútiles las más sanas doctrinas...* [Imp. del Gobierno, a cargo de D. V. Sanmillán, San Juan, P. R, 1837.] 7 p.

——: *... Hacienda Nacional.* [Imp. del Gobierno, a cargo de D. V. Sanmillán, San Juan, P. R., 1827.] 9 p.

——: *La paz de los pueblos, su tranquilidad interior, su prosperidad pública...* [Imp. del Gobierno, a cargo de D. V. Sanmillán, San Juan, P. R., 1827.] 8 p.

——: *Muchas veces hemos dado al pueblo nuestras opiniones...* [Imp. del Gobierno, a cargo de D. V. Sanmillán, San Juan, P. R., 1828.] 12 p.

——: *Verificó por fin su salida de Caracas el famoso Simón Bolivar...* [Imp. del Gobierno, a cargo de D. V. Sanmillán, San Juan, P. R., 1827.] 5 p.

CAPÓ, CLAUDIO: *General Directory of Porto Rico.* Edited and compiled by ——, under the auspices of the Chamber of Commerce of Porto Rico. San Juan, P. R, 1931.

CORTÓN, ANTONIO: *El fantasma del separatismo.* Escenas de la vida barcelonesa. Imp. P. Sempere y Cía., Valencia, s. f., 253 p. +.

COTTE, JUAN D.: *Acíbar y caramelo.* Manatí Printing Co., Manatí, P. R., 1912, 48 p.

CRUZ, VALENTÍN: *Álbum de Puerto Rico.* Imp. Cruz, Guayama, P. R., 1931. [Colección de trabajos sobre Guayama, Arroyo, Cayey, Patillas, Salinas y Maunabo.]

CRUZ ARRUFAT, PETRA: *El corazón del burgués.* Tip. Unión Obrera, Mayagüez, P. R., 1922, 17 p.

DELGADO, EMILIO (traductor): *Infortunios conyugales.* Estudio sobre el amor, el matrimonio y el divorcio. Ediciones de Oriente, Madrid, 1931, 309 p. [Trad. directa del inglés, de la obra de George A. Bartlett.]

DÍAZ, JOSÉ DOMINGO: *Si es un deber sagrado proporcionar a los militares todos los auxilios que necesiten en sus marchas por esta provincia...* [Imp. del Gobierno, a cargo de D. V. Sanmillán, San Juan, P. R., 1822.] 4 p.

——: *Venezolanos. Al tomar la pluma para presentaros verdades eternas...* [Imp. del Gobierno, a cargo de D. V. Sanmillán, San Juan, P. R., 1827.] 8 p.

DÍAZ, JOSÉ DOMINGO: *Venezolanos. El ambicioso, por fin, ha dejado de profanar el suelo en que vivimos...* [Imp. del Gobierno, a cargo de D. V. Sanmillán, San Juan, P. R , 1827.] 8 p.

——: *Venezolanos. Por fin esos valientes...* [Imp. del Gobierno, a cargo de D. V. Sanmillán, San Juan, P. R., 1827.] 20 p.

ENAMORADO CUESTA, J.: *Ensayos étnicos-sociológicos.* Imp. El Día, Ponce, P. R., 1931.

EULATE SANJURJO, CARMELA: *La Muñeca.* Novela. Ponce, P. R., 1895, XIII-121 p.

——: *Perfiles de mujeres.* Barcelona, 1900.

——: *Marqués y Marquesa.* Novela. Imp. Benítez, Tenerife, 1911, 199 p.

——: *Cantigas de amor.* Traducciones del árabe. Prólogo de D. Francisco Rodríguez Marín... Ed. Cervantes, Valencia, 1920, 96 p.

——: *Antología de poetas orientales.* Ed. Cervantes, Valencia, 1921, 253 p. +.

——: [Otras obras: *Bocetos de novela, Creadoras, Desilusión, Chopín, Inspiradoras, La familia de Robredo, La mujer en el Arte, La mujer en la Historia, La mujer moderna, María Antonieta.* Carmela Eulate Sanjurjo nació en Puerto Rico.]

FIGUEROA, LEOPOLDO: *Mortalidad infantil en Puerto Rico y manera de prevenirla.* Imp. Cantero, Fernández y Cía., San Juan, P. R., 1931.

GRANGER, ERNESTO; DANTÍN CERECEDA, JUAN, e IZQUIERDO CROSELLES, JUAN: *Nueva Geografía Universal.* Aspecto de la Naturaleza, la vida de los hombres, recursos agrícolas e industriales. Imp. Espasa-Calpe, Madrid, 1929. [Para Puerto Rico, v. vol. 3: 93.]

HANNA, P. C.: *Hotel Accomodation in Porto Rico.* En *Consular Reports.* April 1899, vol. 59, N° 223: 672.

HOLLANDER, J. H.: *Merit System in Porto Rico.* Forum, N. Y., March 1902, vol. 33: 77.

IMPARCIAL, UN (seud.): *Ingenua descripción o vivo cuadro de las funciones con que se celebró en Puerto Rico el aniversario de su espontáneo juramento de la Constitución política de la Monarquía española, el 15 de marzo.* Imp. Fraternidad, San Juan, P. R., 1823, 28 p.

LABARTHE, PEDRO JUAN: *The Son of Two Nations.* Imp. Carranza & Co.. N. Y., 1931, 173 p.

MORENO CALDERÓN, ANTONIO: *Historia jurídica del cultivo y de la industria ganadera en España.* Madrid, 1912.

——: *Las libertades de Castilla.* 1912.

——: *Explotación por el Estado de tierras, industrias y vías de comunicación.* [¿Publicado?]

MUESAS, MIGUEL DE: *Directorio general que ha mandado formar el Sr. ——, con consulta de su asesor D. Francisco de Acosta Riaza.* Imp. del Gobierno, a cargo de D. V. Sanmillán, San Juan, P. R., 1826, 42 p.

NOBRE, A.: *La chalutage sur les côtes de Porto Rico.* Revue Maritime, Paris, 1898, p. 618.

QUINLAM, RAMÓN: ——, *contesta la defensa documentada de D. Jacinto López, alcalde de Toa Baja.* Imp del Gobierno, a cargo de D. V. Sanmillán, San Juan, P. R., 1822, 5 p.

RODRÍGUEZ, MARIANO: *Esto se va.* Examen de una cuestión palpitante. Porto Rico Progress Publishing Co., San Juan, P. R., 1912, 74 p.

SIMONPIETRI, ARÍSTIDES: *Código de duelo observado en Francia, según el conde de Chatauvillard, traducido por* ——. Tip. El Comercio, Ponce, P. R., 1887, 39 p.

THACHER, J. H.: *The Black Hand in Porto Rico.* Harper's Weekly, N. Y., Nov. 12, 1898, vol. 42: 1100.

TORRES, ALFONSO: *El consumo y la producción al costo.* Scarlino Press Co., N. Y., 1914, 38 p.

Actuaciones. Porto Rico Progress Publishing Co., San Juan, P. R., 1914, 125 p.

Aspectos sociológicos. [Tradiciones, costumbres, desarrollo agrario, el obrero agrícola y fabril, la prohibición, criminología, etc.] En *El Libro de Puerto Rico.* 1923, cap. XI, p. 722.

Convenio. Imp. Cantero, Fernández y Cía., San Juan, P. R., 1930, 17 p.

Cultivo de los frutos menores. Imp. de J. González Font, San Juan, P. R., s. f., 34 p. (Biblioteca del Campesino Puertorriqueño, vol. 3.)

Diario de las sesiones y discusiones de las Cortes Legislativas en los años 1820 y 1821. Imp. Nacional, San Juan, P. R., 1821, 73 p.

Executive order conveying to the people of Porto Rico for public purposes, land near Aibonito, Porto Rico, which was reserved for military purposes by Executive order of June 30th, 1903, but subsequently was transferred by Executive order of February 21, 1916, to the control of the Navy Department for use as naval radio station and for other naval purposes and which is no longer needed by the United States. July 17th, 1920, N° 3310.

Executive order conveying to the people of Porto Rico lands known as Aguadilla Barracks and Fort, hereto for reserve for purposes of Unites States proclamation. May 19th, 1921, N° 1598.

Frank German-American in Porto Rico. Review of Reviews, N. Y., Aug. 1906, vol. 34: 220.

[*Mapa de Puerto Rico.*] En *Rand Mc Nally World Atlas.* International Edition. Rand Mc Nally, N. Y., 1927. [Para Puerto Rico, v. p. 165.]

Primeros sucesos desagradables en la Isla de Puerto Rico, consecuentes a la formación de la Junta Soberana de Caracas. Imp. Real, Cádiz, 1811, 18 p.

Qué es la Teosofía. Ed. por Luz en el Sendero. Imp. El Boletín Mercantil, San Juan, P. R., 1917, 34 p.

Reglamento general de Beneficencia pública, decretado por las Cortes extraordinarias en 27 de diciembre de 1821 y sancionado por S. M. Imp. del Gobierno, a cargo de D. V. Sanmillán, San Juan, P. R., 1822, 31 p.

Reglamento para el registro y gobierno del Cuerpo de Serenos de esta capital. Imp. Dalmau, San Juan, P. R., 1838, 16 p.

Reglamento de Sanidad de la Isla de Puerto Rico. San Juan, P. R., 1841, 9 p.

Reglamento de la Casa-Pensión San Juan Bautista, fundada en 1889. Imp. El Boletín Mercantil, San Juan, P. R., 1880, 8 p.

Reglas aprobadas por el Excmo. Sr. Gobernador general, a que han de sujetarse las construcciones de casas particulares en el término municipal de esta ciudad, y que formarán parte de sus Ordenanzas municipales. Imp. del Municipio, San Juan, P. R., 1889, 8 p.

Retail Prices of Food in San Juan, Porto Rico. Monthly Labor Review, Wa., D. C., May 1930, vol. 30 : 1185.

The Problem of Puerto Rico. Foreign Policy Association, N. Y., 1929, vol. 23.

To Colonel Charles A Lindbergh. From the Public School Children of Porto Rico. Bur. Supp. Prtg., 1928, 20 p.

Translation of the General Instructions for Drafting Public Documents subject to record in the Spanish Colonial Provinces. Gov. Prtg. Off., Wa., 1899, 19 p. (War Department.)

Whither Porto Rico? World's Work, N. Y., 1928, vol. 56 : 13.

ÍNDICE ALFABÉTICO DE AUTORES

Nota. — Tratamos de uniformar en este Indice las irregularidades de los nombres advertidas en el texto. En muy pocos casos, que ofrecen duda, no nos ha sido posible determinar la forma correcta. Señalamos los errores con un asterisco (*), dando las páginas donde se encuentran en el texto; en estos casos deben consultarse siempre las *Correcciones* al final de este Índice. En las formas correctas incluímos todas las páginas correspondientes a éstas y a las otras.

B

C

Ch.

D

F

G

H

I

J

K

N

Q

R

S

T

U

V

W

X

Y

Z

CORRECCIONES

DICE	DEBE DECIR
Adam, T. S., p. 479.	Adams, T. S.
Amadeo, José M., p. 80, 120.	Amadeo, Jesús María.
Amadeo, José M. ——, p. 120.	Amadeo, José A.
Baíz, Leo, p. 208.	Báez, Leo.
Blakesle, George H., p. 6.	Blakesley, George H.
Brittom, N. L., p. 54.	Britton, N. L.
Bushnell, Hart Albert, p. 449.	Hart, Albert Bushnell.
Cabot, Ward George, p. 67.	Cabot Ward, George.
Carrol, H. R., p. 350.	Carroll, Henry K.
Costañer Casanovas, Pedro, 480.	Castaner Casanovas, Pedro.
Cuesta, J. Enamorado, p. 38.	Enamorado Cuesta, José.
Custis, H. S, p. 335.	Curtis, H. S.
Churruca, Cosme de, p. 27.	Churruca, Cosme Damián.
Fabié, A. N., p. 274, 277.	Fabié, Antonio María.
Falkner, R. B., p. 335.	Falkner, R. P.
Fernández, José, p. 436.	(Elimínese.)
Glines, W. R., p. 132.	Glines, Walter A.
Goodman, Kerman, p. 130.	Goodman, Herman.
Groff, G. C., p. 329.	Groff, G. G.
Harrington, M. H., p. 42.	Harrington, M. W.
Hernáiz, Francisco Javier, p. 375.	Hernáez, Francisco Javier.
Hoffman, W. H., p. 116.	Hoffman, W. A.
Johnson, J. R., p. 184, 196.	Johnston, John R.
Kol, H. H. van, p. 8.	Van Kol, H. H.
Lago, José María, p. 362.	Lago, Jesús María.
Lippitt, W. H., p. 105.	Lippitt, W. F.
Mc Kinley, Carl B., p. 129.	Mc Kinley, Earld B.
Meyners, José Arnaldo, p. 66.	Arnaldo Meyners, José.

DICE	DEBE DECIR
Middeldyk, R. A. Van, p. 388.	Van Middeldyk, R. A.
Neuman Gandía, Eduardo, p. 228.	Neumann Gandía, Eduardo.
Ogder, R., p. 82.	Ogden, R.
Orchart, Bolívar, p. 447.	Ochart, Bolívar.
Percy, Wilson, p. 52	Wilson, Percy.
Perlati, Francisco, p. 474.	Pelati, Francisco.
Quiñones, José Mercado, p. 69	Quiñones, José Marcial.
Robinson, Albert Cardner, p. 15	Robinson, Albert Gardner.
Rochefort, p. 75.	[Rochefort, Charles de.]
Rodríguez Sampedro, J., p. 253.	Rodríguez San Pedro, Joaquín
Saavedra, Emilio S., p. 174; Saavedra, F., p. 181.	Saavedra, Emilio F.
Santos, J., p. 116.	Santos, Julio A.
Sárraga del Valle, R., p. 132.	Valle Sárraga, Rafael del.
Selwyn Brown, Arthur, p. 15.	Brown, Arthur Selwyn.
Stelenson, John A., p. 57.	Stevenson, John A
Tood Jr., Roberto H., p. 478.	Todd Jr., Roberto.
Torréns, Mariano, p. 430.	Torrente, Mariano.
Torrente, Mariano, p. 287.	(Elimínese.)
Torres, José M. de la, p. 301.	Torre, José M. de la.
Tunbull, David, p. 16.	Turnbull, David
Van Zwaluwenburg, p. 44.	Van Zwaluwenburg, R. H.
Willoughby, W. E., p. 24(	Willoughby, William F.

ÍNDICE ALFABÉTICO DE MATERIAS

C

D

E

H

I

J

Ñ

O

P

ÍNDICE GENERAL